Chronik Handbuch
Amerika

Dr. Hays A. Steilberg
Thomas Flemming

Chronik Handbuch
Amerika

Chronik
Verlag

Abbildungen auf dem Umschlag
(von links oben nach rechts unten):
Abraham Lincoln; »El Castillo« Pyramide
von Chichén Itzá (Mexiko); Christusstatue
auf dem Corcovado (Rio de Janeiro);
Freiheitsstatue,New York

© Chronik Verlag
im Bertelsmann Lexikon Verlag GmbH,
Gütersloh/München 1998

Texte: Nordamerika: Dr. Hays A. Steilberg;
Lateinamerika/Karibik:Thomas Flemming
unter Mitarbeit von Dr. Bernd Ulrich
Projektleitung: Annette Grunwald
Lektorat: Martina Schnober-Sen
Redaktionelle Mitarbeit: Christiane Hemkendreis
Satz, Gestaltung und kartographische Umsetzung: Böcking & Sander, Bochum
Lithographie: Boesser, Dortmund
Druck und Bindung: Wiener Verlag, Himberg bei Wien

ISBN 3-577-14523-4

Für diesen Titel wurden z.T. Texte aus dem Chronik Handbuch
»Staaten der Weltgeschichte«, Gütersloh/München 1996 verwendet.

Inhalt

Hinweise zur Benutzung 8

Amerika oder: Wie die Neue Welt entstand ...10

NORDAMERIKA GESCHICHTE 25

Der Subkontinent 26
Erste Besiedlung 27
Die Indianer vor dem Kontakt mit Europäern 28
Karte: Indianerstämme und Völker 30
Das Zeitalter der Entdeckung 32
Karte: Entdeckung und Eroberung 33
Normannen als erste Europäer in der Neuen Welt 35
Europäer kommen auf den Geschmack des Tabaks 36
Karte: Europäische Kolonialmächte, 1763 43
Das Leben im kolonialen Amerika 44
Konflikte zwischen Indianern und Kolonisten 48
Ursprünge der Sklaverei im kolonialen Amerika 49
Interkontinentale Spannungen 52
Karte: Erschließung des Westens, bis 1890 57
Ausblick: Ein Subkontinent, zwei Staaten 58
Karte: Immigration und Migration, 19./20. Jh. 60

NORDAMERIKA STAATENTEIL 63

Kanada 64
Neufrankreich (1534–1763)........................66
Britisch-Nordamerika (1763–1867)...........................66
Kanada hält dem englischen König die Treue 68
Der kanadische Bundesstaat (1867–1945) 73
Nordamerika erstmals im Goldfieber 78
Das moderne Kanada (ab 1945) 81
Kanadas Provinzen im Kurzporträt 86

Vereinigte Staaten von Amerika 90
Kolonialzeit und Unabhängigkeit (1607–1789) 93
Konsolidierung und Ausdehnung (1789–1840)........101
Gründungsväter erarbeiten eine neue Verfassung 102
In den USA entsteht eine originäre Literatur 113
Expansion, Sezession, Krieg (1840–1877)................116
Der lange Kampf gegen die Sklaverei in Amerika 118
Karte: Unions- und Konföderierte Staaten 123
Industrialisierung (1877–1914) 130
Jahre des Kriegs (1914–1945) 140
Amerikas Frauen erkämpfen das Wahlrecht 143
Höhen und Tiefen einer Weltmacht (1945–1997) 150

Erster Mensch auf dem Mond kommt
aus den USA 163
Bundesstaaten der USA im Kurzporträt 172

NORDAMERIKA LEXIKON........................183

**LATEINAMERIKA / KARIBIK
GESCHICHTE** 225

Erste Besiedlung 226
Frühe Hochkulturen 227
Gemeinsamkeiten der Hochkulturen 228
Karte: Frühe Sprach- und Kulturräume 229
Mayas 230
Azteken 231
Präkolumbische Entwicklung in Südamerika 232
Inkareich 233
Christoph Kolumbus entdeckt Amerika 234
Eroberung des Aztekenreichs 237
Pizzaro erobert das Inkareich 237
Karte: Hochkulturen und Entdeckungen,
um 1500 238
Eroberung und Bildung der Kolonialreiche 239
Herrschaftspraxis der Portugiesen 243
Karte: Europäische Kolonialmächte, um 1500 245
Koloniale Rivalitäten 246
Der erste Goldrausch 248
Wirtschafts- und Sozialordnung 248
Karte: Bergbau und Gewerbe im 18. Jahrhundert ...250
Phasen der Kolonialisierung 251
Sklavenaufstand auf Saint Domingue 252
Brasilien wird unabhängige Monarchie 253
Unabhängigkeit für Spanisch-Südamerika 254
»Befreier« und »Beschützer« Südamerikas 254
Karte: Unabhängigkeit, um 1830 255
Monroedoktrin als Freiheitsgarant 256
Selbständigkeit für Mittelamerika und Karibik 257
Situation in der Karibik Anfang des 19 Jhs. 258
Staatenbildung und Nationwerdung 258
Entwicklungsunterschiede im Norden und Süden 259
Karte: Wirtschaftliche Einflußsphären, um 1910 260
Verzögerte Entfaltung des Südens 261
Nordamerika beeinflußt maßgeblich den Süden 262
Karte: Unabhängigkeit und Grenzen,
20. Jahrhundert 263
Wirtschaftlicher Auf- und Abstieg 264

Supranationale Zusammenschlüsse 265
Karte: Politische Entwicklung im
20. Jahrhundert 266
Umstürze und Revolutionen 267
Tendenzen zur Demokratie 268
Divergierende aktuelle Entwicklung 268
Raubbau an einer »grünen Lunge« 269

LATEINAMERIKA/KARIBIK
STAATENTEIL 271

MITTELAMERIKA
Mexiko 272
Vorkolumbische Hochkulturen (bis 1520) 274
Eroberung und Kolonisation (1519–1810) 275
Kampf um Unabhängigkeit (1790–1824) 276
Republik und Politische Kämpfe (1824–1876) 277
Die Herrschaft von Porfirio Díaz (1876–1910) 279
Die mexikanische Revolution (1910–1920) 279
Innenpolitische Stabilisierung (1920–1946) 280
Einparteienherrschaft (ab 1946) 280
Guatemala 283
Vorkolumbische Kulturen (bis 1523) 284
Eroberung und Kolonialherrschaft (1523–1821) 284
Übergang zur Souveränität (1821–1939) 284
Herrschaft der Caudillos (1839–1944) 284
Reformansätze (1944–1983) 285
Demokratisierung (ab 1983) 286
Belize 288
Kolonialzeit und Autonomie (bis 1964) 289
Der Weg in die Unabhängigkeit (ab 1964) 290
Honduras 291
Eroberung und Kolonialherrschaft (bis 1821) 292
Unabhängigkeit (1821–1982) 292
El Salvador 294
Eroberung und Kolonialherrschaft (bis 1821) 295
Unabhängigkeit und Republik (1821–1932) 295
Militärdiktaturen (1932–1969) 296
Guerillakrieg und Demokratisierung (ab 1979) 196
Nicaragua 298
Frühe Besiedlung und Kolonisation (bis1821) 299
Unabhängigkeit und innere Kämpfe
(1821–1909) 299
US-amerikanische Vorherrschaft (1909–1933) 300
Diktatur des Somoza-Clans (1934–1979) 300
Sandinistische Revolution (1978–1990) 301
Demokratisierung (ab 1989) 302
Costa Rica 304
Spanische Kolonialherrschaft (bis 1821) 305
Unabhängigkeit (1838–1948) 305

Zweite Republik (seit 1948) 306
Panama 308
Kolonialherrschaft und Souveränität (bis 1855) 309
Bau und Folgen des Panamakanals (ab 1855) 310

KARIBIK
Bahamas 312
Entdeckung und Kolonialherrschaft (1492–1964) ...312
Unabhängigkeit (ab 1964) 313
Kuba 314
Entdeckung und Kolonialherrschaft (bis 1898) 315
Unabhängigkeit und US-Einfluß (1898–1922) 316
Wirtschaftskrise und Diktatur (1922–1953) 316
Die kubanische Revolution (1953–1961) 317
Die sozialistische Republik Kuba (ab 1961) 317
Anlehnung an die Sowjetunion (ab 1976) 318
Jamaika 320
Besiedlung und spanische Eroberung (bis 1660) 321
Zugehörigkeit zum British Empire (1660–1962) 321
Unabhängigkeit (1962–1980) 322
Wirtschaftsreformen (ab 1980) 323
Haiti 324
Erste Besiedlung und Kolonisation (bis 1791) 325
Kampf um Unabhängigkeit (1791–1804) 325
Souveränität und Unruhen (1804–1957) 326
Diktatur des Duvalier-Clans (1957–1986) 327
Schwieriger Übergang zur Demokratie (ab 1986) 327
Dominikanische Republik 329
Erste Gesellschaften und Kolonisation (bis 1801) ...330
Langer Weg zur Unabhängigkeit (1801–1844) 330
Instabilität und US-Vorherrschaft (1844–1924) 330
Diktatur und Demokratisierung (ab 1930) 330
Saint Kitts und Nevis 332
Frühe Besiedlung und Kolonisation (bis 1932) 332
Autonomie und Unabhängigkeit (ab 1932) 333
Antigua und Barbuda 334
Britische Kolonialherrschaft (bis 1956) 334
Übergang zur Unabhängigkeit (1956–1981) 335
Staatliche Unabhängigkeit (ab 1981) 335
Dominica 336
Strittige Besitzverhältnisse (bis 1783) 336
Britische Kolonialherrschaft (1783–1978) 336
Unabhängigkeit und Reformen (ab 1978) 337
Saint Lucia 338
Französisch-britische Rivalität (bis 1814) 339
Britische Kronkolonie (1814–1979) 339
Unabhängigkeit (ab 1979) 339
Saint Vincent und die Grenadinen 341
Britische Kolonisierung (bis 1951) 341
Britische Kronkolonie (1871–1979) 342

Unabhängigkeit und Bananengeschäft (ab 1979) 342
Barbados 343
Spanische und englische Kolonisation (bis 1937) 343
Unabhängigkeit und Demokratie (seit 1937) 344
Grenada 346
Kolonisation (bis 1956) 346
Schritte zur Unabhängigkeit (1951–1974) 347
Unabhängigkeit und Unruhen (ab 1974) 347
Trinidad und Tobago 349
Plantagenwirtschaft (bis 1888) 350
Kronkolonie und Zuckerrohrkrise (1888–1962) 350
Unabhängigkeit (ab 1962) 350

SÜDAMERIKA
Kolumbien 352
Entdeckung und Eroberung (bis 1780) 353
Unabhängigkeitskampf (1780–1830) 353
Staatgründung, Panamakonflikt (1830–1946) 354
Demokratie und Gewalt (ab 1930) 354
Venezuela 357
Entdeckung und Eroberung (1498–1795) 358
Kampf um die Unabhängigkeit (1795–1830) 358
Bürgerkriege und Diktaturen (1830–1945) 358
Krise und Demokratie (seit 1945) 359
Guyana 361
Kolonialisierung (bis 1816) 362
Britische Kolonialherrschaft (1816–1966) 362
Souveränität und Sozialismus (seit 1966) 362
Surinam 364
Entdeckung und Kolonisation (bis 1815) 364
Kolonialherrschaft (1815–1975) 365
Souveränität und Demokratisierung (ab 1975) 365
Brasilien 367
Erste Besiedlung (bis 1500 n. Chr.) 368
Entdeckung und frühe Kolonisation (1500–1695) 369
Gold- und Diamantenzyklus 372
Unabhägigkeit und Kaiserreich (1807–1889) 372
Republik und Militärherrschaft (1889–1930) 374
Der»Estado Novo« (Neuer Staat) 375
Rückkehr zur Demokratie (1945–1964) 375
Herrschaft des Militärs (1964–1985) 376
Rückkehr zur Demokratie (ab 1982) 376
Ecuador 378
Inkareich und spanische Eroberung (bis 1809) 379
Souveränität und Diktaturen (1809–1914) 379
Kaffee- und Bananenexport (ab 1914) 380
Ölboom und Demokratisierung (ab 1970) 380
Peru 382
Frühe Kulturen (21 000 v. Chr.–1300 n. Chr.) 383
Spanien erobert Inkareich (um 1400–1545) 384

Silberboom (1545–1820) 385
Unabhängigkeit (1821–1930) 386
Militärregime (1930–1956) 388
Soziale Reformen und Demokratie (1956–1968) 388
Militärregime und Demokratisierung (ab 1968) 388
Bolivien 391
Hochkultur und Inkaherrschaft (bis 1535) 392
Spanische Eroberung (1535–1825) 392
Unabhängigkeit und Militärregime (1825–1904) 393
Reformen und»Bolivianische Revolution« 394
Militärregime und Banzer-Diktatur (1964–1978) 394
Übergang zur Demokratie (ab 1982) 395
Chile 397
Von der Kolonie zur Unabhängigkeit (bis 1818) 398
Ein Jahrhundert Kriege (1818–1918) 399
Wirtschaftliche Krise (1918–1964) 400
Reformära unter Eduardo Frei (1964–1970) 400
Das sozialistische Experiment (1970–1973) 401
Die langen Jahre der Diktatur (1973–1989) 402
Rückkehr zur Demokratie (seit 1989) 402
Paraguay 404
Spanische Kolonie und Jesuitenstaat (bis 1811)   405
Jesuitenmission 405
Unabhängigkeit und Diktaturen (1811–1954) 406
Stroessner-Diktatur (1954–1989) 406
Demokratisierung (ab 1989) 407
Argentinien 408
Kolonisation und Staatsgründung (bis 1880) 410
Wirtschaftliche Macht und Krise (1880–1943) 411
Die Ära Perón (1943–1955) 412
Zivil- und Militärherrschaft (1955–1976) 412
Das politische Konzept des Juan Domingo Perón 413
Diktatur des Militärs (1976–1983) 414
Erneuerung der Demokratie (seit 1983) 415
Uruguay 417
Spanische Kolonie (bis 1810) 418
Unabhängigkeit und Bürgerkriege (1810–1903) 418
Konsolidierung und Prosperität (1903–1966) 419
Herrschaft des Militärs (1966–1984) 420
Auf dem Weg zur Demokratie (seit 1984) 422

**LATEINAMERIKA / KARIBIK
LEXIKON** 423

Personenregister 452
Sachregister 460
Literaturverzeichnis 472
Text- und Bildrechte 475

Hinweise zur Benutzung

Die erste Besiedlung des amerikanischen Doppelkontinents durch aus Asien stammende Nomadenvölker vollzog sich innerhalb mehrerer Wanderungsbewegungen von Norden nach Süden. In der Folgezeit entwickelte sich der nördliche und der südliche Subkontinent unterschiedlich. Nach der Entdeckung Amerikas durch Christoph Kolumbus und der anschließenden Kolonisierung verstärkte sich diese Tendenz trotz einiger Parallelentwicklungen erheblich. Daher zeichnet das »Chronik Handbuch Amerika« die Geschichte des Doppelkontinents für den Norden, die Mitte und den Süden in jeweils eigenen Kapiteln (Nordamerika, Lateinamerika und Karibik) nach. Von den ersten Anfängen bis zur Gegenwart wird der historische Ablauf im Zusammenhang dargestellt. Der Band bietet so ein umfassendes Bild über den politischen, gesellschaftlichen und wirtschaftlichen Werdegang der Neuen Welt.

Historischer Überblick

Den Betrachtungen der Länder beider Subkkontinente ist jeweils ein Überblick vorangestellt. Hier wird die Geschichte von der Entstehung erster Gesellschaften in vorstaatlicher Zeit über frühe Hochkulturen, Kolonisierung, schließlich Unabhängigkeit und Nationenbildung bis zur Formierung supranationaler Organisationen umfassend dargestellt. Die Entwicklung der Teilkontinente wird in länderübergreifende politische und sozioökonomische Zusammenhänge eingeordnet, die Entstehung der geographischen und politischen Landkarte Amerikas verständlich gemacht.

Länderartikel

Die 35 Länderartikel sind Nordamerika sowie Lateinamerika und der Karibik zugeordnet. Innerhalb der Subkontinente bestimmt eine an geographischen Kriterien orientierte Ordnung – von Nord nach Süd und von West nach Ost – die Reihenfolge der Länderartikel. Die Texte erläutern detailliert den Werdegang der Staaten bis in die Gegenwart mit ihren aktuellen Aufgaben, Chancen und Gefahren. Historische Leistungen, Traditionen und Probleme werden aufgezeigt und machen die Situation der heutigen Staaten verständlich. Die Beschreibung von politischer Struktur, Landesnatur, Bevölkerung und wirtschaftlicher Situation ergänzt die Artikel.

Biografien und Zitate

Zahlreiche Biografien bedeutender Persönlichkeiten schildern deren Werdegang und erhellen gleichzeitig die Hintergründe historischer Ereignisse und Abläufe. Ausgewählte Zitate und historische Textauszüge lassen wesentliche Epochen und Ereignisse der Nationalgeschichte lebendig werden.

Zusätzliche Informationselemente

Die Geschichte im Überblick als auch die Länderartikel enthalten Sonderthemen wie beispielsweise »Ursprünge der Sklaverei im kolonialen Amerika«, »Amerikas Frauen erkämpfen das Wahlrecht« oder »Raubbau an einer ›grünen‹ Lunge« als ein- bis zweiseitige Artikel (im Inhaltsverzeichnis *kursiv* ausgezeichnet).
Die Darstellung größerer Entwicklungsabschnitte wird jeweils mit einer Zeittafel abgeschlossen, die die Geschichte der Länder in Schlüsseldaten übersichtlich wiedergibt und eine schnelle Orientierung ermöglicht. Pilotkarten zu jedem Land vermitteln die jeweilige geographische Lage. Strukturdaten geben Auskunft über Fläche, Bevölkerungsentwicklung, aktuelle Staatsform, Landessprachen und Mitgliedschaften in internationalen Organisationen.

Karten und Grafiken

13 Karten im historischen Überblick zeigen wesentliche Etappen in der Entwicklung der Subkontinente. Die Darstellung des gesamten Kontinents ermöglicht den direkten Vergleich der Länder. Bei einzelnen Ländern veranschaulichen Grafiken Staatsorgane und ihre Funktionen sowie Zusammenhänge im Lexikonteil.

Lexikon

Nach dem historischen Überblick und den Länderartikeln folgt jeweils ein Lexikon, in dem Begriffe aus der Geschichte der Subkontinente und der zugehörigen Länder umfassend erläutert werden. Hintergründe von Kriegen und die speziellen Umstände von Friedensabkommen sind aufgezeigt; politische Konzepte und revolutionäre Bewegungen erklärt, Wirtschaftsstrategien und die jeweilige Zeit beeinflussende philosophische Strömungen dargelegt. Verweise im historischen Überblick und in den Länderartikeln machen auf die entsprechenden Lexikonartikel aufmerksam.

Personen- und Sachregister

Ein ausführliches Personenregister ermöglicht den Zugang zur Geschichte des amerikanischen Kontinents über die Akteure des Geschehens.
Das Sachregister erschließt Ereignisse und Prozesse, Ethnien und Staaten bzw. Staatsgebilde, Organisationen und Bündnisse sowie gesellschaftliche Gruppen und Konzepte.

Amerika oder:

Wie die Neue Welt entstand

Amerika oder: Wie die Neue Welt entstand

Der riesige Doppelkontinent der westlichen Hemisphäre heißt nicht etwa »Kolumbia« nach seinem berühmten Entdecker Christoph Kolumbus, der am 12. Oktober 1492 die Karibikinsel San Salvador erreichte. Eine Laune der Geschichte und eines gewissen Martin Waldseemüller, eines im 16. Jh. lebenden deutschen Kartographen, wollte es anders. »Amerika« heißen zusammen die zwei Landmassen nach einem späteren Entdecker, Amerigo Vespucci, auch er Italiener wie sein Vorgänger, Sproß einer reichen Familie aus Florenz. Vespucci, durch die Berichte Kolumbus' zu eigenen Entdeckungstaten angeregt, segelte wenige Jahre nach dem Genueser über den Ozean und an der Küste Südamerikas entlang. Den Rang dessen, der Amerika für Europa als erster erschloß, konnte Vespucci Kolumbus nicht ablaufen, aber sein Verdienst war, daß er erkannte, was er sah: keine Insel, keinen bereits bekannten Erdteil, sondern einen neuen Kontinent.

Das war es auch, was den Badenser Waldseemüller beeindruckte. In seiner 1507 erschienenen Weltkarte und der als Kommentar zu derselben lesbaren »Cosmographiae introductio« schlug er als Namen des neuen Territoriums »America« vor. Voller Begeisterung für Vespucci schrieb er, das Gebiet solle »nach seinem Entdecker Americus genannt werden. Und da Europa und Asien ihre Namen in der weiblichen Form führen, so möge es America heißen.« Es blieb dabei. Wie bezeichnend aber ist dieses merkwürdige kleine historische Detail, denn so liest sich vieles aus der Geschichte Amerikas: einer launenhaften Geschichte voller Zufälle und großer Inspirationen der Menschheit.

Wie hätte das Land sonst auch heißen mögen? Die Menschen, die zuerst dort lebten, so ungemein viele es auch waren (mehrere Millionen zur Zeit der Ankunft Kolumbus'),

kannten kein gemeinsames Wort für ihre Heimat, die ihnen einfach »die Welt« war. Den Neuankömmlingen, den Europäern, war sie eine neue, ja die »Neue Welt« schlechthin. Sie betraten, ganz wie Vespucci mutmaßte, einen neuen Kontinent, auch wenn sie jahrzehntelang darauf beharrten, dieses ihnen so fremde Land für den östlichsten Teil Indiens oder Chinas zu halten.

Von Anfang an war die »Neue Welt« ein Land der Veränderungen. Als sich vor rund 180 Mio. Jahren die Erdkruste verschob, kam es zum Bruch mit dem alten Urkontinent, das Westland schwamm sich frei. Endgültig war aber nur die geographische Teilung, denn auch bei längerer Trennung haben die Alte und die Neue Welt nie so richtig voneinander lassen können. Als Folge einer Laune der Erdgeschichte halten sich die zwei amerikanischen Subkontinente an nur einem einzigen Finger, der Landenge von Panama, noch fest, und doch besteht kein Zweifel, daß sie den Kontakt zueinander nicht verlieren wollen. Anderssein und doch Einssein – das ist auch Teil der Geschichte Nord- und Südamerikas.

Das steht den zwei Landmassen sogar ins Gesicht geschrieben. Augenfällig und körperlich spürbar sind die Unterschiede zwischen dem nord- und südamerikanischen Subkontinent. Der eisige Permafrost der arktischen Gefilde im nördlichsten Kanada taut langsam auf, je näher man der Grenze zu den USA kommt, wo im Osten ein gemäßigtes Kontinentalklima herrscht. Westlich der großen Ebenen räkeln sich zwar die nordamerikanischen Wüsten in der trockenen Hitze, doch bald öffnet Kalifornien seine begrünten Tore, durch die es zum friedfertigen pazifischen Ozean führt. Das äquatoriale Nachbarland dagegen, das ist für die meisten Menschen vor allem Urwald. In der üppigen Vegetation leben nicht nur exotische Tiere, sondern es finden sich hier immer wieder Menschen, die in völliger Abgeschiedenheit leben und von der Entdeckungstat Kolumbus' nichts erfahren haben. Ein Großteil dessen, was wir über die Jäger-und-Sammler-Traditionen wissen, auf die alle Kulturen letztlich zurückgehen, stammt von der Begegnung mit den Waldvölkern Lateinamerikas. Bis man zur Südspitze des Kontinents vordringt, wo Chile und Argentinien zusammenlaufen, ist man quer über die Erdkugel gewandert und an die Schwelle zur Antarktis getreten, dem Spiegelbild des frostigen Nordens. Aber der Gletscherwelt der Eskimos ähnelt Feuerland kaum.

Es sind schon sehr unterschiedliche Geschwister, diese zwei Teile des Doppelkontinents. Doch viele Eigenschaften machen die Verwandschaft unverkennbar. Entlang der fast gesamten Westküste verlaufen die großen Gebirgsketten wie die Kordilleren im Norden oder die Anden im Süden, die genau anzeigen, wo Amerika während seiner Wanderschaft an seine Grenzen gestoßen ist. Gewaltige Mengen von Erde und Gestein hat das pazifische Becken hier aufgeworfen, um den mäandernden Landmassen Einhalt zu gebieten. Das geologische Zeugnis dieses Zusammenstoßes sind alpine Landschaften von atemberaubender Schönheit und nicht zu unterschätzender Gefährlichkeit. Die häufigen Erdbeben, die den Westen beider Subkontinente heimsuchen, sind nichts anderes als die Nachwehen dieses erdgeschichtlichen Willens zur Expansion.

Auch der Osten beider Landesteile kennt massige Berge, ob die Appalachen im Norden oder das brasilianische Hochland im Süden: An solchen Naturspektakeln mangelt es nicht. Selbst Wasser gibt es hier in größeren Mengen als anderswo auf unserem Planeten.

Die Großen Seen, die die sonst recht säuberlich gezogene kanadisch-amerikanische Grenze aufbrechen, bilden eine der größten Süßwasserreserven der Welt. Daraus speist sich der gewaltige Mississippi, der »Vater aller Flüsse«, wie er in verschiedenen Indianersprachen heißt, der mehrmals im Laufe der neueren Geschichte seinen Lauf willkürlich geändert hat. Selbst er kann sich nicht mit dem Amazonas messen, der in seiner Länge nur vom Nil übertroffen wird, dem Urvater der Stromkulturen der Alten Welt.

An Superlativen stehen sich Nord- und Südamerika nicht nach. Auch das Wetter gibt sich nicht mit dem Durchschnitt ab, sondern muß sich in extremen Kraftakten austoben. Der Nord-Süd-Verlauf der amerikanischen Gebirgsketten ermöglicht einen fast ungehinderten Luftaustausch zwischen Norden und Süden, der rasende Twister oder Tornados aufquirlt, die über die breiten Ebenen fegen und ganze Dörfer binnen Sekunden verwüsten. Amerika scheint in ständiger Bewegung zu sein. Gleichzeitig liegt zwischen den zwei Hemisphären, über die sich Amerika dehnt, das in unzählige Stücke gestreute Land der Mitte, die Inselwelt der Karibik. Wenn es je ein irdisches Paradies gab, so könnte man sich vorstellen, daß es einmal hier lag. Die Natur scheint einer plötzlichen Eingebung gefolgt zu sein, als sie diese kleinen Perlen im Meer entstehen ließ.

Eine der folgenreichsten Veränderungen bewirkte vor etwa 40 000 Jahren eine schmale Landbrücke, die mitten in der Beringstraße zwischen Alaska und Asien entstand. Es war die erste Einladung an den Menschen, sich eine neue Heimat zu suchen. Amerika hatte sich schon selbständig gemacht, bevor sich Menschen aus Afrika in Europa ausbreiteten, und blieb jahrtausendelang im wahrsten Sinne des Wortes unkultiviert – hier war lange Zeit niemand, der das Land bebaute oder das Wild jagte. Seit den allerfrühesten Anfängen also war Amerika schon das, wozu es die Europäer später erklärten: ein Einwanderungsland. Die aus Sibirien stammenden Jäger, die sich innerhalb von 20 000 Jahren von Alaska bis zu den Hochtälern Perus ausbreiteten, gehörten diversen Stämmen an – davon künden die etwa 125 Sprachfamilien der Ureinwohner Amerikas. Längst vor den späteren weißen Eroberern bildeten sie hier Mischvölker. Die Europäer hielten sich für die Gründer der Einwandererkultur Amerikas, und doch machten sie damit den »Primitiven«, die sie hier vorfanden, nur vieles nach.

Primitiv wurden die Uramerikaner ohnehin erst durch die Definition der mal freundlichen, häufig aber feindlichen und bisweilen tödlichen Besucher aus der Alten Welt. Heute erkennen wir die Zivilisationen des präkolumbischen Amerikas als Hochkulturen, die einem Vergleich mit den frühen Kulturen der Stromvölker der Antike durchaus standhalten. Im mesoamerikanischen Raum, grobgefaßt dem Gebiet des heutigen Mexiko und Zentralamerikas, kam gegen 1500 v. Chr., zur Blütezeit der Zivilisationen an Tigris und Euphrat, die Kultur der Olmeken auf, für die eine rudimentäre Schrift und ein Kalendersystem belegt sind. Mit dem Wachstum Teotihuacáns zwischen 250 und 900 v. Chr., dessen Bevölkerung zwischen 100 000 und 200 000 Einwohner betrug, wurde hier ein erster Höhepunkt erreicht.

Die Olmeken wurden gegen das Jahr 300 durch die Mayas als Herrscher Mesoamerikas in Yucatán abgelöst. Prächtige Städte mit auf Steinpyramiden ruhenden Tempeln als Zentrum ihres polytheistischen Kults bewohnten einst die Mayas, deren astronomi-

sche Kenntnisse die der mediterranen Antike übertrafen. Im mexikanischen Raum entfaltete sich außerdem das Aztekenreich, während das Andengebiet Südamerikas zum Machtzentrum der Inkas wurde. Allesamt gelten diese präkolumbischen Hochkulturen als streng hierarchisch organisiert. Könige und Priester regierten mit Reichtum, Macht und Kult über kriegerische Völker, die gediehen und sich ausbreiteten.

Die Pracht dieser Kulturen ist uns in Form der Ruinen ihrer Städte und Kultstätten sowie etlicher Berichte der spanischen Eroberer überliefert. Viel mehr als das steht uns nicht zur Verfügung, denn das Schicksal dieser Großreiche war nach den ersten Begegnungen mit Europäern besiegelt. Nach Ansicht der Konquistadoren und Kolonisatoren war in Amerika ein Nebeneinander der Zivilisationen der Alten und der Neuen Welt nicht möglich, also mußte eine weichen. Immer wieder waren es die Ureinwohner der Neuen Welt, bis kein Boden mehr übrig blieb, der ihnen noch nicht genommen war. Dies gilt in ebenso großem Maße für die Indianer Nordamerikas, die zurückgedrängt wurden, um europäischen Kolonien und später amerikanischen Bundesstaaten Platz zu machen. Eine Welt hörte in wenigen Jahren auf zu existieren, die Geschichte eines Kontinents wurde überschrieben.

Die Entdeckung Amerikas durch den in spanischen Diensten stehenden Genueser Christoph Kolumbus ist Teil der Geschichte des Fortschritts, einer Idee, von der das Werden des Abendlandes durchdrungen, ja mit der dieses Werden sogar identisch ist. Die Neugier und der Glaube an die Verheißungen des Neuen, das Vertrauen in die Kräfte des Geistes beseelten die Menschen, die im 15. Jh. an einem neuen Weltbild arbeiteten. Das systematische, rationale, empirische Denken der Renaissance förderte völlig neue Einsichten über Mensch und Welt zutage.

Als Kolumbus das spanische Königshaus für sein Anliegen zu gewinnen suchte, war die These, daß man sich die Erde nicht als Scheibe, sondern als Kugel vorzustellen habe, kein wohlgehütetes Geheimnis mehr. Der Genueser berief sich auf die Karte eines italienischen Gelehrten namens Paolo Toscanelli. Was aber war Kolumbus' Anliegen? Er suchte den westlichen Seeweg nach Asien. Von Indien und China war Europa seit 1453 abgeschnitten, denn das Osmanische Reich hatte sich Konstantinopels bemächtigt. Der Handel mit den fernen Ländern Asiens war gefährdet. Es galt, das türkische Imperium zu umgehen und einen eigenen Weg nach Fernost zu finden. Darin zeigt sich die Kehrseite abendländischer Ratio: Geldgier und Machtgier. Die weißen Eroberer waren weder die Götter, für die sie die Azteken hielten, noch die Teufel, als die sie manche Historiker im nachhinein dargestellt haben, sondern Menschen, die die besten und bösesten Kräfte menschlicher Natur in sich trugen.

Was mag in Kolumbus vorgegangen sein, als er die Karibikinsel erblickte, die er San Salvador (Guanahaní) nannte? Nach zehn Wochen zur See mit den drei kleinen Schiffen »Nina«, »Pinta« und »Santa Maria«, Wochen voller Entbehrungen und Bangen, werden zunächst Euphorie und Erleichterung, endlich Land gesichtet zu haben, die vorherrschenden Gefühle seiner Männer und ihres Kapitäns gewesen sein. Sein Bordbuch hält verschiedene Details dieser Begegnung fest. Er beeilte sich vor allem, das Land für Spanien in Besitz zu nehmen. Das sollten seine Leute bezeugen, damit alles seine Richtigkeit habe. Er wunderte sich über das exoti-

sche Aussehen der Inselbewohner, die er durch Geschenke für sich einnehmen konnte. Zufrieden berichtete er über ihre Friedfertigkeit und Ergebenheit ihm und seiner Mannschaft gegenüber.

Kolumbus scheint wenig Bewußtsein für die Bedeutung dieses Moments gehabt zu haben, als sich Europäer und Indios zum ersten Mal gegenüberstanden. Das muß nicht überraschen, denn in Kolumbus' Augen war dies nicht die Neue Welt, sondern Teil einer längst bekannten Gegend. Zeitlebens, auch nach insgesamt vier Überfahrten nach Amerika, beharrte er darauf, in Indien gelandet zu sein. Wegen dieses Starrsinns heißen die Antillen noch heute westindische Inseln, die Urvölker Amerikas Indianer oder Indios.

Eine weitere merkwürdige Laune der Geschichte Amerikas hat dazu geführt, daß die zwei Teile der Neuen Welt die Ordnung der Alten in gewisser Weise widerspiegeln. Die südeuropäischen Länder Spanien und Portugal prägten den südamerikanischen Subkontinent, während die Nordeuropäer das nördliche Amerika nach ihrem Willen formten. Mehr als alles andere hat diese aus der Kolonialzeit herrührende Aufteilung das Bild der zwei Amerikas bestimmt.

Die führenden Seemächte der Zeit, Spanien und Portugal, würfelten um den Besitz des gesamten amerikanischen Territoriums. Spanien hätte am liebsten alles für sich behalten, doch die Portugiesen hatten ein Wort mitzureden. Man suchte einen Schiedsrichter und befragte bezeichnenderweise keinen der meso- und südamerikanischen Könige, sondern den Papst, der ebenso über himmlische wie über weltliche Angelegenheiten bestimmte. In dem 1494 beschlossenen Vertrag von Tordesillas wurde die Neue Welt aufgeteilt: Portugal erhielt das erst noch zu entdekkende spätere Brasilien, Spanien alles Übrige. Rund 40 Jahre nach der Entdeckungstat Kolumbus' war die Unterwerfung der Völker Südamerikas vollendet.

Legendär geworden ist die Vernichtung des Aztekenreichs durch die von Hernán Cortés angeführten spanischen Konquistadoren. 1519 landeten die Männer an der Golfküste und machten sich auf den Weg nach Tenochtitlán, der Hauptstadt der Azteken. Die hoch zu Roß sitzenden Spanier im glitzernden Panzer wurden von König Montezuma II. als Götter empfangen. Götter, das wußten die Azteken vom eigenen Kult, in dem Menschenopfer eine Rolle spielten, fordern stets einen Tribut, und die Spanier verlangten auch den ihrigen: Gold.

Was die Azteken von ihren Göttern nicht kannten, war ein Begehren, das nicht zu stillen war. Es bleibt ein tragisches Mysterium, wie es Cortés und seinen etwa 180 Soldaten gelingen konnte, sich die vielen tausend Azteken scheinbar widerstandslos zu unterwerfen. Wahrscheinlich erhielten sie Unterstützung von einheimischen Feinden dieses Großreichs, aber daß dem brutalen Herrschaftswillen der Konquistadoren nichts entgegengesetzt werden konnte, wirkt immer noch rätselhaft. Die Goldgier trieb die Eroberer zu abscheulichen Greueltaten. Zum hohen Blutpreis bekamen sie auch ihr Gold, sagenhafte Mengen davon, die Spanien und Portugal über lange Zeit zu den reichsten Ländern Europas machten.

Die Langzeitfolgen dieses Ausbeutungskolonialismus waren fast so verheerend wie die Niederwerfung der Mayas, Azteken und Inkas durch die Konquistadoren. Die alten, zugrundegerichteten Zivilisationen der Indios wurden nicht durch neue Kolonialstrukturen ersetzt. Gold, Silber, Naturprodukte und Rohstoffe des Kolonialreiches dienten dazu, die Kassen der Mutterländer zu füllen, und es schien nicht nötig, eine neue Gesellschaft in Südamerika zu errichten. Nicht Familien, sondern überwiegend Männer, Abenteurer, entsandten die Kolonialherrscher im fernen Europa nach Südamerika. Freilich blieben diese Männer ungern einsam und relativ rasch bevölkerten sie das Land mit Mestizen, den Kindern, die aus ihren Verbindungen mit den Indiofrauen hervorgingen.

Einen leichten Stand hatten diese Kinder aus zwei Welten nicht. Die herrschende Oberschicht bildeten ausschließlich die Spanier und Portugiesen bzw. die sog. Kreolen, die in der Neuen Welt geborenen Nachkommen europäischer Eltern. Es war wieder eine Verquickung von guten und bösen Absichten, die in diesen südamerikanischen Kolonien zum Tragen kam. Man sorgte sich um das Seelenheil der »Wilden«, die Missionare besorgten die Taufe von ungezählten Menschen. Aber gleichzeitig streute man in der neuen Kultur die Saat des Rassismus. Man lernte zu unterscheiden zwischen »höheren« und »niederen« Menschen, zwischen Weißen und Farbigen.

Südamerika unterlag einer Hierarchie, die jeden Aspekt öffentlichen Lebens bestimmte. Die gekrönten Häupter Spaniens und Portugals hielten ihre Besitzungen in Übersee in einer wohldurchdachten Abhängigkeit. Das bedeutete u.a. die Abriegelung gegen die Außenwelt. Die Häfen Südamerikas waren für die Schiffe fremder Länder geschlossen. 300 Jahre lang dauerte die Kolonialzeit Iberoamerikas, und in dieser Epoche wurde wenig unternommen, um mit Entwicklungen in der übrigen Welt Schritt zu halten. Heute noch ist das Gefälle zwischen Norden und Süden in Amerika eklatant, und dies bleibt nicht zuletzt Teilvermächtnis der Kolonisierung.

Man sucht vergeblich nach einem alleinigen Grund, warum die eine Hälfte Amerikas mit so vielen Nachteilen behaftet, die andere von so vielen Vorteilen begünstigt wurde. Gleichzeitig wäre es töricht, in Nordamerika das Land des Glücks, in Südamerika das des Leids erblicken zu wollen, aber die Zufälle, die die Neue Welt geformt haben, bescherten dem Norden so manches, was dem Süden vorenthalten blieb.

Als glücklichster Umstand für die Entwicklung Nordamerikas stellt sich ironischerweise die Nachlässigkeit heraus, mit der die nordeuropäischen Länder ihre Kolonien verwalteten. Diese lockere Handhabe ließ eine Gesellschaft mit viel Raum für Experimente erwachsen. Amerikaner und Kanadier haben eine besondere Vorliebe für das Ausprobieren neuer Möglichkeiten. Man eifert nicht so sehr den Präzedenzfällen nach, sondern testet mal dies, mal das, bis man eine Lösung gefunden hat, die gefällt. Dieses besonders amerikanische »learning by doing« wirkt ganz natürlich angesichts der Lebensläufe von Generationen, die der Reglementierung zu entkommen versuchten und die Freiheit dazu in Amerika fanden.

Hinter der Kolonisierung Nordamerikas stand allerdings nicht die Flucht vor Zwang und Tradition, sondern ebenfalls die Lust am Profit. Die Neue Welt symbolisierte von vornherein unerschlossene Gewinnquellen. Die Herrscher Englands, Frankreichs, der Niederlande und der sonstigen nordeuropäischen Länder hatten nicht vor, tatenlos zuzusehen, wie ihre südlichen Nachbarn Gebiete in Besitz nahmen, die größer als ganz Europa waren. Die Spanier gründeten zwar die erste Kolonie auf dem Gebiet der heutigen USA in Florida, aber England und Frankreich folgten bald nach.

Zunächst wollte England im nördlichen Neufundland Fuß fassen, aber es sollte noch dauern, ehe das unwirtliche Areal Siedlungen aufwies. In dem von Sir Walter Raleigh zum englischen Besitz erklärten Virginia, das Raleigh der jungfräulichen englischen Königin Elizabeth zu Ehren so nannte, errichtete eine Londoner Handelsgesellschaft im Jahr 1607 die Kolonie von Jamestown. Dort konnten sich die Engländer halten, obwohl die Schwierigkeiten beachtlich waren.

Die Jamestown-Kolonie überlebte zunächst nur, weil stets Siedler aus England nachkamen; die Todesrate in den Kolonien war hoch. Man kann sich schwer vorstellen, was Menschen bewogen haben mag, an einen Ort zu reisen, wo in den Anfangsjahren nach Gründung der Siedlung 80% der Bewohner an Krankheit und Hunger starben oder Angriffen feindseliger Indianer zum Opfer fielen. Schon die Überfahrt dauerte Wochen und barg stets Gefahren. Der Handel war anfangs nicht einmal besonders lukrativ. Hier war kein Gold zu holen. Zum Glück entdeckten die Kolonisten durch die Indianer den Tabak; der äußerst gewinnträchtige Anbau dieser Pflanze sicherte der Kolonie die Existenz. Im heutigen Amerika werden die Raucher zwar an den Pranger gestellt und Zigarettenhersteller verklagt, aber ohne Tabak wäre Jamestown dem Untergang geweiht gewesen.

Die Kolonisten entdeckten in Virginia nicht nur die Vorzüge des Tabaks, sondern auch die der Ferne zum Mutterland. Europa widmete sich seinen Kriegen, und England überließ es seinen Kolonisten, das Schicksal ihrer Kolonie selbst in die Hand zu nehmen. Wurde ihnen das Gesetz nicht vom König diktiert, gaben sie sich selbst Gesetze, und bald hatten gewählte koloniale Versammlungen das Sagen in Neuengland.

Die Freiheit der Virginier blieb in England nicht unbemerkt, sondern entwickelte sich zur wichtigsten Attraktion der nordamerikanischen Kolonien. Frei zu sein, der Unterdrückung zu entrinnen – das war das Ziel der Menschen, die in den nachfolgenden Jahren nach Nordamerika kamen und neue Kolonien gründeten mit Namen wie Massachusetts, Maryland, Pennsylvania oder Rhode Island. Es kamen vor allem diejenigen, die wegen ihres Glaubens verfolgt wurden, und fast jede Glaubensgemeinschaft wurde irgendwo im Europa des 17. Jhs. verfolgt. Ob Puritaner, Quäker, Hugenotten, Mennoniten, Katholiken oder Juden, alle gingen sie nach Amerika, um ihren Glauben unbehelligt zu leben. Und ebenso wichtig wie dieser gemeinsame Drang nach Freiheit war der Umstand, daß es Familien waren, die ihre neue Heimat in der Neuen Welt suchten. Sie bauten Siedlungen, die sich zu Dörfern auswuchsen, aus denen Städte hervorgingen. Eine neue Gesellschaft wollten sie gründen, vielleicht sogar ein neues Paradies.

Amerika als neuer Garten Eden und der Amerikaner als zweiter Adam: Diese Bilder gehörten von Anbeginn zum Selbstverständnis des Volkes, das die Vereinigten Staaten gründete. Sie wollten beweisen, daß es dem in Freiheit lebenden Menschen möglich sei, dem Laster abzuschwören und dem Sittenverfall des alten Europa zu widerstehen. Es störte lediglich, daß es in diesem unberührten Paradies schon Menschen gab. Die ersten Siedler und Pilgerväter waren sich nicht ganz sicher, was sie von den Indianern Nordamerikas halten sollten. Zweifellos sahen sie in den Eingeborenen beseelte Wesen, die nur das Unglück hatten, am Heil der Glaubenslehre und am Licht der Vernunft bislang nicht teilgehabt zu haben. Die Kolonisten

waren aufgeklärt und wußten, daß diese sog. edlen Wilden zwar unkultiviert, aber menschlich und teilweise sogar hilfsbereiter und ehrlicher als »Zivilisierte« waren.

Diese Auffassung des »Naturmenschen« verewigte sich bald in der europäischen Geisteswelt. Mit seinem Schiffbruchsroman »Robinson Crusoe« (1719), dem wohl größten Bestseller des 18. Jhs., setzte der englische Schriftsteller Daniel Defoe diesem Indianerbild ein bleibendes Denkmal – die Figur des Freitag. Die Neue Welt begann, die Alte geistig zu befruchten.

Der französische Philosoph Jean Jacques Rousseau (*1712, †1778) war von der »primitiven« Vornehmheit dieser unverdorbenen Urmenschen so angetan, daß er eine ganze Weltvorstellung um das Konzept aufbaute, daß der Mensch von der Last der Kultur befreit werden müsse, wenn er sich zu einem wirklich edlen Geschöpf entwickeln wolle. Die ganzen sozialen Umbrüche des modernen Europa, ob Sturm und Drang, Revolution, Romantik oder 68er Revolte, enthalten alle im Kern wenigstens ein winziges Überbleibsel des Gedankenguts, das der Berührung mit Amerika entsprang.

Der erste Kontakt zwischen Neuengländern und Indianern scheint friedlich gewesen zu sein. Ohne die Hilfe der Eingeborenen hätte die erste Gruppe von Jamestownern den Winter nicht überlebt. Das amerikanische Erntedankfest, die Thanksgiving-Feier, gehört zu den schönsten Festtagen Nordamerikas. Aus Dankbarkeit gegenüber den Helfern der ersten Stunde begeht man das Fest mit den Traditionsgerichten Truthahn, Mais und Kürbiskuchen, also mit einheimischen Gerichten. Schon bald lernte diese und andere Produkte Amerikas auch die Alte Welt schätzen: Tomate, Kartoffel, Bohne und einiges mehr. Auf diese Weise bereicherte Amerika so manche Gesprächs- und Tafelrunde zu Hause in England.

Die Europäer waren begierig danach, diese amerikansichen Urmenschen kennenzulernen, ohne den Atlantik überqueren zu müssen. Also wurden Indianer nach Europa gebracht. Die Algonkin-Prinzessin Pochahontas fuhr schon 1616 nach London. Sie ließ den Jamestown-Kolonisten besondere Fürsorge angedeihen und bewahrte Kapitän John Smith wahrscheinlich sogar vor dem Tod. Aber einen anderen heiratete sie: John Rolfe. Das britische Königspaar James I. und Königin Anne empfingen die junge Frau mit aller gebührenden Würde und ließen sie wie jedes hohe Mitglied eines europäischen Königshauses am Hofe feiern.

Auf der Rückfahrt nach Virginia starb die Prinzessin an den Pocken, mit denen sie sich in England angesteckt hatte. Überhaupt gehörten die in Amerika unbekannten Krankheiten Europas zum Schlimmsten, was die Entdecker und Kolonisten in die Neue Welt mitbrachten. Zu Hunderttausenden wurden Indianer von Seuchen dahingerafft, gegen die die Europäer immun waren.

John Rolfe hatte immerhin einen Trost: Seine Frau war getauft worden und hatte den christlichen Namen Rebecca erhalten. Ihre Seele war gerettet. Die Kolonisten und Kolonisatoren, die übers Meer kamen, erblickten in den Indianern ihre Mündel. Was sollte man sonst von Menschen halten, die weder den Erlöser noch das Eigentum noch die Schriftsprache kannten? Letzten Endes war es den Pilgern, Städtegründern und Unternehmern aus der Ferne nicht geheuer, daß die Indianer so bleiben wollten, wie sie waren.

Man verstand und duldete nicht, daß sich »Primitive« nicht beibringen ließen, wie »richtige« Menschen zu leben, und es dauerte nicht lange, bis die ersten zarten Bande der

Freundschaft in Ausbrüchen verbitterter Feindschaft zerrissen wurden. Kolonisten und Indianer bekriegten sich auf grausamste Art, aber schon der erste Indianer, der seine Hand gegen die Eindringlinge aus der Alten Welt erhob, kämpfte auf aussichtslosem Posten, denn die Weißen waren entschlossen, sich nicht aufhalten zu lassen. Von den rund 2,5 Mio. Ureinwohnern Nordamerikas der präkolumbischen Zeit blieben 400 Jahre später nur eine Viertel Million übrig.

Im nördlichsten Gebiet am Sankt-Lorenz-Strom erging es den Indianern anfangs besser. Der sog. Great White North, der später nach einem Indianerwort Kanada heißen sollte, gehörte Frankreich. Den Entdeckern Jacques Cartier und Samuel de Champlain folgten schon im frühen 17. Jh. die Händler. Europa kleidete sich nämlich schon amerikanisch in Biberfell und Silberfuchspelz. Gute Gewinne waren jedem sicher, der sich darauf verstand, die Tiere selbst zu jagen oder den Indianern günstig abzukaufen. Die Coureurs de Bois (Waldläufer) verbreiteten sich über das ganze Areal der Großen Seen bis hinab ins Mississippital. Am Golf von Mexiko gründeten sie die Stadt New Orleans, deren Einwohner auf das berühmte französische Viertel besonders stolz sind.

Die Pelzjäger dachten nicht daran, aus den Indianern Untertanen ihres Königs zu machen. Mit Geschäftspartnern machte man Geschäfte, das reichte. Sie teilten auch nicht die Abneigung ihrer englischen Nachbarn im Süden gegen die Frauen der Indianer. Freilich gab es wenige französische Frauen in Kanada. Darin ähnelte die französische Kolonie dem spanisch-portugiesischen Kolonialreich Südamerikas, und wie dort kamen in Kanada zahlreiche Kinder aus Mischehen zur Welt, die Métis.

Mit den Lateinamerikanern hatten die nordamerikanischen Franzosen auch den katholischen Glauben gemein, und Jesuiten aus dem Mutterland bekehrten eifrig zahlreiche Indianer zur römischen Kirche. Aber im Gegensatz zu den englischen Protestanten konnten die Jesuiten durchaus mal ein Auge zudrükken, wenn die neuen Glaubensbrüder und -schwestern manches Ritual aus der eigenen Tradition praktizierten. Auf Rigorismus kam es ihnen nicht an. So lebten Europäer und Indianer in Kanada friedlich nebeneinander.

Die Reste französischer Kultur, die es heute in Nordamerika gibt, sind vielfältiger als man zunächst vermutet. Ortsnamen von Detroit im Norden bis Beaufort im Süden sind Spuren eines einst gallischen Amerikas. Die Sprache der Cajuns von Louisiana erklingt in fremdem Tonfall, einem besonderen Singsang der Südstaaten, aber Französisch ist es allemal. Vor allem das französische Kanada, Quebec, wirkt wie eine transplantierte europäische Landschaft auf der amerikanischen Landkarte. Auf den Straßen oder in den Cafés und Bäckereien der größten französischsprachigen Stadt der Welt nach Paris, Quebec-Stadt, wähnt man sich oft auf dem alten Kontinent, wäre der Winter nicht kälter und länger, als er je in Frankreich ist.

In Europa trennt England und Frankreich der Ärmelkanal, aber nicht einmal er hat verhindern können, daß sich Mißgunst, Mißtrauen und Neid zwischen den beiden Ländern immer wieder in Kriegen entluden. In Amerika wurden die zwei streitbaren Nationen zu unmittelbaren Nachbarn und fanden es in der Neuen Welt noch einfacher, den Zwist fortzusetzen.

Die Scharmützel, Gefechte, Kämpfe und Kriege zwischen Neufrankreich und Britisch-Nordamerika führten zu unzähligen Verschiebungen der kolonialen Verhältnisse. Ein Ende nahm der Konflikt erst, nachdem Großbritannien die Lage eindeutig für sich entschied. Der große French and Indian War von 1754 bis 1763 führte die Wende in Nordamerika herbei, wonach England die Vorherrschaft auf dem nördlichen Subkontinent ergriff.

Der Traum vom französischen Kolonialreich in Nordamerika war damit ausgeträumt, aber der Widerstand gegen die englische Dominanz lebt in Kanada heute noch. »Je me souviens« (Ich erinnere mich) drucken sich die Quebecer heute auf das Nummernschild ihrer Autos und meinen nichts anderes als die Erinnerung an den bitteren Verlust der französischen Autonomie. Quebecs Separatisten werden nicht müde, den Austritt aus dem kanadischen Bund zu fordern.

Aber die Zukunft Nordamerikas sollte englisch sein – so war es von der britischen Krone vorgesehen, die nach dem gewonnenen Krieg gegen Frankreich ihre Kolonien stärker ans Mutterland zu binden suchte. Damit unterschätzte London den Freiheitsdrang der Amerikaner, die nach 150 Jahren relativer Selbstbestimmung mitnichten daran dachten, sich das Herrschergebaren des britischen Königs bieten zu lassen. Sie lehnten es ab, die englischen Steuern zu zahlen. Als England die Zügel enger anzog, ließen sich die Kolonisten auf die ultimative Mutprobe ein: Sie erklärten sich für frei.

Vielleicht zweifelten selbst Männer wie James Madison, Thomas Jefferson oder George Washington, die führenden Köpfe Amerikas zur Zeit der Revolution, ob die Kolonien den Unabhängigkeitskrieg gegen Großbritannien, die größte militärische Macht der damaligen Welt, gewinnen konnten. Aber sie wußten sich im Besitz einer mächtigen Waffe, des Glaubens an die angeborene Freiheit des Menschen. Die Vereinigten Staaten von Amerika wurden nicht auf die Zugehörigkeit zu einem Volk, sondern auf das Bekenntnis zu Ideen gegründet. Diese Ideen der europäischen Aufklärer besagten, daß die Freiheit ein Naturrecht sei, und daß der Staat nur dazu existiere, dem Bürger zu dienen. Erfülle der Staat diesen Auftrag nicht, so dürfe und müsse der Bürger ihn auflösen.

Europäische Denker wie John Locke oder der Baron Charles de Montesquieu sagten den Kolonisten, welche Rechte sie prinzipiell besaßen, aber die Amerikaner zeigten den Europäern, wie man aus den abstrakten Begriffen Freiheit und Gleichheit endlich Wirklichkeit macht. Das einerseits britisch-loyalistische, andererseits französisch-katholisch-konservative Kanada blieb bei der englischen Schutzmacht, aber die dreizehn nordamerikanischen Kolonien erzwangen 1783 ihre Unabhängigkeit und entschieden sich als erster Staat der modernen Welt für die Demokratie. Die europäischen Revolutionsjahre, ob 1789 oder 1848 oder 1917, alle sind in gewisser Weise Ergänzungen der erstaunlichen Ereignisse von 1776.

Der Befreiungsakt wäre vollkommen gewesen, hätte er wirklich alle Amerikaner eingeschlossen. Die mehreren Millionen Schwarzafrikaner, die in amerikanischer Versklavung lebten, erhielten nicht einmal den Status von Staatsbürgern der USA, geschweige denn die Freiheit. 1619 kamen die ersten afrikanischen Sklaven in Virginia an. Die Sklavenarbeit machte den Anbau von Baumwolle, Tabak und Reis auf den großen Plantagen der amerikanischen Südstaaten so lukrativ, daß die amerikanische Sklavenbevölkerung Mitte des 19. Jhs. 3,5 Mio. Menschen zählte. War Amerika der neue Garten Eden, so war die Sklaverei die Erbsünde, die die junge Nation aus dem Paradies vertrieb.

Begonnen hatte die amerikanische Sklaverei in Südamerika und der Karibik. Die Indios hatten die spanischen und portugiesischen Kolonialherrscher als Arbeitskräfte verbraucht. Ihren Nachschub holten sie von den großen Sklavenmärkten der westafrikanischen Küste. Weniger als 5% der 11 Mio. Menschen, die die Sklavenhändler von Afrika nach Übersee brachten, wurden nach Nordamerika verkauft. Vor allem Brasilien und die karibischen Kolonien erwiesen sich als enthusiastische Abnehmer der Menschenware. Die Europäer verlangten nach Baumwolle, Zucker, Kaffee und Kakao aus der Karibik, und die Produktion dieser Artikel war Aufgabe der afrikanischen Arbeitskräfte. Die schwarze Bevölkerung der Insel Saint Domingue (heute Haiti), woher viele dieser Güter kamen, war mehr als vierzehnmal so groß wie die der Herrscher aus Frankreich.

Kein Wunder also, daß die erste Freiheitsbewegung Lateinamerikas hier ausbrach im Jahre 1791. Nachdem Napoleon 1802 versucht hatte, die Insel zurückzugewinnen und die Sklaverei dort wieder zu etablieren, ließ der schwarze Revolutionsführer Jean-Jacques Dessalines die übriggebliebenen Weißen umbringen. Haiti wurde der erste amerikanische Staat, in dem Schwarze herrschten.

Insgesamt ist die Freiheit Lateinamerikas ein schwieriges Kapitel. Das fast völlig unentwickelte Brasilien erhielt erst 1807 eine wirkliche Bedeutung für Portugal, nachdem die Königsfamilie auf der Flucht vor Napoleon ihren Hof nach Rio de Janeiro verlegt hatte. 1815 zum Königreich Brasilien erklärt, erlebte das Land eine erste Blüte.

Eine liberale, aber dennoch monarchistische Verfassung und die Unabhängigkeit erfolgten 1822. Der Kronprinz Peter gönnte sich in Südamerika ein eigenes Kaiserreich. Sein Sohn Peter II. trieb die Modernisierung voran: 1888 schaffte man endlich die Sklaverei ab (35 Jahre später als die USA). 1889 wurde der Kaiser vertrieben. Brasilien entschloß sich ohne große Umwälzungen, eine Republik zu werden. Die Selbständigkeit kam zwar verspätet, aber auch relativ gewaltfrei. Darin blieb Brasilien die glückliche Ausnahme.

Die starre Ständeordnung verhinderte in Südamerika zunächst eine Reaktion auf die Freiheitskämpfe in den USA oder Frankreich. Der Anstoß mußte von außen kommen. Seltsamerweise bewirkte Napoleon eine Entwicklung, die Aufstände in ganz Lateinamerika nach sich zog. Als die Macht des spanischen Königshauses zu Beginn des 19. Jhs. bröckelte, setzte Bonaparte seinen Bruder Joseph als Regenten in Spanien ein. Die spanische Bevölkerung erhob sich und bildete eine Gegenregierung. Iberoamerika eiferte diesem Beispiel nach.

Es brach die Zeit der großen Männer und populären Volksbewegungen an, wie sie das 19. Jh. besonders liebte. Der Kreole Simón Bolívar wurde zur Gallionsfigur des südamerikanischen Freiheitskampfes. Die Leistungen dieses Mannes waren beachtlich. Nicht umsonst nannte sich Südperu ihm zu Ehren in Bolivien um. Der ganze Nordwesten des Subkontinents, Kolumbien, Venezuela und Ecuador, warfen unter seiner Führung das Joch der Kolonialherrschaft ab. Bolívar belohnten die Völker dieser Länder mit der Präsidentschaft über das riesige Großkolumbien, das alle drei von ihm befreiten Nationen umfaßte – Nord- und Südamerika haben eine Affinität zum Grandiosen gemein.

Der Argentinier José de San Martín führte die Chilenen und Peruaner in den Kampf gegen die spanischen Unterdrücker. In Mittelamerika war es der Offizier Augustín de Itúrbide, der den Mexikanern zur Unabhängig-

keit verhalf. Allenthalben feierte man in Neuspanien den Siegeszug des Freiheitsdenkens, doch die Unwägbarkeiten der großen Führer trübten den Erfolg. Itúrbide ließ sich zum Kaiser krönen und mußte durch einen Militärputsch des Generals Antonio López de Santa Anna abgesetzt werden. Bolívar fand zunehmenden Gefallen an der Autorität und richtete sich langsam auf eine diktatorische Herrschaft ein. Auch er wurde aus seinem Amt verdrängt, aber wie Itúrbide statuierte er ein Exempel für sämtliche »Caudillos« (Führer), die die Geschicke Lateinamerikas immer wieder nach ihrem Willen zu lenken versuchten, mochten sie Díaz, Peron oder Pinochet heißen. Ein fatales Zusammenspiel von Demagogen und Militär zehrte bis zur zweiten Hälfte des 20. Jhs. an den Kräften der lateinamerikanischen Staaten – die in der Kolonialzeit errichteten Oligarchien förderten eine Tradition, deren Abschaffung lange auf sich warten ließ.

Lateinamerika wurde frei und blieb doch abhängig – vom Willen seiner autoritären Führer und vom Einfluß des großen Nachbarn im Norden. Die USA begrüßten und förderten das Ringen des Südens um die Unabhängigkeit. 1823 machte US-Präsident James Monroe mit der Verkündung seiner Doktrin unmißverständlich klar, daß die europäischen Kolonialherren in Amerika, sowohl Nord als auch Süd, nicht länger erwünscht waren. Überhaupt bewegten sich die USA in dieser Zeit weiter weg vom alten Europa mit seinen Zänken und Intrigen. Aber diesen Phasen der Abkühlung folgte immer wieder ein Auftauen der Beziehung zwischen Alter und Neuer Welt. Man war sich fern, aber doch wieder nah.

Nach einem zweiten Krieg gegen Großbritannien hatten die USA genug von internationalen Konflikten und widmeten sich dem eigenen Kontinent. Ihre Absichten waren ambitioniert, schoben die Amerikaner die eigene Westgrenze immer weiter Richtung Meer. Es entwickelte sich die besondere Mentalität der Grenzer, der Menschen der »Frontier«, wie der Historiker Frederick Jackson Turner es formulierte. Das Neue jenseits des bekannten Terrains lockte sie, sich immer weiter westlich vorzuwagen.

Die ehemals französischen Gebiete im Mississippital kaufte Washington 1800, damit waren die USA schon auf halbem Weg zur Westküste. Weiterer Landerwerb half, das Bild vom amerikanischen Kontinent zu komplettieren, und im Krieg gegen Mexiko Mitte des 19. Jhs. errangen die USA Nordkalifornien, New Mexico und Texas. Am Ende des Jahrhunderts reichte die Nation tatsächlich von Meer zu Meer.

Es war allerdings nicht bloß eine Zeit glücklicher Expansion. Im 19. Jh. wurde die noch nicht 100 Jahre alte Nation vor die bislang ernsthafteste Herausforderung ihrer Geschichte gestellt. Innerhalb des Landes hatten sich Unterschiede zwischen Nord und Süd herausgebildet, die fast so kraß waren wie die zwischen den zwei Subkontinenten. An erster Stelle führte der Unwille der Südstaaten, sich von der Sklaverei loszusagen, in eine Krise, die die USA auseinanderzureißen drohte. Aber auch der politische Machtkampf zwischen dem begüterten »Landadel« des Südens und den Industriellen des Nordens schürte einen scheinbar unüberwindbaren Haß, der die Vereinigten Staaten fünf blutige Jahre lang teilte.

Mehrmals hatten die Südstaaten mit Sezession gedroht, um ihren Willen in Washington durchzusetzen. 1861 machten sie Ernst. Es war die Wahl Abraham Lincolns zum Präsidenten der Vereinigten Staaten, die den formellen Anlaß zum Austritt aus dem Staatenbund gab, denn einen erklärten Gegner der Sklaverei im Weißen Haus fanden die mächtigen Plantagenbesitzer inakzeptabel. Eine zerstörerische Selbsttäuschung ließ sie glauben, diesen ungleichen Krieg gegen die Übermacht des Nordens gewinnen zu können. Aus der Tragik der Niederlage spann der Süden eine eigene Mythologie, die auch in unseren Tagen das Bewußtsein der Südstaatler prägt und in den Werken einiger der größten amerikanischen Schriftsteller wie William Faulkner oder Tennessee Williams einen unvergeßlichen Ausdruck fand.

Der Sezessionskrieg wurde also zugunsten der schwarzen Sklaven und der industriellen Zukunft entschieden. Es dauerte lange, bis sich Gleichheit zu der Freiheit der schwarzen Amerikaner gesellte. Die Unterdrückung und Diskriminierung wurden nicht aufgegeben. Erst die Protestbewegungen der 1960er Jahre brachten Veränderungen und ein Amerika, das allen Bürgern das Recht auf Leben, Freiheit und das Streben nach Glück garantierte. Die Industrialisierung schritt voran. Die Fabrikhallen schossen wie Pilze aus dem Boden, im Nordosten der USA entstand das größte Industriegebiet der Welt. Der plötzliche Bedarf an Arbeitskräften brachte Neue und Alte Welt wieder einmal näher zusammen, als Amerika seine Tore weiter denn je zuvor öffnete. Aus ganz Europa, von Spitzbergen bis Rom, von Glasgow bis St. Petersburg kamen die Menschen nach Amerika – Ende des 19. Jhs. waren es jede Woche über 50 000.

Der sprichwörtlich gewordene amerikanische Schmelztiegel wurde um die Jahrhundertwende geschmiedet. Selbst in den anderen traditionellen Immigrationsländern, sei es Australien, Argentinien oder Südafrika, fand eine solche Völkervermengung nicht statt. Auch im benachbarten Kanada behaupteten weiterhin die englischen und französischen Einwohner ihre soziale und kulturelle Hegemonie und blieben außerdem säuberlich voneinander getrennt.

Lief man dagegen die Straßen der US-amerikanischen Großstädte im ausgehenden 19. Jh. entlang, so vernahm man ein babylonisches Sprachengewirr. Die Bevölkerung von New York und Chicago bestand um diese Zeit aus bis zu 80% Einwanderern aus aller Herren Länder. Dennoch gab es keine ethnischen Kleinkriege auf den Straßen. Die Menschen lebten zunächst nebeneinander, bald auch miteinander.

Nach zwei Generationen legten diese Menschen die Bräuche und Sprachen der Vergangenheit größtenteils ab und nahmen eine neue Identität an. Heute sucht man fast vergebens nach einem Amerikaner, in dessen Herkunft sich nicht mehrere Kulturen und Völker vermischen. Europäer legen das den Amerikanern gerne als kulturelle Gesichtslosigkeit aus, aber beide Subkontinente sind es gewohnt, vorwärts zu schauen und der Vergangenheit keinen übertriebenen Wert beizumessen. Es ist nicht möglich, neue Nationen zu gründen, ohne sich wenigstens teilweise von seiner Vergangenheit zu lösen.

Die Zukunft ließ sich in Lateinamerika nicht so leicht gestalten wie im Norden. Die Länder dort stiegen nicht zu einflußreichen Industrienationen auf, sondern wurden zu Rohstofflieferanten der Mächtigen. An ihren Exportprodukten wie Kaffee, Kakao, Weizen, Bananen, Baumwolle, Sisal, Kautschuk, Salpeter und Kupfer verdiente zwar die führende Oberschicht der südamerikanischen Länder, aber die Volkswirtschaften spezialisierten sich zusehends auf diese Produkte und wurden einseitig. Großen Unternehmen

aus den USA wie der United Fruit Company fiel es leicht, ihren Einfluß unterhalb des Äquators spürbar zu stärken.

Nicht nur finanziell wurden die USA zu einer immer stärkeren Macht in Südamerika. Washington nahm nicht ohne Neid und Unruhe zur Kenntnis, wie die europäischen Großmächte ihre Kolonialreiche ausdehnten. Die USA erklärten Lateinamerika zur eigenen »Interessensphäre«.

Als der Bau des für amerikanische Handelsbeziehungen wichtigen Panamakanals wegen des Widerstands Kolumbiens nicht vorangehen wollte, ließ US-Präsident Theodore Roosevelt eine Revolution veranstalten, die zur Abtrennung Panamas von Kolumbien führte. Wegen Zahlungsunfähigkeit geriet die Dominikanische Republik von 1905 bis 1924 unter direkte amerikanische Kontrolle, und Honduras wurde im selben Zeitraum dreimal zum Schauplatz amerikanischer Interventionen. Gleichzeitig bemühten sich die USA mittels Finanzhilfe und Demokratisierungsmaßnahmen, den ärmlichen Nachbarn auf die Beine zu helfen. Aber die Dominanz des Rohstoffexports verhinderte das Entstehen einer eigenständigen Wirtschaftsstruktur.

Dann kam das 20. Jh. mit seinen Krisen. Der Börsenkrach des Jahres 1929 löste eine globale Finanzmisere aus. Als die Aktien an der Wall Street stürzten, rissen sie die Banken und Handelshäuser Europas mit in den Abgrund. Die Massenarbeitslosigkeit der 30er Jahre erschütterte zum ersten Mal ernsthaft das Vertrauen der US-Amerikaner in die Zukunft ihres Landes. Aber sie gaben nicht auf. Zu Optimismus hatten die Länder Südamerikas weniger Grund, denn die Wirtschaftskrise wirkte sich hier verheerender aus als in den reichen Ländern. Als der Industrie der USA und Europas die Kraft ausging, ließ auch der Rohstoffbedarf nach. Gleichzeitig wuchs die Bevölkerung in Lateinamerika, die Folge waren schlimme Hungersnöte, die für die Ärmsten dieser Länder zur Lebensbedrohung wurden. Lateinamerika hatte gerade erst begonnen, sich eines keimenden Wohlstands zu erfreuen, da der Erste Weltkrieg das Exportgeschäft angekurbelt hatte.

Die militärischen Auseinandersetzungen unseres Jahrhunderts, die beiden Weltkriege und der sog. Kalte Krieg, stellen Tief- und Höhepunkte zugleich in der Geschichte der wechselhaften Beziehungen zwischen Amerika und Europa dar. In der Solidarität mit den Alliierten Mächten rückten Kanada und die USA auf eine Art mit der alten Heimat zusammen, die über Eigennutz weit hinausreicht. Besonders hoch waren die Opfer, die Kanada zum Schutze des Mutterlandes brachte. Dies trug dazu bei, daß Kanada zunehmend Selbständigkeit von der Krone erwarb, um die Bestimmung des eigenen Geschicks schließlich ganz zu übernehmen.

Auch die USA ließen die europäischen Verbündeten trotz manchen Mißverständnisses der Vergangenheit nicht im Stich. Die »special relationship« zu Großbritannien, die Amerika auch heute hegt und pflegt, festigte sich vor allem in den Jahren des Kriegs. Gleichzeitig sagten sich zahlreiche Amerikaner deutscher Abstammung wohl oder übel von der alten Heimat los.

Für die Gemeinsamkeiten zwischen Europa und Amerika spricht eindeutig die Versöhnung, die nach dem Ende dieser Kriege nicht auf sich warten ließ. Fünfzig Jahre Frieden in Europa bedeuten auch fünfzig Jahre Frieden mit Amerika, und in diesen fünf Dekaden gab es viel Zeit für Annäherungen. Wahrscheinlich besser als je zuvor, selbst besser als zu Zeiten der großen Immigrationswellen, kennen sich heute Amerikaner und Eu-

ropäer. Sie sehen sich oft genug kritisch, aber nie ohne Achtung.

Erst seit wenigen Jahren gilt dieses glückliche Einverständnis auch für die Beziehungen zwischen den USA und den Ländern des ehemaligen Sowjetimperiums. So polarisiert war die Welt wahrscheinlich noch nie wie in den fünf Jahrzehnten der gegenseitigen Abschreckung zwischen der Sowjetunion und den Westmächten. Auf der ganzen Welt trug man diesen Konflikt der Ideologien aus, in Berlin, Seoul, Saigon.

Davon blieb auch Südamerika nicht unberührt. In den verschiedenen iberoamerikanischen Ländern strebte Washington den Zusammenschluß militärischer Bündnisse an, die immer mehr zur Abwehr kommunistischer Unterwanderung dienten. Nach der Revolution auf Kuba gewann die Sowjetunion allerdings einen wichtigen Stützpunkt im Hinterhof der USA und setzte ebenfalls alles daran, Südamerika in sowjetische Freundschaftspakte einzubeziehen.

Es bekam den lateinamerikanischen Ländern schlecht, als Schachfiguren auf dem geopolitischen Spielbrett der beiden Weltmächte hin- und hergezogen zu werden. In den Wirren dieses Konflikts fielen die Zivilregierungen in Peru, Argentinien, der Dominikanischen Republik, Bolivien und Brasilien. In den nachfolgenden Jahren gelang es den Militärregierungen meist, ihren Griff um die Macht zu festigen. Nur in Nicaragua erkämpfte sich die marxistische Guerilla die Macht. Aber die Tage des Despotismus in all seinen Ausprägungen waren, wie sich Ende der 1970er Jahre zeigte, gezählt. 1990 wurde ein in den 80er Jahren einsetzender Demokratisierungsprozeß in ganz Lateinamerika durch die Wahlniederlage der linksgerichteten Sandinisten in Nicaragua gekrönt.

Mit der Ankunft der Demokratie deutet sich

jetzt die Selbständigkeit in Südamerika an. In den kommenden Jahren sollen alle Länder der westlichen Hemisphäre in die Freihandelszone NAFTA eingegliedert werden, die zwischen Kanada, Mexiko und den USA besteht. Der Einfluß Lateinamerikas macht sich längst in den Vereinigten Staaten bemerkbar, wo vor allem zunehmend Kubaner, Mexikaner und Puertoricaner zu Mitbürgern der US-Amerikaner europäischer und afrikanischer Abstammung werden.

Heute öffnet sich ganz Amerika, nicht nur gegenüber den ehemaligen Kolonialländern, sondern auch gegenüber Asien und Afrika. China-Towns gab es schon vor 100 Jahren in den Großstädten, wo man die Gegenwart der Menschen aus Fernost als einen Hauch Exotik empfand. Heute gehören japanische, koreanische, chinesische und vietnamesische Namen und Gesichter zum amerikanischen Alltag, nicht nur in Nord-, sondern auch zunehmend in Südamerika. Es wird prognostiziert, daß das Amerika der Zukunft ein noch bunteres Amerika sein wird.

Kulturanalytiker haben dafür das Wort Multikulturalismus erfunden. Es wird teilweise auch mit Besorgnis von den Vertretern der weißen Mehrheit im Munde geführt, aber im allgemeinen scheint Einverständnis darüber zu herrschen, daß Amerika ein Doppelkontinent der Weltkulturen im umfassenden Sinne werden muß.

Gleichzeitig stellen Menschen überall fest, daß die Welt stets amerikanischer wird, und betrachten diese Entwicklung teils positiv, teils mit Besorgnis. Die Demokratie hat sich mit amerikanischer Hilfe ausgebreitet, aber ebenso die kulturelle Kommerzialisierung. Es gibt kaum einen Ort in der Welt, wo Coca Cola und Hamburger nicht erhältlich sind; selbst in Kleinstädten findet man ein mexikanisches Restaurant und in jedem Supermarkt Salsa. T-Shirt, Turnschuh und Jeans verdrängen die Nationaltrachten. Gerade in Europa sorgen sich die Menschen um den Bestand der eigenen Traditionen.

Haben sich Alte und Neue Welt auseinandergelebt? Ja und Nein. Gesicht und Gewohnheiten Amerikas sind heute weniger europäisch als vor 50 Jahren. Aber Amerika bleibt ein Nachkomme des Abendlandes. Nicht nur, weil so unzählig viele Menschen aus der Alten Welt die Länder Nord- und Südamerikas aufgebaut haben, sondern auch, weil das Entstehen dieser Nationen ohne die Taten der europäischen Entdecker und die Ideen der europäischen Aufklärung nicht möglich gewesen wäre.

Ein Leben in Freiheit und Gleichheit, eine nationale Identität, die nichts mit der Zugehörigkeit zu einem bestimmten Volk zu tun hat – diese Ideale haben sich in Amerika nicht immer realisieren lassen, aber sie bleiben die Ideale, an denen Amerika festhält, wenn es um Selbstprüfung und Fortschritt geht. Mit all ihren Fehlern und Unzulänglichkeiten stellt die Neue Welt die Vollendung der europäischen Aufklärung dar, und auch alle Wechsel der amerikanischen Geschichte haben die Erinnerung an deren Ideale nie ausgelöscht. Wenn man heute nach Möglichkeiten einer Wiedergutmachung bei den Indianern, den Indios und den Amerikanern afrikanischer Herkunft sucht, werden diese Gründungsideale wieder lebendig und ganz aktuell.

Alte und Neue Welt werden nie eins werden, dafür sorgt die räumliche Distanz. Aber im Laufe der letzten 400 Jahre haben sie sich nie aus den Augen verloren, und man muß wohl nicht fürchten, daß sie es nach weiteren 400 Jahren tun werden.

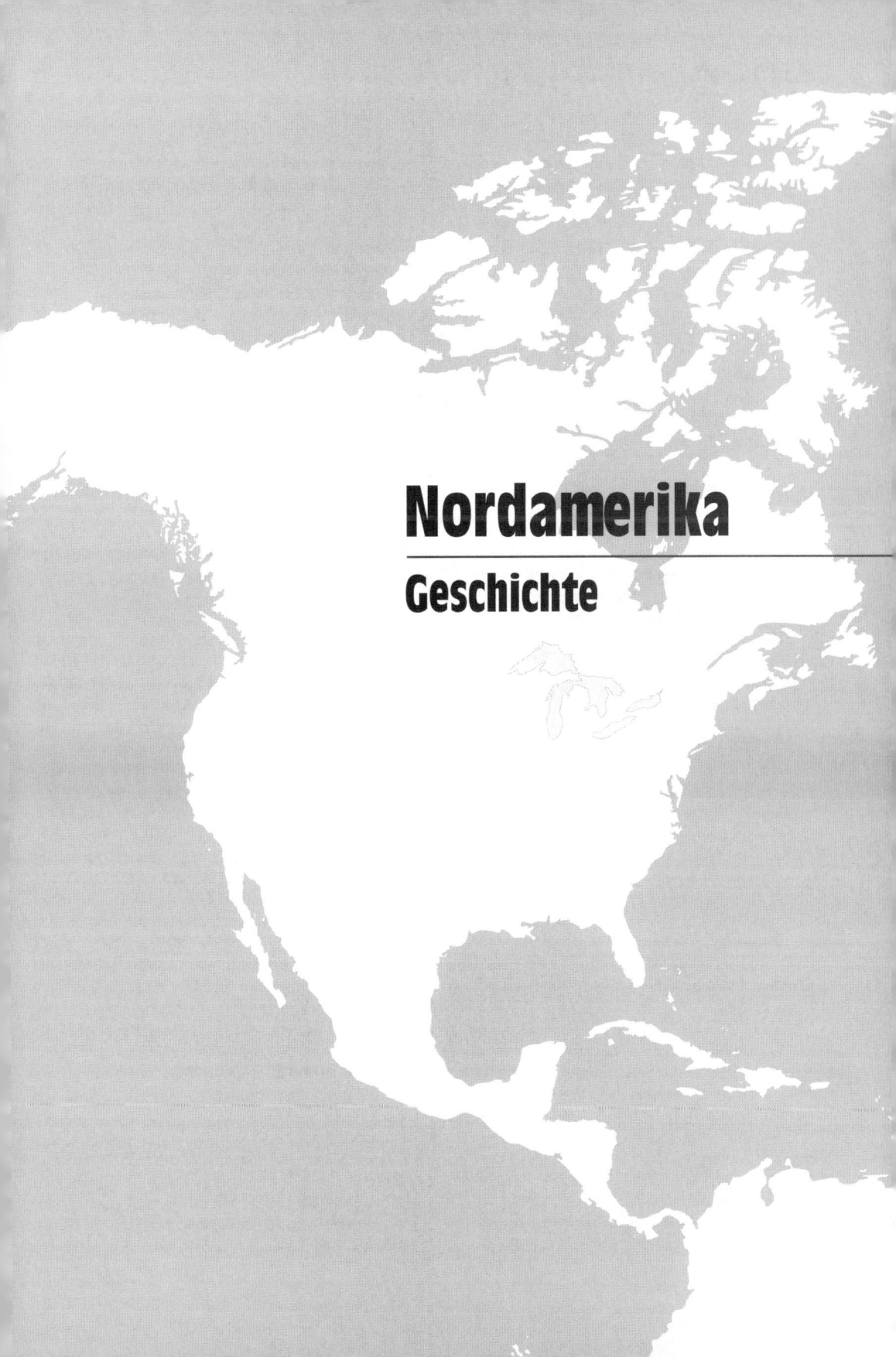

Nordamerika

Geschichte

NORDAMERIKA

Die Indianer Nordamerikas brachten teilweise Kulturen hervor, die Ansätze zur Staatenbildung zeigten. Die moderne Geschichte des Subkontinents ist aber vielmehr durch die europäische Einwanderung und die Konflikte der europäischen Staaten sowie die völlige Verdrängung der Indianer geprägt. Die USA entwickelten sich nach ihrer Gründung 1776 und nach der Überwindung der im Sezessionskrieg von 1861 bis 1865 gipfelnden inneren Widersprüche im 20. Jh. zur Weltmacht. Kanada verblieb zunächst beim britischen Königreich und erhielt erst 1931 die volle Unabhängigkeit. Die Staaten arbeiten heute eng zusammen und sind Mitglieder der Freihandelszone NAFTA.

Der Subkontinent

Am Anfang gab es vermutlich nur die eine Welt. Geologen glauben, daß Nord- und Südamerika vor 150 bis 180 Mio. Jahren von einem riesigen, vom Weltmeer umschlossenen Urkontinent abbrachen. Diese These – sowie die dadurch begründete Wissenschaft der Erdtektonik, der Theorie von der sich verschiebenden Erdkruste – geht auf den amerikanischen Geologen James Dwight Dana (*1813, †1895) zurück, der die von ihm postulierten Urlandmassen auf die Namen Gondwanaland (Südhalbkugel) und Laurasien (Nordhalbkugel) taufte. Genaue geologische Vergleiche von Oberflächenstruktur und Bodensubstanz der verschiedenen Erdteile geben Dana recht, aber allein der Blick auf die Weltkarte genügt, um sich von seinem Modell zu überzeugen: Die Ostküste der nördlichen Hälfte Amerikas gleicht sich den westlichen Umrissen Europas an, und ebenso kann man sich vorstellen, wie sich Südamerika und Afrika wieder zu der geologischen Einheit zusammenfügen, die sie einst bildeten. Schon mit dieser urzeitlichen Trennung wurde Amerika zur Neuen Welt, wie die europäischen Entdecker den Kontinent nannten, Nuevo Mundo oder auch Otro Mundo (Andere Welt).

Unterschiedlichen Theorien zufolge entstanden die ersten Hominiden vor 2,5 Mio. Jahren entweder in Afrika oder in mehreren Gebieten zugleich. Aber selbst wenn man von der These der simultanen Entstehung ausgeht, gibt es keine Anzeichen dafür, daß sich frühmenschliche Wesen in Amerika entwickelten. Von Anfang an ist der Werdegang des Menschen in der Neuen Welt eine Geschichte großer Einwanderungswellen.

Den ersten Bewohnern des Kontinents bot ihre neue Heimat scheinbar unerschöpflichen Lebensraum.

Nach traditionellen Definitionen bilden der Atlantische und der Pazifische Ozean die Grenzen Nordamerikas im Osten und Westen. Die Nordgrenze des Subkontinents reicht bis an den Nordpol und schließt das zu Dänemark gehörende Grönland ein, während das geologisch verwandte Island schon zu Europa zählt. Im Süden endet Nordamerika an der südlichen Grenze Mexikos, wo die nördliche Landmasse von Honduras und der Karibik getrennt, bzw. durch den Isthmus (Landenge) von Tehuantepec an Südamerika angeschlossen wird. Kulturell jedoch ist es der schon in Zentralmexiko beginnende mesoamerikanische Raum, der die Grenzlinie zu Nordamerika zieht. Die größte Distanz von Norden nach Süden beträgt ca. 8000 Kilometer und von Osten nach Westen ca. 6000 Kilometer. Genau betrachtet, reicht der Subkontinent von 16°–83° nördlicher Breite und von 55°–170° westlicher Länge. Innerhalb dieser Grenzen besitzt Nordamerika eine Gesamtfläche von über 23 Mio. km².

Landschaften und Klima

Nordamerika umfaßt mehrere Großlandschaften. Im Nordosten befindet sich der Kanadische (oder Laurentische) Schild, ein durch eiszeitliche Überformung gemodeltes Rumpfgebirge, das die Hudsonbai im Norden umschließt und im Süden an die Großen Seen und den St.-Lorenz-Strom stößt. Dieser geologisch älteste Teil des Kontinents ist wirtschaftlich wegen seiner reichhaltigen Bodenschätze (vor allem Erzlagerstätten) von Bedeutung. Eine weitere bedeutende Gebirgskette, die Appalachen, erstreckt sich im Osten vom St.-Lorenz-Strom im Norden bis zum Golf von Mexiko im Süden. Dieses Mittelgebirge ist reich an Mischwäldern und steigt bis zu 2000 m an. Kulturell bilden die Appalachen die natürliche Grenze zum mittleren Westen Nordamerikas. Hier beginnen die inneren Ebenen, die Great Plains, mit ihren flachen Prärien. Sie dehnen sich weit in den Westen aus, bis sich die Rocky Mountains wie eine riesige Steilwand vor der Westküste erheben. Das Alpingebirge erreicht eine Höhe von bis zu 6000 m und bildet zusammen mit dem den Pazifik säumenden Küstengebirge die Kordilleren.

Die landschaftliche Vielfalt geht mit großen klimatischen Unterschieden einher. Im nördlichen und zentralen Teil Nordamerikas sind alle Klimazonen der Nordhalbkugel vertreten. Zentralamerika und die Großen Antillen, die Inselkette des karibischen Meeres östlich der Yucatán-Halbinsel, weisen ein tropisches Klima auf, das im südlichen Nordamerika in ein subtropisches übergeht. Das gemäßigte Kontinentalklima der inneren Ebenen und der Appalachen wird im nördlichen Kanadischen Schild und Alaska vom subpolaren und polaren Klima abgelöst.

Moderne Staaten

Kulturell und politisch wird Nordamerika von den drei modernen, aus ehemaligen europäischen Kolonien hervorgegangenen Nationalstaaten Kanada, den Vereinigten Staaten von Amerika und Mexiko dominiert. Der europäische Einfluß hat somit die indianische Kultur der ersten Bewohner des Kontinents fast restlos verdrängt. Auf der Gesamtfläche Nordamerikas leben heute ungefähr 382 Mio. Menschen. Etwa 80 % der Bevölkerung sind europäischer Abstammung. In den USA leben knapp 13 % Farbige afrikanischer Abstammung, während in Mexiko die Mestizen, Mischlinge zwischen Indios und weißen Europäern, überwiegen. Die Kanadier sind mehrheitlich britischer und französischer Herkunft, obwohl hier wie in den USA fernöstlicher Einfluß zunimmt. Die Frankokanadier leben hauptsächlich in Quebec im Nordosten. Die überwiegende Mehrheit der Kanadier (ca. 80 %) ist an der Grenze zu den USA in einem Gebiet beheimatet, das nur ein Zehntel der gesamten Landmasse dieses zweitgrößten Staates der Welt ausmacht. Der Norden Kanadas und Alaska sind äußerst dünn besiedelt. In erster Linie leben hier die einheimischen Inuit oder Eskimos. Die am dichtesten bewohnte Region der USA, die mit ihren 250 Mio. Einwohnern bevölkerungsmäßig weit vor Kanada (27 Mio.) und Mexiko (85 Mio.) rangieren, erstreckt sich entlang der nördlichen Ostküste zwischen Boston und Washington D.C.

Erste Besiedlung

Die ersten Menschen, die die Neue Welt besiedelten, waren nomadische Stämme aus Sibirien, steinzeitliche Sammler und Jäger, die nach Alaska eindrangen, als sie sich auf der Jagd nach den großen Herdentieren befanden, die zwischen Asien und Amerika wanderten. Sämtliche prähistorischen Knochenfunde klassifizieren diese Menschen als *Homo sapiens sapiens*, als moderne Menschen des Paläolitikums also. Sie kamen während der letzten Eiszeit um 40 000 v. Chr. Nur zu dieser Zeit soll ein bis zu 2000 km breiter Landstreifen durch die Beringstraße gangbar gewesen sein, der die beiden Kontinente miteinander verband. Während der Epoche der großen Gletscher senkte sich der Meeresspiegel um bis

zu 150 m und legte eine breite Steppentundra frei, die sich diesen Völkern aus Asien als ideales Jagdrevier präsentierte. Wahrscheinlich ging der Auszug aus Asien ganz allmählich vor sich. Auf der Suche nach Bär, Bison, Elch, Karibu, Mastodon oder ähnlichem Großwild haben die ersten Siedler Amerikas vermutlich Generationen lang auf dieser Landbrücke zum neuen Kontinent gelebt, bis sie im Zuge der Jagdwanderung schließlich nach Alaska gelangten. Die Einwanderer, die in mehreren Wellen in das Innere Amerikas vordrangen, scheinen diversen Gruppen angehört und aus verschiedenen Teilen Asiens gestammt zu haben. Unterschiedlichen Hintergrunds waren auch die vielen Sprachen dieser Völker. Allen gemeinsam waren jedoch die mongolischen Körpermerkmale, die bei den Eingeborenen Nord- und Südamerikas noch heute sichtbar sind: schwarzes glattes Haar, dunkler Teint und dunkle Augen, hohe Wangenknochen und spärliche Körperbehaarung. Sowohl die vielfältigen Indianerstämme Nordamerikas als auch die sehr differenzierten Indiovölker Südamerikas sind Nachkommen der ersten Bewohner der Neuen Welt.

Während die ersten Nomaden zügig alle Teile der bis dahin unbewohnten Landmassen erkundeten und sich letztlich in den verschiedensten Gegenden des Neulandes niederließen, blieben bei der großen Völkerwanderung zwei Gruppen von Nachzüglern in der eisigen Welt des Nordens zurück: die miteinander eng verwandten Aleuten und Inuit (Eskimos). Viele Tiere Nordamerikas werden den asiatischen Jägern bei ihrer Ankunft schon vertraut gewesen sein. Kamel und Pferd beispielsweise hatten sich hier entwickelt und waren erst vom Ursprungsgebiet aus nach Asien gewandert. Gejagt wurden Bären, Elche, Karibus, Mammute, Mastodonten, Moschusochsen, Riesenfaultiere, Riesengürteltiere und Tapire. Zur Großwildjagd nutzten die Menschen Harpunen mit Widerhaken, Wurfspieße und Speerschleudern. Einheimische Beeren, Nüsse und Wildgetreidesorten allerdings bildeten ebenso wie Meerestiere weitere wesentliche Bestandteile ihrer Nahrung. Nicht nur an den Küsten fischten die ersten Nordamerikaner, sondern auch in den insgesamt fünf Süßwasserseen, die zwischen 13 000 und 9000 v. Chr. durch das Weichen der Gletscher gebildet wurden und sich heute über ein Areal von mehr als 150 000 km² erstrecken. Die Großen Seen des Nordostens – Huron, Ontario, Michigan, Erie und der Obere See – sind miteinander durch Flüsse, Wasserfälle und Wasserstraßen verbunden und fließen von

Westen nach Osten ab. Durch den St.-Lorenz-Strom erreichen ihre Gewässer das Meer. Ihre Tiefe reicht weit unter den Meeresspiegel. Entstanden sind sie in ursprünglichen Flußtälern, die durch die Gletscherbewegung in Riesengräben verwandelt wurden. Aufgefüllt wurden sie schließlich am Ende der Eiszeit durch die Schmelze eben jener Schneemassen der großen Gletscher. Wann die ersten Fischer in der Lage waren, Boote zu bauen, läßt sich nicht eindeutig klären. Die Jagd auf Seehunde und Delphine ist für die Zeit um 4000 – 1500 v. Chr. belegt, und diese setzt die Entwicklung von hochseefähigen Wasserfahrzeugen voraus.

Entwicklung des Ackerbaus

Die großen Tiere Nordamerikas, die zur Zeit der Einwanderungswellen für den nördlichen Subkontinent charakteristisch waren und denen die Jäger vermutlich auf dem Weg nach Alaska gefolgt waren, scheinen gegen 8000 v. Chr. ausgestorben zu sein. Am Ende der Eiszeit traten Klimaveränderungen ein, die den Tieren die Nahrungsgrundlage entzogen haben könnten. Die zunehmende Verdrängung durch den Menschen trug wahrscheinlich ebenso zum Verschwinden dieser Arten bei. Das Aussterben des Großwildes könnte dazu geführt haben, daß verschiedene Nomadenstämme seßhaft wurden und die Jäger-und-Sammler-Lebensform zugunsten des Ackerbaus aufgaben. Um 1000 v. Chr. zum Beispiel läßt sich die Züchtung moderner Maissorten belegen, die die Ausdehnung des Ackerbaus beeinflußte, bzw. erst durch einen solchen Wandel zur Landwirtschaft bedingt wurde.

Weit reichen die Kenntnisse über diese ersten nomadischen Jäger und Sammler nicht. Schriftliche Zeugnisse ihrer Kultur sind nicht überliefert und auch die archäologischen Spuren ihrer Lebensart sind dürftig. Im Laufe der Jahrtausende entstanden in Amerika nicht nur feste Siedlungen auf landwirtschaftlicher Basis, sondern auch unterschiedlich ausgeprägte Ethnien und eindrucksvolle Hochkulturen. Lange bevor die ersten Europäer die andere Welt erkundeten, hatten die verschiedenen Indianerkulturen beider Subkontinente Städte errichtet und eigenständige Traditionen herausgebildet.

Die Indianer vor dem Kontakt mit Europäern

In beiden Hemisphären begann der Mensch etwa zur gleichen Zeit mit dem Ackerbau: um ca. 7000 v. Chr. Während allerdings in der Alten Welt die ersten primitiven Lehmziegelhäuser um 6000 v. Chr.

und die ersten Städte mit mehreren Tausend Einwohnern um 3000 v. Chr. entstanden, dauerte es in Amerika mindestens 5000 Jahre, bis der Mensch zum seßhaften Dorfleben überwechselte. Der erste Städtebau der Indianer läßt sich ungefähr um den Anbruch christlicher Zeitrechnung nachweisen. Lange lebten sie in einfachen unterirdischen Grubenhäusern (4000–3000 v. Chr.), Rechteckhütten (3500–3000 v. Chr.) und oberirdischen Rundhütten (3000–2000 v. Chr.).

Obwohl sie ihre landwirtschaftlichen Methoden nicht so rasch perfektionierten wie die Kulturen des alten Kontinents, stellen die von Indianern gezüchteten einheimischen Pflanzen Mais, Bohnen und Kartoffeln annähernd die Hälfte der Grundnahrungsmittel der heutigen Weltbevölkerung. Das ursprünglich aus Nordamerika stammende Pferd war bei der Entstehung der verschiedenen Indianerkulturen in diesem Erdteil ausgestorben; die Indianer lernten es erst durch die europäischen Entdecker wieder kennen.

Auf technischem Gebiet blieben die Indianer hinter dem Fortschritt der ersten Hochkulturen des Vorderen Orients und des Mittelmeerraums zurück. Die Herstellung von Bronze beispielsweise kannten die Kulturen der Alten Welt ab 3500 v. Chr., die Herstellung von Eisen ab 1500 v. Chr. In Amerika dagegen wurde Bronze erst ab 1500 v. Chr. hergestellt (Peru), während Eisen bis zur Ankunft der Europäer völlig unbekannt blieb.

Gleichzeitig überflügelten die Uramerikaner die antiken Europäer in einigen Wissenschaften. Mathematische, astronomische und kalendarische Kenntnisse der Mayazivilisation Mesoamerikas erweisen sich aus heutiger Sicht als entwickelter und präziser als die der Griechen, der Römer und anderer Zivilisationen der Antike. Bis zur ersten Berührung mit den europäischen Eroberern hatten sich in Nord- und Südamerika zwischen 1000 und 2000 unterschiedliche Kulturen und Sprachen herausgebildet, und selbst bei relativer ethnischer Homogenität hatten verschiedene Gruppen spezifische Körperformen entwickelt, da sie sich im Laufe ihrer mindestens 15 000 Jahre währenden Alleinherrschaft über den Kontinent ihrer Umwelt sowohl kulturell wie auch physisch anpaßten. So weisen die Inuit (Eskimos) im Vergleich zu anderen Ureinwohnern Amerikas stämmigere Rümpfe und kürzere Gliedmaßen auf, die es ihnen ermöglichen, Körperwärme besser zu konservieren in der kalten Welt des arktischen Permafrostes.

Die Kulturen der Indianer

Anthropologen teilen die Indianer Nordamerikas in zehn Kulturgebiete auf (geographische Regionen, in denen benachbarte Stämme spezifische kulturelle Ähnlichkeiten miteinander aufweisen): Mittelamerika (→Länder, S. 272), Südwesten, östliches Waldland, Prärien, Great Basin, Kalifornien, Plateaugebiet, Subarktis, Nordwestküste und Arktis. Die ersten Indianer im Südwesten Nordamerikas waren Großwildjäger, die dieses Gebiet um ca. 10 000 v. Chr. erreichten. Ihnen folgten dann gegen 7000 v. Chr. Wüstenstämme, die sich in erster Linie von wildwachsenden Pflanzen ernährten. Einer dieser Wüstenstämme, Vorgänger der heutigen Cochise, führte den Ackerbau, insbesondere Mais, Kürbisse und rote Kidneybohnen, in die Gegend ein. Diese Kulturpflanzen entwickelte er nicht selbst, sondern importierte sie aus Mesoamerika. Ebenfalls von dort übernommen wurden Keramikherstellung, Tempelhügelbau, Ballspiele, Spiegel aus Pyrit, Kupferverarbeitung (durch Aushämmern und nicht Schmelzen oder Gießen), Baumwollspinnen, Weben und das Backen der dünnen Maiskuchen auf einem heißen flachen Stein. Selbst die aus Stein und Lehmziegeln gebauten rechteckigen Behausungen der Indianer dieser Gegend scheinen auf Bautechniken aus Mesoamerika zurückzugehen. Als wichtigste Zivilisation dieser Region gilt die Anasazikultur, aus der die modernen Pueblostämme, vor allem die Hopi und Zuñi hervorgegangen sind.

Die Puebloindianer

Die Puebloindianer hatten die fortgeschrittenste Zivilisation aller Stämme von Arizona und New Mexico zur Zeit der spanischen Entdeckung. Die Puebloindianer zeichneten sich besonders durch Kunstfertigkeiten wie Korbflechten (aus Yuccablättern) und die für sie typische schwarzweiße und rotweiße Bemalung ihrer Keramiken aus. Gegen 1000 v. Chr. gaben die Puebloindianer ihre oberirdischen Lehmhütten auf und begannen, bis zu fünfstöckige Wohnhäuser mit bis zu 900 Räumen im Schutz des Überhangs massiver Felsklippen zu bauen. Der Wechsel der Wohnweise war vermutlich vor allem eine Schutzmaßnahme. Gegen 1500 drangen erstmals die nomadischen Kriegerstämme der Navajo und Apachen aus Kanada und Alaska in diese Gegend ein. Sie lernten den Feldbau kennen, wurden aber nie ganz seßhaft. Sie traten in Konkurrenz mit den Puebloindianern um Lebensraum und nahmen viele ihrer Siedlungen ein.

Adena- und Hopewellkultur

Die Kulturen des östlichen Waldlands dehnten sich über ein riesiges Areal aus, das vom Mississippi im Westen bis zum Atlantik im Osten und vom kanadischen St.-Lorenz-Strom im Norden bis zum Golf von Mexiko im Süden reichte. Im Ohiotal war die Adenakultur beheimatet (1400 v. Chr. –200), der die ersten Grabhügel (Mounds) dieser Gegend zugeschrieben werden. Aus zunächst kleinen und einfach gebauten Erdwällen, die nur wenige Gräber faßten, wurden in der Spätphase der Adenakultur bis zu 24 m große Begräbniskomplexe. Auf der Adenakultur baute zwischen 200 v. Chr. und 500 die Hopewellkultur auf, die als fortgeschrittenste der Grabhügelperiode (Mound-Builder-Kultur) gilt. Die Spuren der Hopewell verteilen sich auf das gesamte Einflußgebiet des Mississippi von den Großen Seen bis hinab zum Golf von Mexiko. Der bekannteste ihrer Grabhügel ist der Serpent Mound in Ohio, der sich fast 400 m lang durch die Wälder dieser Gegend schlängelt. Andere Hügel sind bis zu 30 m breit und 15 m hoch. Die verschiedenen Bestattungsformen spiegeln Rangunterschiede der Personen wider. Zu den reichhaltigen Grabbeigaben der Häuptlinge zählten die kostbarsten einheimischen Güter der Hopewell – Keramiken, Statuetten, Tabakspfeifen – sowie seltene Importartikel wie Schildkrötenschilde, Haifischzähne, Silber- und Goldstücke, Glasperlen und Kupferwaren. Das Vorkommen solcher Gegenstände in den Hopewellgräbern beweist den regen und weitverzweigten Handelsverkehr unter den verschiedenen Stämmen Nordamerikas.

Mississippi-Indianer

Die Mississippikultur stieg zur bedeutendsten dieser Gegend nach dem Untergang der Hopewell auf. Die Mississippi-Indianer errichteten Tempelhügel, besaßen Pfeil und Bogen (die zuerst ab dem 15. Jt. v. Chr. in Ostasien entwickelt wurden) und schützten ihre Dörfer mit Palisaden. Ab 900 bildete intensiver Feldbau die Grundlage erster Städte. Ihre größte Stadt war das nahe dem heutigen St. Louis gelegene Cahokia, wo nach Schätzungen bis zu 20 000 Menschen gelebt haben. In Cahokia befindet sich auch der größte Grabhügel der Mississippikultur, der 300 m in der Länge, 180 m in der Breite und 15 m in der Höhe mißt. Nachkommen der Mississippikultur sind vor allem sieben moderne Stämme: Irokesen, Natchez und die fünf sog. zivilisierten Stämme von Creek, Cherokee, Chickasaw, Choctaw und Seminolen.

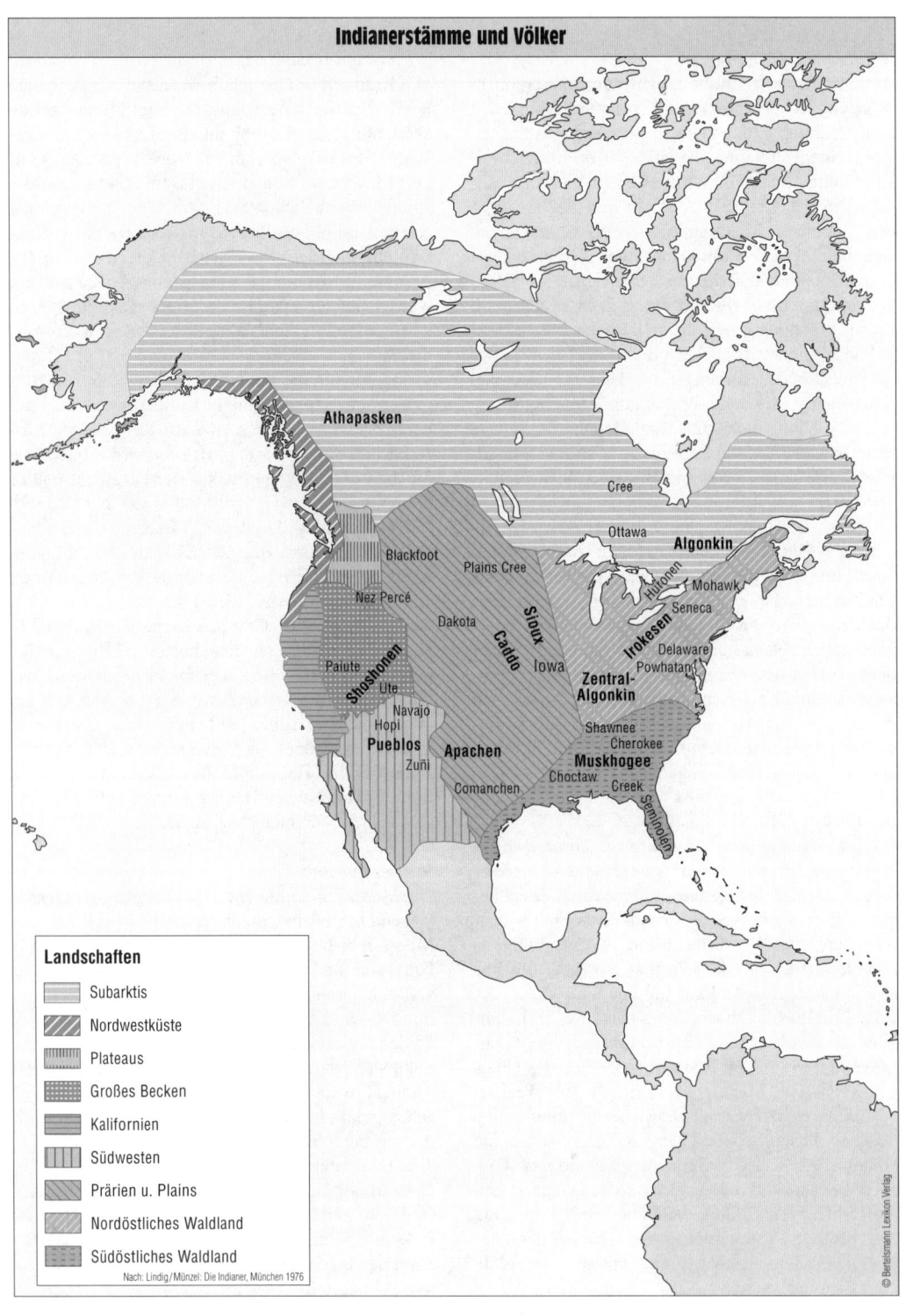

Indianerstämme und Völker

Athapasken

Cree

Ottawa

Algonkin

Blackfoot

Plains Cree

Huronen

Mohawk

Seneca

Nez Percé

Dakota

Sioux

Caddo

Irokesen

Delaware

Powhatan

Paiute

Shoshonen

Ute

Iowa

Zentral-
Algonkin

Navajo

Hopi

Shawnee

Cherokee

Pueblos

Apachen

Muskhogee

Zuñi

Choctaw

Creek

Comanchen

Seminolen

Landschaften

- Subarktis
- Nordwestküste
- Plateaus
- Großes Becken
- Kalifornien
- Südwesten
- Prärien u. Plains
- Nordöstliches Waldland
- Südöstliches Waldland

Nach: Lindig/Münzel: Die Indianer, München 1976

© Bertelsmann Lexikon Verlag

NORDAMERIKA GESCHICHTE

Präriestämme
Die Prärien im Westen wurden von Stämmen der Waldlandtradition besiedelt. Zwischen 1 bis 1000 n. Chr. führten sie im Osten der Prärien den Ackerbau ein und errichteten von 1000 bis 1800 feste Siedlungen. Die späteren westlichen Stämme von Arapaho, Blackfoot, Cheyenne, Crow und Comanchen betrieben keine Landwirtschaft, wohl aber die östlichen Stämme von Dakota, Iowa, Kansas, Missouri, Omaha und Osage. Sie bauten die typischen nordamerikanischen Kulturpflanzen Mais, Bohnen, Kürbis und auch Tabak an. In der Zeit der Feldbestellung lebten sie in großen Grubenhäusern, in denen sie ebenfalls Lebensmittel lagerten. Nach der Ernte zogen sie gegen Westen zur Bisonjagd, von der die westlichen Stämme das ganze Jahr über lebten. Zur Jagd benötigten die Prärieindianer Pferde, die sie erst von den Spaniern bekamen, die schon 1598 die ersten Ranches in New Mexico unter der Anführung von Juan de Onatel bauten. Bis 1750 hatten alle Präriestämme das Pferd zum integralen Bestandteil ihrer Kultur gemacht.

Diese Stämme trugen Lendenschurz, geschmückte Hemden, Mokassins aus Reh- und Bisonleder und verfügten über kegelförmige, mit Tierhäuten überzogene Teepee- oder Wigwamzelte, die sie auf die Bisonjagd mitnahmen. Der Tomahawk, die indianische Streitaxt, zählte zum typischen Werkzeug der Präriestämme; das Kriegshandwerk gehörte zu den wichtigsten Aufgaben der Männer dieser Völker. Sich im Kriege als streitbarer Mann erwiesen zu haben, galt als Voraussetzung für den Aufstieg zum Häuptling. Regiert wurden die Stämme nicht nur vom Häuptling, sondern auch durch einen Ältestenrat. Die individuellen Stämme, zu denen jeweils zwischen 1000 und 10 000 Menschen gehörten, lebten getrennt in klar umrissenen Anspruchsgebieten, wobei befreundete Stämme Grenzregionen oft miteinander teilten. Jeder Stamm berief einmal im Jahr eine Versammlung anläßlich der großen Bisonjagd ein, oder um das Fest des Sonnentanzes zu begehen, die wichtigste religiöse Feier dieser Gruppen.

Indianer Kaliforniens und des Plateaugebiets
Die Zivilisation der Indianer Kaliforniens und des Plateaugebiets blieb hinter der anderer Stämme zurück. Die Kordilleren- und Wüstentraditionen kamen hier zwischen 8000 und 5000 v. Chr. zusammen, es bildeten sich aber keine eigentlichen Stämme. Die Namen einzelner Gruppen wie Maidu, Miwok, Pomo, Wintun und Yokut bezeichnen lediglich Untergruppen der Sprachfamilie dieser Völker und beziehen sich nicht auf Stammesidentitäten. Die Kalifornienvölker betrieben keinen Ackerbau, sondern lebten von Kleinwild und Wildpflanzen, in erster Linie Ahornnüssen. Sie bewohnten Grubenhäuser und fertigten nur dürftige Kleidung aus Rehleder an. Die Plateauvölker wie Nez Percé, Yakima, Wenatchee und Cayuse lebten im heutigen Gebiet von Washington, Idaho und Britisch-Kolumbien entlang des Flusses Columbia. Wichtigstes Nahrungsmittel war Lachs aus den Gewässern der Gegend. Sie bewohnten ebenfalls Grubenhäuser und machten Gebrauch von Einbäumen zum Fischfang. Wie bei den Kalifornienindianern basierte ihre Gesellschaftsstruktur auf der Großfamilie, aber eine Clanstruktur, die die Kultur der meisten anderen Stämme kennzeichnete, existierte bei ihnen nicht.

Kordillerenvölker
An der Nordwestküste brachte die Kordillerentradition eine wesentlich komplexere Zivilisation hervor als in den südlicheren Gegenden Kaliforniens und des Plateaus. Zwischen 8000 v. Chr. und 5000 v. Chr. kamen Menschen aus Alaska und ließen sich am Nordpazifik nieder. Die Kordillerenvölker wie Chinook, Haida, Kwakiutl und Tlingit lebten vorrangig vom Fischfang und machten in ihren Kanus auch auf Meeressäugetiere Jagd. Sie errichteten Blockhäuser mit einer Länge von bis zu 12 m und einem Durchmesser von bis zu 30 m. Nachdem sie Eisenwerkzeug durch die Europäer kennenlernten, bauten sie teilweise größere Häuser, die in der Grundstruktur europäischen Bauten stark ähnelten. Grundeinheit der Gesellschaft bildete auch hier die Großfamilie, wobei ein Häuptling über die anderen Stammesmitglieder gesetzt wurde, der in der Regel zugleich der reichste Mann im Dorf war. Clanstruktur kam teilweise vor, war aber nicht weit verbreitet. Eine differenzierte Rangordnung bestimmte die Rolle des Individuums in der Gesellschaft, wobei sowohl Reichtum als auch Herkunft für diesen Rang ausschlaggebend waren. Mancherorts bildete sich ein streng definierter Adel heraus, der über das gemeine Volk herrschte. Auch Sklaverei war bekannt, und obwohl Sklaven meist als Kriegsgefangene ihre Freiheit verloren hatten, gab es zusätzlich Sklavenhandel zwischen einzelnen Gruppen.

Die charakteristische Feier der Nordwestküstenvölker war das große und sinnbeladene Potlatch-Fest, das eine zentrale Rolle in der Rangbestimmung spielte. Im Winter luden mehrere Stammesmitglieder zum Potlatch ein, wobei der Gastgeber anstrebte, das größte Essen im Dorf zu geben und die wertvollsten Gastgeschenke an alle Geladenen zu verteilen. Je mehr man verschenkte, desto mehr erhöhte sich das Prestige.

Es existierten Geheimbünde, die meist für die Ausstattung wichtiger religiöser Feiern zuständig waren. Die hohen, reichverzierten und z.T. sehr aufwendig verarbeiteten Totempfähle mit ihren abenteuerlichen Tier- und Menschengesichtern, die der Ehrung von Gottheiten und der Darstellung der Stammesgeschichte dienten, traten als typische Kunstform der Indianer des Nordwestens hervor.

Subarktische und arktische Kulturen

Die Indianer der Subarktis und Arktis kamen zuletzt in Nordamerika an. Der subarktische Kulturkreis schließt die großen nördlichen Wälder Alaskas und Kanadas ein, reicht aber nicht bis zur Pazifikküste. Nur zwei Sprachfamilien – Athapasken im Westen, Algonkin im Osten bis zur Atlantikküste – kommen in diesem Areal vor. Die Indianer der Subarktis östlich der kanadischen Rocky Mountains lebten hauptsächlich von Elch, Karibu und Fisch, während in Alaska Fisch den Hauptanteil der Nahrung stellte. Landwirtschaft ist hier bis zur Ankunft der Europäer unbekannt geblieben. Östlich der Rocky Mountains lebten die meisten Menschen in Teepeezelten, während manche Gruppen westlich des Gebirges auch Grubenhäuser bauten. Die Kleidung der Ureinwohner ähnelte den Pelzanzügen der Eskimos, war aber nicht so aufwendig verarbeitet. Wie die Eskimos bewegten sich die Algonkin und Athapasken auf Schlitten fort, besaßen aber keine Schlittenhunde wie die arktischen Völker. Im Sommer war das Kanu Haupttransportmittel. Kern der Gesellschaft war die Großfamilie, wobei sich häufig mehrere Familien zu Nomadengruppen zusammenschlossen, die vielleicht 100 bis 200 Personen zählten. Ein Häuptling wurde bestimmt, dem ein Ältestenrat zur Seite stand. Nur in südlichen und westlichen Teilen der Arktis gab es religiöse Kulte, und auch öffentliche Feste waren selten, da die Menschen mit der täglichen Nahrungsbeschaffung ausgelastet waren.

Die Inuit der Arktis stehen den sibirischen Völkern wesentlich näher als alle anderen Indianer Nordamerikas. Gegen 4000 v. Chr. kamen diese Sprecher einer Aleutensprache als letzte über die Beringstraße nach Alaska und besiedelten die nördlichsten Teile des Subkontinents. Die Inuit sind heute die größte Gruppe von Ureinwohnern eines Erdteils, die nach

wie vor die traditionelle Lebensart ihres Stammes pflegt. Sie leben in Nordamerika, Grönland und Teilen Sibiriens. Es gibt zwei Inuitsprachen, Inupik und Yupik, die keine Verwandtschaft mit anderen Indianersprachen aufweisen. Inupik wird in der nördlichen Arktis und in Grönland gesprochen, Yupik in Alaska und im südlichen Sibirien. Traditionell leben die Inuit von Lachs, Wal (Beluga), Seehund und Walroß, in den südlicheren Gebieten auch von Karibu. Heute noch machen sie Jagd auf Wale und Seehunde in ihren Kajaks, den charakteristischen einsitzigen, schmalen und wendigen Booten. Traditionelle Waffe bei der Jagd ist die Harpune. Auch wohnen die Inuit z.T. noch in Iglus, den Schneehäusern der zentralen und Polareskimos. Grundeinheit der Gesellschaft ist die Kleinfamilie, eng verwandte Kleinfamilien leben in unmittelbarer Nachbarschaft. Obwohl spiritistische, tabuistische und schamanische Riten und Glaubenssätze der Inuit bekannt sind, scheint sich eine organisierte Religion nicht entwickelt zu haben. Den Ursprung der Eskimos setzen Forscher meist mit der Entstehung der arktischen Kleinwerkzeugtradition (unpolierte Steinprojektilspitzen) gleich, die sich gegen 4000 v. Chr. in der Region der Beringstraße entfaltete. Der Walfang in Alaska setzte gegen 1800 v. Chr. ein. Gegen 700 v. Chr. begannen die Inuit mit der Anfertigung einfacher Keramiken und entwickelten polierte Projektilspitzen und Beilklingen. Bis 500 hatten sie auch die Form der Harpune perfektioniert. Die Eskimokultur in Kanada und Grönland ist vermutlich erst später durch Emigration aus Alaska entstanden. Obwohl es wahrscheinlich prähistorische Kontakte zwischen Eskimos und anderen Indianerstämmen gab, hat offenbar wenig kultureller Austausch stattgefunden.

Das Zeitalter der Entdeckung

Wissenschaftler haben darüber spekuliert, ob es Kontakte zwischen Europa und Amerika in der Antike gegeben hat. Es gibt z.B. Grund zu der Annahme, daß die Karthager, die geschicktesten Seefahrer der Antike, bis zu den Azoren (etwa 2000 km westlich von Portugal) vorgedrungen sind, und die legendenhaften Berichte der Griechen und Römer von »ultima thule« könnten sich auf Island beziehen. Daß Europäer die Neue Welt vor dem Jahr 1000 erblickt haben, scheint aber ausgeschlossen. Belegt ist dagegen eine Expedition von Wikingern, die das heutige Neufundland Anfang des 11. Jhs. erreichte (Normannen als erste Europäer in der Neuen Welt, →S. 35). 1960 entdeckten Archäologen Reste einer

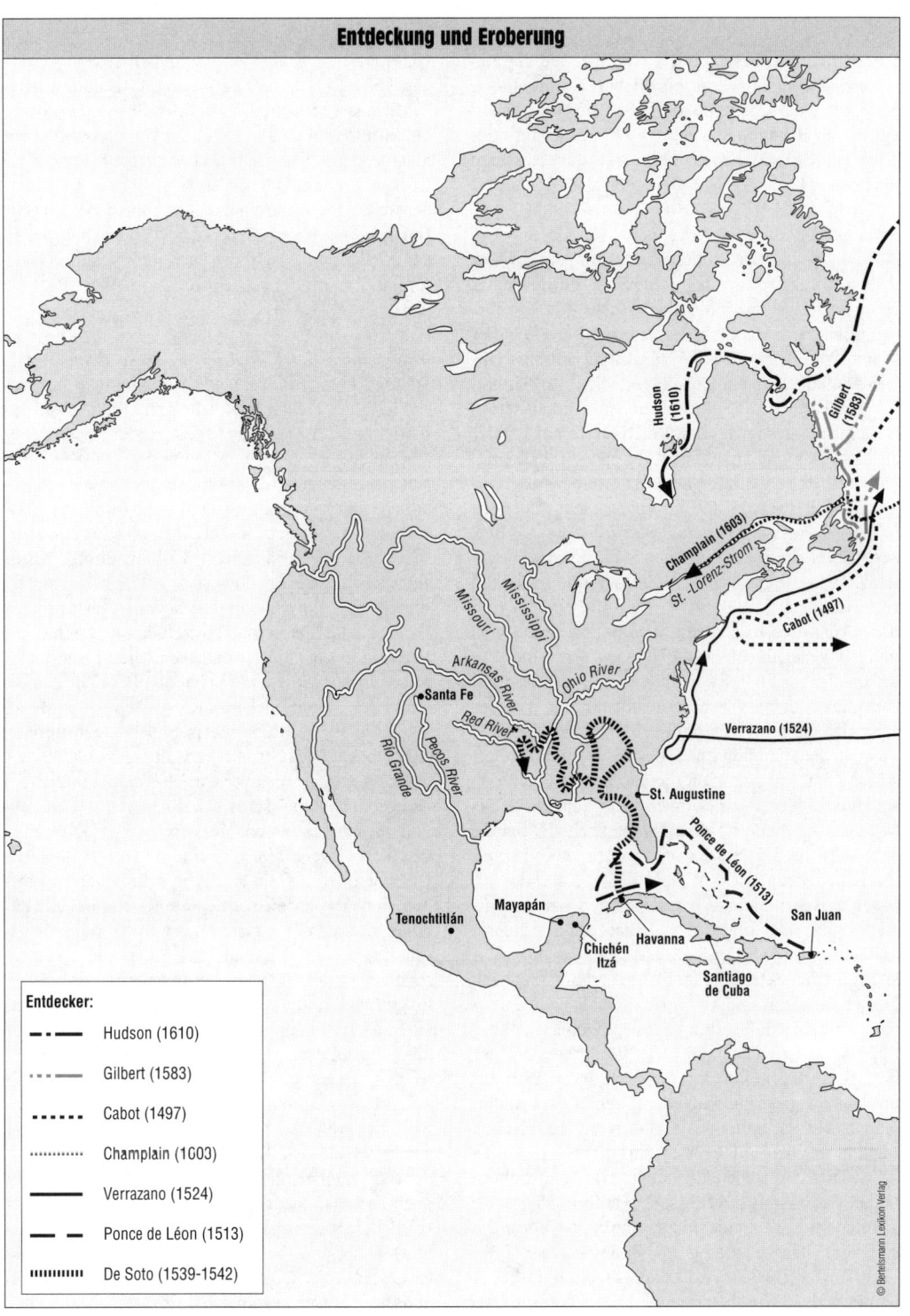

Entdeckung und Eroberung

Hudson (1610)

Gilbert (1583)

Champlain (1603)

St.-Lorenz-Strom

Cabot (1497)

Verrazano (1524)

Missouri

Mississippi

Arkansas River

Ohio River

Santa Fe

Red River

St. Augustine

Rio Grande

Pecos River

Ponce de Léon (1513)

Tenochtitlán

Mayapán

Chichén Itzá

Havanna

San Juan

Santiago de Cuba

Entdecker:

— · — Hudson (1610)

— · · — Gilbert (1583)

— · · · · · Cabot (1497)

· · · · · · · · Champlain (1603)

———— Verrazano (1524)

— — — Ponce de Léon (1513)

⊓⊓⊓⊓⊓⊓ De Soto (1539–1542)

NORDAMERIKA GESCHICHTE

aus Torfhäusern bestehenden Wikingersiedlung bei L'Anse aux Meadows im nördlichen Neufundland. Mit aller Wahrscheinlichkeit haben sie Normannen auf einem Erkundungszug von Leif Eriksson oder Thorfinn Karlsefni gebaut. Die nordischen Ausflüge ins heutige Kanada (→S. 64) blieben aber Episode.

Entdeckungsfahrten der Europäer
Ausgangspunkt der großen Entdeckungsreisen der frühen Neuzeit war das Bestreben europäischer Händler und Monarchen, einen Seeweg in den fernen Osten zu finden. Als der venezianische Händler Marco Polo Anfang des 14. Jhs. mit exotischen Gütern wie unbekannten Gewürzen, edlen Stoffen und bunten Farben und vor allem mit detaillierten Berichten vom sagenhaften Reichtum ferner Länder aus dem Mongolenreich nach Europa zurückkehrte, entfachte er eine hitzige Diskussion über Möglichkeiten, den strapaziösen Landweg nach Asien zu umgehen. Portugal, führende Seemacht des 15. Jhs., begann als erster europäischer Staat, Entdeckungsfahrten zu finanzieren. Vor allem unter Herzog Heinrich dem Seefahrer (1394–1460) entdeckten die Portugiesen ferne Ziele wie die Azoren (1418) und das Senegalgebiet (1445). Doch war es der unter spanischer Flagge segelnde Genuese Christoph Kolumbus, der als Amerikaentdecker in die Geschichte einging (▷Chronik Biografie, S. 234).
Spanien übernahm im Laufe des 16. Jhs. bis zur Zerstörung der Armada 1588 die unumschränkte Herrschaft des Meeres und erforschte die Neue Welt. Bis Mitte des Jahrhunderts drangen spanische Entdecker auch weit in den Norden des Kontinents vor und erreichten Oregon im Westen sowie Labrador im Osten. 1513 erkundete Juan Ponce de León die Küste Floridas. Das Innere des Gebiets durchwanderte der Konquistador Hernando De Soto, der den Mississippi entdeckte. Die 1565 gegründete spanische Festung St. Augustine in Florida gilt als erste dauerhafte europäische Siedlung auf dem Gebiet der heutigen Vereinigten Staaten (→S. 90). Aber nicht nur bei Spaniern und Portugiesen begann ein Wettlauf um Besitzansprüche auf dem neuen Kontinent. Abenteurer im Auftrag fast aller westeuropäischen Länder brachen auf nach Amerika. Der in englischen Diensten stehende Italiener Giovanni Caboto (John Cabot) entdeckte 1497 Neufundland. Hier gründete der Engländer Sir Humphrey Gilbert die erste englische Siedlung in Nordamerika bei St. John's 1583. Der für Frankreich segelnde Italiener Giovanni da Verrazano erkannte 1524, als er die Ost-

küste erkundete, den Kontinentalcharakter Amerikas. 1534/1535 befuhr der Franzose Jacques Cartier die Straße von Belle Isle und den St.-Lorenz-Strom bis Montreal. Genaue Erkundungen dieser Gegend machte der Kartograph und Entdecker Samuel de Champlain, der Quebec 1608 gründete. 1574 entdeckte Sir Martin Frobisher die Frobisher-Bay (Baffinland), und Henry Hudson, Engländer in Diensten der Niederlande, 1610 die nach ihm benannte Hudsonbai, die er zunächst für die Nord-West-Passage hielt.

Unterschiede der Kolonisierung in Nord und Süd
Spanien konzentrierte seine Bemühungen um Besiedlung der Neuen Welt sehr schnell und fast ausschließlich auf Meso- und Südamerika (historischer Überblick, →S. 226). Somit war den anderen europäischen Mächten der nördliche Subkontinent überlassen. Die spanische Besiedlung Meso- und Südamerikas auf der einen und die englische, französische und niederländische Kolonisierung Nordamerikas auf der anderen Seite nahmen eine unterschiedliche Entwicklung. Bis zum Ausgang des 16. Jhs. hatte Spanien ein ausgefeiltes hierarchisches Verwaltungssystem errichtet, das die unbestrittene Autorität der Monarchie bis in alle Bereiche des öffentlichen Lebens sicherte. Kolonisten hatten wenig Möglichkeit, selbständige politische Institutionen aufzubauen. Die britische Verwaltung Nordamerikas dagegen mischte sich wesentlich weniger in die Angelegenheiten englischer Amerikaner ein. Die Gold- und Silberressourcen der spanischen Kolonien machten diese anfangs zu einem viel profitableren Unternehmen als die englischen Projekte im Norden, doch dieser leicht erbeutete Reichtum hatte zur Folge, daß sich die Spanier nur wenig um Landwirtschaft und Handel kümmerten. Sämtliche nordamerikanischen Kolonien waren auf permanente Siedlungen und landwirtschaftliche Nutzung ausgerichtet und sie förderten alle eine Gemeindeentwicklung, die auf der Ansiedlung ganzer Familien basierte. Aus diesen Gründen erlebten die nordamerikanischen Kolonien einen beträchtlichen Bevölkerungszuwachs, während die Spanier ihre Besitzungen nur wenig bevölkerten. England vor allem ging vom Ziel der sog. Transplantation der englischen Gesellschaft nach Amerika aus (so kamen die großen landwirtschaftlichen Domänen zu der Bezeichnung Plantation). Die spanischen Kolonien bildeten vorwiegend eine Männergesellschaft, Ehen zwischen Spaniern und Einheimischen kamen häufiger vor als zwischen

Normannen als erste Europäer in der Neuen Welt

Als erste europäische Besucher des nordamerikanischen Subkontinents gelten normannische Wikinger, die an der nördlichen Küste des kanadischen Neufundland um das Jahr 1002 an Land gingen.

Die nordischen Sagas legen ein beeindruckendes Zeugnis von der Abenteuerlust der Wikinger ab. Den alten Berichten zufolge sollen die Normannen Island bereits 860 und Grönland 986 kolonisiert haben. Die früheste Erwähnung der sagenumwobenen Gebiete jenseits Grönlands findet sich in einer gegen 1075 entstandenen kirchlichen Weltgeschichte aus der Feder Adams von Bremen. Die detailliertesten Angaben enthalten die Ende des 14. Jhs. entstandene Grönlandsaga aus dem Flateyarbók-Kodex und die Saga Erichs des Roten aus dem Anfang des 14. Jhs. niedergeschriebenen Hauksbók-Kodex. Für die Existenz des frühen grönländischen Außenpostens sprechen eindeutige archäologische Funde. Von Grönland aus unternahmen die Norweger wahrscheinlich die ersten Fahrten in Richtung Amerika. Die Sagas erzählen, daß Bjarni Herjulfsson als erster Neuland im Westen erblickte. Es handelte sich vermutlich um das nördliche Labrador oder das südliche Baffinland, die zum heutigen Kanada gehören. Herjulfsson soll Leif Eriksson von diesem Land berichtet haben, das er aber selbst nicht erforscht habe. Um das Jahr 1002 soll Leif Eriksson der Route Herjulfssons gefolgt und dabei auf drei neue Landstriche gestoßen sein. Das erste von ihm gesichtete Gebiet nannte er Helluland, Land der flachen Steine. Dem zweiten gab er den Namen Markland, das dritte nannte er Vinland oder Weinland, wo Lachs, Wild und Weintrauben in großen Mengen vorgekommen seien.

Andere Wikinger sind den Sagas zufolge der Spur Erikssons gefolgt. Gegen 1004 soll ein Isländer namens Thorfinn Karlsefni versucht haben, eine Siedlung in Vinland zu gründen, doch seien er und seine Männer von den feindseligen Einheimischen vertrieben worden, die die Normannen Skraeling (Schreier) nannten. Kurze Zeit soll es Leif Eriksson doch geglückt sein, eine kleine Siedlung in Vinland aufrechtzuerhalten. Berichte zeugen von weiteren Begegnungen mit Einheimischen, die als dunkelhäutige Menschen mit großen Augen und breiten Gesichtern beschrieben werden. Die Schilderungen der Boote dieser Menschen stimmen größtenteils mit dem Aussehen der Kajaks der Eskimos überein.

Da die beschriebene üppige Vegetation Vinlands ein anderes Klima als das heute in Neufundland und Grönland herrschende voraussetzen, müssen sich die klimatischen Verhältnisse in relativ kurzer Zeit radikal geändert haben, sollte es sich um dasselbe Territorium handeln. Bekannt ist, daß viele Normannen die Siedlungen im westlichen Grönland wegen knapper werdenden Wilds schon im 14. Jh. verließen. Innerhalb von 20 Jahren nach der Entdeckung durch Leif Eriksson sollen die regelmäßigen Exkursionen nach Vinland abgebrochen worden sein, obwohl ein isländischer Bericht aus dem Jahre 1121 festhält, daß sich in diesem Jahr ein grönländischer Bischof, Erik Gnupsson, aufgemacht habe, um Vinland zu suchen. Ein weiteres Dokument berichtet, daß ein Schiff 1347 Grönland erreichte, dessen Besatzung Markland gesehen zu haben behauptete.

Im 17. Jh. übergab ein Isländer einem Bischof aus Kopenhagen ein altes Manuskript, in dem die Heldentaten Eriks und seiner Brüder in Vinland gerühmt werden. Der Wahrheitsgehalt solcher Berichte von Leif Eriksson und Thorfinn Karlsefni konnte jedoch erst mit der Ausgrabung der neufundländischen Siedlung bei L'Anse aux Meadows 1960 nachgewiesen werden. Die hier rekonstruierten Torfhäuser bieten Platz für bis zu 150 Menschen. 1965 veröffentlichte die Yale University außerdem den sensationellen Fund einer Weltkarte aus dem Jahr 1440, auf der im westlichen Atlantik eine Insel namens Vinland zu sehen ist, »entdeckt von Leif und Bjarni«. Andere angebliche Wikingerfunde im Inneren des nordamerikanischen Kontinents wie ein in Kensington (Minnesota) ausgegrabener Runenstein hält die Mehrheit der Experten jedoch für Fälschungen.

Europäer kommen auf den Geschmack des Tabaks

Mit der Tabakpflanze entdeckte Christoph Kolumbus einen der für Kultur und Wirtschaft des Abendlandes und der ganzen Welt folgenreichsten Importartikel aus der Neuen Welt.

Bereits bei der Landung auf San Salvador (Guanahaní) in den Antillen überreichten Angehörige des Arawakstammes Kolumbus und seiner Besatzung einige Tabakblätter als Gastgeschenk. Der Mönch Romano Pane, der Kolumbus auf seiner ersten Reise nach Amerika begleitete, hielt in einem Bericht fest, daß man auch auf Kuba »viele Menschen in den Dörfern sah, sowohl Männer wie Frauen, die Feuer und Kräuter in der Hand mit sich herumtrugen und den Rauch derselben tranken«. Die Indianer drehten Zigarren aus Tabaks- und Maisblättern (als Deckblatt) und rauchten die Pflanze ebenfalls in Tobago genannten Pfeifen, die sie in die Nase einführten. Die Indianer der Karibik und des nordamerikanischen Festlandes verehrten den Tabak als sakrale Pflanze und als Heilmittel. Die Männer unter Kolumbus beobachteten, daß der Tabak auch gekaut werden konnte und berauschend wirkte.
Zwei Sorten des Nachtschattengewächses herrschten in Nordamerika zur Zeit der europäischen Entdeckung vor. Die Indianer der Mississippiebene kultivierten die Nicotiana rustica. In Brasilien, Mittelamerika und den Antillen wurde dagegen die etwas mildere Nicotiana tabacum bevorzugt. Letztere Sorte ersetzte schnell die Nicotiana rustica in Nordamerika, die in den Kolonien zuerst angebaut wurde.

Es bleibt umstritten, wer den Tabak zuerst in Europa einführte. Der Franziskanermönch Andre Thevet behauptete, Tabaksamen aus Brasilien 1555 nach Europa gebracht zu haben. Jean Nicot dagegen, der französische Botschafter in Portugal, beteuerte, Tabaksamen schon eher von einem Matrosen erhalten zu haben. Von seinem Namen abgeleitet wurde das Wort Nikotin. Auf jeden Fall kannte man das Rauchen, das zunächst unterschiedlich als »Rauch trinken« oder »Rauch essen« umschrieben wurde, schon Mitte des 16. Jhs. in Spanien und Portugal. Der englische Seefahrer Sir John Hawkins brachte Tabak aus Florida 1565 nach England. Sir Richard Grenville und Kapitän Ralph Lane machten Tabakspfeifen der Indianer in England bekannt und etablierten damit die zunächst populärste Art des Tabakgenusses. Bis 1610 hatte der Tabak Anhänger in Deutschland, Rußland, der Türkei, Persien, Afrika, auf den Philippinen, in Japan und in China gefunden. Bereits nach der ersten Begegnung mit der Pflanze in der Alten Welt stieß der Tabak allerdings auch auf Kritiker. König James I. von England, dem die neue Mode ein Greuel war, erhob eine Sondersteuer auf Tabak, um die Verbreitung der Rauchgewohnheit einzuschränken. In Rußland und der Türkei drohten Rauchern verschiedene Strafen.

In den Kolonien begann 1612 der Tabakanbau in Jamestown. Kapitän John Rolfe erblickte in der neuen Pflanze ein besonders gewinnträchtiges landwirtschaftliches Erzeugnis für Virginia. Bis 1619 gewannen die Kolonisten mit einer einzigen Jahresernte über 20 000 Pfund Tabak. Im Jahr 1620 wurde der Anbau des Tabaks in England vom König verboten, womit die Kolonie von Virginia das Monopol für Produktion und Export erhielt. Der Gewinn wuchs derart, daß 1621 Anbaubeschränkungen gesetzlich festgelegt wurden, damit die Erzeugung von Lebensmitteln durch die viel lukrativere Tabakproduktion nicht völlig verdrängt wurde. Im 17. Jh., als Geld in den Kolonien immer noch selten war, nutzte man den Tabak häufig als Tauschmittel. Tabak galt als anerkannte Vergütung für Steuern, Schulden und sogar für die Gehälter von Beamten, Soldaten und Pfarrern. Neben der Kartoffel und der Tomate wurde der Tabak in Europa zu einem der erfolgreichsten Importgüter aus der Neuen Welt. Zu den wichtigsten Tabakproduzenten heute gehören nach dem Marktführer USA China, Indien, Rußland, Japan und Brasilien. Das bedeutendste Anbaugebiet der Vereinigten Staaten ist nach wie vor der Südosten. Nördliche Staaten wie Pennsylvania, Ohio oder Wisconsin zählen zwar zu den tabakproduzierenden Gebieten, aber in Virginia, Kentucky und Tennessee spielt der Tabak eine übergeordnete Rolle in der lokalen Wirtschaft.

Engländern und Indianern. Sehr schnell war daher Neuspanien von Menschen gemischter Herkunft, den Mestizen, dominiert.

Erste Besiedlungsversuche der Europäer im Norden
Rasch lernten die Siedler und bald darauf die Menschen in Europa die Kulturpflanzen Nordamerikas schätzen. Kürbisse, Bohnen, Bataten (Süßkartoffeln), Kartoffeln, Tomaten und Paprika tauchten schon im 16. Jh. in der europäischen Küche auf. Vor allem ein pflanzliches Produkt der Neuen Welt sollte sich bald großer Beliebtheit in ganz Europa erfreuen: der Tabak (Die Europäer kommen auf den Geschmack des Tabaks, →S. 36). Durch die Europäer lernten die Indianer neue Lebensmittel wie Bananen und Zuckerrohr kennen. Auch Nutztiere wie Kühe, Schweine und Schafe brachten die Weißen mit. Vor allem die Wiedereinfuhr des Pferdes nach Nordamerika änderte die Lebensart vieler Stämme. England hielt sich mit seinen Siedlungen zunächst eng an die Küste im Nordosten des Subkontinents, und eine Vermischung mit den dort lebenden Indianern wurde streng gemieden. Die erste dauerhafte englische Siedlung in der Neuen Welt wurde 1607 in Jamestown (Virginia) angelegt. Andere Versuche kolonialen Aufbaus gingen der Jamestown-Gründung um einige Jahre voraus. Die Pioniere englischer Kolonisierung hießen Sir Humphrey Gilbert und sein Halbbruder Sir Walter Raleigh (▷Chronik Biografie). Beide waren Vertraute der Königin Elizabeth I. und Veterane früherer Kolonisatorentätigkeit in Irland. 1578 erhielt Gilbert ein Patent von der Königin, das ihm sechs Jahre lang das Exklusivrecht einräumte, »alle fernen und heidnischen Länder, die sich nicht im Besitz eines christlichen Monarchen befinden, nach eigenem Gutdünken zu bewohnen und zu besitzen.« Im selben Jahr stachen er und Raleigh mit sieben Schiffen und fast 400 Mann in See. Wegen Unwettern mußten sie schon auf der Überfahrt die Expedition abbrechen und erst 1583 konnten sie erneut die Segel setzen, um schließlich Neufundland zu entdecken und zum englischen Besitz zu erklären. Gilbert blieb nach einem weiteren Sturm verschollen, aber Raleigh erhielt ein zweites Patent und erreichte eine Insel in südlicheren Gewässern, von den Indianern Roanoke genannt, die vor der Küste des heutigen North Carolina liegt. Raleigh nannte das gesamte Gebiet Virginia zu Ehren der jungfräulichen Königin Elizabeth.
Im Jahre 1585 gründete Raleighs Cousin Sir Richard Grenville eine Siedlung auf der Roanokeinsel. Als

Sir Francis Drake ein Jahr später mit Vorrat aus England in Virginia anlegte, klagten die Kolonisten über Hungersnot und Angriffe der Indianer und segelten mit Drake zurück nach England. Raleigh unternahm 1587 einen weiteren Versuch und siedelte 91 Männer, 17 Frauen und 9 Kinder auf der Roanokeinsel an. Kurz danach kam auch das erste in Nordamerika geborene Kind englischer Eltern zur Welt, Virginia Dare. Als drei Jahre später das erste Schiff aus dem Mutterland Virginia wieder erreichte, waren alle

Sir Walter Raleigh
Chronik Biografie

englischer Seefahrer und Kolonisator

* um 1554 Hayes Barton (Devonshire)
† 29.10.1618 London

Bis 1592 Günstling von Königin Elizabeth I. und 1584 von ihr geadelt, gründete R. 1585 die erste englische Kolonie in Nordamerika, die er zu Ehren der unverheirateten Herrscherin Virginia nannte. Er scheiterte mit der ersten Ansiedlung. Auf der Suche nach Goldminen unternahm er mehrere Entdeckungsfahrten nach Südamerika, ohne jedoch das legendäre Goldland El Dorado zu finden. 1596 war er an der Eroberung von Cadiz (Spanien) beteiligt. 1603 wegen angeblicher Verwicklung in eine Verschwörung gegen den katholischen König Jakob I. zum Tode verurteilt, wurde R. bis 1616 in Haft gehalten, wo er bedeutende historische, staatstheoretische und literarische Werke verfaßte. Auf das Versprechen, dem auf Geldmittel angewiesenen König den Reichtum El Dorados zu verschaffen, wurde er freigelassen und begab sich auf eine wiederum erfolglose Expedition nach Guyana. Nachdem er dort in Konflikt mit den Spaniern geraten war, ließ Jakob I. nach R.s Rückkehr auf Verlangen Spaniens das alte Todesurteil vollstrecken.

Siedler spurlos verschwunden. Nur das in einen Baum geritzte Wort Croatoan, der Name eines dort ansässigen Indianerstammes, fanden die Besucher vor. Bis heute ist das Schicksal der sagenumwobenen »verschollenen Kolonie« (→Lexikon) ungeklärt. Es gelang erst sieben Jahre später einer Handelsgesellschaft, der London-Kompanie, ein vom neuen englischen König James I. ausgestelltes Patent zu bekommen und Raleighs Traum von einer permanenten englischen Kolonie in Virginia in die Tat umzusetzen.

Andere europäische Länder scheiterten ebenfalls zunächst an der versuchten Kolonisierung. Ob Jacques Cartier, dem berühmten Entdecker großer Teile des kanadischen Ostens (1541/42) oder Jean Ribaut in Florida (1562/1564), allen mißlang es vorerst, auf dem neuen Kontinent Fuß zu fassen. Erst 1608 glückte Samuel de Champlain mit Quebec die Gründung der ersten französischen Siedlung in Nordamerika. Die Bevölkerung der französischen Kolonien wuchs im Vergleich zu der der englischen nur sehr langsam, doch genossen die Franzosen den Vorteil guter Beziehungen zu den Indianern des Nordens. Französische Jesuiten zogen schnell ins Inland, um die Indianer zu missionieren, und die berühmten Jäger und Pelzhändler, die Coureurs de Bois, entwickelten weitreichende Handelsbeziehungen zu mehreren Stämmen. Frankreich blieb in den nächsten Jahren auch der Hauptkontrahent Englands im Wettlauf um die Eroberung Nordamerikas, was sich heute noch in den separatistischen Bestrebungen des französischsprachigen Quebec gegenüber den anderen englischsprachigen Provinzen Kanadas (→S. 64) widerspiegelt.

Neufrankreich

Das französische Interesse an Nordamerika galt genau wie das Englands zunächst dem Profit. Schon John Cabot berichtete nach seiner Erkundung Nova Scotias (Neuschottland) und Neufundlands vom schier unermeßlichen Vorkommen des Kabeljaus in den Gewässern des hohen Nordens Amerikas. Gleichzeitig suchten die Europäer noch lange auf dem Gebiet Kanadas nach einer Nord-West-Passage und folgten damit dem ursprünglichen Bestreben von Kolumbus. Der feste Glaube an die Existenz eines Seewegs nach Asien führte zu der Entdeckung der arktischen Gebiete (durch Martin Frobisher 1576, 1577 und 1578) und der für den nördlichen Handel wichtigen Hudsonbai (durch Henry Hudson 1610). 1534 und 1535 befuhr Jacques Cartier den Golf des St.-Lorenz-Stroms und erreichte die Stelle, an der das heutige Montreal liegt. Hier erhob Frankreich seinen ersten Anspruch auf das gesamte Territorium Kanadas. Eine Kolonie hatte das französische Königshaus zuerst nicht vorgesehen, doch die wachsende Präsenz Englands in Neufundland weckte das Interesse der Bourbonen an Siedlungen. Vor allem die Handelsmöglichkeiten mit Biberpelzen bewogen die Franzosen, sich als Kolonialmacht in Nordamerika zu etablieren.

Der französische Händler Pontgravé Sieur du Pont, der das Monopolrecht für den Pelzhandel vom König erhielt, engagierte den Kartographen Samuel de Champlain (▷Chronik Biografie, S. 39), um Handelswege zu erkunden. Auf Cartiers Spuren gelangte Champlain bis nach Montreal. 1604 ging das Monopol an Pierre du Guast Sieur du Monts über, der Champlain in seine Dienste nahm. In diesem Jahr gelangte der Kartograph bis nach Akadien (→Lexikon), dem heutigen Gebiet der Maritimprovinzen bis zur Küste Neuenglands. Der französische Name Acadie geht auf eine Ortsbezeichnung der Micmacindianer zurück, während der Name Kanada vom Irokesenwort Kanata stammt und soviel wie Dorf oder Gemeinde bedeutet. Anhand der Karten Champlains gründete du Monts 1605 die erste französische Siedlung: Port Royal in Nova Scotia (Neuschottland). Der Ort wuchs kaum, blieb aber bestehen. Champlain gründete 1608 am St.-Lorenz-Strom Quebec. Er betätigte sich weiter für Frankreich, als rasch nach Gründung der Kolonie der Pelzhandel organisiert werden sollte. Er baute Beziehungen zu den Indianern auf, deren Mithilfe im Pelzhandel unerläßlich war. Es gelang Champlain, dauerhafte wirtschaftliche und militärische Allianzen mit den Stämmen der Algonkin und Huronen zu bilden. Auf Champlains Anregung hin wurde 1613 eine Handelsgesellschaft für Neufrankreich gegründet mit Hauptniederlassung in Quebec.

Champlain hielt es für notwendig, in Quebec die Entstehung einer selbstversorgenden Kolonie und nicht nur eines Handelspostens zu fördern. Er stieß auf den Widerstand der Handelsgesellschaft, die keinen finanziellen Vorteil in der Ansiedlung von Familien sah. Champlain appellierte an höhere Instanzen und konnte 1627 eine Intervention von Kardinal Richelieu erwirken, der die Konstituierung der Gesellschaft Neufrankreichs einleitete, an der Investoren aus ganz Frankreich beteiligt waren. Als erste Pflicht wurde der Gesellschaft die Entsendung von 4000 Kolonisten nach Quebec innerhalb von 15 Jahren aufgetragen. Die Einnahme Quebecs durch englische Streitkräfte 1628 stoppte das Unternehmen, bevor es seinem Siedlungsauftrag nachkommen konnte. Zwar erhielt Frankreich Quebec 1632 zurück, aber die Gesellschaft blieb wegen finanzieller Verluste untätig. Es kamen dennoch Siedler nach Kanada, etwa 1000 von ihnen zwischen 1632 und 1662, aber es waren nicht Händler, die sie dazu anregten. Katholische Missionare bauten die rudimentären Anfänge einer Infrastruktur auf, die die Grundlage kolonialen Lebens darstellte. Jesuiten, Ursulinen und Sulpizianer in Quebec-Stadt übernahmen die Verantwortung für den Bau von Krankenhäusern und anderen wichtigen kommunalen Einrichtungen. Die Stadt Montreal wurde von der Société de Notre Dame zum ausdrücklichen Zweck der Missionierung von Indianern und Siedlern gegründet. Die »Montréalistes« allein rekrutierten an die 400 Siedler zwischen 1632 und 1662. 1645 war die Kolonie wirtschaftlich unabhängig. Die Gesellschaft von Neufrankreich übertrug ihre Monopolrechte an ein lokales Kooperativ der dortigen Landbesitzer und entband die Kolonisten von jeglicher finanziellen Verpflichtung gegen Investoren in Frankreich. Aufgrund des florierenden Pelzhandels zeichneten sich in dieser Zeit auch die Anfänge einer wirtschaftlichen Elite in Quebec ab.

In den 60er Jahren des 17. Jhs. verschärfte sich der Konflikt mit den Irokesen. Sie belieferten die Händler im Tal des Hudson mit Pelzen, während die französischfreundlichen Algonkin und Huronen ihren Handel auf Quebec konzentrierten. Die Irokesen waren den von ihnen angefeindeten Verbündeten der Franzosen militärisch weit überlegen und rissen die Kontrolle über die Nebenflüsse des St.-Lorenz an sich. In kurzer Zeit dominierten sie den Pelzhandel und zweigten das Geschäft größtenteils an die englischen Kolonien ab. Hinzu kamen Raubzüge der Irokesen durch die Handelsposten und Siedlungen der Franzosen, so daß der Stadtrat von Quebec an Paris um Schutz appellierte. 1663 ernannte Louis XIV. Neufrankreich zur Provinz des Königreichs und bestimmte Jean-Baptiste Colbert zum Generalverwalter des Territoriums. Colbert entsandte militärische Hilfe und startete eine Siedlungskampagne, um vor allem Handwerker zur Emigration zu motivieren. Zwischen 1663 und 1675 wuchs die Bevölkerung Quebecs von 2500 auf 8000 Personen.

Der Aufschwung der Kolonie regte gleichzeitig zur weiteren Erkundung des Westens im Inneren Nordamerikas an. 1674 kehrte Louis Jolliet von Reisen durch die Mississippiebene nach Quebec zurück. Der von seinen Berichten begeisterte René Robert Cavalier Sieur de La Salle erkundete anschließend die gesamte Mississippiebene und gelangte zur Mündung des Flusses am Golf von Mexiko. Das ganze umliegende Gebiet beanspruchte er im Namen Frankreichs und gründete dort die Kolonie von Louisiana zu Ehren des französischen Königs. Schon vorher entstanden mehrere Siedlungen an den Großen Seen. Obwohl sie das Gebiet nie in großem

Samuel de Champlain
Chronik Biografie

französischer Seefahrer und Kolonisator, Gründer Kanadas

* 1567? Brouage (Saintonge)
† 25.12.1635 Quebec

Als königlicher Hofgeograph besuchte C. Nordamerika zum ersten Mal 1603 und fuhr den St.-Lorenz-Strom bis zu den Schnellen von Lachine hinauf. Im nächsten Jahr begleitete er Sieur de Monts nach Akadien [heute Neufundland, Nova Scotia (Neuschottland) und Neubraunschweig], wo er diese Gegend drei Jahre lang auskundschaftete. Er gründete 1608 Quebec und widmete sich danach dem Aufbau der ersten dauerhaften französischen Siedlung Nordamerikas. C. erkundete den Großteil des heutigen französischsprachigen Kanadas und ermöglichte mit seinen detaillierten Karten den für Neufrankreich lebenswichtigen Pelzhandel. 1627 wurde er zum Gouverneur von Neufrankreich ernannt. Nachdem Quebec 1628 einem englischen Angriff zum Opfer fiel, war es C. zu verdanken, daß die Festung 1632 im Vertrag von St.-Germain-en-Laye wieder an Frankreich zurückging. 1634 gründete er Trois-Rivières an der Stelle des heutigen Montreal. Er starb Weihnachten 1635 in Quebec, wo er auch begraben wurde.

Maße kolonisierten, erhoben die Franzosen infolge dieser Entdeckungsreisen Anspruch auf nahezu den gesamten mittleren Westen Nordamerikas. Es entstanden im Laufe der Zeit die Städte New Orleans (Nouveau Orléans, 1718), Biloxi und Mobile.

Die Entwicklung Akadiens im Osten dagegen stagnierte. 1654 hatten Engländer aus Massachusetts das Gebiet erobert, aber selbst nachdem die Franzosen das Areal 1670 zurückholten, unternahm Frankreich wenig, um dort Bodenschätze zu fördern oder das Gebiet stärker zu besiedeln. Die wenigen dort ansässigen Kolonisten bauten zusehends ihre Beziehungen zu den englischen Kolonien im Süden aus. Im Norden bestritten die Franzosen den Anspruch der englischen Hudson's-Bay-Kompanie (→Lexikon) auf das Gebiet der ökonomisch wichtigen gleichnamigen Bucht. Ein offener Konflikt brach durch europäische Zwistigkeiten zwischen England und Frankreich aus.

Den Franzosen folgten die Niederländer, die erst kurz zuvor ihre Unabhängigkeit von Spanien errungen hatten und als bedeutende Händler zu Reichtum gelangten. Bis 1624 besaßen die Niederländer mehrere Außenposten für den Pelzhandel an den Flüssen Hudson, Delaware und Connecticut. Vor allem die niederländisch-westindische Kompanie förderte nicht nur Siedler aus Holland, sondern auch aus weiteren Teilen Nordeuropas wie Deutschland, Schweden und Finnland, die sich in ihren Gebieten niederlassen wollten. Zahlreiche Familien wurden nach Neuniederland verschifft. Die Gesellschaft setzte Patroons, lokale Gemeindevorsteher oder Schultheiße, als Verwalter riesiger Anwesen ein, die dann auch weitere Immigranten anlockten. Die auf der für Schmuck im Wert von 60 Gulden von den Canarseeindianern gekauften Manhattaninsel gelegene Hauptstadt der Kolonie, Neuamsterdam, sollte schließlich den Namen New York führen, nachdem sie von den Engländern eingenommen worden war.

Neuengland

Schon im 16. Jh. waren die Kolonien der Neuen Welt ein Vielvölkergebiet, aber die moderne Identität Nordamerikas wurde von Beginn der europäischen Besiedlung an im entscheidenden Maße von England geprägt. 1606 erhielt die Handelsgesellschaft der London-Kompanie, die sich fortan Virginia-Kompanie (→Lexikon) nannte, ein königliches Patent von König James I., um eine Kolonie zu gründen. Mit 144 Mann und den drei Schiffen »Godspeed«, »Discovery« und »Susan Constant«

traten die Unternehmer den Weg nach Virginia an. Im Frühjahr 1607 erreichten die 104 Männer, die die Überfahrt überlebten, die Chesapeakebai und die Mündung eines Flusses, den sie James nannten. Auf einer Halbinsel des nördlichen Ufers riefen sie die Stadt Jamestown ins Leben. Im Laufe der nächsten 17 Jahre trafen über 8500 Siedler aus England in der neuen Handelskolonie ein. Nach Ablauf dieser 17 Jahre waren bereits über 80 % von ihnen (7200) gestorben. Schon im Januar 1608, als die ersten Schiffe aus England mit Vorräten und neuen Siedlern ankamen, waren 66 der ursprünglich 104 Männer tot. Dem 27-jährigen Kapitän John Smith – Seefahrer, Abenteurer und Autor – gelang es, die Kolonie vor dem Aussterben zu retten, indem er für Ordnung und Schutz gegen die Indianer sorgte und einen strengen Arbeitsplan aufstellte (▷Chronik Biografie, S. 41). Nach Smith standen die von der Virginia-Kompanie bestellten Gouverneure Lord De La Warr, Sir Thomas Dale und Sir Thomas Gates der Kolonie vor. Dale hatte den Einfall, die Arbeitsmoral der Siedler zu fördern, indem er ihnen ein Landbesitzrecht gewährte. Mit diesem Schritt begann die Entwicklung der englischen Kolonie vom Handelsaußenposten zur eigenständigen Gemeinde. Anfangs konnte sich Jamestown nur mühsam behaupten. Wirtschaftlichen Auftrieb bekam die Kolonie durch den Tabakanbau. Kolumbus hatte schon auf Kuba beobachtet, wie die Eingeborenen ihre Zigarren rauchten. Der Virginiatabak etablierte sich in Europa als Inbegriff des Rauchgenusses. Auch politisch zeigten die englischen Kolonisten Tendenzen zur Eigenständigkeit. Am 30. Juli 1619 trafen Abgeordnete der um Jamestown herum entstandenen Gemeinden in der Kirche der Stadt zusammen. Sie stimmten über Entwurf und Erlaß verschiedener Gesetze für die Kolonie ab und schufen damit das erste Beispiel einer selbstgewählten gesetzgebenden Instanz auf dem Gebiet der künftigen Vereinigten Staaten.

Die Motivation der Virginia-Kompanie zur Besiedlung Nordamerikas war finanzieller Gewinn. Bald wurde Virginia zudem zum Hoffnungsträger religiöser Separatisten, die einen wichtigen Beitrag zur Kultur Neuenglands leisteten. Englische Reformatoren, vor allem calvinistische Puritaner (→Lexikon), begegneten in König James I. einem kompromißlosen Gegner. Er sah in den reformatorischen Ideen der Puritaner, vor allem in ihrer Ablehnung weltlicher Autorität, eine Herausforderung seines gottgegebenen Rechts auf Alleinherrschaft. Der Wunsch extremer Puritaner, eigene Gemeinden und Kirchen zu bilden, verstieß sogar gegen englisches Gesetz. Der König reagierte mit repressiven Steuern, die gegen puritanische Handelsleute gerichtet waren, und politischer und ökonomischer Begünstigung sowohl der Anglikaner als auch der Katholiken in England. In einigen Puritanergemeinden, zu denen viele der führenden Geschäftsmänner Englands gehörten, reifte der Entschluß, religiöse Freiheit in den amerikanischen Kolonien zu suchen. Sie baten die Virginia-Kompanie um die Erlaubnis, eine unabhängige Siedlung in den neuen Territorien zu gründen, und erhielten nicht nur die Zustimmung der Gesellschaft, sondern auch eine informelle Zusicherung des Königs, daß sie in Virginia ihren Glauben unbehelligt ausüben dürften. Im September 1620 legte die berühmte »Mayflower« mit 35 selbsternannten »Heiligen« und 67 »Fremden« an Bord in Plymouth ab. Am 21. Dezember 1620 gingen die Passagiere in Cape Cod, an einer Stelle, die John Smith ebenfalls Plymouth genannt hatte, an Land.

In der Zwischenzeit wurden die Lebensbedingungen für die verbliebenen Puritaner in England immer unerträglicher. Nach dem Tod von König James I. 1625 bestieg sein Sohn Charles den Thron. Der aggressive und autokratisch regierende Monarch ergriff Maßnahmen, um den Katholizismus in England wieder zu stärken. Seine Entschlossenheit, den Nonkonformismus der Puritaner zu vernichten, führte England schließlich in den Bürgerkrieg. Dem Beispiel der Plymouth-Kolonie folgend, gründeten einige puritanische Händler nun eine eigene Handelsgesellschaft, die Massachusetts-Bay-Kompanie (→Lexikon). Der Vorsitzende der Gesellschaft, John Winthrop, erhielt vom König nicht nur ein Patent für ein großes Ge-

John Smith – Seefahrer, Abenteurer und Kolonisator der Neuen Welt

Chronik Biografie

englischer Soldat, Seefahrer und Kolonisator

* 9.1.1580 Willoughby (Lincolnshire)
† 21.6.1631 London

S. gilt als eine der schillerndsten Figuren der frühen Geschichte der nordamerikanischen Kolonien. Als junger Mann verdingte er sich als Soldat im niederländischen Unabhängigkeitskrieg Ende des 16. Jhs. Später kämpfte er in Ungarn, wurde gefangengenommen und in die Sklaverei nach Rußland verkauft. Nach seiner Flucht stand er mehrere Jahre im Dienste verschiedener Herren in Europa und Afrika. Im Winter 1604/05 kehrte er nach England zurück, wo er bei der London-Kompanie anheuerte und als einer von sieben Gruppenvorstehern die Virginia-Expedition am 19. Dezember 1606 nach Nordamerika begleitete. Zusammen mit den anderen Kolonisten gründete er Jamestown am 13. Mai 1607. Nach Angriffen der Algonkinindianer über-

nahm S. die vorläufige Führung der Kolonie und organisierte Vergeltungsschläge gegen die Algonkin. Im Dezember 1607 wurde er von den Indianern entführt, aber als »Häuptling« der Virginiakolonie wieder auf freien Fuß gesetzt. Bei dieser Episode knüpfte er Kontakt zum Algonkinhäuptling Powhatan und zu dessen Tochter, der Prinzessin Pochahontas. Pochahontas heiratete Kapitän John Rolfe und reiste mit ihm nach England, wo sie bei Hofe gefeiert wurde.

Im September 1609 wurde S. zum obersten Rat der Kolonie gewählt. Er sorgte für Ordnung und Schutz der Kolonie. Bald darauf mußte er wegen einer schweren Verbrennung nach England zurückkehren. S. blieb in England weiterhin im Namen der Kolonie und der Virginia-Kompanie tätig und bemühte sich, den Kolonisationsgedanken populär zu machen. Dennoch fuhr er nie wieder zur See. Er tat sich als Autor hervor, und seine »Allgemeine Geschichte von Virginia, Neuengland und den Sommerinseln« (1624) ist eine wichtige Quelle zur Historie der frühen Kolonien. Weitere Werke sind »Wahre Reisen, Abenteuer und Beobachtungen von 1593 bis 1629« (1630) und die »Anzeigen für die unerfahrenen Bauern Neuenglands oder aller anderen Orte« (1631).

biet in Massachusetts und New Hampshire, sondern auch das Selbstverwaltungsrecht und somit absolute Autonomie. Der König hielt sich damit den einflußreichen Kompanieführer auf Distanz. Im Gegensatz zu anderen Kolonisten unterlagen die Siedler der Massachusetts-Bay-Kompanie keinen Verpflichtungen gegenüber politischen oder geschäftlichen Instanzen im englischen Mutterland.

1630 segelten 17 Schiffe und 1000 Menschen, mehrheitlich Familien, nach Massachusetts. Die erste Kolonie, die um den Hafen von Boston entstand, war rasch von Ablegern umgeben: Charlestown, Concord, Dorchester, Ipswich, Newtown, Roxbury, Sudbury, Watertown, u.a. Die Verwaltung der Kolonie übten die acht Hauptbeteiligten der Gesellschaft aus. Doch sie wurden bald ersetzt. Alle männlichen Bürger erhielten das Wahlrecht, und bis 1644 hatte die Kolonie einen allgemeinen Gerichtshof und eine Legislative mit zwei Kammern eingeführt, der ein gewählter Gouverneur und gewählte Ratsmitglieder vorstanden. Dieser wegweisende Schritt zur demokratischen Autonomie stand anderen Kolonien bei der Ausarbeitung ihrer Verfassungen Modell. Die Gemeinde von Hartford entwarf die Fundamental Orders of Connecticut, und Rhode Island schrieb 1663 die uneingeschränkte religiöse Freiheit in seiner Verfassung fest. Diese galt auch für Juden, ein außergewöhnlicher Präzedenzfall im Vergleich zu europäischen Verhältnissen der Zeit.

Nach schwierigen Anfängen florierten die englischen Kolonien binnen kürzester Zeit. Sieben der 13 Kolonien existierten bereits Mitte der 30er Jahre des 17. Jhs.: Virginia, Massachusetts, Maryland, Connecticut, Rhode Island, Delaware und New Hampshire. Infolge des englischen Bürgerkriegs zwischen den königstreuen Cavaliers und den Anhängern des Parlaments, den sog. Roundheads, stagnierte die Zuwanderung aus England von etwa 1632 bis 1658. Nach der Restauration der Stuart-Dynastie wurde die Kolonisierung vorangetrieben. Charles II., Sohn des enthaupteten Charles I., erteilte im Verlauf seiner 25-jährigen Regentschaft Patente für vier weitere Kolonien in Amerika: Carolina, New York, New Jersey und Pennsylvania.

Carolina, das später in eine nördliche und eine südliche Kolonie aufgeteilt wurde, trug nicht nur den latinisierten Namen des Monarchen, sondern wies auch in ihrer Gesellschaftsstruktur die Spuren der Gönnerpolitik des Königs auf. Die Verfassung von Carolina sah eine Aufteilung des Gesamtterritoriums in Parzellen vor. Der größte Teil dieser Parzellen wurde an reiche Günstlinge des Hofes vergeben, die als Seigneurs eingesetzt wurden. Nach der Verteilung des Landbesitzes entstand eine klare soziale Hierarchie, an deren unterster Stelle die mittellosen weißen Siedler und die schwarzen Sklaven aus Afrika standen, die beide keine Rechte hatten. Das Wahlrecht der Landbesitzer im kolonialen Parlament war proportional, maßgeblich waren die Besitzungen eines jeden Bürgers. Die Verfassung schuf die Grundlage für die rückständige Lokalaristokratie, die für die südlichen Kolonien charakteristisch wurde. Der Agraradel profitierte vor allem von den großen Baumwoll-, Reis- und Tabakplantagen. Die Feldbestellung auf diesen Anwesen wurde überwiegend von Sklaven geleistet.

Sklavenhandel betrieben die Spanier in Nordamerika schon im 16. Jh. Bereits 1619 brachten niederländische Händler die ersten afrikanischen Sklaven nach Jamestown. Aber vor allem in South Carolina wuchs sich der Sklavenhandel zum bedeutendsten Wirtschaftsfaktor aus. South Carolina unterhielt rege Handelsverbindungen zu der europäischen Kolonie auf Barbados, wo die Sklaverei sich schon früh etabliert hatte. Neue Siedler aus Barbados, die nach South Carolina kamen, brachten nicht nur Sklaven, sondern auch ihr Plantagensystem mit, das auf Sklavenarbeit basierte.

Eine Gruppe englischer Protestanten, die sich selbst Society of Friends (Gesellschaft der Freunde) nannte und unter dem Namen Quäker (→Lexikon) bekannt wurde, suchte die Gelegenheit, den religiösen Repressionen in England zu entfliehen. Mit ihren demokratischen, bisweilen anarchistischen Tendenzen fielen die Quäker beim englischen Königshaus in Ungnade. Sie lehnten Kirchenverwaltung sowie jeglichen institutionalisierten Klerus ab und weigerten sich, Eide zu leisten. Als überzeugte Pazifisten verweigerten sie auch jeden Militärdienst. Ihren bedeutendsten Befürworter fanden sie in dem konvertierten Quäker William Penn, Sohn des wohlhabenden und einflußreichen Admirals Sir William Penn. Nach dem Tod seines Vaters 1681 erbte Penn große Anwesen in Irland sowie wertvolle Schuldscheine des Königs. Charles II. bot Penn an, die Schulden in Form von Land in Nordamerika abzubezahlen und überließ dem jungen Quäker ein Gebiet bei Maryland, das größer als England und Wales zusammen war. Penn nannte das Gebiet Pennsylvania und siedelte dort nicht nur englische Quäker, sondern auch deutsche Protestanten an. Penns Pamphlet »Ein kurzer Bericht über die Provinz Pennsylvania« wurde in

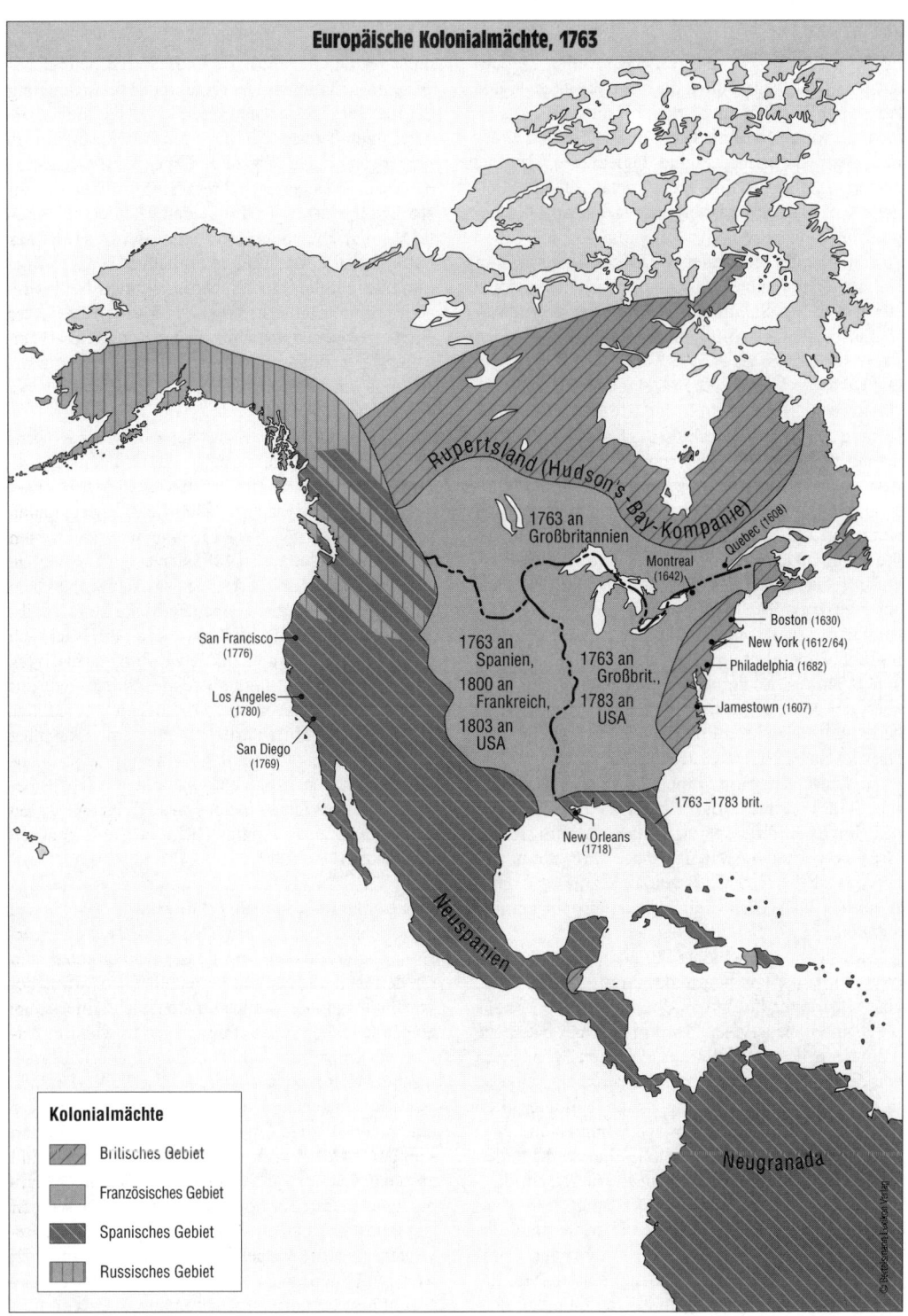

Europäische Kolonialmächte, 1763

Rupertsland (Hudson's-Bay-Kompanie)

1763 an
Großbritannien

Quebec (1608)

Montreal (1642)

Boston (1630)

New York (1612/64)

San Francisco (1776)

Philadelphia (1682)

1763 an
Spanien,
1800 an
Frankreich,
1803 an
USA

1763 an
Großbrit.,
1783 an
USA

Los Angeles (1780)

Jamestown (1607)

San Diego (1769)

1763–1783 brit.

New Orleans (1718)

Neuspanien

Neugranada

Kolonialmächte

- Britisches Gebiet
- Französisches Gebiet
- Spanisches Gebiet
- Russisches Gebiet

© Bertelsmann Lexikon Verlag

mehrere Sprachen übersetzt. Pennsylvania stieg unter der Ägide Penns zeitweilig zur bekanntesten und kosmopolitischsten aller Kolonien auf.

Georgia wurde 1733 als letzte der englischen Kolonien gegründet. General James Oglethorpe, Mitglied des englischen Parlaments, betrachtete Georgia einerseits als südliches Bollwerk gegen spanische Expansion, andererseits als Entwicklungsland für in Armut lebende Menschen aus England, die in ihrer Heimat keine Zukunftsaussichten hatten. Den vielen sonst ehrbaren Schuldnern, die in englischen Gefängnissen saßen, sollte die Kolonie Georgia neue Lebenschancen bieten.

Die Kette der 13 englischen Kolonien an der Ostküste Nordamerikas war mit der Gründung Georgias Anfang des 18. Jhs. geschlossen. Das letzte Hindernis auf dem Weg zur Sicherung dieses territorialen Anspruchs war Neuniederland. Die niederländischen Siedlungen trennten die nördlichen von den südlichen Kolonien Englands und boten Händlern die Möglichkeit, die englischen Zölle zu umgehen. Daher schenkte Charles II. seinem Bruder, dem Herzog von York, 1664 das gesamte Gebiet zwischen den Flüssen von Connecticut und Delaware. Der König ließ seine Flotte in den Hafen von Neuamsterdam einlaufen, wo der unbeliebte holländische Gouverneur Peter Stuyvesant innerhalb kurzer Zeit zur bedingungslosen Kapitulation gezwungen wurde. Die dort ansässigen Holländer und andere Kontinentaleuropäer wurden nicht zwangsumgesiedelt. Die Stadt und das übrige Gebiet wurden zu Ehren des Herzogs auf den Namen New York umgetauft. 1673 eroberten die Niederländer ihre ehemalige nordamerikanische Hauptstadt zurück, mußten ihren Anspruch aber 1674 endgültig an Großbritannien abtreten.

Die Entstehungsgeschichte der europäischen Kolonien Nordamerikas begründet ihren unterschiedlichen Charakter besonders deutlich bei den englischen und französischen Territorien. Eines hatten sie jedoch aus der Sicht der europäischen Monarchen gemeinsam: wirtschaftliches Potential. Das kleine Wirtschaftswunder der englischen Kolonien ließ Mitte des 17. Jhs. im Mutterland Stimmen laut werden, die eine einheitliche Organisation der Kolonien als Teil des Königreichs und ein Exklusivrecht Englands auf den Handel mit den Kolonien forderten. Die recht unabhängigen und mittlerweile unter dezentralistischen Regierungsformen lebenden Kolonisten lehnten die Pläne des Königreichs ab. Manche Waren wie Weizen, Mehl und Fisch eigneten sich

nicht für den Export nach England. Oft war es außerdem für koloniale Unternehmer lukrativer, Handel mit Spaniern, Franzosen und Niederländern als mit England zu treiben. Charles II. führte dennoch drei sog. Navigationsgesetze (→Lexikon, Navigation Acts) ein, die den Handel regulieren sollten. Der erste Erlaß von 1660 verbot den Handel mit allen nicht-englischen Schiffen. Der zweite von 1663 forderte, daß alle Importgüter auf dem Weg nach Amerika über England verschickt und dort verzollt werden sollten. Der dritte von 1673 erhob Zölle auf Handel zwischen den einzelnen Kolonien. Die Kontrolle der Einhaltung dieser Gesetze verlangte die ständige Präsenz englischer Zöllner in Neuengland. Als Massachusetts auf seine vom König verbriefte Autonomie hinwies, entzog der König der Kolonie 1684 das Patent. Charles' Bruder und Thronfolger James II. rief sogar ein Dominion of New England (→Lexikon) ins Leben, das alle Kolonien zusammenschloß und der Macht des Königs unterstellte. Als das englische Parlament 1688 den äußerst unpopulären James II. stürzte und seine protestantische Tochter Mary sowie deren Gemahl William von Oranien als Regentenehepaar bestätigte, löste die Nachricht eine kleine Revolution in den Kolonien aus. Vom König bestellte Stadträte und Zöllner wurden entmachtet und verjagt. Die neuen Monarchen reagierten mit einer partiellen Wiederanerkennung der ehemaligen kolonialen Versammlungen. Die amerikanischen Kolonien verstanden sich von Beginn an nicht nur als Außenposten des englischen Königreichs, was zwangsläufig zu Konflikten mit dem Mutterland führte.

Das Leben im kolonialen Amerika

Die Kolonialgesellschaften Nordamerikas waren ursprünglich nach dem Vorbild der Länder konzipiert, die den neuen Kontinent besiedelten. Erst Mitte des 18. Jhs. begannen die Kolonisten, sich Amerikaner zu nennen, aber von Anfang an gab es wichtige Unterschiede zwischen dem Leben in den nordamerikanischen Kolonien und dem in den Mutterländern. Vor allem in den englischen Kolonien zeichnete sich eine eigenständige Entwicklung ab, die die Interessen der Siedler und die Englands immer weiter auseinandertrieb. Zum einen bildete sich in Amerika nie eine hierarchische Ständegesellschaft wie die Englands aus. Dort, wo sich eine relativ große Bevölkerung auf knappem Raum drängte, übten die wenigen Landbesitzer eine unverhältnismäßig große Macht auf die übrigen Klassen aus. Die materielle

Ungleichheit stellte die Basis des englischen Klassensystems dar. In Nordamerika galt ein umgekehrtes Verhältnis: In einem nahezu unermeßlich großen Land wohnten relativ wenige Menschen. Die überwiegende Mehrheit der europäischen Bevölkerung Nordamerikas war unaristokratisch und die Berührung mit anderen Volksgruppen wie Holländern, Franzosen, Deutschen, Schotten, Iren sowie mit Indianern und afrikanischen Sklaven beeinflußte maßgeblich den Charakter dieser Gesellschaft. Die größte Bevölkerungsgruppe der Kolonien war die der englischen Arbeiter. Viele andere kamen als Leibeigene in die Kolonien. In der Region um Chesapeake des 17. Jhs. hatten sich bis zu zwei Drittel der Immigranten für vier bis fünf Jahre als Diener verpflichtet. Nach Beendigung der Dienstzeit erhielten sie ihre Freiheit, neue Kleidung, Werkzeuge, eine Ablösesumme oder sogar Land. Viele Frauen finanzierten die Überfahrt nach Neuengland als unfreie Bedienstete in der Hoffnung, als freie bald zu heiraten. Meist wurden die Erwartungen auch erfüllt, da es im 17. Jh. deutlich weniger Frauen als Männer in den Kolonien gab. Das Königreich nutzte die Kolonien zudem als Auslagerungsmöglichkeit für unerwünschte Personen: Inhaftierte Kriminelle, Schuldner, Waisen und Angehörige anderer Problemgruppen wurden oft gegen ihren Willen nach Amerika geschickt.

Die meisten Kolonisten der Gründerjahre erwartete ein hartes Leben. Mangelnde Vorräte, häufige Epidemien und ein früher Tod kennzeichneten das Leben der ersten Siedler. Die Kindersterblichkeit war hoch – anfangs lag sie über 50 %. Doch besserten sich die Verhältnisse bis Ende des 17. Jhs. so weit, daß die europäische Gesamtbevölkerung Neuenglands über 250 000 Menschen betrug. In der zweiten Hälfte des 17. Jhs. stieg die Geburtenrate an, und ab 1650 war der Bevölkerungszuwachs durch Geburten höher als durch Einwanderung. In der zweiten Hälfte des 17. Jhs. vervierfachte sich die Bevölkerung Neuenglands. Im Durchschnitt gebar eine Kolonistin acht Kinder, was u.a. mit der Lebenserwartung in den nördlichen Kolonien zusammenhing. Sauberes Wasser und geringe Besiedlung (was die Ausbreitung von Seuchen verhinderte) hatten die Lebenserwartung in Neuengland ab 1650 ansteigen lassen; sie lag um mehr als 10 Jahre höher als in England. Bis zum frühen 18. Jh. nahm die Zahl der Einwanderer aus England ab. Die Ursachen des Rückgangs waren nicht nur die Verbesserungen der wirtschaftlichen Verhältnisse im Königreich, sondern auch

Chronik Zeittafel

40 000 v. Chr.	Landverbindung entsteht zwischen Sibirien und Alaska
14 000 −12 000 v. Chr.	Jäger und Sammler aus Sibirien gelangen über die Beringstraße nach Alaska
10 000 v. Chr.	Erste Indianer, Großwildjäger, erreichen Südwesten Nordamerikas
8000 −5000 v. Chr.	Menschen aus Alaska lassen sich am Nordpazifik nieder. Sie begründen die Kordillerentradition
4000 v. Chr.	Inuit besiedeln nördliche Teile Nordamerikas
200 v. Chr. −500 n. Chr.	Hopewellindianer mit fortgeschrittener Grabhügelkultur, Erbauer des Serpent-Mound-Grabhügels mit 400 m Länge
ab 900 n. Chr.	Feldbau bietet Voraussetzung zur Anlage von Städten
982 −985	Der isländische Seefahrer Erik der Rote erreicht Grönland
ab 1000	Normannen gründen Siedlungen in Neufundland
1497	John Cabot meldet englische Ansprüche in Nordamerika an
1500	Navajo und Apachen aus Kanada dringen in Süden Nordamerikas vor
1513	Ponce de Léon landet in Florida
1565	Spanier gründen St. Augustine in Florida
1585	Sir Walter Raleigh gründet eine Kolonie auf der Roanokeinsel, die Siedler verschwinden spurlos
1606	James I. bewilligt die Gründung der London und Plymouth-Kompanie, die später Virginia-Kompanie heißt
1612	Tabakanbau in Virginia eingeführt
1619	Kolonisten von Virginia erlassen eigene Gesetze; erste Sklaven aus Afrika treffen in Virginia ein
1620	Plymouth-Kolonie gegründet
1624	Niederländer besiedeln Manhattan
1630	Puritaner gründen die Massachusetts-Bay-Kolonie in Boston
1647	Allgemeine Schulpflicht in Massachusetts eingeführt

Emigrationsbeschränkungen der englischen Regierung, die befürchtete, daß ganze Gegenden Englands durch die Auswanderungswelle entvölkert würden. Die kontinentaleuropäische Zuwanderung riß dagegen nicht ab. Immer mehr Menschen aus Frankreich, Deutschland, der Schweiz, Irland, Schottland und Skandinavien suchten ihr Glück in der Neuen Welt. Einige der ersten französischen Familien, die nach Nordamerika umsiedelten, waren wie viele der ersten Engländer dort Protestanten: die Hugenotten. 1598 hatten sie zwar durch das Edikt von Nantes die Religionsfreiheit in Frankreich erhalten. 1685 wurde ihnen diese Freiheit aber wieder entzogen, und es folgten brutale Unterdrückung und Gewalttätigkeiten bis hin zum Massaker in der sog. Bartholomäusnacht vom 24. August 1572. In den folgenden Jahrzehnten wanderten etwa 300 000 Hugenotten nach Amerika aus.

Auch deutsche Protestanten mußten in ihrer Heimat mit Benachteiligung rechnen. Die Kriegswirren zwischen verschiedenen deutschen Fürstentümern und Frankreich trugen dazu bei, daß viele von ihnen, vor allem aus der Pfalz, Europa verlassen wollten. Etwa 3000 kamen in die Quäkerkolonie Pennsylvania. Die englischen Siedler gaben ihnen bald den Namen Pennsylvania Dutch (eine Verballhornung von deutsch). Die größte Gruppe nicht-englischer Siedler stellten in diesen Jahren die schottischen Iren. Es handelte sich in ihrem Fall um schottische Presbyterianer, die nach Ulster in Nordirland ausgewandert waren, um dort ihre Religion frei leben zu können. Im frühen 18. Jh. aber erteilte die englische Regierung ein De-facto-Verbot des presbyterianischen Bekenntnisses in Nordirland, um Konformität mit der anglikanischen Kirche zu erzwingen. Außerdem wurde der Export von Wolle und anderen Produkten, die für die nordirische Wirtschaft überlebenswichtig waren, untersagt. Die stetige Zufuhr neuer Immigranten und der einheimische Geburtenanstieg führten zu einem rapiden Bevölkerungszuwachs im 18. Jh. 1700 zählte Neuengland 250 000 Einwohner. Bis 1775 lebten dort über 2 Mio. Menschen. Anschließend verdoppelte sich die Bevölkerung etwa alle 25 Jahre.

Ökonomische Entwicklung der Kolonien
Wirtschaftlich unterschieden sich die südlichen und nördlichen Kolonien stark voneinander. In der Chesapeake-Region von Virginia war Tabak wichtigstes wirtschaftliches Erzeugnis. South Carolina und Georgia eigneten sich weniger für den Tabakan-

bau und spezialisierten sich stattdessen auf Reis. Die mit dem Reisanbau verbundene, sehr anstrengende und teilweise ungesunde Arbeit (viele Insekten des marschigen Landes übertrugen Krankheiten wie Malaria) förderte den Einsatz von Sklaven in diesen Gebieten. Gegen 1740 wurde im tiefen Süden eine weitere wichtige Pflanze eingeführt: der Indigo. Eliza Lucas, eine junge Frau aus Antigua, hatte die Plantagen ihrer Familie auf der Karibikinsel geleitet und dann mit dem Anbau des auf den Antillen häufig produzierten Indigo in South Carolina experimentiert. Das Indigoblau war im Europa dieser Zeit besonders beliebt. Früh wurde die Wirtschaft der südlichen Kolonien auf Landwirtschaft festgelegt, vor allem auf den Großanbau gewinnträchtiger Pflanzen. Die eigentümliche Struktur der Gesellschaft war ein direktes Resultat der vorwiegend landwirtschaftlichen Kultur.

Handel und Industrie beherrschten die nördlichen Kolonien, wobei der Begriff Industrie nur eingeschränkt auf die damalige Lage zutrifft. Handwerker wie Schuster, Schmiede, Schreiner und Drucker etablierten sich schnell. 1764 hatte der deutsche Peter Hasenclever eine Eisenhütte in New Jersey aufgebaut – das größte industrielle Unternehmen des damaligen Neuengland. Aber eine industrielle Expansion wie sie England im späten 18. Jh. erlebte, fand in Neuengland nicht statt. Dazu fehlte es an qualifizierten Arbeitskräften, einem überlebensfähigen Binnenmarkt und Transportmöglichkeiten für die Waren. Außerdem erlegte Großbritannien seinen Kolonien restriktive Produktionsvorschriften auf: Das Eisengesetz von 1750 z.B. verbot die Verarbeitung des Metalls in Nordamerika. Ähnliche Gesetze untersagten die Verarbeitung von Wolle (1699) sowie die Herstellung von Hüten (1742) und anderen Waren, die England nach Amerika exportieren wollte. Daher war der Handel mit Naturprodukten wie Holz oder Pelz Haupterwerb.

Die Kolonien bauten trotz fehlender Infrastruktur weitreichende Handelsbeziehungen auf. Nicht nur mit den karibischen Inseln, sondern auch mit Europa machten die Amerikaner Geschäfte. Aufgrund des Handelsverkehrs entstanden die meisten kolonialen Städte im Norden des Subkontinents (mit der Ausnahme von Charleston in South Carolina). Die zwei größten Hafenstädte Philadelphia und New York übertrafen mit einer Bevölkerung von 28 000 bzw. 25 000 Menschen die meisten Städte Englands Ende des 18. Jhs. Andere koloniale Ballungszentren dieser Zeit waren Boston (16 000 Einwohner) und

Newport auf Rhode Island (11 000 Einwohner). Die Dominanz der großen Plantagen im Süden verhinderte die Entstehung von städtischen Zentren. Die Anwesen waren oft Dorfersatz. Auf größeren Plantagen gab es eigene Kirchen und Schulen.

Die Rolle des Glaubens in den Kolonien
Seit der Gründung der Plymouth-Kolonie prägten nicht nur die besonderen wirtschaftlichen Verhältnisse Neuenglands, sondern auch der mitgebrachte Glaube den amerikanischen Charakter. Das englische Gesetz schrieb zwar in Virginia, Maryland, New York, North und South Carolina sowie Georgia das Bekenntnis zum anglikanischen Glauben vor, doch hatte dies kaum Wirkung, und die Kirche Englands faßte nie Fuß in Amerika. Der Zustrom von Anhängern diverser Glaubensrichtungen ging vielmehr mit einer großen religiösen Toleranz einher, die kein europäisches Land vorweisen konnte. Die Puritaner und viele andere protestantische Gruppen hatten einen im wesentlichen calvinistischen Glauben gemeinsam. Die bedeutendsten theologischen Thesen des schweizerischen Reformators Johannes Calvin (*1509, †1564) waren das Bekenntnis zur Allmacht Gottes (und damit ein deutliches Herabsetzen der Bedeutung des Klerus) und zum unbedingten Gehorsam gegen Gott. Vor allem aber die Lehre von der Prädestination sticht als besonderes Merkmal des Calvinismus hervor: Ein Teil der Menschheit sei von vornherein zur Seligkeit und Erlösung, ein anderer Teil zur ewigen Verdammnis bestimmt. Entscheidend hierfür seien nicht Taten, sondern allein die Gnade Gottes. Manche Calvinisten vertraten die Ansicht, daß man vom weltlichen (also auch materiellen) Erfolg eines Menschen auf seine Bestimmung zur Seligkeit schließen könne. Daran erkenne man, ob jemand zu den Elect, den Auserwählten gehöre oder nicht. Einige Historiker und vor allem der Soziologe Max Weber vermuten, daß der Calvinismus für die Bildung des amerikanischen Arbeitsethos entscheidend war.
Die Menschen zeigten auch eine Tendenz, die für die Religion in Amerika charakteristisch ist: das Sektierertum. Aus Calvinisten wurden bald Congregationalisten, Methodisten, Reformierte, Baptisten und vieles mehr. Sie teilten aber immer noch Grundzüge eines gemeinsamen Glaubens, einschließlich des Argwohns gegenüber dem Katholizismus.
Die Kolonien zählten außerdem im 17. und frühen 18. Jh. etwa 2000 Juden. Die meisten von ihnen lebten in New York und stammten aus den Niederlanden. Anfangs durften sie weder wählen noch öffentliche Ämter bekleiden, aber in Rhode Island genossen sie völlige religiöse Freiheit.
Ein beklemmendes Kapitel ihrer Geschichte schrieben die Puritaner Neuenglands mit den Hexenprozessen Ende des 17. Jhs. Bei diesen in verschiedenen Orten Neuenglands abgehaltenen Prozessen wurden zahlreiche Menschen der angeblichen Hexerei überführt und hingerichtet.
Bildung hatte in den Kolonien einen besonders hohen Stellenwert. In Massachusetts wurde jede Gemeinde gesetzlich verpflichtet, eine öffentliche Schule zu unterhalten. Der Analphabetismus war ungewöhnlich gering für die Zeit. In manchen Kolonien beherrschten bis zu 80% der Männer und 60 % der Frauen das Lesen und Schreiben. An der Förderung von Schulen und Institutionen höherer Bildung war die Kirche maßgeblich beteiligt. Von den sechs Hochschulen, die es bis 1763 in Neuengland gab, wurden vier von Kirchen gegründet. Ihr Interesse galt einerseits der Ausbildung von Pastoren und Theologen, andererseits den neuen wissenschaftlichen Fortschritten, die mit der Aufklärung gemacht wurden. Harvard College, die erste Hochschule Amerikas, wurde 1636 gegründet. 1693 wurde in Williamsburg (Virginia) das William and Mary College (zu Ehren des englischen Königshauses so benannt) ins Leben gerufen. Es folgten 1701 Yale College in New Haven (Connecticut), 1746 Princeton College in New Jersey und 1754 King's College (später Columbia) in New York.
Die meisten dieser Colleges besaßen Lehrstühle für Naturwissenschaft, an denen die neusten Theorien von der Astronomie des Kopernikus bis zur Newtonschen Physik gelehrt wurden. Auch viele Amateurwissenschaftler erzielten wichtige Ergebnisse auf gelehrtem Gebiet. Benjamin Franklin, der Teile der amerikanischen Unabhängigkeitserklärung (→Lexikon) schrieb, experimentierte mit Elektrizität und demonstrierte 1752, daß Blitze atmosphärische Entladungen von Elektrizität sind (▷Chronik Biografie, S. 48). Der puritanische Theologe Cotton Mather leitete die Verwendung der Schutzimpfung in Boston ein, nachdem er von europäischen Experimenten mit Impfungen gegen Pocken gehört hatte.
Zwei gesellschaftlichen Gruppen im kolonialen Amerika kamen die humanitären Fortschritte der Aufklärung nicht zugute: Schwarzafrikanern (Ursprünge der Sklaverei im kolonialen Amerika, →S. 49) und Indianern. Sie erlebten Versklavung und kulturellen sowie sozialen Niedergang.

Benjamin Franklin

Chronik Biografie

*US-amerikanischer
Staatsmann*

** 17.1.1706 Boston
† 17.4.1790
Philadelphia*

Als Druckerlehrling begann F. in Philadelphia seinen Aufstieg zu einer der bedeutendsten Persönlichkeiten des politischen und kulturellen Lebens seiner Zeit in Amerika. Mit seiner Zeitung »Pennsylvania Gazette« erlangte er Reichtum und Einfluß, mit seinen naturwissenschaftlichen Erfindungen (u.a. Blitzableiter, Kondensator) wurde er weltberühmt. Als Vertreter von Pennsylvania, Georgia und Massachusetts bei der britischen Regierung (1757–1762, 1764–1775) vermittelte er zunächst im Konflikt mit dem Mutterland, stellte sich jedoch schließlich an die Spitze der Unabhängigkeitsbewegung und beteiligte sich unter Federführung von Thomas Jefferson an der Abfassung der Unabhängigkeitserklärung (1776). Als Gesandter in Paris (1776–1785) brachte er 1778 das Bündnis mit Frankreich zustande, das im amerikanischen Unabhängigkeitskrieg (1775–1783) den abtrünnigen Provinzen die Behauptung gegen das Mutterland Großbritannien ermöglichte. 1783 handelte F. den Friedensvertrag mit Großbritannien aus. Nach seiner Rückkehr aus Frankreich 1785 wurde er Gouverneur von Pennsylvania.

Sein moralisches, publizistisches und politisches Gewicht setzte er auch im Kampf gegen die Sklaverei ein und wurde 1787 Präsident der Pennsylvania Abolition Society. Als Schriftsteller verlieh er in Essays und seiner Autobiographie einem nüchternen Erfolgsdenken Ausdruck, das sich von der Moral eines der Welt zugewandten Puritanismus ableitete. Er gilt als einer der bedeutendsten amerikanischen Aufklärer und Repräsentanten des politischen Pragmatismus.

Konflikte zwischen Indianern und Kolonisten

Schon mit ihren ersten Begegnungen war das Leben sowohl der Indianer als auch der amerikanischen Kolonisten verändert. Die Europäer hätten ohne die Hilfe der Ureinwohner ihre ersten Jahre in der Neuen Welt nicht überlebt. Von hilfsbereiten Häuptlingen und Stammesmitgliedern lernten die Siedler neue Nutzpflanzen und die Art ihres Anbaus kennen. Die Indianer zeigten ihnen, wie man die Felder abbrennt oder Bohnen anpflanzt, um die Erde wieder urbar zu machen. Durch die Einheimischen entdeckten die Europäer die neuen und teilweise exotischen Tiere der Umgebung. Indianer waren es auch, von denen Europäer den Tabak erhielten.

Die Indianer profitierten einerseits von der Ankunft der Fremden, die sie mit Pferden, domestiziertem Vieh, Feuerwaffen und, häufig zu ihrem Nachteil, dem Alkohol bekannt machten. Das Leben der Indianer wurde andererseits durch die europäische Besiedlung Amerikas auf radikale und vernichtende Weise verändert. Grausamstes Ergebnis ist die fast gänzliche Ausrottung mancher Stämme. Die Bevölkerungsstatistik spricht eine eindeutige Sprache: Ethnologen gehen von einer präkolumbischen Bevölkerungszahl in Nordamerika von rd. 2,5 Mio. Ureinwohnern aus. Bis 1890 lebten schätzungsweise noch 250 000 Indianer auf dem Subkontinent. Heute sind es etwa 950 000 auf dem Gebiet der Vereinigten Staaten (→S. 90) und 250 000 in Kanada (→S. 64).

Ein Hauptgrund des Massensterbens waren wie in Südamerika die europäischen Seuchen, gegen die die Indianer nicht immun waren. Auch die Lebensgrundlage der Ureinwohner wurde durch die neue Konkurrenz um Land und Wild drastisch verschlechtert. Bereits vor 1700 machte sich die Dezimierung der Tiere, von denen viele Stämme lebten, bemerkbar, und der Trend setzte sich bis zum nahezu völligen Aussterben des Bisons im Westen fort. Das Streben der Kolonisten nach Land drängte die Indianer immer weiter zurück und führte zur Vertreibung aus ihren angestammten Gebieten.

Den Franzosen in Kanada gelang ein relativ friedliches Nebeneinander mit den Indianern. Während die englischen Kolonisten versuchten, den Indianern europäische Werte und Verhaltensnormen aufzuzwingen, glichen sich die französischen Händler und Jäger den Gewohnheiten der Indianer an (▷Chronik Zitat, S. 50). Viele gingen Ehen mit indianischen Frauen ein. Selbst französische Missionare, die die Ureinwohner zum Christentum bekehrten, ließen den Indianern viele ihrer eigenen schamanischen Ri-

Ursprünge der Sklaverei im kolonialen Amerika

Seit 1619 waren schwarze Männer und Frauen am Aufbau von Kolonien in Amerika beteiligt. Sie kamen als Gefangene in die Neue Welt. Erst ihre Nachkommen sollten über 200 Jahre später die Freiheit und gesetzliche Gleichstellung mit Weißen erleben.

Arbeitskräfte waren in den amerikanischen Kolonien, vor allem im Süden, knapp. In der Geburtsstunde der ersten Siedlungen entstand gleichzeitig die Nachfrage nach schwarzen Feldarbeitern und Bediensteten aus Westafrika. Im 17. Jh. gab es relativ wenige Sklaven in Nordamerika, weil der atlantische Sklavenhandel die englischen Kolonien zunächst nicht belieferte. Im 16. Jh. hatten portugiesische Händler damit begonnen, Gefangene von der Westküste Afrikas in den Kolonien Südamerikas und der Karibik als Arbeiter zu verkaufen. Nach und nach stiegen auch niederländische und französische Seefahrer in den Sklavenhandel ein. Bis zur Mitte des 19. Jhs. wurden schätzungsweise 11 Mio. Afrikaner nach Südamerika, in die Karibik und nach Nordamerika verkauft.

Afrikanische Stammeshäuptlinge hatten an der Westküste Afrikas verschiedene florierende Sklavenmärkte errichtet. Meist wurden Gefangene befeindeter Stämme an die europäischen Händler verkauft. Je nach Handelsweg, der direkt nach Amerika oder über die Antillen führen konnte, lagen die Sklaven Wochen oder gar Monate im Bauch der Sklavenschiffe angekettet. Weniger als 5% der aus Afrika importierten Sklaven landeten in den englischen Kolonien. Brasilien und die Karibikinseln blieben Hauptabnehmer in diesem Geschäft. Zuerst kamen auch die meisten nordamerikanischen Sklaven aus der Karibik. Dies änderte sich aber, als das Handelsmonopol der Königlichen Afrika-Kompanie von England 1697 aufgehoben wurde. Die Zulassung des Wettbewerbs bewirkte eine Preisreduktion, die den nordamerikanischen Handel ankurbelte. Bis Ende des Jahrhunderts lebten ungefähr 25 000 Sklaven in den englischen Kolonien, etwa 10% der Bevölkerung. Bis 1760 hatte sich diese Zahl verzehnfacht. Ein geringer Teil dieser Menschen lebte in den nördlichen Kolonien, die überwiegende Mehrheit wurde an Plantagenbesitzer im Süden verkauft.

Anfangs war der Status afrikanischer Sklaven nicht geklärt. Manchen wurden wie die europäischen Leibeigenen nach einer bestimmten Zeit freigelassen. Einige von ihnen wurden selbst Landbesitzer. Bis zum frühen 18. Jh. allerdings war offenbar eine klare Grenze zwischen schwarz und weiß gezogen. Es wurde zur Selbstverständlichkeit, daß schwarze Leibeigene sowie ihre Nachkommen lebenslang im Dienst ihres Besitzers blieben. Einen wichtigen Einfluß auf diese Veränderung hatten offenbar ökonomische Entwicklungen in den südlichen Kolonien. In South Carolina beispielsweise hatten Weiße und Schwarze anfangs oft zusammen gearbeitet. Ende des 17. Jhs. entdeckten Weiße, daß die Afrikaner sich besser für die mühselige Arbeit des Reisanbaus eigneten. Die Afrikaner kannten den Reisanbau schon aus ihrer Heimat und hielten dem heißen, schwülen Wetter besser als die Europäer stand. Eine ähnliche Rolle spielte in Virginia der Tabakboom. Rapide stieg der Bedarf an billigen Arbeitskräften. Der Einsatz schwarzer Sklaven wurde für die Landbesitzer immer attraktiver.

Die weißen Europäer lernten schnell, die schwarzen Afrikaner wie die eingeborenen Indianer als »niedere Rasse« anzusehen. Somit gab es eine Rechtfertigung für die institutionalisierte Sklaverei. Je mehr die schwarze Bevölkerung wuchs, desto mehr wurde der Status der Schwarzen offiziell festgeschrieben. Schon im frühen 18. Jh. wurden Slave Codes (Sklavengesetze) erlassen, welche die Rechte der Sklaven definierten und ihren weißen Besitzern eine fast uneingeschränkte Willkür über ihren »Besitz« garantierten. Der einzige bestimmende Faktor in diesem Zweiklassenrecht war die Hautfarbe. Während in den spanischen Kolonien die Mischlinge oder sog. Mestizen einem höheren Stand als reine Afrikaner angehörten, herrschte in den nordamerikanischen Kolonien keine solche Unterscheidung. Jeglicher Anteil farbiger Herkunft bedeutete die völlige Deklassierung.

ten und Glaubensvorstellungen. Nur zur mächtigsten der Indianergruppen, der Irokesen-Konföderation von Cayuga, Mohawk, Oneida, Onodaga und Seneca hatten die Franzosen von vornherein ein feindliches Verhältnis.

Der Konflikt der englischen Kolonien mit den Indianern beruhte auf mangelnder Akzeptanz der Lebensweise der meisten Stämme und der Expansionslust der Kolonisten. Am Anfang der Siedlerzeit betrachteten viele Kolonisten die Ureinwohner als »edle Wilde«, Menschen ohne eigentliche Zivilisation, die aber von angeborener Würde und Größe zeugten. Viele wichtige Figuren der frühen Siedlungspolitik wie William Penn machten es sich z.B. zum Prinzip, faire Kaufverträge mit den Indianern abzuschließen, weil sie das Land als rechtmäßigen Besitz dieser Menschen ansahen. Je mehr die Kolonien wuchsen, desto weniger Verständnis zeigten viele Amerikaner dafür, daß fruchtbares Land in den Händen von »Unzivilisierten« blieb, die es auch nicht »effektiv«

bewirtschafteten. Einen großen Herdenkonflikt bildete die Zuwanderung vieler Siedler ins Ohiotal im Westen jenseits der Appalachen. 1763 erließ die britische Regierung ein Gesetz, das den Kolonisten jegliche Siedlung westlich der Appalachen untersagte, um weiteren Spannungen vorzubeugen. Dies bedeutete immer noch einen territorialen Verlust für manche Stämme, aber die meisten, allen voran die Cherokee, ließen sich auf den Handel ein. Letztlich wurde klar, daß das Gesetz nicht durchsetzbar war.

Die Indianer schreckten nicht davor zurück, ihre Interessen notfalls mit Gewalt zu vertreten. Der erste große bewaffnete Zusammenstoß ereignete sich 1622, als die Powhatan-Konföderation unter Opechancanough der Kolonie von Virginia den Krieg erklärte. Von 80 europäischen Siedlungen blieben nur acht mit insgesamt 347 Bewohnern übrig. Dieser Krieg brach 1644 wieder aus und wurde erst 1676 durch einen Friedensvertrag beendet. 1637 begann in Connecticut der Pequotkrieg, bei dem fast der ge-

Heiratssitten der Huronen lösen Befremden aus

Chronik Zitat

Den Gepflogenheiten der Indianer Nordamerikas begegneten die europäischen Kolonisatoren meist mit Unverständnis. Die christlichen Siedler nahmen besonders an den Ehe- oder Heiratssitten der Ureinwohner Anstoß. Etwas Toleranz ist diesem Bericht Samuel de Champlains über die Huronen anzumerken, aber auch die Verurteilung der unter diesen Menschen herrschenden »lockeren« Sitten.

»(Die Heirat) sieht folgendermaßen aus: Wenn ein Mädchen elf, zwölf, dreizehn, vierzehn oder fünfzehn Jahre alt ist, bekommt es Verehrer, auch mehrere, was von seinen Reizen abhängt. Diese machen ihm eine Zeit lang den Hof. Danach hält der Verehrer beim Vater und bei der Mutter des Mädchens um dessen Hand an. Aber häufig suchen sich die Mädchen gar nicht erst die Zustimmung der Eltern, außer wenn sie sehr vernünftig und gut erzogen sind; dann unterwerfen sie sich dem Willen ihres Vaters und ihrer Mutter. Dieser Verliebte oder Verehrer schenkt dem Mädchen einige Halsbänder, Ketten und Armbänder aus Porzellan: Wenn dem Mädchen der Verehrer gefällt, nimmt es

das Geschenk an. Daraufhin schläft dieser Verehrer drei oder vier Nächte lang bei ihm, ohne während dieser Zeit ein Wort mit ihm zu wechseln, und da ernten sie dann gegenseitig die Frucht ihrer Zuneigung. Doch geschieht es recht häufig, daß sie nach acht oder vierzehn Tagen zu keiner Verständigung finden. Dann läßt sie ihren Verehrer stehen, der seine Halsketten und andere Geschenke umsonst aufgeboten hat. Es bleibt ihm nur die Erinnerung an einen mageren Zeitvertreib. Wenn es so weit gekommen ist, sucht er, in seinen Hoffnungen getrogen, nach einer anderen Frau, und sie nach einem anderen Verehrer, die zu ihnen passen könnten. Und so fahren sie fort in ihrer Suche bis zu einem erfolgreichen Rendezvous. Es gibt Frauen, die (mit dieser Suche) ihre Jugend verbringen und mehr als zwanzig Männer gehabt haben. Diese sind aber nicht die einzigen, die wie das Tier dem Trieb gefrönt haben, wie oft verheiratet sie auch gewesen sein mögen. Denn wenn die Nacht kommt, gehen die jungen Frauen von einer Hütte zur anderen, genau wie die jungen Männer, und nehmen sich, was ihnen gut erscheint.«

samte gleichnamige Stamm ausgerottet wurde. Nach Angriffen der Pequot auf weiße Siedlungen marschierten Kolonisten auf die Festung der Indianer, die sie in Brand steckten.

Der blutigste der kolonialen Indianerkriege war der Konflikt, den die Kolonisten King Philip's War nannten. Metacomet (▷Chronik Biografie), Häuptling der Wampanoag, der bei den Weißen den Namen Philip führte, duldete nicht länger die Versuche der Kolonisten, das Land der Wampanoag zu nehmen und seinen Stamm den englischen Gesetzen zu unterstellen. Metacomet schloß verschiedene Verträge mit den englischen Siedlern von Massachusetts und Connecticut ab, die den Europäern immer größere Teile des Wohn- und Jagdgebiets der Wampanoag zugestanden. Der wiederholte Vertragsbruch der Siedler führte zu wachsendem Unmut bei den Wampanoag. Zugleich wuchs die Angst der Kolonisten vor Vergeltungsschlägen der Indianer, die sie zu kontrollieren versuchten. 1671 befahlen sie Metacomet, einen Großteil des Waffenarsenals seines Stammes abzugeben. 1675 löste die Hinrichtung dreier Wampanoagindianer, die einen Stammesbruder umgebracht hatten, nachdem er der Spionage für die Engländer überführt worden war, den blutigen Krieg der Wampanoag aus. Drei Jahre lang verübten die Wampanoag Anschläge auf Siedlungen in Massachusetts. 20 Siedlungen wurden zerstört oder entvölkert, über 1000 Menschen starben. Die Kolonisten rekrutierten Krieger und Spione aus rivalisierenden Stämmen für Söldnerdienste – eine Taktik, die häufig zu Niederlagen der Indianer führte, weil sie sich nie als eine Nation betrachteten, sondern oft untereinander zerstritten waren. Mohawkkrieger töteten Metacomet und brachten dem Stadtrat von Boston seinen Körper. Kurz danach gelang den Kolonisten die völlige Zerschlagung des Aufstands.

1680 brach in South Carolina der Westokrieg nach Streitigkeiten zwischen Stammeshäuptlingen und Händlern aus. Der Westostamm wurde nahezu ausgerottet, womit den Creek die Vormachtstellung unter den Indianern der Gegend zufiel. Die Creek stifteten die Yamasee an, die Kolonisten 1715 anzugreifen. Die Siedler retteten sich, indem sie die Hilfe der Cherokee in Anspruch nahmen, die die Yamasee bis nach Florida zurückdrängten. Die Nordwanderung der Tuscarora nach North Carolina wiederum führte zum Tuscarorakrieg von 1711/12. Im siebenjährigen French and Indian War (→Lexikon, 1754–1760) kämpften die Stämme der Irokesenkonföderation auf englischer Seite gegen die schließlich glücklosen Franzosen. Die Irokesen konnten damit weder das Vertrauen noch das Wohlwollen der Engländer gewinnen. 1763 folgte der Pontiacaufstand. Pontiac, Häuptling der Ottawa, wollte das Vordringen der Engländer verhindern, weil sie für den Aufbau dauerhafter Siedlungen bekannt waren und Pontiac dies als unberechtigte Landnahme seines Gebiets betrachtete. Zehn britische Festungen nahm er ein und zerstörte mehrere Siedlungen in Pennsylvania. Etwa 2000 Menschen wurden getötet. Bis 1766 zerfiel Pontiacs Bündnis mit anderen Stämmen, womit der Krieg beendet war.

Der Streit um das Ohiotal schwelte weiter. Neue Verträge wurden mit den Indianern ausgehandelt, die der Ohio-Kompanie die Ansiedlung im östlichen

Metacomet
Chronik Biografie

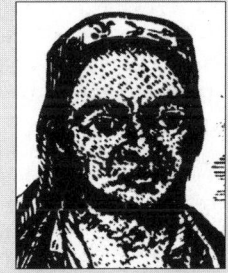

auch: Pometacom oder König Philip, Häuptling der Wampanoag

* ? Massachusetts
† 12.8.1676 Mount Hope (Rhode Island)

M. gilt als einer der ersten Führer organisierten Widerstandes gegen europäische Siedler in Nordamerika. Der jüngere Sohn des Massasoit wurde nach dem Tod seines Bruders Alexander (Wamsutta) 1662 Häuptling (Sachem) der Wampanoagindianer, die sich auch Pokanoket nannten. Als Führer der Wampanoag sowie der verbündeten Nipmuck und Narragansett im Krieg gegen die englischen Kolonisten in Massachusetts und Connecticut erwies sich M. als gekonnter Stratege. Nachdem seine Frau und sein Sohn gefangen und als Sklaven verkauft worden waren, suchte M. Zuflucht auf Rhode Island, wo er von gegnerischen Indianern getötet wurde. Seine Leiche lieferten sie an die Engländer aus. Vom englischen Kolonialgericht wurden Enthauptung und Vierteilung seines Leichnams angeordnet.

Teil des Tals erlaubten. Als die Indianer sich weigerten, die Verträge anzuerkennen, entsandte die Regierung der USA Truppen. 1790 und 1791 wurden amerikanische Kräfte zweimal vom Stamm der Miami unter der Führung ihres Häuptlings Kleine Schildkröte in die Flucht geschlagen. Bei dem zweiten Gefecht vom 4. November 1791 am Fluß Wabash starben 630 amerikanische Soldaten. Das Ohiotal wurde schließlich 1794 für weiße Siedler durch General Anthony Wayne geöffnet, der 4000 Soldaten in die Region führte und die Indianer beim Kampf von Fallen Timbers vernichtend schlug.

Der entscheidende Schritt zur Vertreibung der Indianer aus dem Osten Nordamerikas wurde 1830 mit der Verabschiedung des Umsiedlungsgesetzes (→Lexikon, Indian Removal Act) getan. Seit dem Kauf aller Gebiete westlich des Mississippi bis zu den Rocky Mountains durch den sog. Louisiana Purchase (→Lexikon) 1803 drohten die Südstaaten, allen voran Georgia, aus dem Bund auszutreten, wenn die Regierung nicht mehr Land von den Indianern für den Ausbau der großen Plantagen sicherte. Die Stämme des Südens, zu denen die Cherokee, Chikkasaw, Choctaw, Creek und Seminolen zählten, hatten sich als Bauern in Dörfern niedergelassen und behinderten die Plantagenausbreitung. Die Cherokee in Georgia hatten eine durch den Cherokee-Gelehrten Sequoya (1770?–1843) erfundene Schrift und eine 1827 verabschiedete Verfassung, welche die unabhängige Nation der Cherokee begründete. Alabama, Georgia und Mississippi trugen im Kongreß den Sieg über die Interessen der Indianer davon. 1830 trat das Umsiedlungsgesetz in Kraft. Die Indianer sollten in Reservaten westlich des Mississippi in Oklahoma angesiedelt werden. Die Georgia-Cherokee erhoben beim obersten Bundesgerichtshof Einspruch, dem in den Urteilen zu den Prozessen Cherokee Nation versus Georgia und Wocester versus Georgia stattgegeben wurde. Präsident Jackson allerdings, der Ressentiments gegen die Indianer hegte, setzte sich über vom Bundesgericht geäußerte Bedenken hinweg. Die Regierung schloß Umsiedlungsverträge mit den meisten Stämmen ab und erzwang die Unterzeichnung einer Splittergruppe der Cherokee, die von keinem der regulären Stämme anerkannt wurde.

Die Dauerhaftigkeit solcher Verträge war den meisten Indianern schon bekannt: Zwischen 1778 und 1871 schloß die Regierung mit verschiedenen Stämmen insgesamt 389 Verträge ab, die immer wieder rückgängig gemacht wurden. Mit den Chippewa

und Potawatomi allein unterzeichnete die Regierung der USA 42 Verträge. Die zahllosen Zusicherungen, daß bei Abtretung eines bestimmten, von Indianern bewohnten Gebiets an die Regierung die Vereinigten Staaten auf weitere Ansprüche verzichteten, galten in keinem einzigen Fall, wenn man von der Bildung der Reservate absieht. Die Mehrheit der Cherokee weigerte sich daher, ihr Land gegen 5 Mio. Dollar zu verlassen. Jackson entsandte ohne zu zögern General Winfield Scott mit 7000 Mann nach Georgia, die die Cherokee notfalls vor gezogener Bajonettspitze nach Oklahoma treiben sollten. Etwa 1000 Cherokee flohen nach North Carolina, wo ihre Nachkommen heute noch in einem Reservat in den Smoky Mountains leben. Die meisten traten 1838 den »Weg der Tränen« (→Lexikon) nach Oklahoma an.

Die Seminolen in Florida leisteten wie die Cherokee Widerstand gegen die Zwangsumsiedlung. Unter der Führung von Osceola lehnten sie sich 1835 gegen die Soldaten der Regierung auf. Auf ihrer Seite kämpften auch entflohene Schwarze, die bei den Seminolen Zuflucht gefunden hatten. Der Krieg schleppte sich über mehrere Jahre hin, kostete 1500 Menschenleben und 20 Mio. Dollar. Doch die Seminolen erwiesen sich als erfahrene Guerillakämpfer, die immer wieder in den Sümpfen der Everglades verschwanden. 1842 gab die Regierung den Kampf schließlich auf. Aber bis Ende der 30er Jahre lebten kaum noch Indianer in den Gebieten östlich des Mississippi. Insgesamt über 40 Mio. Hektar Land mußten sie der Regierung gegen 68 Mio. Dollar und etwa 13 Mio. Hektar fremdes, unwirtliches Land westlich des Mississippi überlassen.

Interkontinentale Spannungen

Kanadas Schicksal

Geopolitische Spannungen und Interessenkonflikte zwischen Nordamerika und den europäischen Mächten sowie Streitigkeiten der verschiedenen Königshäuser Europas untereinander führten im 18. Jh. zu einem ambivalenten Ergebnis für Großbritannien: zum Verlust Neuenglands einerseits und zur Machtergreifung in Kanada andererseits. Die für das Schicksal Kanadas entscheidenden Schachzüge machten England und Frankreich zunächst auf dem alten Kontinent. Nach dem Sturz von James II. bestieg einer der größten Feinde des französischen Königs Louis XIV. den englischen Thron: König William war zugleich Statthalter der Niederlande und einer der überzeugtesten Gegner französischer Expansion. Mit dem Tod des letzten spanischen Habsburgers Karls II. 1700 gerieten Europas Monarchen in den Sog des Streits darüber, ob die Krone Spaniens an die Bourbonen oder die Habsburger gehen sollte. Testamentarisch hatte Karl II. Philipp V. zum Nachfolger bestimmt, der die spanische Linie der Bourbonen begründete. Großbritannien, die Niederlande und Österreich verbündeten sich gegen Frankreich und traten in den spanischen Erbfolgekrieg ein. Auch in der Neuen Welt trugen die europäischen Mächte ihren Konflikt aus, den man dort als Queen Anne's War bezeichnete. Königin Anne, Tochter von James II., folgte William 1702 auf den Thron Englands und teilte durchaus die Abneigung ihres Vorgängers gegen die Bourbonen.

Zum Glück Frankreichs blieben die Irokesen in dieser Sache neutral, denn während Kanada immer noch auf seine Verbündeten, die Huronen und die Algonkin, zählen konnte, standen die Engländer in der Gunst keines dieser Stämme. Nur so konnten sich die Kanadier in Akadien gegen die vorpreschenden Neuengländer verteidigen. Bis nach Boston brandschatzten die Indianer und kanadischen Guerillakämpfer die nördlichen Siedlungen englischer Kolonisten. Dennoch konnten die englischen Kolonisten 1710 Port Royal in Akadien einnehmen, und dieser Sieg wirkte als Ermunterung auf England, Kriegsschiffe für einen Angriff auf Quebec bereitzustellen. Der Angriff scheiterte, aber als demonstratives Säbelrasseln vereitelte die Offensive alle weiteren Kriegszüge der Kanadier nach Neuengland. 1713 wurde der Frieden von Utrecht (→Lexikon) geschlossen, in dem Neufundland, Neuschottland und die Hudsonbai an England abgetreten wurden. Die Machtstellung Frankreichs in Nordamerika bröckelte. Außerdem enthielt der Friedensvertrag weitere Konsequenzen für Französisch-Kanada: Großbritannien erhielt die Herrschaft über die Irokesen und Handelsrechte mit den Stämmen der zu Frankreich gehörenden Gebiete im Ohiotal. Auch wirtschaftlich waren die Kanadier von England jetzt ernsthaft bedroht. Frankreich suchte dennoch, seine Präsenz in Akadien zu behalten. Bei Louisbourg auf der Insel Cape Breton errichteten die Franzosen eine militärische Festung, um ihre Fischereien zu schützen. Außerdem lebte weiterhin eine französische Diaspora im nunmehr englischen Neuschottland.

England versuchte nicht, die restlichen Franzosen aus Akadien zu vertreiben, und es folgte eine 30-jährige Epoche des Friedens (1713–1743), in der Kanada weiter wuchs. Der Biberpelzhandel brachte gute Gewinne ein, und die Bevölkerung stieg von unter 19 000 Einwohnern im Jahr 1713 auf 48 000 im Jahr 1739. In Quebec etablierte sich der Schiffsbau als neuer Wirtschaftszweig. 1740 brach erneut der Streit der europäischen Mächte im österreichischen Erbfolgekrieg aus, der 1744 auch Kämpfe in Nordamerika auslöste. Von 1744 bis 1748 wütete der King George's War, der seinen Höhepunkt in der englischen Einnahme von Louisbourg 1745 fand. Im Frieden von Aachen 1748 wurde der Zustand vor Kriegsbeginn wiederhergestellt, und Louisbourg ging an Frankreich zurück. Französisch-Kanada konzentrierte sich nun auf die Stärkung seiner Präsenz im Ohiotal, dem Territorium von Louisiana, das als zweite Provinz Frankreichs offiziell von Quebec getrennt wurde. Am St.-Lorenz-Strom und an den Großen Seen wurden neue militärische Posten bei La Présentation, Rouillé und an den Niagarafällen aufgebaut. Weiter im Westen entstanden Festungen bei Presqu'Isle und Rivière aux Bœufs. Auch im östlichen Ohiotal entstanden neue französische Festungen, welche die englischen Kolonien als Provokation empfanden, obwohl Frankreich dieses Gebiet immer als sein Territorium betrachtet hatte.

Die Situation spitzte sich 1752 zu, als Charles Langlade und ein Bataillon von Ottawaindianern die Stadt Pickawillany angriffen. Pickawillany war eine Siedlung des Miamistammes, des wichtigsten Handelspartners der amerikanischen Kolonisten in der Ohio-Region. 1754 gründete Sieur de Contrecœur die Festung Fort Duquesne an der Mündung der Flüsse Allegheny und Monongahela. Die Kolonisten von Virginia ließen diese territoriale Herausforderung nicht länger auf sich beruhen, denn auch sie dachten an Expansion westlich der Appalachen. Der Gouverneur von Virginia, Robert Dinwiddie, schickte 1754 eine Miliz unter der Führung eines jungen Offiziers namens George Washington in die Gegend, um einen amerikanischen Außenposten zu errichten. Washington ließ Fort Necessity unweit von Fort Duquesne erbauen und unternahm kurz danach einen Angriff gegen eine französische Division, der kläglich mißlang. Daraufhin griffen die Franzosen Fort Necessity an. Bis Washington endlich kapitulierte, hatte er ein Drittel seiner Truppen verloren. Mit dieser ersten Niederlage Washingtons begann der Konflikt, der das Ende Französisch-Kanadas besiegeln sollte: der French and Indian War (1754–1760). Eine offizielle Kriegserklärung an Frankreich erfolgte erst 1756, aber schon vorher trafen englische Soldaten zur Unterstützung der Amerikaner in Virginia ein. Der Herzog von Cumberland entwarf einen etwas überstürzten Angriffsplan gegen die französischen Festungen in Beauséjour, Lake Champlain, Niagara und Fort Duquesne. Nur in Neuschottland gab es einen mäßigen Erfolg, sonst blieb Kanada militärisch überlegen. 1756 und 1757 erstritten die Franzosen große Siege, zunächst in Chouaguen am Ontario See und dann in Fort Henry. Der englische Angriff auf Louisbourg im selben Jahr dagegen verlief im Sande. Französisch-Kanada besaß nicht nur eine bessere Miliz als die amerikanischen Kolonien, sondern war auch mobiler, weil es den St.-Lorenz-Strom und die Großen Seen kontrollierte.

1757 leitete der britische Staatssekretär William Pitt Schritte ein, um den Krieg in Amerika unter die Führung Großbritanniens zu bringen, indem er mehr Truppen und Material für die Offensive mobilisierte. 1758 kapitulierte Louisbourg nach einer nur sechs Wochen dauernden Belagerung durch angloamerikanische Soldaten unter General Jeffrey Amherst. Bald danach fielen Fort Frontenac und Fort Duquesne, letzteres sogar ohne Widerstand. Im Juli 1759 startete die Armee von General James Wolfe den Angriff auf Quebec, den entscheidenden Stützpunkt der Kanadier, der als unbesiegbar galt. Nach ausgedehnten und ergebnislosen Kampfhandlungen erstiegen die angloamerikanischen Soldaten in der Nacht vom 12. auf den 13. September die Felsen von Quebec im Schutz der Dunkelheit. Die Heerführer beider Seiten, General Wolfe und der Marquis de Montcalm, fielen im Kampf, der von englischer Seite entschieden wurde. Die Franzosen zogen sich nach Norden zurück, und obwohl größere Kampfhandlungen nicht mehr stattfanden, legten die Kanadier erst im September 1760 die Waffen nieder.

Der 1763 unterzeichnete Frieden von Paris (→Lexikon) markierte offiziell die Wende zur endgültigen englischen Vormachtstellung in Nordamerika. Sämtliche französische Ansprüche in Kanada und Louisiana östlich des Mississippi (außer New Orleans) gingen an England. New Orleans und alle Teile Louisianas westlich des Mississippi erhielt Spanien. Im allgemeinen ging der Transfer ohne Zwischenfälle vor sich, obwohl die Engländer viele in Neuschottland lebenden Frankokanadier nach dem Fall Frankreichs vertrieben. Viele von ihnen wanderten nach Süden und ließen sich in Louisiana an der Mündung des Mississippi nieder, wo die ehemaligen Acadiens zu heutigen Cajuns wurden. England erkannte jedoch, daß es kaum möglich sein würde, den inzwischen 65 000 Kanadiern, die zu 99% franzö-

sischsprachige Katholiken waren, Gesetze, Religion und Sprache der neuen Kolonialherrscher aufzuzwingen. Es dauerte zehn Jahre, bis eine gesetzliche Regelung der neuen Verhältnisse getroffen wurde. 1774 verabschiedete das englische Parlament das Quebec-Gesetz (,Lexikon), das zwar die Gültigkeit des englischen Strafrechts in Kanada bestätigte, aber das französische Zivilrecht wieder einführte. Der Status des katholischen Klerus wurde anerkannt, und die katholische Kirche de facto zur offiziellen Kirche des Landes erklärt. Auch der verhaßte Test Act (→Lexikon), der es Frankokanadiern verbot, öffentliche Ämter zu bekleiden, wurde aufgehoben. Schließlich wurden die Grenzen Quebecs erweitert, um die französischsprachigen Gemeinden zwischen Ohio und Mississippi einzuschließen.

Neuenglands Aufbruch

Während die ehemalige französische Kolonie dem englischen Königreich einverleibt wurde, gingen Englands eigene Untertanen neue Wege. In der Zeit vor dem French and Indian War hatten amerikanische Kolonisten Gelegenheit, eine eigenständige Kultur und eigenständige Verwaltungsstrukturen herauszubilden. Die kolonialen Versammlungen durften Steuern erheben, Beamte ernennen und Gesetze erlassen. In vielerlei Hinsicht betrachteten sich die Versammlungen als kleine Parlamente, die keiner Legitimation von außen bedurften. Die englische Kolonialherrschaft war in Nordamerika ohnehin meist nur dürftig vertreten. Englische Gouverneure, Zöllner und andere Amtsinhaber erhielten ihre Posten gewöhnlich aufgrund der alles bestimmenden Vetternwirtschaft in der englischen Politik und gingen ihren Pflichten mit nur mäßigem Eifer nach. Die Zöllner etwa galten als unfähig, schlecht bezahlt und daher auch allgemein bestechlich. Der Krieg gegen Kanada änderte die laxe Haltung zueinander, an die sich sowohl die Kolonien als auch das Mutterland gewöhnt hatten.

William Pitt gab 1757 Order für die Einberufung amerikanischer Kolonisten, um seine Infanterie zu verstärken. Auch begannen englische Soldaten, Vorräte zu beschlagnahmen. Zuletzt wurden die Kolonisten mit den sog. Quartiergesetzen (→Lexikon) gezwungen, englische Soldaten zu beherbergen und zu verpflegen. All dies empfanden die Amerikaner als unzumutbaren Eingriff in ihre Autonomie. Der Widerstand gegen die Anordnungen Pitts wuchs. 1757 brach ein gewalttätiger Aufstand in New York aus. Anfang 1758 sah sich Pitt gezwungen, viele seiner Maßnahmen aufzuheben oder zumindest abzuschwächen. England hatte sich die Last enormer Kriegsschulden aufgebürdet, und das alles zur Finanzierung eines Sieges, der aus englischer Sicht für die Amerikaner und nicht im Interesse Englands erfochten wurde. Amerikanische Empfindlichkeiten über eine verstärkte englische Präsenz in den Kolonien wirkten vor diesem Hintergrund eher unverständlich in London. Der neue englische König George III., der 1760 den Thron bestieg und bereits zu diesem Zeitpunkt Anzeichen seiner späteren Geisteskrankheit zeigte, bestellte 1763 den überzeugten Imperialisten George Grenville zum Premierminister. Grenvilles Auftrag war es, Englands Autorität in den amerikanischen Kolonien zu stärken. Durch höhere Besteuerung der Kolonien sollte er außerdem Englands marode Staatskassen sanieren. Er erhob zu diesem Zweck eine ganze Reihe repressiver Zölle, die ihm den erbitterten Zorn der Amerikaner einbrachten.

Im Sinne der damals dominanten merkantilistischen Wirtschaftstheorie, nach der Wohlstand und Wachstum begrenzt und unteilbar sind, sollte zunächst die Industrie der Kolonien im Keim erstickt werden, damit Amerika Großbritannien möglichst wenig Konkurrenz machte. Die Amerikaner sollten lediglich Abnehmer englischer Ware bleiben. 1764 wurde durch das Zuckergesetz (Sugar Act) der Zoll auf Melasse herabgesetzt und dafür der auf Zucker erhöht, um dem Handel der Amerikaner mit den französischen Antillen entgegenzuwirken. Im selben Jahr verbot das Währungsgesetz das Drucken jeglichen Papiergeldes in den Kolonien. Grenville entsandte weitere englische Truppen nach Amerika, um die Durchsetzung dieser Erlasse sowie der alten Navigationsgesetze zu überwachen.

1765 führte Grenville die Stempelsteuer (→Lexikon, Stamp Act) ein, eine Sondersteuer auf alle Drucksachen: Zeitungen, Kalender, Pamphlete, Bücher, Urkunden, Testamente, Rechnungen, Frachtbriefe und anderes mehr mußten mit der Wertmarke des Königreichs versehen werden, um Gültigkeit zu besitzen. Die Interpretation der Stempelsteuer in den Kolonien war für ihre Wirkung auf die amerikanisch-englischen Beziehungen entscheidend: Steuern waren nach Meinung kolonialer Händler und Politiker lediglich zur Regelung des Handels zulässig. Die Stempelsteuer dagegen regulierte nichts, sondern diente nur der Eintreibung von Geld. Die Drucker der kolonialen Zeitungen waren meist Hersteller und Herausgeber in einer Person. Die lesehungrigen und

ungewöhnlich politikversessenen Kolonisten wußten in Kürze von der Perfidie dieser Steuer.

In Virginia regte sich erster Unmut. In der kolonialen Versammlung von Virginia wurde Protest erhoben, u.a. von Patrick Henry, der später zu den Revolutionären der ersten Stunde zählte. Henry formulierte hier seine berühmte Aussage, daß die Amerikaner nur durch ihre eigens gewählten Repräsentanten besteuert werden dürften. »No taxation without representation« wurde zur wichtigsten Kampfdevise der Vorrevolutionszeit. Die Versammlung beschloß, Henrys Einwände als »Virginia Resolves« veröffentlichen zu lassen. In Massachusetts wurde derweil ein interkolonialer Kongreß gegen die Stempelsteuer einberufen, der im Oktober 1765 in New York zusammentraf. Der Tagung des Kongresses waren gewalttätige Protestaktionen vorausgegangen. Die Stempelsteuer wurde kaum mehr beachtet. Gleichzeitig boykottierten die Kolonisten Waren aus England. Die großen englischen Handelshäuser übten daraufhin Druck auf das Parlament aus, die Stempelsteuer zu widerrufen, was schließlich am 18. März 1766 geschah. Dafür wurden neue Zölle, die sog. Townshend Acts (→Lexikon), eingeführt, z.B. auf Blei, Farbe, Papier und andere Artikel. Nach weiteren Protesten wurden auch diese aufgehoben. England beharrte aber auf der Teesteuer.

Als Vertreter der englischen »Ausbeutung« wurden die Zöllner des Königreichs von den Kolonisten zunehmend bedroht. Vier englische Regimente wurden zum Schutze der Repräsentanten des Königs stationiert. Die Gegenwart der als »Rotröcke« beschimpften regulären englischen Truppen reizte zu weiteren Übergriffen. In der Nacht vom 5. März 1770 versammelte sich eine Gruppe der »Söhne der Freiheit« (→Lexikon), angeführt von dem schwarzen Matrosen Crispus Attucks, vor dem Zollamt in Boston und begann, die englische Wache mit Schneebällen und Steinen zu bewerfen. Der Hauptmann des Regiments ließ einige Soldaten aufmarschieren, um das Gebäude zu schützen. Die Kolonisten verhöhnten die Soldaten so lange, bis einige der Truppen in die Menge feuerten und fünf Amerikaner töteten. Aus dem Zwischenfall machten die Zeitungen das »Boston Massacre« (→Lexikon, Bostoner Massaker), und die Erschossenen wurden zu den ersten Märtyrern der Revolution stilisiert. Auslöser der Revolution war allerdings die Teesteuer.

Die britisch-ostindische Teekompanie besaß das Monopol für den Teeimport aus Fernost in das Königreich. 1773 saß die Gesellschaft auf großen Mengen Tee, die sie in England nicht absetzen konnte. Um die Kompanie vor dem Konkurs zu retten, verabschiedete das Parlament das Teegesetz, das der Gesellschaft den Direkthandel mit den amerikanischen Kolonien unter Umgehung aller Steuern erlaubte. Sie hätte somit alle kolonialen Händler unterbieten und den nordamerikanischen Markt monopolisieren können. Nach der Ausnahmeregelung wurde in allen Kolonien zum Boykott aufgerufen, und mehrere Kolonien trafen Maßnahmen, um die Schiffe der ostindischen Kompanie am Einlaufen in amerikanische Häfen zu hindern. In Boston schlüpften jedoch drei Schiffe durch die koloniale Kontrolle. In der Nacht vom 16. Dezember 1773 enterten drei Gruppen zu je 50 Mann die Schiffe. Als Mohikanerindianer verkleidet, brachen die Kolonisten die Teekisten auf und versenkten den Inhalt im Hafen. Die Nachricht von der »Boston Tea Party« (→Lexikon) löste Nachahmungsaktionen aus.

Als Reaktion erließ das englische Parlament 1774 neue Strafgesetze gegen die Kolonien. Der Bostoner Hafen wurde geschlossen und sollte erst nach Begleichung des entstandenen Sachschadens wieder geöffnet werden. Die Rechte der Kolonialversammlung von Massachusetts wurden weitgehend eingeschränkt: Alle Abgeordneten und Kommunalbeamten sollten nunmehr vom britischen Gouverneur ernannt werden. Das Quebec-Gesetz, das ebenfalls als Provokation empfunden wurde, bestimmte den Kamm der Appalachen zur Ostgrenze der auf Expansion bedachten Kolonien. In der Bestätigung des Katholizismus in Quebec sahen viele Amerikaner einen Versuch Englands, die anglikanische Kirche in Nordamerika zu etablieren, denn in den Augen vieler waren römische und englische Kirche identisch. Andere Kolonien stellten sich hinter Massachusetts. Virginia berief im selben Jahr den ersten Kontinentalkongreß ein, der im September in Philadelphia zusammentraf. Repräsentanten aller Kolonien außer Georgia fanden sich zur Krisensitzung ein. Der erste Kontinentalkongreß beschloß u.a., militärische Vorbereitungen zur Abwehr eines möglichen britischen Angriffs in Boston zu treffen. Die Vertreter einigten sich auf den Abbruch aller Handelsbeziehungen mit England. Und vor allem verpflichteten sie sich, im folgenden Frühjahr erneut zusammenzutreffen: Eine koloniale Vollversammlung wurde also als dauerhafte Organisation eingerichtet.

Hauptursache der kurz darauf ausbrechenden Revolution war das bereits bestehende politische Selbstverständnis der Amerikaner. Im Laufe von über 150 Jahren, weit entfernt vom englischen Mutterland, hatten sich die Amerikaner an Unabhängigkeit und politische Selbstbestimmung gewöhnt. Die meisten Kolonisten räumten dem englischen Parlament zwar das Recht ein, Gesetze für das Königreich als Ganzes vorzuschreiben. Einzelne Kolonien jedoch, argumentierten sie, sollten nur durch eigene Versammlungen regiert werden (▷Chronik Zitat, S. 58). Für England gab es nur die Alternative der absoluten Unterwerfung der Kolonien unter Großbritanniens Macht oder der völligen Trennung vom Königreich. Als Reaktion auf die Bostoner »Tea Party« sagte der englische König: »Die Würfel sind gefallen, die Kolonien müssen sich jetzt unterwerfen oder den Sieg davontragen«.

Zu weitgehender Selbstbestimmung kamen die Ideen der Aufklärung hinzu. Die politischen Köpfe des Landes standen vor allem unter dem Einfluß des englischen Staatsphilosophen John Locke (1632 bis 1704). Locke argumentierte 1690 in seiner staatstheoretischen Hauptschrift »Zwei Abhandlungen zur zivilen Regierung«, daß der Naturzustand des Menschen Freiheit und Gleichheit sei. Der Staat entstehe demnach, wenn Menschen sich frei entschließen, per »Vertrag« eine Regierung zu beauftragen, die Naturrechte der Menschen zu schützen. Auftraggeber und Begründer des Staates sei also das Volk. Vor allem die weitere politische Konsequenz dieses Denkens bewegte die Gründungsväter der Vereinigten Staaten: Überschreite der Staat seine Befugnisse, so seien die Regierten nicht mehr an den Vertrag mit den Regierenden gebunden. Das Volk habe das Recht, einen ungerechten Staat aufzulösen und einen neuen zu gründen.

Seit dem ersten Kontinentalkongreß probten die Stadtbewohner und Bauern von Massachusetts den Ernstfall. Kleine Milizen wurden gebildet, und die Männer dieser Heimwehr nannten sich Minute Men (→Lexikon, Minutenmänner), weil sie in weniger als einer Minute zum Kampf bereit sein mußten, sollte die Meldung eines englischen Angriffs kommen. Der militärische Befehlshaber Englands in Boston, General Thomas Gage, wußte von diesen Vorbereitungen, war aber ohne Unterstützung aus England weitgehend machtlos. Den Befehl, die Rebellen Samuel Adams und John Hancock festzunehmen, führte er aus Angst vor Unruhen nicht aus. Als er jedoch erfuhr, daß die Minute Men ein Lager mit Waffen und Schießpulver in Concord bei Boston angelegt hatten, schickte er in der Nacht des 18. April 1775 etwa 1000 Mann nach Concord und Lexington,

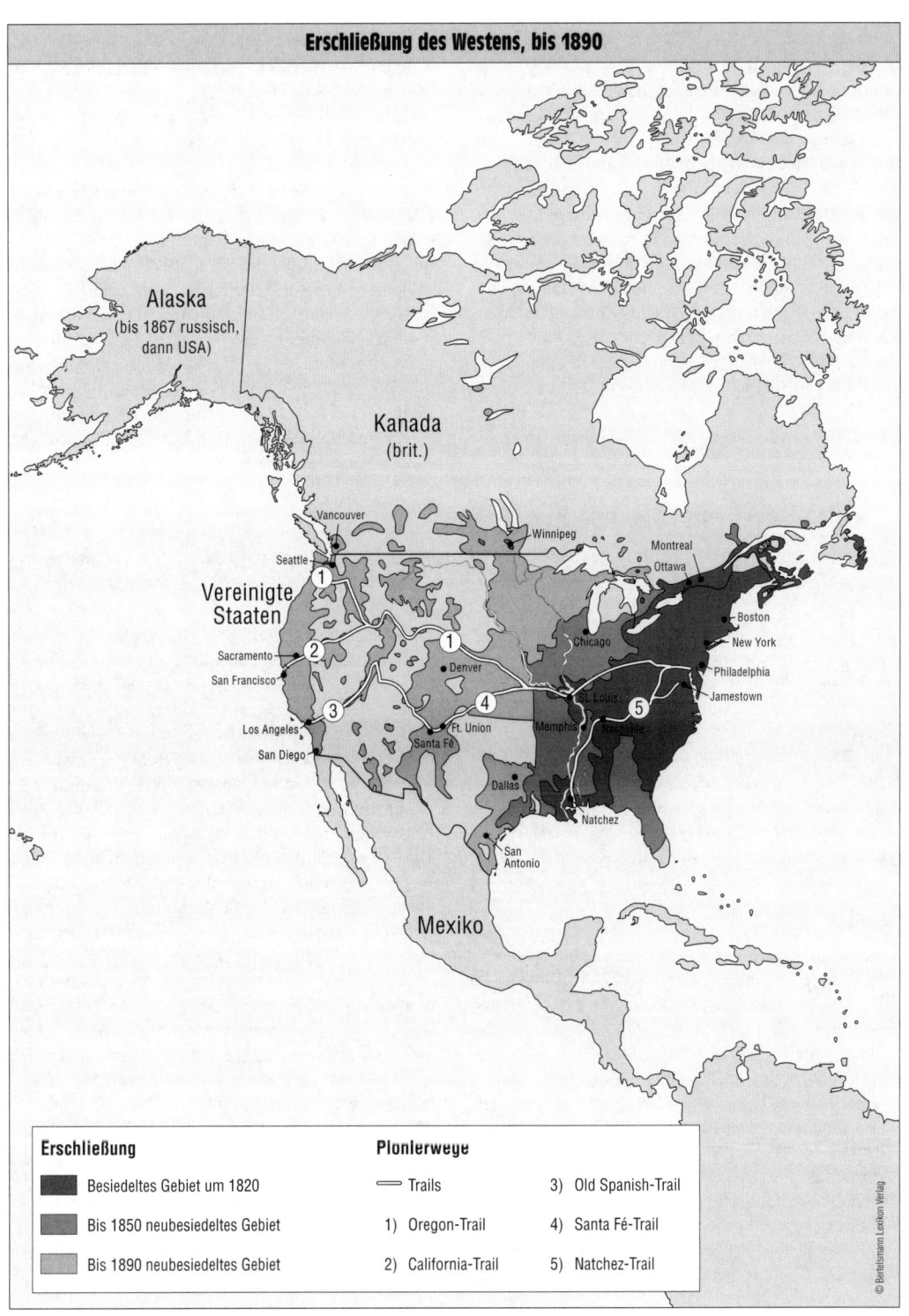

Erschließung des Westens, bis 1890

Alaska
(bis 1867 russisch,
dann USA)

Kanada
(brit.)

Vancouver

Seattle

Winnipeg

Montreal
Ottawa

Vereinigte
Staaten

Sacramento

San Francisco

Denver

Chicago

Boston

New York

Philadelphia

St. Louis

Jamestown

Los Angeles

San Diego

Santa Fé

Ft. Union

Memphis

Nashville

Dallas

Natchez

San
Antonio

Mexiko

Erschließung

◼ Besiedeltes Gebiet um 1820

▨ Bis 1850 neubesiedeltes Gebiet

▨ Bis 1890 neubesiedeltes Gebiet

Pionierwege

〰 Trails

1) Oregon-Trail

2) California-Trail

3) Old Spanish-Trail

4) Santa Fé-Trail

5) Natchez-Trail

um die Kolonisten zu überraschen und das Lager ohne Zwischenfall einzunehmen. Amerikanische Patrioten, die die Engländer seit Monaten beobachteten, entsandten in der Nacht des geplanten Überfalls zwei Reiter, William Dawes und Paul Revere, um die Menschen der umliegenden Dörfer und Bauernhöfe zu warnen. Als die Engländer bei Tagesanbruch in Lexington ankamen, warteten bereits mehrere bewaffnete Kolonisten auf sie. In einem ersten Feuergefecht fielen acht Minute Men. Die Engländer marschierten weiter nach Concord, und entdeckten, daß die Amerikaner den Großteil des Pulvervorrates in Sicherheit gebracht hatten. Auf dem Weg zurück nach Boston erlebten die englischen Soldaten den Guerillakrieg, wie er sich in Nordamerika ausgebildet hatte: Aus Verstecken hinter Bäumen,

Zäunen und Häusern wurden sie den ganzen Weg entlang beschossen. Am Abend hatten sie dreimal soviele Männer verloren wie die Kolonisten. Der Unabhängigkeitskrieg hatte begonnen.

Ausblick: Ein Subkontinent, zwei Staaten

Das Jahr 1781 brachte den Sieg der rebellischen Kolonien über das britische Königreich, die größte militärische Macht der damaligen Welt. Mit der Verabschiedung und Ratifizierung der Verfassung der Vereinigten Staaten 1787/88 (→Lexikon) wurde der erste moderne demokratische Nationalstaat geschaffen und der nordamerikanische Subkontinent damit politisch gespalten. Kanada blieb trotz Apellen der kolonialen Führung königstreu und bot sogar den Loyalisten im künftigen Bundesstaat eine Zuflucht.

Die Grenzen des britischen Königreichs

Chronik Zitat

Unter dem Pseudonym »Novanglus« veröffentlichte der wortgewandte Versammlungsabgeordnete von Massachusetts und spätere zweite Präsident der USA, John Adams (*30.10.1735, †4.7.1826), eine Reihe von Briefen als Antwort auf Schreiben des Juristen und Loyalisten Daniel Leonard. Dieser hatte in der Zeitung »Massachusetts Gazette« den König in Schutz genommen, worauf Adams den Standpunkt der Separatisten formulierte. Die in Anführungszeichen stehenden Stellen stammen von Leonard.

»Ich stimme (Ihnen) zu, daß es ›zwei souveräne und unabhängige Mächte in einem Staat‹ nicht geben kann, genauso wenig wie zwei allmächtige Wesen in einem Universum. Und daher bin ich der Meinung, daß unsere kolonialen Versammlungen die einzige Autorität in unseren Kolonien stellen. (Das englische) Parlament mag nichtsdestotrotz hoheitlich und allmächtig über das Meer und alles außerhalb der Grenzen unserer Befugnisse Liegende herrschen. Darauf erheben wir keinen Anspruch; wir räumen dem Parlament das Recht ein, über die Meere zu herrschen. Aber es gibt eine klare Grenze zwischen den Rechten Großbritanniens und denen der Kolonien: nämlich die Ufer des Meeres. ... ›Wenn wir aber Teil des britischen Kö-

nigreichs sind, dann müssen wir uns der Allmacht dieses Staates beugen, die ihm vom Parlament verliehen ist‹. Der Zauber der Worte ›britisches Königreich‹ und ›Allmacht‹ soll uns betören. Aber egal, wie diese Worte klingen, ich sage, wir sind nicht Teil des britischen Königreiches. ... Ein Kolonienbund und eine amerikanische Versammlung wären denkbar, denn, wenn Amerika 3 000 000 Einwohner hat und das gesamte Königreich 12 000 000, dann sollte Amerika ein Viertel aller Abgeordneten im Parlament stellen ... (Und) wenn unsere kolonialen Verfassungen in irgendeiner Hinsicht unvollkommen sein und der Änderung bedürfen mögen, dann sind sie zugleich so geschaffen, um diese Unvollkommenheit erkennbar zu machen und geben uns selbst die Macht, diese Änderung ohne jegliche Intervention des Parlaments vorzunehmen. Amerika wird dem Parlament nie erlauben, diese Verfassungen zu ändern. Amerika ist von einem Gefühl der Notwendigkeit durchdrungen, (diese Intervention) zu verhindern. Die Frage, auf der wir am meisten beharren, lautet nicht: Ist eine solche Änderung gut oder schlecht? sondern: Hat das Parlament überhaupt das Recht, unsere Verfassungen zu ändern? Es ist die einheitliche Meinung Amerikas, daß das Parlament kein solches Recht hat.«

Etwa 40 000 Siedler aus den südlichen englischen Kolonien flohen vor dem revolutionären Eifer ihrer Landsleute und ließen sich in den nordöstlichen Provinzen Kanadas nieder. Kanada selbst wurde innerlich durch die künftige Bevölkerungsentwicklung gespalten. Während die Einwanderung aus Frankreich nahezu abbrach, kamen weitere Siedler aus dem englischen Königreich. Die neue Einwanderungswelle führte zum kulturellen Nebeneinander im Lande und gipfelte 1791 in einem königlichen Dekret (Constitutional Act), das die Schaffung zweier Provinzen mit unabhängigen Verwaltungen vorsah: das englischsprachige Oberkanada und das französischsprachige Unterkanada. Weitere Grenzverschiebungen folgten. Als 1812 erneut Kämpfe zwischen britischen und amerikanischen Truppen ausbrachen, versuchten die Vereinigten Staaten abermals, Kanada zu erobern. Die Grenze des St.-Lorenz-Stroms konnten die Engländer verteidigen, aber das Gebiet von Minnesota fiel schließlich an die USA. Bei der Konvention von 1818 wurde die Grenze mit den USA im Süden vertraglich bestimmt. 1825 einigte sich Kanada mit Rußland auf die Grenze zu Alaska im Norden.

Weitere nach 1814 einsetzende Einwanderungswellen hatten zunehmende Dominanz der englischen Kultur in Kanada zur Folge. Zugleich wuchsen als Nachwirkung des Kriegs von 1812 sowohl das Zusammengehörigkeitsgefühl als auch das Selbstbewußtsein der nunmehr sechs kanadischen Provinzen von Neufundland, Prince-Edward-Insel, Nova Scotia (Neuschottland), Neubraunschweig, Unterkanada und Oberkanada. 1836/37 brachen Unruhen infolge von Spannungen zwischen britischer Verwaltung und liberalen Reformern aus. Radikale Frankokanadier strebten die Errichtung einer Republik an. Durch die Vorgänge beunruhigt, entsandte Großbritannien den Grafen von Durham, John George Lambton (*1792, †1840), nach Kanada, um die Lage zu prüfen. Sein spektakulärer Bericht (Durham Report, 1839) bewog das Parlament zur Vereinigung Ober- und Unterkanadas mit der Hauptstadt Ottawa (seit 1857) im Vereinigungsgesetz von 1840 (Canada Union Act). 1848 wurde die Autonomie Kanadas vom Königreich erweitert. 1846 einigten sich London und Washington auf die Teilung des seit 1818 von Kanada und den USA gemeinsam verwalteten Oregongebiets durch Verlängerung der Grenze entlang des 49. Breitengrades. 1858 entstand aus den Siedlungen der Hudson's-Bay-Kompanie an der Pazifikküste die Kronkolonie Britisch-Kolumbien.

In der zweiten Hälfte des 19. Jhs. bahnte das britische Parlament den Weg zu einem kanadischen Bundesstaat, der 1867 mit dem Gründungsgesetz (British North America Act, →Lexikon) verwirklicht wurde. Damit bestand Kanada als parlamentarische Monarchie mit einem Zweikammerparlament. Auch die einzelnen Provinzen erhielten eigene Ministerien und Parlamente. Dem offiziell der britischen Krone untergeordneten aber de facto unabhängigen Dominion of Canada schlossen sich die Provinzen Manitoba (1870), Britisch-Kolumbien (1871) und Prince-Edward-Insel (1873) an. Die Hudson's-Bay-Kompanie trat ihre Territorien 1869 an Kanada ab.

Das 19. Jh. brachte den wirtschaftlichen Aufschwung für Kanada. Die Fertigstellung der transkontinentalen Eisenbahn und der Ausbau der Schiffahrt trieben die Industrialisierung des Landes voran. In dieser Zeit kamen weitere 2,3 Mio. Menschen ins Land. Nach Unterstützung Englands im Burenkrieg und im Ersten Weltkrieg bekräftigte Kanada seine halbsouveräne Sonderstellung im Königreich durch die selbständige Unterzeichnung des Versailler Vertrages und einen eigenen Sitz im Völkerbund. Der liberale Premierminister William Lyon Mackenzie King (1921–1930, 1935–1948) forderte auf der Empirekonferenz 1923 die Führung einer unabhängigen Außenpolitik. Mit der Balfour-Deklaration 1926 (→Lexikon) erhielt Kanada die Unabhängigkeit und Gleichberechtigung im Rahmen des britischen Commonwealth of Nations. Das Westminsterstatut (→Lexikon) von 1931 bestätigte endgültig Kanadas völlige staatliche Unabhängigkeit.

Im 20. Jh. suchte der souveräne Staat Kanada enge politische und wirtschaftliche Beziehungen zu den USA. Zu Zeiten der Weltwirtschaftskrise der 20er Jahre lehnte sich die kanadische Politik stark an das Wohlfahrtsmodell des US-amerikanischen Präsidenten Franklin D. Roosevelt (*1882, †1945) an. Nach Teilnahme am Zweiten Weltkrieg auf alliierter Seite wirkte Kanada 1945 bei der Gründung der UNO (→Lexikon) mit und wurde 1949 zum Gründungsmitglied der NATO (→Lexikon). Kanada und die USA schufen einen einheitlichen Wirtschaftsraum (Freihandelszone), dem sich 1995 Mexiko mit der Bildung der Nordamerikanischen Freihandelsgemeinschaft (NAFTA, →Lexikon) anschloß. Im selben Jahr beschlossen 34 Regierungschefs des Doppelkontinents, der NAFTA bis 2005 ebenfalls beizutreten. Das größte innenpolitische Problem seit Ende der Nachkriegskonjunktur ist neben Inflation und Arbeitslosigkeit die separatistische Strömung in der

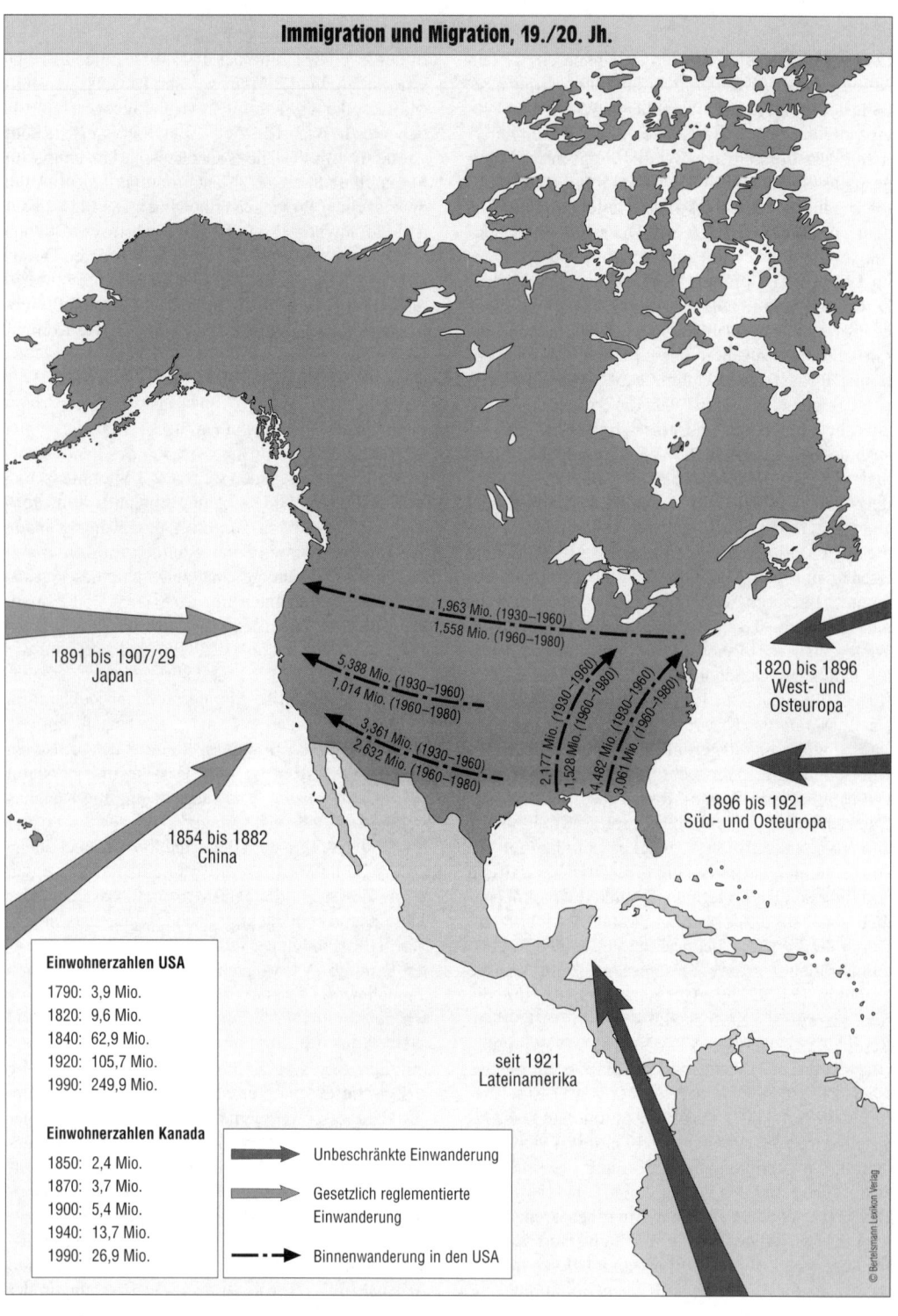

Immigration und Migration, 19./20. Jh.

NORDAMERIKA GESCHICHTE

1891 bis 1907/29
Japan

1963 Mio. (1930–1960)
1.558 Mio. (1960–1980)

5.388 Mio. (1930–1960)
1.014 Mio. (1960–1980)

3.361 Mio. (1930–1960)
2.632 Mio. (1960–1980)

2.177 Mio. (1930–1960)
1.528 Mio. (1960–1980)
4.482 Mio. (1930–1960)
3.061 Mio. (1960–1980)

1854 bis 1882
China

1820 bis 1896
West- und
Osteuropa

1896 bis 1921
Süd- und Osteuropa

seit 1921
Lateinamerika

Einwohnerzahlen USA

1790: 3,9 Mio.
1820: 9,6 Mio.
1840: 62,9 Mio.
1920: 105,7 Mio.
1990: 249,9 Mio.

Einwohnerzahlen Kanada

1850: 2,4 Mio.
1870: 3,7 Mio.
1900: 5,4 Mio.
1940: 13,7 Mio.
1990: 26,9 Mio.

Unbeschränkte Einwanderung

Gesetzlich reglementierte
Einwanderung

Binnenwanderung in den USA

© Bertelsmann Lexikon Verlag

frankophonen Bevölkerung Quebecs. Seit 1962 strebt die separatistische Parti Républicain du Québec den Austritt aus der Föderation an. Zweimal 1980 und 1995 – wurde der Austritt per Volksabstimmung in Quebec abgelehnt. Das englischsprachige Kanada hat in den letzten Jahren weitere Zugeständnisse an die Frankokanadier gemacht. In Quebec herrscht z.B. ein repressives Sprachgesetz, das den Gebrauch des Englischen in Bereichen wie Werbung und Kultur verbietet. Die Furcht vor wirtschaftlicher Isolation verhindert als Hauptgrund Quebecs Austritt aus dem kanadischen Bund.

Die Entwicklung der USA ist durch den radikalen Bruch mit der englischen Monarchie zugunsten der demokratischen Staatsform, die Massenimmigration und die expansive Industrialisierung anders geprägt als die Kanadas. Bis Ende des 19. Jhs. erlangten die USA die Hegemonie in Nordamerika, um nach dem Zweiten Weltkrieg und in jüngster Zeit nach dem Zerfall des Sowjetimperiums zur nunmehr alleinigen Weltmacht aufzusteigen. Nach der Herausbildung der präsidialen Republik mit Zweikammerparlament (1788) und einem wirtschaftlichen Aufschwung Ende des 18. Jhs. begannen die USA mit der Erschließung des Westens. Einen Schritt zur Expansion taten die USA mit dem Kauf des Gebiets von Louisiana von Frankreich 1803 (Louisiana Purchase). Napoleon Bonaparte hatte Spanien 1800 zur Abtretung des ehemals französischen Territoriums westlich des Mississippi gezwungen. Um seine Kriegskasse aufzufüllen, überließ er den Amerikanern das Gebiet für 15 Mio. Dollar. Das Land wurde durch ein zentrales Amt (das District Land Office) aufgeteilt und an Siedler vergeben. Das Vorrücken weißer Amerikaner in die neuen westlichen Staaten führte zu blutigen Kriegen mit den dort ansässigen Indianern, die bis Ende des 19. Jhs. überwiegend vertrieben und in Reservate gedrängt wurden.

Nach den Napoleonischen Kriegen 1814/15 wurde eine Einigung mit dem restaurierten Spanien erzielt. Spanien verkaufte Florida an die USA und akzeptierte eine Westgrenze von Texas im Süden bis Kalifornien am Pazifik. Im Zuge der gegen russische Interventionsdrohungen gerichteten Politik von Präsident James Monroe (*1758, †1831, Monroedoktrin, ▷Chronik Zitat, S. 257) erhoben die USA Anspruch auf territoriale Ausbreitung und Vormachtstellung gegenüber den verbliebenen Kolonialmächten. 1845 erfolgte die Annexion von Texas, und im mexikanischen Krieg von 1846 bis 1848 fielen die Gebiete von Mexiko bis Kalifornien an die USA. Bis 1850

wurden 18 neue Staaten in den Bund aufgenommen. Während im Nordosten die Industrialisierung voranschritt, expandierte im Süden und im Westen die Landwirtschaft. Durch wirtschaftlichen Erfolg mit Baumwolle verselbständigte sich der Süden, der immer weniger Waren aus dem Norden abnahm und stattdessen mit Großbritannien handelte. Der Konflikt über die Sklaverei verschärfte die Spannungen zwischen Norden und Süden zusätzlich.

Als der gemäßigte Gegner der Sklaverei Abraham Lincoln (*1809, †1865) 1860 zum Präsidenten gewählt wurde, traten elf Südstaaten aus dem Bund aus und schlossen sich zu den Konföderierten Staaten von Amerika unter Präsident Jefferson Davis (*1808, †1889) zusammen. Die Weigerung der beim Bund verbliebenen Staaten, die neue Konföderation anzuerkennen, löste 1861 den Sezessionskrieg aus. Nach fünf Jahren blutigster Kämpfe und dem Verlust von 600 000 Menschenleben kapitulierten die völlig ruinierten Südstaaten 1865. Der Norden erlebte einen Wirtschaftsboom. Gleichzeitig wurden die Abschaffung der Sklaverei und die Bestätigung der Bürgerrechte für Schwarze in der Verfassung verankert. Geopolitisch erreichten die USA in dieser Zeit im wesentlichen ihren heutigen Umfang. Südliche Teile Arizonas und New Mexicos kamen 1853/54 in Besitz der USA, und 1867 wurde Alaska von Rußland gekauft.

Massenimmigration und explosionsartiges Wachstum der Industrie veränderten Wirtschaft und Sozialstruktur der Vereinigten Staaten Ende des 19. Jhs. Im Westen war als Folge des Ausbaus der transkontinentalen Eisenbahnlinien (erste Ost-West-Verbindung 1869) die »Frontier« bis 1890 geschlossen. Die letzten Indianerstämme waren entweder ausgerottet oder in Reservaten zusammengedrängt. Die Städte im Osten und im mittleren Westen entwickelten sich zu Ballungszentren und Testgeländen der neusten technischen Fortschritte. In Chicago, das 1840 nur 4500 Einwohner zählte und bis 1890 auf mehr als 1 Mio. anwuchs, wurde 1885 der erste Wolkenkratzer gebaut. Außenpolitisch strebten die USA größeren Einfluß an. Die spanischen Kolonien im karibischen und pazifischen Raum eroberten sie im Spanisch-Amerikanischen Krieg 1898. 1917 traten die USA nach anfänglicher Neutralität auf alliierter Seite in den Ersten Weltkrieg ein. Nach Ende des Kriegs leitete Präsident Woodrow Wilson (*1856, †1924) zwar die Bildung des Völkerbundes ein, doch die USA traten nicht bei: Der Senat hatte die Ratifizierung des Versailler Vertrags abgelehnt, da

Chronik **Zeittafel**

1660	Ende der Republik in England, Restauration des Hauses Stuart
1664	Neuniederland wird von England im Seekrieg eingenommen, aus Neuamsterdam wird New York
1673	Drittes Navigationsgesetz erhebt Zölle auf interkolonialen Handel
1686	Dominion of New England entsteht
1688	James II. wird gestürzt, William und Mary besteigen den englischen Thron
1689	Als Reaktion auf den Sturz James II. werden Stadträte und Zöllner in den Kolonien entmachtet
1708	Erste Immigranten aus der Pfalz in Pennsylvania
1713	Queen Anne's War um die spanische Erbfolge endet, Akadien und Neufundland gehen an England
1732	Gründung von Georgia
1744 –48	King George's War um die österreichische Erbfolge
1754 –60	French and Indian War (Irokesen mit England gegen Frankreich)
1757	Britische Kriegserlasse lösen Aufstand in New York aus
1759	Quebec fällt an Engländer
1763	Frieden von Paris, Frankreich verliert nordamerikanische Kolonien an England und Spanien
1764	Großbritannien erläßt Einfuhrzölle für die Neuenglandstaaten (Sugar Act) und Währungsgesetz, um Kriegskosten zu decken
1765	Stamp Act der Engländer erhebt Steuer auf alle Drucksachen in den Kolonien
1770	Englische Soldaten schießen in eine randalierende Menge und töten Kolonisten (Boston Massacre)
1773	Teegesetz bevorzugt englische Teegesellschaft, »Boston Tea Party«
1775	Mit den Kämpfen bei Lexington und Concord beginnt die amerikanische Revolution

die darin enthaltenen Forderungen gegen Deutschland als unerfüllbar galten und als kontraproduktiv für einen dauerhaften Frieden angesehen wurden.

Die 1929 einsetzende Wirtschaftskrise erschütterte Wirtschaft und Gesellschaft der Vereinigten Staaten. Mit seiner Wirtschafts- und Sozialpolitik konnte Präsident Franklin D. Roosevelt eine mäßige Ankurbelung der Wirtschaft bewirken und als einziger Präsident in der Geschichte der USA eine viermalige Wiederwahl erreichen. Nach dem japanischen Angriff auf Pearl Harbor unterschrieb Roosevelt 1941 die Kriegserklärung an Japan, mit der die USA in den Zweiten Weltkrieg eintraten. Die Entstehung von UNO und NATO in der Nachkriegszeit geht auf US-amerikanische Initiativen zurück. Kurz nach dem Sieg im Zweiten Weltkrieg und dem aktiven Wiederaufbau Europas durch den Marshallplan steigerte sich der Konflikt zwischen den westlichen Staaten und denen des Warschauer Paktes zum Kalten Krieg, der für die Außenpolitik der USA bis zum Fall des Eisernen Vorhangs 1989 bestimmend wurde.

Innenpolitisch waren die USA einerseits von einem wirtschaftlichen Aufschwung bislang nicht gekannten Ausmaßes bestimmt. Die Raumfahrt und die Mondlandung 1969 stehen symbolisch für die beeindrucende Erfolgsgeschichte nach dem Zweiten Weltkrieg. Andererseits charakterisierten politische Unruhen die Ära der 60er Jahre. Schwarze Bürger forderten im Rahmen der Bürgerrechtsbewegung die endgültige Abschaffung der Diskriminierung. Die ab 1965 ausufernde Intervention der USA in den Vietnamkrieg verursachte erste Risse im amerikanischen Selbstbewußtsein. Sinnbild der politischen Selbstzweifel dieser Jahre war der Rücktritt von Präsident Richard Nixon (*1913, †1994) im Jahre 1974 nach der Enthüllung der Watergate-Affäre. Unter der Präsidentschaft Ronald Reagans (*1911) verfolgten die USA in den 80er Jahren innenpolitisch die Ankurbelung der in den 70er Jahren geschwächten Wirtschaft und außenpolitisch Strategien zur Eindämmung des Kommunismus. Nach dem wirtschaftlichen Scheitern der Sowjetunion im Kalten Krieg und wachsendem Protest in den Ostblockländern zerfiel 1989 die dSSR und der außenpolitische Kurs der USA änderte sich. Das größte innenpolitische Problem der USA sind ethnische Spannungen in der Mischgesellschaft mit weißen, schwarzen, lateinamerikanischen und asiatischen Einflüssen. Bei NATO- und UNO-Aufträgen (Golfkrieg, Somalia-Einsatz, Jugoslawien) setzen die USA ihr militärisches Gewicht als politischen Hebel ein.

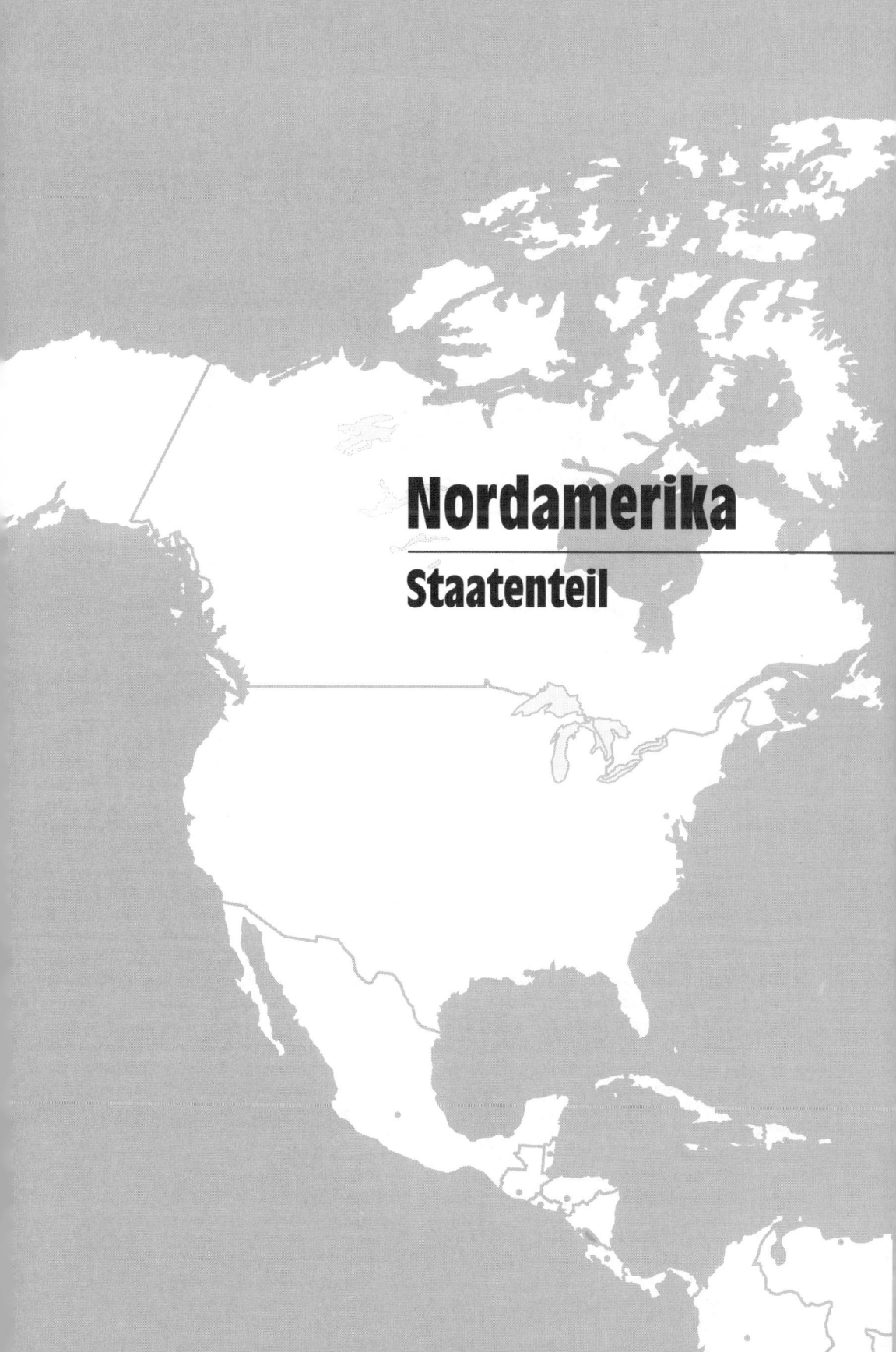

Nordamerika

Staatenteil

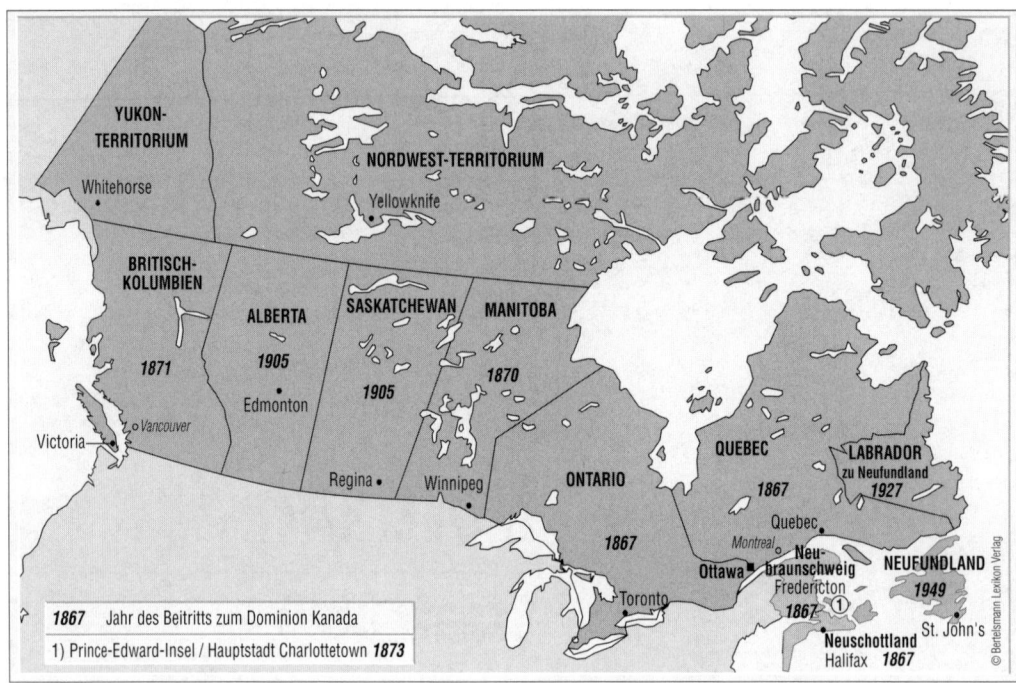

YUKON-
TERRITORIUM

Whitehorse

NORDWEST-TERRITORIUM

Yellowknife

BRITISCH-
KOLUMBIEN

ALBERTA
1905

SASKATCHEWAN
1905

MANITOBA
1870

1871

Edmonton

Vancouver

Victoria

Regina

Winnipeg

ONTARIO
1867

QUEBEC
1867

LABRADOR
zu Neufundland
1927

Quebec

Montreal
Neu-
braunschweig
Fredericton

NEUFUNDLAND
1949

Ottawa

Toronto

1867

St. John's

Neuschottland
Halifax 1867

© Bertelsmann Lexikon Verlag

1867   Jahr des Beitritts zum Dominion Kanada

1) Prince-Edward-Insel / Hauptstadt Charlottetown 1873

NORDAMERIKA

Kanada (Canada)

Fläche: 9 970 610 km²
Bevölkerung: 13,7 Mio. (1950), 21,3 Mio. (1970),
  29,8 Mio. (1996)
Staatsform: Parlamentarische Monarchie im Commonwealth
Sprachen: Englisch, Französisch
Mitgliedschaften: APEC, Commonwealth, NAFTA, NATO, OAS,
  OECD, OSZE, UNO

*Nach der Wiederentdeckung Neufundlands 1497
durch den für England segelnden Giovanni Caboto
erhob Frankreich Anspruch auf Gebiete in der nördlichen Hälfte des nordamerikanischen Kontinents.
Um 1600 begann es mit der Besiedlung des heutigen
Kanada. 1763 wurde Kanada Großbritannien zugesprochen, das die Provinzen, in die das Gebiet 1791
geteilt wurde, 1841 wiedervereinigte. Schrittweise
erreichte Kanada die Unabhängigkeit: 1867 erhielt
es von London den Status eines Dominion, 1931 die
Unabhängigkeit und 1982 die volle Souveränität.*

Politische Struktur

Mit der 1867 durch das Britisch-Nordamerika-Ge-
setz (British North America Act) in Kraft getretenen
Verfassung und der Staatsreform von 1982, bei der
Großbritannien auf jegliches Mitspracherecht in der

kanadischen Politik verzichtete, wurde Kanada ein
parlamentarischer Bundesstaat im Rahmen des britischen Staatenbundes (Commonwealth of Nations).
Das 1982er Vefassungsgesetz schuf die erste eigene
Verfassung Kanadas. Somit ist das Land heute ein
völlig souveräner Staat mit alleiniger Verfügungsgewalt über seine Verfassung und Gesetzgebung.
Nominell bleibt die Rolle des Staatsoberhauptes
beim britischen Monarchen. Seine Vertretung übt
der Generalgouverneur aus, der auf Vorschlag der
kanadischen Regierung von der britischen Krone für
eine Amtszeit von fünf Jahren ernannt wird. Regierungschef ist der vom Generalgouverneur berufe-
ne Premierminister. In der Praxis bestimmt aber die
im Abgeordnetenhaus am stärksten vertretene Partei, wer dieses höchste Staatsamt in Kanada bekleiden soll.
Das kanadische Parlament besteht aus zwei Kammern, dem Senat und dem Abgeordnetenhaus
(House of Commons). 104 vom Premierminister ernannte Senatoren vertreten die Interessen der kanadischen Provinzen. Bis zur Vollendung des 75. Le-
bensjahres bleiben sie im Amt. Die 301 Mitglieder
des Abgeordnetenhauses andererseits werden alle
fünf Jahre in allgemeinen Wahlen gewählt. Der kanadische Bund umfaßt insgesamt zehn Provinzen –
Alberta, Britisch-Kolumbien, Manitoba, Neubraun-

schweig, Neufundland, Neuschottland, Ontario, die Prince-Edward-Insel, Quebec und Saskatchewan – und zwei Territorien: das Yukon- und die Nordwestterritorien. Die beiden nur sehr dünn besiedelten Territorien werden direkt vom Bund regiert, während die Provinzen eigene Parlamente wählen und relative Selbstbestimmung genießen. Die wichtigsten Parteien auf Bundesebene sind die Liberals (Liberale) und die Progressive Conservatives (Konservative), die beide seit Schaffung der Konföderation im Jahre 1867 existieren.

Landesnatur

Von Alaska abgesehen gehört Kanada der gesamte Norden des nordamerikanischen Subkontinents. Geographisch läßt sich das Land in sieben Großregionen unterteilen. Im Westen liegt das Hochgebirge der Kordilleren, das im Durchschnitt eine Höhe zwischen 3000 und 4000 m erreicht. Weiter östlich schließen sich daran die Großen Ebenen oder Prärien an, die reich an Kohle-, Erdöl- und anderen Lagerstätten sind. Der im Norden bis in den Polarkreis hineinreichende, flache kanadische Schild ist Überbleibsel einer durch jahrmillionenlange Verwitterung und Gletscherbewegung abgetragenen Gebirgskette. Reiche Erzlagerstätten befinden sich hier, die erst mit dem Bau der transkontinentalen Eisenbahn in den 1880er Jahren entdeckt wurden. Das dicht bewaldete Areal der Hudsonbai-Tiefebene liegt im Südwesten unterhalb der Hudsonbai und ist nur dünn besiedelt. Das räumlich kleinere St.-Lorenz-Tiefland dagegen bietet Platz für den bedeutendsten Wirtschaftsraum Kanadas. Hier liegen die großen Städte Toronto und Montreal, die den ökonomischen Angelpunkt der kanadischen Wirtschaft bilden. Nur der obere Zipfel der sich aus dem Südosten hochwindenden Gebirgskette der Appalachen erstreckt sich durch das Gebiet von Quebec bis in die Maritimprovinzen. Die arktische Inselwelt des hohen Nordens liegt fast vollständig innerhalb des Polarkreises.

Das Klima des Landes ist kontinental, wobei Extreme in Temperatur und Niederschlag das gesamte klimatische Bild charakterisieren. In über der Hälfte Kanadas herrscht eine durchschnittliche Jahrestemperatur von unter 0 °C. Arktische Luft dringt über den kanadischen Schild und die Hudsonbai bis tief in den Süden und beschert dem Land lang anhaltende Winter und kurze Sommer. Wichtigste Folge der klimatischen Bedingungen ist, daß alle Ballungszentren des Landes in unmittelbarer Nähe zur südlichen Grenze liegen.

Bevölkerung

Gemessen an seiner riesigen Fläche hat Kanada eine relativ geringe Gesamtbevölkerung von 29,8 Mio. Einwohnern (1996). Wie sein südlicher Nachbar, die USA, ist Kanada ein typisches Einwanderungsland. Etwa 98,5% aller Kanadier sind Nachfahren von Einwanderern. Den größten Anteil an Immigranten stellten im Laufe der kanadischen Geschichte Briten (45%) und Franzosen (29%). Rund 77% aller Kanadier leben in städtischen Regionen, etwa 23% in ländlichen Gegenden. Der klimatisch unwirtliche Norden des Landes ist spärlich besiedelt, hauptsächlich von Eskimos, die etwa 0,1% der Gesamtbevölkerung ausmachen. Die Indianer als zweite Gruppe von Ureinwohnern stellen mit 1,4% einen ebenfalls geringen Bevölkerungsanteil.

Seit dem Erlaß des Offiziellen Sprachgesetzes (→Lexikon, Official Languages Act) 1969 gilt Kanada als gesetzlich zweisprachig. Etwa zwei Drittel aller Kanadier sprechen ausschließlich Englisch, ein Fünftel ausschließlich Französisch. Die Frankokanadier stellen die Mehrheit der Katholiken im Lande. Der katholische und der protestantische Glaube sind zu fast gleichen Teilen vertreten.

Das Sozial- und Gesundheitswesen des Landes ist an westeuropäischen Modellen orientiert. Über 40% des Bundesetats werden hierfür aufgewendet. Arbeitslosenhilfe, Krankenversicherung und andere soziale Leistungen werden mit hohen Steuern finanziert. Das Land unterhält ein gebührenfreies Schulsystem, und die Schulpflicht gilt für alle Kinder zwischen dem 6. bzw. 7. und dem 15. bzw. 16. Lebensjahr. Die mehrheitlich öffentlichen unter den insgesamt 69 Universitäten des Landes werden vom Bund und von den Provinzen stark subventioniert. Studiengebühren sind dennoch für alle Studenten Pflicht. Über 75% aller Schüler, die die Hochschulreife erlangen, beginnen zumindest ein Studium. Kanada hat damit von allen Ländern der Welt den höchsten Anteil an Hochschulbesuchern an seiner Gesamtbevölkerung.

Wirtschaft

Ökonomisch ist der spezifische Landschaftscharakter von großer Bedeutung für Kanada. Etwa 7 % der Landfläche dienen der Landwirtschaft. Die riesigen Wälder des Ostens, die sich überwiegend in Staatsbesitz befinden, werden stark geforstet. Holz und Holzprodukte behaupten sich nach wie vor als wesentliche Exportgüter. Kanadas reiche Bodenschätze sind bislang nur teilweise erforscht. Riesige Mengen an Nickel, Zink, Blei, Kupfer, Gold, Silber,

Platin, Asbest und Uran werden abgebaut. Auch Kohle, Öl und Erdgas werden gefördert. Industriell ist das Land hoch entwickelt. Maschinen und Elektrotechnik werden für den Binnenmarkt und den Export hergestellt. Bei der Produktion von Zellstoff und Zeitungspapier ist Kanada neben den USA weltweit führend. Wichtigster Handelspartner Kanadas sind die USA, vor allem seit der Schaffung der gemeinsamen Freihandelszone 1988 durch den NAFTA-Vertrag. Trotz hoher Staatsverschuldung und Arbeitslosigkeit (1996: 9,4%) genießen Kanadier einen der höchsten Lebensstandards der Welt.

GESCHICHTE

Neufrankreich (1534–1763)

Der englische Anspruch auf Nordamerika wurde 1497 in Neufundland von dem unter britischer Flagge segelnden Italiener Giovanni Caboto (John Cabot) erhoben. Die entscheidende Macht der ersten 200 Jahre kanadischer Geschichte war aber Frankreich. Zwischen 1534 und 1541 befuhr Jacques Cartier den St.-Lorenz-Strom und nahm das ganze Gebiet für die französische Krone in Besitz. Anhand der Karten des Kartographen Samuel de Champlain (*um 1567, †1635, ▷Chronik Biografie, S. 39) gründete Pierre du Guast 1605 mit Port Royal in Neuschottland die erste französische Siedlung Nordamerikas. 1608 legte Champlain selbst den Grundstein für die weitaus wichtigere Siedlung Quebec. 1613 wurde auf Anregung Champlains hin eine Handelsgesellschaft für Neufrankreich ins Leben gerufen. Das Interesse der Kaufleute galt dem lukrativen Pelzhandel, der den ersten Reichtum Kanadas begründete.

Zunächst beabsichtigte das französische Königshaus keine Kolonisierung Nordamerikas, doch in Konkurrenz zu den sich ausbreitenden englischen Kolonien im Süden wurden Schritte zur Festigung der französischen Präsenz ergriffen. 1627 entstand durch Intervention des leitenden französischen Ministers Kardinal Richelieu eine Handelsgesellschaft für Neufrankreich (Compagnie de la France-Nouvelle). Das Land wurde aufgeteilt und an reiche Besitzer oder Seigneurs (Seigneuralsystem, →Lexikon) verkauft, die ein Feudalsystem in Französisch-Kanada aufbauten und über die einfachen Siedler regierten. 1663 bildete die Krone wegen zunehmender Bedrohung durch Indianer die Provinz Neufrankreich, die unter französischem Militärschutz stand. Anstoß zu der Provinzgründung gaben ferner die ersten bewaffneten Konflikte zwischen englischen und französi-

schen Siedlern. 1628 nahmen englische Kräfte Quebec ein, das 1632 an Frankreich zurückging. 1654 wurde das atlantische Küstengebiet Akadien (→Lexikon) von Massachusetts aus erobert und erst 1670 von Frankreich zurückgewonnen. In der Zwischenzeit wurde auch das südwestliche Ohiotal zum Ziel französischer Entdecker wie Louis Jolliet und René Robert Cavalier Sieur de La Salle, und für Frankreich beansprucht. Hier entstand Frankreichs zweite Provinz in Nordamerika, Louisiana, mit der wichtigen Metropole New Orleans an der Mündung des Flusses Mississippi.

Im späteren 17. Jh. spitzten sich die Querelen zwischen Frankreich und England zu. 1670 stellte der britische König eine Charta an die Handelsgesellschaft der Hudson's-Bay-Kompanie (→Lexikon) aus, die damit weitgehende Handelsrechte und ein großflächiges Territorium im Norden Kanadas erhielt. Die Franzosen bestritten einige Ansprüche der Kompanie, da die Hudsonbai mit Umgegend auch für sie von großer wirtschaftlicher Bedeutung war. Mit dem Ausbruch des spanischen Erbfolgekriegs Anfang des 18. Jhs. kam es zur ersten größeren Auseinandersetzung der zwei nordamerikanischen Kolonialmächte. Der den Krieg beschließende Frieden von Utrecht (→Lexikon) von 1713 zwang Frankreich zur Abtretung von Neufundland, Neuschottland und den Gebieten um die Hudsonbai an Großbritannien. 1744 brach der bis 1748 dauernde King George's War aus, der keine Grenzveränderungen nach sich zog, aber die Spannungen weiter steigerte. Der siebenjährige Krieg schließlich, der in Nordamerika den Namen French and Indian War (1754–1760, →Lexikon) trug, brachte den Sturz Frankreichs in Nordamerika. 1763 im Frieden von Paris verzichtete Frankreich auf alle Ansprüche auf dem nordamerikanischen Kontinent. Ganz Kanada und Louisiana östlich des Mississippi (außer New Orleans) wurden englischer Besitz. New Orleans und alle Teile Louisianas westlich des Mississippi gingen an Spanien, das mit New Orleans einen Hafen erhielt.

Britisch-Nordamerika (1763–1867)

Kanadische Teilung (1763–1791)

Nach Abschluß des Friedens von Paris herrschte Großbritannien über vier voneinander unabhängige Gebiete innerhalb der Grenzen des heutigen Kanada. In den 1713 von England erkämpften Kolonien Neuschottland und Neufundland lebten seit geraumer Zeit englische Fischer, Händler und z.T. Siedler. Rupertsland (→Lexikon), das die Territorien der Hudson's-Bay-Kompanie umfaßte, diente hauptsächlich der wirtschaftlichen Ausbeutung und wies kaum Siedlungen auf. Nach der Eroberung Quebecs stand England einem recht enwickelten und fremden Land im eigenen Herrschaftsgebiet gegenüber. Die englische Regierung versuchte zunächst, die Gesellschaft Quebecs nach englischem Vorbild umzuformen. Englisches Recht wurde eingeführt und die Autorität der katholischen Kirche aberkannt. Mit dem Test Act (→Lexikon) wurde Frankokanadiern, die ihrem Glauben nicht abzuschwören bereit waren, die Bekleidung öffentlicher Ämter verwehrt. Französische Beamte und Händler bildeten mit der Französischen Partei eine Interessengemeinschaft, um auf eine Milderung dieser Gesetze zu drängen. Als Reaktion schlossen sich Geschäftsmänner der englischen Minderheit in Quebec zur Englischen Partei zusammen. Die englische Verwaltung, die allmählich die Undurchführbarkeit ihrer Politik erkannte, suchte den Kompromiß mit den französischen Untertanen. 1771 wurde das Seigneuralsystem schließlich anerkannt, nachdem die Quebecer Oberschicht zunehmend abgewandert war.

Der neue Generalgouverneur Sir Guy Carleton konnte das Parlament 1774 zur Verabschiedung des Quebec-Gesetzes (→Lexikon, Quebec Act) bewegen, das französisches Zivilrecht in Quebec wieder zuließ, den Test Act aufhob und der katholischen Kirche normalen rechtlichen Status gewährte. Damit warb London, z.T. erfolgreich, um die Gunst der konservativen, eher autoritätsgläubigen Frankokanadier. Anlaß zur Sorge bekam England im darauffolgenden Jahr mit dem Beginn des amerikanischen Unabhängigkeitskriegs. Amerikanische Revolutionäre rechneten zunächst mit der Kooperation des nördlichen Nachbarn beim Bestreben, das Joch englischer Herrschaft abzuwerfen. Alle Allianzangebote der Amerikaner wiesen Quebec, Neufundland und Neuschottland aber mit beharrlicher Königstreue ab (→Kanada hält dem englischen König die Treue, S. 68).

Dennoch hatte der amerikanische Krieg wichtige Konsequenzen für Kanada. Zum einen flohen rund 40 000 Loyalisten in die Sicherheit jenseits des St.-Lorenz-Stromes. Die Zuwanderung war so umfangreich, daß 1784 die Bildung zweier weiterer Kolonien beschlossen wurde: Neubraunschweig und die Cape-Breton-Insel (die sich 1820 Neuschottland wieder angliederte). Zweitens erlitt Kanada beim Versailler Frieden (→Lexikon) von 1783, der Amerika seine Unabhängigkeit gewährte, einen erheblichen territorialen Verlust. England verzichtete auf das ganze Gebiet im Ohiotal südlich der Großen Seen, das ein ergiebiges Jagdrevier kanadischer Pelzhändler war. Drittens verschärften sich durch die Einwanderung weiterer Loyalisten aus Amerika nach Quebec die Spannungen zwischen französischen und englischen Bevölkerungsteilen.

Das Seigneuralsystem mit seiner feudalen Rückständigkeit war für die englischen und ehemals amerikanischen Quebecer inakzeptabel. Die Englische Partei verlangte die Aufhebung des Quebec-Gesetzes und die Einführung britischen Rechts. Die Französische Partei dagegen strebte eine Verfassungsreform und eigenständige Verwaltungsstrukturen an. Mit der Intervention des mittlerweile zum Lord Dorchester ernannten Carleton entschloß sich das Parlament im Verfassungsbeschluß (→Lexikon, Constitutional Act) von 1791 zur Reform. Eine größtenteils entlang des Ottawaflusses verlaufende Grenze teilte Quebec nun in das hauptsächlich englischsprachige Oberkanada (das heutige Ontario) und das mehrheitlich französischsprachige Unterkanada auf.

Wachstum und Unruhe (1791–1815)

Der Verfassungsbeschluß von 1791 setzte im großen Ganzen das Regierungssystem in den kanadischen Kolonien fort, das England in den amerikanischen Kolonien bis zur Krise aufrechtzuerhalten versucht hatte. Jede Kolonie bekam eine frei gewählte Volksvertretung. In Ober- und Unterkanada sowie auf der Prince-Edward-Insel wurde ein Zweikammersystem errichtet. Es existierten keine überregionalen politischen Instanzen außer der englischen Krone. Die Selbstbestimmung der Kanadier hielt sich unter englischer Führung in Grenzen.

In den ersten zwanzig Jahren nach der Teilung Quebecs bekam Kanada Bevölkerungszuwachs. Im Jahre 1792 lebten in ganz Kanada etwa 250 000 Menschen, diese Zahl verdoppelte sich bis 1812. Am bevölkerungsreichsten war zunächst Unterkanada, dessen mit 30 000 Einwohnern größte Stadt Montreal allen anderen kanadischen Städten den Rang als Finanz- und Kulturmetropole ablief. Ganz Unterkanada zählte 1806 über 250 000 Einwohner. Das schnellste Wachstum verzeichnete aber eindeutig Oberkanada. Hier ließ sich das Gros der amerikanischen Einwanderer nieder, und 1812 registrierten die Behörden eine Einwohnerschaft von fast 100 000 Menschen.

Der kanadischen Wirtschaft wurde durch den im Versailler Frieden von 1783 vereinbarten Verlust der Gebiete südlich der Großen Seen ein schwerer Schaden zugefügt, denn der Pelzhandel erlahmte vorerst.

Kanada hält dem englischen König die Treue

Die amerikanische Revolution stellt den zweiten geschichtlichen Wendepunkt Nordamerikas nach der europäischen Entdeckung dar. In dieser Stunde der Freiheit entscheidet sich Kanada, selbst die frankokanadische Kolonie Quebec, für den Verbleib beim britischen Königreich.

Zweimal, auf diplomatischem und militärischem Wege, versuchten die 13 abtrünnigen amerikanischen Kolonien die kanadischen Nachbarn Quebec und Neuschottland vom revolutionären Gedanken zu überzeugen. Der kontinentale Kongreß in Philadelphia entsandte eine Kommission unter der Führung des 70-jährigen Staatsmannes Benjamin Franklin, um Amerikas Anliegen in Kanada vorzutragen, doch fiel die Botschaft auf taube Ohren. Die amerikanischen Generale Benedict Arnold und Richard Montgomery begannen Ende 1775 mit der Belagerung Quebecs, wurden aber im Frühjahr 1776 von neueingetroffenen britischen Kräften zurückgetrieben. Danach gaben die Amerikaner ihren Versuch auf, Kanada als 14. amerikanische Kolonie zu gewinnen.

Die Gründe für Kanadas Zurückhaltung sind verschiedenartig. Die Neuschotten, die schon immer gute Verbindungen zu den Neuenglandkolonien unterhalten hatten, zeigten den Revolutionären aus dem Süden zunächst zögerliches Wohlwollen, und der Oberkommandeur George Washington hoffte eine Zeitlang, die sog. neutralen Yankees würden sich der Revolution anschließen. Die Präsenz der englischen Flotte in den Häfen Neuschottlands wirkte allerdings auf potentielle Freiheitskämpfer abschreckend, und schließlich waren die knapp 20 000 Einwohner der Kolonie weit übers Land verstreut. Ohne die guten Handelsbeziehungen zu England fürchteten viele, ihre Existenzgrundlage aufs Spiel zu setzen.

Die Motive Quebecs zu seiner Entscheidung erscheinen aus historischer Perspektive komplex. Die Amerikaner erkannten in den Frankokanadiern natürliche Verbündete, da ihnen mehr als den amerikanischen Kolonisten England als eine fremde Besatzungsmacht gelten mußte. Seit Gründung der ersten französischen Siedlungen in Nordamerika versuchte England, die Franzosen zu verdrängen. Quebec wurde erstmals 1628 von englischen Eroberern eingenommen und per Vertrag 1632 wieder an Frankreich überschrieben. 1654 fielen Kolonisten aus Massachusetts in Akadien (Neuschottland, Neufundland) ein, das erst 1670 an Frankreich zurückging. Nach dem spanischen Erbfolgekrieg ging Akadien dem französischen König im Frieden von Utrecht 1713 endgültig verloren. Die Vertreibung der französischen Kolonisten aus Akadien, mit der England seine Machtansprüche konsolidieren wollte, hinterließ bittere Gefühle. Als Trost blieb zunächst die reiche Provinz Quebec, deren Bevölkerung zwischen 1713 und 1739 auf 48 000 Einwohner anwuchs. Doch auch vor Quebec machte der englische Herrschaftswille nicht lange halt. Nachdem General James Wolfe Quebec 1760 im French and Indian War erobert hatte, wurden alle Frankokanadier zwangsweise Untertanen des britischen Königs. Ihren britischen Herrschern brachten die sog. Canadiens verständlicherweise wenig Sympathien entgegen, und das Quebec-Gesetz von 1774 hatte ihre Forderungen nach Gleichstellung mit englischen Kanadiern und Selbstbestimmung nur zu einem geringen Teil erfüllt. Mit Frankreichs Entscheidung zur militärischen und materiellen Unterstützung der Amerikaner 1778 hätten die Quebecer einen Grund mehr gehabt, sich gegen die britische Krone zu erheben.

Wahrscheinlich waren es die finanziellen Vorteile der bestehenden Ordnung, die Quebec aus dem Unabhängigkeitskrieg heraushielten. Die Amerikaner waren für die Quebecer die einzigen Konkurrenten im alles bestimmenden Pelzhandel. Die Jagdreviere mit den Amerikanern teilen zu müssen und die Handelsmöglichkeiten mit England zu verlieren, konnte sich für die Wirtschaft Quebecs nur nachteilig auswirken. Das Resultat dieses Kalküls war nicht nur die verpaßte Chance zur Selbstbestimmung, sondern unmittelbar auch der Verlust eben jener Jagdgebiete, denn diese Gebiete um die Großen Seen gingen an die USA.

Durch den Holzhandel wurde die Konjunktur teilweise wiederbelebt. Wegen der Kontinentalsperre, der Wirtschaftsblockade des europäischen Festlands, die Napoleon 1806 gegen Großbritannien einleitete, konnte England nicht mehr wie üblich Holz für den Schiffsbau vom Baltikum beziehen. Große Mengen Holz aus Halifax in Neuschottland kaufte Großbritannien als Ersatz. Die Pelzherren in Quebec-Stadt und Montreal profitierten davon nicht. Die Hudson's-Bay-Kompanie dagegen hatte schon früh damit begonnen, die Mögichkeiten wirtschaftlicher Nutzung im Westen auszukundschaften. Bereits in den 1760er Jahren waren selbständige frankokanadische Pelzjäger in das Gebiet der Bay-Kompanie vorgedrungen. Vor allem ab 1776, als sich viele dieser Händler in Montreal zur Nordwestgesellschaft (→Lexikon) zusammenschlossen, wurde der Wettbewerb zwischen Montreal und der Bay-Kompanie ruinös. Gewalttätige Auseinandersetzungen zwischen den rivalisierenden Gruppen waren keine Seltenheit. 1812 erwarb Thomas Douglas Graf Selkirk Rechte von der Bay-Kompanie zur Errichtung einer Siedlung am Red River im heutigen Manitoba. Die sog. Nordwester sahen hierin eine Herausforderung und überfielen die Siedlung mehrfach. 1816 erreichte die Gewalt einen Höhepunkt, als Schergen der Nordwestgesellschaft den Gouverneur von Red River ermordeten. Selkirk reagierte mit der Einnahme des Hauptquartiers der Nordwester in Fort William. Erst 1821 wurden die Streitigkeiten dauerhaft beendet. Die Bay-Kompanie bot den Nordwestern die Fusion an. Für Montreals Pelzhandel bedeutete dieser Friedensschluß das endgültige Aus.

Ein Problem Englands in dieser Zeit waren neben den Napoleonischen Kriegen Meinungsdifferenzen mit den Vereinigten Staaten. Die britische Forderung, auf amerikanischen Schiffen nach britischen Deserteuren suchen zu dürfen, verletzte das noch junge Nationalgefühl der Amerikaner. Außerdem sahen sich amerikanische Händler zu Unrecht von der Seeblockade betroffen, mit der England auf Napoleons Kontinentalblockade reagierte. Am empfindlichsten reagierten die USA allerdings auf kanadische Aufrüstungsmaßnahmen. Die Belieferung der Indianer westlich der amerikanischen Siedlungsgrenze mit Waffen und anderem Kriegswerkzeug bewiesen aus amerikanischer Sicht feindselige britische Intentionen. 1812 verabschiedete der Kongreß die Kriegserklärung an Großbritannien. Die desorganisierten amerikanischen Verbände erreichten trotz ihrer beachtlichen zahlenmäßigen Überlegenheit wenig. Bei der Schlacht von Queenston Heights am 13. Oktober 1812 mußten sie bereits nach ersten Gefechten das Weite suchen. Bis zum Genfer Vertrag (→Lexikon) von 1815, mit dem die Vorkriegsverhältnisse wiederhergestellt wurden, hatten britische Armeen Washington niedergebrannt und standen vor New Orleans. Das folgende Rush-Bagot-Abkommen (→Lexikon) von 1817 regelte eine generelle Abrüstung beider Flotten auf den Großen Seen, und 1818 wurde der 49. Breitengrad als Demarkationslinie zwischen Kanada und den USA vertraglich festgelegt. Das von beiden Ländern beanspruchte Oregonterritorium im Westen sollte für die nächsten 10 Jahre unter gemeinsamer Verwaltung stehen.

Reform, Rebellion, Vereinigung (1815–1841)
Mit dem Ende des Aufruhrs südlich der Grenze begannen die eigentlichen Unruhen in Kanada selbst. In Oberkanada dominierte zunächst die »Ausländerfrage« die politische Diskussion. Dieses Gebiet war fast ausschließlich von Amerikanern besiedelt worden. Jetzt sollten Landzuteilungen an Amerikaner grundsätzlich gestoppt werden. Erst durch die sog. Naturalisierung – durch Ablegen eines Loyalitätseides und einen mindestens siebenjährigen Aufenthalt im Lande – sollten amerikanische Immigranten Rechte in Kanada erwerben können. Der Zustrom aus dem Süden versiegte fast völlig, und dringend gebrauchte Arbeitskräfte kamen vorläufig nicht mehr ins Land. Dabei sah man, wie die Amerikaner mit dem Aufbau ihres Landes die nördlichen Kolonien überflügelten. Die Verbesserung der Wasserwege z.B. machte in den USA Riesenfortschritte: 1825 öffnete der Eriekanal seine Schleusen. Die Kanadier bekamen dagegen nur geringfügige Zuwendungen aus dem britischen Mutterland für den Bau des Kanals um die Lachineschnellen bei Montreal (1825) oder für die Herstellung der Verbindung zwischen Erie- und Ontariosee (1829). Es kamen zwar neue Einwanderer nach Kanada – die Bevölkerungszahl Britisch-Nordamerikas erhöhte sich von 750 000 (1820) auf 2,5 Mio.(1851) –, doch verhinderte vieles die Modernisierung der Infrastruktur. Große Landstriche befanden sich z.B. in der Hand der englischen Hochkirche, was die Verbindung von Siedlungen nahezu unmöglich machte. Der sog. Familienverband (→Lexikon, Family Compact) aus Klerus und führenden Geschäftsleuten, der gleichzeitig die politische Oligarchie bildete, wirkte als Hemmschuh auf die Entwicklung der Kolonie und dies zu einer Zeit, in der eine wirtschaftliche Flaute auf dem Land lag.

NORDAMERIKA

Der Krieg von 1812 hatte ein kurzlebiges, aber merkliches wirtschaftliches Wachstum in den kanadischen Kolonien ausgelöst. Nach dem Krieg folgten große finanzielle Einbrüche. Der Unmut führender Köpfe im Lande entzündete sich an der ihrer Ansicht nach unfähigen sowie durch Korruption und Günstlingswirtschaft gelähmten kolonialen Regierung. Allenthalben erklang der Ruf nach mehr politischer Selbstbestimmung und Responsible Government (→Lexikon), nach der Trennung vom ausführenden und gesetzgebenden Rat und der Verantwortung der Regierung gegenüber dem Volk.

Die Verbreitung der Kritik ging vielerorts mit der Gründung wichtiger Zeitungen einher. In Halifax war es der »Novascotian«, in dem Herausgeber Joseph Howe die Verfilzung der Regierung anprangerte. In Oberkanada brachte William Lyon Mackenzie (*1795, †1861) 1824 den »Colonial Advocate« heraus, der zur führenden Zeitung reformerischer Kreise aufstieg. Mackenzie wurde 1828 in die Volksvertretung gewählt. Viermal wurde er wiedergewählt und jedesmal von der Versammlung ausgeschlossen. Auf seine Initiative ging der »Siebte Bericht des Beschwerdekomitees« von 1835 zurück, der eine grundlegende und beißende Kritik an der Regierung enthielt und zur Ernennung eines neuen, wenngleich unglücklich gewählten Generalgouverneurs namens Sir Francis Bond Head führte. Head versuchte durch vorgezogene Wahlen und loyalistische Propaganda die Machtstellung des sog. Familienverbandes mit unverhohlener Parteilichkeit zu stärken. Zwar führte seine Taktik zu einem Sieg der Konservativen 1836, aber sie bestärkte in reformerischen Kreisen den Eindruck, daß die Krone nicht beabsichtigte, sich auf Verhandlungen einzulassen.

Die Situation in Frankokanada barg vor dem Hintergrund des stets schwelenden ethnischen Konflikts mehr Potential zur offenen Rebellion. Die Fusion der Hudoson's-Bay-Kompanie und der Nordwestgesellschaft 1821 setzte dem frankokanadischen Pelzhandel ein schnelles Ende. Quebecs Bauern zeigten sich gegenüber neuen landwirtschaftlichen Methoden verschlossen. Die restriktive Organisation des Seigneuralsystems bot wenig Möglichkeit, Höfe auszubauen und zu erneuern. Quebec, einst Kanadas größter Weizenproduzent, wurde zum Weizenimporteur. Somit wirtschaftete sich die französische Mehrheit Unterkanadas ins Abseits, während die englische Minderheit an Einfluß und Wohlstand gewann. Konservativer Nationalismus machte sich breit.

Mit der Wahl des charismatischen Louis-Joseph Papineau (*1786, †1871; ▷Chronik Biografie) zum Präsidenten der Volksvertretung 1815 bekamen die sog. Canadiens einen Volkstribun mit rhetorischer Rafinesse und politischem Scharfsinn. Er und seine Mitstreiter aus der Patriotischen Partei forderten zum einen, daß die Volksvertretung die Kontrolle über alle Staatsfinanzen erhalte. Außerdem wollten sie das Seigneuralsystem erneuern und freie Wahlen durchführen. In ihrem scharf formulierten 92-Punkte-Programm von 1834 übten sie Kritik an der Regierung. 1837 kam der Durchbruch, als Konkurse und hohe Arbeitslosigkeit die Gemüter erregten. Papineau und die um ihn gescharten sog. Söhne der Freiheit versuchten den Sturz der Regierung in Montreal. Bewaffnete englische Verbände drängten

Louis-Joseph Papineau
Chronik Biografie

frankokanadischer Politiker und Revolutionär

7. 10. 1786 Montreal
23. 9. 1871 Montebello (Quebec)

P. gilt als Vater der frankokanadischen Protestbewegung. Er entstammte der Oberschicht Quebecs, studierte Jura am Quebecer Seminar und wurde 1812 erstmalig in die kanadische Volksvertretung gewählt. Im Krieg von 1812 führte er die kanadische Miliz. 1815 wurde er Sprecher der Französischen Partei. P. verfaßte das 92-Punkte-Programm, in dem Beschwerden gegen die Kolonialpolitik Großbritanniens zusammengefaßt wurden. 1834 nahm er erste Gespräche mit dem anglokanadischen Revolutionär William Lyon Mackenzie auf, den P. zur Zusammenarbeit anregte. Nachdem beide Rebellen 1837 Aufstände gegen die Kolonialregierung angeführt hatten, wurde Haftbefehl gegen P. erlassen, der über die USA nach Frankreich floh. 1845 wurde ihm Amnestie gewährt, und er kehrte nach Quebec zurück, wo er von 1847 bis 1854 im Parlament tätig war.

die Revolutionäre zurück, die sich dann auf Quebec-Stadt konzentrierten. Auch hier schlug der Putschversuch fehl, und Papineau mußte in die USA fliehen, nachdem seine Verhaftung angeordnet worden war. Mackenzie folgte dem Beispiel Papineaus im Dezember und versuchte, Toronto einzunehmen. Aufgrund verschiedener Mißgeschicke, u.a. einer Änderung des Angriffsdatums, die allgemeine Konfusion stiftete, wurde aus diesem Revolutionsauftakt ebenfalls ein Fiasko. Mackenzie floh über die Grenze in die USA.

Nicht zuletzt die Putschversuche von 1837 veranlaßten London zu einer Kursänderung in der kanadischen Politik. Ein neuer Generalgouverneur, Lord Durham, wurde 1838 ernannt und mit einem Sonderauftrag nach Quebec geschickt: Durham sollte die Zustände in Kanada überprüfen und Bericht erstatten, damit korrektive Maßnahmen ergriffen werden konnten. Sein »Bericht über die Zustände in Britisch-Nordamerika« (→Lexikon, »Report on the Affairs of British North America«) von 1839 enthielt eine schonungslose Analyse der politischen Korruption und strukturellen Mängel im Lande. Durham unterbreitete der Regierung drei Vorschläge zur Besserung der kolonialen Beziehungen. Erstens sollten die kolonialen Regierungen Verantwortung gegenüber den Volksvertretungen tragen. Zweitens sollte Großbritannien weitgehend auf Einmischung in die politischen Angelegenheiten Kanadas verzichten. Drittens sollten Ober- und Unterkanada zu einer Provinz vereinigt werden. Die Fusion Ober- und Unterkanadas zielte auf eine Schwächung der Frankokanadier in der lokalen Regierung. Durch den Zusammenschluß hätten die sog. Canadiens geringeren Einfluß in der Volksvertretung. Mit dem Vorschlag der Selbstverwaltung zeigte sich London nicht einverstanden, doch die Vereinigung der zwei Kolonien schien ein probates Mittel, um den Einfluß der französischen Unruhestifter zu verringern. 1840 wurde der Vereinigungsbeschluß (→Lexikon, Act of Union) vom britischen Parlament verabschiedet, der 1841 eine vereinigte kanadische Provinz schuf. Die zwei Teile dieser Einheit, vormals Ober- und Unterkanada, hießen jetzt Kanada-West und Kanada-Ost. Die Regierung sollte vom ernannten Gouverneur und ausführenden Rat geführt werden. Das vom Gouverneur ernannte Oberhaus und eine gewählte Volksvertretung als Unterhaus sollten die Gesetzgebung bestimmen. Jede Provinz erhielt 42 Sitze in der Volksvertretung – und zwar, obwohl die frankokanadische Bevölkerung von Kanada-Ost weitaus größer als die englische von Kanada-West war.

Der Weg zur Föderation (1841–1867)

Die kanadische Vereinigung von 1841 erwies sich angesichts vielfältiger innen- und außenpolitischer Probleme als Provisorium. Der ethnische Konflikt zwischen englischen und französischen Kanadiern war keineswegs beigelegt, der Mangel an Infrastruktur nicht behoben und das wachsende Begehren nach parlamentarischer Demokratie kaum beachtet worden. Dennoch war London entschlossen, an seiner kanadischen »Lösung« festzuhalten. Der neue Generalgouverneur Charles E. P. Thomson Lord Sydenham, umging das leidige Thema der Selbstbestimmung und begab sich an die Bewältigung unmittelbar bevorstehender Schwierigkeiten. Nach der Bildung eines Koalitionskabinetts aus Konservativen und gemäßigten Reformern sicherte sich Sydenham ein britisches Darlehen in Höhe von 1,5 Mio. Pfund für den Kanalbau am St.-Lorenz und beauftragte die Regierung der vereinigten kanadischen Provinz mit der Einrichtung eines öffentlichen Schulwesens. Sydenham konnte damit den wachsenden politischen Willen der Kanadier nicht bremsen. In Kanada-West erreichte Francis Hincks (*1807, †1885), Herausgeber der reformorientierten Zeitung »Examiner«, ein zunehmend größeres Publikum mit seinen Ideen. In Kanada-Ost regte sich unter der Führung von Louis-Hippolyte LaFontaine (*1807, †1864) ebenso Widerstand gegen die bestehende Ordnung.

Nach dem Tod Sydenhams 1841 zog Sir Charles Bagot ins Amt des Generalgouverneurs. Vor die Notwendigkeit einer Kooperation mit den Frankokanadiern gestellt, beschloß Bagot, LaFontaine an der Regierung zu beteiligen. Dieser machte zur Bedingung seines Eintritts ins Kabinett die gleichzeitige Aufnahme des anglokanadischen Reformers Robert Baldwin (*1804, †1858). Sir Charles Metcalfe, Bagots Nachfolger 1843, war entschlossen, keine Zugeständnisse an die Kanadier zu machen. Das Kabinett trat bereits nach ersten Konfrontationen mit dem neuen Gebieter im Lande zurück. Metcalfe gelang gerade noch die Bildung einer neuen Regierung unter dem Konservativen William Draper, ehe er 1845 todkrank nach England zurückkehrte. 1847 kam der vierte Gouverneur in acht Jahren ins Land, Lord Elgin. Er traf als Botschafter eines englischen Sinneswandels in Kanada ein. Nach dem Sieg einer liberalen Mehrheit bei den Wahlen im europäischen Revolutionsjahr 1848 betraute Elgin die Reformer Baldwin und LaFontaine mit der Regierungsbildung. Schon im ersten Jahr ihrer Regierung wurde das Reformkabinett vor eine Zerreißprobe gestellt. Der Entwurf eines Gesetzes wurde vorgelegt, das Schadenersatz für die aus der 1837er Rebellion entstandenen Verluste vorsah (Rebellion Losses Bill). Als bekannt wurde, daß auch die Frankokanadier Entschädigung erhalten sollten, brach in englischen Kreisen helle Empörung aus. Elgin unterschrieb das Gesetz dennoch, woraufhin englische Quebecer das Parlamentsgebäude in Montreal in Brand steckten und Elgins Kutsche mit Steinen bewarfen.

Die Regierung Baldwin-LaFontaine ging letztlich unbeschadet aus der Affäre hervor, doch war damit die Wende zum politischen Radikalismus vollzogen. Vor allem mit der Hilfe von George Brown (*1818, †1880) und dessen einflußreicher Torontoer Zeitung »Globe« verschaffte sich in Kanada-West ein radikaler Reformflügel Gehör, der sich als Clear-Grit-Bewegung (→Lexikon), die Partei des reinen Muts, vorstellte. Die Grits bekannten sich zum demokratischen Modell der USA und verlangten u.a. die Trennung von Kirche und Staat. Die Säkularisierung kirchlichen Besitzes und die Förderung überkonfessioneller Schulen standen auf ihrem Programm. In Quebec bildeten sich die Roten, die Anhänger der Parti Rouge (→Lexikon). Die antikirchliche Gesinnung der Rouges rief im konservativen Quebec eine solide Opposition auf den Plan, die sich die Partei der Blauen, Parti Bleu, nannte. In Quebec führte die mißliche politische Stimmung zur Veröffentlichung eines von über 1000 einflußreichen Montrealer Kaufleuten unterschriebenen Annexionsmanifestes, das den sofortigen Anschluß an die USA verlangte.

Zu diesem gärenden Unmut im eigenen Land kamen außenpolitische Sorgen hinzu. 1839 hatte der Konflikt zwischen Kanada und den USA über die Grenze zwischen Maine und Neubraunschweig zum sog. Arostookkrieg (→Lexikon) geführt. Erst 1842 konnte mit Abschluß des Webster-Ashburton-Vertrags (→Lexikon) eine beiderseits anerkannte Grenzziehung festgelegt werden. Gleichzeitig zerstritt man sich über die Zuständigkeit für das Oregonterritorium. Es mußte zu amerikanischen Kriegsdrohungen kommen, ehe sich Großbritannien 1846 auf den Washingtoner Vorschlag einließ, den 49. Breitengrad zur westlichen Grenze zwischen Britisch-Nordamerika und den USA zu bestimmen. Wirtschaftliche Probleme traten auf. Während einer weltweiten Wirtschaftsflaute kam die britische Wende zum Freihandel, womit Vergünstigungen für kanadische Waren entfielen. 1850 erholte sich der Weltmarkt zwar, aber für Kanada blieb es unerläßlich, den Handel mit den USA auszubauen, um Verluste aus dem Großbritanniengeschäft aufzufangen. 1854 erfolgte ein Gegenseitigkeitsvertrag (→Lexikon, Reciprocity Treaty) beider Länder, der für zwölf Jahre alle Zölle auf Kohle, Fisch und Naturprodukte aufhob und die Weichen für wirtschaftliches Wachstum stellte.

In den 1850er Jahren wuchs Kanadas Bevölkerung. Einwanderer, vor allem aus Irland, strömten ins Land. Schon 1851 überholte Kanada-West den östlichen Nachbarn mit über 950 000 Einwohnern. 1861 standen 1,4 Mio. Westkanadier den 1,1 Mio. Ostkanadiern gegenüber. Es siedelten sich immer mehr Menschen an der Pazifikküste an, so daß die britische Regierung die Vancouver-Insel 1849 zur Kronkolonie ernannte. Die Entdeckung von Gold auf dem Festland gegenüber von Vancouver 1856 lockte weitere Siedler an, die 1858 ihre eigene Kronkolonie bekamen: Britisch-Kolumbien. Die Ausbreitung auf dem Kontinent ließ die Notwendigkeit besserer Verkehrsanschlüsse zunehmend deutlich werden. 1859 wand sich die 1852 begonnene Grand-Trunk-Eisenbahn quer durch beide kanadische Provinzen. Zwar begleiteten den Bau politische Finanzskandale (Premierminister Hincks z.B. mußte wegen Verwicklung in zwielichtige Eisenbahngeschäfte zurücktreten) und Verluste: 1861 meldete die Grand-Trunk-Gesellschaft Konkurs an. Doch profitierte Kanada zweifellos von der Verkehrsverbindung.

Das Interesse führender kanadischer Politiker richtete sich in den 1840er Jahren auf zwei überragende Themen. Das eine war die Expansion. Seit dem Heranwachsen der Kronkolonien von Vancouver und Britisch-Kolumbien existierte eine Art britischer Diaspora an der Pazifikküste, die es an die kanadischen Kerngebiete anzuschließen galt. Dringender noch war die Sicherung der kanadisch-amerikanischen Grenze, die zwar seit 1846 vertraglich feststand, aber faktisch – das hatte sich im Falle des Oregonterritoriums herausgestellt – das Eindringen von Farmern und Händlern aus dem amerikanischen Süden keineswegs verhinderte. Dieses Land von kanadischer Seite aus zu besiedeln, setzte den Erwerb von Rupertsland, dem Besitz der Hudson's-Bay-Kompanie, voraus.

Das andere politische Anliegen der Zeit waren die stets weiterschwelenden Meinungsverschiedenheiten zwischen dem englischen Kanada-West und dem französischen Kanada-Ost. Die im Vereinigungsvertrag von 1841 vorgesehene Sitzverteilung in der Volksvertretung von je 42 Repräsentanten sollte ursprünglich verhindern, daß die damals zahlenmäßig unterlegenen Anglokanadier von den Frankokanadiern überstimmt würden. 1850 aber hatte die Bevölkerung Westkanadas die Ostkanadas längst überrundet. Unter Anglokanadiern festigte sich daher ein

Verlangen nach Rep(presentation) by Pop(pulation), nach einer der Bevölkerungsgröße entsprechenden Repräsentation in der Kammer. Davon hätte Kanada-Ost, das sich von allen Seiten durch englische »Überfremdung« bedroht sah, keinen Vorteil gehabt. An diesem Streit zerbrach 1851 das Reformministerium von Baldwin und LaFontaine. Aus den konservativen englischen Tories und französischen Bleus sowie einem gemäßigten Reformflügel unter Hincks bildete sich eine Liberal-Konservative Partei genannte Koalition, die sich den radikalen Grits und Rouges entgegenstellte. Unter der Führung des Tory-Politikers John A. Macdonald (▷Chronik Biografie) und des Frankokanadiers George-Etienne Cartier (*1814, †1873) gewann sie die Wahl von 1854. Die Reformen gingen voran: In Kanada-West wurde der Kirchenbesitz säkularisiert, in Kanada-Ost das Seigneuralsystem aufgelöst, aber die zunehmende Radikalisierung Westkanadas unter den Grits und die ethnische Blockbildung in Ostkanada erschwerten die Regierungsarbeit, bis die Kooperation in den 1860er Jahren unmöglich wurde.

Cartier erkannte, daß die Gründung einer kanadischen Union einen Ausweg aus der Zweifrontenpolitik bot. Als 1858 zum ersten Mal im Parlament eine kanadische Konföderation empfohlen wurde, kämpften sowohl die Opposition als auch der Kolonialsekretär Edward Bulwer-Lyton den Vorschlag nieder. Mit Ausbruch des Sezessionskriegs in den USA 1861 kam Bewegung in die Entwicklung. Da Großbritannien sich die Möglichkeit vorbehielt, den rebellischen Südstaaten zu Hilfe zu kommen, konnten Aggressionen der amerikanischen Union gegen Kanada als Reaktion nicht ausgeschlossen werden. Aus englischer Sicht gewann die Idee einer kanadischen Konföderation an Attraktivität, wäre diese doch in der Lage, die Verantwortung für ihre Verteidigung selbst zu übernehmen. Aus London kam endlich grünes Licht für Föderationsgespräche, und im Oktober 1864 trafen Repräsentanten der beiden Kanadas, Neuschottlands, Neubraunschweigs, der Prince-Edward-Insel und Neufundlands in Quebec zusammen, um die Gestalt der Konföderation auszuarbeiten. Im Dezember 1866 wurde der Plan auf der Westminster-Konferenz ohne die zwei Atlantikkolonien Prince-Edward-Insel und Neufundland verabschiedet. Im Frühjahr 1867 akzeptierten beide Häuser des britischen Parlaments den Britisch-Nordamerika-Erlaß (→Lexikon, British North America Act), und am 1. Juli 1867 traten die Gründerprovinzen Ontario, Quebec, Neubraunschweig und Neuschottland der kanadischen Konföderation bei, die

fortan das Dominion von Kanada hieß. (▷Chronik Zitat, S. 74)

Der kanadische Bundesstaat (1867–1945)

Festigung des Dominions (1867–1914)
Politisch wurde die kanadische Konföderation als Ausgleich zwischen dem britischen und dem amerikanischen Staatsmodell konzipiert. Die zwei parlamentarischen Kammern spiegelten die zwei Seiten dieses Kompromisses wider: Während die Senatsmitglieder ähnlich den Lords im britischen Oberhaus ihr Amt auf Lebenszeit versahen, sollten die Mitglieder des Unterhauses in allgemeinen Wahlen bestimmt werden. Jede Provinz erhielt ein eigenes Parlament und klar definierte Regierungskompetenzen, die aber der starken Zentralgewalt des Bundes untergeordnet wurden. Die Konföderation bedeutete nicht zugleich die Unabhängigkeit Kanadas. Außen-

Sir John Alexander Macdonald
Chronik Biografie

kanadischer Politiker und Premierminister 1867–1873, 1878–1891

** 11. 1. 1815 Glasgow (Schottland)
† 6. 6. 1891 Ottawa*

Als Kind 1820 aus Schottland eingewandert, hatte M. entscheidenden Anteil an der Durchsetzung der Unabhängigkeit Kanadas von Großbritannien. Der Mitbegründer der Konservativen Partei übte maßgebenden Einfluß auf die Formulierung des British North America Act von 1867 aus, mit dem Kanada Autonomie im Rahmen des Commonwealth erhielt. Als erster Premierminister erreichte er eine wesentliche Erweiterung des kanadischen Territoriums. 1873 stürzte er infolge eines Korruptionsskandals beim Eisenbahnbau. Seine zweite Amtszeit war von Bemühungen um die Konsolidierung des nationalen Wirtschaftsraums gekennzeichnet.

NORDAMERIKA

politische Vertretung, Entscheidungen über Kriegserklärungen und Verfassungsänderungen sowie ähnliches mehr blieben in der Hand des britischen Parlaments.

Geographisch war der kanadische Bund 1867 noch unvollkommen. Die Prince-Edward-Insel lehnte den Beitritt ab (bis 1873), und Neufundland zeigte lange kein Interesse (bis 1949). 1871 wurde die 1866 fusionierte Kronkolonie Britisch-Kolumbien Mitglied. Sorgen bereitete 1867 der Anschluß des von der Hudson's-Bay-Kompanie gehüteten Westens. In diesem Jahr erwarben die Vereinigten Staaten Alaska von Rußland, und die Angst vor weiterer amerikanischer Landnahme wuchs. 1868 verfügte das britische Parlament das Rupertslandgesetz (→Lexikon, Rupert's Land Act) und beauftragte die Krone, die Besitzungen der Bay-Kompanie zu kaufen und Kanada zu überantworten. Die kanadische Regierung begab sich sofort an die Erschließung der neuen Territorien, ohne allerdings daran zu denken, daß einige Hundert Siedler bereits dort lebten. Am Red River war eine eigenständige Kultur der dortigen indianisch-französischen Mestizen, der Métis, entstanden. Durch Sprache (französisch), Religion (katholisch) und Herkunft (frankoindianisch) unterschieden sie sich stark von Britisch-Kanada und befürchteten die Vereinnahmung ihrer Kultur und ihres Besitzes durch die neuen Landesherren. Unter dem charismatischen Anführer, Louis Riel (*1844, †1885), bereiteten sie den Aufstand vor. Anfang Dezember 1869 rief Riel eine provisorische Regierung aus. Einige im Sommer 1870 von Ottawa an den Red River beorderte Soldaten reichten aus, um die Rebellen zu zerstreuen. Riel floh ohne jegliches Nachhutsgefecht über die Grenze. Um weitere Konflikte zu vermeiden, wurde im selben Jahr das Manitobagesetz (→Lexikon) verabschiedet, das die Schaffung einer neuen Provinz vorsah, in der die englische und

Das Dominion von Kanada entsteht aus vier Gründerprovinzen

Chronik Zitat

Nach längerem Drängen auf eine kanadische Föderation der noch einzeln vom britischen Königreich regierten Provinzen konnte 1867 endlich eine Einigung mit dem britischen Parlament erzielt werden. Am 1. Juli traten West- und Ostkanada sowie Neuschottland und Neubraunschweig kraft des British North America Act zum Dominion von Kanada zusammen. Die schon existenten Kolonien Prince-Edward-Insel und Neufundland traten erst später der Föderation bei. Der British North America Act bildet noch heute die Grundlage der kanadischen Verfassung.

»Gesetz über den Zusammenschluß und die Regierung Kanadas, Neuschottlands und Neubraunschweigs und zur Regelung damit zusammenhängender Fragen. Da die Provinzen Kanada, Neuschottland und Neubraunschweig den Wunsch geäußert haben, föderativ unter der Krone des Vereinigten Königreiches von Großbritannien und Irland mit einer Verfassung, die im Prinzip derjenigen des Vereinigten Königreiches entspricht, in einem Dominion zusammengeschlossen zu werden; und da ein solcher Zusammenschluß das Wohlergehen der Provinzen fördern und den Interessen des Britischen Königreichs dienen würde; und da es angebracht erscheint, anläßlich des vom Parlament beschlossenen Zusammenschlusses nicht nur die Verfassung der gesetzgebenden Gewalt im Dominion zu bedenken, sondern auch die Form seiner ausführenden Regierung festzulegen; und da es angebracht erscheint, Vorsorge für den möglichen Beitritt anderer Teile Britisch-Nordamerikas zu dieser Union zu treffen, erklärt und verfügt Ihre königliche Majestät auf Rat und Zustimmung des hier im Parlament versammelten Ober- und Unterhauses hin und im Auftrag derselben das Folgende ... Kanada wird aus vier Provinzen bestehen, nämlich Ontario, Quebec, Neuschottland und Neubraunschweig ... die ausführende Regierungsgewalt in bezug auf Kanada [liegt] weiterhin bei der Königin ... Parlament und Regierung Kanadas haben alle Vollmachten, die notwendig oder zweckmäßig sind, um den Verpflichtungen Kanadas oder seiner Provinzen als Teil des Britischen Königreichs gegenüber dem Ausland nachzukommen, soweit diese Verpflichtungen aus Verträgen zwischen dem Königreich und jenem Ausland herrühren.«

die französische Sprache sowie der katholische und der protestantische Glaube gleichberechtigt nebeneinander bestehen sollten.

Der Tory John A. Macdonald übernahm in diesen ersten Lebensjahren der Konföderation die politische Führung. Die Regierung Macdonald stand unter keinem guten Stern. Der Versuch, einen neuen Gegenseitigkeitsvertrag mit den USA auszuhandeln, schlug 1871 fehl. Das Versprechen, eine zum Pazifik reichende Eisenbahn zu bauen, zog ein Desaster für die Regierung nach sich. Nachdem der Bauauftrag ausgeschrieben und 1872 an eine Gruppe aus Montreal vergeben worden war, konnten die Liberalen 1873 nachweisen, daß die Konservativen schon vor der Auftragsvergabe massive Wahlkampfunterstützung von eben jener Montrealer Gruppe erhalten hatten. Der sog. Pazifikskandal zwang Macdonald zum Rücktritt. Unter Alexander Mackenzie (*1822, †1892) kamen die Liberalen an die Macht. Mackenzie leitete weitere Reformen ein wie z.B. die Einrichtung eines Obersten Gerichtshofes 1875. An der Finanzpolitik scheiterte die liberale Staatsführung. Das Wahljahr 1878 brachte Macdonald und die Konservativen zurück an die Macht – für die folgenden 18 Jahre.

Macdonald initiierte eine »nationale Politik«, um Kanadas Modernisierung voranzutreiben. Schutzzölle wurden eingeführt. 1880 konnte der erweiterte Auftrag einer pazifischen Eisenbahn an eine neue Baugesellschaft vergeben werden. Die Erfolge wurden durch weitere innere Konflikte beeinträchtigt. Es zeigte sich, daß das Manitobagesetz die Konfrontation mit den Mestizen vom Red River nicht aufgehoben, sondern allenfalls aufgeschoben hatte. Riel kehrte in die Heimat zurück. 1884 brach erneut eine Rebellion aus, die 1885 mit der Bildung einer neuen provisorischen Regierung und gewalttätigen Auseinandersetzungen mit der kanadischen Polizei ihren Höhepunkt erreichte. Die Regierung entsandte 5000 Soldaten, die der Lage schnell Herr wurden und Riel gefangennahmen. Als dieser im November 1885 nach einem von Macdonald bestätigten Urteil hingerichtet worden war, schlugen in Quebec die Wogen der Entrüstung hoch. Hier hatte man Riel als Helden französisch-katholischen Selbstbewußtseins gefeiert. Jetzt wurde er zum Märtyrer einer frankokanadischen Tragödie stilisiert. Den Konservativen kehrte man in Quebec unverzüglich den Rücken. Eine neue Koalition von Liberalen und Nationalisten unter der Führung des Rouge-Politikers Honoré Mercier besetzte nun das Kabinett in Quebec. Er formulierte als erster offiziell eine Frage, die vielerorts disku-

Chronik Zeittafel

1497	John Cabot entdeckt Neufundland
1534–41	Jacques Cartier nimmt Land am Golf des St.-Lorenz-Stroms für Frankreich in Besitz
1608	Samuel de Champlain gründet Quebec
1642	Montreal gegründet
1663	Frankreich erkennt die Kolonie von Neufrankreich an
1713	Im Frieden von Utrecht tritt Frankreich seine Ansprüche in Akadien, Neufundland und dem Gebiet der Hudson's-Bay-Kompanie an Großbritannien ab
1759	Im French and Indian War erorbert Großbritannien Quebec
1763	Im Frieden von Paris verzichtet Frankreich auf sämtliche Ansprüche in Nordamerika
1774	Quebec-Gesetz beschlossen, das französisches Zivilrecht in Quebec wieder zuläßt
1783	Mit dem Frieden von Versailles erhalten die USA die Unabhängigkeit
1791	Der Verfassungsbeschluß teilt Quebec in Ober- und Unterkanada
1812–14	Krieg zwischen den USA und Großbritannien, Angriffe amerikanischer Verbände gegen Kanada
1821	Hudson's-Bay-Kompanie und Nordwestgesellschaft werden fusioniert
1839	Rebellion in Unterkanada (Papineau) und Oberkanada (Mackenzie)
1837	Lord Durham berichtet über die Verhältnisse in Kanada
1841	Ober- und Unterkanada wiedervereinigt
1854	Gegenseitigkeitsvertrag zwischen Kanada und den USA über Zollerleichterungen
1858	Die Kronkolonie Britisch-Kolumbien wird gegründet
1867	Britisch-Nordamerika-Erlaß, West- und Ostkanada, Neuschottland und Neubraunschweig treten zum Dominion von Kanada zusammen

tiert wurde: die Frage nach den Kompetenzen der Provinzen und des Bundes. Verschärft wurde der Disput 1890 durch die Schulfrage in Manitoba.

Mit dem Zustrom englischer Einwanderer aus dem Königreich und anderen Gebieten Kanadas in den

Sir Wilfrid Laurier

Chronik Biografie

kanadischer Politiker und Premierminister 1896–1911

* 20. 11. 1841
St.-Lin (Quebec)
† 17. 2. 1919 Ottawa

L. war als erster Frankokanadier Premierminister Kanadas und leitete die Besiedlung Westkanadas ein. Der Jurist studierte an der McGill-Universität und wurde 1864 Mitarbeiter in einer Montrealer Kanzlei. Er trat der Partei der liberalen frankokanadischen Rouges bei und arbeitete drei Jahre lang im Quebecer Parlament, bis er 1874 in das Bundesparlament gewählt wurde. In der Quebecer Lokalpolitik kämpfte L. vor allem gegen den katholischen Ultrakonservatismus. 1887 wurde er Vorsitzender der Liberalen Partei, 1896 erster frankokanadischer Premierminister. Hauptthema seines Wahlkampfes 1896 war die Schulfrage in Manitoba. L. trat für das Recht der Provinz ein, die französischsprachigen, konfessionellen Schulen zu schließen, und plädierte damit für mehr Autonomie der Provinz. Seine Unterstützung in der breiten Öffentlichkeit zerbröckelte, nachdem er 1909 die kontrovers diskutierte Bildung einer kanadischen Flotte beschloß und 1911 einen neuen Gegenseitigkeitsvertrag mit den USA eingehen wollte. In den Wahlen von 1911 unterlag er, beeinflußte aber als Oppositionsführer weiterhin die Politik, vor allem im Ersten Weltkrieg, als sich in Quebec starker Widerstand gegen den kanadischen Einsatz und die Wehrpflicht regte. L. bemühte sich, die ethnischen Konflikte Kanadas zu entschärfen.

Westen wurden die ethnischen Klauseln des Manitobagesetzes von 1870 zunehmend in Frage gestellt. Damals hatte man als Versöhnungssignal an die Métis die Zweisprachigkeit und doppelte Konfession, auch an den Schulen, in der Verfassung der Provinz verankert. Der nunmehr erstarkte protestantische Bevölkerungsanteil Manitobas nahm Anstoß am gesetzlichen Schutz der mißliebigen Minderheit. Als die Provinz im selben Jahr ein Gesetz erließ, das die Einführung eines überkonfessionellen Schulsystems und das Ende der Subventionierung französischsprachiger katholischer Schulen verlangte, war die Empörung in Quebec groß. Die Konservativen stellten sich hinter den Entscheid des Obersten Gerichtshofes, der das Gesetz für verfassungswidrig erklärte. Der neue Anführer der Liberalen auf Bundesebene, der Frankokanadier Wilfrid Laurier (▷ Chronik Biografie), sah in der Frage der Selbstbestimmung der Provinz ein wichtigeres Anliegen als den Schutz des Katholizismus außerhalb Quebecs. Seine Rechnung ging auf, und der Wahlsieg der Liberalen 1896 zeigte, wie wichtig die Kompetenzenfrage geworden war. Laurier gelang ein Kompromiß mit Manitoba, der den zweisprachigen Unterricht an den Schulen ermöglichte. Unter seiner Regierung kam der Eisenbahnanschluß an die Pazifikküste endlich zustande. Damit verbunden war ein Bevölkerungsanstieg im kanadischen Westen.

1899 brach der Burenkrieg aus, und London ließ durch den Generalgouverneur eine unmißverständliche »Einladung« an Kanada ergehen, einen Beitrag zu den Anstrengungen des Königreichs zu leisten. Laurier schickte 7000 Freiwillige auf den Weg nach Südafrika, wo sie dem britischen Oberkommando unterstellt wurden. In Quebec sah man keinen Anlaß, die imperialistischen Bestrebungen Großbritanniens mit dem Leben kanadischer Soldaten zu unterstützen. Laurier rief mit seiner Entscheidung erbitterte Kritik in der eigenen Heimatprovinz hervor. Der Jungliberale Henri Bourassa (*1868, †1952), ein Enkel Louis-Joseph Papineaus, gab seinen Parlamentssitz aus Protest auf und wurde als Unabhängiger – und als Gegner Lauriers – wiedergewählt.

Ein zweites Mal litten die Beziehungen zu England, als Kanada auf eine Klärung der nicht gänzlich festgelegten Grenze zu Alaska drängte. 1898 wurde im Yukon unweit Alaskas Gold entdeckt. Schnell machte die Nachricht die Runde, sie lockte tausende Glückssucher in den ansonsten menschenleeren Norden (→Nordamerika erstmals im Goldfieber, S. 78). Der meistbefahrene Weg zum Yukon aus dem

NORDAMERIKA

Südwesten führte durch den Alaskan Panhandle, den »Pfannenstiel« Alaskas, der südlich an der Pazifikküste entlangläuft. Der Kaufvertrag der USA mit Rußland war nicht eindeutig in Bezug auf diesen Landstrich. Während die Amerikaner bilaterale Verhandlungen vorschlugen, bestand Kanada auf der Intervention eines internationalen Schiedsgerichtes. 1903 trat ein Gericht aus drei amerikanischen, zwei kanadischen und einem englischen Delegierten zusammen. Als die Entscheidung mit Unterstützung des englischen Delegierten zugunsten der USA ausfiel, fühlte man sich in Ottawa von der eigenen Vertretung hintergangen. Daraufhin machte es Laurier zu seinem Hauptanliegen, dem kanadischen Heer das volle Kommando über die eigenen Truppen zu garantieren. Als er 1909 die Anschaffung einer kanadischen Flotte zur Unterstützung Englands beim Wettrüsten mit Deutschland beschloß, verspielte er die Zustimmung Quebecs zu seiner Politik der begrenzten Autonomie.

1910 konnte Laurier Kanadas Bauern nicht zufriedenstellen, die auf Ottawa mit der Forderung nach staatlicher Subventionierung der Landwirtschaft marschierten. Die Industriellen verprellte er ebenso, als er in Verhandlungen mit den USA trat, um eine Zollsenkung zu vereinbaren, die größtenteils als Ausverkauf der kanadischen Industrie an die Vereinigten Staaten empfunden wurde. Die Wahl von 1911 brachte die Ablösung Lauriers durch die Konservativen, die den aus Neuschottland stammenden Robert L. Borden (*1854, †1937) als Premierminister präsentierten.

Der Erste Weltkrieg (1914–1918)

Als Teil des britischen Imperiums war Kanada bei Kriegsausbruch 1914 automatisch Mitstreiter gegen Deutschland und seine Verbündeten. Sofort mobilisierte das Land 25 000 Freiwillige. Bereits im Frühjahr kamen die ersten kanadischen Truppen an die Front. Borden schlug den Wunsch Großbritanniens ab, die kanadischen Einheiten in englische Verbände einzugliedern und setzte sich mit der Forderung eines eigenen Kommandos durch. Das sog. Kanadische Korps agierte als eigenständiges Truppenkontingent. Bis Ende des Krieges hatten 600 000 Kanadier die Uniform ihres Landes getragen. 400 000 von ihnen dienten in Übersee. Die kanadischen Verluste bezifferten sich 1945 auf 60 000 Tote und 173 000 Verwundete. Die britische Luftwaffe allein zählte 22 000 Kanadier in ihren Reihen, und einer von ihnen, Billy Bishop, hielt bei Kriegsende den alliierten Rekord mit 72 erfolgreichen Luftangriffen.

Die Wirtschaft Kanadas wurde durch den Krieg radikal verändert. Im traditionellen Bereich der Landwirtschaft setzte ein Produktionsanstieg von ungeahntem Ausmaß ein. Kanada wurde zu einem der Hauptlieferanten von Lebensmitteln an die alliierten Armeen, und die Fläche des für Weizenanbau bewirtschafteten Landes wuchs von 1914 bis 1919 um 80%. Die Fleischproduktion stieg um ein Drittel. Auch die Rohstoffexporte schnellten in die Höhe. Deutschlands Vorherrschaft auf der Ostsee versperrte England wieder einmal den Zugang zu seinen europäischen Holzquellen Rußland, Schweden und Baltikum. Der Gesamtwert des kanadischen Papierexports erhöhte sich von 19 Mio. Kan-Dollar im Jahr 1913 auf 105 Mio. Kan-Dollar 1919. Bis dahin ungenutzte Erzreserven im kanadischen Schild, vor allem in Ontario, wurden jetzt abgebaut. Fast 86% des weltweiten Nickelvorkommens befanden sich in Kanada, und zusammen mit Kupfer, Blei und Zink wuchs der Wert der hier gewonnenen Metalle und Mineralien von jährlich 29 Mio. Kan-Dollar auf 74 Mio. Kan-Dollar. Der Aufbau der Schwerindustrie begründete in Kanada einen neuen Wirtschaftszweig. Werften für den Bau von modernen Kriegsschiffen und Fabriken für den Flugzeugbau und die Munitionsherstellung entstanden. Der Anteil der im industriellen Sektor beschäftigten Arbeitskräfte wuchs um 32%. Das finanzielle Verhältnis des Dominions zu England stellte sich auf den Kopf: Bis Kriegsende stellte das traditionelle Schuldnerland Kanada Anleihen an die britische Regierung aus.

Die plötzliche ökonomische Expansion brachte eine hohe Inflation mit sich. Der Lebensunterhalt verteuerte sich innerhalb kürzester Zeit um 60%. Den Krieg selbst finanzierte der Staat zunächst mit Sondertarifen auf Konsumgüter. 1916 begann die Regierung mit der Einführung neuer Steuern, 1917 wurde erstmalig eine Einkommensteuer erhoben. Auch Kriegsanleihen verkaufte der Staat und konnte so über 2 Mrd. Kan-Dollar erwirtschaften.

Ein gesellschaftlicher Wandel blieb unter den verschärften Bedingungen der Kriegsführung nicht aus. Eine eher kuriose Folge des Kriegs war die Prohibition. Die Abstinenzlerorganisationen im Lande, die schon lange gegen den Alkohol polemisiert hatten, entdeckten in der Kriegsnot ein neues und schlagendes Argument: Man möge Getreide für die Lebensmittelherstellung sparen und nicht für das Schnapsbrennen verschwenden. Alkoholische Getränke wurden in allen Provinzen außer Quebec im Krieg verboten. Von ganz anderer Bedeutung war die Verleihung des Wahlrechts an Frauen. Sie besetzten viel-

Nordamerika erstmals im Goldfieber

Die Suche nach Gold ließ die Spanier ganz Süd-amerika erobern. Das »Gold« der Kanadier da-gegen war lange Zeit der Biberpelz, denn hier versprach der Pelzhandel hohe Gewinne – bis im Nordwesten des Landes auch in Kanada der Traum vom sagenumwobenen El Dorado Ende des 19. Jhs. geträumt wurde.

Der erste Goldrausch in Nordamerika brach 1848 aus, als im kalifornischen Sacramento-Tal Spuren des begehrten Metalls entdeckt wurden. Allein im großen Goldrauschjahr 1849 strömten 80 000 Menschen in die Gegend in Erwartung schnellen Reichtums – insgesamt waren es schätzungsweise 250 000 Personen, die bis Ende des Booms in Kalifornien nach Gold suchten. Mindestens fünf Jahre dauerte die Spitzenphase der Goldförderung in Kalifornien, bei der riesi-ge Mengen des Edelmetalls im Wert von über 200 Mio. US-Dollar gewonnen wurden. 1858 wurde erstmals in Kanada Gold entdeckt. Etwa 25 000 Goldschürfer, mehrheitlich aus Kalifor-nien, pilgerten zum Fluß Fraser in Britisch-Ko-lumbien. Die Gewinne erwiesen sich als mage-rer denn erwartet, und bis Ende des Jahres waren zahlreiche Goldschürfer verschwunden. Viele Menschen blieben dennoch in Britisch-Kolum-bien und legten dort den Grundstein für die spä-tere Kronkolonie und dann Provinz Britisch-Kolumbien.

Den eigentlichen Goldboom erlebte Kanada im Jahre 1896 in der entlegenen Klondike-Gegend, einer ca. 200 km^2 umfassenden Region im Yu-konterritorium nahe Alaska. Seit 1884 wurden hier kleinere Goldadern entdeckt. Am 16. Au-gust 1896 stieß der Amerikaner George Car-mack auf den Jahrhundertfund am Rabbit Creek, einem kleinen Fluß, der nach der sensationellen Entdeckung in Bonanza Creek umgetauft wur-de. Fast über Nacht steckten die Goldschürfer der Gegend ihre Claims entlang des gesamten Flusses ab. Es dauerte bis zum nächsten Som-mer, ehe die Nachricht an die Weltöffentlichkeit drang. Zwischen 1897 und 1899 fielen etwa 60 000 Goldsucher ins Yukonterritorium ein und gründeten die Stadt Dawson, die innerhalb von

zwei Jahren eine Einwohnerschaft von 20 000 Menschen erreichte (heute sind es nur einige Hundert). In den kanadischen Boomtowns ging es ruhiger zu als in Kalifornien, da die berittene kanadische Polizei für Sicherheit sorgte. Dabei ging es auch in Kanada um beträchtliche Geld-mengen: In den frühen Jahren förderte man im Yukon Gold im Wert von 100 Mio. Kan-Dollar, im Jahre 1900 allein summierten sich die Funde auf 22 Mio. Kan-Dollar.

Die Goldförderung in Klondike brachte eine Schwierigkeit mit sich, die man in Kalifornien nicht kannte: Das ganze Jahr über ist der Boden gefroren. Anfangs bearbeiteten die Goldsucher, sofern sie nicht am Fluß schürften, die Erde mit Spitzhacke und Schaufel. 1898 begannen sie mit der Versenkung von Eisenrohren im Boden, um die Erde mit Dampf aufzutauen. Heute wird in Klondike zwar immer noch Gold gefördert, doch die Asbestgewinnung stieg in den 1970er Jahren zur führenden Industrie auf.

Die Langzeitauswirkungen des Goldrauschs gingen weit über Reichtum und Verluste einzel-ner Abenteurer hinaus. Der Grenzstreit mit den USA über den Panhandle von Alaska war ein Nebeneffekt der Goldsuche, aber auch Handel und Transport wurden beeinflußt. Bis dahin un-bewohnte Landstriche waren binnen kürzester Zeit mit kleinen Siedlungen oder Städten über-sät. Die plötzliche Zunahme des auf dem inter-nationalen Markt verfügbaren Goldes trieb den Wert der Währungen weltweit in die Höhe. Die meisten wirtschaftlich einflußreichen Länder führten daraufhin den Goldstandard ein. Vor dem Goldrausch war der Bergbau eine Industrie mit begrenzter Bedeutung in Nordamerika. Die Entdeckung weiterer großer Erzlagerstätten än-derte dies schlagartig. Sie beruhte teilweise auf Kenntnissen, die erst im Zuge der Goldförde-rung gewonnen worden waren. Schließlich ist die Entstehung der Stadt Vancouver wie die Gründung von San Francisco oder Denver in den Vereinigten Staaten ein direktes Resultat des Goldfiebers der »97er«, Abenteurer, die Haus und Hof in der Hoffnung verließen, das große Geld zu machen.

fach die neuen Arbeitsplätze in kanadischen Fabriken, und das gewachsene Selbstbewußtsein sowie der unverzichtbare Einsatz der Kanadierinnen an der Heimatfront konnten nicht länger übergangen werden. 1916 und 1917 gingen Frauen in Ontario, Manitoba, Saskatchewan, Alberta und Britisch-Kolumbien an die Wahlurnen, und 1918 schrieb ein Gesetz das allgemeine Wahlrecht ohne Ansehen des Geschlechts fest.

Soziale Spannungen belasteten Kanada auch in den Kriegsjahren. Wieder waren es ethnische Konflikte. Laurier, nun Oppositionsführer im Unterhaus, sicherte Borden und der Regierung gleich bei Kriegsausbruch seine uneingeschränkte Unterstützung zu. Henri Bourassa dagegen agitierte gegen eine Beteiligung der Frankokanadier am Krieg. Quebec solle, so Bourassa, sein Augenmerk eher »auf die Preußen von Ontario« statt auf europäische Aggressoren richten. Nur wenige Frankokanadier meldeten sich zum Dienst an der Waffe, was die englischsprachigen Bewohner Kanadas verärgerte. 1917 wuchs sich der Konflikt zur Krise aus, als Borden die Einführung der allgemeinen Wehrpflicht ankündigte.

Um einen offenen Konflikt im Land zu verhindern, wollte Borden eine Koalitionsregierung mit Laurier bilden. Laurier wußte, daß ein Regierungsbeitritt seinerseits die Auslieferung Quebecs an Bourassa und die radikalen Nationalisten bedeuten würde. Er entschied sich für das geringere Übel einer brüskierten anglokanadischen Öffentlichkeit und schlug das Angebot aus. Die englischsprachigen Liberalen wechselten aus Protest in das Lager Bordens und bildeten zusammen mit den Konservativen die sog. Unionsregierung, die die Wahl von 1917 gewann. Zehn Monate vor dem Waffenstillstand wurde die Wehrpflicht in Kanada eingeführt. Nur ca. 47 000 der Einberufenen nahmen am Kriegsgeschehen teil, und insofern war der strategische Wert der Maßnahme gering. Aber der Graben zwischen englischen und französischen Kanadiern war tiefer als je zuvor. Gleichzeitig gewann Kanada aufgrund seines unermüdlichen Beistandes im Ersten Weltkrieg mehr Selbständigkeit vom Königreich. Den Versailler Friedensvertrag unterzeichnete die Delegation aus Ottawa im eigenen Namen, und auch im Völkerbund bekam das Land einen eigenen Sitz. Eine neue außenpolitische Reife Kanadas war damit nicht mehr zu verkennen. Innenpolitisch war dagegen unklar, wer das Staatsschiff in Richtung Unabhängigkeit steuern würde. Das überparteiliche Bündnis von 1917 zerbrach im Jahr 1920, Borden zog sich krank aus der Politik zurück. Die Suche nach einem würdi-gen Nachfolger begann. Auch die Liberalen mußten nach dem Tod Lauriers 1919 einen neuen Parteiführer wählen.

Schwierige Jahre und nochmals Krieg (1918–1945)
Die Liberalen fanden in William Lyon Mackenzie King (▷Chronik Biografie, S. 80), einem verdienstvollen Mitglied des Laurier-Kabinetts und Nachfahren des Rebellen William Lyon Mackenzie, einen neuen Spitzenkandidaten, während die regierenden Konservativen den ebenfalls erfahrenen, aber in Quebec wenig beliebten Arthur Meighen zum neuen Parteichef wählten. Die Wahlen von 1921 fanden vor einer gewandelten politischen Landschaft statt. Neue Parteien waren entstanden, vor allem in den Prärieprovinzen, die vom Reichtum der Kriegs- und Nachkriegsjahre nicht profitierten. Die Progressive Partei unter Thomas A. Crerar, vormals Mitglied des Unionskabinetts, nahm sich der Anliegen der Bauern an. Die staatliche Begünstigung der Industriellen und die Schutzzollpolitik hatten bei ihnen Verbitterung erzeugt, und bei der Wahl konnte die Partei die Konservativen als zweitstärkste Kraft hinter den Liberalen verdrängen. Der überraschende Erfolg der Progressiven traf sie selbst eher unvorbereitet, und in Quebec hatten sie so gut wie keinen Rückhalt in der Bevölkerung. Der wirtschaftliche Aufschwung der 20er Jahre minderte zudem das Interesse ihrer Wählerschaft an Politik. Nach einer schwierigen Zeit des Minderheitskabinetts konnte King mit gefestigter Mehrheit regieren.

Kings Kabinett griff den Isolationismus auf, der sich nach den Verlusten in einem blutigen Krieg auf fremdem Boden in ganz Nordamerika ausbreitete. King nutzte diese Haltung, um Kanada dem Zugriff Großbritanniens weiter zu entziehen. Als London 1922 um militärische Unterstützung für den Fall eines Zusammenstoßes englischer Besatzungstruppen mit türkischen Nationalisten bei Chanak an den Dardanellen bat, lehnte die King-Regierung ab. 1923 verhandelte Kanada eigenmächtig mit den USA über den Abschluß des sog. Heilbuttvertrages, der die Fischereirechte an der Atlantikküste regelte. Zwischen 1926 und 1929 eröffnete die Regierung diplomatische Vertretungen in Washington, Paris und Tokio. Das entschiedene Vorgehen Kings regte in England zum Nachdenken über den Gesamtstatus des Commonwealth an, und 1926 wurde die Empire-Konferenz zusammengerufen, um das Verhältnis der verbündeten Länder zum Mutterland neu zu definieren. Der daraus hervorgehende Balfour-Bericht (→Lexikon) schlug die Gleichberechtigung der Dominions mit der Krone, sowie die völlige innen- und außenpolitische Unabhängigkeit der im Commonwealth vereinten Länder vor. Die Zugehörigkeit zum Commonwealth verstand sich nunmehr als freie Entscheidung souveräner Länder. 1931 gab das britische Parlament sein offizielles Einverständnis, und infolge des als Westminsterstatut (→Lexikon) bekanntgewordenen Beschlusses erhielt Kanada die Eigenstaatlichkeit.

William Lyon Mackenzie King
Chronik Biografie

kanadischer Politiker
und Premierminister
1921–1930,
1935–1948

*17. 12. 1874 Berlin
(heute Kitchener,
Ontario)
†22. 7. 1950 Ottawa

K. erreichte die Unabhängigkeit Kanadas und versah die insgesamt längste Amtszeit eines Premierministers in der kanadischen Geschichte. Er wurde nach Studien an den Universitäten von Toronto, Chicago und Harvard von Premierminister Wilfrid Laurier 1900 zum Arbeitsminister ernannt. Dieses Amt hatte K. bis 1908 inne, als er in das Bundesparlament gewählt wurde. Er erwarb einen Ruf als Vermittler in Konflikten zwischen Gewerkschaften und Arbeitgebern. 1921 wurde er zum ersten Mal zum Premierminister gewählt und setzte sich in dieser ersten Amtszeit für die Führung einer unabhängigen kanadischen Außenpolitik ein. Dank seiner Anregung kam es 1931 zur kanadischen Souveränität beim Beschluß des Westminsterstatuts. Nach seiner Wiederwahl 1935 weitete K. die außenpolitische Rolle Kanadas aus und führte das Land durch die Jahre des Zweiten Weltkriegs. 1945 wirkte er maßgeblich an der Verfassung der Charta der Vereinten Nationen mit. Nach dem Krieg baute er das Sozialsystem in Kanada auf und etablierte engere Handels- und Verteidigungsbeziehungen mit den USA.

Der Börsenkrach von 1929 und der dadurch ausgelöste Kollaps internationaler Märkte trafen das Exportland Kanada schwer. Das Durchschnittseinkommen fiel in Ontario und Quebec um 44%, in den Prärieprovinzen um bis zu 70%. Die Atlantikprovinzen, die im industriellen Zeitalter wegen ihres Mangels an Bodenschätzen schon zuvor zu verarmen drohten, litten besonders stark unter der Rezession. Ohne Strukturen zur sozialen Absicherung der Bevölkerung stand die liberale Regierung der Krise größtenteils machtlos gegenüber. Die Konservativen forderten die Erhöhung des Zolltarifs und staatliche Arbeitsbeschaffung. 1930 gelangten sie unter dem Millionär Richard Bedford Bennett (*1870, †1947) mit großer Parlamentsmehrheit wieder an die Macht. Es wurden zahlreiche neue Parteien gegründet. Wiederum war es der kanadische Westen, der als Nährboden für politischen Protest diente. Die Cooperative Commonwealth Federation (CCF) und die Social Credit Party bildeten mit ihrer Forderung nach Planwirtschaft und Umverteilung des Kapitals die Anfänge einer sozialistischen Front in Kanada. Die Rekonstruktionspartei appellierte an den Kleinunternehmer und kritisierte zwar die großen Industriellen, nicht aber das kapitalistische System an sich. Der von Maurice Duplessis (*1890, †1959) gegründeten Union Nationale in Quebec ging es vordergründig um Wirtschaftsaufschwung. Hauptsächlich aber bediente Duplessis den frankokanadischen Nationalismus mit Attacken gegen die »fremden« Ausbeuter Quebecs: Investoren aus England, dem englischsprachigen Kanada und den USA.

Premierminister Bennett erreichte Anfang der 30er Jahre Zollvorteile und einen gesteigerten Handel mit Großbritannien. 1934 rief er eine Zentralbank, die Bank von Kanada (→Lexikon), ins Leben, um das Finanz- und Kreditwesen zu stabilisieren. Da sich diese Maßnahmen als unzureichend erwiesen, stellte Bennett 1935 den Entwurf einer breitangelegten Sozialpolitik zusammen, der weitgehend an den Programmen des amerikanischen Präsidenten Franklin D. Roosevelt orientiert war und der Öffentlichkeit als kanadischer New Deal (→Lexikon) präsentiert wurde. Nicht nur eine Arbeitslosenversicherung, sondern auch Regelungen zur Fixierung eines Mindestlohns und gesetzlich festgelegter Arbeitszeiten sowie eine Gewerbeaufsicht wurden eingeführt. Bennetts Programm konnte eine Wahlniederlage 1935 nicht verhindern. Der Liberale Mackenzie King übernahm erneut das Amt des Premiers.

Um die Konservativen zu schwächen, hatten die Liberalen im Wahlkampf die Verfassungsmäßigkeit der neuen Sozialpolitik in Frage gestellt. Angesichts der von seiner Partei geübten Kritik mußte King die neuen Gesetze 1937 an das Verfassungsgericht verweisen, das sie als verfassungswidrig erklärte. Bennetts Maßnahmen wollte King jedoch grundsätzlich durchgeführt wissen, und warf im selben Jahr die Frage der Kompetenzen zwischen Bund und Provinzen wieder auf. Die sog. Rowell-Sirois-Kommission wurde eingesetzt, um die Befugnisse von Bund und Provinzen zu klären. Ihr 1940 fertiggestellter Bericht empfahl die Einrichtung eines zentralistischen sozialen Fürsorgesystems. Der Bund sollte das Recht erhalten, direkte Steuern zu erheben und die dadurch erwirtschafteten Gelder an die Provinzen verteilen. Die Arbeitslosenversicherung sollte Aufgabe der Provinzen werden. Die Vorschläge der Kommission waren bereits bei ihrer Veröffentlichung Makulatur. Die Wirtschaft florierte wieder, Kanada stand erneut im Krieg.

Bei Kriegsausbruch 1939 war Kanada nicht mehr vertraglich verpflichtet, Großbritannien militärisch beizustehen. Ottawa zögerte aber nicht, sich dem gefährdeten England anzuschließen und Deutschland im selben Jahr wie das Königreich die Kriegserklärung zu überreichen. Vor Ende 1939 landete das erste kanadische Truppenkontingent in England. Dabei war die vorherrschende Meinung im Lande, daß sich Kanadas Rolle im Krieg auf die Lieferung von Nahrungsmitteln, Waffen und Industriegütern beschränken sollte. Duplessis erklärte in Quebec, der Krieg diene der englischsprachigen Mehrheit im Lande dazu, die Frankokanadier erneut zu unterdrücken. Damit schoß der Nationalist über das Ziel hinaus und mußte im Wahljahr 1939 die Führung Quebecs an die Liberalen abtreten. Der Fall Frankreichs im Juni 1940 führte einen Meinungsumschwung herbei. Unter Anglokanadiern wuchs die Entschlossenheit zum größeren Kriegseinsatz. In den kurz vor der französischen Niederlage stattfindenden Wahlen mied King das Thema Wehrpflicht, aber noch vor Ablauf des Jahres wurde der National Resources Mobilization Act verabschiedet, der zwar die Wehrpflicht einführte, den Dienst aber auf das Heimatland beschränkte. Die zunehmende Ausweitung des Kriegs und der Eintritt der USA machten eine erneute Diskussion des kanadischen Einsatzes nötig. 1942 führte die Regierung eine Volksbefragung durch. 80% der englischsprachigen Kanadier (und etwa 30% der Frankokanadier) stimmten für eine erweiterte Beteiligung Kanadas und gaben der Regierung das Recht, die Wehrpflicht für den Dienst in Übersee einzuführen.

King machte von diesem Recht vorerst keinen Gebrauch und beließ Kanadas Einsatz bei der Freiwilligenarmee. Die im Herbst 1944 begonnene alliierte Invasion in Frankreich machte die allgemeine Wehrpflicht unumgänglich. Auch in diesem Krieg war Kanadas Gesamtleistung groß. Über 1 Mio. Soldaten nahmen den Dienst auf. Die Befreiung der Niederlande wurde unter kanadischem Kommando erreicht, und jeder vierte britische Bomber hatte eine kanadische Besatzung. 42 000 Tote betrauerte Kanada am Ende des Kriegs – ein großer Anteil an der Bevölkerung von insgesamt 12 Mio. Einwohnern.

Das moderne Kanada (ab 1945)

Nachkriegs- und Umbruchsjahre (1945–1968)
In den kurz nach der Kapitulation Deutschlands anberaumten Bundeswahlen siegte Mackenzie King erneut. Er strebte mit seiner neuen Sozialpolitik insbesondere drei Ziele an: Wohlstands- und Arbeitsplatzsicherung, Gesundheits- und Sozialhilfeprogramme sowie Zuschüsse für die ärmeren Provinzen. Mit seinen Vorschlägen stieß King auf den Widerstand der Provinzen, vor allem Quebecs, wo der Nationalist Duplessis seit dem letzten Kriegsjahr wieder regierte. Sie ermöglichten King nur eine begrenzte Realisierung seiner Pläne.

Für viele Fortschritte sorgte der anhaltende Wohlstand. Die durch die Zerstörung europäischer Industriezentren gerissene Lücke im Weltmarkt wurde größtenteils durch Exporte aus den USA und Kanada gefüllt. Das Bruttosozialprodukt (BSP) verdoppelte sich von 1945 bis 1950 nahezu. Die bereits im Krieg begonnene Ausbeutung neuer Rohstoffquellen schritt im großen Stil voran. 1947 wurden in Alberta und Britisch-Kolumbien Erdölfelder gefunden. Riesige Eisenerzlager entdeckte man 1948 in Quebec und Labrador, und das angebrochene atomare Zeitalter machte Kanada 1958 zum weltweit führenden Produzenten von Uran. Mit dem Bau der transkontinentalen Autobahn (Trans Canada Highway) und des St.-Lorenz-Seeweges verbesserte sich die Infrastruktur. Die Industrie wurde zunehmend bedeutender für die Wirtschaft. Vor dem Krieg arbeitete jeder dritte Kanadier in der Landwirtschaft. 1960 war es nur jeder achte. Die allgemeine Landflucht ließ die Städte wachsen, die Zahl der Bauernhöfe aber drastisch sinken. Kanadas Bauern profitierten wenig vom Nachkriegsboom. Ihre Unzufriedenheit wurde in den 50er Jahren durch den sinkenden Lebensstandard genährt und schlug sich im Wahlergebnis von 1957 nieder, als die Liberalen stürzten.

Mit der Wirtschaft nahm auch die Bevölkerung zu. Lebten 1941 noch 11,5 Mio. Menschen im Land, so waren es 1958 bereits 17 Mio. und 1967 über 20 Mio. Kanada verzeichnete nach dem Krieg eine der höchsten Geburtenraten unter den Industrieländern und zahlreiche Einwanderer. Erstmalig stammte die Mehrheit der Immigranten aus Europa.

Mit der 1931 erlangten Souveränität, der im Zweiten Weltkrieg bewiesenen Macht und der aufgrund der Nachkriegslage florierenden Wirtschaft kam Kanada der liberalen Regierung zufolge eine neue internationale Rolle zu. Kanada sollte größere weltpolitische Verantwortung übernehmen. 1940 ging das Land eine intensive verteidigungspolitische Zusammenarbeit mit dem großen Nachbarn im Süden ein. Der Krieg stellte die Sicherheit des Kontinents zum ersten Mal ernsthaft in Frage, und 1940 wurde im Ogdensburg-Abkommen (→Lexikon) die Errichtung eines beiderstaatlichen Verteidigungsrates beschlossen. Nach dem Krieg beobachtete die gesamte westliche Welt das Vorgehen der UdSSR in Osteuropa mit Besorgnis. 1946 erfuhr eine schockierte Öffentlichkeit durch Enthüllungen eines sowjetischen Botschaftsmitarbeiters namens Igor Guzenko von der Existenz eines russischen Spionagenetzes in Kanada. Als die Sowjetunion 1949 ihren ersten atomaren Sprengsatz testete, war Kanada entschlossen, der NATO als Gründungsmitglied beizutreten. Im selben Jahr begann der Bau von Radarstationen in Kanada als Teil eines Frühwarnsystems (DEW-Linie, →Lexikon, Distant Early Warning). 1958 verpflichteten sich Kanada und die USA zur gegenseitigen militärischen Unterstützung im Nordamerikanischen Verteidigungsabkommen NORAD (→Lexikon).

Mackenzie King und die Oppositionsführer wirkten 1945 am Entwurf der Charta der UNO mit. Kanada nahm zwar keinen ständigen Sitz im Sicherheitsrat ein, aber 1952 wurde der kanadische Außenminister Lester Bowles Pearson (*1897, †1972) zum Präsidenten der Vollversammlung gewählt. Kanada entsandte Soldaten im Auftrag der UNO nach Korea, wo über 1600 Kanadier ihr Leben ließen. 1956 spielte das Land eine entscheidende Rolle in der Sueskrise. Nach der Einnahme ägyptischen Territoriums durch Israel besetzten Großbritannien und Frankreich die Kanalzone. Kanada verurteilte das Vorgehen beider Länder. Unter kanadischem Kommando schickte die UNO Truppen, um den Abzug der britischen und französischen Einheiten zu beaufsichtigen. Pearson wurde für seine Vermittlung in der Krise 1957 mit dem Friedensnobelpreis ausgezeichnet. 1948 trat der 77-jährige Mackenzie King zurück,

und der ehemalige Justizminister Louis St. Laurent rückte zum Parteiführer auf. 1949 und 1953 verschaffte St. Laurent seiner Partei jeweils Mehrheiten bei den Wahlen. 1949 feierte er einen großen symbolischen Sieg, als Neufundland endlich der Föderation beitrat und die nationale Einheit von Meer zu Meer vollendet war. In den Provinzen schöpfte die Opposition neue Kraft, hier hatten die Menschen wenig Anteil am Wohlstand, wie er in Quebec und Ontario herrschte. Auch die intensiven Bindungen an die USA, die die Liberalen knüpften, weckten in einem verhältnismäßig wenig bevölkerten Land mit einem großen und mächtigen Nachbarn Mißtrauen. 1955 stammten drei Viertel der aus dem Ausland nach Kanada fließenden Investitionen aus den USA. 1957 waren 39% aller kanadischen Herstellungsindustrien, 57% der kanadischen Öl- und Erdgasunternehmen und 46% der kanadischen Bodenschatzförderer in US-amerikanischer Hand. Der stets latente Antiamerikanismus Kanadas nahm zu, wie gewohnt am stärksten in Quebec.

Vor dem Hintergrund dieser wachsenden Unzufriedenheit siegten die Konservativen mit ihrem Spitzenkandidaten John Diefenbaker (*1895, †1979) bei den Wahlen von 1957. Mit populistischen Parolen gegen die USA, die Industriemagnaten, die Intellektuellen und die Bürokratie in Ottawa zog Diefenbaker als Vertreter des kleinen Mannes in das Amt des Premiers ein. Kräftige Subventionen für die Bauern und die schwachen Atlantikprovinzen stellten zwar dort einige Proteststimmen ruhig, aber zu Beginn von Diefenbakers Amtszeit setzte eine lang anhaltende Rezession ein. Das Land erlebte in vier mageren Jahren die höchsten Arbeitslosenzahlen seit der Depression der 30er Jahre. Die Misere erreichte 1962 einen Höhepunkt, als sich die Regierung wegen Mißmanagements der Goldreserven gezwungen sah, den kanadischen Kan-Dollar auf 92,5 Cents abzuwerten. Die im Wahlkampf angedeutete Abkühlung der Beziehungen zu den USA erreichte Diefenbaker, als er 1958 bekanntgab, der kanadische Handel mit den USA würde zugunsten Großbritanniens um 15% verringert. Doch das Königreich war mehr am Freihandel interessiert und lehnte das Angebot ab. Ernsthaftere diplomatische Fehltritte folgten. Während der Kubakrise (→Kuba, S. 314) im Oktober 1962 befahl US-Präsident John F. Kennedy die Bereitstellung sämtlicher nordamerikanischer Luftverteidigungssysteme. Zwei Tage lang zögerte das Diefenbaker-Kabinett, bevor sich Kanada zu seinen NORAD-Verpflichtungen bekannte. Eine offizielle Beschwerde der USA zum Verhalten des Vertragspartners machte deutlich, wie angespannt die Stimmung war. In der Frage der nuklearen Bewaffnung Kanadas verhielt sich Diefenbaker ebenfalls nachteilig. Die Regierung hatte das Land im Rahmen seiner NATO-Tätigkeit mit atomsprengkopffähigen Raketen ausrüsten lassen. Die Sprengköpfe selbst mußten von den USA gekauft werden, aber Diefenbaker zauderte. Damit irritierte er nicht nur die USA und die anderen NATO-Mitgliedstaaten, sondern auch Konservative und Liberale im eigenen Land. Diefenbakers zögerliches Verhalten ließ unklar, ob er die atomare Aufrüstung wünschte oder nicht. Nach den Wahlen 1962, die zur Bildung einer Minderheitsregierung führten, ließ Diefenbaker 1963 Neuwahlen ausschreiben, die den Konservativen eine Niederlage brachten. Mit Lester Bowles Pearson als Premier übernahmen die Liberalen die Regierung.

Pearson gelang es, den langwierigen Streit über die Gestaltung der neuen kanadischen Flagge beizulegen. Ab 1965 war das rote Ahornblatt auf weißem Hintergrund auf der Fahne zu sehen. Das Sozialsystem wurde ausgeweitet: Eine Rentenversicherung wurde 1966, eine nationale Krankenversicherung 1968 eingeführt. Die Probleme, die Pearson von seinem Vorgänger erbte, waren weitaus größer. Am Ende der Diefenbaker-Regierung hatte der Staat Schwierigkeiten, Zahlungen für ein Darlehen in Höhe von 1 Mrd. Kan-Dollar aufzubringen, das Kanada bei dem Internationalen Währungsfonds, den USA und Großbritannien aufgenommen hatte. Für Konflikte sorgte zudem erneut Quebec.

Der Liberale Jean Lesage hatte zwar Duplessis 1960 ablösen und die Modernisierung der Provinz einleiten können, doch dies verringerte nicht die separatistischen Bestrebungen in Quebec. Im Gegenteil, unter der Führung Pierre Bourgaults fand das sog. Rassemblement pour l'indépendance nationale (Sammlungsbewegung für Nationale Unabhängigkeit) immer mehr Zulauf. Die radikale Front de libération du Quebec (FLQ, Befreiungsfront) war 1963 für Bombenanschläge in öffentlichen Gebäuden und englischen Geschäften verantwortlich. Gewalttätige Ausschreitungen begleiteten den Besuch von Königin Elizabeth II. 1964. Pearson berief eine Untersuchungskommission, die die Ursachen der drohenden Rebellion analysieren sollte. In ihrem 1967 vorgelegten Bericht schlug die Kommission eine Reihe von Maßnahmen vor wie staatliche Festlegung der Zweisprachigkeit und die Aufstellung ethnischer Quoten bei Stellenbesetzungen. Gemäß diesen Empfehlungen wurde 1969 das Offizielle Sprachengesetz (→Lexikon, Official Languages Act) erlassen, nach dem Englisch und Französisch in Kanada gleichermaßen als Amtssprachen gelten. 1967 verschärfte sich die Lage durch eine Äußerung des französischen Staatspräsidenten Charles de Gaulle beim Besuch der Weltausstellung in Montreal. Entsetzt vernahm das ganze englischsprachige Kanada de Gaulles Ausruf: »Es lebe das freie Quebec«. Die Serie der Terroranschläge fand einen blutigen Höhepunkt in der Oktoberkrise 1970. Die FLQ entführte den britischen Handelsattaché James Cross und den Quebecer Arbeitsminister Pierre Laporte. Nach der brutalen Ermordung Laportes konnten die FLQ-Terroristen freies Geleit nach Kuba gegen die Freilassung von Cross erpressen.

Die Ära Trudeau und die Folgen (ab 1968)
Während seiner ganzen Amtszeit war Pearson auf die Tolerierung seiner Minderheitsregierung durch andere Parteien angewiesen. 1968 fand bei den Liberalen der Wechsel in der Führung statt. Pearson überließ dem 49-jährigen Frankokanadier Pierre Elliot Trudeau (*1919) auch das Amt des Premiers. Die Konservativen hatten als Nachfolger Diefenbakers den Regierungschef Neuschottlands, Robert L. Stanfield, zum neuen Vorsitzenden gewählt.

Der dynamische und populäre Juraprofessor Trudeau hatte schon von 1949 bis 1951 als Wirtschaftsberater im Kabinett von Premierminister St. Laurent gearbeitet. Da Trudeau sich der Sympathien gerade der jungen Wählerschaft sicher war, schrieb er 1968 Wahlen aus und bescherte seiner Partei eine klare Mehrheit. Er trat als Sozialreformer und Vertreter eines neuen Zeitgeistes auf. 1969 beschloß er den Abbau des kanadischen Truppenbeitrags zur NATO um 50%. Das in den NATO-Kürzungen latente Abrücken gerade von den USA wurde 1970 in der Anerkennung der Regierung Pekings und der Kritik am Vietnam-Krieg manifest. Trudeau bediente sich der vorherrschenden Überfremdungsangst: 1974 leitete er die Gründung eines Kontrollamtes für ausländische Investitionen (FIRA) ein, das den Erwerb kanadischer Unternehmen durch Ausländer überwachen sollte. Sein größtes Ziel war ein zugleich innen- und außenpolitisches: die endgültige Klärung der Kompetenzfragen zwischen Bund und Provinzen. Dazu bedurfte es einer Verfassungsänderung, was wiederum die Beseitigung des letzten britischen Mitspracherechts in Kanada voraussetzte. Das letzte Wort bei Verfassungsänderungen lag immer noch beim britischen Parlament. Die »Heimholung« der Verfassung nach Kanada war Trudeaus ehrgeizigstes Bestreben.

Vorerst kam es nicht dazu, da sich die Regierung ganz dem ethnischen Konflikt zuwenden mußte. Unter Trudeaus Führung trat das Offizielle Sprachengesetz 1969 in Kraft, das dem jungen Premier in Quebec nicht den erwarteten Erfolg und im Westen Kanadas Mißtrauen einbrachte. Die Krise um die radikalseparatistische FLQ erschwerte seine Lage. Am 16. Oktober 1970 rief Trudeau den Notstand aus und räumte der Polizei weitreichende Kompetenzen ein, um Verdächtige festnehmen zu können.

Im Westen wuchsen die Zweifel an Trudeau, dessen Verhalten dort vielfach als unpassend empfunden wurde. Mit Skepsis bemerkte man, daß sich Trudeau in Zeiten der Inflation den größten persönlichen Mitarbeiterstab von allen Premiers in der kanadischen Geschichte leistete. Die Bürokratie wuchs unter Trudeau dreimal so schnell wie die Bevölkerung. 1972 verloren die Liberalen ihre Mehrheit und waren auf die Duldung durch andere Parteien angewiesen. 1973 kam die Ölkrise, und auch hier galt Trudeaus Handeln als fragwürdig. Eine hohe Exportsteuer wurde auf Erdöl erhoben, und die Ölpreise zu Hause wurden gedrückt. Dies kam zwar den östlichen Provinzen als größten Energieverbrauchern zugute, reizte aber die ölproduzierenden Prärieprovinzen, deren Außenhandel erschwert und Binnengeschäft geschmälert wurden. 1968 formierte sich unter der Führung René Lévesques die Parti Québeçois (Quebecer Partei), die die Trennung Quebecs von Kanada als oberstes Gebot auf ihr Programm setzte. Anfang der 70er Jahre kamen weitere Vorschläge zur gesetzlichen Sprachregelung, die 1977 in der berüchtigten Gesetzesnovelle 101 gipfelten. Diese sah vor, daß nur noch diejenigen Kinder englischsprachigen Unterricht an Quebecs Schulen bekommen sollten, deren Eltern in Quebec schon anglophon erzogen worden waren. Öffentliche Schilder, also auch jegliche Werbung, sollten nur noch in französischer Sprache erlaubt sein – bei Zuwiderhandlung drohten Geldbußen und Haftstrafen. Französisch sollte einzige Amtssprache werden. Gerade die meist in Anglokanada angesiedelten Einwanderer aus anderen Ländern hatten für die Selbstherrlichkeit der frankokanadischen Quebecer wenig Verständnis. Der Unmut vor allem der englischsprachigen Bevölkerung wuchs, und als 1979 Neuwahlen stattfanden, konnten die Konservativen mit dem Spitzenkandidaten Joe Clark (*1939) die Liberalen besiegen.

Clarks Minderheitsregierung war von Anfang an schwach und konnte sich nur kurz halten. Als sie eine beträchtliche Erhöhung der Benzinsteuer und

des Ölpreises ankündigte, kam Trudeau wieder an die Macht, der 1980 seine zweite Amtsperiode antrat. Im selben Jahr konnte sein Justizminister Jean Chrétien (*1934) einem Plebiszit zum Austritt Quebecs aus der Föderation mit einer Kampagne entgegenwirken. 60% der Quebecer votierten gegen die Abtrennung. Trudeau konnte sich jetzt an die ersehnte Verfassungsreform begeben. 1981 wurden die Überführung aller Verfassungskompetenzen an Kanada und die Verankerung eines Grundrechtekatalogs beschlossen. Am 17. April 1982 unterschrieb Königin Elizabeth II. den Constitution Act (→Lexikon), der dem Königreich die letzten und gleichsam höchsten Befugnisse in Kanada aus der Hand nahm.

1984 zog sich Trudeau nach Vollendung seines größten politischen Ziels aus den Staatsgeschäften zurück. Als die Liberalen drei Monate später Wahlen ausschrieben, waren sie auf das Ausmaß ihrer Niederlage nicht vorbereitet. Mit ihrem Kandidaten Brian Mulroney (*1939), einem aus Quebec stammenden Geschäftsmann, gewannen die Konservativen mit einem Erdrutschsieg 211 von 301 Sitzen – dreimal so viele wie beide Oppositionsparteien zusammen. Mulroneys Regierung bemühte sich, mehr soziale Gerechtigkeit zu schaffen. Durch Quotenregelungen wurde eine repräsentativere Beteiligung der Frauen an führenden Positionen in der Gesellschaft angestrebt. Man suchte die Wiedergutmachung bei Kanadas Indianern und Eskimos. Und natürlich stand die Aussöhnung mit Quebec weit oben auf der Liste der Prioritäten. Vieles scheiterte jedoch an partikularistischen Interessen einzelner Volksgruppen.

Die Freundschaftsgesten gegenüber den Indianern z.B. endeten, als es um das Geschäft mit dem Glücksspiel ging, das in den 80er Jahren zu einer wichtigen Einnahmequelle mancher Stämme wurde. Von Juli bis September 1990 zogen sich bewaffnete Zusammenstöße zwischen Mohawkindianern und Bundespolizei bei Oka in der Nähe von Montreal hin. Mit den Eskimos vereinbarte die Regierung die Übergabe eines eigenen Territoriums, Nunavut, die 1999 in Kraft treten soll. 1987 hoffte Mulroney mit dem Meech-Lake-Abkommen endlich eine Einigung mit Quebec zu erzielen. Wichtigster Punkt dieses Vertrags war die Anerkennung Quebecs als einer »besonderen Gesellschaft«. Hinter dieser Formel verbarg sich eine Reihe autonomer Befugnisse gegenüber dem Bund, die ausschließlich Quebec eingeräumt worden wären. Der Vertrag bedurfte der Zustimmung aller Provinzen innerhalb von drei Jahren. Manitoba und Neufundland verweigerten ihr Einverständnis 1990. Im Gegenzug schürten die Separatisten Ressentiments in Quebec, und 1995 wurde ein zweites Referendum über den Austritt abgehalten. Mit knapper Mehrheit entging Kanada erneut dem Auseinanderbrechen. Der Charlottetown-Beschluß von 1991 hätte weitere Verfassungsreformen und abermals die Anerkennung eines frankokanadischen Sonderstatus in der Föderation bedeutet, scheiterte aber in einem weiteren Volksentscheid im Oktober 1992.

Der Fehlschlag des Meech-Lake-Abkommens sowie des Charlottetown-Beschlusses schadete dem Ansehen Mulroneys, der außerdem der zunehmenden wirtschaftlichen Probleme nicht Herr wurde. Zwar brachte die Regierung 1988 das Nordamerikanische Freihandelsabkommen NAFTA (→Lexikon) mit den USA zustande, doch das Haushaltsdefizit drohte außer Kontrolle zu geraten. Außenpolitische Erfolge des Mulroney-Kabinetts waren z.B. die Zusammenarbeit mit den USA und Großbritannien, als diese an den Zwei-plus-vier-Gesprächen zur Wiedervereinigung Deutschlands teilnahmen. Auch am Golfkrieg 1991 nahmen kanadische Soldaten teil. Nach weiteren Mißerfolgen auf dem wirtschaftlichen Sektor entschloß sich Mulroney 1992 zum Rücktritt.

Als Kim Campbell (*1947) den Vorsitz der Konservativen Partei übernahm, wurde sie die erste Premierministerin Kanadas.

Die Wahlen vom Oktober 1993 brachten die Liberalen mit Jean Chrétien an der Spitze an die Macht. Chrétien, einem politischen Erben Trudeaus, ist sowohl eine Besserung der wirtschaftlichen Lage wie auch eine leichte Entspannung der Beziehungen zwischen Quebec und dem übrigen Kanada gelungen. Am 2. Juli 1997 wurde Chrétien mit einer Mehrheit von 155 (von insgesamt 301) Sitzen bestätigt. Der separatistische Bloc Québécois (Quebecer Block) verlor an Stimmen und wurde drittstärkste Fraktion hinter der konservativen Reformpartei aus dem Westen Kanadas. In jüngster Vergangenheit herrschen gute politische und wirtschaftliche Beziehungen zwischen den USA und Kanada. Die Bindung Quebecs an den kanadischen Bund wird vorrangige Aufgabe der kanadischen Innenpolitik bleiben.

Im weltweiten Vergleich der wirtschaftlichen Konkurrenzfähigkeit für das Jahr 1997 verlieh das Genfer Wirtschaftsforum den vierten Rang an Kanada. Die ersten Ränge belegten Singapur, Hongkong und die USA.

Chronik Zeittafel

1870	Provinz Manitoba gegründet, Areal der Hudson's-Bay-Kompanie geht an Kanada über
1873	Prince-Edward-Insel tritt der Föderation aus Ontario, Quebec, Neubraunschweig und Neuschottland bei
1885	Zweiter Aufstand unter Louis Riel
1886	Transkontinentale Eisenbahn fertiggestellt
1899 –1902	Einsatz kanadischer Truppen im Burenkrieg
1905	Provinzen Saskatchewan und Alberta gegründet
1914 –18	Einsatz kanadischer Truppen im Ersten Weltkrieg
1917	Bundesweites Wahlrecht für Frauen
1926	Erste diplomatische Vertretung Kanadas in den USA
1931	Westminsterstatut sichert Kanada nahezu völlige Unabhängigkeit zu
1939 –45	Einsatz kanadischer Truppen im Zweiten Weltkrieg
1940	Ogdensburg-Abkommen sieht Verteidigungsrat von Kanada und den USA vor
1945	Kanada ist Gründungsmitglied der UNO
1949	Kanada ist Mitbegründer der NATO; Neufundland tritt der Föderation bei
1956 –57	Kanadische Vermittlung in der Sueskrise; NORAD-Verteidigungsabkommen zwischen Kanada und den USA
1969	Offizielles Sprachengesetz erlassen
1970	Oktoberkrise in Quebec, radikalseparatistische FLQ verübt Terroranschläge
1980	Plebiszit zur Unabhängigkeit Quebecs scheitert
1982	Im Constitution Act erhält Kanada Verfassungshoheit von Großbritannien
1989	Freihandelsabkommen NAFTA mit den USA abgeschlossen
1990	Meech-Lake-Abkommen über größere Autonomie Quebecs scheitert
1995	Unabhängigkeit Quebecs im zweiten Referendum abgelehnt
1997	Jean Chrétien als Premierminister bestätigt

NORDAMERIKA

NORDAMERIKA

Alberta

Hauptstadt: Edmonton
Beitrittsdatum: 1. 9. 1905
Bevölkerung: 2,8 Mio. (1993)
Fläche: 661 189 km[7]
Größte Städte: Edmonton, Calgary, Lethbridge, Red Deer,
  Medicine Hat

Alberta ist die westlichste der drei Prärieprovinzen, zu denen daneben Manitoba und Saskatchewan zählen. Das Gebiet der heutigen Provinz wurde 1754 von Anthony Henday, einem Agenten der Hudson's-Bay-Kompanie erkundet. Die erste dauerhafte Siedlung entstand 1788 als Handelsposten der Pelzhändler am Ufer des Athabascasees. Alberta gehörte zu Rupertsland, das im Besitz der Hudson's-Bay-Kompanie war und 1869 vom kanadischen Bund gekauft wurde. Mit dem Siedlungsgesetz von 1875 begann die Verteilung von Parzellen an Siedler, womit verhindert werden sollte, daß sich Farmer und Händler aus dem amerikanischen Süden das Gebiet aneigneten. 1883 wurde Alberta mit der Fertigstellung der transkontinentalen Eisenbahn von Vancouver bis Quebec an den kanadischen Osten bis nach Ontario angeschlossen. Zusammen mit Saskatchewan wurde Alberta 1905 offiziell dem kanadischen Bund angegliedert. Benannt wurde es nach Prinzessin Louise Caroline Alberta, der vierten Tochter von Königin Victoria. Der Süden Albertas ist relativ stark bevölkert, während die Wälder des Nordens dünn besiedelt sind.

Wichtigster Wirtschaftsfaktor der frühen Jahre war der Pelzhandel. Es folgten landwirtschaftliche Erzeugnisse (Weizen) und Bodenschätze (Mineralien) wie auch Rohstoffe (Holz) als Haupteinnahmequellen. 1947 wurde nahe Edmonton Öl entdeckt. Heute ist Alberta ein bedeutender Produzent von Petroleum und Erdgas.

Britisch-Kolumbien

Hauptstadt: Victoria
Beitrittsdatum: 20. 7. 1871
Bevölkerung: 3,2 Mio. (1993)
Fläche: 948 601 km²
Größte Städte: Vancouver, Victoria, New Westminster,
  Prince George

Kanadas westlichste Provinz ging 1866 aus der Fusion zweier britischer Kolonien hervor: die Vancouver-Insel (1849) und Britisch-Kolumbien (1858) schlossen sich zusammen. In Nootka, westlich der Vancouver-Insel, ging an der Pazifikküste der weltberühmte englische Seefahrer Kapitän James Cook als erster Brite an Land. Wegen der zahlreichen Pelztiere waren Russen und Spanier bereits bis dorthin vorgedrungen. Die britische Regierung entsandte Kapitän George Vancouver 1795, um die Region zu erkunden und Besitzansprüche für das Königreich anzumelden. In der ersten Hälfte des Jahrhunderts blieb das Gebiet größtenteils Wildnis. Da die Provinz den Vereinigten Staaten beizutreten drohte, versprach Kanada den Anschluß an den Osten durch den Bau einer Eisenbahn. 1871 wurde Britisch-Kolumbien die sechste Provinz Kanadas.

Britisch-Kolumbien verfügt über reiche Mineralien-, Kohle- und Erzvorkommen. Forstwirtschaft und Fischerei zählen ebenso zu den ökonomisch bedeutenden Faktoren der Provinz. Am wichtigsten ist heute der Handel mit Fernost in der Wirtschaft Britisch-Kolumbiens.

Manitoba

Hauptstadt: Winnipeg
Beitrittsdatum: 15. 7. 1870
Bevölkerung: 1,3 Mio. (1993)
Fläche: 650 091 km²
Größte Städte: Winnipeg, St. James, St. Boniface, St. Vital,
  Brandon

Das wegen seiner anfangs kleinen Fläche von nur 37 000 km² als »Briefmarkenprovinz« titulierte Manitoba entstand aus Besitzungen der Hudson's-Bay-Kompanie und wurde die östlichste der Prärieprovinzen. Mit Grenzerweiterungen um die Jahrhundertwende wuchs Manitoba auf seine heutige Größe. Thomas Button, Pierre Esprit Radisson und Médart Chouart erkundeten als erste das Gebiet der Hudson's-Bay-Kompanie in der ersten Hälfte des 17. Jhs. auf der Suche nach Pelzen. Die Kompanie siedelte 1811 die ersten Einwanderer aus den schottischen Highlands an der Mündung der Flüsse Red River und Assiniboine an. Als das Areal 1870 von Kanada gekauft wurde, taufte man am 15. Juli desselben Jahres die neue Provinz auf den Namen Manitoba, der auf das Indianerwort Manitou (Großer Geist) zurückgeht. Wegen geringer Förderung seitens der kanadischen Regierung (vor allem bezüglich der Errichtung von Transportwegen und anderer Infrastruktur) wuchs Manitoba nur sehr langsam. Die Hauptstadt Winnipeg ist Heimat der größten französischsprachigen Gemeinde des kanadischen Westens. Wichtigste Industriezweige sind die Erzverarbeitung und der Maschinenbau, vor allem für die Landwirtschaft.

Neubraunschweig

Hauptstadt: Fredericton
Beitrittsdatum: 1. 7. 1867
Bevölkerung: 750 000 (1993)
Fläche: 73 431 km²
Größte Städte: Fredericton, St. John, Moncton

Erst 1784, als infolge der amerikanischen Revolution etwa 12 000 Loyalisten in das Gebiet strömten, wurde das heutige Neubraunschweig von Neuschottland abgetrennt und als eigenständige Provinz eingerichtet. Ihren Namen verdankt sie dem Hause Braunschweig, dem der damalige englische König George III. entstammte. Der Franzose Jacques Cartier erkundete 1534 als erster das Territorium der Maritimprovinzen Kanadas. Das französische Akadien (Acadie, von einer Ortsbezeichnung der Micmacindianer abgeleitet) erhielt seine erste permanente Siedlung Port Royal 1605. Akadien fiel als erster Teil Neufrankreichs an Großbritannien, zunächst 1654 und dann endgültig, nach einem französischen Intermezzo, 1713 im Frieden von Utrecht. Zahlreiche französische sog. Acadiens wurden von den neuen Machthabern vertrieben. Einige von ihnen kehrten später zurück. Heute ist Neubraunschweig die zweite faktisch zweisprachige Provinz des Landes. Der kanadischen Konföderation trat Neubraunschweig als eine der vier Gründungsprovinzen 1867 bei, um durch die versprochenen Eisenbahnverbindungen die Handelsmöglichkeiten mit dem Landesinneren zu verbessern.
Fast 90% von Neubraunschweig sind bewaldet, entsprechend groß ist die Bedeutung der Forstwirtschaft für die Provinz. Auch Bodenschätze werden gefördert: ca. 40% aller Silber-, Blei- und Zinkvorkommen Kanadas befinden sich in Neubraunschweig. Erz und Mineralien werden ebenfalls abgebaut, und der Fischfang gehört wie auch in Neuschottland seit Generationen zum Wirtschaftsleben der Provinz.

Neufundland

Hauptstadt: St. John's
Beitrittsdatum: 31. 3. 1949
Bevölkerung: 620 000 (1993)
Fläche: 404 488 km²
Größte Städte: St. John's, Corner Brook, Gander, Stephenville, Grand Falls

Die östlichste und jüngste Provinz Kanadas geht auf die älteste Kolonie Englands in der Neuen Welt zurück. Hier gingen im 11. Jh. schon Wikinger an Land, doch für die Neuzeit entdeckte erst der in englischen Diensten segelnde Giovanni Caboto (John Cabot) 1497 das Gebiet. Sir Humphrey Gilbert sicherte das Territorium für England 1583. Der englische Besitzanspruch wurde von Frankreich 1713 im Frieden von Utrecht anerkannt. In dem aus der Neufundlandinsel und dem nördlichen Zipfel der Labradorhalbinsel bestehenden Neufundland entstand zunächst keine Siedlung, weil die britische Krone das Gebiet nur zum Fischfang nutzen wollte. Repressive Gesetze verboten sogar im 17. Jh. die Besiedlung Neufundlands und wurden erst 1824 aufgehoben. Neufundland war stets eine arme Region und mußte infolge von Finanzkrisen 1934 seine Eigenständigkeit aufgeben. Bis 1949 unterstand die Kolonie einem Kronrat. Nach Erholung der Wirtschaft stimmten die Neufundländer im Volksentscheid für den Beitritt zur kanadischen Konföderation. Fischfang bleibt eine Haupteinnahmequelle, aber der Eisenerzabbau sorgt für den höchsten Umsatz in der Provinz. Auch Zink wird gefördert.

Neuschottland

Hauptstadt: Halifax
Beitrittsdatum: 1. 7. 1867
Bevölkerung: 900 000 (1993)
Fläche: 55 486 km²
Größte Städte: Halifax, Dartmouth, Sydney, Glace Bay, Truro

NORDAMERIKA

NORDAMERIKA

Die Maritimprovinz Neuschottland zählt zum ehemals französischen Akadien und teilt das wechselvolle Schicksal dieses Gebiets. 1605 gründeten die Franzosen Port Royal, die erste dauerhafte Siedlung Neuschottlands. Acht Mal wechselte Neuschottland den Besitzer zwischen Frankreich und England. 1621 überschrieb König James I. von England alle akadischen Länder Englands an Sir William Alexander. Zu Ehren des aus Schottland stammenden Königs wurde das Gebiet Nova Scotia (Neuschottland) genannt. Nachdem Akadien 1713 endgültig an Großbritannien gefallen war, versuchte England, das Territorium britisch zu prägen. 1755 wurden die französischen sog. Acadiens vertrieben. Große Einwanderungswellen erfuhr Neuschottland erstmals im amerikanischen Unabhängigkeitskrieg, als viele Loyalisten dorthin flohen. Es folgten zahlreiche Siedler aus den schottischen Highlands und noch Ende des 19. Jhs. sprachen viele Bewohner der Insel schottisches Gälisch als Muttersprache.
Wohlstand bescherten Neuschottland zunächst seine reichen Kohlelagerstätten und die Kohleförderung, doch mit dem Aufkommen des Erdöls verlor die Kohle an Bedeutung. Wichtigste Industrie ist heute neben der Nahrungsmittelindustrie die Holz- und Papierverarbeitung. Ölfunde vor der Küste sollen der Provinz einen wirtschaftlichen Aufschwung bringen.

Ontario

Hauptstadt: Toronto
Beitrittsdatum: 1. 7. 1867
Bevölkerung: 10 Mio. (1993)
Fläche: 1 068 504 km²
Größte Städte: Toronto, Ottawa, Hamilton, Windsor, London

Kanadas bevölkerungsreichste und wohlhabendste Provinz, in der auch die Hauptstadt des Landes, Ottawa, liegt, entstand erst nach den Maritimprovinzen. Etienne Brulé und Samuel de Champlain erkundeten die Gegend um Ontario Anfang des 17. Jhs., die unter die Herrschaft von Neufrankreich kam und dem Pelzhandel diente. Nach dem French and Indian War, als ganz Kanada 1763 an Großbritannien überging, wurde Ontario im Quebec-Gesetz von 1774 Quebec zugeschlagen. Die Umsiedlung zahlreicher Loyalisten aus

dem amerikanischen Süden nach Ontario bewog die britische Regierung 1791 zur Teilung Kanadas in Oberkanada (Ontario) und Unterkanada (Quebec). 1841 wurden die Provinzen wiedervereinigt, 1867 wieder voneinander getrennt, als sie der kanadischen Konföderation als Gründungsprovinzen beitraten.
Ontario ist ein wichtiger Agrarerzeuger und Kanadas größter Erzproduzent. Die Provinz ist zudem ein Zentrum des Banken- und Finanzwesens.

Prince-Edward-Insel

Hauptstadt: Charlottetown
Beitrittsdatum: 1. 7. 1873
Bevölkerung: 133 000 (1993)
Fläche: 5656 km²
Größte Städte: Charlottetown, Summerside, Sherwood, Parkdale, Souris

Die in jeglicher Hinsicht kleinste Provinz Kanadas wurde 1534 von Jacques Cartier entdeckt. 1603 nahm sie Samuel de Champlain für Frankreich in Anspruch. Die Insel wechselte zweimal den Besitzer, England und Frankreich, bis sie im Pariser Frieden von 1763 Großbritannien zugesprochen wurde. 1789 wurde zu Ehren des damaligen britischen Oberbefehlshabers in Kanada und späteren Vaters von Königin Victoria, Edward, der Name St. John's in Prince-Edward-Insel geändert. Erst 1769 wurde die Insel von Neuschottland getrennt und mit einer eigenen Verwaltung ausgestattet. In ihrer Hauptstadt Charlottetown wurde 1864 die kanadische Konföderation beschlossen, der die Prince-Edward-Insel erst 1873 beitrat. Schiffsbau etablierte sich im 19. Jh. als wichtigste Industrie auf der Insel, die heute vorwiegend als Produzent von Saatkartoffeln bekannt ist. Sie ist die einzige Provinz ohne Bodenschätze. Hauptzweig der lokalen Wirtschaft ist der Tourismus.

Quebec

Hauptstadt: Quebec-Stadt
Beitrittsdatum: 1. 7. 1867
Bevölkerung: 7 Mio. (1993)
Fläche: 1 540 568 km²
Größte Städte: Montreal, Quebec, Laval, Sherbrooke, Verdun

Die älteste und flächenmäßig größte Provinz Kanadas (sie nimmt etwa 15% der Fläche von ganz Kanada ein) ist zugleich das Herz des einstigen Neufrankreich. 1534 ging Jacques Cartier bei Gaspé am östlichen Ufer des St. Lorenz an Land und nahm das Gebiet für Frankreich in Besitz. 1608 gründete Samuel de Champlain die Provinzhauptstadt Quebec. Der Name stammt vermutlich von einem Indianerwort, das »Flußverengung« bedeutet. Das 1642 gegründete Montreal ist heute mit mehr als 3 Mio. Einwohnern nach Paris die größte französischsprachige Stadt der Welt. Quebec wuchs nur langsam, da das Mutterland anfangs keine Kolonisierung, sondern lediglich die wirtschaftliche Nutzung (Pelzhandel) beabsichtigte. 1763 erhielt Großbritannien ganz Quebec als Kriegsbeute nach dem French and Indian War. Infolge der starken Zuwanderung aus England in die Gegend von Ontario wurden im Verfassungsbeschluß von 1791 beide Provinzen in Oberkanada (Ontario) und Unterkanada (Quebec) aufgeteilt. 1841 wurden sie wieder zu Kanada vereinigt, traten aber der kanadischen Föderation 1867 getrennt bei. Quebec pflegt heute noch mit großer Sorgfalt seine französische Identität, was auch in der Gegenwart separatistische Strömungen begünstigt. 1970 eskalierte der Separatismus in terroristischen Anschlägen und Attentaten.

Quebec verfügt über landschaftliche Vielfalt, u.a. über 16% der Süßwasserreserven der Welt. Zudem ist es der weltweit viertgrößte Förderer von Bodenschätzen. Vor allem Eisen aus Quebec wird industriell verarbeitet. Auf dem Weltmarkt führend ist Quebec ebenso in der Papierproduktion.

Saskatchewan

Hauptstadt: Regina
Beitrittsdatum: 1. 9. 1905
Bevölkerung: 1 Mio. (1993)
Fläche: 651 942 km²
Größte Städte: Regina, Saskatoon, Moose Jaw, Prince Albert, Swift Current

Geschichtlich wurde die mittlere der drei Prärieprovinzen wie die beiden anderen von der Hudson's-Bay-Kompanie bestimmt. Henry Kelsey, Agent der Hudson's-Bay-Kompanie, gelangte 1690 nach Saskatchewan. Als erster Pelzhandelsposten des Gebiets wurde Fort Lacorne 1753 gegründet. Die erste dauerhafte Siedlung war das 1774 errichtete Cumberland House. Mit Erwerb der Nordwestterritorien 1870 von der Bay-Kompanie ging das Gebiet offiziell in kanadischen Besitz über. Der Name Saskatchewan stammt von einem Wort der Creeindianer für einen der Flüsse der Gegend. Erst 1905 lebten hier genug Menschen, um die Bildung einer neuen Provinz zu rechtfertigen.

Landwirtschaftlich spielt Saskatchewan mit einem Drittel des gesamten kanadischen Ackerlandes die bedeutendste Rolle von allen Provinzen. Weizenanbau ist der wichtigste Wirtschaftszweig. Saskatchewan ist führender Produzent von Pottasche.

Nordwestterritorien

Hauptstadt: Yellowknife
Bevölkerung: 55 000 (im Sommer)
Fläche: 3 379 437 km²

Yukonterritorium

Hauptstadt: Whitehorse
Bevölkerung: 30 000 (1993)
Fläche: 536 285 km²

Die Nordwestterritorien, aus denen das Yukonterritorium (sowie die Prärieprovinzen) herausgetrennt wurde, gingen aus dem der Hudson's-Bay-Kompanie gehörenden Rupertsland hervor. Nach dem Patent von 1670 gehörte der Bay-Kompanie der ganze Norden Kanadas außer Gebieten, die bereits im Besitz englischer Untertanen oder fremder Monarchen waren. Die Nordwestterritorien und das Yukonterritorium nehmen zusammen 40% der Gesamtfläche Kanadas ein.

Wirtschaftliche Nutzung und Besiedlung dieses riesigen Areals sind beschränkt, da es in subarktischen und arktischen Zonen liegt. Das Yukonterritorium erlebte um die Jahrhundertwende einen kurzen Boom, als in der Klondike-Region 1896 Gold entdeckt wurde. Die beiden Gebiete haben lediglich begrenzte Selbstverwaltungsrechte. Aufgrund der dünnen Besiedlung und der knappen Erwerbsmöglichkeiten besteht wenig Interesse an der Errichtung weiterer Provinzen.

NORDAMERIKA

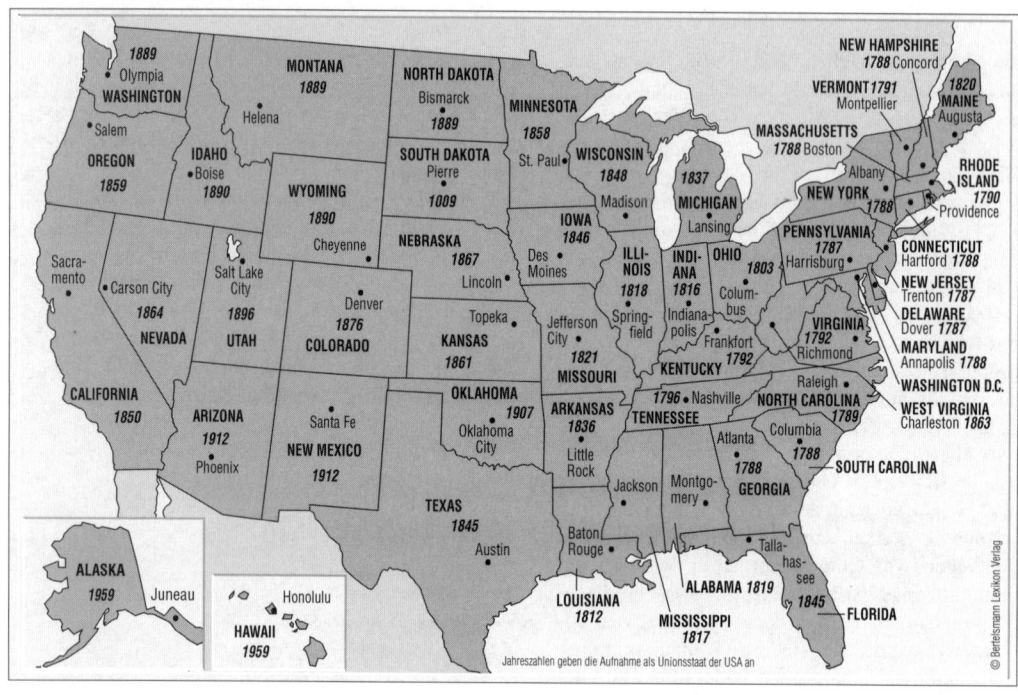

Vereinigte Staaten von Amerika

(United States of America)

Fläche: 9 363 520 km²

Bevölkerung: 152,3 Mio. (1950), 204,9 Mio. (1970),
265,8 Mio. (1996)

Staatsform: Präsidiale Republik

Sprache: Englisch

Mitgliedschaften: ANZUS, APEC, NAFTA, NATO, OAS, OECD,
OSZE, UNO

*Nachdem die 13 Kolonien der Ostküste 1776 ihre
Unabhängigkeit von der Herrschaft des Königreichs
Großbritannien erklärt, sich 1777 zum ersten demo-
kratischen Bundesstaat der Welt organisiert und
1781 die Freiheit erfolgreich erkämpft hatten, dehn-
ten sich die Vereinigten Staaten von Amerika bis zum
Ende des 19. Jhs. nach Westen bis zum Pazifik aus.
Nach dem Sezessionskrieg von 1861 bis 1865 erleb-
te das Land einen ungeheuren Aufschwung und die
Masseneinwanderung aus allen Staaten der Welt.
Der Einsatz der USA in den beiden europäischen
Weltkriegen war kriegsentscheidend. Nach dem
Zweiten Weltkrieg stieg das Land zur politisch, wirt-
schaftlich und militärisch führenden Weltmacht auf.
Es hält diesen Status seit dem Zusammenbruch des
Totalitarismus im sowjetischen Ostblock ab 1989.*

Politische Struktur

Bereits ein Jahr nach Niederschrift der Unabhängigkeitserklärung (→Lexikon) 1776 beauftragte der
Kontinentalkongreß (→Lexikon) ein Komitee mit
dem Entwurf der Konföderationsartikel (→Lexikon),
welche die Vereinigten Staaten von Amerika zur ersten modernen Demokratie der Welt machten. 1787
wurde die Verfassung (→Lexikon) der USA von allen
13 Staaten ratifiziert. Sie ist zwar im Laufe der Geschichte mehrmals durch Zusätze ergänzt, aber nie
geändert worden und ist heute das älteste noch geltende Dokument ihrer Art. Die Schöpfer der Verfassung ließen sich von Menschenrechtsidealen der
Aufklärung inspirieren und schrieben die folgenden
Prinzipien als Grundpfeiler der Republik fest: Souveränität des Volkes, Bestimmung politischer Repräsentanten durch freie Wahlen, Teilung der Staatsgewalt in Exekutive und Legislative und Föderalismus
als Staatsform. 1791 fügte der Kongreß der Verfassung einen Grundrechtekatalog (→Lexikon) an, der
die uneingeschränkte Rede-, Religions-, Presse- und
Versammlungsfreiheit eines jeden Bürgers garantiert. Außerdem schützt die Verfassung alle Bürger
vor willkürlicher Durchsuchung, Verhaftung und
Beschlagnahme. Mit Recht haben Historiker die
Verfassung der USA das denkwürdigste politische
Dokument des modernen Zeitalters genannt.

An der Spitze der Regierung steht der alle vier Jahre für maximal zwei Amtsperioden gewählte Präsident. Er ist Regierungschef, Oberbefehlshaber der Streitkräfte und Staatsoberhaupt in einer Person. Ernannt wird er offiziell von den 538 direkt gewählten Wahlmännern und -frauen des Wahlkollegiums (→Lexikon), die für den Präsidentschaftskandidaten stimmen, der die Direktwahlen in dem von ihnen jeweils vertretenen Bundesstaat gewinnt. Die Parteienlandschaft in den USA wird seit Anbeginn von zwei großen Parteien bestimmt, von Republikanern (Konservative) und Demokraten (Linksliberale).

Zur Sicherung der Demokratie und zum Schutz gegen Machtmißbrauch sieht die Verfassung eine strenge Dreiteilung der Staatsgewalt vor. Ein komplexes System von Ausgleichs- und Kontrollmechanismen (Checks and Balances, →Lexikon) verhindert die Entstehung eines Machtmonopols in der Regierung. Der Präsident und sein Kabinett bilden die Exekutive oder ausübende Gewalt. Beim Kongreß als Legislative liegt die gesetzgebende Gewalt. Gesetzesnovellen bedürfen der mehrheitlichen Zustimmung des Kongresses zur Verabschiedung. Der Präsident besitzt zwar ein aufschiebendes Vetorecht, aber mit einer Zweidrittelmehrheit des Kongresses kann sein Veto überstimmt werden. Der Kongreß selbst ist in zwei Kammern oder »Häuser« unterteilt. Dem Senat (→Lexikon) gehören 100 Senatoren an (zwei aus jedem Bundesstaat). Im Repräsentantenhaus (→Lexikon) sitzen derzeit 435 Abgeordnete, deren Gesamtzahl sich nach der Einwohnerzahl der jeweiligen Bundesstaaten richtet. Die Amtszeit eines Senators beträgt sechs Jahre. Alle zwei Jahre stellt sich ein Drittel der Senatoren zu Wahl. Die Amtszeit der Abgeordneten dagegen beträgt zwei Jahre. Dem Kongreß obliegen außer Gesetzgebung die Steuererhebung, Regelung des zwischenstaatlichen Handels und Verkehrs, Verabschiedung von Kriegserklärungen, außenpolitische Vertretung des Landes und Herausgabe von Münzen und Banknoten.

Der amerikanischen Föderation gehören 50 gleichberechtigte Bundesstaaten und als Regierungssitz der District of Columbia (→Lexikon) an, der direkt vom Kongreß regiert wird. Jeder Staat hat ein eigenes Zweikammerparlament (außer Nebraska mit nur einer Kammer), eigene Gerichte und einen Gouverneur, der alle vier (in 38 Staaten) bzw. alle zwei Jahre (in den übrigen zwölf Staaten) gewählt wird. Das amerikanische Prinzip der kleinstmöglichen Staatsgewalt erlaubt den Bundesstaaten weitgehende Selbstverwaltung. Die höchste richterliche Instanz ist jedoch eine Institution auf Bundesebene: Der Oberste Gerichtshof (→Lexikon) ist mit der Auslegung der Verfassung und der Bundesgesetze betraut. Die neun Richter werden vom Präsidenten auf Lebenszeit ernannt.

Bevölkerung

Die US-Amerikaner stellen das klassische Beispiel eines Mischvolks von Einwanderern dar. Die 5,5 Mio. zählende Bevölkerung der USA des Jahres 1800 wuchs bis 1996 auf 265,8 Mio. Die Immigration hat am entscheidendsten zu diesem Wachstum beigetragen. Seit 1820 sind über 50 Mio. Menschen aus allen Ländern der Welt Amerikaner geworden. Die Einwanderung von 7 Mio. Deutschen, 5 Mio. Italienern, 5 Mio. Briten und jeweils mehreren Millionen Skandinaviern, Polen und Russen verlieh dem kulturell und ethnisch vorwiegend angelsächsischen Land bis in die 1960er Jahre mehrheitlich europäisches Gepräge. Seit den letzten drei Jahrzehnten kommen immer mehr Einwanderer aus Lateinamerika und Südostasien in die USA – sowohl auf legale als auch auf illegale Weise. Nicht zu vergessen sind die einheimischen Indianer, die von weißen Siedlern fast aufgerieben wurden, aber heute wieder etwa 1,4 Mio. Menschen zählen, und die schwarzen Nachkommen afrikanischer Sklaven, die etwa 12 % der Gesamtbevölkerung ausmachen. Der sprichwörtliche Verschmelzungsprozeß der Völker im amerikanischen »Schmelztiegel« ist keine bloße Legende. Mehr als die Hälfte aller Amerikaner hat Eltern oder Großeltern unterschiedlicher nationaler und z.T. gemischter rassischer Herkunft.

Wie alle Völker der Erde sind auch alle Weltreligionen in den USA vertreten. Dabei ist das Christentum eindeutig dominant: Rund 87 % aller Amerikaner bekennen sich zum christlichen Glauben. Die Mitglieder der vielen verschiedenen protestantischen Kirchen stellen über die Hälfte aller amerikanischen Christen. Die größten Glaubensgemeinschaften heißen Baptisten, Methodisten, Lutheraner und Mormonen. Knapp 26 % der amerikanischen Christen sind katholischen Glaubens, etwa 3 % Anhänger der griechisch-orthodoxen Kirche. Juden stellen etwas mehr als 3 %, Muslime ungefähr 2 % der gläubigen Bevölkerung der USA. Der Anteil anderer Glaubensrichtungen liegt unter 2 %. Die übrigen rund 3 % der Bevölkerung sind konfessionslos.

Der Bildungsstandard in den USA ist hoch. Die allgemeine Schulpflicht gilt, je nach Bundesstaat, zwischen dem 6. bzw. 7. und dem 16. bzw. 17. Lebensjahr. Das Land unterhält ein öffentliches, gebührenfreies Schulsystem. Die meisten Aspekte der Finanzierung und des Inhalts der Schulbildung fallen in den Zuständigkeitsbereich der einzelnen Bundesstaaten. In den letzten Jahren ist das Interesse sowie das Angebot an privaten Schulen stark gewachsen. Das Studium in den USA, auch an staatlichen Institutionen, ist kostenpflichtig. Das etwa 3200 Universitäten und Colleges umfassende Hochschulsystem gilt als vorbildlich. Die renommiertesten Universitäten des Landes sind weltweit führend. Rund 50 % dieser Hochschulen sind private Einrichtungen und fordern teilweise enorm hohe Gebühren. Fast alle Hochschulen bieten allerdings Stipendien und finanzielle Hilfsprogramme an. Heute beginnen mindestens etwa 60 % aller Amerikaner ein Studium, und höhere Bildung nimmt eine stets wachsende Bedeutung in der Wirtschaft und Gesellschaft ein.

Das soziale Fürsorgesystem der USA ist nicht umfassend wie in europäischen Ländern. Trotz gegenwärtig hoher Konjunktur und niedriger Arbeitslosigkeit (unter 5 %) leiden ca. 10 % der Bevölkerung materielle Not. Es existiert keine bundesweite Krankenkasse, öffentliche Förderprogramme wie Medicaid und Medicare versuchen Rentnern bzw. Bedürftigen den Zugang zu medizinischer Verpflegung erschwinglich zu machen. Die Bewältigung der steigenden Kosten im Bildungs- und Gesundheitswesen ist eine Hauptaufgabe der gegenwärtigen Innenpolitik. Amerikaner genießen einen der höchsten Lebensstandards in einem der freiesten Länder der Welt, aber die Kluft zwischen Armen und Reichen wird zunehmend größer. Eine Tendenz zum ethnischen Separatismus zeichnet sich außerdem in den letzten Jahren ab und erschwert den Abbau sozialer Spannungen zwischen Mehrheit und Minderheit sowie zwischen Minderheiten untereinander.

Landesnatur

Von dem die Grenze zu Kanada bildenden 49. Breitengrad im Norden bis zum Golf von Mexiko im Süden und vom Atlantischen Ozean im Osten bis zum Pazifischen Ozean im Westen reicht das kontinentale Gebiet der Vereinigten Staaten, des viertgrößten Landes der Welt. Die USA besitzen zwei von ihren Kontinentalgrenzen abgetrennte Bundesstaaten: Alaska und Hawaii. Darüber hinaus gehören ca. 2300 Inseln und Atolle im karibischen und pazifischen Raum als assoziierte Gebiete oder Territorien zu den USA. Die geographische Gestaltung der kontinentalen USA schließt sehr unterschiedliche Regionen und vier Zeitzonen ein. An der atlantischen Küste beginnt die stark bevölkerte Küstenebene, die weiter westlich am Fuß der Gebirgskette der Appa-

lachen aufhört. Dahinter fällt die Landschaft in die großen inneren Ebenen ab, die sich 2000 km lang über die Mitte des Kontinents erstrecken. Im Westen stoßen die inneren Ebenen an die zur Gebirgskette der Kordilleren gehörenden Rocky Mountains. Dieses erdgeschichtlich verhältnismäßig junge Gebirge endet abrupt an der Pazifikküste.

Das Klima der USA ist vorwiegend kontinental, aber von Extremen charakterisiert. Das Land erlebt kalte, schneereiche Winter und heiße, schwüle Sommer. Entscheidend für diese Wechselhaftigkeit ist der Nord-Süd-Verlauf aller Gebirgsketten innerhalb der Grenzen der USA. Das Fehlen eines sich von Osten nach Westen ausdehnenden Gebirges erlaubt das Eindringen von arktischen Luftströmen aus dem Norden im Winter und tropisch-maritimen Luftmassen aus dem Süden im Sommer. Dieser Luftaustausch macht Temperaturanstiege bzw. -stürze im Landesinnern von bis zu 25 °C binnen weniger Stunden sowie extreme Witterungserscheinungen wie Dürren oder Wirbelstürme möglich. Der Mittelwesten ist der bedeutendste landwirtschaftliche Raum, während die Industrie die Atlantikküste sowie die Gegend um die Großen Seen beherrscht.

Wirtschaft

Seit dem Zweiten Weltkrieg gelten die USA als größte wirtschaftliche Macht der Welt. Das Land besitzt gut ausgebildete Arbeitskräfte und alle wichtigen Bodenschätze. An den weltweit geförderten Rohstoffen haben die USA einen Anteil von 25 %. Die Region zwischen der nördlichen Atlantikküste und dem Mississippi ist die größte Industrielandschaft der Welt. Seit Anfang der 1980er Jahre machen die USA einen tiefgreifenden Wirtschaftswandel durch. Angesichts starker Konkurrenz aus Billiglohnländern verlieren industrielle Herstellung und Exporte an Bedeutung. Der größte Wachstumsbereich heute ist der Dienstleistungssektor sowie die teilweise dazugehörige Kommunikationsindustrie. Die USA sind mit 11 % Weltanteil am Export und 14 % am Import die größte Handelsnation der Erde. Auch in der Landwirtschaft schlägt sich die Tendenz zur Rationalisierung nieder. Die für den Ackerbau genutzten 40 % der Staatsfläche verringern sich bei jährlich steigender Produktion, kleinere Bauernhöfe weichen den sich ausbreitenden Großbetrieben. Der nördliche Nachbar Kanada ist wichtigster Handelspartner der USA. Seit 1988 gilt der NAFTA-Vertrag (→Lexikon), der eine gemeinsame Freihandelszone schafft, an der die Vereinigten Staaten, Kanada (→S. 64) und Mexiko (→S. 272) beteiligt sind.

GESCHICHTE

Kolonialzeit und Unabhängigkeit (1607–1789)

Kolonisierung (1607–1733)
Die Geschichte der Vereinigten Staaten beginnt mit der englischen Kolonisierung Nordamerikas im frühen 17. Jh. (→historischer Überblick, S. 26). Zwar entdeckte der unter englischer Flagge segelnde Italiener Giovanni Caboto (John Cabot) Neufundland 1497, doch blieb es den Halbbrüdern Sir Humphrey Gilbert und Sir Walter Raleigh (▷Chronik Biografie, S. 37) überlassen, das Gebiet 1583 für die englische Krone in Besitz zu nehmen. Nach dem Tod Gilberts erkundete Raleigh die südlichere Ostküste Nordamerikas und erreichte die Gegend des heutigen North Carolina. Diese Region nahm er ebenfalls für England in Anspruch und nannte sie zu Ehren der jungfräulichen Königin Elizabeth I. Virginia.
1606 stellte der englische König James I. der Handelsgesellschaft Virginia-Kompanie ein Patent zur wirtschaftlichen Kolonisierung Virginias aus. Im Frühjahr 1607 erreichten die drei Schiffe »Godspeed«, »Discovery« und »Susan Constant« die Chesapeakebai an der Küste Virginias. Hier rief die Virginia-Kompanie die erste dauerhafte englische Siedlung innerhalb der Grenzen der heutigen USA ins Leben: Jamestown. Aufschwung bekam die Kolonie durch die Einführung des Tabakanbaus. In den ersten dreißig Jahren nach der Gründung Jamestowns entstanden fünf weitere Kolonien: Massachusetts, Maryland, Connecticut, Rhode Island und New Hampshire.
England war im 17. und 18. Jh. keineswegs alleinige Kolonialmacht auf dem Gebiet der heutigen USA. Spanien besaß weitläufige Territorien im Westen und in Florida. Die sich von Quebec ausbreitenden Franzosen behaupteten die Region des Ohiotals westlich der englischen Kolonien (Neufrankreich). Südlich der sog. Neuengland-Kolonien nahmen niederländische Siedler das auf dem Gebiet des heutigen New York entstandene Neuschweden ein und errichteten die florierende Kolonie Neuniederland. Die Gründung englischer Kolonien entsprang in einigen Fällen religiösen Motiven. Verfolgte reformatorische Puritaner aus England landeten am 21. Dezember 1620 in Cape Cod und gründeten die Plymouth-Kolonie. Die in puritanischer Hand liegende Handelsgesellschaft Massachusetts-Bay-Kompanie (→Lexikon) erbaute die wichtige Hafenstadt Boston. Die Kolonie Pennsylvania wurde von dem Philantropen William Penn in erster Linie als Zuflucht für englische Quäker und andere aus religiösen Gründen Unterdrückte gegründet.

Die mit den englischen Siedlungen konkurrierende Kolonie Neuniederland lag um die Hudsonbai und den gleichnamigen Fluß, die beide von dem in holländischen Diensten stehenden Seefahrer Henry Hudson 1610 entdeckt wurden. Von den dort ansässigen Canasseeindianern kauften die Niederländer die Manhatteninsel für Schmuck im Wert von 60 Gulden. Hier entstand die Hauptstadt der Kolonie, Neuamsterdam. Neuniederland geriet in kurzer Zeit zum Ärgernis für England, da es die nördlichen von den südlichen englischen Kolonien trennte. 1664 ließ der englische König Charles II. die englische Flotte in den Hafen von Neuamsterdam einlaufen, da er das Gebiet zwischen den Flüssen Connecticut und Delaware seinem Bruder, dem Herzog von York, zu schenken beabsichtigte. Nach kurzer Belagerung zwangen die Engländer den holländischen Gouverneur Peter Stuyvesant zur Aufgabe. 1673 eroberten die Niederländer ihre ehemalige nordamerikanische Hauptstadt für kurze Zeit zurück, mußten sie aber 1674 endgültig der neuen englischen Kolonie New York überlassen. Mit der Gründung der südlichen Kolonie Georgia als Bollwerk gegen die Spanier im Jahre 1732 säumte eine geschlossene Kette von dreizehn englischen Kolonien die Atlantikküste Nordamerikas.

Der Weg zur Revolution (1660–1775)
Den 4. Juli 1776 bezeichnet man allgemein als Beginn der amerikanischen Revolution, da an diesem Tag die Unabhängigkeit offiziell verkündet wurde. Der Unabhängigkeitserklärung (→Lexikon) ging aber eine lange Reihe von Ereignissen voraus, die erst zu großen Spannungen mit Großbritannien und dann zur Trennung vom Königreich führte. Wesentlich für das Verständnis dieses Ablösungsprozesses ist die relative Unabhängigkeit, die die amerikanischen Kolonisten schon im ersten Jahrhundert der Besiedlung genossen. Die englische Krone kümmerte sich anfangs wenig um die innere Verwaltung ihrer Kolonien. Bereits am 30. Juli 1619 fanden sich gewählte Abgeordnete der Gemeinden um Jamestown zur kolonialen Versammlung von Virginia ein. 1644 errichtete Massachusetts ein Zweikammerparlament mit gewählten Ratsmitgliedern. Ein allgemeines Wahlrecht für alle männlichen Landbesitzer wurde in die Verfassung geschrieben. Bald folgten die restlichen Kolonien mit eigenen Verfassungen und Versammlungen. Ein weiterer Faktor, der zur relativen politischen Selbständigkeit der englischen

Kolonien beitrug, war das hohe Bildungsniveau. Zu den religiösen Führern und einflußreichen Händlern, die nach Nordamerika auswanderten, zählten zahlreiche Intellektuelle aus Großbritannien. Der Geist der europäischen Aufklärung beeinflußte die politischen Ereignisse in den 13 Kolonien. Die führenden politischen Köpfe bezogen vor allem von dem englischen Philosophen John Locke Inspiration. Locke vertrat in seinem staatstheoretischen Hauptwerk »Zwei Abhandlungen zur zivilen Regierung« das Prinzip der Volkssouveränität.

Mitte des 17. Jhs. bemühte sich Großbritannien um eine stärkere Bindung der Kolonien an das Mutterland. Die einst gewährten Freiheiten sollten langsam zurückgenommen werden. London strebte einerseits ein Exklusivrecht auf Handel mit Nordamerika und andererseits eine Beschränkung der mit England konkurrierenden kolonialen Exportproduktion an. 1660 führte König Charles II. das erste von insgesamt drei sog. Navigationsgesetzen (→Lexikon) ein, die den Kolonien den Handel mit nicht-englischen Schiffen untersagten (1660), das Verzollen aller für Neuengland bestimmten Importgüter in Großbritannien forderten (1663) und die Belegung des interkolonialen Handels mit Zöllen vorschrieben (1673). 1686 wurden die Kolonien zum Dominion von Neuengland zusammengeschlossen, was die Zurücknahme der Gründungsfreibriefe und die Auflösung der Versammlungen nach sich zog. Beides empfanden die Amerikaner, die ihre relative Autonomie mittlerweile als Selbstverständlichkeit betrachteten, als unzumutbar. Zwar durften sie 1688 nach dem Sturz James' II. zu den gewohnten politischen Verhältnissen zurückkehren, aber die Navigationsgesetze und die Spannungen im Verhältnis zwischen Kolonien und Mutterland blieben bestehen.

Erneuten Anlaß zu transkontinentalen Streitigkeiten gab der 1754 ausbrechende French and Indian War (→Lexikon) zwischen Frankreich und England (in Europa als Siebenjähriger Krieg bekannt). Um die Kolonisten stärker an den englischen Kriegsbemühungen in Nordamerika zu beteiligen, befahl Premierminister William Pitt die Einberufung amerikanischer Infanteristen als Ergänzung britischer Verbände. Es folgten die sog. Quartiergesetze (→Lexikon), die die Amerikaner zu Beherbergung und Verpflegung britischer Soldaten verpflichteten. Diese Maßnahmen provozierten den teilweise gewaltsamen Widerstand der Kolonisten. Der Frieden von Paris (→Lexikon) von 1763, der den Krieg beendete, rief weitere Unzufriedenheit in den Kolonien hervor. Als Kriegsbeute erhielt Großbritannien sämtliche fran-

zösischen Gebiete in Nordamerika bis zum Mississippi. Dennoch hielt England an der entlang der Alleghenie-Gebirgskette verlaufenden »Proklamationslinie« fest, die den Amerikanern die Besiedlung des westlich gelegenen Ohiotals verbot. Die Kolonisten waren empört über neue Steuern, mit denen Großbritannien die Kosten des Krieges decken wollte. Premierminister George Grenville führte 1764 eine Zuckersteuer und 1765 die Stempelsteuer (→Lexikon) ein. Diese Sondersteuer galt für alle Drucksachen von Zeitungen über Urkunden bis hin zu Rechnungen und Frachtbriefen. Die Reaktion waren Proteste, ein Boykott gegen englische Waren und die Weigerung, Steuern zu zahlen, die ohne die Zusage der politischen Vertretung der amerikanischen Kolonien verfügt wurden. Ein junger Anwalt und Mitglied der Versammlung von Virginia namens Patrick Henry (▷Chronik Biografie, S. 95) prägte hierfür die berühmte Formel: »No taxation without representation«. Der Boykott bewirkte zwar die Aufhebung der Stempelsteuer, doch wurden Zölle auf Blei, Farbe, Papier, Tee und andere Artikel eingeführt (die sog. Townshend-Steuern, →Lexikon).

Besonders erzürnte die Amerikaner die Stationierung englischer Truppen in den Kolonien, die u.a. die Zöllner und Steuereintreiber des Königs schützen sollten. Am 5. März 1770 kam es zu Zusammenstößen zwischen einigen zu den »Söhnen der Freiheit« (→Lexikon) zählenden Patrioten und einer britischen Wache in Boston. Der Vorfall endete mit der Beschießung der Menge durch ein englisches Regiment, bei der fünf Amerikaner getötet wurden. Im »Bostoner Massaker« (→Lexikon) fanden die Patrioten ein Symbol englischer Unterdrückung.

Das letzte Glied in der Kette ihrer diplomatischen Mißgeschicke fügte die britische Regierung 1773 hinzu, als sie die britisch-ostindische Teekompanie vor dem Bankrott retten wollte. Die ostindische Kompanie wurde als einziger Teelieferant von der Teesteuer befreit, womit sie den nordamerikanischen Markt durch einen Preiskrieg gegen koloniale Teehändler monopolisiert hätte. Am 16. Dezember 1773 enterten 150 als Mohikanerindianer verkleidete Patrioten drei im Hafen von Boston liegende Schiffe der Gesellschaft und schütteten den Inhalt der Teekisten über Bord. Nach dem von den Patrioten als »Boston Tea Party« (→Lexikon) gefeierten Widerstandsakt schloß die englische Regierung den Hafen von Boston und löste die Kolonialversammlung von Massachusetts auf. Die anderen Kolonien stellten sich hinter Massachusetts, und im September 1774 trafen zum ersten Mal Vertreter aller Kolonien außer

Georgia zum Kontinentalkongreß (→Lexikon) in Philadelphia zusammen, um die drohende Krise zu besprechen.

Mittlerweile begann die Bevölkerung von Massachusetts mit der Aufstellung einer Miliz (Minute Men, →Lexikon). Diese Heimwehr beobachtete heimlich die Bewegungen der britischen Truppen in Boston. In der Nacht des 18. April 1775 entsandte der Britische Oberbefehlshaber in Boston, General Thomas Gage, etwa tausend Soldaten in die nahegelegenen Orte Concord und Lexington, um ein amerikanisches Waffen- und Schießpulverlager zu beschlagnahmen. Bei Tagesanbruch fielen in Lexington die ersten Schüsse zwischen amerikanischen Schützen und englischen Soldaten.

Revolution und Verfassung (1775–1789)
Drei Wochen nach den Kämpfen bei Lexington und Concord tagte der zweite Kontinentalkongreß im Stadthaus von Philadelphia. Die Anhänger des Versammlungsabgeordneten und geachteten politischen Denkers aus Massachusetts, John Adams (▷Chronik Biografie, S. 96) plädierten für die Unabhängigkeit. Die Gruppe um den aus Virginia stammenden Richard Henry Lee hoffte auf eine Versöhnung mit Großbritannien. Am 8. Juli wurde beschlossen, mit der sog. Ölzweig-Petition (→Lexikon) den König um Aufhebung der repressiven Gesetze und Schlichtung des Streits zu ersuchen. Die Antwort aus London war eindeutig. Am 23. August erklärte George III. seine Absicht, die »Rebellion« in den Kolonien gewaltsam zu beenden und die Revolutionäre vor ein Gericht zu stellen. Eine Handelsblockade aller amerikanischen Häfen sollte sofort in Kraft treten. Zunächst wünschte die Mehrheit im Lande die Aussöhnung mit England. Doch weitere Gefechte und vor allem die englische Mobilisierung von Indianern, ehemaligen Sklaven und Söldnern aus Deutschland (den verhaßten Hessians) trugen wesentlich zum Gefühlsumschwung bei. Im Januar 1776 erschien das Pamphlet eines jungen Philosophen namens Thomas Paine (▷Chronik Biografie, S. 97), das der Autor

Patrick Henry – Vordenker der amerikanischen Revolution

Chronik Biografie

amerikanischer Jurist und Politiker

*29.5.1736 Studley Plantatio (Virginia)
†6.6.1799 Red Hill (Virginia)

H. gilt als Wegbereiter der amerikanischen Revolution, die zur Unabhängigkeit Amerikas von Großbritannien führte. Er war der Sohn eines aus Aberdeen (Schottland) stammenden Plantagenbesitzers. Als Autodidakt eignete er sich juristische Kenntnisse an und bestand 1760 das Staatsexamen. Bereits 1763 trat H. als Advokat des Volkes gegen die englische Herrschaft auf in einem brisanten Prozeß wegen einer von König George II. verfügten Entwertung des Tabakpreises. Im selben Jahr wurde H. in die Virginia-Versammlung gewählt. Bald erwarb er sich den Ruf eines brillanten Redners. 1765 sprach er gegen die Stempelsteuer und hätte sich beinahe den Vorwurf des Hochverrats eingehandelt. Nach den als Reaktion auf die »Boston Tea Party« 1774 beschlossenen Repressionen gegen Massachusetts plädierte H. in Virginia für die Aufstellung einer Miliz und den Kampf um die Unabhängigkeit. Bei diesem Anlaß hielt er seine berühmteste Rede, die er mit den Worten schloß: »Ist das Leben so kostbar oder der Frieden so süß, als daß wir bereit wären, sie mit Ketten und Sklaverei zu bezahlen? Möge der allmächtige Gott dies verhüten! Ich weiß nicht, welchen Weg andere gehen werden, aber was mich betrifft, so gebt mir Freiheit oder gebt mir den Tod!« H. kämpfte als Soldat der revolutionären Armee von Virginia. Am 29. Juni 1776 wurde er zum ersten Gouverneur des neuen Bundesstaats Virginia gewählt. Als Mitglied des Verfassungskonvents engagierte er sich für die Rechte der Bundesstaaten und gegen die starke zentrale Gewalt. 1799 kehrte er aus dem Ruhestand in die Politik zurück, starb aber, bevor er sein Amt im Parlament von Virginia antreten konnte.

»Common Sense« (→Lexikon) übertitelte, weil er damit den »gesunden Menschenverstand« seiner Landsleute anrief. Es sei, so Paine, für jeden verständigen Kolonisten einsichtig, daß ein korruptes Regime, das die eigenen Untertanen hemmungslos brutalisiere, jeden Herrschaftsanspruch verwirkt habe. In den ersten Monaten seit ihrem Erscheinen verkaufte sich die Streitschrift über 100 000 mal. Auch im Kontinentalkongreß überwogen nun die Stimmen

John Adams
Chronik Biografie

US-amerikanischer Politiker, 2. Präsident 1791–1801

**30. 10. 1735 Braintree (heute Quincy, Massachusetts)
†4. 7. 1826 Braintree*

Der Plantagenbesitzer und Schriftsteller A. gehörte schon vor der Wahl zum Präsidenten zu den führenden Politikern der USA. Er war Mitglied der Versammlung von Massachusetts 1770/71 und des revolutionären Provinzialkongresses 1774/75, Delegierter des 1. und 2. Kontinentalkongresses 1774–1777, Mitverfasser der Unabhängigkeitserklärung und Hauptautor der Verfassung von Massachusetts. Zusammen mit Benjamin Franklin handelte er mit England den Friedensvertrag von Paris aus (1783). Von 1785 bis 1788 war er Gesandter in Großbritannien, von 1789 bis 1797 Vizepräsident der USA unter George Washington. In seiner von außenpolitischen Spannungen und innenpolitischen Unruhen geprägten Amtszeit verfolgte A. einen gemäßigten Kurs und vermied einen Krieg mit Frankreich, indem er 1800 den unerklärten Seekrieg beendete und mit dem Vertrag von Môrtefontaine eine Verständigung erzielte. Die Abkehr von Großbritannien provozierte den Bruch mit dem sog. Hamilton-Flügel, dem rechten Flügel der herrschenden Föderalisten, der bei den Präsidentenwahlen 1800 Thomas Jefferson unterstützte.

für die Freiheit. Man öffnete Amerikas Häfen für alle Länder außer Großbritannien, nahm diplomatische Beziehungen zu fremden Staaten auf und empfahl den einzelnen Kolonien die Errichtung eigener Regierungen. Am 4. Juli 1776 verabschiedete der Kongreß eine Unabhängigkeitserklärung (▷Chronik Zitat, S. 98), die zum allergrößten Teil aus der Feder eines 33-jährigen Gutsbesitzers aus Virginia namens Thomas Jefferson (▷Chronik Biografie, S. 99) stammte. Jefferson bekräftigte in dieser »Declaration of Independence« die Theorie John Lockes vom Gesellschaftsvertrag und das Recht jedes Menschen auf »Leben, Freiheit und das Streben nach Glück«. Die Vereinigten Staaten von Amerika wurden an diesem Tag 1776 geboren, im November des folgenden Jahres wurden die Konföderationsartikel (→Lexikon) vom Kongreß verabschiedet.

Im Frühjahr 1775 beauftragte der Kongreß Amerikas erfahrensten Offizier, den 43-jährigen Plantagenbesitzer aus Virginia George Washington (▷Chronik Biografie, S. 103), mit der Bildung einer kontinentalen Armee. Im Juni desselben Jahres übernahm Washington das Oberkommando. Das erste größere Gefecht beim Kampf von Bunker Hill bei Boston am 17. Juni 1775 erwies sich zwar als zahlenmäßiger Sieg der Briten, doch berichtete der englische Oberbefehlshaber in Boston, General Thomas Gage, nach London: »Diese Menschen bezeugen einen Kampfgeist und eine Disziplin im Streit gegen uns, die ihnen im Krieg gegen die Franzosen nie anzumerken waren«. Bis zum Winter hatten die Patrioten Boston umzingelt und einen loyalistischen Aufstand in North Carolina am 27. Februar beendet. Am 17. März entschied sich Gage für den vorläufigen Rückzug nach Halifax in Neuschottland. Unter der Führung Benedict Arnolds belagerten die Amerikaner gleichzeitig Quebec, um die kanadischen Provinzen zum Aufstand aufzustacheln. Doch genau wie die diplomatischen Bemühungen Benjamin Franklins (▷Chronik Biografie, S. 48) scheiterte die militärische Mission; Kanada blieb loyal.

Ende Juli erschien vor der Küste New Yorks die größte Ansammlung militärischer Kräfte, die Großbritannien jemals für einen Krieg auf fremdem Boden aufgeboten hatte. Unter dem Kommando von Sir William Howe stürmten 32 000 gut ausgebildete Soldaten die Hafenstadt und schlugen die Patrioten in die Flucht. Washington verlor bei diesen Gefechten über die Hälfte seiner Truppen. Bis zum Herbst hielten die Briten New York besetzt und bezogen dann ein Winterquartier in New Jersey. Washington wußte, daß seine demoralisierten Truppen einen

Sieg dringend brauchten. Entgegen der Gewohnheit des 18. Jhs., Kampfhandlungen im Winter ruhen zu lassen, griff Washington mit etwa 2400 Mann ein in Trenton (New Jersey) lagerndes Regiment an und schlug es.

Die englische Führung beschloß nun, die Neuenglandkolonien gleichzeitig aus nördlicher und südlicher Richtung zu umklammern und ausbluten zu lassen. Doch statt wie ursprünglich geplant nach Norden vorzudringen, um die aus Kanada nach Süden strömenden Kräfte unter General John Burgoyne bei Albany zu treffen, setzte Howe plötzlich seine Truppen Richtung Philadelphia in Bewegung. Howe nahm zwar Philadelphia ohne großen Widerstand ein, aber Milizen aus New York und Vermont sowie die Armee Benedict Arnolds schlugen Burgoynes Kräfte in zwei Schlachten bei Freemans Farm und zwangen Burgoyne am 17. Oktober 1777 bei Saratoga zur Kapitulation.

Die Niederlage Burgoynes brachte die Wende, denn dieser amerikanische Sieg hatte zwei überaus wichtige Folgen. Erstens waren die Kämpfe in den nördlichen Staaten damit mehr oder weniger beendet. Zweitens beeinflußte der Sieg die Meinung im Ausland über die Erfolgschancen der amerikanischen Revolutionäre. Seit Juli 1776 bemühte sich Benjamin Franklin in Paris um die französische Anerkennung der Vereinigten Staaten und die Zusicherung von materieller und militärischer Hilfe. Am 4. Dezember 1777 traf die Nachricht von der englischen Kapitulation bei Saratoga in Paris ein. Der französische Außenminister Graf Charles Granier de Vergennes garantierte Franklin die diplomatische Anerkennung und die gewünschte Unterstützung. In den folgenden zwei Jahren schlossen sich Spanien und die Niederlande mit einer offiziellen Anerkennung der USA und einer Kriegserklärung an Großbritannien an.

1778 trat der Krieg in den südlichen Bundesstaaten in seine Endphase. Englische Kräfte nahmen zwar Savannah (Georgia) am 29. Dezember 1778 und Charleston (South Carolina) am 12. Mai 1780 ein, doch insgesamt versagte ihre Strategie im Süden kläglich. Im Norden hielt Washington die jetzt unter dem Kommando von Sir Henry Clinton stehenden britischen Verbände in Schach. Ein britischer Sieg bei West Point am Fluß Hudson konnte gerade noch verhindert werden, nachdem die Amerikaner vom Verrat Benedict Arnolds erfahren hatten, der einen englischen Überfall auf West Point vorzubereiten half. Der britische Befehlshaber im Süden, General Charles Cornwallis, zog derweil seine Einheiten

nach Wilmington (North Carolina) zurück. Er erhielt den Befehl Clintons, in Yorktown auf der Halbinsel zwischen den Flüssen York und James sein Lager aufzuschlagen und auf den Transport nach New York oder Charleston zu warten. Washington erkannte in der Truppenverlegung nach Yorktown eine Möglichkeit, Cornwallis eine Falle zu stellen. Auf der Halbinsel von Yorktown stellten die unter Washington vereinten amerikanischen und französischen Kräfte Cornwallis' Armee zwischen Land und See. Nach dreiwöchiger Belagerung kapitulierte Cornwallis am 17. Oktober 1781. Es dauerte jedoch zwei Jahre, bis der Frieden offiziell besiegelt wurde. Franklin stellte die amerikanischen Friedensbedin-

Thomas Paine
Chronik Biografie

Britisch-amerikanischer Schriftsteller und Politiker

**29. 1. 1737 Thetford (England)
8. 6. 1809 New York

P. war ideologischer Vorkämpfer der amerikanischen Unabhängigkeitsbewegung und half mit seinen Pamphleten (am bekanntesten ist »Common Sense«, 1776), die Unterstützung des Volks zu gewinnen. Von Benjamin Franklin gefördert, wanderte der aus ärmlichen Verhältnissen stammende P. 1774 aus England nach Pennsylvania ein. 1786 kehrte er nach England zurück, wo er die Sache der Französischen Revolution u.a. gegen Edmund Burke verteidigte und das allgemeine Wahlrecht für England forderte. Wegen seiner Agitation des Hochverrats angeklagt, floh er 1792 nach Frankreich und wurde dort Mitglied des Nationalkonvents für die Girondisten. Weil er die Hinrichtung König Ludwigs XVI. ablehnte, wurde er von den Jakobinern eingekerkert (1793/ 1794), bis der spätere US-Präsident James Monroe seine Freilassung erwirkte. 1802 kehrte P. in die USA zurück.

NORDAMERIKA

gungen auf. Zu den »unabdingbaren« Konditionen zählten die amerikanische Unabhängigkeit von Großbritannien und die Festlegung des Mississippi als westliche Siedlungsgrenze der Vereinigten Staaten. Franklin fügte einige »wünschenswerte« Konditionen hinzu, u.a. den Abtritt Kanadas an die Vereinigten Staaten. Die Erfüllung aller wünschenswerten Konditionen konnte nicht erreicht werden – vor allem blieb Kanada britisch. Die unabdingbaren Forderungen aber setzte Franklin durch. Am 3. September 1783 unterzeichneten die diplomatischen Vertreter Franklin, John Jay und John Adams den Frieden von Paris.

Die in die Unabhängigkeit entlassenen Vereinigten Staaten von Amerika bildeten zunächst nur eine Art lose verbundene politische Liga. Die Furcht vor der Tyrannei, die man mit einer starken zentralen Gewalt assoziierte, führte zur Verankerung der größeren politischen Macht in den Parlamenten der einzelnen Staaten anstatt im Kongreß. In den 1781 von allen Staaten ratifizierten Konföderationsartikeln wurden dem Kongreß die Kompetenzen in der Außenpolitik und Kriegsführung zugesprochen sowie das Recht auf die Herausgabe von Geldscheinen. Die Artikel verweigerten dem Kongreß die Regelung des Handels, die Einberufung zum Militärdienst und die Er-

Amerika erklärt seine Unabhängigkeit

Chronik Zitat

Am 2. Juli 1776 wurde dem Kontinentalkongreß das Dokument vorgelegt, das als Geburtsurkunde der Vereinigten Staaten von Amerika gilt. Autor des überwiegenden Teils der Unabhängigkeitserklärung war Thomas Jefferson, der die Wahrung der Menschenrechte und die Gleichheit aller Menschen zu den Gründungsprinzipien der jungen Nation erhob. Zwei Tage später wurde der Declaration of Indepence vom Kontinentalkongreß einhellig zugestimmt.

»Einmütige Erklärung der dreizehn Vereinigten Staaten von Amerika: Wenn es im Laufe menschlicher Ereignisse notwendig wird, daß ein Volk die politischen Bindungen löse, die es mit einem anderen zusammengehalten haben, und den unabhängigen und gleichwertigen Platz unter den Mächtigen dieser Erde einnehme, zu dem es die Gesetze der Natur und Gottes berechtigen, so verlangt es der Anstand und die Achtung vor den Meinungen der Menschheit, daß dieses Volk die Gründe darlege, die es zu solcher Trennung zwingen. Wir halten die folgenden Wahrheiten für selbstverständlich: daß alle Menschen gleich geschaffen sind; daß ihnen der Schöpfer gewisse unveräußerliche Rechte verliehen hat, zu denen unter anderem die auf Leben, Freiheit und das Streben nach Glück gehören; daß zur Sicherung dieser Rechte Regierungen eingesetzt sind, welche die ihnen zustehende Gewalt von der Einwilligung der Regierten ableiten; daß es das Recht des Volkes ist, eine Regierungsform,

wenn sie jenen Zwecken verderblich wird, abzuändern oder abzuschaffen und eine Regierung einzusetzen, welche derart gestaltet ist, daß sie mit größtmöglicher Wahrscheinlichkeit die Sicherheit und Wohlfahrt des Volkes fördert. ... (W)enn eine lange Reihe von Mißbräuchen und Anmaßungen, die stets dasselbe Ziel verfolgen, die Absicht verrät, das Volk unter unbeschränkten Despotismus zu beugen, so ist es sein Recht, ja seine Pflicht, eine solche Regierung zu stürzen und für eine neue Gewähr seiner künftigen Sicherheit Sorge zu tragen. So haben bis jetzt diese Kolonien alles geduldig ertragen; nun so besteht jetzt die Notwendigkeit, das bisherige Regierungssystem abzuändern. ... Deshalb geben wir, die in einem allgemeinen Kongreß versammelten Vertreter der Vereinigten Staaten von Amerika, unter Anrufung des höchsten Richters der Welt für die Rechtschaffenheit unserer Absichten, im Namen und in Vollmacht des guten Volkes dieser Kolonien feierlich kund und erklären, daß diese vereinigten Kolonien freie und unabhängige Staaten sind und von Rechts wegen sein sollen, daß sie aller Pflichten gegen die britische Krone entbunden sind und alle politischen Verbindungen zwischen ihnen und dem Staate Großbritannien vollständig gelöst sind und sein sollen. ... Zur Bekräftigung dieser Erklärung verpflichten wir uns gemeinsam und gegenseitig, mit festem Vertrauen in den Schutz der göttlichen Vorsehung, auf unser Leben, unser Wohlergehen und unsere heilige Ehre.«

hebung von Steuern. Es gab nicht einmal ein Staatsoberhaupt, sondern lediglich einen Kongreßvorsitzenden. Es zeigte sich bald, daß die Nachteile der eingeengten Handlungsmöglichkeiten des Kongresses die Vorteile bei weitem überwogen.

Nach dem Unabhängigkeitskrieg stand der Kongreß vor einer Reihe von Problemen. Er hatte versucht, den Krieg teilweise durch das Drucken von Papiergeld zu finanzieren und damit eine Inflation verursacht, die nach dem Krieg anhielt. Man mußte sich auf ein Verfahren einigen, das die Eingliederung der westlich der alten Siedlungsgrenze liegenden Gebiete in den Bund regelte. Die Landverordnung, die Thomas Jefferson 1784 vorschlug und die in revidierter Form als Nordwestverordnung 1787 in Kraft trat, sah vor, daß die neuen Territorien als Bundesstaaten in die Föderation aufgenommen werden sollten, sobald sie eine Mindestbevölkerung von 60 000 Einwohnern erreicht hatten. Mit dem Widerstand der dort ansässigen Indianerstämme hatte der Kongreß nicht gerechnet. Es gab mehrere Zusammenstöße zwischen Siedlern und Indianern, die zu Beginn der 1790er Jahre im Krieg gegen die Miami gipfelten, die unter ihrem Führer Kleine Schildkröte den amerikanischen Truppen zwei schmerzliche Niederlagen in Ohio zufügten.

Die gravierendsten Schwächen bewies der Kongreß auf außenpolitischem Gebiet. Großbritannien kam der im Frieden von Paris genannten Verpflichtung nicht nach, seine Truppen aus dem Staatsgebiet der USA zurückzuziehen. Es gab immer noch britische Außenposten entlang der Großen Seen. Als John Adams 1784 nach London reiste, um Großbritannien einen Handelsvertrag vorzuschlagen, mußte er unverrichteter Dinge nach Hause zurückkehren, nachdem die Briten ihn mit der heiklen Frage konfrontiert hatten, ob er eine Nation oder einen der 13 Staaten vertrete. Der Kongreß versagte ebenfalls bei seinem Versuch, mit Spanien eine Klärung der Grenze zu Florida zu erzielen. Da der Kongreß keine direkten Steuern erheben durfte, hatte er außerdem enorme Schwierigkeiten, die riesigen Kriegsschulden zu bezahlen, die die USA bei mehreren Ländern offenstehen hatten. In Massachusetts brach zudem eine Bauernrevolte aus. Mehrere Farmer, die wegen unbeglichener Schulden gepfändet werden sollten, widersetzten sich.

Die eigene Handlungsunfähigkeit zermürbte auch die Mitglieder des Kongresses. 1783 konnten sie nur mit Mühe das notwendige Quorum bilden, um die Friedensverhandlungen mit Großbritannien abzuschließen. Aus dem Nordosten kamen Beschwerden über die unterschiedlichen Tarife und Handelsbestimmungen der einzelnen Staaten; der Westen stellte die Forderung, die »Indianergefahr« zu bannen. Alexander Hamilton (*1755, †1804), Rechtsanwalt aus New York und ehemaliger Berater Washingtons, rief zum nationalen Konvent auf, um die Konföderationsartikel einer gründlichen Überholung zu unterziehen. Einen Verbündeten fand Hamilton in einem Abgeordneten aus Virginia, James Madison

Thomas Jefferson
Chronik Biografie

US-amerikanischer Politiker und 3. Präsident 1800–1808

*13. 4. 1743 Shadwell (Virginia)
†4. 7. 1826 Monticello (Virginia)

J. war einer der großen US-amerikanischen Präsidenten. Er begann seine Laufbahn als Rechtsanwalt, Gutsbesitzer und Abgeordneter des Landtags von Virginia. Als Delegierter des Kontinentalkongresses (1775/76) verfaßte er die am 4. Juli 1776 beschlossene Unabhängigkeitserklärung, in der er als Anhänger der Philosophie John Lockes die unveräußerlichen Menschenrechte verankerte. Als Gouverneur von Virginia 1779 bis 1781 sorgte er für die Aufhebung der Adelsprivilegien, die Trennung von Kirche und Staat sowie die Errichtung öffentlicher Schulen. Unter George Washington als erster Außenminister (1789–1793) der USA geriet er in scharfen Gegensatz zu Alexander Hamiltons Finanzpolitik, trat aus Protest zurück und gründete die Demokratisch-Republikanische Partei, unterlag jedoch 1796 als Präsidentschaftskandidat. Mit der Unterstützung seines Gegners Hamilton wurde J. 1800 zum Präsidenten gewählt. In seiner ersten Amtszeit verdoppelte er das Staatsgebiet der USA durch den Louisiana Purchase 1803. Nach Ablauf der zweiten Amtsperiode verzichtete J. auf eine dritte Kandidatur.

(▷Chronik Biografie, S. 100). Eine 1786 in Annapolis (Maryland) stattfindende Versammlung appellierte an den Kongreß, Repräsentanten aller Bundesstaaten zum Verfassungskonvent (→Lexikon) in Philadelphia zu berufen.

Von Mai bis September 1787 nahmen Delegierte aus allen Staaten außer Rhode Island an den Konventsitzungen im Stadthaus von Philadelphia teil. Die Teilnehmer aus Virginia erwiesen sich als die bestvorbereiteten Delegierten. Führend unter ihnen war der 36-jährige Madison. Er schlug eine radikale Abweichung vom ursprünglichen Auftrag des Konvents vor: Die Konföderationsartikel sollten nicht revidiert, sondern durch den Beschluß einer neuen, nationalen Regierungsform ersetzt werden. Madison hatte einen eigenen Entwurf mitgebracht, der bald als »Virginia-Plan« (→Lexikon) bekannt wurde. Madisons Konzept sah eine präsidiale Republik vor, die auf einer strengen Gewaltenteilung durch ein Zweikammerparlament beruhte. Anstoß an Madisons Entwurf nahmen allerdings die kleinen Staaten, da sich die Sitzverteilung im Kongreß nach der Einwohnerzahl des jeweiligen Bundesstaates richten sollte. Das zahlenstarke Virginia hätte damit einen überdeutlichen Vorteil im Kongreß gehabt. Schließlich erzielten die Delegierten einen Kompromiß: Im Repräsentantenhaus sollte zwar die Vertretung der Bevölkerung entsprechen, doch im Senat erhielt jeder Staat ungeachtet seiner Größe zwei Sitze. Damit war der Weg frei für die endgültige Festlegung aller Einzelheiten der Verfassung (→Lexikon), die am 17. September 1787 von 39 der insgesamt 55 Delegierten unterschrieben wurde (→Gründungsväter erarbeiten eine neue Verfassung, S. 102).

Sobald der Vorschlag des Konvents bekannt wurde und die Bundesstaaten mit der Bildung von Abstimmungsversammlungen begannen, folgte die erwartete Kritik. Gegner meinten, die Verfassung sei illegal – was, gemessen an den Satzungen der Konföderationsartikel, auch stimmte, denn der Konvent hatte lediglich die Konföderationsartikel überarbeiten sollen. Ferner würde die neue zentralistische Regierung die Steuern erhöhen, die einzelnen Bundesstaaten auflösen und eine Diktatur einsetzen, die vor allem die Reichen im Lande begünstigte. Zudem monierten die Verfassungsgegner, daß das Dokument keinen Grundrechtekatalog (→Lexikon) enthielt. Jeder Regierung seien Übergriffe auf die Rechte der Bürger zuzutrauen, sofern man ihr dies nicht ausdrücklich verbiete. Madison hatte sich gegen die Anfügung eines Grundrechtekatalogs mit dem Argument gewehrt, daß die ausdrückliche Nennung der Bürgerrechte diese zugleich auf eine begrenzte Zahl festlege.

Die Befürworter der neuen Regierung nannten sich Föderalisten (→Lexikon) und belegten ihre Widersacher geschickterweise mit dem Namen Antiföderalisten (→Lexikon), um das Negative und Unpatriotische ihres Standpunktes hervorzuheben. Den wichtigsten Beitrag beim Werben um die Zustimmung des Volks zur Verfassung leisteten Hamilton, Madison und John Jay, die unter dem gemeinsamen Pseudonym »Publius« eine Reihe von Essays veröffentlichten, in denen sie Bedeutung und Vorteile der Verfassung erläuterten. Die heute unter dem Titel »Federalist Papers« (→Lexikon) versammelten Schriften gelten als eines der wichtigsten amerikanischen Dokumente zur Staatstheorie. Insgesamt ver-

James Madison

Chronik Biografie

US-amerikanischer Politiker und 4. Präsident 1809–1817

*16. 3. 1751
Port Conway (Virginia)
†28. 6. 1836
Montpelier (Virginia)

M. gilt als Architekt der US-amerikanischen Verfassung (1787), die er als Abgeordneter von Virginia im Verfassungskonvent durchsetzte. Er war Verfechter einer starken Zentralgewalt und führender Vertreter der Föderalisten um Thomas Jefferson und Alexander Hamilton. Als Außenminister unter Jefferson (1801–1809) erreichte er den Kauf von Louisiana von Frankreich (1803), mußte jedoch das Scheitern seiner Embargopolitik gegen die Verletzung der US-amerikanischen Seeneutralität im Rahmen der Napoleonischen Kriege hinnehmen. Als Präsident ließ er sich 1812 unter dem Eindruck der »Kriegsfalken« um Henry Clay in den Krieg gegen Großbritannien ziehen, nach dessen Ende in den wesentlichen Punkten die Vorkriegsverhältnisse wiederhergestellt wurden.

lief die Ratifizierung zügig und reibungslos vom Winter 1787/88 bis Sommer 1788. Als erster Staat erklärte sich Delaware mit der Verfassung einverstanden. Es folgten die meisten Nordenglandstaaten, und im Juni 1788 unterzeichneten die Delegierten von New Hampshire als neuntem Staat den Vertrag mit dem neuen Bund. Damit war die Verfassung rechtskräftig. Bis Ende Juni hießen auch Virginia und New York die Verfassung gut. Nur North Carolina und Rhode Island enthielten sich vorläufig ihrer Stimme.

Konsolidierung und Ausdehnung (1789–1840)

Die Republik und die Ära Jefferson (1789–1807)
In den Anfangsmonaten des Jahres 1789 fand die erste amerikanische Präsidentschaftswahl statt. Niemand zweifelte daran, daß das Amt des höchsten Staatsbeamten dem Oberkommandeur der Revolutionsarmee und »Vater seines Landes« George Washington (▷Chronik Biografie, S. 103) zufallen würde. Einige der Staatsversammlungen hatten die neue Verfassung nur unter der Annahme ratifiziert, daß Washington als erster Präsident den Beschluß eines Grundrechtekatalogs (→Lexikon) im Kongreß durchsetzen würde. Am 25. September 1789 verabschiedete der Kongreß zwölf Verfassungszusätze, von denen die Bundesstaaten insgesamt zehn bestätigten. Die ersten neun hinderten den Kongreß daran, gewisse fundamentale Rechte der Bürger zu beschneiden: die Rechte auf Religionsfreiheit, freie Meinungsäußerung und Presse, Schutz vor willkürlicher Festnahme, Gerichtsverfahren durch ein Geschworenengericht und anderes mehr. Der zehnte Zusatz behielt den Bundesstaaten alle Kompetenzen außer denjenigen vor, die ausdrücklich beim Bund bleiben sollten.
Ausgerechnet die Bildung politischer Parteien sah die Verfassung nicht vor. Madison glaubte, daß das Machtstreben, die Streitsucht und die Interessenpolitik von Parteien den demokratischen Prozeß gefährdeten. Daß sich dennoch ein Zweiparteiensystem herausschälte, konnten selbst die wohldurchdachten vorbeugenden Maßnahmen Madisons nicht verhindern. Die vordergründig von Washington, aber im wesentlichen von Alexander Hamilton ideologisch geprägten und angeführten Föderalisten bevorzugten einen starken, zentralen Nationalstaat. Hinter James Madison und Thomas Jefferson (▷Chronik Biografie, S. 99) stellten sich die Gegner der föderalistischen Auffassung der Staatsgewalt. Die sich →Demokratische Republikaner (→Le-

Chronik **Zeittafel**

1607	Jamestown (Virginia) wird gegründet
1620	Die Kolonie Plymouth entsteht
1624	Niederländer errichten eine Siedlung auf der Manhattaninsel
1630	Puritaner gründen die Massachusetts Bay-Kolonie in Boston
1642 **–48**	Englischer Bürgerkrieg zwischen Königtum und Parlament; amerikanische Kolonien verstärken Selbständigkeit
1660	Erstes Navigationsgesetz zur Regelung des kolonialen Handels erlassen
1664	Neuamsterdam (New York) fällt an England nach Seekrieg
1686	Dominion von Neuengland entsteht
1688	König James II. wird entmachtet, William und Mary besteigen den Thron
1702 **–13**	Queen Anne's War, England erhält Akadien und Neufundland
1744 **–48**	King George's War, England/Frankreich kämpfen gegen Preußen/Österreich um die spanische Erbfolge
1754 **–63**	French and Indian War zwischen England und Frankreich, England erhält ganz Neufrankreich
1765	Englisches Parlament beschließt Stempelsteuer auf koloniale Schriftstücke
1767	Townshend-Steuern auf Gebrauchsartikel eingeführt
1770	»Bostoner Massaker«: Engländer erschießen protestierende Kolonisten
1773	»Boston Tea Party«, Kolonisten protestieren gegen die Bevorzugung der britisch-ostindischen Teegesellschaft
1774	Erster Kontinentalkongreß
1775	Kämpfe bei Lexington und Concord eröffnen den Unabhängigkeitskrieg
1776	Unabhängigkeitserklärung beschlossen
1777	Konföderationsartikel angenommen
1783	Großbritannien erkennt die Unabhängigkeit der Vereinigten Staaten an
1787	Verfassungskonvent beschließt neue Verfassung
1787/88	Staaten ratifizieren die Verfassung
1789	George Washington wird erster Präsident der USA; der Verfassung wird ein Grundrechtekatalog angefügt

NORDAMERIKA

Gründungsväter erarbeiten eine neue Verfassung

Bereits wenige Jahre nach Erlangen der Freiheit von England zeigte der lose Staatenbund, der die USA gemäß den 1777 beschlossenen Konföderationsartikeln waren, erste Risse. Von Mai bis September des Jahres 1787 tagte im Stadthaus von Philadelphia das Delegiertenkonvent, das die neue Verfassung erarbeitete. Sie ist größtenteils das Werk James Madisons.

Der große britische Staatsmann des 19. Jhs. William Gladstone nannte die amerikanische Verfassung »das wunderbarste Werk des menschlichen Geistes und Strebens, das je zu einer bestimmten Zeit geschaffen wurde«. James Madison gilt als Architekt der Verfassung, der sein bereits vor dem Konvent entworfener »Virginia-Plan« zugrundeliegt. Von Anfang an mußte Madison wichtige Änderungen an seinem Plan vornehmen, um die Interessen der Delegierten der verschiedenen Staaten zu vereinen. Zuerst mußte die Frage der Vertretung im Kongreß geklärt werden. Mit dem Angebot einer einheitlichen Vertretung aller Staaten im Senat bei proportional zur Bevölkerung bemessener Vertretung im Repräsentantenhaus waren die Delegierten einverstanden.

Delegierte der Südstaaten stellten daraufhin die Frage, ob Sklaven als Teil der Bevölkerung gezählt werden sollten. Nach dem Willen der Südstaatenpolitiker sollten Sklaven bei der Bestimmung der Repräsentation mitgezählt werden, nicht aber, wenn es um die Hochrechnung von Bundessteuern ging. Ein Komitee schlug vor, jeden Sklaven als 75 % eines freien Bürgers zu zählen, was Zustimmung fand. Zu keinem Zeitpunkt wurde die Möglichkeit diskutiert, den Sklaven das Wahlrecht zu gewähren.

Die größte Aufgabe, die Madison zu bewältigen hatte, betraf die Souveränität. Wo sollte in der von Madison propagierten Föderation die Macht liegen – beim Staatsoberhaupt, dem Kongreß oder den Bundesstaaten? Madison erklärte, die Souveränität liege einzig und allein beim Volk der Vereinigten Staaten. Deshalb beginnt die Verfassung mit den Worten: »Wir, das Volk der Vereinigten Staaten von Amerika«. Die Machtteilung ist einer der charakteristischsten Aspekte der amerikanischen Staatsform. Madison glaubte an die Notwendigkeit einer starken Zentralgewalt, teilte aber die Angst seiner Zeitgenossen vor der Despotie. Deshalb legte er besonderen Wert auf die Aufteilung der Staatsgewalt in mehrere Machtzentren – das Amt des Präsidenten, der Senat, das Repräsentantenhaus, der Oberste Gerichtshof –, damit diese sich gegenseitig regulierten und kontrollierten.

Das System der gegenseitigen Kontrolle, genannt »Checks and Balances«, ist die distinktivste Eigenschaft der Verfassung der USA. Die Verfassung schafft eine Regierung, die zugleich national und föderal ist. Sie ist höchstes Gesetz im Lande; kein Bundesstaat kann sich dieser Autorität widersetzen. Die Bundesregierung darf Steuern erheben, den Handel regeln, die Währung herausgeben und neue Gesetze schaffen. Aber die Bundesstaaten sind gleichzeitig weitgehend autonom. Wichtige Regierungskompetenzen wie z.B. Bildungsfragen sind alleinige Sache der einzelnen Bundesstaaten, die außerdem beim Obersten Gerichtshof Klage gegen den Bund erheben können.

Madisons Verfassung zeichnet sich durch erstaunliche Offenheit und Flexibilität aus und hat so die wechselnden Zeiten überdauert. Sie bedarf aber wegen einiger Undeutlichkeiten genauer Auslegung; schon die sog. Gründungsväter zeigten sich mit der einen oder anderen Einzelheit unzufrieden. Die Deutung der Verfassung obliegt dem Obersten Gerichtshof. Die Verfassung ist mehrmals durch Zusätze (Ammendments) ergänzt, aber seit ihrem Bestehen nie geändert worden. Das treffendste Wort zu diesem unvollkommenen, aber einzigartigen Zeugnis menschlichen Strebens nach einem gerechten Staat stammt von dem US-amerikanischen Staatsmann und Präsidenten Benjamin Franklin, als er es unterschrieb: »Hiermit stimme ich also dieser Verfassung zu, weil ich keine bessere erwarte, und mir nicht sicher bin, ob sie nicht vielleicht doch die bestmögliche ist«.

xikon) nennenden Anhänger Jeffersons traten für eine dezentralistische Regierung ein, deren Auftrag sich in der Wahrung der Bürgerrechte erfüllen sollte. Jeffersons ideales Amerika war weder städtisch noch kommerziell, es war das ländliche Idyll des selbstversorgenden amerikanischen Farmers (▷Chronik Zitat, S. 104).

Jefferson mußte sich vorerst mit der Rolle des Oppositionsführers begnügen, denn zunächst blieben die Föderalisten zwölf Jahre an der Macht. Das politische Tagesgeschäft überließ Washington größtenteils dem begabten Finanzminister Hamilton. Mit seinem Mißtrauen gegen das gemeine Volk unterschied sich dieser wesentlich von Jefferson. Die Wahrung von Freiheit, Stabilität und Wohlstand traute Hamilton nur einer aufgeklärten Elite zu, die den Staat vor der Tyrannei des Populismus schützen sollte. Hamiltons erste Bemühungen galten der Auffüllung der Staatskassen. Er stützte sich auf mehrere Einnahmequellen: den Erlös vom Landverkauf im Westen, Importtarife und eine Besteuerung alkoholischer Getränke. Hamilton propagierte außerdem die Ausstellung von zinstragenden Staatsanleihen und

die Übernahme aller Schulden der Bundesstaaten durch die Zentralregierung, um das Interesse der Finanzstarken des Landes am Wohlergehen der Bundesregierung zu festigen.

1791 nahm die von Hamilton gegründete Nationalbank (→Lexikon) ihre Arbeit auf. Hamilton spielte Jefferson in die Hände, warnte dieser doch vor der Tendenz der Föderalisten, die Interessen der Wohlhabenden und Einflußreichen zu bedienen. Der handeltreibende Nordosten lag fest in föderalistischer Hand, während der Süden zum Sammelbecken der Republikanischen Bewegung Jeffersons wurde. Die Ereignisse der Französischen Revolution trieben einen weiteren Keil zwischen die Parteien. Mit Entsetzen hörten Föderalisten von der Hinrichtung des Bourbonenkönigs Louis XIV. und seiner Gemahlin Marie Antoinette, während die Republikaner der antiaristokratischen Gesinnung der Jakobiner applaudierten. Als sich Bauern in Pennsylvania 1794 gegen die Weinbrandsteuer auflehnten, übernahm Präsident Washington persönlich die Führung von 15 000 Soldaten, die die Aufrührer der sog. Whiskey-Rebellion (→Lexikon) auseinandertrieben.

George Washington – der »Vater« der Nation

Chronik Biografie

US-amerikanischer Politiker und 1. Präsident 1789–1797

*22. 2. 1732 Wakefield (Virginia) †14. 12. 1799 Mount Vernon (Virginia)

Als Oberbefehlshaber der amerikanischen Truppen im Unabhängigkeitskrieg (1775–1783) und erster Präsident der USA gilt W. als »Vater« der Nation. Der Besitzer einer großen Tabakplantage begann seine militärische Karriere als Oberst der Milizen von Virginia (1753–1758) im French and Indian War (1754–1763), der in Nordamerika im Rahmen des Siebenjährigen Krieges ausgetragen wurde. Nach seinem Rückzug aus der Armee stellte er sich ab 1769 an die Spitze der Opposition ge-

gen die britische Kolonialpolitik und vertrat Virginia 1774/75 auf dem ersten und zweiten Kontinentalkongreß. Nach Ausbruch der ersten Kämpfe im Unabhängigkeitskrieg 1775 wurde er zum Oberbefehlshaber der Truppen der aufständischen Kolonien gegen England ernannt.

1787 wurde W. als Leiter der Delegation von Virginia Mitglied des Verfassungskonvents, der ihn einstimmig zu seinem Präsidenten wählte. Als erster Präsident der USA verschaffte er der neuen Bundesregierung durch eine maßvolle Innenpolitik Autorität gegenüber den Einzelstaaten. Er konnte jedoch den Bruch zwischen den Föderalisten unter Alexander Hamilton und den Demokratischen Republikanern um Thomas Jefferson nicht kitten. Nach außen wahrte er Neutralität in den europäischen Konflikten im Rahmen der Französischen Revolution und suchte eine Verständigung mit Großbritannien. W. wurde 1792 wiedergewählt und lehnte 1796 eine erneute Kandidatur für die Präsidentschaftswahl ab.

Außenpolitische Aufgaben mußte die Regierung Washingtons bereits ein Jahr vor der Whiskey-Rebellion bewältigen. Der Krieg zwischen Frankreich und Großbritannien rief die Allianz in Erinnerung, die die USA und Frankreich 1778 im amerikanischen Unabhängigkeitskrieg eingegangen waren. Es stellte sich nun die unangenehme Frage: Waren die USA als Verbündeter Frankreichs zum Kriegseintritt gegen England genötigt? Hamilton riet Washington, die französische Regierung zwar anzuerkennen, aber gleichzeitig die starken »Friedenshoffnungen« Amerikas zu bekräftigen. Endgültige Klarheit schuf der Kongreß 1794 mit einer Neutralitätserklärung, die Bürgern der USA die Teilnahme an dem Krieg untersagte. 1794 begann die englische Marine mit der Beschlagnahme amerikanischer Handelsschiffe bei den Antillen. Washington entsandte den Vorsitzenden des Obersten Gerichtshofes John Jay als Sonderemissär nach England, um dieses und andere Probleme durch ein Abkommen zu regeln. Jay erreichte von Großbritannien die Garantie amerikanischer Souveränität im Nordwesten des neuen Hoheitsgebiets der USA und einen Handelsvertrag. Republika-ner kritisierten zwar gewisse von Jay gemachte Zugeständnisse an Großbritannien, aber der Handel mit Großbritannien war für die Wirtschaft der jungen Republik von unermeßlicher Bedeutung. Außerdem bewirkte die Aussöhnung mit dem ehemaligen Mutterland, daß sich Spanien – aus Furcht vor der englischen Übermacht – zur Regelung der Floridagrenze (entlang des 31. Breitengrades) und zur Zulassung der US-amerikanischen Binnenschiffahrt auf dem Mississippi bereit erklärte.

1796 trat Jefferson zum ersten Mal zum Wahlkampf um die Präsidentschaft an. Er unterlag zwar dem neuen Kandidaten der Föderalisten John Adams (▷Chronik Biografie, S. 96), wurde aber mit der zweitgrößten Stimmenzahl zum Vizepräsidenten gewählt, da es das System der Parteienwahlen, bei dem sich die Kandidaten um die Ämter des Präsidenten und Vizepräsidenten stets paarweise bewarben, ursprünglich nicht gab. Adams erbte von seinem Vorgänger Washington eine Ausweitung des Konflikts mit Frankreich. Die Franzosen machten sich nun die britische Gewohnheit zu eigen, US-amerikanische Schiffe gefangenzunehmen. Bei einem als »XYZ-

Das ländliche Amerika als neuer Garten Eden

Chronik Zitat

Thomas Jefferson mißtraute nicht nur jeder starken Staatsgewalt, sondern auch der Urbanisierung. In dem einzigen umfangreicheren Buch aus seiner Feder, den 1784 erschienenen »Notizen über Virginia«, schilderte er seinen Heimatstaat und zugleich seine Vorstellung des idealen Staates.

»In Europa ist alles Land, was nicht schon kultiviert wird, dem Landwirt verschlossen. Nicht aus freier Wahl, sondern aus Notwendigkeit greift man dort auf die Herstellung zurück, um das übrige Volk zu versorgen. Wir aber verfügen über reichlich Land, das der Arbeit des Landwirts noch offensteht. Ist es also besser, daß unsere Bürger alle an der Nutzung des Landes arbeiten, oder daß die eine Hälfte den Ackerbau der Herstellung opfern sollte? Wenn es ein auserwähltes Volk Gottes gibt, in dessen Brust er wirkliche Tugend gepflanzt hat, so sind es diejenigen, die die Erde bestellen. ... Die Geschichte liefert uns kein Beispiel einer Generation oder einer Nation, in der der Niedergang der Moral bei den Landwirten zu beobachten war. Das sieht man vielmehr bei denen, die sich auf die Zufälle und die Willkür ihrer Kundschaft anstatt auf die Kraft des Himmels und die Früchte ihrer eigenen Arbeit verlassen wie der Landwirt es tut. Die Abhängigkeit gebiert Unterwürfigkeit und Käuflichkeit, erstickt die Tugend im Keime und stellt ehrliche Fähigkeiten in den Dienst eines falschen Ehrgeizes. ... im allgemeinen gilt, daß der Anteil aller übrigen Klassen an der Gesellschaft gegenüber den Landwirten dem Anteil der ungesunden Elemente gegenüber den gesunden entspricht, und dies darf generell als Barometer der Korruption dienen. ... Die Massen der Großstädte tragen soviel zum reinen Zweck der Regierung bei wie Geschwüre zur Stärke des menschlichen Leibes. Die Gewohnheiten und der Geist des Volkes erhalten die Gesundheit der Republik. Eine Entartung (dieser Gewohnheiten) gleicht einem Krebs, der das Herz der Republik, die Gesetze und die Verfassung zerfrißt.«

Affäre« (→Lexikon) bekanntgewordenen Zwischenfall wurde einer amerikanischen Delegation in Paris die Botschaft des Außenministers der Revolutionsregierung, Charles Maurice de Talleyrand, überbracht, daß Frankreich vor der Aufnahme jeglicher Verhandlungen mit den USA ein amerikanisches Darlehen für die Regierung und großzügige Schmiergelder für hohe französische Beamte erwarte. Adams weigerte sich strikt, den Forderungen nachzukommen. Infolgedessen befanden sich die USA in den Jahren 1798/99 im Kriegszustand mit Frankreich. Handelsbeziehungen wurden abgebrochen, und Adams befahl den Bau neuer Kriegsschiffe. Nachdem die neue US-amerikanische Marine mehr als 85 französische Schiffe in ihre Gewalt bekommen hatte, bot Napoleon Bonaparte den USA einen Vertrag zur Beendigung des Konflikts an.

Innenpolitisch beschäftigte die Föderalisten die wachsende Opposition der Republikaner, denen sie mit fragwürdigen Notstandsgesetzen beizukommen hofften. 1798 wurden dem Kongreß Gesetzesnovellen vorgelegt, die die Einbürgerung von Einwanderern erschweren und die Festnahme von potentiell gefährlichen Regierungskritikern erleichtern sollten (Fremden- und Aufruhrgesetze, →Lexikon). Dies erwies sich als taktische Torheit der Föderalisten, denn Jefferson und Madison nutzten die Gesetze propagandistisch, um zu beweisen, daß die Föderalisten die Bildung einer Oligarchie anstrebten. In den 1798 von Jefferson und Madison verfaßten Virginia- und Kentucky-Resolutionen (→Lexikon) wurden die Bundesstaaten aufgerufen, die Verfassungsmäßigkeit der neuen Gesetze zu prüfen. Der Protest zahlte sich bei der nächsten Präsidentschaftswahl aus. Im Jahre 1800 zog Jefferson in den von New York nach Washington im Bundesstaat Virginia verlegten Regierungssitz.

Als Präsident gelang es Jefferson nicht, seinen persönlichen Traum vom ländlichen Amerika mit einer dezentralistischen Regierung zu realisieren. Fast gegen den Willen des Präsidenten wuchs unter Jeffersons Führung die Fläche der USA um fast das Doppelte. Vor allem im Norden deuteten technische Fortschritte die künftige Industrialisierung an. 1793 erfand der aus Massachusetts stammende Eli Whitney eine Egreniermaschine zur Austrennung der klebrigen Baumwollsamen, die vorher in langwieriger Handarbeit von den Fasern entfernt werden mußten. Dadurch stieg die Baumwollproduktion im Süden. Jefferson brachte die Regierung zunächst auf Sparkurs. Er setzte im Kongreß die Aufhebung aller Steuern außer Handelstarifen durch und halbierte

das Defizit. Dennoch kamen größere Ausgaben auf die Regierung Jefferson zu. 1800 ergriff in Frankreich Napoleon Bonaparte die Macht. Im Laufe desselben Jahres rang er Spanien ein Geheimabkommen ab, den Vertrag von San Ildefonso, der die Rückgabe der ehemals französischen Territorien von Louisiana an Frankreich festlegte. Im Hafen von New Orleans wurden fast sämtliche für den Export bestimmten Erzeugnisse des wachsenden amerikanischen Westens auf die Schiffe umgeladen, die sie den Weltmärkten zuführten. Falle New Orleans in die Hände Napoleons, so Jefferson an seinen Botschafter in Paris, Robert Livingston, »so müssen wir uns mit der englischen Flotte und der britischen Nation vermählen«. 1802 kündigte der spanische Intendant von New Orleans eine jahrzehntealte Vereinbarung mit den USA auf: Amerikanische Schiffe auf dem Mississippi durften ihre Ladungen nicht mehr in New Orleans löschen. Jefferson widerstrebte eine Verschiebung der amerikanischen Westgrenze, aber angesichts der Lage am Mississippi beauftragte er Livingston, Napoleon ein Angebot für den Erbwerb von New Orleans zu unterbreiten. Zu Livingstons Erstaunen signalisierte Bonaparte Interesse, das ganze Gebiet von Louisiana zum Verkauf anzubieten. Livingston wußte nichts von den Schwierigkeiten Napoleons in der Karibik und in Europa. Der in Frankreich eingetroffene Staatssekretär James Monroe autorisierte den Handel, und unter der Bedingung, daß die Bewohner von Louisiana möglichst bald eingebürgert werden sollten, erhielten die USA im sog. Louisiana Purchase (→Lexikon) alle ehemals französischen Gebiete westlich des Mississippi für umgerechnet 15 Mio. US-Dollar.

1804 gelang Jefferson mit absoluter Mehrheit die Wiederwahl, doch seine Popularität war bereits im Abnehmen begriffen. Insbesondere hatte er mächtige Föderalisten in den Neuenglandstaaten durch den Louisiana-Landkauf entfremdet, die in der Westexpansion einen Einflußverlust ihrer Region vermuteten. Die extremste Gruppe föderalistischer Gegner Jeffersons bildete die sog. Essex-Junta von Massachusetts, deren Mitglieder Pläne für den Austritt Neuenglands aus der Union und die Bildung einer Nordstaatenkonföderation schmiedeten. Sie bemühten sich, den Führer in föderalistischen Kreisen, Alexander Hamilton, auf ihre Seite zu ziehen. Nachdem Hamilton den Sezessionisten eine klare Absage erteilt hatte, wandten sich diese an Hamiltons größten Rivalen innerhalb der Partei, den Vizepräsidenten Aaron Burr. Burr nahm tatsächlich Kontakte zur Essex-Junta auf, woraufhin ihn Hamilton öffentlich des Hochverrats beschuldigte. Burr forderte Hamilton, und bei dem im Juli 1804 ausgetragenen Duell wurde Hamilton tödlich getroffen. Burr floh, um einer Mordanklage zu entgehen, kehrte aber nach einigen Monaten nach Washington zurück. Da er sich in Washingtoner Kreisen politisch diskreditiert sah, schloß sich Burr dem Gouverneur des Louisiana-Territoriums an, General James Wilkinson.

Wilkinson und Burr begannen mit der Organisation einer militärischen Expedition, um das spanische Mexiko zu erobern. Dieses Unternehmen begleiteten Gerüchte, Burr wolle den Südwesten von der Union abtrennen und zu seinem eigenen Königreich erklären. Jefferson befahl die Verhaftung Burrs, der 1807 nach Richmond (Virginia) überführt und vor Gericht gestellt wurde. Wegen mangelnder Beweise erfolgte ein Freispruch, aber die politische Karriere Burrs war damit endgültig beendet. An den Eskapaden Burrs und der Essex-Junta nahmen auch die Föderalisten als ganzes Schaden. Ihren schon festen Griff um die politische Führung konnten die Republikaner nach dem Sezessionsskandal stärken. Der von Jefferson bestimmte Nachfolger, Staatssekretär James Madison, erreichte 1808 den Wahlsieg. Madison folgte 1816 wiederum dessen Staatssekretär James Monroe, der die Erfolgsgeschichte der »Virginians« fortsetzte.

Konflikte, Krieg, Expansion (1807–1828)
Jefferson mußte in seiner zweiten Amtszeit feststellen, daß die im ausgehenden 18. Jh. mit England und Frankreich getroffenen Abkommen keineswegs das Ende der Spannungen mit Europa bedeuteten. Nach der Zerstörung seiner Flotte durch Großbritannien 1805 suchte Napoleon nach neuen Methoden, um den englischen Widerstand zu brechen. Er verfiel auf das sog. Kontinentalsystem (Berliner Dekret 1806, Mailänder Dekret 1807), das britischen und über britische Häfen fahrenden Schiffen neutraler Staaten verbot, ihre Ladung in allen von Frankreich und dessen Verbündeten kontrollierten Häfen zu löschen. Großbritannien reagierte mit einer Seeblockade kontinentaleuropäischer Häfen. Dazwischen steckten nun die Vereinigten Staaten, deren Handelsflotte bereits 1793 die zweitgrößte der Welt war (nach der englischen).

Besondere Antipathien hegten die Amerikaner gegen Großbritannien. England brauchte dringend Matrosen für seine Kriegsmarine und nahm für sich in Anspruch, amerikanische Schiffe nach »Deserteuren« durchsuchen zu dürfen. Von der amerikanischen Regierung ausgestellte Pässe wurden von eng-

lischen Offizieren mißachtet, und viele Amerikaner gerieten durch diese als »Impressment« (→Lexikon) bekannte Taktik in englische Gefangenschaft. Der Konflikt spitzte sich zu, als sich 1807 ein Schiff der amerikanischen Kriegsflotte, die »Chesapeake«, der Durchsuchung durch die Engländer widersetzte. Daraufhin eröffnete die englische Fregatte »Leopard« das Feuer und entführte vier amerikanische Matrosen. Jefferson verließ sich in dieser Lage auf das diplomatische Talent seines Botschafters in England, James Monroe (▷Chronik Biografie, S. 107). Das britische Kabinett lehnte Verhandlungen kategorisch ab. Jefferson antwortete mit einem Embargo, das amerikanischen Schiffen das Anlegen in fremden Häfen grundsätzlich verwehrte. Das Ergebnis des Embargos war in erster Linie eine ernstzunehmende wirtschaftliche Depression in den USA.

Als sich Jefferson 1808 gegen eine dritte Kandidatur entschied, übernahm James Madison (▷Chronik Biografie, S. 100) die Regierung. Als Reaktion auf das Embargo unter Jefferson übertrug die britische Führung eine mögliche Ausweitung des Konflikts mit den USA den »natürlichen Feinden« Amerikas – den Indianern im Westen. Bereits nach dem »Chesapeake«-Vorfall ließ der kanadische Generalgouverneur anfragen, ob die Belieferung der Indianer mit Waffen und weiterem Kriegsgerät als Maßnahme zum Schutz Kanadas vor amerikanischen Angriffen möglich sei. Die Aufrüstung erfolgte kurz darauf.

Entscheidend für die Entstehung organisierten Widerstandes der Stämme im Mittelwesten waren aber nicht nur die britischen Waffen, sondern auch das Auftreten zweier charismatischer Führer. Eine Hauptursache wiederholter indianischer Niederlagen beim Versuch, das Vordringen weißer Siedler in traditionelle Stammesgebiete aufzuhalten, waren die Desorganisation und der interne Streit der verschiedenen Stämme, die sich nie als ein Volk verstanden. Ein solidarischer Kriegsbund aller westlichen Stämme bot den Indianern die einzige Chance, weiteren territorialen Verlust an die Weißen zu verhindern. Für die spirituelle Konsolidierung der Stämme sorgte der religiöse Führer Tenskwatawa, der nach einem Erweckungserlebnis seinen Alkoholismus besiegte und allen Indianern des Westens die Abkehr von der Korruption der weißen Kultur und die Wiederentdeckung traditioneller Stammeswerte predigte. Tenskwatawa scharte Anfang des 19. Jhs. eine große Anhängerschaft um sich, die ihn als »den Propheten« bezeichnete. Sein Bruder, der Shawneehäuptling Tecumseh, übernahm die Rolle des militärischen Führers. Anfang 1809 zog Tecumseh durch das ganze Gebiet des Mississippitals und versprach allen Stämmen der Region, daß es gemeinsam gelingen könnte, den Fluß Ohio zur Grenze zwischen den USA und dem Land der Indianer zu bestimmen und langfristig auch zu halten.

Die US-amerikanische Regierung war durch die wachsende und nun mit Englands Hilfe stark bewaffnete Bewegung um Tenskwatawa und Tecumseh beunruhigt. 1811 brach Tecumseh zu neuen Reisen durch den Süden des Mississippitals auf. Der Gouverneur von Indiana, William Henry Harrison, der sich in mehreren Indianerkriegen profiliert hatte und ein überzeugter Befürworter der Westexpansion war, sah die Gelegenheit gekommen, den Krieg mit der Indianerkonföderation im Keim zu ersticken. Während der Abwesenheit Tecumsehs ging Harrison mit 1000 Mann am 7. November 1811 vor dem Hauptquartier Tenskwatawas, dem an der Mündung der Flüsse Tippecanoe und Wabash gelegenen Prophetstown, in Stellung. Die Indianer reagierten auf Harrisons Provokation mit einem Angriff, doch der Zauber des Propheten, auf den so viele vertrauten, brachte den Kriegern kein Glück. Bei der Schlacht von Tippecanoe schlug Harrison den Kriegsbund und vernichtete die Widerstandshoffnungen der Stämme im Tal des Ohio und des Mississippi.

Die Nachricht von Harrisons Sieg blieb nicht ohne Wirkung in Washington. Die neugewählten jungen Kongreßabgeordneten, die »Kriegsfalken«, die bereits vor der Schlacht von Tippecanoe gegen England agitiert hatten, riefen jetzt zum Vernichtungsschlag gegen Großbritannien auf. Die Engländer sollten endgültig vom nordamerikanischen Boden (sprich: Kanada) vertrieben werden. Unter wachsendem Druck, vor allem durch Henry Clay (*1777, †1852) und John C. Calhoun (*1782, †1850), unterzeichnete Präsident Madison die Kriegserklärung an Großbritannien am 14. Juni 1812.

Großbritannien konzentrierte seine militärische Kraft fast ausschließlich auf die Kriege gegen Napoleon. Doch die amerikanischen Versuche, Kanada zu besetzen, erwiesen sich von vornherein als schlecht geplant und unprofessionell durchgeführt. Die Schlacht von Queenston Heights am 13. Oktober 1812 endete mit einem Fiasko für die US-Truppen. William Henry Harrison errang zwar am 5. Oktober 1813 einen Sieg für die USA an der kanadischen

James Monroe – der letzte »Grüdungsvater« als Präsident

Chronik Biografie

US-amerikanischer Politiker und 5. Präsident 1817–1825

*28. 4. 1758 Westmoreland (Virginia)
†4. 7. 1831 New York

Der Anhänger Thomas Jeffersons war der letzte Angehörige der Generation der »Gründungsväter« der USA im Amt des Präsidenten. Seine Präsidentschaft war von Konsolidierung geprägt. 1783 bis 1786 war M. Mitglied des Kontinentalkongresses, 1790–1794 Senator und 1799–1802 Gouverneur von Virginia. Als Diplomat war er 1794–1796 Gesandter in Paris, 1803–1807 in London. Sein größter Erfolg dieser Zeit war der 1803 in Paris ausgehandelte Kauf Louisianas von Frankreich. Als Außenminister unter Präsident James Madison (1811 bis 1817) befürwortete er den Krieg gegen England (1812–1814). Als Madisons Nachfolger leitete M. die »Ära der guten Gefühle« zwischen den Parteien ein. 1820 wiedergewählt, blieb seine Domäne die Außenpolitik: Gemeinsam mit Außenminister John Quincy Adams erreichte M. die Entmilitarisierung der Grenze zu Kanada (1817), den Kauf Floridas von Spanien (1819) und die Gründung Liberias in Afrika, dessen Hauptstadt Monrovia nach ihm benannt wurde, für ehemalige Sklaven (1822). Mit der Monroedoktrin, die Amerika zur Einflußsphäre der USA und der unabhängigen lateinamerikanischen Länder allein erklärte, riegelte er den Doppelkontinent gegen alle weiteren europäischen Kolonisierungsunternehmen ab. Innenpolitisch vertagte er mit dem Missouri-Kompromiß 1819 die Auseinandersetzung zwischen freien Staaten und denen, die Sklaverei zuließen.

Themse, konnte sich aber jenseits der Grenze nicht lange halten. Kanada wehrte letztlich alle Angriffe ab. Anfang 1814 nahm der Krieg wegen europäischer Ereignisse eine für die amerikanischen Truppen schicksalhafte Wende: Das Scheitern des Rußlandfeldzuges Napoleons ermöglichte England die Versetzung größerer Truppenverbände nach Nordamerika. An drei Stellen – der Chesapeakebai, dem Champlainsee und der Mündung des Mississippi – drangen englische Soldaten in die USA ein. Am 24. August 1814 stand Washington in Flammen (auch das Weiße Haus brannte nieder), und die britische Armee rückte gegen die wichtige Hafenstadt Baltimore vor. Es gelang den Amerikanern von dem im Hafen gelegenen Fort Henry aus, die Stadt zu halten. Ein junger Anwalt aus Washington namens Francis Scott Key beobachtete am Morgen des 14. September nach der Bombardierung durch englische Schiffe, daß über Fort Henry die amerikanische Flagge noch wehte. Von diesem Anblick inspiriert, schrieb Key das Gedicht auf, das in populärer Vertonung zum beliebten Kampflied und 1931 sogar zur Nationalhymne der USA wurde: The Star-Spangled Banner (→Lexikon).

Als einziger Held ging der General und Gutsbesitzer aus Tennessee, Andrew Jackson, aus dem sonst eher glücklosen Kampf gegen Großbritannien hervor. Im Dezember 1814 landeten mehrere britische Einheiten südlich von New Orleans. Am 8. Januar gingen die Engländer gegen die Stadt vor, zu deren Verteidigung Andrew Jackson und seine Männer entschlossen waren. Am Ende der Schlacht beklagte man auf englischer Seite 700 Tote und 1400 Verwundete, wohingegen die Amerikaner acht Tote und 13 Verletzte verzeichneten. Beiden Seiten war unbekannt, daß die diplomatischen Vertreter der USA bereits am Heiligabend 1814 einen Friedensvertrag mit Großbritannien im belgischen Gent unterschrieben hatten. Der Frieden von Gent (→Lexikon) stellte offiziell lediglich die Vorkriegsverhältnisse wieder her. Inoffiziell bahnte er den Weg für weitere Verträge und Abkommen, die die Beziehungen zwischen den USA und Großbritannien endlich auf lange Sicht entspannten. Ein Handelsabkommen von 1815 räumte den USA das Recht auf ungehinderten Handel mit England und allen Ländern des Königreichs außer den britischen Antillen ein. Ein Fischereiabkommen des Jahres 1818 erlaubte Amerikanern das Fischen vor der Küste Britisch-Nordamerikas, und das Rush-Bagot-Abkommen (→Lexikon) von 1817 führte zur Abrüstung der amerikanischen und der britischen Flotte auf den Großen Seen.

Eine positive Auswirkung des Kriegs war ein wirtschaftlicher Aufschwung. Die USA importierten hauptsächlich Industrieerzeugnisse, und der durch das Embargo bedingte Wegfall dieser Produkte stimulierte die einheimische Herstellungsindustrie. Die expandierende Textilverarbeitung, die schon vor dem Krieg infolge der Erfindung maschineller Webstühle an Bedeutung gewonnen hatte, schuf neue Industriezentren im Nordosten. Nachdem die Charta der Nationalbank 1811 nicht erneuert wurde, entstanden zahllose Banken der einzelnen Bundesstaaten, die großzügige Kredite an Existenzgründer im Westen ausstellten. Zur Ausdehnung des Geschäfts gaben viele dieser Banken Geldscheine heraus, so daß ein Durcheinander verschiedenster Banknoten mit unterschiedlichem Wert auf dem Markt auftauchte. Am Ende des Kriegs zeigte sich, daß viele dieser Banken nicht über ausreichende Goldreserven verfügten, um den Wert ihrer Geldscheine zu decken. Die Finanzlage wurde durch die neuen Handelsbeziehungen zu Großbritannien verschlimmert, da englische Händler ihre Erzeugnisse jetzt vielfach unter Wert verkauften, um die Konkurrenz der US-amerikanischen Industrie auszuschalten. 1816 ergriff der Kongreß zwei Maßnahmen zur Stabilisierung der Lage. Eine neue Nationalbank wurde gegründet, um eine Vereinheitlichung der Währung voranzutreiben. Importtarife wurden erhoben, um junge amerikanische Industrien zu schützen. Die Republikanische Regierung bekannte sich trotz der Vision Jeffersons zur Industrialisierung der USA.

Politisch stand das Land nach dem Krieg unter einem verhältnismäßig friedlichen und ruhigen Stern. Der 1816 zum Präsidenten gewählte James Monroe (*1758, †1831), ehemals Staatssekretär Madisons, hoffte vor allem, den alten Traum der Gründungsväter von einer überparteilichen Regierung zu verwirklichen. In sein Kabinett nahm er Repräsentanten aller geographischen und ökonomischen Regionen sowie jeglicher politischer Couleur auf. Die Föderalisten waren keine ernstzunehmende Opposition. Bei seiner Wiederwahl 1820 erhielt Monroe fast alle Stimmen des Wahlkollegiums – ein Wahlmann stimmte gegen Monroe, damit George Washington als einziger einhellig gewählter Präsident in die Geschichte der USA eingehen konnte. Die einmütige politische Stimmung im Lande beschrieb eine Tageszeitung treffend als »Ära der guten Gefühle«.

Unter Monroes Führung wurde endlich die geographische Hegemonie an der Ostküste erreicht. Seit Jahren suchten die USA eine Einigung mit Spanien über die Kolonie Florida. Monroes Staatssekretär

John Quincy Adams nahm 1817 Verhandlungen mit dem spanischen Minister Luis de Onís auf. Gleichzeitig gab Kriegsminister John C. Calhoun Order an General Andrew Jackson im Süden, »alle notwendigen Maßnahmen zu ergreifen«, um den Überfällen der Seminolenindianer aus Florida auf weiße Siedlungen nördlich der Grenze ein Ende zu setzen. Jackson marschierte in Florida ein und nahm die Festungen St. Marks und Pensacloa ein. Damit machte Jackson de Onís klar, daß die USA notfalls bereit waren, sich Florida mit Gewalt einzuverleiben, wenn Spanien nicht verkaufen wollte. Gegen den Verzicht auf amerikanische Ansprüche in Texas und 5 Mio. US-Dollar erhielten die USA 1819 im Adams-Onís-Abkommen (→Lexikon) das gesamte Gebiet von Florida und die spanische Westküste nördlich von Kalifornien.

Die Zerschlagung und Vertreibung der Indianer im Krieg von 1812 leitete eine Wanderungsbewegung nach Westen ein. Die nach dem Unabhängigkeitskrieg an die USA gefallenen englischen Gebiete füllten sich schnell auf – so schnell, daß die neuen Bundesstaaten Kentucky (1792) und Tennessee (1796) die Aufnahme in den Bund beantragen konnten. Nach dem zweiten Krieg gegen England erhielt die Union rasch hintereinander viermal neuen Zuwachs: Indiana (1816), Mississippi (1817), Illinois (1818) und Alabama (1819). 1820 gab es weit westlich des Mississippi schon die ersten weißen Siedlungen, und die Bevölkerung des Westens wuchs schneller als die der Nation als ganze. Im Jahre 1810 lebte einer von sieben Amerikanern in Regionen westlich der Appalachen. Zehn Jahre später hatte hier jeder vierte Amerikaner sein Zuhause. Die Gesamtbevölkerung verdoppelte sich etwa alle 25 Jahre. Die 4 Mio. Amerikaner des Jahres 1790 wuchsen 1820 auf 10 Mio.

Das größte Handelshindernis für die Bauern in den neuen westlichen Gebieten war der schwierige Zugang zu den Häfen der Ostküste. Die meisten Straßen waren für den Warentransport ungeeignet, und deshalb wurden die Baumwoll- und Tabakernten des Südwestens in flachen Flußbooten auf dem Mississippi bis nach New Orleans befördert. Von hier aus fuhren die großen Handelsschiffe zu den östlichen Hafenstädten wie New York oder Boston. Dieser große Umweg war ein beträchtlicher Kostenfaktor. In New York entstand die Idee, den Fluß Hudson durch den Bau eines über 550 km langen Kanals mit dem Eriesee zu verbinden. Die Arbeiten begannen am 4. Juli 1817. Landschaftliche Steigungen und Senkungen wurden mit großen Schneisen, Aquä-

dukten und insgesamt 88 Schleusen überwunden. Im Oktober 1825 wurde der Eriekanal (→Lexikon) eröffnet, der sich nach nur sieben Jahren völlig amortisiert hatte. Der technische und finanzielle Erfolg des Eriekanals ermutigte zur Nachahmung. 1825 begann in Ohio der Bau zweier neuer Kanäle, und in Indiana entstand der Wabash-und-Eriekanal, der schließlich die ungehinderte Binnenschiffahrt und den Warenaustausch zwischen New Orleans und New York ermöglichte. Zu dieser Zeit wurden in New York auch schon die ersten Schienenstrecken für Eisenbahnen verlegt. 1826 entstand die Mohawk-und-Hudson-Linie zwischen Schenectady und Albany. Bis Mitte der 1830er Jahre fuhren Züge in elf Staaten auf Strecken, die zusammen eine Länge von 1600 km ergaben. Amerikanische Hersteller begannen mit dem Bau moderner Dampflokomotiven, die den europäischen Modellen technisch überlegen waren. Die USA arbeiteten am Aufbau eines Binnenmarktes, der dem Land mehr Unabhängigkeit gegenüber Europa gewährleisten sollte.

Im Süden und Südwesten spezialisierte sich die Landwirtschaft vor allem seit der Erfindung von Whitneys Egreniermaschine zunehmend auf ein Produkt: Baumwolle. Die enormen Gewinne begünstigten den Bau riesiger Plantagen. Hier wurde die Arbeit größtenteils von Sklaven verrichtet. Bei der Aufnahme neuer Staaten in den Bund mußte immer zuerst geklärt werden, ob das neue Gebiet zu den freien Staaten oder den Sklavenstaaten gehören sollte. Meist wurde die Antwort durch die jeweilige geographische Lage vorgegeben: Nur der Süden behielt die Sklaverei bei. Als das aus dem Territorium des Louisiana-Landkaufs entstandene Missouri 1819 die Anerkennung als Bundesstaat beantragte, waren freie und Sklavenstaaten zahlenmäßig gleich vertreten im Bund. Die Regelung der Sklavenfrage in Missouri bedeutete zugleich einen Machtgewinn entweder für den Norden oder den Süden, die sich wirtschaftlich und politisch auseinanderentwickelten. Der Repräsentant James Tallmadge aus New York schlug vor, die Einführung der Sklaverei in Missouri zu verbieten. Die USA waren aber durch den Vertrag mit Frankreich verpflichtet, Rechte und Besitz der im Louisiana-Territorium lebenden Franzosen und Spanier zu schützen, und diese besaßen bereits Sklaven. Die Föderalisten des Nordens glaubten, ihrer Partei mit einer offenen Stellungnahme gegen die Sklaverei in Missouri neues Leben einzuhauchen, da viele Antisklavereiorganisationen in den Lokalregierungen des Nordens saßen. Der Sprecher des Repräsentantenhauses, Henry Clay, ersann eine

Lösung des Konflikts, den sog. Missouri-Kompromiß (→Lexikon). Missouri sollte ein Sklavenstaat bleiben, doch in allen Louisiana-Territorien nördlich der Südgrenze Missouris sollte die Sklaverei verboten werden.

Präsident Monroe sah sich in den 1820er Jahren gezwungen, zur Freiheitsbewegung in den Ländern Lateinamerikas Stellung zu beziehen. Die USA trieben schon seit geraumer Zeit regen Handel mit Río de la Plata (Argentinien, →S. 408), Chile (→S. 397) und Kuba (→S. 314). 1815 erklärten die USA ihre Neutralität in den Kriegen zwischen Spanien und seinen Kolonien, belieferten die lateinamerikanischen Länder aber weiter mit Schiffen und Vorräten – ein erstes Signal amerikanischer Unterstützung des Unabhängigkeitsstrebens. Monroe beschloß wenige Jahre später, die neuen südlichen Nachbarländer diplomatisch anzuerkennen und regte Großbritannien zweimal (1818 und 1819) an, dies auch zu tun. Nach zweimaliger britischer Ablehnung entschloß sich der von der europäischen Zurückhaltung enttäuschte Monroe 1822 für eine amerikanische Anerkennung im Alleingang. Monroes Mißtrauen gegenüber europäischer Politik wuchs angesichts der auf Napoleons Sturz folgenden Unterdrückung europäischer Freiheitsbewegungen und vor allem nach der Restauration der Bourbonen-Dynastie. Gerüchte kursierten, Frankreich wolle sogar das spanische Imperium in Amerika restaurieren. Als Reaktion auf diese Ereignisse verkündete Monroe 1823 vor dem Kongreß, nach Ansicht der USA seien Kolonisierungsunternehmen europäischer Mächte auf beiden amerikanischen Subkontinenten inakzeptabel. Jede versuchte Koloniengründung eines europäischen Landes in Amerika werde, so Monroe, als feindselige Handlung betrachtet (▷Chronik Zitat, S. 107). Monroe kündigte außerdem an, die USA mischten sich in europäische Angelegenheiten künftig nicht ein.

Nach der mittlerweile zur Tradition gewordenen Gewohnheit der »Virginians« entschied sich Monroe gegen eine dritte Kandidatur um die Präsidentschaft und versicherte seinen Staatssekretär John Quincy Adams (▷Chronik Biografie) als Präsidentschaftsanwärter seiner vollen Unterstützung. Die Wahl von 1824 war keine Wiederholung des überparteilichen Schulterschlusses der »Ära der guten Gefühle«. Insgesamt drei weitere Kandidaten stellten sich neben Adams zur Wahl: William Crawford aus Georgia, Henry Clay aus Kentucky und der Tennessee-General Andrew Jackson (▷Chronik Biografie, S. 111). Clay hatte sich im Kongreß als geschickter Taktiker bewährt und für den Wahlkampf ein klar umrissenes Programm, das er das »amerikanische System« (→Lexikon) nannte: Es verlangte Schutztarife für die Industrie, eine Erneuerung der Charta der Nationalbank und die Bereitstellung öffentlicher Gelder für den Ausbau der Transportwege. Jackson, Kriegsheld und Volkstribun, riß die Wählerschaft mit seinen Angriffen auf die Verfilzung in Washington mit. Das Wahlergebnis brachte Jackson die höchste, aber keine mehrheitliche Stimmenzahl. Laut dem zwölften Verfassungszusatz mußte jetzt das Repräsentantenhaus die endgültige Entscheidung fällen. Hier verfügte Clay zwar über großen Einfluß, aber er wußte, daß realistische Chancen nur noch für Adams und Jackson bestanden. Clays Parteinahme

John Quincy Adams
Chronik Biografie

US-amerikanischer Politiker und 6. Präsident 1825–1829

*11. 7. 1767 Braintree (jetzt Quincy, Massachusetts) †23. 2. 1848 Washington

Der Sohn von Präsident John Adams war wesentlich an der Ausarbeitung der Monroedoktrin beteiligt. Er begann seine politische Laufbahn als amerikanischer Gesandter an europäischen Höfen und Leiter der Friedensdelegation in Gent (1814). Unter Präsident James Monroe avancierte A. zum erfolgreichsten amerikanischen Außenminister seiner Zeit (1817–1825). Durch Kauf sicherte er Florida den USA (1819), und er formulierte mit Monroe zusammen die Monroedoktrin (1823), die den Hegemonialanspruch der USA in ihrem Einflußbereich begründete. Dagegen war die Präsidentschaft des Jefferson-Republikaners von weitgehend erfolglosen Versuchen geprägt, innenpolitische Probleme zu bewältigen. Blockiert wurde er dabei immer wieder durch die Anhänger seines Amtsnachfolgers Andrew Jackson, die eine Wiederwahl von A. um jeden Preis verhindern wollten.

würde die Wahl für einen der beiden Männer entscheiden. Er vermutete in Adams einen Sympathisanten seines »amerikanischen Systems« und sprach sich für ihn als Präsidenten aus. Das Repräsentantenhaus schloß sich wie erwartet Clays Meinung an. Als Adams im Gegenzug Clay zu seinem Staatssekretär berief, warfen die Jackson-Anhänger den beiden Wahlabsprachen vor.

Als Präsident war Adams ohne Fortune. Nicht selten wurden seine Amtshandlungen von Jackson-Anhängern hintertrieben. Als Adams 1826 zwei Delegierte zu einer in Panama stattfindenden Konferenz der befreiten lateinamerikanischen Länder ernannte, hielten Jacksons Parteigänger die Bestätigung im Kongreß so lange mit Debatten auf, bis der Abreisetermin zur Konferenz verstrichen war. Als Georgia Pläne zur Vertreibung der restlichen auf seinem Gebiet lebenden Creek- und Cherokeestammesmitglieder ankündigte, wies Adams auf einen Vertrag mit den Creek hin, der ihnen die Beibehaltung ihrer Stammesländer in Georgia verbriefte. Das Parlament von Georgia setzte sich über den Protest des Präsidenten hinweg und bekräftigte seine Absichten. Ehe Adams reagieren konnte, willigten die Creek in einen neuen Vertrag ein und akzeptierten die Vertreibung. Den größten Schaden nahm Adams' Glaubwürdigkeit an einer 1828 vorgelegten Gesetzesnovelle zu neuen Importtarifen. Urheber des Gesetzes waren Wollhersteller aus Massachusetts und Rhode Island, die sich über britische Dumpingpreise für Wollprodukte beschwerten. Der Widerstand mehrerer Abgeordneter des Südens führte zu einer Erweiterung des Tarifs auf Erzeugnisse wie Flachs, Hanf, Eisen und Blei, die alle im Westen produziert wurden. Die Südstaatler hofften, so die Ratifizierung des Gesetzes zu verhindern, da die östlichen Unternehmer diese Rohmaterialien billig von Großbritannien bezogen. Adams konnte zwar von seinem Vetorecht Gebrauch machen, aber wie er sich auch entschied, ihm war der Zorn einer der beiden Parteien sicher. Nach Erlaß des Tarifgesetzes gaben Jacksons Männer Adams die Schuld an dem sog. Greueltarif. Somit herrschten günstige Bedingungen für Jackson, der 1828 seine Wahlkampfkampagne als Großangriff gegen die »Geldaristokratie« und ihre »Handlanger« in Washington startete. Seine Anhänger gründeten eine neue Partei, die der »Demokratischen Republikaner« (→Lexikon), und ihr Kandidat triumphierte

Andrew Jackson – Mann des Volkes

Chronik Biografie

US-amerikanischer Politiker und 7. Präsident 1829–1837

*15. 3. 1767 Waxhaw Settlement (South Carolina)
†8. 6. 1845 auf Hermitage bei Nashville (Tennessee)

J. war trotz umstrittener Methoden und unnachgiebiger Haltung in Indianerfragen einer der angesehensten Präsidenten der USA. Der »Mann aus dem Volk« war vor seiner Präsidentschaft Baumwollfarmer, Jurist, Soldat, Mitbegründer und erster Kongreßabgeordneter des Staates Tennessee und Senator. Seine Popularität, mit der er im zweiten Anlauf die Wahl zum Präsidenten gewann, hatte er sich 1815 mit dem Sieg über die Engländer in der Schlacht bei New Orleans erworben. Während sich seine Anhänger zur reformbewußten Demokratischen Partei als Motor einer tiefgreifenden Demokratisierung des Staates formierten, bildete J. mit der Belohnung seiner verdienten Gefolgsleute mit öffentlichen Ämtern ein eigenes Machtzentrum aus, um seinen politischen Willen durchzusetzen. Um die staatlichen Eingriffe in das Wirtschaftsleben zu blockieren und die Bildung vermeintlicher Pfründen der Oberschicht im Lande zu verhindern, löste er nach langem politischem Kampf 1832 die Nationalbank auf.

Herausragende Ereignisse der Amtszeit von J. sind u.a. die Zwangsumsiedlung fast aller östlichen Indianerstämme in die Gebiete westlich des Mississippi 1831–1835, militärische Intervention in South Carolina 1832, Beginn des zweiten Seminolenkriegs 1835–1843 und des Mexikanischen Kriegs gegen Texas 1836, in den Jackson aus innenpolitischen Gründen nicht eingriff.

bei den Wahlen. Der Sieg Jacksons unterstrich nicht nur die Wirksamkeit seiner gegen Adams gerichteten Verhinderungspolitik und die Anziehungskraft der Massendemokratie, sondern auch eine offensichtlicher werdende Teilung des Landes: Mit Ausnahme New Yorks unterstützte kein einziger Neuenglandstaat Jackson.

Die Ära Andrew Jackson (1828–1840)
Andrew Jackson ragt als eine der größten politischen Persönlichkeiten der amerikanischen Geschichte hervor. Nicht umsonst bezeichnet man auch die über seine Amtszeit hinausgehenden Jahre bis 1840 als Epoche des Jacksonianismus. Er trat als Schutzpatron des einfachen Volks und als Gegner der Korruption auf. Mehr Demokratie wolle er dem Volk der Vereinigten Staaten bringen, versprach er, und größere soziale Mobilität schaffen. Obwohl Jackson am Ende wenig gegen die alteingesessenen Seilschaften Washingtons unternahm, entstand tatsächlich erst unter seiner Führung die eigentliche Massendemokratie in den USA. Im Westen hatten bereits alle weißen Männer das Wahlrecht, doch in einigen der ursprünglichen 13 Staaten durften immer noch nur diejenigen wählen, die auch Grundsteuern zahlten. In den Jahren von Jacksons Präsidentschaft bzw. kurz danach fielen auch diese Schranken. Er bekräftigte die Rechte des Eizelnen wie der Bundesstaaten und das Ideal der dezentralistischen Regierung. Gleichzeitig war Jackson ein autokratischer Machtpolitiker und nationalistischer Verteidiger des Bundes. Seine wichtigsten Amtshandlungen verdeutlichen diese Ambivalenz seiner Politik und seiner Person.
Als Feind der herrschenden Oberschicht zettelte Jackson zunächst einen politischen Krieg gegen die Nationalbank (→Lexikon) der USA an. Mit ihrem Exklusivrecht auf Verwahren des gesamten Guthabens der Staatskassen hielt Jackson die Nationalbank in erster Linie für ein Werkzeug der Mächtigen. Er selbst machte 1797 große Verluste als Spekulant. Viele Banken wurden wegen ihrer fahrlässigen Kreditpolitik zahlungsunfähig. Jackson übersah, daß die Bankkrise zum Teil durch das Fehlen der Nationalbank bedingt wurde, deren Charta abgelaufen war. Er nahm sich vor, die 1836 fällige Erneuerung der Charta mit aller Kraft zu verhindern. Nicholas Biddle, Präsident der Nationalbank, beantragte 1832 eine vorzeitige Erneuerung der Charta. Jackson bediente sich aber seines Vetorechts und begann, alle Regierungsgelder aus den Kassen der Nationalbank abzuziehen und auf Konten kleinerer Privat-

banken zu verteilen. Biddle riskierte die Flucht nach vorn, indem er die Rückzahlung von Krediten forderte und die Zinssätze erhöhte, um Druck auf Jackson auszuüben. Er löste damit eine Geschäftspanik aus. Einflußreiche Händler in New York und Boston forderten die sofortige Einstellung des Finanzkriegs. Biddlc gab den Kampf auf, und Jackson gelang ein entscheidender Schlag gegen eine zentrale Institution der Bundesregierung: 1836 wurde die Nationalbank aufgelöst.
Vizepräsident John C. Calhoun sorgte sich um die Interessen seines Heimatstaates South Carolina, wo sich immer mehr Plantagenbesitzer und Kleinbauern über den »Greueltarif« von 1828 beschwerten. Die Preise verschiedener Industriegüter waren gestiegen, die im vorwiegend landwirtschaftlichen Süden nicht produziert werden konnten. Einige radikale Abgeordnete in South Carolina verlangten die Sezession, die Calhoun keineswegs zulassen wollte. Eigentlich als Versuch, die Einheit des Bundes zu erhalten, begann Calhoun mit der Ausarbeitung seiner eigenen Verfassungsauslegung, die den Bundesstaaten das Recht auf »Annullierung« (→Lexikon) von Bundesgesetzen garantierte. Teilweise auf den Virginia- und Kentucky-Resolutionen von 1798/99 aufbauend, argumentierte Calhoun, daß die politische Souveränität bei den Bundesstaaten liege. Kongreß und Oberster Gerichtshof seien nur Einrichtungen der Staaten, und somit obliege es dem Obersten Gerichtshof nicht, die Verfassungsmäßigkeit von Gesetzen zu prüfen. Ein einzelner Bundesstaat sei rechtlich in der Lage, über ein föderales Gesetz abzustimmen und dieses notfalls für rechtsungültig zu erklären – zu annullieren. Über zwei Jahre lang sammelte Calhoun Unterstützung für das Annullierungsrecht in den Südstaaten. Doch als Jackson 1833 dem Kongreß den Entwurf eines Ermächtigungsgesetzes vorlegte, nach dem er die amerikanischen Streitkräfte einsetzen durfte, um die Durchsetzung von Bundesgesetzen zu erzwingen, wandten sich Calhouns Parteigänger von ihm ab. Henry Clay beruhigte die Situation, indem er einen Kompromiß vorschlug. Der Tarif sollte stufenweise über die nächsten zehn Jahre gesenkt werden, bis er wieder den ursprünglichen Satz von 1816 erreichte. Die Krise wurde abgewehrt, doch Calhoun hatte sich zum erklärten Feind des Präsidenten gemacht und das Mißtrauen zwischen Norden und Süden verschärft.
Gegen die im Süden verbliebenen Indianer betrieb Jackson eine aggressive Politik. Im Nordwesten wurde der unter dem Häuptling Schwarzer Falke gebildete Kriegsbund der Sauk- und Fuchsstämme

In den USA entsteht eine originäre Literatur

Die 1830er und 40er Jahre ragen aus den frühen Dekaden der Republik als eine Epoche politischer Selbstbehauptung der USA heraus. Zugleich machte in dieser Zeit des nationalen Aufbruchs die amerikanische Kultur wichtige Schritte in Richtung Selbständigkeit.

1820 fragte der englische Satiriker Sydney Smith: »Wer auf der ganzen Welt liest ein amerikanisches Buch oder geht in ein amerikanisches Theaterstück? Wer schaut sich das Gemälde oder die Plastik eines amerikanischen Künstlers an?« Seiner Meinung nach war die Antwort augenfällig: Niemand. Generationen amerikanischer Intellektueller waren sich ihrer kulturellen Unterlegenheit gegenüber Europa peinlich bewußt und plädierten seit langem für die Entstehung einer originär amerikanischen Tradition des Geistes und der schönen Künste. In der ersten Hälfte des 19. Jhs. gab es erste Anzeichen.

In den 1820er Jahren erhielt Amerika seinen ersten großen Romancier, James Fennimore Cooper, der im Laufe einer 30-jährigen Karriere über 30 Romane schrieb. Vor allem vom Pionierleben erzählen seine Werke. Die Geschichten um die Figur des »Lederstrumpf« Natty Bumpo, am bekanntesten »Der letzte Mohikaner« (1826), schildern das junge Amerika mit seiner Landschaft und seinen Menschen. Mit dieser Hauptfigur schuf Cooper auch eines der bleibenden Bilder des amerikanischen Ideals vom selbständigen und tugendhaften Einzelgänger, dessen Schlichtheit Bedingung seiner moralischen Lauterkeit ist. In der Nachfolge Coopers und unter dem Einfluß der europäischen Romantik trat eine Reihe wichtiger amerikanischer Dichter hervor. Walt Whitman wuchs als Sohn eines Zimmermanns auf Long Island auf, bereiste als Gelegenheitsarbeiter das ganze Land und veröffentlichte 1855 im Eigenverlag die erste Version des Gedichtbandes, an dem er während seines restlichen Lebens immer weiter arbeitete: »Grashalme«. In diesen eigenwilligen und auch aus heutiger Sicht modernen Gedichten feierte Whitman die Demokratie und die Befreiung des Einzelnen.

Auch die Schattenseite der Romantik hatte in der amerikanischen Literatur gewichtige Vertreter. Der New Yorker Herman Melville, der als junger Mann zur See fuhr und bis zu den Südseeinseln gelangte, ehe er nach Amerika zurückkehrte, schrieb mit »Moby Dick« oder dem »Weißen Wal« (1851) das Werk, das spätere Generationen als größten amerikanischen Roman des 19. Jhs. würdigten. Von noch dunklerer Inspiration als Melvilles Geschichte vom rachsüchtigen Kapitän Ahab, der den weißen Wal vernichten will, sind die psychologisch meisterhaften Horrorgeschichten Edgar Allan Poes. Sein erster Gedichtband, »Tamerlane und andere Gedichte« (1827), wurde von zeitgenössischen Kritikern kaum zur Kenntnis genommen, doch Poes Einfluß auf den europäischen Expressionismus, vor allem auf den französischen Dichter Charles Baudelaire, war enorm. Heute wird er als eins der größten Talente der amerikanischen Literatur gewürdigt.

Auch der Transzendentalismus, die erste amerikanische Schule in der Philosophie, war ein Produkt dieser Ära. Unter dem Einfluß deutscher Philosophen wie Kant, Hegel und Schelling und englischer Denker wie Coleridge und Carlyle schufen die Neuengländer Ralph Waldo Emerson, Henry David Thoreau und Margaret Fuller eine philsophische Denkrichtung, die den einmaligen Wert des Individuums und die Erkenntnisse des Gefühlserlebens betonte. Es ging diesen Menschen darum, die Grenzen der Vernunft zu überschreiten, zu »transzendieren«. Thoreaus Konzept des individuellen Gewissens als höchster moralischer Instanz und des zivilen Ungehorsams als Haltung gegenüber als ungerecht empfundenen Gesetzen inspirierte Generationen von Kritikern von politischen Führungen. Aus dem Transzendentalismus ging eine utopistische Kommune hervor, die sog. Brook Farm in Massachusetts. Die Kommune existierte nur kurz, zwischen 1841 und 1847, schuf aber eine hochidealistische Atmosphäre, in der sich führende Intellektuelle der Vereinigten Staaten begegneten und ein eigenständiges Geistesleben entstehen ließen.

1831/32 durch weiße Siedler geschlagen, womit der Widerstand der Indianer in dieser Region gebrochen war. Problematischer für die Bundesregierung waren die friedlichen oder sog. »zivilisierten« Stämme des Südens – Cherokee, Chickasaw, Choctaw, Creek und Seminolen –, die teilweise als seßhafte Bauern lebten und Verträge mit der US-Regierung besaßen, die ihre Stammesgebiete schützten. Die selbstherrliche und gesetzwidrige Vertreibung der Creek, die der Staat Georgia trotz des Protestes von Präsident Adams durchgeführt hatte, ermunterte andere Südstaaten, von der Bundesregierung die Verdrängung noch nicht vertriebener Stämme zu fordern. Mit Jacksons Unterstützung verabschiedete der Kongreß 1830 das Umsiedlungsgesetz (→Lexikon), das die Unterbringung der Indianer in Reservaten im Westen des Landes anordnete. Die Cherokee legten Beschwerde beim Obersten Gerichtshof ein und erhielten zumindest teilweise recht. Jackson aber ließ sich dadurch nicht beirren: »John Marshall (der Vorsitzende des Obersten Gerichtshofs) hat sein Urteil gefällt«, bemerkte der Präsident. »Wir wollen jetzt sehen, ob er es durchsetzen kann.« Diese Macht besaß Marshall nicht.

Jackson schickte 7000 Soldaten nach Georgia, um die Cherokee nach Oklahoma zu geleiten. Als »Weg der Tränen« (→Lexikon) gedenken die Cherokee der Vertreibung aus der Heimat ihrer Väter. Nur die Seminolen in Florida konnten sich den Truppen Jacksons erfolgreich widersetzen. Jahrelang zog sich der Krieg hin, den der Seminolenhäuptling Osceola gegen die Armee der USA führte, bis die Regierung den Kampf 1842 aufgab. Zu diesem Zeitpunkt waren die Seminolen als einziger Stamm im Süden übriggeblieben. Jackson gewann über 40 Mio. Hektar zusätzliches Land für die USA durch seine schonungslose Umsiedlungspolitik.

Wie die Föderalisten der Gründerjahre provozierte Jackson mit seinen gelegentlich skrupellosen Methoden Opposition aus verschiedenen Lagern. In den 1830er Jahren organisierten sich die Oppositionellen gegen »König Andrew I.«, wie sie den Präsidenten spöttisch nannten. Eine neue Fraktion bildete sich, die sich die Whig-Partei (→Lexikon) nannte in Anlehnung an die britischen Whigs, die die Macht des englischen Königs beschränken wollten. Die US-amerikanischen Whigs verstanden sich nicht nur als Widersacher des Präsidenten, sondern auch als ideologische Gegenbewegung zur Demokratischen Partei. Die Demokraten glaubten generell an eine beschränkte Bundesregierung, deren Aufgabe es sei, die Rechte der Bundesstaaten zu wahren. Sie befürworteten den Abbau sozialer und ökonomischer Strukturen, welche die Privilegien der Reichen schützten. Sie zeigten auch eine generell antifortschrittliche Tendenz und brachten Kommerz sowie Industrie großes Mißtrauen entgegen. Die Whigs dagegen hielten eine Stärkung der zentralen Regierung für nötig, da diese die Entwicklung von Wirtschaft, Industrie und Technik fördern sollte. Die Whigs wollten eine bessere Zukunft, in der ein starkes und großes Amerika materielle Vorteile für alle verhieß. Damit handelten sie sich den Vorwurf ein, die Partei der reichen Unternehmer zu sein.

Drei Männer bildeten den Führungskader der Whigs: Henry Clay, Daniel Webster und John C. Calhoun. Im Kongreß kannte man sie bald als das »Große Triumvirat«. Bei der Präsidentschaftswahl 1836 schickten die Whigs drei Kandidaten in den Wahlkampf. Hugh Lawson aus Tennessee warb um die Sympathien der Südstaaten, Webster vertrat das Whig-Programm in den Neuenglandstaaten und William Henry Harrison wurde im Westen gegen die Demokraten aktiv. Bei der Wahl ihres Spitzenkandidaten entschieden sich die Demokraten wie Generationen von Föderalisten und Republikanern vor ihnen für den amtierenden Staatssekretär des Präsidenten: Martin Van Buren (*1782, †1862). Gegen die drei Hoffnungsträger der Whigs errang Van Buren eine Mehrheit von 170 gegen 124 Stimmen des Wahlkollegiums.

Van Burens Wahlsieg beruhte zum Teil auf einem kräftigen wirtschaftlichen Aufschwung, der der Administration Jacksons große Popularität bescherte. Es war viel Geld im Umlauf, denn seit dem Niedergang der Nationalbank druckten die Banken Noten in Fülle. Wieder einmal wurden großzügige Kredite gewährt, und wieder einmal besaßen die Banken geringe Gold- und Silberreserven. Es wurde mehr Land im Westen als je zuvor verkauft (vor allem an Spekulanten). Während von 1825 bis 1835 der jährliche Erlös vom Landverkauf bei etwa 2,4 Mio. US-Dollar lag, betrug der Gewinn des Jahres 1836 allein 24 Mio. US-Dollar. Das Landgeschäft erwies sich als so lukrativ, daß die Bundesregierung von 1835 bis 1837 zum ersten Mal in der Geschichte der Nation schuldenfrei war. Es beunruhigte Jackson aber zusehends, daß die Regierung Grundbesitz im Westen gegen Papiergeld diversester Banken verkaufte, dessen Wert nicht garantiert war. Kurz vor Beendigung seiner zweiten Amtszeit verfügte Jackson daher, daß die Regierung lediglich noch Hartgeld als Zahlungsmittel bei Landkäufen im Westen akzeptieren sollte.

Martin Van Buren war gerade drei Monate im Amt, als die Panik ausbrach. Zuerst in New York, dann im ganzen Land verweigerten Banken die Zahlung von Hartgeld gegen die von ihnen ausgestellten Banknoten. Die Zahl der Konkursverfahren gegen führende Firmen und Banken ging in die Hunderte. Es war die schlimmste Depression, die die US-amerikanische Wirtschaft bis dahin erlebt hatte. Katastrophal wurde sie durch den gleichzeitigen Zusammenbruch europäischer Märkte. Fünf Jahre brauchte die Wirtschaft, um sich zu erholen. Gegen eine Krise solchen Ausmaßes konnte Van Buren wenig ausrichten. Zwar erhielt er 1840 die Zustimmung des Kongresses zur Bildung einer von der Regierung unabhängigen Bundesbank, um den Platz der alten Nationalbank einzunehmen, wurde aber nicht Herr der Lage. In der Präsidentschaftswahl von 1840 wußten die Whigs, die Schwäche der Demokraten zu nutzen, indem sie ihnen die Schuld an der miserablen Wirtschaftslage gaben. Diesmal entschieden sie sich für einen einzigen Kandidaten, den Kriegshelden William Henry Harrison (*1773, †1841). Um gegen ihr Image als Partei der Wohlhabenden anzugehen, präsentierten sie den gebildeten und finanziell gut gestellten Harrison als schlichten Mann des Volkes, der in einer Blockhütte aufgewachsen sei, die die Whigs sogar zum Symbol ihrer Partei machten. Van Buren, den die Whigs als arroganten Aristokraten darstellten, hatte keine Chance. Harrison gewann die Wahl. Was die Whigs für eine Revolution hielten, stellte sich allerdings nur als Intermezzo heraus. Einen Monat nach seinem Amtsantritt bekam Harrison eine Lungenentzündung, an der er am 4. April 1841 starb. Vizepräsident John Tyler (*1790, †1862), der, wie jetzt zum ersten Mal entschieden wurde, automatisch in das Amt des Präsidenten nachrückte, war ein Kompromißkandidat gewesen.

Es gelang Tyler, den Streitereien mit England über die Grenze zwischen dem Bundesstaat Maine und dem kanadischen Neubraunschweig ein glückliches Ende zu bereiten. Der Pariser Frieden von 1783 definierte die Grenze nicht genau, und in dem strittigen Grenzgebiet am Fluß Aroostook lieferten sich amerikanische und kanadische Holzfäller erbitterte Kämpfe (Aroostook-Krieg, →Lexikon). Der neue Vertrag mit England fiel für Tyler günstig aus, da etwa 60 % des umstrittenen Territoriums an die USA gingen. Die friedliche und für die USA vorteilhafte Einigung war im großen Ganzen das Verdienst des neuen britischen Emissärs, Lord Ashburton, der im Gegensatz zu seinem Vorgänger ein ausgesprochener Freund der Amerikaner war. Am 9. August 1842

Chronik Zeittafel

1789	George Washington wird 1. Präsident der USA; Grundrechtekatalog vom Kongreß angenommen
1791	1. Nationalbank der USA gegründet
1792	Zwei Parteien entstehen: Föderalisten und Demokratische Republikaner
1796	John Adams wird Präsident
1800	Thomas Jefferson zum Präsidenten gewählt; das Kapitol der USA wird nach Washington (D.C.) verlegt
1803	Im Louisiana Purchase erwerben die USA alle französischen Gebiete östlich des Mississippi
1808	James Madison wird Präsident; Einfuhr afrikanischer Sklaven verboten
1811	General William Henry Harrison schlägt Indianer unter Tecumseh
1812	Kriegserklärung der USA gegen Großbritannien
1814	Washington von britischen Truppen niedergebrannt; Frieden von Gent beendet den Krieg von 1812
1815	General Andrew Jackson verteidigt New Orleans gegen Engländer
1816	2. Nationalbank der USA gegründet; James Monroe wird Präsident
1817 –25	Der Eriekanal zwischen Hudson und Eriesee wird erbaut
1818	Andrew Jackson marschiert in Florida ein und schlägt die Seminolen
1819	Spanien verkauft Florida an die USA
1820	Kompromiß wahrt Gleichgewicht zwischen Sklavenstaaten und freien Staaten: nur Staaten südlich von Missouri dürfen Sklaverei einführen
1823	Die Monroedoktrin erklärt Nord- und Südamerika zur ausschließlichen Interessensphäre der amerikanischen Länder
1824	John Quincy Adams wird Präsident
1828	Andrew Jackson ist neuer Präsident
1830 –38	Indianer des Südostens werden nach Westen zwangsumgesiedelt
1836	Martin Van Buren zum Präsidenten gewählt; Texas wird Republik
1840	William Henry Harrison wird Präsident

NORDAMERIKA

unterzeichnete Ashburton den Vertrag, den er zusammen mit Daniel Webster (Webster-Ashburton-Vertrag, →Lexikon) ausgearbeitet hatte. Der zweite große außenpolitische Erfolg der Tyler-Administration war die Aufnahme diplomatischer Beziehungen zu China. 1844 im Wang-Hya-Vertrag (→Lexikon) erhielten die USA sogar den Meistbegünstigungsstatus vom neuen Handelspartner, der im Laufe der Jahre für Amerika immer wichtiger wurde. Im selben Jahr ging die politische Karriere John Tylers zu Ende. Die Hoffnungen der Whigs, wieder einen Präsidenten zu stellen, waren vorerst zerstört.

Expansion, Sezession, Krieg (1840–1877)

Die zwei Kulturen

Die zunehmende Industrialisierung des Nordens und das südliche Verharren in der landwirtschaftlichen Tradition förderten das Gefühl, in den USA hätten sich zwei unterschiedliche Regionen mit unterschiedlichen Kulturen herausgebildet. Je mehr diese zwei Kulturregionen um Einfluß in der nationalen Politik konkurrierten, desto mehr erhärtete sich der Eindruck, daß sich die Bande zwischen Nord und Süd lösten. Der beginnende Siegeszug der Industrie war ein Phänomen des Nordens. Die wichtigsten Fabriken konzentrierten sich alle in den Nordstaaten; über 75 % aller in den USA hergestellten Industriewaren stammten von dort. Von den ca. 1,3 Mio. amerikanischen Arbeitern, die 1860 in neuen Industrien beschäftigt waren, arbeiteten rund 940 000 in den Fabriken des Nordens. In dieser Zeit wurde auch eine neue Form der Firmenfinanzierung geboren: die Aktiengesellschaft. Zum ersten Mal trat eine kapitalistische Klasse von Großunternehmern hervor, die auch politischen Einfluß gewinnen wollte.

Eine zweite Komponente der Industrialisierung war der Aufbau neuer Infrastruktur, vor allem im Verkehrs- und Kommunikationswesen. Von 1840 bis 1850 wuchsen die Eisenbahnstrecken in den USA von 4500 km auf 14 500 km. Von 1850 bis 1860 verdreifachte sich diese Zahl. Der Hauptbahnhof von Chicago wurde zum Drehplatz des Eisenbahnverkehrs. Hier fuhren täglich über hundert Züge an und ab. Der Süden blieb von dieser Entwicklung größtenteils ausgeschlossen. Die meisten Eisenbahnlinien des Südens waren kurz und boten keinen Anschluß an die großen Strecken, die von Ost nach West verkehrten. Der Regelung des Zugverkehrs und dem allgemeinen Informationsaustausch diente der 1844 von Samuel Morse erfundene Telegraf. Um 1860 verliefen 80 500 km lange Telegrafen-

drähte quer durch die Nation – auch hier überwiegend im Norden. Die technischen Annehmlichkeiten modernen Lebens begünstigten das Wachstum der nördlichen Städte in bis dahin ungekanntem Maße. Die Bevölkerung New Yorks wuchs von 312 000 Einwohnern im Jahre 1840 auf 805 000 rund 20 Jahre später. Zählt man den New Yorker Stadtteil Brooklyn dazu, damals noch eine eigene Stadt, so kommt man auf eine Bevölkerung von 1,2 Mio. Menschen. 1860 lebten 26 % der nördlichen Bevölkerung in den Städten. Im Süden waren es im selben Jahr nur 10 %. Die Gesamtbevölkerung wuchs in den 1850er Jahren von 23 auf 31 Mio. Amerikaner. Hier spielte die Immigration eine bedeutende Rolle. Im Jahr 1840 kamen mit 84 000 Immigranten mehr Menschen ins Land als je zuvor. Bis 1850 kamen jedes Jahr 300 000 Europäer in die Vereinigten Staaten.

Es könnte angesichts dieser Zahlen der Eindruck entstehen, daß die Südstaatler im Vergleich zu ihren Landsmännern im Norden in Armut lebten. Das Gegenteil war der Fall. King Cotton, der König Baumwolle machte den Süden reich. Produzierten südliche Plantagen im Jahre 1820 etwa 500 000 Ballen Baumwolle, so waren es 1850 an die 3 Mio., 1860 ungefähr 5 Mio. Nahezu zwei Drittel des Exporthandels der USA hingen von Baumwolle ab, die einen jährlichen Profit von 200 Mio. US-Dollar abwarf. Die Wollspinnereien Europas waren auf amerikanische Baumwolle angewiesen. Die erhöhte Produktion spiegelte vor allem technische Fortschritte wider. Seit der Einfuhr von Whitneys Egreniermaschine mußte sich der Anbau nicht mehr auf die langfasrigen Sorten beschränken, die nur an der Küste gediehen. Die robusteren kurzfasrigen Varianten, die auch überall im Inland des Südens gut wuchsen, aber sehr klebrige Samen enthielten, ließen sich mit der neuen Maschine schnell und leicht verarbeiten. Mit der massiven Ausbreitung des Baumwollanbaus stieg auch die Anzahl der Sklaven im Süden an. Zwischen 1820 und 1860 wuchs die Sklavenbevölkerung in Alabama von 41 000 auf 435 000, in Mississippi von 32 000 auf 436 000 Schwarze. Für fast alle Industrieprodukte mußten sich die Südstaaten an den Norden wenden. Der Süden wuchs, aber er entwickelte sich nicht. Stattdessen spannen sich reiche Plantagenbesitzer in ein Phantasiereich ein, dem ein ritterlicher Ehrenkodex zugrundelag. Der »schnöden Profitgier« des Nordens fühlten sie sich moralisch und kulturell überlegen und rechtfertigten die Sklavenwirtschaft mit dem Argument, daß die Schwarzen nicht in der Lage seien, ein selbständiges Leben in einer modernen Gesellschaft zu führen und deswegen der fürsorglichen Bevormundung durch eine weiße Oberschicht bedurften.

Der Status der Sklaven wurde durch ein dichtes Geflecht repressiver Gesetze geregelt. Sklaven durften keinen Landbesitz erwerben, durften ohne Erlaubnis ihres Besitzers sein Grundstück nicht verlassen und sich nach Einbruch der Dunkelheit nicht im Freien aufhalten. Mit anderen Sklaven durften sie sich nur in der Kirche versammeln. Sie durften keine Feuerwaffen bei sich tragen und sich gegen Weiße in keiner Weise verteidigen. Weißen Besitzern war es verboten, ihren Sklaven das Lesen und Schreiben beizubringen. Ehen zwischen Sklaven wurden nicht amtlich anerkannt. In Wahrheit wurden diese Gesetze selten in aller Strenge befolgt. Manche Sklaven erwarben Grundbesitz und beherrschten durchaus das Lesen und Schreiben, und obwohl Familien durch den Verkauf eines Mitglieds auseinandergerissen werden konnten, blieb die Mehrheit der Sklavenfamilien zusammen. Nordamerika war das einzige Land (im Gegensatz zu Südamerika oder der Karibik), in dem eine Sklavenbevölkerung durch einheimische Vermehrung wuchs. Die Einfuhr afrikanischer Sklaven in die USA war seit 1808 verboten.

Verschiedene Abolitionistengruppen im Norden wie die von William Lloyd Garrison gegründete American Antislavery Society (AAS, Amerikanische Antisklavereigesellschaft) weckten das Bewußtsein der Öffentlichkeit für die Unvereinbarkeit der Sklaverei mit den Grundrechten amerikanischer Bürger (→Der lange Kampf gegen die Sklaverei in Amerika, S. 118). Es entstanden auch sog. Untergrundeisenbahnen (→Lexikon), von Fluchthelfern beobachtete und gekennzeichnete Routen von Süden nach Norden, um geflohenen Sklaven zur Freiheit zu verhelfen, entweder im Norden der USA oder in Kanada. Die berühmteste Untergrundeisenbahn wurde von der geflohenen Sklavin Harriet Tubman aufgebaut. In einigen wenigen Fällen kam es auch zum Sklavenaufstand. Im Jahre 1800 marschierte Gabriel Prosser mit 1000 weiteren Sklaven auf Richmond (Virginia). In letzter Minute wurde der Angriff vereitelt, nachdem zwei Schwarze die Pläne Prossers verraten hatten. Ähnlich erging es dem Sklaven Denmark Vesey, der 1822 einen Aufstand in Charleston (South Carolina) durchzuführen versuchte. In beiden Fällen wurden mehrere der aufständischen Sklaven hingerichtet. Unter der Führung des Schwarzen Nat Turner zog 1831 eine Gruppe von Sklaven mit Gewehren und Äxten durch Southhampton County (Virginia) und ermordete 60 weiße Männer, Frauen und Kinder. Die Bluttat Nat Turners galt den Südstaatlern als Folge der aufwieglerischen Agitation durch nördliche Abolitionisten. Die Bitterkeit zwischen freien und Sklavenstaaten wuchs sich zum gegenseitigen Haß aus, und in der nationalen Politik schien sich alles nur noch um die Frage der Sklaverei zu drehen.

Ausdehnung und Spaltung der Nation (1840–1860)
Über 2,5 Mio. km² neuen Bodens fielen im Laufe der 1840er Jahre an die USA. Mit den Ausnahmen Alaskas, Hawaiis und einiger umstrittener Grenzgebiete umfaßten die USA 1850 fast das gesamte Territorium der heutigen Nation. Die Mittel zu dieser gewaltigen Annexion aller westlichen Gebiete bis zur Pazifikküste waren Landkaufverträge, geschickte politische Schachzüge und ein Krieg. Die ideologische Motivation dazu war eine Denkweise, die den Namen Manifest Destiny (→Lexikon) erhielt, das offenbare Schicksal des Landes. In der nationalistischen Atmosphäre der 1830er Jahre wuchs die Überzeugung, daß die USA von Gott dazu bestimmt seien, Freiheit und Demokratie in andere Gebiete hinauszutragen. Der einflußreiche Zeitungsherausgeber John O'Sullivan prägte den Begriff Manifest Destiny in einem Leitartikel 1845. Der Vormarsch der Vereinigten Staaten zur kontinentalen Hegemonie war unaufhaltsam.

Auftakt zum großen Landerwerb im Westen war ein Streitfall in Texas. Die USA beanspruchten Texas 1803 für sich als Teil des Louisiana Purchase, verzichteten aber 1819 auf diese Ansprüche im Adams-Onís-Vertrag. Zwei Präsidenten, John Quincy Adams und Andrew Jackson, richteten Kaufangebote an Mexiko, wurden aber beide schroff abgewiesen. Die mexikanische Regierung versuchte Immigranten aus den USA mit großzügigen Landzuweisungen nach Texas zu locken. Die Amerikaner sollten Texas modernisieren und die Staatskassen Mexikos mit Steuergeldern auffüllen. Das Angebot verfehlte seine Wirkung nicht, und 1835 lebten schon 35 000 Amerikaner in Texas. In Mexiko-Stadt wuchs gleichzeitig die Sorge wegen des amerikanischen Einflusses, mit dem in Texas jetzt zu rechnen war. Neue Gesetze wurden erlassen, die die Rechte einzelner mexikanischer Staaten und somit auch von Texas stark einschränkten. Über diese Politik erbost, erklärten die amerikanischen Texaner 1836 ihre Unabhängigkeit. Der mexikanische Diktator Antonio de Santa Anna fiel daraufhin mit einer großen Armee in Texas ein und griff die Alamo-Missionsstation in San Antonio an. Alle amerikanischen Siedler wurden in den Kämpfen getötet.

Der lange Kampf gegen die Sklaverei in Amerika

Zahlreiche US-Amerikaner versuchten im 19. Jh., die Befreiung schwarzer Sklaven zu erreichen. In den 1830er Jahren wurden die Forderungen der Reformer lauter, die das Ende der Sklaverei, die »Abolition« dieser barbarischen Einrichtung, verlangten.

Die frühesten abolitionistischen Organisationen in den USA konzentrierten ihre Bemühungen auf die Möglichkeit, schwarze Sklaven zu befreien und dann in Afrika oder der Karibik wieder anzusiedeln, um sie zu »repatriieren«. Eine Gruppe prominenter Personen aus Virginia gründete 1817 die Amerikanische Kolonisierungsgesellschaft (ACS), um auf die stufenweise Befreiung der Sklaven hinzuwirken. Die ACS bewerkstelligte die Übersiedlung von bis zu 20 000 amerikanischen Ex-Sklaven zur westafrikanischen Küste, wo sie 1846 die Republik Liberia gründeten. Die Hauptstadt Monrovia erhielt ihren Namen zu Ehren des Präsidenten Monroe. Die Umsiedlungspolitik bot allerdings keine Lösung des Problems an sich, da die Institution der Sklaverei weiterhin bestand und die meisten schwarzen Amerikaner ohnehin nicht daran interessiert waren, in fremde Länder auszuwandern. Dementsprechend begann der Abolitionismus Ende der 1830er Jahre an Triebkraft zu verlieren.

Neuen Aufschwung bekam die Antisklavereibewegung durch den Einsatz William Lloyd Garrisons. Der 1805 in Massachusetts geborene Garrison arbeitete in den 1820er Jahren für den Quäker Benjamin Lundy, der die damals einflußreichste abolitionistische Zeitung herausgab. 1831 gründete Garrison seine eigene Zeitung, die »Liberator«, in der er die Sklaverei auf eine neue Art und Weise kritisierte. Während frühere Opponenten der Sklavenhaltung meist darauf hinwiesen, daß die US-amerikanische Gesellschaft an der Unmoral der Sklaverei Schaden nehme, rückte Garrison das Leiden der Schwarzen in den Mittelpunkt seiner Kritik. Jeder Ruf nach einer schrittweise zu vollziehenden Aufhebung der Sklaverei ändere nichts, so Garrison, an der schreienden Ungerechtigkeit dieser Institution. Nur die sofortige und bedingungslose Freilassung aller Sklaven sowie die Verleihung aller Bürgerrechte an Schwarze sei die adäquate Antwort auf die Sklavenfrage. Garrison erhielt zunehmend Unterstützung und gründete 1833 die Amerikanische Antisklavereigesellschaft (AAS). 1838 gab es 1350 abolitionistische Gesellschaften mit insgesamt 250 000 Mitgliedern.

Unter den freien Schwarzen des Nordens gab es ebenfalls Abolitionisten. Der bekannteste und respektierteste von allen war Frederick Douglass, der in Maryland als Sklave zur Welt kam und 1838 nach Massachusetts floh. Zwei Jahre lang fuhr Douglass auf Vortragsreise durch England. Nach seiner Rückkehr in die USA im Jahre 1847 gründete er die Zeitung »North Star« in Rochester (New York). Mit seiner Autobiographie setzte er dem Freiheitskampf schwarzer Amerikaner ein bleibendes Denkmal. Die Forderung der Abolitionisten nach Integration der Schwarzen in die Gesellschaft sowie nach gesetzlich garantierter Gleichheit beider Rassen erregte auch in den nördlichen Staaten ohne Sklaverei Widerstand, der häufig gewalttätig war und dem zahlreiche Abolitionisten zum Opfer fielen.

Angesichts dieser Bedrohung wuchs die Entschlossenheit der Sklavereigegner. Schließlich glaubte Präsident Abraham Lincoln aufgrund des Einflusses der Abolitionisten auf die öffentliche Meinung genügend Rückendeckung zu haben, um 1863, mitten im Krieg, die Freiheit aller Sklaven zu erklären.

Das bedeutendste Werk der abolitionistischen Propaganda war allerdings keine Zeitung, sondern ein Roman: »Onkel Toms Hütte« von Harriet Beecher Stowe. Zwischen 1851 und 1852 erschien Stowes Geschichte von den Grausamkeiten der Sklaverei als Fortsetzungsroman in einer Wochenzeitung. 1852 kam die Buchpublikation. Innerhalb eines Jahres nach Erscheinen verkauften sich 300 000 Exemplare des Titels. Wenige Bücher in der US-amerikanischen Geschichte haben einen so starken Einfluß auf das Geschick so vieler Menschen gehabt.

General Sam Houston, dem Nationalhelden von Texas, gelang es, eigene Streitkräfte zu organisieren und die Mexikaner bei San Jacinto am 23. April 1836 zu schlagen. Huston nahm sogar Santa Anna gefangen. Die jetzt unabhängige Republik Texas beantragte die Anerkennung als amerikanischer Bundesstaat, doch es gab Widerstand im Kongreß. Texas lag unterhalb der Südgrenze Missouris und wäre infolge des Missouri-Kompromisses bei seiner Aufnahme in die Union automatisch ein Sklavenstaat geworden. Der Machtausgleich drohte damit zugunsten der Südstaaten zu kippen. Präsident Andrew Jackson fürchtete die Konfrontation mit den Gegnern der Aufnahme und vertagte die Entscheidung. Erst als die Republik Texas Handelsabkommen mit England und Frankreich abschloß, wurde Washington hellhörig. Die Zukunft des Oregonterritoriums im Nordwesten sahen die USA mit ähnlich gespaltenen Gefühlen. Das 1,3 Mio. km² Fläche umfassende Gebiet dehnte sich über die heutigen Bundesstaaten Oregon, Washington und Idaho sowie Teile von Montana und Wyoming aus. Seit dem Krieg von 1812 teilten die USA das Territorium mit Britisch-Nordamerika, doch je mehr Amerikaner dort lebten (etwa 5000 im Jahre 1840), desto mehr drängte sich die Frage nach dem endgültigen Verbleib des Areals auf. Verständlicherweise kreiste der Wahlkampf 1844 um die Texas-Oregon-Frage.

Die Whigs nominierten ihren Parteiführer Henry Clay zum Spitzenkandidaten. Der ehemalige Präsident und noch prominente Politiker Martin Van Buren galt zunächst als sicherer Kandidat der Demokraten, doch nachdem sich die Annexion von Texas und den westlichen Gebieten als zentrales Thema des Wahlkampfs herauskristallisiert hatte, verlagerten sich die Interessen in der Partei Andrew Jacksons. Van Burens wankelmütige Haltung in der Annexionsfrage brachte ihn zu Fall. Die Demokraten nominierten James K. Polk (▷ Chronik Biografie). Polks klaren Sieg interpretierte der Kongreß als Mandat für die Annexion, die sogar vor seinem Amtsantritt im Februar 1845 vollzogen wurde. Dieser Erfolg ermunterte Polk, England endlich an den Verhandlungstisch zu zwingen, um den Besitz Oregons ein für alle Mal zu klären. Als Grenze schlug Polk den 49. Breitengrad vor (schon immer die Wunschgrenze der USA). Nach britischer Ablehnung bemühte Polk die Autorität der fast in Vergessenheit geratenen Monroedoktrin und deutete die Möglichkeit eines Krieges gegen Großbritannien an. Die Drohgebärde reichte, um England zum Einlenken zu bewegen. Am 15. Juni 1846 unterzeichneten beide Länder ein Abkommen, das den 49. Breitengrad zur Grenze zwischen den USA und Kanada im Westen bestimmte.

Die Konflikte mit Mexiko indes wurden mitten in den Oregon-Verhandlungen wieder aktuell. Mit der Aufnahme von Texas als Bundesstaat brach Mexiko alle diplomatischen Beziehungen zu den USA ab. Der Grund zu diesem Schritt war nicht nur der schmerzliche territoriale Verlust, sondern auch ein Grenzdisput zwischen Texas und Mexiko. Während die Texaner den Fluß Río Grande als ihre Südgrenze ansahen, bestanden die Mexikaner auf dem weit nördlicher gelegenen Fluß Nueces. Polk schickte eine Armee unter General Zachary Taylor an den Nueces, um Texas vor mexikanischen Provokationen zu schützen. Dabei hatte der Präsident ebenso die mexikanischen Gebiete von Kalifornien im Blick, wo bereits mehrere tausend Amerikaner lebten, und New Mexico (das Gebiet der heutigen Bundesstaa-

James Knox Polk
Chronik Biografie

US-amerikanischer Politiker und Präsident 1845–1849

**2. 11. 1795 Mecklenburg County (North Carolina)
†15. 6. 1849 Nashville (Tennessee)*

Die Präsidentschaft des Demokraten P., der ein Gefolgsmann Andrew Jacksons war, stand im Zeichen einer expansionistischen Außenpolitik. Die Annexion der Republik Texas, die sich 1835 von Mexiko gelöst hatte, führte zum Krieg mit Mexiko (1846–1848), der einen riesigen Gebietsgewinn brachte. Die 1846 von England vertraglich erworbenen Oregon-Gebiete (Westküste zwischen Kalifornien und Alaska) ergänzten die Gebietserweiterung. Der territoriale Zuwachs verschärfte den Konflikt in der Sklavenfrage, da die sklavenfreien Staaten ein Verbot der Sklaverei in den neuen Territorien forderten, um die Mehrheit im Bund nicht zu verlieren.

ten Arizona, Utah, Nevada und Teile von Colorado und Wyoming), wo amerikanische Siedler wie im Falle von Texas zunächst als willkommene Gäste empfangen worden waren.

Polk entsandte einen Emissär nach Mexiko-Stadt, um der dortigen Regierung die Summe von 5 Mio. US-Dollar für New Mexico und 25 Mio. US-Dollar für Kalifornien anzubieten. Die mexikanische Regierung lehnte das Kaufangebot ab. Polk fürchtete nun, einen amerikanischen Einmarsch jenseits des Nueces befehlen zu müssen, um den Krieg zu provozieren, den er jetzt brauchte, um seine Expansionspläne zu realisieren. Während er an dem Befehl arbeitete, kam die erlösende Nachricht, daß mexikanische Truppen die texanische Südgrenze überquert und amerikanische Einheiten angegriffen hatten. Am 13. Mai 1846 ließ der Kongreß den Kriegsbefehl an Mexiko ergehen. Der Mexikanisch-Amerikanische Krieg (→Lexikon) war in den USA äußerst unbeliebt, zumal die Ziele unklar schienen. Die Eroberung Kaliforniens und New Mexicos war nicht die erklärte Absicht der Regierung, und der Vorfall in Texas nahm sich im Vergleich zum darum betriebenen militärischen Aufwand fast wie eine Bagatelle aus. Die Entscheidung zum Kampf zahlte sich für Polk aus, denn General Winfield Scott besiegte die Armee Santa Annas und belagerte Mexiko-Stadt. Der am 2. Februar 1848 unterzeichnete Vertrag von Guadalupe Hidalgo (→Lexikon) sicherte den USA New Mexico und Kalifornien gegen Zahlung von 15 Mio. US-Dollar. Polk vergrößerte die Fläche der USA um das Doppelte und schob jeder weiteren europäischen Kolonisierung auf dem nordamerikanischen Subkontinent einen eisernen Riegel vor: Die Grenzen der Vereinigten Staaten reichten jetzt von der Ost- bis zur Westküste.

Die riesigen neuen Territorien im Westen drohten, den schwierigen Balanceakt zwischen Norden und Süden früher oder später aus dem Gleichgewicht zu bringen, denn neue Bundesstaaten würden sich hier bilden, die sich entweder den freien oder den Sklavenstaaten anschließen mußten. Sowohl die Demokraten als auch die Whigs bemühten sich im Wahlkampf 1848, einen großen Bogen um das Thema der Sklaverei im Westen zu machen. Dem eher unbekannten Kandidaten der Demokraten, Lewis Cass aus Michigan, stellten die Whigs ebenfalls einen Mann ohne politisches Profil, aber nicht ohne Renommee entgegen: den Kriegshelden Zachary Taylor (*1784, †1850). Abolitionisten in den Reihen beider Parteien waren über diese offensichtlichen Bekenntnisse zum politischen Mittelmaß um des

Friedens willen so entsetzt, daß sie eine dritte Partei bildeten: die Freiboden-Partei (→Lexikon). Die Freibodenanhänger forderten kostenlose Landzuweisungen an willige Siedler im Westen und ein Verbot der Sklaverei in neu zu bildenden Staaten. Der ehemalige Präsident Van Buren führte sie in den Wahlkampf. Die Wahl gewann Zachary Taylor, der sich als siegreicher General des Mexikanisch-Amerikanischen Krieges großer Popularität erfreute.

Als Präsident lenkte Taylor die Diskussion im Kongreß zunächst auf Kalifornien. Im Januar 1848 entdeckte man in Sacramento Gold. Die Nachricht ging um die Welt, und allein im Laufe des Jahres 1849 kamen 80 000 Goldsucher nach Kalifornien. Mit einer Gesamtbevölkerung von 100 000 Menschen erfüllte Kalifornien jetzt das wichtigste Kriterium, um die Aufnahme in den Bund beantragen zu dürfen. Taylor machte den Vorschlag, die Anträge von Kalifornien und New Mexico im Eilverfahren zu prüfen. Verbot oder Zulassung der Sklaverei sollte, so Taylor, Sache der jeweiligen Bundesstaaten sein. Vor Ende 1849 verabschiedete eine Kommission in Kalifornien eine Verfassung, die die Sklaverei verbot. Im Süden schlugen Wellen der Empörung hoch. 1849 hielten sich 15 freie und 15 Sklavenstaaten noch die Waage, aber das große Kalifornien fiel jetzt in die Waagschale des Nordens. Führende Südstaatenpolitiker verkündeten, wenn Kalifornien als freier Staat bestätigt würde, so bliebe dem Süden nur die Sezession als adäquate Reaktion. Auf den Vorschlag Mississippis wurde im Juni 1850 eine Tagung der Regierungen des Südens in Nashville (Tennessee) einberufen, um diesen Schritt zu erwägen.

Die Versuche des Kongresses, einen Kompromiß zu finden, schleppten sich ergebnislos bis zum Wahljahr 1852 hin. Spitzenkandidat der Demokraten wurde Franklin Pierce (*1804, †1869) aus New Hampshire. Die Whig-Partei setzte nach dem Tod Taylors erneut auf einen Kriegshelden, einen weiteren General des Mexikanisch-Amerikanischen Krieges, Winfield Scott. 1852 war die Whig-Partei in der Kompromißfrage gespalten, und immer mehr Whigs wanderten zur Freiboden-Partei ab, die als Kandidaten John P. Hale aufstellte. Die Schwäche der Whigs erwies sich als entscheidender Vorteil für die Demokraten, die die Wahl mit knapper Mehrheit gewannen. Der neue Präsident Pierce bemühte sich nur mäßig um die Wiederherstellung des Friedens. Der mächtige Senator aus Illinois Stephen A. Douglas sorgte dafür, daß die Kämpfe sich verschärften. Die Erschließung des Westens hing nicht nur von der Bildung neuer Bundesstaaten, sondern auch von der Verkehrsanbindung an den Osten ab. Im Kongreß herrschte Einigkeit, daß eine transkontinentale Eisenbahn gebaut werden mußte. Strittig blieb, wo der Hauptverkehrsknoten im Osten entstehen sollte. Vertreter der Südstaaten schlugen New Orleans, Memphis oder St. Louis vor. Die Nordstaaten einigten sich auf Chicago, die Heimatstadt von Stephen Douglas. Der Senator erkannte, daß die Wahl Chicagos nicht ohne Zugeständnisse an die Südstaaten durchzusetzen war. Zusammen mit Südstaaten-Demokraten entwarf Douglas ein Gesetz, das die Antisklavereiregel des Missouri-Kompromisses aufhob und die Schaffung zweier neuer Bundesstaaten einleitete, Kansas und Nebraska. Nach Beseitigung der im Missouri-Kompromiß festgelegten Einschränkungen sollte Kansas ein Sklavenstaat werden. Im Mai 1854 wurde das sog. Kansas-Nebraska-Gesetz (→Lexikon) vom Kongreß angenommen. An dem dadurch ausgelösten Streit zerbrach die Whig-Partei endgültig. Die Demokratische Partei spaltete sich ebenfalls, und Abtrünnige aus beiden Parteien fanden zur Gründung eines neuen politischen Gebildes zueinander: der Republikanischen Partei (→Lexikon). Die Republikaner legten sich programmatisch auf ein absolutes Verbot der Sklaverei in allen neuen Bundesstaaten fest.

Der Ausgang der 1856er Wahl wurde wie im Wahljahr 1852 durch die Zersplitterung der Wählerschaft bestimmt. Die Republikaner gingen in die Offensive gegen das Kansas-Nebraska-Gesetz. Eine Mehrheit konnten sie nicht erzielen, denn die Beteiligung einer weiteren Partei, der sog. Nativisten (→Lexikon, Gegner einer Ausweitung der Immigration), führte zur Spaltung der Republikanischen Wählerschaft. Die Wahl ging knapp zugunsten der nunmehr durch den Süden stark beeinflußten Demokraten mit ihrem Kandidaten James Buchanan (▷Chronik Biografie) aus. Buchanan war zurückhaltend und wenig entscheidungsfreudig. Es entstand ein Führungsvakuum im Weißen Haus. Als der Oberste Gerichtshof kurz nach Buchanans Amtsbestätigung das sog. Dred-Scott-Urteil (→Lexikon) verkündete, kam von Buchanan keine Reaktion.

Dred Scott war ein Sklave aus Missouri, der seinen Besitzer nach Illinois begleitete, einem freien Bundesstaat. Abolitionisten in Illinois rieten Scott, seine Freiheit einzuklagen, da er die Grenze zu einem Staat überquert hatte, in dem die Sklaverei verboten war. Man erwartete einen sicheren Sieg für Scott, doch der Oberste Gerichtshof entschied gegen Scott. Er sei kein Bürger der Vereinigten Staaten und könne gegen seinen Status als Sklave keine Klage vor

amerikanischen Gerichten erheben. Geflohene Sklaven hatten dem Flüchtlingsgesetz zufolge kein Recht auf Gerichtsverfahren vor ihrer Auslieferung. Sie durften ohne Anhörung in Verwahrung genommen, und mußten bei Vermißtenmeldung an ihre Besitzer wieder ausgeliefert werden. Während der Süden das Dred-Scott-Urteil mit Jubel begrüßte, reagierte der Norden mit Entsetzen. In mehreren nördlichen Städten stürmten Abolitionisten die Gefängnisse, um Sklaven zu befreien, die auf die Auslieferung an ihre Besitzer warteten.

Der Widerstand der Abolitionisten gegen das Flüchtlingsgesetz schürte wiederum südliche Verfolgungsängste. Man sah sich als Opfer einer Verschwörung nördlicher Industrieller und opportunistischer Kongreßabgeordneter, die die Zerstörung der Kultur der Südstaaten beabsichtigten, zu der die Sklaverei angeblich als integraler Bestandteil gehör-

James Buchanan
Chronik Biografie

US-amerikanischer Politiker und 15. Präsident 1857–1861

*23. 4. 1791 Stony Batter (Pennsylvania)
†1. 6. 1868 Wheatland (Pennsylvania)

Obwohl aus dem Norden stammend und Verteidiger der Bündnistreue, unterstützte B. vor Ausbruch des Sezessionskrieges zwischen Norden und Süden der USA (1861–1865) die Position der Südstaaten. Damit trug er zur Spaltung der Demokratischen Partei bei, die den Republikanern unter Abraham Lincoln zum Wahlsieg bei der Präsidentschaftswahl 1860 verhalf. B. begann seine politische Laufbahn 1812 als Mitglied des Repräsentantenhauses für die Demokraten. 1832/33 war er Gesandter am Zarenhof; 1834–1845 vertrat er seinen Heimatstaat Pennsylvania im Senat. Als Staatssekretär unter Präsident James Polk (1845–1849) regelte er den Oregon-Konflikt mit Großbritannien zum Vorteil der USA.

te. Nach einem Ereignis des Jahres 1859 bestand in den Augen der meisten Südstaatenpolitiker kein Zweifel mehr an der Verschwörungstheorie. John Brown kannte die amerikanische Öffentlichkeit schon seit 1855 als entschlossenen Gegner der Sklaverei. In Kansas ermordeten Brown und seine Anhänger fünf Sklavenhalter aus Rache für Zusammenstöße zwischen Bundespolizisten und Antisklavereidemonstranten, bei denen einige Abolitionisten ums Leben gekommen waren. Im Herbst 1859 entschloß sich Brown zum Staatsstreich. Mit Geld und tatkräftiger Unterstützung abolitionistischer Gruppen aus dem Osten plante Brown, ein Waffenarsenal der Bundesregierung bei Harpers Ferry (Virginia) zu überfallen. Die beschlagnahmten Waffen wollte er an geflohene Sklaven verteilen, eine schwarze Republik ausrufen und gegen den Süden Krieg führen, bis er die Freilassung aller Sklaven erreichte. Im Oktober überfielen Brown und seine Männer Harpers Ferry, wurden aber durch Marineeinheiten zur Niederlegung ihrer Waffen gezwungen. Brown kam vors Gericht und wurde wegen Hochverrats zum Tode verurteilt. In den Zeitungen des Nordens aber wurde er als Held und Märtyrer gefeiert.

Das letzte Glied in der Kette, die Nord und Süd zusammenhielt, zerbrach 1860. Bereits bei den Vorbereitungen zur Präsidentschaftswahl teilte sich die Demokratische Partei in zwei Fraktionen. Radikale Südstaatendemokraten versammelten sich in Richmond (Virginia) und nominierten John C. Breckinridge aus Kentucky als Kandidaten. Ihr Programm bestand vor allem im Schutz der Sklaverei in den neuen Territorien. Die gemäßigten Demokraten ernannten Stephen Douglas zu ihrem Spitzenkandidaten und betonten die Rechte der Bundesstaaten, über ihren Status als freie oder Sklavenstaaten zu bestimmen. Die Republikaner entschieden sich für den Gegner von Stephen Douglas in Illinois, Abraham Lincoln (▷ Chronik Biografie). Lincoln stand im Ruf, ein guter Redner zu sein und war als Kritiker der Sklaverei bekannt. Schon zu Beginn des Wahlkampfs drohten Senatoren und Repräsentanten aus dem Süden, ein republikanischer Sieg müsse zwangsläufig die Sezession ihrer Staaten nach sich ziehen. Wenige Wochen nach der Wahl Lincolns zum Präsidenten, am 20. Dezember 1860, kündigte South Carolina seinen Austritt aus der Union an.

Sezessionskrieg und Rekonstruktion (1860–1877)
Sechs weitere Staaten folgten dem Beispiel South Carolinas innerhalb weniger Wochen: Mississippi (9. Januar), Florida (10. Januar), Alabama (11. Janu-

Abraham Lincoln – Verfechter der nationalen Einheit
Chronik Biografie

US-amerikanischer Politiker und 16. Präsident 1861–1865

**12. 2. 1809 Hodgenville (Kentucky)
†15. 4. 1865 Washington (ermordet)*

Der aus ärmlichen Verhältnissen stammende Autodidakt, ab 1836 Anwalt, 1847–1849 Mitglied im Abgeordnetenhaus für die Whigs, schloß sich 1856 der neugegründeten Republikanischen Partei an und wurde als ihr Kandidat 1860 zum Präsidenten der USA gewählt. Die Wahl des gemäßigten Gegners der Sklaverei veranlaßte die meisten Südstaaten zum Austritt aus der Union mit der Folge des Sezessionskriegs zwischen dem Norden und dem Süden der USA (1861–1865), in dem sich L. als gekonnter Führer erwies. Er konzentrierte alle nationalen Kräfte auf den Zusammenhalt der Union und verhinderte mit anfänglicher Zurückhaltung in der Sklavenfrage den Abfall weiterer Staaten. Als sich die militärische Situation der Nordstaaten gebessert hatte, proklamierte er am 1. Januar 1863 die Sklavenbefreiung. Nach seiner Wiederwahl 1864 und dem Sieg der Unionstruppen unter dem Oberkommando Ulysses S. Grants legte L. sein Programm für die Rekonstruktion (Wiedereingliederung in den Bund) des Südens vor. Wenige Tage nach der Kapitulation der von Robert E. Lee befehligten Streitkräfte der Südstaaten starb L. an den Folgen eines Attentats, das der Südstaatensympathisant John Wilkes Booth verübt hatte.

ar), Georgia (19. Januar), Louisiana (26. Januar) und das gerade erst anerkannte Texas (1. Februar). Priorität der rebellischen Staaten war die Beschlagnahme föderalen Besitzes, der sich innerhalb ihrer Grenzen befand. Den Waffenarsenalen der Bundesarmeen galt ihr besonderes Interesse. South Carolina verlangte von Washington die Übergabe von Fort Sumter, einer im Hafen von Charleston gelegenen Festung. Der amtierende Präsident Buchanan entsandte ein Schiff mit militärischem und materiellem Nachschub nach Fort Sumter, das jedoch vor der Küste South Carolinas durch Artilleriefeuer zurückgedrängt wurde.

In der Zwischenzeit fanden sich Vertreter der abtrünnigen Staaten im Februar 1861 zu einem Gipfeltreffen in Montgomery (Alabama) ein. Die sieben Staaten riefen eine eigene Südstaatenrepublik aus, die Konföderierten Staaten von Amerika (→Lexikon). Zum vorläufigen Präsidenten wurde Jefferson Davis (*1808, †1889) aus Mississippi berufen, dessen Mandat kurze Zeit später in einer offenen Wahl von der neuen Republik offiziell bestätigt wurde. Die Lage in Charleston spitzte sich während der Verfassungsverhandlungen in Montgomery zu. Lin-

coln kündigte massive militärische Unterstützung für Fort Sumter an. Nach langwierigen Beratungen in Montgomery erging ein Befehl an General P.G.T. Beauregard, Oberbefehlshaber in South Carolina, nochmals die Aufgabe der Festung zu fordern. Nachdem der Unionskommandant Major Robert Anderson dies abgelehnt hatte, beschossen Konföderierte Kräfte Fort Sumter zwei Tage lang. Am 14. April kapitulierte Anderson, ohne jede amtliche Erklärung begann der amerikanische Sezessionskrieg (→Lexikon). Etwas zögerlich verließen vier weitere Staaten die Union: Virginia (17. April), Arkansas (6. Mai), Tennessee (8. Juni) und North Carolina (20. Mai). Mehrere Kreise im Nordwesten Virginias akzeptierten den Austritt nicht und beschlossen die Abtrennung von dem neuen Konföderationsstaat. Im Jahre 1863 wurde der neue Bundesstaat von West Virginia in die Union aufgenommen. Die vier übrigen Grenzstaaten, die nördlichsten Sklavenstaaten Maryland, Delaware, Kentucky und Missouri, verblieben bei der Union.

Es ist nicht leicht nachvollziehbar, was die Konföderierten Staaten zum Krieg bewog. Der Norden besaß alle materiellen Vorteile. Die 23 Bundesstaaten der

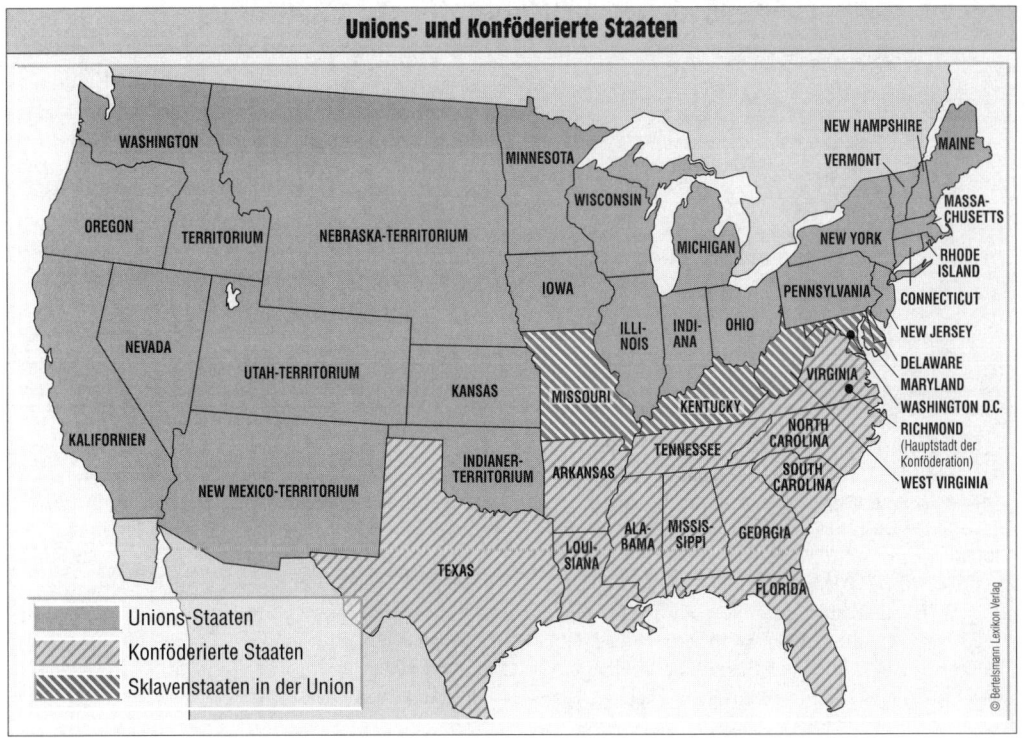

Unions- und Konföderierte Staaten

Unions-Staaten
Konföderierte Staaten
Sklavenstaaten in der Union

© Bertelsmann Lexikon Verlag

123

NORDAMERIKA

Union ergaben eine Gesamtbevölkerung von 22 Mio. Menschen gegenüber den 9 Mio. des Südens. Dies war der erste moderne Krieg, in dem Größe der Armee sowie Qualität und Umfang der Bewaffnung von entscheidender Bedeutung waren. Mit seiner expandierenden Industrie war der Norden größtenteils selbstversorgend, während der Süden bis Kriegsende alle seine Waffen aus Europa beziehen mußte. Die im Süden schnell knapp werdenden Uniformen, Stiefel, Decken, Medikamente, Lebensmittel, Patronen und unzähliges mehr gab es in der Nordstaatenarmee in Fülle. Ausgebaute Wasserwege, gepflasterte Straßen und weitreichende Eisenbahnlinien – alle befanden sich vorwiegend im Norden.

Die Union verfolgte jedoch weitaus schwierigere Kriegsziele als der Süden. Während der Süden »nur« einen unionistischen Sieg abwenden wollte, stand der Norden vor der Aufgabe, sich elf Bundesstaaten völlig unterwerfen zu müssen, ehe die Union wieder vereint werden konnte. Und der Norden mußte gegen einen gewichtigen Nachteil ankämpfen: die Inkompetenz seiner militärischen Führung. Der erste unionistische Oberbefehlshaber General Winfield Scott trat am 1. November 1861 zurück und wurde von George B. McClellan ersetzt. Im März 1862 mußte der unbeholfene McClellan General Henry W. Halleck weichen. Auch Halleck bewährte sich nicht, und erst im März 1864 übernahm der Mann das Kommando, dem ein Sieg zuzutrauen war: Ulysses S. Grant (▷ Chronik Biografie, S. 125). Grant war kein inspirierter Stratege, aber ein erbarmungsloser Feldführer, dessen Leitsatz lautete, dem Feind keinen Moment Ruhe zu gönnen. Daß der Süden überhaupt der nördlichen Übermacht fünf bittere Jahre lang trotzen konnte, verdankte er dagegen der Brillanz seiner Feldherren. Konföderierte Heeresführer wie Thomas »Stonewall« Jackson oder John Hunt Morgan zeichneten sich durch strategische Fähigkeiten aus, die Lincoln bei seinen Generalen vergebens suchte. An der Spitze der Südstaatenarmee stand einer der genialsten Militärs in der Geschichte der Vereinigten Staaten, General Robert E. Lee (▷ Chronik Biografie).

Die Niederlage des Südens war aber im wesentlichen eine Frage der Zeit. Verschiedene Schwächen der Rebellionsrepublik trugen dazu bei. Die Konfö-

Robert Edward Lee – genialer Heerführer im Sezessionskrieg
Chronik Biografie

US-amerikanischer General

19. 1. 1807 Stratford (Virginia)
†12. 10. 1870 Lexington (Virginia)

L. war einer der größten militärischen Strategen in der Geschichte der USA. Obwohl er Gegner der Sezession war, stellte er sich seiner Heimat in den Südstaaten im Krieg zur Verfügung. Sein Vorfahr Thomas Lee war königlicher Gouverneur der Kolonie Virginia. 1825 schrieb sich L. an der exklusiven Militärakademie von West Point ein, wo er 1829 sein Studium als Zweitbester seines Jahrgangs abschloß. Zu erster Bekanntheit gelangte L. im Mexikanisch-Amerikanischen Krieg. 1852 wurde er Rektor der West-Point-Akademie, wo er die Ausbildung vieler Offiziere, die später für oder gegen ihn kämpften, begleitete. 1859 leitete L. das Truppenkontingent, das den Rebellen John Brown nach dessen Bestürmung des Waffenlagers bei Harpers Ferry gefangennahm. Nach Ausbruch des Sezessionskriegs wurde Lee das Oberkommando der Unionsarmee angeboten, doch schlug er das Angebot aus, um sich nicht gegen die Menschen seiner Heimat stellen zu müssen. Im selben Jahr übernahm er die Führung der Konföderierten Truppen von Virginia, und ein Jahr später wurde er von Jefferson Davis zum Oberkommandierenden der Südstaatenarmee gekürt. Infolge des militärischen Genies L. konnten die Südstaaten ihren Widerstand bis 1865 aufrechterhalten. Nach der Niederlage der Konföderation im Krieg wurde L. Rektor des Washington Colleges in Lexington (Virginia), aus dem die heutige Washington and Lee University hervorging. Er wurde auf dem Gelände der Universität beigesetzt.

deration versagte nicht nur im Kampf gegen die massive Kriegsmaschinerie des Nordens, sondern auch auf der außenpolitischen Ebene. Großbritannien erklärte unmittelbar nach Ausbruch des Kriegs seine Neutralität. Hegte der Süden aber auch nur die leiseste Hoffnung auf einen Sieg, so war die europäische Intervention auf Konföderierter Seite eine absolute Notwendigkeit. Als Zulieferer fast aller Baumwollspinnereien Englands, glaubten die Südstaaten genügend Einfluß in London zu besitzen, um den Eingriff Englands zu erwirken. Aber England verfügte 1861 nicht nur über große Baumwollüberschüsse aus vorangegangenen Jahren, sondern entdeckte neue Quellen in seinen Kolonien Ägypten und Indien. Die englische Oberschicht sympathisierte zwar mit der Konföderation, doch die Liberalen sahen in dem Konflikt einen Freiheitskampf der Sklaven und warben um Unterstützung für den Norden beim britischen Volk und im Parlament. Das Ergebnis all dieser Faktoren war, daß kein einziger europäischer Staat die Konföderation anerkannte. Großbritannien fuhr dennoch mit seinen Waffenlieferungen an die Südstaaten fort. Vor allem der Verkauf von sechs englischen Schiffen an die Konföderation führte fast zu einer Kriegserklärung der Union an England.

Lincolns erklärte Absicht im Krieg war ursprünglich nur die Wiederherstellung der Union. Abolitionisten verlangten häufig nicht nur die Abschaffung der Sklaverei, sondern auch das Wahlrecht für Schwarze. Nirgendwo im Norden durften Schwarze wählen, und Lincoln wußte um die Brisanz dieser Frage. Versuchte er, ein allgemeines Wahlrecht für Schwarze durchzusetzen, so riskierte er eine Krise in den Reihen seiner Partei. Je länger der Krieg sich hinschleppte, desto größer wurde der Druck, die Sklaverei in den Mittelpunkt des Konflikts zu stellen. Nach dem Unionistischen Sieg bei Antietam am 22. September 1862 kündigte Lincoln die Befreiung aller Sklaven an. Am 1. Januar 1863 unterschrieb er die Emanzipations-Proklamation (→Lexikon), welche die Freiheit aller Sklaven in den Konföderierten Staaten erklärte. 1865 verabschiedete der Kongreß den 13. Verfassungszusatz, der die Institution der Sklaverei in den Vereinigten Staaten verbot.

Das erste Jahr des Krieges führte die Armeen beider Staaten in mehreren kleinen Scharmützeln und in einem großen Kampf zusammen. In Virginia, zwischen Washington und Richmond, wohin die Hauptstadt der Konföderation nach der Sezession Virginias verlegt wurde, befanden sich 30 000 Unionistische Soldaten unter dem Kommando von General Ir-

win McDowell. Eine Konföderierte Armee von 20 000 Soldaten lagerte vor dem Ort Manassas im nördlichen Virginia. Sie unterstand General Beauregard, der als Verteidiger South Carolinas bereits zu Ruhm gelangt war. Als McDowell Mitte Juli nach Manassas aufbrach, zog sich die Armee Beauregards gen Norden hinter Bull Run zurück. McDowell griff an, doch der Gegenangriff Beauregards war so überwältigend, daß die nördlichen Soldaten in Panik ausbrachen und sich zurückzogen. Der Sieg der Konföderierten war eher moralischer als strategischer Natur, da Beauregard weder in nördliches Gebiet vordrang noch der Armee McDowells erwähnenswerten Schaden zufügte. Das Ergebnis der sog. ersten Schlacht von Manassas war ein vorläufiger Still-

Ulysses Simpson Grant
Chronik Biografie

US-amerikanischer Politiker und 18. Präsident 1869–1877

*27. 4. 1822 Point Pleasant (Ohio)
†23. 7. 1885 Mount McGregor bei Saratoga (New York)

G. erkämpfte im Sezessionskrieg für den Norden 1863 die Siege von Vicksburg und Chattanooga und zwang als Oberbefehlshaber (seit 1864) den Konföderierten Oberbefehlshaber Robert E. Lee 1865 zur Kapitulation. Ab 1867/68 Kriegsminister, wurde er 1868 für die Republikaner zum Präsidenten gewählt und 1872 wiedergewählt. Unter seiner Führung wurden die letzten Südstaaten in die Union wieder eingegliedert, doch blieb es seinem Nachfolger, dem Demokraten Rutherford B. Hayes, vorbehalten, die Rekonstruktion durch den vollständigen Abzug der Besatzungstruppen zu beenden. Die Politik von G. im Interesse der nördlichen Großindustrie und des Finanzkapitals trug zur langfristigen strukturellen Schwächung des Südens bei und förderte eine hemmungslose Korruption, wegen der sich seine Partei spaltete.

stand im Osten. Im Westen dagegen verlor der Süden schon bei den ersten Zusammenstößen mit nördlichen Armeen an Boden. Aus dem Norden und dem Süden marschierten Unionsverbände 1862 auf New Orleans, um den wichtigsten Hafen der Südstaaten unter ihre Kontrolle zu bringen. Am 25. April ergab sich die belagerte Stadt der nördlichen Übermacht und blieb während des ganzen Kriegs in Unionistischer Hand. Bereits vor dem Fall von New Orleans übernahm die Union die Führung im nördlichen Teil des Mississippitals. Beim Kampf von Shiloh gewann Beauregard am 6. April die erste Schlacht gegen die Armee Grants. Doch als Grant am nächsten Tag die Unterstützung von insgesamt 25 000 neuen Soldaten bekam, leitete er eine erbarmungslose Gegenoffensive ein. Beauregard mußte den Stürmen Grants weichen und die Stadt Corinth (Mississippi) räumen, die ein wichtiger Knotenpunkt mehrerer südlicher Eisenbahnlinien war. Grant mußte nur noch die Lücke zwischen Corinth und New Orleans schließen, um den Krieg im Westen zu beenden.

Im Frühjahr 1862 entbrannten erneut Kämpfe im Osten. Eine Armee unter General Thomas »Stonewall« Jackson marschierte nördlich durch das Shenandoahtal, um der Union eine Falle zu stellen. Lincoln glaubte ganz nach der Absicht Jacksons, die Konföderierten wollten einen Angriff auf Washington wagen. Die Armeen von General McDowell und General McClellan wurden ins Shenandoahtal beordert, um Jackson aufzuhalten. In einer Serie glänzend durchgeführter Angriffe schlug Jackson beide Armeen zwischen dem 4. Mai und dem 9. Juni und entkam, ehe McDowells reorganisierte Einheiten ihn einholen konnten. Jackson stieß danach sofort zu Lee, der im nördlichen Virginia auf ihn wartete. General McClellan versuchte, die Armee von General Pope zu erreichen, um mit vereinten Kräften gegen Lee vorzugehen, doch bei der sog. zweiten Schlacht von Manassas kam Lee McClellan zuvor und schlug Popes Armee in die Flucht nach Washington. McClellan rückte jetzt alleine mit einer Armee von 100 000 Mann gegen Lee aus, der nur 85 000 konfö-

Die Gettysburger Ansprache von Präsident Abraham Lincoln

Chronik Zitat

Nach der Schlacht von Gettysburg, die die Unionsarmee gewonnen hatte und bei der sowohl Nord- als auch Südstaaten entsetzliche Verluste hinnehmen mußten, sollte das Schlachtfeld am 19. November 1863 zum Nationalfriedhof erklärt werden. Präsident Abraham Lincoln wurde gebeten, bei diesem Anlaß »ein paar Worte« zu sagen. Die knappe Rede, die er hielt, gilt als eine seiner berühmtesten und eloquentesten.

»Vor 87 Jahren brachten unsere Vorväter auf diesem Kontinent eine neue Nation hervor, in Freiheit geboren und dem Grundsatz der Gleichheit aller Menschen gewidmet.
Heute sind wir in einen großen Krieg verwickelt, der beweisen wird, ob unsere Nation oder irgendeine Nation ihrer Art lange bestehen kann. Wir treffen uns auf einem großen Schlachtfeld dieses Kriegs. Wir sind zusammengekommen, um einen Teil dieses Schlachtfelds denjenigen als letzte Ruhestätte zu weihen, die hier ihr Leben ließen, auf daß diese Nation weiterleben möge. Es ist durchaus billig und recht, daß wir dies tun.

Aber in einem viel höheren Sinn gesehen, steht es uns gar nicht zu, diesen Boden zu weihen, zu segnen, als heilig zu verehren. Die tapferen Männer, die Lebenden und die Toten, die hier kämpften, haben ihn auf eine Weise geweiht, die viel erhabener ist als alles, was wir hier tun können. Von dem, was wir hier sagen, wird die Welt wenig Kenntnis nehmen, noch wird es lange in Erinnerung bleiben. Aber die Welt wird nie vergessen, was diese Männer hier getan haben. Es ist vielmehr an uns, den Lebenden, unsere Kräfte dem noch unvollendeten, edlen Werk zu widmen, das diejenigen vollbrachten, die hier kämpften. Es ist vielmehr an uns, unsere Kräfte der großen Aufgabe zu widmen, vor der wir noch stehen. Mögen uns diese ehrwürdigen Toten zu höherer Hingabe an das Ziel inspirieren, dem sie das letzte und höchste Opfer brachten. Mögen wir hier beschließen, daß diese Toten nicht umsonst gestorben sein werden, daß diese Nation unter Gottes Führung erneut in Freiheit geboren wird, und daß die Regierung des Volkes, durch das Volk und für das Volk von der Erde nicht verschwinden wird.«

derierte Soldaten unter seinem Kommando hatte. An dem Flüßchen Antietam nahe der Stadt Sharpsburg in Maryland fand eine der blutigsten Begegnungen des Krieges statt. Nach entsetzlichen Verlusten auf beiden Seiten zog sich Lee nach Virginia zurück.

Im Entscheidungsjahr 1863 bereitete General Joseph Hooker einen Angriff auf Fredericksburg (Virginia) vor, wo Lee mit seiner Armee lagerte. Lee konnte nur 60 000 Mann in einen Kampf gegen 120 000 Unionssoldaten schicken, doch beschloß er die tollkühne Teilung seiner Armee für einen Angriff an zwei Fronten bei Chancellorsville. Vom Süden her griff er, vom Osten her Jackson an. Trotz ihrer zahlenmäßigen Überlegenheit stoben Hookers Männer nach der fünf Tage (1.–5. Mai) dauernden Offensive Lees auseinander. Lee mußte allerdings in diesem Kampf einen schmerzlichen Verlust verkraften. Sein fähigster Offizier und enger Freund Jackson starb in seinen Armen. Im Westen konnte die Konföderation den Vormarsch der Unionsarmeen nicht aufhalten. Mit der Einnahme Vicksburgs und Port Hudsons hatte die Union den ganzen Mississippi in ihrer Macht. Die strategische Bedeutung dieses Schritts war unermeßlich, denn jetzt war die Konföderation zweigeteilt. Lee schlug einen letzten verzweifelten Versuch vor, Großbritannien durch einen Sieg auf nördlichem Boden zum Kriegseintritt zu bewegen. Er wollte nach Pennsylvania einmarschieren. Im Juni begann Lees Nordstaatenfeldzug, der mit dem berühmtesten und verlustreichsten Kampf des Krieges endete. Am 1. Juli 1863 traf Lees Armee auf die Einheiten von General George Meade bei Gettysburg. 75 000 abgekämpfte, schlecht versorgte Konföderierte standen 90 000 frischen, gut ausgerüsteten Unionssoldaten gegenüber. Bei einem einzigen Ansturm, dem sog. Pickett's Charge, verlor Lee 10 000 Soldaten. Als er zwei Tage später am 3. Juli den Rückzugsbefehl gab, war über ein Drittel seiner Armee gefallen.

In der Endphase des Kriegs 1864/65 führten die Unionsarmeen einen gnadenlosen Zerstörungskampf gegen den Süden. Die westliche Armee unter General William Tecumseh Sherman trat den berühmten Marsch zum Meer an, Sherman's March to the Sea. »Krieg ist Hölle« pflegte Sherman zu sagen – und zu beweisen. Er machte mehrere Städte, u.a. Atlanta und Charleston, dem Erdboden gleich. Quer durch Georgia zogen Shermans Männer eine 100 km breite Spur der Verwüstung. Grant marschierte in Richtung Richmond (Virgina), sowohl um die Hauptstadt der Konföderierten einzunehmen, als auch um Lee in die Vernichtungsschlacht zu ziehen.

Immer wieder, etwa beim Kampf der Wildnis vom 5. bis 7. Mai oder bei der Schlacht von Cold Harbor vom 1. bis 3. Juni, trieb Lee seinen Verfolger zurück. Grant verlor über 55 000 Männer auf seinem Feldzug nach Richmond, Lee knapp 30 000. Grant ruhte keine Minute und bis April 1856 erreichte seine Armee den Fluß Potomac. Mit den Resten seiner Armee, etwa 25 000 Mann, war Lee von Grant völlig eingekesselt. Er gestand sich die Sinnlosigkeit weiteren Blutvergießens ein und ließ die Nachricht an Grant überbringen, er wolle den Unionsgeneral im Rathaus der kleinen Stadt Appomattox in Virginia treffen. Dort überreichte er Grant am 9. April 1865 sein Schwert.

Die Folgen des Sezessionskrieges für den Süden waren verheerend. Die größten Städte lagen in Schutt und Asche. Die Zahl der Konföderierten Toten lag bei 258 000, Tausende kehrten krank, verwundet und verkrüppelt in die verwüstete Heimat zurück. In diesem Krieg starben mehr amerikanische Soldaten als in beiden Weltkriegen zusammen. Viele Familien, die Vater, Sohn, Bruder oder Ehemann verloren hatten, standen mittellos vor der Aufgabe einer neuen Existenzgründung. Die von der Konföderationsregierung herausgegebene Währung war wertlos, das darin investierte Kapital verschwunden. War der Süden vor Kriegsanfang in der industriellen Entwicklung weit hinter dem Norden zurückgeblieben, jetzt wurde er zum Armenhaus der Nation. Aus der Sicht Lincolns bestand das dringlichste Problem bei Kriegsende im Modus der Wiedereingliederung der abtrünnigen Staaten in die Union. Lincolns eigene Partei, die Republikaner, wünschte keine allzu zügige und unbürokratische Rekonstruktion (→Lexikon), da die Wiederkehr der größtenteils im Süden konzentrierten Demokraten das Ende der in den Kriegsjahren unangefochtenen Hegemonie der Republikaner bedeuten mußte. Parteiliches Kalkül interessierte den Präsidenten wenig. Die Teilung wollte Lincoln möglichst schnell aufheben, und schon 1863 legte er seinen Rekonstruktionsentwurf vor. Dieser schrieb eine Generalamnestie für alle Südstaatler vor außer denjenigen, die hohe Posten in der Regierung der Konföderierten Staaten von Amerika bekleidet hatten. Alle anderen, die einen Loyalitätseid ablegten, sollten sofort rehabilitiert werden. Sobald 10% der Bevölkerung eines Bundesstaates diesen Eid abgelegt hatten, sollte ihnen die Bildung einer neuen bundesstaatlichen Regierung genehmigt werden. Die von der Union besetzten Staaten Louisiana, Arkansas und Tennessee erfüllten diese Kriterien bereits 1864.

NORDAMERIKA

Der Kongreß lehnte Lincolns Vorschlag ab. Der Gegenentwurf der radikalen Republikaner sah die Berufung eines provisorischen Gouverneurs für jeden Staat der Konföderation und die Forderung vor, daß eine Mehrheit der Bevölkerung den Loyalitätseid leisten mußte, ehe die Regierungsbildung beginnen konnte. Zum Kern des sog. Wade-Davis-Gesetzes (→Lexikon) gehörte die Bedingung, daß die Südstaaten auch der Einführung des Wahlrechts für ehemalige Sklaven zustimmen mußten. Die Lage der Schwarzen unmittelbar nach dem Krieg war unklar. Sie waren keine Sklaven mehr, doch ebensowenig waren sie Bürger der Vereinigten Staaten. Im März 1865 gründete der Kongreß ein Amt für Sklavenfragen (Bureau of Freedmen, Refugees and Abandoned Lands, →Lexikon), das den Schwarzen im Süden nicht nur Essen und Kleidung, sondern auch Beistand bei der Suche nach Arbeit und Wohnung anbot. Herrenloses Eigentum wurde vom Amt beschlagnahmt und an Schwarze verteilt. Zum ersten Mal entstand im Süden ein beträchtlicher schwarzer Bauernstand. Der Anteil an schwarzen Landbesitzern stieg in den ersten Jahren nach Kriegsende um 20 %. Nachdem ehemaligen Sklaven das Wahlrecht erteilt worden war, verschafften sich Schwarze den Zugang zu fast allen öffentlichen Ämtern. Zwischen 1869 und 1901 wurden 20 Schwarze in das Repräsentantenhaus gewählt. Die Gleichstellung von Schwarz und Weiß war damit nicht einmal annähernd verwirklicht, aber im Vergleich zu Vorkriegsverhältnissen machten Schwarze große Fortschritte.

Diese gewaltigen Neuerungen erlebte Abraham Lincoln nicht mehr. Kurz nachdem der Kongreß das Wade-Davis-Gesetz mit einem Veto beschied, fiel Lincoln einem Attentat zum Opfer. Am Abend des 14. April 1865 wohnten Lincoln und seine Frau einer Vorstellung im Washingtoner Ford's Theater bei. Gegen Ende des Stücks stürzte John Wilkes Booth, ein fanatischer Südstaatensympathisant, in die Loge des Präsidenten und schoß Lincoln in den Hinterkopf. Am nächsten Morgen starb der Präsident. Booth floh in die Wälder Marylands, wurde am 26. April in einer Scheune von Soldaten gestellt und erschossen. Den Kampf um die Rekonstruktion mußte nun der ehemalige Vizepräsident und Nachfolger Lincolns, Andrew Johnson (*1808, †1875), ausfechten. Ende 1865 hatten alle vormals Konföderierten Staaten die Kriterien Lincolns erfüllt und Senatoren sowie Repräsentanten gewählt, doch der Kongreß verbot ihnen, ihre Sitze im Kongreßsaal einzunehmen. Es dauerte zwei Jahre, bis Johnson und der Kongreß zu einem Kompromiß fanden. Die Südstaaten wurden in fünf militärische Bezirke aufgeteilt, in denen ein Kommandant der Armee und die unter ihm stehenden Truppen die Wahlen zu den neuen Staatsparlamenten vorbereiten sollten. Nach der Eintragung aller schwarzen und aller weißen Männer, die die Konföderation nicht unterstützt hatten, in die Wählerlisten konnte eine Regierung gewählt werden, die mit der Aufstellung einer neuen Verfassung betraut war. Bedingung zur Verabschiedung dieser Verfassungen durch den Kongreß war die Anerkennung des 14. Verfassungszusatzes, der den Schwarzen das Wahlrecht und die Staatsbürgerschaft garantierte und gegen alle Funktionäre der Konföderation ein Verbot politischer Betätigung verhängte. 1868 wurden Arkansas, North Carolina, South Carolina, Louisiana, Alabama, Georgia und Florida rekonstruiert und als Bundesstaaten bestätigt. Tennessee hatte schon vorher alle Kriterien erfüllt. Virginia, Texas (1869) und Mississippi (1870) zogen nach. 1869 verabschiedete der Kongreß den 15. Verfassungszusatz, der allen Bundesstaaten ausdrücklich verbot, einem Bürger das Wahlrecht zu verweigern »aufgrund seiner Rasse, seiner Hautfarbe oder vormaliger Leibeigenschaft«.

Die Verbitterung, die die Reaktion des Südens auf die Zeit der Rekonstruktion kennzeichnet, entsprang zum Teil verletztem Stolz. Sie richtete sich aber auch gegen Korruption und Staatsschulden, die die Rekonstruktionsregierungen anhäuften. Skrupellose Opportunisten, die sich in den Reihen der Republikanischen Partei hochgedient hatten, wurden als Gouverneure eingesetzt und nutzten ihre Macht nicht selten, um öffentliche Gelder zu veruntreuen und unverhohlene Vetternwirtschaft zu betreiben. Während sich die statthabenden Gouverneure vieler Südstaaten am öffentlichen Wohl bereicherten, schnellten die Schulden in astronomische Höhen. In South Carolina wuchs die öffentliche Verschuldung binnen acht Jahren von 7 auf 29 Mio. US-Dollar. Landspekulanten aus dem Norden nutzten den Sieg des Nordstaatendollars, um zum Spottpreis Ländereien aufzukaufen, die einst zu herrschaftlichen Plantagen gehört hatten.

1868 stellte sich der siegreiche General des Nordens Ulysses S. Grant als Kandidat der Republikaner dem Wettkampf um die Präsidentschaft. Die Amerikaner wählten mit Grant einen Mann, dessen Administration als eine der korruptesten der amerikanischen Geschichte gilt. Grants erste Amtsperiode verlief aus der Sicht der Öffentlichkeit eher ereignislos. William H. Seward, Staatssekretär unter Lincoln, leitete 1867 Verhandlungen mit Rußland zum Kauf

Alaskas für 7,2 Mio. US-Dollar ein. Grants Staatssekretär Hamilton Fish erreichte ein Abkommen mit Großbritannien über die Schadenersatzklagen der USA wegen der Schiffe, die England in den Kriegsjahren an die Konföderation verkaufte. 1871 erwirkte Fish Anhörungen durch eine internationale Schiedsrichterkommission, die Großbritannien zur Zahlung von 15,5 Mio. US-Dollar an die Vereinigten Staaten verpflichtete.

Aber bereits während des Wahlkampfs von 1872 wurden die ersten Korruptionsskandale aufgedeckt, die einige von Grants engsten Mitarbeitern betrafen. Eine Gesellschaft, die am Bau der transkontinentalen Eisenbahn beteiligt war, die Crédit Mobilier, erwies sich als Tarnorganisation der Union-Pacific-Eisenbahngesellschaft, die öffentliche Gelder abschöpfte. Um Nachforschungen des Kongresses vorzubeugen, ließ die Crédit Mobilier Bestechungsgelder an hohe Staatsbeamte fließen, einschließlich des Vizepräsidenten Schuyler Colfax. Ferner stellte sich heraus, daß mehrere Mitarbeiter des Finanzministers Benjamin Bristow an einem weitverzweigten Branntweinsyndikat beteiligt waren und Steuergelder veruntreuten. Verteidigungsminister William H. Belknap nahm Bestechungsgelder an, damit ein als Betrüger identifizierter Mitarbeiter seines Stabs im Amt bleiben konnte. Die Korruptionsfälle häuften sich, und als Grant 1876 sein Interesse an einer dritten Amtsperiode signalisierte, weigerte sich die Republikanische Partei, seine Kandidatur zu unterstützen. Sie entschied sich für den langjährigen Gouverneur von Ohio, Rutherford B. Hayes (*1822, †1893), der gegen den Demokratischen Kandidaten Samuel J. Tilden aus New York antrat. Mit 4 301 000 Stimmen für die Demokraten gegen 4 036 000 für die Republikaner schien Tilden gewonnen zu haben. Bei der Durchzählung in Louisiana, South Carolina und Florida traten jedoch Unstimmigkeiten auf. Beide Parteien beanspruchten die Stimmen der aus diesen Staaten stammenden Wahlmänner für ihren Kandidaten. Eine Sonderkomission aus Demokraten und Republikanern im Kongreß und Vertretern des Obersten Gerichtshofs sollte entscheiden. Der Legende zufolge boten die Demokraten an, für Hayes zu stimmen, sofern die Republikaner versicherten, daß alle Bundestruppen aus dem Süden abgezogen würden. Ob der »Kompromiß von 1877« (→Lexikon) so aussah, ist bis heute ungeklärt. Tatsache ist, daß Rutherford B. Hayes 1877 vom Kongreß als 20. Präsident bestätigt wurde – im selben Jahr, als die letzten Bundestruppen das Gebiet der ehemaligen Konföderation räumten.

Chronik Zeittafel

1840	William Henry Harrison wird Präsident
1841	Harrison stirbt, John Tyler tritt seine Nachfolge an
1842	Webster-Ashburton-Vertrag bestimmt Grenze zwischen Maine und Neubraunschweig
1844	James K. Polk ist neuer Präsident
1846	Grenze im Westen der USA (Oregon) zu Kanada festgelegt; Krieg gegen Mexiko (bis 1848)
1848	Mexiko tritt Nordkalifornien und New Mexico an die USA ab; Zachary Taylor zum Präsidenten gewählt
1852	Franklin Pierce wird Präsident
1854	Die Republikanische Partei entsteht
1856	James Buchanan ist neuer Präsident
1857	Dred-Scott-Urteil des Obersten Gerichtshofs verweigert Einzelstaaten das Recht, über den Status von Sklaven zu entscheiden
1860	Abraham Lincoln wird Präsident; erste Südstaaten verlassen die Union
1861	Abtrünnige Südstaaten gründen die Konföderation mit Jefferson Davis als Präsident; Sezessionskrieg eröffnet
1862	Robert E. Lee übernimmt Oberkommando der Konföderierten Armeen; Kongreß beschließt den Bau einer transkontinentalen Eisenbahnstrecke
1863	In der Emanzipations-Proklamation erklärt Lincoln alle Sklaven für frei; Lee scheitert bei Gettysburg
1865	Lee ergibt sich bei Appomattox; 13. Verfassungszusatz verbietet Sklaverei; Lincoln wird ermordet; der Kongreß weigert sich, Südstaatendelegierte aufzunehmen
1867	USA kaufen Alaska von Rußland
1868	Die meisten Südstaaten sind wieder in die Union aufgenommen; Ulysses S. Grant wird Präsident
1875	Skandalenthüllungen bringen die Grant-Regierung in Mißkredit
1877	Rutherford B. Hayes wird Präsident; die letzten Bundestruppen werden aus dem Süden abgezogen

NORDAMERIKA

Industrialisierung (1877–1914)

Erschließung des Westens

Am Ende des 19. Jhs. trat Amerika in die Epoche ein, die auf das Land zugeschnitten schien – die industrielle Moderne. Ab jetzt war die Großstadt Zentrum des Geschehens. Arbeit wurde in den großen Fabriken von den Massen von Immigranten aus Mittel-, Süd- und Osteuropa verrichtet, die das kulturelle Bild Amerikas grundlegend änderten. Aber ein letztes Stück wilder Gründerzeitromantik überlebte bis ins frühe 20. Jh. im Westen der Nation. Ab Mitte der 1860er Jahre zogen verschiedene Faktoren zahlreiche Siedler in die neuen Gebiete, mit denen die USA ihre kontinentale Hegemonie verwirklicht hatten. Manche folgten dem Ruf des Goldes, das man in Kalifornien und später in Alaska entdeckte. Andere suchten einfach eigenen Grund und Boden, die schon Thomas Jefferson gerühmt hatte. Das Heimstättengesetz (→Lexikon) von 1862 machte den Erwerb von Land im Westen zum verschwindend geringen Preis möglich, sofern der Käufer mindestens fünf Jahre lang auf seinem Grundstück lebte und es landwirtschaftlich nutzte. Vor allem diese Bauern »befriedeten« den Westen.

Die Landwirtschaft kam mit den Eisenbahnschienen in den Westen. Vor dem Sezessionskrieg wagten nur erfahrene Pioniere die mühsame Wagenfahrt durch die westlichen Steppen, aber seit dem Bau neuer Eisenbahnlinien, vor allem der transkontinentalen Eisenbahn, rückte der Westen immer näher an den Osten heran. Ein Beschluß des Kongresses von 1862 schuf zwei große Eisenbahngesellschaften, die Union Pacific und die Central Pacific. Während die Union Pacific von Omaha (Nebraska) nach Westen Schienen verlegte, baute die Central Pacific in Richtung Osten von Sacramento (Kalifornien) aus. Am Promontory Point (Utah) trafen sie sich am 10. Mai 1869. Am Ende des Jahrhunderts fuhren fünf transkontinentale Linien quer durch die Nation. Den Bauern war es jetzt möglich, ihre riesigen Ernten schnell nach Osten befördern zu lassen. Die Bevölkerung im Westen wuchs entsprechend und die Farmer stellten dabei den größten Bevölkerungsanteil. Zwischen 1860 und 1910 stieg die Zahl der Bauernfamilien des Westens von 1,5 Mio. auf 6 Mio. Aber während die Landwirtschaft 1860 einen Gesamtanteil am Bruttosozialprodukt von 50 % hatte, waren es 1900 nur noch 20 % – das Industriezeitalter brach an.

Vor dem Sezessionskrieg betrachtete die Regierung die Indianerstämme des Westens als unabhängige Nationen und als Mündel des Präsidenten zugleich. Vom Prinzip der Souveränität der Indianer ausgehend, versuchte man eine permanente Grenze zwischen Indianern und Weißen zu errichten. Der zunehmende Andrang weißer Siedler im Westen trug zum Sinneswandel in Washington bei, wo man nach dem Sezessionskrieg die Konzentration aller Stämme auf zwei großen Territorien (in Oklahoma und Dakota) befürwortete. 1867 berief der Kongreß die sog. Indianerfriedenskommission, die im Amt für Indianerangelegenheiten (→Lexikon) aufging. Die Lage im Westen kontrollierte die Bundesregierung aber gar nicht mehr, denn zwischen den diversen Stämmen des Westens (u.a. Apachen, Cheyenne, Comanchen, Crow, Kiowa, Schwarzfuß und Sioux) und weißen Siedlern herrschte in der Zeit von 1860 bis 1890 ein fast ununterbrochener Kampf.

Die erbittertsten und längsten Kämpfe fanden in Montana statt, wo die Armee versuchte, eine Straße zwischen Fort Laramie (Wyoming) und den Bergbaustätten im Westen zu bauen. Der Siouxhäuptling Rote Wolke führte einen so entschlossenen Kampf gegen die Soldaten, daß die Straße nie gebaut wurde. Im Jahre 1875 kam es in den nördlichen Prärien zur Erhebung der Sioux unter Crazy Horse und Sitting Bull, den größten Führern der Präriestämme. Nachdem Bergleute unberechtigterweise, aber mit der Einwilligung weißer Beamter in die Schwarzen Berge von Dakota eindrangen, verließen die Sioux aus Protest das Reservat und versammelten sich in Montana, wo sie einen Bund mit Kriegern der Cheyenne schlossen. Washington entsandte drei Verbände, um die Sioux wieder zusammenzutreiben, darunter die berühmte 7. Kavallerie unter der Führung des umstrittenen George Custer. Bei der Schlacht von Little Big Horn am 25. Juni 1876 überraschten die Sioux Custer mit der größten Indianerarmee in der Geschichte der Vereinigten Staaten. Bis zu 4000 Krieger führten Crazy Horse und Sitting Bull in den Kampf gegen Custers Kavallerie, die bis auf den letzten Mann umkam.

Ein Jahr später sollten die nach Idaho umgesiedelten Nez Percé, ein kleiner und als friedlich bekannter Stamm, in einem kleineren Reservat untergebracht werden. Die Nez Percé weigerten sich. Als Bundestruppen heranrückten, um den Umzug der Indianer mit Gewalt zu erzwingen, beschloß der Häuptling der Nez Percé, Joseph, mit dem gesamten Stamm die Flucht nach Kanada anzutreten. Mit 500 Menschen unter seiner Obhut legte Joseph über 2000 km in 75 Tagen zurück. Kurz vor der kanadischen Grenze schnitten Bundestruppen den Nez Percé den Weg ab. Sie landeten schließlich in Oklahoma, wo zahlreiche

Stammesangehörige wie die Mitglieder anderer Stämme an Infektionskrankheiten und Unterernährung starben.

Organisierten Widerstand im Westen leisteten auch die Apachen, die zwischen den 1860er und 1880er Jahren unter ihren Häuptlingen Mangas Colorados und Cochise kämpften. Nachdem Cochise 1872 Frieden mit Washington geschlossen hatte, übernahm ein letzter Führer, Geronimo, die Leitung des Kampfes gegen die Umsiedlung. Als Geronimo 1886 gefangengenommen worden war, fanden die Indianerkriege im Westen ein Ende.

Ein letzter Kampf fand 1890 bei Wounded Knee (South Dakota) statt, wo amerikanische Truppen zum ersten und letzten Mal mit Maschinengewehren gegen Indianer vorrückten. 1887 hob der Kongreß mit dem Dawes-Gesetz (→Lexikon) die Stammesstruktur auf, indem Stammesbesitz aufgelöst und an einzelne Stammesmitglieder verteilt wurde.

Triumphzug der Industrie

Das moderne Zeitalter erhob die Großstadt zum neuen Angelpunkt der Nation. Von 1860 bis 1910 verdoppelte sich die ländliche Bevölkerung der USA, die städtische Bevölkerung wuchs um das Siebenfache. Im Jahre 1860 gab es 16 amerikanische Städte mit über 50 000 Einwohnern. Im Jahre 1910 waren es 109 Städte. In New York und Brooklyn zusammen lebten 1860 rund 1,2 Mio. Menschen. 1900 waren es 3 Mio. Chicago, die Metropole des mittleren Westens, erlebte ein noch größeres Wachstum. Von 100 000 Einwohnern 1860 verzehnfachte sich die Bevölkerung auf 1 Mio. Menschen im Jahr 1900.

Immigranten spielten bei dieser Bevölkerungsexplosion eine wichtige Rolle. Von 1 Mio. Einwohnern im Chicago der Jahrhundertwende stammten etwa 87 % aus dem Ausland. In New York lag der Immigrantenanteil bei 80 %, in Milwaukee und Detroit bei 84 %. Auf dem Gipfel der europäischen Immigrationswelle zwischen 1881 und 1885 strömten knapp 3 Mio. Menschen in die USA, über 55 000 jede Woche. Gleichzeitig begann eine innere Migration, die den Charakter nördlicher Städte veränderte: Zahlreiche schwarze Amerikaner kamen auf der Suche nach Arbeit aus dem Süden in die nördlichen Industriezentren. Die Städte selbst mußten in einem ungeheuren Tempo ausgebaut werden und wuchsen sogar in den Himmel: 1885 entstand in Chicago der erste Wolkenkratzer. Als große Teile Chicagos 1871 in einem katastrophalen Brand zerstört wurden, war vor allem diese Stadt Testgelände modernster Architektur und erhielt so eine einmalige Prägung.

Viele Immigranten hatten sich für die Auswanderung nach Amerika wegen neuer Arbeitsmöglichkeiten in den USA entschieden, und zugleich war es die neue Arbeit, die das Kapital produzierte, mit dem man die neuen Städte errichtete. Die Vereinigten Staaten verfügten über reiche Vorkommen an allen wichtigen Rohstoffen und Energieprodukten. Die Regierung förderte das Wirtschaftswachstum, indem sie günstige Bedingungen für aufstrebende junge Industrien schuf. Bodenschätze, die auf öffentlichem Besitz vorkamen, stellte der Staat gegen günstige Preise zur Ausbeutung bereit. Die Importzölle wurden angehoben und für bestimmte Erwerbszweige staatliche Subventionen eingeführt. Der Staat schuf ideale Bedingungen für eine Brutstätte der neuesten Industrien.

Ohne technische Fortschritte wäre diese Entwicklung nicht denkbar gewesen. Auch hierfür gibt es beeindruckende Zahlen: Bis 1860 stellte das Patentamt der USA insgesamt 36 000 Patente für neue Erfindungen aus. In der Zeit von 1860 bis 1890 wurden 440 000 Patente registriert. Wesentliche Fortschritte machte die Kommunikationstechnik. 1866 verlegte Cyrus W. Field das erste transatlantische Telegrafenkabel nach Europa. Wenige Jahre danach entwickelte Alexander Graham Bell das Telefon. 1868 baute Christopher L. Sholes die erste Schreibmaschine, 1891 brachte William S. Burroughs die erste Rechenmaschine auf den Markt. Von revolutionärer Bedeutung war die Erfindung Thomas Alva Edisons (▷Chronik Biografie, S. 132): die Glühbirne. Sie beleuchtete vor allem die Hallen neuer Fabriken. In den 1850er Jahren entdeckten die Amerikaner William Kelly und der Engländer Henry Bessemer das Stahlherstellungsverfahren. Bis Ende des Jahrhunderts wurde Pittsburgh (Pennsylvania) zum Weltzentrum der Stahlindustrie. Diese wiederum förderte die Entwicklung eines wichtigen Nebenprodukts: Petroleum, denn die Maschinen der Stahlhersteller und -verarbeiter brauchten Schmierstoffe. Erst später wurde Erdöl als Kraftstoff entdeckt. In Titusville (Pennsylvania) erbaute Edwin L. Drake 1859 den ersten Bohrturm, mit dem er monatlich etwa 500 Barrels (1 Barrel = 159 l) förderte. 1870 förderte man in den USA jährlich 20 Mio. Barrel, Erdöl wurde viertwichtigstes Exportprodukt der Vereinigten Staaten.

Auch das Transportwesen wurde weiterentwickelt. 1903 gelang den Gebrüdern Wright bei Kitty Hawk (North Carolina) der erste Start mit einem Flugzeug. Charles und Frank Duryea bauten 1903 die ersten amerikanischen Autos. Nur drei Jahre später entstand das erste Automobil Henry Fords. 1914 führte Ford die Fließbandherstellung ein und konnte den Preis eines Model T von 950 US-Dollar auf 290 US-Dollar senken. 1895 gab es vier Automobile in den USA, 1917 fuhren 5 Mio. auf US-Straßen. 1860 erstreckte sich das Schienennetz der Eisenbahn über 50 000 km, um 1900 waren 310 000 km Schienen verlegt. Große Teile der Eisenbahn lagen um die Jahrhundertwende in der Hand von Magnaten wie Cornelius Vanderbilt, Jay Gould oder James Fisk.

Thomas Alva Edison

Chronik Biografie

US-amerikanischer Erfinder

*11. 2. 1847 Milan (Ohio)
†18. 10. 1931 West Orange (New Jersey)*

E. hielt am Ende seiner Laufbahn als Erfinder über 1000 Patente für Neuerungen auf den unterschiedlichsten Gebieten. E. hatte nur eine unzureichende Schulbildung. Er arbeitete zunächst als Telegrafist. Sein erstes Patent beantragte er 1869 für einen elektrischen Wahlstimmenzähler. 1870 gründete E. seine eigene Firma und entwickelte wesentliche Verbesserungen in der Telegrafentechnik. Durch die Erfindung des Kohlekörnermikrofons verbesserte er das erst gerade erfundene Telefon Alexander Graham Bells, womit das neue Gerät auch über weite Entfernungen brauchbar wurde. 1871 folgte die Erfindung des Phonographen, 1879 die Kohlefadenglühbirne. Das erste öffentliche Elektrizitätswerk in den USA gründete E. 1881 in New York. Danach erbaute er ein größeres Werk für seine Erfindungs- und Produktionsarbeiten in Orange (New Jersey). E. führte seine Werke 1889 in der Edison General Electric zusammen, die er 1892 an die General Electric Company verkaufte. Er erfand ferner das Diktaphon, die Nickel-Eisen-Batterie und ein Betongießverfahren.

Diese »Barone« der Industrie, wie sie genannt wurden, gründeten ihre Imperien auf der Basis von Inkorporationsgesetzen, die die Bildung von Holdings, Trusts und Monopolgesellschaften ermöglichten. Der besondere Reiz an der neuen Unternehmensstruktur war das Konzept der Aktiengesellschaft mit beschränkter Haftung. Der Beteiligte riskierte seit der Erneuerung der Finanzgesetze nur seinen Investitionseinsatz. Alle Schulden, die die Gesellschaft darüber hinaus machte, wurden von den Beteiligten nicht getragen. Die ersten großen Korporationen traten in Form der Eisenbahngesellschaften auf, doch bald wechselten alle Wirtschaftssektoren zur neuen Körperschaftsform über. Der schottische Immigrant Andrew Carnegie nutzte dieses System, um Kapital für den Bau der großen Stahlwerke Pittsburghs aufzutreiben. Seine Werke baute Carnegie zu den führenden der Nation aus, bis er 1901 an J. Pierpont Morgan verkaufte, um sich seinen philantropischen Interessen widmen zu können. Morgan fusionierte die Carnegie-Werke mit anderen Stahlproduzenten, um einen Stahlgiganten zu bilden, der zwei Drittel der Produktion im Lande lieferte. Die Großkapitalisten dieser Zeit kannten nur ein Ziel: die Verteilung des Kapitals auf möglichst wenige Hände, um den Markt zu kontrollieren. Das größte industrielle Imperium der Jahrhundertwende war die Ölfirma Standard Oil, die John D. Rockefeller 1870 gründete. Innerhalb weniger Jahre erwarb Rockefeller Raffinerien, Pipelines, Barrelfabriken, Warenhäuser und Eisenbahnen in der ganzen Nation, so daß er bei seinen Geschäften den Handel mit Mittelsmännern und Zwischenhändlern nahezu vollständig umgehen konnte. In den Augen vieler Amerikaner war Rockefeller das Symbol des Großkapitals schlechthin.

Der Widerspruch zwischen dem Lebensstil dieser Industriebarone und dem der Arbeiter war kraß. Neben mehreren Landhäusern und einem Schloß in North Carolina besaßen die Vanderbilts sieben Villen an der New Yorker Fifth Avenue. In den Miethäusern der Großstädte dagegen lebten die arbeitenden Klassen in beengten und unhygienischen Verhältnissen. Der Arbeitstag eines Fabrikarbeiters um 1900 hatte im Durchschnitt zehn Stunden, die Arbeitswoche sechs Tage. Die Arbeit an den neuen Maschinen war strapaziös und teilweise lebensgefährlich. Frauen standen vielfach in den Reihen der Fabrikarbeiter, und zum ersten Mal in der Geschichte des Landes verrichteten auch Kinder stundenlange Arbeit neben den Erwachsenen. Um 1900 arbeiteten schätzungsweise 1,7 Mio. Kinder unter 16 Jahren in der amerikanischen Industrie.

Es ist kein Wunder, daß um diese Zeit in Amerika wie in Europa die ersten großen Gewerkschaften Zulauf hatten. Das Hauptmittel der Arbeitnehmer im Kampf um gerechtere Löhne und bessere Arbeitsbedingungen war der Streik. In den frühen Jahren des Arbeitskampfes begleiteten die Streiks oft gewalttätige Ausschreitungen. Die vorwiegend irischen Bergarbeiter in Pennsylvania (die sog. Molly Maguires) schreckten vor terroristischen Anschlägen nicht zurück. Aber häufig ging die Gewalt nicht von den Streikenden, sondern von professionellen Streikbrechern wie den Pinkertons (benannt nach der Pinkerton Detektivagentur) oder Bundestruppen aus, die die Regierung einsetzte, um Ordnung wiederherzustellen. Der erste große Streik in der Geschichte der USA war eine nicht-gewerkschaftlich organisierte Protestaktion der Eisenbahner, die 1877 nach der Ankündigung einer 10 %igen Lohnkürzung die Arbeit niederlegten. Von Baltimore bis St. Louis kam der Schienenverkehr zum Erliegen. Bei den Zusammenstößen mit Staatsmilizen starben mehr als 100 Menschen.

Die erste überregionale Gewerkschaft der Nation bildeten die 1869 von Uriah Stephens gegründeten Knights of Labor (→Lexikon), die Ordensritter der Arbeit. 1885 erreichten die Knights bei einem Eisenbahnerstreik auf den Linien der von Jay Gould geführten Missouri Pacific die Aufhebung von Lohnkürzungen und die Anerkennung der Gewerkschaft. Der Sieg war kurzlebig, einen zweiten Streik des darauffolgenden Jahres ließ Gould mit Gewalt beenden und die Gewerkschaft löste sich auf. 1886 rief Samuel Gompers die wichtigere Amerikanische Arbeitsföderation (AFL, →Lexikon) ins Leben, die noch heute im Rahmen eines Gewerkschaftsbundes existiert. Unter der Führung von Gomper wurde die AFL wichtigste Gewerkschaft der USA. Am 1. Mai 1886 ordnete die AFL den ersten landesweiten Generalstreik für den Achtstundentag an. Das Mißtrauen der Öffentlichkeit gegenüber den Arbeiterbünden wurde bestätigt, als bei einer Demonstration auf dem Chicagoer Haymarket-Platz (→Lexikon) eine Bombe explodierte, die sieben Polizisten tötete und 67 weitere Menschen verletzte. Die Polizei schoß in die Menge und tötete vier Demonstranten.

Die Epoche der größten streikbedingten Unruhen fiel in die 1890er Jahre. Die Gewerkschaft der Eisen- und Stahlarbeiter, die zur AFL gehörte, war eine der größten und mächtigsten Arbeiterorganisationen des Landes. 1890 beschlossen Andrew Carnegie und sein Assistent Henry Clay Frick, die Carnegie-Stahlwerke von der Gewerkschaft zu »bereinigen«. Die Geschäftsleitung kündigte Lohnkürzungen an, um einen Streik zu provozieren. Nach vier Monaten verbissener Kämpfe gegen Pinkertons und Staatsreservisten kapitulierte die Gewerkschaft, und bis 1900 waren Arbeiter aller großen Stahlwerke des Nordostens aus der Gewerkschaft ausgetreten.

Im Winter 1893/94 kürzte der Eisenbahnwaggonhersteller Pullman Company die Löhne um durchschnittlich 25 %. Die Angestellten riefen zum Streik auf und baten die von dem radikalen Gewerkschaftler Eugene V. Debs organisierte Amerikanische Eisenbahnunion um Unterstützung. Die Eisenbahner weigerten sich daraufhin, Pullman-Waggons an die Züge anzukoppeln. Repressalien der Eisenbahngesellschaften folgten, die einen Generalstreik der Eisenbahner auslösten. Präsident Grover Cleveland befahl im Juli 1894 den Einsatz von 2000 Mann Bundestruppen in Chicago, um nicht-organisierte Arbeiter zu schützen, die die Züge wieder ins Rollen brachten. Gleichzeitig ließ Cleveland den Gewerkschaftler Debs und andere Gewerkschaftsfunktionäre verhaften. Nachdem die Züge unter Militärschutz wieder fuhren, brach der Streik zusammen.

Historiker diskutieren die Frage, warum es angesichts vieler sozialer Ungerechtigkeiten zur Zeit der Industrialisierung nicht zum Sozialismus in den USA kam. Eine Sozialistische Partei (→Lexikon) gab es, die in den Jahren zwischen 1900 und 1914 großen Einfluß hatte. Der Parteivorsitzende Eugene V. Debs (*1855, †1926) ließ sich zwischen 1900 und 1920 fünfmal als Präsidentschaftskandidat der Sozialisten aufstellen und erhielt 1904 sogar 3 % der Wählerstimmen. In der Lokalpolitik, vor allem in städtischen Ballungszentren wie New York, Chicago oder Milwaukee, erfreuten sich die Sozialisten größerer Sympathien. In diesen und anderen großen Städten bekleideten sozialistische Politiker über 1000 öffentliche Ämter. Besonders umtriebig war die sozialistische Gewerkschaft der Internationalen Arbeiter der Welt (IWW, →Lexikon), deren Führer William »Big Bill« Haywood den Mitgliedern eher zur Industriesabotage als zu Streiks riet. Eine ernstzunehmende politische Wirkung ging von den Sozialisten aber nicht aus. Die zahlreichen europäischen Immigranten, die sich den arbeitenden Klassen in den USA anschlossen, genossen selbst bei Billiglöhnen einen merklich höheren Lebensstandard in Amerika als in ihren Heimatländern. Zudem gehörte es zum politischen Selbstverständnis der USA, daß sich der Staat aus den meisten Bereichen öffentlichen Lebens, einschließlich des Marktes, heraushielt.

Politisches Mittelmaß und Reformen (1877–1900)
Kennzeichen der Präsidenten im ausgehenden 19.
Jh. war in den Augen der Amerikaner ihre Tatenlo-
sigkeit. Die Öffentlichkeit betrachtete sie als Mario-
netten der großen Parteien, die wie politische »Maschinen« handelten, d.h. Arbeitsbeschaffungsappa-
rate für korrupte und unfähige Berufspolitiker waren. Auffallend ist die Annäherung zwischen dem
politischen Programm der Republikaner und dem
der Demokraten in dieser Zeit. Beide Parteien mie-
den drängende Themen wie Wettbewerbsfähigkeit
und Wirtschaftsmonopole, Konflikte zwischen Arbeitnehmern und -gebern sowie Niedergang der
Landwirtschaft. Republikaner wie Demokraten bekannten sich in erster Linie und fast ausschließlich
zur stabilen Währung als Hauptziel ihrer Politik.
Bei dem rasanten Wachstum der Städte und der damit einhergehenden Ausweitung der Verwaltungs-
aufgaben der Gemeinden wurde z.B. die mangelhaf-
te Organisation des öffentlichen Dienstes zunehmend problematisch. Nach dem traditionellen System der Ämterpatronage (Spoils System, →Lexi-
kon) wurden hauptsächlich Günstlinge des Präsidenten ins Beamtenverhältnis übernommen. Der republikanische Präsident Rutherford B. Hayes (*1822,
†1893) unternahm einen halbherzigen Versuch, den
öffentlichen Dienst zu reformieren. Sein Vorschlag
wurde vom Kongreß abgeschmettert. Der 1880 gewählte Republikaner James A. Garfield (*1831,
†1881), der Hayes' Feldzug wieder aufnehmen wollte, fiel vier Monate nach seiner Amtsbestätigung einem Attentat zum Opfer, aber sein Vizepräsident
Chester A. Arthur (*1830, †1886) vollendete das
Ziel der Dienstreform. 1883 verabschiedete der
Kongreß das Pendleton-Gesetz (→Lexikon), das ein
Prüfungs- und Einstufungsverfahren für Bewerber
um Stellen im öffentlichen Dienst schuf.
Mit einer Hetzkampagne schafften die Demokraten
1884 nach der lückenlosen republikanischen Herrschaft unter Grant, Hayes, Garfield und Arthur mit
Grover Cleveland (▷Chronik Biografie) an der
Spitze den Sprung ins Weiße Haus. Clevelands einzige nennenswerte Amtshandlung war sein Versuch,
die Importzölle zu senken, doch scheiterte er am Widerstand des Kongresses. Abgelöst wurde er 1888
durch einen Enkel von Präsident William Henry
Harrison, den Republikaner Benjamin Harrison
(*1833, †1901). Harrisons Zeit in Washington ist als
»monoton« beschrieben worden. Ein gesetzliches
Verbot der Trustbildung, das Sherman-Antitrustgesetz (→Lexikon), brachte er 1890 erfolgreich durch
den Kongreß, machte aber selbst kaum Gebrauch
davon. Harrisons Leistungen waren so schwach, daß
er es Grover Cleveland 1892 ermöglichte, als einziger Präsident in der US-Geschichte eine zweite
Amtsperiode nach einer Unterbrechung anzutreten.
Die Reformbewegung, zu der sich verschiedene In-
teressengruppen unter dem Begriff des Populismus
(→Lexikon) zusammenschlossen, nahm ihren Anfang bei den Bauern im Westen der USA. Aus Protest gegen die durch Börsenspekulation häufig verursachten Schwankungen der Konjunktur und vor allem gegen die Eisenbahngesellschaften entstand die
sog. Granger-Bewegung (→Lexikon). Westliche Bauern mußten ihre Erzeugnisse im bevölkerungsrei-
chen Osten verkaufen, um zu überleben. Um die
dortigen Märkte zu erreichen, waren sie auf die Eisenbahnen angewiesen. Die Bahnmagnaten nutzten
die Abhängigkeit der Farmer und verlangten erhöhte
Tarife für den Transport von Agrarerzeugnissen. Die
Grangers gründeten kooperative Unternehmen mit

Grover Cleveland
Chronik Biografie

*US-amerikanischer Po-
litiker, 22. und 24. Prä-
sident 1885–1889,
1893–1897*

**18. 3. 1838 Caldwell
(New Jersey)
†24. 6. 1908 Princeton
(New Jersey)*

Der erste Präsident der Demokraten nach dem
Sezessionskrieg (1861–1865) versuchte mit einer
streng konservativen Wirtschafts- und Finanzpolitik die Grundlagen für eine prosperierende wirtschaftliche Entwicklung zu schaffen. Die Wirtschaftskrise 1893 und die durch sie ausgelösten
Arbeitskämpfe konnte er nicht bewältigen. Als
antiimperialistischer Isolationist blockierte er
1893 die Annexion Hawaiis (die 1897 unter seinem Nachfolger William McKinley erfolgte),
lehnte in der Kubakrise 1895 eine Intervention
der USA ab und zwang Großbritannien im Konflikt mit Venezuela zur Anerkennung eines
Schiedsspruchs (1895).

eigenen Läden, Warenhäusern und selbst Versicherungsgesellschaften, um sich Schutz zu verschaffen. Aus der Granger-Bewegung gingen die sog. Bauernallianzen (→Lexikon) hervor, die im Juli 1892 in Omaha (Nebraska) eine neue Partei gründeten, die Populistische oder Volkspartei. Im Westen übten die Populisten auf Lokalebene bald erheblichen Einfluß aus. An Washington richteten sie Forderungen nach Abschaffung der Nationalbank und Einrichtung einer Postbank, Einfuhr einer Einkommenssteuer und Verstaatlichung von Eisenbahnen sowie Telegrafen- und Telefongesellschaften. Die bekannteste und umstrittenste Forderung der Populisten betraf die Einführung der Silberwährung.

Im 19. Jh. galt Papiergeld faktisch als wertlos, sofern Geldscheine nicht durch tatsächlich vorhandenes Hartgeld aus Gold oder Silber gedeckt waren. Die USA finanzierten den US-Dollar zunächst mit Gold und Silber, wobei Silber nach den Berechnungen der Nationalbank nur ein Sechzehntel des Goldwerts hatte. Der Tauschwert von Silber auf dem freien Markt lag wesentlich höher, und da der Silberhandel mit der Nationalbank im Vergleich ungünstig war, floß immer weniger Silber in die Staatskassen. 1873 beschloß die Regierung deshalb, Silber nicht mehr zu kaufen oder zu prägen und den Dollar nur noch an den Goldstandard zu binden. Da es bei der ständig expandierenden Wirtschaft schon seit längerem eine Währungsknappheit gab, deuteten die Populisten den Goldstandard als Ergebnis einer »Verschwörung« der großen Bankiers und Industriellen, um ihren eigenen Reichtum zu konsolidieren. Den Ruf nach »Freisilber« und der »Demokratisierung« des Dollars erhoben die Populisten zur Devise des Präsidentschaftswahlkampfes 1896.

Kandidat der Republikaner war William McKinley (▷Chronik Biografie), Kongreßabgeordneter aus Ohio. Die Demokraten nominierten einen jungen Delegierten aus Nebraska namens William Jennings Bryan. Der Demokrat war ein mitreißender Redner, der den altväterlichen McKinley in den Schatten stellte. Ideologisch unterschied er sich kaum von den Populisten. In einer berühmten Ansprache, mit der er sich gegen die Republikaner richtete, sagte er: »Sie werden die Menschheit nicht an ein Kreuz aus Gold schlagen!« Mit der Silberwährung wollte Bryan alle Probleme lösen. Wie zu erwarten, teilten sich Demokraten und Populisten die Freisilber-Wählerschaft, und McKinley gewann eine absolute Mehrheit. Gleichzeitig konnten die Goldreserven plötzlich aufgestockt werden, nachdem das Zyanidverfahren 1897 entdeckt worden war, das die Gewinnung des Goldes erleichterte. In Alaska, Südafrika und Australien wurden außerdem neue Goldvorkommen entdeckt.

Ihre Trägheit in der Innenpolitik glichen die Präsidenten des späten 19. Jhs. in der Außenpolitik durch entschiedenes Auftreten aus. Den europäischen Imperialismus betrachtete manch ein Abgeordneter einerseits mit Neid, andererseits mit Besorgnis. Vor allem die Ausdehnung der Kolonialreiche stieß in den USA auf Kritik, insbesondere wenn sie Gebiete betraf, die im sog. Hinterhof Amerikas lagen, in Lateinamerika. 1889 kam es fast zum Waffeneinsatz zwischen den USA, dem Deutschen Reich und Großbritannien, da beide europäische Mächte Kriegsschiffe zu den Samoainseln entsandten, um ihre Einflußsphären zu vergrößern. 1899 teilten sich Amerika und Deutschland die Samoainseln untereinander auf, nachdem Großbritannien mit anderen

William McKinley

Chronik Biografie

US-amerikanischer Politiker und 25. Präsident 1897–1901

*29. 1. 1843 Niles (Ohio)
†14. 9. 1901 Buffalo (New York)

Als führender Abgeordneter der Republikaner im Kongreß (1876–1891) erreichte M. 1890 die Annahme der höchsten Schutzzölle in der amerikanischen Geschichte (McKinley-Tarif) und 1900 als Präsident die Bindung des Dollars ausschließlich an den Goldstandard. Mit dem Spanisch-Amerikanischen Krieg 1898 erzielte M. die Befreiung Kubas und führte die USA mit den folgenden Annexionen der vormals spanischen Kolonien Puerto Rico und Philippinen in den Kreis der imperialistischen Weltmächte. 1898 setzte er die Annexion von Hawaii durch. Kurz nach seiner Wiederwahl 1900 fiel er einem Attentat durch den Anarchisten Leon Czolgosz am 6. September 1901 zum Opfer.

Pazifikinseln zufriedengestellt worden war. Sechs Jahre zuvor hatte ein Aufstand amerikanischer Einwohner auf den Hawaii-Inseln, seit jeher Zwischenstation amerikanischer Handelsschiffe auf dem Wege von und nach China, zur Annexion geführt.

Zum militärischen Konflikt wuchs sich die Lage auf Kuba aus, dem letzten Rest des spanischen Kolonialreichs in Lateinamerika. Zwischen 1868 und 1878 kämpften die Kubaner um ihre Unabhängigkeit, doch die Rebellion wurde von Spanien unterdrückt. 1895 brachen die Freiheitskämpfe erneut aus, aber Präsident Cleveland bekräftigte trotz lauter Entrüstung in der amerikanischen Öffentlichkeit die Neutralität der USA. Als am 15. Februar 1898 das im Hafen von Havanna vor Anker liegende amerikanische Kriegsschiff »Maine« explodierte und mit 260 Matrosen an Bord versank, ging ein Aufschrei durch die Nation. Am 19. April erklärte der Kongreß Kuba für unabhängig und authorisierte McKinley, die spanische Besatzungsmacht mit Gewalt zu vertreiben.

Der Spanisch-Amerikanische Krieg (→Lexikon) begann im April 1898 und war bereits im August beendet. Schon vor dem Eintreffen amerikanischer Truppen auf Kuba erhielt Kommodore George Dewey Befehl, die Befreiung der Philippinen ebenfalls in Angriff zu nehmen. Dieser Schachzug war die Idee eines Assistenten des Verteidigungsministers in der Marinedivision. Der junge New Yorker Theodore Roosevelt gab seinen Posten im Ministerium auf, um eine eigene Einheit der Kavallerie an die kubanische Front zu führen. Nach der berühmten Schlacht von San Juan Hill kannte die ganze Nation den Kriegshelden Roosevelt. Am 12. August wurde der Waffenstillstand erklärt, im Oktober erkannte Spanien nicht nur die Republik Kuba an, sondern trat auch die Philippinen an die USA ab. Philippinische Rebellen kämpften drei weitere Jahre gegen die amerikanischen Truppen. Erst mit der Gefangennahme des Guerillaführers Emilio Aguinaldo im März 1901 wurde die Auseinandersetzung beigelegt. Der Annexionsbeschluß McKinleys wurde im Kongreß kritisiert, doch McKinleys Wiederwahl im Jahre 1900 (erneut gegen Bryan) bestätigte seine Politik.

Theodore Roosevelt und Reformen (1900–1914)

Das Wesen des intelligenten, aufrichtigen Theodore Roosevelt (▷Chronik Biografie) entsprach dem Führungsideal seiner Zeit. Präsident wurde der jun-

Theodore Roosevelt – Reformer und Nationalist
Chronik Biografie

US-amerikanischer Politiker und 26. Präsident 1901–1909

*27. 10. 1858 Sagamore Hill (New York)
†6. 1. 1919 Oyster Bay (New York)*

R. betrieb in Asien und Afrika eine Politik der offenen Tür und trat als »Polizist« für Lateinamerika auf. Er studierte an der Harvard University und gab als Historiker eine vierbändige Geschichte des US-amerikanischen Westens (1889–1896) heraus. Nach Mitgliedschaft im New Yorker Staatsparlament wurde Roosevelt von 1895 bis 1897 Polizeichef der Stadt New York. Von 1897 bis 1898 bekleidete er eine Stellung als Marineassistent im Verteidigungsministerium, verließ seinen Posten jedoch, um ein Freiwilligenregiment im Krieg gegen Spanien zu führen. Seine Reformpolitik als Gouverneur von New York (1899–1900) beunruhigte die Parteiführung, die ihn 1900 als Vizepräsidentschaftskandidaten nominierte, um ihn aus der Lokalpolitik zu entfernen. Nach dem Tod Präsident William McKinleys durch ein Attentat rückte Roosevelt in dessen Amt nach und wurde 1904 mit großer Mehrheit wiedergewählt. Innenpolitisch erwarb er einen Ruf als Gegner der Trusts und Kartelle sowie als Vorreiter des Umwelt- und Verbraucherschutzes. Der außenpolitisch entschlossen auftretende Roosevelt erreichte die Fertigstellung des Panamakanals. Für seine Vermittlung im Russisch-Japanischen-Krieg 1905 erhielt er im darauffolgenden Jahr den Friedensnobelpreis. 1912 kehrte er als Kandidat der eigens gegründeten Fortschrittspartei zurück, scheiterte aber mit seiner Bewerbung um die Präsidentschaft.

ge Republikaner zufällig. Der Held des Spanisch-Amerikanischen Krieges wurde 1898 zum Gouverneur seines Heimatstaates New York gewählt. Wegen seiner Versuche, die Korruption der New Yorker Politik auszumerzen, fiel er den Drahtziehern in seiner Partei als Störfaktor auf. Um ihn an einer Stelle unterzubringen, wo er weniger Schaden anrichten konnte, ernannte man Roosevelt zum Vizepräsidentschaftskandidaten McKinleys im Jahre 1900. Als McKinley im September 1901 durch die Hand eines Attentäters starb, war Roosevelt der bis dahin jüngste Präsident in der Geschichte der USA. Roosevelt war gerade 42 Jahre alt. Mark Hanna, Chef der Republikaner, reagierte mit Entsetzen und soll gesagt haben:»Ich sagte McKinley, es sei ein Fehler, diesen Wilden zu nominieren. Schaut jetzt her, dieser verdammte Cowboy ist jetzt Präsident der Vereinigten Staaten!«

Hanna hatte Angst vor Roosevelts Idealen und seinen Reformplänen, doch gerade diese Aspekte machten den Präsidenten populär. 1903 schuf Roosevelt ein Kartellamt (Bureau of Corporations, →Lexikon) und begann, die Macht der großen Trusts und Holdings zu beschränken. Bereits ein Jahr zuvor löste er ein Eisenbahnmonopol im Nordwesten auf. Im Laufe seiner Amtszeit leitete Roosevelt mehr als 40 Prozesse gegen Trusts ein. Sein energisches Vorgehen brachte ihm bei der Präsidentschaftswahl 1904 einen überwältigenden Sieg ein. Er bekam 57 % der Wählerstimmen und die Unterstützung der Wahlmänner aller Bundesstaaten außerhalb des Südens, den die Demokraten immer für sich gewannen. In seiner zweiten Amtszeit setzte Roosevelt sein Reformmandat fort. Er erwirkte 1906 den Erlaß des Hepburn-Eisenbahnregulationsgesetzes (→Lexikon), das staatliche Einflußnahme auf die Tarife ermöglichte. Auf sein Betreiben hin trat ein Nahrungs- und Arzneimittelgesetz in Kraft, das der Lebensmittel- und Pharmazieindustrie strenge Qualitätsstandards auferlegte. 1907 empfahl er die Einrichtung des Achtstundentags, einer Arbeitsunfallversicherung, einer Erbschafts- und Einkommensteuer und einer staatlichen Regulierung der Aktienbörse. Ein besonderes Anliegen Roosevelts war der Naturschutz. Un-

Roosevelts Amerika: Der gute, aber strenge Nachbar
Chronik Zitat

In einer Rede zur Lage der Nation 1904 verkündete Theodore Roosevelt eine Erweiterung der Monroedoktrin und definierte damit außenpolitische Richtlinien. Hintergrund war die Blockade der Häfen Venezuelas durch Großbritannien, Deutschland und Italien, an die Venezuela Schulden wegen Zahlungsunfähigkeit nicht zurückzahlte.

»Es ist nicht wahr, daß die Vereinigten Staaten landhungrig sind oder hinsichtlich anderer Nationen in der westlichen Hemisphäre irgendwelche Projekte planen, mit Ausnahme solcher, die für deren eigenes Wohlergehen notwendig sind. Alles, was dieses Land wünscht, sind Stabilität, Frieden und Gedeihen der ihm benachbarten Länder. Jedes Land, dessen Volk sich korrekt verhält, kann auf unsere herzliche Freundschaft rechnen. ... Chronische Rechtsverletzungen, die auf eine allgemeine Auflösung der Grundsätze der zivilisierten Gesellschaft hinauslaufen, mögen in Amerika, ebenso wie anderswo, letzten Endes die Intervention einer zivilisierten Nation notwendig machen. In der westlichen Hemisphäre kann das Festhalten der Vereinigten Staaten an der Monroedoktrin diese, wenn auch widerstrebend, dazu zwingen, in offensichtlichen Fällen von Rechtsbruch die Rolle einer internationalen Polizeimacht zu übernehmen. ... Unsere Interessen und die unserer südlichen Nachbarn sind in Wirklichkeit identisch. Sie besitzen große natürliche Reichtümer, und sofern in ihren Grenzen Recht und Gerechtigkeit herrschen, werden sie mit Sicherheit zu Wohlstand gelangen. Solange sie den Grundgesetzen der zivilisierten Gesellschaft Folge leisten, dürfen sie sicher sein, mit herzlicher und hilfreicher Sympathie behandelt zu werden. Nur als allerletzten Ausweg würden wir uns in ihre Angelegenheiten einmischen, und nur dann, wenn es offensichtlich würde, daß ihre Unfähigkeit oder Unwilligkeit, im eigenen Land für Recht und Ordnung zu sorgen, zur Verletzung von Rechten der Vereinigten Staaten geführt hat oder zum Schaden aller amerikanischen Nationen Anlaß für eine ausländische Aggression abzugeben droht.«

ter der Leitung eines von ihm geschaffenen Forstamtes wurden 1 Mio. Hektar unberührten Waldgebiets unter den Schutz der Bundesregierung gestellt.

In der Außenpolitik trat Roosevelt ebenso entschlossen auf (▷Chronik Zitat, S. 137). 1902 stand die Regierung Venezuelas kurz vor der Zahlungsunfähigkeit und stellte ihre Schuldenzahlungen an europäische Banken ein. Großbritannien, Deutschland und Italien reagierten mit einer Seeblockade der venezolanischen Küste. Nachdem deutsche Schiffe das Feuer auf Hafenstädte in Venezuela eröffnet hatten, ließ Roosevelt Berlin unterrichten, die gesamte amerikanische Flotte sei unterwegs, um die deutschen Schiffe zu stoppen. Die Deutschen rückten ab. Als 1903 ein ähnlicher Fall in der Dominikanischen Re-

William Howard Taft

Chronik Biografie

US-amerikanischer Politiker und 27. Präsident 1909–1913

*15. 9. 1857 Cincinatti (Ohio)
†8. 3. 1930 Washington

Außenpolitisch ging T. von der Politik militärischer Intervention zur wirtschaftlichen Einflußnahme über (»Dollar-Diplomatie«), im Innern verschärfte er die Antitrust-Gesetze. Zunächst als Anwalt und Richter tätig, wurde der konservative Republikaner T. von 1892 bis 1900 Dekan der juristischen Fakultät der Universität von Cincinatti. Nach seiner Zeit als erster Gouverneur der Philippinen wurde er unter Theodore Roosevelt 1904 bis 1908 Verteidigungsminister und folgte ihm als Präsident nach. Seine Verweigerung dringender Reformen veranlaßte Roosevelt zur Abspaltung des liberalen Flügels der Republikaner als Fortschrittspartei (1912). Bei der nachfolgenden Präsidentschaftswahl spalteten die getrennt angetretenen Republikaner ihre Wählerschaft und unterlagen dem demokratischen Herausforderer Woodrow Wilson.

publik auftrat, und sowohl Frankreich als auch Italien mit einer Invasion drohten, arrangierte Roosevelt eine vorläufige Übernahme dominikanischer Schulden durch die Regierung der USA. Roosevelts umstrittenstes Vorgehen in Lateinamerika betraf die Landenge von Panama, die zu Kolumbien gehörte. Dort hatte bereits ein französisches Unternehmen mit dem Bau eines Kanals zwischen dem Atlantischen und Pazifischen Ozean begonnen, der aber nicht fertiggestellt wurde. Roosevelt hatte Interesse an dem bis zu 40 % fertigen Kanal und leitete den Kauf der französischen Besitzungen durch die Regierung der USA ein. Der kolumbianische Botschafter in Washington unterzeichnete einen abgeänderten Kaufvertrag, mit dem die USA gegen eine einmalige Zahlung von 10 Mio. US-Dollar und eine jährliche Miete von 250 000 US-Dollar die Kanalzone erhielten. Das kolumbianische Parlament erkannte den Vertrag nicht an. Der wütende Roosevelt ermutigte Philippe Bunau-Varilla, leitender Ingenieur des französischen Bauunternehmens, eine Revolution in Panama mit amerikanischer Unterstützung zu organisieren. Ein amerikanisches Kriegsschiff wurde vor der Küste Panamas stationiert. Nach glimpflich verlaufener Revolution konnten die USA die unabhängige Republik Panama anerkennen und neue Vertragsverhandlungen aufnehmen. 1914 öffnete der Panamakanal erstmals seine Schleusen.

Der von George Washington geschaffenen und von allen späteren Präsidenten befolgten Regel, nur zwei Amtsperioden zu versehen, leistete Roosevelt 1908 Folge und zog sich aus der Politik zurück. Der neue Spitzenmann der Republikaner, William Howard Taft (▷Chronik Biografie), erster amerikanischer Gouverneur der Philippinen, hatte keine Mühe, den Wahlkampf gegen seinen Konkurrenten William Jennings Bryan zu gewinnen. Als Präsident war er weniger erfolgreich. Der lethargische Taft geriet wegen seiner beachtlichen Leibesfülle (über 150 kg) leicht zur Witzfigur. Die Zeitungsredakteure wurden nicht müde, über Peinlichkeiten wie die Installation einer übergroßen Badewanne im Weißen Haus zu berichten. Gleich beim ersten Auftritt vor dem Kongreß, als Taft sich für eine Senkung der Importzölle einsetzte, mußte der Präsident eine Niederlage einstecken.

1910 begab sich Theodore Roosevelt auf Vortragsreisen. Anfang 1911 bekundete er seine Absicht, sich um die Kandidatur der Republikaner für die Präsidentschaftswahl zu bewerben. Die Parteiführung stellte sich hinter den amtierenden Präsidenten als Kandidat des Jahres 1912. Roosevelt gründete am Tag nach der Nominierung Tafts eine eigene Partei, die Progressive Party (→Lexikon, Fortschrittspartei). Damit spaltete er die republikanische Wählerschaft und bereitete den Demokraten den Boden für ein Comeback unter dem aus Virginia stammenden Gouverneur von New Jersey, Woodrow Wilson (▷Chronik Biografie, S. 140). Im Wahlkampf des Jahres 1912 trat Wilson als visionärer Reformer auf, der ein noch entschiedeneres Eingreifen der Regierung in die Marktwirtschaft befürwortete. Seinen ersten Triumph im Amt hatte Wilson vor dem Kongreß, der ihm die verlangte Senkung der Importzölle gewährte. Mit dem 16. Verfassungszusatz führte Wilson eine progressive Einkommensteuer ein, um durch die Zollsenkung entstandene Verluste im Haushalt wieder auszugleichen. 1916 folgten Gesetze zur Subventionierung der Landwirtschaft und zum Verbot von Kinderarbeit.

Da Wilson Freiheit und ökonomische Stabilität der Staaten Lateinamerikas stärken wollte, setzte er sich für US-amerikanische Interventionen in diesen Regionen ein. Diese Politik hatte oft unvorhersehbare Konsequenzen. Der Versuch, nach einer 1915 ausgebrochenen Revolution auf Haiti den Frieden dort wiederherzustellen, mündete in eine 19 Jahre dauernde militärische Präsenz der USA in der Inselrepublik. Ein Putsch im Jahre 1910 in Mexiko führte zum Sturz des mexikanischen Diktators Porfirio Díaz durch den populären Francisco Madero, der Reformen versprach, aber auch US-amerikanische Investitionen in Mexiko bedrohte. 1913 wurde Madero (mit Zustimmung des US-amerikanischen Botschafters) von dem reaktionären General Victoriano Huerta abgesetzt. Zunächst herrschte Erleichterung über die Beseitigung Maderos, doch als dieser per Anordnung Huertas hingerichtet wurde, verweigerte Wilson der Regierung des »Schlachters« die diplomatische Anerkennung. Im Oktober rief Huerta die Diktatur aus, worauf Wilson eigene Maßnahmen ergriff: Alle verfügbaren Schiffe der US-amerikanischen Marine wurden in mexikanische Gewässer entsandt. Die Erlösung kam für Wilson, als Rebellen um den ehemaligen Oppositionsführer Venustiano Carranza Mexiko-Stadt einnahmen und Huerta vertrieben. Indem Wilson die Regierung Carranza anerkannte, machte er sich den Gegenspieler Carranzas, Pancho Villa, zum Feind. Als Reaktion auf die amerikanische Legitimierung der neuen Regierung ließ Villa 1916 im Norden Mexikos 16 Amerikaner aus einem Zug holen und erschießen. Wilson beauftragte eine Militärexpedition mit der Festnahme Villas, doch die Soldaten unter General John Pershing wur-

Chronik Zeittafel

1877	Rutherford B. Hayes wird Präsident; letzte Bundestruppen werden aus dem Süden abgezogen, letzte Südstaaten in den Bund wieder eingegliedert
1881	Präsident James Garfield ermordet, Vizepräsident Chester Arthur rückt nach
1883	Kongreß regelt öffentlichen Dienst
1884	Grover Cleveland wird Präsident; Bildung großer Unternehmen (Trusts, Holdings) ermöglicht
1886	Gründung der Gewerkschaft Amerikanische Arbeiterföderation (AFL); Haymarket-Anschlag in Chicago
1888	Benjamin Harrison ist neuer Präsident
1890	Sherman Antitrust-Gesetz erlassen
1892	Grover Cleveland zum zweiten Mal zum Präsidenten gewählt
1896	William McKinley wird Präsident
1898	Spanisch-Amerikanischer Krieg; USA erhalten Puerto Rico und die Philippinen; Hawaii wird annektiert
1900	Goldstandard eingeführt
1901	McKinley ermordet, Roosevelt wird Präsident
1903	USA erwerben die bankrotte französische Kanalbaugesellschaft in Panama; auf Betreiben Amerikas wird Panama von Kolumbien unabhängig
1904	Roosevelt vermittelt im Russisch-Japanischen Krieg; er wird wiedergewählt; durch Erweiterung der Monroedoktrin beansprucht Roosevelt das Recht auf Intervention in anderen Ländern
1908	William H. Taft wird Präsident
1909	Die USA intervenieren in Nicaragua
1910	Porfirio Díaz in Mexiko von Francisco Madero gestürzt
1912	Roosevelt bewirbt sich als unabhängiger Kandidat um die Präsidentschaft; Woodrow Wilson wird Präsident
1913	Wilson führt progressive Einkommensteuer ein
1914	USA intervenieren im mexikanischen Bürgerkrieg und erklären ihre Neutralität im europäischen Krieg; der Panamakanal wird fertiggestellt

NORDAMERIKA

139

den des Rebellen nie habhaft. Nach vierjährigen Bemühungen erreichte Wilson nur die lang anhaltende Feindschaft der Mexikaner.

Jahre des Kriegs (1914–1945)

Wilson und der Erste Weltkrieg (1914–1920)
Nach dem österreichischen Angriff auf Serbien im August 1914, dem Auftakt zum »Großen Krieg«, beeilte sich Wilson zu erklären, die USA beabsichtigten, »unparteiisch in Wort und Tat« zu bleiben. Dabei gehörten die Sympathien der Mehrheit sowie des Präsidenten selbst eindeutig Großbritannien. Für Wilson wurde schnell klar, daß Neutralität gegenüber England und Frankreich etwas anderes bedeuten mußte als Neutralität gegenüber dem deutsch-österreichischen Bündnis. 1915 rüstete sich die US-amerikanische Industrie zur Waffenfabrik der Alliierten um. Schon der brutale Einfall in Belgien 1914 hatte die Amerikaner erregt, aber vor allem der U-Bootkrieg rief Abscheu hervor. 1198 Zivilisten, darunter 182 Amerikaner, fanden den Tod, als das britische Passagierschiff »Lusitania« am 7. Mai 1915 ohne Vorwarnung durch ein deutsches U-Boot torpediert und versenkt wurde. Im selben Jahr unterstützte Wilson den Vorschlag führender Militärs, die amerikanischen Streitkräfte aufzustocken und in Alarmbereitschaft zu versetzen.

Nicht nur militärisch sah sich die US-Regierung vor neue Aufgaben gestellt. Die Wirtschaft mußte den neuen Anforderungen angepaßt werden. 1916 berief der Präsident einen nationalen Verteidigungsrat und ließ mehrere Ordnungsämter bilden, die Teilbereiche der Wirtschaft organisieren sollten. Große Erfolge erzielte das Ernährungsamt, das von Herbert Hoover angeführt wurde. Auf Hoovers Anregung hin kaufte

Thomas Woodrow Wilson – Vater des Völkerbundes
Chronik Biografie

US-amerikanischer Politiker und 28. Präsident 1913–1921

*28. 12. 1856 Staunton (Virginia)
†3. 2. 1924 Washington

W. versuchte während seiner Präsidentschaft innenpolitisch Reformen zu verwirklichen und verfolgte außenpolitisch eine Strategie der offenen Tür, wobei er den Dollar-Imperialismus von William H. Taft ablehnte. W. studierte Jura an der Princeton University und arbeitete als Anwalt, bevor er 1883 das Studium der Politikwissenschaft an der John Hopkins University aufnahm und 1885 mit einer Promotion abschloß. Nach Dozenturen an verschiedenen Hochschulen wurde W. zum Professor für Rechtswissenschaft von der Princeton University berufen, deren Rektor er 1902 wurde. Von 1910 bis 1912 war er Gouverneur von New Jersey. 1912 wurde er zum Präsidenten gewählt. W. senkte die Schutzzölle und bekämpfte die Monopolbildung der Großkonzerne. In den ersten Jahren des Ersten Welkrigs (1914–1918) gelang es ihm, die USA aus dem Konflikt herauszuhalten. Als Friedenswahrer gelang ihm 1916 die Wiederwahl. Nach Ausweitung des uneingeschränkten U-Bootkriegs durch das Deutsche Reich beschloß W. 1917 den US-amerikanischen Eintritt auf der Seite der Alliierten. Im Januar 1918 stellte er seine 14 Punkte vor, mit denen er für einen »Frieden ohne Sieger« plädierte, in dem das Selbstbestimmungsrecht der Völker die zukünftigen Grenzen und Verfassungen bestimmen sollte. Bei den Pariser Friedensverhandlungen 1919 erreichte er zwar die Gründung des Völkerbundes, nicht aber den Frieden aufgrund seiner 14 Punkte infolge des Widerstands der europäischen Siegermächte. Gegen Frankreich und England konnte er nur mit Mühe noch härtere Bedingungen für Deutschland verhindern. Auch in den USA geriet sein Plan in die Kritik, da die Amerikaner die Verwicklung in künftige europäische Konflikte vermeiden wollten. Die US-Zustimmung zum Frieden von Versailles sowie der Beitritt der USA zum Völkerbund scheiterten. 1920 wurde W. für seine Bemühungen um den Weltfrieden der Friedensnobelpreis des Jahres 1919 verliehen.

die Regierung große Mengen Weizen und anderer Agrarerzeugnisse zu erhöhten Preisen ein, um die landwirtschaftliche Produktion zu stimulieren. Hoover war zu Kriegsende eines der bekanntesten und respektiertesten Regierungsmitglieder. Um die enormen Geldsummen (insgesamt 32 Mrd. US-Dollar) zu beschaffen, die zur Finanzierung solcher innenpolitischer Maßnahmen und später der Kriegsführung nötig waren, setzte die Regierung vorwiegend zwei Mittel ein. Erstens verkaufte der Staat Kriegsanleihen, die einen Erlös von über 23 Mrd. US-Dollar brachten. Zweitens führte Wilson neue Einkommen- und Erbschaftssteuern ein, die in den oberen Steuerklassen einen Höchstsatz von 70 % erreichten. Wilson verbrachte einen Großteil des Jahres 1916 mit der Ausarbeitung und Formulierung seiner Kriegsziele. Im Januar 1917 stellte er dem Kongreß seinen Plan vor, den Weltfrieden nach dem Krieg mittels eines Völkerbundes (→Lexikon) zu sichern. Einen »Frieden ohne Sieger« versprach der Präsident. Der deutsche Botschafter unterrichtete Wilson, ab 1. Februar 1917 beabsichtige das Deutsche Reich, alle Schiffe, gleichwohl ob feindlich oder neutral, die in eine rings um England gezogene »Todeszone« eintraten, zu versenken. Setzten die USA die Belieferung Großbritanniens fort, so würden sie ihre Schiffe damit zum Abschuß freigeben. Die Ereignisse überschlugen sich: Am 25. Februar spielte der britische Geheimdienst Wilson ein abgefangenes Telegramm des deutschen Außenministers Arthur Zimmermann an die mexikanische Regierung zu. Darin schlug Zimmermann den Mexikanern vor, gemeinsam Krieg gegen die USA zu führen, wofür Mexiko mit der Rückgabe der »verlorenen Provinzen« des Nordens belohnt werden sollte. Am Abend des 2. April, zwei Wochen nach der Versenkung dreier US-amerikanischer Schiffe durch deutsche U-Boote, bat Wilson den Kongreß um die Kriegserklärung. Nach vier Tagen hitzigster Debatten entschied sich die Regierung für den Kriegseintritt.

Wilson führte im Mai 1917 die allgemeine Wehrpflicht ein, im Rahmen derer fast 3 Mio. Männer einberufen wurden. Unter der Führung von General John J. Pershing trafen die ersten amerikanischen Verbände Ende 1917 auf dem europäischen Kontinent ein. Der größte amerikanische Einsatz mit über 1 Mio. Soldaten begann am 26. September in den Argonnen. In sieben Wochen wurde mehr Munition verschossen als in den vier Jahren des amerikanischen Sezessionskriegs. Bis Ende Oktober wurden die deutschen Truppen hinter die eigene Grenze zurückgedrängt. General Pershing empfahl den Ein-

marsch nach Deutschland, doch als die deutsche Führung um einen Waffenstillstand ersuchte, willigten die Staatsoberhäupter der Alliierten ein. Am 11. November 1918 war der Krieg beendet.

Bereits am 8. Januar 1918 schilderte Wilson dem Kongreß, wie aus den Scherben der alten europäischen Ordnung neue, friedliche Nationen entstehen sollten. Die sog. 14 Punkte (→Lexikon) des Wilsonschen Planes betrafen drei Bereiche. Erstens nahm der Präsident Korrekturen an der europäischen Landkarte vor. Neue Grenzen sollten gezogen werden, und es wurde die Schaffung neuer Staaten empfohlen, die das Doppelreich Österreich-Ungarn ersetzen sollten. Der zweite Bereich betraf die Beziehungen der einzelnen Staaten untereinander. Wilson schlug die Freiheit der Meere, offene Staatsverträge, Abrüstung, Freihandel und Neuregelung der Kolonialländer vor. Der dritte Bereich lag Wilson besonders am Herzen. Er betraf die Schaffung eines Völkerbundes, der künftige Konflikte friedlich lösen sollte. Sowohl zu Hause wie im Ausland stieß Wilson auf Widerstand. Die Aussicht, in Zukunft wieder am Geschick der europäischen Staaten teilzuhaben, reizte die Amerikaner wenig. England und Frankreich andererseits stand der Sinn keineswegs nach einem friedlichen Auseinandergehen mit Deutschland. Alliierte Forderungen nach Reparationen und Strafmaßnahmen wurden in Wilsons 14 Punkten aber nicht berücksichtigt.

In allen Teilen der 14 Punkte mußte Wilson große Zugeständnisse an die Einzelinteressen der europäischen Staatsführer machen. Die Reparationszahlungen Deutschlands an England und Frankreich hielt Wilson für töricht und unverantwortlich, doch mußte er sich dem Druck der Alliierten beugen. Die geforderte Summe konnte er von 200 Mrd. auf 56 Mrd. US-Dollar herunterhandeln. Er verhinderte die von Frankreich geforderte Aufteilung Deutschlands in kleinere Staaten (zum Preis der französischen Annexion Elsaß-Lothringens und der Besetzung des Rheinlands) und erreichte die Schaffung von Jugoslawien und der Tschechoslowakei sowie die Stärkung Polens. Den Versailler Vertrag (→Lexikon) hielt Wilson in vielen Punkten für verfehlt und kontraproduktiv für den Friedensprozeß. Mit der alliierten Zustimmung zum Völkerbund am 25. Januar 1919 hoffte er aber, einen Garanten für den Frieden gewonnen zu haben.

Nach seiner Rückkehr in die USA trat Wilson eine strapaziöse Vortragsreise an, um beim amerikanischen Volk für den Völkerbund zu werben. Ende September 1919 erlitt er einen schweren Schlagan-

NORDAMERIKA

fall. Er erholte sich zwar, blieb aber halbseitig gelähmt. Ohne seine Präsenz im Kongreß nahmen Abgeordnete tiefgreifende Änderungen am Friedensvertrag und am Entwurf des Völkerbundes vor, die Wilson nicht akzeptieren konnte. Am 19. November 1919 wurde der stark veränderte Entwurf des Friedensvertrags vom Kongreß abgelehnt.

Das Ende des Kriegs kam plötzlicher als erwartet, und das Zurückschalten der Kriegswirtschaft auf Friedensverhältnisse löste in den USA zunächst eine hohe Inflation aus. 1919/20 stieg der Preisindex um über 15 %. Insgesamt fanden 1919 mehr als 3600 Streiks statt, an denen 4 Mio. Arbeiter beteiligt waren. Als die Polizei von Boston streikte, um die Anerkennung ihrer Gewerkschaft zu erzwingen, rollte eine Welle der Gewalt und Plünderei über die Stadt. Über 350 000 Stahlarbeiter in mehreren Städten des mittleren Westens streikten für den Achtstundentag. Auch Rassenkonflikte trugen zur gespannten Atmosphäre nach Kriegsende bei. Fast 500 000 Schwarze aus dem Süden siedelten in die Industriestädte des Nordens über, um Arbeit in Fabriken zu suchen. In kurzer Zeit entstanden Stadtteile, die fast ausschließlich von Schwarzen bewohnt waren. Zwar hatte der Norden im Sezessionskrieg gegen die Sklaverei gekämpft, doch die Integration von Schwarzen fand auch hier nicht statt. In Houston, Philadelphia und St. Louis brachen Unruhen aus. In Chicago herrschte eine Woche lang fast Kriegszustand. Insgesamt 38 Menschen wurden getötet.

Die Präsidentenwahl von 1920 kam einem Aufruf zur Ruhe gleich. Der demokratische Kandidat James Cox sprach sich für die Ideale Wilsons aus, doch gewann der Republikaner Warren Harding (*1865, †1923) die Wahl, der die »Rückkehr zur Normalität« versprach. Sein Sieg war überwältigend. Harding bekam 61 % der Stimmen und die Unterstützung aller Bundesstaaten außerhalb des Südens.

Der neue Wohlstand (1920–1929)
Der Strukturwandel der US-Wirtschaft, der in der unmittelbaren Nachkriegszeit mit Inflation und einem Anstieg der Arbeitslosigkeit einherging, war schnell vollzogen. Das Ergebnis waren wirtschaftliche Expansion und Wohlstand. Das Volumen der industriellen Herstellung wuchs im Laufe der 1920er Jahre um 60 %, das Bruttosozialprodukt stieg jedes Jahr um 5 %. Das Pro-Kopf-Einkommen erhöhte sich um ein Drittel, und dies alles bei einer kaum nennenswerten Inflationsrate. Profite waren in den 1920er Jahren hoch und konstant. Die Arbeitgeber der größten Industrien propagierten eine kooperati

ve Politik, die als »Wohlfahrtskapitalismus« (→Lexikon) bezeichnet wurde. Henry Ford verkürzte die Arbeitswoche und führte den bezahlten Urlaub ein. Die Stahlindustrie gab Millionen für neue Sicherheitsvorkehrungen am Arbeitsplatz aus. Gewinnbeteiligung in Form von preisgünstigen Aktien für Angestellte wurde ermöglicht. Die Löhne stiegen, und viele Konzerne richteten eine firmeneigene Altersversorgung ein. Es entstanden die ersten Betriebsräte, um Konflikte mit Arbeitnehmern zügig und möglichst friedlich zu lösen. Die Mitgliederzahlen der Gewerkschaften sanken.

US-amerikanische Bauern profitierten nur wenig vom neuen Reichtum. Zwar führten in der Landwirtschaft technische Neuerungen zu erhöhter Produktion. Doch nach dem Krieg schrumpfte das Exportgeschäft, als europäische Landwirte die eigenen Märkte wieder belieferten. Im Laufe der 1920er Jahre kehrten über 3 Mio. Menschen der Landwirtschaft den Rücken.

Das nationale Gesamtbild dieser Zeit zeigt ein Land, das sich der neuesten Annehmlichkeiten der modernen Industriegesellschaft erfreut. Neue Produkte wie Kühlschränke, Waschmaschinen und Staubsauger erleichterten die Hausarbeit. Es kamen neue Freiheiten und neue Vergnügungen wie Kino und Radio auf. Und mit diesen Möglichkeiten des Zeitvertreibs entstand zum ersten Mal eine eigenständige Jugendkultur in den USA. Es handelte sich nicht nur um die reichste, sondern auch um die gebildetste Generation junger Amerikaner, die es bis dahin gegeben hatte. Die Zahl der Schüler wuchs um mehr als 100 % von 2,2 auf 5 Mio. Auch die Hochschulen berichteten von einem massiven Zuwachs. Studierten 1918 etwa 600 000 junge Amerikaner an den Universitäten des Landes, so waren es im Jahre 1930 über 1,2 Mio., etwa 20 % eines Jahrgangs. Die Eigenart der neuen Jugendkultur und damit verbundene Freiheiten – wie etwa das Wahlrecht für Frauen (→Amerikas Frauen erkämpfen das Wahlrecht, S. 143) oder die Entwicklung moderner Empfängnisverhütungsmittel – riefen Mißtrauen bei Teilen der Bevölkerung hervor, die in dem Lebensstil einen Sittenverfall sahen. Eine Kuriosität dieser Jahre, die als die »Rasenden Zwanziger« in die Geschichte eingingen, war das Alkoholverbot, das im Januar 1920 in Kraft trat. Seit Jahren hatten sog. »Mäßigungsgesellschaften« (Temperance Movements) die Prohibition (→Lexikon) der Herstellung und des Verkaufs von Alkohol gefordert, die sie schrittweise in mehreren Bundesstaaten erwirkten, bis ein Verbot auf Bundesebene verabschiedet wurde. Das Gesetz erwies sich binnen

Amerikas Frauen erkämpfen das Wahlrecht

Eine der größten Reformbestrebungen des frühen 20. Jhs. war der Kampf um das Wahlrecht für Frauen. Die Bemühungen um die Grundvoraussetzung politischer Gleichstellung hatten erst 1920 mit dem 19. Verfassungszusatz Erfolg.

Schon 1647 verlangte Margaret Brent als erste Frau in den amerikanischen Kolonien einen Sitz und eine Stimme für Frauen in der Versammlung von Maryland. Man gab ihrer Forderung nicht statt, aber zwischen 1691 und 1780 durften landbesitzende Frauen in Massachusetts tatsächlich wählen. Auch in anderen Staaten wie New Jersey genossen Frauen bis Ende des 18. Jhs. das Wahlrecht, das ihnen aber wieder entzogen wurde. Im Rahmen der allgemeinen Reformwellen der 1840er Jahre (Frauen spielten z.B. eine zentrale Rolle im Abolitionismus) klagten führende Frauen wie Paulina Wright Davis, Lucretia Mott, Lucy Stone oder Sarah Grimké das Wahlrecht für Frauen ein. Einen großen Einfluß übte die transzendentalistische Philosophin Margaret Fuller mit ihrem Buch »Die Frau im 19. Jahrhundert« (1845) aus. Nachdem eine amerikanische Frauendelegation von einem britischen Antisklavereikongreß in London zurückgewiesen worden war, beschlossen Lucretia Mott und Elizabeth Cady Stanton, verstärkt auf die Parallelen zwischen der Lage der Sklaven und der der Frauen hinzuweisen. Auf einer Tagung in Seneca Falls (New York) im Jahre 1848 verabschiedeten amerikanische Frauenrechtler eine Gleichheitserklärung. »Wir erachten folgende Wahrheiten für selbstverständlich«, schrieben sie in Anlehnung an die Unabhängigkeitserklärung, »daß Männer und Frauen gleich geschaffen sind, daß die Geschichte der Menschheit die Geschichte wiederholter Rechtsverletzung und Unterdrückung von Frauen durch Männer ist«.

1850 wurde der erste nationale Kongreß in Worcester (Massachusetts) einberufen. Auf der Tagung in Syracuse (New York) 1852 schloß sich die berühmte Abstinenzlerin und Frauenrechtlerin Susan B. Anthony der mittlerweile ebenso bekannten Elizabeth Cady Stanton an. In den folgenden 50 Jahren profilierten sich beide als Vorreiter der Gleichberechtigungsbewegung. 1869 gründeten Anthony und Stanton den Nationalbund für Frauenwahlrecht, der 1890 im Nationalen Amerikanischen Frauenwahlrechtsbund aufging. Die Mitgliedszahl des Bundes wuchs von 13 000 im Jahr 1893 auf 2 Mio. im Jahr 1917. Leitfiguren wie die Sozialarbeiterin aus Boston, Anna Howard Shaw, und die Journalistin aus Iowa, Carrie Chapman Catt, trugen das Anliegen der Frauen an eine breitere Öffentlichkeit heran. Die Organisation verfolgte eine zweigleisige Taktik: Endziel sollte ein Verfassungszusatz sein, der allen Frauen Amerikas das Wahlrecht garantierte. Die Realisierung dieses Vorhabens strebte der Bund stufenweise an, indem Änderungen der Wahlgesetze auf Ebene der Bundesstaaten durchgesetzt wurden. 1869 räumte das Territorium von Wyoming den Frauen das Stimmrecht ein. Nach Wyomings Bestätigung als Bundesstaat 1890 folgten Colorado (1893), Utah und Idaho (1896) mit der Anerkennung des Rechts der Frauen auf Wahlbeteiligung. Bis Ende des Ersten Weltkriegs erfochten die Frauen Siege in 25 weiteren Bundesstaaten.

Nur die Verfassungsänderung auf Bundesebene konnte aber die wirkliche Gleichstellung garantieren, wie sie der Frauenwahlrechtsbund anstrebte. 1878 legte der Senator aus Kalifornien Aaron A. Sargent dem Kongreß den Entwurf des sog. Anthony-Zusatzes vor, der 1887 abgewiesen wurde. Der Gesetzesentwurf wurde erneut eingereicht, blieb aber in den Schubladen der Kongreßabgeordneten liegen. 1914 reichte der Frauenbund eine Petition mit über 500 000 Unterschriften ein, um die Diskussion wieder in Gang zu bringen, doch im März desselben Jahres scheiterte der Versuch erneut. Erst die aktive und unverzichtbare Rolle amerikanischer Frauen an der Heimfront im Ersten Weltkrieg brachte eine Kehrtwende (wie auch in Kanada), so daß der Kongreß im Juni 1919 den Zusatz annahm. Als letzter Staat ratifizierte Tennessee den 19. Verfassungszusatz am 18. August 1920, womit amerikanische Frauen endlich das volle Wahlrecht erhielten.

kürzester Zeit als undurchsetzbar, da der illegale Verkauf von Alkohol fast so verbreitet war wie zuvor der legale. Die organisierte Kriminalität wuchs durch den Handel mit Alkohol. Das Imperium des Chicagoer Mafioso Al Capone beruhte fast ausschließlich darauf. Ein anderes Zeichen des Kulturkampfes der 1920er Jahre war der religiöse Fundamentalismus, der eine Renaissance feierte. Sinnbild des Zusammenstoßes zwischen dem alten und dem neuen Amerika ist der Prozeß, den der Staat Tennessee im März 1925 gegen einen jungen Biologielehrer namens John Scopes (Scopes-Prozeß, →Lexikon) führte. Das Schulministerium von Tennessee verbot in diesem Jahr den Unterricht der Abstammungslehre, da Darwins Evolutionsmodell im Widerspruch zur biblischen Schöpfungsgeschichte stand. Scopes wurde verhaftet, nachdem er sich dem Gesetz widersetzt hatte. Der Prozeß geriet zur Farce und wurde vom ganzen Land in den Zeitungen verfolgt. Scopes wurde von einem höheren Gericht freigesprochen.

Hauptcharakteristikum der Politik der Epoche war eine relative Ereignislosigkeit. Präsident Hardings Desinteresse an politischen Aufgaben führte dazu, daß er den Tätigkeiten seines Mitarbeiterstabs wenig Beachtung schenkte. Korruption und Skandale stellten sich ein. Beim berühmtesten Fall, dem sog. Teapot-Dome-Skandal (→Lexikon), ermöglichte Hardings Innenminister Albert Fall die kommerzielle Ausbeutung von Ölfeldern auf Staatsbesitz um Teapot Dome (Wyoming) und erhielt im Gegenzug knapp 500 000 US-Dollar. Als im Sommer 1923 Untersuchungen des Senats das ganze Ausmaß der Korruption in seiner Administration aufzudecken begannen, starb Harding an einem Herzanfall. Sein Vizepräsident Calvin Coolidge (*1872, †1933) war moralisch unbescholten, verließ sich aber als Präsident ebenso auf sein Kabinett wie sein Vorgänger. Einen Großteil der Regierungsgeschäfte versah Coolidges Handelsminister Herbert Hoover (▷Chronik Biografie, S. 145), der seit dem Ersten Weltkrieg als begabter progressiver Politiker galt. Hoovers Wahl zum Präsidenten 1928 ging aber weniger auf seine eigene Popularität als vielmehr auf den ungebrochenen wirtschaftlichen Erfolgskurs zurück, den sich die Republikanische Führung im Laufe des ganzen Jahrzehnts zuschreiben durfte.

Depression und erneut Krieg (1929–1945)
Der Börsenboom des Jahres 1928 war phänomenal. Zwischen Mai 1928 und September 1929 stiegen die Aktien im Durchschnitt um 40 %. Doch am 21. Oktober gaben die Preise zum ersten Mal nach, einer

kurzen Erholung folgte zwei Tage später ein neuer Sturz. J.P. Morgan und andere Bankiers kauften Anteile en masse, um das Vertrauen in den Markt zu stärken, aber sie konnten die Panik nicht verhindern, die am 29. Oktober, dem »Schwarzen Dienstag«, ausbrach. Die Verluste der folgenden Wochen allein betrugen über 16 Mrd. US-Dollar und führten die USA in eine Krise, in der schätzungsweise 25 % der arbeitenden Bevölkerung beschäftigungslos wurden. Über die nächsten zehn Jahre sank die Arbeitslosigkeit nie unter 15 %. In manchen Städten war die Zahl der Arbeitslosen horrend: Im Bundesstaat Ohio allein meldeten die Städte Cleveland 50 %, Akron 60 %, Toledo 80 % Beschäftigungslosigkeit. 9000 Banken meldeten Konkurs an oder schlossen zwischen 1930 und 1933. Hinzu kam die Willkür der Natur: Im mittleren Westen herrschte zehn Jahre lang eine der schlimmsten Dürreperioden in der Geschichte der USA, die dazu führte, daß schätzungsweise 30 % aller amerikanischen Farmerfamilien Haus und Hof aufgeben mußten.

Der Präsident versuchte zunächst, durch Gespräche mit Arbeitgebern und -nehmern Zuversicht zu verbreiten. Vorerst gelang es ihm auch, Massenentlassungen auf der einen und die Forderung neuer Lohnerhöhungen auf der anderen Seite zu verhindern. Doch bereits Mitte 1931 zeigte sich, daß sein Prinzip der freiwilligen Kooperation nicht mehr verfing. Hoover verlangte vom Kongreß die Freigabe von 423 Mio. US-Dollar für öffentliche Zuschüsse. Im Mai 1931 setzte der Zusammenbruch des europäischen Finanzwesens ein. Im Januar 1932 schuf Hoover ein Bundeshilfsamt mit einem Anfangsbudget von 1,5 Mrd. US-Dollar, um die Vergabe staatlicher Darlehen an Banken, Eisenbahnen und Unternehmen zu regulieren – ein bis dahin beispielloser Fall staatlichen Eingreifens in die Wirtschaft. Das amerikanische Volk beschuldigte Hoover zu wenig und zu spät gehandelt zu haben. Die elenden Dörfchen aus Sperrholzhütten, die in großer Zahl im Außenbezirk der Städte entstanden, hießen im Volksmund bald »Hooverville«.

Der Kandidat der Demokraten für die Wahl von 1932, Franklin Delano Roosevelt (▷Chronik Biografie, S. 146), war Gouverneur von New York. Der entfernte Verwandte Theodore Roosevelts arbeitete im Verteidigungsministerium unter Wilson und war 1920 Demokratischer Kandidat für die Vizepräsidentschaft. Außerdem war FDR, wie ihn die US-Amerikaner später mit Wohlwollen nannten, charmant, attraktiv und beredt. Roosevelts besondere Aura, sein bestechendes Lächeln mit der Signatur-

Zigarettenspitze machten ihn fast unschlagbar, denn er strahlte Hoffnung aus. Die Öffentlichkeit nahm seine Körperbehinderung kaum zur Kenntnis. 1921 war Roosevelt an Kinderlähmung erkrankt und konnte nie mehr selbständig gehen. Die Amerikaner glaubten ihm, wenn er eine neue Zukunft und ein völlig neues politisches Programm, den New Deal (→Lexikon), versprach. Roosevelt erhielt eine absolute Mehrheit von 57,4 % der Stimmen. Es war der Beginn der längsten Präsidentschaft in den Vereinigten Staaten.

»Das Einzige, was wir zu befürchten haben, ist die Furcht selbst«, redete Roosevelt den entmutigten US-Amerikanern bei seinem Amtsantritt zu (▷Chronik Zitat, S. 147). Zwei Tage später, am 6. März, ließ der Präsident vier Tage lang alle Banken im Lande schließen, um die Reihe der Konkurse zu beenden. Drei Tage später legte er dem Kongreß das Notgesetz vor, mit dem der Staat versprach, für die Solvenz der Banken zu bürgen. Nach der Wiedereröffnung der Banken flossen Geldscheine und Gold im Wert von 1 Mrd. US-Dollar in die Konten zurück. Roosevelts Eingriff in das Bankwesen deutete unzählige Maßnahmen an, die er im Rahmen des New Deal ergriff, um den wirtschaftlichen Kurs der USA unter staatliche Kontrolle zu bringen.

Im Agrarsektor galt es nicht nur der Not der Farmer, sondern auch dem Problem der Überproduktion zu begegnen. Im Mai 1933 nahm der Kongreß Roosevelts Landwirtschaftsgesetz an, das ein neuzuschaffendes zentrales Amt ermächtigte, den Bauern Produktionsvorgaben aufzuerlegen. Dafür, daß sie ihren Boden teilweise brachliegen ließen, erhielten die Farmer staatliche Subventionen. Die Lebensmittelpreise stiegen, und damit das Einkommen der Landwirte. Gleichzeitig mußte der Präsident berücksichtigen, daß die Arbeiter jetzt mehr Geld für den Lebensunterhalt auszugeben gezwungen waren. Das im Juni 1933 erlassene industrielle Erholungsgesetz schuf ein weiteres Hilfsamt (National Recovery Administration, (NRA, →Lexikon), das der Industrie Mindestpreise, -löhne und -beschäftigungszahlen vorschrieb. Zum Aufbau des verarmten Südens rief der Präsident ein öffentliches Entwicklungsamt, die Tennessee Valley Authority (TVA, →Lexikon), ins Leben, das an der Errichtung einer modernen Infrastruktur im Süden mitwirkte und vor allem mehrere

Herbert Clark Hoover – Von der Wirtschaftskrise überfordert

Chronik Biografie

US-amerikanischer Politiker und 31. Präsident 1929–1933

*10. 8. 1874 West Branch (Iowa)
†20. 10. 1964 New York

H. war außenpolitisch auf Ausgleich bedacht. Das 1931 von ihm erlassene Hoover-Moratorium mit einjährigem Aufschub aller zwischenstaatlichen Schuldenzahlungen rettete mit der Stundung der Reparationsleistungen das faktisch zahlungsunfähige Deutschland vor dem wirtschaftlichen Zusammenbruch. Die Wirtschaftskrise in den USA konnte H. als Präsident nicht beheben. Nach dem Studium zum Bergbauingenieur arbeitete H. zunächst in seinem Beruf, gründete später eine eigene Beraterfirma und brachte es zu Vermögen. Im Ersten Weltkrieg leitete er das Hilfswerk für Belgien und organisierte die Lebensmittelversorgung der USA, nach dem Krieg führte er das amerikanische Hilfswerk zur Bekämpfung des Hungers in den zentraleuropäischen Ländern und in Rußland. Ab 1921 diente er als Handelsminister unter den Präsidenten Warren Harding und Calvin Coolidge. Der Wirtschaftsaufschwung der 20er Jahre wurde seiner liberalen Handelspolitik zugeschrieben, so daß der Republikaner 1929 das Amt des Präsidenten mit großer Mehrheit errang. H. trat die Präsidentschaft mit dem Versprechen an, die Armut zu besiegen, sah sich aber infolge der Weltwirtschaftskrise 1929 einer wachsenden Verelendung großer Bevölkerungsteile gegenüber. Nach dem Zweiten Weltkrieg nahm H. seine karitative Mission als Leiter des Hilfskomitees für Europa und Asien wieder auf.

Staudämme und Wasserkraftwerke erbaute. Die TVA war ein Beispiel für die Form der Wirtschaftsförderung, von der sich Roosevelt den größten Erfolg versprach: staatliche Arbeitsbeschaffung. Das sog. Civil Works Administration (→Lexikon, Staatliches Arbeitsamt) versorgte zwischen November 1933 und April 1934 rund 4 Mio. Menschen mit Arbeit, die von Straßenbau bis Straßenreinigung reichte. Zugleich glaubte Roosevelt an die Notwendigkeit der Arbeitslosenhilfe und erweiterte auch hier die Kompetenzen des Staates. Das staatliche Arbeitslosenhilfsamt (Federal Emergency Relief Administration, →Lexikon) erteilte Zuschüsse an die einzelnen Bundesstaaten, die die Zahlung der Gelder an Bedürftige eigenverantwortlich regelten. Die Finanzierung dieser Projekte war mit einer enormen Erhöhung staatlicher Ausgaben verbunden. Als Gegenmaßnahme zur Geldknappheit rang Roosevelt dem Kongreß einen weiteren föderalen Kraftakt ab, der umstritten blieb: Er entband im April 1933 den US-Dollar vom Goldstandard.

Die Gesamtergebnisse des New Deal wirkten 1935 nicht sehr positiv. Seit der Schaffung des NRA sank die Industrieproduktion, es zeigte sich, daß die künstlich gestützten Preise inflationär waren. Alle Indikatoren von der Aktienbörse bis zum Bruttosozialprodukt deuteten auf eine weiterhin negative Entwicklung hin. Die Politik des Präsidenten geriet ins Kreuzfeuer der Kritik von links und rechts. Als Antwort kündigte Roosevelt 1935 einen zweiten New Deal an. Diesmal wollte er klar Stellung gegen das Big Business beziehen, um zu beweisen, daß seine Sorge in erster Linie der Mittel- und Unterschicht galt, die das größte Leid trug. Er führte die höchste Einkommensteuer ein, die es jemals in Friedenszeiten gegeben hatte. Die Reichsten des Landes mußten bis zu 75 % ihres Einkommens an den Staat abtreten. Die Erbschaftssteuer bewegte sich um die 70 %-

Franklin Delano Roosevelt – 12 Jahre lang US-Präsident
Chronik Biografie

US-amerikanischer Politiker und 32. Präsident 1933–1945

**30. 1. 1882 Hyde Park (New York)
†12. 4. 1945 Warm Springs (Georgia)*

R. bestritt die längste Präsidentschaft in der Geschichte der Vereinigten Staaten, er wurde dreimal im Amt bestätigt. Der entfernte Verwandte Theodore Roosevelts studierte an den Universitäten Harvard und Columbia und ließ sich 1907 als Rechtsanwalt in New York nieder. Er versah zunächst Posten im Staatsparlament von New York und im Verteidigungsministerium unter Woodrow Wilson. 1921 erkrankte er an Kinderlähmung und war danach größtenteils an den Rollstuhl gefesselt. R. wurde 1929 Gouverneur von New York. 1932 wurde er zum ersten Mal zum Präsidenten gewählt. Seine zwölf Jahre umfassende Amtszeit stand innenpolitisch im Zeichen der Überwindung der Wirtschaftskrise und war außenpolitisch von der globalen Herausforderung des europäischen Faschismus und des japanischen Imperialismus bestimmt. R. bekämpfte die Große Depression durch den wirtschaftlich nur begrenzt erfolgreichen New Deal, ein Gesamtpaket staatsinterventionistischer Programme (staatliche Arbeitsbeschaffung, Arbeitslosen- und Sozialversicherung, Wohlfahrtsmaßnahmen). Nachdem die USA im Zweiten Weltkrieg zunächst ihre Neutralität erklärt hatten, wurde diese von R. bald zugunsten einer Unterstützung der Westmächte aufgegeben. Der Überfall der Japaner auf Pearl Harbor auf der Insel Hawaii am 7. Dezember 1941 führte zum Kriegseintritt der USA. Auf den Konferenzen von Casablanca (1943), Teheran (1943) und Jalta (1945) versuchte R. durch Abkommen mit dem sowjetischen Diktator Josef Stalin eine neue Weltordnung zu schaffen, die sich auf demokratische Selbstbestimmung der Völker und die von ihm 1942 initiierten Vereinten Nationen stützen sollte. Seine Pläne wurden von den Machtinteressen des Briten Winston Churchill und des sowjetischen Staatschefs Stalin durchkreuzt. Kurz vor Kriegsende starb R. an einem Schlaganfall.

Marke, während die Körperschaftssteuer auf 15 % aufgestockt wurde. Bei der staatlichen Arbeitsbeschaffung entschied sich Roosevelt nicht für neue Taktiken, sondern für die Expansion der bestehenden Programme. Das 1935 geschaffene Works Progress Administration (WPA, →Lexikon) wurde mit einem Startbudget von 5 Mrd. US-Dollar ausgestattet. Zwischen 1935 und 1941 beschäftigte das WPA eine ständige Arbeiterschaft von durchschnittlich 2,1 Mio. Personen und war für den Bau bzw. die Renovierung von über 110 000 öffentlichen Gebäuden verantwortlich. Die Zahl der von Roosevelt gegründeten Hilfsämter mit einprägsamem Dreibuchstabenkürzel wuchs derart, daß der New Deal den Beinamen »Buchstabensuppe« bekam. Die weitreichendsten Nachwirkungen von allen im Rahmen des zweiten New Deal durchgeführten Programmen hatte das 1935 kreierte staatliche Rentensystem Social Security (→Lexikon).

Als Roosevelt die zweite Staffel von Sozialprogrammen vorstellte, stand die Präsidentschaftswahl von 1936 bevor, von der schon 1935 zu erwarten war, daß sie einem nationalen Referendum über die gesamte Politik Roosevelts gleichkommen würde. Bereits zu Beginn des Wahlkampfes aber zeichnete sich ab, daß der Republikanische Kandidat Alf M. Landon lediglich eine »konservative« Version des New Deal als Gegenprogramm bereithielt. Mit 61 % ihrer Stimmen gaben die Amerikaner mehrheitlich grünes Licht für die Fortsetzung der Roosevelt-Administration. Der Wahlausgang war ein eindeutiger Vertrauensbeweis. Das größte Hindernis, das Roosevelt bei der Gestaltung seiner Sozialpolitik zu überwinden hatte, war der Oberste Gerichtshof. Mehrmals befand das Gericht, daß Roosevelt mit Eingriffen in die Wirtschaft seine Befugnisse überschritten hatte. 1937 schlug Roosevelt vor, die Zahl der Richter am Obersten Gerichtshof um sechs zu ergänzen. Es war allzu offensichtlich, daß er die Posten mit Richtern besetzen wollte, die seine Politik unterstützten. Der Plan löste Entrüstung unter Roosevelts Gegnern aus, die ihm Autokratie vorwarfen. Zeitlich hätte dieser Fehltritt kaum ungünstiger kommen können, denn 1937 setzte eine neunmonatige Rezession ein, die die schlimmste Arbeitslosigkeit und Konjunkturschwäche seit 1932 nach sich zog.

Gleichzeitig kündigte sich der Krieg an. Den Aufstieg Adolf Hitlers zum großdeutschen Diktator beobachtete Washington mit Besorgnis. Im Sommer 1935 gab es wenig Zweifel daran, daß das faschistische Italien Benito Mussolinis eine Invasion Abessiniens beabsichtigte. Das Resultat im Kongreß war der Erlaß des Neutralitätsgesetzes von 1935, das ein amerikanisches Waffenembargo gegen alle kriegfüh-

NORDAMERIKA

Mit dem »New Deal« die Wirtschaftskrise beheben

Chronik Zitat

Am 4. März 1933 verkündete Präsident Franklin Delano Roosevelt bei seiner Amtseinführung den sog. New Deal, mit dem er die Wirtschaftskrise in den USA beheben wollte. Staatliche Interventionsmaßnahmen sollten die Wirtschaft beleben. Vor allem machte Roosevelt dem Volk Mut, der Zukunft zu begegnen.

»Dies ist ein Tag der nationalen Weihe, und ich bin sicher, daß meine Mitbürger erwarten, daß ich mich zur Einführung in die Präsidentschaft mit einer Aufrichtigkeit und Entschlossenheit an sie wende, die der aktuellen Situation unseres Landes angemessen ist. Es ist vor allem Zeit, die Wahrheit zu sagen, die ganze Wahrheit, offen und deutlich. Auch haben wir nicht davor zurückzuscheuen, der Situation in unserem Land ehrlich entgegenzutre-

ten. Diese große Nation wird überleben, wie sie immer überlebt hat, wird wieder auferstehen und erneut gedeihen. So lassen Sie mich zunächst der festen Überzeugung Ausdruck verleihen, daß wir nichts zu fürchten haben als die Furcht selbst ... Unsere größte Aufgabe ist es, den Menschen Arbeit zu geben. Dies ist kein unlösbares Problem, wenn wir es weise und mutig angehen. Es kann teilweise direkt durch Rekrutierung von Seiten der Regierung gelöst werden, wie wir es im Kriegsfall tun würden, während zugleich sehr nützliche Projekte zur Verbesserung und Reorganisation der Nutzung unserer natürlichen Ressourcen verwirklicht werden können. ... Es gibt viele Möglichkeiten, (dieses Problem) zu bewältigen, nur wird es nichts helfen, nur darüber zu reden. Wir müssen schnell handeln.«

renden Länder einführte. Der Beginn der italienischen Offensive im Oktober 1935 und der anschließende Austritt Italiens aus dem Völkerbund nährten amerikanische Ängste vor europäischer Instabilität. Auch der spanische Bürgerkrieg (1936–1939), bei dem der Faschist General Francisco Franco Bahamonde Unterstützung von Hitler und Mussolini erhielt, provozierte keine Reaktion der amerikanischen Regierung, obwohl sich mehrere hundert Freiwillige aus den USA nach Spanien aufmachten, um sich den spanischen Freiheitskämpfern anzuschließen. Japans Invasion in der Mandschurei (1931) und weitere japanische Angriffe gegen Provinzen im Norden Chinas (1937) verdeutlichten die globalen Ausmaße der Gefahr. Vor allem die Bedrohung durch Nazi-Deutschland war in den späteren 30er Jahren nicht zu übersehen. 1936 marschierten deutsche Truppen in das von Frankreich besetzte Rheinland ein. 1938 erfolgte sowohl der Anschluß Österreichs an das Nazi-Reich als auch die Forderung nach Herausgabe des Sudetenlandes von der Tschechoslowakei. Als die Nazis die übrige Tschechoslowakei im März 1939 besetzten, versicherten England und Frankreich die polnische Regierung ihrer Unterstützung im Falle eines Angriffs. Dieser Fall trat am 1. September 1939 ein und stürzte ganz Europa erneut in einen Krieg.

Unmittelbar nach Kriegsausbruch bat Roosevelt den Kongreß um eine Revision des Neutralitätsgesetzes, damit die alliierten Länder Kriegsmaterialien aus den USA erhalten konnten. Der »Blitzkrieg« des Frühjahrs 1940, der den Fall Dänemarks, Norwegens, der Niederlande, Belgiens und Frankreichs rasch hintereinander brachte, bewog Roosevelt im Mai dazu, 1 Mrd. US-Dollar für die Aufrüstung der USA vom Kongreß zu fordern. Im September 1940 wurde zum ersten Mal in der US-Geschichte die Wehrpflicht in Friedenszeiten eingeführt. 1940 war nicht nur ein Kriegs-, sondern auch ein Wahljahr, und die drängendste innenpolitische Frage lautete: Würde Roosevelt mit der Tradition brechen und ein drittes Mal kandidieren? Wollte ihn seine Partei »berufen«, sagte Roosevelt, so würde er seine Pflicht tun und dem Ruf folgen. Sein Wahlsieg war nicht übewältigend wie im Jahr 1936, aber die Mehrheit der US-Amerikaner entschied, daß es bei der Weltlage nicht ratsam war, den Kurs zu ändern. Im September 1941 begann die deutsche Invasion in der Sowjetunion, womit Roosevelt auch die Belieferung Rußlands mit Kriegsgerät einleitete. Schon seit Monaten arbeitete er mit dem britischen Premierminister Winston Churchill an einer gemeinsamen Strategie für einen eventuellen amerikanischen Kriegseintritt. Den erwarteten Zeitpunkt und Anlaß brachte der 7. Dezember 1941, als japanische Bomber Pearl Harbor, den amerikanischen Marinestützpunkt auf Hawaii, angriffen. Innerhalb von zwei Stunden verloren die USA acht Schlachtschiffe, drei Kreuzer und 188 Flugzeuge. Über 2000 Soldaten kamen ums Leben. Unbegreiflicherweise blieben die vier Flugzeugträger der Flotte verschont. Binnen vier Stunden nach seiner Ansprache vor dem Kongreß am 8. Dezember hielt Roosevelt die einstimmig verabschiedete Kriegserklärung in Händen. Drei Tage später verkündeten Deutschland und Italien ihre Kriegserklärungen an die USA.

Roosevelt einigte sich mit Churchill auf das Ziel, Deutschland zu zerschlagen. Für den Krieg im Pazifik bedeutete das den vorläufigen Aufschub aller Offensiven gegen Japan. Die Generale Douglas MacArthur und Chester Nimitz wurden instruiert, nur das weitere Vorrücken der Japaner aufzuhalten. Das bedeutete vorrangig den Schutz Australiens und Hawaiis. Bei zwei kritischen Schlachten in der Korallensee (7.–8. Mai) und vor den Midwayinseln (3.–6. Juni) erlitten die Amerikaner hohe Verluste, konnten aber ihre Stellungen gegen die japanische Übermacht behaupten. Eine Invasion Frankreichs schlug der amerikanische Oberkommandierende General George C. Marshall (▷Chronik Biografie, S. 149) bereits für das Frühjahr 1943 vor, doch Churchill konnte Roosevelt von Offensiven in Südeuropa und Nordafrika als Auftakt überzeugen, um die deutschen Kräfte zuerst am Rande des eigenen Territoriums zu zermürben. Britische Einheiten zwangen das Afrika Korps Erwin Rommels im Oktober 1942 zum Rückzug aus Ägypten nach Libyen. Die im November gelandeten amerikanischen Panzerdivisionen waren Rommels Soldaten zunächst nicht gewachsen und mußten in Tunesien eine schwere Niederlage hinnehmen. Unter der Führung von General George S. Patton gelang ihnen zusammen mit der Armee des britischen Feldmarschalls Bernard Montgomery eine effektive Gegenoffensive und schließlich die Befreiung Nordafrikas im Mai 1943. Nach der Einkesselung der Deutschen bei Stalingrad im Winter 1942/43 beschlossen Churchill und Roosevelt die Invasion in Sizilien, die am 9. Juni 1943 durchgeführt wurde. Die Alliierten mußten sich gegen zähen deutschen Widerstand nach Norden durchkämpfen und konnten erst am 4. Juni 1944 Rom befreien.

Die langjährige Lethargie der amerikanischen Wirtschaft nahm mit dem Kriegseintritt ein schlagartiges

NORDAMERIKA

Ende. Das Bruttosozialprodukt schnellte zwischen 1939 und 1945 von 91 Mrd. auf 166 Mrd. US-Dollar, es entstanden insgesamt über 17 Mio. neue Arbeitsplätze. Das größte wirtschaftliche Problem der Kriegsjahre war der Mangel an Arbeitskräften, da 15 Mio. Männer und Frauen vom Zivil- ins Militärleben gewechselt hatten. Die Industrie, an vorderster Stelle die Waffenherstellung, lief auf Hochtouren. Bei allem Wachstum brauchte die Regierung zur Finanzierung des Kriegs dringend Geld. Kriegsanleihen im Wert von 100 Mrd. US-Dollar wurden verkauft. 1942 wurde der Höchstsatz der Einkommensteuer auf 94 % Prozent angehoben. Roosevelt schuf ein Preisamt zur Inflationsbekämpfung. Im Oktober 1942 verabschiedete der Kongreß das Antiinflationsgesetz, das die Administration ermächtigte, Preise, Löhne und Mieten im ganzen Land nach Bedarf einzufrieren. Ansonsten aber begann die Regierung 1943 mit dem Abbau des komplexen Amtsgefüges des New Deal. Zum einen schienen viele der Einrichtungen nicht mehr nötig, zum anderen wurde Roosevelt zur Zielscheibe konservativer Kritik. Republikaner setzten im Wahljahr 1944 auf den Verdruß der Amerikaner über den mittlerweile überdimensionalen Staatsapparat, der fast jeden Bereich öffentlichen Lebens zu bestimmen schien. Zudem bestanden Sorgen, ob Roosevelt gesundheitlich in der Lage war, eine vierte Amtsperiode durchzustehen. Die engsten Mitarbeiter wußten, daß der Präsident u.a. an Erschöpfung und bisweilen Depressionen litt. Roosevelt stürzte sich aber unter großer Kraftanstrengung und mit Elan in den Wahlkampf, den er mit einer Stimmenmehrheit von 53,5 % für sich entschied. Die Strapazen forderten ihren Tribut. Roosevelt erlebte (als einziger US-Präsident) seine vierte Amtseinführung, doch wenige Wochen später, am 12. April, starb er. Die Führung durch die letzten Kriegstage oblag seinem Vizepräsidenten, Harry S. Truman (▷Chronik Biografie, S. 150).

Der alliierte Sieg war schon vor Roosevelts Tod eine sichere Sache. Die unablässigen Bombenangriffe US-amerikanischer und britischer Flugstaffeln 1943/44 vernichteten die deutsche Industrie und bereiteten den Weg für die alliierte Invasion. Ab 1942 liefen die Vorbereitungen für die Invasion in England, wo 3 Mio. Soldaten auf ihren Einsatz warteten. Am Morgen des 6. Juni 1944 legten 4000 Schiffe und Boote ab, überquerten den Ärmelkanal und landeten an der Küste der Normandie. Einen Monat nach der Landung rollte die Dritte Armee unter General George S. Patton mit ihren schweren Panzerdivisionen durch Frankreich, um Paris am 25. August zu befreien. Bis Mitte September befanden sich in Frankreich und Belgien kaum mehr deutsche Einheiten. Im späten Januar drangen russische Divisionen an die Oder, um Berlin anzugreifen, während der

NORDAMERIKA

George Catlett Marshall – Initiator des Marshallplans

Chronik Biografie

US-amerikanischer General, Politiker und Außenminister 1947–1949

*31. 12. 1880 Uniontown (Pennsylvania) †16. 10. 1959 Washington (D.C.)

Die Anregung von M. zum nach ihm benannten Marshallplan brachte die amerikanische Unterstützung zum Wiederaufbau Europas und legte so die Grundlage zum Verteidigungsbündnis NATO sowie zur wirtschaftlichen Einigung in der Europäischen Gemeinschaft. 1953 erhielt M. dafür den Friedensnobelpreis. Der Berufssoldat diente im Ersten Weltkrieg und wurde anschließend Adjutant von General John Pershing. 1939 übernahm er den Posten des Chefs des Generalstabs und stand im Zweiten Weltkrieg mit seiner strategischen Grundsatzentscheidung, zuerst Deutschland niederzuwerfen, im Gegensatz zu General Douglas MacArthur, der Priorität für den pazifischen Kriegsschauplatz forderte. Unter Präsident Harry S. Truman versuchte M. als Sonderbotschafter in China (1945–1947) vergeblich, zwischen Nationalisten unter Chiang Kai-shek und Kommunisten unter Mao Zedong zu vermitteln. Als Außenminister war er einer der Architekten der Politik der Eindämmung des sowjetischen Kommunismus.

amerikanische General Omar Bradley ins Rheinland vorpreschte, um Köln im März einzunehmen. Am 8. Mai 1945 löste die Nachricht von der bedingungslosen deutschen Kapitulation Jubel in allen alliierten Ländern aus. Nun mußte Japan bezwungen werden. Stück für Stück, Insel für Insel arbeiteten sich US-amerikanische Kräfte unter der Führung Douglas MacArthurs gegen Tokio vor. Im Februar 1944 eroberte Admiral Nimitz die Marshallinseln von den Japanern zurück, Mitte Juni fielen die Inseln Tinian, Guam und Saipan. Am 20. Oktober betrat MacArthur die Philippinen. In den Kämpfen des Jahres 1945 erlebten amerikanische Soldaten einen erbarmungslosen japanischen Verteidigungskrieg. Die Eroberung der Insel Iwo Jima kostete das Leben von 20 000 US-Marinesoldaten. Im Kampf um Okinawa fielen 50 000, und es war klar, daß dies nur ein Bruchteil der Opfer war, die eine Invasion Tokios fordern würde. Angesichts dieser Perspektive griff Präsident Truman auf die Wunderwaffe zurück, an der ein Forscherteam an der Universität von Chicago seit Dezember 1942 arbeitete. Fast 2 Mrd. US-Dollar flossen in das sog. Manhattan-Projekt (→Lexikon). Am 16. Juli 1945 stieg bei Los Alamos (New Mexico) der allererste Atompilz am Horizont

auf. Der vollen Wirkung der Atombombe war sich Truman nicht bewußt, doch die Aussicht, eine japanische Kapitulation zu erzwingen, ohne einen mit Sicherheit furchtbaren Bodenkrieg führen zu müssen, bewog ihn dazu, ein Ultimatum an Tokio zu richten. Wenn sich bis 3. August 1945 Japan nicht zur Aufgabe bereiterklärte, drohte dem Land die totale Verwüstung durch die neue Waffe. Eine Reaktion blieb aus, und am 6. August 1945 verschwand der 10 km² große Kern des Stadtzentrums von Hiroshima im atomaren Feuersturm. Am 9. August fiel eine Atombombe auf die Stadt Nagasaki. Der japanische Kaiser griff gegen den Widerstand seiner Militärs ein. Am 14. August erklärte Japan seine Kapitulation, die am 2. September 1945 an Bord des vor Tokio liegenden Schlachtschiffes »Missouri« unterschrieben wurde. Der Zweite Weltkrieg war beendet.

Höhen und Tiefen einer Weltmacht (1945–1997)

Hoher Lebensstandard, Kalter Krieg (1945–1960)
»Dieser Krieg«, sagte Winston Churchill im Februar 1945, »wird, glaube ich, noch enttäuschender enden als der letzte«. Damit meinte er die in Trümmern liegenden Weltstrukturen, die zu einer neuen Weltord-

Harry S. Truman – Vater der Truman-Doktrin

Chronik Biografie

US-amerikanischer Politiker und 33. Präsident 1945–1953

*8.5.1884 Lamar (Missouri)
†26.12.1972 Kansas City (Missouri)

T. befahl als erster Präsident in der Geschichte der Menschheit den Abwurf von Atombomben und bestimmte mit seinem Konzept der Eindämmung des Kommunismus die amerikanische Politik der Nachkriegszeit. T. diente im Ersten Weltkrieg. Nach einem Jurastudium wurde er Richter, dann Senator von Missouri. Den Befürworter des New Deal wählte Roosevelt 1944 als Kandidat um die

Vizepräsidentschaft aus. Nach Roosevelts Tod im April 1945 trat T. dessen Nachfolge an. Um Japan zur Kapitulation zu zwingen, befahl er 1945 den Abwurf der Atombomben auf die Städte Hiroshima und Nagasaki. Im beginnenden Kalten Krieg versuchte er, der sowjetischen Expansion des Kommunismus mit der Politik der Eindämmung entgegenzutreten. Mit der Truman-Doktrin sicherte er den von der Sowjetunion bedrohten Staaten materielle und finanzielle Hilfe zu (1947) und ergänzte sie um die Wirtschaftshilfe für Europa aus dem Marshallplan. In der sog. Dritten Welt leitete er den Beginn gezielter Entwicklungshilfe im Rahmen des Punkt-Vier-Programms ein (1949). Zugleich formierte er den Westen zu einem militärischen Block, u.a. durch die Gründung der NATO (1949). Im Koreakrieg vermied T. die von General Douglas MacArthur propagierte Ausweitung des Konflikts und somit die Konfrontation mit China.

nung zusammengefügt werden sollten. Bereits mitten im Krieg erfuhren Roosevelt und Churchill, daß die Zusammenarbeit mit der Sowjetunion alles andere als einfach sein würde. Roosevelt stand für eine Vision der künftigen Weltordnung ein, die er »die eine Welt« nannte: Demokratische Prozesse sollten zur Selbstbestimmung aller Völker und zur friedlichen Zusammenarbeit aller Länder führen. Der Krieg als politisches Mittel sollte abgeschafft werden. Josef Stalin (und bis zum gewissen Grad auch Churchill) hing einer anderen Vision nach: Die großen Mächte sollten über die Weltteile bestimmen, die in ihren Interessensphären lagen.

Das im November 1943 stattfindende erste Treffen der »Großen Drei« im iranischen Teheran stand unter dem Zeichen dieses ideologischen Widerspruchs. Die Rote Armee hielt Polen besetzt, und Stalin dachte nicht daran, der im Londoner Exil verharrenden republikanischen Regierung Polens einen Platz im kommunistischen Reich einzuräumen. Beim Treffen im sowjetischen Jalta 1945 ließ sich Stalin auf Konzessionen ein und versprach, freie Wahlen in Polen zuzulassen (die nie stattfanden). Im Gegenzug mußte Roosevelt Reparationszahlungen in Höhe von 20 Mrd. US-Dollar von Deutschland an die Sowjetunion zustimmen. Die USA, Großbritannien und Frankreich mußten die Aufteilung Deutschlands in Besatzungszonen akzeptieren und eine zusätzliche Teilung der in der sowjetischen Zone liegenden Hauptstadt Berlin. Damit wurde der von Churchill und Roosevelt entworfene Morgenthau-Plan nichtig, der die deutsche Industrie demontiert und das ehemalige Deutsche Reich in ein Agrarland umgewandelt hätte. Als positives Ergebnis brachte der Jalta-Gipfel das Programm einer neuen Weltorganisation, der Vereinten Nationen.

Truman glaubte zunächst, die Russen zur Einhaltung der Vereinbarungen von Jalta zwingen zu können. Die im Juli stattfindende Potsdamer Konferenz belehrte ihn eines besseren. Truman verweigerte Stalin Reparationszahlungen aus den unter alliierter Kontrolle stehenden Zonen Deutschlands, woraufhin sich Stalin für die deutsche Teilung entschied und mit der wirtschaftlichen Ausbeutung der sowjetischen Zone begann. Truman gab sich nicht geschlagen. Der neue Präsident entschloß sich zu einer Botschaft an die UdSSR, die er am 12. März 1947 im Kongreß als Truman-Doktrin vortrug.

Es müsse das Ziel der Vereinigten Staaten sein, so Truman, allen Völkern zu helfen, die sich der Unterdrückung durch bewaffnete Minderheiten oder fremde Mächte widersetzten. Das bedeutete die Eindäm-

Chronik Zeittafel

1914	Erster Weltkrieg beginnt; USA erklären ihre Neutralität; Präsident Woodrow Wilson unterstützt Alliierte
1917	US-amerikanische Kriegserklärung
1918	US-amerikanische Offensive in den Argonnen; Wilson stellt die 14 Punkte vor; Waffenstillstand beschlossen
1919	Frieden von Versailles; Wilson setzt die Gründung des Völkerbundes durch, scheitert aber mit den 14 Punkten; Frieden von Versailles vom US-amerikanischen Kongreß abgelehnt
1920	Warren G. Harding wird Präsident; Beginn der Prohibition; Wahlrecht für Frauen
1921	Rezession in den USA
1923	Harding stirbt; Calvin Coolidge tritt die Nachfolge als Präsident an
1924	Coolidge gewinnt Präsidentschaftswahl; Dawes-Plan regelt vorübergehend Reparationsfragen
1928	Herbert Hoover zum Präsidenten gewählt; Boom der Aktienbörse
1929	Börsenkrach; Wirtschaftskrise
1933	Franklin D. Roosevelt wird Präsident, stellt seinen New Deal vor; Prohibition beendet; Goldstandard aufgehoben
1935	Oberster Gerichtshof erklärt Teile des New Deal für verfassungswidrig; zweiter New Deal initiiert
1936	Roosevelt wiedergewählt; spanischer Bürgerkrieg fängt an; Deutschland besetzt das Rheinland
1939	Zweiter Weltkrieg beginnt; USA erklären ihre Neutralität
1940	Deutschland unterwirft sich fast ganz Westeuropa; Roosevelt wird wiedergewählt; US-Unterstüzung für Alliierte
1941	Amerikanischer Kriegseintritt
1944	Alliierte Landung in der Normandie; Rückeroberung der Philippinen; Roosevelt wiedergewählt
1945	Roosevelt stirbt; Harry S. Truman ist Nachfolger; Gründung der UNO; deutsche Kapitulation; Atombombenabwurf in Japan; japanische Kapitulation

mung (Containment) des internationalen Kommunismus. Der sog. Kalte Krieg brach aus. Die unmittelbaren Konsequenzen der Truman-Doktrin waren einerseits der Wiederaufbau Japans als demokratischer Partner in Asien, um der rot-chinesischen Bedrohung standzuhalten, andererseits die Stärkung des Bollwerks Deutschland. Nur ein modernes, freiheitliches und starkes Westeuropa, und vor allem Deutschland, konnte die Grenze zum Sowjetreich halten. Staatssekretär George C. Marshall verkündete im Juni 1947 bei einer Versammlung an der Harvard University den nach ihm benannten Plan, um mittels massiver finanzieller Hilfe aus den USA Europa wieder aufzubauen. Das Angebot erging an alle europäischen Länder einschließlich der Sowjetunion und aller unter ihrer Macht stehenden Staaten. Stalin lehnte ab. Nach der sowjetischen Usurpation der Tschechoslowakei bewilligte der Kongreß den Marshallplan, der allein von 1948 bis 1950 rund 12 Mrd. US-Dollar nach Europa fließen ließ.

Die Pläne für ein militärisches Bündnis der westlichen Länder wurden konkret, als der politische Führer Jugoslawiens, Marschall Josip Tito, die Unabhängigkeit seines Landes von der Sowjetunion ausrief. Die USA boten Tito ganz im Sinne der Truman-Doktrin ihre Hilfe an, worauf Stalin mit der Berlin-Blockade reagierte. Entschlossen, Berlin nicht zu opfern, befahl Truman die Einrichtung der sog. Luftbrücke. Zehn Monate lang flogen amerikanische Flugzeuge knapp 2,5 Mio. Tonnen Nahrungsmittel, Kraft- und Brennstoff sowie andere Materialien nach West-Berlin ein. Truman strebte zudem die Bildung des westlichen Bündnisses an, der Nordatlantischen Vertragsorganisation (NATO). Am 4. April 1949 unterzeichneten zwölf Länder die NATO-Charta, und Stalin befahl die Beendigung der Berlin-Blockade. Die Eindämmungspolitik schien erfolgreich, die Gefahr vorerst gebannt. Die folgenden Ereignisse zerstörten diese Illusion. Im September 1949, Jahre bevor es für möglich gehalten worden war, zündete die Sowjetunion ihre erste Atombombe. Wenige Monate später floh die Regierung Chiang Kai-sheks nach Taiwan, und der Sieg Maos war komplett. Das kommunistische Pendant zur NATO, der Warschauer Pakt, entstand 1955. Der Kalte Krieg nahm neue Dimensionen an.

Das Jahr 1946 bescherte den USA einen Nachkriegsboom. Truman kündigte vor dem Hintergrund der ausgezeichneten wirtschaftlichen Lage ein umfassendes sozialpolitisches Programm an. Rentenzahlungen und der Mindestlohn sollten erhöht werden. Öffentlicher Wohnungsbau und Entwicklung

von Infrastruktur sollten vom Wohlstand getragen werden. Auch ein nationales Krankenkassensystem war vorgesehen. Trumans Fair Deal (→Lexikon), wie er das Programm nannte, scheiterte am konservativen Widerstand. Die Kongreßwahlen 1946, bei denen die Republikaner die Kontrolle über beide Häuser erhielten, verdeutlichten, daß das US-amerikanische Volk nach 14 Jahren staatlicher Eingriffe in den Markt und das öffentliche Leben die Deregulierung wünschte. Die Absage an den Linksliberalismus Trumans ließ einen republikanischen Erfolg bei der Präsidentschaftswahl 1948 sicher erscheinen, zumal sich die Demokraten wegen der Nominierung Trumans als Spitzenkandidat spalteten. Der Südstaatenflügel der Partei stellte sich hinter den Gouverneur von South Carolina, Strom Thurmond, und bildete die Alternativpartei der sog. Dixiecrats (→Lexikon). Trumans Popularität schwand zusehends, und der Republikanische Kandidat Thomas Dewey gab sich siegesgewiß. Truman, eine Kämpfernatur, absolvierte eine beispiellose Wahlkampftour, bei der er 50 000 km und 356 Reden hinter sich brachte. Das überraschende Ergebnis konnte selbst Truman kaum glauben: Mit einer Stimmenmehrheit von 49,5 % gegenüber Deweys 45,1 % traute ihm Amerika vier weitere Jahre im Weißen Haus zu.

Der Wahlerfolg verlieh Truman neues politisches Gewicht gegenüber dem Kongreß, der einigen Aspekten des Fair-Deal-Pakets nun doch zustimmte. Bei Rentenbeiträgen, sozialem Wohungsbau und Mindestlohn verbuchte der Präsident Erfolge. Die Bürgerrechtsreform allerdings, die sich Truman vornahm, scheiterte am Widerstand der Südstaatenabgeordneten, die keine staatliche Einmischung in das Rassentrennungssystem des Südens (Jim-Crow-Gesetze, →Lexikon) tolerieren wollten. Truman meinte, daß die rechtlichen Schranken, die Weiße und Schwarze trennten – in separaten Wohnvierteln und Schulen, im öffentlichen Verkehrswesen, in Restaurants und auf dem Arbeitsmarkt – moralisch und rechtlich inakzeptabel waren und fallen mußten. Zweimal leisteten schwarze Amerikaner wichtige Beiträge zum Sieg der USA in den Weltkriegen, und sie erwarteten endlich die längst überfällige Anerkennung und Gleichstellung. Truman berief 1946 eine Bürgerrechtskommission, um die Zustände im Lande zu prüfen, und er setzte die Aufhebung der Diskriminierung bei Anstellungen im öffentlichen Dienst durch.

Am 24. Juni 1950 rückte die Truman-Doktrin wieder in den Brennpunkt des Interesses, als Soldaten des kommunistischen Nordkorea über die Grenze in den südlichen, zumindest nominell demokratischen Teil des Landes strömten.

Während des Zweiten Weltkriegs kämpften sowohl die Sowjetunion als auch die USA im besetzten Korea gegen die Japaner. Die Russen errichteten nach Kriegsende ein kommunistisches Regime im Norden, die US-Amerikaner eine pro-westliche Regierung im Süden. Als beide Mächte Korea 1949 verließen, teilte der 38. Breitengrad als Grenze die nördliche von der südlichen Hälfte. Nach dem nordkoreanischen Überfall eilte Truman den Südkoreanern zu Hilfe. Die UNO verfügte ein Eingreifen in den Konflikt, und am 30. Juni 1950 trafen amerikanische Verbände unter der Führung Douglas Mac-Arthurs in Korea ein. Mit einem Überraschungsangriff bei Inchon im September trieb MacArthur die Nordkoreaner über die Grenze zurück. Das Einschreiten der chinesischen Roten Armee veränderte die Machtbalance allerdings. Im Herbst nahmen nördliche Einheiten die südkoreanische Hauptstadt Seoul ein. MacArthur konnte seine Offensive reorganisieren und die Nordkoreaner bis Januar 1951 wieder hinter die eigene Grenze zurückschlagen. Er befürwortete eine Ausdehnung des Kriegs auf China, das sich mit Nordkorea verbündet hatte. Truman fürchtete den Ausbruch eines großen Kriegs und verweigerte jeglichen Angriff gegen die Chinesen, woraufhin sich MacArthur über den Führungsstil des Präsidenten öffentlich beschwerte. Am 11. April entzog Truman dem General das Oberkommando und erlitt dabei schweren politischen Schaden, denn der Kriegsheld MacArthur war hochangesehen in den USA. Bis 1953 schleppte sich der Krieg hin, der durch Waffenstillstand gestoppt, aber nie mit einem Friedensvertrag beendet wurde.

Gleichzeitig wuchs in den USA der Verdacht, daß die Regierung von US-amerikanischen Kommunisten und Agenten der UdSSR infiltriert sein könnte. Ein Untersuchungsausschuß des Repräsentantenhauses (HUAC, →Lexikon) trat Ende der 1940er Jahre mit einigen sensationellen Enthüllungen an die Öffentlichkeit. Es stellte sich heraus, daß ein ehemals mächtiger Mitarbeiter im Außenministerium namens Alger Hiss geheime Regierungsdokumente an kommunistische Agenten in den 30er Jahren verkauft hatte. Noch brisanter war die Aussage des jungen britischen Wissenschaftlers Klaus Fuchs, er habe alle wichtigen Dokumente über den Bau der Atombombe an die UdSSR ausgeliefert und diese Dokumente selbst von zwei amerikanischen Kommunisten namens Julius und Ethel Rosenberg erhalten. Frau Rosenbergs Bruder war als Maschinist am Manhattan-Projekt beteiligt. Die Rosenbergs wurden für schuldig befunden und am 5. April 1951 wegen Hochverrats zum Tode verurteilt. Die Reaktion auf die ungewöhnliche Schärfe des Urteils teilte die Nation in zwei Lager. Viele zweifelten die Schuld der Rosenbergs an oder sprachen sogar vom Schauprozeß. Geheimdokumente des sowjetischen Parteivorsitzenden Nikita Chruschtschow, die erst nach dem Fall der Sowjetunion zugänglich wurden, bestätigen allerdings die Rolle der Rosenbergs in der Beschaffung der Atompapiere. Die Welle der Angst vor möglicherweise noch größerer kommunistischer Unterwanderung machte sich der Senator aus Wisconsin, Joseph McCarthy, zunutze. McCarthy führte einen Kreuzzug gegen mutmaßliche Kommunisten in der Regierung, der ihn kurzfristig zu einem der mächtigen Männer in Washington machte. Nach lancierten Hetzkampagnen gegen politische Persönlichkeiten und Hollywood-Schauspieler, mit denen er einige Karrieren zerstörte, richtete er seine Angriffe gegen den Präsidenten und das Militär. Der Kongreß, der lästigen Umtriebe des machtgierigen Emporkömmlings überdrüssig, beschloß, öffentliche, auch im Fernsehen übertragene Anhörungen der angeklagten Militärangehörigen durchzuführen, um McCarthy eine Falle zu stellen. Mit seinen teilweise grundlosen Vorwürfen und seiner Neigung zur Schikane stellte er sich selbst vor der breiten Öffentlichkeit bloß. Vom Kongreß erhielt McCarthy im Dezember 1954 eine offizielle Rüge wegen »unwürdigen Betragens«. Das Phänomen des McCarthyismus verpuffte.

1952 entschied sich Truman gegen eine weitere Kandidatur. Doch auch der neue demokratische Kandidat Adlai Stevenson hatte gegen den Mann der Republikaner kaum eine Chance. Dwight D. Eisenhower (▷Chronik Biografie, S. 154), Held der alliierten Invasion in Europa, ehemaliger Oberkommandierender der NATO und Rektor der Columbia University, schlug Stevenson aus dem Rennen. Zusammen mit seinem Vizepräsidenten Richard Nixon beendete Eisenhower 20 Jahre ununterbrochener demokratischer Herrschaft.

In den acht Jahren Eisenhower-Regierung setzte sich der wirtschaftliche Erfolgskurs der USA fort. US-Bürger erfreuten sich in den 50er Jahren des höchsten Lebensstandards in der Menschheitsgeschichte. Das Bruttosozialprodukt wuchs um 250 %, der Staat investierte in Schulen, Wohnungsbau, Arbeitslosenversicherung und den Straßenbau. 1956 bewilligte der Kongreß die Freistellung von 25 Mrd. US-Dollar für den Bau einer Autobahn mit einer Gesamtlänge von 64 000 km (Federal Highway Act, →Lexikon). Die Highways ermöglichten die Entstehung neuer Wohnviertel am Rande der Stadtzentren, wo sich für viele mittelständische Familien der Traum vom eigenen Haus erfüllte. Städtische Lebensart in Amerika veränderte sich: Wer es sich leisten konnte, zog aus der Stadt ins Grüne.

Wichtiger für den Gesellschaftswandel war die von Truman vorausgesehene Einforderung der Gleichberechtigung schwarzer Amerikaner. Am 17. Mai 1954 entschied der Oberste Gerichtshof, daß das Schulministerium von Topeka (Kansas) ein schwarzes Mädchen vom Besuch einer weißen Schule nicht ausschließen durfte (Brown vs. Board of Education, →Lexikon). Im folgenden Jahr fällte das Gericht ein weiteres Urteil, das die Rassentrennung an Schulen grundsätzlich für verfassungswidrig erklärte. Die 3000 betroffenen Schulbezirke der Südstaaten kamen der Pflicht zur Integration von Schwarzen in ihren Schulen nur zögerlich nach. 1957 ließ der Gouverneur von Arkansas die Staatsmiliz in die Stadt Little Rock einmarschieren, um die Integration an den dortigen Schulen zu verhindern. Präsident Eisenhower entsandte die Bundesarmee nach Little Rock, um Arkansas zur Befolgung des Gesetzes zu zwingen. Die Schulurteile ermutigten Bürgerrechtler, die völlige Aufhebung der Rassentrennung im Süden zu fordern. Am 1. Dezember 1955 weigerte sich eine schwarze Frau namens Rosa Parks in Montgomery (Alabama), ihren Sitzplatz im vorderen Teil des Buses einem weißen Passagier zu überlassen – wie es ein Rassengesetz forderte. Nach ihrer Verhaftung riefen schwarze Bürgerrechtler zum Boykott der öffentlichen Verkehrsmittel auf. Im selben Jahr erklärte der Oberste Gerichtshof die Rassentrennung im öffentlichen Verkehrswesen ebenfalls für verfassungswidrig. Organisator des Boykotts war ein junger schwarzer Pfarrer aus Alabama namens Martin Luther King Jr. (▷Chronik Biografie, S. 155, ▷Chronik Zitat, S. 156). Im Zuge dieses Aufbruchs setzte sich Präsident Eisenhower gegen die Rassendiskriminierung und für die Gleichstellung von Schwarzen in der Armee ein.

Eisenhowers politische Prinzipien lauteten Deregulierung und Abbau des Staatsapparates einerseits, außenpolitische Konfliktvermeidung andererseits. Er beseitigte viele Strukturen der freizügigen Sozialpolitik Trumans und beendete seine zweite Amtsperiode mit einem Überschuß im Haushalt von 1 Mrd. US-Dollar. Auf internationaler Bühne zeugte

Dwight David Eisenhower – Kriegsheld und Stabilitätspolitiker

Chronik Biografie

US-amerikanischer General, Politiker und 34. Präsident 1952–1961

*14. 10. 1890 Denison (Texas) †28. 3. 1969 Washington (D.C.)

1952 wurde E. zum ersten Mal zum Präsidenten gewählt. Außenpolitisch verstärkte er die Verteidigungssysteme der USA gegen einen atomaren Erstschlag der UdSSR, zeichnete sich aber stets durch vorsichtiges Handeln aus. Großbritannien und Frankreich drängte er zum Abzug ihrer Truppen in der Sueskrise, amerikanische Truppen hielt er aus der Krise Frankreichs in Indochina heraus.

E., Sohn eines Handwerkers, wurde an der Militärakademie West Point ausgebildet. Nach dem Ersten Weltkrieg erhielt er eine Generalstabsausbildung. Im Juni 1942 wurde er zum Oberbefehlshaber der amerikanischen Streitkräfte in Europa ernannt. E. leitete die Invasionen der Alliierten in Nordafrika, Sizilien und der Normandie. 1945 nahm er die deutsche Kapitulation entgegen, zog sich 1948 aus dem aktiven Militärdienst zurück und übernahm den Posten des Rektors der Columbia University. Von 1950 bis 1952 war er Oberbefehlshaber der NATO. Die Beziehungen zur UdSSR blieben unter seiner Präsidentschaft gespannt, vor allem infolge des Berlin-Ultimatums (1958) und des Abschusses eines amerikanischen Spionageflugzeugs über der Sowjetunion 1960. Innenpolitisch steuerte E. einen liberalen Kurs und machte erste, wenn auch zaghafte Schritte in Richtung Rassenintegration.

Eisenhowers Politik von großer Umsicht. In Indochina unterstützte er mit finanziellen Zuschüssen zunächst die Bemühungen der Franzosen, ihre Position gegen die nationalistischen Kräfte Ho Chi Minhs zu behaupten, weil der Kommunistenführer Ho Zuwendungen aus China und der Sowjetunion erhielt. Als die französische Regierung militärische Hilfe aus den USA verlangte, da die Lage der Kolonialmacht in Vietnam zunehmend kritischer wurde, weigerte sich Eisenhower. Die militärischen Schwierigkeiten und politischen Implikationen einer solchen Intervention ahnte er voraus. Auch in der sog. Sueskrise agierte der Präsident besonnenen. Die USA entzogen der ägyptischen Regierung die US-amerikanische Finanzhilfe für den Bau des Assuanstaudamms am Nil, weil Staatschef General Gamal Abd el Nasser immer engere Beziehungen zur Sowjetunion unterhielt. Im Gegenzug ließ Nasser den Sueskanal besetzen, woraufhin Großbritannien und Frankreich Truppen in Ägypten landeten, um den Kanal zurückzuerobern. Eisenhower versagte den europäischen Partnerländern seine Unterstützung bei der Invasion und schloß sich sogar einer Verurteilung des Unternehmens in der UNO an. Unter diesem Druck zogen Franzosen und Engländer ab, womit ein Ausweiten des Konflikts vermieden wurde.

Unsicherer verhielt sich die Regierung hinsichtlich Kubas. Nachdem Revolutionsführer Fidel Castro den Diktator Fulgencio Batista Ende 1958 gestürzt hatte, galt Castro zunächst als Held und Freiheitskämpfer in den USA. Als Castro jedoch die Enteignung US-amerikanischen Besitzes auf Kuba einleitete und die finanzwillige Vertretung der Sowjetunion mit offenen Armen empfing, änderte sich die Meinung in Washington. Als eine seiner letzten Amtshandlungen brach Eisenhower im Januar 1961 diplomatische Beziehungen zu Kuba ab. Von der Sowjetunion erhoffte er Mitte der 50er Jahre vorerst bessere Beziehungen. Der Tod Stalins 1953 führte eine kleine Wende herbei. Die russische Haltung gegenüber Tito in Jugoslawien entspannte sich, die Besetzung Österreichs wurde beendet. Eine Konferenz 1955 in Genf zwischen NATO-Führern und dem sowjetischen KP-Chef Nikolai Bulganin versprach eine neue Offenheit, den »Geist von Genf«. Doch diese Hoffnung erfüllte sich nicht. Nach dem Beitritt der Bundesrepublik Deutschland zur NATO 1958 forderte der neue Regierungschef der UdSSR, Nikita Chruschtschow den Abzug aller alliierten Truppen aus Berlin. Ein solcher Schritt kam nicht in Frage. 1960 wurde ein Gipfeltreffen zwischen Chruschtschow und Eisenhower in Paris anberaumt,

Martin Luther King Jr. – Kämpfer für schwarze Gleichberechtigung

Chronik Biografie

US-amerikanischer Bürgerrechtler

*15. 1. 1929 Atlanta (Georgia)
†4. 4. 1968 Memphis (Tennessee)

K. war Symbolfigur und charismatischer Führer der schwarzen Bürgerrechtsbewegung in den USA. Er promovierte 1955 an der Boston University in systematischer Theologie. Ab 1954 arbeitete er als Pfarrer in Montgomery (Alabama) und gründete 1957 die Bürgerrechtsorganisation Southern Christian Leadership Conference (SCLC). Nach dem Vorbild Jesu und Mahatma Gandhis wollte er ohne Gewalt und durch passiven Widerstand die Rassenschranken zu Fall bringen und für schwarze Amerikaner die Gleichberechtigung erkämpfen. Sein erster Erfolg war die Aufhebung der Rassentrennung in den öffentlichen Verkehrsmitteln von Montgomery nach einem von ihm angeführten einjährigen Boykott (1956). Danach organisierte er viele Demonstrationen, u.a. einen Marsch auf Washington 1963. Berühmt wurde seine Rede »Ich habe einen Traum ...«. 1964 wurde ihm der Friedensnobelpreis verliehen. Ab Mitte der 60er Jahre geriet K. zunehmend in Konflikt mit der militanten Schwarzenbewegung Black Power. Sein Einfluß ging zurück. Er war mehreren Attentatsversuchen entgangen, als er 1968 ermordet wurde. Zu Ehren von K. wird der dritte Montag im Januar als Nationalfeiertag begangen.

um die Lage zu diskutieren. Bevor es stattfinden konnte, wurde über Rußland ein amerikanisches Spionageflugzeug vom Typ U-2 abgeschossen. Der Pilot Francis Gary Powers befand sich in sowjetischer Gefangenschaft. Eisenhower brachte der Vorfall in große Verlegenheit, hatte er doch alle Spionagevorwürfe der UdSSR zurückgewiesen. Obwohl eine Einigung der Berlin-Frage in Paris ohnehin unwahrscheinlich war, nahm Chruschtschow den Beweis der Spionage zum Anlaß, die Konferenz ganz abzusagen. Als Eisenhower 1961 ins Privatleben zurückkehrte, hatte der Kalte Krieg einen Höhepunkt erreicht.

Tumult und Vertrauensbruch (1961–1974)
Vizepräsident Richard Nixon war der Kandidat der Republikaner für die Präsidentschaft im Wahljahr 1960. Seine Rolle als Verfolger von Alger Hiss machte ihn als redegewandten Antikommunisten bekannt. Als Mitglied des Eisenhower-Kabinetts bewegte er sich zur konservativen Mitte hin, wo er die verschiedenen Fraktionen seiner eigenen Partei auf sich vereinen konnte. Der Kandidat der Demokraten war sehr jung – gerade 42 Jahre alt – und katholisch, beides ungewohnte Eigenschaften für einen Präsidenten. John Fitzgerald Kennedy (▷Chronik Biografie, S. 157) war attraktiv, gebildet und charismatisch. Der Wahlkampf gestaltete sich nicht leicht, da Kennedy wesentlich weniger politische Erfahrung vorzuweisen hatte als Nixon. In einer berühmten Serie von Fernsehdebatten gewann Kennedy aber an Boden. Dem Charme des Senators aus Massachusetts war Nixon unterlegen. Kennedys Wahlsieg gehört zu den knappsten in der US-Geschichte. Mit 49,9 % der Stimmen gegenüber den 49,6 %, die Nixon erhielt, bezog er sein neues Amt.

Der junge Präsident trat mit dem Entwurf der ambitioniertesten und kostspieligsten Sozialpolitik in der Geschichte der USA vor den Kongreß. Das als »New Frontier« (→Lexikon) bezeichnete Programm stieß auf starken Widerstand der meisten Senatoren und Abgeordneten. Die Durchführung einer 1962 verabschiedeten Steuersenkung zur Ankurbelung der Wirtschaft stärkte seinen Stand, so daß er einige Punkte seines Sozialprogramms realisieren konnte. Der Mindestlohn wurde kräftig angehoben, die Arbeitslosenförderung gestärkt und ein medizinisches Fürsorgeprogramm für ältere Bürger (Medicare) eingerichtet. Kennedy erreichte außerdem die Bewilligung von Zuschüssen für Städtesanierung und

Alltägliche Rassendiskriminierung in den USA
Chronik Zitat

Am 5. Dezember 1955 organisierte Martin Luther King Jr. in Montgomery (Alabama) den sog. Busboykott, um gegen die Rassendiskriminierung in den Vereinigten Staaten zu protestieren. King schilderte die Lage in seinen 1965 niedergeschriebenen Erinnerungen:

»Die beiden Gemeinschaften der Schwarzen und Weißen gingen gleichsam getrennte Wege. Die Schulen waren natürlich getrennt [...] Sie fuhren zusammen zur Arbeit, jedoch scharf abgegrenzt jeder in einem anderen Teil des Busses.
Der Frieden zwischen den Rassen, wie er in Montgomery bestanden hatte, war kein christlicher Frieden. Es war ein heidnischer Frieden, und er war zu einem hohen Preis erkauft worden.
Besonders fragwürdig war schon lange der Frieden in den durch die ganze Stadt fahrenden Omnibussen. Hier wurden die Schwarzen täglich an die Schande der Segregation erinnert. Es gab keine schwarzen Busfahrer. Einige der weißen Busfahrer waren höflich, aber sehr viele hatten nichts als beleidigende Schimpfworte wie ›Nigger‹, ›schwarze Kühe‹, und ›schwarze Affen‹, für die Schwarzen. ... Noch erniedrigender war es für die Schwarzen, daß man sie zwang, vor leeren Sitzen, die nur für Weiße reserviert waren, zu stehen. Auch wenn keine Weißen mitfuhren und die Schwarzen sich eng zusammendrängen mußten, durften sie die zehn Plätze der ersten vier Reihen nicht benutzen. Aber man ging noch weiter. Wenn die weißen Fahrgäste schon sämtliche für sie reservierten Plätze eingenommen hatten und noch mehr Weiße zustiegen, wurden die Schwarzen, die direkt hinter den Weißen saßen, aufgefordert, aufzustehen, damit sich die Weißen setzen konnten. Wenn sich die Schwarzen weigerten, aufzustehen und nach hinten zu gehen, wurden sie verhaftet.«

sozialen Wohnungsbau in Höhe von 4,9 Mrd. US-Dollar. Gegenüber der schwarzen Bürgerrechtsbewegung verhielt sich Kennedy anfangs ambivalent. 1962 spitzte sich die Lage im Süden zu. Im Oktober 1962 wurde die Universität von Mississippi aufgefordert, ihren ersten schwarzen Studenten zu immatrikulieren. Der Gouverneur weigerte sich, und Kennedy entsandte Bundestruppen, um die Situation zu befrieden und dem Gesetz Geltung zu verschaffen. Im April 1963 begann Martin Luther King Jr. mit einer Reihe von friedlichen Protestaktionen in Birmingham (Alabama). Die Polizei ging mit äußerster Härte gegen die Demonstranten vor – an sich nichts Neues, außer daß Millionen Amerikaner jetzt solche Szenen mit Entsetzen im Fernsehen verfolgen konnten. Zwei Monate später versuchte der Gouverneur von Alabama, George Wallace, die Integration Schwarzer an den dortigen Universitäten zu verhindern. Noch einmal mußten Bundestruppen für Recht und Ordnung sorgen. Zur gleichen Zeit wurde in Mississippi ein schwarzer Bürgerrechtler namens Medgar Evers tot aufgefunden, das Mordopfer eines rassistischen Racheaktes. Als Antwort auf die Vorfälle in Alabama und Mississippi hielt Kennedy eine berühmte und bewegende Fernsehansprache, in der er den Rassissimus kategorisch verdammte. Wenige Tage später legte der Präsident Gesetzesentwürfe vor, um die Rassentrennung in allen öffentlichen Bereichen zu verbieten. Die neue Gesetzgebung sah Verbote der beruflichen Diskriminierung und eine Ermächtigung der Bundesregierung vor, gegen Fälle von Diskriminierung in Schulen und Universitäten Klage zu führen. Im August des Jahres führte Martin Luther King 200 000 Demonstranten nach Washington, wo er vor dem Abraham-Lincoln-Denkmal seine berühmte Rede »Ich habe einen Traum ...« hielt. Im weiteren Verlauf der 60er Jahre äußerte sich der Unmut schwarzer Amerikaner angesichts schleppender Reformen in immer gewalttätigeren Aktionen. 1965 gipfelten Unruhen im Stadtteil Watts in Los Angeles in einer Woche voller bewaffneter Auseinandersetzungen zwischen Schwarzen und der Polizei, bei denen 34 Menschen starben. Ähnliche Ausschreitungen folgten in den Jahren 1966 und 1967. Die Ideologie des gewaltlosen Widerstandes, die Martin Luther King propagierte,

John Fitzgerald Kennedy – Hoffnungsträger der Jugend

Chronik Biografie

US-amerikanischer Politiker und 35. Präsident 1961–1963

**29. 5. 1917 Brookline (Massachusetts)
†22. 11. 1963 Dallas (Texas)*

K. repräsentierte als Präsident die jungen, intellektuellen USA und betrachtete die Bewältigung gesellschaftlicher Probleme als Hauptaufgabe. Seine Außenpolitik war geprägt vom Konflikt mit der UdSSR über Berlin und Kuba. Der Sohn des Politikers Joseph Kennedy (US-Botschafter in England im Zweiten Weltkrieg) studierte an der Harvard University und diente im Zweiten Weltkrieg als Marineoffizier. 1947–1953 war K. Mitglied im Repräsentantenhaus und ab 1953 Senator für Massachusetts, bis er 1960 Präsident wurde. K. legte den Entwurf eines umfangreichen Sozialreformwerks vor, das er trotz demokratischer Mehrheit in beiden Kammern des Kongresses nicht realisieren konnte. Außenpolitisch verfolgte K. eine harte Linie gegen den Kommunismus und die UdSSR. Die unter seiner Ägide eingeleitete, dann aber nicht mehr unterstützte Invasion auf Kuba durch Exilkubaner endete mit einem Fiasko für die Invasoren. Sein Auftritt in Berlin nach dem Mauerbau und sein Ultimatum an die UdSSR nach der Stationierung russischer Raketenstartrampen auf Kuba stärkten aber sein Profil als Gegner des Totalitarismus. K. gründete ein freiwilliges Friedenskorps zur Durchführung von Entwicklungsprojekten in der sog. Dritten Welt, um der Attraktivität des Kommunismus entgegenzutreten. Seine Ermordung 1963 schockierte die Welt. Die Ermittlungen ergaben, daß Lee Harvey Oswald allein für den Tod von K. verantwortlich war, wobei Verschwörungstheorien heute noch Anhänger finden.

wich der militanteren Gesinnung der Black-Power-Bewegung. Gruppen wie die Black Panthers (→Lexikon) oder die Nation of Islam (→Lexikon, die sog. Schwarzen Muslime) erklärten der weißen Gesellschaft den Krieg.

In der Außenpolitik zählte Kennedy zu den überzeugtesten Kalten Kriegern. Schon im Wahlkampf versprach er, die »Raketenlücke« zwischen den USA und der UdSSR zu schließen, d.h. den atomaren Vorsprung der Sowjets durch amerikanische Aufrüstung wieder auszugleichen. Kennedy vermutete, daß die Sowjetunion ihre Erstschlagkapazität verstärken wollte und bekam in der Kubakrise die Bestätigung dafür. Seit Monaten bildete der US-Geheimdienst CIA Exilkubaner aus, die einen Putsch in Havanna durchführen wollten. Kennedy sicherte ihnen die Unterstützung der amerikanischen Luftwaffe zu. Am 17. April 1961 landeten 2000 bewaffnete Expatriierte in der kubanischen Schweinebucht (→Lexikon). Kennedy entschloß sich überstürzt gegen die Beteiligung der Luftwaffe, der Putschversuch endete mit einem Desaster. Eine verstärkte Zusammenarbeit Castros mit der UdSSR war die Folge. Im Sommer 1962 meldete der Geheimdienst den Aufbau sowjetischer Raketenstartrampen auf Kuba. Am 22. Oktober verhängte Kennedy gegen Kuba eine amerikanische Seeblockade. Vier Tage lang bangte die Nation, bis Chruschtschow am 26. Oktober einlenkte, sowjetische Schiffe mit Raketen an Bord auf der Fahrt nach Kuba abdrehen ließ und den Abbau der Startrampen versprach, wenn sich die USA verpflichteten, künftige Invasionsversuche auf Kuba zu unterlassen.

In Vietnam intervenierte Kennedy militärisch. Seit 1958 stand das Land im Bürgerkrieg. Schon Eisenhower wurde von dem pro-westlichen Führer Ngo Dinh Diem bedrängt, der südvietnamesischen Regierung im Kampf gegen die kommunistischen Vietcong beizustehen. Eisenhower entsandte 650 militärische Berater, wollte sich aber nicht weiter in den Konflikt hineinziehen lassen. Kennedy hielt eine merkliche Stärkung Dinh Diems für notwendig und erhöhte das US-amerikanische Kontingent in Vietnam auf 15 500 Mann.

Für John F. Kennedys Image war seine Person mindestens ebenso wichtig wie seine Politik. Kennedys Jugend, Optimismus, Witz, Eleganz und insbesondere sein Sendungsbewußtsein machten ihn zur Identifikationsfigur. Vor allem diese persönliche Popularität erklärt Schock, Trauer und Wut, fast eine Massenhysterie, die die USA ergriff, als Kennedy am 22. November 1963 in Dallas (Texas) erschossen wurde. Festgenommen wurde Lee Harvey Oswald aus kommunistischen Kreisen. Zwei Tage nach dem Attentat wurde Oswald durch die Kugel eines Nachtclubbesitzers aus Dallas namens Jack Ruby niedergestreckt. Die Schuld oder Unschuld Oswalds ist bis heute ungeklärt. Dem nationalen Entsetzen über Kennedys Tod ist es im entscheidenden Maße zuzuschreiben, daß sein Vizepräsident Lyndon Baines Johnson (▷Chronik Biografie, S. 159) die Sozialpolitik Kennedys und sogar wesentlich erweiterte Sozialprogramme eigener Prägung realisieren konnte, ohne durch den Widerstand des Kongresses aufgehalten zu werden.

Lyndon B. Johnson war das genaue Gegenteil John F. Kennedys. Der ungehobelte, zur Krudität neigende Texaner war eine eher unvorteilhafte Erscheinung mit Neigung zu ordinärer Ausdrucksweise. Sein Programm zur Verwirklichung der »Großen Gesellschaft« (Great Society, →Lexikon) ging weit über die sozialpolitischen Vorschläge Kennedys hinaus. Die Ausgaben für Arbeitslosenhilfe, Wohngeld und Lebensmittelmarken sowie für den sozialen Wohnungsbau wurden drastisch erhöht. Die Einführung des Medicaid-Programms 1966 erweiterte die Leistung der staatlichen medizinischen Fürsorge von Medicare, um auch Bedürftige einzuschließen. Auch die beruflichen Quotenregelungen der Affirmative Action (→Lexikon) entstanden unter Johnsons Ägide: Bereits ab 1965 wurden alle an Regierungsaufträgen beteiligten Privatunternehmer sowie alle öffentlichen Einrichtungen verpflichtet, einen vorgeschriebenen Prozentsatz an Angehörigen ethnischer Minderheiten in ihren Betrieben zu beschäftigen. Die öffentlichen Ausgaben verdoppelten sich, um diese Programme finanzieren zu können. Das Haushaltsbudget, das unter Kennedy 94,4 Mrd. US-Dollar betragen hatte, blähte sich bis 1970 auf 196,6 Mrd. US-Dollar auf.

Wesentlich teurer kam den Präsidenten die Fortsetzung von Kennedys Aktion in Vietnam zu stehen. Im August 1964 wurden US-amerikanische Zerstörer, die in den internationalen Gewässern des Golfs von Tonking kreuzten, von nordvietnamesischen Torpedobooten angegriffen. Nach Johnsons Dafürhalten war die Eskalation des Konflikts nunmehr unvermeidlich. Nachdem im Februar 1965 sieben Marinesoldaten beim Überraschungsangriff der Vietcong auf eine amerikanische Basis bei Pleiku getötet worden waren, ordnete Johnson Bombereinsätze über Nordvietnam an. Einen Monat später landeten zwei Bataillone der US-Marine bei Da Nang in Südvietnam, womit die Zahl der amerikanischen Truppen in Indochina bei 100 000 Mann lag. Ab diesem Punkt steigerte sich die US-amerikanische Präsenz stetig. Bis Ende 1965 waren es 180 000 Amerikaner, zwei Jahre später knapp 500 000.

Der Einsatz in Vietnam entwickelte sich schnell zum vielbeklagten »Quagmire«, zum Sumpf. Bis Ende 1967 war die amerikanische Tagespolitik von der wachsenden Opposition zum Kriegseinsatz begleitet, die sich in zahlreichen Protestaktionen in New York, Washington und anderen Großstädten entlud. Am 31. Januar 1968, dem vietnamesischen Neujahrstag (Tet), begann eine Offensive der Vietcong, die bis nach Saigon vordrangen. Die Amerikaner konnten die Vietcong aus der Stadt zurücktreiben. Die Fernsehbilder der Tet-Offensive erschreckten die US-amerikanischen Zuschauer zutiefst, und die Zustimmung zur Politik Johnsons schmolz laut Umfragen auf 35 % zusammen.

Johnson verzichtete auf eine zweite Kandidatur. Drei Männer bewarben sich um die Nominierung der Demokraten: Eugene McCarthy, Senator aus Minnesota, der Vizepräsident Hubert Humphrey und nach einigem Zögern Robert Kennedy, jüngerer Bruder John F. Kennedys und Justizminister in dessen Regierung. Kennedy hob sich bald von den übrigen Kandidaten als Hoffnungsträger seiner Partei und vor allem der jungen Generation in den USA ab. Als

er am Abend des 6. Juni 1968 in Los Angeles auftrat, wurde er von einem jungen Palästinenser namens Sirhan Sirhan niedergeschossen, der sich an Kennedy wegen dessen positiver Äußerungen über Israel rächen wollte. Nur Wochen zuvor, am 4. April, traf Martin Luther King Jr. die Kugel eines Attentäters, als der Bürgerrechtler auf dem Balkon seines Hotels in Memphis (Tennessee) stand. Die Motive seines Mörders James Earl Ray, der zunächst ein Geständnis ablegte, aber dann widerrief und bis heute die Tat leugnet, blieben ungeklärt.

Bei der Tagung der Demokratischen Partei in Chicago, auf der Humphrey als Präsidentschaftskandidat nominiert wurde, kam es zu Ausschreitungen, als Studenten und andere Kriegsgegner, die Humphreys Haltung zum Krieg zu lax fanden, gegen die Veranstaltung der Partei protestierten. Straßenschlachten brachen aus, die Studenten bewarfen die Polizei mit Steinen. Das Spektakel in Chicago kurz nach den zwei Morden verstärkte den Eindruck, daß die Demokraten unfähig waren, für innere Sicherheit und Ordnung zu sorgen. Mit seiner zweiten Kandidatur 1968 reüssierte der Republikaner Richard Nixon (▷Chronik Biografie, S. 160). Als gemäßigter Konservativer versprach Nixon Stabilität und das Ende des Krieges in Vietnam, einen »Frieden in Ehren«. Mit 43,1 % der Stimmen gegen Humphreys 42,7 %

Lyndon Baines Johnson – Initiator der Great Society

Chronik Biografie

US-amerikanischer Politiker und 36. Präsident 1963–1969

*27. 8. 1908 Stonewall bei Johnson City (Texas)
†23. 1. 1973 San Antonio (Texas)

wo er Franklin D. Roosevelt und dessen New Deal unterstützte. 1949–1961 war er Senator, ab 1953 auch Fraktionsführer. Ab 1961 war er Vizepräsident unter Kennedy, dessen Nachfolge er nach Kennedys Ermordung 1963 antrat. Die Wahl 1964 bestätigte ihn im Amt. Die unter J. verabschiedeten Bürgerrechtsgesetze erfüllten die Erwartungen schwarzer Amerikaner nicht. Schwere Unruhen folgten zwischen 1965 und 1968, die dem Ruf von J. schadeten. Ab 1964 führte er mit wachsendem militärischem Einsatz die von Kennedy begonnene US-amerikanische Intervention in Vietnam fort. An den fruchtlosen und fragwürdigen Bemühungen in diesem Konflikt nahm J. ebenfalls Schaden. 1968 verzichtete er angesichts des fehlenden Rückhalts in seiner eigenen Partei auf eine erneute Präsidentschaftskandidatur.

Seine reformorientierten Vorstellungen einer sozial gerechten »Great Society« wollte J. durch innen- und sozialpolitische Maßnahmen verwirklichen, denen jedoch die populäre Stoßkraft der Initiativen John F. Kennedys fehlte. Schon 1937 zog der Demokrat J. ins Repräsentantenhaus ein, war sein Sieg fast so knapp wie seine Niederlage gegen Kennedy.

Wenige Präsidenten widmeten sich der Außenpolitik mit soviel Entschlossenheit und Können wie Richard Nixon. Er berief den Harvarder Professor für internationale Politik Henry Kissinger (▷Chronik Biografie, S. 161) als Sonderberater für nationale Sicherheit und holte mit ihm einen der fähigsten Köpfe des Landes in sein Kabinett. Die dringendste Aufgabe war der im Wahlkampf versprochene Abzug amerikanischer Truppen aus Vietnam. Nixons Formel hierfür hieß »Vietnamisierung«: Südvietnamesische Kräfte sollten ausreichend ausgebildet und -gerüstet werden, um die Arbeit der US-amerikanischen Einheiten zu übernehmen. Im Herbst 1969 kündigte der Präsident die Heimkehr von 60 000 US-Soldaten an, die erste Truppenreduktion seit Beginn des Krieges. Den Truppenabzug setzte Nixon kontinuierlich über die nächsten drei Jahre fort, so daß sich bis Herbst 1972 nur noch etwa 50 000 US-amerikanische Soldaten in Vietnam befanden (gegenüber 540 000 im Jahre 1969). Auch das Einberufungsverfahren wurde überholt, indem ein Lotteriesystem eingeführt wurde. Nixon arbeitete auf die Aufhebung der Wehrpflicht hin, die er schließlich 1973 durchsetzte.

Da die Vietcong ihre Lager im benachbarten Kambodscha errichteten, um südvietnamesischen und amerikanischen Angriffen zu entgehen, befahl Nixon heimlich die Bombardierung kambodschanischen Territoriums. Das Wahljahr 1972 anvisierend, erwogen Nixon und Kissinger den Rückzug der US-amerikanischen Streitkräfte aus Vietnam ohne Beendigung des Konflikts zwischen Nord und Süd. Ende 1972 nahm Kissinger Vermittlungsgespräche mit den Regierungen Nord- und Südvietnams auf, die zunächst im Sande verliefen. Dann trafen die beteiligten Parteien am 27. Januar 1973 erneut zusammen und vereinbarten den Waffenstillstand.

Nixon beendete das Kapitel Vietnam für die USA, überließ die Südvietnamesen allerdings einer unsicheren Zukunft. Im März 1975 führten die Nordvi-

Richard Milhous Nixon – der erste Präsident, der zurücktritt

Chronik Biografie

US-amerikanischer Politiker und 37. Präsident 1969–1974

**9. 1. 1913 Yorba Linda (Kalifornien)
†22. 4. 1994 New York*

Als erster Präsident der US-Geschichte trat N. 1974 zurück, um einer Amtsenthebung zuvorzukommen. N., der einer Quäker-Familie entstammte, studierte Jura an der Duke University und arbeitete als Rechtsanwalt. Im Zweiten Weltkrieg diente er bei der Marine und wurde in den Nachkriegsjahren ins Repräsentantenhaus gewählt, wo er als Mitarbeiter des Untersuchungsausschusses zu »unamerikanischen Aktivitäten« auffiel. Als Vizepräsident unter Dwight D. Eisenhower (1953 bis 1961) vertrat er die USA häufig im Ausland. In Lateinamerika versuchte er, antiamerikanische Tendenzen zu mildern, in der UdSSR debattierte er öffentlich mit KP-Chef Nikita Chruschtschow (1959). 1960 kandidierte er erfolglos gegen John F. Kennedy für die Präsidentschaft und ließ sich anschließend als Rechtsanwalt in New York nieder. 1968 gewann er die Präsidentschaftswahl mit einer knappen Mehrheit gegen Hubert Humphrey und wurde 1972 wiedergewählt. Unterstützt durch seinen Sicherheitsberater und Außenminister Henry Kissinger, leitete er die Normalisierung der Beziehungen zu China ein (Besuch bei Mao Zedong in Peking 1972), schloß 1972 mit der UdSSR das SALT-I-Abrüstungsabkommen ab und beendete den Vietnamkrieg durch einen Waffenstillstand mit Nordvietnam (1973). Infolge der Watergate-Affäre, die wegen des Einsatzes krimineller Mittel beim Präsidentschaftswahlkampf 1972 zu einer Staatskrise führte, entschied N. sich 1974 zum Rücktritt.

Während die historische Einschätzung der Regierung unter N. lange durch den Watergate-Vorfall überschattet wurde, werden seine außenpolitischen Leistungen heute stärker hervorgehoben.

etnamesen einen massiven Angriff gegen den Süden durch. Im April marschierten die Vietcong in Saigon ein, das sie in Ho Chi Minh-Stadt umtauften, und erzwangen die Wiedervereiniung des Landes unter dem brutalen Hanoi-Regime. Zur gleichen Zeit fiel Kambodscha an die kommunistischen Roten Khmer, deren Führer Pol Pot eine Terrorherrschaft errichtete. Für bedeutender als den Krieg in Vietnam hielt der Präsident die Verschiebungen im globalen Machtverhältnis. Nixon meinte, daß das alte »bipolare« Modell, in dem sich die USA und die UdSSR als Großmächte gegenüberstanden, auf die neuen Weltverhältnisse nicht mehr zutraf. China aus der Isolation zu locken gehörte zu Nixons Plänen, um das internationale Gleichgewicht zu halten. Im Juli 1971 reiste Kissinger im geheimen Auftrag nach Peking, um ein Treffen des Präsidenten mit Mao Zedong vorzubereiten. Nach Kissingers Rückkehr kündigte Nixon seinen Besuch in China an. In den folgenden Monaten stimmten die USA der Aufnahme der Volksrepublik in die UNO zu, womit die Repräsentanten der demokratischen Exilregierung von Taiwan ausgeschlossen wurden. Der Annäherung an China gingen Versuche voraus, neue Beziehungen zur Sowjetunion zu entwickeln, die die Nixon-Regierung als Politik der Détente (→Lexikon, Entspannung) bezeichnete. 1969 liefen beim Gipfeltreffen in Helsinki Abrüstungsgespräche an. Der sog. SALT-I-Vertrag (→Lexikon), den Nixon und der sowjetische Staatschef Leonid Breschnew 1972 in Moskau unterzeichneten, beschränkte die Zahl der interkontinentalen Raketen mit Atomsprengköpfen beider Länder. Die Sowjetunion durfte ihre Überlegenheit auf diesem Gebiet beibehalten. Breschnew rang Nixon außerdem das Angebot ab, etwa ein Viertel der amerikanischen Getreideernte zu extrem verbilligten Preisen an die UdSSR zu verkaufen.

Neben der Détente-Politik vertrat der Präsident außenpolitisch ein Prinzip, das den Namen »Nixon-Doktrin« (→Lexikon) erhielt. Diese besagte im Kern, daß die USA den mit ihnen befreundeten Staaten Verteidigungshilfe leisten, die »fundamentale Verantwortung« für die eigene Sicherheit und Entwicklung jedoch diesen Staaten selbst überlassen würden. Die Umsetzung der Nixon-Doktrin bedeutete z.B., daß der Geheimdienst CIA der chilenischen Regierung 1970 nur Geld und Materialien zukommen ließ, um ihren Kampf gegen einen kommunistischen Revolutionsversuch zu fördern. Auch eine vorsichtigere Haltung im Nahen Osten folgte aus der

Henry Alfred Kissinger – erfolgreicher Sicherheits- und Außenpolitker

Chronik Biografie

US-amerikanischer Professor, Politiker und Außenminister 1973–1977

*27. 5. 1923 Fürth (Deutschland)

K. war der erste nicht in den USA geborene Außenminister der Vereinigten Staaten und hat eine bedeutende Rolle als Sicherheits- und außenpolitischer Berater der US-Präsidenten seit Dwight D. Eisenhower. 1938 floh K. mit seiner Familie in die USA. Nach dem Militärdienst im Zweiten Weltkrieg promovierte er an der Harvard University in Politikwissenschaft und versah dort eine Professur von 1959 bis 1969. Von 1969 bis 1977 war Kissinger Vorsitzender des Nationalen Sicherheitsrates und 1973–1977 Außenminister unter den Präsidenten Richard Nixon und Gerald Ford. Er bahnte 1971 die Aufnahme diplomatischer Beziehungen mit der Volksrepublik China an, handelte 1973 den Waffenstillstand mit Nordvietnam aus, der den Vietnamkrieg beendete (wofür er zusammen mit Le Duc Tho 1973 den Friedensnobelpreis erhielt) und vermittelte nach dem vierten Nahostkrieg 1973 mit seiner »Pendeldiplomatie« das Truppenentflechtungsabkommen zwischen Israel und den Aggressoren Ägypten und Syrien als Voraussetzung für den Friedensvertrag zwischen Israel und Ägypten (Camp David 1979). Nach Beendigung der Amtszeit Fords zog er sich aus der Politik ins akademische Leben zurück. Als »elder statesman« gehört er zu den gefragtesten Experten für internationale Politik.

Verkündung der Nixon-Doktrin. Im Oktober 1973, am höchsten jüdischen Feiertag Jom Kippur, griffen die Armeen Ägyptens und Syriens Israel plötzlich an. Israel erhielt rasche, umfangreiche militärische Hilfe aus den USA. Die israelische Gegenoffensive war für die Äypter vernichtend. Nach den ersten Siegen übte Washington Druck auf die israelische Führung aus, Ägypten nicht anzugreifen. Indem Nixon Israel dazu überredete, einen Waffenstillstand zu akzeptieren, verhinderte er eine Eskalation des Konflikts.

Innenpolitisch erwies sich Nixon als gemäßigter Anhänger der traditionellen konservativen Ideologie vom begrenzten Staat. Er nahm sich die Verschlankung des Wolfahrtsstaates vor. Um die kostspielige und undurchsichtige Bürokratie der Arbeitslosen- und Bedürftigenförderung zu eliminieren, legte er einen »Familienhilfsplan« vor, der ein staatlich subventioniertes Mindesteinkommen für alle Bürger garantiert hätte. Kongreßabgeordnete beider Parteien brachten den Vorschlag zu Fall. Mehr Glück indes hatte Nixon bei der geplanten Umbesetzung des Vorsitzes am Obersten Gerichtshof. Das Gericht galt vielen Amerikanern als zu liberal. Urteile, die das Recht der Staaten stark einschränkten, den Verkauf von Pornographie zu verbieten (1957), oder die das Beten in öffentlichen Schulen für verfassungswidrig erklärten (1962), verbitterten viele Bürger.

Nach dem Rücktritt Earl Warrens 1969 ernannte Nixon den Konservativen Warren Burger zum Vorsitzenden. Die Ernennung Burgers traf auf große Zustimmung im Volk. Der solide Führungsstil brachte Nixon gute Chancen bei der zweiten Präsidentschaftskandidatur 1972 ein. Die Demokraten schickten einen Vertreter des äußerst linken Flügels ihrer Partei, George McGovern, in den Wahlkampf gegen Nixon. McGoverns sozialistisch anmutende Politik und sein anbiederndes Verhalten befremdeten auch viele aus den Reihen seiner eigenen Partei. Als bekannt wurde, daß sich McGoverns Vize-Kandidat Thomas Eagleton in psychiatrischer Behandlung befand und McGovern ihn nach einer ersten Solidaritätserklärung unversehens fallen ließ, begannen die US-Amerikaner an ihm zu zweifeln. Nixon gewann die Wahl mit einer der größten Mehrheiten in der Geschichte des Landes.

Aus seinen außenpolitischen Triumphen konnte Nixon wenig Kapital in der Wirtschaftspolitik schlagen. Der Wettbewerb mit Japan und Westeuropa stellte eine ernsthafte Herausforderung für die amerikanische Dominanz auf dem Weltmarkt dar. Die Abhängigkeit der USA von anderen Ländern für die Rohstoffversorgung wurde den Amerikanern 1973 bewußt, als die arabischen Länder des OPEC-Bundes als Reaktion auf den Jom-Kippur-Krieg ein Ölembargo gegen alle Länder verhängten, die Israel unterstützten. Etwa zur gleichen Zeit kündigten die übrigen OPEC-Länder eine Erhöhung des Ölpreises um 400 % an. 1970/71 stiegen die Lebenshaltungskosten um 15 % und die Wirtschaft geriet in den Strudel der sog. Stagflation, der Kombination von stagnierender Konjunktur und hoher Inflation. Zum ersten Mal seit 80 Jahren wiesen die USA ein Handelsbilanzdefizit auf (einen Überschuß an Importen gegenüber Exporten). Am 15. August 1971 ließ Nixon alle Löhne und Preise neunzig Tage lang einfrieren, doch eine langfristige Lösung der Probleme hatte der Präsident nicht.

Richard Nixon war ein populärer Präsident. Mit seiner gemäßigt-konservativen Politik stand er für traditionelle amerikanische Werte wie Selbständigkeit und Fleiß. Seine Außenpolitik bewies Weitsicht. In seine erste Amtsperiode fiel im Sommer 1969 die erste Mondlandung, die alle Welt im Fernsehen gebannt verfolgte und die als Symbol amerikanischen Erfolgswillens galt (→Erster Mensch auf dem Mond kommt aus den USA, S. 163). In der Erinnerung der meisten Amerikaner aber bleibt Richard Nixon der einzige Präsident in der US-amerikanischen Geschichte, der angesichts einer drohenden Amtsenthebung von seinem Posten zurücktrat. Mit Empörung reagierte die US-Öffentlichkeit auf die Ereignisse der sog. Watergate-Affäre (→Lexikon). In den Morgenstunden des 17. Juni 1972 verhaftete die Washingtoner Polizei im Watergate-Bürokomplex fünf Einbrecher. Sie hatten dort Büros der Demokratischen Partei durchsucht. Im Verlaufe der Vernehmung stellte sich heraus, daß einige der Männer für das Wiederwahlkomitee Nixons arbeiteten.

Ein Untersuchungsausschuß des Kongresses nahm sich der Angelegenheit an. Weitere Nachforschungen führten zur Aufdeckung eines ganzen Netzes von Spionagetätigkeit. Alles deutete auf den engsten Mitarbeiterkreis um den Präsidenten. Zur gleichen Zeit fielen kaum übersehbare Versuche auf, den Fortgang der Untersuchung zu verhindern. Obwohl nichts darauf hinwies, daß Nixon von dem Einbruchbefehl wußte, sprachen immer mehr Indizien dafür, daß der Präsident an dem Vertuschungsversuch beteiligt war, mit dem die Untersuchungen gestoppt werden sollten. Die Affäre nahm eine entscheidende Wende, als dem Untersuchungsausschuß bekannt wurde, daß der Präsident alle in seinem Büro stattfindenden Gespräche auf Tonband auf-

Erster Mensch auf dem Mond kommt aus den USA

Am 20. Juli 1969 landeten die US-amerikanischen Astronauten Neil Armstrong und Edwin Aldrin als erste Menschen auf dem Mond. Der große Sieg der US-Technik war ein Triumph der Wissenschaft und ein Symbol der Macht.

In einer Rede vor dem Kongreß am 25. Mai 1961 sagte Präsident John F. Kennedy: »Ich glaube, diese Nation soll sich dem Ziel verpflichten, vor Ende des Jahrzehnts einen Menschen zum Mond zu schicken und ihn sicher zur Erde zurückzuholen.« Unmittelbarer Anlaß der Ansprache war der russische Kosmonaut Juri Gagarin, der am 12. April 1961 als erster Mensch die Erde in seinem Raumschiff Wostock umkreiste. Schon einmal hatten russische Wissenschaftler die amerikanische Öffentlichkeit in Staunen versetzt, als der sowjetische Satellit Sputnik am 4. Oktober 1957 in die Erdumlaufbahn eintrat. Die USA beeilten sich, am 31. Januar 1958 ihren ersten Satelliten, Explorer I., in den Raum zu schicken und am 5. Mai 1961 den ersten Astronauten, Alan Shepard. John Glenn wurde am 2. Januar 1962 der erste Amerikaner, der die Erde umkreiste. Nur wenige glaubten zu diesem Zeitpunkt, daß Kennedys Vorhaben bis 1970 einzulösen war.

Wie so vieles andere war die Raumfahrt ein Ergebnis des sog. Kalten Kriegs: Die USA und die UdSSR griffen sich nicht an, sondern hielten sich mit ihrem atomaren Erstschlagpotential in Schach. Der Kalte Krieg beeinflußte um so mehr die Politik. Marshallplan, NATO-Gründung und Berliner Luftbrücke ebenso wie die Interventionen in Korea, Vietnam und Südamerika waren außenpolitische Manifestationen des Versuchs, den Kommunismus einzudämmen. Der erste sowjetische Atomtest machte deutlich, daß die UdSSR der USA technisch nicht unterlegen waren. Die Regierung investierte enorme Summen in den naturwissenschaftlichen und technischen Unterricht an Schulen und Universitäten, um die vermeintliche Wissenschaftslücke zur UdSSR zu schließen.
Die Entwicklung der Raumfahrt hing zunächst aufs engste mit der militärischen Seite des Kalten Kriegs zusammen. Raketen wurden erbaut, die einen interkontinentalen Angriff mit nuklearen Sprengköpfen möglich machen sollten. Nicht unumstritten war dabei die Beteiligung des deutschen Wissenschaftlers Wernher von Braun, der am Entwurf und Bau der V-2-Raketen in Nazi-Deutschland beteiligt gewesen war und nach dem Krieg sofort vom US-amerikanischen Verteidigungsministerium engagiert worden war. Nach dem Flug Sputniks wurde die Regierung auf die Möglichkeiten der zivilen Raumfahrt als positive Machtdemonstration aufmerksam. Am 1. Oktober 1958 wurde die Raumfahrtbehörde NASA (National Aeronautics and Space Administration) ins Leben gerufen, und der Wettlauf mit den Sowjets um die erste Mondlandung fing an.

Die bemannte Raumfahrt begann mit den Programmen Mercury und Gemini. John Glenns Erdumkreisung fand in der engen Mercury-Kapsel statt. Der erste Flug ins All mit der zweisitzigen Gemini-Kapsel 1965 diente schon dem Test von Instrumenten, die für die geplante Fahrt zum Mond entwickelt wurden. Die letzte der insgesamt 10 Geminifahrten fand im November 1966 statt, dann kam das Apollo-Programm.
Einen schlimmen Rückschlag erlitt das Apollo-Projekt, als am 27. Januar 1967 drei Astronauten bei einem Brand starben, der während eines Tests in der Apollo-Kapsel ausbrach. Doch bereits im Herbst desselben Jahres begannen nach technischen Verbesserungen die ersten Apollo-Fahrten. Am 21. Dezember 1968 stieg Apollo 8 in den Himmel über Florida und erreichte die Umlaufbahn des Mondes. Endlich, am 16. Juli 1969, startete die Mission Apollo 11, die den 394 337 km langen Flug zum Mond in drei Tagen zurücklegte. Ein sowjetischer Satellit (Luna 15) wurde zum selben Zeitpunkt in die Mondumlaufbahn geschickt, um die symbolische Präsenz der UdSSR zu zeigen. Während etwa 500 Mio. Menschen auf der ganzen Welt zuhörten (erst nach der Landung wurden die TV-Kameras aufgestellt), landete Apollo 11 am 20. Juli auf der Mondoberfläche, die Neil Armstrong als erster Mensch betrat.

zeichnen ließ. Auf Anfrage weigerte sich Nixon, die Tonbänder auszuhändigen. Der Verdacht erhärtete sich, daß die auf Band festgehaltenen Gespräche Nixons Kenntnis vom Vertuschungsplan beweisen würden, und es folgten Vorladungen an den Präsidenten. Stückweise händigte Nixon die Tonbänder aus. Eine der zuletzt übergebenen Aufnahmen räumte alle Zweifel aus, daß Nixon von der Geheimhaltungstaktik wußte. Schließlich wurde ein Verfahren eingeleitet, um den Präsidenten seines Amtes zu entheben (Impeachment, →Lexikon). Am 8. August 1974 kam Nixon den Richtern zuvor und gab seinen Rücktritt bekannt. Richard Nixon war zum Sinnbild eines schleichenden Verdachts geworden, daß etwas in den USA nicht mehr stimmte.

Von Ford bis Clinton (1974–1997)

Nixons Vizepräsident Gerald Ford galt als ehrlich, doch unbeholfen. In den zwei Jahren seiner Amtsführung richtete er wenig gegen die fortschreitende Wirtschaftskrise aus. In Sachen Außenpolitik verließ sich Ford auf den von Nixon geschätzten Kissinger. 1974 fand ein Treffen mit dem sowjetischen Staatschef Leonid Breschnew in Wladiwostok statt, aus dem Vorarbeiten für ein weiteres Abrüstungsabkommen (SALT II) resultierten. Mit seiner »Pendeldiplomatie« zwischen Kairo und Tel Aviv erzielte Kissinger beeindruckende Erfolge, u.a. die Zusage Israels, große Teile der besetzten Sinaihalbinsel an Ägypten zurückzugeben. Zudem versprach der Tod Mao Zedongs 1976 eine Lockerung der Verhältnisse in China, das seine Beziehungen zu den USA auszubauen wünschte. Ford gelang es aber kaum, das nach dem Watergate-Trauma, dem Fall Vietnams an die Kommunisten und der anhaltenden Wirtschaftsflaute pessimistisch und verdrossen gestimmte Volk zu ermutigen.

Dem Wahljahr 1976 sahen die Republikaner mit gedämpften Erwartungen entgegen. Nicht minder entmutigt waren die Demokraten, die das McGovern-Fiasko noch nicht verwunden hatten. Die demokratische Nominierung ging an einen völlig Unbekannten: Jimmy Carter (▷Chronik Biografie, S. 164). Der ehemalige Gouverneur von Georgia traf mit seiner unverhohlenen Skepsis gegenüber der Bundesregierung bei einigen Teilen der Bevölkerung auf ungeteilte Zustimmung. Mit entwaffnender Offenheit sprach er nicht so sehr von politischen, sondern von moralischen Themen: Integrität, Mitgefühl, Ehrlichkeit. Carter ging mit knapper Mehrheit als Sieger aus der Wahl hervor. Seine Amtszeit war wenig erfolgreich. Als sie 1981 zu Ende ging, wiesen ihn die Meinungsumfragen als den unpopulärsten Präsidenten des Jahrhunderts aus. Carters Führungsstil wirkte konfus und undurchsichtig. Sein Mißtrauen gegen das Washingtoner Establishment schlug sich auf unvorteilhafteste Art und Weise in der Kabinettsbildung nieder. Er umgab sich mit einer Gruppe von Vertrauten aus dem politischen Umfeld Georgias und weigerte sich, auf den Rat erfahrener Insider aus Regierungskreisen zu hören.

Carter wollte die horrende Arbeitslosigkeit durch erhöhte staatliche Ausgaben senken. Die Beschäftigungsrate besserte sich, aber die Inflation erreichte Rekordhöhe (18 %). Sein Vorhaben, Staatsausgaben und Steuern zu reduzieren, gab Carter schnell auf und sah hilflos zu, wie das Haushaltsdefizit von 28 Mrd. US-Dollar im Jahre 1979 die 60 Milliardengrenze im Jahre 1980 überschritt. Im Sommer 1979 verschärfte sich die Ölknappheit wegen Unruhen im Nahen Osten, woraufhin Carter eine Fernsehansprache hielt, um ein Sparprogramm und Pläne zur Förderung der Entwicklung synthetischer Kraftstoffe anzukündigen. Bemerkenswert an der Rede waren vor allem Carters Äußerungen zur Lage der Nation. Carter beschwerte sich über eine »Vertrauenskrise«, die das Volk in die Verzweiflung getrieben und »Herz und Seele« der Nation angegriffen habe. Diese berühmte »Unbehagen-Rede« untermauerte die allgemeine Unzufriedenheit und erweckte zudem den Eindruck, der Präsident wolle seine eigenen Mängel dem Volk anlasten.

Auf internationaler Bühne bewies Carter anfangs mehr Geschick. Die Wahrung der Menschenrechte erhob er zum Leitprinzip seiner Außenpolitik. Er verfügte die Rückgabe der amerikanischen Kanalzone an Panama und brachte die Premierminister Israels und Ägyptens, Menachem Begin und Anwar As Sadat, 1978 in Camp David zusammen, wo Verhandlungen über ein Friedensabkommen aufgenommen wurden. Am 26. März 1979 kam der Friedensvertrag in Washington zustande. Am 1. Januar 1979 nahmen die USA und China wieder diplomatische Beziehungen auf, nachdem der neue chinesische Führer Deng Xiaoping eine Auflockerung der maoistischen Politik versprach und um Unterstützung im Kalten Krieg Chinas gegen die Sowjetunion bat. Im selben Jahr arbeitete Carter mit Breschnew zusammen am Entwurf des SALT-II-Vertrags. Die darin enthaltenen Zugeständnisse an die UdSSR stießen auf Kritik im Kongreß, wo konservative Abgeordnete auf russische Tätigkeit in Afrika und die sowjetische Finanzierung des nahöstlichen Terrorismus hinwiesen. Carters Nachsicht gegenüber den Sowjets interpretierten viele Politiker als Zeichen von Schwäche und Unverantwortlichkeit.

Vernichtend für Carters Ruf wirkten sich Ereignisse im Iran im Jahre 1979 aus. Nach dem Sturz des Schahs durch eine fundamental-islamische Revolution wurde das Personal der US-amerikanischen Botschaft in Teheran am 4. November 1979 in Geiselhaft genommen. Der Präsident hatte keine Strategie zur Befreiung der Botschaftsmitarbeiter. Ferner marschierten sowjetische Truppen am 27. Dezember 1979 in Afghanistan ein, womit sich konservative Kritiker des von Carter ausgehandelten SALT-II-Vertrages bestätigt sahen. Erst im April 1980 handelte der Präsident. Ein amerikanisches Kommando startete nach Teheran, um die Geiseln zu befreien, doch der Rettungsversuch scheiterte blamabel. Mehrere Hubschrauber stürzten über der Wüste ab, acht Soldaten der Spezialeinheit kamen ums Leben. Die Vereinigten Staaten wurden zum Gespött der iranischen Fundamentalisten.

Die erneute Kandidatur Carters 1980 war ohne Aussicht. Der republikanische Kandidat strahlte einen Optimismus, ein Charisma, eine Wärme und einen Humor aus, die US-Bürger seit langem im Weißen Haus vermißten. Der Kalifornier Ronald Reagan (Chronik Biografie, S. 166) war 1981 mit 69 Jahren der älteste Mann, der jemals in das Amt des Präsidenten der Vereinigten Staaten eingeführt wurde, und doch suggerierte seine ganze Erscheinung außergewöhnliche Vitalität.

Reagans Politik enthielt zwei Kernpunkte: Zum einen beabsichtigte er eine Verschlankung des Staates durch Auflösung von Behörden, Personalabbau und Aufhebung der Beschränkungen, die der Wirtschaft von früheren Regierungen auferlegt worden waren (Supply-Side Economics, →Lexikon). Zusammen mit Steuersenkungen sollten so Investitionen angekurbelt werden. Zum anderen sollte eine beträchtliche militärische Aufrüstung der Eindämmung des Terrorismus und der Schwächung der Sowjetunion dienen. Über 40 Mrd. US-Dollar Staatsausgaben wurden zusammengestrichen und eine für drei Jahre angesetzte Senkung der individuellen und Körperschaftssteuern wurde initiiert. Im folgenden Jahr be-

James (Jimmy) Earl Carter – Außenseiter im Weißen Haus

Chronik Biografie

US-amerikanischer Politiker und 39. Präsident 1977–1981

*1. 10. 1924 Plains (Georgia)

Durch wirtschaftlichen und diplomatischen Druck erzwang C. als Präsident die Beachtung von Menschenrechten in autoritären Staaten und betrieb den Sturz der Diktaturen in Nicaragua, auf den Philippinen sowie im Iran. C. wurde an der US-amerikanischen Marineakademie ausgebildet und nach Dienst auf See dem Atomunterseebootprogramm zugewiesen. Am New Yorker Union College studierte er Atomphysik und Ingenieurwesen, übernahm aber 1953 die Leitung des Familienunternehmens als Erdnuß- und Baumwollfarmer. Von 1971 bis 1975 setzte er sich als Gouverneur von Georgia für die Aufhebung der Rassentrennung ein. Im Zuge der durch die Watergate-Affäre ausgelösten Vertrauenskrise gelang dem politischen Außenseiter mit dem Versprechen einer moralischen Landesführung 1976 der Sprung ins Präsidentenamt. 1978 vermittelte er den in Camp David zwischen Israel und Ägypten geschlossenen Frieden. Mit der UdSSR beschloß er das Rüstungskontrollabkommen SALT II, sah aber dem sowjetischen Einmarsch in Afghanistan 1979 tatenlos zu. Seine Handlungsunfähigkeit bei der über einjährigen Geiselhaft des US-amerikanischen Botschaftspersonals in Teheran bestätigte den Eindruck von Orientierungslosigkeit, der sich bezüglich der innenpolitischen Leistungen Carters bereits verfestigt hatte. Die hohe Inflation und die bedrückenden Arbeitslosenzahlen sowie die Energiekrise ließen seine Popularität schwinden. 1980 unterlag er Ronald Reagan bei der Präsidentschaftswahl. Als Vermittler in Haiti und Bosnien-Herzegowina agierte er 1994 erneut in der Weltpolitik.

gann sich die Wirtschaftspolitik auszuzahlen. Die Arbeitslosigkeit sank, das Bruttosozialprodukt wuchs und die Inflation ging zurück. Bis 1986 setzte sich der Erfolgskurs fort, aber in seiner zweiten Amtszeit kämpfte Reagan mit einem Haushaltsdefizit in Rekordhöhe. Von 907 Mrd. US-Dollar im Jahre 1980 wuchs die Verschuldung 1986 auf fast 2 Brd. US-Dollar. Die Überbewertug der amerikanischen Währung auf internationalen Märkten erschwerte den Export und begünstigte den Import, was bestimmten amerikanischen Kernindustrien, vor allem der Automobilherstellung, schadete. Akut wurden diese Probleme nach der Wahl 1984, die Reagan in einem der größten Wahlsiege in der US-Geschichte gegen den ehemaligen Vizepräsidenten Jimmy Carters, Walter Mondale, für sich entschied. Außenpolitisch brach Reagan völlig mit der Nixon-Doktrin. Es galt, sich einzumischen und den Kommunismus, wo immer möglich, zu unterhöhlen. Staatssekretär Alexander Haig rügte die Sowjetführ-

rung unablässig wegen ihrer Förderung des internationalen Terrorismus. Die US-amerikanischen Beziehungen zu Rußland kühlten sich weiter ab, nachdem die Regierung Polens unter Druck von Moskau das Kriegsrecht verhängt hatte, um die von der Gewerkschaft Solidarität ausgehende Reformbewegung zu zerstören. Als die Sowjetunion 1983 ein ihren Luftraum durchquerendes koreanisches Passagierflugzeug abschoß und 269 Menschen tötete, zögerte Reagan nicht, das russische »Reich des Bösen« abzukanzeln. Die Strategie der Reagan-Regierung gegen die Sowjetunion drückte Verteidigungsminister Caspar Weinberger aus, als er die Fähigkeit der USA bekräftigte, die Sowjetunion »in Grund und Boden rüsten« zu können. Reagan war nicht willens, die ungebrochene sowjetische Aufrüstung bei ihrer bereits bestehenden nuklearen Überlegenheit hinzunehmen. Durch die Androhung westlicher Bereitschaft zum Wettrüsten hoffte er, die Sowjetunion entweder an den Verhandlungstisch oder an den

Ronald Wilson Reagan – vom Antikommunisten zum Friedenspolitiker

Chronik Biografie

US-amerikanischer Filmschauspieler, Politiker und 40. Präsident 1981–1989

*6. 2. 1911 Tampico (Illinois)

R. betrieb eine umstrittene Wirtschaftspolitik und wandelte sich in der Außenpolitik vom Antikommunisten zum Verfechter des Friedens mit dem ehemaligen Ostblock. Nach dem Studium arbeitete R. als Rundfunkreporter, Schauspieler und Fernsehsprecher. Der ehemalige Anhänger des New Deals von Franklin D. Roosevelt wurde 1962 Mitglied der Republikanischen Partei und erlangte Bekanntheit unter Konservativen durch eine meisterhafte Fernsehansprache zur Unterstützung des Präsidentschaftskandidaten Barry Goldwater 1964. Als Gouverneur von Kalifornien (1967–1975) betrieb er die entschlossene Staatsverschlankung.

1968, 1972 und 1976 bewarb sich R. vergeblich um die Präsidentschaftskandidatur der Republikaner, die er 1980 endlich erhielt. In der Wahl schlug er den amtierenden Präsidenten Jimmy Carter mit absoluter Mehrheit. 1984 wurde R. mit einer der größten Mehrheiten in der US-amerikanischen Geschichte wiedergewählt. Innenpolitisch betonte er vor allem die Steuersenkung und die Wirtschaftsderegulierung sowie den Abbau der Bürokratie, um die Konjunktur wieder in Schwung zu bringen. Dies gelang ihm, gleichwohl zum Preis einer hohen Staatsverschuldung. Als Antikommunist zeigte sich R. unnachgiebig gegenüber der Sowjetunion und den kommunistischen Regimen anderer Länder. Auch gegenüber den nahöstlichen Staaten, die internationalen Terrorismus betrieben, bewies er Härte. Nach der Ankündigung einer durch Michail Gorbatschow eingeleiteten Wende in der Sowjetunion machte sich R. zum Vorkämpfer der Auflösung der Blockkonfrontation. Das Abkommen über Beseitigung nuklearer Mittelstreckenwaffen in Europa 1987 und das Gipfeltreffen mit Gorbatschow 1988 waren entscheidende Schritte zu einer neuen weltpolitischen Konstellation.

Rand des finanziellen Ruins führen zu können. Die NATO richtete zunächst ihren Doppelbeschluß an die UdSSR: Entweder entfernte Moskau seine SS-20-Raketen, oder die westlichen Länder brächten gleichwertige Waffen in Stellung (▷Chronik Zitat). Die USA gaben ferner bekannt, die Obergrenzen des nichtratifizierten SALT-II-Abkommens durch die Bestückung weiterer US-Bomber mit Marschflugkörpern überschreiten zu wollen. Staatschef Michail

Gorbatschow bekannte Jahre später, daß die westliche Nachrüstung der NATO und der USA für die Einleitung von Reformen (Glasnost und Perestroika) ausschlaggebend gewesen sei.

Auf die Ankündigung des Satelliten- und Laserabschirmsystems der Strategischen Verteidigungsinitiative (SDI, →Lexikon), mit dem Reagan die USA vor einem sowjetischen Erstschlag schützen wollte, reagierte die sowjetische Führung verärgert und

Gegenseitige Verständigung oder Abschreckung?

Chronik Zitat

Als Präsidentschaftskandidat opponierte Ronald Reagan gegen das SALT-II-Abkommen, weil es den nuklearen Vorsprung der Sowjetunion legitimierte. In einer berühmten Pressekonferenz nach seiner Wahl zum Präsidenten befürwortete Reagan eine Reduktion des nuklearen Potentials der NATO-Länder, wenn die Sowjets die kurz zuvor an ihren Westgrenzen in Stellung gebrachten SS-20-Raketen abzögen:

»Zweimal in meinem Leben habe ich gesehen, wie die Völker Europas von der Katastrophe des Krieges ergriffen wurden. Zweimal in meinem Leben hat Europa Zerstörung und militärische Besetzung erlitten in Kriegen, die Staatsmänner nicht verhindern, Soldaten nicht begrenzen und normale Bürger nicht fliehen konnten. Manche jungen Leute fragen, warum wir Waffen, insbesondere nukleare Waffen, brauchen, um Krieg zu verhindern und eine friedliche Entwicklung zu gewährleisten. Sie fürchten, die bloße Anhäufung von Waffen könne zum Krieg führen. Einige schlagen sogar die unilaterale Abrüstung vor. Ich verstehe ihre Sorgen. Ihre Fragen verdienen eine Antwort. Aber wir sind verpflichtet, eine Antwort zu geben, die auf gutem Urteilsvermögen, Verstand und Erfahrung beruht. Unsere bisherige Politik hat zur längsten Zeit des Friedens in Europa in diesem Jahrhundert geführt. Würde eine überstürzte Abkehr von dieser Politik, wie manche jetzt fordern, diesen Frieden nicht gefährden? ...

Die Friedenspolitik der NATO beruht auf Zurückhaltung und Ausgleich. Aber das Momentum der stetigen militärischen Aufrüstung der Sowjetunion droht, den konventionellen und nuklearen Aus-

gleich zu stören. Bedenken Sie die Tatsachen. Die Vereinigten Staaten haben ihre Streitkräfte und militärischen Ausgaben in den letzten zehn Jahren reduziert. Die Sowjetunion hat die Anzahl ihrer Soldaten kontinuierlich erhöht und heute hat sie zweimal soviele Soldaten wie die Vereinigten Staaten. Im gleichen Zeitraum hat die Sowjetunion ihre Verteidigungsausgaben um ein Drittel erhöht. Ihre Panzerdivisionen hat sie ausgebaut, so daß sie heute 50 000 gegenüber unseren 11 000 besitzt. ... Zu einer Zeit, als die NATO keine neuen nuklearen Mittelstreckenraketen in Stellung zu bringen beschloß und 1000 nukleare Sprengköpfe verschrottete, bestückte die Sowjetunion ihre SS-20-Raketen allein mit über 750 Sprengköpfen. ... Die einzige Antwort auf diese Systeme ist eine vergleichbare Bedrohung, um der sowjetischen Bedrohung zu begegnen. ... Aber lassen Sie mich die Hoffnung auf Abrüstung ansprechen. Ich will klar und deutlich reden. ... Ich habe eine Nachricht an die sowjetische Führung geschickt. Es ist eine schlichte und ehrliche, aber historische Nachricht. Die Vereinigten Staaten schlagen den gegenseitigen Abbau nuklearer Mittelstreckenraketen und strategischer Einheiten vor. ... Die Vereinigten Staaten sind bereit, die Stationierung der Persing-II-Raketen zu stoppen, wenn die Sowjetunion ihre Raketen vom Typ SS-20, SS-4 und SS-5 abwrackt. Dies wäre ein historischer Schritt. Mit dem Einverständnis der Sowjetunion könnten wir die schreckliche Gefahr eines Atomkriegs, die über Europa liegt, wesentlich reduzieren. ... Ich rufe die Sowjetunion auf, sich uns und den anderen Nationen anzuschließen, die bereit sind, diesen wichtigen Versuch zu wagen.«

alarmiert. Die Opposition und liberale Journalisten spotteten über die Vorstellung eines »Kriegs der Sterne«, doch Reagan beteuerte seine Entschlossenheit, das Programm voranzutreiben. Zwei Gipfeltreffen zwischen Reagan und Gorbatschow in Genf (1985) und Reykjavík (1986) führten zu keinem Ergebnis. Bei einem dritten und vierten Treffen, in Washington (1987) und Moskau (1988), vereinbarten beide Staatsführer die Zerstörung sämtlicher Raketen von mittlerer und kürzerer Reichweite. 1988 wurde das Nachlassen des sowjetischen Widerstandes deutlich, als Gorbatschow in einer Rede vor den Vereinten Nationen versprach, den westlichen Forderungen nachzukommen: Verzicht auf Gewaltanwendung gegen andere Länder und Abzug sowjetischer Truppen aus Mittelosteuropa. Der Anfang vom Ende des Sowjetregimes war in Sicht.

Der antikommunistische Aktivismus der Reagan-Regierung beschränkte sich nicht auf die Sowjetunion. Im Oktober 1983 landeten US-Kräfte auf der karibischen Insel Grenada, um ein marxistisches Regime auszuschalten. Reagans unerschrockenes Vorgehen gegen den internationalen Terrorismus, in dessen Visier US-Amerikaner verstärkt gerieten, wie 1983 im Libanon, als 200 Marinesoldaten einem Bombenanschlag zum Opfer fielen, stärkte ebenfalls seine Popularität zu Hause, wo die Demütigung von Vietnam nur langsam überwunden wurde. Nach einem von Libyen unterstützten Anschlag in einer Berliner Diskothek, bei dem mehrere US-Amerikaner starben, beschloß Reagan, harte Maßnahmen zu ergreifen. Er ließ US-Schiffe Übungen in internationalen Gewässern vor der Küste Libyens durchführen, woraufhin die libyschen Streitkräfte wie erwartet Präsenz zeigten. Die Antwort waren US-Angriffe auf militärische Stellungen der Libyer. Nach weiteren Terroranschlägen flogen US-Bomber Einsätze über der libyschen Hauptstadt Tripolis. Die terroristischen Aktivitäten hörten vorläufig auf. Die Diplomatie des starken Mannes rief auch Kritik hervor, die bei der Enthüllung der sog. Iran-Contra-Affäre einen Höhepunkt erreichte. Um die von Kuba und der Sowjetunion geförderte marxistische Regierung der Sandinisten in Nicaragua zu stürzen, finanzierte CIA-Direktor William Casey (CIA, →Lexikon) die oppositionellen Kräfte der Contras mit Geld, das u.a. durch geheime Waffenverkäufe an den Iran erwirtschaftet wurde. Der Sturz des in die Operation verwickelten Oberstleutnants Oliver North warf einen langen Schatten auf die Regierung. Trotz der Entrüstung über diesen Skandal reichte die Beliebtheit Reagans aus, um seinem Vizepräsidenten George

Bush 1988 zum Wahlsieg gegen den glücklosen Demokraten Michael Dukakis zu verhelfen.

George Bush (▷Chronik Biografie, S. 169) übte Druck auf Gorbatschow aus, als offensichtlich wurde, daß sich die UdSSR nicht wie versprochen an die Wiederaufnahme der SALT-Vereinbarungen hielt. Henry Kissinger flog nach Moskau, um Bewegung in die Reformen zu bringen. Als Gorbatschow seine in New York erläuterten Prinzipien wiederholte, begannen revolutionäre Erhebungen in Polen, Ungarn und der DDR. Mit dem Fall der Berliner Mauer wurde deutlich, daß der Eiserne Vorhang Risse bekommen hatte.

Beim Gipfeltreffen 1989 versicherte Bush Gorbatschow weitere Unterstützung: Er bot fortschreitende Abrüstung, Kredite, die Aufnahme in die Gatt-Runde und Beteiligung am Internationalen Währungsfonds an. Die sich überschlagenden Ereignisse und Gespräche mit Bundeskanzler Helmut Kohl überzeugten Bush davon, daß die Wiedervereinigung Deutschlands in erreichbare Nähe rückte. Gorbatschow und Vertreter der westeuropäischen Siegermächte sollten für die Sache gewonnen werden, und so kam es zu den »Zwei-plus-Vier-Gesprächen« zwischen den zwei deutschen Staaten und den Siegermächten des Zweiten Weltkriegs. Einmal mehr mußte Bush den sowjetischen Staatschef unter Druck setzen, als Gorbatschow die Zivilbevölkerung im litauischen Wilna und im lettischen Riga von sowjetischen Einheiten unter Beschuß nehmen ließ. Auch hier wich Gorbatschow den Drohungen Bushs. In dieser Zeit wurde die Weltöffentlichkeit von der Eroberung des Scheichtums Kuwait durch den benachbarten Irak überrascht. Für Bush war es unumgänglich, sich mit Gorbatschow zu verständigen, ehe er Schritte gegen den langjährigen sowjetischen Partner Bagdad einleitete. Im UNO-Sicherheitsrat kamen beide Länder über Sanktionen gegen den Irak und die Forderung nach Rückzug irakischer Truppen aus Kuwait überein. Der Kongreß machte Bush den Weg frei für den Einsatz US-amerikanischer Truppen, um das Ultimatum durchzusetzen. In Saudiarabien begann die Operation Wüstenschild mit einem amerikanischen Truppenaufmarsch, wobei es Bush gelang, mehrere arabische Staaten in das militärische Bündnis zu integrieren, an dem insgesamt 28 Mitgliedstaaten der UNO beteiligt waren.

Das Oberkommando erhielt zum ersten Mal in der US-amerikanischen Geschichte ein Schwarzer, General Colin Powell, das Feldkommando ging an General Norman Schwarzkopf. Die Operation Wüstensturm setzte Powell am 17. Januar 1991 mit der

Bombardierung Bagdads in Gang. Der Golfkrieg wurde zur Sternstunde Bushs: Am 28. Februar wurde Kuwait befreit. Nur 148 US-Soldaten fielen in den Kämpfen, die 150 000 irakische Soldaten das Leben kosteten. Der Einsatz der USA sollte als Paradebeispiel für die »neue Weltordnung« dienen, in der die USA ihre Rolle als letzte militärische Supermacht nutzen sollten, um kurze, vor allem humanitäre Einsätze in Krisengebieten zu leisten. Es stellte sich allerdings rasch heraus, daß sich diese neue Ordnung nicht so einfach herstellen ließ, wie Bush es hoffte. Im Somalia-Einsatz 1992 gerieten die zunächst mit Jubel begrüßten amerikanischen Soldaten zwischen die Fronten der rivalisierenden Parteien und wurden schließlich als unerwünschte Besatzungsmacht bekämpft. Nach dem endgültigen Zerfall der Sowjetunion waren die USA außerdem mit einer Vielzahl neuer Einzelstaaten konfrontiert, die teilweise mit nuklearen Waffen bestückt waren.

Die neue Unübersichtlichkeit statt der neuen Weltordnung kratzte an Bushs Image. Kritik am Haushaltsdefizit wurde laut, das nach vier Jahren Bush-Regierung bei 326,6 Mrd. US-Dollar lag. Andere politische Erfolge wie das auf 5,8 % gestiegene Wirtschaftswachstum oder die 1992 beschlossene Freihandelszone NAFTA von USA, Kanada und Mexiko konnten Bushs Abrutschen in den Meinungsumfragen nicht verhindern. Seine Chancen bei der Präsidentschaftswahl 1992 litten zusätzlich durch den Wahlkampf des unabhängigen Kandidaten Ross Perot, der mit seinen traditionell konservativen Themen wie Reduktion der Bürokratie und Steuersenkung republikanische Wähler abwarb. Mit einer schmalen Mehrheit von 43 % der Wählerstimmen wurde nicht der amtierende Präsident, sondern der aus Arkansas stammende Bill Clinton (▷Chronik Biografie, S. 170) gewählt, der sich als fähige Medienpersönlichkeit mit dem Versprechen innenpolitischer Reformen profilierte.

Die Meinungen der US-Amerikaner zu ihrem 42. Präsidenten waren von Anfang an ambivalent. Besonders in seiner ersten Amtszeit hatte Clinton mit gravierenden Imageproblemen zu kämpfen, die seine Popularität 1993 laut Umfragen von 58 % auf 39 % sinken ließen. In der Außenpolitik wirkte Clinton anfangs konzeptlos. Den fluchtartigen Abzug

George Herbert Walker Bush – Wortführer der »Neuen Weltordnung«

Chronik Biografie

US-amerikanischer Politiker und 41. Präsident 1989–1993

*12. 6. 1924 Milton (Massachusetts)

Die Amtszeit von B. war gekennzeichnet vom Ringen um eine neue Weltordnung nach dem Zusammenbruch des Ostblocks. Der Republikaner B. diente als Marinepilot im Zweiten Weltkrieg und studierte Wirtschaftswissenschaften an der Yale University. 1953 beteiligte er sich an der Gründung einer texanischen Ölgesellschaft und blieb deren Vorsitzender bis 1964, als er ins Repräsentantenhaus gewählt wurde. Seine weitere politische Laufbahn umfaßte mehrere wichtige Stationen: 1971 bis 1973 UNO-Botschafter der USA, 1974/75 Leiter des Verbindungsbüros in Peking, 1976/77 Chef des Geheimdienstes CIA, 1981–1989 Vizepräsident unter Ronald Reagan. Als Präsident war seine Außenpolitik von vielen Erfolgen begleitet: In Panama beendete B. durch Intervention das u.a. durch Unterstützung des Drogenhandels korrumpierte Regime Manuel Noriegas, spielte eine zentrale Rolle bei der Wiedervereinigung Deutschlands und übernahm die politische Führung im Golfkrieg (1990/91). Gerade bei der Zusammensetzung des Bündnisses gegen den Irak bewies Bush diplomatisches Feingefühl. Sein Versprechen einer »neuen Weltordnung« nach dem Zerfall der Sowjetunion konnte Bush angesichts wachsender Komplexität der internationalen Lage nicht einlösen. Zunehmender wirtschaftlicher Druck erschwerte seine Präsidentschaftskandidatur 1992, wobei er konservative Stimmen an den unabhängigen Kandidaten Ross Perot verlor. Er unterlag dem Demokraten Bill Clinton.

US-amerikanischer Truppen aus Somalia versuchte der Präsident 1994 durch ein vom UN-Sicherheitsrat gutgeheißenes Eingreifen auf Haiti wettzumachen, doch der Erfolg der Mission war keineswegs eindeutig. Sie mutete als Versuch an, der von der Karibikinsel ausgehenden Einwanderungswelle Einhalt zu gebieten. Clintons Wahlversprechen, Bürokratie und wuchernde staatliche Förder- und Kontrollprogramme abzubauen, löste er vorerst nicht ein. Der von seiner Frau Hillary ausgearbeitete Plan einer nationalen Gesundheitsfürsorge ließ entscheidende Fragen über die Finanzierung des Massenprojekts offen und wies in vielen Punkten, wie etwa Ärztewahl, Defizite auf. Der Entwurf scheiterte im Kongreß trotz der Dominanz der Demokraten.

Das größte Unbehagen lösten die Skandale der Clinton-Regierung aus. Clinton selbst drohten bereits bei Amtsantritt Gerichtsverfahren wegen zwielichtiger Immobiliengeschäfte bei Whitewater in Arkansas, die u.a. den Vorwurf der Übervorteilung und Steuerhinterziehung nahelegten. Von ehemaligen Mitarbeiterinnen vorgebrachte Vorwürfe der sexuellen Belä-

stigung führten zu unangenehmen Enthüllungen über das Privatleben des Präsidenten. Mehrere Kabinettsmitglieder mußte Clinton nacheinander wegen ihrer Verwicklung in illegale Aktivitäten entlassen. Zudem wurde bekannt, daß das Weiße Haus die illegale Beschaffung von Akten der Bundespolizei FBI zu einzelnen Politikern der Republikanischen Partei angeordnet hatte. Neuste Enthüllungen über gesetzwidrige Wahlkampfspenden, bei denen Kleinkriminelle, Drogenschieber und mutmaßliche Agenten der chinesischen Regierung beteiligt waren, wurden Ende der 90er Jahre Gegenstand eines Untersuchungsausschusses im Kongreß. Bei den Kongreßwahlen vom 8. November 1994 erzielten die Republikaner zum ersten Mal seit 1954 Mehrheiten in beiden Kammern. Ferner gewannen sie die Gouverneurswahlen in 36 Bundesstaaten.

Nach diesem politischen Warnschuß schlug Clinton einen neuen Kurs ein. In der Außenpolitik vermittelte er Gespräche zwischen Israelis, Syrern und Palästinensern, die zum nahöstlichen Friedensprozeß führten und wesentlich zur Entstehung der palästi-

William (Bill) Jefferson Clinton – Jüngster Amtsinhaber

Chronik Biografie

US-amerikanischer Politiker und 42. Präsident ab 1993

*19. 8. 1946 Hope (Arkansas)

C. legte den Schwerpunkt als Präsident zunächst auf wirtschafts- und sozialpolitische Themen und versuchte ab 1994, Gewicht in der Außenpolitik zu gewinnen. Nach Studien an den Universitäten Georgetown, Oxford und Yale arbeitete C. zunächst als Assistent des einstigen demokratischen Präsidentschaftskandidaten George McGovern, wurde Generalstaatsanwalt von Arkansas und dort Gouverneur. Nach dem Sieg bei der Präsidentschaftswahl 1992 wurde er der zweitjüngste Präsident der US-amerikanischen Geschichte (nach

John F. Kennedy). Der als »neuer Demokrat« auftretende C., der vor allem Wirtschaftsaufschwung und Abkehr von der prohibitiv teuren Sozialpolitik seiner Partei versprach, geriet durch die Konzentration seiner ersten Amtszeit auf traditionell linksdemokratische Themen (Homosexuelle in der Armee, Bevorzugung von Frauen und Schwarzen bei der Besetzung der Ämter in Washington) in Konflikt mit dem Kongreß und seiner Wählerschaft. Das Scheitern seiner großangekündigten, unter Führung von seiner Frau Hillary ausgearbeiteten Gesundheitsreform trug dazu bei, die öffentliche Zustimmung zu seiner Politik zu schmälern. All dies und seine außenpolitische Passivität begründete den großen Sieg der Republikaner bei den Kongreßwahlen 1994. Eine folgende Kursänderung seiner Politik (fiskalischer Konservatismus, Reduktion der Bürokratie, Stellungnahme in Bosnien-Herzegowina und Vermittlung im nahöstlichen Friedensprozeß) stärkte C. soweit, daß er die Wahl 1996 gegen den republikanischen Kandidaten Bob Dole gewinnen konnte.

nensischen Autonomiezonen beitrugen. Das bedroh-te Taiwan stellte er unter den Schutz der US-ameri-kanischen Flotte. Zustimmung erntete Clinton auch für seine Jugoslawienpolitik. Clinton bat den Kon-greß um 20 000 US-Soldaten für einen Friedensein-satz im ehemaligen Vielvölkerstaat und erreichte in Dayton (Ohio) einen Waffenstillstand zwischen Ser-ben, Kroaten und Moslems. Innenpolitisch gelang es Clinton, mehrere Aspekte des vom Volk mehrheit-lich befürworteten republikanischen »Vertrages mit Amerika« zu seiner eigenen Agenda zu machen. Er nutzte den konservativen Kongreß, um den Abbau des Haushaltsdefizits voranzutreiben, eine Steuerre-form mit Entlastungen für die Bürger auf den Weg zu bringen und die Sozialprogramme des Wohl-fahrtsstaates zu reformieren. Das Gros der Sozialleis-tungen wurde auf fünf, das Arbeitslosengeld auf zwei Jahre begrenzt. Seinen politischen Widersacher und zugleich Urheber vieler dieser Reformen, Newt Gingrich, konnte Clinton ins Abseits drängen. Die Konjunktur bekam neuen Schwung, die Lohnneben-kosten sanken und die Arbeitslosenquote verringerte sich unter die 5 %-Grenze.

Die neue wirtschaftliche Stärke, der gesunde Ar-beitsmarkt, die Verschlankung des als lästig empfun-denen bürokratischen Überbaus und die verhältnis-mäßig friedliche Weltlage, jedenfalls innerhalb der US-amerikanischen Interessensphäre, schafften gün-stige Voraussetzungen für Clinton bei der Wahl 1996. Clintons Herausforderer Bod Dole wirkte farblos. Außerdem erregte Doles relativ hohes Alter (73 Jahre) Zweifel an seiner Belastbarkeit. Die Amerikaner belohnten Clinton für seine »Umkehr« mit der Wiederwahl, wenngleich bei der geringsten Wahlbeteiligung (50 %) der letzten 70 Jahre. Das Verhältnis der Öffentlichkeit zu Clinton bleibt nach wie vor gespalten. Mitglieder der eigenen Partei rü-gen die Demontage des Wohlfahrtsstaats sowie der ethnischen und geschlechtlichen Quotenregelungen. Liberale Kritiker weisen darauf hin, daß die ethni-sche Vielfalt der USA heute so groß ist wie nie zu-vor und daher eine staatliche Lenkung der Rassenin-tegration erfordere. Manche »neuen« Minderheiten jedoch, wie die asiatischen US-Amerikaner, fragen, warum bestimmte Minderheiten bevorzugt werden, während sie aus eigener Kraft den Sprung in die Mittelschicht schaffen müssen. Konservative wie-derum bemängeln Clintons Person als fragwürdig und kritisieren die Häufung der ihn umgebenden Skandale. Beide Gruppen sind sich einig, daß die USA unter Bill Clinton die erste ideologielose Präsi-dentschaft erleben.

Chronik Zeittafel

1947	Harry S. Truman verkündet Eindäm-mung des Kommunismus; Marshallplan
1948	Berliner Luftbrücke
1949	NATO gegründet; Sowjetunion testet ihre erste Atombombe
1950	Beginn des Kriegs in Korea
1952	Dwight D. Eisenhower wird Präsident
1953	Korea-Krieg endet; Stalin stirbt
1955	Martin Luther King Jr. beginnt Bus-boykott in Montgomery (Alabama)
1960	John F. Kennedy wird Präsident
1961	Invasion in der Schweinebucht durch Exilkubaner scheitert
1962	Kennedy riegelt Kuba wegen Stationie-rung sowjetischer Raketen ab
1963	Kennedy wird ermordet, Lyndon B. Johnson tritt Nachfolge an
1965	US-amerikanisches Truppenkontingent nach Vietnam entsandt
1968	Martin Luther King Jr. und Robert Kennedy werden ermordet; Richard Nixon wird Präsident
1969	Amerikaner landen auf dem Mond; Nixon zieht Truppen aus Vietnam ab
1972	Nixon besucht China; Abrüstungsab-kommen SALT I mit UdSSR
1974	Nixon tritt wegen Watergate-Enthül-lungen zurück; Ford neuer Präsident
1976	Jimmy Carter wird Präsident
1979	USA und China nehmen diplomatische Beziehungen auf
1980	Ronald Reagan ist neuer Präsident
1984	Reagan stellt Raketenabwehrsystem SDI vor
1988	George Bush wird Präsident
1989	Der Ostblock bricht zusammen
1990	Zwei-plus-Vier-Gespräche; deutsche Vereinigung
1991	Golfkrieg befreit Kuwait von irakischer Besatzungsarmee
1992	USA, Kanada und Mexiko gründen Freihandelszone NAFTA; Bill Clinton wird zum Präsidenten gewählt
1994	Republikaner erobern Kongreß
1997	Wirtschaftlicher Aufschwung

Alabama

Hauptstadt: Montgomery
Beitrittsdatum: 14. 12. 1819
Bevölkerung: 4,2 Mio. (1995)
Fläche: 133 905 km²
Größte Städte: Birmingham, Mobile, Montgomery, Huntsville

Im frühen 16. Jh. sollen in der Bucht von Mobile die ersten spanischen Entdecker das Gebiet von Alabama betreten haben. Die erste permanente europäische Siedlung, Fort Louis, wurde von den Franzosen 1702 gegründet. Großbritannien übernahm die Herrschaft über das Gebiet, das nach der Revolution größtenteils an die USA fiel. Im Jahre 1861 wurde in Montgomery der Bund der Konföderierten Staaten ins Leben gerufen. Die Wirtschaft Alabamas beruht auf der Verarbeitung von Eisen, Stahl, Textilien und Papier.

Alaska

Hauptstadt: Juneau
Beitrittsdatum: 3. 1. 1959
Bevölkerung: 600 000 (1995)
Fläche: 1 530 571 km²
Größte Städte: Anchorage, Fairbanks, Juneau

Alaska wurde 1741 von dem unter russischer Flagge segelnden dänischen Seefahrer Vitus Bering entdeckt. Das Gebiet war größtenteils unerkundete Wildnis, als der US-amerikanische Staatssekretär William Seward 1867 den Kauf Alaskas von Rußland für 7,2 Mio. Dollar vereinbarte. Kritiker verspotteten den Erwerb des scheinbar unnutzbaren Landes als »Sewards Dummheit«. Ende des 19. Jhs. strömten zahlreiche Menschen auf der Suche nach Gold nach Alaska. 1968 wurden goße Erdöl- und Erdgasvorkommen an der arktischen Küste entdeckt.

Arizona

Hauptstadt: Phoenix
Beitrittsdatum: 14. 2. 1912
Bevölkerung: 4 Mio. (1995)
Fläche: 295 237 km²
Größte Städte: Phoenix, Tucson, Mesa, Tempe, Glendale

Das Indianerwort arizonac, von dem der Staat Arizona seinen Namen erhielt, bedeutet kleiner Brunnen. Der spanische Mönch Marcos de Niza gelangte auf der Suche nach den legendären »Sieben goldenen Städten« von Cibola Ende der 1530er Jahre als erster Europäer in diese Gegend. 1776 gründeten Spanier Fort Tucson. Nach dem Mexikanisch-Amerikanischen Krieg wurde das Gebiet Teil der USA. Zahlreiche Touristen kommen jährlich nach Arizona, um den Grand Canyon zu besichtigen.

Arkansas

Hauptstadt: Little Rock
Beitrittsdatum: 15. 6. 1836
Bevölkerung: 2,5 Mio. (1995)
Fläche: 137 743 km²
Größte Städte: Little Rock, Fort Smith, North Little Rock

Der spanische Entdecker Hernando de Soto kam bereits 1541 in das Gebiet von Arkansas. Die erste permanente Siedlung, Arkansas Post, wurde Ende des 17. Jhs. von dem Franzosen Henri de Tonti gegründet. Der Name resultiert aus einer französischen Verballhornung des Namens der dort ansässigen Quapawindianer. Anfang des 18. Jhs. war Arkansas Post eines der wichtigsten Verwaltungszentren des französischen Louisiana-Territoriums. Arkansas ist heute Agrarproduzent.

Kalifornien

Hauptstadt: Sacramento
Beitrittsdatum: 9. 9. 1850
Bevölkerung: 31,5 Mio. (1995)
Fläche: 411 016 km²
Größte Städte: Los Angeles, San Diego, San Jose, San Francisco

Entdeckt wurde Kalifornien, das seinen Namen dem fabelhaften Inselparadies aus dem 1510 erschienenen Roman »Las Sergas de Esplandian« von García Ordonez de Montalvo verdankt, 1542 von dem spanischen Seefahrer Juan Rodriguez Cabrillo. Die erste permanente Siedlung entstand Ende der 1760er Jahre. 1848 wurde Kalifornien US-amerikanisches Territorium, nachdem Mexiko auf seine Ansprüche verzichtet hatte. Im selben Jahr wurde der Goldrausch ausgelöst. Heute ist Kalifornien der bevölkerungsreichste Bundesstaat der USA. Führender Wirtschaftszweig ist die Landwirtschaft. Waldnutzung und Fischerei spielen eine bedeutende Rolle. Der Süden verfügt über reiche Erdöl- und Erdgasvorkommen.

Colorado

Hauptstadt: Denver
Beitrittsdatum: 1. 8. 1876
Bevölkerung: 3,6 Mio. (1995)
Fläche: 269 574 km²
Größte Städte: Denver, Colorado Springs, Aurora, Lakewood

Colorado wurde im 16. Jh. von spanischen Entdeckern erkundet, die den späteren Bundesstaat das rote Gebiet nannten. 1803 erwarben die USA einen Teil von Colorado im Louisiana Purchase, den Rest dann 1845 mit der Aufnahme von Texas in die Union. Ein letzter Teil des Gebiets fiel 1848 im Mexikanisch-Amerikanischen Krieg an die USA. 1858 wurde nahe dem heutigen Denver Gold entdeckt. Colorado lockt jedes Jahr zahlreiche Touristen an; Hauptattraktion sind die Rocky Mountains.

Conneticut

Hauptstadt: Hartford
Beitrittsdatum: 9. 1. 1788
Bevölkerung: 3,3 Mio. (1995)
Fläche: 13 228 km²
Größte Städte: Bridgeport, Hartford, New Haven, Waterbury

Der niederländische Seefahrer Adriaen Block erkundete 1614 als erster Europäer das Gebiet, dessen heutiger Name auf ein Indianerwort mit der Bedeutung »nahe dem langen Fluß« zurückgeht. Englische Siedler fanden sich in den 1630er Jahren in der Kolonie Connecticut zusammen und schrieben mit den Fundamental Orders die erste koloniale Verfassung auf dem Gebiet der heutigen USA. Im Unabhängigkeitskrieg spielte Connecticut eine entscheidende Rolle. Hartford gilt als Hauptniederlassungsort amerikanischer Versicherungsgesellschaften.

Delaware

Hauptstadt: Dover
Beitrittsdatum: 7. 12. 1787
Bevölkerung: 701 000 (1995)
Fläche: 5 296 km²
Größte Städte: Wilmington, Newark, Dover, Brookside, Pike Creek

Als Entdecker Delawares gilt der englische Seefahrer Henry Hudson. Der Staat verdankt seinen namen dem englischen Adligen Lord De La Warr. Nachdem sich niederländische Händler 1631 niederließen, folgten 1638 schwedische Siedler, die die Kolonie Neuschweden gründeten. Diese fiel 1655 an die Niederlande. Zehn Jahre später war das Gebiet in englischer Hand und wurde Ende der 1680er Jahre an William Penn überschrieben. Als erster Staat hat Delaware die Verfassung der USA 1787 ratifiziert. Delaware gehörte zwar zu den Staaten, in denen Sklaven gehalten wurden, schloß sich aber den Konföderierten Staaten im Sezessionskrieg nicht an. Hauptwirtschaftszweig ist heute die Petrochemie. An der der Küste ist der Tourismus eine wichtige Einnahmequelle. Der Süden wird agrarisch genutzt.

Florida

Hauptstadt: Tallahassee
Beitrittsdatum: 3. 3. 1845
Bevölkerung: 13,6 Mio. (1995)
Fläche: 151 928 km²
Größte Städte: Jacksonville, Miami, Tampa, St. Petersburg

Juan Ponce de Léon entdeckte Florida 1513 und nahm das Gebiet für die spanische Krone in Besitz. 1564 entstand mit Fort Caroline die erste permanente europäische Siedlung Nordamerikas. St. Augustine, älteste europäische Stadt Nordamerikas, wurde 1565 gegründet. Spanien trat Florida 1819 an die USA ab. In der ersten Hälfte des 19. Jhs. kam es zu wiederholten bewaffneten Auseinandersetzungen zwischen Siedlern und Seminolenindianern. 1842 wurden die meisten Indianer zwangsweise nach Oklahoma umgesiedelt. Wichtigster Wirtschaftsfaktor ist der Tourismus, auch die Raumfahrtzentrale der USA ist im floridischen Cape Canaveral untergebracht.

NORDAMERIKA

173

Georgia

Hauptstadt: Atlanta
Beitrittsdatum: 2. 1. 1788
Bevölkerung: 7 Mio. (1995)
Fläche: 152 565 km²
Größte Städte: Atlanta, Columbus, Savanah, Macon, Albany

Seinen Namen trägt Georgia zu Ehren des englischen Königs George II. Erkundet wurde es erstmalig vom spanischen Entdecker Hernando de Soto 1540. Die erste dauerhafte europäische Siedlung in Gerogia entstand 1733 unter der Ägide des englischen Generals George Oglethorpe. Atlanta gehörte im Sezessionskrieg zu den Konföderierten Staaten und war Schauplatz entscheidender Schlachten. Es hat sich zur wirtschaftlich bedeutendsten Stadt des Südens entwickelt.

Hawaii

Hauptstadt: Honolulu
Beitrittsdatum: 21. 8. 1959
Bevölkerung: 1,2 Mio. (1995)
Fläche: 16 758 km²
Größte Städte: Honolulu, Pearl City, Kailua, Hilo

Die Inseln von Hawaii wurden im 6. Jh. durch Polynesier besiedelt. 1778 landete der englische Seefahrer Kapitän James Cook im Archipel und nannte die Inseln Sandwich Islands nach seinem Auftraggeber, dem Grafen von Sandwich. Die acht größten Inseln sind Hawaii, Maui, Oahu, Lanai, Kauai, Niihau, Kahoolawe und Molokai. Fast bis zum Ende des 19. Jhs. blieb Hawaii ein unabhängiges Königreich. Im Jahre 1893 wurde Königin Liliuokalani entthront und die Republik Hawaii ausgerufen. Nach der Annexion wurde Hawaii 1898 US-amerikanisches Territorium. Wichtigste Einnahmequelle ist der Tourismus.

Idaho

Hauptstadt: Boise
Beitrittsdatum: 3. 4. 1890
Bevölkerung: 1,2 Mio. (1995)
Fläche: 216 414 km²
Größte Städte: Boise, Pocatello, Idaho Falls

Erkundet wurde das Gebiet von Idaho von den Entdeckern Meriwether Lewis und William Clark 1805–1806. Später drangen Pelzhändler und Missionare in die Gegend vor. Die Nordgrenze wurde festgelegt, nachdem Streitigkeiten zwischen den USA und Kanada über das sog. Oregonterritorium 1846 beigelegt worden waren. Die erste permanente Siedlung entstand 1860 in Franklin und wurde von Mormonen gegründet. Im Laufe der 1870er Jahre kamen zunehmend Siedler in diese Gegend, was zu Kämpfen über Gebietsansprüche zwischen Weißen und Indianern führte. Idahos Wirtschaft basiert hauptsächlich auf Ackerbau.

Illinois

Hauptstadt: Springfield
Beitrittsdatum: 3. 12. 1818
Bevölkerung: 11,7 Mio. (1995)
Fläche: 145 922 km²
Größte Städte: Chicago, Rockford, Peoria, Springfield, Aurora, Naperville, Decatur

1673 gelangten die französischen Entdecker Jacques Marquette und Louis Joliet als erste Europäer in das Gebiet von Illinois. Hier errichteten die Franzosen Festungen bei Fort St. Louis (1692) und Kaskaskia (1700). Mit Beendigung des French and Indian War 1763 ging das Gebiet an Großbritannien über. Nach Fertigstellung des Eriekanals 1825 kamen zahlreiche Siedler aus dem Osten nach Illinois. Die verstärkte Besiedlung führte zu mehreren Indianerkriegen am Anfang des 19. Jhs. Heute ist Illinois bedeutendster Industriestaat des mittleren Westens der USA (Eisen- und Stahlerzeugung, Maschinenbau).

Indiana

Hauptstadt: Indianapolis
Beitrittsdatum: 11. 12. 1816
Bevölkerung: 5,8 Mio. (1995)
Fläche: 93 711 km²
Größte Städte: Indianapolis, Fort Wayne, Gary, Evansville

Der französische Entdecker René Robert de La Salle erkundete als erster Europäer 1679 Indiana. 1763 ging das Territorium als Teil der Kriegsbeute im French and Indian War an Großbritannien über. Im Unabhängigkeitskrieg kämpften hier amerikanische Verbände unter der Führung von George Rogers Clark gegen die britische Armee. Den Indianerkriegen im Ohiotal wurden 1811 in Indiana bei Tippecanoe unter General William Henry Harrison endgültig ein Ende gesetzt. Heute ist Indiana ein bedeutendes Industriezentrum. Die Industrien sind überwiegend im Norden angesiedelt. Daneben wird das Land agrarisch genutzt.

Iowa

Hauptstadt: Des Moines
Beitrittsdatum: 28. 12. 1846
Bevölkerung: 2,9 Mio. (1995)
Fläche: 145 740 km^2
Größte Städte: Des Moines, Cedar Rapids, Davenport,
    Sioux City

Das Indianerwort, das dem Namen Iowas zugrundeliegt, soll »schönes Land« heißen. Als erste Europäer haben es die französischen Entdecker Louis Joliet und Jacques Marquette erblickt. 1803 erwarben die USA das Gebiet als Teil des Louisiana Purchase. Anfang des 19. Jhs. gab es hier erbitterte Kämpfe zwischen Weißen und Indianern, die ihre Stammheimat 1832 nach der Niederlage im Black-Hawk-Krieg verlassen mußten. Als Iowa 1846 Bundesstaat der USA wurde, war Iowa City Hauptstadt. Elf Jahre später nahm das wachsende Des Moines diesen Status ein. Iowa ist ein führender Agrarproduzent der USA. Angebaut werden u.a. Mais, Sojabohnen und Hafer als Viehfutter für die bedeutende Schweine- und Rinderzucht.

Kansas

Hauptstadt: Topeka
Beitrittsdatum: 29. 1. 1861
Bevölkerung: 2,5 Mio. (1995)
Fläche: 213 080 km^2
Größte Städte: Wichita, Kansas City, Topeka, Overland Park

Der Name Kansas stammt von einem Wort der Siouxindianer und heißt »Volk des Südwinds«. Erster Europäer in dieser Gegend soll der Spanier Francisco de Coronado gewesen sein. Nach dem

French and Indian War 1763 trat Frankreich das Gebiet von Kansas an Spanien ab, 1800 wurde es wieder französisch. Kansas gehörte zu dem Territorium, das die USA 1803 im Louisiana Purchase von Frankreich erwarben. In der Zeit vor dem Sezessionskrieg war Kansas Schauplatz blutiger Auseinandersetzungen zwischen Befürwortern und Gegnern der Sklaverei. Kansas ist ein führender Weizenproduzent der USA.

Kentucky

Hauptstadt: Frankfort
Beitrittsdatum: 1. 6. 1792
Bevölkerung: 3,8 Mio. (1995)
Fläche: 104 653 km^2
Größte Städte: Louisville, Lexington, Fayette, Owensboro

Kentucky wurde als erstes Gebiet westlich der Alleghenicgebirgskette von amerikanischen Kolonisten besiedelt. Die erste permanente europäische Siedlung entstand in Harrodsburg 1774. Das Indianerwort, von dem der Staat seinen Namen hat, ist verschiedentlich als »große Wiese« oder »blutiges (Jagd-)Land« interpretiert worden. Kentucky gehörte zu den Staaten, die Sklaverei zuließen, war aber im Sezessionskrieg zwischen Unionisten und Rebellen gespalten. Bekannt ist Kentucky für seinen Whiskey und seinen Tabak sowie seine Pferde: Hier befinden sich einige der berühmtesten Pferdegestüte der Welt.

Louisiana

Hauptstadt: Baton Rouge
Beitrittsdatum: 30. 4. 1812
Bevölkerung: 4,3 Mio. (1995)
Fläche: 123 668 km^2
Größte Städte: New Orleans, Baton Rouge, Shreveport,
    Lafayette, Lake Charles, Monroe

In der ersten Hälfte des 16. Jhs. erkundeten spanische Entdecker die Gegend von Louisiana. 1682 erreichte René Robert de La Salle die Mündung des Mississippi und nahm die ganze umliegende Gegend für Frankreich in Besitz. Zu Ehren des Königs Louis XIV. gab er dem Gebiet den Namen Louisiana. Das Land war französische Kronkolo-

NORDAMERIKA

nie, bis es 1763 nach dem French and Indian War an Spanien fiel. 1800 wurde die Region wieder französisch, bis Napoleon sie den USA 1803 verkaufte. Im Sezessionskrieg gehörte Louisiana zu den Konföderierten Staaten. Heute ist es ein Staat mit starken sozialen und Rassenspannungen. Haupterwerbszweig ist der Bergbau.

Maine

Hauptstadt: Augusta
Beitrittsdatum: 15. 3. 1820
Bevölkerung: 1,3 Mio. (1995)
Fläche: 86 149 km²
Größte Städte: Portland, Lewiston, Bangor, Auburn

Umstritten ist, ob der für England segelnde John Cabot (Giovanni Caboto) die Küste von Maine 1497 erreichte, nachdem er Neufundland wiederentdeckt hatte. Die ersten permanenten englischen Siedlungen in dieser Gegend gehen auf das Jahr 1623 zurück. Vor der Küste Maines fand 1775 die erste Seeschlacht des amerikanischen Unabhängigkeitskriegs statt, als Kolonisten ein englisches Schiff gefangennahmen. Die Stadt Falmouth (heute Portland) wurde im selben Jahr von britischen Kräften niedergebrannt. Maine wurde 1761 Teil von Massachusetts, spaltete sich aber 1820 als eigenständiger Bundesstaat ab. Maine zählt zu den weltweit führenden Produzenten von Industrieholz für die Papierherstellung.

Maryland

Hauptstadt: Annapolis
Beitrittsdatum: 28. 4. 1788
Bevölkerung: 5 Mio. (1995)
Fläche: 27 089 km²
Größte Städte: Baltimore, Dundalk, Bethesda, Silver Spring

Die Region von Maryland, zu Ehren der Gemahlin des englischen Königs Charles I. benannt, wurde 1608 vom englischen Seefahrer und Kolonisator Kapitän John Smith erkundet. Nachdem Lord Baltimore ein Patent für die Besiedlung der Gegend 1632 vom König erhalten hatte, kamen die ersten Siedler aus England. Im Krieg von 1812 versuchten britische Kräfte 1814, Baltimore ein-

zunehmen und bestürmten Fort McHenry. Anläßlich dieses Angriffs komponierte Francis Scott Key die spätere Nationalhymne der USA, »The Star-Spangled Banner«.

Massachusetts

Hauptstadt: Boston
Beitrittsdatum: 6. 2. 1788
Bevölkerung: 6 Mio. (1995)
Fläche: 21 453 km²
Größte Städte: Boston, Worcester, Springfield, New Bedford

Die Kolonie Plymouth (Massachusetts) wurde 1620 von Puritanern gegründet. Das Indianerwort, von dem der Staat seinen Namen bekam, heißt »großer Hügel«. Massachusetts spielte eine führende Rolle im Aufstand der 13 Kolonien gegen die englische Herrschaft. Die »Boston Tea Party«, bei der Kolonisten eine Schiffsladung Tee der britischen Teegesellschaft ins Bostoner Hafenwasser kippten, weil die Gesellschaft steuerlich bevorzugt wurde, war ein Wendepunkt der Protestaktionen gegen englische Steuern. Hier begann der amerikanische Unabhängigkeitskrieg 1775, als die Volksmiliz der Minute Men den Übergriffen britischer Verbände bei Concord und Lexington widerstand. Im 19. Jh. entwickelte sich Massachusetts zum wichtigen Standort für Schiffsbau und Fischerei.

Michigan

Hauptstadt: Lansing
Beitrittsdatum: 26. 1. 1837
Bevölkerung: 9,5 Mio. (1995)
Fläche: 151 573 km²
Größte Städte: Detroit, Grand Rapids, Warren, Flint, Lansing

Der Indianername Michigan bedeutet »großer See«. Erschlossen wurde diese Region von französischen Entdeckern, zuerst von Etienne Brulé im Jahre 1618, dann von Louis Joliet, René Robert de La Salle und Jacques Marquette. Die erste dauerhafte Siedlung entstand 1668 bei Sault Ste. Marie. 1763 ging die ganze Kolonie Louisiana und damit auch Michigan an Großbritannien über. Nach dem Unabhängigkeitskrieg trat England das

NORDAMERIKA

Gebiet zwar an die USA ab, aber kleinere Konflikte zwischen amerikanischen, britischen und den jeweils verbündeten indianischen Kräften fanden bis zum Krieg von 1812 statt. Hier liegt das Herz der US-Automobilindustrie.

Minnesota

Hauptstadt: St. Paul
Beitrittsdatum: 11. 5. 1858
Bevölkerung: 4,5 Mio. (1995)
Fläche: 218 584 km²
Größte Städte: Minneapolis, St. Paul, Duluth, Bloomington, Rochester, Edina

»Himmelblaues Wasser« nannten die Siouxindianer dieses Gebiet, das von den Franzosen Pierre Radisson und Sieur Des Grosseillers in den 1650er Jahren erkundet wurde. Nach ihnen kamen Louis Joliet, Jacques Marquette und René Robert de La Salle sowie Missionare und Pelzhändler. Der östliche Teil der Region wechselte nach dem Unabhängigkeitskrieg vom britischen in amerikanischen Besitz, während der westliche Teil 1803 im Rahmen des Louisiana Purchase amerikanisch wurde. Minnesota ist reich an Bodenschätzen, vor allem an Eisenerz.

Mississippi

Hauptstadt: Jackson
Beitrittsdatum: 10. 12. 1817
Bevölkerung: 2,7 Mio. (1995)
Fläche: 123 504 km²
Größte Städte: Jackson, Biloxi, Hattiesburg, Greenville, Gulfport

»Vater der Gewässer« hieß bei den Indianern der große Fluß, nach dem Mississippi benannt wurde. Als erster Europäer gelangte zwar der Spanier Hernando de Soto in das Gebiet von Mississippi, aber die Franzosen nahmen es 1699 in Besitz. Eine Gruppe unter der Führung von Sieur d'Iberville gründete in Biloxi die erste permanente Siedlung. Nach dem French and Indian War fiel Mississippi als Teil der Kolonie Louisiana an Großbritannien. Nach dem Unabhängigkeitskrieg gab England seinen Anspruch zugunsten der USA auf.

Der südliche Zipfel des Staates wurde 1810 angehängt, nachdem Spanien seine Besitzungen an die Vereinigten Staaten verkaufte. Heute ist die Landwirtschaft wichtigster Erwerbszweig. Bedeutend ist auch die Forstwirtschaft. Wichtigste Bodenschätze sind Erdöl und Erdgas.

Missouri

Hauptstadt: Jefferson City
Beitrittsdatum: 10. 8 .1821
Bevölkerung: 5,3 Mio. (1995)
Fläche: 180 501 km²
Größte Städte: St. Louis, Kansas City, Springfield, Independence

Missouri ist benannt nach einem Fluß, dessen indianischer Name »trübes Wasser« bedeutet. Beansprucht wurde das Gebiet durch Frankreich. Der Entdecker René Robert de La Salle erkundete als erster Europäer die Gegend, in der französische Pelzhändler mit Ste. Geneviève 1735 eine erste permanente Siedlung gründeten. 1803 erwarben die USA Missouri von Frankreich. Im Sezessionskrieg verblieb Missouri bei der Union, stellte allerdings Truppen für beide Seiten.

Montana

Hauptstadt: Helena
Beitrittsdatum: 8. 11. 1889
Bevölkerung: 840 000 (1995)
Fläche: 380 819 km²
Größte Städte: Billings, Great Falls, Butte-Silver Bow, Missoula

Etwa gleichzeitig Anfang der 1740er Jahre drangen französische Pelzhändler sowie die Entdecker François und Louis-Joseph Verendrye in die Gegend von Montana ein. Einen Großteil des Gebietes verkaufte Frankreich 1803 an die USA. Den westlichen Teil des Staates trat Großbritannien im Oregon-Vertrag an die USA ab. In den großen Indianerkriegen 1867–1877 fanden in Montana entscheidende Schlachten statt. Heute ist der führende Wirtschaftszweig die Landwirtschaft mit Schaf- und Rinderhaltung. Bedeutend ist der Bergbau (Kupfer, Nickel, Platin, Palladium).

NORDAMERIKA

Nebraska

Hauptstadt: Lincoln
Beitrittsdatum: 1. 3. 1867
Bevölkerung: 1,6 Mio. (1995)
Fläche: 200 333 km²
Größte Städte: Omaha, Lincoln, Grand Island, Bellevue

Anfang des 18. Jhs. besuchten französische Pelzhändler diese von den Omahaindianern »flaches Wasser« genannte Gegend. Nach Erwerb der Kolonie Louisiana durch die USA von Frankreich im Louisiana Purchase kundschafteten die Entdecker Meriwether Lewis und William Clark das innerhalb der Landkaufsgrenzen liegende östliche Gebiet aus. Nach Öffnung der Oregonpassage wurde 1823 bei Bellevue die erste permanente Siedlung in Nebraska gegründet. Der westliche Teil des Staates fiel nach dem Mexikanisch-Amerikanischen Krieg an die USA. Nebraska ist heute ein wichtiger Agrarproduzent. Schweine- und Rinderhaltung sind von Bedeutung. Wesentlichster Industriezweig ist die Nahrungsmittelverarbeitung.

Nevada

Hauptstadt: Carson City
Beitrittsdatum: 31. 10. 1864
Bevölkerung: 1,4 Mio. (1995)
Fläche: 286 330 km²
Größte Städte: Las Vegas, Reno, Paradise, Sunrise Manor, Henderson

Die Spanier nannten dieses Gebiet das schneereiche, als sie 1775 hier ankamen. Anfang des 19. Jhs. besuchten Händler der Hudson's-Bay-Kompanie den Nord- und Mittelteil Nevadas. Die Sierra Nevada und das Große Becken erkundeten Kit Carson und John Fremont in den 1840er Jahren. Nach dem Mexikanisch-Amerikanischen Krieg fiel die Region 1848 an die USA. Nevada ist der trockenste Staat der USA. Seit der Einführung des legalen Glücksspiels im Jahre 1931 ist der daran geknüpfte Tourismus die bedeutendste Einkommensquelle. Erlöse aus dem Glücksspiel von Reno und Las Vegas stellen rund 40 % der jährlichen Steuereinkünfte. Wichtig ist daneben die an den Bergbau gebundene Erzverhüttung.

New Hampshire

Hauptstadt: Concord
Beitrittsdatum: 21. 6. 1788
Bevölkerung: 1,1 Mio. (1995)
Fläche: 24 030 km²
Größte Städte: Manchester, Nashua, Concord

1623 entsandte Kapitän John Smith eine Gruppe von Siedlern aus der Massachusetts-Bay-Kolonie, um einen Fischereiposten an der Mündung des Flusses Piscataqua zu errichten. Kapitän John Mason gab der Gegend ihren Namen 1630 im Andenken an seine englische Heimat im Kreis Hampshire. 1679 wurde das Gebiet von Massachusetts abgespalten und zur eigenständigen Kronkolonie erklärt. New Hampshire war eine führende Kraft in der amerikanischen Revolution, seine Delegierten stimmten als erste der Unabhängigkeitserklärung am 4. Juli 1776 zu. Bedeutend für New Hampshire sind Milch- und Geflügelwirtschaft sowie die Holzwirtschaft zur Papierherstellung. Führende Industriezweige sind Lederverarbeitung und Textilindustrie.

New Jersey

Hauptstadt: Trenton
Beitrittsdatum: 18. 12. 1787
Bevölkerung: 7,9 Mio. (1995)
Fläche: 20 166 km²
Größte Städte: Newark, Jersey City, Patterson, Elizabeth

Die ersten Siedler auf dem Territorium des heutigen New Jersey waren Niederländer. 1664 übernahm Großbritannien die Herrschaft über das Gebiet, das nach der Kanalinsel Jersey umbenannt und als englische Kronkolonie etabliert wurde. Ende des 17. Jhs. teilte der englische König die Kolonie auf und überschrieb die größere Landmasse an William Penn. Das am östlichen Ufer des Flusses Delaware gelegene Trenton war 1776 Schauplatz des ersten großen Sieges unter General George Washington im Unabhängigkeitskrieg. Haupterwerbsquellen von New Jersey sind die Landwirtschaft (Gemüseanbau, Viehzucht) und die Fischerei. Daneben sind in dem Bundesstaat zahlreiche Industrien konzentriert (Elektronik, Bekleidung, Stahl, Maschinen- und Fahrzeugbau).

NORDAMERIKA

New Mexico

Hauptstadt: Santa Fé
Beitrittsdatum: 6. 1. 1912
Bevölkerung: 1,6 Mio. (1995)
Fläche: 314 901 km²
Größte Städte: Albuquerque, Santa Fe, Las Cruces, Roswell

Der Spanier Alvar Nunez Cabeza de Vaca soll als erster Europäer in dieses Gebiet gekommen sein, wo Indianer schon 10 000 v. Chr. lebten. Am Río Grande entstand 1598 die erste spanische Siedlung. Erst viel später, Anfang des 19. Jhs., wurde die Region Provinz von Mexiko. Am Ende des Mexikanisch-Amerikanischen Krieges fiel sie größtenteils an die USA. Bedeutend ist der Uranabbau, New Mexico verfügt über zwei Drittel der Uranerzvorkommen der USA.

New York

Hauptstadt: Albany
Beitrittsdatum: 26. 7. 1788
Bevölkerung: 18,2 Mio. (1995)
Fläche: 127 179 km²
Größte Städte: New York, Buffalo, Rochester, Yonkers, Syracuse

Im Jahre 1524 besuchte der italienische Seefahrer Giovanni da Verrazano diese Gegend, die nach dem englischen Grafen von York benannt ist. Bei Fort Orange (heute Albany) auf der Manhattaninsel errichteten Niederländer die erste dauerhafte Siedlung. Im 17. Jh. fiel das Gebiet an England. Kurze Zeit war New York die Hauptstadt der USA. Im Laufe des 19. Jhs. entwickelte sich New York nicht zuletzt aufgrund der Masseneinwanderung zur Weltstadt. Der Bundesstaat weist heute die größte Industriekonzentration der USA auf.

North Carolina

Hauptstadt: Raleigh
Beitrittsdatum: 21. 11. 1789
Bevölkerung: 7 Mio. (1995)
Fläche: 136 402 km²
Größte Städte: Charlotte, Raleigh, Greensboro, Winston-Salem, Durham, High Point, Asheville

Unter der Führung Giovanni da Verrazanos gelangten französische Entdecker als erste Europäer in das Gebiet von North Carolina im Jahre 1521. Die erste englische Siedlung innerhalb der Grenzen der heutigen USA entstand 1585 auf der Roanokeinsel in dieser nach dem englischen König Charles I. benannten Kolonie. 1587 verschwand die Siedlung auf mysteriöse Art und Weise. Im Sezessionskrieg gehörte North Carolina zu den Konföderierten Staaten. North Carolina ist heute wichtigster Tabakproduzent der USA, die Landwirtschaft ist bedeutendste Einnahmequelle des Bundesstaats. Führende Industriezweige sind Textil- und Zigarettenindustrie.

North Dakota

Hauptstadt: Bismarck
Beitrittsdatum: 2. 11. 1889
Bevölkerung: 640 000 (1995)
Fläche: 183 104 km²
Größte Städte: Fargo, Bismarck, Grand Forks, Minot, Jamestown

Die französischen Entdecker François und Louis-Joseph Verendrye zogen 1743 auf der Suche nach einer Route zum Pazifik als erste Europäer durch das Gebiet von North Dakota. Der Name Dakota stammt von einem Wort der Siouxindianer und bedeutet »Verbündeter«. Die USA erwarben etwa die Hälfte der Region im Louisiana Purchase im Jahr 1803. North Dakota entwickelte sich zum Agrargebiet und gehört heute zu den ländlichsten Bundesstaaten. Hauptindustrie ist die Nahrungsmittelverarbeitung.

Ohio

Hauptstadt: Columbus
Beitrittsdatum: 1. 3 .1803
Bevölkerung: 11,1 Mio. (1995)
Fläche: 107 036 km²
Größte Städte: Cleveland, Columbus, Cincinnati, Toledo

Nach dem Unabhängigkeitskrieg wurde Ohio Territorium der USA. Es hat seinen Namen von einem Wort der Irokesen, das »schöner Fluß« bedeutet. Nach dem Sezessionskrieg erlangte Ohio

NORDAMERIKA

179

Bedeutung auf politischer Ebene: Sieben Präsidenten der USA stammten von hier. Mit den Weltkriegen wuchs die Schwerindustrie, wo heute Metallverarbeitung und Maschinenherstellung eine wesentliche wirtschaftliche Rolle spielen.

Oklahoma

Hauptstadt: Oklahoma City
Beitrittsdatum: 16. 11. 1907
Bevölkerung: 3,3 Mio. (1995)
Fläche: 181 076 km^2
Größte Städte: Oklahoma City, Tulsa, Lawton, Norman

»Rote Menschen« bedeutet der Name Oklahomas in der Sprache der Choctawindianer. Die Spanier erkundeten dieses Gebiet im Jahre 1541, das die USA 1803 kauften. Der anfangs größtenteils von Landwirtschaft lebende Staat wurde in der Zeit der Wirtschaftsdepression und der großen Dürre in den 1930er Jahren fast entvölkert, als ruinierte Farmer eine neue Lebensgrundlage in anderen Staaten suchten. Seit den 1950er Jahren und vor allem seit der Entdeckung von Öl wächst die Bevölkerung Oklahomas wieder. Wichtigste Industrie ist heute die Petrochemie, Haupterwerbszweig ist die Landwirtschaft.

Oregon

Hauptstadt: Salem
Beitrittsdatum: 14. 2. 1859
Bevölkerung: 3 Mio. (1995)
Fläche: 251 399 km^2
Größte Städte: Portland, Eugene, Salem, Gresham

Spanische und englische Seefahrer sollen die Pazifikküste Oregons im 16. Jh. gesichtet haben. Der englische Seefahrer Kapitän James Cook erstellte Karten von der Küste 1778 bei seiner Suche nach der Nordwestpassage. Streitereien zwischen amerikanischen Siedlern und der Hudson's-Bay-Kompanie endeten 1846 mit dem Oregon-Abkommen, in dem Großbritannien auf seinen Anspruch in der Gegend verzichtete. Oregon ist ein Zentrum der Holzindustrie in den USA. In diesem Industriezweig arbeiten mehr als 45 % der Industriebeschäftigten des Bundesstaats.

Pennsylvania

Hauptstadt: Harrisburg
Beitrittsdatum: 12. 12. 1787
Bevölkerung: 12 Mio. (1995)
Fläche: 117 338 km^2
Größte Städte: Philadelphia, Pittsburgh, Erie, Allentown, Scranton, Reading, Bethlehem

William Penn erhielt von König Charles II. Pennsylvania als Zahlung gegen Schuldscheine, die Penn von seinem Vater geerbt hatte. In Philadelphia tagte der erste Kontinentalkongreß. Hier wurde auch die Unabhängigkeitserklärung verfaßt. Schauplätze des Unabhängigkeitskriegs (Valley Forge) und des Sezessionskriegs (Gettysburg) gehören zu den weiteren historischen Orten Pennsylvanias. Nach dem Sezessionskrieg boomte die Metallindustrie, die Pittsburgh zum führenden Stahlproduzenten der USA machte.

Rhode Island

Hauptstadt: Providence
Beitrittsdatum: 29. 5. 1790
Bevölkerung: 1 Mio. (1995)
Fläche: 3138 km^2
Größte Städte: Providence, Warwick, Carnston, Pawtucket

Der italienische Entdecker Giovanni da Verrazano notierte in seinem Logbuch die Sichtung eines Gebiets, das der Größe nach dem griechischen Rhodos entsprach. Möglicherweise erhielt Rhode Island so seinen Namen. Obwohl der kleinste Staat der Union, spielte Rhode Island eine große Rolle in der amerikanischen Geschichte. Als erste Kolonie erklärte es seine Unabhängigkeit von Großbritannien. Schon Mitte des 17. Jhs. galt für alle Glaubensgemeinschaften religiöse Toleranz. Größte Einnahmequelle ist heute die Industrie.

South Carolina

Hauptstadt: Columbia
Beitrittsdatum: 23. 5. 1788
Bevölkerung: 3,7 Mio. (1995)
Fläche: 80 576 km^2
Größte Städte: Columbia, Charleston, North Charleston

Das südliche Küstengebiet der Kolonie South Carolina, die nach dem englischen König Charles I. benannt wurde, erkundete Francisco de Gordillo 1521. Die erste englische Siedlung entstand 1670 bei Albermarle Point, 1680 wurde die Hafenstadt Charleston gegründet. Hier brach der Sezessionskrieg 1861 aus, als Verbände aus South Carolina Fort Sumter im Hafen von Charleston einnahmen.

South Dakota

Hauptstadt: Pierre
Beitrittsdatum: 2. 11. 1889
Bevölkerung: 715 000 (1995)
Fläche: 199 715 km²
Größte Städte: Sioux Falls, Rapid City, Aberdeen, Watertown

»Verbündeter« heißt das Wort Dakota bei den Siouxindianern. Die ersten Europäer in diesem Gebiet waren die französischen Entdecker Louis-Joseph und François Verendrye, die 1743 einen Weg zum Pazifik suchten. Die erste permanente Siedlung war das 1817 gegründete Fort Pierre. In den 1870er Jahren strömten zahlreiche Siedler nach South Dakota, nachdem hier Gold entdeckt worden war. South Dakota ist heute weitgehend Agrarland.

Tennessee

Hauptstadt: Nashville
Beitrittsdatum: 1. 6. 1796
Bevölkerung: 5,1 Mio. (1995)
Fläche: 109 144 km²
Größte Städte: Memphis, Nashville, Knoxville, Chattanooga

Wegen der vielen Soldaten aus Tennessee, die im Unabhängigkeitskrieg, im Krieg von 1812, dem Mexikanisch-Amerikanischen Krieg und im Sezessionskrieg dienten, heißt er der »Freiwilligenstaat«. Als letzter der Konföderierten Bundesstaaten trat Tennessee aus der Union aus. Die Entwicklungsorganisation Tennessee Valley Authority wurde 1933 unter Präsident Franklin D. Roosevelt mit dem Auftrag gegründet, den Ausbau der Infrastruktur der Südstaaten zu fördern. Heute sind Ackerbau und Viehzucht dominierend in der Wirtschaft.

Texas

Hauptstadt: Austin
Beitrittsdatum: 29. 12. 1845
Bevölkerung: 18 Mio. (1995)
Fläche: 690 976 km²
Größte Städte: Houston, Dallas, San Antonio, El Paso, Fort Worth, Austin

Bereits im 16. Jh. waren spanische Entdecker in die Gegend von Texas vorgedrungen. 1682 gründeten Spanier die erste permanente europäische Siedlung in Texas bei Yselta nahe dem heutigen El Paso. 1836 wurde die Republik Texas unter Präsident Sam Houston ausgerufen. Anfang des 20. Jhs. war der riesige Staat mit 3 Mio. Einwohnern unterbevölkert, aber die Entdeckung großer Erdölfelder löste einen Bevölkerungszustrom aus. Texas ist einer der führenden Agrarstaaten der USA, Hauptanbauprodukt ist Baumwolle.

Utah

Hauptstadt: Salt Lake City
Beitrittsdatum: 4. 1. 1896
Bevölkerung: 1,9 Mio. (1995)
Fläche: 219 871 km²
Größte Städte: Salt Lake City, Provo, Ogden, Orem, Sandy City

Von den Uteindianern, die sich selbst »Volk der Berge« nennen, hat Utah seinen Namen. Franziskanermönche beanspruchten das Gebiet für die spanische Krone 1776. Die ersten weißen Siedlungen entstanden ab 1847, als der Exodus der Mormonen aus dem Osten begann. Sie erreichten den Großen Salzsee und errichteten Salt Lake City. Die Herstellungsindustrie ist heute der wichtigste Wirtschaftsfaktor Utahs, das zudem einer der führenden Bergbaustaaten der USA ist.

Vermont

Hauptstadt: Montpelier
Beitrittsdatum: 4. 3. 1791
Bevölkerung: 575 000 (1995)
Fläche: 24 898 km²
Größte Städte: Burlington, Rutland, Bennington, Essex

»Verts monts« (grüne Berge) nannten die Franzosen diese Gegend, die Samuel de Champlain 1609 erkundete. Nach dem French and Indian War wurde Vermont 1763 amerikanisches Territorium. Es trat 1791 dem Bund bei. Vermont ist Produzent von Marmor und Granit.

Virginia

Hauptstadt: Richmond
Beitrittsdatum: 25. 6 .1788
Bevölkerung: 6,5 Mio. (1995)
Fläche: 105 578 km²
Größte Städte: Norfolk, Virginia Beach, Richmond

Nach der jungfräulichen englischen Königin Elizabeth I. benannten die ersten englischen Siedler diese Kolonie, wo 1607 in Jamestown die erste permanente englische Siedlung in den heutigen USA entstand. Im Unabhängigkeitskrieg und im Sezessionskrieg wurde die Kapitulation in Virginia offiziell beschlossen. Die Landwirtschaft hat große ökonomische Bedeutung.

Washington

Hauptstadt: Olympia
Beitrittsdatum: 11. 11. 1899
Bevölkerung: 5,3 Mio. (1995)
Fläche: 176 466 km²
Größte Städte: Seattle, Spokane, Tacoma, Bellevue, Everett

Washington gehörte ursprünglich zum Oregonterritorium, das im späten 18. Jh. von französischen, spanischen, britischen und amerikanischen Entdeckern erkundet wurde. 1864 wurde der Disput mit Großbritannien über die Grenze zu Kanada beigelegt. Mitte des 19. Jhs. gewann die Forstwirtschaft an Bedeutung.

West Virginia

Hauptstadt: Charleston
Beitrittsdatum: 20. 6. 1863
Bevölkerung: 1,8 Mio. (1995)
Fläche: 62 756 km²
Größte Städte: Charleston, Huntington, Wheeling

Erst 1861, als Virginia den Austritt aus der Union beschloß, spaltete sich der westliche Teil des Staates ab, um beim Bund verbleiben zu können. 1863 wurde West Virginia als neuer Bundesstaat anerkannt. Im 18. Jh. entdeckte man bei Racine Kohlelagerstätten, aber erst nach dem Sezessionskrieg setzte die Industrialisierung in West Virginia ein. Im 20. Jh. war es Schauplatz von Arbeitskämpfen der Bergmänner.

Wisconsin

Hauptstadt: Madison
Beitrittsdatum: 29. 5. 1848
Bevölkerung: 5 Mio. (1995)
Fläche: 145 425 km²
Größte Städte: Milwaukee, Madison, Green Bay, Racine

Die ersten europäischen Entdecker in der Region von Wisconsin waren Franzosen, doch nach dem French and Indian War fiel das Gebiet 1763 an Großbritannien. Offiziell gehörte das Territorium den USA nach dem Unabhängigkeitskrieg, doch erst im Krieg von 1812 wurden britische Verbände endgültig aus Wisconsin vertrieben. Als einer der ersten Bundesstaaten errichtete Wisconsin ein soziales Fürsorgesystem.

Wyoming

Hauptstadt: Cheyenne
Beitrittsdatum: 10. 7. 1890
Bevölkerung: 470 000 (1995)
Fläche: 253 300 km²
Größte Städte: Cheyenne, Casper, Laramie, Rock Springs

Nach Alaska hat Wyoming die kleinste Einwohnerzahl der Bundesstaaten. Der Name des Staates stammt von einem Wort der Algonkinindianer, das große Ebene heißt. Die Franzosen Louis-Joseph und François Verendrye erkundeten als erste Europäer diese Gegend im Jahre 1743. Der östliche Teil des Staates gehörte zu den Gebieten, die die USA 1803 von Frankreich erwarben. Der westliche Teil wurde aus Dakota und Utah herausgetrennt. 1869 führte Wyoming als erster Bundesstaat das Wahlrecht für Frauen ein. Touristen besuchen hier den Yellowstone Park.

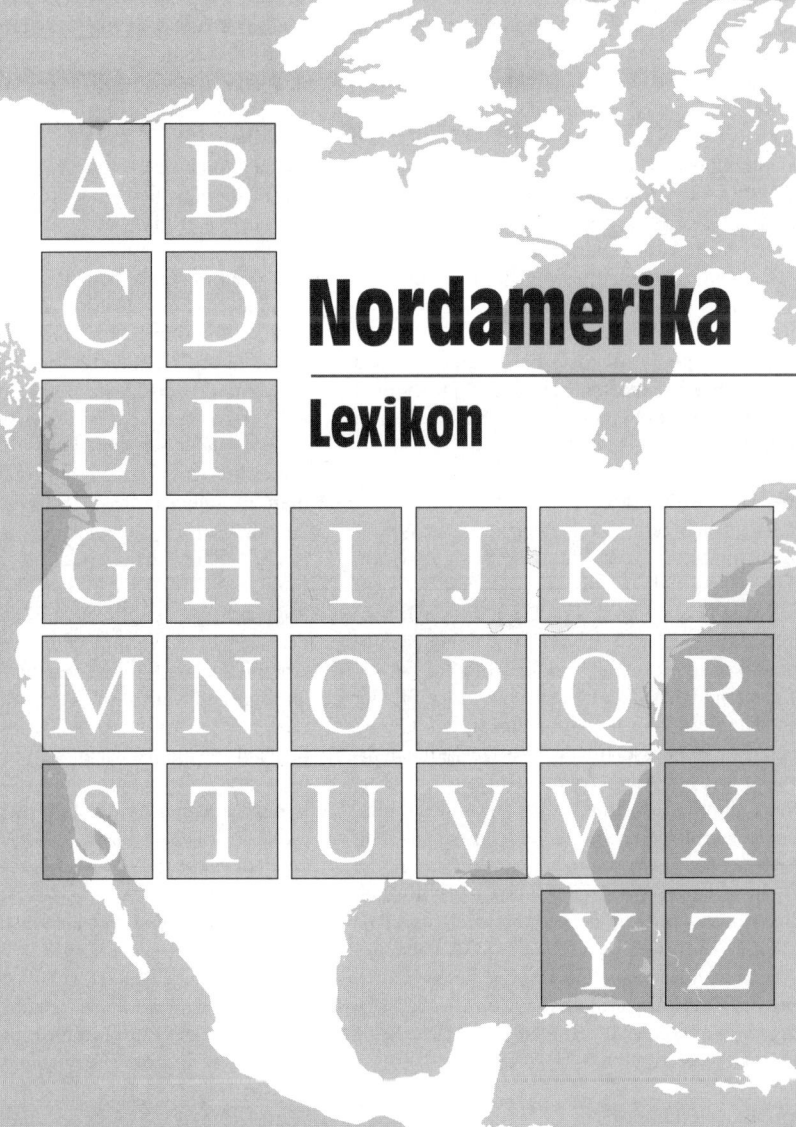

Nordamerika

Lexikon

ACLU

(American Civil Liberties Union, Vereinigung für Bürgerliche Freiheiten in Amerika), unabhängige Organisation mit dem selbstgewählten Auftrag, die in der Verfassung garantierten Rechte und Freiheiten US-amerikanischer Bürger zu schützen. Die Arbeit der ACLU besteht in der Hauptsache in der Rechtsberatung und -vertretung vor US-amerikanischen Gerichten bis hin zum Obersten Gerichtshof. Gegründet wurde die ACLU vom linken Flügel der Demokratischen Partei 1920 als Reaktion auf Maßnahmen der Regierung nach dem Ersten Weltkrieg, die gegen kommunistische Agitationen gerichtet waren. Die ACLU spielte eine Rolle u.a. im →Scopes-Prozeß und in der →Bürgerrechtsbewegung schwarzer US-Amerikaner. Umstritten waren die Bemühungen der ACLU um brisante Fälle wie ein Verbot des Gebets an US-amerikanischen Schulen oder etwa der Schutz der freien Meinungsäußerung unliebsamer Gruppen wie neofaschistische Verbände in den USA. Die ACLU veröffentlicht den Jahresbericht »Civil Liberties« und einen monatlichen Rundbrief an Mitglieder.

Adams-Onís-Abkommen

1819 ausgehandelter Vertrag zwischen Staatssekretär (Außenminister) John Quincy Adams und dem spanischen Gesandten Luis de Onís zum Verkauf Floridas an die USA für 5 Mio. US-Dollar. Westflorida, das die südlichen Teile der Bundesstaaten Alabama, Mississippi und Louisiana umfaßte, wurde 1810 nach einem Aufstand amerikanischer Siedler in Louisiana von den USA annektiert, das Gebiet des heutigen Bundesstaats blieb vorläufig in spanischer Hand. 1817 nahm Adams Kontakt mit Onís auf, um ihm ein Kaufangebot zu unterbreiten. Gleichzeitig erhielt General Andrew Jackson Befehl, die Angriffe der in Florida beheimateten Seminolen auf Georgia zu beenden. Nach Jacksons Einmarsch in Florida erklärte Onís die Bereitschaft Spaniens zum Verkauf der Halbinsel (ehe die USA diese gewaltsam einnahmen). Die USA verzichteten in dem Vertrag auf Texas und erhielten alle spanischen Besitzungen nördlich des 42. Breitengrades (u.a. Kalifornien). Der Vertrag trat 1821 in Kraft.

Affirmative Action

(Positive Aktion), durch Quoten geregelte Bevorzugung von Mitgliedern bestimmter Minderheiten (etwa Schwarze, Indianer oder Behinderte) und Frauen bei Stellenbesetzungen, Vergabe von Studienplätzen u.a. als Ausgleich für Fälle systematischer Diskriminierung aus der Vergangenheit. Geprägt wurde der Begriff 1965 unter Präsident Lyndon B. Johnson. Der tatsächliche Erfolg dieser Vorschriften bleibt nach 30 Jahren umstritten. Seit der Einführung der ersten A.A.-Programme wird die Verfassungsmäßigkeit solcher Regelungen diskutiert. 1996 erklärte der Oberste Gerichtshof derartige bundesgesetzliche A.A.-Vorgaben für verfassungswidrig. Kalifornien begann als erster Bundesstaat (1997) mit dem Abbau seiner Quotenregelungen.

Akadien

Bezeichnung der von der nördlichen Atlantikküste Nordamerikas bis zum Golf des St.-Lorenz-Stroms reichenden Kolonialbesitzungen Frankreichs im 17. Jh. Der Name (franz. Acadie) ist seit 1603 belegt und stammt von einem Wort der dort ansässigen Micmacindianer. Die erste unter Sieur de Monts gegründete Siedlung entstand auf der Insel Ste. Croix, aber erst in Port Royal (Neuschottland) gelang die Gründung einer dauerhaften Siedlung (1605). Bereits 1621, nachdem Sir William Alexander Siedlungsrechte in Neuschottland vom englischen König James I. erhalten hatte, begann der Kampf um Akadien zwischen Frankreich und England. 1654 fiel Akadien zum ersten Mal an England, doch überschrieb König Charles II. das Gebiet 1667 wieder an Frankreich im Frieden von Breda. Zwei weitere Male eroberten englische Kräfte das Territorium, bis Frankreich 1713 im Frieden von Utrecht auf seine Ansprüche in Akadien verzichtete. Viele der von Großbritannien aus Akadien vertriebenen Franzosen siedelten nach Louisiana über, wo ihre Nachfahren heute als »Cajuns« bekannt sind.

Amerikanische Arbeitsföderation (AFL)

(American Federation of Labor), Gewerkschaftsverband, der seit der Vereinigung mit dem Congress of Industrial Organizations (Kongreß Industrieller Organisationen) 1955 als mächtigste Organisation US-amerikanischer Arbeiter gilt. Die AFL wurde 1886 mit dem Ziel gegründet, verschiedene nationale Gewerkschaften gelernter Arbeiter zusammenzuschließen, um für die Einforderung gemeinsamer Belange einzutreten: Kürzung der Arbeitszeit, Lohnerhöhungen, Sozialleistungen und mehr Sicherheit am Arbeitsplatz. Der CIO entstand 1935 als Gewerkschaft der in der Massenherstellung arbeitenden ungelernten Kräfte. Der langjährige Gründungspräsident der AFL Samuel Gompers bewahrte Distanz zur Politik, und diese Haltung galt lange als Leitsatz der Gewerkschaft. Doch seit dem Aufstieg George Meanys zum Präsidenten 1952 pflegte die AFL enge Kontakte zur Demokratischen Partei. Die AFL leistete einen entscheidenden Beitrag zur Wahl John F. Kennedys und Lyndon B. Johnsons zu Präsidenten der USA. In den 50er Jahren wurde der Verband Gegenstand von Untersuchungen des Kongresses wegen weitreichender Korruption in einigen der zusammengefaßten Gewerkschaften. Die Gewerkschaft der Fernfahrer, die Teamsters, gerät immer wieder wegen Korruption in die Schlagzeilen.

Amerikanisches System
Programm des Demokratischen Kongreßabgeordneten und damaligen (1824) Präsidentschaftskandidaten Henry Clay, mit dem er den US-amerikanischen Binnenmarkt nach der schweren Rezession von 1819 wieder stärken wollte. Clay empfahl eine Erhöhung der Importzölle, eine Stärkung der Nationalbank und den staatlich finanzierten Ausbau der Transportwege, um sowohl die Lage der Hersteller im Osten als auch die Landwirte im Westen zu verbessern. Der Plan war wegweisend für die Rolle der Regierung bei der Förderung des Marktes. Nachdem sich abzeichnete, daß Clay keine Aussichten auf einen Wahlerfolg 1824 hatte, erklärte er sich zum Befürworter John Quincy Adams, weil dieser dem Amerikanischen Programm Clays nahestand. Mit Clays Hilfe gewann Adams die Präsidentschaftswahl, Clay wurde Staatssekretär unter Adams.

Amt für Indianerangelegenheiten
(Bureau of Indian Affairs), US-amerikanische Behörde, die sich mit Belangen der Indianer befaßt. Sie entstand 1824 innerhalb des Verteidigungsministeriums. Das Amt wechselte 1849 in das Innenministerium. Als in den 1850er Jahren die Besiedlung der Gebiete westlich des Mississippi begann, beauftragte die Regierung das Amt mit der Bildung von Reservaten und der Führung von Vertragsverhandlungen mit den einzelnen Stämmen. Das Amt kümmerte sich also nicht so sehr um die Probleme der Indianer, sondern eher um die der weißen Mehrheit, die die ehemals von Indianern bewohnten Territorien erschließen wollte. Erst in der zweiten Hälfte des 20. Jhs. entwickelte sich das Amt zum Fürsprecher der Ureinwohner.

Annullierungskontroverse
Regierungskrise zwischen Vizepräsident John C. Calhoun als Vertreter des Bundesstaats South Carolina und Präsident Andrew Jackson. South Carolina sah seine Baumwollwirtschaft durch den sog. Greueltarif von 1828 gefährdet. Auf den →Virginia- und Kentucky- Resolutionen aufbauend, stellte Calhoun seine Theorie von der Souveränität der Bundesstaaten auf, nach der nicht der Oberste Gerichtshof, sondern allein die Staaten befugt seien, über die Verfassungsmäßigkeit eines Gesetzes zu bestimmen. Calhoun nahm für seinen Staat in Anspruch, den Tarif »annullieren« zu dürfen. Es kam zu Gewaltandrohungen Jacksons, der Calhouns Theorie entschieden abstritt. Erst ein Kompromiß zur graduellen Senkung des Tarifs legte den Streit bei. Calhoun diskreditierte sich mit der Auseinandersetzung und begünstigte so den Aufstieg des Staatssekretärs und späteren Präsidenten Martin Van Buren.

Antiföderalisten
Vorgänger der um Thomas Jefferson versammelten Partei der Demokratischen Republikaner. Der Name stammt von den →Föderalisten, die sich 1788/89 um die Ratifizierung der Verfassung bemühten und ihre Kritiker (die selbst als »Föderale Republikaner« angesprochen werden wollten) als Antiföderalisten bezeichneten, um sie in der Öffentlichkeit abzuqualifizieren. Die A., zu denen Richard Henry Lee und Patrick Henry zählten, bestritten die Legalität der Verfassung (an den Satzungen der →Konföderationsartikel gemessen), warnten vor einer durch die Stärkung der Exekutive möglich werdenden Oligarchie und kritisierten das Fehlen eines →Grundrechtekatalogs in dem Dokument. Letztlich blieb ihre Kritik infolge der Kampagne Alexander Hamiltons, James Madisons und John Jays wirkungslos, die sich in den unter dem gemeinsamen Pseudonym »Publius« erscheinenden →Federalist Papers für die neue Verfassung aussprachen.

Aroostook-Krieg
Gewalttätige Auseinandersetzungen im Jahre 1839 zwischen den kanadischen Bewohnern Neubraunschweigs und den US-amerikanischen Bewohnern des angrenzenden Bundesstaats Maine. Der Frieden von Paris, mit dem der amerikanische Unabhängigkeitskrieg endete, bestimmte die Grenze zwischen Maine und Neubraunschweig ungenau. Nach der Aufnahme Maines als Bundesstaat 1820 entstanden US-amerikanische Siedlungen im Tal des Flusses Aroostook, das beide Staaten für sich beanspruchten. Der König der Niederlande wurde beauftragt, in dem Konflikt zu vermitteln, doch die USA lehnten seinen Lösungsvorschlag 1832 ab. Nachdem kanadische Holzfäller in das Aroostooktal eingedrungen waren und einen US-amerikanischen Beamten ge-

fangengenommen hatten, beorderte das Parlament von Maine seine Staatsmiliz in die Gegend, worauf Präsident Martin Van Buren General Winfield Scott dorthin entsandte, um Schlimmeres zu verhindern. Scott konnte weiteren Auseinandersetzungen vorbeugen. 1842 wurde der Konflikt durch den →Webster-Ashburton-Vertrag beendet.

Balfour-Bericht

Aus der Empirekonferenz von 1926 hervorgegangenes, nach dem englischen Staatsmann Lord Arthur James Balfour benanntes Dokument, das das Verhältnis der Mitgliedstaaten des Britischen Commonwealth zum Königreich und zueinander neu definierte. Anlaß zur Erstellung des B.B. gab die wachsende politische Selbständigkeit Kanadas nach dem Ersten Weltkrieg. 1923 erhielt Kanada vom britischen Parlament das Recht, internationale Verhandlungen eigenmächtig zu führen. Daraufhin errichtete Kanada diplomatische Vertretungen in den USA, Frankreich und Japan. Der 1926 als Reaktion erfolgende B.B. empfahl, das Commonwealth fortan als Verband autonomer Länder innerhalb eines gemeinsamen Königreichs zu verstehen, »im Status einander gleich, in keiner Weise einander untergeordnet«. Diese Empfehlung ebnete den Weg für die völlige Souveränität Kanadas.

Bank von Kanada

Kanadische Zentralbank, die 1934 unter der Obhut des von 1930 bis 1935 regierenden Premierministers Richard Bedford Bennett als Maßnahme gegen die seit dem Börsenkrach von 1929 andauernde und erst mit Anbruch des Zweiten Weltkriegs endende Wirtschaftsdepression entstand. Die Zentralbank wurde gegründet, um das Kredit- und Finanzwesen zu regulieren und zu rationalisieren. 1938 wurde sie verstaatlicht. Die B. hält die Reserven der kommerziellen Banken Kanadas, hat ein Exklusivrecht auf die Herausgabe von Hart- und Papiergeld und verwaltet die Gold- und Devisenreserven des Landes. Die B. nimmt direkten Einfluß auf die kanadische Wirtschaft, indem sie u.a. die Zinssätze, Reserven, Kreditpolitik, den Geldumlauf und die Wechselkurse bestimmt.

Bauernallianzen

(Farmers' Alliances), in den späten 1870er und frühen 1880er Jahren entstandene kooperative Organisationen, die die →Granger-Bewegung als Stimme US-amerikanischer Bauern ablösten. Es existierten insgesamt drei Allianzen: die Nationale Bauernallianz des Nordwestens (auch Nördliche Allianz genannt), die Nationale Bauernallianz und Industrieunion (auch Südliche Allianz genannt) und die Nationale Allianz farbiger Bauern. Unter der Führung des Texaners C.W. Macune erreichte die Südliche Allianz 1890 eine Mitgliederzahl von etwa 4 Mio. Die Allianzen gründeten eigene Banken, Versicherungsgesellschaften, Fabriken und Läden, um mehr Unabhängigkeit vom Großkapital und dessen Unternehmen zu erlangen. Sie wurden im Gegensatz zu den Grangers politisch aktiv und forderten u.a. eine Währungsreform (→Freisilber-Bewegung) und die Verstaatlichung der Eisenbahnen. 1890 gewannen sie lokale Wahlen in zwölf Bundesstaaten des Südens und Westens. 1892 gründeten Mitglieder der Allianzen eine eigene Partei, die sog. People's Party oder →Populistische Partei.

Bericht über die Zustände in Britisch-Nordamerika

(Report on the Affairs of British North America), 1838 vom Generalgouverneur für Britisch-Nordamerika, Lord Durham, vorgelegter Bericht über Verbesserungsmöglichkeiten in der Verwaltung der zwei Kolonien im heutigen Kanada. Unmittelbarer Hintergrund des Berichts waren Putschversuche in Ober- und Unterkanada im Jahr 1837, mit denen Anglo- und Frankokanadier ihr Begehren nach mehr Selbstbestimmung zum Ausdruck brachten. Da Durhams Mitarbeiter ihre Ermittlungen im französischen Unterkanada hauptsächlich aus Gesprächen mit den dort ansässigen englischen Geschäftsleuten zusammenstellten, fiel der Bericht eher zum Nachteil der Frankokanadier aus. Durhams Empfehlungen umfaßten im wesentlichen drei Punkte: Stärkung der Volksvertretungen in Kanada, Zurückhaltung des britischen Parlaments gegenüber der kanadischen Innenpolitik, Fusion von Ober- und Unterkanada. Zur Gewährung der vorgeschlagenen Selbständigkeit fand sich London nicht bereit, doch die Vereinigung der zwei Provinzen wurde gutgeheißen, weil sie die Machtstellung der Frankokanadier in Quebec schwächte.

Bill of Rights →Grundrechtekatalog

Black Panthers

(Schwarze Panther), militante Organisation radikaler schwarzer Nationalisten der späten 1960er und frühen 1970er Jahre, die als Teil der größeren sog. Black-Power-Bewegung (Schwarze Macht) angesehen werden kann. Letztere gab das Ziel der Rassenintegration zugunsten eines eigenständigen schwarzen Selbstbewußtseins auf und befürwortete im Gegensatz zum passiven Widerstand der →Bürgerrechtsbewegung Martin Luther Kings die Gewalt als Mittel zur Durchsetzung ihrer Forderungen. Die B.P. wurden 1966 von Huey P. Newton und Bobby Seale in Oakland (Kalifornien) gegründet. Newton und Seale standen der sog. →Nation of Islam (Nation des Islam, auch: schwarze Muslime) nahe. Sie bildeten paramilitärische Einheiten bewaffneter »Stadtguerillas« und verlangten u.a. die Befreiung schwarzer Bürger vom Militärdienst, die Entlassung schwarzer Gefangener aus dem Strafvollzug und Gerichtsverfahren für Schwarze durch ausschließlich schwarze Geschworene. 1968 stellten sie ihren »Bildungsminister« Eldridge Cleaver als Präsidentschaftskandidaten auf. Nachdem das FBI von den Panthern geschmiedete Pläne für Bombenanschläge aufdeckte, erfolgte die Verhaftung mehrerer Anführer, wonach die rund 1000 Mitglieder zählende Organisation sich Anfang der 1970er Jahre langsam auflöste.

Boston Tea Party

Protestaktion im Hafen von Boston vom 16. Dezember 1773, bei der etwa 60 als Mohikanerindianer verkleidete amerikanische Patrioten englische Handelsschiffe enterten und die Schiffsladungen – 342 Teekisten im Wert von 18 000 Pfund – über Bord warfen. Die B.T.P. war eine Reaktion auf das im Mai 1773 vom britischen Parlament erlassene Teegesetz, welches die vor dem Bankrott stehende Britisch-Ostindische Teekompanie von der für alle sonstigen Teeimporteure geltenden Teesteuer befreite. Die amerikanischen Kolonisten reagierten mit Empörung auf diesen Versuch, der Ostindischen Kompanie eine Monopolstellung zu sichern. Die Stadträte von Boston verhinderten zunächst, daß die Schiffe ihre Ladungen im dortigen Hafen löschten. Kurz danach erfolgte die Zerstörung der Fracht. Nachahmungsaktionen fanden in New York, Maryland und New Jersey statt.

Bostoner Massaker

Vorfall vom 5. März 1770 vor dem Bostoner Zollamt, bei dem britische Soldaten fünf Patrioten erschossen. Die seit 1768 zum Schutz der königlichen Kolonialverwalter und Steuereintreiber in Boston stationierten britischen Soldaten waren den Kolonisten verhaßt. Aufstände ereigneten sich im Juli und Oktober 1769 und am 2. März 1770. Drei Tage später versammelte sich eine Gruppe radikaler Patrioten vor dem Zollamt, dem Symbol englischer Unterdrückung, und bedrohte einen Wachposten. Kapitän Thomas Preston schickte daraufhin Truppen auf den Platz. Als die Spannung wuchs, schossen die Soldaten in die Menge. Der spätere US-Präsident John Adams übernahm die Verteidigung der Soldaten vor Gericht, von denen fünf freigesprochen, während zwei des Totschlags für schuldig befunden wurden. Samuel Adams und andere Patrioten nutzten den Vorfall für propagandistische Zwecke und verlangten den Abzug der Truppen, die schließlich auf den Inseln im Bostoner Hafen untergebracht wurden.

Britisch-Nordamerika-Erlaß

(British North America Act), im Frühjahr 1867 vom britischen Parlament verabschiedetes und am 1. Juli 1867 in Kraft getretenes Gründungsgesetz des Dominions von Kanada, womit das Land zu einem föderalen Bündnis zusammengeschlossen wurde und die Verfügungsgewalt über die eigene Innenpolitik erhielt. Der B.N.E. ist die Grundlage der Staatsverfassung Kanadas. Die Anregung zur Bildung einer kanadischen Föderation ging Ende der 1850er Jahre von dem frankokanadischen Politiker George-Etienne Cartier aus. Im Oktober 1864 trafen Repräsentanten Ober- und Unterkanadas, Neuschottlands, Neubraunschweigs, der Prince-Edward-Insel und Neufundlands in Quebec zusammen, um die Gestalt der Konföderation auszuarbeiten. Die Quebec-Konferenz bahnte den Weg zur kanadischen Union. Gründungsprovinzen waren Oberkanada (Ontario), Unterkanada (Quebec), Neuschottland und Neubraunschweig. Die durch den B.N.E. geschaffene Regierung basiert auf einem Zweikammerparlament. Während die Senatsmitglieder ihr Amt ähnlich den Lords im britischen Oberhaus auf Lebenszeit versehen, werden Mitglieder des Unterhauses in allgemeinen Wahlen bestimmt. Die Regierung muß sich gegenüber dem demokratisch gewählten Unterhaus verantworten. Jede Provinz hat ein eigenes Parlament und klar definierte Regierungskompetenzen, die aber der starken Zentralgewalt des Bundes untergeordnet sind. Die Konföderation bedeutete allerdings nicht zugleich die Unabhängigkeit Kanadas. Außenpolitische Vertretung, Entscheidungen über Kriegserklärungen und Verfassungsänderungen usw. blieben in der Hand des britischen Parlaments. Wichtige Änderungen des B.N.E. brachten das →Westminsterstatut und der →Verfassungsbeschluß.

Brown versus Board of Education

Fall vor dem →Obersten Gerichtshof, bei dem Anwälte einer Bürgerrechtsorganisation (→ACLU) die

Interessen eines schwarzen Mädchens aus Topeka (Kansas) vertraten, das täglich mehrere Kilometer zu einer Schule für Schwarze fahren mußte, obwohl sich eine Schule für Weiße zu Fuß von seinem Haus aus erreichen ließ. Unter der Führung des Vorsitzenden Earl Warren beschloß das Gericht, daß die Rassentrennung an den Schulen in Topeka gegen die Verfassung verstoße und hob damit das Urteil im Falle Plessy versus Ferguson von 1896 auf, das nach Hautfarbe getrennte Einrichtungen zuließ, sofern diese in jeder sonstigen Hinsicht gleichwertig waren (»separate but equal«). Mit einem nachfolgenden Urteil (Brown II.) verfügte das Gericht, daß alle Gemeinden die Integration ihrer Schulen »mit wohlüberlegter Eile« (»with all deliberate speed«) vorantreiben mußten. (→Busing)

Bureau of Corporations

(Büro für Aktiengesellschaften), von Präsident Theodore Roosevelt 1903 als Unterabteilung des Ministeriums für Handel und Arbeit geschaffenes Kartellamt, das die Geschäftspraktiken von Unternehmen überprüfen sollte, die in mehr als einem Bundesstaat tätig waren. Ziel der Einrichtung war die Aufdeckung von Trust- und Monopolbildung in der Wirtschaft und eine Reduktion der Zusammenführung von Kapital in nur wenigen großen Firmen.

Bureau of Freedmen, Refugees and Abandoned Lands

(Büro für befreite Sklaven, Geflohene und Verlassenes Land), 1865 vom Kongreß geschaffenes Hilfsamt für ehemalige Sklaven. Angeführt wurde das Freedmen's Bureau von General Oliver O. Howard, der die Aufgabe hatte, den nach dem →Sezessionskrieg befreiten Schwarzen des Südens Essen, Unterkunft, Transport, Arbeit und Schulbildung zu verschaffen. Ehrgeizigstes Ziel des Amtes war eine Reform des Landbesitzes im Süden. Verlassene Besitzungen wurden aufgeteilt und an die ehemaligen Sklaven verschenkt. So wurde bis Juni 1865 an etwa 10 000 Schwarze Grund und Boden vergeben, vor allem auf den Inseln vor der Küste South Carolinas und Georgias und auf ehemaligen Plantagen in Mississippi. Die Rechtmäßigkeit dieses Verfahrens war fragwürdig. Als immer mehr aus dem Krieg zurückkehrende Landbesitzer Anspruch auf ihr Eigentum erhoben, mußte an Schwarze vergebenes Land entzogen und dem rechtmäßigen Eigentümer zurückgegeben werden. Nach dem Ende der Wiedereingliederung der Südstaaten wurde das Freedmen's Bureau aufgelöst.

Bürgerrechtsbewegung

Im weitesten Sinne alle staatlichen und privaten Versuche, Gleichberechtigung für alle US-Amerikaner zu schaffen, insbesondere für die als systematisch benachteiligt angesehenen Gruppen wie Schwarze oder Indianer. Als erste staatliche Leistung im Rahmen der B. gilt der Civil Rights Act von 1866, der ehemalige schwarze Sklaven Weißen gleichstellte. Wichtige Schritte folgten mit dem 14. Verfassungszusatz, der ehemaligen Sklaven die US-amerikanische Staatsbürgerschaft verlieh, und dem 15. Verfassungszusatz, der ihnen das Wahlrecht verbriefte. Nichtsdestotrotz galten jahrzehntelang das Prinzip getrennter öffentlicher Einrichtungen für Schwarze und Weiße, solange diese als gleichwertig angesehen werden konnten, und insbesondere im Süden die sog. →Jim-Crow-Gesetze, die Schwarzen die Gleichstellung mit Weißen praktisch unmöglich machten. Mit der Massenabwanderung schwarzer Südstaatler in die Industriezentren des Nordens und dem Dienst schwarzer Soldaten in beiden Weltkriegen wuchs der öffentliche Druck, die strukturelle Diskriminierung abzubauen. 1947 gelang Bürgerrechtlern ein Erfolg mit der Verabschiedung des Fair Employment Practices Act (Regelung für Stellenbesetzung im öffentlichen Dienst). Im Falle →Brown versus Board of Education hob der Oberste Gerichtshof die Rassentrennung an Schulen auf. Eine große populäre Bewegung entstand in den 1950er und 1960er Jahren unter der Führung von Martin Luther King Jr., der mit einem Busboykott in Montgomery (Alabama) bekannt wurde. Nach dem von ihm organisierten →Marsch auf Washington wurden grundlegende Gesetze unter den Präsidenten John F. Kennedy und Lyndon B. Johnson erlassen wie der Civil Rights Act von 1964 (Verbot der Rassentrennung in öffentlichen Einrichtungen), der Voting Rights Act von 1965 (ermöglicht die Bundesaufsicht bei Wählerregistrierung) und der Open Housing Act von 1968 (Schutz vor Diskriminierung bei der Wohnungssuche). Der Civil Rights Act von 1991 erleichtert die Klagemöglichkeiten bei Diskriminierung am Arbeitsplatz.

Busing

In den frühen 1970er Jahren vom Bund durchgeführte gesetzliche Zwangsversetzung von Schulkindern, um ein prozentual vorgeschriebenes Mischverhältnis der Rassen an den öffentlichen Schulen zu erreichen. Der Name stammt von der Methode, Kinder auf langen Busfahrten in weit entfernte Stadtbezirke zu transportieren. Die rechtlich fragwürdige Politik führte in vielen Städten zur Flucht des Mittelstandes in die Privatschulen, die aufgrund des B. eine Renaissance erlebten. Rechtsgrundlage dieser Praxis war die Entscheidung des Obersten Gerichtshofs im Falle →Brown versus Board of Education. Die Verfassungsmäßigkeit dieses Eingriffs in das elterliche Erziehungsrecht wurde angefochten. In den 1980er Jahren beschränkte das Oberste Gericht die Anwendung des Verfahrens auf Fälle, in denen einseitige Rassenverhältnisse an den Schulen nachweislich das Produkt einer politischen Absicht waren.

Checks and Balances

(Kontrollen und Gleichgewicht), Grundsatzstruktur der US-amerikanischen →Verfassung, welche jeder der voneinander getrennten Gewalten Legislative, Exekutive und Judikative Möglichkeiten einräumt, die anderen begrenzt zu kontrollieren. Somit wird verhindert, daß eine der Regierungsinstanzen einen absoluten Machtanspruch geltend macht. Beispiele dieser Struktur sind: Teilung der Regierungskompetenzen zwischen Bund und Bundesstaaten, Direktwahl aller Kongreßabgeordneten und de facto Direktwahl des Präsidenten, Vetorecht des Präsidenten gegen vom Kongreß verabschiedete Gesetze, Überstimmungsrecht des Kongresses gegen das Veto des Präsidenten, notwendige Billigung der Ernennung von hohen Staatsbeamten durch den Senat und Amtsenthebungsmöglichkeit des Präsidenten durch den Kongreß (→Impeachment). Entsprechende Strukturen existieren in den Verfassungen der einzelnen Bundesstaaten. Vordenker der Gewaltenteilung waren die englischen Philosophen James Harrington (»Oceana«, 1665) und John Locke (»Zwei Abhandlungen zur zivilen Regierung«, 1690) und der französische Philosoph Montesquieu (»Vom Geist der Gesetze«, 1748).

CIA

(Central Intelligence Agency, Zentrale Intelligenz Agentur), durch das Nationale Sicherheitsgesetz von 1947 geschaffene Geheimdienstorganisation. Aufgaben der CIA sind die Nachrichtenermittlung, Gegenspionage und die Durchführung von Geheimoperationen im Ausland. Die Verfügung über Ausgaben und Personal der CIA obliegt allein ihrem Direktor, der vom Präsidenten ernannt wird (dessen Ernennung aber der Billigung des Senats bedarf). Da sie Berichte über Struktur und Aktivitäten ihrer Organisation grundsätzlich weder bestätigt noch dementiert, ist wenig über interne Angelegenheiten der CIA bekannt. Das Führungszentrum liegt in Langley (Virginia). Die CIA ging ursprünglich aus dem Amt für Strategische Dienste (OSS) hervor, und ihr Entstehen ist als unmittelbare Reaktion auf den Zweiten Weltkrieg, vor allem auf den japanischen Angriff auf Pearl Harbor, zu verstehen. Die CIA spielte eine maßgebliche Rolle beim Sturz des iranischen Premierministers 1954, nachdem dieser einen Bund mit Kommunisten eingegangen war, sowie bei der Absetzung von Jacobo Guzmán in Guatemala. Viele Aktivitäten der CIA haben für Kontroversen gesorgt, so die mißglückte Invasion auf Kuba in der →Schweinebucht, die mit dem Abschuß eines US-amerikanischen Piloten endenden Spionageflüge über der UdSSR oder die aufgedeckte →Iran-Contra-Affäre.

Civil Works Administration (CWA)

Im Rahmen des von Präsident Franklin D. Roosevelt initiierten →New Deal entstandenes Arbeitsbeschaffungsamt mit dem Auftrag, der aus der Weltwirtschaftskrise der 1930er Jahre resultierenden Massenarbeitslosigkeit zu begegnen. Einige der von der CWA im Winter 1933/34 durchgeführten Arbeiten waren von Wert wie der Bau von Schulen, Straßen und öffentlichen Parkanlagen, andere liefen auf bloße Beschäftigungsprogramme hinaus. Geleitet wurde das Amt von dem aus New York stammenden Harry Hopkins, der eine führende Rolle im New Deal spielte. Mit einem Budget von 1 Mrd. US-Dollar führte die CWA 400 000 Projekte durch und beschäftigte zeitweise bis zu 4 Mio. Menschen. Im März 1934 wurde sie aufgelöst.

Clear-Grit-Bewegung

(Reiner Mut), kanadische Reformbewegung Mitte des 19. Jhs. Die populistischen Grits gelangten im Westen Kanadas zu Einfluß mit ihrer Forderung nach Vereinfachung der Regierung, Säkularisierung kirchlichen Grundbesitzes, öffentlicher Förderung des Schulwesens und dem Erwerb des im Besitz der →Hudson's-Bay-Kompanie befindlichen →Rupertsland. Eine der wichtigsten Personen bei der Gründung der Grit-Bewegung war der liberale Politiker Malcolm Cameron, der dem Kabinett von Francis Hincks 1851 beitrat. Als Camerons Einfluß abnahm, fanden die Grits ihr wichtigstes Forum in Torontoer Reformzeitung »Globe«. 1864 entschloß sich der mittlerweile zum Vorsitzenden der Grits aufgerückte Brown zur Zusammenarbeit mit dem Kabinett Macdonald-Cartier, um die Gründung einer kanadischen Föderation in die Wege zu leiten. Nach Entstehung des Dominions von Kanada (→Britisch-Nordamerika-Erlaß) gingen die Grits in der Partei der Liberalen auf.

Common Sense

(Gesunder Menschenverstand), Titel des am 10. Januar 1776 im Verlag Robert Bells (Philadelphia) anonym erschienenen Pamphlets, mit dem sein Autor Thomas Paine für den Bruch der amerikanischen Kolonien mit der britischen Herrschaft plädierte. Von den Theorien John Lockes zum Naturrecht ausgehend, argumentierte Paine gegen das Gottesgnadentum der britischen Monarchie und für die Volkssouveränität. Es müsse, so Paine, dem »gesunden Menschenverstand« (Common Sense) eines jeden Kolonisten einleuchten, daß England durch sein tyrannisches Verhalten seinen Herrschaftsanspruch in den nordamerikanischen Kolonien verwirkt habe. Binnen drei Monaten verkauften sich 120 000 Exemplare der Streitschrift, die maßgeblich zum revolutionären Aufbruch in den Kolonien beitrug. C.S. provozierte eine ablehnende Replik des späteren zweiten Präsidenten der USA, John Adams (»Gedanken über die Regierung«).

Dawes-Gesetz

(Dawes Severalty Act), 1887 verabschiedetes Gesetz, das auf die Initiative des aus Massachusetts stammenden Senators Henry Laurens Dawes zurückgeht und die Integration der Indianer in die weiße Gesellschaft zum Ziel hatte. Damit erhielten die Indianer zwar die US-amerikanische Staatsbürgerschaft, mußten aber die in ihren Stammesriten verwurzelte Tradition gemeinschaftlichen Grundbesitzes aufgeben. Der Rechtsstatus der Stämme war zugunsten individueller Bürgerrechte praktisch aufgehoben. Jedem Familienoberhaupt wurden nach dem D.G. 65 ha Boden zugewiesen, jedem alleinstehenden Erwachsenen 32 ha und jedem Kind 16 ha.

Demokratische Partei

Eine der zwei großen politischen Parteien in den USA (→Republikanische Partei). Im frühen 19. Jh. ging sie aus der Partei der →Demokratischen Republikaner hervor, nachdem diese die Abspaltung der Nationalen Republikaner überwunden hatte und ihren Kandidaten Andrew Jackson (*1767, †1845) an die Macht gebracht hatte. Jackson, der sich als Freund des kleinen Mannes gab, gilt als Wegbereiter der Massendemokratie in den USA, da während bzw. nach seiner Amtszeit die in manchen Bundesstaaten geltende Einschränkung des Wahlrechts auf Grundsteuerzahler aufgehoben wurde. Jackson stellte sich

gegen die →Nationalbank und die Einmischung der Bundesregierung in Angelegenheiten der Staaten. In den 1840er Jahren galt der Abolitionismus (Bewegung zur Abschaffung der Sklaverei) als herrschendes Thema der Demokraten. Die Spaltung des Nordflügels von der südlichen Fraktion sowie der →Sezessionskrieg führten zum jahrzehntelangen Legitimitätsverlust der Partei, der das Stigma der Südstaatenloyalität anhaftete. Lediglich mit der zweimaligen Wahl Grover Clevelands (*1837, †1908) stellte sie in den nachfolgenden Jahren einen Präsidenten, bis die Spaltung der Republikaner 1912 den Demokraten einen Wahlerfolg mit der populären Identifikationsfigur Woodrow Wilson (*1856, †1924) bescherte. Eine dauerhafte Machtstellung sicherte sich die Partei in den 1930er und 1940er Jahren mit der Präsidentschaft Franklin D. Roosevelts (*1882, †1945), unter dem sie sich zur modernen Partei der Linken entwickelte. In den 1960er Jahren profilierten sich die Demokraten als Vorreiter der schwarzen →Bürgerrechtsbewegung und des linksliberalen Sozialstaats. Die teilweise katastrophalen wirtschaftlichen Folgen dieser Politik brachten die Demokraten in Mißkredit und führten 1980 zur bis 1992 andauernden republikanischen Herrschaft. 1992 gewann der Demokrat Bill Clinton (*1946) die Präsidentschaftswahl. Seine Politik deckt sich in vielen, vor allem finanzpolitischen Punkten mit der der Konservativen.

Demokratische Republikaner

Die politische Partei Thomas Jeffersons (*1743, †1826) in den frühen Jahren des 18. Jhs. Sie entstand als Oppositionspartei zu den seit der Präsidentschaft George Washingtons (*1732, †1799) regierenden →Föderalisten. Die Partei verpflichtete sich den Idealen der Französischen Revolution und dem agrarischen Dezentralismus Jeffersons. Mit der Wahl Jeffersons zum Präsidenten gelangte sie 1800 an die Macht und stellte bis zur Wahl John Quincy Adams' (*1767, †1848) im Jahr 1824 alle nachfolgenden Präsidenten. Die Demokratischen Republikaner gelten als Vorgänger der modernen →Demokratischen Partei.

Détente

(Entspannung), von US-Präsident Richard Nixon (*1913, †1994) und dessen Außenminister Henry Kissinger (*1923) initiiertes außenpolitisches Konzept, das ein Auftauen und die schließliche Normalisierung der im →Kalten Krieg erstarrten Beziehungen zwischen den USA und der Sowjetunion zum Ziel hatte. Bekanntestes Ergebnis der Détente-Politik sind die mit den →SALT-Verträgen erreichten Beschränkungen des atomaren und konventionellen Wettrüstens, aber auch die Wiederaufnahme diplomatischer Beziehungen mit China war eine direkte Folge der D.

DEW-Linie

(Distant Early Warning), Frühwarnsystem zur Erkennung von allen in den nordamerikanischen Luftraum eindringenden Flugobjekten. Eine Serie von Radarstationen entlang des 69. Breitengrades vom Nordwesten Alaskas bis zum Nordosten Kanadas ermöglicht die frühe Erkennung aller aus dem Norden kommenden feindlichen Flugobjekte mit einer Vorwarnzeit von sechs Stunden. Die Errichtung der DEW-Linie war ein 1954 begonnenes Gemeinschaftsprojekt der USA und Kanadas, das 1957 fertiggestellt und 1959–1961 erweitert wurde, um die Inselgruppe der Aleuten in der Beringstraße und Grönland einzuschließen. Das System der DEW-Linie ist an das nordamerikanische Raketenerkennnungssystem BMEWS angekoppelt.

District of Columbia (D. C.)

174 km² großer, in den Bundesstaaten Virginia und Maryland am unteren Lauf des Flusses Potomac gelegener Bezirk der US-amerikanischen Hauptstadt Washington. Der Verwaltungsbezirk des D.C. untersteht keinem Bundesstaat, sondern dem Kongreß der USA allein. Präsident George Washington (*1732, †1799), nach dem die neue Hauptstadt benannt wurde, wählte das Gebiet für die 1790 vom Kongreß in Auftrag gegebene Schaffung eines Kapitols. 1791 stellten die beiden oben genannten Staaten das Gebiet für den Regierungssitz zur Verfügung (die Hauptstadt der USA lag ursprünglich in New York bzw. Philadelphia). Im Juni 1800 siedelten Präsident John Adams und seine Regierung nach Washington über, und im November desselben Jahres trat der Kongreß zum ersten Mal im neuen Regierungssitz Washington zusammen. Seit 1974 hat der D.C. beschränkte Selbstverwaltungsrechte und einen gewählten Bürgermeister, doch besitzt der Kongreß das Recht, den Bürgermeister bei Verletzung oder Vernachlässigung der Pflichten seines Amtes zu entheben. Seit 1970 sitzt ein Abgeordneter des D.C. im Kongreß, allerdings ohne Stimmrecht. Erstmals erhielten die Einwohner des Bezirks 1961 ein Recht auf Teilnahme an Präsidentschaftswahlen. Diese rechtliche Ausnahmesituation dient dem Schutz der Regierung vor Beeinflussung durch lokalpolitische Interessen.

Dixiecrats

Eigentlich »States' Rights Democratic Party«, Splittergruppe der →Demokratischen Partei, spaltete sich 1948 im Streit über das Bürgerrechtsprogramm Präsident Harry S. Trumans (*1884, †1972) von der Mutterpartei ab und hatte ihre Anhänger ausschließlich im Süden der USA (»Dixie«). Die D. stellten den Gouverneur von South Carolina Strom Thurmond (*1902) als Präsidentschaftskandidaten auf in der Hoffnung, eine Mehrheit für Truman oder dessen republikanischen Herausforderer Thomas Dewey zu verhindern und die Wahlentscheidung dem →Repräsentantenhaus zuzuspielen. Nach dem Scheitern dieses Versuchs wechselten viele Mitglieder der D. in die →Republikanische Partei.

Dominion von Neuengland

1686 bis 1689 existierender Zusammenschluß der Kolonien Massachusetts, Maine, New Hampshire, Rhode Island, Connecticut, New York und New Jersey zum einheitlichen Regierungsgebiet. Zweck der vom englischen König James II. beschlossenen Bildung des Dominions war eine Konsolidierung der britischen Herrschaft in den nordamerikanischen Kolonien. 1686 traf der mit Formierung und Verwaltung des Dominions beauftragte Sir Edmund Andros in Massachusetts ein. Die versuchte Aufhebung der relativen Autonomie der Kolonien von Neuengland erzeugte rief Widerstand unter den Kolonisten hervor. Nach dem Sturz James' II. revoltierten die Kolonisten in Nordamerika und lösten das Dominion wieder auf.

Dred-Scott-Urteil

1857 gefälltes Urteil des Obersten Gerichtshofs im Falle Dred Scott versus Sandford. Der Sklave Dred Scott reiste mit seinem Besitzer aus Missouri (einem Staat, der Sklaverei zuließ) nach Illinois, wo Sklaverei verboten war. Die sich der Sache Scotts annehmenden Abolitionisten in Illinois vertraten die Meinung, daß Scott infolge des →Missouri-Kompromisses bei Überquerung der Grenze zu Illinois seine Freiheit erlangt hatte. Das Gericht entschied, daß Scott, da nicht im Besitz der US-amerikanischen Staatsbürgerschaft, kein Klagerecht hatte. Darüber hinaus verneinte das Gericht den Anspruch des Kongresses, die Sklaverei in nördlichen Staaten zu verbieten. Das völlig unerwartete, sensationelle Urteil vertiefte die bereits schwelende Auseinandersetzung zwischen Nord- und Südstaaten, indem es den vom Süden angefochtenen Missouri-Kompromiß praktisch aufhob.

Emanzipations-Proklamation

Bekanntmachung von Präsident Abraham Lincoln, mit der er am 1. Januar 1863 alle in den Gebieten der abtrünnigen →Konföderierten Staaten lebenden Sklaven für frei erklärte. Die in den »neutralen« Grenzstaaten Delaware, Maryland, Kentucky und Missouri lebenden Sklaven waren davon nicht betroffen. Mit der E.P. wurde die Abschaffung der Sklaverei zum erklärten Kriegsziel der Unionisten im →Sezessionskrieg, den Lincoln zunächst ausschließlich als Kampf um die Einheit der Nation angesehen hatte. Erste Pläne der E.P. präsentierte Lincoln am 22. Juli 1862, doch wurde beschlossen, eine siegreiche Schlacht der nördlichen Armeen abzuwarten, um der Erklärung Glaubwürdigkeit zu verschaffen. Die Schlacht von Antietam am 17. September 1862 erbrachte die militärische Legitimation. Die E.P. war in erster Linie ein ideologischer Schritt, da die tatsächliche Befreiung aller Sklaven erst mit Beendigung des Kriegs und Verabschiedung des 13. Verfassungszusatzes am 18. Dezember 1865 gelang.

Eriekanal

Zwischen 1817 und 1825 erbauter, den Fluß Hudson mit dem Eriesee verbindender Kanal. Der Erfolg des Kanals löste ein Kanalbaufieber in den USA und Kanada aus. Durch den E. erhielt New York als wichtigste Hafenstadt der USA Anschluß an den mittleren Westen. Vom Staat New York und mit Fremdkapital aus Großbritannien finanziert, entstand der Kanal unter der Anleitung der Ingenieure James Geddes und Benjamin Wright zu einem Gesamtpreis von 7 Mio. US-Dollar. Der E. ist 585 km lang und verfügt über 83 Schleusen und 18 Aquädukte. Die Transportzeit zwischen New York und Buffalo wurde durch den E. von 20 auf sechs Tage reduziert, Transportkosten wurden auf ein Zwanzigstel des früheren Preises gesenkt. Ursprünglich wurde Fracht auf flachen Kähnen transportiert, die von am Ufer laufenden Pferden gezogen wurden. Im 20. Jh. wurde der Kanal ausgebaut und modernisiert.

Fair Deal

(Fairer Handel), von Präsident Harry S. Truman in Anlehnung an den →New Deal seines Vorgängers Franklin D. Roosevelt formuliertes und 1949 vorgestelltes innenpolitisches Entwicklungs- und Sozialprogramm. Truman suchte u.a. im F.D., eine Erhöhung des Mindestlohns, eine Ausweitung der staatlichen Altersvorsorge und des sozialen Wohnungsbaus, die Schaffung einer nationalen Gesundheitsfürsorge und den Ausbau der Bürgerrechtsgesetzgebung zu erreichen. Das Programm scheiterte in den meisten Punkten am Widerstand des Kongresses. Viele dieser Aspekte wurden von späteren Regierungen realisiert. (→Great Society)

Familienverband

(Family Compact), führende Schicht in Britisch-Nordamerika (im britischen Oberkanada, später: Ontario) in der Zeit vor der Gründung der kanadischen Föderation im Jahre 1867, die hauptsächlich aus einem inoffiziellen Bündnis der führenden englischen Geschäftsleute und des höheren Klerus der anglikanischen Kirche bestand. Der spöttische Name bezieht sich auf das nach außen fürsorgliche, aber innen korrupte Wesen der Oberschicht. Führende Personen des F. waren John Strachan, erster anglikanischer Bischof Oberkanadas, und John Beverley Robinson, Generalstaatsanwalt und Vorsitzender des Obersten Gerichts in Oberkanada. Als königstreues Element der Gesellschaft bildete der F. einen starken Widerstand gegen die politische Selbstbehauptung der Frankokanadier und die Einführung der Republik in Britisch-Nordamerika. Er verhinderte auch den Aufbau moderner Infrastruktur durch Wahrung des im kirchlichen Besitz befindlichen Bodens, der somit allen Bauvorhaben verschlossen blieb. Ein Ende seines Einflusses brachte erst die Entstehung des Dominions von Kanada.

FBI

(Federal Bureau of Investigation, Bundesbüro für Ermittlungen), 1908 als Unterabteilung des Justizministeriums entstandene Bundespolizei der Vereinigten Staaten, die alle Verstöße gegen Bundesgesetze untersucht außer Verbrechen im Post- und Zollwesen sowie Geldfälschung. Zur Zuständigkeit des FBI gehören alle Fragen der inneren Sicherheit, insbesondere Spionage- und Sabotageabwehr, Landesverrat, organisierte Kriminalität und Verbrechen gegen die Regierung der USA. Das Amt überprüft auch die Personalien von Bewerbern um bestimmte höhere Posten in der Regierung. Eine grundlegende Modernisierung erfuhr das FBI unter ihrem langjährigen Direktor J. Edgar Hoover (1924–1972). Hoovers Methoden, vor allem die Beobachtung von linksgerichteten politischen Organisationen und Individuen, waren teilweise umstritten, doch ist ihm die Professionalität des FBI und die geringe Korruption innerhalb dieses Amts zuzuschreiben. Seit einer Initiative Hoovers verfügt das FBI über die weltgrößte Fingerabdruckkartei zur Identifikation von Kriminellen.

NORDAMERIKA LEXIKON

Federal Emergency Relief Administration (FERA)

(Föderales Notlinderungsprogramm), von 1933 bis 1935 im Rahmen des von Präsident Franklin D. Roosevelt initiierten →New Deal aktives Hilfsamt zur Unterstützung Notleidender. Das Amt unterstand der Leitung von Harry Hopkins. Spezifische Aufgabe des FERA war die Verteilung von Bundeszuschüssen (anstatt Darlehen, wie von Präsident Herbert Hoover eingeführt) an die Bundesstaaten, um die Wohlfahrtsämter der Staaten zu stützen, die die weitere Verteilung der Gelder überwachen sollten. Insgesamt 3 Mrd. US-Dollar flossen durch die Arbeit des FERA an finanzschwache Bundesstaaten.

Federal Highway Act

1956 unter Präsident Dwight D. Eisenhower erlassenes Gesetz zum Bau der US-amerikanischen Autobahn. Ursprünglich vorgesehen waren ein Etat von 25 Mrd. US-Dollar und eine Bauzeit von zehn Jahren, um ein 64 000 km langes Autobahnnetz fertigzustellen. Die Regierung finanzierte das Projekt durch die Einführung neuer Steuern auf Benzin, Reifen und Autos. Die Kosten überstiegen das projektierte Budget, aber die Langzeitwirkung auf die Wirtschaft war äußerst positiv und die Autobahn trug zur dynamischen Mobilität bei, die die US-amerikanische Gesellschaft charakterisiert.

Federalist Papers

Insgesamt 85 zwischen Oktober 1787 und August 1788 unter dem Pseudonym »Publius« in verschiedenen New Yorker Zeitungen erschienene Essays der Föderalisten Alexander Hamilton, James Madison und John Jay. 1788 wurden die Essays auch in Buchform unter dem Titel »The Federalist« herausgebracht. Sie dienten dem Zweck, die 13 Bundesstaaten zur Ratifizierung der →Verfassung der USA zu bewegen. Der Großteil der Beiträge stammt von Hamilton. Die F.P. boten einerseits eine Erläuterung von Sinn, Struktur und Vorzügen der vorgeschlagenen Regierungsform, vor allem der Gewaltenteilung, andererseits eine Verteidigung gegen Kritiker der Verfassung. Der Warnung der Antiföderalisten vor der tyrannischen Machtübernahme durch eine starke zentrale Regierung begegnete Hamilton mit der These, die Ansiedlung der Souveränität beim Volk und der Zusammenschluß möglichst vielfältiger Interessen müßten die Tyrannei unmöglich machen. Die F.P. leisteten einen fundamentalen Beitrag zur Ratifizierung der Verfassung sowie zur Interpretation derselben durch die Legislative.

Flüchtlingsgesetz

(Fugitive Slave Law), eigentlich eine Reihe von Gesetzen, die von der Kolonialzeit bis zum Ende des →Sezessionskriegs galten und das Besitzrecht von Sklavenhaltern schützten. Dem F. zufolge durften Beauftragte der Bundesregierung Haftbefehle gegen flüchtige Sklaven ausstellen. Selbst wenn sich geflohene Sklaven in den sklavereifreien Staaten des Nordens aufhielten, konnten sie ohne Gerichtsprozeß festgenommen und nach eidesstattlicher Versicherung des Eigentümers an diesen ausgeliefert werden. Der Begriff bezeichnet vor allem eine Gesetzesinitiative des Senators Henry Clay aus Kentucky, der mit der Stärkung der F. im Konflikt zwischen den Nord- und Südstaaten zu vermitteln versuchte. Abolitionistengruppen in den Nordstaaten verhinderten häufig die Durchsetzung der F.

Föderalisten

Zunächst die Bezeichnung für alle Anhänger der 1787/88 noch nicht ratifizierten amerikanischen →Verfassung, danach der Name der führenden politischen Partei in den USA bis 1800, als Thomas Jefferson zum Präsidenten gewählt wurde. Da die Verfassung die Existenz von Parteien nicht vorsah, kann man während der Präsidentschaft George Washingtons lediglich von einer Interessengemeinschaft des Präsidenten und einflußreicher Kabinettsmitglieder wie John Adams, John Jay und Alexander Hamilton sprechen. Die F. teilten die Forderung nach starker Zentralgewalt, Übernahme der Staatsschulden durch den Bund, der Schaffung einer Nationalbank und Unterstützung der Wirtschaft. In Kongreßdebatten des Jahres 1794 zeichneten sich die Anfänge einer organisierten Opposition unter Thomas Jefferson und James Madison ab, aus der die Demokratisch-Republikanische Partei hervorging. Diese provozierte die Herausbildung einer Parteiorganisation bei den F. 1796 gewann der Föderalist Adams die Präsidentschaftswahl. Die Verabschiedung der →Fremden- und Aufruhrgesetze, mit denen die F. die Macht der Demokraten einzuschränken versuchten, hatte die Wahl Jeffersons 1800 zur Folge. Die F. erfreuten sich danach lediglich noch einer gewissen Popularität in Neuengland (wo sie sich angeblich an Sezessionsplänen beteiligten), gelangten aber nie wieder an die Macht und lösten sich bis 1828 gänzlich auf. Ihre Nachfolge trat die →Whig-Partei an.

Fortschrittspartei

Am 31. Juli 1912 von Theodore Roosevelt und dessen Anhängern aus den Reihen der →Republikaner gegründete, reformgesinnte Partei (auch Bull Moose [»Elchbulle«] Party genannt als Anspielung auf die Vierschrötigkeit Roosevelts). Roosevelt, der sich nach zwei Amtszeiten als Präsident aus der Politik zurückgezogen hatte, war von den Leistungen seines Nachfolgers William H. Taft so enttäuscht, daß er sich 1912 erneut um die Kandidatur der Republikaner bewarb. Als diese sich jedoch weiterhin zu Taft bekannten, gründete Roosevelt die eigene Partei, von der er am 5. August als Kandidat aufgestellt wurde. Die F. verlangte u.a. Direktwahl des Senats, Einführung des Volksentscheids sowie einer progressiven Einkommen- und Erbschaftssteuer, Naturschutz und das Frauenwahlrecht. Nach Roosevelts Niederlage zerfiel die Partei. Zwei andere Gruppen wählten in nachfolgenden Jahren ebenfalls den Namen F.: das für die Wahl von 1924 formierte Bündnis mehrerer Reformgruppen um den Präsidentschaftskandidaten Robert La Follette und eine linksgerichtete Splittergruppe der Demokratischen Partei um den ehemaligen Vizepräsidenten Henry A. Wallace, der 1948 für die Präsidentschaft kandidierte.

Freiboden-Partei

1848 von Salmon P. Chase und John P. Hale gegründete politische Partei, die die Einführung der Sklaverei in den im →Mexikanisch-Amerikanischen Krieg erworbenen westlichen Territorien verhindern wollte. Hauptwählerschaft waren folgerichtig Abolitionisten. Den einstigen Präsidenten Martin Van Buren stellte die Partei 1848 als Präsidentschaftskandidaten auf und konnte genug Wählerstimmen auf sich vereinigen, um die Wahl zugunsten Zachary Taylors zu kippen. Nach Erlaß des →Kansas-Nebraska-Gesetzes und nach dem →Dred Scott-Urteil löste sie sich auf, da viele Mitglieder die Partei verließen, um durch ihren Beitritt zur Republikanischen Partei deren Position als Antisklavereipartei des freien Nordens zu stärken.

Freisilber-Bewegung

Im letzten Viertel des 19. Jhs. erhobene politische Forderung nach der Prägung von Silbermünzen in den Vereinigten Staaten. Die Währungspolitik zwischen 1834 und 1873 erlaubte den sog. Bimetallismus, die gleichzeitige Prägung von Gold- und Silbermünzen im Werteverhältnis von 1:16. Diese Relation lag weit unter dem Wert des Silbers auf dem freien Markt, infolgedessen verschwanden Silbermünzen aus dem Verkehr. 1873 beschloß die US-Regierung die Einführung des ausschließlichen →Goldstandards. Dies löste eine Währungsknappheit aus,

auf die Farmer und Silberproduzenten mit dem Ruf nach Wiedereinführung der Silbermünzen antworteten. Die Regierung bemühte sich zweimal um einen Kompromiß (Bland-Allison Act, 1878; Sherman Act, 1890), konnte jedoch damit die Silberanhänger nicht zufriedenstellen. In der Präsidentschaftswahl von 1896 nahmen sich die Populistische und die Demokratische Partei unter der Führung von William Jennings Bryan des Themas Freisilber an. Die Niederlage Bryans gegen den Goldstandard-Befürworter William McKinley und die Entdeckung neuer Goldlagerstätten bedeuteten das Ende der Bewegung.

Fremden- und Aufruhrgesetze

(Alien and Sedition Acts), insgesamt vier von den →Föderalisten durch den Kongreß der USA gebrachte Notgesetze, die 1798 in Kraft traten. Rechtfertigung der Gesetze war der angesichts der →XYZ-Affäre und des unerklärten Kriegs gegen Frankreich notwendige Schutz der USA gegen Bedrohung durch ausländische Agenten. Das Naturalisierungsgesetz verlängerte die Wartezeit für Einbürgerungskandidaten von 5 auf 14 Jahre; das Fremdengesetz ermöglichte die Abschiebung gefährlicher Ausländer; das Feindesgesetz ermächtigte den Präsidenten, Bürger feindlicher Staaten inhaftieren oder ausweisen zu lassen; das Aufruhrgesetz stellte aufrührerische Tätigkeiten und Veröffentlichungen unter Strafe. Ziel der Gesetze war eine Schwächung der Demokratischen Partei Thomas Jeffersons, die Zulauf von Ausländern und naturalisierten Bürgern sowie Anhänger unter den regimekritischen Journalisten hatte. Jefferson und James Madison reagierten mit den →Virginia- und Kentucky-Resolutionen. Die öffentliche Empörung über die Gesetze verhalf Jefferson 1800 zur Präsidentschaft. Bis 1802 waren alle Gesetze entweder abgelaufen oder von den Demokraten aufgehoben worden.

French and Indian War

(Französisch-Indianischer Krieg), Krieg von 1754 bis 1763 in Nordamerika zwischen einem Bündnis der französischen Kolonien und ihrer indianischen Vertragspartner auf der einen und den britischen Kolonien auf der anderen Seite. Der Ausbruch des F.I.K. führte in Europa zum Siebenjährigen Krieg (1756–1763) zwischen Frankreich und Großbritannien und ihren europäischen Verbündeten. Feindseligkeiten brachen aus nach dem Bau von Fort Duquesne am Fluß Ohio (nahe dem heutigen Pittsburgh, Pennsylvania) durch Frankokanadier. Die Kolonie Virginia erhob Anspruch auf das Gebiet und entsandte eine Miliz unter der Führung von George Washington, um die Kanadier zu vertreiben. In den ersten Jahren des Krieges errangen die Franzosen entscheidende Erfolge, doch nach der Einnahme der Festung von Louisbourg durch die Briten 1758 nahm der Krieg eine Wende zugunsten Englands. General James Wolfe belagerte Quebec, das er 1759 für England eroberte. Spanien trat aus Furcht vor britischer Hegemonie in Nordamerika 1760 in die Kämpfe ein. Im selben Jahr fiel Montreal an Großbritannien, das sich insgesamt als überlegene Macht erwies. Der Krieg endete offiell 1763 mit einem in Paris geschlossenen Frieden, bei dem Großbritannien alle französischen Gebiete in Kanada und östlich des Mississippi erhielt und Spanien alle französischen Gebiete östlich des Mississippi bekam (also auch New Orleans und damit einen Hafen).

Frieden von Gent

Friedensvertrag, mit dem der →Krieg von 1812 endete. Im August 1814 begannen die Verhandlungen. Am 24. Dezember wurde der Frieden offiziell geschlossen, obwohl Kämpfe um New Orleans noch fortdauerten. Der Vertrag stellte die Vorkriegsverhältnisse wieder her. Die verletzte US-amerikanische Neutralität etwa, eine wichtige Ursache des Kriegs, fand keine Erwähnung darin. Bedeutendste Folge war der gemeinsame Beschluß, Kommissionen zu bilden, um Grenzfragen zwischen den USA und Kanada sowie Abrüstungsmaßnahmen beider Länder an den Großen Seen zu regeln.

Frieden von Paris

Friedensvertrag, mit dem der amerikanische →Unabhängigkeitskrieg 1783 endete. Benjamin Franklin, John Adams und John Jay erreichten vor allem die Anerkennung der Unabhängigkeit der 13 amerikanischen Kolonien durch Großbritannien sowie die Regelung wichtiger Grenz-, Handels- und Fischereifragen. Als Westgrenze der USA einigte man sich auf den Mississippi. Die gewünschte Übergabe Kanadas an die USA stieß auf Widerstand der englischen Unterhändler. Der amerikanische Kontinentalkongreß verpflichtete sich, die Bundesstaaten zur Entschädigung geflohener und danach enteigneter Loyalisten (Königstreue) anzuhalten, während Großbritannien den Abzug seiner Truppen vom Staatsgebiet der USA versprach. Die beiderseitige Nichterfüllung dieser letzten zwei Bedingungen trug wesentlich zu weiteren Spannungen zwischen beiden Ländern bei, die zum →Krieg von 1812 führten.

Frieden von Utrecht

1713/14 geschlossener Friedensvertrag zwischen Großbritannien, den Niederlanden, Portugal und Preußen auf der einen und Frankreich und Spanien auf der anderen Seite. Der Vertrag beendete den spanischen Erbfolgekrieg, der in Nordamerika als »Queen Anne's War« bekannt war. Frankreich erkannte die protestantische Thronfolge in Großbritannien an, während Charles VI. König Philipp V. als rechtmäßigen Herrscher Spaniens akzeptierte. Wichtigste Folge des Friedensvertrags für Nordamerika war die Übergabe des bis dahin französisch beherrschten Neuschottland (→Akadien) an das britische Königreich.

Frieden von Versailles

Am 28. Juni 1919 von Großbritannien, Frankreich, Italien, Japan und Deutschland unterzeichneter Vertrag, mit dem der Erste Weltkrieg endete. Basis des Vertrages waren die von US-Präsident Woodrow Wilson entworfenen →Vierzehn Punkte, als deren Kern die Gründung des Völkerbundes galt. Um die europäischen Mächte zur Beteiligung am Völkerbund zu bewegen, mußte Wilson von seiner eher konzilianten Haltung gegenüber Deutschland abrücken und Konzessionen an England und Frankreich machen. Zwar konnte er z.B. die grundsätzliche Aufteilung Deutschlands unter den alliierten Mächten verhindern, doch mußte er u.a. der Besetzung des Rheinlandes, der Überschreibung von Elsaß-Lothringen an Frankreich und der Forderung nach von Deutschland zu leistenden Reparationszahlungen zustimmen. Im US-amerikanischen Kongreß traf der Friedensvertrag auf den Widerstand isolationistischer Abgeordneter, die eine künftige Verwicklung der USA in europäische Konflikte verhindern wollten. Ein Kompromiß aufgrund verschiedener Änderungen des Vertrags wurde gesucht, doch zeigte sich Wilson unnachgiebig. Schließlich beteiligten sich die USA weder am Friedensvertrag noch am tatsächlich verwirklichten Völkerbund, sondern schlossen am 18. Oktober 1921 einen Separatfrieden mit Deutschland.

Goldstandard

Ankoppelung des Wertes der Grundeinheit der Währung an die vorhandenen Goldreserven der Regierung. Von 1792 bis 1873 galt in den USA der Bimetallismus, nach dem Silber- und Goldmünzen herausgegeben wurden. Das Währungsgesetz von 1873 erlaubte nur noch die Prägung von Goldmünzen, was zu heftigen politischen Auseinandersetzungen führte (→Freisilber-Bewegung). Der traditionelle G. bedeutete im einzelnen: 1. Die Währungsgrundeinheit wurde als eine bestimmte Menge Gold definiert; 2. die freie, unbegrenzte Prägung von Goldmünzen war erlaubt; 3. Papiergeld sowie Devisen aus einem Land, in dem der G. galt, konnten sofort gegen Gold umgetauscht werden; 4. Gold konnte frei und unbegrenzt ein- und ausgeführt werden. In den meisten Ländern wurde der G. nach dem Ersten Weltkrieg durch Währungsreformen geändert: Goldmünzen wurden aus dem Verkehr gezogen und der Goldwert des Papiergeldes galt lediglich noch theoretisch – das Gold in den Reserven der Nationalbanken stützte den Wert der Währung, war aber nicht frei umtauschbar. 1933 hoben die USA ihren G. ganz auf.

Golfkrieg

Vom 16. Januar bis 28. Februar 1991 von den USA im UN-Auftrag angeführter Krieg mit dem Ziel, irakische Invasionsarmeen aus Kuwait zu vertreiben. Im August 1990 hatte der Irak das Nachbarland am Persischen Golf überfallen und annektiert. Im November beschloß der UN-Sicherheitsrat die militärische Befreiung Kuwaits, sollte sich der irakische Diktator Saddam Hussein weigern, seine Truppen zurückzuziehen. Im Rahmen der Operation Wüstenschild wurden im Januar über 500 000 US-amerikanische Soldaten zusammen mit Truppen Großbritanniens, Frankreichs und mehrerer anderer Länder in Saudi-Arabien stationiert. Das Oberkommando erhielt zum ersten Mal in der US-amerikanischen Geschichte ein Schwarzer, General Colin Powell, das Feldkommando ging an General Norman Schwarzkopf. Die Operation Wüstensturm setzte Powell am 17. Januar 1991 mit der Bombardierung Bagdads in Gang. Schwarzkopf begann am 23. Februar eine Landoffensive. Nach vier Tagen Landkrieg gelang die Vernichtung der irakischen Streitkräfte. US-Präsident George Bush entschied sich unter dem Druck der Bündnisländer gegen die Einnahme Bagdads. Die Konflikte mit Saddam Hussein über von der UN verhängte Wirtschaftssanktionen und Waffeninspektionen schwelen indes weiter.

Gegenseitigkeitsvertrag

(Reciprocity Treaty), Handelsabkommen, das eine gegenseitige Reduktion der Schutzzölle der beteiligten Länder vorsieht, um den zwischenstaatlichen Handel zu erleichtern. Das Aushandeln von G. war mehrfach in der kanadisch-amerikanischen Geschichte Gegenstand gemeinsamer Politik. Der erste

G. entstand 1854 und erlaubte für die Dauer von zwölf Jahren den zollfreien Handel in Naturalien. Die USA erhielten Fischereirechte in den Gewässern Britisch-Nordamerikas. Eine Erneuerung dieses Vertrags war über 100 Jahre lang nicht möglich. Weitere kanadische Bemühungen um neue Verträge scheiterten im 19. Jh. Der Versuch des kanadischen Premiers Wilfrid Laurier, einen neuen Vertrag auszuhandeln, führte zu seinem politischen Untergang, da nationalistische Kräfte in Kanada den Vertrag ablehnten. Bei zwei Versuchen im 20. Jh., 1911 und 1948, versagte die kanadische Regierung erneut, doch seit der 1989 geschaffenen Zollunion (→NAFTA) sind alle Zollschranken zwischen beiden Ländern gefallen.

Granger-Bewegung

1867 von Oliver Hudson Kelley ins Leben gerufene Bauernorganisation, die zunächst als Geheimbund funktionierte, sich dann in den 1870er Jahren zu einer breiteren gesellschaftlichen Bewegung im Westen der USA entwickelte und als →Bauernallianzen aufging. Mitte der 1870er Jahre, als die Grange auf ihrem Höhepunkt stand, gehörten dem Bund 858 000 Mitglieder an. Als progressive Organisation hatte die G. einen Sozial- und einen Bildungsauftrag, bemühte sich aber vornehmlich um mehr Autonomie der Bauern gegenüber dem Großkapital im allgemeinen und den Eisenbahnen im besonderen. Dies gelang durch die Schaffung kollektiver Läden, Getreidesilos, Versicherungsgesellschaften und anderer Unternehmen. Ferner forderte sie Kontrollgesetze für die Eisenbahnen. In den späten 1880er Jahren wurde die G. fast gänzlich durch die Bauernallianzen abgelöst.

Great Society

Name des innenpolitischen Sozialprogramms von US-Präsident Lyndon B. Johnson. In seiner Ansprache zur Lage der Nation 1965 kündigte Johnson an, daß er mit den Maßnahmen der G.S. den Lebensstandard aller US-Amerikaner erhöhen und die soziale Chancengleichheit fördern wolle. Ideologischer Kern der G.S. war der 1964 begonnene »Krieg gegen Armut«. Johnson gründete Arbeitsförderungsprogramme (Office of Employment Opportunity), bewilligte Zuschüsse für die Berufsausbildung, initiierte ethnischen Quoten bei Stellenbesetzungen (→Affirmative Action), baute das Angebot der staatlichen Gesundheitsfürsorge mit den Programmen Medicare und Medicaid aus, unterstützte den sozialen Wohnungsbau (Department of Housing and Urban Development, 1965), erhöhte die Ausgaben für Sozialhilfe und brachte wichtige Bürgerrechtsgesetze durch den →Kongreß (Civil Rights Act, 1964; Voting Rights Act, 1965).

Grundrechtekatalog der US-amerikanischen Verfassung

(Bill of Rights), aus den ersten zehn Verfassungszusätzen bestehende Liste der ausdrücklich garantierten Rechte aller US-amerikanischen Bürger. Die Föderalisten sahen ursprünglich keinen Grundrechtekatalog in der Verfassung vor. Insbesondere Alexander Hamilton war der Ansicht, daß das Festschreiben der Rechte eine Einschränkung derselben bedeute. In den postrevolutionären USA war jedoch die allgemeine Furcht vor Übergriffen einer starken Zentralregierung auf die Freiheiten der Bürger groß, und im Verlaufe des Ratifizierungsverfahrens schien es ratsam, die Anfügung eines solchen Katalogs zu versprechen. Im September 1789 stimmte der Kongreß zwölf Zusätzen zu, die auf der Tradition der englischen Magna Charta und den in der Verfassung von Virginia genannten Rechten beruhten. In einem am 15. Dezember 1791 abgeschlossenen Verfahren fanden zehn dieser Zusätze die Zustimmung der Bundesstaaten. Sie garantieren: 1. die Religions- und Meinungsfreiheit; 2. das Recht auf Waffenbesitz; 3. Befreiung der Bürger vor Quartierpflicht gegenüber den Streitkräften; 4. Schutz vor willkürlicher Hausdurchsuchung und Verhaftung; 5. Schutz vor zweimaliger Strafverbüßung für ein und dasselbe Delikt sowie vor Zwang zur Selbstbezichtigung; 6. das Recht auf ein ordentliches Gerichtsverfahren; 7. das Recht auf Verhandlung vor einem Geschworenengericht; 8. Schutz vor unangemessen hoher Kaution und Strafgebühr sowie vor grausamer und ungewöhnlicher Strafe; 9. etwaige in der Verfassung nicht genannte Rechte; 10. Einschränkung der Rechte der Bundesregierung.

Haymarket-Aufstand

Am 4. Mai 1886 verübter Anschlag und nachfolgender Zusammenstoß zwischen Polizei und Demonstranten auf dem Haymarket-Platz in Chicago. Am Vortag hatten Mitglieder eines großen Gewerkschaftsverbandes, der späteren Amerikanischen Arbeitsföderation, Streikbrecher der McCormick Harvester Company überfallen. Bei Auseinandersetzungen mit der Polizei kam ein Streikender ums Leben. Anarchistenführer riefen zur Demonstration am nächsten Tag auf dem Haymarket-Platz auf. Als die Polizei einschritt, explodierte eine Bombe, die sieben Polizisten tötete. Bei dem dadurch ausgelösten Schußwechsel fanden auch vier Demonstranten den Tod. Der Bombenwerfer konnte nicht ermittelt werden, aber die Polizei nahm acht Anarchisten als Komplizen fest, von denen sieben zum Tode verurteilt wurden. Vier der Urteile wurden vollstreckt, ein Verurteilter beging Selbstmord und die drei weiteren wurden inhaftiert. Letztere begnadete der Gouverneur von Illinois, John Peter Altgeld. Der Ruf der Gewerkschaften nahm erheblichen Schaden durch den Vorfall.

Heimstättengesetz

(Homestead Act), Siedlungsgesetz von 1862, nach dem US-Bürger oder Kandidaten für die Einbürgerung in den Vereinigten Staaten im Mindestalter von 21 Jahren 65 ha Land im Westen der USA gegen eine geringfügige Gebühr und die Verpflichtung, das Grundstück 5 Jahre lang zu bewohnen und wirtschaftlich zu nutzen, von der Bundesregierung erwerben konnten. Das Gesetz ging z.T. zurück auf Forderungen der →Freiboden-Partei. Nach Gründung der USA wurde Landbesitz in neuen Territorien nicht mehr wie vorher kostenlos, sondern nur noch gegen hohe Summen zugewiesen. Siedler im Westen wiesen darauf hin, daß der Boden erst durch die Bestellung der Siedler seinen vollen Wert erhielt und verlangten eine kostengünstige Landvergabe. Zwischen 1863 und 1890 wurden 956 922 Anträge auf Landzuweisung registriert. Das Gesetz blieb bis 1977 in Kraft.

Hepburn-Gesetz

Unter Anregung von US-Präsident Theodore Roosevelt von dem Kongreßabgeordneten William Peter Hepburn entworfenes und 1906 verabschiedetes Gesetz, das vor allem das den zwischenstaatlichen Verkehr regelnde Bundesamt ICC (Interstate Commerce Commission) ermächtigte, den Eisenbahngesellschaften Höchstpreise für Personen- und Warenbeförderung vorzuschreiben. Bis dahin hatten die Gesellschaften ihre Preise willkürlich festgelegt. Das Hepburn-Gesetz war Teil der Bemühungen Roosevelts, den wirtschaftlichen Mißbrauch durch das Großkapital zu reduzieren.

Hessians

Sammelbegriff für alle deutschen Söldner, die von Großbritannien für den Einsatz im amerikanischen →Unabhängigkeitskrieg angeheuert wurden. Etwa 17 000 des insgesamt etwa 30 000 Mann starken Truppenkontingents kamen aus Hessen-Kassel, des-

NORDAMERIKA LEXIKON

sen Landgraf in erster Ehe mit einer Tochter des englischen Königs George II. verheiratet war. Etwa 5700 Mann kamen aus Braunschweig, 2400 aus Hessen-Hanau, 2400 aus Ansbach-Bayreuth und jeweils 1200 aus Waldeck und Anhalt-Zerbst. Sie stellten ein Drittel der britischen Armee in Nordamerika dar. Etwa 17 000 Söldner kehrten nach dem Krieg nach Europa zurück, rund 7700 fielen im Krieg und der Rest blieb in Nordamerika.

Hexenprozesse

Im Jahre 1692 in Salem (Massachusetts) durchgeführte Gerichtsverfahren gegen mehrere Kolonisten, die wegen Hexerei angeklagt worden waren. Die Anklagen basierten auf den Aussagen junger Mädchen, die den Vorwurf der Teufelsanbetung gegen eine von den Antillen stammende schwarze Hausbedienstete erhoben. Bis sich der puritanische Geistliche und Rektor des Harvard Colleges, Increase Mather, gegen die Prozesse aussprach und deren Ende 1693 erwirkte, wurden 19 angeblich Überführte hingerichtet. Die Urheberinnen der Prozesse gestanden später, ihre Geschichte erfunden zu haben.

House of Representatives →Repräsentantenhaus

HUAC

(House of Unamerican Activities Committee, Komitee für Unamerikanische Aktivitäten), 1938 errichteter Ausschuß des →Repräsentantenhauses, der sich mit der Beobachtung von Organisationen und Individuen beschäftigte, die eine potentielle Gefahr für die innere Sicherheit der USA darstellten. In den späten 1930er Jahren galt das Interesse des HUAC Gruppierungen wie dem Deutsch-Amerikanischen Bund, die mit dem Nationalsozialismus sympathisierten. Nach dem Zweiten Weltkrieg befaßte sich das Komitee fast ausschließlich mit linksgerichteten Organisationen und deren Mitgliedern. Der spätere US-Präsident Richard Nixon spielte als Mitglied des HUAC in den 50er Jahren eine entscheidende Rolle im Prozeß gegen Alger Hiss, einen ehemaligen Mitarbeiter im Außenministerium, der für die Sowjetunion spioniert hatte. Dem HUAC ebenfalls verbunden war der radikale Antikommunist Joseph McCarthy, der mit seinen fragwürdigen Kampagnen gegen angebliche Kommunisten das Komitee in Verruf brachte. 1975 wurde das HUAC aufgelöst.

Hudson's-Bay-Kompanie

1670 mit Zustimmung des englischen Königs Charles II. geschaffene, in Kanada tätige Handelsgesellschaft, die Pelzhandel und die Kolonisierung in Nordamerika fördern sollte. Die Anregung zur Gründung der Gesellschaft kam von den französischen Pelzhändlern Pierre Esprit Radisson und Médard Chouart Sieur de Groseilliers, die 1659/1660 die Wasserwege um die Hudsonbai herum erkundeten und dort Pelzjagd betreiben wollten. Die Verwaltung von Französisch-Kanada belegte beide mit Geldstrafen wegen nicht-autorisierter Auskundschaftung, worauf sie sich an die englische Krone wandten. Die Bay-Kompanie erhielt neben Handelsrechten den Auftrag, eine Kolonie zu gründen, die nach Prinz Rupert, einem Cousin Charles' II., →Rupertsland heißen sollte. In den kriegerischen Auseinandersetzungen der Jahre 1689–1713 zwischen Frankreich und England wechselten Gebiete der Bay-Kompanie mehrmals den Besitzer. Nach Beendigung des →French and Indian War begann die Bay-Kompanie mit der Erschließung des kanadischen Westens. 1821 ging sie eine Fusion mit der konkurrierenden →Nordwestgesellschaft (ein Zusammenschluß frankokanadischer Pelzhändler) ein. Im gleichen Jahr erhielt die Gesellschaft vom britischen Parlament das Monopolrecht für den Pelzhandel im kanadischen Westen bis zur Pazifikküste. Nach der Gründung der kanadischen Föderation 1867 erwarb der Staat die Besitzungen von Rupertsland von der Bay-Kompanie für 300 000 Pfund. Heute ist die Gesellschaft mit Hauptsitz in London im kanadischen Holz-, Öl-, Gas- und Pelzhandel tätig.

Impeachment

(Anklage wegen Amtsvergehen), in der US-amerikanischen →Verfassung vorgesehene Möglichkeit eines Anklageverfahrens gegen den Präsidenten, den Vizepräsidenten oder hohe Regierungsangestellte, das zur Amtsenthebung führen kann. Die Artikel I und II der Verfassung erläutern das Verfahren, das eine Amtsenthebung aufgrund »Verrats, Bestechung oder anderer schwerer Verbrechen und Vergehen« erlaubt. Die Anklage führt das Repräsentantenhaus, während der Senat das Urteil fällt. Im Falle eines gegen den Präsidenten angestrengten Verfahrens wird der Prozeß vom Vorsitzenden des Obersten Gerichtshofs geführt. Zur Amtsenthebung ist eine Zweidrittelmehrheit im Senat erforderlich. Die Strafe darf sich lediglich in der Enthebung selbst erfüllen, wobei der Angeklagte sich womöglich anschließend vor einem Zivilgericht wegen seiner Vergehen verantworten muß. Nur ein Präsident, Andrew Johnson, ist bisher vom Repräsentantenhaus angeklagt worden. Im Senat fand sich keine Mehrheit gegen ihn. Im Rahmen der Enthüllungen um die sog. Watergate-Affäre wurden 1974 drei Anklagepunkte gegen Präsident Richard Nixon vorbereitet, doch kam Nixon dem →Kongreß durch seinen Rücktritt zuvor.

Impressment

Vom 13. bis ins 19. Jh. im britischen Gewohnheitsrecht verankertes Privileg der britischen Krone, englische Untertanen zum Dienst in der Königlichen Marine zu zwingen. Während der napoleonischen Kriege (1803–1815) führte diese Praxis zu großen Spannungen zwischen Großbritannien und den USA. Britische Kapitäne, die dringend Matrosen für den Kriegsdienst benötigten, nahmen für sich in Anspruch, amerikanische Schiffe nach britischen Deserteuren durchsuchen zu dürfen, wobei aus Großbritannien stammende, eingewanderte Bürger der USA nach Ansicht der Krone immer noch englische Untertanen waren. Viele US-Amerikaner, selbst wenn sie im Besitz gültiger US-amerikanischer Papiere waren, wurden auf diese Art und Weise von englischen Schiffen verschleppt. 1807 wurde das amerikanische Schiff »Chesapeake« von der britischen Fregatte »Leopard« beschossen, weil sich der Kapitän der »Chesapeake« dem Durchsuchungsbefehl widersetzte. Nach dem »Chesapeake«-Vorfall konnte ein Krieg abgewendet werden, aber die Entrüstung über die insgesamt etwa 10 000 verschleppten US-amerikanischen Matrosen trug zum Ausbruch des →Krieges von 1812 bei.

Industriearbeiter der Welt

(Industrial Workers of the World, IWW), 1905 gegründeter Gewerkschaftsverband mit radikal-sozialistischer Ausrichtung, zu dessen Mitgliedern hauptsächlich ungelernte Arbeiter zählten. Gründer der IWW waren u.a. Daniel De Leon, William »Big Bill« Haywood und der mehrmalige Präsidentschaftskandidat der Sozialisten, Eugene V. Debs. Die im Volksmund als »Wobblies« bezeichnete Organisation lehnte politische Betätigung zugunsten von Generalstreik und Industriesabotage ab. Wegen ihres radikalen und gewalttätigen Potentials war die IWW eine von Arbeitgebern und Polizei gefürchtete Kraft in der Holzindustrie und im Bergbau. Nach der Verfolgung sozialistischer Arbeiterverbände im Ersten Weltkrieg (Debs wurde nach dem 1917 verabschiedeten Sabotagegesetz zu zehn Jahren Haft verurteilt, Haywood mußte in die UdSSR fliehen, um der Inhaftierung zu entgehen) und dem Aufkommen der Kommunistischen Partei der USA verlor die IWW in den 1920er Jahren an Bedeutung.

Iran-Contra-Affäre

Im November 1986 aufgedeckter Skandal um illegale Waffenverkäufe der US-amerikanischen Regierung. Um die Befreiung US-amerikanischer Geiseln im Libanon zu erwirken, lieferten die USA Waffen an den Iran, der im Gegenzug seinen Einfluß im Libanon geltend machen sollte. Damit handelten sie einem gegen den Golfstaat verhängten Waffenembargo zuwider. Das durch den Verkauf erwirtschaftete Geld floß wiederum an die nicaraguanischen »Contras«, die die kommunistische Regierung der Sandinisten zu stürzen versuchten. Die Enthüllung dieser Vorgänge führte zum Rücktritt des Sicherheitsberaters Admiral John Marlan Poindexter sowie zur Entlassung von Oberstleutnant Oliver L. North. Poindexter und North mußten vor einem Ausschuß des →Kongresses, der sog. Tower-Kommission, aussagen. Die Kommission nutzte die Anhörungen, um Kritik an Präsident Ronald Reagan zu üben wegen mangelnder Aufsicht über seine Administration. North wurde zu drei Jahren Haft verurteilt, die allerdings zur Bewährung ausgesetzt wurden. Poindexter verbüßte eine sechsmonatige Haftstrafe wegen Falschaussage vor dem Kongreß.

Jim-Crow-Gesetze

In den Südstaaten der USA vom Ende des Sezessionskrieges bis zur Ersetzung durch neue Bürgerrechtsgesetze der 1960er Jahre (→Bürgerrechtsbewegung) geltende Rassentrennungsgesetze. Gleich nach dem Krieg 1865/66 erließen viele Südstaaten sog. Black Codes (Schwarzengesetze), die für schwarze Bürger die Wahl des Berufes, des Wohnortes und des Ehepartners einschränkten. Nach der durch nördliche Republikaner zügig erzwungenen Abschaffung dieser Vorschriften entstanden die sog. J.C.G. (deren Name vermutlich von der schwarzen Farbe der Krähe stammt), welche die Trennung von Schwarzen und Weißen in Eisenbahnen, Gaststätten, Krankenhäusern, Schulen, Theatern und anderen öffentlichen Einrichtungen verordneten. Andere unter diesen Begriff fallende Regelungen wie etwa Lesetests für Schwarze dienten dazu, Schwarze vom Gebrauch ihres Wahlrechts abzuhalten.

Kalter Krieg

Seit dem Ende des Zweiten Weltkriegs bis zur Auflösung der Sowjetunion 1991 andauernder ideologischer, ökonomischer, politischer und verteidigungsstrategischer Konflikt zwischen den USA und ihren demokratischen Verbündeten auf der einen und der UdSSR und ihren kommunistischen Verbündeten auf der anderen Seite. Dieser »Kriegszustand« galt als »kalt«, weil es zwischen den zwei großen Bündnissen nicht zu direkten militärischen Auseinandersetzungen kam. Die sog. gegenseitige Abschreckung, die Furcht vor einem Atomkrieg mit apokalyptischen Folgen, verhinderte den Schritt vom kalten zum heißen Krieg. Nach beschränkter Zusammenarbeit zwischen den Westmächten und der Sowjetunion im Zweiten Weltkrieg und bei den Konferenzen von Jalta und Potsdam begann der K.K. mit der Verkündung der →Truman-Doktrin und der westlichen Politik der Eindämmung des Kommunismus als Reaktion auf die sowjetische Besetzung der osteuropäischen Länder und die drohende Eroberung Griechenlands und der Türkei. Der nachfolgende Marshallplan und schließlich die Gründung der NATO (1949) verfestigten die Fronten. Die sowjetische Antwort auf die Formierung des Nordatlantischen Bündnisses war die Bildung des Warschauer Paktes 1955. Mehrere Konflikte wie die Berlin-Krisen (1948, 1961), der →Koreakrieg, die →Kubakrise oder der →Vietnamkrieg führten zu einer Steigerung der Spannungen zwischen beiden Bündnissen. Zusätzlich entstand ein zweiter K.K. zwischen den beiden kommunistischen Großmächten UdSSR und Volksrepublik China. Mit der Politik der →Détente und der Aufnahme der →SALT-Verhandlungen erfolgte eine Annäherung zwischen den USA und der UdSSR, doch mit der sowjetischen Invasion in Afghanistan 1979 und der Stationierung der russischen SS-20-Raketen in Europa wurde diese Annäherung wieder gestoppt. Mit den vom sowjetischen Staatschef Michail Gorbatschow angekündigten Reformen und der aus dem Zusammenbruch der UdSSR folgenden Befreiung Osteuropas nahm der K.K. ein offizielles Ende. Die Beziehungen zwischen den westlichen Demokratien und China bleiben allerdings schwierig.

Kansas-Nebraska-Gesetz

1854 verabschiedetes Bundesgesetz, das die Einrichtung zweier neuer Territorien, Kansas und Nebraska, im noch unorganisierten Norden des im →Louisiana Purchase erworbenen Gebiets vorsah. Bedeutend ist das K.N.G. wegen der daraus resultierenden Verschärfung des Konflikts zwischen Norden und Süden. Auf Betreiben des aus Illinois stammenden Senators Stephen Douglas kam der Gesetzentwurf vor den Kongreß. Douglas wollte die Führung der transkontinentalen Eisenbahn durch die nördlichen Gebiete erreichen, damit Chicago zum Verkehrsknotenpunkt der Eisenbahn wurde. Er brauch-

te jedoch die Unterstützung der Südstaaten-Demokraten, an die er ein brisantes Zugeständnis machte: Die Entscheidung über Einführung oder Verbot der Sklaverei in den neuen Staaten sollte den Parlamenten von Kansas und Nebraska überlassen werden. Damit wurde der →Missouri-Kompromiß aufgehoben. Es folgten als Reaktion blutige Auseinandersetzungen zwischen Abolitionisten und Sklavenhaltern in Kansas sowie die Auflösung der →Whig-Partei, deren Mitglieder in großer Zahl zur neuen →Republikanischen Partei abwanderten.

Knights of Labor

(Ritter der Arbeit), bedeutendste Arbeiterorganisation in den USA in den Jahren zwischen 1877 und 1887. Die K.L. wurden 1869 in Philadelphia von Uriah S. Stephens gegründet und agierten zunächst zum Schutz aller Mitglieder gegen Repressalien durch Arbeitgeber als Geheimbund. Zu den Zielen der K.L. gehörten Sicherheitsmaßnahmen am Arbeitsplatz, der Achtstundentag, gleicher Lohn bei gleicher Arbeit für beide Geschlechter, Verhandlungsmöglichkeiten zwischen Arbeitnehmern und -gebern und Verbot der Kinderarbeit. Bis 1879 blieb die Mitgliederzahl unter 10 000, doch mit der Ablösung Stephens' durch Terence V. Powderly, der Aufhebung der Geheimhaltung und der zunehmenden Nationalisierung der Organisation wuchsen die K.L. auf eine Größe von über 700 000 Mitgliedern im Jahr 1886. Erfolgreiche Streikaktivitäten, vor allem gegen die Union-Pacific-Eisenbahn 1884, trugen zur Popularität der K.L. bei. Erfolglose Arbeitskämpfe im Jahre 1886 und die öffentliche Wirkung des →Haymarket-Aufstands (an dem die K.L. allerdings nicht beteiligt waren) führten zum rapiden Abstieg der Gewerkschaft, die außerdem durch die →Amerikanische Arbeitsföderation (AFL) verdrängt wurde. 1917 lösten sich die K.L. auf.

Kompromiß von 1877

Politische Abmachung zwischen der Demokratischen und Republikanischen Partei zur Klärung des strittigen Ergebnisses der Präsidentschaftswahl von 1876. Der Demokratische Kandidat Samuel J. Tilden gewann mit einem schmalen Vorsprung von 4 300 590 gegenüber den 4 036 298 Stimmen seines republikanischen Konkurrenten Rutherford B. Hayes. Die Wahlergebnisse aus Louisiana, South Carolina, Florida und Oregon fielen jedoch nicht eindeutig aus. Hayes brauchte sämtliche Stimmen der Wahlmänner (→Wahlkollegium) dieser Staaten, um mit einer Mehrheit von einer Stimme die Wahl zu gewinnen. Da kein Verfahren zur Regelung eines solchen Falles existierte, wurde eine unabhängige Kommission aus Republikanern und Demokraten gebildet, um über die umstrittenen Stimmen zu entscheiden. Der Überlieferung zufolge sollen die Demokraten in eine Entscheidung zugunsten Hayes' eingewilligt haben gegen ein Versprechen der Republikaner, alle seit Beginn der Wiedereingliederung der Südstaaten in den US-amerikanischen Bund (→Rekonstruktion) im Süden stationierten Bundestruppen abzuziehen, die Infrastruktur des Südens zu verbessern und einen Südstaatler ins Kabinett zu berufen. Im März 1877 wurde Hayes der erste Präsident der Vereinigten Staaten von Amerika, der ohne eine Mehrheit der Landeswählerschaft sein Amtbezog.

Konföderationsartikel

Erste, zwischen 1781 und 1789 geltende Verfassung der Vereinigten Staaten. Am 7. Juni 1776 verfügte der zweite Kontinentalkongreß die Bildung eines Komitees zur Erstellung einer Verfassung. Zum Vorsitzenden wurde John Dickinson, Delegierter aus Pennsylvania, ernannt, der auch als Verfasser des ersten Entwurfs der Artikel gilt. Die von Dickinson vorgesehene starke Zentralregierung fand wenig Zustimmung bei den Vertretern der einzelnen Staaten. Nach einigen tiefgreifenden Änderungen wurde das aus 13 Artikeln bestehende Dokument am 15. November 1777 vom Kongreß angenommen und am 1. März 1781 von allen Staaten ratifiziert. In dem durch die neue Verfassung gegründeten Kongreß besaß jeder Staat eine Stimme. Die finanziellen Verpflichtungen der Staaten gegenüber dem Kongreß wurden entsprechend dem privaten Landbesitz im jeweiligen Staat errechnet. Der Kongreß selbst war ermächtigt, in außenpolitischen Fragen zu entscheiden, Kriegserklärungen zu verkünden, Verträge abzuschließen, ein stehendes Heer und eine Marine zu bilden, Indianerangelegenheiten zu regeln, Geld herauszugeben, Darlehen aufzunehmen und eine Post zu organisieren. Alle nicht ausdrücklich genannten Rechte des Kongresses oblagen den einzelnen Bundesstaaten, und so existierten die USA als Liga souveräner Staaten ohne starke Exekutive. Alle Entscheidungen des Kongresses bedurften neun der 13 Stimmen der Staaten. Wegen der geradezu kümmerlichen Macht des Bundes gegenüber den einzelnen Bundesstaaten erwiesen sich die Artikel bald als völlig unzureichende Regierungsgrundlage, so daß im Mai 1787 zunächst zur Überholung der Artikel und dann zur Anfertigung einer neuen →Verfassung angeregt wurde.

Konföderierte Staaten von Amerika

(Confederate States of America, CSA), Bezeichnung des Bundes, den die Südstaaten nach ihrem Austritt aus der Union der US-amerikanischen Bundesstaaten bildeten und der den gegnerischen Staat im →Sezessionskrieg darstellte. Am 8. Februar 1861 traten die Vertreter South Carolinas, Mississippis, Floridas, Alabamas, Georgias und Louisianas in Montgomery (Alabama) zusammen, um eine provisorische Regierung zu bilden. Zum vorläufigen Präsidenten wurde der aus Kentucky stammende Jefferson Davis am 9. Februar bestimmt. Am 6. November wurde er durch freie Wahlen in diesem Amt mit einer Regierungszeit von 6 Jahren bestätigt. Es traten die Staaten Texas, Virginia, Arkansas, Tennessee und North Carolina hinzu. Die Verfassung der CSA glich im großen Ganzen der der Vereinigten Staaten, verankerte aber die Sklaverei im Grundgesetz. Ein vorläufiges Einkammerparlament wurde 1862 durch einen aus Senat und Repräsentantenhaus bestehenden Kongreß ersetzt mit Regierungssitz in Richmond (Virginia). Die Verfassung der CSA räumte allerdings den einzelnen Staaten wesentlich mehr Autonomie als die Verfassung der Vereinigten Staaten ein, was der Kriegsführung schadete, da es Davis selten gelang, alle Staaten der CSA auf eine gemeinsame politische Linie zu bringen. Mit der Kapitulation des Konföderierten Oberkommandierenden, Robert E. Lee, 1865 in Appomatox (Virginia) endete die Geschichte der CSA. Im Verlaufe der →Rekonstruktion wurden alle abtrünnigen Bundesstaaten wieder in die Union der US-amerikanischen Bundesstaaten eingegliedert.

Kongreß

Aus dem →Kontinentalkongreß hervorgegangene, gesetzgebende Versammlung der USA. Der Kongreß besteht aus zwei Kammern oder »Häusern«, dem →Senat mit 100 Mitgliedern (zwei aus jedem Staat) und dem →Repräsentantenhaus mit 435 Mitgliedern (proportionale Vertretung nach Bevölkerungszahl). Gegründet wurde der Kongreß durch Artikel I der →Verfassung, der auch seine Befugnisse festlegt. Zu den wichtigsten Befugnissen des Kongresses gehören das Recht, Steuern zu erheben, den zwischenstaatlichen und den Außenhandel zu regeln, die Währung herauszugeben, eine Post zu organisieren, Krieg zu erklären und ein stehendes Heer zu bilden. Der 1933 ratifizierte 20. Verfassungszusatz verfügt, daß sich beide Häuser des Kongresses am 3. Januar nach der im November stattgefundenen Präsidentschaftswahl versammeln, um die bevorstehende zweijährige Legislaturperiode zu organisieren. Im allgemeinen tagt der Kongreß jedes Jahr von Januar bis zur Aufhebung der Sitzung (gewöhnlich im Herbst).

Kontinentalkongreß

1774–1789 zusammentreffende Versammlung der Delegierten der ursprünglichen 13 amerikanischen Kolonien (ab 1776 als Staaten auftretend), die als erste Regierung der USA fungierte. Der erste, vom 5. September bis 26. Oktober 1774 im Stadthaus von Philadelphia tagende K.K. traf infolge der gegen Massachusetts gerichteten Maßnahmen Großbritanniens zusammen, mit denen das englische Parlament auf die →Boston Tea Party reagierte. Dieser Kongreß nahm die sog. Suffolk-Beschlüsse an, die u.a. die Bildung von Staatsmilizen empfahlen. Der am 10. Mai 1775, ebenfalls in Philadelphia einberufene zweite Kongreß übernahm bereits die Kriegsführung im →Unabhängigkeitskrieg und beschloß die Verkündung der →Unabhängigkeitserklärung sowie die Abfassung der →Konföderationsartikel, welche die konstitutionelle Basis des Kongresses darstellten. Dem Kongreß oblagen einige Regierungsrechte, er war jedoch nicht befugt, Zwang auf die Bundesstaaten auszuüben, um seine Beschlüsse durchzusetzen. Die Einschränkungen der Konföderationsartikel schufen eine schwache Handlungsbasis für den Kongreß, der durch die 1789 ratifizierte →Verfassung eine Umstrukturierung erfuhr.

Koreakrieg

Militärischer Einsatz der USA als Teil des UN-Kontingents im koreanischen Bürgerkrieg 1950–1953. Am Ende des Zweiten Weltkriegs kamen US-Amerikaner und Russen überein, daß die japanische Kapitulation in Korea im Norden von der UdSSR, im Süden von den USA entgegengenommen werden sollte. Bei der Aufteilung der zwei Zonen wurde der 38. Breitengrad als provisorische Grenze festgelegt. Die Sowjets errichteten ein kommunistisches Regime im Norden und ließen die Grenze militärisch besetzen. Im Süden wurde nach freien Wahlen eine demokratische Republik ausgerufen, doch der Norden beharrte auf seinem Anspruch auf ganz Korea. Am 25. Juni 1950 fielen nördliche Armeen in den Süden ein, besetzten die Hauptstadt Seoul und drängten südkoreanische Kräfte auf den südlichen Zipfel der Halbinsel zurück. Der UN-Sicherheitsrat forderte Beistand für Südkorea von den Mitgliedstaaten, worauf US-Präsident Harry S. Truman zunächst den Einsatz US-amerikanischer Luftwaffen- und Marineeinheiten anordnete. Unter dem Oberkommando von General Douglas MacArthur entsandten die USA kurz darauf auch Bodentruppen nach Korea und warfen die Nordkoreaner bis zur chinesischen Grenze zurück. Doch der Einsatz rotchinesischer Verbände ab 25. November änderte die Lage zugunsten Nordkoreas. Nach mehreren Gefechten wurden die Ausgangsverhältnisse ab Mitte 1951 wiederhergestellt. Die Waffenstillstandsverhandlungen, die am 10. Juli 1951 begannen, zogen sich zwei Jahre lang hin und endeten mit dem Abkommen von Panmunjom am 27. Juli 1953. An der Grenze wurde eine entmilitarisierte Zone eingerichtet. Ein Friedensvertrag ist bis heute nicht zustandegekommen. Über 38 000 US-amerikanische Soldaten fielen in dem Konflikt, bzw. wurden als vermißt gemeldet.

Krieg von 1812

Militärischer Konflikt zwischen den USA und Großbritannien auf amerikanischem Boden 1812–1814. Den Hintergrund des Krieges bildete die Entrüstung der USA über die seit dem Ende des Unabhängigkeitskriegs andauernden Provokationen Großbritanniens wie etwa das →Impressment, die Aufrüstung der westlichen Indianerstämme und die englischen Handelseinschränkungen. Am 18. Juni 1812 erklärte der Kongreß Großbritannien den Krieg, doch die Streitkräfte der USA erwiesen sich als unzureichend vorbereitet. Sämtliche Unternehmungen gegen Kanada scheiterten. Nach einer britischen Invasion 1814 stand Washington (D.C.) im August in Flammen. Im Januar 1815 erstritt General Andrew Jackson einen genialen Sieg in der Schlacht bei New Orleans. Bereits am 24. Dezember 1814 fand der Krieg im →Frieden von Gent ein offizielles Ende. Erwähnenswerte territoriale Gewinne machten weder die USA noch Großbritannien.

Kubakrise

Die K. vom Oktober 1962 war einer der Höhepunkte im Kalten Krieg zwischen den USA und der Sowjetunion. Sie brachte die Welt an den Rand eines Atomkriegs. Ausgelöst wurde die Krise dadurch, daß US-Spionageflugzeuge Anfang Oktober 1962 auf Kuba sowjetische Reketenrampen fotografierten. Die US-Geheimdienste unterrichteten die Regierung in Washington davon, daß Moskau seit Mitte 1962 auf der mit der UdSSR verbündeten Karibikinsel Abschußrampen für Mittelstreckenraketen bauten, die auch Atomsprengköpfe tragen konnten. Da Kuba, auf dem seit der Revolution von 1959 ein sozialistisches Regime unter Fidel Castro herrschte, von Florida nur rund 300 km entfernt ist, sah US-Präsident John F. Kennedy die militärische Sicherheit der USA unmittelbar gefährdet. Die Krise erreichte ihren Höhepunkt, als Kennedy am 22. Oktober 1962 von der Sowjetunion ultimativ den Abbau und Abzug sämtlicher Raketen und Startanlagen auf Kuba verlangte und gleichzeitig eine Seeblockade verhängte. Zu jenem Zeitpunkt befanden sich mehrere sowjetische Schiffe mit Raketenteilen auf der Fahrt nach Kuba. Wenige Tage später lenkte der sowjetische Parteichef Nikita S. Chruschtschow ein und befahl den Abzug der Raketen von Kuba. Im Gegenzug sicherte Kennedy öffentlich zu, auf eine weitere militärische Intervention auf Kuba zu verzichten und versprach in einer geheimgehaltenen Vereinbarung den Abbau von US-Raketenbasen in der Türkei, durch die sich die Sowjetunion bedroht fühlte. Der glimpfliche Ausgang brachte Kennedy den Ruf eines souveränen Außenpolitikers ein.

Landzuweisungsgesetz →Heimstättengesetz

Louisiana Purchase
(Louisiana-Landkauf), 1803 vollzogener Erwerb eines 2 000 000 km² umfassenden Territoriums westlich des Mississippi von Frankreich durch die USA. Die zwischen dem Mississippi und dem Felsengebirge der Rocky Mountains liegenden Gebiete der alten Kolonie Louisiana gingen nach dem →French and Indian War an Spanien. Napoleon Bonaparte, der die Restauration der französischen Kolonien in Nordamerika und auf den Antillen wünschte, erreichte 1800 im Vertrag von San Ildefonso die Rückgabe Louisianas an Frankreich. Präsident Thomas Jefferson fürchtete den Verlust des von Spanien gewährten Zugangs zum Hafen von New Orleans und beauftragte den US-amerikanischen Emissär in Paris, Robert Livingston, Napoleon den Kauf von New Orleans anzutragen. Angesichts der Sklavenrevolte auf Haïti, der bevorstehenden Wiederaufnahme des Kriegs gegen Großbritannien und des Festsitzens seiner Flotte in eingefrorenen niederländischen Häfen entschied sich Napoleon gegen die Rekolonisierung Louisianas und bot Livingston und dem mittlerweile eingetroffenen US-Staatssekretär James Monroe das ganze Gebiet zum Kauf an, das die USA dann für 15 Mio. US-Dollar erwarben.

Manhattan-Projekt
Deckname des von 1939 bis 1947 laufenden US-amerikanischen Atomforschungsprojektes, das 1945 zur Entwicklung der Atombombe führte. Nachdem der dänische Physiker Niels Bohr 1939 an der Princeton University über die den deutschen Physikern Otto Hahn und Fritz Strassmann gelungene Atomspaltung berichtete, appellierte eine Gruppe von Wissenschaftlern von der in Manhattan gelegenen Columbia University, allen voran Albert Einstein, an US-Präsident Franklin D. Roosevelt, ein US-amerikanisches Forschungsprojekt zu schaffen, um den Deutschen bei der Entwicklung der Bombe zuvorzukommen. Am 2. Dezember 1942 gelang Enrico Fermi im Labor der Universität von Chicago die Erzeugung einer Kettenreaktion, und in Los Alamos (New Mexico) leitete J. Robert Oppenheimer die Versuche, eine Bombe zu konstruieren. Einen Prototyp der Bombe, die im August über Hiroshima (Japan) abgeworfen wurde, zündete das Forscherteam bereits am 16. Juli 1945 in Los Alamos. Oppenheimer wurde später zum ausgesprochenen Gegner der Entwicklung von Kernwaffen.

Manifest Destiny
(Offenbares Schicksal), Mitte des 19. Jhs. kursierendes Schlagwort, das den vermeintlichen Expansionsauftrag der USA auf dem nordamerikanischen Subkontinent bezeichnete. Geprägt wurde der Begriff des offenbaren Schicksals in einem vermutlich von John L. O'Sullivan geschriebenen Artikel, der in der Zeitschrift »United States Magazine and Democratic Review« erschien (Juli/Aug. 1845). Es sei die Bestimmung der USA, Demokratie und Freiheit amerikanischer Provenienz in die Welt hinauszutragen. Die Popularität dieser Vorstellung ist insbesondere vor dem Hintergrund der gerade ein Jahr zuvor erfolgten Annexion Texas' zu sehen. Auch in anderen Fällen geopolitischer Ausdehnung wie dem →Mexikanisch-Amerikanischen Krieg, dem Disput über das Oregonterritorium, der erwägten Eroberung Kubas von Spanien, dem Erwerb Alaskas und der Annexion Hawaiis tauchte der Begriff des M.D. in der politischen Rhetorik auf.

Manitoba-Gesetz
1870 verabschiedetes Gesetz, das den französischsprachigen Siedlern der westlichen kanadischen Provinz Manitoba die föderale Unterstützung der katholischen Schulen und die Gleichberechtigung der französischen und englischen Sprache garantierte. Hintergrund des Gesetzes waren Aufstände der in Manitoba lebenden Métis, französisch-indianische Mestizen, die den Verlust ihrer Kultur durch die Aufnahme Manitobas in den kanadischen Bund be-

NORDAMERIKA LEXIKON

fürchteten. Nach dem Zustrom zahlreicher englischer Siedler nach Manitoba wurde diese Regelung 1890 mit der Einführung eines überkonfessionellen Schulsystems teilweise rückgängig gemacht.

Marsch auf Washington

Am 28. August 1963 in Washington (D.C.) stattfindende Bürgerrechtsdemonstration gegen die Diskriminierung schwarzer US-Amerikaner. Unmittelbarer Zweck der Protestaktion war es, Druck auf die Regierung auszuüben, neue Bürgerrechtsgesetze zu verabschieden. Präsident John F. Kennedy stellte sich zunächst gegen die Demonstration, sagte den Organisatoren dann aber letzten Endes seine Unterstützung zu. Zu den Höhepunkten des Marsches, an dem über 200 000 Demonstranten teilnahmen, gehörte eine mittlerweile berühmte Rede, die der schwarze Bürgerrechtler und Pastor Martin Luther King Jr. vor dem Abraham-Lincoln-Denkmal hielt (»Ich haben einen Traum ...«).

Mason-Dixon-Linie

Die Mason and Dixon Line galt als inoffizielle Grenze zwischen den sklavereifreien Staaten des Nordens und den sklavenhaltenden Staaten des Südens der USA bis zur Aufhebung der Sklaverei mit Beendigung des →Sezessionskriegs. Heute noch gilt sie im Volksgebrauch als kulturelle Grenze zwischen Nord und Süd. Sie beruht auf einem auf das Jahr 1632 zurückgehenden Grenzdisput zwischen Maryland und Pennsylvania, der eine Grenzziehung erforderlich machte. Zwischen 1763 und 1767 bestimmten die englischen Landvermesser Charles Mason und Jeremiah Dixon die südliche Grenze Pennsylvanias, die 1769 von der britischen Krone bestätigt wurde. Sie wurde kurz darauf nach Westen entlang des Flusses Ohio und der Südgrenze Missouris (→Missouri-Kompromiß) verlängert.

Massachusetts-Bay-Kompanie

Englische Kolonisationsgesellschaft, die 1629 aufgrund eines königlichen Patents ins Leben gerufen wurde. Auftrag der von Puritanern gegründeten Gesellschaft war der Aufbau einer handeltreibenden Kolonie zwischen den Flüssen Merrimack und Charles in Nordamerika. Dank des mitgeführten Patents erhielt die Kolonie das Recht auf Selbstverwaltung. Die Kompanie brach unter der Führung John Winthrops mit 17 Schiffen und 1000 Personen nach Nordamerika auf, wo die Expedition am 12. Juni 1630 in Salem (Massachusetts) landete und im Herbst Boston als Hauptstadt der Kolonie Massa-

chusetts gründete. 1684 wurde der Kompanie das Patent entzogen, nachdem sich Massachusetts u.a. den vom britischen Königshaus erlassenen →Navigationsgesetzen zur Regelung des kolonialen Handels widersetzt hatte.

Merkantilismus

Sammelbegriff für die dominanten wirtschaftlichen Prinzipien in Europa zwischen dem 16. und 18. Jh., die ihren Namen von dem führenden Ökonomen Adam Smith erhielten (Smith war jedoch Gegner dieser Wirtschaftsphilosophie). Die ersten Verfechter merkantilistischer Theorie argumentierten gegen die Ausfuhr von Hartgeld und Edelmetallen, um den Schutz des nationalen Wohlstands zu garantieren. Grundannahme dieser Haltung war, daß der weltweite Wohlstand nicht teilbar bzw. vermehrbar sei. Mit der Expansion des Welthandels und dem Aufkommen international anerkannter Währungssysteme verlagerte sich der Schwerpunkt merkantilistischer Theorie. Merkantilisten verlangten, daß das Exportgeschäft das Importgeschäft übertreffe, damit die Handelsbilanz einen stetigen Fluß von Hartgeld in die Kassen der exportierenden Nation bewirke. Die verschiedenen Importtarife des 17. und 18. Jhs. waren Ausdruck dieses Bestrebens, die Importe niedrig zu halten. Gleichermaßen forderten merkantilistische Politiker die Begünstigung einheimischer Industrien. Die stark merkantilistisch ausgerichtete Politik Großbritanniens im 18. Jh. führte dazu, daß viele Industrien in den amerikanischen Kolonien verboten oder eingeschränkt wurden, damit die Amerikaner nicht in Konkurrenz zum Mutterland traten. Diese restriktive Handelspolitik trug zum Unmut der Kolonisten bei, aus dem letztlich der →Unabhängigkeitskrieg resultierte.

Mexikanisch-Amerikanischer Krieg

Von 1846 bis 1848 dauernder militärischer Konflikt zwischen Mexiko und den USA. Hintergrund des Krieges waren der Beitritt der freien Republik Texas zu den USA 1845 und der Streit über die Südgrenze des neuen Bundesstaates. Während die USA den Río Grande als Grenze ansahen, beharrte die mexikanische Regierung auf dem nördlicher gelegenen Fluß Nueces als mexikanischer Nordgrenze. Gleichzeitig fand die Ideologie von →Manifest Destiny Ausdruck in den Forderungen von Südstaatenabgeordneten nach amerikanischer Expansion. Am 25. April 1846 überquerten mexikanische Truppen den Río Grande. Diese Provokation nutzte Präsident James K. Polk, um dem Kongreß eine Kriegserklärung am 12. Mai abzufordern. General Winfield Scott führte die wichtigsten Feldzüge: Am 27. März 1847 nahm er die Stadt Vera Cruz ein, am 14. September Mexiko-Stadt. Der Krieg endete mit dem →Vertrag von Guadalupe Hidalgo und einem enormen territorialen Gewinn für die USA. Mexiko trat fast die Hälfte seines Staatsgebiets ab. Der Landzuwachs verschärfte allerdings den Streit zwischen Nord- und Südstaaten über die Sklaverei in den USA.

Minute Men

Freiwillige Kämpfer der Staatsmilizen im amerikanischen →Unabhängigkeitskrieg, so genannt, weil sie nach nur einer Minute Vorwarnung kampfbereit sein sollten. Die ersten Gruppen von M.M. bildeten sich in Worcester County (Massachusetts). In den ersten Scharmützeln des Krieges am 19. April 1775 traten M.M. den britischen Streitkräften bei Lexington und Concord (Massachusetts) entgegen. Nach Empfehlung des Kontinentalkongresses vom 18. Juli 1775 bildeten die Kolonien Maryland, New Hampshire und Connecticut ebenfalls M.M.-Verbände.

Missouri-Kompromiß

1820 auf Betreiben des Abgeordneten Henry Clay vereinbarter Kompromiß zwischen den sklavereifreien Staaten des Nordens und den sklavenhaltenden Staaten des Südens. Ein Streit entbrannte, als das Missouriterritorium, in dem viele Sklavenhalter lebten, 1818 die Aufnahme in den Bund beantragte. Der Status des neuen Bundesstaates als sklavereifreier oder Sklavenstaat störte das zahlenmäßige Gleichgewicht von Nord- und Südstaaten. Als der Staat Maine 1819 um die Aufnahme als sklavereifreier Staat ersuchte, stand der Anerkennung Missouris als Sklavenstaat lediglich noch der prinzipielle Widerstand der Nordstaatenpolitiker im Wege. Clay schlug vor, in neu entstehenden bzw. hinzukommenden Staaten oberhalb der Südgrenze Missouris (36° 30' nördliche Breite) die Sklaverei zu verbieten. Der damit beigelegte Streit brach allerdings im Konflikt um das →Kansas-Nebraska-Gesetz wieder aus.

Monroedoktrin

Am 2. Dezember 1823 verkundetes außenpolitisches Leitprinzip der USA. In einer Rede vor dem Kongreß erklärte Präsident James Monroe, daß die Vereinigten Staaten Kolonisationsversuche europäischer Mächte in der westlichen Hemisphäre künftig nicht dulden würden und daß solche Versuche als Bedrohung der USA angesehen würden. Gleichzeitig versicherte Monroe, die USA wollten in Zukunft keinen Einfluß auf europäische Angelegenheiten nehmen. Mit dieser dreiteiligen Erklärung, die unter dem ideologischen Einfluß des Staatssekretärs John Quincy Adams entstand, reagierte Monroe einerseits auf einen Konflikt mit Rußland über Handel an der Nordwestküste Nordamerikas (Alaska war in russischem Besitz), andererseits auf die Befürchtung, die europäischen Staaten, vor allem Frankreich, planten die Niederschlagung der Freiheitsbewegungen der spanischen Kolonien in Südamerika und der Karibik. Dieser Leitsatz, erst Mitte des Jahrhunderts allgemein als Monroedoktrin bezeichnet, fand in der Außenpolitik späterer Präsidenten wie bei der Reaktion Grover Clevelands auf den Grenzkonflikt zwischen Venezuela und Britisch-Guyana oder der Lateinamerika-Politik Theodore Roosevelts erkennbare Geltung.

Morgenthau-Plan

1944 vorgelegter Plan des US-amerikanischen Politikers Henry Morgenthau Jr., Mitglied im Kabinett von Präsident Franklin D. Roosevelt, zum Wiederaufbau Deutschlands nach Beendigung des Zweiten Weltkriegs. Ziel des M.P. war die Verhinderung einer künftigen militärischen Bedrohung durch Deutschland mittels Verkleinerung und Teilung des ehemaligen Reichs in einen nord- und süddeutschen Staat sowie die durch Industriedemontage erreichte Umwandlung Deutschlands in ein Agrarland. Angesichts der sich Ende des Kriegs abzeichnenden Gefährdung Europas durch die UdSSR wurde der M.P. zugunsten des industriellen Wiederaufbaus Deutschlands verworfen.

NAACP

(National Association for the Advancement of Colored People, Nationale Vereinigung für die Förderung Farbiger Menschen), 1910 durch den schwarzen Historiker, Soziologen und Reformer W. E. B. Du Bois gegründete, älteste Bürgerrechtsorganisation der USA. Die NAACP ging aus der 1905 entstandenen Niagara-Bewegung militanter Schwarzer hervor, die die von Booker T. Washington propagierte konziliante Anpassung ablehnten. Dieser Bewegung schlossen sich prominente weiße Politiker 1908 nach einem Aufruhr in Springfield (Illinois) an. Erklärtes Ziel der NAACP ist die gesellschaftliche, politische und ökonomische Gleichstellung schwarzer US-Amerikaner. Durch Gerichtsprozesse erwirkte die NAACP wichtige Urteile des Obersten Gerichtshofs zum Schutz des Wahlrechts schwarzer Bürger

(1915), zum Verbot von rassisch getrennten Wohnvierteln (1917) und vor allem zum Verbot der Diskriminierung an den Schulen (1954, →Brown versus Board of Education). Seit der Radikalisierung der Bürgerrechtsbewegung Mitte der 1960er Jahre (→Black Panthers) hat die Bedeutung der NAACP abgenommen. Heute zählt die Vereinigung etwa 400 000 Mitglieder.

NAFTA

(North American Free Trade Agreement, Nordamerikanischer Freihandelsvertrag), am 1. Januar 1994 in Kraft getretene Zollunion zwischen den USA, Kanada und Mexiko. Ausgangsbasis des 1992 beschlossenen und 1993 ratifizierten Abkommens war ein 1989 vereinbarter Freihandelsvertrag zwischen den USA und Kanada. Innerhalb von 15 Jahren nach Inkrafttreten des NAFTA sollen alle Handels- und Dienstleistungsschranken zwischen den drei Ländern fallen. Die Schaffung der Freihandelszone wurde nicht ohne Kontroversen erreicht, da viele Bürger, insbesondere Gewerkschaftsvertreter, das Abwandern US-amerikanischer Arbeitsplätze nach Mexiko befürchten.

NASA

(National Aeronautics and Space Administration, Nationale Flug- und Raumfahrtgesellschaft), 1958 aus dem National Advisory Committee for Aeronautics (Nationales Aufsichtskomitee für Luftfahrt, gegründet 1915) hervorgegangene Raumfahrtbehöre der USA. Die NASA dient ausschließlich der nicht-militärischen Weltraumforschung und Entwicklung von Raumfahrttechnik. Die NASA hat mehrere Forschungszentren, die über das ganze Land verteilt sind. Die Raummissionen starten im allgmeinen vom John F. Kennedy Space Center in Florida. Besonderes Interesse zeigte die US-Regierung an der Raumforschung nachdem die sowjetische Raumsonde Sputnik 1957 als erste in eine Erdumlaufbahn eingetreten war. Im Laufe der 1960er Jahre entwikkelte die NASA drei Programme zur bemannten Raumfahrt: Mercury, Gemini und Apollo. Letzteres führte zur Mondlandung 1969. Es folgten weitere Projekte wie die Skylab-Raumstation (1973) und die Viking-Marslandung (1976) oder in jüngster Zeit die Pathfinder-Marsmission. Seit den 1980er Jahren konzentrieren sich die Aktivitäten der NASA vor allem auf die wiederverwendbare Raumfähre Space Shuttle. Die Explosion der Fähre Challenger 1986 war ein schwerer, aber vorübergehender Schlag für das Image der Raumfahrt in den USA.

Nationalbank der USA

Zweimal in ihrer Geschichte besaßen die USA eine Zentralbank, die Bank of the United States. Die erste N. wurde 1791 von Finanzminister Alexander Hamilton geschaffen, um der Verwaltung öffentlicher Gelder sowie der Stabilisierung der Währung und des Kreditsystems zu dienen. Die Charta dieser Bank lief 1811 aus und wurde nicht erneuert. 1816 entstand eine zweite N., doch die Verlängerung ihrer Charta wurde 1836 durch Präsident Andrew Jackson verhindert. Eine Erneuerung des US-amerikanischen Bankswesens wurde erstmals 1913 mit dem Federal Reserve Act (FRA) erreicht. Der FRA schuf ein System von zwölf privaten N. Diese unterstehen einem der Regierung angehörenden Vorstand, der u.a. den Rediskontsatz festsetzt und das Kreditvolumen des Landes durch An- und Verkauf von Regierungsschuldverschreibungen reguliert. Die zwölf Reserve Banks sind keine Profitunternehmen, sondern regulieren lediglich die kommerziellen Banken des Landes. Für überregionale kommerzielle Banken ist die Mitgliedschaft im System des FRA Pflicht. Banken der Einzelstaaten dürfen die freiwillige Mitgliedschaft wählen. Die Reserve Banks geben die Währung heraus und agieren als Depotbanken für die Mindestreserven der kommerziellen Banken. Durch Bestimmung der Mindestreserven der Mitgliedsbanken, Justierung der Zinssätze und gezielten An- bzw. Verkauf von Wert- und Terminpapieren nehmen sie Einfluß auf die Wirtschaft.

Nationalbibliothek der USA

(Library of Congress), eine der größten Bibliotheken der Welt. Die N. wurde 1800 per Dekret des Kongresses der USA als parlamentarische Bibliothek mit Sitz in Washington (D.C.) gegründet. Der Großteil der frühen Bestände wurde 1814 zerstört, als englische Streitkräfte im Krieg von 1812 das Kapitol niederbrannten. Im Jahre 1815 kaufte der Kongreß die rund 6500 Bände umfassende Privatbibliothek von Präsident Thomas Jefferson und legte damit den Grundstein der heutigen Library of Congress. Die N. erhält Pflichtexemplare aller Druckerzeugnisse US-amerikanischer Verlage und kauft mit Mitteln aus einem Etat des Kongresses und verschiedenen Stiftungen Werke in allen Ländern der Welt. Sie fungiert außerdem als Herausgeber von Schriften der US-Regierung, regelt das US-amerikanische Copyrightsystem und dient als Katalog- und bibliographisches Zentrum für Bibliotheken auf der ganzen Welt. Die Bestände umfassen etwa 23 Mio. Bände und Druckschriften sowie jeweils mehrere Millionen Manuskripte (vor allem die Handschrifensamm-lungen mehrerer US-Präsidenten), Landkarten, Fotografien, Partituren und Ton- und Filmaufnahmen. Die Library of Congress ist eine öffentliche Einrichtung mit zwei Lesesälen für allgemeine Literatur und 14 für spezielle Schriften.

National Recovery Administration (NRA)

(Nationales Wirtschaftserholungsamt), 1933 im Rahmen des →New Deal geschaffenes Aufsichtsamt, das Industrie und Handel zur Zeit der Weltwirtschaftskrise unter staatliche Kontrolle bringen sollte. Unter der Leitung von Hugh Johnson war das NRA ermächtigt, Produktion und Preise zu regulieren. Außerdem war das Amt Vermittlungs- und Schlichtungsinstanz bei Disputen zwischen Arbeitnehmern und -gebern. Eindeutige Erfolge zeitigte das NRA nicht, und 1935 wurde es wegen Überschreitung verfassungsmäßiger Kompetenzen vom →Obersten Gerichtshof aufgelöst.

Nation of Islam

(Nation des Islam), separatistische Sekte und politische Organisation von Schwarzen, gegründet 1931 in Detroit (Michigan) von Wallace D. Farad (Wali D. Fard). Ihre Mitglieder werden allgemein als Black Muslims (Schwarze Muslime) bezeichnet. Die militante Gruppe, die von ihren Mitgliedern eine asketische Lebensführung fordert und die Überlegenheit der Schwarzen sowie die Gründung und Abtrennung einer schwarzen Republik von den USA predigt, weist sich selbst als am Koran geschulte Religionsgemeinschaft aus, wird aber von der muslimischen Welt nicht anerkannt. 1934 übernahm Elijah Muhammed (Elijah Poole) die Führung der N.I., zu deren bekanntesten Mitgliedern der Bürgerrechtler Malcom X. und der Boxweltmeister Muhammed Ali (Cassius Clay) gehören. Als Malcom X. der N.I. den Rücken kehrte, wurde er von Mitgliedern der Organisation ermordet. 1956 bildete sich um den der Verwicklung in den Mordfall Malcom X. verdächtigten und u.a. wegen seiner antisemitischen Hetze umstrittenen Louis Farrakhan (Louis Eugene Walcott) eine Splittergruppe, die seit 1975 für sich in Anspruch nimmt, die wahre N.I. zu vertreten. Am 16. Oktober 1995 kamen 400 000 Menschen dem Aufruf Farrakhans nach, am »Million Man March«, einer Demonstration in Washington (D.C.), teilzunehmen.

Nativisten

(Know-Nothings oder American Party), die nativistische Know-Nothing Party (Nichts-Wisser-Partei) war eine 1849 in New York gegründete politische Partei, die vor allem fremdenfeindliche Ängste schürte und die Vormachtstellung geborener US-Amerikaner in der Regierung sichern wollte. Der Name geht auf Zeitungsberichte zurück, denen zufolge die Mitglieder auf die Frage nach den politischen Inhalten der Partei mit »Ich weiß von nichts« geantwortet hätten. Mitglieder verpflichteten sich, nur für gebürtige, protestantische US-Amerikaner zu stimmen, eine 21-jährige Wartefrist vor der Einbürgerung zu fordern und die römisch-katholische Kirche zu bekämpfen. Entstehen und Forderungen der N. sind vor dem Hintergrund massiver Einwanderung aus Irland Mitte des 19. Jhs. zu verstehen. Besonders in den Neuenglandstaaten erzielten sie auf lokaler Ebene überraschende Wahlerfolge. Zulauf erhielten die N. vor allem von ehemaligen →Whigs nach dem Niedergang von deren Partei 1852. Die Betonung der Sklavenfrage durch die Whigs führte zu einer Spaltung der Partei. Nach der vernichtenden Niederlage ihres Kandidaten Martin Fillmore bei der Präsidentschaftswahl 1856 verlor die Partei rasch an Bedeutung und löste sich zu Zeiten des Sezessionskriegs auf.

Navigationsgesetze

Insgesamt drei vom britischen Parlament erlassene Gesetze, die den Handel der nordamerikanischen Kolonien untereinander, mit anderen Ländern und mit Großbritannien regeln sollten. Die einzelnen N. verboten den Kolonien den Handel mit nicht-englischen Schiffen (1660), forderten das Verzollen aller für Neuengland bestimmten Exportgüter in Großbritannien (1663) und belegten den interkolonialen Handel mit verschiedenen Zöllen (1673). Diese Handelsbeschränkungen entsprachen der damaligen merkantilistischen Auffassung des Königreichs, wonach der Schutz des englischen Binnenmarktes und der lokalen Industrie höchste Priorität hatten (→Merkantilismus). Die Kolonien sollten lediglich Abnehmer englischer Waren bleiben. Die N. steigerten die Spannungen zwischen Kolonien und Mutterland und trugen somit zum Ausbruch des →Unabhängigkeitskrieges bei.

New Deal

(Neuer Handel), 1933 bis 1939 verfolgte Wirtschafts- und Sozialpolitik des damaligen US-Präsidenten Franklin D. Roosevelt mit dem Ziel, Not zu lindern und den Markt zu Zeiten der durch den Börsenkrach von 1929 ausgelösten Weltwirtschaftskrise anzukurbeln. Während die ersten Programme des

N.D. der Arbeitslosenunterstützung (→Federal Emergency Relief Administration) und Subventionierung der Landwirtschaft galten, zielte der ab 1935 initiierte sog. zweite New Deal auf Produktionskontrolle und Arbeitsbeschaffung (→Works Progress Administration). Im Rahmen dieser Programme schuf Roosevelt die erste staatliche Sozialversicherung in den USA (→Social Security) und reformierte das Bankwesen, u.a. durch Aufhebung des →Goldstandards. Einige der Programme und Eingriffe Roosevelts in den Markt wurden vom Obersten Gerichtshof für verfassungswidrig erklärt. Kritik erfuhr Roosevelt auch von konservativen Mitgliedern im →Kongreß, die eine so starke staatliche Steuerung von Wirtschaft und Gesellschaft ablehnten. Der N.D. zeitigte kaum Erfolge. 1937 trat eine schwere Rezession ein, und insgesamt sank die Arbeitslosenquote während der Depression nie unter 18%. Erst der Eintritt der USA in den Zweiten Weltkrieg bewirkte eine grundsätzliche Erholung der US-amerikanischen Wirtschaft. Es ist Roosevelts Verdienst, einen wichtigen Präzedenzfall für eine zentrale staatliche Wirtschafts- und Sozialpolitik geschaffen zu haben.

Nixon-Doktrin

1969 verkündeter außenpolitischer Leitsatz von US-Präsident Richard Nixon. Vor allem das Engagement der USA in Südostasien stand im Vordergrund der N.D. Nixon strebte eine Beendigung des →Vietnamkriegs an, wobei sich Anfang der 1970er Jahre abzeichnete, daß nur noch der Abzug US-amerikanischer Truppen ohne endgültigen Sieg eine Möglichkeit bot, die Beteiligung der USA am Konflikt der zwei vietnamesischen Staaten abzuschließen. Durch »Vietnamisierung« des Kriegs sollte die Kriegsführung gänzlich den südvietnamesischen Truppen überantwortet werden, mithilfe US-amerikanischer Waffentechnik. Die N.D. bedeutete demnach im Kern, daß die USA die internationale Eindämmung des Kommunismus nur noch durch finanzielle und technische Unterstützung zu betreiben gedachten, und stand somit im Gegensatz zur →Truman-Doktrin. Die N.D. fand durch Nixon und spätere Präsidenten in der Lateinamerika- und Nahostpolitik der USA Anwendung.

NORAD

(North American Air Defense Agreement, Nordamerikanisches Luftabwehrabkommen), 1958 zwischen Kanada und den USA vereinbartes Abkommen zur Schaffung eines gemeinsamen Erkennungs- und Abwehrsystems gegen Luftangriffe feindlicher

Staaten auf nordamerikanisches Gebiet. Das vor dem Hintergrund des →Kalten Kriegs entstandene NORAD-System besteht im wesentlichen aus einer entlang des 69. Breitengrades vom Nordwesten Alaskas bis zum Nordosten Kanadas verlaufenden Kette von Radarstationen (→DEW-Linie), mehreren Jägerstaffeln der kanadischen und US-amerikanischen Luftwaffe und stationären wie beweglichen Startrampen für Bodenraketen mit konventionellen oder atomaren Gefechtsköpfen. Das zu den NORAD-Einrichtungen gehörige Raketenwarnsystem BMEWS (Ballistic Missile Early Warning System) ermöglicht die frühe Erkennung eines möglichen atomaren Erstschlags mit interkontinentalen Raketen. Ein Weltraumüberwachungssystem verfolgt die Bewegung von Satelliten, um mögliche Angriffe aus dem All aufzuspüren. Von zwei zentralen Leitstellen aus wird das NORAD-System gesteuert, von Colorado Springs (Colorado) und von St. Hubert (Quebec) aus.

Nordwestgesellschaft

1783 gebildetes Konsortium unabhängiger Pelzjäger und -händler, das im kanadischen Nordwesten aktiv wurde und in Konkurrenz zur →Hudson's-Bay-Kompanie trat. Der Impuls zur Gründung der Gesellschaft ging hauptsächlich von frankokanadischen Händlern in Montreal aus, die durch den Verlust ehemals kanadischer Gebiete südlich der Großen Seen im amerikanischen →Unabhängigkeitskrieg einen beträchtlichen Handelsnachteil gegenüber der Bay-Kompanie erlitten, der die weitläufigen Territorien von →Rupertsland zur Verfügung standen. Diese Handelskonkurrenz führte 1816 zu gewalttätigen Auseinandersetzungen nach der Gründung der Red-River-Siedlung im heutigen Manitoba durch den zur Bay-Kompanie gehörenden Thomas Douglas Graf Selkirk. Die Siedlung schnitt Kommunikations- und Lieferrouten der N. ab, die durch die Konkurrenz geschwächt und schließlich 1821 von der Bay-Kompanie übernommen wurde.

OAS

(Organization of American States, Organisation Amerikanischer Staaten), 1948 gegründeter Bund aller Republiken der westlichen Hemisphäre mit Ausnahme Kanadas, das wegen seiner Zugehörigkeit zum britischen Commenwealth eine Beteiligung ablehnt. Die Anregung zur Gründung eines Zusammenschlusses der amerikanischen Staaten ging von dem lateinamerikanischen Freiheitskämpfer und Präsidenten des ehemaligen Großkolumbien Simón

NORDAMERIKA LEXIKON

Bolívar aus, der einen internationalen Kongreß 1826 in Panama einberief. 1889 fand in Washington (D.C.) die erste Panamerikanische Konferenz statt, aus der die Panamerikanische Union 1910 hervorging. 1948 wurde diese Organisation zur OAS umgebildet, um als regionale Vertretung bei den Vereinten Nationen zu agieren. Die OAS-Länder treffen zu einem Generalkongreß durchschnittlich alle fünf Jahre zusammen. Der Exekutivrat der OAS hat seinen Sitz in Washington (D.C.). Ein gemeinsamer Verteidigungsrat ermöglicht die zwischenstaatliche Beratung sowie die Koordination militärischer Aktionen.

Oberster Gerichtshof

(Supreme Court), das durch den dritten Artikel der US-amerikanischen Verfassung begründete Oberste Gericht der USA fungiert als dritte Instanz der Regierung (Judikative) neben dem Präsidenten (Exekutive) und dem Kongreß (Legislative). 93 Distriktgerichte sind dem O.G. untergeordnet. Zu den wichtigsten Aufgaben des Gerichts gehört die Verfassungsauslegung und die Prüfung der Verfassungsmäßigkeit von Gesetzen und Amtshandlungen des Präsidenten. Darüber hinaus behandelt es Revisionsverfahren sowie Fälle, in denen die Vertretung eines einzelnen US-amerikanischen Bundesstaates oder eines fremden Staates zu den Streitparteien gehört. Richter und Vorsitzender werden vom Präsidenten ernannt, doch bedarf die Ernennung der Einwilligung des Senats. Die Ernennung erfolgt auf Lebenszeit. Die Zahl der Richter wird vom Kongreß bestimmt und ist im Laufe der Jahre unterschiedlich festgelegt worden. Seit 1869 beträgt sie neun. Der Einfluß des Gerichts auf die US-amerikanische Politik war entscheidend (→New Deal, →Bürgerrechtsbewegung), vor allem unter der Führung bedeutender Vorsitzender wie John Marshall (1801–1835) oder Earl Warren (1953–1969). Seinen Sitz hat das Oberste Gericht in der Hauptstadt der Vereinigten Staaten, Washington (D.C.), wo es von Oktober bis Juni tagt.

Offizielles Sprachengesetz Kanadas

(Official Languages Act), 1969 erlassenes kanadisches Bundesgesetz, das Englisch und Französisch zu gleichberechtigten Amtssprachen erklärte. Anlaß zu dem unter der Ägide von Premierminister Pierre Trudeau verabschiedeten Gesetz war der frankokanadische Separatismus, der den föderalen Schutz französischer Kultur von der kanadischen Regierung unter Androhung des Austritts Quebecs aus dem Bund forderte. Reale Konsequenzen des Sprachengesetzes sind die Anpassung aller Ämter und öffentlichen Einrichtungen sowie aller Druckerzeugnisse der kanadischen Regierung an die Zweisprachigkeit und die Erhebung des Französischen zum Pflichtfach auch für anglophone Schüler an kanadischen Schulen.

Ogdensburg-Abkommen

1940 getroffene Vereinbarung zwischen Kanada und den Vereinigten Staaten über die Bildung eines gemeinsamen ständigen Verteidigungsrates zum Schutz der nördlichen Hälfte der westlichen Hemisphäre. Das aus dem Ausbruch des Zweiten Weltkriegs resultierende O.A. war ein wichtiger Schritt zur diplomatischen Annäherung zwischen den beiden Ländern und damit auch zur Bildung des nordamerikanischen Luftverteidigungssystems →NORAD.

Ölzweig-Petition

Am 8. Juli 1775 vom zweiten Kontinentalkongreß an den englischen König George III. gerichtete Petition mit dem Ziel, die britischen Repressalien (u.a. Steuern, Auflösung der Kolonialversammlungen, Besetzung durch englische Truppenverbände) gegen die nordamerikanischen Kolonien zu beenden, damit eine Verständigung zwischen Kolonisten und Königreich erreicht werden konnte. Die Petition erfolgte kurz nach den ersten Kämpfen zwischen amerikanischen Patrioten und britischen Truppen bei Lexington und Concord in Massachusetts vom 19. April. Urheber der Ö.P. war der Abgeordnete aus Pennsylvania John Dickinson, der zugleich eine konservative Fraktion im Kontinentalkongreß anführte. Der Kontinentalkongreß versuchte, eine Ausweitung des Konflikts mit Großbritannien abzuwenden. Das Gesuch lehnte der König ab, womit die Befürworter einer →Unabhängigkeitserklärung die Oberhand im Kongreß gewannen.

Parti Bleu

(Partei der Blauen), in den 1850er Jahren von ehemaligen Anhängern des frankokanadischen Politikers Augustin Morin gebildete Partei, die vor allem die Interessen des katholischen Konservatismus Quebecs vertrat. Die »Blauen« wünschten eine Stärkung der Bindung zwischen Kirche und Staat und Wahrung des frankokanadischen Volkstums. Sie sympathisierten auch mit frankophonen Minderheiten im Westen Kanadas, die u.a. den Schutz der französischen Sprache und die staatliche Förderung katholischer Schulen, die französisch waren, forderten (→Manitoba-Gesetz). Die P.B. verstand sich als Oppositionspartei zu liberalen Reformströmungen wie der anglokanadischen →Clear-Grit-Bewegung um Francis Hincks oder der frankokanadischen →Parti Rouge, die zur Reformpartei der liberalen Anhänger Morins wurde, nachdem sich die Konservativen von ihm abgewandt hatten.

Parti Rouge

(Partei der Roten), 1849 entstandene frankokanadische Partei der liberalen Nationalisten Quebecs, die zur kanadischen Reformbewegung der 1850er Jahre zählte (→Clear-Grit-Bewegung). Die anfangs militanten »Roten« strebten zunächst die Gründung einer kanadischen Republik an und orientierten sich in ihrem politischen Denken stark an den USA. 1849 stellten sie sich hinter ein in Montreal zustandegekommenes Manifest, in dem über 1000 anglo- und frankokanadische Geschäftsleute den Anschluß Kanadas an die USA forderten. Kurze Zeit zählte der frankokanadische Revolutionär Louis-Joseph Papineau, der die Aufstände von 1837 in Quebec anführte, zu den Leitfiguren der P.R., doch zeichnete sich bald Augustin Morin als eigentlicher Parteiführer ab. Abgesehen von einer allgemeinen Demokratisierung Kanadas strebten die Roten insbesondere eine Reform Quebecs an, wo sie von Konservativen als antiklerikale Radikale abgestempelt wurden. 1851 übernahmen der Grit-Führer Francis Hincks und Morin die Regierung Britisch-Nordamerikas. Nach Auseinandersetzungen mit konservativen Kräften (u.a. mit der →Parti Bleu) zerbrach das Bündnis, wonach Morin die sog. liberal-konservative Koalition mit Torys, Hincks-Anhängern und Vertretern der Parti Bleu bildete. Aus dieser Koalition ging das Regierungsbündnis von John A. Macdonald und George Etienne Cartier hervor, von dem der Impuls zur Gründung eines kanadischen Bundesstaates ausging (→Britisch-Nordamerika-Erlaß).

Pendleton-Gesetz

1883 beschlossene Reform des öffentlichen Dienstes in den USA. Bis dahin erfolgte die Besetzung von Ämtern im Bundesdienst aufgrund des sog. Spoils System (Futterkrippensystem), in dem Günstlinge und wichtige politische Gefolgsleute des Präsidenten auf Ernennung hoffen durften. Wegen der häufig ineffektiven Besetzung vieler Posten und des enormen Zeitaufwandes dieser Ämterpatronage bemühte sich schon Präsident Ulysses S. Grant 1871–1873 erfolglos um eine Reform des öffentlichen Dienstes.

Weitere Versuche blieben ebenfalls ergebnislos, bis der aus Ohio stammende Senator George Hunt Pendleton einen Gesetzentwurf vorbrachte, der während der Regierung von Präsident Chester A. Arthur verabschiedet wurde. Mit Erlaß des P.G. erfolgte die Aufnahme in den Bundesdienst durch Bestehen obligatorischer Examen. Dieses auf persönlichem Verdienst basierende »Merit System« wurde immer weiter ausgebaut bis zur zweiten Reform von 1978, die das Office of Personnel Management (Personalverwaltung) schuf.

Pinkertons

Mitarbeiter der ersten, von dem aus Schottland stammenden Allan Pinkerton 1850 gegründeten US-amerikanischen Privatdetektivagentur Pinkerton National Detective Agency. Pinkerton erhielt seine ersten großen Aufträge als Frachtgutbeschützer für diverse Eisenbahnen in Illinois. 1861 entdeckte und vereitelte er ein Komplott gegen den kurz zuvor zum Präsidenten gewählten Abraham Lincoln. In den ersten Jahren des Sezessionskriegs zwischen Nord- und Südstaaten leitete er den Aufklärungsdienst der Nordstaatenarmee. Nach dem Krieg entwickelte sich die Agentur immer mehr zum Geleitschutz für Streikbrecher in der Zeit der ersten Arbeitskämpfe. Nach Einsätzen gegen Streikende im späteren 19. Jh. erwarben die P. den Ruf, besonders skrupellose und gewalttätige Agenten des US-amerikanischen Großkapitals zu sein.

Populistische Partei

(Populist oder People's Party), am 19. Mai 1891 in Cincinnati (Ohio) gegründete Partei, die in den 1890er Jahren zu einer gewissen Prominenz gelangte. Die P.P. ging aus verschiedenen Bauernprotesten des US-amerikanischen Westens hervor, die in der zweiten Hälfte des 19. Jhs. auf die desolaten Zustände vieler Landwirte hinwiesen und die Begünstigung des Großkapitals durch die Bundesregierung kritisierten. Dazu gehörten die →Granger-Bewegung und die →Bauernallianzen. Die Forderungen der P.P. waren u.a.: Verstaatlichung der Eisenbahnen, Reform des Bankwesens, Einführung einer progressiven Einkommensteuer, Direktwahl des Senats und Zulassung des Volksentscheids. In der Präsidentschaftswahl von 1892 erhielt der Kandidat der P.P., James B. Weaver, rund 1 Mio. Stimmen. Auf bundesstaatlicher Ebene erzielten die Populisten mehrere Wahlerfolge im Westen. In den nachfolgenden Jahren geriet die P.P. allerdings immer mehr unter den Einfluß der →Freisilberbewegung. Bei der Wahl von 1896 unterstützte sie die Kandidatur des Demokraten und Freisilberbefürworters William Jennings Bryan, der dem Republikanischen Kandidaten William McKinley unterlag. Im Jahre 1900 spaltete sich die Partei, als sich viele gemäßigte Anhänger den Demokraten anschlossen. Einige Forderungen der P.P. wurden unter den Präsidenten Theodore Roosevelt und Woodrow Wilson realisiert. Die Partei löste sich 1912 auf.

Präsident der Vereinigten Staaten von Amerika

Als Staats- und Regierungschef und Oberbefehlshaber der Streitkräfte in einer Person bekleidet der P. das höchste Staatsamt der Vereinigten Staaten. Artikel II der →Verfassung begründet und beschreibt das Amt des P., das unter den →Konföderationsartikeln nicht vorgesehen war. Die Entstehung des Amtes hängt somit wesentlich mit der Wende vom starken Dezentralismus zum gemäßigten Zentralismus zusammen, die mit der Ablösung der Konföderationsartikel durch die Verfassung vollzogen wurde. Die Urheber der Verfassung, die sog. Gründungsväter, kannten keinen Präzedenzfall für die Einrichtung der Präsidentschaft. Sie orientierten sich hierbei weitgehend an der 1777er Verfassung des Staates New York und der darin erläuterten Rolle des Gouverneurs. Auch griffen sie auf die aufklärerische Staatsphilosophie John Lockes und Montesquieus zurück. Auf Anregung Alexander Hamiltons hin wurde beschlossen, den Präsidenten durch ein →Wahlkollegium von direkt gewählten Volksvertretern anstatt vom Kongreß wählen zu lassen, um die Unabhängigkeit des Präsidenten zu garantieren. Die vierjährige Amtszeit war ursprünglich durch unbegrenzte Wiederwahlen fortsetzbar, aber seit Annahme des 22. Verfassungszusatzes im Jahre 1951 sind nur zwei Amtszeiten möglich. Auf dem Prinzip der Gewaltenteilung aufbauend, stellten die Verfassungsschöpfer dem Präsidenten als Exekutive den Kongreß (Leglislative) und das Oberste Gericht (Judikative) gegenüber. Das System →Checks and Balances erlaubt eine gegenseitige Kontrolle aller Regierungsinstanzen. Vom Kongreß verabschiedete Gesetze z.B. können durch das Veto des P. gestoppt werden. Gleichzeitig kann ein präsidiales Veto durch den Kongreß überstimmt werden, und als äußerste Maßnahme im Falle des Hochverrats oder verbrecherischen Verhaltens seitens des P. steht dem Kongreß die Möglichkeit der Amtsenthebung (→Impeachment) zur Verfügung. Die Befugnisse des P. (Ernennung von Ministern und Richtern am Obersten Gericht, Vertragsvollmacht gegenüber anderen Staaten, Durchsetzung des Gesetzes u.ä.) sind weitreichend. Seine Fähigkeit, seinen Willen im Kongreß durchzusetzen, ist für die Realisierungschancen seiner politischen Vorhaben entscheidend. Bei zunehmender Einbindung in weltpolitische Angelegenheiten im Laufe des 20. Jhs. ist die Bedeutung des P. im Vergleich zu der des Amtes im 19. Jh. wesentlich größer geworden.

Präsidenten der Vereinigten Staaten von Amerika

Präsident	Partei	Amtsdauer
1. George Washington	F	1789–1797
2. John Adams	F	1797–1801
3. Thomas Jefferson	D-R	1801–1809
4. James Madison	D-R	1809–1817
5. James Monroe	D-R	1817–1825
6. John Quincy Adams	D-R	1825–1829
7. Andrew Jackson	D	1829–1837
8. Martin Van Buren	D	1837–1841
9. William Henry Harrison	W	1841
10. John Tyler	W	1841–1845
11. James K. Polk	D	1845–1849
12. Zachary Taylor	W	1849–1850
13. Millard Fillmore	W	1850–1853
14. Franklin Pierce	D	1853–1857
15. James Buchanan	D	1857–1861
16. Abraham Lincoln	R	1861–1865
17. Andrew Johnson	R	1865–1869
18. Ulysses S. Grant	R	1869–1877
19. Rutherford B. Hayes	R	1877–1881
20. James Garfield	R	1881
21. Chester A. Arthur	R	1881–1885
22. Grover Cleveland	D	1885–1889
23. Benjamin Harrison	R	1889–1893
24. Grover Cleveland	D	1893–1897
25. William McKinley	R	1897–1901
26. Theodore Roosevelt	R	1901–1909
27. William H. Taft	R	1909–1913
28. Woodrow Wilson	D	1913–1921
29. Warren G. Harding	R	1921–1923
30. Calvin Coolidge	R	1923–1929
31. Herbert Hoover	R	1929–1933
32. Franklin D. Roosevelt	D	1933–1945
33. Harry S. Truman	D	1945–1953
34. Dwight D. Eisenhower	R	1953–1961
35. John F. Kennedy	D	1961–1963
36. Lyndon B. Johnson	D	1963–1969
37. Richard M. Nixon	R	1969–1974
38. Gerald Ford	R	1974–1977
39. Jimmy Carter	D	1977–1981

40. Ronald Reagan	R	1981–1989
41. George Bush	R	1989–1993
42. Bill Clinton	D	ab 1993

Parteien:
F=Föderalisten, D-R=Demokratische Republikaner,
D=Demokraten, W=Whigs, R=Republikaner

Prohibition

Von 1920 bis 1933 in den USA geltendes Verbot von Konsum, Verkauf und Herstellung aller Getränke mit einem Alkoholgehalt von mehr als 0,5%. Die Durchsetzung des Alkoholverbots war das Werk der sog. Mäßigungsgesellschaften (Temperence Societies). Als Leitfigur der Bewegung trat die rabiate Abstinenzlerin Carry Nation hervor, die in mehreren Gaststätten des Landes mit einer Axt in Aktion trat. Die vorwiegend protestantischen Gruppen reagierten u.a. auf die Einwanderung aus Irland und anderen Ländern mit freizügigerer Trinkkultur als in den USA sowie auf die allgemeine Urbanisierung US-amerikanischen Lebensstils im 19. Jh. Erste Erfolge erzielten die Prohibitionisten auf bundesstaatlicher Ebene. Bereits 1846 erließ das Parlament von Maine ein Alkoholverbot, und bis 1906 galten ähnliche Verbote in 17 weiteren Staaten. 1918 wurde ein auf die Zeit des Ersten Weltkriegs beschränktes Verbot erlassen, und im folgenden Jahr begannen Prohibitionisten, eine entsprechende Verfassungsänderung zu verlangen. 1919 ratifizierte der Kongreß den 18. Verfassungszusatz (Volstead Act), mit dem ein nationales Verbot in Kraft trat. Das Gesetz erwies sich als undurchsetzbar, da der illegale Alkoholhandel florierte und vor allem dem organisierten Verbrechen zugute kam. Am 20. Februar 1933 wurde die Prohibition durch den 21. Verfassungszusatz wieder aufgehoben.

Puritaner

Protestantische Reformer innerhalb der anglikanischen Kirche des 16. und 17. Jhs., welche die englische Hochkirche von letzten Überresten des katholischen Glaubens befreien wollten. Radikale P. forderten den Austritt aus der anglikanischen Kirche. Die zunächst unter Königin Mary I. einsetzende Verfolgung der P. zwang viele ins Exil. Von den Niederlanden aus wanderten zahlreiche P. in die nordamerikanischen Kolonien aus. Vor allem in Massachusetts (→Massachusetts-Bay-Kompanie) entfaltete sich der Puritanismus als prägender Einfluß auf Kultur und Politik der Kolonie. Das puritanische Prinzip der Unabhängigkeit der Gemeinde liegt den Anfängen demokratischer Selbstverwaltung in Nordamerika zugrunde. Die Theologie der Puritaner war calvini-

stisch und bekräftigte das Dogma der göttlichen Vorbestimmung des Menschen zur Verdammnis oder Rettung. Der Prädestinationsglaube wirkte sich auf das Arbeitsethos der USA aus, da die zur Rettung Erwählten an ihrem weltlichen Erfolg zu erkennen sein sollten.

Quebec-Gesetz

1774 vom britischen Parlament verabschiedetes Gesetz, das die Verwaltung der im →French and Indian War an Großbritannien gefallenen frankokanadischen Gebiete Quebec und Louisiana regeln sollte. Wichtigste Komponenten des Qu.G., mit dem die britische Regierung auf die Unzufriedenheit der französischsprachigen Kanadier mit der englischen Verwaltung reagierte, waren die Wiedereinführung französischen Zivilrechts in Quebec sowie die Garantie eines Rechts auf öffentliche Ausübung des katholischen Glaubens. Frankokanadier empfanden das Qu.G. größtenteils als nur unzureichende Anerkennung ihrer Rechte, während die amerikanischen Kolonien sowohl an der Bestimmung der Ostgrenze Louisianas als auch an der Anerkennung des Katholizismus Anstoß nahmen. Auf das Gesetz, das von den Amerikanern als britische Provokation empfunden wurde, nimmt die amerikanische →Unabhängigkeitserklärung Bezug.

Rekonstruktion

Verfahren, mit dem die abtrünnigen →Konföderierten Staaten von Amerika nach Beendigung des →Sezessionskriegs wieder in die Union eingegliedert wurden. US-Präsident Abraham Lincoln und der nach dessen Tod durch ein Attentat ins Amt nachrückende Andrew Johnson befürworteten Nachsicht beim Reintegrationsprozeß, stießen mit diesem Prinzip aber auf den Widerstand konservativer Mitglieder der Republikanischen Partei, die härtere Bedingungen für die Wiederaufnahme stellen wollten. 1865 wurde den neugewählten Repräsentanten der Südstaaten verboten, ihre Sitze im Kongreß einzunehmen. 1867 begann mithilfe militärischer Besetzung die vom Kongreß aus gesteuerte politische Neugliederung des Südens. Bis 1870 fanden alle ehemaligen Konföderationsstaaten Aufnahme in den Bund. Erst mit dem Kompromiß von 1877 zog sich die nördliche Besatzungsmacht aus dem Süden vollends zurück. Vor allem versagte die Rekonstruktionspolitik gegenüber den ehemaligen Sklaven der Südstaaten. Zwar erhielten sie im 1866 verabschiedeten 14. Verfassungszusatz die US-amerikanische Staatsbürgerschaft und die Garantie ihrer Bürgerrechte, doch konnte die Rassentrennung und damit auch Benachteiligung der Schwarzen in den Verfassungen der meisten Südstaaten trotzdem verankert werden. Das →Bureau of Freedmen half vielen Schwarzen bei der Gründung einer eigenen Existenz, aber ernsthafte Versuche zur Schaffung der Gleichberechtigung der schwarzen Bevölkerung in den Vereinigten Staaten blieben aus.

Repräsentantenhaus

Eine der beiden gleichberechtigten Kammern des US-amerikanischen →Kongresses. Artikel I der →Verfassung beschreibt die Bildung und Befugnisse des Repräsentantenhauses. Repräsentanten müssen zur Zeit ihrer Wahl mindestens 25 Jahre alt und seit sieben Jahren im Besitz der US-amerikanischen Staatsbürgerschaft sein. Sie müssen außerdem in dem Bundesstaat wohnhaft sein, den sie vertreten. Sie werden in Direktwahlen für eine zweijährige, durch beliebige Wiederwahl fortsetzbare Amtszeit gewählt. Die Wahlen finden im November jedes geraden Jahres statt. Die Zahl der Repräsentanten eines Staates richtet sich nach dessen Bevölkerungszahl und hat sich im Laufe der Geschichte geändert. Im ersten R. saßen 65 Mitglieder, seit 1913 ist die Zahl auf 435 festgelegt. Den Vorsitz übt ein von der Mehrheitspartei gewählter Sprecher aus; Mehrheit und Minderheit wählen jeweils einen Parteiführer und einen Whip (Assistent). Zu den spezifischen Befugnissen des R. neben dem mit dem →Senat geteilten Gesetzgebungsprozeß gehören Erhebung von Regierungseinkünften, Anklage auf Amtsenthebung des Präsidenten (→Impeachment) und, falls im →Wahlkollegium keine Mehrheit zustandekommt, die Wahl des Präsidenten. Letzteres geschah zweimal: 1801 und 1825.

Republikanische Partei

Eine der zwei großen politischen Parteien der USA. Sie entstand infolge der heftigen Auseinandersetzungen über die Frage der Sklaverei in den 1850er Jahren. Nachdem das umstrittene →Kansas-Nebraska-Gesetz 1854 vom Kongreß verabschiedet wurde, zebrach die →Whig-Partei. Die nördliche Fraktion der ehemaligen Whigs bildete zusammen mit einigen nördlichen Mitgliedern der →Demokratischen Partei die R.P. Sie wurde zum Sammelbecken verschiedener Gruppen, die als gemeinsames Ziel die Abschaffung der Sklaverei verfolgten. Dazu zählten neben reinen Abolitionistengruppen die →Populistische Partei und Anhänger der →Freisilber-Bewegung. Mit Abraham Lincoln übernahm 1861 der erste republikanische Kandidat das Amt des Präsidenten. Die Nichtbeteiligung von Südstaatendemokraten an der Regierung während des →Sezessionskriegs und der Wiedereingliederung der Südstaaten in den US-amerikanischen Bund ermöglichte es der R.P., ihre Machtbasis in kurzer Zeit auszubauen. Die Mehrheit der Präsidentschaftswahlen bis 1912 gewannen republikanische Kandidaten. Nach dem Ersten Weltkrieg entwickelte sich die R.P. nach der reformgesinnten Regierung Theodore Roosevelts zur Partei des Isolationismus und des Wohlstands. Am Crash der Aktienbörse 1929 und der nachfolgenden Wirtschaftskrise erlitt sie einen Vertrauensverlust beim Volk. Von 1933 bis 1953 regierten die Demokraten ungebrochen im Weißen Haus und im Kongreß. Erst 1994 erlangte die R.P. wieder die Mehrheit im Kongreß. Dennoch stellten die Republikaner seit 1953 fünf Präsidenten. Als Partei des konservativen Traditionalismus und des begrenzten Staats kämpfte die R.P. in den 1960er und 1970er Jahren mit Imageproblemen, konnte sich aber in den 1980er und 1990er Jahren gegen den zunehmend unbeliebter werdenden Linksliberalismus der Demokraten erneut profilieren.

Rupertsland

Weitreichendes Territorium in Kanada, das der britische König Charles II. zunächst seinem Cousin, dem Prinzen Rupert, schenkte. 1670 ging R. an die Handelsgesellschaft →Hudson's-Bay-Kompanie über. Die Charta der Bay-Kompanie definierte die Region als die umliegenden Gebiete der Hudsonbai und alle Territorien, die sich noch nicht im Besitz eines britischen Untertanen oder eines Untertanen eines sonstigen christlichen Herrschers oder Staates befanden. R. schloß die westlich von Labrador und nördlich des laurentinischen Gebirges liegenden Teile Quebecs und Ontarios sowie die heutigen Provinzen Manitoba, Saskatchewan, Alberta und den südöstlichen Teil des Nordwestterritoriums ein. Ursprünglich sollte R. von der Hudson's-Bay-Kompanie als Kolonie etabliert und bevölkert werden, doch beschränkte sich die Tätigkeit der Gesellschaft in diesen Gebieten größtenteils auf Handel. Der →Britisch-Nordamerika-Erlaß von 1867 ermöglichte den Erwerb von R. durch die neugebildete kanadische Föderation.

Rush-Bagot-Abkommen

1817 zwischen den USA und Großbritannien als Folge des →Kriegs von 1812 beschlossener Abrüstungsvertrag. Das Abkommen betraf Anzahl und

Art der Kriegsschiffe der USA und Britisch-Nordamerikas auf den Großen Seen. Jedes Land beschränkte sich auf vier Schiffe mit einer jeweiligen Höchstverdrängung von 100 Tonnen. Das R.B.A. gilt heute noch und ist somit das langlebigste Abrüstungsabkommen in der Geschichte. Infolge des R.B.A. ist die 4828 km lange Grenze zwischen Kanada und den Vereinigten Staaten seither militärisch nicht besetzt.

SALT-Verträge

(Strategic Arms Limitation Treaty, Vertrag über die Beschränkung Strategischer Waffen), 1972 und 1979 zwischen den USA und der UdSSR vereinbarte Abkommen zur gegenseitigen Beschränkung der Herstellung und Stationierung von Atomwaffen. Die Initiative zu SALT-I ging von US-Präsident Richard Nixon aus, der eine Entspannung (→Détente) im →Kalten Krieg und eine Annäherung an die Sowjetunion anstrebte. Der sowjetische Staatschef Leonid Breschnew nutzte die Verhandlungen, um den verbilligten Erwerb US-amerikanischen Weizens für die Sowjetunion zu sichern. SALT-I beschränkte die Anzahl der Antiraketensysteme beider Länder auf jeweils zwei und verhängte ein fünfjähriges Moratorium auf die Herstellung von Interkontinentalraketen, womit die UdSSR ihren Vorsprung bei der atomaren Erstschlagkapazität beibehielt. Das zwischen US-Präsident Jimmy Carter und Breschnew ausgehandelte SALT-II-Abkommen beschränkte die Tests neuer Raketen sowie die Zahl bestehender Raketen und Bomber. Nach dem sowjetischen Überfall in Afghanistan Ende 1979 verweigerte der US-amerikanische Senat die Ratifizierung des zweiten Vertrages, an den sich beide Mächte jedoch so lange hielten, bis die Sowjetunion mit der Aufstellung ihrer SS-20-Raketen in Europa begann. Daraufhin beschloß auch US-Präsident Ronald Reagan 1986, die Beschränkungen, die im SALT-II-Abkommen vereinbart worden waren, nicht mehr einzuhalten.

Schweinebucht

(Bay of Pigs), etwa 156 km südöstlich von Havanna gelegener Schauplatz einer am 17. April 1961 stattfindenden Invasion auf Kuba durch 1600 Exilkubaner, die den Sturz des kommunistischen Regimes Fidel Castros zu erzwingen versuchten. Die von der →CIA ausgebildeten Männer erhielten von Präsident John F. Kennedy die Zusage US-amerikanischer Luftunterstützung, die Kennedy jedoch in letzter Minute zurückzog. 1200 Kämpfer gerieten in kubanische Gefangenschaft, die restlichen 400 starben oder

blieben vermißt. Die Gefangenen wurden im Dezember 1962 von den USA gegen Waren im Wert von 52 Mio. US-Dollar freigekauft.

Scopes-Prozeß

Vom 10. bis 21. Juli 1925 in Dayton (Tennessee) durchgeführtes, vielbeachtetes Gerichtsverfahren des Staates Tennessee gegen den Biologielehrer John T. Scopes. Im März 1925 hatte das Parlament von Tennessee unter dem Druck protestantischer Fundamentalisten ein Gesetz erlassen, das Lehrern an öffentlichen Schulen in Tennessee untersagte, die Evolutionstheorie Charles Darwins zu unterrichten. Die unabhängige Organisation →ACLU bot jedem Lehrer Rechtshilfe an, der sich dem Verbot widersetzen wollte. Scopes ließ sich für die Sache gewinnen, nahm die Abstammungslehre in seinem Unterricht durch und wurde verhaftet. Der Politiker William Jennings Bryan plädierte für die Anklage, während Clarence Darrow, führender Strafverteidiger der Zeit, Scopes vertrat. Der Prozeß geriet zur Farce. Darrow führte eine glänzende Verteidigung, doch Scopes wurde schuldig gesprochen. Das Oberste Gericht des Bundesstaates hob das Urteil später auf. In der Öffentlichkeit wurde der Fall zum schweren Schlag für die derart bloßgestellte fundamentalistische Bewegung.

SDI

(Strategic Defense Initiative, Strategische Verteidigungsinitiative), 1983 von US-Präsident Ronald Reagan angekündigtes und gefördertes Raketenabwehrsystem, mit dem die USA gegen Angriffe mit interkontinentalen Atomraketen abgeschirmt werden sollten. Der Antiraketenschirm sollte aus einer Kombination von mit Laserwaffen bestückten Satelliten und am Boden stationierten Abschußsystemen bestehen. Wegen der von manchen Wissenschaftlern und Politikern angezweifelten Praktikabilität, der hohen Kosten und einer befürchteten Provokation der UdSSR wurde Reagans Vorschlag stark kritisiert. Die Ankündigung des SDI-Projekts trug allerdings laut Aussagen des damaligen Sowjetpremiers Michail Gorbatschow zur politischen Umkehr in der Sowjetunion bei. Aus der SDI-Forschung hervorgegangene provisorische Systeme wurden zum Schutz Israels im →Golf-Krieg verwendet.

Seigneuralsystem

In der nordamerikanischen Kolonie Neufrankreich, später Unterkanada bzw. Quebec, bis ins 19. Jh. herrschendes Feudalsystem. Bereits zu Beginn der

Geschichte Französisch-Kanadas verteilte die französische Krone nordamerikanischen Landbesitz an Lehnsherren (Seigneurs), die die Aufgabe hatten, Lehnsmänner (Habitanten) in der neuen Kolonie anzusiedeln. Die Seigneurs entstammten selten dem französischen Adel, sondern waren meist Offiziere oder gut situierte Kaufleute, die durch das S. eine Chance bekamen, ihren Stand zu erhöhen. Zu den Pflichten der Habitanten gehörten jedes Jahr einige Tage Arbeit auf den Feldern des Seigneurs sowie die Entrichtung von Zinsen in Geld oder Naturalien, die mit dem eigenen Boden erwirtschaftet wurden. Anfangs wurde das System sowohl von Seigneurs als auch Habitanten und vor allem der katholischen Kirche begrüßt, doch führte es letztlich in die Rückständigkeit gegenüber den modernen anglophonen Teilen Kanadas. In der ersten Hälfte des 19. Jhs. wurde das System zum Streitpunkt zwischen reformerischen und konservativen Kräften (→Parti Rouge, →Parti Bleu). Bis 1854 wurden alle Strukturen des Systems beseitigt.

Senat

Eine der beiden gleichberechtigten Kammern des US-amerikanischen →Kongresses. Artikel I und II der →Verfassung beschreiben die Bildung und Befugnisse des S. Senatoren müssen zur Zeit ihrer Wahl mindestens 30 Jahre alt und seit neun Jahren im Besitz der US-amerikanischen Staatsbürgerschaft sein. Sie müssen außerdem in dem Bundesstaat wohnhaft sein, den sie vertreten. Jeder Staat hat zwei Senatoren. Sie werden für eine sechsjährige, durch beliebige Wiederwahl fortsetzbare Amtszeit gewählt. Bis 1913 wurden Senatoren durch die Parlamente der Bundesstaaten gewählt, doch seit Annahme des 17. Verfassungzusatzes erfolgt ihre Wahl direkt. Alle zwei Jahre wird ein Drittel der Sitze im S. zur Wahl aufgestellt. Den Vorsitz im S. führt offiziell der →Vizepräsident, doch ein sog. Pro-tempore-Vorsitzender vertritt ihn meistens. Zu den spezifischen Befugnissen des S. neben dem mit dem →Repräsentantenhaus geteilten Gesetzgebungsprozeß gehören Gerichtsführung in allen gegen Staatsbeamte anhängigen Amtsenthebungsverfahren, Bestätigung aller Ernennungen des →Präsidenten und Ratifizierung aller vom Präsidenten mit fremden Staaten geschlossenen Verträge.

Sezessionskrieg

1861–1865 ausgetragener militärischer Konflikt zwischen den südlichen Sezessionsstaaten der →Konföderierten Staaten von Amerika und den verbliebenen nördlichen Vereinigten Staaten von Amerika (Union). Nach dem Austritt der elf Bundesstaaten des Südens aus der Union brachen erste Kämpfe zwischen beiden Parteien über den Besitz der Festung Fort Sumter in Charleston (South Carolina) aus. Ursachen des Krieges waren langschwelende Auseinandersetzungen über Zoll- und Steuertarife, die die gegensätzlichen Wirtschaftsstrukturen beider Gebiete unterschiedlich betrafen, die Rechte der Bundesstaaten gegenüber der Regierung, die Sklaverei und das Machtverhältnis zwischen sklavenhaltenden und nichtsklavenhaltenden Staaten (→Dred Scott-Urteil, →Kansas-Nebraska-Gesetz, →Missouri-Kompromiß). Materiell lagen die Vorteile bei den 23 industriell entwickelten Nordstaaten mit ihrer 22 Mio. Einwohner zählenden Bevölkerung gegenüber den 9 Mio. Einwohnern des ländlichen Südens. Nur dank der überlegenen militärischen Führung von Offizieren wie Robert E. Lee, Thomas »Stonewall« Jackson und P.G.T. Beauregard gelang es der Konföderation, der unionistischen Übermacht vier Jahre lang zu trotzen. Die Strategie der Union zielte im Westen auf die Kontrolle des Mississippi, im Osten auf die Einnahme der konföderierten Hauptstadt Richmond (Virginia). Bereits 1862 fiel New Orleans. Bis 1864 arbeitete sich der Unionsgeneral Ulysses S. Grant langsam nach Richmond vor. Am 9. April 1865 kapitulierte der völlig ruinierte Süden in Appomattox (Virginia). Das Kriegsziel von Präsident Abraham Lincoln war zunächst nur die Wiederherstellung der Union, doch unter dem Druck abolitionistisch gesinnter Mitglieder in seiner Partei stellte er die Beendigung der →Sklaverei mehr in den Vordergrund. 1862 verkündete er mit der →Emanzipations-Proklamation die Freiheit aller Sklaven. Die Wiedereingliederung der Südstaaten in die US-amerikanische Union erfolgte im Prozeß der →Rekonstruktion.

Sherman-Antitrustgesetz

1890 auf Initiative des aus Ohio stammenden Senators John Sherman verabschiedetes Bundesgesetz, das die Beschränkung des Wettbewerbs im Handel zwischen Bundesstaaten oder mit fremden Staaten durch Monopolbildung verbot. Das Gesetz untersagt ausdrücklich eine Reihe von »unfairen« Geschäftspraktiken (u.a. Marktaufteilung, Mißbrauch des Patentrechts, Preisabsprache) und definiert Monopolisierung als die Sicherung eines Marktanteils von über 65%. Durch den Clayton Act von 1914 und den Celler-Kefauver-Zusatz von 1950 wurde das Gesetz verschärft.

Sklaverei

Institutionalisierte Leibeigenschaft. Viele arme Europäer kamen in den ersten Jahren der Kolonisierung Nordamerikas als leibeigene Dienstboten (»indentured servants«) in die Kolonien und wurden nach einer vertraglich vereinbarten Dienstzeit wieder freigelassen. Frühe Versuche, Indianer zu versklaven, scheiterten. Der Einsatz schwarzafrikanischer Sklaven etablierte sich in europäischen Kolonien auf den Antillen und in Lateinamerika bereits im 16. Jh. Über diesen Umweg gelangten 1619 die ersten schwarzen Sklaven nach Jamestown (Virginia). Danach beteiligten sich die nordamerikanischen Kolonien am transatlantischen Sklavenhandel (→Dreieckshandel). Anfangs wurden auch afrikanische Sklaven wie Leibeigene behandelt und nach Vollendung der Dienstjahre wieder freigelassen. Mit dem Aufkommen der großen Reis-, Tabak- und Baumwollplantagen im Süden änderte sich jedoch ihr Status. Sie und ihre Nachkommen blieben zeitlebens Eigentum ihres Besitzers. Schon vor dem amerikanischen →Unabhängigkeitskrieg entstand ein komplexes System von Sklavengesetzen, das den Status der afrikanischen Leibeigenen festschrieb. Nach Erlangung der Unabhängigkeit von Großbritannien wurde die S. in den Nordstaaten abgeschafft, und 1808 verbot die Bundesregierung die Einführung weiterer Sklaven aus Afrika. Gleichzeitig wuchsen aber im Süden Bedeutung und Ausmaß der Baumwollproduktion und infolgedessen auch der Bedarf an billigen Arbeitskräften. Bis zum Ausbruch des teilweise durch den Streit über die S. (→Dred Scott-Urteil, →Kansas-Nebraska-Gesetz, →Missouri-Kompromiß) ausgelösten →Sezessionskriegs lebten etwa 3,5 Mio. afrikanische Sklaven in den USA. 1865 wurde die S. in den gesamten Vereinigten Staaten durch den 13. Verfassungszusatz endgültig abgeschafft.

Social Security

(Sozialversicherung), 1935 im Rahmen des →New Deal geschaffene, bundesweite Renten- und Altersversicherung. Ursprünglich auf diese Aufgaben beschränkt, hat sich die Zuständigkeit der S.S. im Laufe der Jahrzehnte ausgedehnt. Heute zählen Alters-, Hinterlassenen-, Invaliden- und Krankenversicherungsleistungen zu den von dem System abgedeckten Versorgungsbereichen. Entsprechend sind die Zahlen der Versicherungspflichtigen und -berechtigten sowie die Kosten der Versorgung gewachsen. Heute steckt das S.S.-System in einer Finanzkrise, die als wichtiges Thema beider Parteien gilt.

Söhne der Freiheit

(Sons of Liberty), Geheimorganisation radikaler Patrioten der nordamerikanischen Kolonien. Die erste Gruppe formierte sich vermutlich in Connecticut im Jahr 1765 als Reaktion auf die →Stempelsteuer. Weitere Gruppen entstanden bald darauf in den anderen Kolonien. Mit Einschüchterungstaktiken und Gewalttätigkeiten bedrohten sie nicht nur die Statthalter und Steuereintreiber des Königs, sondern übten auch auf andere Kolonisten Druck aus, sich der Stempelsteuer zu widersetzen. In New York und Connecticut betätigten sich die S.d.F. als paramilitärische Organisation, und in Massachusetts führte ein Auftritt der S.d.F. zum →Bostoner Massaker. In manchen Gemeinden spielten sie eine Rolle in der Verwaltung. Nach Aufhebung der Stempelsteuer lösten sich die Gruppen 1766 auf, doch bezeichneten sich Patrioten auch weiterhin häufig als S.d.F. Der frankokanadische Revolutionär Louis-Joseph Papineau bediente sich des Namens für seine Anhänger, die 1837 die Republik durch einen Putsch einzuführen versuchten.

Sozialistische Partei Amerikas

1901 aus der Fusion der 1876 gegründeten Socialist Labor Party (Sozialistische Arbeitspartei) und der 1896 gegründeten Social Democratic Party of America (Sozialdemokratische Partei) hervorgegangene politische Partei, die der frühen Arbeiterbewegung der USA nahestand (→Amerikanische Arbeitsföderation, →Industriarbeiter der Welt). Eugene V. Debs, Gründer der Social Democratic Party, war eine Leitfigur in den Anfangsjahren der S.P.A. Die Partei erfreute sich der Unterstützung vieler Intellektueller des Landes und wuchs stetig: 1912 zählte sie 180 000 Mitglieder. Über 1000 öffentliche Ämter in den USA waren zu dieser Zeit mit Sozialisten besetzt. Die Präsidentschaftskandidaten der Partei – Debs, Norman Thomas und Darlington Hoopes – blieben jedoch alle ohne Erfolg. Vor allem zwei Faktoren trugen zum Niedergang der Partei bei: Zum einen führte der Aufstieg der von Moskau beherrschten US-amerikanischen Kommunisten in den 1920er Jahren zu einer Spaltung der S.P.A., zum anderen verwirklichte Präsident Franklin D. Roosevelt viele ihrer Ziele im Rahmen des →New Deal.

Spanisch-Amerikanischer Krieg

Von April bis August 1898 ausgetragene kriegerische Auseinandersetzung zwischen den USA und Spanien über die spanischen Kolonien. Ab 1868 kämpfte Kuba um seine Freiheit von Spanien. Besonders seit der brutalen Niederdrückung der Rebellion von 1896 durch General Valeriano Weyler galten US-amerikanische Sympathien den Freiheitskämpfern. Als am 15. Februar 1898 das im Hafen von Havanna vor Anker liegende US-amerikanische Kriegsschiff »Maine« explodierte und mit 260 Matrosen an Bord versank, wuchs der öffentliche Druck auf US-Präsident William McKinley, Schritte einzuleiten. Am 19. April erklärte der Kongreß die Inselrepublik Kuba für unabhängig und autorisierte McKinley, die spanische Besatzungsmacht mit Gewalt zu vertreiben. In Südostasien begann gleichzeitig Admiral George Dewey mit der Vernichtung der spanischen Streitkräfte auf den Philippinen. Die Invasion auf Kuba begann Ende Juni. Aus den Kämpfen ging der künftige US-Präsident Theodore Roosevelt als Kriegsheld hervor. Kuba erhielt nach der spanischen Kapitulation seine Unabhängigkeit. Die USA übernahmen gegen eine Zahlung von 20 Mio. US-Dollar die Philippinen (1934 wurde die philippinische Unabhängigkeit beschlossen und nach dem Zweiten Weltkrieg verwirklicht), Puerto Rico und Guam. Der Krieg spaltete die Nation in ein antiimperialistisches und ein nationalistisches Lager.

Star-Spangled Banner

1814 von Francis Scott Key geschriebenes patriotisches Gedicht, das in populärer Vertonung im 19. Jh. zu einem beliebten Lied wurde (Melodie von John Stafford Smith). Key beschrieb seine Eindrücke und Empfindungen nach der Bombardierung Fort McHenrys (Baltimore) durch die Engländer im Krieg von 1812. 1931 wurde das Lied vom Kongreß zur Nationalhymne der USA erklärt. In den 1970er und 80er Jahren forderten Pazifisten, den S.S.B. wegen seiner militärischen Symbolik durch ein anderes Lied als Nationalhymne zu ersetzen.

Stempelsteuer

(Stamp Act), am 22. April 1765 vom britischen Parlament beschlossene Steuer, durch die amerikanische Kolonisten einen Beitrag zu den Kosten des →French and Indian War sowie zur weiteren Truppenstationierung in den Kolonien leisten sollten. Die Steuer wurde in Form von Wertmarken erhoben, mit denen alle Drucksachen von Zeitungen über Urkunden bis hin zu Rechnungen und Frachtbriefen zu versehen waren. Die Steuer wurde von den Kolonien abgelehnt, weil sie ohne die Zusage eigener Parlamentsvertretung verfügt wurde und weil sie eine direkte Steuer war, deren Ziel nicht die Regelung des Handels, sondern lediglich die Geldeintreibung war.

Die Stempelsteuer wurde weitgehend nicht beachtet, und oft wurden die Stempelverkäufer bedroht. Vom 7. Oktober bis 25. Oktober tagte in New York ein Stempelsteuerkongreß, an dem Vertreter von neun der 13 Kolonien teilnahmen. Sie richteten eine gemeinsame Forderung an König George III., die Steuer aufzuheben. Als besonders effektiv erwies sich ein Boykott englischer Waren, da auch Händler in England daraufhin Druck auf das britische Parlament ausübten. Am 18. April 1766 beschloß das Parlament die Aufhebung der Stempelsteuer, doch folgten bald die sog. →Townshend-Steuern auf mehrere Gebrauchsartikel.

Supply Side Economics

Vom Ökonomen Milton Friedman inspirierte Wirtschaftspolitik der Regierung von US-Präsident Ronald Reagan, die die Ankurbelung der Produktion und Unternehmensgründung zum wichtigsten wirtschaftlichen Ziel des Staates erklärte. Die Supply-Side-Theorie besagt im Kern, daß die Erhöhung des Angebots die Nachfrage und damit auch die Aktivität des Marktes steigere. Die Grundpfeiler der Theorie sind Senkung von Steuern und Staatsausgaben, Privatisierung von in öffentlicher Hand liegenden Dienstleistungsanbietern bzw. Deregulierung des Marktes und eine auf Stabilität abzielende Geldpolitik. Reagan gelang mit den Prinzipien der Supply-Side-Theorie die Überwindung der Rezession in den 1980er Jahren, doch wuchs die Staatsverschuldung auf ein unerträgliches Maß.

Tammany Hall

Umgangssprachliche Bezeichnung für eine Organisation der Demokratischen Partei in New York, welche die Politik der Stadt und des Staates von der Mitte des 19. bis in die erste Hälfte des 20. Jhs. dominierte. Die Gesellschaft von St. Tammany oder der Kolumbianische Orden wurde am 12. Mai 1789 in New York gegründet. Der Name stammt vom legendären Häuptling der Delawareindianer Tamanend. Ursprünglich war T.H. ein Instrument des Widerstands gegen die Bildung einer Oberschicht von New Yorker Patriziern. Der Einstieg von T.H. in die Politik Anfang des 19. Jhs. galt einer Demokratisierung des Wahlrechts. Bis Mitte des Jahrhunderts kam die Organisation unter die Kontrolle mächtiger »Bosse«, die ein auf Korruption und Bestechung basierendes Imperium aufbauten. Der berüchtigtste dieser Männer war William Tweed. In der zweiten Hälfte des 19. Jhs. gingen Bürgerinitiativen gegen die Korruption von T.H. vor. Es folgte eine gewisse Rehabilitierung, nachdem die Organisation verschiedene Sozialreformen unterstützt hatte, doch eine 1930/31 eingeleitete Untersuchung brachte T.H. wieder in Verruf. Unter der Regierung des Mayors F. H. La Guardia, der 1933 von einer Anti-Tammany-Koalition gewählt wurde, begann der Niedergang von T.H. Anfang der 1950er Jahre hatte die Organisation noch einmal kurzfristig Erfolg, verschwand dann aber aus der Politik.

Teapot-Dome-Skandal

1924 von einem Untersuchungsausschuß des Senats aufgedeckter Korruptionsfall um die Regierung des 1923 verstorbenen US-Präsidenten Warren G. Harding. Hardings Innenminister Albert B. Fall überredete den Minister der Marine Edwin Denby, ihm die Aufsicht über Ölfelder in Teapot Dome (Wyoming) und Elk Hills (Kalifornien) zu überlassen, die der Marine vorbehalten waren. Gegen Bestechungsgelder in Höhe von 500 000 US-Dollar überließ Fall die Ölreserven zwei privaten Ölgesellschaften: der Mammoth Oil Company Harry F. Sinclairs und der Pan-American Petroleum and Transport Company Edward L. Dohenys. Um weiteren Schaden von seiner Partei abzuwenden, leitete Präsident Calvin Coolidge nach Hardings Tod einen Prozeß gegen Fall ein, der 1929 zu einem Jahr Gefängnis und einer Geldbuße von 100 000 US-Dollar verurteilt wurde. Der Skandal galt z.T. als Folge der Unfähigkeit Hardings, sein eigenes Kabinett zu führen.

Tennessee Valley Authority (TVA)

(Tennesseetal Amt), 1933 im Rahmen des →New Deal geschaffenes Entwicklungsamt, das der strukturellen Modernisierung im Tal des Flusses Tennessee diente (ein etwa 104 000 km² großes Gebiet um den viertgrößten Fluß der USA). Die TVA baute Staudämme und Kraftwerke und betrieb landwirtschaftliche Forschung. Sie bot den Bewohnern der Gegend preiswerte Stromversorgung an, verminderte die Überschwemmungsgefahr und ermöglichte das Entstehen moderner Infrastruktur, die den Lebensstandard hob. Die TVA gilt als eines der erfolgreichsten Programme von Präsident Franklin D. Roosevelt.

Test Act

1673 vom britischen Parlament verabschiedetes Gesetz, das von Amtspersonen ein Bekenntnis zum anglikanischen Glauben forderte. Das Gesetz entstand als Reaktion auf die Konvertierung James' II., des Bruders von König Charles II. und künftigen Thronfolgers, zum Katholizismus. Nach der aus dem →French and Indian War resultierenden Übergabe des kanadischen Neufrankreich an Großbritannien im Jahr 1763 wurde der T.A. in Quebec und Louisiana eingeführt, womit die französischstämmige, fast durchweg katholische Bevölkerung von der Bekleidung öffentlicher Ämter ausgeschlossen war. Das Gesetz wurde durch Erlaß des →Quebec-Gesetzes von 1774 aufgehoben. In England wurden Protestanten 1718, Katholiken 1829 und Juden 1858 vom T.A. befreit.

Townshend-Steuern

Mehrere die nordamerikanischen Kolonien betreffende Maßnahmen, die zwischen 26. Juni und 2. Juli 1767 auf Veranlassung des englischen Schatzkanzlers Charles Townshend vom britischen Parlament verabschiedet wurden. Zum Teil ersetzten sie die im Jahr zuvor aufgehobene →Stempelsteuer mit Zöllen auf Glas, Porzellan, Blei, Farbe, Papier und Tee. Aus dem dadurch erwirtschafteten Erlös sollten u.a. die Gehälter der in den Kolonien arbeitenden britischen Beamten bezahlt werden, damit diese nicht dem Druck der kolonialen Versammlungen ausgesetzt waren. Andere Maßnahmen schufen ein koloniales Zollamt in Boston und lösten die koloniale Versammlung von New York auf, bis sich die Kolonie bereit erklärte, britische Truppen zu versorgen. Nach Protestaktionen und einem erneuten Boykott britischer Waren wurden alle Maßnahmen außer der Teesteuer am 5. April 1770 aufgehoben.

Transzendentalismus

Lose zusammenhängende philosophische Schule mehrerer aus Neuengland stammender Denker, die vor allem in den 1840er Jahren zu Einfluß gelangten. Nährboden des T. war einerseits die Unitarische Kirche Neuenglands, andererseits der deutsche Idealismus Kants, Fichtes, Hegels und Schellings in Form ihrer Vermittlung durch die englischen Schriftsteller Samuel Taylor Coleridge und Thomas Carlyle. Die Transzendentalisten, zu deren führenden Vertretern Ralph Waldo Emerson, Henry David Thoreau und Margaret Fuller zählten, rebellierten gegen den strengen Empirismus des 19. Jhs. und argumentierten für die Existenz eines spirituellen Daseins des Menschen, das ihm Zugang zu Ideen und Vorstellungen verschaffe, die jenseits der Erfahrung lägen. Die unmittelbare Wahrnehmung der Welt übertreffe demnach das auf logischen Schlüssen beruhende Vernunftdenken. Diese Betonung der Gefühlswelt fügte sich in eine allgemeine Atmosphäre verschiedener Erweckungsbewegungen, die die USA im frühen 19. Jh. ergriffen. Von 1840 bis 1844 brachte die Gruppe eine eigene Zeitschrift, »Dial«, heraus, die als intellektuelles Organ der Schule diente. Die bedeutendsten Schriftzeugnisse der Transzendentalisten sind die »Versuche« (1841) von Emerson und »Walden« (1854) von Thoreau. Thoreaus Hervorhebung des individuellen Gewissens als höchste ethische Instanz auch vor dem Gesetz wirkte maßgeblich auf führende Kämpfer um soziale Gerechtigkeit wie Mahatma Gandhi oder Martin Luther King Jr.

Truman-Doktrin

Am 12. März 1947 von US-Präsident Harry S. Truman verkündetes außenpolitisches Konzept, nach dem sich die Regierung der USA verpflichtete, von kommunistischer Machtübernahme bedrohte Länder finanziell und militärisch zu unterstützen. Mit der Formulierung der T.D. reagierte der Präsident insbesondere auf die Gefährdung der Türkei und Griechenlands durch die UdSSR. Der Kongreß gewährte zum Schutz beider Länder 400 Mio. US-Dollar Finanzhilfe. Im allgemeinen jedoch galt die T.D. als Reaktion auf die gesamte sowjetische Besetzung Osteuropas am Ende des Zweiten Weltkriegs. Die Position der USA im →Kalten Krieg wurde durch die T.D. zum ersten Mal als Eindämmung des Kommunismus definiert.

Umsiedlungsgesetz

(Indian Removal Act), 1830 vom US-amerikanischen Kongreß verabschiedetes Gesetz, das die Vertreibung der östlich des Mississippi lebenden Indianer verfügte. Das Gesetz war eine offizielle Legitimierung der nach Ansicht des Obersten Gerichts unrechtmäßigen Vertreibung, die in den 1820er Jahren in Georgia begann und sich in anderen Südstaaten fortsetzte. In Arkansas wurde ein Indianerterritorium eingerichtet, in dem die Vertriebenen in Reservaten untergebracht wurden. Bis 1835 hatten nur die Seminolen ihr Stammesgebiet durch einen effektiv geführten Verteidigungskrieg in Florida behaupten können. Schließlich stellte die US-Regierung ihre Versuche ein, die Seminolen umzusiedeln. Durch Unterernährung und Krankheit kamen zahlreiche Indianer im Laufe der Vertreibung ums Leben.

Unabhängigkeitserklärung

(Declaration of Independence), Dokument, in dem die 13 amerikanischen Kolonien ihre Unabhängigkeit von Großbritannien erklärten. Zuerst herrschte im zweiten →Kontinentalkongreß kein einhelliger Wunsch nach Unabhängigkeit als Lösung des Konfliktes mit England, doch nach dem Scheitern der →Ölzweig-Petition und unter dem Einfluß von Thomas Paines Schrift »Common Sense« verstärkten sich die Forderungen nach Trennung vom Königreich. Am 7. Juni 1776 legte der Abgeordnete aus Virginia Richard Henry Lee Resolutionen über die Unabhängigkeit vor. Am 11. Juni wurde ein aus Thomas Jefferson, John Adams, Benjamin Franklin, Roger Sherman und Robert R. Livingston bestehendes Komitee gebildet, um eine entsprechende Erklärung abzufassen. Jefferson schrieb den ersten Entwurf, an dem Adams und Franklin einige Änderungen vornahmen (eine Verurteilung des britischen Volks z.B. wurde aus dem Text entfernt). Jeffersons Begründung baute größtenteils auf der aufklärerischen Staatsphilosophie John Lockes auf. Am 2. Juli wurde die Erklärung mit zwölf Stimmen vom Kongreß gebilligt (New York enthielt sich). Nach Debatten und anschließenden weiteren Änderungen wurde sie am 4. Juli ohne Gegenstimme angenommen. Die Erklärung wurde rasch veröffentlicht. Seit 15. Dezember 1952 wird die Reinschrift im Nationalarchiv in Washington (D.C.) ausgestellt.

Unabhängigkeitskrieg

1775–1781 ausgetragener Krieg der 13 amerikanischen Kolonien gegen die Kolonialmacht Großbritannien. Nach den Versuchen Großbritanniens, die Kolonien durch eine Reihe von Handelsbeschränkungen und Steuern (→Navigationsgesetze, →Stempelsteuer, →Townshend-Steuern) an den Kosten des →French and Indian War stärker zu beteiligen, wuchsen amerikanische Ressentiments gegen England. Vor allem in Vorfällen wie dem →Bostoner Massaker oder der →Boston Tea Party äußerten sich die Spannungen zwischen Mutterland und Kolonie. Nach bewaffneten Zusammenstößen zwischen Patrioten und britischen Truppen im April 1775 bei Lexington und Concord (Massachusetts) bestand im →Kontinentalkongreß zunächst keine Einigkeit über das künftige Verhältnis zu England, doch am 4. Juli 1776 erklärten sich die Kolonien für unabhängig (→Unabhängigkeitserklärung). Im Norden zeigten sich die englischen Truppen zuerst deutlich überlegen, doch nach einem entscheidenden Sieg der Kontinentalarmee am 17. Oktober 1777 bei Saratoga (New York) erkannte Frankreich die Vereinigten Staaten an und verpflichtete sich zur militärischen Hilfe. Danach traten auch Spanien und die Niederlande in den Krieg gegen Großbritannien ein (1779/80). Damit war der Krieg im Norden für die USA entschieden. Im Süden gelang es General George Washington im September 1781, die Armee des britischen Generals Cornwallis bei Yorktown (Virginia) einzukesseln. Am 19. Oktober 1781 erfolgte die britische Kapitulation. Im →Frieden von Paris erkannte Großbritannien 1783 die Unabhängigkeit der Vereinigten Staaten an.

Untergrundeisenbahn

(Underground Railroad), ein von Abolitionisten eingerichtetes Fluchtsystem für entlaufene Sklaven, die in die freien Nordstaaten oder nach Kanada zu gelangen versuchten. Die U. bestand aus einem geheimen, von Fluchthelfern beobachteten Netz von Fluchtwegen und sog. Stationen, Privathäusern, wo die Entflohenen Unterschlupf finden konnten. Bereits Ende des 18. Jhs. war die U. aktiv und gewann mit dem Aufkommen abolitionistischer Gruppen in den 1830er Jahren immer mehr an Bedeutung. Sie fand die Unterstützung einflußreicher Abolitionisten wie William Lloyd Garrison. Zu den bekanntesten Fluchthelfern zählten der Quäker Levi Coffin und die ehemalige Sklavin Harriet Tubman. Nach einigen Schätzungen sollen bis zu 50 000 Sklaven aus den Südstaaten mithilfe der U. den Weg in die Freiheit gefunden haben.

Vereinigungsgesetz Kanadas

(Act of Union), 1840 vom britischen Parlament verabschiedetes Gründungsgesetz der vereinigten Provinz Kanada. Vor dem Hintergrund umstürzlerischer Unruhen im Jahr 1837 wurde der Generalgouverneur von Britisch-Nordamerika, Lord Durham, beauftragt, über die Ursachen der Aufstände zu berichten und Vorschläge zur Lösung der Probleme zu machen. Auf die meisten der in Durhams →Bericht über die Zustände in Britisch-Nordamerika formulierten Empfehlungen (allen voran die Selbstverwaltung der Kolonie Kanada) ging das Parlament nicht ein. Es wurde jedoch beschlossen, das anglophone Oberkanada und das frankophone Unterkanada zu vereinen, um den Einfluß der Frankokanadier in der provinziellen Politik zu begrenzen. Ferner wurde eine unter der Führung des Generalgouverneurs stehende Volksvertretung eingerichtet mit jeweils 42 Abgeordneten aus beiden Teilen Kanadas. Dadurch wurde die bevölkerungsmäßige Überlegenheit der Frankokanadier und die Unterlegenheit der Anglokanadier parlamentarisch aufgehoben. Das Vereinigungsgesetz galt bis zur Verabschiedung des →Britisch-Nordamerika-Erlasses 1867. Dieser schuf einen ka-

nadischen Bundesstaat, dem Ober- und Unterkanada getrennt beitraten.

Verfassung der USA

Das von dem in Philadelphia zwischen 25. Mai und 17. September 1787 tagenden →Verfassungskonvent erarbeitete, seit 21. Juli 1788 gültige und am 29. Mai 1790 von allen Staaten ratifizierte Grundgesetz der Vereinigten Staaten. Die V. ersetzte die bis dahin geltenden →Konföderationsartikel. Als Arbeitsvorlage diente die sog. →Virginia-Plan James Madisons, der den größten Einfluß auf das Dokument ausübte. Wichtigste geistesgeschichtliche Einflüsse sind die staatsphilosophischen Thesen John Lockes und Montesquieus. Die amerikanische V. ist das älteste noch geltende Dokument ihrer Art. Die bedeutendsten Prinzipien der durch die V. geschaffenen republikanischen Staatsform sind die Volkssouveränität und die Gewaltenteilung. Die Verfassung sieht vor, daß alle Macht der Regierung von der Mehrheit der Wähler auf sie übertragen wird und auch zurückgezogen werden kann. Um zugleich der Gefahr einer Tyrannei der Mehrheit gegenüber der Minderheit vorzubeugen, stellt die V. verschiedene Instanzen zwischen Wählerschaft und Regierung (→Wahlkollegium). Die Regierung selbst wird in Exekutive (→Präsident), Legislative (→Kongreß) und Judikative (→Oberstes Gericht) aufgeteilt. Um auch hier der Tyrannei zu begegnen, definiert die V. ein System wechselseitiger Kontrollmechanismen (→Checks and Balances), mit denen sich die drei Gewalten gegenseitig überwachen. Formell besteht die V. aus sieben Artikeln: Artikel I behandelt die Legislative, Artikel II die Exekutive, Artikel III die Judikative, Artikel IV die Befugnisse von Einzelstaaten und Bundesregierung, Artikel V das Prozedere bei Verfassungsänderungen, Artikel VI diverse Rahmenbedingungen und Artikel VII das Ratifizierungsverfahren. Die Verfassung wurde nie geändert, aber durch Zusätze (bis Ende der 90er Jahre insgesamt 27) erweitert. Die ersten zehn Zusätze umfassen die Rechte der Bürger (→Grundrechtekatalog), während die restlichen unterschiedliche bundesgesetzliche Regelungen betreffen. (▷Grafik, Staatsorgane der Vereinigten Staaten, S. 221).

Verfassungsbeschluß Kanadas

(Constitution Act), im März 1982 vom kanadischen Parlament verabschiedetes und am 17. April von Königin Elizabeth II. unterzeichnetes Gesetz, das der kanadischen Regierung die eigene Verfassungshoheit garantiert. Die Macht, Verfassungsänderungen vorzunehmen, war im Laufe des Ablösungsprozesses Kanadas vom Königreich als letzte Regierungsbefugnis beim britischen Parlament verblieben. Premierminister Pierre Trudeau strebte als Vollendung seiner Politik die Zusicherung auch dieses Rechts für den kanadischen Bundesstaat an. Der Beschluß enthält auch einen Grundrechtekatalog.

Verschollene Kolonie

Erster englischer Kolonisierungsversuch auf dem Gebiet der heutigen USA. Im Jahre 1585 gründete Sir Richard Grenville, Cousin Sir Walter Raleighs, eine Siedlung auf der vor der Küste North Carolinas gelegenen Roanokeinsel. Als Sir Francis Drake ein Jahr später mit Vorrat aus England in der Kolonie anlegte, klagten die Kolonisten über Hungersnot und Angriffe der Indianer und segelten mit Drake zurück nach England. Grenville unternahm 1587 einen weiteren Versuch und siedelte 91 Männer, 17 Frauen und 9 Kinder auf der Roanokeinsel an. Als 1591 das erste Schiff aus dem Mutterland die Insel wieder erreichte, waren alle Siedler spurlos verschwunden. Nur das in einen Baum geritzte Wort »Croatoan«, der Name dort ansässiger Indianer, fanden die Besu-

cher vor. Bis heute ist das Schicksal der Kolonie ungeklärt. Im August 1948 entdeckte ein Archäologe des National Park Service die Fundamente der von den Kolonisten errichteten Festung.

Vertrag von Guadalupe Hidalgo

Friedensvertrag, mit dem der →Mexikanisch-Amerikanische Krieg 1848 beendet wurde. Der US-amerikanische Unterhändler Nicholas P. Trist verhandelte unautorisiert in dem nahe der Hauptstadt Mexiko-Stadt gelegenen Guadalupe Hidalgo mit mexikanischen Vertretern und unterschrieb den Vertrag am 2. Februar 1848. Am 10. April wurde er vom Kongreß ratifiziert. Die mexikanische Republik trat an die USA etwa die Hälfte ihrer Staatsfläche ab, bestehend aus Nordkalifornien, New Mexico und Texas. Der Fluß Río Grande wurde als Südgrenze der USA in Texas festgelegt. Die US-amerikanische Regierung zahlte 15 Mio. US-Dollar an Mexiko und übernahm alle Geldforderungen US-amerikanischer Bürger an die mexikanische Regierung. In den neuen US-amerikanischen Gebieten verbliebene Mexikaner erhielten auf Wunsch die US-amerikanische Staatsbürgerschaft.

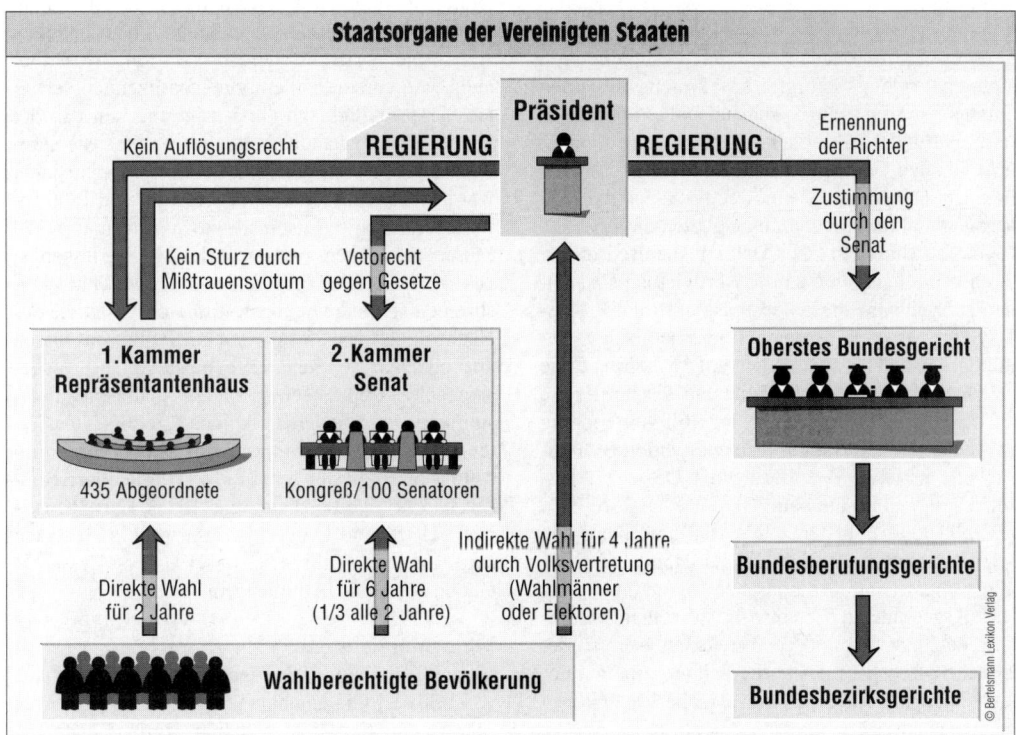

Staatsorgane der Vereinigten Staaten

Vierzehn Punkte

Von US-Präsident Woodrow Wilson formulierte und am 8. Januar 1918 vor dem Kongreß verkündete Kriegs- und Friedensziele der USA im Ersten Weltkrieg. Zur Bekanntmachung der mit der Unterstützung seines Beraters Oberst Edward M. House definierten Punkte fühlte sich Wilson durch die Machtübernahme der Bolschewiken in Rußland gedrängt, die einen Separatfrieden wünschten. Die Punkte verlangten I. offene Vertragsverhandlungen, II. Freiheit der Meere, III. Abbau internationaler Handelsbarrieren, IV. Abrüstung, V. Klärung von Kolonialansprüchen, VI. Abzug feindlicher Truppen aus Rußland, VII. Abzug feindlicher Truppen aus Belgien, VIII. Rückgabe Elsaß-Lothringens an Frankreich, IX. Änderung der Grenzen Italiens, X. Autonomie der Völker Österreich-Ungarns, XI. Freiheit Rumäniens, Serbiens und Montenegros, XII. Autonomie der Völker des Osmanischen Reichs, XIII. Unabhängigkeit Polens mit Zugang zum Meer, XIV. Schaffung eines Völkerbundes. Bei den Pariser Friedensverhandlungen 1919 kämpfte Wilson um Anerkennung aller Punkte, doch viele davon wurden im Versailler Vertrag entweder nicht berücksichtigt oder geändert.

Vietnamkrieg

Sammelbegriff für die zwischen 1946 und 1975 ausgetragenen militärischen Auseinandersetzungen in Vietnam. Anfangs kämpfte Frankreich um seinen Kolonialbesitz in Französisch-Indochina und erhielt hierbei ab 1950 militärische Beratung und Finanzhilfe von den USA. Eine Kampfbeteiligung schloß Präsident Dwight D. Eisenhower aus. Nach der Niederlage Frankreichs 1954 unterstützten die USA die Regierung Südvietnams. Als sich die Bedrohung durch kommunistische Kräfte Nordvietnams zunehmend abzeichnete, beschloß Präsident John F. Kennedy eine Verstärkung des US-amerikanischen Beratungspersonals (Aufstockung auf 16 300 bis Ende 1963). Nach Angriffen nordvietnamesischer Kräfte auf US-amerikanische Schiffe im Golf von Tonking im August 1964 verfügte Präsident Lyndon B. Johnson eine massive Verstärkung der US-amerikanischen Truppen in Vietnam. Bis 1968 lag ihre Zahl bei 500 000 Soldaten. Die US-amerikanische Kriegsführung einschließlich der Bombardierung Nordvietnams und Kambodschas konnte einen Sieg der linksgerichteten Vietcong in Südvietnam verhindern, doch der Erfolg der Nordvietnamesen bei der sog. Tet-Offensive machte die Schwierigkeiten der Lage deutlich. Erste Friedensgespräche 1968 blieben ergebnislos. Die öffentliche Kritik am Krieg wuchs.

US-Präsident Richard Nixon beschloß den stufenweise erfolgenden Abzug US-amerikanischer Truppen, der nach dem Abschluß eines Waffenstillstands am 27. Januar 1973 vollendet wurde. 1975 fiel Südvietnam an die Kommunisten.

Virginia-Kompanie

1606 gegründetes koloniales Handelsunternehmen (zunächst London Company, ab 1609 Virginia Company), das von König James I. autorisiert wurde, das Gebiet an der nordamerikanischen Atlantikküste zwischen 34° und 41° nördlicher Breite zu besiedeln. Am 13. Mai 1607 gründete die Gesellschaft die Kolonie Jamestown. Die Kolonie wurde zunächst autokratisch, dann ab 1619 durch eine gewählte Vertretung geleitet. 1624 wurde das Patent der Kompanie für nichtig erklärt, wonach alle Handelsinteressen der Gesellschaft an die britische Krone übergingen.

Vizepräsident

Zweithöchster Staatsbeamter der Vereinigten Staaten nach dem →Präsidenten und außer diesem das einzige national gewählte Mitglied der Regierung. Das Amt des V. ist ein in mancher Hinsicht eher formelles. Er führt zwar den Vorsitz im Senat und hat im Falle einer dort unentschieden ausgegangenen Abstimmung die entscheidende Stimme, wird aber meist von einem Pro-tempore-Vorsitzenden vertreten. Ursprünglich sah die Verfassung vor, daß der Präsidentschaftskandidat, der die zweithöchste Stimmenzahl im →Wahlkollegium erhielt, Vizepräsident wurde. Nachdem jedoch bei der Wahl von 1800 sowohl Thomas Jefferson als auch Aaron Burr 73 Stimmen erhielten, wurde mit dem 12. Verfassungszusatz verfügt, daß über beide Ämter getrennt abzustimmen sei. Die wichtigste Rolle des V. ist die des Nachfolgers des Präsidenten im Falle von dessen Tod oder Amtsenthebung (→Impeachment). Insgesamt acht Vizepräsidenten sind bis heute einem verstorbenen Präsidenten im Amt nachgefolgt: John Tyler (1841), Millard Fillmore (1850), Andrew Johnson (1865), Chester Arthur (1881), Theodore Roosevelt (1901), Calvin Coolidge (1923), Harry S. Truman (1945) und Lyndon B. Johnson (1963). Nach dem Rücktritt Richard Nixons 1974 war dessen V. Gerald Ford bis 1976 Präsident.

Verfassungskonvent

Vom 25. Mai bis 17. September 1787 im Stadthaus von Philadelphia tagende Versammlung, in der die →Verfassung der USA erarbeitet wurde. Es nahmen zunächst insgesamt 55 Abgeordnete aus zwölf Staaten am Konvent teil. Nur Rhode Island entsandte keinen Delegierten. Die Anregung zum Konvent gab eine im Vorjahr zusammengetroffene Versammlung in Annapolis (Maryland), bei der Alexander Hamilton eine Revision der →Konföderationsartikel vorschlug. In Philadelphia einigte man sich rasch darauf, daß eine neue Verfassung statt einer Korrektur der bisherigen vonnöten sei. In der Zeit vom 27. Juli bis 6. August entstand unter der Führung eines fünfköpfigen Komitees ein auf dem sog. →Virginia-Plan beruhender Entwurf, der anschließend von allen Delegierten diskutiert wurde. Nach letzten Änderungen unterschrieben 39 der 42 noch anwesenden Abgeordneten das Dokument, das dann dem Kongreß vorgelegt wurde.

Virginia-Plan

Von James Madison erstellter Entwurf einer die →Konföderationsartikel ersetzenden →Verfassung, der zur Arbeitsgrundlage des →Verfassungskonvents wurde. Madison legte seinem Plan die zwei Prinzipien der Volkssouveränität und der Gewaltenteilung zugrunde. Der Entwurf sah eine aus Exekutive, Legislative und Judikative bestehende Regierung vor. Die Legislative sollte aus einem Zweikammerparlament bestehen, wobei das Unterhaus vom Volk direkt und das Oberhaus vom Unterhaus gewählt werden sollte. Als größter Streitpunkt im Konvent stellte sich Madisons Vorschlag heraus, die Repräsentation im Kongreß von der Bevölkerung der Bundesstaaten abhängig zu machen. Ein Kompromiß wurde durch die unterschiedliche Besetzung des →Repräsentantenhauses und des →Senats erreicht. Eine ganze Reihe von Änderungen wurde an Madisons Plan vorgenommen, doch blieb er das Fundament der vom Konvent verabschiedeten Verfassung.

Virginia- und Kentucky-Resolutionen

Drei von James Madison und Thomas Jefferson verfaßte Resolutionen, die von den Staatsparlamenten Virginias (1798) und Kentuckys (1798 und 1799) verabschiedet wurden. Madison und Jefferson reagierten damit auf die von den Föderalisten durch den Kongreß gebrachten →Fremden- und Aufruhrgesetze. Sie verlangten die Aufhebung der Gesetze und stellten ferner die Zuständigkeit des Kongresses bei der Prüfung der Verfassungsmäßigkeit von Bundesgesetzen in Frage. Von anderen Staaten, die um Stellungnahme zu den Resolutionen gebeten wurden, kam der Vorschlag, diese Prüfungsbefugnis dem Obersten Gericht zu übertragen.

Wade-Davis-Gesetz

Von dem Senator Benjamin Wade und dem Abgeordneten Henry Davis 1864 im Kongreß vorgelegte Gesetzesvorlage zur Wiedereingliederung (→Rekonstruktion) der abtrünnigen Südstaaten nach Beendigung des →Sezessionskriegs. Der Entwurf sah vor, daß die Staaten der →Konföderation in die Union erst dann wieder aufgenommen würden, wenn eine Mehrheit der Wähler in jedem Staat einen Treueeid gegenüber dem Bund abgelegt hätte. Präsident Abraham Lincoln verhinderte die Ratifizierung dieser Gesetzesvorlage durch sein Veto.

Wahlkollegium

(Electoral College), ein durch Artikel II, Teil I der →Verfassung begründeter Ausschuß von Wahlmännern und -frauen oder »Elektoren«, die den Präsidenten und →Vizepräsidenten der USA offiziell wählen. Die Wahlmänner und -frauen werden in jedem Bundesstaat von den Parteien gewählt. Ihre Zahl entspricht genau der der Abgeordneten und Senatoren, die jeder Staat im Kongreß hat. Die Elektoren verpflichten sich normalerweise, für die Kandidaten zu stimmen, die die Mehrheit der Wählerstimmen in dem von ihnen vertretenen Staat bekommen. Sie stimmen geschlossen, und somit »gewinnen« die Kandidaten eigentlich individuelle Bundesstaaten bei der Wahl. Dabei versuchen sie insbesondere, sich die Stimmen der Staaten zu sichern, die im Wahlkollegium stark vertreten sind. Kommen die Elektoren zu keiner Mehrheit, so entscheidet eine Stichwahl im Repräsentantenhaus über den Ausgang der Wahl.

Webster-Ashburton-Vertrag

Ein von Daniel Webster und Alexander Baring Baron Ashburton ausgehandelter und am 9. August 1842 zwischen den Vereinigten Staaten und Großbritannien geschlossener Vertrag zur Beseitigung mehrerer Streitpunkte zwischen beiden Ländern. Vor allem wurde durch den Vertrag eine Klärung der Grenze zwischen dem US-amerikanischen Bundesstaat Maine und der kanadischen Provinz Neubraunschweig und damit auch ein Ende des sog. →Aroostook-Kriegs erreicht. Die USA erhielten außerdem die Garantie freier Schiffahrt auf den Flüssen St. John, St. Lorenz, Detroit und St. Clair. Regelungen zur gegenseitigen Auslieferung mutmaßlicher Straftäter wurden getroffen, und beide Länder einigten sich auf eine gemeinsame Kontrolle der westafrikanischen Küste, um den Sklavenhandel zu unterbinden.

Westminsterstatut

Am 11. Dezember 1931 verabschiedeter Beschluß des britischen Parlaments, mit dem die Regierung Großbritanniens auf ihre Autorität über die Parlamente der im Commonwealth vereinten Kronländer verzichtete. Der Beschluß war im Grunde eine Anerkennung der Opfer und Leistungen der Commonwealth-Länder im Ersten Weltkrieg und eine Reaktion auf das Begehren der Kronländer nach Selbständigkeit. Durch das W. erhielten diese tatsächlich ihre Unabhängigkeit und das Recht, aus dem Commonwealth auszutreten.

Whig-Partei

1834 gegründete politische Partei in den USA, die in erster Linie als Opposition zur Politik von Präsident Andrew Jackson entstand. Ihren Namen wählten die Parteimitglieder in Anlehnung an die britischen Whigs, die als Gegner des Königs hervorgetreten waren. Sie vertraten eine von Henry Clay inspirierte nationalistische Wirtschaftspolitik, die Clay das →»Amerikanische System« nannte. Die Whigs schickten vier Kandidaten in die Präsidentschaftswahl 1836 in der Hoffung, die Entscheidung würde an das Repräsentantenhaus verwiesen. Nach ihrer Niederlage gewannen sie die Wahl 1840 mit ihrem Kandidaten William Henry Harrison. Harrison starb jedoch einen Monat nach seinem Amtsantritt, und sein Vizepräsident und Nachfolger John Tyler erwies sich als wenig dienstbar gegenüber den Interessen der Partei. 1844 kandidierte Clay erfolglos, doch 1848 gewann mit Zachary Taylor wieder ein Whig die Wahl. Streit innerhalb der Partei wegen der Position zur Sklaverei begann schon unter Taylor, die Stellung der Whigs zu schwächen, die sich in diesem Konflikt zwischen den Fronten bewegten. Nach der Präsidentschaft Taylors gewannen die Whigs keine Wahl mehr. Die Kontroverse über das 1854 verabschiedete →Kansas-Nebraska-Gesetz führte zu einer Massenabwanderung der Whig-Anhänger zur Republikanischen Partei.

Whiskey-Rebellion

Eine 1794 stattfindende Revolte der Whiskeybrenner in Pennsylvania, die sich weigerten, eine auf Weinbrand erhobene Sondersteuer zu zahlen. Die gewalttätigen Ausschreitungen wurden durch Soldaten der Staatsmilizen unterdrückt, die US-Präsident George Washington persönlich anführte. Somit bewies die Bundesregierung ihre Autorität im ersten Probefall, bei dem es um die Kompetenzen von Bund und Staat ging.

Works Progress Administration (WPA)

(Arbeitsbeschaffungsamt), 1935 im Rahmen des →New Deal geschaffenes und unter die Leitung von Harry Hopkins gestelltes Arbeitsbeschaffungsamt zur Bekämpfung der Massenarbeitslosigkeit zur Zeit der Wirtschaftskrise. Ab 1939 hieß das Amt Work Projects Administration, 1943 wurde es aufgelöst. In den acht Jahren seines Bestehens beschäftigte das WPA rund 8,5 Mio. Personen und verzeichnete Ausgaben in Höhe von 11 Mio. US-Dollar. Innerhalb verschiedener WPA-Projekte entstanden 1 Mio. km Straßen, 125 110 Gebäude, 78 000 Brücken, zahlreiche Flughäfen sowie öffentliche Einrichtungen. Mit dem Kunstförderungsprogramm des WPA wurden über 2500 Wandgemälde für öffentliche Gebäude geschaffen. Schriftsteller und darstellende Künstler erhielten ebenfalls Aufträge vom WPA. An Führung und Effektivität des Amts gab es häufig Kritik, aber bis zur Besserung der Arbeitslage im Zweiten Weltkrieg wurde es beibehalten.

XYZ-Affäre

1797/98 vorgefallene diplomatische Kontroverse zwischen den USA und Frankreich. Zum Teil aus Verärgerung über einen 1794 zwischen den USA und Großbritannien geschlossenen Handelsvertrag begann Frankreich mit der verstärkten Gefangennahme von US-Schiffen. In einem Versuch, die Lage zwischen beiden Ländern zu entspannen, entsandte US-Präsident John Adams eine aus Charles Pinckney, John Marshall und Elbridge Gerry bestehende Delegation nach Paris, um Verhandlungen aufzunehmen. Sie wurden kurz vom französischen Außenminister Charles Maurice de Talleyrand-Périgord empfangen, doch danach wochenlang völlig mißachtet. Schließlich traten drei Unterhändler des Ministers an die Delegation heran und erklärten, Frankreich erwarte 250 000 US-Dollar für Talleyrand und eine Anleihe von mehreren Millionen US-Dollar für die französische Regierung, ehe Verhandlungen zustandekommen könnten. Die Delegierten erstatteten Bericht nach Washington. In der Veröffentlichung dieses Berichts wurden besagte Unterhändler als die »Herren X, Y und Z« bezeichnet. Die Entrüstung über die Forderungen führte dazu, daß sich die USA und Frankreich 1798/99 im unerklärten Kriegszustand befanden. Nach erfolgreichen US-Angriffen gegen französische Schiffe wurde 1800 der Vertrag von Mortefontaine mit Napoleon geschlossen und der Streit beigelegt. Dadurch lösten sich die USA aus dem aus der Zeit des →Unabhängigkeitskriegs stammenden Bündnis mit Frankreich.

Lateinamerika und Karibik

Geschichte

Lateinamerika / Karibik

Am frühen Morgen des 12. Oktober 1492 schallte über die Karavelle »Pinta« der erregte Ruf eines Matrosen : »Tierra!« (Land). Christoph Kolumbus und die Besatzung seiner drei Schiffe »Santa María«, »Niña« und »Pinta« hatten – ohne es zu ahnen – Amerika entdeckt. Es war der Beginn einer neuen Epoche. Für die Europäer öffneten sich jenseits des Atlantischen Ozeans unbekannte Räume, in die sie in den folgenden Jahrzehnten als Entdecker und Eroberer vorstoßen sollten. Ein neuer Kontinent trat in die Weltgeschichte. Allerdings – dies ist der europäische Blick auf die Ereignisse. Die Geschichte Amerikas beginnt, lange bevor Christoph Kolumbus erstmals seinen Fuß auf den Kontinent setzte und damit das Zusammentreffen zweier Welten einleitete. Die historische Entwicklung Mittel- und Südamerikas wird darum in eine vor- und eine nachkolumbische Epoche eingeteilt. Die Geschichte des Subkontinents wird im folgenden, gegliedert nach Großregionen (Mesoamerika, d.h. der altindianische Kulturraum in Mexiko und im nördlichen Zentralamerika, Karibik und Südamerika), in ihren chronologischen Abläufen dargestellt.

Erste Besiedlung

Vergleichsweise spät, während der letzten Eiszeit um 40 000 v. Chr., betraten die ersten Menschen den amerikanischen Kontinent. Sie kamen über eine damals bestehende Landverbindung von Nordostasien nach Alaska (in Höhe der heutigen Beringstraße) und besiedelten in den folgenden Jahrtausenden den Kontinent von Norden nach Süden. Die Einwanderer gehörten keineswegs einem bestimmten Stamm oder einer Gruppe an, sondern kamen aus weit auseinanderliegenden Gebieten Asiens und wiesen vor allem kulturell unterschiedliche Züge auf. Dies ist eine der Ursachen für die starke Differenzierung bereits der präkolumbischen Bevölkerung. So gibt es in Amerika 125 Sprachfamilien mit mehr als 500 verschiedenen Dialekten (Indianersprachen, →Lexikon).

In Lateinamerika stammen die ältesten Zeugnisse menschlichen Lebens aus der Zeit um 24 000 bzw. 20 000 v. Chr.; sie wurden im mexikanischen Hochland bei Tlapacoya und Valsequillo gefunden. Die Besiedlung des südamerikanischen Subkontinents erfolgte ab diesem Zeitraum in mehreren Etappen von Norden nach Süden über die mittelamerikanische Landbrücke, den Isthmus. Die Südspitze Südamerikas, Feuerland, erreichten die einwandernden Menschengruppen um das Jahr 8000 v. Chr. Wegen des starken Vulkanismus in Mesoamerika sind frühe Belege für menschliche Ansiedlungen recht selten. Etwas jüngeren Datums als die Grabungsstücke von Tlapacoya sind Funde, die im nordöstlichen Hochland von Mexiko bei Tamaulipas und im Tal von Tehuacán (Puebla) gemacht wurden. Dieses Gebiet stellt insofern eine Besonderheit dar, als reiche archäologische Funde eine fast lückenlose Rekonstruktion seiner Entwicklung von 10 000 v. Chr. bis zur Eroberung durch die Spanier im 16. Jh. ermöglichen. Insgesamt ist die historische Entwicklung Mesoamerikas besser erforscht als die des südamerikanischen Subkontinents, welche der des Nordens mit wanderungsbedingter Verzögerung folgt. Im Verlauf des historischen Prozesses bildeten sich kulturelle Großräume (Areas) heraus – Mesoamerika, Zentralamerika, karibischer Raum, zentrales Andengebiet, südliches Lateinamerika und tropisches Tiefland (Amazonien) –, die sich weitgehend selbständig entwickelten und von Fall zu Fall eine gesonderte Betrachtung notwendig machen.

Die Menschen in Meso- und Südamerika lebten über mehrere Jahrtausende in kleinen Familienverbänden als nomadisierende Sammler und Jäger mit primitiven Waffen und Gerätschaften. Höhlen waren ihre bevorzugten Wohnplätze. Um 10 000 v. Chr. tauchten als wichtige technische Neuerung steinerne Lanzenspitzen auf, die – möglicherweise von Zuwanderern aus Nordamerika eingeführt – die Jagderträge deutlich verbesserten. Lange Zeit war die Jagd, um 10 000 v. Chr. bevorzugt auf Großtiere wie Mammut und Mastodon, später auf Kleintiere, die wichtigste Nahrungsquelle der Ureinwohner. Ab 7200 v. Chr. bekamen gesammelte Pflanzen und Früchte ein Übergewicht, worauf die stärkere Verbreitung von Mörser, Reibplatten und Körben hindeutet. Im 6. Jt. begann in Mesoamerika der versuchsweise Anbau von Kulturpflanzen, der im 2. Jt. zur Herausbildung seßhafter Ackerbaugemeinschaften führte. Zu den bevorzugten Nutzpflanzen zählten Bohnen, Kürbis, Chili und – seit etwa 3500 v. Chr. – Mais. Im folgenden Jahrtausend gelang die Domestizierung weiterer Nutzpflanzen wie Baumwolle und Erdnuß um 2300 v. Chr. im Gebiet des heutigen Mexiko und Peru. Auffällig ist, daß in der präkolumbischen Epoche domestizierte Haustiere mit Ausnahme von Hund und Truthahn fast völlig fehlten. In der Andenregion kamen Enten, Meerschweinchen, Lamas und Alpakas hinzu. Einen wichtigen Entwicklungsschritt bedeutete die Herstellung von Keramiken, roh geformten Tongefäßen, die ab etwa 2900 v. Chr. die bis dahin gebräuchlichen Steingefäße abzulösen begannen.

Nach diesem Zeitpunkt – noch in der Epoche des sog. Archaikum – lassen sich in der Region feste Siedlungen verschiedener Größe und Rangordnung mit öffentlichen Bauten für unterschiedliche Zwecke, auch Kunstwerke nachweisen. Die gesellschaftliche Differenzierung nahm zu, und es traten Bevölkerungsgruppen hervor, die sich nicht mehr ausschließlich der Nahrungsbeschaffung widmeten. Um 1500 v. Chr. war der Ackerbau so weit fortgeschritten, daß bereits Überschüsse produziert wurden. Dies ermöglichte die Herausbildung erster Hochkulturen in Mesoamerika und im nördlichen Andenhochland. Von diesem Zeitpunkt an datiert man die Epoche des sog. Präklassikums (1500 v. Chr. – 250 n. Chr.), auf die das Klassikum (250 n. Chr. bis 900 n. Chr.) und das Postklassikum (900 – 1540 n. Chr.) folgten.

Frühe Hochkulturen

In Mesoamerika betraten als erste Vertreter einer Hochkultur die Olmeken (→Lexikon) um das Jahr 1500 v. Chr. (abweichende Schätzungen datieren ihr Erscheinen auf 1100 v. Chr.) an der karibischen Küste (Südveracruz und Tabasco im heutigen Mexiko) ohne erkennbare Vorläuferkultur die historische Bühne. Da schriftliche Quellen fehlen, sind die Kenntnisse über ihre Kultur sehr begrenzt. Wichtigste Zeugnisse sind erhaltene Steinmonumente und -reliefs, sowie die Reste religiöser Zentren. Eindrucksvoll sind monumentale Menschenköpfe (bis zu vier Metern hoch) und handwerklich glänzend ausgeführte Steinreliefs, die häufig ein halbmenschliches Wesen mit Merkmalen des Jaguars (möglicherweise die Darstellung eines Regengottes) und einen sitzenden Mann mit einem Kind zeigen, über dessen Bedeutung keine Klarheit besteht. Charakteristisch sind daneben kleine Skulpturen, insbesondere aus Jade, auch aus Stein und Ton. Für die Blütezeit der olmekischen Kultur (etwa 1200 – 400 v. Chr.) sind auch Anfänge einer Schrift und eines Kalendersystems (260-tägiger Ritualkalender) belegt. Die religiösen Zentren hatten einen Platz in der Mitte, auf dem Tempelpyramiden standen. Die wichtigsten waren San Lorenzo (entstanden um 1100 v. Chr.) und später La Venta. Hier lebte eine kleine Schicht von Privilegierten, zu der neben Häuptlingen und Priestern auch spezialisierte Handwerker und Bauleute gehörten. Diese Kernbevölkerung des Ortes umfaßte kaum mehr als 1000 Menschen. Die übrige Bevölkerung siedelte als Ackerbauern im Umland und betrat die festen Siedlungen lediglich zur Versorgung der Bewohner mit Lebensmitteln und anderen Gütern des täglichen Bedarfs. Durch die Einrichtung von Handelsplätzen strahlte die olmekische Kultur ab 800 v. Chr. nach ganz Mesoamerika aus. Um 400 n. Chr. verfielen das Olmekenreich und seine Kultur ohne erkennbare Ursache allmählich.

Das Erbe traten von ihr beeinflußte Gebiete in den Randbereichen der olmekischen Herrschaft an, vor allem im Becken von Oaxaca. Dort bildete sich um 400 v. Chr. auf dem Monte Albán ein politisches und kulturelles Nachfolgezentrum heraus, das sich u.a. durch starke Bautätigkeit auszeichnete. Kurze Inschriften mit den frühesten Schriftzeichen Mesoamerikas berichten vermutlich von militärischen Siegen. Um 300 v. Chr. kam in Oaxaca als weitere kulturelle Neuheit ein rituelles Ballspiel auf, das sich in der Folgezeit in ganz Mesoamerika verbreitete und ausweislich zahlreicher Darstellungen bis in die Anfänge der kolumbischen Zeit einen wichtigen Platz im kultischen Leben der Völker einnahm.

Klassik

Die klassische Periode Mesoamerikas (250 – 900 n. Chr.) wurde weitgehend dominiert durch Teotihuacán (→Lexikon), auf dem Höhepunkt ihrer Macht zwischen 200 und 600 n. Chr. eine der größten präkolumbischen Stadtanlagen Amerikas. Unklar ist, aus welchen Gründen der Ort im zentralmexikanischen Hochland (rund 40 km nordöstlich des heutigen Mexiko-Stadt) im 1. Jh. n. Chr. unvermittelt zu wachsen begann. Teotihuacán entwickelte sich rasch zu einem religiösen Zentrum, dessen Bevölkerung zwischen 200 und 600 n. Chr. auf schätzungsweise 100 000 bis 200 000 Menschen anstieg. Zur wirtschaftlichen Stärke trug die Produktion und Bearbeitung des vulkanischen Glases Obsidian erheblich bei, das neben Keramik ein wichtiges Handelsgut war. Seine militärische Stärke sicherte Teotihuacán über mehrere Jahrhunderte eine überlegene Machtposition in Mesoamerika.

In ihrer Blütezeit erstreckte sich die Stadtanlage von Teotihuacán über 22 km². Sie war in vier Distrikte eingeteilt. Im Zentrum befanden sich Tempel, Pyramiden, Palastbauten und Verwaltungsgebäude sowie ein Marktplatz, der die Verbindung von religiösen, administrativen und wirtschaftlichen Bereichen verdeutlicht. Die Wohnbezirke lagen in den Randgebieten. Der religiöse Bereich wurde von einer 2 km langen und 50 m breiten, von Norden nach Süden verlaufenden Zeremonialstraße, der Totenstraße, durchzogen. Sie verband Mond- und Quetzalcoatl-Pyramide mit der Sonnenpyramide, bei einer Höhe von 65 m und einer Grundfläche von 222 m x 225 m das mächtigste Bauwerk des Ortes. Als Baumaterial wurden luftgetrocknete Lehmziegel und Steine verwendet. Der Gesellschaftsaufbau von Teotihuacán war streng hierarchisch gegliedert. An der Spitze standen Priester, Militärs und hohe Verwaltungsbeamte, gefolgt von einer relativ breiten Handwerkerschicht. Die bäuerliche Bevölkerung war zur Versorgung der Stadt aus dem Umland verpflichtet. Kunst und Handwerk standen auf hohem Niveau. Die Mauern der meisten Bauwerke waren mit Wandmalereien, meist Szenen religiösen Inhalts und geometrische Muster, versehen. Typisch waren u.a. kunstvoll geschnittene Masken aus Stein und zylindrische Keramikgefäße. Aufgrund seiner militärischen und ökonomischen Stärke beeinflußte Teotihuacán ganz Mesoamerika. Um 650 n. Chr. kam die bis dahin lebhafte Bautätigkeit in der Metropole aus unbekannten Gründen zum Erliegen. Es folgten ein rascher Niedergang und Zerstörungen, die dazu führten, daß Teotihuacán um 750 n. Chr. von den Bewohnern aufgegeben wurde.

Postklassik

Der Untergang von Teotihuacán hinterließ in Mesoamerika ein Machtvakuum, in dem sich über einen Zeitraum von 200 Jahren verschiedene Stadtstaaten ausbildeten, die jeweils eine begrenzte Region beherrschten. Die Nachfolge Teotihuacáns als politische und kulturelle Vormacht traten schließlich die Tolteken (→Lexikon) an, deren Aufstieg um 650 n. Chr. begann und die ihre Blütezeit zwischen dem 9. und 11. Jh. erreichten. Ihre Hauptstadt war das rund 65 km nordwestlich von Teotihuacán gelegene Tula (im heutigen mexikanischen Staat Hidalgo), mit schätzungsweise 30 000 Einwohnern. Auch die Tolteken, das vorherrschende Volk der nachklassischen Periode Mesoamerikas, produzierten Obsidianglas und trieben einen ausgedehnten Handel bis in die Gebiete des heutigen Nicaragua. Möglicherweise hat annähernd die Hälfte der Bevölkerung von diesem Handwerk gelebt. Eine große Rolle spielten daneben die Herstellung von Gefäßen aus weißem Travertin und die Keramikproduktion. Die Tolteken besaßen bereits ein einfaches Bewässerungssystem, mit dem sie ihre landwirtschaftlichen Erträge steigerten. Im Zeremonialzentrum Tulas lag ein ausgedehnter Platz, der für über 100 000 Menschen Raum bot und von terrassierten Aufschüttungen gesäumt war. Auf einer Pyramide stehen mehrere für die Tolteken ty-

pische Atlanten, über vier Meter hohe Skulpturen aus Basalt, die z.T. mit Reliefs verziert sind. Häufige Motive der Reliefs sind Krieger, die Federschlange, Raubtiere, Adler und die Darstellung von Menschenopfern. Die verbreitete Abbildung von Kriegern und Kampfszenen läßt auf die starke Stellung des Militärs in der hierarchisch gegliederten toltekischen Gesellschaft schließen. Zeugnisse der toltekischen Sprache haben sich nicht erhalten.

Um 1050 n. Chr. begann der rasche Niedergang Tulas und der toltekischen Herrschaft, die im 12. Jh. n. Chr. vollends dem Ansturm der Chichimeken zum Opfer fiel.

Gemeinsamkeiten der Hochkulturen

Bei allen Unterschieden und zeitlichen Verschiebungen weisen die Hochkulturen Meso- wie die ganz Lateinamerikas gewisse strukturelle Ähnlichkeiten auf. Dies gilt auch ungeachtet der Tatsache, daß der Westteil Mesoamerikas im Laufe seiner historischen Entwicklung von mehreren unterschiedlichen Kulturen geprägt wurde, während im östlichen und südlichen Teil der Region die relativ einheitliche Mayakultur bestimmend blieb. Zu diesen Gemeinsamkeiten zählen u.a. ein streng hierarchischer Gesellschaftsaufbau. Die wirtschaftliche Grundlage bildete intensiver Ackerbau (Bohnen, Chili, Mais) – Voraussetzung für die unterschiedlich starke Entwicklung von Handwerk und Handel. An der Spitze der Gesellschaften standen Könige und Priester, die ihre Herrschaft auf einen Krieger- und Verwaltungsadel stützten. Sie verfügten über ausgedehnten Landbesitz, der von Sklaven oder Fronbauern bestellt wurde. Der Kriegsadel bereicherte sich an den Schätzen eroberter Gebiete. In der klassischen Epoche bildeten sich despotische Priesterkasten heraus, die ein theokratisches Gemeinwesen schufen, zu dessen oft grausamen Riten auch Menschenopfer zählten. Die präkolumbischen Völker verehrten eine Vielzahl von Göttern; herausgehobene Positionen hatten dabei der Gott Quetzalcoatl, der Regengott, der Todesgott und der Sonnengott. Es gab eine vielgestaltige Mythologie mit verehrten Tierfiguren wie Jaguar und Schlange. Gemeinsam sind auch die stufenförmigen Pyramiden im Zentrum der Zeremonienplätze sowie Spielstätten für das kultische Ballspiel, das vermutlich eine Art Sonnenbeschwörung war. Allgemein verbreitet waren daneben auch die Verwendung von Stuck und Zement in der Architektur und Bildhauerkunst, eine mehr oder weniger stark ausgebildete Hieroglyphenschrift, ein fixiertes Kalender-

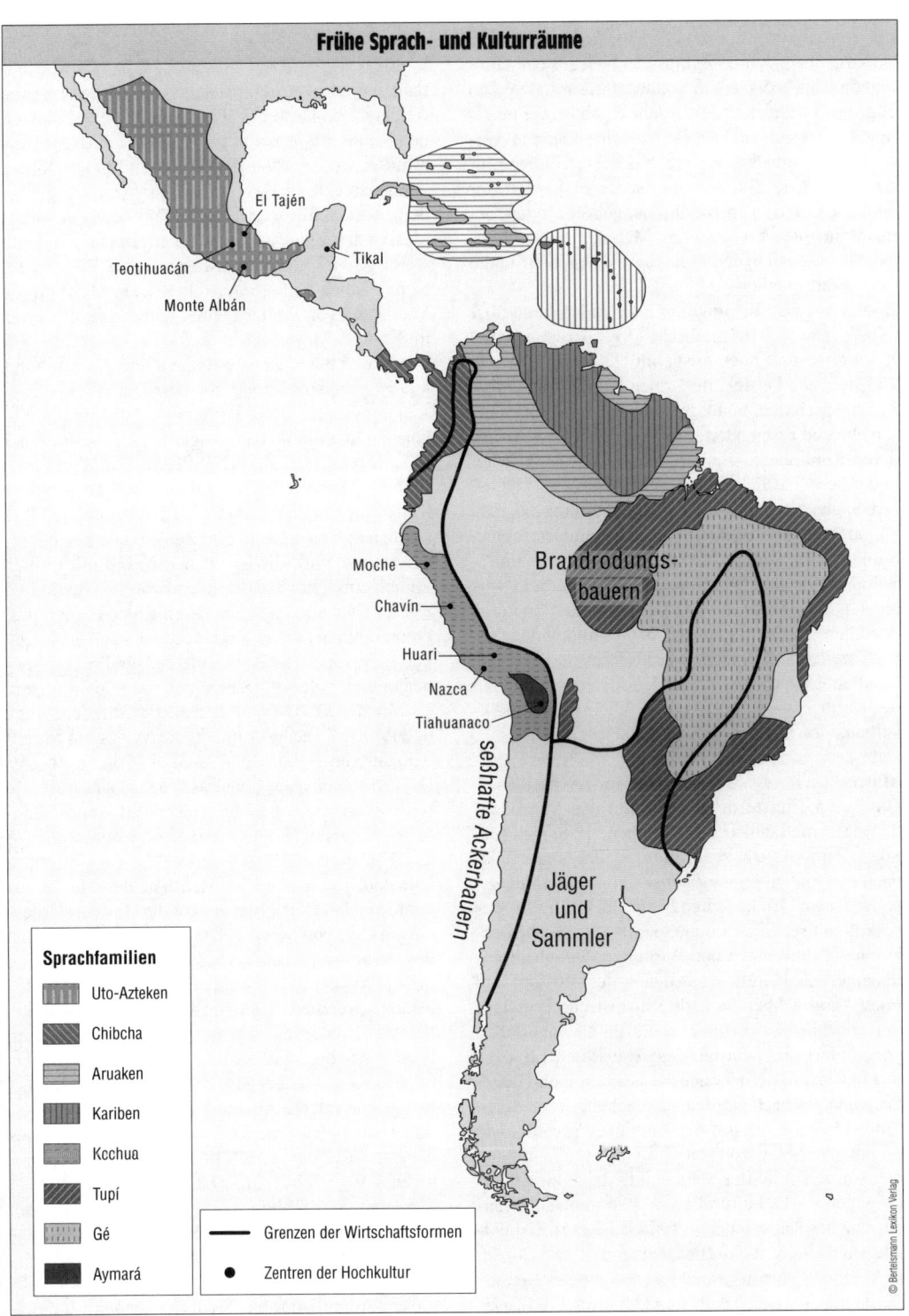

Teotihuacán
El Tajén
Monte Albán
Tikal

Brandrodungs-
bauern

Moche
Chavín
Huari
Nazca
Tiahuanaco

seßhafte Ackerbauern

Jäger
und
Sammler

Sprachfamilien

Uto-Azteken

Chibcha

Aruaken

Kariben

Kcchua

Tupí

Gé

Aymará

—————— Grenzen der Wirtschaftsformen

● Zentren der Hochkultur

© Bertelsmann Lexikon Verlag

LATE NAMERIKA / KARIBIK GESCHICHTE

system, ein 52-Jahres-Zyklus, der sich aus der Kombination des 365-tägigen Sonnenjahres mit dem 260 Tage umfassenden rituellen Jahr ergab, sowie im religiös-weltanschaulichen Bereich eine alter-ego-Vorstellung (Nagualismus). Auch das System der Ämterrotation, der Tausch politischer und religiöser Ämter im jährlichen Rhythmus, gehört zu den Gemeinsamkeiten der Kulturen. Mehrere dieser Merkmale haben sich in den Indiogesellschaften bis in die Gegenwart erhalten.

Zwar verfügten die präkolumbischen Kulturen über umfassende wissenschaftliche (z.B. astronomische) Kenntnisse und hoch ausgebildete technische wie künstlerische Fertigkeiten, doch kannten sie einige Errungenschaften nicht, die wie z.B. Pflug, Töpferscheibe und Eisen oder gezähmte Arbeitstiere in anderen Kontinenten zur Grundlage des technischen und gesellschaftlichen Fortschritts wurden.

Neben den weit entwickelten Hochkulturen existierten im über ausgedehnte Regionen dünn besiedelten Subkontinent zahlreiche nahezu isolierte Indio-Stämme, die im Sammler- und Jägerstadium verharrten. Die Aruaken etwa durchstreiften brandrodend den Norden Südamerikas und bildeten nur an vereinzelten Stellen stärker ausdifferenzierte Gesellschaften. Einige Aruaken setzten später auf Inseln in der Karibik über, wo sie eine hochentwickelte Akkerbaukultur ohne feste Staatlichkeit schufen.

Mayas

Um 300 n. Chr. formierte sich mit den Mayas auf der mesoamerikanischen Hochebene (heutiges Mexiko, Teile von Belize, Honduras und Guatemala) nach einer längeren vorklassischen »Vorbereitungsphase« eine der bedeutendsten Hochkulturen des präkolumbischen Zeitalters, deren gesellschaftlich-kulturelle Leistungen und Wirkungen innerhalb Lateinamerikas lediglich mit denen der Azteken und Inkas vergleichbar sind. Ihre historische Entwicklung zerfällt in zwei Phasen mit unterschiedlichen geographischen Zentren, das Alte Reich (300 bis 900 n. Chr.) in der Hochebene des heutigen Guatemala und das nach Norden verschobene Neue Reich (900–1540 n. Chr.) auf der Halbinsel Yucatán. Ein Merkmal der Mayazivilisation ist die breite Streuung theokratisch geführter Städte und Fürstentümer, unter denen starke kulturelle und ökonomische Konkurrenz herrschte. Noch in frühklassischer Zeit entstanden mehrere städtische Oberzentren, wie Copán, El Mirador, Palenque Yaxchilán und Piedras Negras. Deren mächtigstes, Tikal, stand ab etwa 400 n. Chr.

in enger Verbindung zu Teotihuacán, dem bedeutendsten Territorium Mesoamerikas. Macht und Reichtum begünstigten die Entfaltung einer blühenden Kultur mit Tempeln auf stufenförmigen Steinpyramiden im Zentrum der Städte und prachtvollen, langgestreckten Palästen. Die Tempel dienten auch dem Ahnenkult der Herrscherfamilien, der in der klassischen Zeit des Alten Reiches vermutlich ein wichtiges Element der Mayareligion bildete. Im Neuen Reich nahm unter toltekischem Einfluß die Verehrung von Göttern einen dominierenden Platz im Kult der Mayas ein.

Die Mayas brachten eine Reihe überragender kultureller Leistungen hervor. Sie besaßen das am weitesten entwickelte Schriftsystem von allen präkolumbischen Kulturen, das möglicherweise aus einer komplexen Mischung aus Silben- und Wortschrift bestand. Sie verfügten zudem über ausgeprägte Kenntnisse in Mathematik und Astronomie. Ihre Mathematik basierte auf der Zahl 20 und beinhaltete bereits die Null, die u.a. den Umgang mit großen Zahlen ermöglichte. Das Kalendersystem der Mayas war an Genauigkeit den anderen Kalendern im präkolumbischen Amerika überlegen. Es gab einen 260 Tage umfassenden Ritualkalender und einen Sonnenkalender, der das Sonnenjahr von 365 Tagen in 18 Monate zu 20 Tagen und fünf zusätzliche Tage unterteilte. Daneben kannten die Mayas ein Mondhalbjahr von 177 und ein Venusjahr von 584 Tagen. Die astronomischen Kenntnisse der Mayas waren so präzise, daß die von ihnen errechneten Venusumläufe in 481 Jahren lediglich eine Abweichung von 0,08 Tagen aufweisen.

Um 900 n. Chr. zog die Mehrheit der Mayas aus dem Hochland nach Norden auf die Halbinsel Yucatán am Golf von Mexiko. Die Städte und Siedlungen des Ursprungsgebiets verödeten. Über die Ursachen dieser Wanderungsbewegung, die die Epoche des Neuen Reiches (900–1540 n. Chr.) einleitete, herrscht Unklarheit. Als mögliche Ursachen gelten Nahrungsmangel infolge ausgelaugter Böden, Überbevölkerung und kriegerische Angriffe von außen. In Yucatán erlebte die alte Mayakultur eine Renaissance, wenngleich sie das Niveau des Alten Reiches nicht mehr erreichte. Es entstanden zahlreiche, weniger starke Städte, u.a. Hochob, Kabah, Labna, Mayapán, Syil, Tulum und Uxmál. Regiert wurden sie von örtlichen Königen oder Statthaltern, die zusammen mit den Priestern eine privilegierte Adelsschicht bildeten. Mitglieder der politischen und religiösen Administration, Steuereinnehmer, Tempeldiener und Wahrsagepriester stellten die Mittelschicht, unter der eine breite Bauernbevölkerung für die Ernährung einer sich erneut entfaltenden Hochkultur zu sorgen hatte. Angebaut wurden vornehmlich Mais, Bohnen (im Brandrodungsfeldbau), dazu Süßkartoffeln, Yukka, Avocado, Tomaten u.a.

Mit dem Bund von Mayapán entstand im 11. Jh. ein übergeordneter Staatsverband, dem die Territorien Cocom (Hauptstadt Mayapán), Xin und Itzá angehörten. Die Vorherrschaft wechselte um das Jahr 1200 nach der Zerstörung von Mayapán zu den Mayas von Uxmál. Diese gerieten bald unter den politischen und kulturellen Einfluß von Tolteken, die nach dem Fall ihrer Hauptstadt Tula nach Yucatán vordrangen.

Im Bündnis mit den Tolteken errichteten die Cocommayas im Norden Yucatáns eine tyrannische Herrschaft, welche die unterdrückten Mayavölker erst 1441 unter Führung der Xiu abschütteln konnten. Die Tolteken wurden vertrieben. In den folgenden Jahren wurden große Teile der Bevölkerung durch Seuchen dahingerafft (1480, 1515). Zahlreiche Mayas kehrten in das mesoamerikanische Hochland zurück. Das Mayareich war geschwächt und im Niedergang begriffen, als es 1502 zur ersten Begegnung zwischen Mayakaufleuten und Christoph Kolumbus in der Gegend des heutigen Honduras kam. Kurz darauf brachen blutige Kämpfe aus. 1524 besetzten die Spanier unter Pedro de Alvarado das Hochland und eroberten zwischen 1527 und 1547 ganz Yucatán. 1546 scheiterte ein letzter Mayaaufstand an der militärischen Überlegenheit der spanischen Eroberer. Ein kleiner Staat der Itzá hielt sich bis 1697.

Azteken

Neben Mayas und Inkas brachten die Azteken, ursprünglich ein kleines Nomadenvolk aus der Sprachfamilie der Nahua, die dritte präkolumbische Hochkultur Lateinamerikas hervor. Sie wanderten im 11. Jh. von Norden in das mexikanische Hochland ein, wurden im 12. Jh. seßhaft und stiegen innerhalb von 200 Jahren zur führenden Macht in Mesoamerika auf. Ihre Blütezeit, die mit der spanischen Eroberung zu einem gewaltsamen Ende kam, fällt in die letzte Phase der präkolumbischen Epoche.

Zunächst siedelten die Azteken am Fluß Chapultepec als tributpflichtige Untertanen des Herrschers Colhuacán, dem sie auch Waffendienste leisteten. Anfang des 14. Jhs. kündigten die Azteken die Gefolgschaft auf und gründeten um 1360 auf einer Insel im See Texcoco die Stadt Tenochtitlán (→Lexikon, andere Datierungsversuche nennen 1360 und 1370 als Gründungsjahr). Sie wurde Ausgangsbasis des Aufstiegs der Azteken zur militärischen, politischen und kulturellen Vormacht. Um 1375 schlossen sie sich ihrem mächtigen Nachbarvolk an, den Tepaneken von Azcapotzalco. Das Bündnis endete jäh mit der Ermordung des Aztekenherrschers Chimalpopoca durch die Tepaneken. Sein Nachfolger Itzcoatl (1428–1440) bildete mit den benachbarten Stadtstaaten Texcoco und Tlacopán einen Dreibund, dem 1430 die Unterwerfung der Tepaneken unter Azcapotzalco und die fast vollständige Eroberung des Hochlandes gelang. Unter der Regentschaft von Montezuma I. Ilhuicamina (1440–1469) dehnten die Azteken, obwohl sie formal noch dem Dreibund angehörten, ihr Herrschaftsgebiet stetig aus. Um 1460 erstreckte sich das Aztekenreich vom Atlantischen bis zum Pazifischen Ozean über das gesamte Hochland. Rivalisierende Staaten und Völker wie Chalco, Guerrero und die an der Golfküste siedelnden Totonaken wurden unterworfen. Mit ihrer aggressiven Expansionspolitik verfolgten die Azteken jedoch keinen Landgewinn. Vielmehr machten sie die besiegten Völker tributpflichtig oder nötigten sie zu militärischen Zwangsbündnissen.

Die aztekische Gesellschaft war streng hierarchisch organisiert. Die oberste Macht war auf einen König als Kriegsherrn und einen Oberpriester aufgeteilt, der stets ein Verwandter des Königs war. Der König hatte den Oberbefehl über die Armee und kontrollierte die Verwaltung des Landes. Die Azteken gliederten sich in 20 Regionalstämme mit jeweils umfassendem Landbesitz. Dieser wurde zum großen Teil in sog. Capullis bearbeitet, Ländereien, die den Familien als unveräußerlicher Privatbesitz zugeteilt wurden. Politisches, wirtschaftliches und kulturelles Zentrum des Reiches war die Stadt Tenochtitlán. Der Adel bestand aus Geburts- und Kriegsadel, der u.a. das ausgedehnte Tribut- und Steuersystem kontrollierte. Ferner gehörten Priester und hohe Beamte dazu. Zu den Privilegierten zählten auch wohlhabende Groß- und Fernhandelskaufleute. Unter dieser bevorrechtigten Kaste gab es die breite Schicht des »gemeinfreien« Volkes, zu dem pacht- und abgabenpflichtige Ackerbauern, Handwerker und Kaufleute gehörten. In der untersten Schicht lebten Mitglieder voraztekischer Gesellschaften in einem Hörigenstatus, sie wurden z.B. zu Tragdiensten herangezogen. Die Azteken verfügten über eine leistungsfähige, zentralisierte Bürokratie, die u.a. die Tributzahlungen unterworfener Städte und Territorien in Form von Lebensmitteln, Stoffen, Edelmetallen und Luxusgütern überwachte. An der Spitze stand ein oberster Rat mit vier Mitgliedern.

· Ihre religiösen Vorstellungen erweiterten die Azteken durch Elemente früherer und benachbarter Kulturen. Von den Tolteken übernahmen sie die Verehrung des Gottes Quetzalcoatl. Im aztekischen Ritus gab es auch Menschenopfer, bei denen in einer grausamen Zeremonie den Opfern, meist Kriegsgefangenen, das Herz herausgerissen wurde.

Wie die Mayas auf Yucatán kannten die Azteken einen 260-tägigen Ritualkalender und einen 365-tägigen Sonnenkalender sowie einen damit verbundenen 52-jährigen Zyklus. Um Tributzahlungen und historische Ereignisse aufzuzeichnen, benutzten sie eine rebusartige Schrift (Bilderschrift).

In ihrem künstlerischen Schaffen griffen die Azteken häufig auf Leistungen früherer Kulturen zurück. Gleichwohl brachten sie eindrucksvolle Kolossalstatuen mit Götterdarstellungen oder auch kunstvolle Keramik- und Vasenmalereien, prächtige Schmuckgegenstände und Bildermosaiken hervor.

Ihre Hauptstadt Tenochtitlán bauten die Azteken zu einer Metropole aus mit prachtvollen Tempeln und Palästen. Auf dem Höhepunkt ihrer Entwicklung, Anfang des 16. Jhs., hatte sie 250 000 Einwohner.

Während der Regentschaft von Axayacatl (1469 bis 1483), einem Enkel Montezumas I., erweiterten die Azteken ihr Herrschaftsgebiet vor allem nach Westen. Den Expansionsplänen des Nachfolgers Tizoc (1483–1486) standen innere Unruhen und Aufstandsversuche entgegen, die jedoch bald unterdrückt wurden. Ahuitzotl (1486–1503), wie Tizoc ein Bruder Axayacatls, nahm die Eroberungszüge wieder auf, so daß Anfang des 16. Jhs. das Aztekenreich seine größte Ausdehnung erreicht hatte.

Unter Montezuma II. Xocoyotzin (1503–1520) näherte sich das Aztekenreich mit dem Sieg über die Mixteken und der Unterwerfung von Texcoco seinem machtpolitischen Höhepunkt. Es umfaßte nunmehr 38 Stadtprovinzen bzw. rund 700 Stämme, die den Azteken tributpflichtig, aber administrativ weitgehend selbständig waren. Lediglich das Königreich Tlaxcala konnte seine politische Unabhängigkeit bis zum Untergang des Aztekenreiches behaupten.

Präkolumbische Entwicklung in Südamerika

Der südamerikanische Subkontinent wurde mit einer Verzögerung von mehreren Jahrtausenden über die mesoamerikanische Landbrücke besiedelt, wobei die Datierung des Landnahmebeginns umstritten ist. Archäologische Funde auf dem Gebiet des heutigen Peru (→S. 382) werden auf ein Alter zwischen 14 000 und 21 000 Jahren geschätzt. Gesicherte Funde von Pfeilspitzen mit einem Alter von 7000–12 000 Jahren zeigen, daß in Südamerika wie im Norden des Kontinents Jägergruppen Jagd auf Großwild (Kamelartige, Mastodonten) machten. Im Innern des heutigen Brasilien (→S. 367) stammen die ältesten Spuren menschlicher Besiedlung aus der Zeit um 8000 v. Chr., im Südwesten des Subkontinents, auf dem Gebiet des heutigen Chile (→S. 397), aus der Zeit um 12 000 v. Chr. Die Gesellschaft von Huaca Prieta an der peruanischen Nordküste (datiert auf 2500 bis 1200 v. Chr.) gilt als erste Ackerbaukultur Südamerikas und bildete damit den Ausgangspunkt der Seßhaftwerdung. Die ältesten Keramikarbeiten und Reste von Kulturpflanzen Südamerikas, Zeugnisse einer weit fortgeschrittenen Entwicklung, wurden auf dem Gebiet des heutigen Ecuador (→S. 378) gefunden und stammen aus der Zeit um 3000 v. Chr. Dies läßt darauf schließen, daß die sog. formative Phase der kulturellen Entwicklung Südamerikas mit größeren Siedlungen, systematisch betriebenem Ackerbau und Töpferwerkstätten in Ecuador begann, ihren Schwerpunkt von dort später an die peruanische Küste mit der Chavínkultur (ab 1200 v. Chr.) und weiter in den mittelchilenischen Raum verlagerte.

Jene Chavínkultur (1200–300 v. Chr.) erlangte als erste andine Hochkultur überregionale Bedeutung, wahrscheinlich aufgrund eines gemeinsamen Kultes, der Verehrung eines Jaguar-Gottes. In diese Entwicklungsphase fallen auch die Anfänge der Metallbearbeitung in Südamerika. Die anschließende klassische Epoche brachte in den Kulturen von Mochica, Nazca, Pracras Necrópolis u.a. deutliche Fortschritte in Handwerk und Kunst. Erhalten sind aus der Zeit u.a. gewaltige Steinplastiken kultischer Bedeutung und kunstvolle Textil- und Keramikmalereien, die u.a. realistische Alltagsszenen zeigen. Bei der Textilfärbung (Woll- und Baumwollstoffe) entwickelten die Menschen einen großen Reichtum an Farbschattierungen. Gold, Silber und Kupfer wurden meist zu Schmuck verarbeitet; zur Waffenherstellung verwendeten die Inkas Bronze. Eisen war in diesen Gesellschaften unbekannt.

Die nachklassische Zeit wurde in Südamerika von straff organisierten und kulturell hochentwickelten Reichen wie dem Königreich der Chimú und vor allem dem Inkareich geprägt.

Inkareich

Das Inkareich, die bedeutendste Hochkultur Südamerikas, entwickelte sich im Gebiet von Cuzco, im heutigen Peru. Ursprünglich bezeichnete der Name Inka eine Sippe von Urbewohnern aus der Sprachfamilie der Kechua sowie ihren mit einer Gottkönigsvorstellung verbundenen Herrscher. Später wurde der Name auf alle kechuasprechenden Bewohner des Inkareiches im Hochland von Peru übertragen. Einem mündlich überlieferten Gründungsmythos zufolge führte um 1200 n. Chr. der legendäre Manco Cápac seinen kleinen Volksstamm vom Titicaca-See in nordöstlicher Richtung in das Cuzcotal, wo er eine neue Hauptstadt anlegen ließ. Die in diesem Gebiet lebenden Bevölkerungsgruppen wie die Aymará wurden mit friedlichen Mitteln in den entstehenden Staatsverband der Inkas integriert. Deren Einfluß reichte zunächst kaum über Cuzco und seine unmittelbare Umgebung hinaus. Im Verlauf des 14. Jhs. konnten die Inkas durch geschickte Allianzpolitik und zahlreiche Kriegszüge ihr Herrschaftsgebiet allmählich ausdehnen, das Anfang des 15. Jhs. im Norden bis an die Grenzen des heutigen Ecuador reichte. Immer wieder kam es zu Aufständen der besiegten Völker, so daß die Inkas ihre Vormachtstellung nur langsam festigen und ausbauen konnten.

Erst Anfang des 15. Jhs., mit Pachacuti Inca Yupanqui (1438–1471), begann die durch Quellen gesicherte Geschichte der Inkas. Seinem Wirken werden u.a. die Ausdehnung des Herrschaftsbereichs durch Unterwerfung der Nachbarvölker wie der Colla, die Straffung des inneren Staatsaufbaus und die Verdrängung der Verehrung des Schöpfergottes Viracocha durch den Kult des Sonnengottes Inti zugeschrieben. Die politische Umgestaltung ging einher mit dem Ausbau Cuzcos zu einem repräsentativen Zentrum des Reiches, bei dem ganze Stadtviertel umgebaut und erweitert wurden. Pachacuti Inca Yupanqui ließ Straßenverbindungen ausbauen oder neu anlegen, so daß das Wegenetz der Inkas sich auf rund 20 000 km ausdehnte. Der Verkehr war allerdings recht mühselig, da die Inkas weder Rad noch Pferd kannten. Wie die mit großem Aufwand ausgebaute Infrastruktur diente die Einführung des Kechua als allgemeine Verkehrs- und Handelssprache der Erleichterung von Verwaltung und Warenaustausch.

Inca Tupac Yupanqui (1471–1493), der noch zu Lebzeiten seines Vaters Mitregent wurde, trieb die Expansion des Reiches voran. Insbesondere gelang ihm die Unterwerfung des mächtigen Reiches der Chimú, des einzigen ebenbürtigen Konkurrenten der Inkas um die Vorherrschaft. Seine Truppen eroberten ferner das gesamte bolivianische Hochland und drangen bis in die Gebiete des nördlichen Argentinien vor. Im Süden verschob er die Grenze seiner Herrschaft bis ins heutige Mittelchile. Zur Sicherung seines Reiches erweiterte Inca Tupac Yupanqui das System der Mitmaccuna, der Zwangsumsiedlung ganzer Völksstämme und Dörfer.

Unter der Regentschaft seines Sohnes Huaina Cápac erreichte der Inkastaat seine größte Ausdehnung. Nachdem Huaina Cápac aufständische Völker in den östlichen Anden unterworfen hatte, führte er seine Armeen bis in den Süden des heutigen Kolumbien. Das Inkareich erstreckte sich nunmehr vom Río Ancahmayo im Norden (südliches Kolumbien) bis zum Río Maule im heutigen Mittelchile. Zeitgenossen nannten es das »Reich der vier Himmelsrichtungen«. In Randgebieten beschränkten sich die Inkas zur Sicherung ihrer Herrschaft auf die Errichtung von Garnisonen. Huaina Cápac gab dem Staat jene leistungsfähige politisch-administrative Organisation, die die Spanier im Jahr 1531 vorfanden.

Nach dem Tode von Huaina Cápac entbrannte unter seinen Söhnen Huáscar und Atahualpa ein Erbfolgekrieg, wobei sich letzterer auf die im Norden stationierten Truppen, sein Bruder auf den traditionellen Adel von Cuzco stützte. Der Streit spaltete das Inkareich in einen Nord- und einen Südteil. Aus den Kämpfen ging Atahualpa 1532 als Sieger hervor und ließ seinen Bruder töten.

Ein so mächtiges und ausgedehntes Reich wie das der Inkas bedurfte einer klaren Staatsorganisation und einer leistungsstarken Verwaltung. Das streng hierarchisch aufgebaute Inkareich war untergliedert in vier Teile, diese wiederum in mehrere Provinzen. Die gesellschaftliche Ordnung basierte auf der Einteilung jedes Reichsteils in Hundertschaften, die aus mehreren Gemeinschaften bestanden.

An der Spitze des Reiches stand ein gottähnlich verehrter Herrscher, der sich bei seinen Regierungsgeschäften auf eine gut ausgebildete Adelselite stützte. Der sog. Kronrat bestand aus vier Provinzstatthaltern. Auf der regionalen Ebene wurde der Herrscherwille durch eine Vielzahl von Dorf- und Stammeshäuptlingen (Curacas) durchgesetzt. Ein zentrales Merkmal ihrer Herrschaftsausübung war, daß die Inkas in eroberten Gebieten einen Teil des Adels in seinen Ämtern beließen, ihn lediglich einer Oberaufsicht unterstellten und sich auf diese Weise die traditionellen Strukturen zunutze machten.

Die Bodenbewirtschaftung, ökonomische Grundlage des Reiches, erfolgte nach einem Gemeinschaftsprinzip, nach dem jede Familie von der Dorfgemeinde (Ayllú) ein Stück Land zur Nutzung erhielt, das in staatlichem Besitz verblieb. Ernteüberschüsse wurden in staatlichen Speichern gelagert. Angebaut wurden vor allem Mais, Kartoffeln und Gemüse, z.T. auf intensiv bewässerten Terrassenfeldern.

In der Religion der Inkas trat der Sonnengott Inti als höchste Gottheit allmählich an die Stelle des Schöpfergottes Viracocha. Der jeweilige Herrscher galt als sein Sohn. Im Zuge der Erweiterung des Reiches wurden Gottheiten der unterworfenen Völker in den Glauben der Inkas integriert. Verehrt wurden auch geisterhafte Wesen, die in Bäumen, Quellen, Sternzeichen u.a. ihren Sitz hatten. Im Ritus der Inkas gab es Trank- und Tieropfer; Menschenopfer spielten eine geringere Rolle als etwa in der Kultur der ebenfalls hochentwickelten Azteken.

Von ihrer weit fortgeschrittenen Baukunst zeugen die Reste monumentaler Tempelpyramiden und weltlicher Gebäude u.a. in Cuzco, Pisac und Machu Picchu. Auch bei der Keramik und Metallbearbeitung brachten es die Inkas zu großer Kunstfertigkeit, wobei sie sich häufig an auswärtigen Künstlern orientierten.

Obwohl die Inkas ein dichtes Kommunikationsnetz schufen, entwickelten sie keine Schrift. Zur Erfassung von Tributen und anderen statistischen Daten bedienten sie sich eines Knotensystems (Quipu).

Christoph Kolumbus entdeckt Amerika

Das Jahr 1492, in dem Christoph Kolumbus (▷Chronik Biografie) Amerika entdeckte, stellt einen Wendepunkt in der historischen Entwicklung Lateinamerikas dar, weshalb es durchaus sinnvoll ist – und nicht bloß Ausdruck einer eurozentrischen Sichtweise – die Geschichte des Kontinents in eine

Christoph Kolumbus – Entdecker der Neuen Welt

Chronik Biografie

italienischer Seefahrer in spanischen Diensten

* 1451 Genua
† 20. Mai 1506 Valladolid

K. entdeckte den bis dahin den Europäern nicht bekannten Kontinent Amerika. Er unternahm nach 1470 mehrere Seefahrten u.a. nach England und ließ sich 1479 vorübergehend in Portugal nieder. Das Studium antiker Autoren, insbesondere von Aristoteles, Strabo und Seneca, brachte ihn zu der Überzeugung, daß es möglich sei, in westlicher Richtung einen Seeweg nach Indien zu finden. Bestärkt wurde er darin u.a. durch Berechnungen und Karten des italienischen Astronomen Paolo Toscanelli. Nachdem K. vom portugiesischen König Johann II. abgewiesen worden war, siedelte er nach Spanien über und trug Königin Isabella seine Plä-

ne vor. Er erreichte schließlich die Zustimmung von Königin Isabella und König Ferdinand II. Im April 1492 unterzeichnete das Herrscherpaar mit K. einen Vertrag über eine Expedition nach Ostasien. K. wurde zum Großadmiral ernannt und erhielt den Titel eines Vizekönigs der Neuen Welt. Im August 1492 stach Kolumbus mit drei Schiffen von Palos aus in See. Am 12. Oktober 1492 entdeckte er die Insel Guanahani (vermutlich Samana Cay) und damit Amerika.

K. unternahm drei weitere Fahrten nach Westen, auf denen er u.a. Jamaika und das südamerikanische Festland entdeckte. Denunziationen spanischer Siedler führten dazu, daß er von seiner dritten Reise (1498–1500) als Gefangener in Ketten nach Spanien zurückgebracht wurde. Er wurde jedoch bald rehabilitiert und unternahm zwischen 1502 und 1504 seine vierte Fahrt, auf der er die Küste Mittelamerikas erreichte. Krank kehrte der Entdecker der Neuen Welt nach Spanien zurück, wo er 1506 von den Zeitgenossen weitgehend vergessen starb. Zeitlebens glaubte K., tatsächlich in Indien gelandet zu sein (daher rührt auch der Name der Ureinwohner: Indianer).

prä- und eine postkolumbische Epoche einzuteilen. Blühende Hochkulturen – Maya-, Azteken- und Inkareich – wurden zerstört. Die Ausbeutung der eroberten Gebiete brachte den Kolonialmächten Spanien und Portugal enorme Reichtümer.

Nach rund zehnwöchiger, entbehrungsreicher Fahrt immer nach Westen landete Christoph Kolumbus mit seinen Schiffen »Santa María«, »Pinta« und »Niña« am 12. Oktober 1492 auf der kleinen Karibikinsel Guanahani (San Salvador). Ohne es zu ahnen, hatte er einen neuen Kontinent, Amerika, entdeckt. (Neuere Forschungen vermuten, daß Kolumbus nicht auf San Salvador, sondern auf der Insel Samana Cay, 150 km südöstlich gelegen, erstmals amerikanischen Boden betrat.)

Dieses epochale Ereignis beruhte auf mehreren Voraussetzungen: einem neuen Weltbild, das die Erde nicht länger als Scheibe, sondern als eine Kugel auswies, und grundlegenden Verbesserungen in der Kartentechnik. Nicht zuletzt basierte die Entdeckung Amerikas auf der Beharrlichkeit und dem Wagemut eines Genuesers in spanischen Diensten, Christoph Kolumbus. Ihm war die Karte des italienischen Gelehrten Paolo Toscanelli bekannt, die dieser einem Brief an einen portugiesischen Geistlichen beigelegt hatte. Sie untermauerte die Hypothese, daß China auf einer Westroute über das Meer zu erreichen sei.

Die europäischen Mächte befanden sich seit Mitte des 15. Jhs. in einer Zwangslage. Im Mai 1453 hatte das Osmanische Reich Konstantinopel erobert und somit die Landverbindung zwischen Europa und Indien abgeschnitten. Dem umfangreichen Handel mit Indien, vor allem mit Gewürzen und Stoffen, drohten erhebliche Einbußen. Darum war Portugal, führende See- und Handelsmacht, seit 1470 bestrebt, einen Seeweg nach Indien durch die Umsegelung Afrikas zu finden. Christoph Kolumbus verfolgte einen anderen Plan: Er wollte nach Westen fahren, um im fernen Osten, in Indien, zu landen. Doch mußte er erst in jahrelangem Ringen den Spott der Gelehrten, die Anfeindungen der Kirche und die Skepsis des spanischen Hofes überwinden, der die Reise finanzieren sollte, bevor er Anfang August 1492 in See stechen konnte.

Begegnung mit Ureinwohnern

Von San Salvador aus, wo Kolumbus erstmals den Neuen Kontinent betreten hatte, fuhr er wenige Tage später weiter nach Kuba (→S. 314) und Hispaniola (▷Chronik Zitat, S. 236), dem heutigen Haiti

Chronik Zeittafel

vor 22 000 v. Chr.	Erste Besiedlung Mesoamerikas
um 5500 v. Chr.	Anfänge des Anbaus von Kulturpflanzen
um 3500 v. Chr.	Erste Besiedlung von Karibikinseln durch Aruaken
um 2900 v. Chr.	Erste Herstellung von Keramiken
ab 1200 v. Chr.	Herausbildung der La Venta-Kultur, der »Mutterkultur« Mittelamerikas
um 1200 v. Chr.	Aufstieg der Chavínkultur mit überrregionaler Bedeutung
um 1100 v. Chr.	Olmeken bilden erste Hochkultur Lateinamerikas
um 400	Blütezeit von Teotihuacán (im heutigen Mexiko)
um 450	Blütezeit der Kultur von Monte Albán (im heutigen Mexiko)
um 600	Erste Blütezeit des Mayareichs (Altes Reich)
um 900	Mayas verlegen ihr Zentrum auf die Halbinsel Yucatán
um 1050	Größte Machtentfaltung der Tolteken
um 1360	Azteken gründen Tenochtitlán
um 1440	Blütezeit des Aztekenreichs (im heutigen Mexiko)
um 1490	Blütezeit des Inkareichs (im heutigen Peru)
1492	Christoph Kolumbus entdeckt Amerika (Hispaniola, das heutige Haiti)
1494	Vertrag von Tordesillas regelt Besitzansprüche auf neuentdecktes Land
1500	Pedro Álvarez Cabral entdeckt Brasilien
1511	Eroberung von Kuba durch die Spanier
1521	Spanier unter Cortés nehmen Aztekenreich ein
1535	Spanier unter Pizarro erobern Inkareich; Gründung des Vizekönigreichs Neuspanien

(→S. 324). Dort gründete er La Navidad, den ersten spanischen Stützpunkt in der Neuen Welt. Seine zweite Reise (1493–1496) führte ihn über die Kleinen Antillen und Puerto Rico bis zum heutigen Jamaika (→S. 320). Das amerikanische Festland berührte Kolumbus erst auf seiner dritten Reise (1498 bis 1500) auf der Höhe des heutigen Trinidad (→S. 349). Auf seiner vierten Fahrt (1502–1504) landete er erstmals an der Küste Mesoamerikas. Unerschütterlich glaubte Kolumbus, die Ostküste des asiatischen Festlandes vor sich zu haben, wobei er sich u.a. auf die zu geringe Schätzung des Erdumfangs durch den antiken Geographen Ptolemäus und Marco Polos überzogene Annahme der West-Ost-Ausdehnung von Asien berief.

Die erste Begegnung zwischen den Bewohnern Lateinamerikas und den Europäern verlief friedlich. Über die Einwohner jener Inseln, Angehörige des Aruakenvolkes, die einige Jahrhunderte zuvor von Mesoamerika aus die Karibikinseln besiedelt hatten,

Erste Begegnung der Europäer mit Ureinwohnern Amerikas

Chronik Zitat

Bericht über die Landung auf der Insel Hispaniola, dem heutigen Haiti; Auszug aus dem Bordbuch des italienischen Seefahrers in Diensten der spanischen Königin Isabella und des Königs Ferdinand II., Christoph Kolumbus.

»Um zwei Uhr morgens kam Land in Sicht, von dem wir etwa acht Seemeilen entfernt waren. Wir holten alle Segel ein und fuhren nur mit einem Großsegel, ohne Nebensegel. Dann legten wir bei und warteten bis zum Anbruch des Tages, der ein Freitag war, an welchem wir zu einer Insel gelangten, die in der Indianersprache »Guanahani« hieß. Dort erblickten wir alsogleich nackte Eingeborene. Ich begab mich, begleitet von Martin Alonso Pinzon und dessen Bruder Vicente Yanez, dem Kapitän der »Niña«, an Land. Dort enfaltete ich die königliche Flagge, während die beiden Schiffskapitäne zwei Fahnen mit einem grünen Kreuz im Felde schwangen, das an Bord aller Schiffe geführt wurde und welches rechts und links von den je mit einer Krone verzierten Buchstaben F und Y umgeben war. Unseren Blicken bot sich eine Landschaft dar, die mit grün leuchtenden Bäumen bepflanzt und reich an Gewässern und allerhand Früchten war. Ich rief die Kapitäne und auch all die anderen, die an Land gegangen waren, ..., zu mir und sagte, sie sollten durch ihre persönliche Gegenwart als Augenzeugen davon Kenntnis nehmen, daß ich im Namen des Königs und der Königin, meiner Herren, von der genannten Insel Besitz ergreife und die rechtlichen Grundlagen schaffe, wie es sich aus den Urkunden ergibt, die dort schriftlich niedergelegt wurden.

Sofort sammelten sich an jener Stelle zahlreiche Eingeborene der Insel an. In der Erkenntnis, daß es sich um Leute handle, die man weit besser durch Liebe als mit dem Schwert retten und zu unserem Heiligen Glauben bekehren könnte, gedachte ich, sie mir zu Freunden zu machen und schenkte also einigen unter ihnen rote Kappen und Halsketten aus Glas und noch andere Kleinigkeiten von geringem Wert, worüber sie sich ungemein erfreut zeigten. Sie wurden so gute Freunde, daß es eine helle Freude war. Sie erreichten schwimmend unsere Schiffe und brachten uns Papageien, Knäuel von Baumwollfaden, lange Wurfspieße und viele andere Dinge noch, die sie mit dem eintauschten, was wir ihnen gaben, wie Glasperlen und Glöckchen. Sie gaben und nahmen alles von Herzen gern – allein mir schien es, als litten sie Mangel an allen Dingen.

Sie gehen nackend umher, so wie Gott sie erschuf, Männer wie Frauen, von denen eine noch sehr jung war. Alle jene, die ich erblickte, waren jung an Jahren, denn ich sah niemand, der mehr als dreißig Jahre alt war. Dabei sind alle sehr gut gewachsen, haben einen schön geformten Körper und gewinnende Gesichtszüge ... Einige von ihnen bemalen sich mit grauer Farbe (sie gleichen den Bewohnern der Kanarischen Inseln, ...), andere wiederum mit roter, weißer oder einer andern Farbe; einige bestreichen damit nur ihr Gesicht oder nur die Augengegend oder die Nase, noch andere bemalen den ganzen Körper.«

notierte Kolumbus in sein Tagebuch: »Sie wurden so gute Freunde, daß es eine helle Freude war. Sie gaben und nahmen alles von Herzen gern...« Daß Gold im Innern des neuentdeckten Kontinents gefunden wurde, erregte jedoch die Gier der Europäer, die innerhalb weniger Jahre von Entdeckern zu Eroberern wurden.

Die Entdeckung neuer Landmassen jenseits des Atlantiks erforderte neue völkerrechtliche Regelungen. Im Mai 1493 ersuchte die spanische Krone Papst Alexander VI., der nach der Zwei-Gewalten-Lehre auch in weltlichen, machtpolitischen Fragen mitentscheiden konnte, ihr das Besitzrecht an allen Ländern zu verbriefen, die jenseits einer Linie 550 km westlich der Azoren lagen, und die bereits entdeckt waren oder später aufgefunden würden. Dies rief den Protest Portugals hervor, das ebenfalls einen Seeweg nach Indien suchen ließ, allerdings auf einer um Afrika führenden Route. Portugal forderte eine Demarkationslinie, die weiter westlich verlaufen sollte. Lissabon seinerseits hatte sich seine Rechte an denjenigen Gebieten, die seit Mitte des 15. Jhs. von portugiesischen Seefahrern entlang der westafrikanischen Küste entdeckt worden waren, vom Papst zusichern lassen. Fast ein Jahr lang verhandelten Diplomaten beider Staaten in Tordesillas bei Valladolid. Am 7. Juni 1494 schlossen Spanien und Portugal den Vertrag von Tordesillas (→Lexikon), der die Trennungslinie zwischen ihren Interessensphären längs einer Linie festlegte, die rund 2000 km westlich der Kapverdischen Inseln verlief (370 spanische Meilen; Leguas). Diese Regelung führte u.a. dazu, daß der östliche Teil Südamerikas, das heutige Brasilien, den der portugiesische Seefahrer Pedro Álvarez Cabral im Jahre 1500 entdeckte, an Portugal fiel. Die anderen europäischen Staaten erkannten die Vereinbarung nicht an, weil sie einem Ausschließlichkeitsanspruch beider Mächte auf neuentdeckte und -eroberte Gebiete gleichkam.

Bald nach der Rückkehr von Kolumbus begannen andere Spanier, Portugiesen und Ausländer in spanischen oder portugiesischen Diensten die weitere Erforschung der neuentdeckten Landmasse. Einer von ihnen war der 1451 (1454?) in Florenz geborene Amerigo Vespucci. 1497/98 und 1499/1500 unternahm er in spanischem Auftrag Entdeckungsreisen, auf denen er die mesoamerikanische Küste in Höhe des heutigen Honduras und die Nordostküste Südamerikas erreichte. Aufgrund seiner guten kartographischen Kenntnisse war er überzeugt, Festland, mithin einen unbekannten Kontinent, betreten zu haben.

Auf seiner dritten Reise (1501/02) – diesmal in portugiesischen Diensten – stieß er auf die Mündung des Río de la Plata. Seine Entdeckungen teilte Vespucci in zahlreichen Briefen mit, die in Europa schnell Verbreitung fanden. Auch der deutsche Kartograph Martin Waldseemüller benutzte sie als Informationsquellen und benannte zu Ehren Vespuccis Teile des neuen Kontinents auf seiner Karte nach dessen Vornamen America. Binnen kurzem bürgerte sich der Name für den gesamten neuentdeckten Kontinent ein.

Eroberung des Aztekenreichs

Das Aztekenreich befand sich auf dem Höhepunkt seiner politischen Macht und in kultureller Blüte, als der Spanier Hernán Cortés 1519 mit einer Schar Bewaffneter an der Golfküste landete und zur Hauptstadt Tenochtitlán zog. Dort wurden die Spanier von Montezuma II. und seinem Gefolge zuvorkommend empfangen, da man sie für lang erwartete weiße Götter hielt. Dieser Glaube ermöglichte es Cortés, mit wenigen bewaffneten Spaniern das Aztekenreich zu erobern. Militärische Unterstützung erhielten die Spanier von mit den Azteken rivalisierenden, bislang tributpflichtigen Nachbarvölkern wie den Otomi und insbesondere den Totonaken sowie von dem unabhängig gebliebenen Stadtstaat Tlaxcala.

Im November 1519 nahm Cortés den Aztekenherrscher Montezuma II. gefangen. Er wurde Anfang 1520 entweder von Spaniern oder den eigenen Leuten ermordet. Im August 1521 konnten die Spanier Tenochtitlán nach dreimonatiger Belagerung erobern. Den letzten Aztekenherrscher Cuauhtémoc (1520/21) ließ Cortés im Februar 1525 hinrichten. Cortés wurde 1522 offiziell zum Generalkapitän und Statthalter von Neuspanien ernannt.

Pizzaro erobert das Inkareich

Im Mai 1531 landete der Spanier Francisco Pizarro (▷Chronik Biografie, S. 384) mit einer kleinen Armee bei Tumbes am Golf von Guayaquil. Zwei Jahre zuvor war er in Toledo von Kaiser Karl V. zum Statthalter des zu erobernden Reiches in Südamerika ernannt worden. Da das Inkareich durch den soeben beendeten Erbfolgekrieg zwischen den Brüdern Huáscar und Atahualpa geschwächt war, stießen die Spanier bei ihrem Eroberungszug auf wenig Widerstand. 1532 trafen die Truppen Pizarros und Atahualpas, der sich gegen seinen Bruder durchgesetzt hatte, bei Cajamarca aufeinander. In einer handstreichartigen Aktion ließ Pizarro den Inkaherr-

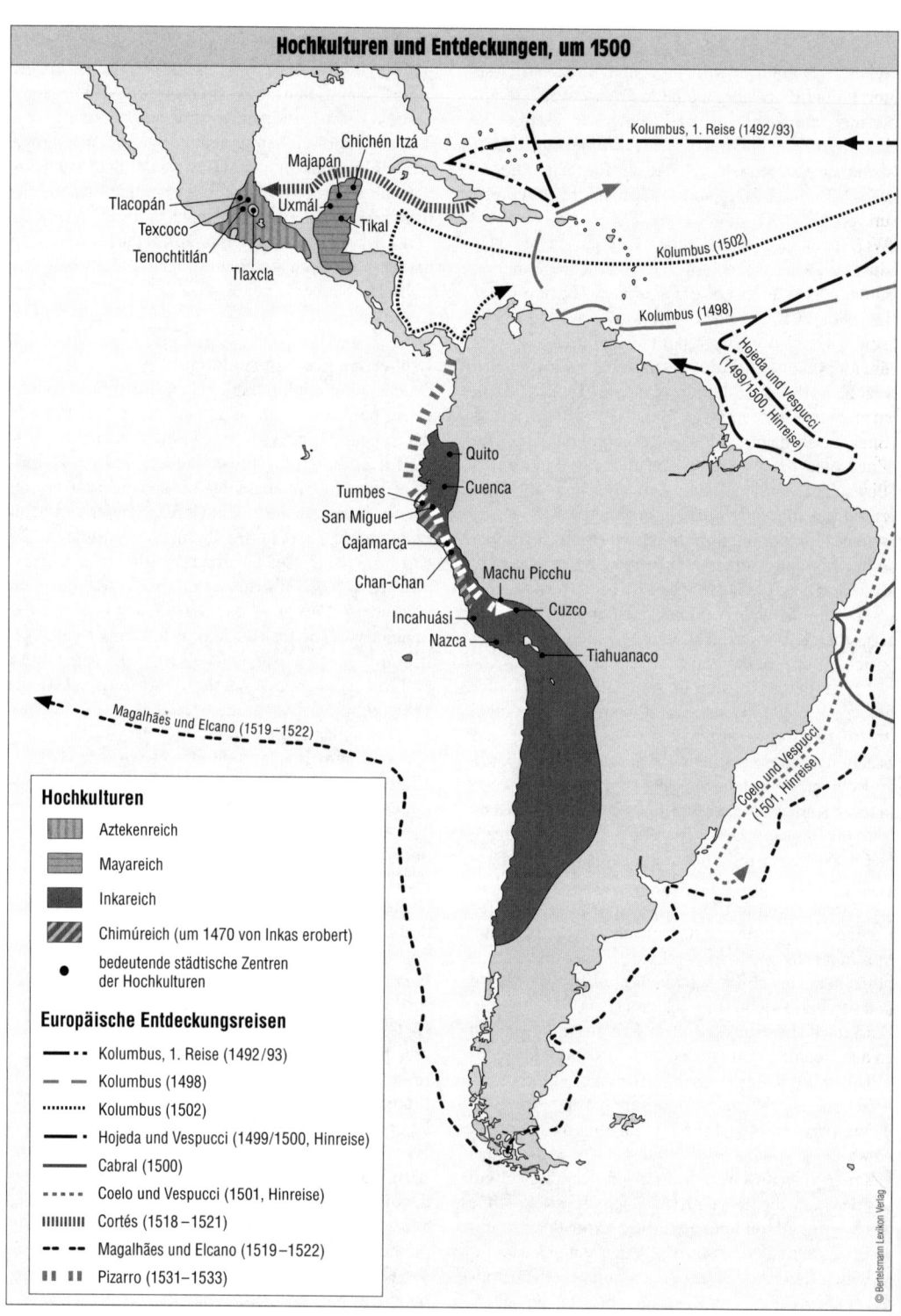

Hochkulturen und Entdeckungen, um 1500

Kolumbus, 1. Reise (1492/93)

Chichén Itzá

Majapán

Tlacopán

Uxmál

Texcoco

Tikal

Tenochtitlán

Tlaxcla

Kolumbus (1502)

Kolumbus (1498)

Hojeda und Vespucci (1499/1500, Hinreise)

Quito

Cuenca

Tumbes

San Miguel

Cajamarca

Machu Picchu

Chan-Chan

Cuzco

Incahuási

Nazca

Tiahuanaco

Coelo und Vespucci (1501, Hinreise)

Magalhães und Elcano (1519–1522)

Hochkulturen

- Aztekenreich
- Mayareich
- Inkareich
- Chimúreich (um 1470 von Inkas erobert)
- ● bedeutende städtische Zentren der Hochkulturen

Europäische Entdeckungsreisen

- —··— Kolumbus, 1. Reise (1492/93)
- – – Kolumbus (1498)
- ·········· Kolumbus (1502)
- ——· Hojeda und Vespucci (1499/1500, Hinreise)
- —— Cabral (1500)
- ----- Coelo und Vespucci (1501, Hinreise)
- ‖‖‖‖‖ Cortés (1518–1521)
- — — Magalhães und Elcano (1519–1522)
- ‖‖ ‖‖ Pizarro (1531–1533)

scher gefangennehmen und hinrichten, obwohl dieser in einer berühmt gewordenen verzweifelten Anstrengung einen Raum ganz mit Gold hatte füllen lassen, um sein Leben zu retten. Um zu verhindern, daß der Bruder Huáscar als Herrscher eingesetzt würde, ließ Pizarro auch diesen gefangennehmen und umbringen (▷Chronik Zitat).

Wie schon bei der Eroberung des Aztekenreiches durch Cortés 1521 machten sich die Spanier bei der Unterwerfung des Inkareiches Spannungen innerhalb der Oberschicht sowie das Unabhängigkeitsstreben unterdrückter Volksstämme zunutze. Darüber hinaus hatte Pizarro durch Zusammenziehung eines Großteils der verfügbaren Kräfte eine Streitmacht von über 40 000 Mann zur Verfügung, die den Spaniern die militärische Überlegenheit garantierte. Zur Sicherung der spanischen Herrschaft bestimmte Pizarro Manco Cápac II., einen Sohn Huaina Cápacs zum neuen Herrscher, den die Spanier in Cuzco zeitweise unter erniedrigenden Umständen in Gefangenschaft hielten. Es gelang ihm zu fliehen und 1536 einen Aufstand zu entfesseln. Nachdem eine mehrmonatige Belagerung der Hauptstadt gescheitert war, zog sich Manco Cápac II. ins gebirgige Hinterland zurück, wo er in der Gegend von Vilcamba einen selbständigen Staat gründete. 1545 wurde Manco Cápac II. von einem Spanier ermordet. Nach inneren Auseinandersetzungen bemächtigte sich Titu Cusi der Herrschaft in dem verbliebenen Inkaterritorium. Nach dessen Tod übernahm Túpac Amaru 1571 die Führung der Inkas. Er wurde 1572 von den Spaniern hingerichtet. Das Inkareich hörte auf zu existieren, nachdem die Spanier 1543 mit der Einrichtung der Audiencia in Lima die administrative Basis für ihr Kolonialreich in der Andenregion gelegt hatten.

Eroberung und Bildung der Kolonialreiche
Die juristischen Grundlagen für europäische Kolonialgründungen in Lateinamerika bildeten Entdeckung und offizielle Inbesitznahme, die päpstlichen Verfügungsbullen und der Vertrag von Tordesillas. Die Eroberung Meso- und Südamerikas erfolgte inner-

Grausamer Eroberungszug Spaniens in der Neuen Welt

Chronik Zitat

Bericht des spanischen Dominikanermönchs und Missionars Bartolomé de las Casas über die Greueltaten der Spanier bei der Eroberung Mittel- und Südamerikas; verfaßt nach 1560 in Spanien. Las Casas kehrte 1547 aus Amerika nach Spanien zurück.

»Diese zahllosen Völker (Karibikindianer) verschiedenster Art schuf Gott vor allen anderen in der Welt einfältig, ohne Bosheit und Falsch, gehorsam und treu ihren angestammten Herren und den Christen, denen sie dienen; überaus milde, geduldig, friedfertig und ruhig, ohne Hang zu Zank und Unfriede, weder streitsüchtig noch neidisch, ohne Tücke und Haß und Rachsucht. Auch sind diese Völker sehr zart und schwach, körperlich wenig widerstandsfähig, schwerer Arbeit nicht gewachsen, Krankheiten erliegen sie leicht ... Sie sind arme Leute, haben nichts und begehren auch nicht nach zeitlichen Gütern; daher kennen sie keinen Hochmut, keinen Ehrgeiz und keine Habsucht. ... Über diese sanftmütigen, von ihrem Herrn und Schöpfer mit solcher Wesensart begabten Menschen kamen nun die Spanier, und zwar vom ersten Augenblick an, wo sie sie kennenlernten, wie grausame Wölfe, Tiger und Löwen, die man tagelang hat hungern lassen.

Sie haben in diesen vierzig Jahren bis zum heutigen Tage nichts anderes getan und tun auch heutzutage nichts anderes als zerreißen, töten, ängstigen, quälen, foltern und vernichten, auf jede nur denkbare, nie gehörte, nie gesehene, nie erlebte Art äußerster Grausamkeit ... Und das alles in einem solchen Maße, daß auf der Insel Española von drei Millionen Seelen, die zu unserer Zeit dort gelebt haben, heute keine 200 mehr da sind ... San Juan und Jamaica, zwei große, glückliche und anmutige Inseln, sind verödet ... das ausgedehnte Festland haben unsere spanischen Landsleute durch ihre Greuel und gottlosen Taten entvölkert und verheert. Mehr als zehn Königreiche, größer als ganz Spanien, Portugal und Aragón eingeschlossen, einst von Menschen mit hoher Kultur bewohnt, sind heute entvölkert ...«

halb von rund 40 Jahren nach Entdeckung des Kontinents. Nachdem die Spanier ihre ersten Siedlungen auf Hispaniola errichtet hatten, eroberten sie zwischen 1508 und 1511 Kuba (→S. 314) und setzten sich 1509 auf dem mesoamerikanischen Festland im Gebiet des heutigen Panama (→S. 308) fest. Von den Karibischen Inseln ausgehend eroberten sie die präkolumbischen Großreiche.

Zwischen 1519 und 1521 unterwarf Hernán Cortés das Aztekenreich. Etwa zwei Jahrzehnte später zerstörte Francisco Pizarro die Inkahochkultur in den Anden. Die beiden mächtigsten und kulturell höchstentwickelten Gesellschaften Südamerikas hatten aufgehört zu existieren. Schlag auf Schlag setzte sich die Eroberung des Kontinents fort. Pedro de Alvarado nahm 1524 das Gebiet des heutigen Guatemala (→S. 283) für die spanische Krone in Besitz; nach 1533 drangen spanische Truppen unter der Führung von Sebastián de Bénalcazar ins heutige Ecuador (→S. 378), unter dem Kommando von Gonzalo Jiménez de Quesada ins kolumbianische Hochland vor (→Kolumbien, S. 352). 1534 erreichte Pedro de Mendoza an der Spitze seiner Truppen das La-Plata-Gebiet. 1536 wurde die spätere Hauptstadt Argentiniens (→S. 408), Buenos Aires, gegründet.

Ablauf und Umstände der Eroberungen wurden am Beispiel der Azteken und Inkas geschildert. Besondere Beachtung verdient die Tatsache, daß die spanischen Eroberer leichtes Spiel hatten. So bestand etwa Cortés Streitmacht zu Anfang aus kaum mehr als 180 Bewaffneten, denen es erstaunlich schnell gelang, das mächtige Aztekenreich bis in seine Grundfesten zu erschüttern. Vermutlich spielten dabei mehrere Faktoren eine Rolle. Bei den Azteken herrschte die religiöse Vorstellung, daß von Osten her in naher Zukunft weiße Götter kommen würden. Bei Erscheinen der Spanier glaubte König Montezuma, jene erwarteten Götter vor sich zu haben. Wille und Fähigkeit zum Widerstand gegen die Unterwerfung durch die Spanier waren dadurch geschwächt. Die Azteken schienen wie gelähmt angesichts der Goldgier der Eindringlinge, die sie emotional und intellektuell nicht begreifen konnten. Auch über einen teilweisen Zusammenbruch ihres traditionellen Denk- und Wertesystems durch die Begegnung mit dem Fremden in Gestalt der Spanier wird in der historischen Forschung spekuliert. Ein anderer wichtiger Grund für den schnellen Sieg der Spanier bestand darin, daß sie unter den unterworfenen Nachbarvölkern der Azteken rasch Verbündete im Kampf gegen die verhaßte Vormacht fanden.

Spanische Kolonialverwaltung

Spanien, d.h. das Königreich von Kastilien (→Lexikon), erklärte die eroberten Gebiete Meso- und Südamerikas zu integralen Bestandteilen seines Reichsverbandes. Die Indianer galten rechtlich als freie Untertanen der Krone, die gemäß dem Auftrag des Papstes für das Christentum missioniert werden sollten. Der staatsrechtliche Status der amerikanischen Besitzungen hat zu der Behauptung geführt, sie seien im eigentlichen Sinne nie Kolonien gewesen. Diese formaljuristische Betrachtungsweise läßt die tatsächliche Unterdrückung und Ausbeutung der Eingeborenen außer Acht. Das oberste Entscheidungsgremium für die amerikanischen Gebiete war der in Spanien residierende sog. Indienrat (→Lexikon) mit umfassenden Zuständigkeiten, der u.a. als oberste Verwaltungs- und Finanzbehörde, höchstes Gericht und Leitungsinstanz für Kirchenangelegenheiten fungierte. Einer zweiten Zentralbehörde, der 1503 in Sevilla gegründeten Casa de la Contratación, oblag die Kontrolle des gesamten Personen-, Schiffs-, Waren- und Geldverkehrs mit den mittel- und südamerikanischen Besitzungen. In den Kolonien selbst residierten Vizekönige von Mexiko und Peru als Vertreter der spanischen Krone und Aufsichtsinstanzen für die verschiedenen Administrationsbehörden. Als weitere übergeordnete Verwaltungseinheiten kamen später Neugranada mit der Hauptstadt Santa Fé und Río de la Plata, dessen Hauptstadt Buenes Aires wurde, hinzu.

In den Kolonien wurde bald ein eigenes Justizsystem geschaffen, an dessen Spitze nach dem Vorbild des Mutterlandes sog. Audiencias (→Lexikon) standen, Kollegien von Berufsrichtern, die in ihren Bezirken die oberste Zivil- und Strafgerichtsbarkeit ausübten. Bereits in die Anfangsphase der Kolonien fällt die Gründung von Städten nach spanischem Recht, für die der typische koloniale Schachbrettgrundriß vorgeschrieben war. In der Mitte war eine Plaza vorgesehen, an der die Hauptkirche und die Gouvernementsgebäude lagen.

Mitte des 16. Jhs. ging Spanien im Verhältnis zu den Indianern zu einer konsequenten Politik der »Rassentrennung« über. Für Spanier, die keine öffentlichen Ämter bekleideten oder nicht der Verwaltung angehörten, wurde der Umgang mit Ureinwohnern eingeschränkt. Sie durften nicht in indianischen Siedlungen wohnen. Neben der Christianisierung war die Hispanisierung der Indianer, u.a. durch Verbreitung der spanischen Sprache, ein Ziel der Kolonialpolitik Spaniens.

Missionierung der Ureinwohner

Die Missionierung der Indianer wurde mit hohem personellem und materiellem Aufwand betrieben, wobei die Federführung mit päpstlichem Einverständnis bei der spanischen Krone lag. Aufgrund eines Generalpatronats von 1508 errichtete und besetzte Spanien alle geistlichen Ämter in Südamerika in eigener Verantwortung, von den Indianermissionen bis zu den Erzbistümern. 1501 hatte eine päpstliche Bulle dem König das Recht auf den gesamten Kirchenzehnten aus den Kolonien zugesprochen. Auf diese Weise entstand in den Kolonien eine Art Staatskirche unter der Oberaufsicht des spanischen Herrscherhauses.

Bei der Christianisierung kam es immer wieder zu Übergriffen. Indianer wurden von übereifrigen Geistlichen mißhandelt; vor allem in der Anfangsphase gab es massenhafte Zwangstaufen. Dagegen setzten ab 1520 ins Land kommende Franziskanermönche auf geduldige Missionsarbeit und versuchten den Aufbau einer indianischen Kirche, was aber durch einen Erlaß König Philipps II. von 1568 unterbunden wurde. Die entstehende südamerikanische Kirche sollte eine streng spanisch-katholische Kirche sein. Die Spanier befürchteten, daß andernfalls bereits festgestellte Vermischungstendenzen von indianischer und christlicher Religion sich weiterhin verstärken könnten.

Auch der 1534 gegründete Jesuitenorden beteiligte sich bald intensiv an der Indianermission, wobei die Jesuiten auf vorhandene Indianertraditionen eingingen und etwa die Sprachen der Indianer erlernten. Zu einer südamerikanischen Besonderheit führte die Jesuitenmission im La-Plata-Gebiet im heutigen Paraguay (→S. 404). Dort entstand mit Billigung der spanischen Gouverneure Anfang des 17. Jhs. aus einigen Missionssiedlungen ein sog. Jesuitenstaat (→Lexikon) mit weitgehender Autonomie. Er umfaßte zu seiner Blütezeit zu Beginn des 18. Jhs. rund 30 Siedlungen mit etwa 120 000 Bewohnern, denen der Handel mit Matetee einen gewissen Wohlstand verschaffte. Die Jesuiten führten ein diszipliniertes, von übertriebenen Härten freies Regiment, so daß der Jesuitenstaat zeitweise als Musterbeispiel eines nach geistlichen Prinzipien organisierten Gemeinwesens erschien. Ab Mitte des 18. Jhs. wurden die Jesuiten vom Papst und den europäischen Herrscherhäusern zunehmend angefeindet, was zum Verbot des Ordens in zahlreichen Ländern führte. Die Vertreibung der Jesuiten aus Paraguay 1767/68 hatte den raschen Verfall ihres »Staatsgebildes« zur Folge.

Ausbeutung durch die Spanier

Hauptantrieb der meisten Spanier in Südamerika war die Suche nach Macht und Reichtum. Zehntausende folgten dem Ruf des »Goldes von El Dorado« übers Meer. Die Konquistadoren stammten vornehmlich aus dem niederen Adel (Hidalgos) und dem einfachen Volk und erhofften sich in den Kolonien Wohlstand und sozialen Aufstieg. Spanien bemühte sich um eine scharfe Kontrolle über die Bevölkerungsströme. Zur Auswanderung war eine besondere Lizenz nötig, die u.a. Moslems, Juden und Nichtspaniern verweigert wurde. Für den Zeitraum von 1509–1577 sind rund 25 600 Auswanderungslizenzen nachweisbar. Im Verlauf des 16. Jhs. sind schätzungsweise 300 000 Spanier nach Amerika gereist, jedoch nicht alle auf Dauer. Der Frauenanteil betrug bereits in der ersten Phase 10–20% und hat später vermutlich zugenommen. Für das 17. Jh. schwanken die Schätzungen zwischen 40 000 und 200 000 Auswanderern.

Mit brutalen Methoden wurde die Urbevölkerung zur Zwangsarbeit in Gold-, Silber- und Kupferminen, auf den Feldern sowie beim Warentransport genötigt. Eine wichtige Rolle bei der wirtschaftlichen Ausbeutung der Kolonien spielte das sog. Encomienda-System (→Lexikon). Indianer sollten nach dem Willen der spanischen Krone nicht versklavt, sonden juristisch als freie Untertanen behandelt werden. Land und Urbewohner gingen darum nicht in den Besitz der Konquistadoren über, wurden diesen vielmehr zur Nutzung »überlassen«. Die Encomenderos hatten meist wenig Hemmungen, möglichst viel Gewinn in Form von Frondiensten und Abgaben aus der Arbeitskraft »ihrer« Indianer zu pressen. Um 1600 gab es im spanisch beherrschten Teil Mittel- und Südamerikas rund 4000 Encomenderos, die mehr als 5 Mio. Indianer unter teils unmenschlichen Bedingungen für sich arbeiten ließen (▷Chronik Zitat, S. 242).

Insgesamt hatten Eroberung und wirtschaftliche Ausbeutung durch die Europäer für die Urbevölkerung Südamerikas katastrophale Folgen. Die Einwohnerzahl sank innerhalb weniger Jahrzehnte dramatisch ab. So wurden etwa auf Hispaniola rund 1 Mio. indianische Ureinwohner innerhalb einer Generation fast völlig ausgerottet. 1520 lebten auf Hispaniola nur noch rund 16 000 Ureinwohner. Im Gebiet des heutigen Mexiko (→S. 272) sank die Bevölkerungszahl bis Ende des 16. Jhs. von rund 25 Mio. (1519) auf rund 1,3 Mio. Menschen (1595). Neben Kriegsverlusten und z.T. menschenunwürdigen Ar-

beits- und Lebensbedingungen waren auch eingeschleppte Seuchen für das Massensterben der Indianer verantwortlich.

Zur Sicherstellung der wirtschaftlichen Ausbeutung
des Landes gingen die Spanier dazu über, Sklaven
aus Afrika zu importieren. Es entwickelte sich ein
sog. Dreieckshandel (→Lexikon), bei dem spanische
und portugiesische Kaufleute hohe Gewinne erzielten. Von Europa aus segelten Schiffe mit billigen
Tauschwaren (minderwertige Stoffe, Messer, Alkohol etc.) nach Afrika, wo sie die mitgebrachten Gegenstände bei den Häuptlingen der Küstenstämme
gegen schwarze Sklaven eintauschten. Diese ver-
frachteten Spanier und Portugiesen per Schiff nach
Mittel- und Südamerika, wo sie auf Zucker- und
Baumwollplantagen, in Gold- und Silberbergwerken
arbeiten mußten. Von Südamerika kehrten die Schiffe mit den Erzeugnissen der Kolonien (Gold, Silber,
Zucker, Kakao u.a.) nach Europa zurück.

Indianerdebatte in Spanien

Gegen die grausame Behandlung der Indios durch
die spanischen Eroberer erhoben einzelne Missionare frühzeitig ihre Stimme. Zum eifrigsten India-
neranwalt wurde der Dominikaner und spätere Bischof von Chiapas Bartolomé de las Casas (▷Chro-
nik Biografie, S. 278). In Predigten und zahllosen
Schriften prangerte er die Ausbeutung und Mißhandlung der Indianer an und forderte rechtliche
Maßnahmen zur Verbesserung ihrer Lage. Seine
weitverbreitete Schrift »Brevissima Relación« ist
eine schonungslose Darstellung der Ausbeutung und
grausamen Verfolgung der amerikanischen Urbevölkerung. Zwar konnten solche Proteste die Situation
der Ureinwohner nicht unmittelbar verbessern, doch
sie gaben Anstöße zur sog. Indianerdebatte (→Lexi-
kon) in Spanien, an der sich Mitte des 16. Jhs. führende Juristen wie Ginés de Sepúlveda und Francisco de Vitoria beteiligten. Gestritten wurde über das

Indianer sollen freie Untertanen bleiben

Chronik Zitat

*Verordnung der spanischen Königin Isabella von
1503 zur Einführung des Encomienda-Systems in
den spanischen Kolonien.*

»... weil Wir wünschen, daß die genannten Indianer sich zu Unserem heiligen katholischen Glauben bekehren und darin unterrichtet werden, dies
sich aber besser tun läßt, wenn die Indianer mit
den auf der Insel wohnenden Christen in Berührung kommen, mit ihnen umgehen und zu tun haben, beide einander helfen und so die Insel kultiviert, bevölkert und ertragreich gemacht wird,
auch Gold und andere Metalle gefördert werden,
und Meine Königreiche und deren Bewohner daraus Nutzen ziehen, ...

so habe Ich diese Verfügung wie folgt ausfertigen
lassen und befehle hiermit Euch, Unserem Gouverneur, daß Ihr von dem Tage an, wo Ihr diese
Meine Verfügungen erhaltet, künftig die Indianer
nötigt und antreibt, mit den Christen der genannten
Inseln Umgang zu pflegen, in ihren Häusern zu arbeiten, Gold und andere Metalle zu schürfen und
Landarbeit für die auf der Insel ansässigen Christen zu leisten, und daß Ihr jedem für den Arbeits-

tag Tagelohn und Unterhalt geben laßt, wie sie
Euch nach der Beschaffenheit des Bodens, des Ar-
beiters und der Tätigkeit angemessen erscheinen,
daß Ihr jedem Kaziken (Indianerhäuptling) auferlegt, eine bestimmte Anzahl Indianer bereitzuhal-
ten, um sie jeweils da, wo es nötig ist, zur Arbeit
einsetzen zu können, und damit sie sich an den
Festtagen, und wenn es sonst erforderlich scheint,
zusammenfinden, um an den dafür bestimmten
Orten über die Dinge des Glaubens zu hören und
darin unterrichtet zu werden, daß jeder Kazike die
von Euch jeweils vorgeschriebene Zahl von Indianern beibringt und an die von Euch benannten Personen zur Arbeit überläßt, gemäß näherer Anwei-
sung dieser Personen und gegen einen von Euch
festzusetzenden Tagelohn. Die genannten Verpflichtungen sollen sie als freie Personen leisten,
die sie ja sind, nicht als Sklaven. Ihr habt dafür
zu sorgen, daß diese Indianer gut behandelt werden, und zwar diejenigen unter ihnen, die Christen
sind, besser als die andern; Ihr dürft nicht dulden
oder Anlaß geben, daß irgendjemand ihnen Leid
oder Schaden zufügt oder sie ungebührlich behandelt ...«

Vorgehen bei der Mission, über die Frage des »gerechten Krieges« wie auch über das »Wesen« der Indianer, ob also die amerikanischen Ureinwohner »von Natur aus« Sklaven oder freie und gleichberechtigte Menschen seien. Diese Debatte führte mittelbar zum Erlaß der Neuen Gesetze (→Lexikon) von 1542 durch Kaiser Karl V., welche die Indianer vor Auswüchsen der Kolonisation schützen sollten. In der Praxis hatten sie jedoch kaum Wirkung. Die spanische Zentralgewalt war weit und die Ausbeute in den Kolonien zu hoch, als daß die Konquistadoren grundsätzliche Änderungen am System der Ausplünderung akzeptiert hätten. So wurde das Encomienda-System erst 1720 endgültig abgeschafft (▷Chronik Zitat, S. 244).

Herrschaftspraxis der Portugiesen
Unmittelbar nach Abschluß des Vertrags von Tordesillas (1494) schickte auch Portugal Schiffe auf Entdeckungsfahrt nach Westen. Im April 1500 landete Pedro Álvarez Cabral (um 1467/68 –1526) an der Nordwestspitze Südamerikas und nahm das Gebiet für die portugiesische Krone in Besitz. Auf einer Karte von 1511 taucht erstmals der Name Terra do Brasil auf, abgeleitet von der Bezeichnung für eine in Europa zum Beizen verwendete rotfärbende Holzart (→Brasilien, S. 367). Im Unterschied zu den Spaniern, die ab 1501 Niederlassungen im Landesinnern errichteten, beschränkte sich Portugal zunächst auf die Gründung von Küstenstützpunkten. Als jedoch die Franzosen im Bündnis mit Indianerstämmen versuchten, sich im Amazonasgebiet festzusetzen, schickte Lissabon 1531 ein Expeditionskorps unter Martim Afonso de Sousa nach Südamerika, um Brasilien offiziell unter portugiesische Herrschaft zu bringen.
Der Einschlag und Export des Brasilholzes waren jahrzehntelang eine der Haupteinnahmequellen aus dieser überseeischen Besitzung. Seit Anfang des 18. Jhs. verfiel der Preis jedoch dramatisch, so daß der Wirtschaftszweig seinen Stellenwert in kurzer Zeit einbüßte.
Insbesondere wegen seines Kolonialengagements in Afrika und Asien zeigte Portugal zunächst wenig Interesse an dem ihm aufgrund des Vertrags von Tordesillas zustehenden Ostteil von Südamerika. Die Gründung von Siedlungen und Handelsniederlassungen verlief eher planlos u.a. 1510 im Gebiet der heutigen Städte São Paulo und Bahia, 1516 in Pernambuco, dem heutigen Recife. Von dort aus betrieben die Portugiesen einen Tauschhandel mit den In-

dianern, die gegen Gebrauchsgegenstände wie Beile und Kämme Brasilholz lieferten. Unter König Johann III. (1521–1557) verstärkten sich dann die portugiesischen Aktivitäten zur politischen Sicherung und wirtschaftlichen Ausbeutung der transatlantischen Gebiete. Aufgrund akuten Kapitalmangels des Königshauses lag die Kolonisation Brasiliens zunächst in den Händen privater Investoren, die zur portugiesischen Krone in einem Lehensverhältnis standen. 1532/34 teilte Johann III. das Land von der Amazonasmündung bis zum heutigen Bundesstaat Santa Catarina in 15 Capitanas (→Lexikon) auf (Gebietsstreifen, die parallel von der Küste bis zur Demarkationslinie des Tordesillas-Vertrags verliefen), die er an zwölf adlige Grundbesitzer, Donatarios, als erbliche Lehen vergab. Im Gegensatz zu Spanien übertrug Portugal damit Elemente des abendländischen Feudalsystems in die Neue Welt, da diese Donatarios zahlreiche Hoheitsrechte, darunter Rechtsprechung, Militärkommando, Administration und Zölle, erhielten. Zudem hatten sie das Recht, Indianer in unbegrenzter Anzahl zu versklaven und einen Teil auf dem Sklavenmarkt von Lissabon anzubieten. Die einfachen Siedler hatten für das ihnen zur Nutzung überlassene Land Abgaben sowohl an die Kirche, damit faktisch an den König, als auch an den Donatario zu entrichten.

Zuckerrohranbau und Sklavenhandel
Da die meisten Donatarios lediglich über geringes Kapital verfügten, kam die wirtschaftliche Entwicklung ihrer Besitzungen nur schleppend voran. Ausnahmen bildeten die Capitanas Pernambuco und São Vicente, das Martim Afonso de Sousa 1532 im Auftrag des Königs gegründet hatte. Insbesondere der Anbau des von Sousa in Brasilien eingeführten Zuckerrohrs warf vor allem für die Zwischenhändler hohe Gewinne ab. Die ersten Zuckermühlen wurden 1533 in São Vicente und 1542 in Pernambuco gegründet. Nachdem die Indianerbevölkerung sich als nicht geeignet für die Arbeit in den Zuckerplantagen erwiesen hatte, wurde sie seit 1538 überwiegend durch schwarze Sklaven ersetzt, die in großer Zahl aus Afrika herangeschafft wurden. Da Portugal praktisch das Monopol für den Sklavenhandel in Westafrika besaß, gab es keine Schwierigkeiten, schwarze Sklaven nach Südamerika zu verschiffen. Dort erwiesen sie sich aufgrund ihrer z.T. hoch ausgebildeten landwirtschaftlichen und handwerklichen Fähigkeiten im Vergleich zu den Indios als weit effektivere Arbeitskräfte. Um 1585 gab es in der por-

tugiesischen Amerikakolonie rund 14 000 schwarze Sklaven, bei einer Gesamtbevölkerung der Kolonie von rund 57 000 Menschen. Vorsichtigen Schätzungen zufolge transportierten die Portugiesen im 16. Jh. rund 100 000 schwarze Sklaven ins spätere Brasilien, im 17. Jh. rund 600 000, im 18. Jh. über 1,3 Mio. und im 19. Jh. nicht weniger als 1,6 Mio. Von den rund 3,5 Mio. Einwohnern Brasiliens im Jahr 1818 waren etwa 1 Mio. Weiße, 500 000 Mulatten (Nachkommen von Schwarzen und Weißen) und fast 2 Mio. schwarze Sklaven. Die Zahl der Indios war dramatisch zurückgegangen.

Bis Ende des 17. Jhs. bildeten Zuckerrohranbau und Sklavenhandel die wichtigste ökonomische Basis der portugiesischen Besitzung. So erhöhte sich zwischen 1570 und 1700 in Brasilien die Zahl der Zukkermühlen von 60 auf 528. 1559 wurde das Raffinieren von Zucker im Mutterland Portugal ausdrücklich verboten, um die überseeische Zuckerindustrie zu fördern. Nach groben Schätzungen betrug um 1600 die jährliche Zuckerproduktion mehr als 29 000 t.

Der Einfluß der Jesuiten

Angesichts wirtschaftlicher Stagnation in den meisten Capitanas und zunehmender Gefährdung der Kolonien durch Überfälle der Indios, entschloß sich 1548 König Johann III., die Verwaltung der südamerikanischen Gebiete selbst in die Hand zu nehmen. Die weitgehend autonomen Capitanas wurden zusammengefaßt und schrittweise einer königlichen Zentralregierung unterstellt, wenngleich das Regime der Donatarios formal bis ins 18. Jh. weiterbestand. Sitz des Gouverneurs, seit 1577 Generalgouverneur, wurde die 1548 errichtete Stadt São Salvador da Bahía de Todos os Santos (Bahia). Zum ersten königlichen Bevollmächtigten wurde Tomé de Sousa ernannt. 1640, endgültig 1720, erhielt der Generalgou-

Neue Gesetze Kaiser Karls V. sollen Indios schützen

Chronik Zitat

Aufgrund aufrüttelnder Augenzeugenberichte über die spanischen Greueltaten in Südamerika, vor allem die Anklagen des spanischen Dominikanermönchs und Missionars Bartolomé de las Casas, erließ Kaiser Karl V. 1542 die Neuen Gesetze zum Schutz der Indianer. Doch konnten diese Gesetze in Übersee gegen den Widerstand der spanischen Eroberer und Kolonisten nicht durchgesetzt werden.

»Wir ordnen an und befehlen, daß künftig aus keinem Grunde, sei es Krieg oder welcher sonst, weder zur Strafe für Aufruhr noch im Wege des Loskaufens noch auf andere Weise irgendein Indianer zum Sklaven gemacht werde. Wir wollen, daß sie als Unsere, der Krone von Kastilien, Untertanen behandelt werden, denn das sind sie ...

Da Wir befohlen haben, dafür zu sorgen, daß künftig die Indianer auf keine Weise mehr zu Sklaven gemacht werden, ordnen Wir an und verfügen Wir ferner hinsichtlich derer, die bisher gegen Vernunft und Recht und gegen die erlassenen Verordnungen und Befehle als solche gehalten worden sind, daß die Gerichtshöfe die Parteien vorladen, ohne langwieriges Verfahren summarisch und in aller Kürze den Tatbestand ermitteln und sie in Freiheit setzen, wenn die Personen, die sie als Sklaven gehalten haben, keinen Rechtstitel vorweisen können, daß sie sie nach dem Gesetz als Sklaven halten und besitzen dürfen. Und damit die Indianer nicht mangels Leuten, die ihre Sache wahrnehmen, unrechtmäßigerweise für Sklaven angesehen werden, befehlen Wir, daß die Gerichte Personen einsetzen, die diese Angelegenheit für die Indianer betreuen und aus den gerichtlichen Strafgeldern bezahlt werden, und zwar Leute, die vertrauenswürdig und gewissenhaft sind.

Wir befehlen weiter, daß die Gerichtshöfe besondere Aufmerksamkeit darauf verwenden, daß die Indianer nicht als Lastträger eingesetzt werden. Kann dies in einigen Regionen nicht vermieden werden, so soll es so geschehen, daß für das Leben, die Gesundheit und die Erhaltung der genannten Indianer durch das Tragen unmäßiger Lasten keine Gefahr entsteht; auch soll es nicht gegen ihren eigenen Willen oder ohne Bezahlung geschehen. Wer dem zuwiderhandelt, soll scharf und ohne Ansehen der Person bestraft werden ...«

Europäische Kolonialmächte, um 1750

Mexiko-Stadt
(1521)

Havanna (1519)

Bahamas
(1783 brit.)

St. Domingue (1665 franz.)

Belize
(1667)

Jamaika
(1655 brit.)

Guadeloupe (1635 franz.)
Martinique (1635 franz.)

Vizekönigreich Neuspanien
(1535)

Barbados (1625 brit.)

Caracas (1567)

Panama (1519)

Brit. Guyana

Ndl. Guyana (1651–1667 brit.)

Franz. Guyana

Vizekönigreich
Neugranada
(1739)

Belem
(1616)

Quito (1534)

Lima
(1535)

Vizekönigreich Peru
(1543)

Recife
(1526)

Vizekönigreich
Brasilien
(1760)

São
Salvador
(Bahia)
(1549)

Potosi
(1546)

Rio de Janeiro
(1565)

Vizekgr.
Río de la Plata
(1776)

Buenos Aires
(1536)

Kolonialmächte

- Spanisch
- Portugiesisch
- Englisch
- Französisch
- Niederländisch

Jesuitenmissionen bis 1767

Grenze zwischen span. und port.
Interessensphäre nach dem
Vertrag von Tordesillas 1494

(1565) Jahr der Gründung
bzw. Inbesitznahme

© Bertelsmann Lexikon Verlag

LATEINAMERIKA / KARIBIK GESCHICHTE

verneur den Status eines Vizekönigs. Die Hauptstadt blieb Bahia bis es 1763 diese Funktion an Rio de Janeiro abtreten mußte. Für die Gründung von Rio de Janeiro und die Verlegung des Regierungssitzes waren zwei Ursachen verantwortlich. Zum einen war von dort aus der ökonomisch aufstrebende Süden des Landes besser zu kontrollieren; zum anderen sollte das Vordringen französischer Siedler verhindert werden. Um 1555 hatte eine Gruppe calvinistischer Franzosen in der südlich gelegenen Guanabarabucht Zuflucht gesucht, denen bald weitere Reformierte und Calvinisten folgten, die von einem unabhängigen Siedlungsgebiet träumten. Diese Entwicklung lenkte das portugiesische Interesse stärker auf den Süden der Kolonie. Es kam zu bewaffneten Auseinandersetzungen mit den Franzosen, die Unterstützung u.a. von Indiostämmen erhielten. Am Sieg der Portugiesen hatten die Jesuiten großen Anteil, indem sie u.a. das Bündnis zwischen Franzosen und Indios zu sprengen vermochten. In der Rückschau vermuten Historiker, daß ohne das Eingreifen der Jesuiten, die die Ausbreitung des Calvinismus fürchteten, Mittel- und Südbrasilien für Portugal verloren gegangen wären.

Die ersten sechs Jesuiten waren 1549 zusammen mit dem ersten Gouverneur ins Land gekommen und hatten sogleich mit der Indianermission begonnen. 1554 gründete der Indianermissionar Manuel da Nóbrega das Jesuitenkolleg São Paulo. Wie ihre spanischen Missionsbrüder machten sich die Jesuiten in Brasilien angesichts von Ausbeutung und Unterdrückung bald zu Anwälten der Indios, indem sie u.a. ihre massenweise Versklavung durch päpstlichen Erlaß zu unterbinden versuchten, allerdings ohne großen Erfolg. Die Jesuiten erforschten indianische Sprachen und übersetzten den Katechismus und andere liturgische Texte. Christianisierte Indios faßten sie in geschlossenen Siedlungen zusammen, ohne sie dort jedoch dem Zugriff weißer Siedler entziehen zu können. Ungeachtet päpstlicher Verbote machten die berüchtigten Bandeirantes (▷Chronik Zitat, S. 371; →Lexikon), portugiesisch-indianische Mischlingsgruppen, Jagd auf Indios, die sie als Sklaven insbesondere in die Zuckerplantagen und -fabriken verkauften. Dabei überschritten sie häufig die im Vertrag von Tordesillas festgelegte Linie und erweiterten auf diese Weise den portugiesischen Herrschaftsbereich beträchtlich nach Westen.

Anfang des 17. Jhs. wurde die Verwaltung Brasiliens weiter zentralisiert. 1604 wurde nach spanischem Vorbild im Mutterland Portugal ein Indienrat (Con-sehlo das Indias) eingerichtet, der umfassende Entscheidungsbefugnisse in Bezug auf Südamerika besaß. 1621 bildeten die Portugiesen unter dem Namen Estado do Maranhao im Norden des Landes ein teilautonomes Verwaltungsgebiet (Gouvernement), das nicht der Zentralregierung in Bahia unterstand.

Koloniale Rivalitäten

Seit Mitte des 16. Jhs. wurde Spanien und Portugal der alleinige Herrschaftsanspruch in Mittel- und Südamerika, der sich auf maritime Überlegenheit und auf päpstliche Erlasse stützte, zunehmend von Franzosen, Niederländern und Engländern streitig gemacht. Es gab Siedlungsversuche französischer Hugenotten in Brasilien, die von den Portugiesen abgewehrt wurden. 1664 errichteten Hugenotten im von Spanien beanspruchten Florida einen Stützpunkt, das Fort Caroline, das von den Spaniern 1665 im Zuge des berüchtigten sog. Floridamassakers zerstört wurde.

Spanien kämpft um sichere Seewege

Weit schwerer fiel es den Spaniern, ihre Position in der Karibik zu behaupten. Vergeblich bemühten sie sich, die Handels- und Nachschubwege vor feindlichen Kaperern zu schützen. Nachhaltig geschwächt wurde die Seestellung Spaniens im Atlantik durch den Verlust der Armada im Kampf mit England 1588. Daran konnte auch die zeitweilige Vereinigung der beiden iberischen Königreiche (1580 bis 1640) nichts ändern. Die Karibik entwickelte sich zu einem Tummelplatz von Abenteurern und Piraten, sog. Flibustiers (→Lexikon), die überwiegend auf See ihr Unwesen trieben, und sog. Bukaniers, die von den Inseln aus spanische Stützpunkte überfielen. Die Entwicklung der mittel- und südamerikanischen Kolonien wurde durch die Gefährdung der Seewege allerdings kaum beeinträchtigt.

Niederlande streben kolonialen Einfluß an

Seit Beginn des 17. Jhs. mußte sich Portugal, das von 1580 nach dem Aussterben des portugiesischen Hauses Aviz bis 1640 in Personalunion mit Spanien regiert wurde, in seinen südamerikanischen Besitzungen gegen zunehmende Übergriffe insbesondere Frankreichs und der Niederlande zur Wehr setzen, die ihre Einflußgebiete erweitern wollten. Die Niederlande waren mit Spanien seit Jahrzehnten tief verfeindet, was religiöse wie machtpolitische Ursachen hatte. Philipp II. von Spanien (1556–1598), Sohn Karls V., wollte die Niederlande fest in sein

Reich eingliedern, während die calvinistischen Niederländer ihre Selbständigkeit anstrebten. 1567 wurde ein erster Aufstand gegen Spanien von Herzog Alba blutig niedergeschlagen. Doch konnte Philipp II. die Gründung der Republik der Vereinigten Niederlande im Jahr 1581 nicht verhindern. Nach Ablauf eines zwölfjährigen Waffenstillstands nahmen die Niederländer 1621 den Kampf gegen Spanien wieder auf. Ihre Aktivitäten richteten sich dabei auch gegen die militärisch vergleichsweise schwach gesicherten portugiesischen Besitzungen in Südamerika. Verlockend für die Niederländer war die Aussicht, ihren Anteil am einträglichen Brasilienhandel – den sie z.T. mit Hilfe von portugiesischen Mittelsmännern seit dem Waffenstillstand von 1609 auf über ein Drittel gesteigert hatten – nochmals zu erhöhen. Zeitweise kam Spanien, bzw. die portugiesische Krone in Südamerika stark in Bedrängnis. Bahia wurde 1624 von niederländischen Truppen erobert und im Folgejahr den Niederländern durch eine starke spanisch-portugiesische Flotte wieder entrissen. Längerfristigen Erfolg hatten die Niederländer im Gebiet von Pernambuco, dem Zentrum der Brasilholz- und Zuckerproduktion, das sie 1630 besetzten. Zur Hauptstadt ihres Kolonialreiches machten sie Recife. Die 1621 gegründete Westindische Kompanie sollte nach dem Vorbild der erfolgreichen Ostindischen Kompanie die wirtschaftliche Ausbeutung Brasiliens betreiben. Generalgouverneur Johann Moritz von Nassau, ein deutscher Reichsgraf, bemühte sich um moderne Wirtschafts- und Verwaltungspolitik, zu der u.a. weitgehende religiöse Toleranz gehörte, mußte sich jedoch 1654 der portugiesischen Übermacht beugen. Koloniale Rivalitäten mit Portugal fochten die Niederlande hinfort in Ostindien aus, nicht in Brasilien, wo sie den Portugiesen keine neuen Verluste beibringen konnten.
Eine weitere Konsolidierung seines Kolonialbesitzes gelang Lissabon am Unterlauf des La Plata südlich von Rio de Janeiro durch die Gründung der Colônia do Sacramento, dem späteren Uruguay (→S. 417), im Jahre 1680. Etwa vier Jahrzehnte zuvor war die Ausdehnung des portugiesischen Besitzes nach Westen über die Tordesillas-Linie hinaus aufgrund der Niederlage der Bandeirantes gegen die von Jesuiten angeführten Indios zum Abschluß gekommen.

Französische Kolonialisierungsversuche

Auch Frankreich hatte sich nach dem gescheiterten Siedlungsversuch in der Guanabarabucht (1555) weiterhin bemüht, in Brasilien Fuß zu fassen. 1594 gründeten französische Seefahrer in der Bucht von Maranhao einen Stützpunkt, der Anfang des 17. Jhs. im Auftrag des französichen Königshauses zu einem militärisch gesicherten Siedlungsplatz ausgebaut wurde. Doch schon 1615 konnten portugiesische Truppen den Ort erobern, womit großangelegte Landungsversuche der Franzosen auf Portugals Südamerikabesitz beendet waren. Lediglich im Rahmen des spanischen Erbfolgekrieges kam es 1711 zu einer vorübergehenden französischen Besetzung Rio de Janeiros. Ebenso wie England verstärkte Frankreich in Ermangelung durchschlagender Erfolge auf dem südamerikanischen Kontinent sein Engagement in der Karibik, wo es sich ab 1697 auf Hispaniola, dem heutigen Haiti, festsetzte. Den Nordosten des südamerikanischen Subkontinents teilte Frankreich sich mit Engländern und Niederländern. Auch Dänemark und Brandenburg-Preußen entwickelten kolonialen Ehrgeiz in der Karibik, gelangten aber über den vorübergehenden Besitz relativ kleiner Eilande, u.a. den Virgin Islands, (seit 1671 dänisch) und St. Thomas, 1685 von brandenburgischen Truppen besetzt, nicht hinaus.

Englisches Engagement

Als 1580 die portugiesische Krone auf den spanischen König Philipp II. überging, war auch Portugal, seit dem 14. Jh. ein zuverlässiger Verbündeter des englischen Königshauses, in die traditionelle Feindschaft zwischen England und Spanien einbezogen. Das nunmehr als spanische Besitzung angesehene Brasilien wurde Ziel von Überfällen englischer Korsaren. 1585 attackierte eine starke englische Flotte brasilianische Häfen. 1591 wurden São Vicente und Santos von englischen Truppen geplündert und teilweise niedergebrannt. Auch Recife und Olinda waren wenig später das Ziel englischer Angriffe. Mit der Wiedereinsetzung der portugiesischen Königsherrschaft 1640 lebte die Freundschaft zwischen Lissabon und London wieder auf. 1640 gab es eine erfolgreiche Revolte des portugiesischen Adels gegen Spanien, deren Anführer, Johann II., Herzog von Braganca, als Johann IV. zum neuen König von Portugal gekrönt wurde. Die Engländer konzentrierten ihre kolonialen Aktivitäten nunmehr auf den karibischen Raum, wo sie 1655 Jamaika eroberten. 1625 hatten sie sich bereits auf Barbados (→S. 343) und 1632 auf der Karibikinsel Antigua (→Antigua und Barbuda, S. 334) festgesetzt. Langfristige Niederlassungen errichteten die Briten auch im Süden der Halbinsel Yucatán, im heutigen Honduras (→S. 291).

Der erste Goldrausch

1695 stießen Bandeirantes im Innern Brasiliens am oberen Río São Francisco auf größere Goldvorkommen. Diese Entdeckung bedeutete einen Einschnitt in der Kolonialentwicklung des Landes. Nachdem die Nachricht bis an die Küste gelangt war, setzte ein regelrechter Goldrausch ein, der erste in der Geschichte. Aus ganz Brasilien und dem Mutterland Portugal strömten Abenteurer in das Gebiet, das heutige Minas Gerais, um bei der Goldsuche ihr Glück zu machen. 1719 wurden weitere, allerdings nicht so ergiebige Goldvorkommen in der Provinz Mato Grosso, 1723 in Goias entdeckt. Die Goldschürferei erfolgte überwiegend durch den rücksichtslosen Einsatz von schwarzen Sklaven, von denen es um 1740 in Minas Gerais über 90 000 gab. Der portugiesische Staat profitierte durch Abgabenpflicht an den reichen Goldfunden, zunächst 20 %, ab 1730 dann 12 % der Ausbeute, zeitweise auch durch eine in Gold zu entrichtende Abgabe für jeden Minensklaven. Zwischen 1700 und 1764 betrug die Goldproduktion Brasiliens nach Schätzungen insgesamt 130 t.

1730 wurden im Norden von Minas Gerais zudem größere Diamantenvorkommen entdeckt, auf welche die portugiesische Krone einen Monopolanspruch erhob. Die Reichtümer konzentrierten das Kolonialinteresse Portugals nunmehr auf Brasilien, das 1720 den Status eines Vizekönigreichs erhielt, und führten gleichzeitig zur Verlagerung des politischen und wirtschaftlichen Schwerpunkts in den Süden. Beschleunigt wurde dieser Prozess dadurch, das Konkurrenten auf den karibischen Inseln die nordbrasilianische Zuckerindustrie auf den europäischen Märkten verdrängten. Ein äußeres Zeichen für die »Südverschiebung« im Vizekönigreich Brasilien war die Verlegung der Hauptstadt von Bahia nach Rio de Janeiro im Jahre 1763. Auf den gewachsenen Stellenwert Brasiliens reagierte die Krone mit einer weiteren Zentralisierung des Landes, dem Ausbau des Militärs sowie der Gründung neuer Handelskompanien.

Nach 1765 ging die Goldproduktion Brasiliens deutlich zurück; im Zeitraum 1755–1759 betrug sie rund 12,6 t, zwischen 1785 und 1789 nur noch etwa 4,9 t. In den Jahrzehnten zuvor hatten die aus Südamerika einströmenden riesigen Goldmengen Portugal einen politischen wie kulturellen Aufschwung gebracht. Lissabon leistete sich eine kostenintensive Unabhängigkeits- und Neutralitätspolitik (Militär) und steckte im Zeichen des aufgeklärten Absolutismus erhebliche Geldmittel in die Förderung von Wissenschaft und Kultur.

Als König Joseph I. (1750–1777) angesichts geringerer Goldausbeute zur Sicherung der Staatseinnahmen die Abgaben auf Gold erhöhte, führte dies zu Spannungen zwischen der Krone und den Kolonisten. Es gab mehrere Aufstandsversuche der Kolonien mit dem Ziel einer Loslösung vom Mutterland, die jedoch niedergeschlagen wurden.

Die portugiesische Expansion nach Süden führte um 1740 zur Konfrontation mit den Spaniern. 1750 versuchten beide Mächte, im Vertrag von Madrid ihre Interessensphären auch in dieser Region klar voneinander abzugrenzen. Doch die vereinbarte Einbeziehung Paraguays in den portugiesischen Einflußbereich scheiterte am Widerspruch der dort ansässigen Indianer und Jesuitenpatres. Die Folge waren die Aufhebung des Vertrags im Jahr 1761 und ein neuer mehrjähriger Territorialkrieg, der 1777 mit dem Vertrag von San Ildefonso (→Lexikon) beigelegt wurde. Darin erkannte Spanien die portugiesischen Gebietszuwächse im Westen an (auch über die Tordesillas-Linie hinaus). Im Gegenzug verzichtete Lissabon im umstrittenen Paraguaygebiet auf einen Zugang zum Río de la Plata.

Wirtschafts- und Sozialordnung

Die Wirtschafts- und Sozialstruktur der ersten Kolonialepoche weist in Mittel- und Südamerika ungeachtet regionaler Differenzierungen und bestimmter Unterschiede zwischen den spanischen und portugiesischen Besitzungen zahlreiche Gemeinsamkeiten auf. Die politischen und ökonomischen Triebkräfte bei der Entdeckung und Eroberung überseeischer Gebiete bestimmten auch die Ausgestaltung der Wirtschaftsordnung in den südamerikanischen Besitzungen. Es entstand eine Art »kolonialer Beutekapitalismus« (Richard Konetzke), der aus den Reichtümern der Neuen Welt (Gold, Silber, Holz, später Kakao, Tabak), auch aus dem Sklavenhandel, möglichst hohe Gewinne ziehen wollte.

Durch Entdeckung und Eroberung ihrer südamerikanischen Besitzungen standen Spanien und Portugal vor mehreren Aufgaben. Nach der Sicherung ihrer Herrschaft im Innern durch die Niederwerfung der Indianer galt es, den neuen Kolonialbesitz gegen die Einfälle anderer europäischer Mächte (England, Frankreich, Niederlande) zu schützen. Damit die Reichtümer der Neuen Welt nur dem jeweiligen Königshaus und seinen Untertanen zugute kamen, mußten sie ihren Kolonialbesitz gegenseitig und nach außen abschotten, was sowohl Spanien als auch Portugal letztendlich gelang. Als weit schwieriger erwies sich der Versuch, den ökonomischen Nutzen auf die jeweiligen Mutterländer zu beschränken. Zwar galt für die Bewohner der überseeischen Besitzungen das Verbot, Handel, insbesondere mit Gold und Silber, mit anderen Staaten als den Mutterländern zu treiben. Es wurde aber durch einen schwunghaften Schmuggel zunehmend unterlaufen. Die Ausdehnung der Grenzen, eine unzureichende Küstenbewachung, Probleme bei der Nachrichtenübermittlung und Bestechlichkeit von Beamten begünstigten den illegalen Austausch von ausländischen Konsumgütern gegen Edelmetalle, eine »Schattenwirtschaft«, die im 17. und 18. Jh. an Umfang stetig zunahm. Auch juristisch ließen sich die strikten Handelsbeschränkungen auf Dauer nicht aufrechterhalten. 1703 bzw. 1713 erhielt zunächst England offiziell Zugangsrechte zu den südamerikanischen Märkten.

Gold, Silber, Brasilholz, Zucker und Diamanten bildeten die wichtigsten Ausfuhrprodukte der südamerikanischen Kolonien. Daneben brachte der Handel mit afrikanischen Sklaven große Profite. Zu einem weiteren bedeutenden Wirtschaftszweig entwickelte sich die Herstellung von Farbstoffen, die überwiegend von der indianischen Bevölkerung betrieben wurde. Im 18. Jh. gewann die Ausfuhr von Kakao aus Neugranada, Tabak und Zucker aus Kuba und Neuspanien sowie von Rohleder aus dem südlichen La-Plata-Gebiet wachsende Bedeutung im transatlantischen Handel.

In den südamerikanischen Kolonien entwickelte sich nicht lange nach Festigung der spanischen bzw. portugiesischen Herrschaft eine Rivalität zwischen privatwirtschaftlichen Investoren und monarchischen Monopolansprüchen. Der Versuch Spaniens, seine Besitzungen gemäß den Prinzipien des Merkantilismus mittels Handelsbeschränkungen in wirtschaftlicher Abhängigkeit zu halten, hatte auf Dauer keinen Erfolg. Hatte die spanische Krone in der ersten Phase noch auf staatliche Produktions- und Handelsmonopole gesetzt, so erlangten Privatinvestoren noch im Verlauf des 16. und 17. Jhs. zunehmend ökonomische Freiräume. In mehreren Bereichen behielt sich das Königshaus ein formales Monopol zwar vor, überließ die Nutzung etwa von Rohstoffvorkommen jedoch Privatgesellschaften und sicherte sich seinen Anteil am Gewinn durch Steuern und Abgaben. Zur Kontrolle des überseeischen Waren- und Personenverkehrs Kastiliens wurde eine Auf-

sichtsbehörde, die sog. Casa de la Contratación, mit Sitz in Sevilla, ab 1717 in Cadiz, eingerichtet. Im Fall der spanischen Kolonien war das Verhältnis zwischen staatlicher Kontrolle und privatwirtschaftlicher Initiative allerdings einigen Schwankungen ausgesetzt. Privilegien für privaten Handel wurden erlassen und wieder aufgehoben, wenn sie den Interessen der Krone zuwiderliefen. So bestanden z.B. seit Mitte des 17. Jhs. Pläne zur Einführung eines staatlichen Tabakmonopols, die allerdings erst nach dem starken Anstieg des spanischen Haushaltsdefizits um 1740 in die Tat umgesetzt wurden. 1791 überließ man die Herstellung von Zigarren wieder privaten Unternehmern, während der Tabakhandel weiterhin staatliches Monopol blieb. Karl III. entschloß sich 1778 zur Aufhebung eines Großteils staatlicher Handelsbeschränkungen.

Weniger stark waren staatliche Eingriffe in das Wirtschaftsgeschehen der portugiesischen Südamerikabesitzungen. Im 16. Jh. hatten die Kolonisten beim Handel weitgehend freie Hand, was auch die von Spanien untersagten Auslandsgeschäfte betraf. Mit Beginn der spanisch-portugiesischen Personalunion 1580 wurde auch in Brasilien eine restriktivere Wirtschaftspolitik eingeführt. 1591 wurde es ausländischen Schiffen verboten, ohne ausdrückliche Genehmigung brasilianische Häfen anzulaufen. Die Einreise von Ausländern unterlag starken Beschränkungen. Die Wiedereinsetzung der portugiesischen Königsherrschaft im Jahr 1640 brachte deutliche Lockerungen. Zahlreiche Ausländer, vor allem Engländer, erhielten staatliche Handelsprivilegien und die Erlaubnis, in Brasilien Geschäftsniederlassungen zu gründen. Als der Ausländeranteil am lukrativen Importgeschäft Anfang des 18. Jhs. auf rund 75 % gestiegen war, rief das den Protest portugiesischer Kaufleute hervor. Lissabon versuchte gegenzusteuern. 1711 erging ein königlicher Befehl, daß ausländische Schiffe Brasilien nur in Begleitung einer portugiesischen Flottille anlaufen dürften. Auch Ministerpräsident Sebastião de Pombal, der überragende portugiesische Staatsmann des 18. Jhs., versuchte, den englischen Einfluß auf den Brasilienhandel einzuschränken, allerdings ohne größeren Erfolg.

Ganz von der spanisch-portugiesischen Kolonialherrschaft geprägt war auch die Sozialstruktur Südamerikas. An der Spitze der Gesellschaftspyramide stand eine Schicht aus grundbesitzendem Adel, Bergbauunternehmern, Großkaufleuten und höheren Beamten. Handwerk und andere mittelständische Gewerbe hatten geringe Bedeutung. In der Gesell-

Bergbau und Gewerbe im 18. Jahrhundert

Havanna

S. Luis Potosí

Guanajuato

Coatzacoalcos

Mexico

Chocó

Pt

Au

Neu-Amsterdam

Guayaquil

Lima

Mojos

El Callao

Cu

Ag

Puno

Cu

Cu

Cochabamba

Ag

Oruro

Ag

Ag

Porco

Potosí

Cu

Cu

Ag

Jujuy

Asunción

Catamarca

La Rioja

Salta

S. Juan

Mendoza

Santiago

Córdoba

Buenos Aires

Pernambuco

Bahia

Rio de Janeiro

São Paulo

🍫	Kakao
⬭	Kaffee
⛰	Zucker
🍇	Wein
🌿	Tabak
🔶	Salz
✳	Häute
🧵	Textilindustrie
🚢	Schiffbau
Au	Gold
Ag	Silber
Cu	Kupfer
Pt	Platin

schaftshierarchie folgten auf die europäischen Einwanderer die stets wachsende Gruppe ihrer im Land geborenen weißen Nachkommen, die Kreolen, und dann die Indianermischlinge, Mestizen, die sich kulturell zumeist europäisch orientierten. Am unteren Ende der Gesellschaftspyramide standen die Indios sowie die Massen afrikanischer Sklaven.

Zur Sicherung der eigenen Machtstellung in den Kolonien wie zur Abwehr rivalisierender europäischer Staaten entschlossen sich Spanien und Portugal nach 1750 zu umfassenden Reformen in ihren Kolonien. In den spanischen Besitzungen sollte eine territoriale Neuordnung der effektiveren Verwaltung dienen. Neben den bestehenden Vizekönigreichen Neuspanien und Peru wurden die Vizekönigreiche Neugranada (1739; im Nordteil des Subkontinents) und Río de la Plata (1776) geschaffen. Zudem wurde die Kolonialverwaltung reformiert, wobei der Einfluß der Kreolen, Nachkommen spanischer Einwanderer, vorübergehend zurückgedrängt wurde. Dies schürte die Unzufriedenheit dieser stetig wachsenden Bevölkerungsgruppe, die europäische Einwanderer fast als Eindringlinge zu empfinden begann.

Phasen der Kolonialisierung

Die rund 300 Jahre spanischer Kolonialherrschaft über Südamerika lassen sich in drei Epochen unterteilen. Die erste, das gesamte 16. Jh., war eine Epoche stürmischer Entwicklungen und Kämpfe. Es war die große Zeit der Entdecker, Eroberer und Abenteurer, die mit Wagemut, Gier und oft großer Rücksichtslosigkeit gegenüber der Urbevölkerung die Grundlagen für den spanischen Kolonialbesitz legten. Es folgten 150 Jahre der Konsolidierung, in denen die Kämpfe um die Festigung des Besitzes weitgehend abgeschlossen waren. Das Mutterland verlor auf der europäischen Bühne allmählich an Macht und Einfluß, in den Kolonien wurde eine möglichst gewinnträchtige Ausbeutung von Land und Urbewohnern sowie der Aufbau einer effektiven Verwaltung vorangetrieben. Die Einwanderung aus Spanien ging zurück. Gleichzeitig entstand in Südamerika ein Gegensatz zwischen den dort geborenen Weißen, den Kreolen, und europäischen Zuwanderern. Von den 3 Mio. Weißen, die Ende des 18. Jhs. in Spanisch-Amerika wohnten – rund 20 % der Gesamtbevölkerung – waren über 95 % im Land geboren und fühlten sich verstärkt als Amerikaner. So berichtete der deutsche Forschungsreisende Alexander von Humboldt, daß um 1780 bei dieser Bevölkerungsgruppe häufig die Feststellung zu hören gewesen sei:

»Ich bin nicht Spanier, ich bin Amerikaner.« Auch die wirtschaftliche Lenkung aus Spanien, die man lange als durchaus notwendig und nützlich angesehen hatte, wurde zunehmend als Belastung und Fessel betrachtet. Gleichzeitig war die erste Hälfte des 18. Jhs. eine Zeit kultureller Blüte mit großen Leistungen in Wissenschaft und Künsten.

Um 1750 beginnt eine dritte Phase der Kolonialisierung, die vorrevolutionäre, die Anfang des 18. Jhs. in die Zeit der Unabhängigkeitskämpfe mündet.

Unabhängigkeitsstreben der Kolonien

Im Verlauf des 18. Jhs. verschärfte sich der Gegensatz zwischen den Kreolen und dem Mutterland sowie dessen eingewanderten Repräsentanten. Ähnlich wie England in seinen nordamerikanischen Kolonien betrieben die iberischen Königreiche in der zweiten Hälfte des 18. Jhs. eine Verschärfung merkantilistischer Wirtschaftspolitik (Ausweitung von Handelsbeschränkungen und anderen staatlichen Eingriffen in die Wirtschaft) und absolutistischer Herrschaftspraxis (Absolutismus, →Lexikon). Es war die Philosophie der Aufklärung, die den Bewohnern der südamerikanischen Kolonien das geistige Rüstzeug für ihren Unmut und ihre Auflehnung gegen das repressive Mutterland gab.

Die Gedanken der Aufklärung (→Lexikon) waren aus Frankreich und England auf die iberische Halbinsel gekommen, wo sie sich trotz Inquisition (→Lexikon) in gelehrten Kreisen ausbreiteten. Von dort gelangten sie nach Lateinamerika, wo die Bücher von René Descartes, Denis Diderot, John Locke, Charles de Montesquieu und Voltaire gelesen wurden. Mit Jean Jacques Rousseaus Idee des »volonté générale« wurde die Forderung nach dem Selbstbestimmungsrecht gegenüber Spanien begründet. Nach europäischem und nordamerikanischem Vorbild entwickelte sich eine geistig rege Öffentlichkeit, die auf politische Mitspracherechte in den Kolonien drängte. Neugegründete Zeitungen, als erste erschien ab 1722 die »Gazeta de Mexico y noticias de Nueva España« – trugen zur Verbreitung des neuen Denkens in Mittel- und Südamerika bei.

1780 kam es zu einem Aufstandsversuch gegen Spanien, der allerdings nicht von Kreolen, sondern von den Indianern ausging. Unter der Führung von José Gabriel Condorcanqui, der sich nach dem letzten Inkakönig Túpac Amaru II. nannte, erhoben sich in Peru tausende Indianer gegen das Kolonialregime. Ein Appell an die Kreolen, gemeinsam gegen die »spanische Tyrannei« zu kämpfen, blieb ungehört.

Die Rebellion wurde von spanischen Kolonialtruppen niedergeschlagen. Lokale Erhebungen von Kreolen gab es u.a. 1765 in Quito (gegen die Einführung des Alkoholmonopols) und 1781 in Neugranada aus Protest gegen Steuererhöhungen; sie wurden binnen kurzem unterdrückt.

Neben dem geistigen Einfluß der französischen Aufklärung hatte das Beispiel der nordamerikanischen Revolution von 1776 Bedeutung für das Unabhängigkeitsstreben der südamerikanischen Kolonien. Die nordamerikanischen Siedler erklärten sich am 4. Juli 1776 nach heftigen Auseinandersetzungen mit dem britischen Mutterland für unabhängig. 1781 mußte London vor den Truppen der Aufständischen kapitulieren und 1783 die Unabhängigkeit der Vereinigten Staaten von Amerika anerkennen.

Ein ermutigendes Beispiel für den Süden des Kontinents, zumal in der zweiten Hälfte des 18. Jhs. die Verhältnisse in Nordamerika und in den spanisch-portugiesischen Besitzungen – ungeachtet gravierender Unterschiede – Parallelen aufwiesen. In beiden Regionen stellten Nachkommen europäischer Einwanderer die Bevölkerungsmehrheit, die sich zunehmend benachteiligt fühlte. Spanien und Portugal suchten wie Großbritannien, durch Steuererhöhungen die Gewinne aus den Kolonien zu steigern. Die spanischen Vizekönige und Generalkapitäne richteten ihre Wirtschaftspolitik auf maximale Gewinnabschöpfung aus, wobei sie eine selbständige Entwicklung der Kolonien weitgehend unterbanden. Hinzu kam, daß die spanische Krone sämtliche Führungspositionen in ihren Besitzungen mit direkten Abgesandten aus Spanien besetzte, die Kreolen somit von politischen und ökonomischen Schlüsselstellungen ausschloß. Diese gewannen zunehmend an Selbstbewußtsein und forderten Einflußmöglichkeiten, die ihrer gewachsenen Zahl wie ihrer wirtschaftlichen Bedeutung entsprachen. Die indianischen Ureinwohner des Subkontinents spielten bei den Auseinandersetzungen zwischen Kreolen und dem jeweiligen Mutterland keine bedeutende Rolle.

Wegbereiter der Revolution

Es gab zahlreiche Vorläufer und Wegbereiter der südamerikanischen Unabhängigkeit, die mit den Freiheitsgedanken u.a. in Europa in Berührung gekommen waren. Als zwei typische Beispiele seien Francisco de Miranda und Antonio Nariño genannt. Der 1750 in Caracas (Venezuela) geborene Miranda nahm als Offizier im spanischen Heer an mehreren Feldzügen in Südamerika und Europa teil. 1783 reiste er in die eben unabhängig gewordenen USA. Über Rußland kam er nach Frankreich, wo er sich für die Ideen der Französischen Revolution begeisterte. Bereits 1790, als ein Krieg zwischen Spanien und Großbritannien drohte, trat er in Kontakt mit der britischen Regierung, der er die Bildung eines von Spanien unabhängigen Kaiserreichs in Südamerika vorschlug. Anfängliches Interesse der Briten erlahmte, nachdem die Kriegsgefahr mit Spanien gebannt war. Miranda gab seine Pläne für ganz Südamerika auf und verlegte sich darauf, mit Unterstützung der USA die Befreiung seiner Heimat Venezuela (→S. 357) zu versuchen. Nachdem 1806 ein militärischer Vorstoß scheiterte, floh Miranda auf die britisch besetzte Insel Jamaika.

In Neugranada verfolgte Antonio Nariño ähnliche Ziele wie Miranda. Nariño war ein Kreole aus Bogotá (Kolumbien), der sich neben seiner Arbeit als kirchlicher Schatzmeister und Steuerverwalter naturwissenschaftlichen und politischen Studien widmete. Die Übersetzung der französischen Erklärung der Menschenrechte von 1789 brachte ihn in Konflikt mit der Kolonialadministration. Seine Güter wurden eingezogen, er selbst nach Afrika verbannt. Auf dem Weg dorthin konnte er fliehen und sich nach Frankreich absetzen. Seine Pläne für ein selbständiges Neugranada fanden dort jedoch nur zurückhaltende Aufnahme. 1797 kehrte Nariño nach Südamerika zurück, wo er weiter für seine Freiheitsideen warb. 1809 wurde er inhaftiert, kam jedoch bald wieder frei und beteiligte sich am Unabhängigkeitskampf seiner Heimat.

Andere Wegbereiter der Selbständigkeit erlebten den Erfolg ihrer Bestrebungen nicht mehr, wie der Mediziner Eugenio Santa Cruz y Espejo, ein in Quito wirkender Gefährte Nariños. Die Veröffentlichung spanienkritischer Artikel führte 1795 zu seiner Einkerkerung. Die Anklage lautete u.a. auf Vorbereitung eines Aufstands gegen Spanien und Versuch, in Südamerika unabhängige Republiken zu gründen. Vor Eröffnung des Prozesses starb Santa Cruz im Gefängnis.

Sklavenaufstand auf Saint Domingue

Bezeichnenderweise zündete der Unabhängigkeitsgedanke in Südamerika erstmals in einer französischen Besitzung, nämlich auf der Karibikinsel Saint Domingue. Die seinerzeit von Kolumbus entdeckte Insel Hispaniola gliederte sich Ende des 18. Jhs. in zwei Teile, das französische Saint Domingue im Westen mit rund 520 000 Einwohnern (6 % Weiße, 6 %

freie Schwarze, 88 % schwarze Sklaven) und das spanische Santo Domingo im Osten mit rund 125 000 Menschen (50 % Weiße, 40 % freie Schwarze, 10 % schwarze Sklaven). Ausgedehnte Zuckerrohrplantagen, auf denen die Sklaven unter besonders harten Bedingungen arbeiten mußten, hatten Saint Domingue im 18. Jh. zur reichsten französischen Kolonie gemacht. Auch sie mußte sich den ökonomischen Interessen des Mutterlandes unterordnen und wurde nach absolutistischen Prinzipien regiert. In der weißen Ober- und Mittelschicht wuchs der Unmut darüber. In der unruhigen Phase nach dem Sieg der Französischen Revolution 1789 ergriffen jedoch die schwarzen Sklaven als erste die Initiative zum Aufstand. Unter Führung des Schwarzen François Dominique Toussaint l'Ouverture (▷Chronik Biografie, S. 326) erhoben sich 1791 Schwarze und Mulatten gegen die dünne weiße Oberschicht. Mit Hilfe französischer Revolutionstruppen hatte die Erhebung Erfolg. Toussaint erreichte nach der vorübergehenden Abschaffung der Sklaverei durch den Pariser Konvent 1794 die Autonomie der Insel. Er selbst unterstellte sich der französischen Revolutionsregierung und wurde Gouverneur und Oberbefehlshaber der Armee. 1801 marschierte Toussaint in den vormals spanischen Ostteil der Insel ein, dem er eine autoritäre Präsidialverfassung gab. Da Frankreich um seinen politischen Einfluß fürchtete, schickte der Erste Konsul Napoleon Bonaparte 1802 Militär auf die Insel. Toussaints Truppen wurden geschlagen, er selbst nach Frankreich deportiert. Doch die Nachricht von der Wiedereinführung der Sklaverei provozierte einen erneuten Schwarzenaufstand, der 1803 mit der Vertreibung der Franzosen endete. 1804 erlangte Saint Domingue unter dem Namen Haiti als erste europäische Kolonie nach den USA seine Unabhängigkeit und wurde der erste von Schwarzen geführte Staat in Amerika. Jean-Jacques Dessalines, der Anführer des Aufstands, ernannte sich zum Kaiser und ließ die verbliebenen Weißen niedermetzeln. Nach seiner Ermordung 1806 zerfiel Haiti in eine Mulattenrepublik im Süden und einen Schwarzenstaat im Norden, die 1820 wiedervereinigt wurden. Zwischenzeitlich hatte Spanien den Ostteil wieder unter seine Herrschaft gebracht, bis dieser 1844 als Dominikanische Republik (→S. 329) seine Unabhängigkeit erreichte.

Brasilien wird unabhängige Monarchie

Im übrigen Südamerika bedurfte es eines Anstoßes von außen, und die Spannungen zwischen Kreolen und dem Mutterland entluden sich in einer revolutionären Erhebung. Diesen Anstoß lieferte nach 1800 der politische Zusammenbruch der europäischen Mutterländer, wobei die revolutionären Prozesse in Brasilien und in Spanisch-Amerika unterschiedlich verliefen.

Im November 1807 besetzten französische und spanische Truppen Portugal, ein traditioneller Bündnispartner Großbritanniens. Mit britischer Hilfe konnte König Johann VI. (1816–1826) nach Brasilien fliehen und seine Residenz nach Rio de Janeiro verlegen. Rund 15 000 Angehörige der Führungsschicht folgten dem Regenten nach Südamerika. Unter dem Druck der Verhältnisse vollzog der König die Abkehr vom Merkantilismus (→Lexikon) und gewährte Brasilien politische Freiheiten. Den Kolonisten wurde 1808 die Gründung eigener Fabriken und freier Handel erlaubt. Englische Kaufleute erhielten freien Zugang zu den brasilianischen Märkten. Der Exilkönig veranlaßte darüber hinaus den Ausbau des höheren Bildungswesens und gewährte Pressefreiheit. Nach der Niederlage Napoleons wurde 1815 auf dem Wiener Kongreß zur Neuordnung Europas Brasilien zum Königreich erklärt und ein Vereinigtes Königreich von Brasilien, Portugal und Algarve proklamiert, in dem die Einwohner Brasiliens völlig gleichberechtigt mit den Portugiesen sein sollten. Regiert wurde die Monarchie weiterhin von Rio de Janeiro aus. 1821 kehrte König Johann VI. nach Lissabon zurück, das von den Engländern von französischer Besatzung befreit worden war. 1822 beschwor er eine liberale Verfassung, die bürgerliche Freiheitsrechte und dem Parlament, der Cortes, Mitspracherechte gegenüber dem König garantierte. Johanns Sohn Peter übernahm die Regentschaft in Brasilien. Auf den Versuch Lissabons, Brasilien auch künftig in kolonialer Abhängigkeit zu halten, reagierte Peter mit der Unabhängigkeitserklärung vom 7. September 1822. Im Dezember 1822 wurde der Kronprinz zum Kaiser Peter I. gekrönt. Brasilien war ein unabhängiges Kaiserreich in Form einer konstitutionellen Monarchie, deren Verfassung von 1824 zahlreiche liberale Elemente enthielt. Portugal erkannte 1825 die Unabhängigkeit seiner früheren Kolonie in Südamerika an.

Die Regentschaft Peters I. war überschattet von zahlreichen Konflikten. Innenpolitisch zerstritt er sich aufgrund seines autoritären Auftretens sowohl mit dem Parlament als auch mit den führenden Schichten des Landes. Zudem mußte er territoriale Verluste im Südwesten des Landes hinnehmen, wo 1828 mit argentinischer und britischer Unterstützung die erst 1816 annektierte Cisplatinische Provinz als Pufferstaat zwischen Argentinien (Unabhängige Provinzen des Río de la Plata, 1816 proklamiert) und Brasilien die Souveränität erreichte. 1831 dankte Peter I. zugunsten seines Sohnes Peter II. ab und übernahm in Lissabon nach erfolgreicher Auseinandersetzung mit seinem Bruder Michael I. den portugiesischen Königsthron.

Unter Peter II. (1831–1889) wurde Brasilien politisch stabilisiert und erlebte einen rasanten ökonomischen Aufstieg, insbesondere in seinen südlichen Provinzen. In den Regionen um Minas Gerais, São Paulo und Rio de Janeiro entwickelte sich eine leistungsstarke Industrie. In der brasilianischen Landwirtschaft erfolgte eine grundlegende Umorientierung. An die Stelle der traditionellen Anbauprodukte Zuckerrohr, Baumwolle und Tabak traten Kaffee und Kautschuk, bei denen seit Mitte des 19. Jhs. ein Exportboom zu verzeichnen war. In dieser Zeit wurde auch die Einwanderung von Europäern nachdrücklich gefördert, so daß bis 1889 mehr als 800 000 Europäer ins Land kamen. Die wachsende Nachfrage nach Arbeitskräften wurde trotz eines 1831 auf englischen Druck erlassenen Verbots weiterhin durch den Import von schwarzen Sklaven gedeckt, der erst Anfang der 1850er Jahre eingestellt wurde. Da es in Brasilien kaum Rassenvorurteile gab, kam es dort zu einer starken Vermischung von Weißen und Schwarzen, später auch mit der indianischen Bevölkerung.

Unabhängigkeit für Spanisch-Südamerika
Auch in den spanischen Südamerikakolonien war es die Krise bzw. der Zusammenbruch der Monarchie, die Unabhängigkeitsbestrebungen auslösten. Der schwache König Karl IV. von Spanien (1788–1808, 1814–1833) hatte sich den politischen und ökonomischen Herausforderungen in Spanien und in den Kolonien nicht gewachsen gezeigt und wurde 1808 nach einem Volksaufstand von seinem Sohn Ferdinand VII. abgelöst. Unmittelbar darauf schickte Napoleon Bonaparte französische Truppen auf die iberische Halbinsel und machte seinen Bruder Joseph zum König von Spanien. Dagegen erhoben sich alle Bevölkerungsschichten und bildeten eine Gegenregierung in Form der Junta Central unter José Monino y Redondo. Parallel dazu formierten sich in den Städten der südamerikanischen Kolonien ebenfalls Juntas, die ihr Bekenntnis zu Ferdinand VII. mit der Forderung nach größerer Autonomie verbanden und

deshalb von der Kolonialadministration zunächst unterdrückt wurden.

Die Schwäche der Junta Central wurde 1810 zum Auslöser einer weiteren, diesmal erfolgreicheren Welle der Unabhängigkeitsbewegung in Südamerika. Deren Freiheitsdrang konnten weder die liberalen Reformbemühungen der Cortes, des spanischen Parlaments, noch eine liberale Verfassung stoppen. Ihre ersten Erfolge verzeichnete sie im Vizekönigreich Neugranada, wo sich 1810 Kolumbien (→S. 352) und 1811 Venezuela (→S. 357) für unabhängig erklärten. Bis Mitte der 1820er Jahre dehnte sich die Unabhängigkeitsbewegung auf sämtliche spanischen Besitzungen in Südamerika aus.

»Befreier« und »Beschützer« Südamerikas
Neben der sozialen und ökonomischen Sprengkraft, die sich im Verhältnis der südamerikanischen Kolonien zu den Mutterländern ansammelte und zur Auflehnung drängte, bedurfte es herausragender Persönlichkeiten, welche die Unzufriedenheit der Kolonisten zu bündeln und in revolutionäre Bahnen zu lenken vermochten. Zu diesen »großen Männern« der lateinamerikanischen Geschichte gehört Simón Bolívar (▷Chronik Biografie, S. 393), genannt der »Libertador« (Befreier).

Simón Bolívar (* 1783, † 1830) entstammte einer wohlhabenden Kreolenfamilie baskischen Ursprungs in Neugranada. 1799 schickte ihn seine Familie nach Madrid, wo er am königlichen Hof näheren Kontakt mit dem etwa gleichaltrigen spanischen Thronfolger Ferdinand hatte. Während eines ersten Parisaufenthaltes begeisterte er sich für die Ideen der Französischen Revolution. In den folgenden Jahren reifte in ihm der Entschluß, sich der Unabhängigkeitsbewegung seiner südamerikanischen Heimat anzuschließen. Seinen Kampf für die Befreiung von spanischer Kolonialherrschaft begann Bolívar 1810 mit der Teilnahme an der antispanischen Revolte in Caracas, aus der die erste lokal gewählte Regierung in den spanischen Südamerikabesitzungen hervorging. Bolívar betrieb die Einberufung eines Kongresses, der am 5. Juli 1811 unter dem Einfluß der von ihm mitgegründeten Patriotischen Gesellschaft die Unabhängigkeit Venezuelas ausrief. Im Oktober 1814 offiziell zum »Libertador« erklärt, war Bolívar in den Folgejahren in entscheidender Position an der Befreiung Kolumbiens (1817–1819), Venezuelas (1819–1821), Ecuadors (1822, →S. 378), Perus (1824, →S. 382) und Südperus (1825) beteiligt. Südperu gab sich nach seinem Befreier den Namen Bo-

Unabhängigkeit, um 1830

1845–1850 an USA

USA

Bahamas (brit.)

Kuba (span.)

Dominik. Rep. (1844, 1822–1844 zu Haiti)

Puerto Rico (span.)

Mexiko (1821)

Antigua *(Ost)* brit. *(West)* dän.

Guadeloupe (franz.)

Haiti (1804)

Marie Galante (franz.)

Brit. Honduras

Dominica (brit.)

Jamaika (brit.)

Martinique (franz.)

Guatemala (1838)

Honduras (1838)

St. Kitts (brit.)

St. Lucia (brit.)

St. Vincent (brit.)

Barbados (brit.)

Moskito-Küste (brit.)

Grenada (brit.)

El Salvador (1838)

Nicaragua (1838)

Trinidad (brit.)

Costa Rica (1838)

Brit. Guyana

Venezuela (1811/31)

Ndl. Guyana (1799, 1802,1804–1816 brit.)

Franz. Guyana (1809–1817 bras.)

Neugranada (1811/31)

Ecuador (1811/30)

Kaiserreich Brasilien (1822)

Peru (1821)

Bolivien (1825)

Paraguay (1811)

Argentinische Konföderation (1810)

Chile (1818)

Uruguay (1811, 1821–1828 bras.)

Falkland-Inseln (1820–1833 argent. seit 1833 brit.)

---- Unter Bolívars Einfluß gebildete Staaten

Republik Kolumbien (1819–1830/31)

Zentralamerikanische Föderation (1823–1838/41)

(1804) Jahr der Unabhängigkeitserklärung

© Bertelsmann Lexikon Verlag

livien (→S. 391). Nach dem schwer erkämpften Sieg über die Spanier wurde Bolívar 1819 zum Präsidenten von Großkolumbien (→Lexikon) gewählt, das Venezuela, Kolumbien (Neugranada) und ab 1822 Ecuador umfaßte. 1827 wurde er auch Präsident von Peru, das er Großkolumbien anschloß. Nachdem es ihm nicht gelungen war, den Zerfall dieses Unionsstaates zu verhindern, trat Bolívar 1830 von seinen Ämtern zurück. Er starb am 17. Dezember 1830 bei Santa Marta in Kolumbien.

Wie Simón Bolívar gehört auch José de San Martín zu den bedeutenden Führern der südamerikanischen Unabhängigkeitsbewegung. José de San Martín wurde am 25. Februar 1778 in Yapeyu in der Provinz Corrientes (im späteren Argentinien) geboren. Sein Vater war spanischer Einwanderer, die Mutter Kreolin. 1785 übersiedelte die Familie nach Madrid. San Martín trat in die spanische Armee ein und kämpfte als Offizier in Afrika, Portugal und gegen das napoleonische Heer. Von den Ideen der Französischen Revolution inspiriert, kehrte der auch wissenschaftlich ausgebildete San Martín 1812 nach Südamerika zurück, wo er der Unabhängigkeitsbewegung seine Dienste anbot. Er formte die ihm anvertrauten bewaffneten Männer zu einer schlagkräftigen Truppe, mit der er 1813 bei San Lorenzo den ersten Sieg gegen die Spanier erfocht. Sein strategisches Verständnis brachte ihn zu der Erkenntnis, daß Peru der militärische Schlüssel für die Herrschaft über ganz Spanisch-Südamerika sei. Der Weg nach Peru führte über Chile (→S. 397) und die Anden. In einem legendär gewordenen Winterfeldzug überquerte San Martín an der Spitze seiner Truppen von Argentinien aus das Andenmassiv und befreite Chile (1817/18) und anschließend Peru (1820) von spanischer Kolonialherrschaft. 1821 zog er in Lima ein und wurde feierlich zum »Protektor« (Beschützer) proklamiert. Doch kurz darauf geriet er in Konflikt mit Simón Bolívar, dem Befreier Kolumbiens, der das unabhängige Peru seinem Machtbereich (Großkolumbien) zuschlagen wollte. Um einen Bürgerkrieg zu vermeiden, gab San Martín 1822 dem Druck Bolívars nach und ging 1824 nach Frankreich ins Exil, wo er am 17. August 1850 in Boulogne-sur-Mer starb.

Monroedoktrin als Freiheitsgarant

Spanien wollte nicht kampflos auf seine südamerikanischen Besitzungen verzichten. Dabei spielten militärstrategische und wirtschaftliche Gründe ebenso eine Rolle wie Prestigeerwägungen. Die Rückkehr Ferdinands VII. auf den Thron 1814 führte kurzfristig zu einer Stärkung der spanischen Monarchie. Zuvor waren die französischen Besatzer in einem von der liberalen Junta angestoßenen Guerillakrieg (→Lexikon) – mit Unterstützung britischer Truppenkontingente – vertrieben worden. Jedoch weigerte sich Ferdinand VII. entgegen seinem Versprechen, die konstitutionelle Verfassung anzuerkennen, und restaurierte den absolutistischen Staat. 1814 stellte Spanien auf den westindischen Inseln und in Peru ein starkes Heer zusammen, das die von Bolívar und San Martín geführte Unabhängigkeitsbewegung niederschlagen sollte. Es kam zu zahlreichen Kämpfen, in denen sich die Truppen Bolívars und San Martíns immer wieder behaupten konnten. Am 9. Dezember 1824 gelang den Truppen der Unabhängigkeitskämpfer bei Ayacucho ein entscheidender Sieg über das spanische Heer. Dieses Gefecht gilt als Endpunkt der spanischen Kolonialherrschaft auf dem südamerikanischen Kontinent.

Florida hatte die spanische Krone 1819 an die Vereinigten Staaten verkauft. In der Folgezeit war Spanien zu schwach, um Streitkräfte zur Rückeroberung der neuentstandenen souveränen Staaten nach Südamerika zu entsenden. Zudem traten Großbritannien und die Vereinigten Staaten als Garanten für die Sicherheit der jungen Staaten aus der Konkursmasse des spanischen Kolonialbesitzes in Südamerika auf. Die Anerkennung Londons stand dabei einem möglichen Eingreifen der Heiligen Allianz (→Lexikon, Preußen, Österreich, Rußland) entgegen, die nach 1815 versuchte, in Europa, wenn möglich auch in Übersee, die monarchischen Strukturen des Ancien Régime mit Waffengewalt wiederherzustellen. Vor diesem Hintergrund erklärte 1823 der US-amerikanische Präsident James Monroe in einer berühmt gewordenen Botschaft an den Kongreß (Monroedoktrin, ▷Chronik Zitat, S. 257), daß der amerikanische Kontinent – mit wenigen respektierten Ausnahmen – aufgehört habe, europäisches Kolonisationsgebiet zu sein und daß die USA jeden Versuch, die kolonialen Verhältnisse wiederherzustellen, als eine »Gefährdung unseres Friedens und unserer Sicherheit ansehen müßten«. Die Monroedoktrin (→Lexikon) enthielt damit die konkrete Androhung militärischer Gegenmaßnahmen der USA bei dem Versuch einer europäischen Macht, sich in die inneren Angelegenheiten Lateinamerikas einzumischen. Der Vatikan benötigte im übrigen noch etliche Jahre, bis er durch die Neuordnung der kirchlichen Verhältnisse Lateinamerikas der Entkolonialisierung faktisch seine Zustimmung gab.

Selbständigkeit für Mittelamerika und Karibik

Auch die mittelamerikanischen Kolonialgebiete nutzten die Schwäche der spanischen Monarchie dazu, in dem Jahrzehnt zwischen 1810 und 1821 ihre Unabhängigkeit zu erkämpfen.

Mexiko (→S. 272) nahm dabei insofern eine besondere Entwicklung, als es dort gerade die liberal-revolutionäre Episode in Spanien von 1820 war, die den Anstoß zur Befreiung von der Kolonialherrschaft gab. Die konservative kreolische Führungsschicht und der hohe Klerus befürchteten das Übergreifen liberaler Ideen nach Mittelamerika und damit den Verlust ihrer politischen und wirtschaftlichen Vormachtstellung. Sie stellten sich an die Spitze der Unabhängigkeitsbewegung.

Ein erster Befreiungsversuch unter sozialrevolutionären Vorzeichen war 1815 blutig niedergeschlagen worden. Ermutigt vom Sturz der Bourbonen-Herrschaft in Spanien (1808) hatte der Dorfgeistliche Miguel Hidalgo y Costilla 1810 die indianisch-bäuerliche Bevölkerung zum Aufstand gegen die Spanier aufgerufen. Die Bewegung verband den Ruf nach staatlicher Souveränität mit sozialen Forderungen und mündete 1813 in die Unabhängigkeitserklärung und die Verabschiedung einer republikanischen Verfassung. 1815 machten Regierungstruppen diesem Versuch ein gewaltsames Ende.

Die konservative Oberschicht übernahm nunmehr die Initiative im kolonialen Befreiungskampf. Richtungsweisend wurde ein Plan, den der kreolische Offizier Augustín de Itúrbide (* 1783, † 1824) entwickelte; er skizzierte das Konzept einer unabhängigen mexikanischen Monarchie mit konstitutionellen Elementen wie Pressefreiheit und Gleichheit vor dem Gesetz. Dieser »Plan von Iguala« (→Lexikon) enthielt drei Hauptforderungen: Unabhängigkeit von Spanien, Aufrechterhaltung des katholischen Glaubens sowie Gleichberechtigung von Einheimischen und Spaniern. Als der spanische Vizekönig seine Zustimmung verweigerte, wurde er 1821 zum Rück-

Monroedoktrin lehnt Einmischung von außen in Amerika ab

Chronik Zitat

In seiner Erklärung vor dem Kongreß in Washington vom 2. Dezember 1823 stellt der US-amerikanische Präsident James Monroe fest, Amerika sei kein Kolonisationsgebiet mehr, und warnt die europäischen Mächte, in Amerika weitere Kolonien anzustreben. Zudem verkündet er die Nichteinmischung der USA in die inneren Angelegenheiten Europas.

»Wir sind immer interessierte und besorgte Zuschauer der Ereignisse gewesen, die sich in dem Erdteil abspielen, mit dem wir so viel Verkehr haben und dem wir entstammen. Die Bürger der Vereinigten Staaten haben die freundschaftlichsten Gefühle für die Freiheit und das Glück ihrer Mitmenschen auf jener Seite des atlantischen Ozeans. An den Kriegen der europäischen Mächte, die ihre eigenen Angelegenheiten betrafen, haben wir nie teilgenommen, und es entspricht nicht unserer Politik, dies zu tun. Nur wenn unsere Rechte beeinträchtigt oder ernstlich bedroht werden, empfinden wir erlittenes Unrecht und rüsten uns zur Verteidigung ... Wir sind es der Aufrichtigkeit schuldig und den freundschaftlichen Beziehungen, die zwischen den Vereinigten Staaten und jenen Mächten bestehen, zu erklären, daß wir jeglichen Versuch ihrerseits, ihr System auf irgendeinen Teil dieses Kontinents auszudehnen, als gefährlich für unseren Frieden und unsere Sicherheit betrachten müßten. Mit den bestehenden Kolonien irgendeiner europäischen Macht haben wir uns nicht befaßt und werden es nicht tun. Anders mit den Regierungen, die sich für unabhängig erklärt und erhalten haben und deren Unabhängigkeit wir nach reiflicher Überlegung und nach gerechten Prinzipien anerkannt haben. Wir könnten eine Einmischung, um sie zu unterdrücken oder ihr Schicksal in irgendwelcher Art zu kontrollieren, nur als Ausfluß einer unfreundlichen Einstellung zu den Vereinigten Staaten ansehen ...

Unsere Politik Europa gegenüber, die in einem frühen Stadium der Kriegswirren eingenommen wurde, die jenen Erdteil so lange in Unruhe gehalten haben, bleibt indessen unverändert, nämlich nicht in die inneren Angelegenheiten irgendeiner dieser Mächte einzugreifen. «

tritt gezwungen. Auch das spanische Parlament, die Cortes, sperrte sich im darauffolgenden Jahr gegen eine derartige Regelung. Daraufhin rief Itúrbide mit militärischer Unterstützung das unabhängige Kaiserreich Mexiko aus und ließ sich zum Kaiser Augustín I. krönen. Über die politische und wirtschaftliche Organisation des neuen Staates kam es jedoch bald zum Konflikt zwischen Kaiser und Kongreß, bei dem es u.a. um die desolate Lage des Staatshaushalts und die Machtbefugnisse des Monarchen ging. Republikanisch gesinnte Offiziere zettelten unter der Führung von General Antonio López de Santa Anna eine Rebellion an und zwangen Augustín I. im März 1823 zur Abdankung. Mexiko wurde eine konservativ geprägte Republik.

Entstehung neuer Staaten
Die mesoamerikanischen Gebiete erklärten 1821 ihre Unabhängigkeit von Spanien, nachdem es in den Jahren zuvor zu wiederholten Aufstandsversuchen gekommen war. Das Generalkapitanat Guatemala (→S. 283), während der Kolonialzeit dem Vizekönigreich Neuspanien angegliedert, wurde ein souveräner Staat und schloß sich 1822 dem Kaiserreich Mexiko unter Augustín I. an. Nach dessen Sturz 1823 lösten sich die Gebiete wieder von Mexiko und bildeten eine Zentralamerikanische Föderation (→Lexikon). Diese gab sich eine Verfassung nach US-amerikanischem Vorbild und schaffte als erster Staat in der Neuen Welt die Sklaverei ab. Territoriale und wirtschaftliche Rivalitäten führten 1839 zum Auseinanderbrechen der Föderation in ihre Einzelstaaten Guatemala, El Salvador (→S. 294), Honduras, Nicaragua (→S. 298) und Costa Rica (→S. 304).
Auch auf dem südamerikanischen Subkontinent hatten mehrere Staatenbünde bzw. Großreiche, die sich im Verlauf des Unabhängigkeitskampfes gebildet hatten, nur kurzen Bestand. Das vom Unabhängigkeitskämpfer Simón Bolívar geschaffene Großkolumbien zerbrach 1830 in die selbständigen Republiken Kolumbien (Neugranada), Venezuela und Ecuador. Im Süden waren 1816 die Vereinigten Provinzen des Río de la Plata entstanden, aus denen die Länder Paraguay (1811), Bolivien (1825), Uruguay (1828, →S. 417) und Argentinien (1826/1830) hervorgingen.
Die USA waren der erste Staat, der die neuentstandenen Länder anerkannte (1821). Nachdem das britische Parlament Bevollmächtigte zur Sondierung der Lage nach Lateinamerika entsandt hatte, erfolgte die offizielle Anerkennung durch Großbritannien

1826. Frankreich stand nach 1815 der antirevolutionären Heiligen Allianz nahe und sprach erst nach der liberalen Juli-Revolution von 1830 die völkerrechtliche Anerkennung aus. In Spanien ließ König Ferdinand VII. noch 1827 erklären, er sei entschlossen, in Südamerika »niemals auf seine Rechte zu verzichten.« Die einstige Kolonialmacht konnte sich erst 1836, unter der Regentschaft von Isabella II., zur Anerkennung der neuen Verhältnisse in Lateinamerika durchringen.

Situation in der Karibik Anfang des 19. Jhs.
An der Karibik ging die lateinamerikanische Unabhängigkeitsbewegung vom Beginn des 19. Jhs. zunächst fast spurlos vorüber – mit der einen großen Ausnahme Saint Domingue, das bereits 1804 als erste europäische Kolonie nach den USA seine Souveränität erstritten hatte. Die meisten kleineren Inseln (→Antigua und Barbuda, S. 334, →Saint Kitts und Nevis, S. 332, →Dominica, S. 336, →Barbados, S. 343), auch Jamaika (→S. 320) gehörten zum British Empire (→Lexikon), das sich durch große Stabilität auszeichnete. Kuba blieb in spanischem Besitz, nachdem es der Krone gelungen war, aufkommende Unabhängigkeitsbestrebungen 1825 mit brutaler Gewalt niederzuschlagen. Ebenso wie Puerto Rico blieb Kuba eine spanische Bastion und Zufluchtsstätte königstreuer Flüchtlinge vom Festland. Eine reiche kreolische Oberschicht hatte weiterhin die politische und wirtschaftliche Vorherrschaft. Ihren ökonomischen Interessen, die auf einer Intensivierung der Sklavenhaltung beruhten, war mit dem Verbleib bei Spanien ihrer Einschätzung nach am besten gedient.

Staatenbildung und Nationwerdung
Im Jahre 1825 war die Unabhängigkeit nahezu ganz Lateinamerikas nach jahrzehntelangen Kämpfen erreicht. Die europäische Kolonialherrschaft war bis auf wenige Restterritorien nach rund 300 Jahren beendet. Die jungen Staatsgebilde standen nun vor der Aufgabe der Ausbildung einer nationalen Identität und Schaffung tragfähiger Strukturen sowie der Erschließung ökonomischer Perspektiven. Zudem mußte das Verhältnis der lateinamerikanischen Staaten untereinander geklärt werden.
Bereits vor dem endgültigen Sieg über Spanien hatte es mehrere Unionsprojekte in Südamerika gegeben, die überwiegend im Sande verliefen. 1826 rief Simón Bolívar in Panama (→S. 308) einen Kongreß zusammen, auf dem Vertreter Großkolumbiens, Pe-

rus, Mexikos und Mittelamerikas über einen engeren Zusammenschluß und Abwehrmaßnahmen gegen eine weiterhin befürchtete Intervention der Heiligen Allianz berieten. Brasilien und die USA waren ebenfalls eingeladen, hatten ihre Teilnahme aber abgesagt. Zur Enttäuschung Bolívars, der treibenden Kraft des Projektes, kam lediglich eine lockere »Andenföderation« zustande. In den folgenden Jahren war bei dem »Befreier« Lateinamerikas eine politische Verhärtung zu verzeichnen. Er praktizierte einen zunehmend autoritären Regierungsstil und verschaffte sich 1827 in Peru diktatorische Vollmachten. Als Bolívar seine Konföderationspläne scheitern sah, zog er sich 1830 verbittert aus der Politik zurück, nicht ohne seinem Unmut über die Entwicklung nach dem Sieg über die Kolonialmächte deutlich Ausdruck zu verleihen:»Unabhängigkeit ist alles, was wir gewonnen haben, und dies auf Kosten von allem anderen«.

Tatsächlich war die politische und wirtschaftliche Lage der neugegründeten Staaten überaus schwierig. Die Wirtschaft war durch die Unabhängigkeitskriege stark in Mitleidenschaft gezogen, die Finanzverwaltungen standen vor einem Berg von Schulden. In dieser Phase bestimmten autoritär regierende Caudillos (→Lexikon, Führer) in den meisten Staaten Mittel- und Südamerikas die Politik, die häufig nur den eigenen und Clan-Interessen folgten. Meist mit militärischem Druck an die Macht gelangt, regierten die Caudillos mit demagogischen und repressiven Mitteln nach den Prinzipien der Günstlingswirtschaft. Der häufige Wechsel der Caudillos war meist mit dem Austausch des Beamtenapparats verbunden, was eine kontinuierliche Politik unmöglich machte.

Allgemein waren die innenpolitischen Auseinandersetzungen der jungen lateinamerikanischen Staaten geprägt von dem Gegensatz zwischen Konservativen (→Lexikon) und Liberalen (→Lexikon). Die Konservativen vertraten die Interessen der landbesitzenden Oberschicht, während die Liberalen ihre Anhänger vor allem im städtischen Bürgertum, bei der nur langsam entstehenden Mittelschicht fanden. Heftig umstritten war u.a. die Frage, welche Stellung die katholische Kirche in der Gesellschaft einnehmen solle. Die konservativen Oberschichten setzten sich – nicht zuletzt im eigenen Interesse – für den Erhalt der Macht des Klerus ein, dagegen forderten liberale Kräfte eine Trennung von Kirche und Staat. Ab 1850 verlor die Kirche in zahlreichen Staaten an Macht; große Teile ihres Landbesitzes wurden in Privatbesitz umgewandelt.

Die lateinamerikanische Unabhängigkeitsbewegung war nicht einhergegangen mit sozialrevolutionären Veränderungen. Dies hatte zur Folge, daß die gesellschaftlichen Strukturen auch nach der Lösung von Spanien und Portugal weitgehend erhalten blieben. Die Neuverteilung des Landbesitzes stand in den jungen Staaten ebensowenig zur Debatte wie die Aufhebung der Sklaverei. Nach der Vertreibung der spanischen Kolonialherrscher besetzten Angehörige der kreolischen Oberschichten die gesellschaftlichen Machtpositionen.

Entwicklungsunterschiede im Norden und Süden

Es wird immer wieder nach den Ursachen der unterschiedlichen Entwicklung der Vereinigten Staaten und der Länder Südamerikas in den rund eineinhalb Jahrhunderten seit der Unabhängigkeit gefragt – während erstere zur führenden Industrie- und Militärmacht der Welt aufstiegen, verharrten die Staaten Lateinamerikas in relativer politischer und ökonomischer Schwäche. Dabei greift der Hinweis auf die Kolonialgeschichte des südamerikanischen Subkontinents zu kurz. Auch Nordamerika war kolonialisiert und erlangte seine Unabhängigkeit nur rund 50 Jahre vor den südamerikanischen Staaten. Ebenso zeigten die wirtschaftliche Lage im 18. Jh. wie auch der Ablauf der Entkolonialisierung keine so gravierenden Unterschiede, daß man von gänzlich anderen Ausgangsbedingungen in Nord- und Südamerika sprechen müßte. In den 1980er Jahren wurde die These formuliert, die Divergenz sei darin begründet, daß Lateinamerika Kolonie von südeuropäischen Mächten war, während der Norden von Nordeuropäern kolonialisiert wurde. Die südeuropäischen Mutterländer hinterließen den südamerikanischen Staaten ein soziales System, in dem die Eliten ein ausbeuterisch-parasitäres Selbstverständnis pflegten, während sie im Norden unter liberal-egalitärem Anpassungsdruck standen. Die Entwicklungsunterschiede zwischen den traditionsverhafteten iberischen Monarchien und der englischen bzw. französischen Gesellschaft mit ihren dynamischen Potentialen kam demnach auch in den Kolonien zum Tragen. Begünstigt wurde jene Oligarchienbildung im Süden dadurch, daß die lateinamerikanische Kolonialgeschichte zu einer ungleichen Verteilung des Landbesitzes und zu einer stark hierarchisierten Gesellschaft mit einer breiten Unterschicht geführt hatte, zu der auch die indianischen Ureinwohner gehörten. Wenn es um die Startbedingungen Nord- und Südamerikas und die divergierende Entwicklung geht, ist

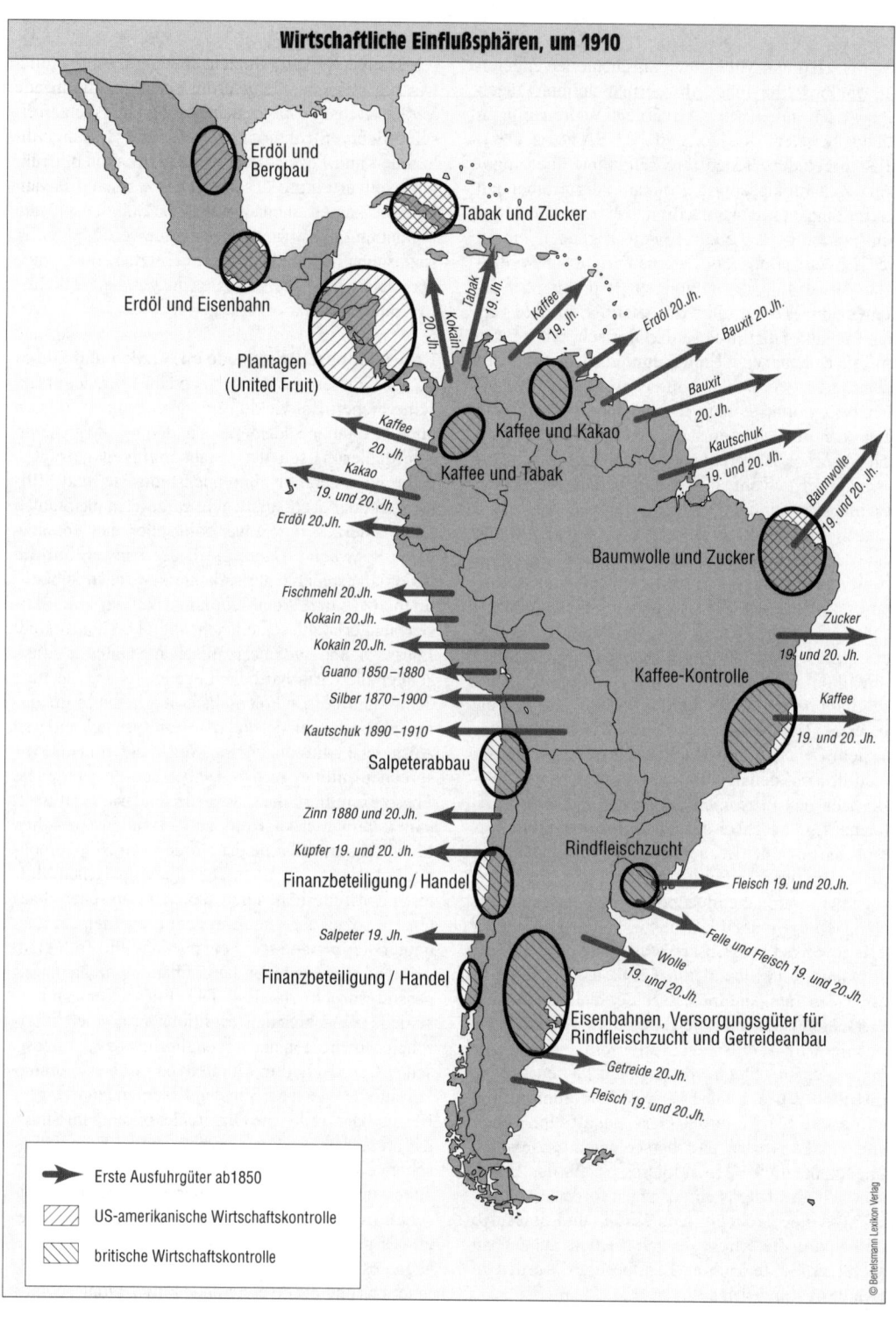

Wirtschaftliche Einflußsphären, um 1910

Erdöl und Bergbau

Tabak und Zucker

Erdöl und Eisenbahn

Plantagen (United Fruit)

Tabak 19. Jh.

Kokain 20. Jh.

Kaffee 19. Jh.

Erdöl 20. Jh.

Bauxit 20. Jh.

Bauxit 20. Jh.

Kaffee und Kakao

Kaffee und Tabak

Kautschuk 19. und 20. Jh.

Kaffee 20. Jh.

Kakao 19. und 20. Jh.

Erdöl 20. Jh.

Baumwolle 19. und 20. Jh.

Baumwolle und Zucker

Fischmehl 20. Jh.

Kokain 20. Jh.

Kokain 20. Jh.

Guano 1850–1880

Silber 1870–1900

Kautschuk 1890–1910

Zucker 19. und 20. Jh.

Kaffee-Kontrolle

Kaffee 19. und 20. Jh.

Salpeterabbau

Zinn 1880 und 20. Jh.

Kupfer 19. und 20. Jh.

Finanzbeteiligung / Handel

Rindfleischzucht

Fleisch 19. und 20. Jh.

Felle und Fleisch 19. und 20. Jh.

Salpeter 19. Jh.

Wolle 19. und 20. Jh.

Finanzbeteiligung / Handel

Eisenbahnen, Versorgungsgüter für Rindfleischzucht und Getreideanbau

Getreide 20. Jh.

Fleisch 19. und 20. Jh.

→ Erste Ausfuhrgüter ab 1850

US-amerikanische Wirtschaftskontrolle

britische Wirtschaftskontrolle

nach Ansicht von Fachleuten »der Unterschied zwischen Nord und Süd wichtiger als derjenige zwischen Kolonie und Nicht-Kolonie« (W. Reinhard).

Verzögerte Entfaltung des Südens

Etwa ab Mitte des 19. Jhs. kam es, zeitlich versetzt, in den Staaten Lateinamerikas zu Modernisierungsschüben in Wirtschaft und Gesellschaft. Die für die innere Entwicklung nachteilige Macht der Caudillos konnte zurückgedrängt werden, u.a. durch grundlegende Reformen des Militärwesens. Unter maßgeblicher Beteiligung französischer und preußischer Offiziere wurden dabei Ausbildung und Führungsstruktur der Heere verbessert und diese dem willkürlichen Zugriff regionaler Diktatoren entzogen. Ein starker, von den Regierungen geförderter Einwanderungsstrom, insbesondere aus Spanien und Italien, in geringerem Umfang auch aus Deutschland, führte zur Verbreitung neuer gesellschaftlicher wie ökonomischer Ideen. Der Import von Kapital und technologischen Neuerungen gab der wirtschaftlichen Entwicklung kräftige Impulse; Tendenzen, die zusammengenommen die nationale Integration der einzelnen Länder förderten. Im letzten Drittel des 19. Jhs. breitete sich liberales Gedankengut weiter aus, was u.a. zur Abschaffung der Sklaverei (→Lexikon) führte. Allerdings blieb ungeachtet aller Neuerungen die gesellschaftliche Struktur in den Ländern Lateinamerikas im wesentlichen erhalten. Eine dünne, ausschließlich von Weißen gebildete Oberschicht verfügte über Reichtum und politische Schlüsselpositionen. Die Masse der Bevölkerung verharrte in wirtschaftlicher Abhängigkeit und politischer Ohnmacht. Eine nennenswerte Mittelschicht, in Europa und Nordamerika ein wichtiges Modernisierungspotential, fehlte nach wie vor.

Gesamtwirtschaftlich geriet der südamerikanische Subkontinent im Verlauf des 19. Jhs. in starke Abhängigkeit von den Vereinigten Staaten und Großbritannien. US-amerikanische und englische Unternehmen nutzten das Fehlen von Schutzzöllen, um sich jene Absatzmärkte zu sichern, aus denen die früheren Kolonialherren vertrieben worden waren. Dies hatte zur Folge, daß die Entstehung eigener Industrien für Binnenbedarf und Export für einen längeren Zeitraum unterbunden war. Die südamerikanischen Volkswirtschaften blieben zur Deckung ihres Devisenbedarfs auf den Export von Rohstoffen angewiesen und damit auf die Beibehaltung einer monokulturellen, innovationshemmenden Landwirtschaftsstruktur. Die wichtigsten Exportprodukte waren Kaffee, Kakao, Weizen, Bananen, Baumwolle, Sisal, Kautschuk, Salpeter und Kupfer. Wachsende Ein- und Ausfuhrmengen erforderten den Aufbau einer modernen Infrastruktur. Zumeist mit ausländischem Kapital wurden Eisenbahnen, Straßen, Brükken und Häfen gebaut. Da die europäische Einwanderung den steigenden Bedarf an Arbeitskräften nicht decken konnte, wurden Ende des 19. Jhs. in größerem Umfang sog. Kontraktarbeiter aus China und Indien angeworben, deren Arbeits- und Lebensbedingungen sich von denen der früheren Sklaven oft kaum unterschieden. Als Kapitalimporteure und Rohstofflieferanten waren die südamerikanischen Länder für die Schwankungen der Weltkonjunktur besonders anfällig, was ein zusätzliches Hemmnis für eine eigenständige Wirtschaftsentwicklung war. Wachsende Wirtschaftsleistung, Ausbau der Verkehrswege und anhaltende Einwanderungsströme führten gegen Ende des 19. Jhs. zur Herausbildung eines breiteren Mittelstandes (Handwerker, Kaufleute, Lehrer, Ärzte, Beamte, Rechtsanwälte) wie auch eines städtischen Proletariats. Es setzte ein Prozeß der Verstädterung ein, von dem zusätzliche Modernisierungsimpulse ausgingen. Da der Großteil der Einwanderer in die sog. Tieflandstaaten (Brasilien, Argentinien, Uruguay) zog, verlagerte sich das Zentrum des wirtschaftlichen Fortschritts von der Andenregion in den Süden des Subkontinents. Dabei spielte neben dem Vorhandensein freier, landwirtschaftlich nutzbarer Flächen auch das gemäßigte Klima dieser Regionen eine Rolle.

Diese sozioökonomischen Entwicklungstendenzen zeitigten eine spürbare Stabilisierung der innenpolitischen Verhältnisse. Die Herrschaft der Caudillos verfiel, so daß Ende des 19. Jhs. die meisten lateinamerikanischen Staaten über geschriebene Verfassungen verfügten.

Zwischenstaatliche Konflikte

Im nachkolonialen Südamerika bestand zwischen den jungen Staaten machtpolitischer und territorialer Konfliktstoff, der in der zweiten Hälfte des 19. Jhs. wiederholt zu militärischen Auseinandersetzungen führte. 1865 brach zwischen Paraguay einerseits und einem Bündnis aus Argentinien, Brasilien und Uruguay andererseits ein Krieg aus, der 1870 mit der Niederlage Paraguays und größeren Gebietsverlusten des Landes an Brasilien endete. 1879 kam es zwischen Chile, Peru und Bolivien zum sog. Salpeterkrieg (→Lexikon) um reiche Salpeter- und Kupfervorkommen im Grenzgebiet der drei Staaten. Chile behielt die Oberhand und erweiterte sein Staatsgebiet im Norden um die peruanischen Provinzen Tarapacá, Arica und Tacna sowie um die bolivianische Küstenprovinz Antofagasta, womit Bolivien den Zugang zum Meer verlor. Damit verfügte Chile über ergiebige Kupfervorkommen und das Weltmonopol für Salpeter, einem wichtigen Rohstoff für die chemische Industrie. Ein Territorialstreit zwischen Bolivien und Brasilien brachte Bolivien 1903 den Verlust des Kautschukgebiets von Acre.

Nordamerika beeinflußt maßgeblich den Süden

Zentrale Bedeutung für die weitere Entwicklung Südamerikas kam dem US-amerikanischen Einfluß auf Wirtschaft und Politik zu (→USA, S. 90). US-amerikanische Großunternehmen wie z.B. die United Fruit Company (→Lexikon) durchdrangen mit ihrem Kapital, ausgehend von Mittelamerika und der Karibik, die Volkswirtschaften der einzelnen Länder. Dort löste das US-Kapital zwar erhebliche Wachstums- und Modernisierungsschübe aus – vor allem in der Rohstoff- und Nahrungsmittelindustrie –, festigte aber zugleich die Abhängigkeit von ausländischen Kapitalgebern. In den Staaten selbst führte die von außen angestoßene Modernisierung u.a. zum Aufbrechen der oligarchischen Gesellschaftsstrukturen: Eine Mittelschicht und eine städtische Arbeiterklasse entstanden.

Auch politisch übernahmen die USA Ende des 19. Jhs. in Südamerika die Vormachtstellung, die zuvor bei Großbritannien gelegen hatte. Der US-amerikanische »Dollar-Imperialismus«, welcher den Subkontinent als Expansionsgebiet für die nordamerikanische Wirtschaft erschloß, wurde flankiert durch eine Ordnungspolitik im strategischen Interesse Washingtons: eine Politik des »Big-Stick« (großer Stock), d.h. eine Politik der direkten Einmischung. Der Begriff des »Big-Stick« wurde von Theodore Roosevelt geprägt: »Sprecht sanft und tragt einen großen Stock bei euch, dann werdet ihr weit kommen«. Diese Politik sollte verhindern, daß politische Umbrüche die Interessen der USA in dieser Region gefährdeten. Dies galt sowohl für die innere Entwicklung der einzelnen Staaten als auch für Einwirkungsversuche von außen, gegen die bereits die Monroedoktrin von 1823 (▷Chronik Zitat, S. 257) militärische Maßnahmen androhte. Es wurde zum Grundsatz der US-amerikanischen Südamerikapolitik, direkt oder indirekt zu intervenieren, wann immer im »Hinterhof« der Vereinigten Staaten das System der pax americana gefährdet schien. US-

Präsident Theodore Roosevelt bekräftigte diese Leitlinie US-amerikanischer Hegemonialpolitik 1904 in seiner Roosevelt Corollary, die ausdrücklich Bezug nimmt auf die Monroedoktrin von 1823. Bis 1933 schickte Washington wiederholt Streitkräfte in mehrere Staaten der Region, um deren politische Ausrichtung in seinem Sinne zu beeinflussen. Mit Blick auf wirtschaftliche Vorteile unterstützte es bevorzugt diejenigen Regierungen, die Ruhe und Ordnung aufrechterhielten und offen für schnelle Vereinbarungen waren. Auf diese Weise bestimmten die USA die politische und wirtschaftliche Entwicklung eines ganzen Subkontinents wesentlich mit.

1898 explodierte aus bis heute ungeklärter Ursache im Hafen der kubanischen Hauptstadt das US-Kriegsschiff »Main«. Die USA nahmen dies zum Anlaß, Spanien, nach wie vor Kolonialmacht auf der Karibikinsel, den Krieg zu erklären, der mit einer spanischen Niederlage endete. 1898 mußte Madrid Kuba zusammen mit Puerto Rico und den Philippinen an die USA abtreten, die auf Kuba eine Militärverwaltung einrichteten. In einem Abkommen von 1901 behielten sich die USA offiziell das Recht vor, auf der 1900 formal selbständig gewordenen Insel bei inneren Unruhen zu intervenieren. Von diesem Eingreifrecht machte die US-Regierung bereits 1906 Gebrauch, als liberale Kräfte Präsident Tomás Estrada Palma in Bedrängnis brachten, einen Mann, der das Vertrauen der USA besaß. Zu weiteren Militäraktionen kam es 1913 und 1917–1919. Erst im Jahr 1922 verließen die letzten US-Streitkräfte die Karibikinsel.

1903 veranlaßten die USA die Loslösung Panamas von Kolumbien, um sich die Kontrolle über den Panamakanal (→Lexikon) zu sichern, der 1914 dem Schiffsverkehr übergeben wurde.

Washington lehnte die expansive Politik des liberalen Präsidenten José Santos Zelaya in Nicaragua ab, da es seine Kanalinteressen gefährdet sah. Die USA betrieben 1909 den Sturz Zelayas, mischten sich 1912 direkt in den Konflikt zwischen konservativen und liberalen Kräften ein und übten bis 1933 die militärische, politische und wirtschaftliche Kontrolle über Nicaragua aus.

In Mexiko beeinflußten die USA 1914 die innenpolitische Auseinandersetzung. 1910 löste dort der Aufruf des gemäßigten Francisco Indalecio Madero zu sozialen Veränderungen einen Aufstand landloser Campesinos unter der Führung von Emiliano Zapata und Francisco Villa aus. Madero, seit 1911 Präsident, wurde 1913 von konterrevolutionären

Unabhängigkeit und Grenzen, 20. Jahrhundert

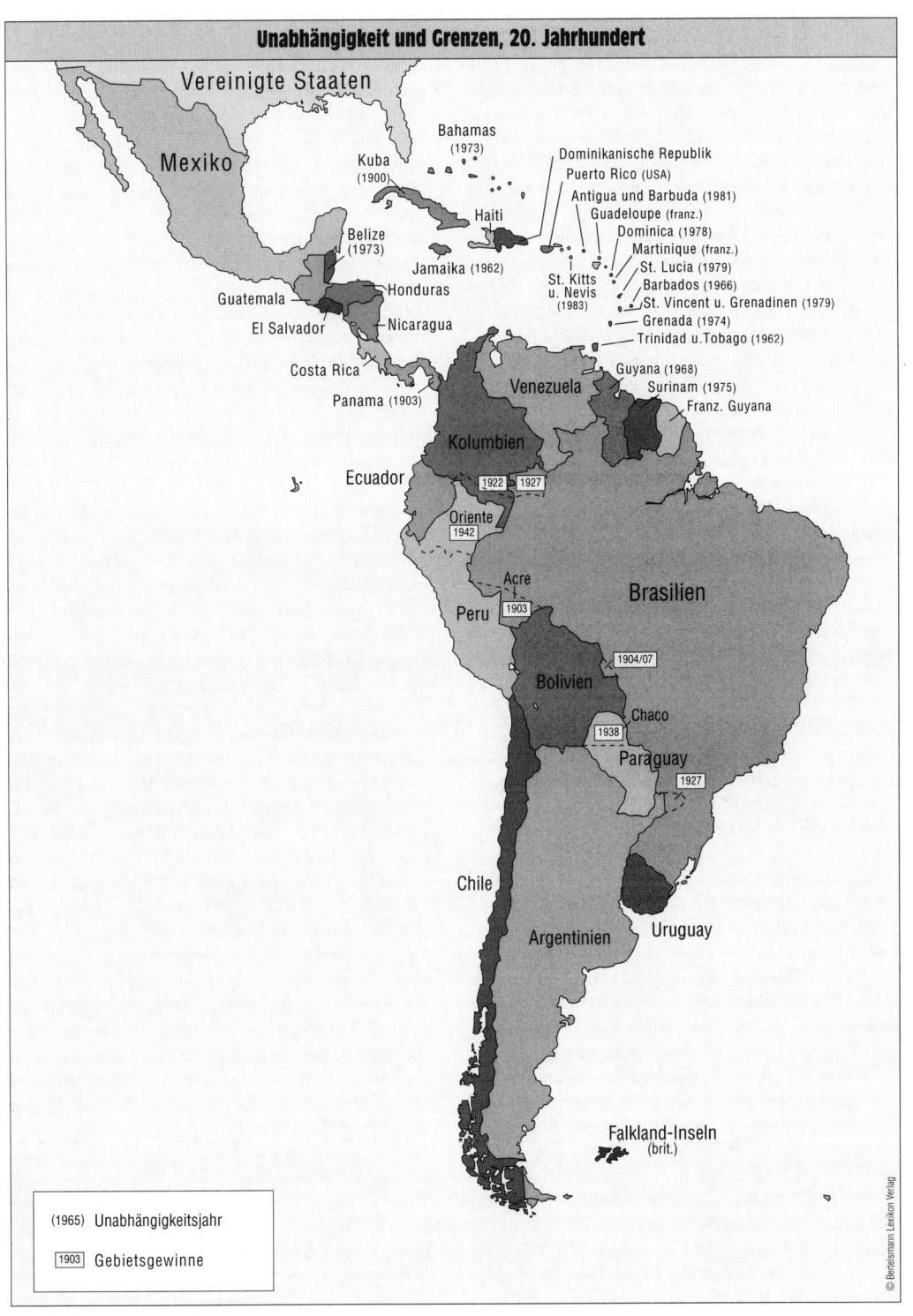

Vereinigte Staaten

Mexiko

Bahamas (1973)

Kuba (1900)

Dominikanische Republik
Puerto Rico (USA)
Antigua und Barbuda (1981)
Guadeloupe (franz.)
Dominica (1978)
Martinique (franz.)

Haiti

Belize (1973)

Jamaika (1962)

St. Kitts u. Nevis (1983)

St. Lucia (1979)
Barbados (1966)
St. Vincent u. Grenadinen (1979)
Grenada (1974)
Trinidad u.Tobago (1962)

Guatemala
Honduras
El Salvador
Nicaragua
Costa Rica
Panama (1903)

Venezuela

Guyana (1968)
Surinam (1975)
Franz. Guyana

Kolumbien

Ecuador

1922   1927

Oriente
1942

Acre
1903

Peru

Brasilien

1904/07

Bolivien

Chaco
1938

Paraguay

1927

Chile

Argentinien

Uruguay

Falkland-Inseln (brit.)

(1965) Unabhängigkeitsjahr

1903   Gebietsgewinne

263

Militärs ermordet. Die USA griffen in die Revolutionskämpfe ein, unterstützten zunächst den Sturz des neuen Präsidenten, General Victoriano Huerta, und verhalfen 1915 dem gemäßigten Venustiano Carranza (1915–1920) ins Präsidentenamt. Carranza gelangen die Beendigung der Revolutionskämpfe, die Befriedung des Landes durch Erlaß einer freiheitlichen Verfassung und gemäßigte soziale Reformen.

Auf Haiti erregten anhaltende Bürgerkriege die Besorgnis der USA. 1915 entschloß sich Washington zur direkten Intervention und errichtete eine »Schutzherrschaft« über den Karibikstaat, die bis 1934 andauerte. Zwar bewirkte die US-amerikanische Besatzung mit ihrer Kontrolle von Verwaltung und Finanzen eine Modernisierung der inneren Verhältnisse, doch zugleich verstärkte sie die politische und ökonomische Abhängigkeit Haitis.

Im Falle der Dominikanischen Republik waren es ausbleibende Schuldenzahlungen, welche 1905 die USA zum Eingreifen veranlaßten. Die militärische Besetzung dauerte fast 20 Jahre, bis 1924. In dieser Zeit kontrollierten US-Administratoren das Militär und die gesamte Finanzverwaltung, sie leiteten allerdings auch Schritte zur Demokratisierung der Inselrepublik ein.

In Honduras gab es mehrere US-Interventionen (1911, 1913, 1924), die dazu führten, daß die US-Unternehmen United Fruit und Standard Fruit and Steamship in dem seinerzeit weltgrößten Bananenexportland über 90 % des Bananenanbaus und der Eisenbahnlinien kontrollierten.

Wirtschaftlicher Auf- und Abstieg

Vom Ausbruch des Ersten Weltkriegs 1914 blieb Lateinamerika politisch weitgehend unberührt. Territoriale Veränderungen beschränkten sich auf den Verkauf der dänischen Jungfern-Inseln an die USA 1917. Es gab allerdings erhebliche wirtschaftliche Auswirkungen. Die Exportmengen der lateinamerikanischen Staaten sanken nach Kriegsausbruch rapide, da die meisten europäischen Länder als Abnehmer nahezu ausfielen. Den auf Rohstoff- und Nahrungsmittelexport ausgerichteten Volkswirtschaften drohte der Zusammenbruch. Eine Trendwende brachte der Kriegseintritt der Vereinigten Staaten im April 1917. Die Nachfrage vor allem nach Kupfer, anderen Erzen, sowie Nahrungs- und Genußmitteln (Kaffee) stieg rapide an, so daß die Produktions- und Exportzahlen den Vorkriegsstand bald weit übertrafen. Nach Kriegsende (1918) waren auch die

europäischen Staaten wieder Absatzmärkte mit großem Nachholbedarf. Infolgedessen zogen die Exportmengen aus Lateinamerika nochmals stark an. Zudem stiegen auf den Weltmärkten die Rohstoffpreise, was zusätzliche Gewinne erbrachte. Die Profite kamen allerdings zu einem ehrheblichen Teil nicht den Volkswirtschaften der lateinamerikanischen Staaten, sondern US-Unternehmen zugute.

Die Weltwirtschaftskrise von 1929 setzte dem mit politischer Stabilisierung einhergehenden Wirtschaftsboom ein jähes Ende. Der Einbruch industrieller Produktion in Europa und Nordamerika führte zu einem dramatischen Rückgang der Rohstoffnachfrage. Verschärfend kam hinzu, daß die Verarmung breiter Bevölkerungsschichten in den Industrienationen die Nachfrage nach Nahrungs- und Genußmitteln aus Übersee stark sinken ließ. Nun trat die strukturelle Schwäche der auf Rohstoff- und Nahrungsmittelproduktion basierenden Volkswirtschaften Lateinamerikas offen zu Tage. Anfang der 30er Jahre wurde ausländisches Kapital abgezogen, zahlreiche Betriebe wurden geschlossen, in ganz Mittel- und Südamerika breitete sich Massenarbeitslosigkeit aus. In einigen Landstrichen brachen Hungersnöte aus. Verschärft wurden die sozialen Probleme durch ein auf dem gesamten Subkontinent seit Anfang des Jahrhunderts zu verzeichnendes hohes Bevölkerungswachstum (→Lexikon). In den 30er Jahren versuchten Landbewohner, aus dem Kreislauf von Arbeitslosigkeit, Armut und Hunger durch Abwanderung in die Städte auszubrechen. Sie vergrößerten das Heer der Armen in den wuchernden Elendsquartieren stetig.

Wirtschaftskrise und Massenverelendung führten in zahlreichen Ländern zu politischer Destabilisierung. Die Folge war vielfach die Errichtung autoritärer Regime, die das Militär wieder zu einem zentralen Machtfaktor werden ließen. In einzelnen Staaten, wie z. B. Chile, Paraguay und Bolivien, in denen sich das Offizierskorps bereits großenteils aus den städtischen Mittelschichten rekrutierte, gab es unter der Militärherrschaft sozialreformerische Ansätze. Meist jedoch stützte das Militär die Macht der konservativen Oligarchien.

Infolge der Wirtschaftskrise entstanden in den 30er Jahren in den Staaten Lateinamerikas neuartige Parteien mit stark nationalistisch und sozial geprägter Programmatik. Dabei entwickelte sich die peruanische Alianza Popular Revolucionario Americana (APRA, Revolutionäre Amerikanische Volksallianz, →Lexikon) zur ersten Massenpartei Lateinamerikas.

Zu den Hauptforderungen dieser Parteien gehörte das Zurückdrängen des US-amerikanischen Einflusses auf Wirtschaft und Politik Lateinamerikas. Zugleich wandten sie sich gegen die Macht der Oligarchien und propagierten eine spezifische, autoritär orientierte Art von Sozialismus, der u.a eine umfassende Bodenreform und die Verstaatlichung von Großindustrien und Banken vorsah. In Brasilien errichtete 1930 Getúlio Dornelles Vargas ein autoritäres Regime, das durch sozialreformerische Maßnahmen die Zustimmung der Massen fand. Ein ähnliches Regime errichtete 1946 Juan Domingo Perón in Argentinien. Dabei sind soziale Verbesserungen insbesondere in der Anfangsphase nicht zu übersehen. Die Bildung von Gewerkschaften wurde staatlich gefördert, die Lebensverhältnisse der Unterschichten wurden spürbar verbessert. Doch blieben nachhaltige Erfolge dieser Politik sowohl in Brasilien als auch in Argentinien aus.

Supranationale Zusammenschlüsse
Der Amtsantritt von US-Präsident Franklin D. Roosevelt brachte einen Umschwung in der US-amerikanischen Lateinamerikapolitik. An die Stelle von Kontrolle und militärischer Interessenwahrung sollten gutnachbarliche Beziehungen und ökonomische Hilfen treten. Letztere blieben jedoch weitgehend aus, da die US-Wirtschaft selbst unter der »Großen Depression« schwer zu leiden hatte. Die politischen Freiräume nutzten die Staaten Lateinamerikas ab 1934 zur Bildung eines Systems kollektiver Sicherheit, in dessen Rahmen Konflikte auf diplomatischem Weg gelöst werden sollten. Im Zweiten Weltkrieg standen die meisten Staaten Lateinamerikas, mit Ausnahme u.a. von Argentinien, auf der Seite der USA im Kampf gegen die Achsenmächte (Deutschland, Italien, Japan).
Nach dem Ende des Zweiten Weltkriegs 1945 wurde auch Lateinamerika in den Kalten Krieg zwischen den Ländern des Ost- und des Westblocks einbezogen. Die Vereinigten Staaten verstärkten ihre Bemühungen, die Nationen des südamerikanischen Subkontinents als ihre Verbündeten in die 1946 einsetzende Blockbildung zu integrieren. Diesem Zweck diente u.a. der Interamerikanische Pakt für gegenseitigen Beistand vom August 1947, der auch »Rio-Pakt« genannt wird. Er sieht die Unterstützungspflicht für den Fall eines Angriffs von außen auf amerikanisches Territorium und ein diplomatisches Schlichtungsverfahren bei inneramerikanischen Konflikten vor.

Washington war auch treibende Kraft bei der Gründung der Organisation Amerikanischer Staaten (OAS, →Lexikon) 1948 in Bogotá (Kolumbien). Zu den Grundsätzen und Zielen der OAS mit Sitz in Washington gehörten neben gegenseitigem militärischem Beistand bei Angriffen und friedlicher Konfliktlösung untereinander Respektierung des Selbstbestimmungsrechts aller Mitglieder, Gleichberechtigung und Nichteinmischung in innere Angelegenheiten sowie Förderung der wirtschaftlichen und kulturellen Zusammenarbeit. Als oberstes Organ wurde die interamerikanische Konferenz eingerichtet (seit 1967 eine jährlich tagende Vollversammlung). Die Hoffnung der lateinamerikanischen Staaten auf umfassende Wirtschaftshilfen wurde zunächst enttäuscht, da die OAS seit Anfang der 50er Jahre (Konferenz von Caracas, 1954) in erster Linie zu einem Instrument zur Abwehr linksgerichteter Tendenzen wurde. So wurde Kuba kurz nach der Machtübernahme Fidel Castros (1959) aus der OAS ausgeschlossen. Die Zusammenarbeit auf wirtschaftlichem und kulturellem Gebiet kam erst Anfang der 60er Jahre richtig ins Rollen. 1965 gelang es den USA mit Hilfe der OAS, ihren Interventionstruppen in der Dominikanischen Republik durch Beteiligung eines kleinen Kontingents südamerikanischer Soldaten den Charakter einer interamerikanischen Streitmacht zu geben. In den 80er Jahren verschärften sich innerhalb der OAS die Gegensätze zwischen den USA und mehreren lateinamerikanischen Staaten, z.B. wegen der Rolle der Vereinigten Staaten bei den Bürgerkriegen in Mittelamerika oder ihrer Parteinahme für Großbritannien und gegen das OAS-Mitglied Argentinien im Falkland-Krieg (→Lexikon) von 1982. In den 90er Jahren wurde die OAS mehrmals gegen Versuche aktiv, den einsetzenden Demokratisierungsprozeß in Lateinamerika aufzuhalten. So verhängte sie 1991 nach dem Sturz des gewählten Präsidenten Jean-Bertrand Aristide Sanktionen gegen Haiti und protestierte 1992 gegen die Außerkraftsetzung der Verfassung durch Präsident Alberto Kenya Fujimori in Peru .

Weitere Bündnisse
Daneben gab es weitere Versuche, durch supranationale Organisationen und Zusammenschlüsse die ökonomische und soziale Entwicklung Lateinamerikas voranzutreiben. Zu den wichtigsten zählen der 1960 gegründete Gemeinsame Mittelamerikanische Markt (MCCA, →Lexikon) mit Costa Rica, El Salvador, Guatemala, Honduras und Nicaragua sowie die

Politische Entwicklung im 20. Jahrhundert

Honduras
Militärherrschaft (1963)
Demokratisierung (1982)

Mexiko
Mexikanische Revolution(1910)
Festigung der Demokratie(1988)

Guatemala
Militärregime(1963)
Demokratisierung (1990)

El Salvador
Militärregime(1979)
Demokratisierung (1990)

Kuba
Batista-Diktatur (1952)
Kubanische Revolution (1959)

Haiti
Duvalier-Diktatur (1957)
Demokratisierung (1991/94)

Nicaragua
Somoza-Diktatur (1934)
Sandinisten-Regime (1979)
Demokratisierung (1990)

Dominikanische Rep.
Trujillo-Diktatur (1930)
Demokratisierung (1990)

Venezuela
parlamentarisches System (1945)
Militärregime (1948)
Demokratisierung (1959)

Kolumbien
Demokratisierung (1990)

Brasilien
Militärregime (1930)
Demokratisierung (1982)

Ecuador
Militärregime (1963)
Demokratisierung (1979)

Peru
linksgerichtetes Militärregime (1968)
Zivilregierung (1978)
autoritäres Regime (1992)
Redemokratisierung (1993)

Bolivien
Militärregime (1971)
Demokratisierung (1982)

Chile
sozialistische Regierung Allende (1970)
Pinochet-Diktatur (1973)
Demokratisierung (1989)

Paraguay
Stroessner-Diktatur (1954)
Demokratisierung (1993)

Uruguay
autoritäres Regime (1973)
Demokratisierung (1984)

Argentinien
Perón-Regime (1943/1973)
Militärregime (1976)
Demokratisierung (1983)

★ Diktatur

✕ Militärregime

👥 Demokratisierung

© Bertelsmann Lexikon Verlag

1960 in Montevideo (Uruguay aus der Taufe geho-
bene Lateinamerikanische Freihandelszone (ALALC,
→Lexikon).
1961 wurde auf Initiative der USA die Allianz für
den Fortschritt (→Lexikon) gegründet, deren Charta
alle lateinamerikanischen Staaten mit Ausnahme
Kubas unterzeichneten. Sie sollte vor allem mit US-
amerikanischen Milliardenbeträgen den wirtschaftlichen, sozialen und kulturellen Fortschritt auf dem
Subkontinent fördern, entwickelte sich jedoch faktisch zu einem Vehikel zur weiteren Durchdringung
der einzelnen Volkswirtschaften mit US-Kapital sowie zu einem Instrument der Systemstabilisierung
im Kampf gegen revolutionäre Bewegungen. 1969
wurde die Allianz aufgelöst.
Bolivien, Chile, Ecuador, Kolumbien und Peru
schlossen 1969 den Andenpakt (→Lexikon), eine
Wirtschaftsgemeinschaft ähnlich der Lateinamerikanischen Freihandelszone zur Förderung der ökonomischen Entwicklung. Chile verließ 1976, drei Jahre
nach dem Militärputsch gegen Salvador Allende,
den Pakt, der die Erwartungen enttäuschte.
In ihrer Zielsetzung auf den Ausbau der grenzüber-
greifenden Infrastruktur (Straßen, Brücken, Staudämme) beschränkt ist die La -Plata-Gruppe (→Lexi-
kon), zu der sich 1969 Argentinien, Bolivien, Brasilien, Paraguay und Uruguay zusammenschlossen.
Als sich nach dem Ende des Zweiten Weltkriegs die
europäischen Kolonialreiche aufzulösen begannen,
teils begleitet von verlustreichen Kriegen wie in In-
donesien (niederländische Kolonie) und Südostasien
(zu Frankreich gehörig), war auch Lateinamerika
betroffen, allerdings in geringerem Maße als Afrika
und Asien. 1946 gliederte Frankreich sich seine Besitzungen in der Karibik und in Südamerika als
Überseedepartements ein. Die Niederlande verliehen ihrem Lateinamerikabesitz den Status von »kon-
stituierenden Reichsteilen«, die mit den Provinzen
des Mutterlandes gleichberechtigt waren. Großbritannien gewährte den meisten seiner in der Karibik
gelegenen Kolonien in den 60er und 70er Jahren die
Unabhängigkeit, darunter Jamaika (1962), Barbados
(1966), Trinidad und Tobago (1962, →S. 349), die
Bahamas (1973) und Belize (1981; früher Britisch-
Honduras, →S. 288). 1973 einigten sich 13 der ehemals britischen Inselstaaten und das südamerikanische Guyana (→S. 361) angesichts erheblicher
Nachteile durch geringe Größe und Wirtschaftskraft
auf die Bildung der Karibischen Gemeinschaft
(CARICOM, →Lexikon), die sowohl ein Wirt-
schafts- als auch ein politisches Bündnis sein soll.

Ähnliche Ziele standen hinter dem 1981 erfolgten
Zusammenschluß von sieben Ländern in der Organisation Ostkaribischer Staaten (OECS, →Lexikon).

Umstürze und Revolutionen
Der Sturz des kubanischen Diktators Batista und die
Machtübernahme Fidel Castros im Jahr 1959 hatte
für ganz Lateinamerika einschneidende Konsequenzen. Inspiriert und z.T. massiv unterstützt von dem
sozialistischen Regime auf Kuba, entstanden in Mit-
tel- und Südamerika zahlreiche revolutionäre Bewegungen, die sich die Errichtung sozialistischer Ge-
sellschaftsordnungen zum Ziel setzten. Auch von
der Sowjetunion erhielten diese Bewegungen, angeführt u.a. von Ernesto Che Guevara (▷Chronik Biografie, S. 395) in Bolivien, Camilo Torres in Kolumbien, Raúl Sendic in Uruguay, Finanz- und Waffen-
hilfe, oft indirekt über Kuba.
Die linksgerichtete Guerilla (→Lexikon) erschien zunehmend als Gefahr für die hergebrachten Besitz-
und Machtverhältnisse in den einzelnen Ländern
wie auch für die wirtschaftlichen und politischen Interessen der Vereinigten Staaten. Deren junger Präsident John F. Kennedy reagierte zum einen mit einem Rückgriff auf die Interventionspolitik der Vergangenheit (gescheiterte Invasion in der Schweinebucht auf Kuba, 1961), zum anderen mit verstärkter
Wirtschaftshilfe. Bei deren Koordinierung sollte die
1961 auf Betreiben Washingtons gegründete Allianz
für den Fortschritt behilflich sein. Nach kurzer Zeit
gingen die US-Finanzhilfen jedoch rapide zurück,
da die Vereinigten Staaten sich zunehmend militärisch in Vietnam engagierten. Die angestrebten
Strukturreformen in Lateinamerika blieben in Ansätzen stecken.
Die ökonomische und soziale Krise der Länder verschärfte sich Anfang der 60er Jahre. Die in Bedrängnis geratenen Zivilregierungen wurden in zahlreichen
Staaten vom Militär gestürzt, beispielsweise in Peru
(1962), in Argentinien (1962), in der Dominikanischen Republik (1962), in Bolivien und in Brasilien
(1964). Mit gewaltsamer Unterdrückung der Opposition und einer liberalen Wirtschaftspolitik gelang
den Militärjuntas eine zeitweise Stabilisierung ihrer
Staaten. Doch blieben die strukturellen Ursachen der
ökonomischen und sozialen Misere bestehen, so daß
die Staaten Mittel- und Südamerikas weiterhin von
periodischen Unruhen erschüttert wurden.
In Chile waren seit dem Amtsantritt des gemäßigten
Präsidenten Eduardo Frei 1964 Ansätze zu sozialen
und politischen Reformen erkennbar. Sie wurden

unter dem 1970 gewählten sozialistischen Präsidenten Salvador Allende radikalisiert. Dessen Versuch eines südamerikanischen Sozialismus wurde im September 1973 durch einen Militärputsch zunichte gemacht, bei dem der US-Geheimdienst CIA eine zentrale Rolle spielte. General Augusto Pinochet errichtete ein Terrorregime, dem tausende Oppositionelle zum Opfer fielen. Auch in Brasilien (1964), Uruguay (1973) und Argentinien (1976) putschte sich das Militär an die Macht. Regimegegner wurden u.a. durch die berüchtigten »Todesschwadronen« grausam verfolgt, die zumeist mit Billigung von Polizei und Armee operierten.

Insbesondere in den Staaten Mittelamerikas und in Peru formierten sich Ende der 60er/Anfang der 70er Jahre linksgerichtete Untergrundorganisationen, die gegen die jeweiligen Regierungen (El Salvador, Guatemala, Nicaragua, Peru) über Jahre einen erbitterten Guerillakrieg führten.

Von Kuba abgesehen war die linksgerichtete Guerilla lediglich in Nicaragua erfolgreich, wo die Sandinisten im Juli 1979 das Somoza-Regime stürzten und die Regierungsmacht unter General Daniel Ortega Saavedra übernehmen konnten. Das revolutionäre Regime bemühte sich unter weitgehendem Verzicht auf staatsterroristische Methoden um tiefgreifende soziale, wirtschaftliche und politische Reformen, u.a. strebte es eine Agrarreform, eine Alphabetisierungskampagne, die kostenlose Gesundheitsversorgung und die Subventionierung von Grundnahrungsmitteln an. Doch brachten politische Fehler, innere Konflikte und nicht zuletzt Druck der USA die sandinistische Regierung in wachsende Bedrängnis. 1990 wurden die Revolutionäre in freier Wahl abgewählt. Regierungschefin wurde die Kandidatin eines konservativen Oppositionsbündnisses, Violeta Chamorro. Die Sandinisten sind seitdem in der parlamentarischen Opposition.

Tendenzen zur Demokratie

Anfang der 80er Jahre setzte in Lateinamerika ein umfassender Demokratisierungsprozeß ein. In zahlreichen Staaten, wie z. B. in Argentinien, Brasilien, Chile und Uruguay ging die Regierungsmacht schrittweise wieder in die Hände demokratisch gewählter Politiker über, wobei das Militär vielfach weiterhin eine zentrale Rolle spielte. Viele Länder erhielten eine an US-amerikanischem Vorbild orientierte Verfassung, doch änderten sich die tatsächlichen Machtverhältnisse nicht grundlegend. Nach wie vor besetzt in den meisten Ländern eine kleine

Oberschicht die zentralen Positionen in Politik und Wirtschaft. Große Bereiche und Institutionen der Gesellschaft sind hierarchisch gegliedert mit mächtigen Führungspersonen an der Spitze, deren Herrschaftsstil häufig an die Caudillos des 19. und 20. Jhs. erinnert.

Allen Demokratisierungsforderungen bislang widersetzt hat sich das sozialistische Regime auf Kuba. Auch nach dem Zusammenbruch des Ostblocks und der Auflösung der Sowjetunion (1989 bzw. 1991), einst wichtigster Verbündeter des Karibikstaates, ist Präsident Fidel Castro von seinem Sozialismusmodell nicht abgewichen. Die Folge sind eine dramatische Verschlechterung der Wirtschaftslage und zunehmender Mangel, dem Mitte der 90er Jahre zahlreiche Kubaner durch Flucht in die USA zu entkommen suchten.

Gegenläufig ist zeitweise auch die Entwicklung in Peru, das der 1990 demokratisch gewählte Präsident Alberto Kenya Fujimori seit seinem Putsch von 1992 diktatorisch regiert. Ungeachtet internationaler Proteste setzte Fujimori die Verfassung außer Kraft, verordnete dem völlig verarmten Land eine wirtschaftliche Schocktherapie, die u.a. eine drastischen Reduzierung der Sozialausgaben enthielt, und ging mit eiserner Hand gegen Oppositionelle vor. Mit rücksichtsloser Gewalt verfolgen Polizei und Militär die linksgerichteten Untergrundorganisationen Leuchtender Pfad und Túpac Amaru, die sich ihrerseits terroristischer Mittel bedienen.

Divergierende aktuelle Entwicklung

In den 90er Jahren zeigt die Lage Lateinamerikas ein uneinheitliches Bild. Auf der einen Seite haben sich in der Mehrzahl der Staaten demokratische Verhältnisse gefestigt, wobei Machtballung bei der Oberschicht, Korruption und Cliquenwirtschaft zum Nachteil der breiten Bevökerungsschichten weiterhin bestehen. In einigen Staaten Mittelamerikas (El Salvador; Guatemala) konnten seit 1992 jahrzehntelange Bürgerkriege, bei denen mehrere zehntausend Menschen ums Leben kamen, durch Friedensvereinbarungen zwischen der Regierung und den linksgerichteten Guerillabewegungen beigelegt werden. Auf der anderen Seite hat Lateinamerika weiterhin mit schwerwiegenden wirtschaftlichen und sozialen Problemen zu kämpfen.

Zu ihnen zählt das anhaltende Bevölkerungswachstum besonders in den unteren Schichten, dem kein ausreichendes Angebot an Arbeitsplätzen gegenübersteht. Folgen sind eine massive Landflucht

Raubbau an einer »grünen Lunge«

Im südamerikanischen Amazonasbecken befinden sich die größten Regenwaldgebiete der Erde. Vergleichbare Urwälder gibt es lediglich im Kongobecken und auf der indonesisch-malayischen Inselwelt. Für das Weltklima und die Stabilität der Atmosphäre ist dieser tropische Regenwald von existenzieller Bedeutung, da von den dort wachsenden Bäumen und Pflanzen große Mengen von Kohlendioxid abgebaut und Sauerstoff abgegeben werden. Zudem sind die Tropenwälder ein riesiges Artenreservoir, sie weisen mindestens 50 % aller auf der Welt vorkommenden Tier- und Pflanzenarten auf. Tropische Regenwälder bedecken rund 7 Mio. km² der Erdoberfläche. Davon entfallen etwa 3,4 Mio. km² auf Südamerika. Eine gleich große Fläche ist in den vergangenen 30 Jahren durch Abholzung und Brandrodung vernichtet worden, mit kaum absehbaren Langzeitfolgen für das ökologische Geichgewicht in der Region wie für das Weltklima. In Brasilien, das mit rund 2,4 Mio. km² einen Anteil von etwa 70 % am gesamten südamerikanischen Regenwald besitzt, sind bislang etwa 12 % abgeholzt (Stand: 1994). Der Umgang mit dem tropischen Regenwald ist eines der Hauptprobleme Brasiliens, wobei sich wirtschaftliche Interessen – sowohl der Massen von Landlosen als auch internationaler Unternehmen – und ökologische Bedenken der internationalen Staatengemeinschaft gegenüberstehen.

Die ökonomische Nutzung des Amazonasbeckens begann Mitte des 19. Jhs., nachdem ein chemisches Verfahren zur Gummiherstellung aus Rohkautschuk entwickelt worden war. Zehntausende Menschen drangen in den Urwald vor, um die Milch des Gummibaums zu sammeln und zu Rohkautschuk zu verarbeiten. Die Erfindung eines synthetischen Verfahrens zur Gummiherstellung hatte nach 1910 den raschen Niedergang der Kautschukwirtschaft zur Folge.

Um 1970 begann mit dem Bau einer transamerikanischen Straße in Ost-West-Richtung durch das Amazonasgebiet eine neue Phase der rücksichtslosen Nutzung des Regenwaldes. Mit Billigung der brasilianischen Regierung zogen zahlreiche Landlose ins Landesinnere und rodeten durch Abbrennen ein Stück Land, um dort Getreide und Früchte anzubauen oder einige Stück Vieh zu halten. Da der Boden des Amazonasbeckens extrem nährstoffarm ist, werden die gerodeten Flächen binnen weniger Jahre unfruchtbar. Die Familien müssen weiterziehen, um an anderer Stelle erneut ein Stück Regenwald zu roden. Zurück bleiben ausgelaugte Böden, die zumeist rasch erodieren. Weit größer sind die Schäden, die dem brasilianischen Regenwald durch den Bau industrieller Großanlagen, die Erschließung von Bodenschätzen, die flächendeckende Abholzung unter der Regie internationaler Unternehmen sowie durch Brandrodungen zur Schaffung von Weideland, das zumeist nur wenige Jahre genutzt werden kann, zugefügt werden.

Als Ende der 80er Jahre die internationalen Proteste gegen den Raubbau am tropischen Regenwald immer lauter wurden, erklärte sich Brasilien zu einer verantwortlicheren Nutzung eines seiner größten Reichtümer und zu schärferen Kontrollen bei der Nutzung bereit. Tatsächlich ging die jährliche Verlustrate durch Abholzung und Brandrodung – u.a. unter dem Eindruck der UNO-Umweltschutzkonferenz von Rio de Janeiro 1992 bis 1994 leicht zurück; dann stieg sie um so deutlicher wieder an. Zwar richtete der brasilianische Staat eine Kontrollbehörde (Ibama) ein, doch deren Wirksamkeit ist begrenzt; rund 80 % aller Abholzungen werden illegal, an den Kontrollorganen vorbei, vorgenommen. Seit 1996 drängen verstärkt indonesische und malayische Holzkonzerne ins Amazonasgebiet, um dort durch flächendeckenden Edelholzeinschlag Gewinne zu machen, nachdem sie in den asiatischen Regenwaldgebieten an die Grenzen ihrer Expansionsmöglichkeiten gestoßen sind. Zwar gibt es auch Firmen, die – zumeist mit in Europa entwickelten Konzepten und UNO-Unterstützung – um eine schonende, d.h. nachhaltige Nutzung des tropischen Regenwaldes bemüht sind, doch ist ihre Zahl noch zu gering, als daß sich ihr Vorgehen bereits jetzt positiv in der »grünen Lunge« der Welt bemerkbar machen könnte.

Chronik Zeittafel

1542	Karl V. erläßt die Neuen Gesetze zum Schutz der Indios
1610	Beginn der Jesuitenmission
1720	Brasilien wird Vizekönigreich
1739	Neugranada wird Vizekönigreich
1804	St. Domingue wird als Haiti selbständig
ab 1810	Unabhängigkeitsbewegungen erkämpfen Loslösung von Spanien und Portugal
1822	Proklamation des Kaiserreichs Brasilien
1830	Aufspaltung von Großkolumbien in Neugranada, Ecuador und Venezuela
1838	Zerfall der Zentralamerikanischen Föderation
1879–1883	Salpeterkrieg zwischen Chile, Peru und Bolivien
1898	Spanisch-amerikanischer Krieg
1900	Unabhängigkeit Kubas
1903	USA erzwingen Loslösung Panamas von Kolumbien
1912	Militärintervention der USA in Nicaragua
ab 1929	Wirtschaftlicher Niedergang infolge der Weltwirtschaftskrise
1945	Gründung der Organisation Amerikanischer Staaten (OAS)
1947	Rio-Pakt (interamerikanischer Beistand)
1959	Revolution auf Kuba
1962	Kubakrise
1973	In Chile Militärputsch gegen den sozialistischen Präsidenten Salvador Allende
1976	Militärputsch in Argentinien
1979	Sandinistische Revolution in Nicaragua
1982	Falkland-Krieg zwischen Großbritannien und Argentinien
1983	US-Intervention auf Grenada
1989	US-Intervention in Panama
ab 1990	In vielen Staaten Lateinamerikas Übergang zur Demokratie

(→Lexikon)und das sprunghafte Wachstum der Städte. In den wuchernden Elendsquartieren der lateinamerikanischen Megastädte mit ihren Bewohnern ohne soziale Perspektive breiten sich Gewaltkriminalität, Drogenkonsum und -handel sowie Prostitution verstärkt aus. Im Fall von Kolumbien erreichte der Anbau und Handel von Kokain Anfang der 90er Jahre ein solches Ausmaß, daß die mächtigen Drogenkartelle nach Einschätzung von Experten den Staatsapparat teilweise kontrollierten.

Die wirtschaftliche und soziale Entwicklung Lateinamerikas wird zudem durch seine drückende Schuldenlast (→Lexikon) behindert. Von 1970 bis 1990 stieg die Gesamtverschuldung des Subkontinents von 172 Mrd. US-Dollar auf rund 339 Mrd. US-Dollar. Damit ist Lateinamerika der am höchsten verschuldete Wirtschaftsraum der Welt. Zum Abbau des Haushaltsdefizits haben die meisten lateinamerikanischen Staaten, auch auf Anraten der Weltbank und des Internationalen Währungsfonds, einen rigorosen Sparkurs eingeschlagen, von dem die armen Bevölkerungsschichten und große Teile des städtischen Mittelstandes am stärksten betroffen sind.

Zudem ist Lateinamerika mit Umweltproblemen von z.T. gigantischem Ausmaß konfrontiert. So hat die Luftverschmutzung in den Megametropolen wie São Paulo (Brasilien) oder Mexiko-Stadt, in denen über 20 Mio. Menschen leben, dramatisch zugenommen. Zu einem schwerwiegenden Umweltproblem mit weltweiten Konsequenzen entwickelt sich die rücksichtslose Abholzung des tropischen Regenwaldes in Brasilien (→Raubbau an einer »grünen Lunge«, S. 269). Brandrodungen zur Gewinnung landwirtschaftlicher Nutzfläche und der Abbau von Bodenschätzen ohne Rücksicht auf die Vegetation vernichten riesige Waldbestände, die u.a. wichtig für die Regulierung des Weltklimas sind. Im Amazonasgebiet ist der Lebensraum zahlreicher Indianerstämme durch die Abholzung bedroht.

Zu den positiven Entwicklungen der 90er Jahre in Lateinamerika gehört neben einem insgesamt gefestigten Parlamentarismus das Engagement einer wachsenden Zahl von Menschenrechts- und Umweltgruppen in nationalem und internationalem Rahmen. Wenngleich ihr direkter Einfluß auf die Politik relativ gering ist, finden sie doch zunehmend Gehör, u.a. vor den Vereinten Nationen, und Anerkennung, die beispielsweise in der Verleihung des Friedensnobelpreises 1992 an die guatemaltekische Menschenrechtsaktivistin Rigoberta Menschú (▷Chronik Biografie, S. 286) zum Ausdruck kommt.

Lateinamerika und Karibik

Staatenteil

- Mittelamerika
- Karibik
- Südamerika

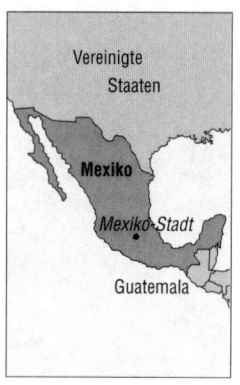

Vereinigte Staaten

Mexiko

Mexiko-Stadt

Guatemala

Mexiko
(México)

Fläche: 1 958 201 km²
Bevölkerung:
    25,8 Mio. (1950)
    48,9 Mio. (1970)
    95,5 Mio. (1996)
Sprachen: Spanisch, Náhuatl
    (Aztekisch),
    Mayasprachen
Staatsform: Präsidiale Bundes-
    republik

Mitgliedschaften: ALADI; APEC; NAFTA, OAS, OECD, SELA, UNO

Das heutige Mexiko war Heimat präkolumbischer Hochkulturen. Bereits um 1200 v. Chr. schufen die Olmeken eine hochstehende Kultur. Ihr folgten die Mayakultur (Blütezeit zwischen 300 und 900 n. Chr.) und das Aztekenreich (Blütezeit um 1460), dessen Eroberung durch die Truppem des Hernán Cortés ab 1519 den Beginn der spanischen Kolonialherrschaft markiert. Nachdem Mexiko 1821 seine Unabhängigkeit erlangt hatte, wurde das Land jahrzehntelang von politischen Kämpfen zerrissen. Unter der Diktatur von Porfirio Díaz (1876–1910) wuchs der ausländische Einfluß auf Wirtschaft und Politik Mexikos. Soziale Spannungen entluden sich 1910 in einer Revolution, die in eine Phase relativer Stabilität mündete. Seit 1928 lag die politische Macht für Jahrzehnte in den Händen der Staatspartei PRI (Partei der institutionalisierten Revolution). Erst 1997 gewann die Opposition in dem hochverschuldeten Land nach Wahlerfolgen größeren Einfluß.

Politische Struktur

Nach der Verfassung von 1917 ist Mexiko eine Föderation aus 31 Bundesstaaten und einem Bundesdistrikt. Die einzelnen Staaten werden von direkt gewählten Gouverneuren regiert und haben eigene Verfassungen sowie Gesetzgebungs- und Verwaltungsorgane. An der Spitze der Exekutive des Gesamtstaates steht der auf sechs Jahre gewählte, mit weitgehenden Machtbefugnissen ausgestattete Präsident, der auch dem Kabinett vorsteht. Er hat den Oberbefehl über die Armee und kann gegen Gesetzesbeschlüsse des Parlaments sein Veto einlegen.

Die gesetzgebende Gewalt liegt beim Kongreß, der aus einem 500 Sitze umfassenden Abgeordnetenhaus und dem Senat mit 128 Mitgliedern besteht.

Die Parlamentsmitglieder werden für eine dreijährige Legislaturperiode gewählt. Das Justizwesen Mexikos ist im Bereich des Straf- und Zivilrechts stark an europäischen Vorbildern, insbesondere am französischen, orientiert, wohingegen das Strafprozeßrecht an das der Vereinigten Staaten angelehnt ist.

Die Parteienlandschaft von Mexiko wurde von der seit 1928 fast 70 Jahre mit absoluter Mehrheit regierenden Partido Revolucionario Institucional (PRI, Partei der institutionalisierten Revolution) beherrscht. Erst Mitte der 80er Jahre bildeten sich Oppositionsparteien bzw. Parteienbündnisse als Gegengewicht zur PRI heraus. Die wichtigsten sind die Partido de Trabajo (PT, Arbeiterpartei) und die linksorientierte Partido de la Revolución Democrática (PRD, Partei der Demokratischen Revolution). In den Jahren zuvor hatte die katholisch-konservative Partido Acción Nacional (PAN, Partei der Nationalen Aktion) nahezu als einzige Gruppierung neben der PRI bestehen können.

Ihre jahrzehntelange politische Dominanz hatte die PRI dazu genutzt, fast alle Schlüsselpositionen in Politik, Wirtschaft und Verwaltung mit Leuten aus ihren Reihen zu besetzen. Bei den Wahlen vom Juli 1997 verlor die PRI erstmals seit ihrer Gründung die absolute Mehrheit der Parlamentssitze, was einem politischen Erdbeben gleichkam.

Landesnatur

Mexiko ist das größte und bevölkerungsreichste Land Mittelamerikas. Im Norden grenzt es an die Vereinigten Staaten, im Südosten an Belize und Guatemala. Zum Staatsgebiet gehören neben zahlreichen küstennahen Inseln auch die Pazifikinseln Isla de Guadelupe und Islas Revillagigedo. Geographisch genau betrachtet liegen rund drei Viertel des mexikanischen Territoriums auf der Südspitze des nordamerikanischen Teilkontinents, während die südlichen Provinzen, das gebirgige Chiapas und die verkarstete Halbinsel Yucatán, zu Mittelamerika gezählt werden.

Der Norden Mexikos besteht zu einem Großteil aus einem Hochplateau, das in einer Höhe von 1300 m im Nordwesten und 2500 m im Südosten liegt. Es ist im Westen und Osten durchzogen von Gebirgsketten, Fortsetzungen des nordamerikanischen Kordillerensystems. Die im Westen sich erstreckende Sierra Madre Occidental ist vulkanischen Ursprungs und ragt bis zu einer Höhe von 3559 m auf. Die aus Kalkstein aufgefaltete Sierra Madre Oriental erreicht eine Höhe von 4054 m. Südlich davon schließt sich eine Vulkankette an, in der sich die beiden höchsten Berge des Landes, die Vulkane Pico de Orizaba (5742 m) und der Popocatépetl (5452 m) befinden. Weiter südlich liegt die bis zu 3396 m hohe Sierra Madre del Sur. Der südöstliche, auf der mittelamerikanischen Landenge gelegene Bereich von Mexiko gliedert sich in zwei Großlandschaften: die Halbinsel Yucatán und das Gebirgsland von Chiapas. Yucatán ist ein größtenteils verkarstetes, an einigen Stellen der Küstenbereiche sumpfiges Kalkplateau. Die Sierra Madre de Chiapas besteht aus Vulkangestein und erreicht bis zu 4000 m Höhe. Im Norden von Mexiko gibt es überwiegend Wüstenböden, lediglich der Küstenstreifen zum Atlantik weist ertragreiche Humusböden auf. Fruchtbare Böden vulkanischen Ursprungs gibt es auf dem ausgedehnten Hochplateau in der Landesmitte.

Die nördlichen Gebiete Mexikos haben subtropisches Klima mit trockenheißen Sommern und milden Wintern. In den dortigen Wüstenregionen schwanken die Monatsmitteltemperaturen zwischen 15 °C und 35 °C. Die südlichen Landesteile liegen im Bereich tropischen, ganzjährig feuchtheißen Klimas. In diesen Provinzen schwanken die Monatsmitteltemperaturen lediglich zwischen 25 °C und 28 °C. Bei den jährlichen Niederschlagsmengen gibt es erhebliche regionale Unterschiede. Die Regenmengen pro Jahr liegen zwischen rund 100 mm in den nordwestlichen Wüstenregionen und über 2500 mm im Bereich der Passatwinde auf der in den Atlantik ragenden Halbinsel Yucatán.

Entsprechend den zwei unterschiedlichen Klimazonen gibt es in Mexiko verschiedene Vegetationsformen. In den Wüstenregionen des subtropischen Nordens trifft man auf karge Wüstenvegetation. In den nördlichen Steppen herrschen Kakteen, Dornsträucher und Hartgräser vor. Diese Steppen gehen nach Süden in grasbewachsene Höhensavannen über. An den niederschlagsreicheren Gebirgshängen des nördlichen Landesteils wachsen Kiefern- und Zedernwälder. Der tropische Süden von Mexiko ist zu einem Teil mit Regenwäldern bedeckt. In dieser Zone wechselt die Vegetation vor allem in Abhängigkeit von der Höhenlage. Regenwald sowie Zuckerrohr- und Kakaoplantagen gibt es vor allem im »heißen Land« (Tierra caliente) in einer Höhe bis 1000 m. Die darüber gelegene gemäßigte Zone bis 2000 m Höhe ist die Zone des »ewigen Frühlings« mit einer arten- und blütenreichen Vegetation. Das »kalte Land« (Tierra fria) hat recht kühle Mitteltemperaturen und ist von tropischem Höhen- und Nebelwald bewachsen. In dieser Zone werden bevorzugt Weizen, Mais und Gemüse angebaut.

Bevölkerung

Die ethnische Zusammensetzung der mexikanischen Bevölkerung läßt sich nur ungenau angeben, da zahlreiche Mischlinge sich willkürlich einer bestimmten Volksgruppe zuordnen. Der weitaus größte Teil der Bevölkerung sind Mestizen (Indianermischlinge), deren Anteil nach groben Schätzungen rund 70 % beträgt. Der Bevölkerungsanteil der Indianer wird auf 10 % bis 25 % geschätzt. Die meisten Indianer, u. a. Mayas, Zapoteken, Mazateken und Mixteken, leben in den südlichen Provinzen. Als Weiße bezeichnen sich 10 bis 15 % der Einwohner von Mexiko. 95 % der Mexikaner sind Christen, rund 90 % Katholiken, 5 % Protestanten. 5 % der Bevölkerung gehören anderen Religionsgemeinschaften an oder bezeichnen sich als konfessionslos. Mexiko hat ein hohes Bevölkerungswachstum (in den 80er Jahren rund 2 % pro Jahr), das den Staat vor große soziale Probleme stellt. Insbesondere die starke Landflucht (→Lexikon) und das explosionsartige Wachstum der Städte führt zu gesellschaftlichen Umbrüchen, denen die Politik oft machtlos gegenübersteht. Mit rund 20 Mio. Einwohnern ist die Hauptstadt Mexiko-Stadt eine der größten Metropolen der Welt (sog. Megastadt).

Wirtschaft

Mexiko hat eine der leistungsfähigsten Industrien Lateinamerikas. Der Anteil der Industrie am Bruttoinlandsprodukt betrug 1994 rund 28 %, etwa 25 % der Erwerbstätigen sind in der Industrie beschäftigt. Wichtigste Sektoren sind die Eisen- und Stahlproduktion, Fahrzeugbau sowie chemische Industrie. Seit Jahrhunderten ist das an Bodenschätzen reiche Mexiko eines der weltweit größten Bergbauländer. Es ist nach wie vor der größte Silberproduzent und -exporteur der Welt. Daneben werden in großem Umfang u.a. Graphit, Kupfer, Zink, Blei, Mangan und Gold abgebaut und z. T. in landeseigenen Fabriken weiterverarbeitet.

Besonderes Gewicht hat die Erdölförderung, mit der bereits Anfang des 20. Jhs. in großem Stil begonnen wurde. Die reichen Vorkommen liegen vor allem im Küstenbereich des Golfs von Mexiko und auf dem vorgelagerten Festlandsockel. Mitte der 80er Jahre nahm Mexiko unter allen Ölförderländern mit einer Jahresleistung von rund 950 Mio. Barrel den vierten Rang ein. Förderung und Weiterverarbeitung des Erdöls werden von der staatlichen Gesellschaft Petróleos Mexicanos (Pemex), dem größten Unternehmen Mexikos, kontrolliert. Öl und Ölprodukte haben am gesamten Ausfuhrvolumen des Landes einen

Anteil von rund 20 %. Der Preisverfall für Erdöl führte ab Mitte der 80er Jahre zu drastischen Einnahmeverlusten mit der Folge, daß die Wirtschaft insgesamt stagnierte und vor allem die Schuldenkrise (→Lexikon) Mexikos sich dramatisch verschärfte. Mit einer Auslandsverschuldung von über 130 Mrd. US-Dollar war Mexiko Mitte der 90er Jahre nach Argentinien das am höchsten verschuldete Land Lateinamerikas und eines der am stärksten verschuldeten der Welt. 1989 konnte Mexiko nur durch ein Umschuldungsabkommen, bei dem Gläubigerbanken auf einen Teil ihrer Forderungen verzichteten, vor dem Staatsbankrott bewahrt werden. Im Norden von Mexiko, an der Grenze zu den USA, hat sich in größerem Umfang verarbeitende Industrie angesiedelt, in der ausländische Firmen für den Export produzieren lassen. Die Regierung fördert diese Art der Arbeitsplätze schaffenden Zwischenproduktion z. T. durch Steuervergünstigungen.

Die Landwirtschaft bildet nach wie vor die Lebensgrundlage für annähernd die Hälfte der mexikanischen Bevölkerung. Etwa die Hälfte des gesamten Territoriums wird agrarisch genutzt. Die Anbauflächen konzentrieren sich auf die Küstenregionen, die südliche Hochebene und die südlichen Randgebiete des Hochlands. In größeren Gebieten ist lohnender Anbau nur mittels aufwendiger Bewässerungssysteme möglich. Hauptanbauprodukte sind Mais, Kartoffeln, Weizen, Gerste, Reis, Gemüse und Zitrusfrüchte, die zumeist für den Eigenverbrauch bestimmt sind. Hauptsächlich für den Export werden in großem Stil u. a. Kaffee, Tabak und Baumwolle produziert. In der mexikanischen Landwirtschaft bestehen seit den Landreformen drei Eigentumsformen nebeneinander. Neben der Masse der Kleinbauern mit weniger als 5 ha Land gibt es Mittel- und Großgrundbesitz, der über 70 % der Ackerfläche umfaßt, und Flächen in Gemeineigentum, über die der Staat die Kontrolle ausübt.

GESCHICHTE

Vorkolumbische Hochkulturen (bis 1520)

Die ältesten Zeugnisse menschlicher Siedlung auf dem Gebiet des heutigen Mexiko stammen aus der Zeit um 20 000 v. Chr. Die ersten Bewohner des Gebiets kamen vom nordamerikanischen Halbkontinent. Vom heutigen Mexiko aus setzte sich in den folgenden Jahrtausenden die Besiedlung Mittel- und Südamerikas weiter fort, bis um etwa 8000 v. Chr. die ersten Menschen die Südspitze Südamerikas (Feuerland) erreichten. Im Tehuacántal (Puebla) bil-

dete sich um 9000 v. Chr. eine eigenständige Kultur heraus, deren Entwicklung archäologisch nachvollzogen werden kann. Feste Wohnhäuser sind bereits für die Periode um 3000 v. Chr. nachweisbar. Um 2300 v. Chr. tauchten erste Tongefäße auf. Zwischen 2300 und 1100 v. Chr. gab es in diesem Gebiet feste Dorfsiedlungen, bevorzugt in der Nähe von Flüssen und Seen; die Menschen betrieben Feldbau und verehrten in ihrer Religion Fruchtbarkeitsgöttinnen. Sie waren mit der Herstellung von Gebrauchsgegenständen aus Keramik und von Tonfiguren vertraut.

Um 1200 v. Chr. liegen die Anfänge der ersten Hochkultur in Mittelamerika, deren Träger die Olmeken waren, ein Indianervolk unbekannter Herkunft. Ihr Kerngebiet reichte vom Osten des heutigen Mexiko über das südlich gelegene Veracruz, Tenochtitlán bis nach La Venta (nach diesem Ort auch die Bezeichnung La Venta-Kultur). Die Olmeken lebten in einer hierarchisch gegliederten Gesellschaft mit einer reichen Oberschicht an der Spitze und einer kleineren Schicht spezialisierter Handwerker. Die Masse der Bevölkerung mußte durch Tributleistungen den Lebensunterhalt der Oberschicht sichern. Für die Nahrungsgrundlage der Gesellschaft sorgte ein intensiver Ackerbau mit Mais, Bohnen und Chili als verbreitetsten Anbauprodukten.

Zu den herausragenden Leistungen der olmekischen Kultur, deren Blütezeit um 400 v. Chr. lag, zählen ein Kalender und Anfänge einer Hieroglyphenschrift. Ab etwa 800 v. Chr. verbreitete sich die Kultur der Olmeken durch Handel, aber auch Eroberungszüge über große Teile Mittelamerikas bis ins heutige Costa Rica, so daß sie als die »Mutterkultur« für die späteren Hochkulturen dieser Region gilt. Charakteristisch für ihre Kunst sind monumentale Menschenköpfe aus Stein. Erhalten sind auch große Altäre, Stelen und Kolossalfiguren. Die Olmeken verehrten mehrere Gottheiten, deren Kulte sich teilweise, wie der des Regengottes, bis in die Zeit der spanischen Eroberung erhielten.

Im Siedlungsraum der Olmeken finden sich auch die ältesten, später in Mittelamerika typischen Zentralplätze mit Tempelpyramiden. Bevorzugtes Material bei der Herstellung von Kleinfiguren war Jade, daneben auch Amethyst, Serpentin und Bergkristall. Die meisten Figuren mit Menschendarstellungen weisen eine charakteristische Gesichtsbildung auf, sog. baby faces.

Über die »Zwischenstation« Izpata im Süden Mexikos (in der heutigen Provinz Chiapas) vermittelt, entwickelte sich aus der Olmekenkultur auf dem Gebiet des heutigen Guatemala und später auf der

Halbinsel Yucatán die Hochkultur der Mayas, die bis zur spanischen Eroberung Bestand hatte (→historischer Überblick, S. 230).

Nach dem Niedergang der Olmeken begann etwa ab dem 2. Jh. v. Chr. der Aufstieg der Stadt Teotihuacán zum führenden Kulturzentrum in Mexiko. Ihre Blütezeit erlebte die Stadt etwa zwischen 200 und 600 n. Chr. Das politische und kulurelle Zentrum Mexikos verlagerte sich dabei von der Ostküste in die mittleren Hochplateaus. Um 600 n. Chr. war Teotihuacán (40 km nördlich des heutigen Mexiko-Stadt) mit 150 000 Einwohnern größte Stadt Südamerikas.

Gegen Ende dieser frühklassischen Periode der vorkolumbischen Geschichte Mexikos und Mittelamerikas drangen von Norden fremde Volksstämme ein und unterwarfen einen Teil der innerlich geschwächten Kulturen. In die nachfolgende spätklassische Periode (650–950 n. Chr.) fiel u.a. die Blütezeit der Indianerkulturen von Cholula und Xochicalco in Zentralmexiko und der zapotekischen Kultur von Monte Albán bei Oaxaca. Die Mayakultur breitete sich in diesem Zeitraum in die Regenwaldgebiete bis in die heutige Provinz Chiapas und ins heutige Guatemala aus.

Im 9. Jh. gaben die Mayas aus bislang ungeklärten Gründen ihre ursprünglichen Siedlungsgebiete auf und errichteten auf der Halbinsel Yucatán neue politische und kulturelle Zentren. Etwa zur selben Zeit gründeten chichimekische Tolteken, die von Norden eingewandert waren, im zentralen Hochland ein mächtiges Reich. Anfang des 11. Jhs. zogen aufgrund innenpolitischer Machtkämpfe größere Gruppen von Tolteken weiter nach Südosten und siedelten sich auf Yucatán an.

Im 11. Jh. kamen von Norden die Azteken, ein kleines Nomadenvolk, das sich selbst Mexica oder Tenochca nannte, nach Zentralmexiko. Nach der Gründung ihrer Hauptstadt Tenochtitlán (auf dem Gebiet des heutigen Mexiko-Stadt) im Jahr 1360 stiegen die Azteken binnen weniger Jahrzehnte aufgrund militärischer Stärke und einer geschickten Bündnispolitik zur führenden Macht in Zentralmexiko auf.

Eroberung und Kolonisation (1519–1810)

Bei der Ankunft der Spanier 1519 standen die Azteken auf dem Höhepunkt ihrer kulturellen Entwicklung und militärischen Stärke. Die Bündnisse mit den teilweise tributpflichtigen Nachbarvölkern erwiesen sich in den Kämpfen gegen die spanischen Eroberer als brüchig (→historischer Überblick, S. 231).

1519 landete der Spanier Hernán Cortés mit nur 180 Gefolgsleuten an der Küste von Yucatán, von wo er in mehrwöchigem Marsch zur Aztekenhauptstadt Tenochtitlán zog. Nach Eroberung der umliegenden Gebiete und im Bündnis mit ehemals tributpflichtigen Nachbarvölkern gelang Cortés im August 1521 die Eroberung von Tenochtitlán. In den folgenden Jahren unterwarfen die Spanier weite Teile Mexikos für die spanische Krone; die Halbinsel Yucatán, Siedlungsraum der Mayas, brachten sie erst 1547 in ihre Gewalt (→historischer Überblick, S. 237).

1535 wurde auf dem eroberten Gebiet das Vizekönigreich Neuspanien gegründet. In der Folgezeit bildete Neuspanien lange das politische, wirtschaftliche und kulturelle Zentrum der spanischen Kolonialherrschaft in Mittel- und Südamerika. Ab dem 16. Jh. gelang es den Spaniern, die Grenzen ihrer Herrschaft nach Norden zu verschieben und u. a. Texas, New Mexico und Kalifornien ihrem Kolonialbesitz einzugliedern.

Mit den Eroberern kamen katholische Missionare, vor allem Franziskaner und Dominikaner, ins Land, um die Indianer für den christlichen Glauben zu gewinnen. Unter ihnen gab es einige, die wie der Dominikaner Bartolomé de Las Casas (▷Chronik Biografie, S. 278) die Unterdrückung der Indianer mißbilligten und sie vor Übergriffen der Kolonisatoren zu schützen versuchten.

Neuspanien, das spätere Mexiko, verfügte über reiche Silbervorkommen und war aus diesem Grund neben dem goldreichen Peru, dem ehemaligen Inkareich, die ökonomisch interessanteste spanische Überseebesitzung. Während der rund 300-jährigen Kolonialherrschaft kamen etwa zwei Drittel der damaligen Weltsilberproduktion aus Neuspanien und trugen wesentlich zu Reichtum und Machterhalt des Mutterlandes bei. Zentren des Silberbergbaus lagen um Zacatecas und Guanajuato im Norden des Landes. Erkauft wurde der anhaltende Silberboom mit der rücksichtslosen Ausbeutung der Indianer, die in den Bergwerken arbeiten mußten. Die Zahl der Ureinwohner Mexikos war nach der Eroberung innerhalb von knapp 100 Jahren von rund 12 Mio. auf unter 1 Mio. zurückgegangen. Neben Silber exportierte das Vizekönigreich Neuspanien in größerem Umfang auch Tabak, Kaffee, Kakao und Baumwolle sowie den roten Farbstoff Koschenille.

Seit Mitte des 17. Jhs. stieg die Bevölkerungszahl Neuspaniens langsam, aber kontinuierlich wieder an. Die koloniale Gesellschaft gliederte sich in eine Oberschicht gebürtiger Spanier und deren Nachkommen, Kreolen, welche die politischen und wirtschaftlichen Machtpositionen besetzten, in eine wachsende Zahl von Mestizen, die seit Anfang des

18. Jhs. verstärkt soziale und politische Gleichberechtigung forderten, und die Masse der Indianer am unteren Ende der Gesellschaftspyramide.

Im Zeichen des aufgeklärten Absolutismus (→Lexikon) bemühte sich die spanische Krone, insbesondere nach der Thronbesteigung Karls III. im Jahr 1759, um eine Neuorganisation in der gesamten Zivil- und Finanzverwaltung, auch und vor allem in den Kolonien. Die Verwaltungsstrukturen wurden zentralisiert, die Wirtschaft teilweise liberalisiert. Auf ökonomischem Gebiet gaben diese Maßnahmen den spanischen Besitzungen positive Impulse, doch führ-

ten sie auch zu einer Einschränkung des Einflusses der Kreolen, was wiederum den Interessengegensatz zwischen Kreolen und der Kolonialverwaltung bzw. der Krone verschärfte.

Kampf um Uabhängigkeit (1790–1824)

Gegen Ende des 18. Jhs. wurde unter den Kolonisatoren die Forderung nach Selbstbestimmung und Unabhängigkeit von Spanien immer lauter. Dabei spielten sowohl äußere als auch innerkoloniale Faktoren eine Rolle. Zu den äußeren Anstößen zählten die Beispiele des erfolgreichen Unabhängigkeits-

Faszinierende Vielfalt auf den Märkten der Aztekenhauptstadt

Chronik Zitat

1519, zwei Jahre vor der vollständigen Zerstörung der Aztekenhauptstadt Tenochtitlán, gibt der spanische Hauptmann Bernal Díaz einen lebendigen Eindruck vom Reichtum und der Größe des Ortes. Insbesondere die Warenvielfalt der Märkte stellt er heraus:

»Dort fanden wir eine unerwartet große Menge von Menschen, zahlreiche Verkaufsstände und eine ausgezeichnete Ordnungspolizei. Die Kaziken (Häuptlinge, Ortsvorsteher) machten uns auf alle Besonderheiten aufmerksam. Jede Warengattung hatte ihre Plätze. Da gab es Gold- und Silberarbeiten, Juwelen, Stoffe, Federn, Baumwolle und Sklaven. Der Sklavenmarkt war hier genauso groß wie der Negermarkt der Portugiesen in Guinea. Damit sie nicht fliehen konnten, waren sie mit Halsbändern an lange Stangen geschnallt. Nur wenige durften frei herumgehen.

Dann kamen die Stände mit einfacheren Waren, mit grobem Zeug, mit Zwirn und Kakao zum Beispiel. Ganz Neuspanien bot hier seine Erzeugnisse an. Ich kam mir vor wie auf der großen Messe zu Hause, in meinem Geburtsort Medina del Campo, wo auch jede Ware ihre eigene Straße hat. Da gab es Sisalstoffe, Seile und Strickschuhe. Dort wurden gekochte Yucawurzeln und andere aus dieser Pflanze gewonnene Produkte angeboten. Es gab rohe und gegerbte Häute von Tigern, Löwen, Schakalen, Fischottern, Rotwild, wilden Katzen und anderen Raubtieren. Wir fanden aber auch Stände, an denen Bohnen, Salbei und vielerlei Gemüse und Gewürze verkauft wurden. Es gab einen

besonderen Geflügel- und Wildbretmarkt, einen für Kuchenbäcker und einen für Wursthändler. In den Ständen der Töpfer fanden wir von großen irdenen Gefäßen bis zum kleinsten Nachttopf alles. Wir gingen an Verkäufern von Honig, Honigkuchen und anderen Leckereien vorbei, an Möbel-, Holz- und Kohlenhändlern. Ganze Kähne mit menschlichen Fäkalien lagen am Ufer. Die Mexikaner brauchen sie zum Gerben. Ich finde kein Ende mit dieser Aufzählung, und doch habe ich das Papier, die Röhren mit dem flüssigen Eukalyptusöl und mit dem Tabak, die wohlriechenden Salben und die Hallen mit den Sämereien noch gar nicht genannt, ganz zu schweigen von den Heilkräutern. Und nun hätte ich fast die Handwerker vergessen, welche die Feuersteinmesser machen, das Salz, den Fischmarkt und die Brote, die aus getrocknetem Schlamm gemacht werden, den man in den Seen fischt. Sie schmecken wie Käse. Schließlich gab es noch Instrumente aus Messing, Kupfer und Zinn, handgemalte Tassen und Krüge aus Holz, kurz so vielerlei Waren, daß mein Papier nicht ausreicht, sie alle zu nennen.

Wir wollten aber den großen Cue (Haupttempel) besteigen. Als wir auf dem Weg dorthin an den Vorhöfen des Marktes vorbeikamen, sahen wir noch Kaufleute, welche die Goldkörner aus den Bergwerken verkauften. Sie schütteten ihre wertvolle Ware in große Gänseknochen, deren Wände sie so lange bearbeiteten, bis das Gold durchschien. Je nach der Länge und Dicke dieser Röhren konnte man dafür sosundso viele Packen Zeug oder Kakaobohnen oder Sklaven eintauschen.«

kampfes in Nordamerika nach 1776 wie auch die Französische Revolution von 1789. In besonderem Maße trug die Besetzung Spaniens durch die Truppen Napoleons 1808 und der Sturz der Bourbonen-Dynastie sowie die damit einhergehende Schwäche Spaniens zur Verschärfung des Kolonialkonflikts bei. Doch der erste Funke des mexikanischen Unabhängigkeitskampfes zündete nicht in den kreolischen Stadtgemeinden, sondern in der nördlichen Bergwerksregion. Dort rief im September 1810 der Dorfpfarrer Miguel Hidalgo y Costilla von Dolores (Guanajuato, *1753, †1811) die indianisch-bäuerliche Bevölkerung zum Kampf gegen die spanische Regierung auf. In seinem flammenden »Grito de Dolores« (Ruf von Dolores) verband er die Forderung nach politischer Unabhängigkeit mit der nach sozialen Verbesserungen. Einen tatkräftigen Mitstreiter fand Hidalgo in José María Morelos y Pavón (*1765, †1815), wie er ein katholischer Geistlicher mit großen politischen und militärischen Fähigkeiten. Unabhängigkeit und die Errichtung einer Republik waren die Hauptziele der beiden Freiheitskämpfer. Im November 1813 tagte in Chilpancingo ein Kongreß, der Mexiko zu einem unabhängigen Staat erklärte. Doch Hidalgo und Morales scheiterten mit ihrem Versuch eines von den indianisch-bäuerlichen Bevölkerungsschichten getragenen Freiheitskampfes. Die Erhebung wurde 1811 bzw. 1815 von spanischen Kolonialtruppen niedergeschlagen; beide Anführer wurden erschossen.

Die Initiative im Unabhängigkeitskampf lag nunmehr bei den Kreolen. 1820 gab es im spanischen Mutterland einen liberalen Umsturz, woraufhin sich in Mexiko die kreolische Oberschicht und der hohe Klerus von Madrid lossagten, um jede Wirkung der liberalen spanischen Verfassung in Mexiko zu verhindern. In dieser Situation setzte sich der kreolische Offizier Augustín de Itúrbide (*1783, † 1824), der zwischen 1810 und 1815 noch die von Hidalgo und Morelos geführte Befreiungsbewegung bekämpft hatte, durch einen Staatsstreich an die Spitze der Unabhängigkeitsbewegung. 1821 erreichte er die Annahme des sog. Plans von Iguala (→Lexikon), der Mexiko zur unabhängigen Monarchie erklärte. Zugleich wurde die Gleichheit aller Mexikaner wie auch die privilegierte Stellung der Kirche garantiert. Itúrbide ließ sich im Mai 1822 als Augustín I. zum Kaiser von Mexiko krönen. Doch war seine monarchische Herrschaft nur von kurzer Dauer. Bereits nach wenigen Monaten brach zwischen dem Kaiser und dem Parlament (Kongreß) ein Streit über den inneren Aufbau und die administrative Lenkung des Staates aus, der in einen republikanischen Aufstand unter der Führung von General Antonio López de Santa Anna mündete. Bereits im März 1823 wurde Kaiser Augustin I. zur Abdankung gezwungen, woraufhin sich die Länder El Salvador, Nicaragua, Honduras, Guatemala und Costa Rica verselbständigten und gemeinsam eine Zentralamerikanische Konföderation (→Lexikon) bildeten.

Republik und politische Kämpfe (1824–1876)

1824 erhielt Mexiko eine republikanische Verfassung mit stark föderativen Elementen. Erster Präsident wurde Manuel Fernández Guadelupe Victoria. Die folgenden fünf Jahrzehnte in der mexikanischen Geschichte waren geprägt durch zahlreiche Regierungswechsel und ständige Konflikte zwischen Liberalen und Klerikalen, zwischen Föderalisten und Vertretern zentralstaatlicher Regierungsformen. Für politische Instabilität sorgten zusätzlich regionale Militärmachthaber (Caudillos, →Lexikon), die mit Waffengewalt ihre Interessen durchsetzten. Die ökonomische Entwicklung Mexikos wurde durch die anhaltenden Kämpfe stark beeinträchtigt.

Zusätzlich geschwächt wurde der mittelamerikanische Staat durch territoriale Verluste im Norden. Im März 1836 proklamierten im zu Mexiko gehörenden Texas die dort ansässigen nordamerikanischen Siedler eine unabhängige Republik. Mexikanische Truppen marschierten in die Region, erlitten aber im April 1836 bei San Jacinto eine schwere Niederlage. Als die Vereinigten Staaten 1845 Texas formell annektierten, führte das zum Ausbruch des Mexikanisch-Amerikanischen Krieges (1846 bis 1848), der mit einer Niederlage Mexikos endete. Im Frieden von Guadalupe Hidalgo (1848) mußte Mexiko auf sämtliche Gebicte nördlich des Río Grande verzichten. Präsident Santa Anna (1833–35, 1841 bis 44, 1846/47, 1853–1855), ab 1853 wieder im Amt, verkaufte zur Aufbesserung der Staatsfinanzen 1853 zusätzlich für 10 Mio. US-Dollar einen Küstenstreifen südlich des Flusses Gila, den Südteil von Arizona, an den mächtigen Nachbarn im Norden (Gadsden-Vertrag). Damit hatte Mexiko innerhalb weniger Jahre etwa die Hälfte seines Staatsgebiets verloren, was unter Teilen der Bevölkerung heftigen Unmut auslöste. Dieser steigerte sich zu einer landesweiten Protestbewegung, die 1855 zum Sturz von Präsident Santa Anna führte. Die neue Regierung schlug einen liberalen und antiklerikalen Kurs ein. Noch 1855 wurde per Gesetz die strikte Trennung von Staat und Kirche verfügt; die katholische Kirche wurde gezwungen, ihren Grundbesitz zu veräußern. Später ging man von Regierungsseite sogar zu umfassenden Enteignungen und der Säkularisierung von Kirchenbesitz über, der z. T. versteigert wurde. Die neue Verfassung von 1857 trug eine deutlich liberal-föderative Handschrift. Dagegen übte die Kirche heftigen Widerstand, der binnen kurzem in einen blutigen Bürgerkrieg (1857–1860) mündete. Nachdem sich die Klerikalen der Hauptstadt bemächtigt hatten, mußte die rechtmäßige Regierung unter Benito Juárez ihren Sitz nach Veracruz verlegen, in die Hochburg der Liberalen an der Westküste. Für einige Zeit war der mittelamerikanische Staat in einen liberalen Teil um Veracruz und einen konservativ-klerikal beherrschten Teil gespalten. 1861 konnte sich Juárez militärisch durchsetzen und wieder in die Hauptstadt einziehen.

Durch die Zerstörungen des Bürgerkriegs waren die Staatsfinanzen so zerrüttet, daß Juárez umgehend die Einstellung aller Zinszahlungen für zwei Jahre bekanntgab. Bei den hauptsächlich betroffenen Gläubigerländern Großbritannien, Spanien und Frankreich führte dies zu einer überaus heftigen Reaktion. Noch Ende 1861 landete ein gemeinsames Expeditionsheer bei Veracruz, um in Mexiko militärisch zu intervenieren. Großbritannien und Spanien kamen mit der mexikanischen Regierung im Abkommen von Soledad rasch zu einer Einigung und zogen daraufhin ihre Truppen zurück. Frankreich dagegen verstärkte seine Verbände, die im Juni 1863 in die Hauptstadt Mexikos einmarschierten. Dort beriefen sie eine sog. Notablenversammlung ein, welche die Monarchie ausrief. Die Kaiserkrone wurde

Bartolomé de Las Casas – Anwalt der Indianer

Chronik Biografie

spanischer Dominikaner und Missionar

*1474 Sevilla
† 31.7.1566 Madrid

1502 kam der Kaufmannssohn L., der später die respektvolle Bezeichnung »Apostel der Indianer« erhielt, auf einem Schiff des Entdeckers Christoph Kolumbus auf die Karibikinsel Hispaniola. Dort erwarb er Land, das er zunächst von Indianern nach gängiger Praxis im Encomienda-Zwangssystem bearbeiten ließ. Vermutlich 1506/1507 wurde L. während eines Aufenthalts in Rom zum Priester geweiht. Empört über die verbreitete Unterdrückung und Ausbeutung der Indianer durch seine spanischen Landsleute entließ er 1514 die für ihn arbeitenden Indianer in die Freiheit. Im darauffolgenden Jahr fuhr er zurück nach Spanien, wo er gegenüber dem Königshaus die Unterdrückung und Mißhandlung der Indianer durch die spanischen Kolonisatoren anprangerte. 1522 trat L. in den Orden der Dominikaner ein. Mit großem Eifer

kämpfte er fortan für die Rechte der Indianer. Einen wichtigen Erfolg seiner Arbeit bedeutete der Erlaß der Neuen Gesetze im Jahr 1542 durch Kaiser Karl V., welche u.a. die Versklavung der Indianer untersagten. Diese sollten als normale Untertanen der spanischen Krone behandelt werden. Die konsequente Durchsetzung des Verbots scheiterte jedoch am Widerstand der Konquistadoren, unter denen sich Las Casas durch sein Eintreten für die Urbevölkerung zahlreiche Feinde machte. Anstelle der von ihm bekämpften Indianersklaverei hatte er sich zunächst für die »Einfuhr« afrikanischer Sklaven ausgesprochen, war davon aber bald wieder abgerückt.
1543 wurde L. zum Bischof von Chiapas im heutigen Guatemala ernannt. 1547 kehrte er endgültig nach Spanien zurück, wo er sich weiterhin für die Belange der Indianer in den Kolonien einsetzte. Er wirkte als Geschichtsschreiber der spanischen Eroberung und Kolonisation und schrieb eine Darstellung des Lebens und Werks von Christoph Kolumbus. Starke Verbreitung fand sein 1541/42 verfaßter »Bericht von der Verwüstung der Westindischen Inseln«, in dem er z.T. sehr drastisch die Greueltaten der spanischen Eroberer schilderte. Daneben schrieb L. grundlegende Arbeiten zur Missionstheologie und zur Begegnung mit fremden Kulturen.

1864 auf Drängen Napoleons III. dem österreichischen Erzherzog Maximilian, einem Bruder von Kaiser Franz Joseph I., angeboten, der im Juni 1864 in Mexiko Einzug hielt und mit Hilfe französischer Truppen Präsident Juárez vertrieb. Doch bald geriet der aus Europa gekommene, auf Ausgleich bedachte Herrscher zwischen die Fronten. Durch seine Weigerung, die Rechte der Kirche und ihren Grundbesitz voll wiederherzustellen, verlor er rasch die Sympathie und Unterstützung der konservativ-klerikalen Kreise. Aber auch bei den Liberalen fand er keine Rückendeckung. Seine Lage wurde zunehmend unsicher, als die USA nach Beendigung des amerikanischen Bürgerkriegs (1861–1865) den Abzug der französischen Truppen aus Mexiko erzwangen. Die Anhänger von Juárez konnten die Macht zurückerobern und nahmen Kaiser Maximilian gefangen. Er wurde vor ein Kriegsgericht gestellt und am 19. Juni 1867 standrechtlich erschossen.

Unter den liberalen Präsidenten Juárez und Sebastián Lerdo de Tejada (1872–1876) kam Mexiko für einige Jahre innenpolitisch zur Ruhe.

Die Herrschaft von Porfirio Díaz (1876–1910)

1876 brachte sich General Porfirio Díaz an die Macht. Der liberal gesinnte Díaz betrieb in den folgenden Jahrzehnten seiner autoritären Herrschaft vor allem die wirtschaftliche Modernisierung Mexikos. In seinem Programm »Ordnung und Fortschritt« griff er auf die positivistisch-naturwissenschaftlich geprägten Ideen einer wirtschaftsliberalen Politiker- und Fachleutegruppe mit dem Namen Wissenschaftliche Partei (Científicos) zurück. Nach deren Vorstellungen sollte erst die ökonomische Entwicklung des Landes vorangetrieben werden, bevor weitergehende politische Freiheiten gewährt würden. Die sozialen Interessen der breiten Bevölkerung mußten zunächst zurückstehen. Tatsächlich nahm die mexikanische Wirtschaft seit den 1880er Jahren einen rasanten Aufschwung. Die Einnahmen aus den zügig erschlossenen Ölvorkommen füllten die Staatskassen, so daß Díaz die öffentlichen Finanzen ordnen und damit die internationale Kreditwürdigkeit Mexikos wiederherstellen konnte. Die Infrastruktur des Landes wurde deutlich verbessert, insbesondere durch den raschen Ausbau des Eisenbahn- und Telegrafennetztes. Die Landwirtschaft wurde zum großem Teil mit staatlichen Krediten teilmechanisiert, was zur Erhöhung der Erträge vor allem auf den Zuckerrohrplantagen führte. Auf der anderen Seite wurde durch diese Entwicklung die Existenz zahlreicher Kleinbauern gefährdet.

Im Verlauf dieses Prozesses verschärften sich die sozialen Spannungen auf dem Land, dessen Bevölkerung zu über 90 % keinen eigenen Boden besaß, und großenteils die expandierenden Latifundien in Schuldknechtschaft bearbeiten mußte. Für zusätzlichen Sprengstoff sorgte ein 1890 vom Präsidenten erlassenes Dekret, das die aus der Kolonialzeit stammende Einrichtung des zumeist von Kleinbauern genutzten Gemeindelandes abschaffte.

Auch in den städtischen Unter- und Mittelschichten wuchs die Unzufriedenheit, im Fall der wachsenden Arbeiterschaft in erster Linie aus sozialen Gründen, bei den Mittelschichten wegen des Mangels an politischen Mitspracherechten.

Die mexikanische Revolution (1910–1920)

Nachdem Präsident Díaz im Oktober 1909 durch das Parlament in seinem Amt bestätigt worden war, brach Ende 1910 eine Revolution aus, angeführt von dem gemäßigten Politiker Francisco Indalecio Madero (*1875, †1913). An deren politischer und militärischer Vorbereitung hatte die Liberale Mexikanische Partei, die auch einen anarcho-syndikalistischen Flügel hatte, maßgeblichen Anteil. 1911 wurde Madero zum Präsidenten gewählt. Zwei Jahre später wurde er vom Militär gestürzt und unter ungeklärten Umständen ermordet. Neues Staatsoberhaupt wurde der Anführer des Putsches gegen Madero, der konservative General Victoriano Huerta. Doch konnte die regierende Militärjunta eine Verschärfung des Bürgerkriegs nicht verhindern, der sich aus einer Revolte gegen Díaz rasch zu einem Aufstand landloser Campesinos entwickelt hatte, der im Süden des Landes (u. a. in der Provinz Chiapas) von Emiliano Zapata (*1879, † 1919) angeführt wurde. Zapata hatte unter den Mexikanern bald einen legendären Ruf. Im Norden Mexikos leitete Francisco »Pancho« Villa die Bauernaufstände. Ihre Hauptforderungen waren die Rückgewinnung angestammten Ackerlandes und die Wiederherstellung des Gemeindelands. Der Volksheld Zapata legte einen Plan vor, der die Verteilung von einem Drittel des mexikanischen Großgrundbesitzes gegen Entschädigung der Grundherren beinhaltete, aber von der Regierung abgelehnt wurde. Die im Norden kämpfenden Bauern hatten wesentlich die Schaffung selbständiger agrarischer Kleinbetriebe zum Ziel.

In den folgenden Jahren drohte Mexiko in einem Chaos von Intrigen und Gewalt zu versinken. An der Spitze schlagkräftiger Truppenverbände und mit Unterstützung durch die USA griff Anfang 1914 der gemäßigte Politiker Venustiano Carranza in den

MITTELAMERIKA

Bürgerkrieg ein, übernahm die Führung der Aufständischen und konnte Präsident Huerta im Juli 1914 stürzen. Unter den Revolutionsführern brachen nunmehr heftige Machtkämpfe aus. 1917 gelang es Carranza, die Truppen von Villa zu schlagen und Zapata mit seiner Gefolgschaft militärisch und politisch zu isolieren. Der Bürgerkrieg, der etwa 1 Mio. Tote gefordert hatte, endete mit einem Sieg der gemäßigten Fraktion unter den Revolutionären.

Die USA hatten ab 1914 mehrfach versucht, in den mexikanischen Bürgerkrieg militärisch einzugreifen, u. a. durch die Besetzung der Hafenstadt Veracruz 1914, was zu internationalen Verwicklungen führte. Unter der Federführung von Carranza wurde 1917 eine neue republikanische Verfassung ausgearbeitet und in Kraft gesetzt, die mit zahlreichen Änderungen bis in die Gegenwart Gültigkeit hat. In ihr wurden u. a. bürgerliche Freiheitsrechte, eine stärkere staatliche Kontrolle über die katholische Kirche, Verfügungsrechte des Staates über die Bodenschätze und eine umfassende Agrarreform festgelegt. Damit hatte sich der gemäßigte Flügel der Revolutionäre, die eher konservativ gesinnten Konstitutionalisten, gegen die sozialrevolutionären Kräfte um Zapata und Villa durchgesetzt. Carranza übernahm das Präsidentenamt und betrieb eine stark nationalistische Außen- und eine eher konservative Innen- und Sozialpolitik im Interesse der Mittel- und Oberschichten.

Innenpolitische Stabilisierung (1920–1946)

1920 wurde Carranza durch einen Militärputsch unter Führung von Alvaro Obregón gestürzt. Unter der Präsidentschaft Obregóns (1920–1924) und Plutarco Elías Calles' (1924–1928) kam es zu einer politischen und sozialen Stabilisierung Mexikos, da sich u. a. durch eine Bodenreform und soziale Reformen im Interesse der Arbeiterschaft die Lage der breiten Massen deutlich verbesserte. Calles' strikt antiklerikale Politik – 1926 verfügte er die Schließung sämtlicher Kirchen – führte im Westen Mexikos zu einem prokirchlichen Aufstand der bäuerlichen Bevölkerung. Dennoch konnte Calles seine Macht weiter ausbauen und schrittweise ein autoritäres Regime errichten, wobei er sich vor allem auf die 1928 gegründete Partido Nacional Revolucionario (PNR) stützte, einen Zusammenschluß unterschiedlicher einst revolutionärer Gruppierungen und Personen, über die er auch nach seinem Rücktritt als Präsident die Kontrolle behielt. Es bildete sich eine neue Oligarchie (»Familia revolucionaria«) heraus, welche die Schlüsselpositionen in Partei und Staat besetzte. Die staatlich geförderte Erdölindustrie bekam für die mexikanische Wirtschaft ab Anfang der 20er Jahre ein immer stärkeres Gewicht.

1934 setzte sich Lázaro Cárdenas an die Spitze des Staates und zwang den bisherigen starken Mann Mexikos, Calles, ins Exil. Cárdenas steuerte einen sozialreformerischen Kurs, der den breiten Bevölkerungsschichten zahlreiche Verbesserungen brachte. So wurde die Bodenreform vorangetrieben, indem ein großer Teil des Ackerlandes in Form des traditionellen Gemeindelands den Bauern überlassen wurde. 1938 verfügte Cárdenas die Verstaatlichung US-amerikanischer und britischer Ölgesellschaften, denen Mexiko Entschädigungen zahlte. Unter der Parole »Erneuerung der Revolution« schuf Cárdenas einen korporatistischen Gesellschaftsverband, in dem Arbeitern, Bauern, den Mittelschichten und der Elite jeweils eigene »Sektoren« mit bestimmten Rechten und Pflichten zugewiesen wurden. Die antikirchlichen Tendenzen in der mexikanischen Politik wurden gemildert.

Infolge dieser Maßnahmen machte Mexiko seit Mitte der 30er Jahre einen tiefgreifenden ökonomischen und sozialen Wandel durch. Industrie und Infrastruktur wurden weiter ausgebaut, die Mechanisierung der Landwirtschaft im Interesse höherer Erträge fortgeführt. Dabei behielt sich der Staat stets die Kontrolle über die ökonomische Entwicklung vor.

Außenpolitisch orientierte sich Mexiko an den demokratischen Staaten. Während des Spanischen Bürgerkriegs (1936–1939) unterstützte es die republikanischen Truppen gegen die Faschisten; 1942 trat es auf Seiten der Alliierten mit einem eigenen Truppenkontingent in den Zweiten Weltkrieg ein.

Einparteienherrschaft (ab 1946)

1946 übernahm Miguel Alemán die Präsidentschaft und setzte im Rahmen des sog. Milagro mexicano die Modernisierungs- und Industrialisierungspolitik seiner Vorgänger mit verstärkter Kraft fort. Die machtpolitischen Fäden liefen weiterhin bei der Staatspartei zusammen, die 1946 in Partido Revolucionario Institucional (PRI) umbenannt wurde. In den folgenden Jahren verzeichnete die Wirtschaft hohe Wachstumsraten. Zwischen der mit absoluter Mehrheit regierenden PRI und den Unternehmern entstanden eine enge Zusammenarbeit und ein Abhängigkeitsverhältnis. In der Außenpolitik hielt sich Mexiko an die USA. 1958/59 kam es aufgrund sozialer Verschlechterungen zu landesweiten Streiks, die von der Staatsgewalt unterdrückt wurden.

1958 wurde Adolfo López Mateos (1958–1964) zum Präsidenten gewählt, der außenpolitisch einen

MITTELAMERIKA

gegenüber den USA eigenständigeren Kurs steuerte. So nahm Mexiko 1965 zum Ärger Washingtons diplomatische Beziehungen zum sozialistischen Kuba auf. Die innenpolitische Situation Mexikos war unter Mateos und seinem Nachfolger Gustavo Díaz Ordaz (PRI) durch zunehmende Repressionen gegen oppositionelle Kräfte gekennzeichnet, die sich vornehmlich auf die städtischen Mittelschichten stützten. 1968 kam es im Vorfeld der in Mexiko-Stadt abgehaltenen Olympischen Spiele u. a. in Tlatelolco zu gewalttätigen Studentenprotesten, die von den Sicherheitskräften blutig niedergeschlagen wurden.

Die wirtschaftliche Entwicklung Mexikos zeigte bis etwa 1970 einen kontinuierlichen Aufwärtstrend. Ein dramatisches Bevölkerungswachstum (→Lexikon) führte jedoch zu einer Zunahme der Massenarmut und einem stärkeren Auseinanderklaffen der Einkommensentwicklung bei der schmalen Ober- und den breiten Mittel- und Unterschichten. Mit dem Regierungsantritt von Präsident Luis Echeverría Alvarez (PRI) 1970 begann eine Zeit relativer politischer Stabilität. Die Repressionen gegen Oppositionelle wurden gelockert und soziale Reformprogramme in Angriff genommen. Außenpolitisch kam es zu einer leichten Abkehr von den USA und einer Hinwendung zu den Ländern der sog. Dritten Welt. Unter der Regierung von José López Portillo (1976 bis 1982) gaben insbesondere neuentdeckte Ölfelder der mexikanischen Wirtschaft wieder stärkere Impulse. Die Wirtschaftskrise konnte etwas gemildert werden. In jenen Jahren stieg die mexikanische Auslandsverschuldung drastisch an, die jedoch in den Augen der Regierenden wegen der steigenden Öleinnahmen kein Grund zu größerer Besorgnis war. Wegen des Verfalls der Ölpreise geriet Mexiko Ende der 70er Jahre in akute Zahlungsnöte und mußte 1982 den Schuldendienst einstellen. Das Land rutschte in eine schwere Wirschaftskrise. Die Regierung nahm z. T. zu hektischem Aktionismus Zuflucht, indem sie 1982 etwa die mexikanischen Privatbanken verstaatlichte. Präsident Miguel de la Madrid Hurtados (1982/83) betrieb angesichts leerer Kassen und einer stagnierenden Produktion eine strikte Sparpolitik. Die Folge war eine dramatische Verschlechterung der sozialen Lage aufgrund von Lohnsenkungen, Entlassungen und umfassenden Kürzungen von Sozialprogrammen.

Zwar konnte 1988 der PRI-Kandidat Carlos Salinas de Gortari (1988–1994) die Präsidentschaftswahlen gewinnen, doch erwuchsen der Staatspartei in Form des linksgerichteten Frente Democrático Nacional (FDN, Bündnis der Nationalen Demokratie) und der rechts-konservativen Partei der Nationalen Aktion (PAN) erstmals seit Jahrzehnten wieder ernsthafte Gegenkräfte. Zudem gab es zahlreiche Hinweise auf massive Wahlmanipulationen. Die wachsende Unzufriedenheit mit den wirtschaftlichen Verhältnissen, den sozialen Ungleichheiten – verstärkt u. a. durch die Entstehung einer neuen Großgrundbesitzerklasse – und mit der Monopolstellung der Partei der institutionalisierten Revolution (PRI) zeigte sich 1989 bei den Gouverneurswahlen. Erstmals seit rund sechs Jahrzehnten mußte die PRI in einer Provinz und bei einigen Bürgermeisterwahlen Niederlagen einstecken. Salinas suchte den Ausweg aus der ökonomischen Krise durch eine Verschärfung der neoliberalen Wirtschaftspolitik mit Privatisierungen staatlicher Unternehmen und Ausgabenkürzungen. Dadurch konnte er das Defizit des Staatshaushalts zwar verringern, jedoch um den Preis einer weiteren Verschlechterung der sozialen Lage der Unter- und unteren Mittelschichten. Die großenteils undemokratischen Verhältnisse in dem von der PRI dominierten Staat blieben unter Salinas Präsidentschaft bestehen. Der Staat zog sich zunehmend aus dem Wirtschaftsgeschehen zurück, in das er unter zahlreichen PRI-Präsidenten immer wieder lenkend eingegriffen hatte. Eine ganze Reihe von Handelsabkommen, u. a. mit den Vereinigten Staaten (1990), der Europäischen Union (1991) und Chile (1991), sollten die Außenhandelsbilanz verbessern. Große Erwartungen setzte Mexiko vor allem auf die 1992 mit den USA und Kanada vereinbarte Nordamerikanische Freihandelszone NAFTA (→Lexikon). Durch die Abschaffung von Zöllen können mexikanische Waren leichter auf die US-amerikanischen und kanadischen Märkte gebracht werden. Zudem erhofft man sich aufgrund des niedrigen Lohnniveaus in Mexiko die Ansiedlung nordamerikanischer Industriebetriebe und damit die Schaffung neuer Arbeitsplätze. Tatsächlich verdoppelte sich zwischen 1991 und 1994 das Volumen des in Mexiko investierten Auslandskapitals, ein Zeichen für das Vertrauen internationaler Unternehmensleitungen in die ökonomische Entwicklung Mexikos. Die Regierung sah sich in ihren wirtschaftspolitischen Bemühungen bestätigt, als Mexiko Mitte 1994 als erstes sog. Schwellenland als Vollmitglied in die OECD (→Lexikon), den Zusammenschluß der Industriestaaten, aufgenommen wurde. Auf der anderen Seite nahm die Arbeitslosigkeit erneut stark zu.

1993 fand sich die PRI zu einer Einschränkung ihrer faktischen Monopolstellung bereit, indem sie auf Druck der Opposition ein Gesetz passieren ließ, das der stärksten Oppositionspartei ein Viertel der Senatssitze garantiert und zudem festlegt, daß im Parlament (Abgeordnetenhaus) keine Partei über mehr als 315 der insgesamt 500 Mandate verfügen darf. Anfang 1994 kam es in der südlichen Provinz Chiapas zu einem Aufstand bäuerlich-indianischer Gruppen unter Führung einer Zapatistischen Befreiungsarmee. Die Zapatisten (→Lexikon) konnten zeitweise größere Gebiete unter ihre Kontrolle bringen. Da eine militärische Lösung, d.h. gewaltsame Niederschlagung des Aufstands, nicht möglich schien, ließ sich die Regierung Salinas auf Verhandlungen ein, bei denen die Zapatisten einen kleinen Teil ihrer Forderungen nach politischer Gleichstellung und sozialen Verbesserungen durchsetzen konnten. Trotz dieser innenpolitischen Spannungen konnte sich bei den Parlamentswahlen vom August 1994 wiederum der PRI-Kandidat, Ernesto Zedillo Ponce, gegen seine Konkurrenten von der PAN und der aus der FDN hervorgegangenen Partido de la Revolución Democrática (PRD) durchsetzen. In den folgenden Monaten verschärfte sich die Wirtschafts- und Finanzkrise des Landes weiter. Die Inflationsrate stieg 1995 auf über 50 % bei rasch wachsender Arbeitslosenzahl. Das Bruttoinlandsprodukt fiel um mehr als 5 %. Breite Bevölkerungsschichten mußten weitere Einkommenseinbußen hinnehmen. Zedillo bemühte sich um eine schrittweise Demokratisierung der politischen Strukturen des Landes. Dies konnte jedoch nicht verhindern, daß der Unmut unter der Bevölkerung bei den Parlamentswahlen im Juli 1997 zu einem sensationellen Ergebnis führte. Erstmals seit 68 Jahren erreichte die PRI nicht die absolute Mehrheit. Auf die PRI entfielen rund 38 % der abgegebenen Stimmen, während die konservative Partei der Nationalen Aktion (PAN) rund 27 %, die linksorientierte Partei der Demokratischen Revolution (PDR) rund 26 % der Stimmen auf sich vereinigen konnten. Als erster mexikanischer Präsident seit 1928 sieht sich Ernesto Zedillo einem Parlament gegenüber, das nicht von der PRI beherrscht wird. In dem traditionellen »Bericht zur Lage der Nation« kündigte Zedillo soziale Reformen und insbesondere einen verstärkten Kampf gegen die Korruption an, in die nach Überzeugung großer Teile der Öffentlichkeit auch zahlreiche PRI-Politiker verwickelt sind. Besonderes Aufsehen erregte der Sieg des linksorientierten PRD-Politikers Cuauthemoc Cardenas bei den Bürgermeisterwahlen in Mexiko-Stadt. Nach diesem Wahlsieg gilt der populäre Cardenas auch als aussichtsreicher Kandidat für die im Jahr 2000 anstehenden Präsidentschaftswahlen.

Chronik Zeittafel

1200 v. Chr.	Olmeken, Inidaner unbekannter Herkunft, entwickeln erste Hochkultur
300 n. Chr.	Anfänge des Alten Reichs der Mayas
um 1460	Blütezeit des hochentwickelten Aztekenreiches
1519	Hernán Cortés erobert das Aztekenreich
1535	Bildung des Vizekönigreichs Neuspanien
1542	Neue Gesetze sollen Indianer schützen
1821	Mexiko erklärt seine Unabhängigkeit
1822	Agustín de Itúrbide läßt sich zum Kaiser krönen (1823 gestürzt)
1823	Mittelamerikanische Staaten lösen sich von Mexiko
1857	Mexiko erhält neue Verfassung; Enteignung der Kirchengüter
1862	Militärintervention Englands, Frankreichs und Spaniens
1867	Hinrichtung von Kaiser Maximilian
1876	Porfirio Díaz errichtet Diktatur (bis 1910)
1910	Mexikanische Revolution
1917	Mexiko erhält neue Verfassung
1919	Ermordung des Sozialrevolutionärs Emiliano Zapata
1928	Gründung der Partido Nacional Revolucionario (1946 umbenannt in Partido Revolucionario Institucional, PRI)
1938	Verstaatlichung ausländischer Erdölgesellschaften
1982	Mexiko erklärt Zahlungsunfähigkeit
1991	Freihandelsabkommen mit Chile
1992	USA, Kanada und Mexiko bilden Nordamerikanische Freihandelszone (NAFTA)
1993	Verfassungsreform bringt Demokratisierungen
1994	Aufstand der sozialrevolutionären Zapatistas in Chiapas
1997	Die seit 1928 regierende PRI verliert bei den Parlamentswahlen erstmals die absolute Mehrheit

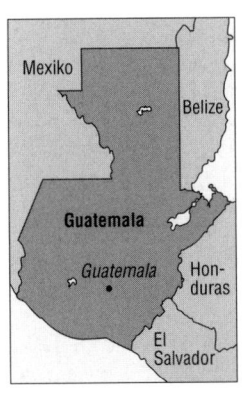

Guatemala
(Guatemala)

Fläche: 108 889 km²
Bevölkerung:
  3,0 Mio. (1950)
  5,3 Mio. (1970)
  10,9 Mio. (1996)
Sprachen: Spanisch,
  verschiedene Maya- und
  Quichésprachen
Staatsform: Präsidialrepublik

Mitgliedschaften: Centroamerica-4, OAS, SELA, UNO

In vorkolumbischer Zeit war das Gebiet des heutigen Guatemala Teil des Mayareiches. Das auf der Halbinsel Yucatán gelegene Tikal bildete eines der Zentren der Mayakultur. 1523/24 eroberten die Spanier das Gebiet und gliederten es dem Vizekönigreich Neuspanien ein. 1839 erlangte Guatemala seine staatliche Unabhängigkeit. Die folgenden rund 100 Jahre der guatemaltekischen Geschichte waren durch wechselnde Caudilloregime und autoritäre Regierungen geprägt. Nach einer kurzen Phase demokratischer Verhältnisse (ab 1944) übernahm 1954 das Militär die Macht, die es bis 1984 in Händen behielt. 1984 begann ein Demokratisierungsprozeß in dem durch einen jahrelangen Bürgerkrieg geschwächten Land.

Politische Struktur

Nach einer neuen Verfassung von 1986 ist Guatemala eine präsidiale Republik, in der ein auf fünf Jahre gewählter Präsident oberster Chef der Exekutive ist. Er ist gleichzeitig Regierungschef und Oberbefehlshaber der Armee. Die gesetzgebende Gewalt liegt beim Kongreß, dessen 80 Abgeordnete für eine vierjährige Legislaturperiode gewählt werden. Verwaltungsmäßig ist Guatemala in 22 Departamentos gegliedert, deren Gouverneure vom Staatspräsidenten eingesetzt werden. Stärkste Parteien sind die rechtsgerichtete Partido Avanzada Nacional (PAN, Partei der nationalen Vorhut) und die ebenfalls rechtsgerichtete Frente Republicano Guatemalteco (FRG, Republikanische Front Guatemalas). Daneben sind die linksorientierte Demokratische Kraft und die christdemokratische Partei sowie einige Splittergruppen im Parlament vertreten.

In den 60er Jahren begannen linksgerichtete Guerillagruppen den bewaffneten Kampf gegen die herrschenden Militärs, den sie nach dem Übergang zur Demokratie, nun gegen die durch freie Wahlen legitimierten Regierungen, bis zum Friedensschluß mit der Regierung im Dezember 1996 fortsetzten. Die einflußreichste Guerillagruppe ist die Unidad Revolucionaria Nacional Guatemalteca (URNG, Revolutionäre Nationale Einheit Guatemalas).

Landesnatur

Guatemala liegt etwa im Zentrum Mittelamerikas und erstreckt sich vom Atlantischen Ozean im Osten bis zum Pazifik. Nordwestlich grenzt Guatemala an Mexiko, im Osten und Südosten hat es gemeinsame Grenzen mit Belize, Honduras und El Salvador.

Geographisch gliedert sich Guatemala in zwei landschaftliche Großräume, das großenteils verkarstete Flachland im Süden der Halbinsel Yucatán und südlich davon die Gebirgszüge der Kordilleren. Der südliche Kordillerenzug, die Sierra Madre, ist vulkanischen Ursprungs und umfaßt 33 Vulkane, von denen noch drei aktiv sind. Entlang der Pazifikküste verläuft ein 30–50 km breiter Küstenstreifen.

In Guatemala herrscht tropisches Klima, wobei mittlere Temperaturen und Niederschlagsmengen von der Höhenlage abhängig sind. Die durchschnittliche Jahrestemperatur liegt im Tiefland bei 25 °C–30 °C, im mittleren Hochland bei 18 °C–20 °C und in Höhen über 2000 m bei etwa 15 °C. Die jährlichen Niederschlagsmengen variieren zwischen rund 2400 mm an der Pazifikküste, rund 1200 mm in der Karibikregion und etwa 600 mm in den Gebirgen. Der Norden des Landes ist überwiegend von tropischem Regenwald bedeckt, der nach Süden in Kiefernsavannen übergeht. An den Gebirgshängen wachsen Berg- und Nebelwälder, in den relativ trockenen Binnenhochplateaus Mischwälder und im Pazifikküstenstreifen tropischer Feucht- und Trockenwald.

Bevölkerung

Rund 60 % der guatemaltekischen Bevölkerung sind Indianer, mehrheitlich Quiché und Cakchiquel. Die zweitgrößte Gruppe bilden mit rund 30 % Mestizen (Mischlinge von Indianern und Weißen), die in Politik und Wirtschaft eine beherrschende Position einnehmen. Weiße haben einen Bevölkerungsanteil von rund 5 %, Schwarze von rund 2 %. Etwa 3 % gehören anderen ethnischen Gruppen an, darunter Chinesen und sog. Zambos, Mischlinge zwischen Indianern und Schwarzen. 96 % der Guatemalteken sind Katholiken, wobei viele Indianer den katholischen Glauben mit Elementen der alten Mayakulte vermischen. Rund 3 % der Einwohner sind Protestanten.

Wirtschaft

Die guatemaltekische Wirtschaft ist agrarisch geprägt. Die Landwirtschaft trägt rund 25 % zum Bruttoinlandsprodukt bei (1993) und beschäftigt etwa 58 % der Erwerbstätigen. Der Anteil agrarischer Produkte am gesamten Export des Landes beträgt über 45 % (1990). Es überwiegen Klein- und Kleinstbetriebe, die für die Selbstversorgung und den Binnenmarkt produzieren. Veraltete Anbaumethoden, karge Böden, Mangel an Düngemitteln und fehlende Transportkapazitäten wirken sich nachteilig auf die Erträge aus. Die Großplantagen produzieren nach modernen Anbaumethoden vornehmlich für den Export. Wichtigste Anbauprodukte sind dort Kaffee, Bananen, Zuckerrohr und Baumwolle. Guatemala ist größter Kaffee-Exporteur Zentralamerikas. Im industriellen Sektor entfallen über die Hälfte des Produktionswertes auf Nahrungsmittel-, Getränke- und Tabakindustrie. Daneben gibt es eine größere Anzahl von Textil- und Lederfabriken. Wichtigster Handelspartner sind mit Abstand die Vereinigten Staaten. Guatemala verfügt über einige Bodenschätze, die jedoch kaum erschlossen sind. Seit Mitte der 70er Jahre wird Erdöl gefördert.

GESCHICHTE

Vorkolumbische Kulturen (bis 1523)

Das Gebiet des heutigen Guatemala war in vorkolumbischer Zeit Teil des Mayareichs, neben den frühen Olmeken und den Azteken eine der bedeutendsten Hochkulturen Mittelamerikas. Die wichtigste Mayastadt im heutigen Guatemala war das auf der Halbinsel Yucatán im Tiefland El Petén gelegene Tikal. In der klassischen Periode des Mayareiches (300–900 n. Chr.) war sie mit schätzungsweise 75 000 Einwohnern die größte Ansiedlung der Mayas mit herausragenden Zeugnissen der Mayakunst und -architektur (→historischer Überblick, S. 230). Um 1200 n. Chr. drangen von Mexiko aus Quiché- und Cakchiquelindianer ins zentrale Hochland von Guatemala ein und errichteten dort ihre Herrschaft. Mitte des 15. Jhs. zerfiel die Allianz dieser Indianervölker. Die sich gegenseitig bekämpfenden Völker hatten Anfang des 16. Jhs. den spanischen Eroberern wenig Widerstand entgegenzusetzen.

Eroberung und Kolonialherrschaft (1523–1821)

1524 eroberten die Spanier unter dem Kommando von Pedro de Alvarado das Gebiet des heutigen Guatemala. Alvarado war von Hernán Cortés, dem Eroberer des Aztekenreichs, in den Süden der Halbinsel Yucatán entsandt worden, um die dortigen Teilgebiete des mächtigen Mayareiches zu unterwerfen. Dabei stießen die Konquistadoren auf nur geringen Widerstand. Bereits 1537 kamen Dominikanermönche in die nördlichen Regionen von Guatemala, in der sie mit der Verbreitung des Christentums begannen. Unter diesen Missionaren befand sich auch der Dominikaner Bartolomé de Las Casas, der später wegen seines leidenschaftlichen Eintretens für die Rechte der Indianer als »Apostel der Indianer« berühmt wurde (▷Chronik Biografie, S. 278).

1543 wurde ein eigenes Generalkapitanat Guatemala gebildet und 1570 eine Audiencia (→Lexikon) eingerichtet, die mit Ausnahme von Panama ganz Mittelamerika umfaßte. Guatemala war Teil des 1535 gegründeten Vizekönigreichs Neuspanien. Die wirtschaftliche Basis des Landes bildeten in seiner rund 300-jährigen Zugehörigkeit zum spanischen Kolonialreich Kakao und der Farbstoff Indigo, die in großen Mengen ins spanische Mutterland und in andere europäische Staaten ausgeführt wurden.

Übergang zur Souveränität (1821–1839)

Auch in Guatemala wurde Ende des 18. Jhs. die Forderung nach Loslösung von der Kolonialmacht lauter und erhielt durch den Sturz der Bourbonen 1808 und die damit verbundene Schwächung des Mutterlandes großen Auftrieb. 1821 erklärte das Generalkapitanat Guatemala seine Unabhängigkeit, kurz nachdem Mexiko, das größte Teilgebiet des vormaligen Vizekönigreichs Neuspanien, diesen Schritt vollzogen hatte. Im darauffolgenden Jahr schloß es sich zusammen mit seinen mittelamerikanischen Nachbarn dem neugegründeten unabhängigen Kaiserreich Mexiko an. Doch Kaiser Augustin I. wurde bereits 1823 gestürzt, woraufhin sich Guatemala, El Salvador, Costa Rica, Nicaragua und Honduras wieder von Mexiko lossagten und gemeinsam die Zentralamerikanische Föderation (→Lexikon) gründeten. Als erstes Staatsgebilde auf amerikanischem Boden schaffte diese Föderation die Sklaverei ab. 1838 zerfiel das Bündnis aufgrund von Streitigkeiten der beteiligten Gebiete. Die einstigen Föderationsmitglieder proklamierten ihre Souveränität.

Herrschaft der Caudillos (1839–1944)

Guatemala erhielt 1825 eine liberale Verfassung. Unmittelbar nach der Unabhängigkeitserklärung setzte sich mit General Rafael Carrera (*1814, † 1865) ein streng konservativer, kirchentreuer Mann an die Spitze des Staates. Carrera errichtete ein diktatorisches Regime und bestimmte die Entwicklung des Landes bis zu seinem Tode 1865. Seine autoritäre Herrschaft stützte er vor allem auf die Armee und die katholische Kirche. Politische Gegner ließ er verfolgen. Mit diesen Mitteln erreichte er eine gewisse politische Stabilität des Landes, was ihm Rückhalt bei einem Teil der Bevölkerung verschaffte. Carrera war der erste einer längeren Reihe von Caudillos (→Lexikon), die Guatemala autoritär regierten. Nach außen betrieb Carrera eine aggressive Hegemonialpolitik gegenüber den Nachbarstaaten, mit der er zeitweise Erfolge hatte. Nachdem er siegreiche Feldzüge gegen Honduras und El Salvador geführt hatte, konnte Carrera in diesen Staaten ihm genehme Präsidenten einsetzen.

Nach dem Tod Carreras im Jahr 1865 brachen z.T. gewaltsame Machtkämpfe zwischen Konservativen und Liberalen (→Lexikon) aus, die mit Unterbrechungen in den folgenden Jahren die innere Entwicklung Guatemalas prägten. 1871 gelangte Justo Rufino Barrios, ein Liberaler, durch einen Umsturz an die Macht. Während seiner Präsidentschaft (1871–1885) erfuhr Guatemala einen starken Modernisierungsschub. Barrios förderte das staatliche Schul- und Erziehungswesen, für das er u.a. Lehrer aus Spanien und Südamerika anwarb, und betrieb den Ausbau der Infrastruktur des Landes. So schloß er mit den USA einen Vertrag über den Bau einer Eisenbahnlinie, die Guatemala über Mexiko mit den Vereinigten Staaten verbinden sollte. Die guatemaltekische Wirtschaft verzeichnete in dieser Zeit beträchtliche Zuwachsraten, wobei der Anteil der Kaffee- und Bananenproduktion wuchs, während der Anbau von Grundstoffen für die Farbenherstellung wegen der Entwicklung synthetischer Verfahren zurückging. Den Kaffeeanbau und -export hatten bald deutsche Firmen weitgehend unter ihre Kontrolle gebracht, während im Bananengeschäft US-Unternehmen, insbesondere die United Fruit Company (→Lexikon), dominierten. Die ökonomische Position der US-Firmen hatte zur Folge, daß in der erste Hälfte des 20. Jhs. auch die US-Regierung in wachsendem Maße Einfluß auf die politische Entwicklung in Guatemala nahm. Um die Anbaufläche für Kaffee und Bananen zu erweitern, verfügte die Regierung die teilweise Enteignung indianischer Gemeinschaftsgüter, sog. Indígenas, so daß große Teile der Urbevölkerung vom Boom der Agrarwirtschaft mehr Nachteile als ökonomische Vorteile hatten.

Barrios betrieb eine konsequent antiklerikale Politik, mit der er den starken gesellschaftlichen und politischen Einfluß der katholischen Kirche zurückdrängen wollte. Er verfügte u.a. die Säkularisierung der Klöster, verwies die Jesuiten des Landes und unterstellte die Schulen staatlicher Aufsicht. 1879 wurde die Trennung von Staat und Kirche gesetzlich verankert. Barrios wollte Guatemala zur Hegemonialmacht in Mittelamerika machen und ließ zu diesem Zweck 1885 Truppen in den Nachbarstaat El Salvador einmarschieren. Doch gelang es den verbündeten Armeen von El Salvador, Nicaragua und Costa Rica, die Invasionstruppen zurückzuschlagen. Präsident Barrios wurde bei den Kampfhandlungen getötet.

1899 bemächtigte sich General Manuel Estrada Cabrera (1899–1920) des Präsidentenamtes. Seine Regierungszeit war gekennzeichnet durch innenpolitische Repressionen und wachsenden wirtschaftlichen und politischen Einfluß der USA auf Guatemala. Nach 1910 formierte sich gegen die diktatorische Herrschaft Cabreras ein breites Bündnis aus gemäßigt konservativen Politikern, Militärangehörigen und Teilen der Arbeiterschaft. 1920 wurde Cabrera von der Opposition aus dem Amt gejagt. Die Regierungsgewalt übernahmen für die folgenden Jahre wechselnde Militärmachthaber. Eine politische Stabilisierung brachte die Machtübernahme von General Jorge Ubico Castañeda (1931–1944). Er verschärfte die Repressionspolitik, indem er oppositionelle Parteien und Gewerkschaften verbot. Erfolg hatte er mit seinem ökonomischen Konzept, das nach dem Höhepunkt der Weltwirtschaftskrise der guatemaltekischen Wirtschaft durch verstärkte Kaffee- und Baumwollexporte Wachstumsimpulse gab.

Reformansätze (1944–1983)

Die Unzufriedenheit mit der politischen Unterdrückung wuchs bei den Guatemalteken, und 1944 wurde Diktator Ubico durch eine von jungen Akademikern angeführte Revolte gestürzt. Binnen kurzem formierten sich Parteien, Gewerkschaften und Unternehmerverbände. Die ersten nichtmanipulierten Präsidentenwahlen konnte der linksliberale Juan José Arévalo Bermejo (1945–1951) von der Frente Popular Libertador (FPR, Befreiende Volksfront) gewinnen. Er leitete mehrere Reformprojekte ein, durch welche die politische und soziale Lage des Landes verbessert werden sollte. Eine neue Verfassung wurde verabschiedet, die u.a. wieder freie Wahlen zuließ. Durch staatliche Initiativen wurde der Ausbau der Industrie gefördert.

Präsident Jacobo Arbenz Guzmán (1951–1954) intensivierte die Reformpolitik seines Vorgängers, indem er u.a. eine Agrarreform auf den Weg brachte, durch ein Gesetz von 1952 die Enteignung brachliegenden Großgrundbesitzes zuließ und die US-ame-

285

rikanische United Fruit Company teilenteignete. Außenpolitisch führte Arbenz Guatemala an die Bewegung der Blockfreien Staaten (→Lexikon) heran.

Diese Entwicklung stieß in Washington auf Mißfallen. 1954 unterstützte der US-Geheimdienst CIA einen Putsch rechtsgerichteter Militärs gegen Arbenz. Das Präsidentenamt übernahm Oberst Carlos Castillo Armas (1954–1957), der umgehend die liberale Verfassung außer Kraft setzte, linksorientierte Parteien verbot und die Agrarreform rückgängig machte. In den folgenden mehr als drei Jahrzehnten wurde das mittelamerikanische Land mit lediglich einer Unterbrechung zwischen 1966 und 1970 von wechselnden Militärregimen beherrscht, die auch die meisten Wahlen manipulierten. 1962 scheiterte ein Putschversuch linksgerichteter Offiziere, nachdem bereits 1960 mehrere Guerillaorganisationen den bewaffneten Kampf gegen die Militärdiktatoren aufgenommen hatten.

1965 erließ die 1963 durch einen Putsch an die Macht gelangte Militärregierung unter Enrique Peralta Azurdias (1963–1966) eine neue Verfassung, die einige politische Freiheitsrechte gewährte. Zu den 1966 abgehaltenen Wahlen waren allerdings nur gemäßigte und rechtsgerichtete Parteien zugelassen. Zum neuen Präsidenten wurde der Zivilist Julio César Méndez Montenegro (1966–1970), ein Reformpolitiker, gewählt. Doch waren ihm beim Versuch, durch politische Öffnung und soziale Reformen die friedliche Entwicklung Guatemalas voranzubringen, durch die traditionellen Oberschichten und das Militär weitgehend die Hände gebunden. Unter seiner Amtszeit bildeten sich rechtsgerichtete Terrorgruppen, sog. Todesschwadrone, die mit Unterstützung bzw. Duldung der Machthaber gegen politische Gegner mit brutaler Gewalt vorgingen. Nach manipulierten Wahlen gelangten in den 70er Jahren die Militärs Carlos Araña Osorio (1970–1974), Kjell Eugenio Laugerud García (1974–1978) und Fernando Romeo Lucas García (1978–1982) ins Präsidentenamt. Ungeachtet des anhaltenden Bürgerkriegs, der mehrere zehntausend Todesopfer, mehrheitlich Zivilisten, forderte, befand sich die Wirtschaft Guatemalas seit den 60er Jahren in einer kontinuierlichen Aufschwungphase.

Demokratisierung (ab 1983)

Präsident Lucas wurde 1982 durch einen weiteren Militärputsch unter Führung von Efraín Ríos Montt (1982/83) gestürzt. Montt setzte die Verfassung außer Kraft, verbot sämtliche Parteien und verschärfte den Terror gegen oppositionelle Gruppen. Zuvor

hatten Zwangsmaßnahmen der Regierung gegenüber der indianischen Urbevölkerung zu einer Verschärfung der innenpolitischen Spannungen geführt. Um der linksgerichteten Guerilla Rückzugsräume zu entziehen, hatten die Militärs die Zwangsumsiedlung von rund 1 Mio. Indios in sog. Modelldörfer angeordnet.

1983 putschte General Oscar Humberto Mejía Victores (1983–1986) gegen Montt. Die neuen Militärmachthaber erkannten bald die Notwendigkeit einer

Rigoberta Menschú

Chronik Biografie

guatemaltekische Bürgerrechtlerin

*Januar 1959 bei Chimaltenango

M. kämpft mit friedlichen Mitteln für die Rechte der Indios in Nord- und Südamerika. Die Bürgerrechtsaktivistin ist Angehörige des Indianervolks der Quiché, die im Hochland von Guatemala leben. Nachdem mehrere Mitglieder ihrer Familie vom guatemaltekischen Militär ermordet worden waren, ging M. 1981 nach Mexiko ins Exil. Dort übernahm sie den Vorsitz des Komitees für die Einheit der Bauern (CUC) und unterstützte die guatemaltekische Opposition im Kampf gegen das autoritäre Regime. Insbesondere setzte sie sich dabei für die politische und soziale Gleichstellung der indianischen Bevölkerung ein. 1986 wurde M., die sich ihre Bildung autodidaktisch angeeignet hatte, Mitglied des Rats der UNO für die Rechte der Indios und damit eine Sprecherin für die indianische Bevölkerung in Nord- und Südamerika. Seit 1983 ist sie auch Mitarbeiterin der UN-Menschenrechtskommission mit Sitz in Genf. 1992 wurde ihr für ihren Einsatz im Interesse der unterdrückten Indianer, den sie stets mit friedlichen Mitteln betreibt, der Friedensnobelpreis verliehen.

politischen Öffnung und leiteten mit der Einberufung einer verfassunggebenden Versammlung nach jahrzehntelanger Militärherrschaft einen Demokratisierungsprozeß ein. Aus den ersten freien Wahlen in Guatemala seit Jahrzehnten ging 1986 der christdemokratische Politiker Vinicio Cerezo Arévalo (1986 bis 1991) als Sieger hervor. Ungeachtet der Demokratisierungsbemühungen setzte die Guerilla-Organisation Unidad Revolucionaria Nacional Guatemalteca (URNG) ihren Kampf fort, wenngleich mit deutlich verminderter Intensität. 1987 stärkte die Unterzeichnung des vom Präsidenten Costa Ricas, Oscar Arias, ausgearbeiteten Friedensplans für Mittelamerika, die Hoffnungen auf Beilegung des Bürgerkriegs auch in Guatemala. Doch erst der rechtsliberale Präsident Jorge Serrano Elías, der 1991 die Wahlen für sich entscheiden konnte, nahm direkte Verhandlungen mit den Guerillas auf. Unter den Zivilregierungen wurde der Einfluß des Militärs auf die Politik zurückgedrängt. In der Diktatur begangene Menschenrechtsverletzungen wurden nur in den seltensten Fällen geahndet. Zudem ergaben sich zunächst keine grundlegenden Verbesserungen in der allgemeinen Menschenrechtslage, worauf u.a. die Menschenrechtsaktivistin Rigoberta Menschú, Friedensnobelpreisträgerin 1992, energisch hinwies (▷Chronik Biografie, S. 286).

Nach dem Beispiel des peruanischen Präsidenten Alberto Fujimori versuchte Serrano (der erste protestantische Präsident in der Geschichte Lateinamerikas) 1993, durch einen »Putsch von oben« seine Machtbefugnisse auf Kosten der parlamentarischen Institutionen zu erweitern. Er setzte die Verfassung außer Kraft und löste das Parlament auf, wurde aber von einem breiten Bündnis aus Parteien, Wirtschaft, Verbänden und Teilen des Militärs zum Rücktritt gezwungen.

Die im August 1994 abgehaltenen Neuwahlen erbrachten einen klaren Sieg der rechtsgerichteten Frente Republicano Guatemalteco (FRG) des früheren Diktators Montt und der ebenfalls rechtsgerichteten Partido Avanzada Nacional (PAN). Anfang 1996 übernahm Alvaro Arzú Irigoyen von der PAN, ein gemäßigt reformorientierter Unternehmer, das Präsidentenamt. Im Dezember wurde ein Friedensvertrag zwischen Regierung und linksgerichteten Rebellen der URNG unterzeichnet, der den längsten Guerillakrieg in Südamerika beendete. USA, Europäische Union und Weltbank sagten Guatemala im Januar 1997 Aufbauhilfe in Höhe von 1,9 Mrd. US-Dollar zu. Bis Mitte 1997 hatten die meisten URNG-Kämpfer die Waffen niedergelegt.

Chronik Zeittafel

um 500 n. Chr.	Das heutige Guatemala ist Teil des Mayareiches
ab 1200	Quiché- und Cakchiquelindianer besiedeln das Hochland
1524	Eroberung durch die Spanier
1535	Gründung des Vizekönigreichs Neuspanien
1537	Beginn der Mission durch Dominikanermönche
1821	Loslösung von Spanien
1822	Anschluß an das Kaiserreich Mexiko
1838	Konservative an der Regierung
1839	Guatemala wird unabhängiger Staat
ab 1839	General Rafael Carrera errichtet autoritäres Regime
1871	Revolution, Liberale gelangen an die Macht
1931	Der Caudillo Jorge Ubico Castañeda errichtet diktatorisches Regime
1945	Linksliberaler Juan José Arévalo wird erster frei gewählter Präsident
1954	Militärputsch
1960	Linke Guerillagruppen beginnen Kampf gegen das Regime
1963	Rechtsgerichteter Militärputsch
ab 1970	Zunehmender Terror von Armee und Polizei; Verhängung des Ausnahmezustands
1974	Manipulierte Wahlen bringen Militärs an die Macht
1984	Verfassunggebende Versammlung leitet Demokratisierung ein
1986	Vinicio Cerzo Arévalo wird nach freien Wahlen Präsident
1992	Menscherechtskämpferin Rigoberta Menschú erhält den Friedensnobelpreis
1994	Regierung und Guerilla unterzeichnen ein Abkommen über Einhaltung der Menschenrechte
1996	Reformpolitiker Alvaro Arzú Irigoyen gewinnt Präsidentschaftswahlen; Friedensschluß zwischen Regierung und linken Rebellen
1997	USA, Europäische Union und Weltbank sagen Aufbauhilfe zu

MITTELAMERIKA

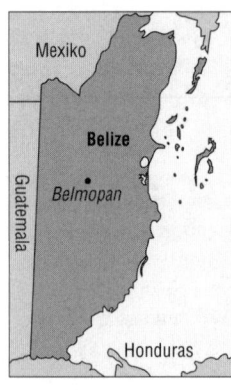

Belize

(Belize)

Fläche: 22 965 km²

Bevölkerung:
 0,07 Mio. (1950)
 0,12 Mio. (1970)
 0,22 Mio. (1996)

Sprachen: Englisch, Kreolisch, Spanisch, Garifuna, Mayasprachen

Staatsform: Parlamentarische Monarchie im Commonwealth

Mitgliedschaften: AKP, CARICOM, Commonwealth, OAS, SELA, UNO

Das heutige Belize (vormals Britisch-Honduras) wurde ab 1638 von englischen Kolonisten besiedelt. In den folgenden knapp zwei Jahrhunderten geriet das Land zum Objekt britischer und spanischer Kolonialinteressen. Nachdem sich England gegen Ende des 18. Jhs. Belize als Protektorat angeeignet hatte, wurde es 1862 einzige britische Kolonie auf dem zentralamerikanischen Festland. Erst 1964 gewährte England dem Gebiet innere Autonomie. 1981 erlangte Belize die staatliche Unabhängigkeit.

Politische Struktur

Belize ist Mitglied des Commonwealth und konstitutionelle Monarchie. Die englische Königin wird durch einen einheimischen Gouverneur, Colville Norbert Young (seit 1993), vertreten. Das Parlament besteht nach der Verfassung von 1964 aus zwei Kammern: dem Repräsentantenhaus mit 29 Mitgliedern – alle fünf Jahre durch allgemeine und freie Wahlen bestimmt – und dem neunköpfigen Senat, dessen Mitglieder durch die Generalgouverneure ernannt werden. Das politische Leben wird durch die 1950 gegründete, vornehmlich der katholischen und mestizischen Bevölkerungsgruppe verpflichtete, sozialdemokratische Peoples United Party (PUP, Vereinte Volkspartei) und durch die mehrheitlich protestantisch-konservative United Democratic Party (UDP, Vereinte Demokratische Partei) geprägt. Seit 1993 existiert die mit der UDP verbündete National Alliance for Belizean Right (NABR, Nationale Allianz für Belizisches Recht).

Landesnatur

An der Ostküste Zentralamerikas gelegen, hat Belize im Norden mit Mexiko, im Westen und Süden mit Guatemala eine gemeinsame Grenze. Die langgestreckte Küste am Golf von Honduras wird durch Korallen- und Mangroveninseln geprägt, die die Küstenschiffahrt beeinträchtigen. Der Küste vorgelagert liegen mehrere kleine Inseln, die insgesamt 820 km² des Staatsgebietes umfassen. Im Norden des Landes finden sich ausgedehnte Sumpfgebiete, während der Süden einen eher gebirgigen Charakter hat; höchster Berg ist der Victoria Peak mit 1122 m. Das bis heute nicht gänzlich erschlossene Landesinnere wird von tropischen Regenwäldern und wasserreichen, kleineren Flüssen geprägt.

In Belize herrscht tropisches Klima, auf das der Nordostpassat starken Einfluß hat. Die durchschnittliche Temperatur weist nur geringe jahreszeitliche Schwankungen auf und liegt etwa bei 26 °C. Die jährlichen Niederschlagsmengen betragen in einigen Regionen bis zu 4000 mm.

Bevölkerung

Die Nachfahren der ab dem 17. Jh. nach Belize eingewanderten Europäer stellen den heutigen Hauptanteil der Bevölkerung: als Kreolen (30 %) und Mestizen (Nachkommen von Indianern und Weißen, 43 %) bilden sie mehr als zwei Drittel der Einwohnerschaft. Daneben gibt es etwa 10 % Mayaindianer, 7 % Garifunaindianer, 4 % Weiße, eine geringe Anzahl von Asiaten sowie weitere kleine ethnische Gruppen. Trotz der langen Kolonialherrschaft Englands konnte sich die katholische Kirche als Hauptreligion in Belize halten. Ihr gehören etwa 62 % der Gläubigen an. Die Protestanten (29 %) gehören zu 12 % der anglikanischen Kirche an, daneben gibt es Methodisten (6 %) und Mennoniten (4 %). Überdies sind im Land kleinere Gemeinden der übrigen großen Religionen aktiv, wie Juden, Buddhisten, Bahai, Muslime und Hindu. Mit seinen rund 221 000 Einwohnern hat Belize eine relativ geringe Bevölkerungsdichte: 10 Einwohner je km² (1996). Die Menschen leben zumeist in den Städten. Die größte Stadt in Belize, Belize City, verfügt über ca. 50 000 Einwohner, in der Hauptstadt Belmopan leben rund 6000 Menschen.

Wirtschaft

Da Belize arm an Bodenschätzen ist, konzentrieren sich Produktion und Export auf die Landwirtschaft. Rund 30 % der Erwerbstätigen sind hier tätig. Bananen, Kokosnüsse, Wildkautschuk, Kaugummi (Chiclé) sowie Nutzhölzer wie Mahagoni, Blauholz und Zedernholz werden angebaut bzw. geschlagen. Wichtigste Exportprodukte sind Zucker und Zitrus-

MITTELAMERIKA

früchte. Insbesondere die Zuckerproduktion und damit die ökonomische Basis des Landes sind abhängig von der Preisentwicklung, die seit 1975 nach unten tendiert, und den besonderen klimatischen Bedingungen. Die in der Karibik häufig auftretenden Wirbelstürme zerstören oft große Teile der Ernte. Veraltete Technik, die ungerechte Landverteilung und Mangel an Kunstdünger drücken die Erträge. Über 50 % des Bodens befinden sich im Besitz der Belize Estate and Produce Co. Ltd., weitere Teile des Landes sind in Händen von zumeist nicht in Belize lebenden Großgrundbesitzern. Größere Gebiete sind zum reinen Spekulationsobjekt geworden und können landwirtschaftlich nicht genutzt werden. Belize versucht vor diesem Hintergrund, im Tourismus eine neue Einnahmequelle zu erschließen. Seit Mitte der 80er Jahre können in diesem Sektor Steigerungsraten verzeichnet werden. 1994 etwa erbrachte der Tourismus bei 328 073 Gästen Einnahmen in Höhe von 150 Mio. Belize-Dollar (etwa 75 Mio. US-Dollar). Größere Bedeutung hat mittlerweile auch die Fischerei erlangt. Das Land exportiert vor allem Hummer und Garnelen in die Vereinigten Staaten.

GESCHICHTE

Kolonialzeit und Autonomie (bis 1964)

Als Bestandteil des Alten Mayareichs (ab 300 n. Chr.) verlor das heutige Belize mit dessen Untergang um 900 n. Chr. an Bedeutung. Mit der Kolonisierung Süd- und Zentralamerikas rückte es in den Interessenbereich der damaligen Kolonialmächte. Ab dem 16. Jh. gehörte das Land zum spanischen Vizekönigreich Neuspanien, doch zeigten die Spanier wenig Interesse an dem Gebiet. Seine indianischen Ureinwohner blieben von Kriegszügen oder Massakern verschont.

Nachdem 1638 englische Schiffbrüchige an der Küste Belizes gestrandet waren, begann die europäische Besiedlung. Ab 1662 strömten überdies weitere britische Kolonisten von Jamaika aus ins Land, zum überwiegenden Teil Holzfäller. Offiziell gehörte Belize weiterhin zum spanischen Kolonialreich, das seinen Besitzanspruch auch aufrechtzuerhalten versuchte. Doch konnten sich die englischen Siedler gegen spanische Übernahmeversuche sowie gegen die unwirtlichen Verhältnisse des subtropischen Klimas behaupten. Sie betrieben bald einen schwunghaften Handel mit Edelhölzern, der mit Hilfe zumeist aus Jamaika verschleppter Sklaven aufgebaut und in Gang gehalten wurde. Er erfuhr lediglich durch die

häufigen Fluchtversuche von Sklaven gewisse Einschränkungen.

Nach dem Siebenjährigen Krieg bestätigte Spanien im Frieden von Paris (1763, →Lexikon) u.a. die Stellung Englands in Belize, erkannte die Siedlungen an und erlaubte offiziell das Abholzen des tropischen Regenwalds. Seine Versuche, die Kolonisten zu vertreiben und die Kontrolle des Holzhandels an sich zu reißen, gab Spanien jedoch nicht auf. Bald nachdem England das Gebiet Jamaika unterstellt und einem Superintendenten die Verwaltung übergeben hatte (1784), kam es in der Seeschlacht bei der Insel Saint George's Cay zur endgültigen Entscheidung. Die englischen Schiffe gingen als Sieger aus dem Gefecht hervor.

Der Nachbar des nun Britisch-Honduras genannten Landes, Guatemala, betrachtete sich inzwischen als »Erbe der spanischen Souveränität« und erhob mit seiner Unabhängigkeit (1839) Gebietsansprüche auf Belize. 1859 erklärte Guatemala sich zur Anerkennung der bestehenden Grenzen zu Britisch-Honduras bereit, falls England langfristig als Gegenleistung eine Straße von Guatemala City nach Belize bauen würde.

Kurz darauf machte Großbritannien das Land offiziell zur Kolonie (1862), um es neun Jahre später zur Kronkolonie zu erheben (1871). Nach der administrativen Trennung von Jamaika bekam Britisch-Honduras im gleichen Jahr (1884) einen eigenen Gouverneur.

Zum Bau der von England versprochenen Straße kam es in den folgenden Jahrzehnten nicht. Dies nahm Guatemala 1940 zum Anlaß, erneut seine Gebietsansprüche geltend zu machen. Die in vielen karibischen Kolonien um diese Zeit einsetzende Dekolonisation wurde aufgrund dieses Konflikts in Britisch-Honduras zunächst unterdrückt. Erst die Abwertung des Belize-Dollars im Jahre 1950 wurde von der sich entwickelnden Nationalbewegung als Signal verstanden, die Unabhängigkeit von Britisch-Honduras zu betreiben.

Die nach Selbständigkeit strebenden Einwohner sammelten sich in der 1950 gegründeten People's United Party (PUP). Sie gewann in den erstmals 1954 zugestandenen Wahlen acht von neun Parlamentssitzen und behauptete sich gegen die zunächst noch in viele kleinere Gruppen aufgesplittete United Democratic Party (UDP). Zehn Jahre später gewährte die englische Kolonialmacht Belize die innere Autonomie. Beide Parteien des Landes waren sich einig in der Ablehnung der guatemaltekischen Gebietsansprüche.

Der Weg in die Unabhängigkeit (ab 1964)

1973 wurde George C. Price der erste gewählte Ministerpräsident (1973–1984, 1989–1993). Als Kandidat der PUP vertrat er die Interessen der Nachkommen jener Sklaven, die seit dem 17. Jh. für den Aufbau der Plantagenwirtschaft benötigt und nach Britisch-Honduras verschleppt worden waren. Sie besetzten inzwischen die Schlüsselpositionen in Staat und Wirtschaft und waren zum größten Teil protestantisch und britisch geprägt. Im Gegensatz zu den Mestizen und Indios, die sich stärker Mittelamerika verbunden fühlten, richtete sich die Politik von Price auf eine enge Bindung an den karibischen Raum aus. Noch im Jahr der ersten Ministerpräsidentenwahlen (1973) änderte Britisch-Honduras seinen Namen und nannte sich fortan Belize. Ein Jahr später trat das Land der Karibischen Wirtschaftsgemeinschaft (CARICOM, →Lexikon) bei. Schwierige Verhandlungen zwischen Großbritannien und Guatemala, in denen die Gebietsansprüche Guatemalas wiederum im Mittelpunkt standen, führten 1981 zum Erfolg. Am 21. September 1981 entließ Großbritannien Belize in die Unabhängigkeit.

Die ersten Wahlen nach der Unabhängigkeit konnte die mittlerweile vereinte Oppositionspartei UDP im Dezember 1984 mit 54 % der Stimmen für sich entscheiden. Neuer Ministerpräsident wurde Manuel Esquivel (1984–1989, seit 1993). Aufgrund des in Belize geltenden britischen Mehrheitswahlsystems bekam die UDP 21 der 28 Parlamentssitze im Repräsentantenhaus. Esquivel erzielte mit England Einigkeit über die Stationierung britischer Truppen in Belize, da Guatemala neuerlich Gebietsansprüche geltend machte. Außerdem half Großbritannien beim Ausbau der Infrastruktur. Die USA engagierten sich verstärkt in der Entwicklungshilfe. 1989 gelang es der PUP mit ihrem Kandidaten George C. Price die Wahlen mit 51 % knapp vor der UDP zu gewinnen. Price betrieb die Aufnahme Belizes in die Organisation Amerikanischer Staaten (OAS, →Lexikon), die 1990 erfolgte. Ein Jahr darauf erkannte Guatemala vertraglich endgültig die bestehenden Grenzen an. Großbritannien konnte 1994 seine Truppen abziehen. Der bei den Wahlen von 1993 erneut siegreiche Manuel Esquivel (UDP) bemühte sich seither, die Wirtschaftsbilanz des Landes durch die Förderung des Tourismusgeschäftes zu verbessern und Belize für ausländische Investoren zu öffnen. Die Tourismusindustrie verzeichnete Anfang der 90er Jahre jährliche Wachstumsraten von 15–20 %. Die Regierung Esquivels strebte die Stärkung der Privatwirtschaft an und unterstützte Investitionen.

Chronik Zeittafel

300 n. Chr.	Das heutige Belize ist Teil des Mayareichs
1524	Spanier unter Pedro de Alvarado erobern das Mayareich
1535	Gründung des Vizekönigreichs Neuspanien
1638	Englische Schiffbrüchige besiedeln die Küste
1662	Verstärkte Einwanderung von Engländern aus Jamaika
1763	England erhält Besitzrechte über Belize
ab 1765	Spanien unternimmt vergebliche Versuche zur Eroberung
1862	Belize wird offiziell britische Kolonie (Britisch-Honduras)
1871	Das Gebiet erhält den Status einer britischen Kronkolonie
1940	Guatemala erhebt Besitzansprüche auf Britisch-Honduras
1954	Freie Wahlen; Sieger wird die nach Unabhängigkeit strebende People's United Party (PUP)
1964	Großbritannien gewährt Britisch-Honduras innere Autonomie
1973	Britisch-Honduras in Belize umbenannt; erster Premierminister wird George C. Price (PUP)
1974	Belize tritt der Karibischen Wirtschaftsgemeinschaft (CARICOM) bei
1981	Großbritannien entläßt Belize in die Unabhängigkeit
1984	Die Parlamentswahlen gewinnt die konservative United Democratic Party (UDP); Ministerpräsident wird Manuel Esquivel
ab 1985	Belize wehrt sich gegen Gebietsansprüche Guatemalas
1989	Sozialdemokratische PUP gewinnt die Parlamentswahlen
1990	Aufnahme von Belize in die OAS
1991	Guatemala erkennt die Grenzen Belizes an
1993	Konservative UDP ist Sieger der Parlamentswahlen
1994	Großbritannien zieht seine Truppen ab

Honduras (Honduras)

Fläche: 112 088 km²
Bevökerung: 1,4 Mio. (1950); 2,6 Mio. (1970); 5,8 Mio. (1996)
Sprachen: Spanisch, verschiedene Indianersprachen
Staatsform: Präsidialrepublik
Mitgliedschaften: Centroamerica-4, OAS, SELA, UNO

Der westliche Teil des heutigen Honduras gehörte zum Mayareich. Das um 460 n.Chr. gegründete Copán, an der heutigen Grenze zu Guatemala gelegen, diente den Mayas als eine zentrale Zeremonialstätte. 1502 entdeckte Christoph Kolumbus die Küste von Honduras und betrat bei Kap Honduras erstmals das südamerikanische Festland. Bis 1821 war Honduras Teil des spanischen Kolonialreiches. 1838 proklamierte es seine Unabhängigkeit. Bis weit ins 20. Jh. hinein war die Entwicklung des Landes durch politische Unruhen und den Wechsel von Militärregime und Zivilregierungen geprägt. Mehrmals kam es zu Militärinvasionen der USA. Anfang der 80er Jahre leitete Präsident Roberto Suazo den Übergang zur Demokratie ein. Der ab 1994 amtierende Präsident Carlos Roberto Reina stand vor der Aufgabe, Wirtschaftsreformen mit Sozialpolitik zu vereinbaren.

Politische Struktur

Nach der 1982 in Kraft getretenen Verfassung ist Honduras eine präsidiale Republik. Staatsoberhaupt und Regierungschef, damit Chef der Exekutive, ist der auf vier Jahre gewählte Staatspräsident. Die gesetzgebende Gewalt liegt beim 129 Sitze umfassenden Parlament (Nationalversammlung). Führende Parteien sind die bereits 1890 gegründete Partido Liberal de Honduras (PLH, Liberale Partei von Honduras) und die 1923 gegründete konservative Partido Nacional (PN, Nationalpartei). Über nur wenige Parlamentssitze (Wahl von 1997) verfügt die sozialdemokratische Partido de Innovación y Unidad (PINU, Partei der Erneuerung und Einheit). Das Land wird zentral regiert und ist verwaltungsmäßig in 18 Departamentos unterteilt, deren Gouverneure vom Staatspräsidenten eingesetzt werden.

Landesnatur

Honduras liegt in der Mitte der zentralamerikanischen Landenge und grenzt im Osten an Guatemala und El Salvador, im Südosten an Nicaragua. Es hat Zugang zum Karibischen Meer und zum Pazifik. Zum Staatsgebiet gehören die Karibikinseln Islas de la Bahía und Islas del Cisne. Der Osten des Landes wird vom mittelamerikanischen Zentralmassiv beherrscht, das bis zu einer Höhe von 2500 m aufragt. Das Gebirge bildet zahlreiche Becken. Der westliche Teil von Honduras besteht überwiegend aus einer bis zu 1800 m hohen Mittelgebirgslandschaft. Im Norden des Landes fallen die Gebirge zu einer größeren Tiefebene ab. In Honduras herrscht tropisches Klima, das stark vom Nordostpassat beeinflußt ist. Im Norden beträgt die durchschnittliche Niederschlagsmenge rund 2500 mm pro Jahr. Die Regenmenge nimmt nach Süden stetig ab und liegt an der Pazifikküste zwischen 1000 und 2000 mm im Jahresdurchschnitt. Der Norden von Honduras wird relativ häufig von Hurrikanen heimgesucht, die oft schwere Schäden anrichten. Rund ein Drittel des Landes ist von Wald bedeckt, wobei der im Tiefland wachsende tropische Regenwald in den Gebirgen in Berg- und Nebelwald übergeht. In den bergigen Zentralregionen sind Kiefernwälder vorherrschend.

Bevölkerung

Mit 90 % bilden Mestizen (Nachkommen von Indianern und Weißen) in Honduras die größte Bevölkerungsgruppe. Der Bevölkerungsanteil der Indianer beträgt rund 7%, der der Schwarzen rund 2 %. Weiße stellen einen Einwohneranteil von etwa 1%. 95 % der Honduraner sind Christen, 85 % Katholiken und 10 % Protestanten. Der christliche Glaube vieler Honduraner enthält Elemente altindianischer Kulte. 5% sind Anhänger anderer Religionen.

Wirtschaft

Honduras ist mit einem Bruttosozialprodukt pro Kopf von rund 580 US-Dollar (1994) eines der ärmsten Länder Lateinamerikas. Nach einer amtlichen Erhebung waren 1993 fast 50 % der rund 5,7 Mio. Einwohner unterernährt. Schätzungen zufolge lebten Mitte der 90er Jahre 75% der Bevölkerung unterhalb der Armutsgrenze. Die Landwirtschaft ist traditionell die Basis der honduranischen Wirtschaft. Sie erbringt rund 20 % des Bruttoinlandsprodukts (1994) und trägt etwa 75 % zum Exportvolumen des Landes bei. Dominierender Sektor ist die Plantagenwirtschaft, in der vor allem Bananen und Kaffee für den Export angebaut werden. Diese beiden Produkte sind daher auch die Hauptausfuhrgüter. Die meisten dieser Großplantagen befinden sich in US-amerikanischem Besitz.

Die zahlreichen Klein- und Kleinstbetriebe produzieren vornehmlich für den Eigenverbrauch und den Binnenmarkt. Wichtigste Anbauprodukte sind in diesem Bereich Mais, Maniok, Hirse, Kartoffeln und Bohnen. Wegen der chronischen Devisenknappheit des Landes fördert die Regierung insbesondere den Anbau exportfähiger Produkte wie Zitrusfrüchte, Zuckerrohr und Baumwolle, was eine Verringerung der für den Lebensmittelbedarf der eigenen Bevölkerung genutzten Anbaufläche zur Folge hat. Aus diesem Grund muß Honduras größere Mengen Lebensmittel importieren. Die ausgedehnten Wälder, rund 30 % des Staatsgebiets ist von Wäldern bedeckt, werden seit Mitte der 70er Jahre zunehmend zur Gewinnung von Edelhölzern genutzt. Der industrielle Sektor ist in Honduras nur schwach entwickelt. Vorherrschend sind Nahrungsmittel-, Bekleidungs- und Schuhfabriken. Honduras hat reiche Bodenschätze, u.a. Zink- Blei-, Antimonerze, Silber, Gold, die bislang jedoch kaum erschlossen sind. Wichtigster Handelspartner sind die USA, in die über 50 % der honduranischen Ausfuhren gehen und aus denen das Land rund 50 % seiner Einfuhren, vor allem Maschinen und Erdölprodukte, bezieht.

Wie die meisten lateinamerikanischen Staaten wird Honduras von einer gewaltigen Schuldenlast gedrückt; 1989 stellte das Land vorübergehend sämtliche Zins- und Tilgungszahlungen ein.

GESCHICHTE

Eroberung und Kolonialherrschaft (bis 1821)

In vorkolumbischer Zeit gehörten die westlichen Gebiete des heutigen Honduras zum Herrschaftsbereich der Mayas. In der klassischen Periode des Mayareiches (300–900 n. Chr.) entstand in Copán eine wichtige Kultstätte der Mayas, von der starke kulturelle Impulse in die westlichen Teile des heutigen Honduras ausgingen. Im Süden des Gebiets wurden im 11. Jh. die Mayaeinflüsse durch die indianische Nicoyakultur verdrängt.

Christoph Kolumbus entdeckte 1502 die Küste von Honduras und betrat bei Kap Honduras erstmals das südamerikanische Festland. 1524 begannen die Spanier mit der Eroberung und Kolonisierung der südlichen Landesteile, wobei sie auf hartnäckigen Widerstand der Indianer stießen. Die nördlichen Regionen mit den dort lebenden Indiovölkern blieben von Kolonisationsversuchen der Spanier zunächst unbehel-

ligt. 1525 erklärte Madrid das Gebiet von Honduras zur Provinz und gliederte es an das Generalkapitanat Guatemala an. 1537 erfolgte die Gründung der Provinzhauptstadt Comayagua.

Mitte des 17. Jhs. setzten sich auf den Honduras vorgelagerten Inseln Islas de la Bahia niederländische Piraten fest, um sie als Stützpunkt für ihre Kaperfahrten in der Karibik zu nutzen. Sie wurden nach wenigen Jahren von den Spaniern vertrieben. 1742 bemächtigten sich die Briten der Inseln, die sie bis 1859 in Besitz hielten. Einen ständigen Konfliktherd im 17. und 18. Jh. bildeten die Auseinandersetzungen zwischen den spanischen Kolonialherren und den Misquitoindianern, die ihr Siedlungsgebiet, die im Norden gelegene Moskitoküste, heftig gegen Kolonisationsversuche verteidigten. Unterstützung fanden sie dabei von den Briten, die 1704 die Misquitoindianer offiziell unter ihren Schutz stellten.

Unabhängigkeit (1821–1982)

Zusammen mit den anderen Teilgebieten des Generalkapitanats Guatemala löste sich Honduras 1821 von der spanischen Kolonialmacht, um sich im darauffolgenden Jahr dem neugegründeten Kaiserreich Mexiko anzuschließen. Nach dem Sturz von Kaiser Augustin I. 1823 gründete Honduras mit El Salvador, Guatemala, Nicaragua und Costa Rica die Zentralamerikanische Föderation (→Lexikon). Streitigkeiten zwischen den Mitgliedstaaten führten 1838 zum Zerfall des Bündnisses. Honduras hatte sich bereits 1828 zur unabhängigen Republik erklärt.

Die folgenden Jahrzehnte der Entwicklung von Honduras waren gekennzeichnet durch z. T. blutig ausgetragene Machtkämpfe zwischen Konservativen und Liberalen sowie häufige Grenzkonflikte mit Nachbarstaaten. Honduras fand in dieser Zeit wie viele mittelamerikanische Staaten nicht zu innenpolitischer Stabilität.

1876 konnten sich die Liberalen im Machtkampf durchsetzen. Präsident Marco Aurelio Soto (1876 bis 1883) leitete liberale Reformen ein, die u. a. den Ausbau des Bildungswesens beinhalteten und erließ eine liberale Verfassung.

Ende des 19. Jhs. wurde der Bananenanbau stark intensiviert, der sich rasch zur wirtschaftlichen Basis von Honduras entwickelte. In den 1920er Jahren war Honduras der größte Bananenexporteur der Welt. Allerdings wurde die honduranische Wirtschaft stark von US-amerikanischen Firmen und nicht von einheimischen Unternehmern dominiert. Zur Sicherung seines politischen und ökonomischen Einflusses in Honduras griff Washington bis Mitte der 20er

Jahre mehrmals zum Mittel direkter Intervention (1911, 1913, 1924/25).

1933 wurde der Konservative Tiburcio Carías Andino (1933–1948) zum Präsidenten gewählt. Er errichtete ein diktatorisches Regime, das mit repressiven Mitteln zwar für innere Stabilität sorgte, aber politisch und wirtschaftlich zur Stagnation führte. Mit der Amtsübernahme von Präsident Juan Manuel Gálvez (1949–1954), den Diktator Carías zu seinem Nachfolger bestimmt hatte, begann 1949 in Honduras ein langsamer Liberalisierungsprozeß. Der liberale Präsident José Ramón Villeda Morales (1957–1963) verbesserte die Arbeitsgesetzgebung und das Sozialversicherungssystem und nahm eine Bodenreform im Interesse der armem Landbevölkerung in Angriff. Die Reformansätze wurden jedoch abrupt beendet, als 1963 wiederum das Militär unter Osvaldo López Arellano (1963–1971) die Macht übernahm.

Die Einwanderung von über 100 000 Salvadorianern nach Honduras führte zu Spannungen mit der einheimischen Bevölkerung. Diese entluden sich 1969 im sog. Fußballkrieg (→Lexikon) zwischen Honduras und El Salvador, der auf Vermittlung der OAS beigelegt wurde. Nach 1970 gab es in Honduras zahlreiche Militärputsche. Erst unter dem zivilen Präsidenten Roberto Suazo Córdova (1982–1985) kehrte Honduras zum parlamentarischen System zurück. Während sich die soziale Lage breiter Bevölkerungsschichten in den 80er Jahren verschlechterte, entwickelte sich das Land mit Billigung der Regierung zur Ausgangsbasis der Contra-Rebellen, die mit US-Unterstützung gegen die sandinistische Regierung in Nicaragua kämpften.

Der 1990 gewählte Präsident Rafael Callejas betrieb eine neoliberale Wirtschaftspolitik mit drastischen Kürzungen der Staatsausgaben und umfassender Förderung der privaten Wirtschaft. Die Wirtschaft erhielt dadurch zwar deutliche Wachstumsimpulse, doch verschlechterte sich zugleich die soziale Lage der unteren Bevölkerungsgruppen, die heftig protestierten. 1994 übernahm der linksorientierte Carlos Roberto Reina das Präsidentenamt. Er bemühte sich, den politischen Einfluß des Militärs zu verringern, die Menschenrechtslage zu verbessern und die sozialen Folgen der wirtschaftlichen Umgestaltungen abzumildern. Die Präsidentschaftswahl vom November 1997 gewann der Liberale Carlos Roberto Flores Focusse (PLH). Die Liberale Partei behauptete bei den Parlamentswahlen von 1997 die absolute Mehrheit, zweitstärkste Kraft im Parlament wurde die Nationalpartei (PN).

Chronik Zeittafel

um 800 n. Chr.	Blütezeit von Copán, einem Zentrum der Mayakultur
1502	Christoph Kolumbus entdeckt das heutige Honduras auf seiner 4. Reise
1524	Beginn der spanischen Besiedlung
1525	Honduras wird dem Generalkapitanat Guatemala angegliedert
1821	Loslösung von Spanien
1822	Anschluß an das Kaiserreich Mexiko (bis 1823)
1828	Proklamation der unabhängigen Republik Honduras
1838	Zerfall der Zentralamerikanischen Föderation; Honduras wird souveräner Staat
ab 1840	Kämpfe zwischen Konservativen und Liberalen
1876	Präsident Marco Aurelio Soto leitet liberale Reformen ein
1880	Erlaß einer liberalen Verfassung; Tegucigalpa wird neue Hauptstadt
1911/ 1913	Militärinterventionen der USA; US-Firmen kontrollieren Bananenanbau
1924	Militärintervention der USA
1928	Liberaler Vicente Mejía gewinnt Präsidentschaftswahlen
1933	Präsident Tiburcio Carías Andino errichtet diktatorisches Regime
1949	Präsident Juan Manuel Gálvez leitet Modernisierung des Landes ein
1956	Militärputsch
1963	Militärputsch
1969	»Fußballkrieg« gegen El Salvador
1981	Zunahme staatlicher Repressionen
1982	Zivilist Roberto Suazo Córdova wird Präsident; Ende der Militärherrschaft
1988	Innenpolitische Unruhen
1989	Einstellung des Schuldendienstes
1990	Neoliberaler Rafael Callejas wird Präsident
1994	Linksliberaler Carlos Roberto Reina wird neuer Präsident
1997	Carlos Roberto Flores Focusse (PLH) zum Präsidenten gewählt; die Liberale Partei behauptet absolute Mehrheit im Parlament vor der Nationalpartei

MITTELAMERIKA

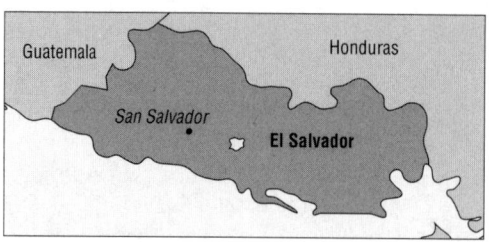

El Salvador (El Salvador)

Fläche: 21 041 km²
Bevölkerung: 1,9 Mio. (1950); 3,5 Mio. (1970); 5,9 Mio. (1996)
Sprachen: Spanisch, Nahua, Maya
Staatsform: Präsidialrepublik
Mitgliedschaften: Centroamerica-4, OAS, SELA, UNO

Bereits um 1500 v. Chr. gab es auf dem Gebiet des heutigen El Salvador erste Keramikkulturen. 1524 wurde es von den Spaniern erobert und später kolonisiert. 1821 löste El Salvador sich vom spanischen Mutterland und erklärte sich 1841 zur unabhängigen Republik. Nach 1880 wurden Kaffeeanbau und -export zur Basis der salvadorianischen Wirtschaft. In den 1930er Jahren übernahm das Militär die Macht, die es bis 1984 behielt. Ab Mitte der 80er Jahre wurde ein Demokratisierungsprozeß in Gang gesetzt. Ein ab Mitte der 70er Jahre geführter Bürgerkrieg wurde 1992 durch ein Friedensabkommen zwischen Regierung und linksgerichteter Guerilla beigelegt.

Politische Struktur

Nach der Verfassung von 1983 ist El Salvador eine Präsidialrepublik mit einem auf fünf Jahre direkt vom Volk gewählten Präsidenten an der Spitze. Die gesetzgebende Gewalt liegt beim Parlament (Asamblea Nacional), das 84 Sitze umfaßt und für eine dreijährige Legislaturperiode gewählt wird. El Salvador weist eine vielgestaltige Parteienlandschaft auf. Stärkste Parteien sind die rechtskonservative Sammlungsbewegung Alianza Republicana Nacionalista (ARENA, National-Republikanische Allianz), die linksorientierte, aus einer früheren Guerillabewegung hervorgegangene Frente Farabundo Martí para la Liberación Nacional (FMNL, Front Farabundo Martí zur Nationalen Befreiung) und die gemäßigte Konservative Partido Demócrata Cristiano (PDC, Christlich-Demokratische Partei). Daneben sind in dem im März 1997 neugewählten Parlament kleinere Parteien vertreten, darunter die konservative, insbesondere dem Militär und der Ober-

schicht verbundene Partido de Conciliación Nacional (PCN, Partei der Nationalen Versöhnung) und die christlich-soziale Movimento Revolucionario Social Cristiano (MRSC, Christlich-Soziale Revolutionäre Bewegung).

Landesnatur

El Salvador liegt an der Westseite der mittelamerikanischen Landenge. Das überwiegend gebirgige Land grenzt im Westen an Guatemala, im Norden und Osten an Honduras. Im Nordwesten durchzieht El Salvador eine der mittelamerikanischen Kordilleren, die bis zu einer Höhe von 2700 m aufragt. Südlich davon schließt sich ein 400–1000 m hohes Bergland an. Im Süden des Landes erstreckt sich eine weitere Bergkette mit 14 teilweise aktiven Vulkanen. Der höchste Vulkan ist der 2365 m hohe Santa Ana. Aufgrund geologischer Besonderheiten ist dieses Gebiet das erdbebenreichste der Erde. El Salvador liegt im Bereich tropischen Klimas. Die Monatsmitteltemperaturen zeigen nur geringe jahreszeitliche Schwankungen und liegen etwa bei 24 °C. Die Regenzeit dauert von Mai bis November. Es fallen rund 2500 mm Niederschläge im Jahresmittel. In den höheren Lagen der Gebirgszüge wachsen tropische Regen- und Nebelwälder, in den tiefer liegenden Regionen El Salvadors wurde die ursprüngliche Tropenvegetation durch Rodungen zur Ackerlandgewinnung, insbesondere für Kaffeeplantagen, stark zurückgedrängt.

Bevölkerung

Mestizen (Nachkommen von Indianern und Weißen) bilden mit einem Anteil von rund 89 % die größte Bevölkerungsgruppe El Salvadors. Etwa 10 % der Einwohner sind rein indianischer Abstammung; der Anteil der Weißen beträgt knapp 1 %. El Salvador ist mit 280 Einwohnern/km² (1996) das am dichtesten bevölkerte Land Mittelamerikas, wobei die meisten Einwohner im zentralen Hochland leben. Dort liegt auch die Hauptstadt San Salvador. Rund 92 % der Bevölkerung gehören der katholischen Kirche an; etwa 8 % sind protestantisch.

Wirtschaft

Die Landwirtschaft ist der wichtigste Wirtschaftssektor El Salvadors, der Kaffee-Export bringt nach wie vor rund die Hälfte der Deviseneinnahmen des Landes ein. Daneben werden auf Großplantagen Zuckerrohr und Baumwolle vor allem für den Export angebaut. Die zahlreichen bäuerlichen Kleinbetriebe bauen u. a. Mais, Hirse, Reis und Bohnen für den Eigenbedarf und den Binnenmarkt an. Da die landwirtschaftlichen Erträge nicht zur Deckung des landesweiten Nahrungsmittelbedarfs ausreichen, muß El Salvador Lebensmittel in größeren Mengen einführen. El Salvador ist neben Guatemala das am stärksten industrialisierte Land Mittelamerikas. Vorherrschend sind Nahrungs-und Genußmittel- sowie Textilindustrie. Daneben gibt es eine kleinere Schwerindustrie (Walzwerk, Erdölraffinerie). Das Land ist vergleichsweise arm an Rohstoffen. Wichtigste Handelspartner des hoch verschuldeten El Salvador, dessen Ökonomie durch den langen Bürgerkrieg geschwächt wurde, sind die USA, Guatemala und Deutschland. Nach dem Ende des Bürgerkriegs 1992 nahm die Wirtschaft einen starken Aufschwung und wuchs seither pro Jahr um rund 5,5 %.

GESCHICHTE

Eroberung und Kolonialherrschaft (bis 1821)

Schon um 1500 v. Chr. gab es in der Gegend von Chalchuapa erste Keramikkulturen. Die ältesten Erdpyramiden auf dem Gebiet des heutigen El Salvador stammen aus der Zeit um 900 v. Chr. Um 100 n. Chr. vertrieb ein Vulkanausbruch die Bevölkerung aus dem Gebiet von El Salvador. Ein Teil von ihnen wanderte in die Mayasiedlungen auf der Halbinsel Yucatán aus. Mayaeinflüsse machten sich anschließend beim Wiederaufbau des Siedlungszentrums Tazumal deutlich bemerkbar. Ab etwa 1000 n. Chr. verstärkten sich die kulturellen Einflüsse aus den mexikanischen Siedlungsräumen der Mayas und Tolteken. Anfang des 15. Jhs. wanderte ins heutige El Salvador das mexikanische Indianervolk der Pipil ein, dessen Kultur starke Ähnlichkeiten mit der der Azteken aufwies, die zu jener Zeit dem Höhepunkt ihrer Machtentfaltung zustrebten.
Das Gebiet von El Salvador wurde 1524 von einem spanischen Heer unter Pedro de Alvarado, das aus Guatemala eingedrungen war, erobert. Dabei bedienten sich die Spanier indianischer Hilfstruppen. Im westlichen Landesteil konnten sie die Ureinwohner 1533 unterwerfen, im Osten waren sie erst 1547 endgültig besiegt. Die Indianer wurden dem Zwangsarbeitssystem der Encomienda (→Lexikon) unterworfen. Unmenschliche Arbeitsbedingungen, Mißhandlungen und Seuchen führten in den folgenden Jahrzehnten zu einer starken Dezimierung der indianischen Bevölkerung. 1542 wurde El Salvador der Audiencia (→Lexikon) Guatemala angeschlossen, zu der das Gebiet während der gesamten Kolonialzeit gehörte.

In der ersten Phase der Kolonisierung waren die wichtigsten Exportprodukte El Salvadors Kakao und Balsam, bevor im 18. Jh. das in Europa stark begehrte Indigo, Grundstoff für die Herstellung eines blauen Farbstoffes, intensiv angebaut wurde.

Unabhängigkeit und Republik (1821–1932)

El Salvador spielte eine aktive Rolle bei der Entwicklung Zentralamerikas zwischen 1811 und 1840. Die ersten antispanischen Aufstandsversuche gab es 1811 unter der Führung des katholischen Priesters José Matias Delgado. Die Aufständischen erreichten zumindest die Ablösung des verhaßten spanischen Intendanten (leitender Kolonialbeamter). Nach Niederschlagung der Erhebung wurde den Salvadorianern Amnestie gewährt. 1821 löste sich El Salvador zusammen mit den anderen mittelamerikanischen Provinzen vom spanischen Mutterland und schloß sich 1822 nach einigem Zögern dem neugegründeten mexikanischen Kaiserreich an. Nach dem Sturz von Kaiser Augustin I. 1823 gründete El Salvador mit mehreren Nachbarstaaten die Zentralamerikanische Föderation (→Lexikon), deren Hauptstadt ab 1834 San Salvador war. El Salvador war eines der aktivsten Mitglieder der Föderation, die zwischen 1838 und 1840 aufgrund innerer Zwistigkeiten zerbrach, obwohl sich El Salvador stark um den Erhalt der Föderation bemüht hatte. 1841 erklärte sich El Salvador zur Republik. In den folgenden rund fünf Jahrzehnten kämpften wie in zahlreichen anderen Staaten Mittel- und Südamerikas nach der Unabhängigkeit Konservative, Vertreter der Landbesitzer, und Liberale, die im städtischen Bürgertum ihre Basis hatten, um die politische Macht. Ungeachtet dieser ständigen Auseinandersetzungen konnte in El Salvador eine Universität gegründet und ein katholisches Bistum eingerichtet werden.
Unter den Regierungen Francisco Duenas (1863 bis 1871) und Rafael Zaldivars (1876–1885) kam es zu einer gewissen Stabilisierung, auch aufgrund der steigenden Gewinne aus dem Export von Kaffee, der in El Salvador 1840 erstmals geerntet worden war. Der Kaffee wurde ab 1880 zum wichtigsten Produkt der salvadorianischen Wirtschaft, nachdem die Indigoproduktion wegen billiger asiatischer Konkurrenz und vor allem der Entwicklung synthetischer Verfahren zur Herstellung von Farbstoffen nach 1870 keine Gewinne mehr abwarf.
1903 fand die Periode ständiger Machtkämpfe und politischer Instabilität ein Ende, nachdem die führenden politischen Kräfte sich darauf geeinigt hatten, daß der aus dem Amt scheidende Präsident inof-

fiziell seinen Nachfolger bestimmen konnte, der anschließend in einer manipulierten Wahl bestätigt wurde. 1912 gelangte Carlos Meléndez (1912–1918) an die Regierungsmacht und begründete das erste von einer Reihe autoritärer Regime, deren wechselnde Präsidenten z. T. miteinander verwandt waren.

Militärdiktaturen (1932–1969)

Aufgrund der ökonomischen Fixierung auf Kaffee traf die Weltwirtschaftskrise 1929 mit dem Einbruch der Kaffeepreise El Salvador besonders hart. Es kam zu sozialen Unruhen. 1931 ging der linksorientierte Arturo Araujo, der im Wahlkampf wirtschaftliche und soziale Reformen versprochen hatte, aus den Präsidentschaftswahlen als Sieger hervor. Doch bereits nach wenigen Monaten wurde Araujo durch einen Militärputsch gestürzt. Neuer Präsident wurde Putschistenführer General Maximiliano Hernández Martínez (1932–1944). Ein Bauernaufstand wurde 1932 von den Militärmachthabern blutig niedergeschlagen, wobei das Militär unter den Aufständischen ein Massaker mit mehr als 20 000 Todesopfern anrichtete.

Mit Reformen, u. a. erweiterte Sozialgesetze und eine Bodenreform, sollte das Land modernisiert werden, doch blieben diese Projekte zumeist in Ansätzen stecken. In den folgenden dreieinhalb Jahrzehnten bestimmte das Militär die politische Entwicklung des Landes.

Anfang der 40er Jahre wuchs vor allem im städtischen Bürgertum der Widerstand gegen das Martinéz-Regime, das 1944 gestürzt wurde. Es folgten weitere Militärregierungen, die die eher halbherzige Reformpolitik von Martínez fortsetzten, ohne größere Erfolge im Kampf gegen die soziale Misere der rasch wachsenden Bevölkerung zu erzielen. Massenauswanderung trug in den folgenden Jahren nur wenig zur Entschärfung der Lage bei. Unter der Präsidentschaft von Oscar Osorio (1948–1956) wurde die Reformpolitik zwar intensiviert, doch blieben durchschlagende Erfolge trotz Zustimmung der städtischen Mittelschicht weiterhin aus. Osorios Nachfolger José María Lemus (1956–1960) unternahm eine demokratische Öffnung des Landes, kehrte aber rasch wieder zur repressiven Politik zurück.

1960 wurde Lemus von einer Gruppe linksorientierter Offiziere gestürzt, die im darauffolgenden Jahr ihrerseits von rechtsgerichteten Militärs von der Macht verdrängt wurden. Auf Betreiben des Militärs formierte sich 1961 die Partido de Conciliación Nacional (PCN) als Interessenvertretung des Militärs und der reichen Oberschichten. Eine 1962 erlassene

neue Verfassung gewährte einige demokratische Rechte. Als größte Oppositionspartei etablierte sich die christdemokratische Partido Demócrata Cristiano (PDC); die schwache Linksopposition war in zahlreichen kleineren Parteien organisiert. Die abgehaltenen Wahlen dienten in erster Linie der scheindemokratischen Legitimation der bestehenden Machtverhältnisse.

Angestaute Spannungen im Verhältnis zum Nachbarstaat Honduras führten 1969 zum Ausbruch des sog. Fußballkriegs (→Lexikon). Hintergrund waren die wachsenden Konflikte zwischen den über 300 000 im Laufe der vergangenen Jahrzehnte nach Honduras eingewanderten Salvadorianern und der einheimischen Bevölkerung. Am Rande eines Fußball-Länderspiels zwischen El Salvador und Honduras kam es zu Zusammenstößen, nach denen salvadorianische Truppen nach Honduras eindrangen. Der bewaffnete Konflikt wurde auf Vermittlung der OAS innerhalb kurzer Zeit beigelegt.

Guerillakrieg und Demokratisierung (ab 1970)

Die Wirtschaft des Landes hatte nach dem Zweiten Weltkrieg zwar durch Abkehr von der Kaffee-Monokultur Modernisierungen in der Landwirtschaft und Ausbau der Industrie einen beträchtlichen Aufschwung genommen; doch die Masse der Bevölkerung litt seit den 60er Jahren zunehmend unter niedrigen Löhnen, Arbeitslosigkeit und Wohnungsnot.

1971 schlossen sich mehrere Oppositionsgruppen, die sich Anfang der 60er Jahre gebildet hatten, aber in ihrer politischen Arbeit vom Militär stark behindert worden waren, zu einem von den Christdemokraten angeführten Wahlbündnis, der Unión Nacional Opositora (UNO, Nationale Oppositionelle Einheit) zusammen. Dieses Bündnis konnte 1972 mit seinem Kandidaten José Napoleón Duarte die Präsidentschaftswahlen gewinnen. Das Militär reagierte mit Fälschungen der Wahlergebnisse und Terrormaßnahmen. Es setzte Arturo Armando Molina (1972–1977) von der militärfreundlichen PCN als Präsident ein.

Infolge wachsender sozialer Spannungen – die Zahl der Landlosen Anfang der 70er Jahre nahm sprunghaft zu; 1975 besaßen rund 41 % der Landbevölkerung keinen eigenen Boden – begannen Anfang der 70er Jahre mehrere linksgerichtete Guerillagruppen den bewaffneten Kampf gegen das Regime. Massive Fälschungen bei den Wahlen von 1972 und 1977 trugen dazu bei, den Rückhalt der Militärs auch in Teilen des städtischen Bürgertums zu verringern. Im Mai 1979 kam es zu schweren Bauernunruhen, in

MITTELAMERIKA

deren Verlauf Rebellen vorübergehend die Botschaften von Costa Rica und Frankreich besetzten. Mit Duldung der neuen Militärjunta verübten rechtsgerichtete sog. Todesschwadrone zahlreiche Morde an oppositionellen Personen. Im März 1980 wurde der Ezbischof von San Salvador, Oscar Arnulfo Romero, ein erklärter Gegner der Militärs, während einer Messe ermordet. Die Tat rief weltweite Empörung hervor und beschleunigte den Zusammenschluß der oppositionellen Kräfte in der Frente Democrático Revolucionario (FDR, Demokratische Revolutionäre Front). Die Aktivitäten der in der Frente Farabundo Martí para la Liberación Nacional (FLMN) zusammengeschlossenen Guerillaverbände entwickelten sich 1981 zu einem blutigen Bürgerkrieg, der zahlreiche Todesopfer forderte. Militärische Erfolge der Guerilla, aber auch der Druck der USA, nötigten die Machthaber zu politischen Zugeständnissen. 1980 übernahm der gemäßigt konservative Duarte (1980–1982, 1984–1989) von der ARENA-Partei die Präsidentschaft. Ende 1989 unternahmen die Guerillas eine erfolgreiche Offensive gegen die Regierungstruppen, was unter Teilen des Militärs sowie der politischen und wirtschaftlichen Oligarchie zu einem Gesinnungswandel führte. Gemäßigte Kreise zogen nunmehr eine Verhandlungslösung der weiteren Zerstörung des Landes durch den Bürgerkrieg vor. Unter Präsident Alfredo Cristiani Burkard (1989–1994) von der rechtsgerichteten ARENA-Partei wurden Verhandlungen zwischen der Guerilla und der Regierung aufgenommen. Diese mündeten in ein Friedensabkommen, das im Januar 1992 in Mexiko-Stadt unterzeichnet wurde. Die Wahlen von 1994 gewann die rechtsgerichtete ARENA-Partei mit ihrem Präsidentschaftskandidaten Armando Calderón Sol. Zweitstärkste Partei wurde die frühere Guerillaorganisation FMLN, die sich zur parlamentarischen Mitarbeit bereit erklärt hatte. Unter der Minderheitsregierung von Calderón kam der Friedensprozeß weiter voran. Die wirtschaftliche und soziale Situation El Salvadors verbesserte sich allerdings kaum; auch die im Friedensvertrag vereinbarte Aufteilung von Teilen des Großgrundbesitzes wurde nur zögernd in Angriff genommen. Die Unzufriedenheit breiter Bevölkerungsschichten trug dazu bei, daß die regierende ARENA-Partei bei der Parlamentswahl im März 1997 Stimmenverluste hinnehmen mußte und im Parlament nur noch über 28 (1994; 39) Sitze verfügte, während die FMLN die Anzahl ihrer Mandate von 21 auf 27 erhöhen konnte. Trotz der Wahlniederlage blieben Präsident Calderón und sein Kabinett im Amt.

Chronik Zeittafel

um 1500 v. Chr.	Entstehung der ersten Keramikkulturen im heutigen El Salvador
1524	Spanier unter Pedro de Alvarado erobern das Gebiet
1542	El Salvador wird in das Generalkapitanat Guatemala eingegliedert
ab 1740	Intensivierung des Indigoanbaus
1811	Aufstand gegen spanische Kolonialherrschaft
1821	Loslösung von Spanien
1822	Anschluß an das mexikanische Kaiserreich (bis 1823)
1841	El Salvador erklärt sich zur Republik
ab 1841	Machtkämpfe zwischen Konservativen und Liberalen
1880	Intensivierung des Kaffeeanbaus und -exports
1912	Carlos Meléndez errichtet autoritäre Herrschaft
1927	Präsident Pío Romero Bosque betreibt populistische Reformpolitik
1931	Militärputsch; Maximiliano Hernandéz Martínez übernimmt die Macht (bis 1944)
1944	Putsch gegen Militärdiktator Martínez
1962	Opposition formiert sich in zahlreichen Links-Parteien
1969	»Fußballkrieg« gegen Honduras
1977	Rechtsgerichtete PCN gewinnt Parlamentswahlen
1978	Zunahme der Guerillatätigkeit
1980	Todesschwadrone ermorden Bischof Oscar Arnulfo Romero
1981	Verhängung des Kriegszustands
1988	Sieg der rechtsgerichteten ARENA-Partei bei Präsidentschaftswahlen
1991	Beginn des Demokratisierungsprozesses
1992	Unterzeichnung eines Friedensabkommens zwischen Regierung und Guerilla
1994	ARENA-Kandidat Armando Calderón gewinnt Präsidentschaftswahlen
1997	Stimmenverlust der ARENA; Calderón bleibt im Amt

MITTELAMERIKA

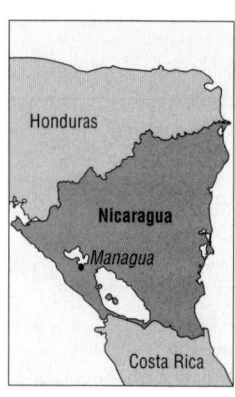

Nicaragua
(Nicaragua)

Honduras

Nicaragua

Managua

Costa Rica

Fläche: 120 254 km²
Bevölkerung:
1,1 Mio. (1950)
2,0 Mio. (1970)
4,6 Mio. (1996)
Sprachen: Spanisch, Chibcha,
Miskito, Sumo
Staatsform: Präsidialrepublik

Mitgliedschaften: Centroamerica-4, OAS, SELA, UNO

Spuren erster Besiedlung des heutigen Nicaragua stammen aus der Zeit um 1500 v. Chr. 1502 entdeckte Christoph Kolumbus auf seiner vierten Fahrt die Küste Nicaraguas. Bis 1815 gehörte das Gebiet zum spanischen Kolonialreich. 1821 erklärte Nicaragua seine staatliche Unabhängigkeit. Die folgenden Jahrzehnte standen im Zeichen anhaltender Machtkämpfe zwischen Konservativen und Liberalen. 1912 landeten US-Marinesoldaten in Nicaragua, das bis 1933 faktisch unter US-amerikanischem Protektorat stand. 1933 brachte sich der Somoza-Clan an die Macht und herrschte über vier Jahrzehnte mit diktatorischer Gewalt. 1979 stürzten die linksgerichteten Sandinisten das Somoza-Regime und begannen mit der Errichtung eines sozialistischen Systems. Militärischer und politischer Druck zwangen die Sandinisten zur Abhaltung freier Wahlen, aus denen 1990 die konservative Opposition als Siegerin hervorging.

Politische Struktur
Nicaragua ist seit 1987 präsidiale Republik. An der Spitze der Exekutive steht ein direkt gewählter Präsident, der zusätzlich das Amt des Regierungschefs innehat. Seine Amtszeit beträgt sechs Jahre; eine unmittelbare Wiederwahl ist nicht zugelassen. Die gesetzgebende Gewalt liegt bei der 93 Sitze umfassenden Nationalversammlung, deren Abgeordnete jeweils für eine sechsjährige Legislaturperiode gewählt werden. Verwaltungstechnisch ist Nicaragua in 16 Departamentos untergliedert. Nach dem Übergang zur Demokratie ab 1989 und dem Machtverlust der linksgerichteten Sandinisten hat sich in Nicaragua eine breitgefächerte Parteienlandschaft herausgebildet. Zu den führenden politischen Kräften gehören die Unión Nacional Opositora (UNO, Union der Nationalen Opposition), ein gemäßigt konserva-

tives Bündnis zahlreicher Parteien und kleinerer Gruppierungen, die linksgerichtete Frente Sandinista de Liberación Nacional (FSLN, Sandinistische Nationale Befreiungsfront) und die christdemokratische Partido Social Cristiano (PSC, Christlich-Soziale Partei).

Landesnatur
Nicaragua erstreckt sich in der Mitte der zentralamerikanischen Landenge zwischen dem Karibischen Meer im Osten und dem Pazifischen Ozean. Im Norden grenzt es an Honduras, im Süden an Costa Rica. Entlang der Karibikküste zieht sich eine bis zu 80 km breite, von Lagunen und Sümpfen durchsetzte Küstenebene, die Moskitoküste. Zum Landesinneren nach Westen hin steigt die Landschaft allmählich an. Das zentrale Hügelland erreicht eine Höhe von bis zu 1800 m. Im Norden, an der Grenze zu Honduras, liegt der Gebirgszug Cordillera Isabella, der bis zu einer Höhe von 2438 m aufragt. Nach Westen fällt das Bergland steil in die pazifische Küstenebene ab, in der sich die größten Binnengewässer Mittelamerikas, der Managua- und der Nicaragua-See befinden.

In Nicaragua herrscht feuchtes Tropenklima, mit Jahresmitteltemperaturen zwischen 26 °C und 29 °C. In den höheren Regionen des Berglandes liegen die Durchschnittstemperaturen zwischen 17 °C und 22 °C. Die jährliche Niederschlagsmenge beträgt im Durchschnitt zwischen 2000 mm im pazifischen Küstenstreifen und 2500 bis 6000 mm an der Ostküste. Das karibische Tiefland ist zum großen Teil von tropischem Regenwald bedeckt, der insgesamt etwa 50 % des Territoriums von Nicaragua überzieht. Im Norden erstrecken sich ausgedehnte Kiefernwälder. Im Pazifikküstenstreifen wachsen überwiegend Mangroven und Palmen.

Bevölkerung
Die größte Bevölkerungsgruppe Nicaraguas bilden mit einem Anteil von 70 % die Mestizen (Nachkommen von Indianern und Weißen). Der Anteil der Weißen an der Gesamtbevölkerung beträgt 17 %, der der Schwarzen 9 %. Indianer stellen 4 % der nicaraguanischen Bevölkerung. Rund 90 % der Einwohner sind Katholiken, weitere 17 % gehören der methodistischen oder baptistischen Kirche bzw. anderen Religionsgemeinschaften an.
Die Siedlungsdichte ist in Nicaragua ungleich verteilt. Rund zwei Drittel der Bevölkerung leben im Bereich der Pazifikküste auf nur 15 % des Gesamtterritoriums.

Wirtschaft

Die Landwirtschaft ist der wichtigste Wirtschaftssektor Nicaraguas. Zum Bruttoinlandsprodukt (BIP) trägt sie rund 30 % bei und beschäftigt rund 35 % der Erwerbstätigen. Ihr Anteil am gesamten Exportvolumen des Landes beträgt über 50 %. Es gibt eine Vielzahl agrarischer Kleinbetriebe, die in erster Linie Grundnahrungsmittel wie Mais, Hirse, Reis und Bohnen für den Eigenverbrauch und den Binnenmarkt produzieren. Deneben bestehen wenige Großplantagen, auf denen vornehmlich Kaffee, Zitrusfrüchte und Baumwolle für den Export angebaut werden. Nach der sandinistischen Revolution von 1979 hatten sich durch Enteignungen (u.a. des gesamten Besitzes des Somoza-Clans) und die Förderung von Genossenschaften die Eigentumsverhältnisse auf dem Land stark verändert. Diese Umstrukturierungen wurden durch die konservative Regierung im Rahmen umfangreicher Privatisierungsprogramme ab 1990 teilweise wieder rückgängig gemacht. Der industrielle Sektor ist in Nicaragua wenig entwickelt. Zum BIP trägt er rund 20 % bei (1994). Vorherrschend ist die Verarbeitung von Lebensmitteln. Daneben werden u.a. Textilien, Leder- und Metallwaren sowie Medikamente produziert. Nicaragua verfügt zwar über beachtliche Bodenschätze, die jedoch kaum erschlossen sind. In geringerem Umfang werden Gold, Silber und Kupfererze abgebaut.

GESCHICHTE

Frühe Besiedlung und Kolonisation (bis 1821)

Archäologische Funde zeigen, daß es bereits etwa um 1500 v. Chr. auf der im Managua-See gelegenen Insel Isla de Ometepe feste Siedlungen gab. Die dort lebenden Indianer waren mit der Herstellung von Gebrauchsgegenständen aus Ton vertraut und betrieben Ackerbau. Um das Jahr 1000 n.Chr. wanderten aus Mexiko die Chorotegen in den Südwesten des heutigen Nicaragua ein und errichteten dort eine über einen längeren Zeitraum bestehende Herrschaft. In der heutigen Provinz Chontales zeugen monumentale, bis 4 m hohe Steinfiguren, die vermutlich aus dem 11. Jh. n. Chr. stammen, von einer weiteren bedeutenden Regionalkultur auf dem Gebiet des heutigen Nicaragua. Ebenfalls aus dem Norden der mittelamerikanischen Landenge wanderte das Volk der Nicarao ein, das sich im 15. Jh. in der Region um den Lago de Managua ansiedelte.

Christoph Kolumbus entdeckte 1502 auf seiner vierten Fahrt Kap Gracias a Dios an der Küste des heutigen Nicaragua und erkundete anschließend den gesamten Küstenverlauf. 1522 eroberten spanische Soldaten unter dem Kommando von Gil González de Ávila das Gebiet, das die Spanier nach dem Indianervolk der Nicarao benannten. 1528 wurde das Gebiet zum Bistum erhoben und 1538 administrativ der Audiencia (→Lexikon) Panama angeliedert. Im Zuge von Neustrukturierungen innerhalb des spanischen Kolonialbesitzes wurde das Gebiet 1543 Teil der Audiencia de los Confines und 1570 der Audiencia Guatemala. In der ersten Phase der spanischen Kolonialherrschaft bildete neben der Viehzucht der Anbau von Kakao, Zuckerrohr und Baumwolle die wirtschaftliche Basis von Nicaragua, in dessen Einwohnerschaft der Anteil der Mestizen kontinuierlich zunahm.

Im 18. Jh. verschärften sich die Konflikte zwischen Spanien und Großbritannien um den Besitz Nicaraguas. Bereits 1667 hatten die Engländer sich an der atlantischen Moskitoküste festgesetzt und 1670 die dort lebenden Misquitoindianer offiziell unter ihren Schutz genommen. Die Misquito leisteten in der Folgezeit den spanischen Bemühungen um Ausdehnung der Kolonialherrschaft immer wieder heftigen Widerstand. Zwar erkannte Großbritannien im Vertrag von Versailles 1783 die Moskito-Küste als spanischen Besitz an und veranlaßte die meisten britischen Siedler zur Räumung des umstrittenen Gebiets, doch schlugen spanische Versuche, sich dort festzusetzen, weitgehend fehl. 1796 gelang den kriegserfahrenen Misquito die Eroberung der verbliebenen spanischen Niederlassungen.

Unabhängigkeit und innere Kämpfe (1821–1909)

Auch in Nicaragua gab der Sturz der Bourbonen-Dynastie in Spanien durch napoleonische Truppen 1808 und die daraus resultierende Schwächung des Mutterlandes der Unabhängigkeitsbewegung Auftrieb. 1815 vollzog Nicaragua die Loslösung von Spanien. Sechs Jahre später, im September 1821, erklärte sich Nicaragua offiziell für unabhängig. Im darauffolgenden Jahr schloß es sich kurzzeitig dem neuentstandenen Kaiserreich Mexiko an. Bei der Bildung der Zentralamerikanischen Föderation (→Lexikon) zusammen mit El Salvador, Honduras, Guatemala und Costa Rica im Jahr 1823 erklärte Nicaragua erneut seine Unabhängigkeit.

Nicaragua zog sich 1838 als erstes Land wegen Streitigkeiten der Mitglieder untereinander aus der Föderation zurück. Für die Misquitoindianer war dies das Signal zum Aufstand gegen die Republik, da sie ihre Selbständigkeit in Gefahr sahen. Die Briten intervenierten auf Seiten der Misquitoindianer, mit denen sie traditionell verbunden waren, und zwangen die Regierung, die Eigenständigkeit der am Atlantik gelegenen Moskitoküste anzuerkennen. London stellte dieses Gebiet offiziell unter seinen Schutz. 1848 besetzten britische Truppen das im Süden an der Grenze zu Costa Rica gelegene San Juan del Norte, um die Präsenz Großbritanniens zu unterstreichen. 1860 trat London seine Ansprüche an der Moskitoküste an Nicaragua ab. Hintergrund war der Clayton-Bulwer-Vertrag mit den USA, in dem sich beide Mächte verpflichteten, in Mittelamerika keine Kolonien oder Protektorate zu errichten.

Nach der Unabhängigkeit kam Nicaragua jahrzehntelang nicht zur Ruhe. Im Inneren kennzeichneten die ständigen, häufig gewaltsam ausgetragenen Konflikte zwischen Konservativen und Liberalen die Entwicklung. Darin unterschied sich Nicaragua kaum von anderen mittel- und südamerikanischen Staaten.

Mitte der 1850er Jahre landete mit Billigung der Liberalen und unterstützt von der US-amerikanischen Regierung ein US-Abenteurer mit Namen William Walker mit einer bewaffneten Schar an der nicaraguanischen Küste. Im gemeinsamen Kampf mit liberalen Truppen eroberte er die Macht in Nicaragua. 1856 übernahm Walker die Präsidentschaft; Nicaragua geriet immer stärker unter den Einfluß der USA. Dies nahmen die Nachbarstaaten El Salvador, Guatemala und Costa Rica zum Anlaß für eine militärische Invasion. Walker, genannt der »letzte Filibuster«, und seine Truppen mußten der Übermacht weichen. Nach einem erneuten Landungsversuch 1860 wurde Walker gefangengenommen, vor ein Kriegsgericht gestellt und hingerichtet.

Nach einer längeren Periode konservativer Regierungen gelangte 1893 mit José Santos Zelaya (1893 bis 1909) ein Vertreter der Liberalen durch einen Putsch an die Regierungsmacht. Ungeachtet seiner Zugehörigkeit zu den Liberalen errichtete Zelaya in der Folgezeit ein diktatorisches Regime. Unter massiver Gewaltanwendung gelang ihm die Unterwerfung der Misquitoindianer und die Eingliederung ihrer Siedlungsräume in den nicaraguanischen Staatsverband. Mit großem Nachdruck versuchte Zelaya, die Modernisierung Nicaraguas voranzutreiben. So förderte er den Ausbau des Eisenbahnnetzes und die Entwicklung von Handel, Landwirtschaft und der kaum vorhandenen Industrie. Er verfügte die Trennung von Staat und Kirche, schuf die Grundlagen für ein staatliches Bildungssystem und schränkte die wirtschaftliche Macht des Großgrund-

besitzes ein. Zur Verbesserung der ökonomischen Gesamtsituation förderte er den Kaffeeanbau. Gleichzeitig verwickelte Zelaya Nicaragua in bewaffnete Konflikte mit seinen Nachbarstaaten, insbesondere mit Honduras wegen der Misquitoküste, die das Land zeitweise stark belasteten. Besonders folgenschwer für die weitere Entwicklung war die feindliche Haltung, die Zelaya gegenüber den USA einnahm. Da Washington seine Interessen in Mittelamerika bedroht sah, betrieb es 1909 den Sturz von Zelaya, der sich nach Spanien ins Exil absetzte.

US-amerikanische Vorherrschaft (1909–1933)

In Nicaragua entbrannte ein Bürgerkrieg, in dem zunächst die liberalen Kräfte die Oberhand gewannen. Als die Machtkämpfe anhielten, entschlossen sich die USA 1912 zu einer Militärintervention. Vertreter der US-Regierung brachten die nicaraguanischen Finanzen unter ihre Kontrolle und nahmen mehr oder minder starken Einfluß auf sämtliche Bereiche der nicaraguanischen Politik. Nach mehreren Präsidentenwechseln schien sich die Lage beruhigt zu haben, so daß die USA ihre Truppen im August 1925 wieder abzogen. Doch erneut gab es Staatsstreiche und Unruhen, so daß Washington bereits 1927 wieder Marinesoldaten nach Nicaragua schickte, wo sie bis 1933 blieben und die wirtschaftliche, militärische und politische Kontrolle ausübten. 1927 begannen die US-Repräsentanten mit dem Aufbau einer nicaraguanischen Nationalgarde. Kurz nach dem erneuten Einmarsch der USA nahmen Guerillaverbände unter dem Kommando des Sozialrevolutionärs Augusto César Sandino (*1895, † 1934) den Kampf gegen die militärische Besetzung auf. Die Aufständischen konnten einige militärische Erfolge erzielen; 1933 entschlossen sich die USA zum Abzug ihrer Streitkräfte aus Nicaragua. Sandino stimmte einer Friedensregelung und der Auflösung seiner Rebellen-Armee zu. 1934 wurden Sandino und mehrere seiner Mitkämpfer von Nationalgardisten ermordet.

Diktatur des Somoza-Clans (1934–1979)

Seit 1931 war Juan Bautista Sacasa Präsident von Nicaragua. Die tatsächliche Macht lag jedoch in den Händen des von den USA geförderten Oberkommandierenden der Nationalgarde, Anastasio Somoza García. 1936 ließ er sich zum Präsidenten wählen, womit er seiner Herrschaft einen legitimen Anstrich gab. In den folgenden Jahrzehnten herrschte der Somoza-Clan diktatorisch über Nicaragua und betrieb die systematische wirtschaftliche Ausbeutung des Landes. Außenpolitisch lehnte sich Somoza eng an die Vereinigten Staaten an. Im Inneren stützte der Diktator sich auf die Nationalgarde und die traditionelle Oligarchie, deren wirtschaftliche Dominanz er nicht antastete. Zwar gab es in Nicaragua weiterhin politische Parteien, u.a. die Somoza ergebene Partido Liberal Nacionalista (PLN, Nationalliberale Partei) und zwei konservative Parteien, die jedoch über keinerlei politischen Einfluß verfügten.

Nach dem Zweiten Weltkrieg betrieb Somoza die Modernisierung der nicaraguanischen Wirtschaft, u.a. durch Teilmechanisierung der Landwirtschaft und den Ausbau der Industrie. Tatsächlich verzeichnete die Ökonomie des Landes in den 50er und 60er Jahren erhebliche Zuwachsraten, doch verschärften sich auch die sozialen Gegensätze sowie die Abhängigkeit von ausländischen Investoren.

Anastasio Somoza kam 1956 bei einem Attentat ums Leben. Sein Nachfolger im Amt des Staatspräsidenten wurde der älteste Sohn Luis Somoza Debayle (1956–1963). Luis Somoza leitete Reformen auf politischem wie wirtschaftlichem Gebiet ein und tat einige Schritte zur Rückkehr zu verfassungsgemäßen Zuständen. Die Maßnahmen hatten jedoch eher kosmetischen Charakter und änderten nichts an der absoluten Vormachtstellung des Somoza-Clans. Nachdem zwischen 1963 und 1967 zwei dem Somoza-Clan ergebene Politiker das Präsidentenamt bekleidet hatten, ließ sich 1967 Luis Somozas Bruder, Anastasio Somoza Debayle (1967–1972; 1974–1979), zum Präsidenten wählen. 1972 wurde Nicaragua von einem schweren Erdbeben erschüttert. Als bei den anschließenden Aufräum- und Wiederaufbauarbeiten immer deutlicher wurde, daß sich die Somozas und viele ihrer Günstlinge an internationalen Hilfsgeldern bereicherten, trat Anastasio Somoza vom Präsidentenamt zurück, blieb aber starker Mann des Landes, das formell von einer Militärjunta regiert wurde.

Sandinistische Revolution (1978–1990)

Anfang der 70er Jahre wuchs auch infolge sozialer Mißstände und der anhaltenden politischen Repression der Widerstand breiter Bevölkerungskreise gegen das Somoza-Regime. Als in dieser Situation die 1962 gegründete linksgerichtete Befreiungsbewegung Frente Sandinista de Liberación Nacional (FSLN) ihre Aktivitäten verstärkte, verhängte das Regime 1974 den Ausnahmezustand. Mittlerweile hatte Somoza nach einer Verfassungsänderung wieder das Präsidentenamt übernommen. 1977 scheiterte ein Versuch der FSLN zur gewaltsamen Machtübernahme. Im Januar 1978 wurde der bürgerlichgemäßigte Oppositionspolitiker Pedro Joaquín Cha-

morro von Gefolgsleuten des Somoza-Regimes ermordet. Daraufhin kam es in ganz Nicaragua zu Protestkundgebungen und Unruhen, an denen sich auch bürgerliche Gruppen beteiligten. Durch einen Generalstreik wurde das öffentliche Leben in dem mittelamerikanischen Land zeitweise lahmgelegt. Als Diktator Somoza die Nationalgarde mobilisierte, schlugen die Unruhen in einen offenen Bürgerkrieg um, der eine große Zahl von Todesopfern forderte. Das brutale Vorgehen der Somoza-Truppen rief internationale Proteste hervor, und auch die USA entzogen dem Diktator ihre Unterstützung. Im Juli 1979 zogen die Kämpfer der linksgerichteten FSLN siegreich in die Hauptstadt Managua ein. Nach über vier Jahrzehnten war das ausbeuterische und brutale Regime des Somoza-Clans gestürzt. Anastasio Somoza ging nach Honduras ins Exil, wo er 1980 bei einem Attentat getötet wurde.

Nach dem Sieg der Sandinisten übernahm eine »Junta des nationalen Widerstands« die Regierungsgewalt. Ihr gehörten zunächst Vertreter aus dem gesamten Spektrum der vormaligen Oppositionsgruppen an. An der Spitze der bis 1985 regierenden Junta stand der Sandinisten-Führer Daniel Ortega Saavedra, der als sog. Koordinator die Ämter des Staatsoberhaupts, des Regierungschefs und des Oberbefehlshabers der Armee in seiner Person vereinigte. Das Amt des Kulturministers übernahm der Jesuiten-Pater und Lyriker Ernesto Cardenal (▷Chronik Biografie, S. 302). Als die FSLN-Vertreter den »Sandinismo«, ein Konzept der sozialistischen Umgestaltung des Landes, zur Richtschnur der Junta-Politik machten, zogen sich im April 1980 die Repräsentanten der bürgerlichen Kräfte, darunter Violetta Barrios de Chamorro, die Witwe des 1978 ermordeten Oppositionspolitikers Pedro Joaquín Chamorro, aus der Junta zurück. Die politische Gewalt lag faktisch bei der engeren FSLN-Führung.

Zu den ersten Maßnahmen der neuen Machthaber bei der Umgestaltung Nicaraguas zählten u.a. eine umfassende Agrarreform, die Enteignung des gigantischen Somoza-Besitzes (u.a. rund 800 000 ha Land), die Subventionierung von Grundnahrungsmitteln, eine landesweite Alphabetisierungskampagne und die Einführung einer kostenlosen medizinischen Versorgung für alle Nicaraguaner. Vor allem auf dem enteigneten Boden wurden zahlreiche Staatsfarmen eingerichtet, die weiterhin in erster Linie für den Export produzierten. Daneben förderten die Sandinisten die Bildung von bäuerlichen Kooperativen. Nach 1981 wurde Land im Rahmen einer Agrarreform in größerem Umfang an bäuerliche

Kleinbetriebe und Landlose verteilt. Bis 1988 profitierten rund 77 000 Familien von dieser Maßnahme. Insbesondere die Alphabetisierungskampagne zeigte rasch größere Erfolge. Bis Mitte der 80er Jahre konnte die Analphabetenrate, die in Nicaragua vor der Revolution bei über 40 % gelegen hatte, auf rund 12 % gedrückt werden.

Außenpolitisch näherte sich Nicaragua unter den Sandinisten Kuba, der Sowjetunion und anderen Ostblockstaaten an. Dies rief in Washington Besorgnis hervor, da man nach dem Muster der »Domino-

Ernesto Cardenal

Chronik Biografie

nicaraguanischer Lyriker und Politiker

20. 1. 1925 Granada (Nicaragua)

C. engagierte sich in Nicaragua gegen die Diktatur des Somoza-Clans. Der Lyriker studierte in Managua, Mexiko und New York zunächst Literatur. 1957 trat er dem Jesuitenorden bei und studierte anschließend Theologie in Mexiko und Kolumbien, wo er 1961 einen Gedichtband mit dem Titel »Psalmen« veröffentlichte. Er wurde 1965 in Managua zum Priester geweiht und gründete bald darauf auf einer Insel im Nicaragua-See eine christliche Gemeinschaft. Ab 1977 engagierte er sich für die Sandinistische Befreiungsfront in seinem Heimatland und mußte darum zeitweise im Exil leben. Nach dem Sieg der Sandinisten und ihrer Regierungsübernahme wurde C., der in den 60er und 70er Jahren mehrere Gedichtsammlungen veröffentlicht hatte, Kulturminister. In der Folgezeit war er, der in seinem Denken Christentum und sozialistische Vorstellungen vereinbarte, ein international geachteter »Botschafter« der nicaraguanischen Revolution. 1980 wurde ihm der Friedenspreis des Deutschen Buchhandels verliehen.

Theorie« ein Ausstrahlen der sandinistischen Revolution auf andere Staaten in der Region befürchtete. 1981 begann die Reagan-Regierung mit der heimlichen Ausrüstung sog. Contras, die vor allem von Honduras aus einen Guerillakrieg gegen die Sandinisten führten. In den Reihen der Contras kämpften zahlreiche frühere Mitglieder von Somozas Nationalgarde. Der Bürgerkrieg forderte mehrere Zehntausend Menschenleben. Die nicaraguanische Wirtschaft wurde von den Kämpfen stark geschädigt. Mitte der 80er Jahre flossen über 50 % des Staatshaushalts Nicaraguas in die Finanzierung des Kriegs. Die nicaraguanische Wirtschaft wurde zudem durch das US-amerikanische Handelsembargo schwer belastet, das 1985 von US-Präsident Ronald Reagan verschärft wurde. Zusätzlich in Bedrängnis brachten die Sandinisten die an der Westküste lebenden Misquitoindianer, die sich dem Zentralismus der Regierung z. T. mit Waffengewalt entgegenstellten. 1982 verhängte die Regierung über Nicaragua den Ausnahmezustand.

1984 hielten die Sandinisten Präsidentschaftswahlen ab, bei denen der FSLN-Chef Daniel Ortega mit rund 67 % der abgegebenen Stimmen einen deutlichen Sieg erringen konnte. Die sozialen Verbesserungen hatten bei den Bevölkerungsmassen ihre Wirkung nicht verfehlt und zu einer breiten Zustimmung zur Politik der Sandinisten geführt. Dies änderte sich jedoch mit zunehmender Dauer des Guerillakriegs der Contras, mit der rapiden Verschlechterung der wirtschaftlichen Lage ab Mitte der 80er Jahre und aufgrund der zunehmenden Repressionen der Sandinisten gegenüber oppositionellen Gruppen. Auf Initiative des Präsidenten von Costa Rica, Oscar Arias Sánchez, wurde 1987 ein Friedensplan für Mittelamerika von den Präsidenten von Honduras, El Salvador, Costa Rica und Guatemala unterzeichnet, der auch im nicaraguanischen Bürgerkrieg Entspannung brachte. Zudem sorgte die sog. Iran-Contra-Affäre in den USA (→S. 168) dafür, daß die inoffiziellen US-Hilfslieferungen an die Contras stark zurückgingen. In den USA war bekannt geworden, daß entgegen eindeutigen Beschlüssen des US-amerikanischen Kongresses mit Wissen hoher US-Regierungsstellen illegal Waffen an die Contras geliefert worden waren, die aus Erlösen von illegalen Geschäften mit dem Iran finanziert worden waren.

Demokratisierung (ab1989)

Auch unter dem Eindruck der Demokratisierungswelle im Ostblock leitete Präsident Ortega 1989 in Nicaragua einen Liberalisierungsprozeß ein und setzte für 1990 freie Präsidentschaftswahlen an. Aus diesen ging die Kandidatin des Oppositionsbündnisses Unión Nacional Opositora (UNO), Violeta Barrios de Chamorro mit 54,7 % der abgegebenen Stimmen als Siegerin hervor. Als Präsidentin stützte sich Violeta Chamorro auf ein heterogenes Parteienbündnis, das sowohl rechte als auch weit links orientierte Gruppierungen umfaßte. Ökonomisch steuerte die Regierung Chamorro einen neoliberalen Kurs, um u. a. die zerrütteten Staatsfinanzen zu sanieren und der stagnierenden Wirtschaft Wachstumsimpulse zu geben. Zwar konnte sie damit einige Erfolge erzielen, doch verschlechterte sich aufgrund von Verringerungen der öffentlichen Ausgaben und des Anstiegs der Arbeitslosigkeit die soziale Lage der unteren Bevölkerungsschichten.

Präsidentin Chamorro bemühte sich erfolgreich um die Entwaffnung und Integration der Contras und suchte den Ausgleich mit den Sandinisten. Darüber kam es zum Streit innerhalb der gemäßigt konservativen UNO, von der sich 1992 einige Gruppierungen abspalteten. Finanzhilfen von Seiten der OPEC und des Internationalen Währungsfonds bewirkten ab 1993 eine leichte Erholung der nicaraguanischen Wirtschaft. Nach längeren Auseinandersetzungen trat 1995 der sandinistische Verteidigungsminister Humberto Ortega von seinem Amt zurück. Die Konservativen hatten auf Ortegas Ablösung gedrängt, um den Einfluß der Sandinisten auf die nicaraguanische Armee zu vermindern.

1995 einigten sich Präsidentin und Parlament auf eine neue, demokratische Verfassung, die die Verfassung von 1987 ablöste, in der Nicaragua zu einem sozialistischen Staat erklärt worden war. Die Präsidentschaftswahlen von 1996 brachten überraschend einen Sieg des rechtskonservativen Kandidaten Arnoldo Alemán, eines Vertreters der Unternehmer und Großgrundbesitzer. Alemán trat im Januar 1997 sein Amt als Präsident des zweitärmsten Staates Lateinamerikas an. 80% der Nicaraguaner lebten 1997 in Armut. Alemán sah sich vor die Aufgabe gestellt, den Konflikt mit der linksorientierten FSLN unter Daniel Ortega beizulegen, der durch die ungeklärte Landfrage entstand. Alemán hatte im Wahlkampf versprochen, 1979 von den Sandinisten konfisziertes und an landlose Bauern verteiltes Land den 5500 ursprünglichen Besitzern zurückzugeben oder sie zu entschädigen. Die Sandinisten organisierten mit der Forderung nach endgültiger Überschreibung des Landes an die landlosen Bauern im April 1997 einen landesweiten Streik. Im Januar 1997 bot Alemán den bewaffneten Banden im Land eine Amnestie an.

Chronik Zeittafel

1500 v. Chr.	Erste feste Indianersiedlungen im Gebiet des heutigen Nicaragua
um 1440	Siedlungen der Nicaraoindianer am Managua-See
1522	Eroberung durch die Spanier
1538	Angliederung an die Audiencia Panama
1667	Engländer nehmen Moskitoküste in Besitz
1670	Misquitoindianer schließen Schutzabkommen mit Engländern
1821	Nicaragua erklärt sich für unabhängig
1838	Rückzug aus der Zentralamerikanischen Föderation
ab 1838	Kämpfe zwischen Konservativen und Liberalen
1860	Großbritannien verzichtet auf Gebietsansprüche in Nicaragua
1893	Liberaler José Santos Zelaya übernimmt Regierungsmacht
1909	Sturz Zelayas mit US-amerikanischer Hilfe
1912	Militärintervention der USA
1933	Abzug der US-Truppen
1937	Anastasio Somoza García wird Präsident und errichtet eine Diktatur
1956	Ermordung von Anastasio Somoza; Nachfolger wird sein Sohn Luis Somoza Debayle
1962	Gründung der Frente Sandinista de Liberación Nacional (FSLN)
1974	Verhängung des Ausnahmezustands
1978	Ausbruch eines offenen Bürgerkriegs
1979	Sturz des Somoza-Regimes; linksgerichtete Sandinisten übernehmen die Macht
ab 1981	Unterstützung der rechten Contra-Rebellen durch die USA
1988	Waffenstillstand zwischen Regierung und Contras
1990	Wahlniederlage der Sandinisten; neue Präsidentin wird die Konservative Violeta Barrios de Chamorro
1995	Neue demokratische Verfassung
1996	Rechtskonservativer Arnoldo Alemán zum Präsidenten gewählt

MITTELAMERIKA

Costa Rica
(Costa Rica)

Fläche: 51 100 km²
Bevölkerung:
0,9 Mio. (1950)
1,7 Mio. (1970)
3,5 Mio. (1996)
Sprachen: Spanisch, Englisch,
Kreolisch
Staatsform: Präsidialrepublik

Mitgliedschaften: OAS, SELA, UNO

Während der Kolonialherrschaft hatten die Spanier wegen fehlender Bodenschätze relativ wenig Interesse am Gebiet des heutigen Costa Rica. Nach seiner Loslösung von Spanien 1821 war es bis 1838 Mitglied der Zentralamerikanischen Föderation. In den folgenden Jahrzehnten nahm das Land eine vergleichsweise stabile ökonomische und politische Entwicklung. Nach dem Zweiten Weltkrieg bestimmten überwiegend reformerische, gemäßigt linksorientierte Kräfte die Politik des Landes.

Politische Struktur

Costa Rica ist nach der Verfassung von 1949, der zehnten in seiner Geschichte, eine Präsidialrepublik. An der Spitze der Exekutive stehen ein Präsident (1994: José Maria Figueres Olsen) und zwei Vizepräsidenten, die für eine vierjährige Amtszeit direkt vom Volk gewählt werden. Die gesetzgebende Gewalt liegt bei dem 57 Sitze umfassenden Einkammerparlament (Asamblea Legislativa). Die Legislaturperiode beträgt vier Jahre. Administrativ ist das Land in sieben Provinzen unterteilt, deren Gouverneure vom Präsidenten ernannt werden. Zu den stärksten politischen Kräften zählen die gemäßigt linke Partido de Liberación Nacional (PLN, Partei der Nationalen Befreiung), die bei den Wahlen von 1994 insgesamt 28 Parlamentssitze errang, und die Partido Unidad Social Christiana (PUSC, Christlich-Soziale Einheitspartei), ein Bündnis von Parteien der rechten Mitte, das mit 26 Sitzen im Parlament vertreten ist. Daneben gibt es einige kleinere, z. T. nur regional aktive Parteien, darunter die linksgerichtete Pueblo Unido (Volksfront). Die politische Neutralität Costa Ricas ist in der Verfassung verankert. Das Land hat offiziell keine Armee, doch verfügt die Guardia Civil, die – neben der Distriktpolizei – polizeiliche Aufgaben erfüllt, über schwere Waffen, Boote und Flugzeuge.

Landesnatur

Costa Rica liegt auf der Landenge, die Nord- mit Südamerika verbindet, zwischen Nicaragua im Norden und Panama im Osten. Seine größte Längsausdehnung beträgt etwa 450 km, die geringste Breite zwischen dem Pazifik und der Karibischen See 120 km. Drei Gebirgsketten erstrecken sich fast über die gesamte Länge Costa Ricas: die Cordillera Central, die Cordillera de Guanacaste im Nordwesten und die Cordillera de Talamanca im Südosten, in der auch der höchste Berg des Landes, der Chirripó Grande (3290 m) liegt. Auf Costa Rica gibt es einige aktive Vulkane. Costa Rica liegt im Bereich eines wechselfeuchten Tropenklimas. Nordöstliche Winde bringen der Karibikküste das ganze Jahr über ergiebige Regenfälle (4500–7500 mm pro Jahr). Auf der Westseite der Gebirgsketten herrscht von Ende Oktober bis Februar Trockenheit. Ein großer Teil Costa Ricas ist mit tropischem Regenwald bewachsen, der jedoch durch Rodungen zunehmend dezimiert wird.

Bevölkerung

Costa Rica ist der einzige Staat Mittelamerikas, in dem die Europäer spanischer Herkunft die größte Bevölkerungsgruppe stellen. 75 % der Einwohner sind Weiße. Daneben gibt es etwa 15 % Mestizen, 3 % Schwarze und Mulatten (Nachkommen von Schwarzen und Weißen) sowie Ostasiaten (3 %) und Indianer (0,2 %). Die 250 000 im Lande lebenden Ausländer sind mehrheitlich Flüchtlinge unterschiedlicher Herkunft, u. a. aus Nicaragua und El Salvador. 89 % der Bevölkerung sind Katholiken, 8 % sind Protestanten, die wie die rund 2500 Juden zum großen Teil in den Siedlungen des Valle Central leben. Die übrigen Einwohner sind Anhänger anderer Religionsgemeinschaften. Etwa ein Fünftel der Gesamtbevölkerung von Costa Rica lebt im pazifischen Nordwesten.

Wirtschaft

Costa Rica ist gemessen an der Pro-Kopf-Verschuldung eines der am höchsten verschuldeten Länder der Welt (1996: 4,08 Mrd. Dollar). Die wichtigsten Importgüter des mittelamerikanischen Landes sind Maschinen (28 %) und Brennstoffe, exportiert werden verschiedene Industrieprodukte (zusammen 37 %) und vor allem Agrarprodukte wie Kaffee (17 %), Bananen (23 %), Fleisch und Zucker (zusammen 4 %). Chemische Produkte, Maschinen und

Textilien spielen lediglich eine untergeordnete Rolle. Die größten Außenhandelspartner Costa Ricas sind die Vereinigten Staaten (38 %) und Deutschland (13 %).
Die Landwirtschaft ist der wichtigste Wirtschaftssektor Costa Ricas. Sie trägt zur Entstehung des Bruttoinlandsprodukts rund 15 % bei (1992) und beschäftigt etwa 23 % (1993) der Erwerbstätigen. Am Export haben Agrarprodukte einen Anteil von rund 40 %. Der in den vergangenen Jahren stark ausgebaute Tourismus ist die zweitwichtigste Devisenquelle des Landes. 1995 arbeiteten im Dienstleistungsbereich rund 50 % aller Erwerbstätigen (Industrie 23 %). Es gab jährliche Einnahmesteigerungen in der Tourismuswirtschaft von bis zu 18 %. Die hohe Inflationsrate, 1980 bis 1990 im Durchschnitt 23,5 % jährlich, konnte im Jahre 1996 auf 13,9 % gesenkt werden. Die Arbeitslosenquote wird offiziell mit 5,2 % angegeben, sie dürfte jedoch real bei etwa 20 % liegen. Costa Rica verfügt über das dichteste Straßennetz Mittelamerikas.

GESCHICHTE

Spanische Kolonialherrschaft (bis 1821)
Erste indianische Siedlungen gab es auf dem Gebiet des heutigen Costa Rica um 9000 v. Chr. Christoph Kolumbus entdeckte die mittelamerikanische Küste auf seiner vierten Reise im Jahre 1502. Der Name Costa Rica (Reiche Küste) geht möglicherweise auf Kolumbus' Annahme zurück, daß er in diesem Gebiet auf Gold stoßen würde. Wegen des starken bewaffneten Widerstandes der Indianer gegen die unzureichend geplanten und durchgeführten Eroberungsversuche geriet Costa Rica erst in den 70er Jahren des 16. Jhs. unter spanische Herrschaft. Das Gebiet führte innerhalb des spanischen Kolonialreichs ein Schattendasein, da die spanische Krone wegen des Mangels an Edelmetallen kaum Interesse zeigte. Die meisten Kolonisten, die sog. Ticos, waren arme Siedler, die auf kleinen Grundstücken lebten und Ackerbau betrieben. Die Verhältnisse änderten sich in den folgenden drei Jahrhunderten nur wenig. Einige Kaufleute und erfolgreiche Bauern bildeten eine schmale Oberschicht, deren sozialer Abstand zu den ärmeren Gesellschaftsschichten aber weitaus geringer war als in anderen spanischen Kolonien. Wichtigstes Anbauprodukt war in dieser Periode Kakao. Als eigenständiges Gouvernement war Costa Rica während der gesamten spanischen Kolonialherrschaft dem Generalkapitanat von Guatemala angegliedert.

Unabhängigkeit (1838–1948)
Als Mexiko 1821 seine Unabhängigkeit von Spanien erklärte, schloß sich Costa Rica dem kurzlebigen mexikanischen Kaiserreich an. Der mexikanische Kaiser Augustin I. wurde nach wenigen Monaten gestürzt und Costa Rica war 1823 Mitbegründer der Vereinigten Provinzen von Zentralamerika (Zentralamerikanische Föderation, →Lexikon). Nach deren Zerfall aufgrund innerer Streitigkeiten erklärte Costa Rica endgültig am 14. November 1838 seine Unabhängigkeit. Die negativen Erfahrungen mit den Nachbarstaaten hatten in Costa Rica, das bereits 1825 seine erste Verfassung erhalten hatte, ein isolationistisches Denken zur Folge, so daß spätere Versuche scheiterten, die Föderation wiederzubeleben.
Unter General Tomás Guardia, der von 1870 bis 1882 das Land beherrschte, gab es wirtschaftliche Fortschritte. Seine Regierung schränkte zwar die Freiheitsrechte ein und die Schuldenlast des Landes wuchs, gleichzeitig stiegen aber die Zucker- und Kaffee-Exporte stark an. Zudem bemühte Guardia sich um eine Modernisierung des Landes, indem er u. a. den Aufbau eines staatlichen Schulsystems vorantrieb.
Die politische Vorherrschaft lag bei wenigen reichen Familien, die z. T. um die Vormacht konkurrierten und ihre Interessen auch mit Waffengewalt durchzusetzen versuchten. Die 1871 angenommene Verfassung blieb bis 1949 in Kraft. Mit dem Anstieg der Agrarexporte wuchs die Notwendigkeit guter Transportverbindungen zu den Häfen. Der US-Amerikaner Minor C. Keith, der mit großem Erfolg die Bahnlinie zwischen Cartago und Limón bauen ließ, stieg mit umfangreichen Landkäufen in das Bananengeschäft ein. In diesem Zeitraum, gegen Ende des 19. Jhs., wurde der Bananenanbau stark intensiviert. Bananen verdrängten bald den Kaffee als wichtigste Einnahmequelle Costa Ricas. Die Investitionen von Keith führten schließlich in Verbindung mit weiteren Investoren zur Gründung der United Fruit Company (→Lexikon) im Jahre 1899. Der Bananenanbau und -export geriet in der Folgezeit fast vollständig unter die Kontrolle US-amerikanischer Unternehmen, vor allem der United Fruit Company. Als Fortsetzung und Festigung der demokratischen Traditionen Costa Ricas wurde 1890 der Sieg des Präsidenten José Joaquin Rodriguez angesehen, der in einer Wahl zustande kam, die als die erste wirklich freie ganz Mittelamerikas galt. Es folgte eine Periode relativ stabiler demokratischer Verhältnisse, zwischen 1917 und 1919 unterbrochen durch die Militärdiktatur von Frederico Tinoco Granados.

Als Nicaragua im Bryan-Chamorro-Vertrag 1916 den USA die Erlaubnis gab, den Río San Juan, Grenzfluß zwischen Nicaragua und Costa Rica, als Teil einer Kanalverbindung zwischen dem Pazifischen und Atlantischen Ozean zu benutzen, protestierte die Regierung Costa Ricas, die die Rechte des Landes nicht berücksichtigt sah. Das Verfahren kam vor den Zentralamerikanischen Gerichtshof, der urteilte, daß Nicaragua die Ansprüche Costa Ricas auf den Fluß verletzt habe. Nicaragua weigerte sich jedoch, den Urteilsspruch zu akzeptieren und zog sich von dem Gericht zurück, das infolgedessen ein Jahr später aufgelöst wurde. Außenpolitisch gab es u. a.

Oscar Arias Sánchez
Chronik Biografie

costa-ricanischer Politiker

*13.9.1941 Heredia bei San José

S. wurde für seinen Friedensplan für Mittelamerika, der zur Entspannung im nicaraguanischen Bürgerkrieg beitrug, 1987 mit dem Friedensnobelpreis ausgezeichnet. S. studierte Rechts- und Wirtschaftswissenschaften an der Universität von Costa Rica und in Großbritannien, wo er 1974 promovierte. Schon 1972 war er – langjähriges Mitglied der sozialdemokratischen Partei der Nationalen Befreiung (PLN) – als Planungsminister in das Kabinett des Präsidenten José Figueres Ferrer eingetreten. Dieses Amt übte er bis 1977 aus. 1978 gelang ihm der Einzug in das Parlament, wo er zu einem scharfen Kritiker des konservativen Präsidenten Rodrigo Carazo (1978 bis 1982) wurde, der nach seiner Überzeugung das Land in eine Wirtschaftskrise führte. Gegen den Widerstand der alten PLN-Führung setzte er 1986 seine Kandidatur für das Präsidentenamt durch und gewann die Wahl mit einer Mehrheit von 52,3 % der Stimmen.

anhaltende Grenzkonflikte mit Panama. Französische und US-amerikanische Schlichtungsversuche wurden von Panama verworfen, weil sie Costa Rica angeblich bevorzugten. Als 1921 Costa Rica versuchte, das umstrittene Gebiet an der Pazifikküste zu besetzen, wurde dies durch Intervention der USA verhindert. Obwohl Panama später das Gebiet räumte, blieb das Verhältnis zwischen beiden Staaten gespannt. 1941 einigten sich die Regierungen schließlich über den Grenzverlauf.

Als die Bevölkerung 1913 zum ersten Mal einen Präsidenten in direkter Wahl bestimmen wollte, errang kein Kandidat die erforderliche Mehrheit. Das Parlament wählte Alfredo González Flores zum Präsidenten. General Federico Tinoco Granados, ein Gegner der von González vorgeschlagenen Reformen, setzte sich 1917 durch einen Putsch an die Spitze des Staates. Sein despotischer Regierungsstil und die Weigerung der US-Regierung, sein Regime anzuerkennen, zwangen ihn jedoch schon 1919 wieder zum Rücktritt. Die demokratische Tradition mit zivilen Präsidenten und demokratisch legitimierten Regierungen konnte nun bis 1948 kontinuierlich fortgeführt werden.

Am 8. Dezember 1941, einen Tag nach dem japanischen Angriff auf Pearl Harbor (Hawaii), erklärte das Parlament von Costa Rica Japan den Krieg, noch bevor dies die Vereinigten Staaten taten. Drei Tage später wurde diese Kriegserklärung auf das nationalsozialistische Deutschland und das faschistische Italien ausgeweitet.

Zweite Republik (seit 1948)

Die schwerste politische Krise nach 1917 erlebte Costa Rica im Jahre 1948. Die liberal-konservative Regierung versuchte mit gewaltsamen Mitteln, den Amtsantritt des gewählten Präsidenten Otilio Ulate Blanco, eines stark linksorientierten Politikers, zu verhindern. Ulate Blanco wurde verhaftet. Der spätere Präsident, José Figueres Ferrer (1952–1958, 1970–1974), konnte jedoch in einem sechswöchigen Bürgerkrieg die Macht übernehmen und die Regierungsgeschäfte an Ulate Blanco übergeben. Figueres Ferrer proklamierte die Zweite Republik und schaffte u. a. die Armee ab. An ihrer Stelle wurde eine Zivilgarde (Guardia Civil) mit polizeilichen Funktionen eingerichtet. Der 1952 zum Präsidenten gewählte Figueres, Mitbegründer der sozialdemokratisch orientierten Partido de Liberación Nacional (PLN), verfolgte ein umfassendes Reformprogramm mit sozialen Verbesserungen und staatlichen Eingriffen in das Wirtschaftsgeschehen. So verfügte er die Natio-

MITTELAMERIKA

nalisierung der Banken und schränkte die Besitz-
stände der United Fruit Company ein. 1970 wurde
Figueres erneut zum Präsidenten gewählt. Im nicaraguanischen Bürgerkrieg erklärte Costa Rica nach anfänglicher Unterstützung der Sandinisten (1979)
1983 seine Neutralität (Nicaragua, →S. 301). 1981
begann außenpolitisch eine Annäherung Costa Ricas
an die Vereinigten Staaten.

Neben einer wirtschaftlichen Strukturreform, Korruptionsbekämpfung und der Einleitung von Maßnahmen zur Gleichstellung der Frau wollte sich der
1986 gewählte sozialdemokratische Präsident Oscar
Arias Sánchez vor allem der Befriedung des Bürgerkriegs in Nicaragua widmen, vor dem etwa 200 000
Menschen in das 2,5 Mio. Einwohner zählende
Nachbarland Costa Rica geflüchtet waren. Im Februar 1987 legte Arias einen Friedensplan vor, der die
betroffenen Staaten Nicaragua, El Salvador, Guatemala, Honduras und Costa Rica u. a. dazu verpflichten sollte, keine in den Nachbarländern operierenden
Guerillaverbände zu unterstützen, Waffenstillstandsverhandlungen einzuleiten und die demokratischen
Grundrechte zu garantieren. Im August 1987 unterzeichneten die Präsidenten der fünf Staaten diese
Vereinbarung. Für diesen »friedenschaffenden Einsatz in Zentralamerika« wurde Oscar Arias Sánchez
1987 der Friedensnobelpreis verliehen. Da nach der
Verfassung Costa Ricas eine zweite Amtszeit für den
amtierenden Präsidenten nicht möglich ist, mußte
Arias 1990 zurücktreten.

Nachfolger von Arias als Präsident wurde 1990 der
Christdemokrat Rafael Angel Calderón. Zu seinen
wichtigsten Aufgaben zählte die Bekämpfung des
dramatischen Haushaltsdefizits. Doch hatten seine
drastischen Sparmaßnahmen nur wenig Erfolg. Aus
den Wahlen 1994 ging José María Figueres Olsen
(PLN), Sohn des Parteigründers und zweifachen
Präsidenten »Pepe« Figueres, als Sieger hervor. Der
sozialdemokratische Präsident sah sich zwar genötigt, den Sparkurs seines konservativen Vorgängers
Calderón fortzusetzen, bemühte sich jedoch dabei,
soziale Härten durch eine aktive Sozialpolitik abzumildern. Im Januar 1995 trat ein Freihandelsabkommen zwischen Costa Rica und Mexiko in Kraft,
das innerhalb von zehn Jahren die Abschaffung der
Zölle vorsieht. Das Abkommen galt als Vorstufe
zum Beitritt von Costa Rica zur Freihandelszone
NAFTA, an der außer Mexiko die Vereinigten Staaten und Kanada beteiligt sind. Die Ausdehnung der
Bananenplantagen (1991–1995: 40 %), die mit Ro-
dung des Regenwalds einhergeht, gefährdet den ohnehin stark dezimierten Waldbestand.

Chronik Zeittafel

um 9000 v. Chr.	Erste Besiedlung des heutigen Gebiets von Costa Rica
ab 1100 n. Chr.	Einwanderung chibchasprechender Indianerstämme
1502	Christoph Kolumbus entdeckt das Gebiet auf seiner 4. Reise
um 1565	Eroberung und Kolonisierung durch die Spanier
1821	Loslösung von Spanien
1823	Costa Rica ist Mitbegründer der Zentralamerikanischen Föderation
1825	Costa Rica erhält eigene Verfassung
1838	Das Land erklärt seine staatliche Souveränität
1848	Ausrufung der Republik
ab 1850	Politische Instabilität
ab 1900	Festigung demokratischer Verhält-nisse
1917	Militärputsch
1919	Wiederherstellung des parlamentari-schen Systems
1948	Innenpolitische Krise: Regierung ver-sucht Amtsantritt des Präsidenten zu verhindern; José Figueres Ferrer setzt rechtmäßigen linksorientierten Präsi-denten Otilio Ulate Blanco in sein Amt ein; Ausrufung der Zweiten Republik
1952	Figueres wird zum Präsidenten gewählt (bis 1958)
1970	Figueres wird erneut Präsident
1974	Der sozialdemokratische Politiker Daniel Oduber wird Präsident
1983	Costa Rica erklärt Neutralität im nicaraguanischen Bürgerkrieg
1985	Umschuldungsabkommen
1986	Sozialdemokrat Oscar Arias Sánchez wird zum Präsidenten gewählt; Friedensplan für Mittelamerika
1987	Arias erhält den Friedensnobelpreis
1990	Der Konservative Rafael Angel Calderón wird Präsident
1994	Sozialdemokrat José María Figueres Olsen gewinnt Präsidentenwahlen
1995	Freihandelsabkommen mit Mexiko als Vorstufe zum NAFTA-Beitritt

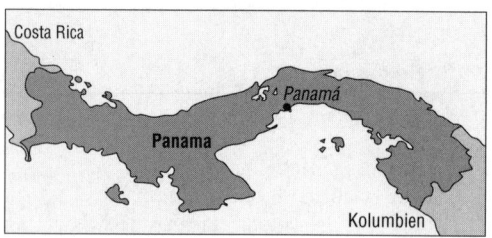

Costa Rica
Panamá
Panama
Kolumbien

Panama (Panama)

Fläche: 78 678 km²
Bevölkerung: 0,9 Mio. (1950); 1,5 Mio. (1970); 2,7 Mio. (1996)
Sprachen: Spanisch, indianische Sprachen, Englisch
Staatsform: Präsidialrepublik
Mitgliedschaften: OAS, SELA, UNO

Panamas Geschichte, Politik und Wirtschaft ist bestimmt durch seine exponierte Lage zwischen Karibischem Meer (Atlantik) und Pazifik. Seit dem 16. Jh. diente Panama (indianisch: fischreicher Ort) Spanien als Landbrücke zu seinen pazifischen Kolonien in Südamerika. Nach der von den USA betriebenen nominellen Unabhängigkeit Panamas im Jahre 1903 und der Fertigstellung des Panamakanals 1914 blieb das Land Einflußgebiet der USA. Die Kontrolle des Panamakanals behielt für die Vereinigten Staaten Priorität, führte immer wieder zu politischen und militärischen Interventionen und beschert Panama bis heute relativ instabile wirtschaftliche und politische Verhältnisse.

Politische Struktur

Seit 1972 ist Panama eine Präsidialrepublik. Auf der Grundlage der Verfassung von 1983, die 1994 mit einer Änderung (Abschaffung der Armee) ergänzt wurde, finden alle fünf Jahre Parlamentswahlen statt. Das Parlament (Asamblea Legislativa) umfaßt 72 Mitglieder. Ebenfalls alle fünf Jahre wird in den neun Provinzen des Landes und einem autonomen Indianerreservat das Staatsoberhaupt direkt gewählt. Eine Wiederwahl ist nicht möglich. In den letzten Jahren haben sich in Panama neue Parteien oder Wahlbündnisse gebildet. Zu den wichtigen gehören die Partido Revolucionario Democrático (PRD, Revolutionäre Demokratische Partei), die Movimiento Liberal Republicano Nacionalista (MOLIRENA, Liberale Republikanische Nationalistische Bewegung) sowie die Partido Democrata Cristiano (PDC, Christdemokratische Partei). Eine Sonderrolle spielt nach wie vor die Panamakanalzone mit einer Fläche von 1432 km² und etwa 29 000 Einwohnern, darunter US-Militärpersonal. Hier besitzen die USA die Hoheitsrechte, die im Vertrag von 1982 ab dem Jahr 2000 zum großen Teil an Panama übergeben werden, und die sogenannte Verteidigungsgewalt. Die Amtsgeschäfte übt zur Zeit der von den USA kontrollierte Gouverneur Gilberto Guardia Fábrega aus.

Landesnatur

Panama erstreckt sich über die vorwiegend gebirgige und mit tropischen Regenwäldern bedeckte Landbrücke zwischen Kolumbien im Osten und Costa Rica im Nordwesten. An seiner schmalsten Stelle, die vom Kanal durchzogen wird, ist Panama 55 km breit. Die langgestreckte pazifische Küste (1419 km) wird stärker als die Küste am karibischen Meer (788 km) durch viele Einbuchtungen durchbrochen. Vor beiden Küsten liegt eine Vielzahl kleinerer Inseln. Durch den Kanal gliedert sich das Land in einen östlichen und westlichen Teil. Nahezu 50 % Panamas sind von Wald bedeckt; es gehört damit zu den waldreichsten Ländern der Erde, obwohl die Abholzung in ökologisch problematischer Weise rasch voranschreitet. Vor allem in den Niederungen verraten tertiäre Schichtgesteine, daß in jüngster erdgeschichtlicher Vergangenheit eine Verbindung zwischen Atlantik und Pazifik bestanden haben muß. Pamama hat tropisches Klima mit geringen jahreszeitlichen Schwankungen der Durchschnittstemperaturen. Diese liegen im Tiefland zwischen 26 °C und 28 °C. Die Mitteltemperaturen nehmen mit steigender Höhenlage ab. Im Norden des Landes fallen 2500–4000 mm Niederschläge pro Jahr. Im Süden beträgt die jährliche Niederschlagsmenge zwischen 1000 und 2000 mm.

Bevölkerung

Die Bevölkerung Panamas setzte sich aus 65 % Mestizen (Nachkommen von Indianern und Weißen), 15% Schwarzen und Mulatten (Nachkommen von Schwarzen und Weißen), 10 % Weißen (Kreolen) sowie 2 % Asiaten zusammen. Auffällig ist die im Vergleich zu Mittelamerika große Anzahl von Indianern, die in Panama nicht im gleichen Ausmaß der Dezimierung durch Mord und Krankheiten ausgesetzt waren. Etwa 8% der Panamaer sind Indianer, darunter 5,4% Guaymi, 2 % Kuna und 0,6 % Emberá. Sie konzentrieren sich in einem größeren autonomen Indianerreservat im östlichen karibischen Küstenstreifen, dem Comarca de San Blas. Nahezu 96 % der Bewohner gehören der katholischen Kirche an, daneben gibt es etwa 2 % Protestanten sowie eine kleine Gruppe von Muslimen. Zudem haben sich indianische Bräuche und Religionen bis in die Gegenwart hinein erhalten. Über 800 000 Menschen der 2,5 Mio. zählenden Einwohnerschaft des mittelamerikanischen Landes leben im Großraum der Hauptstadt Panamá City.

Wirtschaft

Panamas wirtschaftliche Basis wird durch seine geographische Lage und die Existenz des Panamakanals entscheidend geprägt. Seine Rolle als Transitland zwischen den beiden Weltmeeren und als wichtiger Warenumschlagplatz förderte den Ausbau Panamas zum bedeutenden Finanz- und Handelszentrum. Überdies gelten seit den 1970er Jahren liberale Bank-, Finanz- und Steuergesetze, die sich etwa in der Einrichtung der Freihandelszone Colón niederschlugen. Die verhältnismäßig gut ausgebaute Infrastruktur, die lange Zeit um den Preis politischer Abhängigkeit gewonnene innenpolitische Stabilität und die enge finanzpolitische Bindung an die USA – der US-Dollar bildet die eigentliche Währung des Landes – kommen hinzu. Eine Auswirkung dieser wirtschaftlichen Entwicklung ist die Möglichkeit ausländischer Reedereien, ihre Schiffe unter der »Billigflagge« Panamas fahren zu lassen, so daß Panama formell über eine der weltgrößten Handelsflotten verfügt.

Der landwirtschaftliche und industrielle Sektor wurden lange vernachlässigt. Seit den 50er Jahren wird jedoch gegengesteuert. Landwirtschaftlich verfügt Panama über große Ressourcen und die Agrarwirtschaft liefert heute über 50 % der Exporte. Angebaut werden vor allem Bananen, Kaffee und Zuckerrohr sowie Mais, Reis und Bohnen für den Inlandsmarkt. Auch die Viehwirtschaft auf den Savannen vor der pazifischen Küste wird intensiviert. Panama verfügt darüber hinaus über reiche Bodenschätze wie Kupfer, Bauxit, Nickel, Zinn, Wolfram und Zink. Sie sind bisher nur in geringem Maße ausgebeutet worden. Im industriellen Sektor liegt der Schwerpunkt neben der Nahrungs- und Genußmittelindustrie bei den staatlichen Erdölraffinerien in Colón, die Erdöl aus Venezuela verarbeiten.

Vor allem die politischen Konflikte mit den USA 1987–1989, in deren Verlauf Washington Wirtschaftssanktionen erließ, schwächten die panamaische Wirtschaft. Sie hat sich bis heute nicht davon erholt. Wachsende Bedeutung kommt dem Tourismusgeschäft zu, das etwa 1992 Einnahmen von 160 Mio. US-Dollar zu verzeichnen hatte. Die Zahl der unter der Armutsgrenze lebenden Einwohner steigt seit Mitte der 1980er Jahre stetig an.

GESCHICHTE

Kolonialherrschaft und Souveränität (bis 1855)

Die atlantische Küste Panamas wurde 1501 von den Spaniern Rodrigo de Bastidas und Juan de la Cosa entdeckt. Vermutlich berührte sie kurz darauf auch Christoph Kolumbus auf seiner vierten Entdeckungsreise. Bei Veragua am Golf von Urabá entstand um 1510 die erste spanische Siedlung. Hier begann drei Jahre später eine Expedition ins Landesinnere. Während ihres Verlaufs überquerte Vasco Nuñez de Balboa den Istmus und sah am 21. September 1513 als erster Europäer den Pazifik an der Küste Amerikas. Zunächst war es die einträgliche Perlenfischerei in der Bucht von Panama, die das Land für spanische Kolonisten attraktiv machte. Nachdem jedoch 1531 Francisco Pizarro von Panama aus zur erfolgreichen Eroberung Perus aufgebrochen war, gewann das Land eine weit größere Bedeutung als Umschlagplatz für das in Südamerika gewonnene Silber und andere Bodenschätze.

Panama wurde 1563 mit dem Sitz einer eigenen Audiencia (→Lexikon) ausgestattet, die dem neugegründeten Vizekönigreich von Peru unterstellt wurde. Die Bedeutung Panamas wuchs, als die spanischen Eroberer damit begannen, in Portobelo an der karibischen Küste alljährliche Handelsmessen abzuhalten. Sie waren eng verknüpft mit den zweimal jährlich in Panama-Stadt an der Pazifikküste eintreffenden riesigen Silbertransporten per Schiff aus Peru. In Panama-Stadt wurden die zwischengelagerten Schätze indianischen Trägern übergeben, die sie unter Bewachung über Land nach Portobelo trugen. Von dort erfolgte in großen Flottenverbänden, die zum Schutz vor Piraten gebildet wurden, der Weitertransport nach Spanien. Nachdem die peruanischen Silberminen weitgehend erschöpft und die Handelsstraßen um das Kap Hoorn eröffnet waren, sank die Bedeutung Panamas als Umschlagplatz. 1739 wurde das Land dem Vizekönigreich Neugranada zugeschlagen. 1748 erfolgte die Einstellung der regelmäßigen Silbertransporte, Portobelo wurde als Messeplatz aufgegeben. Das Land rückte aus dem Blickfeld des spanischen Mutterlandes. In dieser relativen Abgeschiedenheit konnte sich eine Handelsoligarchie als dominierende Klasse entwickeln und das Land unter sich aufteilen. 1821 erklärte Panama seine Unabhängigkeit und schloß sich dem von Simón Bolívar (▷Chronik Biografie, S. 393) ausgerufenen Großkolumbien an. Die Forderung, einen eigenständigen Staat Panama zu gründen, wurde nach dem Zerfall Großkolumbiens (1830) laut, konnte jedoch nicht umgesetzt werden. Panama blieb eine Provinz des nun souveränen Kolumbiens. Seine Bedeutung als Transitland zwischen Atlantik und Pazifik wuchs im 19. Jh. erneut an. Kolumbiens Präsident handelte mit den USA einen Vertrag aus, der die Neutralität des Isthmus und den freien Transit für jedermann garantieren sollte. Zudem wurde einer nordamerikanischen Eisenbahngesellschaft die Konzession für den Bau einer 1855 eröffneten Eisenbahnlinie erteilt.

Bau und Folgen des Panamakanals (ab 1855)

Seit Beginn des 19. Jhs. kamen immer wieder Pläne zum Bau eines Kanals zwischen Atlantik und Pazifik auf. Insbesondere in England als führender Seemacht und in den USA stießen solche Vorhaben auf großes Interesse. In mehreren Vorvertragswerken sicherten namentlich die Vereinigten Staaten zwar die prinzipielle Neutralität eines solchen Kanals zu, schrieben aber zugleich ihre quasi unbeschränkte Gebietshoheit fest, die das Recht zur militärischen Intervention und zur Sperrung des Kanals bei Bedrohung der USA einschloß. Nachdem ein französisches Firmenkonsortium am Bau des Kanals durch einen Frankreich erschütternden Bestechungsskandal (1889) gescheitert war, nahmen die USA den Bau und die vertraglichen Regelungen mit Kolumbien ab 1902 selbst in die Hand. Der Abschluß des Hay-Varilla-Vertrages mit dem durch Bürgerkriege geschwächten Kolumbien garantierte die umfassende Erfüllung der amerikanischen Bedingungen. Doch weigerte sich der kolumbianische Kongreß, das Vertragswerk zu ratifizieren. Nordamerika betrieb daraufhin die Gründung einer formell selbständigen Republik Panama im Jahre 1903, deren Regierung dem Bau des Kanals und den unbeschränkten Hoheitsrechten gegen ein einmaliges Entgelt von 10 Mio. US-Dollar und 250 000 US-Dollar Jahrespacht zustimmen mußte. 1906 beschloß der US-Kongreß den Kanalbau, der noch im gleichen Jahr begann und 1914 abgeschlossen werden konnte. Der Kanal mißt 81,6 km in der Länge, zwischen 90 und 300 m in der Breite und verfügt über eine Mindesttiefe von 12,4 m. Die Schiffe müssen auf der in der Regel 7 – 9 Stunden dauernden Durchfahrt mehrere Schleusen passieren, mit denen die etwa 82 m Höhenunterschied zwischen den Ozeanen überwunden werden. Schnell entwickelte sich der Kanal zur wichtigsten Seekanalstraße der Welt. Insbesondere für die USA wurde er zum bedeutenden Faktor im Handelsverkehr; er verkürzte etwa den Seeweg zwischen New York und dem japanischen Yokohama um 7000 Seemeilen. Zudem kam ihm eine enorme strategische Bedeutung zu.

Nachdem die USA von ihrem Interventionsrecht in der Zehn-Meilen-Kanalzone schon während des Baus (1908, 1912) und danach (1918) Gebrauch gemacht hatten und das Gebiet militärisch aufrüsteten, regte sich in den 30er Jahren in Panama Widerstand gegen die politische und wirtschaftliche Abhängigkeit von den USA. Präsident Harmodio Arias (1931, 1932–1936) gelang es, einen neuen Vertrag auszuhandeln (1936). Darin verzichteten die USA auf ihr Interventionsrecht und erhöhten die Pachtzahlungen, behielten sich aber das Recht vor, im Kriegsfall in der Kanalzone Militärstützpunkte einzurichten. Während des Zweiten Weltkriegs bauten die Vereinigten Staaten über 130 Luftwaffenstützpunkte um den Kanal herum auf. In den 50er Jahren wechselten in Panama mehrere Präsidenten einander ab, die teils durch Staatsstreiche an die Macht gelangten. 1955 konnte ein weiterer Vertrag mit den USA ratifiziert werden, der eine neuerliche Anhebung der Pachtzahlungen sowie eine Verbesserung der sozialen Lage der am Kanal beschäftigten panamaischen Arbeiter brachte. 1960 kam der sozialreformerische Präsident Roberto Chiari (1960–1964) an die Macht, unter dessen Herrschaft u.a. das Sozialversicherungssystem reformiert wurde.

1968 übernahm General Omar Torrijos Herrera (1968–1981) an der Spitze einer Offiziersjunta das Präsidentenamt. 1972 ließ sich Torrijos als »Oberster Führer der panamaischen Revolution« für sechs Jahre umfassende Vollmachten erteilen. In den folgenden Jahren wurden politische, soziale und wirtschaftliche Reformen durchgesetzt. Panama wurde kurzzeitig zu einem politisch stabilen Land, in dem die Nationalgarde eine strenge Ordnungsfunktion ausübte. Ende der 70er Jahre öffnete sich Panama wieder für die zuvor ins Exil getriebenen Politiker, Parteien wurden zugelassen und erste Teilwahlen schienen den Weg zur Demokratie zu ebnen. Zugleich bemühte sich Panama nun verstärkt um den Abbau der vorhandenen Bodenschätze und eine Intensivierung des landwirtschaftlichen Exports, um die »kanallastige« Wirtschaftssituation nachhaltig zu verändern. 1977 wurde ein von Torrijos und US-Präsident Jimmy Carter ausgehandelter Vertrag ratifiziert, nach dem mit Beginn des Jahres 2000 alle Hoheitsrechte über die Kanalzone an Panama fallen sollen.

Nach dem Tod von Torrijos (wahrscheinlich ermordet), geriet der politische und wirtschaftliche Reformprozeß aber schnell ins Stocken. Zivile Präsidenten dienten den militärischen Führern der Nationalgarde nurmehr als Fassade, hinter der sie innenpolitisch ungestört schalten und walten konnten. 1982 übernahm mit Ricardo de la Espriella (1982 bis 1984) wieder ein ziviler Präsident die Amtsgeschäfte. In seinem Schatten zog bereits General Manuel Antonio Noriega, Oberbefehlshaber der Nationalgarde, die Fäden. 1984/85 entließ er eigenmächtig den Nachfolger Espriellas, Nicolás Ardito Barletta (1984/85), und übernahm selbst die Macht. Massive Konflikte zwischen der gut organisierten Arbeiterschaft und internationalen Wirtschaftsunternehmen, zwischen den nationalistischen Militärs und der eher US-freundlichen zivilen Opposition sowie nicht zuletzt zwischen dem in Waffen- und Drogengeschäfte verwickelten Noriega und den USA bestimmten die folgenden Jahre.

Nachdem sich 1989 bei den Präsidentschaftswahlen der Noriega nicht genehme Guillermo Endara durchgesetzt hatte, annullierte Noriega die Wahlen. Mit Terrorkommandos unterdrückte er die Opposition und installierte in einem Willkürakt Rafel Solís Palma als Präsident. Anfang Dezember 1989 ließ er sich selbst zum Staatschef ausrufen. Kurz darauf, am 20. Dezember 1989, intervenierten die USA militärisch, nahmen Noriega gefangen und brachten ihn in die USA, wo er von einem US-Gericht wegen Drogenhandels zu 40 Jahren Gefängnis verurteilt wurde. Die USA setzten den im Mai des Jahres als Sieger aus den Wahlen hervorgegangenen Guillermo Endara als Präsident (1990–1994) ein. Doch verlief seine Amtszeit vor allem infolge nicht abreißender Korruptionsvorwürfe glücklos. Am 17. Dezember 1992 trat der Vizepräsident Ricardo Arias Calderon (1990 bis 1992) zurück, weil seiner Ansicht nach Endara nicht fähig war, dem Land den politischen Wandel zu bringen.

Im Januar 1993 lehnte der Oberste Gerichtshof der USA eine Klage Panamas ab, in der Schadenersatz für die während der Intervention angerichteten Verwüstungen innerhalb der Hauptstadt und für die dabei getöteten Zivilisten gefordert wurde. Die Wahlen von 1994 gewann Ernesto Pérez Balladares (seit 1994) von der PPD. Balladares erklärte im November 1995 eine Verlängerung der US-militärischen Präsenz über das Jahr 2000 hinaus für möglich, wenn dies Panama »beträchtliche Vorteile« bringe. Ende September 1997 verlegten die USA das Südkommando ihrer Streikräfte von Panama nach Miami (Florida). Damit ist ein weiterer Schritt in Richtung Übergabe der vollständigen Hoheitsrechte über die Kanalzone an Panama vollzogen.

Chronik Zeittafel

um 10 000 v. Chr.	Erste Besiedlung des heutigen Panama
1501	Der spanische Seefahrer Rodrigo de Bastidas erreicht die mittelamerikanische Landenge
1502	Christoph Kolumbus gelangt auf seiner 4. Reise an die Küste des heutigen Panama
1510	Gründung der ersten spanischen Siedlung
1513	Als erster Europäer überquert Vasco Nuñez de Balboa die Landenge und sieht den Pazifik
ab 1531	Zunehmende Bedeutung Panamas als Umschlagplatz für Silber
1739	Angliederung an das Vizekönigreich Neugranada
1821	Loslösung von Spanien; Anschluß an Großkolumbien
1903	Auf Betreiben der USA spaltet sich Panama von Kolumbien ab
1914	Eröffnung des Panamakanals
1931	Putsch des reformorientierten Harmodio Arias
1936	USA verzichten auf ihr Interventionsrecht in der Kanalzone
1941	Putsch gegen Präsident Arnulfo Arias
1960	Der sozialreformerische Roberto Chiari wird Präsident
1968	Militärjunta übernimmt durch einen Putsch die Macht
1982	Mit Ricardo de la Espriella wird wieder ein Zivilist Präsident
1989	Manuel Noriega setzt in einem Willkürakt Rafel Solís Palma als Präsident ein; US-amerikanische Intervention; Noriega wird gefangengenommen und in den USA verurteilt; Einsetzung von Guillermo Endara als Präsident
1994	Nationalversammlung billigt Abschaffung der Armee; erstmals seit rund 30 Jahren tritt ein frei gewählter Präsident, Ernesto Pérez Balladares, sein Amt an

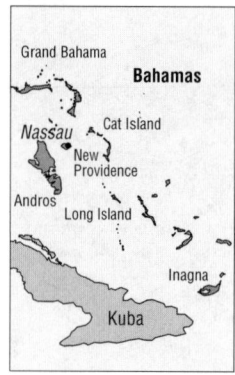

Grand Bahama
Bahamas
Nassau   Cat Island
New
Providence
Andros
Long Island
Inagna
Kuba

Bahamas
(The Commonwealth of the Bahamas)

Fläche: 13 939 km²
Bevölkerung:
 0,08 Mio. (1950);
 0,17 Mio. (1970);
 0,28 Mio. (1996)
Sprachen: Englisch, Kreolisch
Staatsform: Parlamentarische
 Monarchie im Common-
 wealth

Mitgliedschaften: AKP, CARICOM, Commonwealth, OAS, SELA, UNO

Auf der Bahama-Insel Samana Cay betrat Christoph Kolumbus am 12. Oktober 1492 erstmals den Boden der Neuen Welt. Mitte des 17. Jhs. begannen die Briten mit der Besiedlung der Bahama-Inseln. Über einen langen Zeitraum dienten sie vornehmlich als Piratenstützpunkt. Eine systematische Kolonisierung und Nutzung erfolgte durch die Briten im Laufe des 18. Jhs. Seit 1718 britische Kronkolonie, erhielten die Bahamas 1968 weitgehende Autonomierechte und wurden 1973 ein souveräner Staat.

Politische Struktur
Laut Verfassung von 1973 sind die Bahamas eine parlamentarische Monarchie im Commonwealth. Staatsoberhaupt ist die britische Königin, vertreten durch einen Generalgouverneur. Die gesetzgebende Gewalt liegt beim Zweikammerparlament, bestehend aus dem Abgeordnetenhaus (49 Sitze) und dem Senat (16 Sitze). Die beiden stärksten Parteien sind die Progressive Liberal Party (PLP, Liberale Fortschrittspartei), die vor allem von der schwarzen Bevölkerungsmehrheit unterstützt wird, und das Free National Movement (FNM, Freie Nationalbewegung), das seit 1992 den Premierminister stellt.

Landesnatur
Die nördlich von Kuba in der Karibik gelegenen Bahamas bestehen aus 29 größeren Inseln, rund 660 Eilanden und über 2000 Felsenriffen, die als Spitzen der Bahamabänke zumeist nur wenige Meter aus dem Wasser ragen. Sie erstrecken sich über rund 900 km von Florida aus in südöstlicher Richtung. Das Klima der Bahamas wird stark durch den Golfstrom beeinflußt. Es ist recht trocken bei einer Jahresdurchschnittstemperatur von 24 °C. Vorherrschen-

de Vegetationsform sind Grassavannen; in feuchteren Regionen wachsen Kiefern- und Mangrovenwälder sowie Palmen.

Bevölkerung
Schwarze bilden mit rund 80 % den weitaus größten Bevölkerungsanteil der Bahamas. Der Anteil der Mulatten (Nachkommen von Schwarzen und europäischen Kolonisten) und Weißen beträgt jeweils rund 10 %. Die Einwohner der Bahamas verteilen sich auf 22 Inseln; 60 % leben auf New Providence Island. 94 % der Bevölkerung sind Christen, 75 % Protestanten und knapp 19 % Katholiken. 6 % der Einwohner bekennen sich zu anderen Religionen.

Wirtschaft
Wichtigster Wirtschaftszweig der Bahamas ist der Tourismus, der Anfang der 90er Jahre nahezu ein Drittel des Bruttoinlandprodukts erbrachte. In dieser Branche sind über 30 % der Erwerbstätigen beschäftigt. Mehr als 80 % der Touristen kommen aus den USA. Aufgrund günstiger Steuergesetze haben sich die Bahamas zu einem bedeutenden Finanzplatz mit zahlreichen Bankrepräsentationen entwickelt. Daneben spielt die Landwirtschaft eine untergeordnete Rolle, zumal nur rund 10 % der Fläche landwirtschaftlich nutzbar sind. 80 % ihrer Lebensmittel importieren die Bahamas aus dem Ausland.

GESCHICHTE

Entdeckung und Kolonialherrschaft (1492–1964)
Es war eine der Bahama-Inseln – Samana Cay –, auf der Christoph Kolumbus am 12. Oktober 1492 erstmals den Boden des Kontinents Amerika betrat. Nach seiner Landung nahm Kolumbus mehrere Bahama-Inseln offiziell für die spanische Krone in Besitz. Zur Zeit der Entdeckung lebten auf den rund 700 Inseln der Bahamas mehrere Zehntausend Lucayerindianer, die zum Volk der Aruaken gehörten. Von den spanischen Eroberern wurden die Indianer kurz nach der Entdeckung auf die Insel Hispaniola (Haiti) verschleppt, wo sie in Bergwerken arbeiten mußten. Spanien zeigte an den entvölkerten Bahama-Inseln im 16. Jh. kaum Interesse. Anfang des 17. Jhs. errichteten Piraten auf einigen der zwischen Kuba und Florida gelegenen Inseln Stützpunkte. 1648 trafen die ersten englischen Siedler auf den Bahamas ein, konnten sich jedoch gegen die Herrschaftsansprüche der Freibeuter zunächst nicht durchsetzen. Anfang des 18. Jhs. verschaffte sich Großbritannien gegen den Widerstand der Piraten

weitgehende Kontrolle über die Bahama-Inseln, die 1718 zur britischen Kronkolonie erklärt wurden. Wichtigster Wirtschaftsfaktor waren die Zuckerrohrplantagen, zu deren Bearbeitung seit 1680 schwarze Sklaven auf die Bahamas gebracht wurden.

Anfang des 19. Jhs. führten Einwanderer aus dem Süden der USA den Baumwollanbau ein. Dieser geriet mit der Sklavenbefreiung 1834 in eine Krise, da billige Arbeitskräfte fehlten. Nach dem Niedergang der Baumwollplantagen entstanden zahlreiche landwirtschaftliche Kleinbetriebe, die vornehmlich für die Selbstversorgung Gemüse und Früchte anbauten. Die Kolonialmacht Großbritannien vernachlässigte wegen der ökonomisch wenig einträglichen Struktur die Bahamas im 19. Jh. Für einen vorübergehenden Aufschwung sorgte der Amerikanische Bürgerkrieg (1861–1865), in dem die Südstaaten einen Teil ihres Nachschubs über die Bahamas bezogen.

Unabhängigkeit (ab 1964)

1964 gewährte Großbritannien seiner Kronkolonie innere Autonomie, wobei sich die Ausgestaltung des politischen Systems eng an das britische Modell anlehnte. Die schrittweise Entkolonisierung führte in den 60er Jahren zu einem rapiden Machtverlust der weißen Oberschichten. Bei den Parlamentswahlen 1967 verlor ihre Interessenvertretung, die konservative United Bahamian Party, ihre Mehrheit. Mit Abstand stärkste Partei wurde die sozialdemokratisch orientierte Progressive Liberal Party (PLP), die mit Lyndon Oscar Pindling (1967–1992) den neuen Premierminister stellte. 1968 erzielte Pindling einen großen Wahlsieg, mit dessen Schubkraft im Rücken er von London die Erweiterung der Autonomierechte erreichte. 1973 gewährte Großbritannien den Bahamas die Unabhängigkeit.

Bereits in den 50er Jahren hatte sich der Tourismus zum wichtigsten Wirtschaftszweig der Bahamas entwickelt. Die Bahamas zählen trotz hoher Arbeitslosigkeit Mitte der 90er Jahre gemessen am Pro-Kopf-Einkommen zu den reichsten Staaten des amerikanischen Kontinents und der Karibik.

Die sozialdemokratische PLP mußte bei den Parlamentswahlen von 1992 nach 25 Jahren an der Regierung eine schwere Niederlage hinnehmen. Siegerin wurde das Free National Movement (FNM), das mit Hubert Alexander Ingraham den neuen Premierminister stellte. Ein schwerwiegendes innenpolitisches Problem stellen Flüchtlinge aus Haiti und Kuba dar, die seit 1994 vor den politischen und sozialen Zuständen in ihren Heimatländern auf die Bahamas geflohen sind (→Haiti, S. 324, →Kuba, S. 314).

Chronik Zeittafel

1492	Christoph Kolumbus entdeckt das Insel-Archipel der Bahamas
um 1540	Die Einwohner werden nach Hispaniola zur Zwangsarbeit verschleppt; die Inseln sind unbewohnt
um 1620	Piraten richten auf den Bahamas Stützpunkte ein
1648	Ankunft der ersten englischen Siedler
1671	Bahamas erhalten eingeschränkte koloniale Selbstverwaltung
1718	Bahamas werden britische Kronkolonie
um 1810	Anfänge des Baumwollanbaus
1834	Sklavenbefreiung
1861 – 65	Im amerikanischen Bürgerkrieg nutzen die Südstaaten die Bahamas als Nachschubbasis
1940	Großbritannien verpachtet den USA einige Inseln als Militärstützpunkte im Zweiten Weltkrieg
um 1952	Beginn des Tourismusgeschäfts
1964	Bahamas erhalten innere Autonomie
1967	Bei den Parlamentswahlen erringt die sozialdemokratische Progressive Liberal Party (PLP) einen Sieg; Lyndon Oscar Pindling wird Premierminister
1968	Großer Wahlsieg der PLP; die Selbstverwaltung der Bahamas wird erweitert
1973	Bahamas werden unabhängig
ab 1982	Anstieg des Außenhandelsdefizits
1992	Bei den Parlamentswahlen siegt das Free National Movement (FNM); Hubert Alexander Ingraham wird Premierminister; Arbeitslosenrate beträgt rund 20 %
1993	Die Zahl der Haitianer auf den Bahamas, die vor der Willkürherrschaft in Haiti flohen, beträgt 40 000; ein neues Gesetz bedroht Flüchtlinge mit der Abschiebung in ihre Herkunftsländer
1994	Weitere Flüchtlingsströme aus Haiti und Kuba kommen auf die Bahamas

KARIBIK

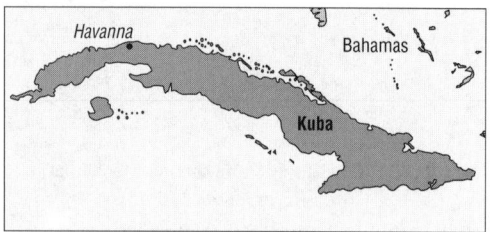

Kuba (Cuba)

Fläche: 110 861 km²
Bevölkerung: 5,8 Mio. (1950); 8,6 Mio. (1970); 11,1 Mio. (1995)
Sprache: Spanisch
Staatsform: Sozialistische Republik
Mitgliedschaften: OAS, SELA, UNO

Nach der Entdeckung durch Kolumbus im Jahre 1492 wurde Kuba (vom indianischen Cubagua: Goldfundstätte abgeleitet) zu Beginn des 16. Jhs. Teil des spanischen Kolonialreiches. Als bedeutender Handelsknotenpunkt und aufgrund seiner strategischen Lage in der Karibik entwickelte sich Kuba zum zentralen Sitz des spanischen Kolonialbesitzes in Amerika. Erst nach zwei Unabhängigkeitskriegen wurde Kuba 1898 souverän, mußte sich jedoch mit einem Interventionsrecht der USA abfinden. Eine Reihe von autoritären Regimen und Militärputschen mündete 1952 in die Diktatur von Fulgencio Batista y Zaldivar. Unter der Führung von Fidel Castro Ruz und Ernesto »Che« Guevara gelang es 1959 einer auf der Insel operierenden Guerilla, Batista zu vertreiben. Im gleichen Jahr begann der Umbau Kubas zum sozialistischen Staat. Nach dem Zusammenbruch des Ostblocks versteht sich Kuba als eine der letzten Bastionen des Sozialismus.

Politische Struktur

Kuba ist eine sozialistische Republik. Seine Verfassung beruht, auch nach ihrer Änderung vom 29. Oktober 1992, auf der Grundlage des Marxismus-Leninismus. Entsprechend gestaltet sich der politische Aufbau des Landes. Der seit 1993 direkt gewählte Volkskongreß (Asamblea Nacional del Poder Popular) besteht aus 589 Mitgliedern, die von Kommissionen der Massenorganisationen zur Wahl vorgeschlagen werden. Als gewählt gilt hier ebenso wie in den 14 Provinzparlamenten (1190 Abgeordnete), wer mehr als 50 % der abgegebenen Stimmen erhält. Der Volkskongreß wählt den Staats- und Regierungschef sowie die 31 Mitglieder des Staatsrates (Consejo de Estado). Der Staatsrat fungiert als oberstes Staatsorgan. Daneben bestehen der Ministerrat (Consejo de Ministros), der die Exekutive darstellt, und das 14-köpfige Politbüro. Den Vorsitz des Staats- und Ministerrates sowie den Oberbefehl über die Streitkräfte hat der zuletzt 1993 im Amt bestätigte Fidel Castro Ruz inne. Er ist überdies Generalsekretär der einzig zugelassenen Partei auf der Karibikinsel, der Partido Comunista de Cuba (PCC, Kommunistische Partei Kubas). Ihre politische Führungsrolle wurde in der Verfassung verankert.

Landesnatur

Kuba ist die größte Insel der Großen Antillen. Zwischen dem Golf von Mexiko und dem Karibischen Meer erstreckt sie sich in west-östlicher Längsausdehnung über 1200 km, während ihre durchschnittliche Breite 110 km beträgt. Zum Staatsgebiet zählen neben der Fichteninsel (ca. 3000 km²) einige unbewohnte Inseln, die im Norden zusammen mit Korallenriffen der Küste vorgelagert sind. Kuba ist zum überwiegenden Teil flach und lediglich im Osten mit der küstenparallel verlaufenden Sierra Maestra, dem sich anschließenden Baracoabergland (bis 1150 m hoch) sowie in der südlichen und westlichen Region durch kleinere Gebirgszüge (bis 728 m) geprägt. Nahezu die gesamte Insel wird von einer mineralreichen Gesteinsschicht (Serpentinzug) durchzogen. Das Klima ist im Inland ebenso wie an der über 3500 km langen, buchtenreichen Küste vorwiegend tropisch. Die Savanne der Ebenen und der Regenwald des Berglandes wurden mehrheitlich in landwirtschaftlich nutzbare Flächen umgewandelt. Aufforstungsprogramme – nur noch 12 % der Insel sind mit Regenwald bedeckt – sollen die Schäden durch den Raubbau an der Natur wenigstens teilweise ausgleichen.

Bevölkerung

Die Ureinwohner der Insel, Indianer vom Volk der Aruaken und Ciboneyes, wurden schon zu Beginn der spanischen Kolonialherrschaft getötet oder sie starben an den von Kolonisatoren eingeschleppten Infektionskrankheiten. Rund 70 % der Bevölkerung sind Weiße, etwa 17 % Mestizen und Mulatten, 12 % Schwarze, zumeist Nachkommen der seit 1526 aus Afrika verschleppten Sklaven; daneben lebt eine Minderheit von 1 % Chinesen auf Kuba. Etwa 700 000 Kubaner leben heute außerhalb des Landes, vorwiegend in den USA. Das starke Stadt-Land-Gefälle konnte nach 1959 ausgeglichen werden. Gesundheitsfürsorge und Bildungssystem haben einen der höchsten Standards in der Region. Die katholische Kirche, der die Mehrheit der kubanischen Christen angehört, wurde ebenso wie die auf der Insel traditionell vertretenen afro-kubanischen Kulte seit der Revolution rigoros unterdrückt. Knapp 50 % der Menschen sind ohne Religionszugehörigkeit, etwa 7 % sind Atheisten. Erst in den letzten Jahren, vor allem nach dem Besuch Fidel Castros im Vatikan (1989), zeigt sich auf religiösem Gebiet eine gewisse Entspannung.

Wirtschaft

Den wichtigsten Wirtschaftssektor Kubas bildet traditionell die Landwirtschaft. Über 50 % des Landes werden landwirtschaftlich genutzt. Der Schwerpunkt liegt dabei auf dem Anbau von Zuckerrohr. Zucker stellt zugleich das Hauptexportprodukt dar. Der Anteil am Export beträgt rund 40 %, ist jedoch aufgrund der sinkenden Rohzuckerpreise rückläufig. Infolge des monokulturellen Zuckerrohranbaus mußte vor der Revolution ein großer Teil des eigenen Nahrungsmittelbedarfs eingeführt werden. Nach der Revolution setzte ein Umdenken ein; es begann der Anbau von Mais, Reis, Bohnen und Hirse. Überdies ergänzten verstärkt der Anbau von Kaffee, Tabak und Zitrusfrüchten die Exportpalette. Internationale Berühmtheit erlangten die handgerollten kubanischen Havanna-Zigarren. Die Viehwirtschaft ist mittlerweile neben dem Zucker zum wichtigsten Exportfaktor geworden.

Kuba verfügt über eines der größten Nickelvorkommen der Welt. Ebenso wie Chrom, Eisenerz, Kupfer, Mangan, Kobalt, Wolfram und Erdöl wird Nickel insbesondere im Osten Kubas gewonnen. Der Aufbau einer Schwerindustrie nach sowjetischem Vorbild wurde bald wieder aufgegeben. Die industrielle Kernentwicklung konzentrierte sich auf den Ausbau der direkt und indirekt mit der Landwirtschaft verbundenen Industrie. Dazu zählen die Nahrungsmittelindustrie (Zucker, Fisch, Fleisch), die verarbeitenden Betriebe (Rum, Tabak, Bier, Papier, Viehfutter) sowie die Herstellung von Kunstdünger und die Produktion landwirtschaftlicher Maschinen. 35 % der Erwerbstätigen sind in diesen Bereichen beschäftigt. Wachsende Bedeutung kommt seit Beginn der 80er Jahre dem Tourismus zu. 1992 etwa konnten damit 382 Mio. US-Dollar Devisen erwirtschaftet werden. Insgesamt leidet die kubanische Wirtschaft an der internationalen Isolierung des Landes und den damit verbundenen Handelsembargos ebenso wie an der unflexiblen Planwirtschaft und den hohen Auslandsschulden. Seit 1993 werden begrenzt freie Märkte für Agrar- und Industrieprodukte zugelassen.

GESCHICHTE

Entdeckung und Kolonialherrschaft (bis 1898)

Schon ab 2500 v. Chr. wurde Kuba von aus Florida einwandernden Indianern besiedelt. Ihr Leben nahm mit der Entdeckung durch Kolumbus 1492 eine jähe Wendung. Während der zwischen 1508 und 1511 vollzogenen Eroberung Kubas durch Diego de Velázquez starben die Ureinwohner entweder eines gewaltsamen Todes im Kampf gegen die Spanier oder als ihre Sklaven. Das Immunsystem der Überlebenden war den durch die Eroberer eingeschleppten Infektionskrankheiten nicht gewachsen. Die Insel wurde rasch zur Basis ausgebaut, von der aus die koloniale Okkupation des südamerikanischen Festlandes betrieben werden sollte. Bereits 1515 hatte sich Kuba als erstes Zentrum der spanischen Verwaltung in Amerika etabliert. Eine Funktion, in der es 20 Jahre später durch das neugegründete Vizekönigreich Neuspanien in Mexiko abgelöst wurde. Kuba blieb wichtigster Flottenstützpunkt Spaniens und nahm als Umschlagplatz für das in Südamerika erbeutete Silber eine bedeutende Rolle ein. Schon bald begann die ausgedehnte, großflächige Plantagenwirtschaft, bei der Kaffee und Tabak sowie in geringem Maß Zuckerrohr angebaut wurden. Der entstehende Bedarf an Sklaven aus Afrika als Arbeitskräfte steigerte die Bedeutung Kubas als Handelsplatz für Menschen und Güter und als Zentrum für die koloniale Eroberung der Karibik und Südamerikas.

Die strategische und verkehrstechnische Bedeutung der Insel lockte insbesondere im 17. und 18. Jh. die übrigen europäischen Mächte und die in der Karibik operierenden Piraten an. Überfälle auf spanische Gold- und Silberschiffe sowie der Schmuggel waren im Seegebiet um Kuba an der Tagesordnung. Der wirtschaftliche Niedergang der Region schien unaufhaltsam. Um 1700 lebten nur noch 50 000 Menschen auf der Insel. 1762 eroberte eine englische Flotte La Habana (Havanna) und legte es in Schutt und Asche. Die Eingliederung Kubas in das englische Kolonialreich endete bereits ein Jahr später, nachdem England im Pariser Frieden (→Lexikon) Kuba im Austausch gegen Florida an Spanien zurückgab. In der kurzen Zeit ihrer Herrschaft hatten die Briten die noch von den Spaniern verhängten Handelsbeschränkungen und hohen Zölle abgeschafft. Sie konnten von Spanien nur zum Teil wieder eingeführt werden und wurden 1818 gänzlich aufgehoben. Zusammen mit einer nun liberaler agierenden Verwaltung führte dies dazu, daß die Wirtschaft sich freier entfalten konnte, wovon besonders die kreolische Oberschicht profitierte. 1817 lebten in Kuba wieder 550 000 Menschen.

Während sich aus den spanischen Besitzungen in Südamerika zu Beginn des 19. Jhs. nach und nach unabhängige Staaten entwickelten, konnte Spanien auf Kuba seine koloniale Herrschaft bewahren. Der auch in der kubanischen Bevölkerung aufkeimenden Idee der Unabhängigkeit und der mitunter anzutreffenden Forderung, Kuba mit den USA zu assoziieren, begegnete Spanien mit harten Verwaltungsmaßnahmen und dem Ausschluß kubanischer Vertreter aus der Cortes, dem spanischen Parlament (1836). Doch die reformorientierten Kräfte gaben nicht auf. 1868 kam es zu ersten Aufständen. Am 10. Oktober 1868 riefen die Aufständischen die Unabhängigkeit Kubas aus und installierten in Bayamo eine republikanische Regierung unter Carlos Manuel de Céspedes (1868–1878). Unterstützt von den USA konnte Céspedes einen zehnjährigen Guerillakampf gegen die spanische Herrschaft führen. Er forderte insgesamt fast 260 000 Tote, die durch die Kriegshandlungen oder an Seuchen starben. Der Kampf endete für Céspedes und die Unabhängigkeitsbewegung politisch wenig befriedigend im Frieden von Zanjón (1878). Er brachte Kuba zwar die neuerliche Vertretung in der Cortes und kündigte die schrittweise Sklavenbefreiung an, verzichtete jedoch auf jede Erklärung, die die Autonomie Kubas auch nur in Aussicht stellte. Mit großer Brutalität wurde 1895 ein weiterer Aufstand niedergeschlagen. Doch hatte sich mittlerweile die Weltöffentlichkeit gegen Spanien und vor allem gegen sein hartes Vorgehen in Kuba gewendet. Das 1897 an die Macht gelangte liberale spanische Kabinett rief den Befehlshaber der spanischen Truppen zurück, richtete ein eigenes Kuba-Ministerium ein und gewährte dem Land Autonomie. Die Zugeständnisse liefen jedoch ins Leere. Weder die Rebellen noch die USA waren mit ihnen zu besänftigen. Nach der Explosion des US-amerikanischen Kriegsschiffes »Maine« im Hafen von Havanna – die Hintergründe des Vorfalls konnten bis heute nicht erhellt werden – erklärten die USA Spanien 1898 den Krieg.

Unabhängigkeit und US-Einfluß (1898–1922)

Der Krieg zwischen den USA und Spanien endete noch 1898 mit der spanischen Niederlage. Im Frieden von Paris wurde festgelegt, daß Spanien die Philippinen, Puerto Rico und Kuba an die USA abtreten mußte. Auf dem nun formal unabhängigen Kuba wurde zunächst eine amerikanische Militärverwaltung unter einem General eingerichtet (1899

bis 1902). In der 1901 verabschiedeten republikanischen Verfassung des Landes fand sich auf Druck der USA eine Interventionsbestimmung, das Platt-Amendment, das den Vereinigten Staaten das Recht zur militärischen und politischen Intervention auf Kuba einräumte sowie zwei Militärstützpunkte in Bahia Honda (Rückgabe 1912) und Guantánamo. Am 20. Mai 1902 übernahm der erste kubanische Präsident Tomás Estrada Palma (1902–1906) vom Chef der US-amerikanischen Militärverwaltung offiziell die Regierungsgeschäfte. Bereits vier Jahre später kehrten die US-amerikanischen Truppen zurück, nachdem es in Kuba zu innenpolitischen Richtungskämpfen zwischen Liberalen und den konservativen Moderados gekommen war. Der amtierende amerikanische Kriegsminister und später ein US-Offizier im Range eines Obersten verwalteten das Land bis 1909. Ein weiteres Intermezzo eigenständiger kubanischer Regierung wurde 1913 wiederum durch US-amerikanische Interventionstruppen beendet, nachdem es auf der Karibikinsel zu politischen Unruhen gekommen war. Von kurzen Phasen abgesehen blieben US-amerikanische Truppen nun bis 1922 im Land.

Kuba geriet nach Erlangung seiner formalen Unabhängigkeit in nahezu vollständige politische und wirtschaftliche Abhängigkeit von den USA. Die Konzentration auf den Zuckerrohranbau und der nahezu 100 %ige Export des Zuckers (und Tabaks) in die USA, die den Preis bestimmten, zementierte diese Abhängigkeit.

Wirtschaftskrise und Diktatur (1922–1953)

Nach dem Ersten Weltkrieg profitierte das Land zunächst von den hohen Zuckerpreisen. Ihr dramatischer Einbruch während der Weltwirtschaftskrise 1929 wirkte sich auf Wirtschaft und Gesellschaft verheerend aus. Massenverarmung und politische Radikalisierung waren die Folge. Erste Diktaturversuche des Präsidenten Gerardo Machado y Morales (1925 bis 1933) mündeten in blutige Unruhen, die nach einem Putsch unterdrückt wurden. Der neue starke Mann war der ehemalige Privatsekretär Machados, Fulgencio Batista y Zaldívar, der nach dem Militärputsch gegen Machado als Sergeant (Feldwebel) zum Oberbefehlshaber der Armee ernannt wurde (1933–1939). Batista setzte den ihm ergebenen Carlos Mendieta Montefur als Präsident (1934 bis 1935) durch und erreichte zudem in Verhandlungen mit den USA deren offiziellen Verzicht auf das Recht zur politischen und militärischen Einmischung in die inneren Angelegenheiten Kubas. Die folgenden, von Batista abhängigen Präsidenten ermöglichten es ihm, die kubanische Armee zu reorganisieren und die absolute Kontrolle über sie zu erlangen. Auf dieser Basis wurde Batista 1940 schließlich selbst zum Präsidenten gewählt (1940–1944, 1952 bis 1959).

Batista setzte die Verfassung außer Kraft und führte gesellschaftliche und wirtschaftliche Reformen durch. Die anhaltende ökonomische und soziale Krise stärkte die Opposition, die trotz Repressionsmaßnahmen aktiv war. In den Wahlen von 1944 und 1948 konnte sie sich gegen Batista durchsetzen und die Präsidenten stellen. 1952 griff Batista mit Unterstützung der ihm ergebenen Armee erneut nach der Macht. Nach einem Staatsstreich löste er sofort das Parlament auf und setzte einen nur ihm verantwortlichen Konsultativrat ein. Seine Diktatur ließ er sich 1954 durch Wahlen bestätigen.

Die kubanische Revolution (1953–1961)

Unter der korrupten und mit brutaler Härte gegen ihre Gegner vorgehenden Batista-Diktatur entwickelte sich ein Teil der Opposition zur revolutionären Bewegung. Unter der Führung des Rechtsanwalts Fidel Castro Ruz (*1927) begann sie 1953 einen Guerillakrieg. Eine der ersten Aktionen mißlang allerdings völlig: Der 1953 unternommene Angriff auf die Moncada-Kaserne endete in einem Desaster, der Guerillaführer Castro wurde verhaftet und nach Mexiko ausgewiesen. Dort konnte Castro zusammen mit dem aus Argentinien stammenden Arzt und Sozialrevolutionär Ernesto »Che« Guevara (▷Chronik Biografie, S. 395) eine kleine, aber schlagkräftige Partisanenarmee aufbauen. Mit ihr kehrten Castro und Guevara 1956 nach Kuba zurück. In einem zähen Partisanenkrieg, der sich ab 1958 auf ein breites Bündnis der gesellschaftlichen Kräfte in Kuba stützen konnte, wurde die Herrschaft Batistas beseitigt. Nach einem die Ziele Castros unterstützenden Generalstreik verließ der Diktator am 1. Januar 1959 fluchtartig das Land. Zum provisorischen Interimspräsidenten wurde der gemäßigte Urrutia Lleó ernannt. Nachdem Castro mit seinen Guerillas zunächst in Santiago de Cuba und dann im Triumph in Havanna eingezogen war, übernahm er im Februar 1959 das Amt des Ministerpräsidenten. Sein Kampfgefährte Che Guevara amtierte als Präsident der Nationalbank (1959–1961) und als Industrieminister (1961 bis 1965), bis er 1966/67 in Bolivien die revolutionäre Bewegung vorantrieb. Doch scheiterte er mit seinem Versuch einer bolivianischen Bauernrevolution; sein Kampfverband wurde im Oktober 1967 von der bolivianischen Armee aufgerieben, Che Guevara gefangengenommen und ermordet.

Castro löste sofort nach der Machtübernahme den Kongreß auf und verbot mit Ausnahme der Anti-Batista-Gruppierungen alle Parteien. Noch 1959 begann die Realisierung einer ersten Agrarreform, durch die jeder Landbesitz über 67 ha, das traf auf 63 % der Landwirtschaftsbetriebe zu, verstaatlicht wurde. Zugleich wurde die kubanische Armee reorganisiert und von Batista-Anhängern »gesäubert« sowie eine Alphabetisierungskampagne gestartet, in deren Verlauf der Analphabetismus von etwa 24 % auf knapp 4 % gesenkt werden konnte. Aus den Gruppierungen der Anti-Batista-Bewegung formierte sich die Partido Unido de la Revolucion Socialista (PURS, Vereinigte Partei der Sozialistischen Revolution), deren Generalsekretär Fidel Castro wurde. Nach einem öffentlichen Bekenntnis zum Kommunismus im Dezember 1961 erklärte er Kuba zur sozialistischen Republik auf der Grundlage des Marxismus-Leninismus.

Die sozialistische Republik Kuba (ab 1961)

Mit der Machtübernahme Castros veränderten sich die wirtschaftlichen und politischen Gegebenheiten Kubas grundlegend. Die Orientierung der Wirtschaft am exportintensiven Zuckerrohranbau – und damit an den USA –, die Existenz von kaum in den kubanischen Wirtschaftskreislauf integrierten Betrieben, die sich zumeist in nordamerikanischer Hand befanden, sowie die hohe Arbeitslosigkeit und Unterbeschäftigung gehörten bald der Vergangenheit an. Die Wirtschaft wurde zur Planwirtschaft umgestaltet und die Fabriken zum größten Teil verstaatlicht. In zwei Agrarreformen (1959 und 1963) geriet der überwiegende Teil der agrarischen Nutzflächen in staatliche Hand und wurde zu Großbetrieben zusammengelegt. Mehrere Kollektivierungskampagnen sollten die Zahl der Privatbetriebe auf freiwilliger Basis weiter reduzieren. Bis Ende der 60er Jahre wurden zudem der gesamte Handel, das Banken-, Verkehrs-, Gesundheits- und Bildungswesen verstaatlicht. Zeitgleich fand eine konsequent durchgeführte Umverteilung von Besitz und Einkommen statt, die eine drastische Veränderung der Sozialstruktur zugunsten der unteren Schichten bewirkte. Erzielt wurde damit eine steigende Egalisierung der Bevölkerung, freilich auf verhältnismäßig niedrigem Niveau. Zugleich entstand ein einheitliches Sozialversicherungssystem, und auch das für alle kostenlos nutzbare Schul- und Gesundheitswesen erreichte qualitativ ein für südamerikanische Verhältnisse hohes Niveau.

KARIBIK

317

Frauen konnten intensiver in den Bildungs- und Arbeitsprozeß integriert werden, weil Kinderhorte und Betreuungsstätten eingerichtet wurden.

Wie in den anderen staatssozialistischen Ländern auch, machten sich auf Kuba bald die Nachteile dieser zentralisierten Planwirtschaft und Politik bemerkbar. Die Mißachtung wirtschaftlicher Rentabilität, die völlige Bürokratisierung ökonomischer und politischer Abläufe, die Finanzierung unproduktiver Tätigkeiten (zur Sicherstellung der Vollbeschäftigung), fehlende Koordination sowie parteipolitische Gängelei und Spitzeltum hatten absolut irreale Planziele, wirtschaftliches Mißmanagement und politische Einschüchterung sowie das rapide Sinken der Arbeitsproduktivität zur Folge. Alle teils bis heute andauernden Versuche, dem wirtschaftlichen Niedergang zu begegnen – etwa durch die Einführung der Akkordarbeit, die Zulassung freier Märkte, die Verbesserung der Konsumgüterindustrie und die Schaffung moralischer und/oder materieller Anreize – scheiterten letztendlich.

Die wirtschaftliche und politische Krisenentwicklung Kubas ging und geht mit einer besonderen außenpolitischen Lage einher. Sie wird im wesentlichen durch zwei Komponenten bestimmt: Kubas geopolitische Lage im sog. Hinterhof der USA und die daraus resultierenden starken politischen und wirtschaftlichen Interessen Nordamerikas an der Entwicklung Kubas einerseits sowie die starke Einbindung des Landes in das von der Sowjetunion dominierte sozialistische Lager andererseits. Bereits 1960 schloß Kuba ein Kapitalhilfeabkommen mit der UdSSR ab. Zeitgleich wurden die größeren US-Unternehmen auf Kuba verstaatlicht. Im Gegenzug verhängten die Vereinigten Staaten ein teilweises Handelsembargo. Überdies unterstützten sie die Pläne exilkubanischer Gruppen für einen gewaltsamen Sturz des Castro-Regimes. Seit dem Ende der Batista-Diktatur waren zehntausende Kubaner in die USA geflohen, wo sich Florida bzw. Maimi zum Zentrum des kubanischen Exils entwickelte. Im April 1961 unternahmen Exilkubaner mit US-amerikanischer Unterstützung einen militärischen Invasionsversuch in der kubanischen Schweinebucht (→Lexikon), der von der kubanischen Armee jedoch innerhalb kurzer Zeit zurückgeschlagen werden konnte (→USA, S. 158). Ein Jahr später erweiterten die USA das Embargo zum totalen Importverbot kubanischer Waren. In den folgenden Jahren wurden die Sowjetunion und andere Ostblockstaaten zu den wichtigsten Handelspartnern Kubas. Daraus entwickelten sich rasch auch politische und militärische Verbindungen, die sich in zahlreichen sowjetischen Militärberatern auf Kuba manifestierten. Die Lage spitzte sich 1962 zu, als die UdSSR Kuba mit Abschußrampen und weitreichenden Atomraketen bestücken wollte sowie ihre Militärpräsenz auf 22 000 Soldaten erhöhte. Washington sah darin – rund 300 km von der Küste Floridas entfernt – eine akute Bedrohung seiner nationalen Sicherheit. Es kam zu einer der gefährlichsten Konfrontationen der beiden Supermächte USA und UdSSR in der Zeit des Kalten Krieges. Die Welt hielt den Atem an. Nach einem Ultimatum des US-amerikanischen Präsidenten John F. Kennedy, in dessen Verlauf die Erde am Rande des Atomkriegs stand, ließ der sowjetische Parteichef Nikita S. Chruschtschow im Oktober 1962 sowjetische Kriegsschiffe mit Raketen an Bord auf der Fahrt nach Kuba abdrehen. Die UdSSR zog ihre Truppenkontingente zurück und baute die bereits installierten Raketenrampen auf Kuba wieder ab. Damit war die sog. Kubakrise beigelegt.

Die USA hielten an ihrer Politik der politischen und wirtschaftlichen Isolierung Kubas fest und erreichten 1964 den Ausschluß der Insel aus der OAS (Organisation Amerikanischer Staaten, →Lexikon). Alle lateinamerikanischen Staaten, außer Mexiko, brachen die diplomatischen Beziehungen zu Kuba ab.

Zum anhaltenden Konflikt Kubas mit den Vereinigten Staaten kamen zwischenzeitlich auch Differenzen mit der Sowjetunion hinzu, die allerdings keine Auswirkungen auf die wirtschaftliche Unterstützung Kubas durch die UdSSR hatten. Grund waren unterschiedliche Vorstellungen über die Revolutionsbewegungen in Lateinamerika. Während Castro und Che Guevara auf eine aktive Unterstützung der Guerillabewegungen setzten bzw. dabei halfen, sie überhaupt erst aufzubauen, bevorzugte die Sowjetunion die eher legale Unterstützung einer Volksfrontpolitik wie etwa im Chile Allendes (1970–1973). Das Scheitern des kubanischen Engagements in Venezuela, der Dominikanischen Republik und in Bolivien führte Kuba wieder näher an die sowjetische Linie heran. Doch selbst der Besuch des sowjetischen Parteichefs Leonid Breschnew 1974 konnte nur kurzfristig die kubanische Politik des »Revolutionsexports« aufhalten. Kuba zeigte sowohl in Angola (1975/76) als auch in Äthiopien (1978) militärische Präsenz.

Anlehnung an die Sowjetunion (ab 1976)
Obwohl rein formal Mitglied der blockfreien Staaten (→Lexikon), band sich Kuba real im wirtschaftlichen und politischen Bereich immer enger an die Sowjet-

union. Mit der Verabschiedung einer sozialistischen Verfassung (1976) und der Aufstellung eines Fünfjahresplans war Kuba faktisch zum Mitglied des sozialistischen Lagers geworden.

Unterdessen hielt die Wirtschaftskrise an. Der relativ hohe soziale Standard konnte nur aufgrund hoher sowjetischer Subventionen gehalten werden.

Der sowjetischen Reformpolitik unter Michail Gorbatschow ab 1986 begegnete Castro mit großem Mißtrauen. Der Zusammenbruch des Ostblocks nach 1989 schuf für das Land eine dramatische Lage, mit deren Folgen es bis heute zu kämpfen hat. Kürzung bzw. Einstellung sowjetischer Wirtschaftshilfe 1994 konnte mit dem Ausbau des Tourismus, der beschränkten Zulassung freier Märkte oder durch die Gewährung von Auswanderungen nicht oder nicht ausreichend aufgefangen werden. 1992 erhielt Kuba eine neue Verfassung, die zwar weiterhin die sozialistische Einparteienherrschaft festschreibt, jedoch Veränderungen u. a. auf wirtschaftlichem Gebiet zuläßt. 1993 durften wieder private Kleinbetriebe produzieren, 1994 wurden freie Märkte für landwirtschaftliche Produkte und Handwerkswaren eingerichtet. Zudem wurde der Besitz von US-Dollar offiziell erlaubt. Doch führten diese Maßnahmen nicht zu einer Überwindung der schwersten Wirtschaftskrise Kubas seit der Revolution. Drastische Steuererhöhungen verursachten 1996 eine weitere Verschlechterung des Lebensstandards der breiten Massen der Bevölkerung. Nachdem Anfang 1996 zwei Propagandaflugzeuge einer exilkubanischen Organisation über Kuba abgeschossen worden waren, verschärften die USA die Sanktionen gegen das Castro-Regime. 1994 kam es zu einer breiten Flucht- und Auswanderungswelle. Zehntausende unzufriedene Kubaner flohen in gefährlichen Aktionen auf Booten nach Florida oder begaben sich in die Obhut der US-Streitkräfte auf dem Stützpunkt Guantánamo. Die USA lockerten ihre restriktiven Einwanderungsbestimmungen und erklärten sich zur legalen Aufnahme von rund 20 000 Kubanern pro Jahr bereit.

Seit Anfang der 90er Jahre versucht Castro, dem wachsenden innenpolitischen Druck auch mit einer liberaleren Politik gegenüber der katholischen Kirche zu begegnen. In diesem Zusammenhang kommt dem für Anfang 1998 angekündigten Papstbesuch große Bedeutung zu. Die revolutionäre Tradition des Landes konnte neuerlich beschworen werden, nachdem in Bolivien die sterblichen Überreste Ernesto Che Guevaras gefunden worden waren. Sie wurden 1997 nach Kuba überführt und unter großer Anteilnahme der Bevölkerung beigesetzt.

Chronik Zeittafel

um 2 500 v. Chr.	Erste Besiedlung der größten Antilleninsel Kuba
1492	Christoph Kolumbus landet auf seiner 1. Fahrt auf Kuba
ab 1508	Eroberung durch die Spanier
1762	Engländer erobern Havanna
1763	England überläßt Spanien Kuba im Tausch gegen Florida
1818	Spanien gewährt Handelsfreiheit
1836	Kubanische Abgeordnete werden aus dem spanischen Parlament ausgeschlossen
1868	Kuba erklärt seine Unabhängigkeit; von Spanien rückgängig gemacht
1878	Friedensschluß mit Spanien
1895	Aufstand gegen spanische Kolonialherrschaft
1898	USA erklären Spanien den Krieg; Kuba fällt an die USA
1899	USA errichten auf Kuba eine Militärverwaltung
1901	Platt-Amendment schränkt Selbständigkeit Kubas ein
1902	Abzug US-amerikanischer Truppen
1952	Putsch durch Fulgencio Batista
1956	Beginn des Guerillakrieges unter Führung von Fidel Castro
1959	Sozialistische Revolution
1960	USA verhängen Handelsembargo gegen Kuba
1961	Kuba wird sozialistische Republik; Invasion in der Schweinebucht durch Exilkubaner scheitert
1962	Kubakrise: USA wollen bei UdSSR-Waffenstationierung auf Kuba notfalls militärisch intervenieren
1976	Erster Fünfjahresplan
1980	Massenauswanderung
1986	Liberalisierungsversuche werden abgebrochen
1990	Sowjetunion kürzt Wirtschaftshilfe
1993	Liberalisierungen in der Wirtschaft
1994	Schwere Wirtschaftskrise; freie Märkte zugelassen; Massenflucht über das Meer nach Florida
1996	Drastische Steuererhöhungen

KARIBIK

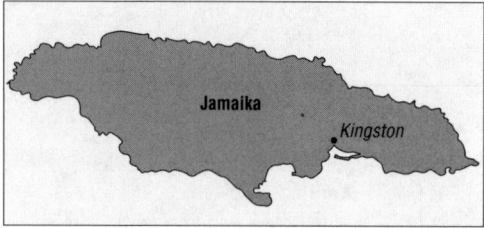

Jamaika (Jamaica)

Fläche: 10 991 km²

Bevölkerung: 1,4 Mio. (1950); 1,9 Mio. (1970); 2,5 Mio. (1995)

Sprachen: Englisch, Patois (kreolisches Französisch)

Staatsform: Parlamentarische Monarchie im Commonwealth

Mitgliedschaften: AKP, CARICOM, Commonwealth, OAS,
   SELA, UNO

Das 1494 von Christoph Kolumbus entdeckte Jamaika wurde ab 1509 von Spaniern besiedelt. 1655 eroberte England die Insel und machte sie in der Folgezeit zu einem Zentrum des Zuckerrohranbaus und des Sklavenhandels. Ab 1866 war Jamaika britische Kronkolonie. 1962 wurde die Insel ein souveräner Staat, in dem die regierende People's National Party jahrelang einen sozialistisch orientierten Kurs steuerte. Anhaltende wirtschaftliche Probleme führten Anfang der 90er Jahre zu Privatisierungen und wirtschaftsliberalen Reformen.

Politische Struktur

Jamaika ist laut Verfassung von 1962 eine parlamentarische Monarchie innerhalb des britischen Commonwealth of Nations. Staatsoberhaupt ist die britische Königin, vertreten durch einen Generalgouverneur. Das Parlament (Repräsentantenhaus) ist oberstes Gesetzgebungsorgan; es besteht aus 68 Mitgliedern und wird für eine fünfjährige Legislaturperiode gewählt. Die 27 Mitglieder des Senats werden vom Generalgouverneur ernannt. Führende politische Kraft ist die 1938 gegründete linksorientierte People's National Party (PNP, Nationale Volkspartei). Schärfste Konkurrentin ist traditionell die sozialdemokratisch ausgerichtete Jamaica Labour Party (JLP, Arbeitspartei), die vor allem die Interessen des städtischen Mittelstandes vertritt.

Landesnatur

Jamaika ist nach Hispaniola und Kuba die drittgrößte Insel der Großen Antillen. Die Insel besteht überwiegend aus zwischen 300 und 900 m hohen, stark verkarsteten Kalksteinplateaus. Im Osten der Insel

erheben sich die Blue Mountains, deren höchster Berg der 2292 m hohe Blue Mountain Peak ist. Der Küstenstreifen Jamaikas ist teilweise sumpfig. Es herrscht tropisches Klima, wobei die jährlichen Niederschlagsmengen von Norden (rund 3500 mm) nach Süden (rund 800 mm) stark abnehmen. Der ursprünglich vorhandene Regenwald wurde im Verlauf der Kolonisierung weitgehend abgeholzt, um Großplantagen Platz zu machen. Auf den Küstenstreifen wachsen Kokospalmen und Mangrovenwälder.

Bevölkerung

Schwarze, die Nachfahren afrikanischer Sklaven, bilden mit rund 78 % die große Mehrheit der Bevölkerung von Jamaika. 18 % der Einwohner sind Mulatten und 2 % Inder. Weiße und Asiaten (Chinesen und Japaner) haben einen Bevölkerungsanteil von jeweils knapp 1 %. Zum Christentum bekennen sich 61 % der Jamaikaner (56 % Protestanten, 5 % Katholiken). 5 % sind Rastafari, 16 % bekennen sich zu anderen Religionen und 18 % bezeichnen sich als konfessionslos.

Wirtschaft

Die Industrie hat in einem ökonomischen Wandlungsprozeß seit Anfang der 80er Jahre die Landwirtschaft als dominierenden Wirtschaftszweig Jamaikas verdrängt. Zur Entstehung des Bruttoinlandsprodukts trug die Industrie 1993 rund 37 % bei, die Landwirtschaft 8 %. Besonderes Gewicht hat die Lebensmittelindustrie, insbesondere Zucker- und Melassefabriken. Stark ausgebaut wurde seit den 70er Jahren die Stahlproduktion und Erdölverarbeitung. Daneben hat Jamaika auch einige leistungsfähige chemische Betriebe, in denen vor allem Kunstdünger und Kunststoffe produziert werden. Jamaika verfügt über ergiebige Bauxitvorkommen; Aluminium und Bauxit sind wichtige Exportprodukte der Karibikinsel. In der Landwirtschaft besteht ein Nebeneinander von wenigen Großbetrieben mit mehr als 200 ha Nutzfläche und zahlreichen Kleinbauern, die über weniger als 2 ha Land verfügen. Hauptanbauprodukte sind Mais, Zuckerrohr, Bananen, Zitrusfrüchte, Kakao, Kaffee und Gewürze. Die Insel hat hohe Auslandsschulden, welche die ökonomische Entwicklung behindern und dazu führten, daß die soziale Lage breiter Bevölkerungsschichten sich seit den 70er Jahren verschlechterte. Seit Anfang der 80er Jahre wurde die Tourismus-Branche auf Jamaika mit Nachdruck ausgebaut, so daß der Fremdenverkehr mittlerweile zu einem wichtigen Devisenbringer des Landes geworden ist.

GESCHICHTE

Besiedlung und spanische Eroberung (bis 1660)

Archäologische Funde lassen darauf schließen, daß um 900 n. Chr. Angehörige des indianischen Aruakenvolkes vom südamerikanischen Festland nach Jamaika eingewandert sind und dort feste Siedlungen errichteten. Ihre Lebensgrundlage bildeten vor allem der Fischfang und der Handel mit den vorkolumbischen Bewohnern der Nachbarinseln Kuba und Hispaniola. Christoph Kolumbus entdeckte Jamaika auf seiner zweiten Reise in die Karibik im Mai 1494. Ab 1509 besiedelten die Spanier die Insel, an der die spanische Krone jedoch kaum wirtschaftliches oder strategisches Interesse zeigte. Nachdem die Suche nach Gold ergebnislos verlaufen war, verließen die meisten Spanier die Insel wieder. Deren Urbevölkerung war durch gewaltsame Übergriffe der Kolonisatoren, eingeschleppte Krankheiten und Stammesfehden innerhalb weniger Jahrzehnte nahezu ausgerottet worden. 1536 überließ das spanische Königshaus Jamaika den Erben des Kolumbus zur Nutzung. Einige reiche Familien erwarben Teile der Insel, auf der sie mit dem Aufbau einer Zuckerrohrplantagenwirtschaft und einer extensiven, d. h. auf weiten Weideflächen betriebenen Viehhaltung begannen. Zur Verrichtung der schweren Arbeiten auf den Plantagen verschleppten die Spanier bereits ab 1517 afrikanische Sklaven nach Jamaika.

Zugehörigkeit zum British Empire (1660–1962)

1655 eroberten englische Truppen die Insel, die 1670 offiziell in englischen Besitz überging. Zunächst wurde Jamaika vor allem von englischen Piraten als Stützpunkt genutzt. 1782 konnten die Briten einen spanischen Rückeroberungsversuch ebenso abwehren wie eine französische Invasion im Jahr 1802. Unter der britischen Kolonialherrschaft entwickelte sich Jamaika zum Zentrum des Zuckerrohranbaus und der Rumproduktion im British Empire. Ende des 17. Jhs. war Jamaika zudem zu einem der wichtigsten Plätze für den Sklavenhandel geworden (sog. Dreieckshandel, →Lexikon). 1662 hatte London den Kolonisten auf Jamaika eingeschränkte Autonomierechte zugebilligt, u. a. in Form einer eigenen Volksvertretung, der Jamaica Assembly. Einigen hundert Sklaven gelang um 1680 die Flucht in das gebirgige Landesinnere von Jamaika, wo sie sich unter dem Namen Maroons (→Lexikon) in einem jahrzehntelangen Abwehrkampf gegen die Engländer behaupten konnten. 1738 kam es zu einem Friedensvertrag, in dem die Briten die Unabhängig-

keit der Maroons anerkannten. Als Gegenleistung verpflichteten sich diese, keine weiteren entflohenen Sklaven in ihrem Gebiet aufzunehmen und die britischen Kolonialbehörden bei zukünftigen Sklavenaufständen auf Jamaika militärisch zu unterstützen. Diesen Verpflichtungen mußten die Maroons mehrfach nachkommen. Als unter dem Einfluß des erfolgreichen Sklavenaufstands in Saint Domingue 1791 ein Teil der Sklaven gegen die Kolonialherrschaft rebellierte, schlugen die Briten diesen Aufstand mit Hilfe von Maroontruppen blutig nieder. Nachdem 1807 London ein Verbot des Sklavenhandels im British Empire erlassen hatte, kam es 1831/1832 erneut zu einem Sklavenaufstand, der von britischen Kolonialtruppen zusammen mit Maroonsoldaten unterdrückt wurde.

1834 wurde die Sklaverei im britischen Weltreich abgeschafft. Viele ehemalige Sklaven nutzten das Angebot, kleinere Zuckerrohrparzellen als Pächter zu bewirtschaften, gerieten aber in zunehmende wirtschaftliche Abhängigkeit von den Plantagenbesitzern und Großhändlern. Den nach der Sklavenbefreiung auftretenden Arbeitskräftemangel versuchten die reichen Plantagenbesitzer mit dem Anwerben chinesischer und indischer Kontraktarbeiter auszugleichen. Das Vordringen brasilianischen Zuckerrohrs und der billigeren Zuckerrübe auf den Weltmärkten führte nach 1840 zu einem Niedergang des jamaikanischen Zuckerrohranbaus, bis dahin der dominierende Wirtschaftszweig auf der Karibikinsel. Da die Einstellung asiatischer Vertragsarbeiter inzwischen zu einem Überangebot an Arbeitskräften geführt hatte, sanken die Löhne, wodurch sich die soziale Lage der breiten Bevölkerungsmassen auf Jamaika Mitte des 19. Jhs. drastisch verschlechterte. Die sozialen Spannungen entluden sich 1865 in der Rebellion von Morant-Bay, die von den Briten wiederum mit Militärhilfe der autonomen Maroons niedergeschlagen wurde. Im Verlauf des Aufstandsversuchs waren neben sozialen auch Forderungen nach Selbstregierungsorganen für die schwarze Bevölkerung Jamaikas laut geworden. Als Reaktion auf den Aufstand schränkte London die Autonomierechte der Karibikinsel wieder ein. Jamaika bekam 1866 den Status einer britischen Kronkolonie, die von einem Generalgouverneur direkt verwaltet wurde. Ein gewählter Legislative Council hatte beratende Funktion. Die politische Vorherrschaft der Weißen Oberschicht wurde u. a. durch das Wahlrecht gesichert, das an hohes Einkommen gekoppelt war.

Mit großem Nachdruck bemühte sich Gouverneur John Peter Grant Mitte des 19. Jhs. um eine Modernisierung der Kolonialverwaltung und die Überwindung der ökonomischen Krise auf Jamaika. Angesichts des stetigen Niedergangs der Zuckerproduktion setzte er auf den Anbau von Bananen, um die Verluste an Produktionskapazität und Ausfuhrerlösen auszugleichen. Ab 1870 übernahm die US-amerikanische United Fruit Company (→Lexikon) weitgehend die Kontrolle über den Bananenanbau und -handel auf Jamaika.

Anfang des 20. Jhs. regte sich bei den schwarzen Bewohnern der Insel verstärkt der Wille zur Selbstbestimmung. Im Zuge dieser Bewegung gründete Marcus Garvey 1914 die Universal Negro Improvement Association and African Communities League (UNIA), zu deren Zielen vor allem die Ansiedlung von schwarzen Jamaikanern in Afrika, der Heimat ihrer Vorfahren, zählte. Dieses »Rückführungsprojekt« scheiterte jedoch an Liberia, dem ersten unabhängigen Schwarzenstaat in Afrika (es proklamierte 1847 seine Unabhängigkeit), dessen Regierung die Aufnahme größerer Einwanderergruppen aus Jamaika verweigerte.

Die Weltwirtschaftskrise nach 1929 führte auch auf Jamaika zur Verschlechterung der Lebenssituation weiter Bevölkerungskreise und einer Verschärfung der sozialen und politischen Spannungen. Vor diesem Hintergrund entstand eine jamaikanische Unabhängigkeitsbewegung. 1938 kam es landesweit zu Streikwellen und sozialen Unruhen. Die benachteiligten, zum großen Teil von Verelendung bedrohten Arbeiter und Tagelöhner schlossen sich zu Gewerkschaften zusammen, aus denen innerhalb weniger Jahre politische Parteien hervorgingen wie die sozialistische People's National Party (PNP, gegründet 1938) und die reformistische Jamaica Labour Party (JLP, gegründet 1943). 1944 sah das Mutterland Großbritannien sich genötigt, Jamaika die innere Selbstverwaltung mit einem allgemeinen und gleichen Wahlrecht zuzugestehen.

Unabhängigkeit (1962–1980)

Seit Anfang der 50er Jahre versuchte Jamaika mit einigem Erfolg, die traditionelle Abhängigkeit der Ökonomie von landwirtschaftlichen Erzeugnissen insbesondere durch den intensiven Abbau seiner Bauxitvorkommen, eines für die Aluminiumherstellung verwendeten Rohstoffs, und die Förderung des allmählich einsetzenden Tourismus zu verringern. Im Gefolge dieser Entwicklung wurden die Vereinigten Staaten anstelle der Kolonialmacht Großbritannien zum wichtigsten Handelspartner der Karibikinsel.

1959 erweiterte Großbritannien die eingeschränkte Selbstverwaltung Jamaikas zur vollen Autonomie. In einem Referendum votierte 1961 die Bevölkerung Jamaikas mehrheitlich für einen souveränen Staat, der allerdings im British Commonwealth of Nations verbleiben sollte. Mit dieser Willensbekundung im Rücken forcierte der Premierminister und JLP-Vorsitzende Alexander Bustamante (1962–1967) die Unabhängigkeitsbestrebungen. Am 2. August 1962 erklärte sich Jamaika mit der Zustimmung Großbritanniens zum souveränen Staat.

Im ersten Jahrzehnt der Unabhängigkeit bestimmte die gemäßigte JLP mit Premierminister Alexander Bustamante – ihm folgte 1967 Hugh Shearer, ebenfalls JLP – die politische und ökonomische Entwicklung von Jamaika. Die Parlamentswahl von 1972 brachte die sozialistische People's National Party (PNP) an die Regierungsmacht und dem Land einen politischen Umschwung. Der neue Regierungschef Michael Manley (1972–1980; 1989–1992) präsentierte unter dem Schlagwort eines »demokratischen Sozialismus« ein sozialistisch ausgerichtetes Reformprogramm, von dem vor allem die unteren und mittleren Bevölkerungsschichten profitieren sollten. Manley und seine PNP trieben u. a. die Alphabetisierung der Bevölkerung voran, verbesserten das Sozial- und Gesundheitswesen und verfügten eine Landreform. Die in ausländischem Besitz befindlichen Bauxitunternehmen wurden zwangsweise in Gemeinschaftsunternehmen (joint ventures) mit jamaikanischer Mehrheitsbeteiligung umgewandelt. Von den erwarteten Gewinnen wollte der Staat die ehrgeizigen Reformprojekte finanzieren. Gleichzeitig strebte Manley danach, die ökonomische Abhängigkeit von den USA und Großbritannien zu überwinden. Außenpolitisch suchte Jamaika in dieser Phase die verstärkte Zusammenarbeit mit Kuba und engagierte sich stark in der Bewegung der Blockfreien Staaten (→Lexikon).

Doch Kapitalflucht, staatliche Lohnsubventionen, Mißwirtschaft, das zunehmende Ausbleiben US-amerikanischer Touristen und ein wachsendes Handelsdefizit verursachten den stetigen Niedergang der jamaikanischen Wirtschaft. 1977 mußte das Land auf umfangreiche Kredite des Internationalen Währungsfonds (IWF, →Lexikon) zurückgreifen, dessen harte Sparauflagen zu drastischen Kürzungen der Löhne und sozialen Leistungen auf der Karibikinsel führten. Bereits im Jahr zuvor war es auf Jamaika zu gewalttätigen Unruhen gekommen, auf die Premier Manley mit der Ausrufung des Ausnahmezustands reagiert hatte (Mitte 1977 wieder aufgehoben). Die

Verschuldung des Landes nahm dramatische Ausmaße an, so daß Jamaika im Jahr 1980 vor dem Staatsbankrott stand.

Wirtschaftsreformen (ab 1980)
Bei den Parlamentswahlen 1980 erteilte die Mehrheit der Jamaikaner der sozialistischen Programmatik der PNP eine Absage und brachte die gemäßigte JLP wieder an die Regierungsmacht. Der neue Ministerpräsident Edward Seaga (1980–1989) schlug einen neoliberalen Kurs ein, und versuchte die Wirtschaft in Übereinstimmung mit den von seinem Vorgänger größtenteils abgelehnten Forderungen des IWF, durch drastische Sparmaßnahmen im öffentlichen Bereich (Stellenabbau, Lohnkürzungen, Steuererhöhungen, Einschnitte bei den Sozialleistungen) zu sanieren. Kurzfristig hatte diese Schocktherapie Erfolg und führte zu einem ökonomischen Aufschwung. Leidtragende waren vor allem die Massen der Schwarzen, deren Unzufriedenheit sich 1985 in gewalttätigen Unruhen entlud. 1988 richtete ein Hurrikan auf Jamaika schwere Verwüstungen an, welche die gesamtwirtschaftliche Entwicklung der Insel zusätzlich belasteten.
Wie in kaum einem anderen Land der Welt trug auf Jamaika ein bestimmter Musikstil, der Reggae, zur Identitätsbildung bei. Ende der 70er Jahre eroberte der Reggae mit seinem charakteristischen Rhythmus die Tanzflächen und Plattenläden Nordamerikas und Europas. Sein unbestrittener Star war der 1981 im Alter von 36 Jahren verstorbene Bob Marley, der auch 16 Jahre nach seinem Tod auf der Insel nahezu kultisch verehrt wird.
Wegen anhaltender wirtschaftlicher und sozialer Schwierigkeiten konnte 1989 die linksorientierte PNP die Parlamentswahlen gewinnen. Michael Manley übernahm erneut das Amt des Ministerpräsidenten. Doch während der Oppositionsjahre hatte die PNP einen Großteil ihrer sozialistischen Programmatik über Bord geworfen. Manley setzte die neoliberale Wirtschaftspolitik seines Vorgängers im Grundsatz fort. 1992 trat Manley aus gesundheitlichen Gründen zurück; sein Nachfolger im Amt des Regierungschefs wurde sein Parteifreund Percival James Patterson. Die wirtschaftlichen Schwierigkeiten Jamaikas (Haushaltsdefizit, Rückgang der Bauxitförderung, zögerliches Wachstum der Tourismusbranche) konnte die Regierung Patterson zwar nicht grundsätzlich überwinden, doch gab es Anfang der 90er Jahre Aufschwungtendenzen, die vermutlich ein Grund für den klaren Sieg der regierenden PNP bei den Parlamentswahlen im Jahr 1993 waren.

Chronik Zeittafel

um 900 n. Chr.	Einwanderung von Aruakenindianern
1494	Christoph Kolumbus entdeckt Jamaika auf seiner 2. Fahrt
1509	Kolonisierung durch die Spanier
1517	Die ersten afrikanischen Sklaven werden nach Jamaika gebracht
1536	Spanien überläßt die Insel den Erben von Kolumbus
1655	Eroberung durch die Engländer
1662	Eine Verfassung räumt Jamaika eingeschränkte Autonomie ein
1738	Friedensvertrag zwischen Engländern und Maroons (ins Landesinnere entflohene Sklaven)
1782	Spanien scheitert mit einem Versuch zur Rückeroberung der Insel
1791	Scheitern eines Sklavenaufstandes gegen die Briten
1834	Abschaffung der Sklaverei
1846	Abschaffung des Absatzprivilegs für Zucker auf britischen Märkten
1866	Jamaika wird britische Kronkolonie
um 1870	Beginn des intensiven Bananenanbaus
1914	Universal Negro Improvement Association gegründet; Ziel ist die Rückkehr der Schwarzen nach Afrika
1938	Entstehung von Parteien und Gewerkschaften
1944	Neue Verfassung garantiert allgemeines Wahlrecht
1959	Innere Selbstverwaltung
1962	Jamaika wird souveräner Staat im Commonwealth
1969	Aufnahme in die Organisation Amerikanischer Staaten (OAS)
1972	Wahlsieg der People's National Party (PNP) mit Programm eines »demokratischen Sozialismus«
1980	Die gemäßigte Jamaica Labour Party (JLP) kommt an die Regierung; neoliberale Wirtschaftsreformen
1989	Michael Manley (PNP) wird Premier
1993	Wahlsieg der PNP; Premierminister bleibt Percival James Patterson

KARIBIK

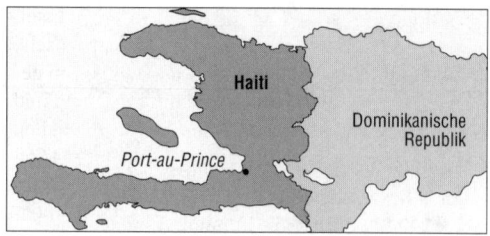

Haiti (Haïti, Dayti)

Fläche: 27 750 km²
Bevölkerung: 3,3 Mio. (1950); 4,6 Mio. (1970); 7,3 Mio. (1995)
Sprachen: Französisch, Kreolisch
Staatsform: Präsidialrepublik
Mitgliedschaften: AKP, OAS, SELA, UNO

Haiti bildet den westlichen Teil der 1492 von Christoph Kolumbus entdeckten Insel Hispaniola. 1697 machte Frankreich das Gebiet zur Kolonie. Inspiriert von der Französischen Revolution fand dort 1791 der erste auf Dauer erfolgreiche Sklavenaufstand der Geschichte statt. 1804 erreichte Haiti als erster Staat Lateinamerikas seine Unabhängigkeit. In der Folgezeit herrschte zumeist politische Instabilität, die zwischen 1915 und 1934 den USA wiederholt Anlaß zu militärischer Intervention gab. François Duvalier errichtete 1957 ein diktatorisches Regime, das sein Sohn Jean-Claude (»Baby Doc«) bis zu seinem Sturz 1986 fortführte. Der 1991 frei gewählte Präsident Jean-Bertrand Aristide wurde kurz nach der Amtsübernahme vom Militär gestürzt, nach massivem Druck der UNO und der USA 1994 aber wieder in sein Amt eingesetzt.

Politische Struktur

Nach jahrzehntelanger Diktatur des Duvalier-Clans ist Haiti seit 1994 eine parlamentarische Demokratie. Das Parlament (Abgeordnetenhaus) umfaßt 83 Sitze, der Senat 27. Stärkste politische Kraft ist ein gemäßigtes Parteienbündnis (Lavalas), das im Parlament seit den Wahlen vom Juni 1995 über 68 Sitze verfügt. Die in der FNCD zusammengeschlossenen Linksparteien haben als zweitstärkste Parteiengruppierung 13 Mandate. Das mit umfassenden Machtbefugnissen ausgestattete Präsidentenamt hat René Préval vom Lavalas-Bündnis inne.

Landesnatur

Haiti umfaßt den Westteil der Karibikinsel Hispaniola, deren östlichen Teil die Dominikanische Republik bildet. Das Gebiet von Haiti ist durch vier von Ost nach West verlaufende Gebirgszüge untergliedert. Höchste Erhebung ist der 2680 m hohe Pic la Selle. Der tropische Regenwald, Haitis ursprüngliche Vegetation, ist fast vollständig abgeholzt, was zu Bodenerosion und Versteppung weiter Landstriche führte. Feucht- und Trockensavannen, die zu einem großen Teil landwirtschaftlich genutzt werden, bestimmen das Landschaftsbild. Auf Haiti herrscht subtropisches Klima mit einer Regenzeit im Sommer. Die monatlichen Mitteltemperaturen schwanken an den Küsten zwischen 22 °C und 28 °C. Die jährlichen Niederschlagsmengen variieren je nach Höhenlage zwischen 600 mm und 2000 mm. Wie auf anderen Inseln der Region kommt es häufiger zu Trockenperioden und Hurrikanen.

Bevölkerung

Die Bevölkerung Haitis besteht zu 70 % aus Schwarzen, den Nachkommen der aus Afrika verschleppten Sklaven. Rund 30 % der Einwohner sind Mulatten (Mischlinge von Schwarzen und Weißen); der Anteil der Weißen an der Bevölkerung beträgt unter 1 %. Etwa 90 % der Einwohner bekennen sich zum Christentum (80 % Katholiken und 10 % Protestanten). Die traditionellen Voodookulte (→Lexikon) haben ihre Bedeutung im religiösen Leben auf Haiti behalten. Sie sind nach wie vor bei rund 70 % der haitianischen Bevölkerung verbreitet.
Die Insel hat eine der höchsten Analphabetenraten ganz Lateinamerikas (rund 55 %). Die Masse der Bevölkerung lebt in sozialem Elend, dem viele Haitianer durch Flucht, insbesondere in die USA und auf die Bahamas, zu entgehen versuchen.

Wirtschaft

Haiti zählt zu den ärmsten Staaten der Welt. Das Bruttosozialprodukt pro Kopf lag 1995 bei nur 250 US-Dollar. Wichtigster Wirtschaftszweig ist die Landwirtschaft, die zum Bruttoinlandsprodukt rund 45 % beiträgt und über 60 % der Erwerbstätigen beschäftigt. Vorherrschend sind Kleinbetriebe, die mit rückständigen Techniken überwiegend für den Eigenbedarf produzieren. Da u. a. zunehmende Bodenerosion die Erträge schmälert, muß Haiti über 20 % seines Nahrungsmittelbedarfs importieren. Wichtige Anbauprodukte sind Zuckerrohr, Sisal, Baumwolle, Kaffee, Kakao und Bananen, die an den Küsten z. T. in Großbetrieben produziert werden. Den größten Exportanteil bei Agrarprodukten hat Kaffee. Wichtigster Handelspartner sind mit Abstand die USA, mit denen rund die Hälfte der Ein- bzw. Ausfuhr Haitis abgewickelt wird. Neben den USA sind die

EU-Staaten, die Dominikanische Republik und Japan größte Abnehmer von Haitis Exporten.

Die Industrie ist auf Haiti nur schwach entwickelt, aber der Exportanteil der Agrarprodukte verringerte sich in den letzten Jahren zugunsten von Leichtindustrieerzeugnissen. Es überwiegen Agrarfabriken und Betriebe, in denen im Auftrag vor allem US-amerikanischer Unternehmen Halbfertigwaren der Bekleidungs-, Spielzeug- und Elektronikindustrie weiterverarbeitet werden. Der Tourismus auf Haiti verzeichnete Mitte der 90er Jahre eine steigende Tendenz.

GESCHICHTE

Erste Besiedlung und Kolonisation (bis 1791)

Die zu den Großen Antillen zählende Insel Hispaniola (Haiti) war wie die meisten Karibikinseln schon im 5. Jt. v. Chr. besiedelt. Etwa zur Zeit von Christi Geburt wanderten von Mittelamerika und der Ostküste Südamerikas Indianerstämme nach Hispaniola ein, die über eine hohe Kultur verfügten und mit Ackerbautechniken und der Keramikherstellung vertraut waren. Auf Haiti bildete sich in präkolumbischer Zeit die Tainokultur mit einer streng hierarchischen Gesellschaft heraus. Die Taino, dem Volk der Aruaken zugehörig, waren im 1. Jh. n. Chr. von Südamerika auf die Antillen gekommen. An der Spitze der Tainogesellschaft standen Häuptlinge (Kaziken) und Priester; darunter die Masse der Bauern. Ein Großteil der Feldarbeit wurde von Kriegsgefangenen und Schuldsklaven verrichtet. Im Mittelpunkt ihrer Religion stand der Glaube an die Geister der Ahnen, die in Holzidolen und Plastiken aus Stein verehrt wurden. Zu den bevorzugten Anbauprodukten zählten Mais, Bohnen, Maniok, Ananas und Tabak. Mehrere Stammesfürsten teilten sich die Herrschaft über seine Regionen der Insel.

Christoph Kolumbus entdeckte die zweitgrößte Insel der Karibik auf seiner ersten Reise Anfang Dezember 1492 und gab ihr den Namen Hispaniola. In der Nähe von Cap Haiti errichtete Kolumbus das Fort La Navidad, in dem er 40 Mann zurückließ. Doch wurde diese Siedlung bereits kurze Zeit später zerstört, so daß Kolumbus vor seiner Rückfahrt nach Spanien 1493 bei La Isabela eine weitere Siedlung anlegen ließ. Das Kommando übergab er seinem Bruder Bartholomeo, den er auch mit der Kolonisierung der Insel beauftragte.

Im Zuge der frühen Besiedlung wurde Hispaniola zum ersten Zentrum des spanischen Kolonialbesitzes in Amerika. In dieser Phase konzentrierte sich die Kolonisierung auf den östlichen Teil der Insel. Etwa ab 1625 errichteten britische und französische Freibeuter im Westteil der Insel Stützpunkte, von denen aus sie Jagd auf spanische Schiffe machten und spanische Siedlungen angriffen. Im 17. Jh. ließen sich französische Siedler im Norden nieder; 1664 überließ König Ludwig XIV. dieses Gebiet der französischen Handelsgesellschaft Westindien-Kompanie zur Nutzung.

Im Frieden von Ryswijk (1697, →Lexikon) mußte Spanien das westliche Drittel von Hispaniola an Frankreich abtreten. Von diesem Zeitpunkt an nahmen der französische Westteil der Insel unter dem Namen Saint Domingue (das heutige Haiti) und der spanische Ostteil (Santo Domingo, die heutige Dominikanische Republik) eine getrennte Entwicklung. Im Laufe des 18. Jhs. wurde Saint Domingue wegen seiner ausgedehnten Zuckerrohrplantagen zur reichsten französischen Kolonie. Der ebenfalls gewinnträchtige Anbau von Indigosträuchern für die Herstellung von Farbstoff verlor dagegen im 18. Jh. an Bedeutung. Der einträgliche Zuckerrohranbau basierte wie auch in anderen Regionen der Karibik auf dem massenhaften Einsatz von Sklaven. Die Gesellschaft von Saint Domingue war in jener Epoche nach wirtschaftlicher Stärke und Hautfarbe streng hierarchisiert. Die Oberschicht bildeten wohlhabende Weiße (Grand Blancs), gefolgt von ärmeren Weißen. Unter diesen standen die Mulatten, am unteren Ende der Gesellschaft die aus Afrika verschleppten schwarzen Sklaven.

Kampf um Unabhängigkeit (1791–1804)

Inspiriert von den Ideen der Französischen Revolution erfolgte Ende des 18. Jhs. auf Saint Domingue die erste erfolgreiche Erhebung gegen die europäische Kolonialherrschaft in Lateinamerika. Die Revolte begann nach 1789 als Unabhängigkeitsbewegung der Weißen, entwickelte sich jedoch rasch zu einem Aufstand der Schwarzen und Mulatten. 1790 kam es zunächst zu gewaltsamen Protesten von Weißen und Mulatten gegen politische Benachteiligungen durch Frankreich. Im August 1791 erhoben sich dann in den Nordprovinzen schwarze Sklaven und Mulatten gegen die Herrschaft der dünnen weißen Oberschicht. Angeführt wurden sie von dem Schwarzen François Dominique Toussaint L'Ouverture (▷Chronik Biografie, S. 326). Toussaints Truppen richteten unter den Weißen ein Blutbad an und zerstörten zahlreiche Siedlungen und Plantagen. Für ihren Kampf wurden sie u. a. von den USA und dem spanischen Santo Domingo mit Waffen versorgt.

KARIBIK

Souveränität und Unruhen (1804–1957)

1801 erhielt Saint Domingue eine eigene Verfassung, und der Einfluß Frankreichs auf die innere Entwicklung seiner Karibikkolonie verringerte sich stetig. Infolge dieser Entwicklung versuchte Napoleon I. 1802, Saint Domingue durch militärische Intervention wieder völlig unter französische Vorherrschaft zu bringen. Dies und die Absicht, die 1794 abgeschaffte Sklaverei wieder einzuführen, lösten einen bewaffneten Aufstand der Schwarzen aus. Unter dem Kommando von Jean Jacques Dessalines erzielten die Aufständischen rasch militärische Erfolge und konnten 1804 die Franzosen aus Saint Domingue vertreiben. Damit war der Weg frei für die Unabhängigkeit. Saint Domingue errang 1804 unter dem Namen Haiti nach den Vereinigten Staaten als zweite europäische Kolonie seine staatliche Souveränität und wurde der erste von Schwarzen bestimmte Staat in Amerika.

Der Anführer des Aufstands, Dessalines, ernannte sich umgehend zum Kaiser. 1806 fiel er einem Mordanschlag zum Opfer. Danach spaltete sich Haiti in eine Mulattenrepublik im Süden der Insel und einen im Norden gelegenen Staat der Schwarzen. Dieser hatte von 1811 bis 1822 den Status eines selbständigen Kaiserreichs. Der Ostteil von Hispaniola, 1800 von Toussaints Truppen besetzt, fiel 1808 wieder an Spanien, bis er 1822 mit dem Westteil zwangsvereinigt wurde. 1820 erreichte der Präsident der südlichen Mulattenrepublik, Jean Pierre Boyer (1818–1843), die Wiedervereinigung Haitis. 1844 spaltete sich der spanisch geprägte Osten von Haiti ab und wurde als Dominikanische Republik ein unabhängiger Staat.

1849 gelang Faustin Soulouque in Haiti die Wiederherstellung des Kaisertums; seine Herrschaft brach bereits zehn Jahre später zusammen. Es folgten innere Unruhen und ständige Bürgerkriege, in denen rivalisierende Gruppen um die politische und wirtschaftliche Macht kämpften. Ein starres Feudalsystem bildete sich im Westteil der Insel heraus, in dem hohe Militärs und Staatsfunktionäre sich große Ländereien zu sichern wußten.

Nach 1900 verschärften sich die politischen Kämpfe, so daß die USA 1915 militärisch intervenierten und eine »Schutzherrschaft« errichteten. Die US-amerikanische Besetzung und Kontrolle über Verwaltung und Finanzen von Haiti führte zu einem umfassenden Modernisierungsschub. Infrastruktur und Bildungswesen wurden verbessert, ausländische Investoren verstärkt ins Land geholt. Allerdings wurden im Zuge der US-Besatzung die schwarzen Einwohner von Mulatten als führende Positionen in Politik, Wirtschaft und Militär verdrängt. Dies verschärfte den Gegensatz zwischen Mulatten und den wenigen etablierten Schwarzen einerseits und der Masse der schwarzen Landbevölkerung andererseits. Deren Interessen wurden von der Bewegung

François Dominique Toussaint L'Ouverture

Chronik Biografie

haitianischer
Freiheitskämpfer

* 20. Mai 1743 Bréda
(Haiti)
† 7. April 1803 Fort
Joux (bei Besançon)

T. war Anführer der haitianischen Unabhängigkeitsbewegung. Er wurde als Sohn eines von der westafrikanischen Goldküste nach Haiti verschleppten Sklaven geboren. Er wuchs auf einer Plantage bei Bréda heran, wo er u. a. als Haussklave, Viehhüter und Kutscher arbeitete. Dabei eignete er sich autodidaktisch Bildung an. 1791 schloß der freigelassene Sklave sich dem Schwarzenaufstand gegen die weiße Oberschicht der französischen Kolonie Saint Domingue an. Im Dienst der französischen Revolutionsregierung stieg T. 1797 zum Oberbefehlshaber von Saint Domingue auf. Im Jahr 1800 marschierte er an der Spitze seiner Truppen in den spanischen Teil von Hispaniola ein. 1801 proklamierte er die Souveränität seiner Heimat, woraufhin seine Armee von französischen Truppen geschlagen, er selbst gefangen genommen und nach Frankreich gebracht wurde. T. starb in französischer Festungshaft.

der Indigenisten vertreten, die 1946 mit Dumarsais Estimé (1946–1950) erstmals den Präsidenten von Haiti stellte. Die US-Besatzungstruppen waren 1934 abgezogen worden. Durch den Erlaß von Sozialgesetzen versuchte Estimé im Zuge seiner »schwarzen Revolution« die soziale Lage vor allem der schwarzen Bevölkerung zu verbessern.

Diktatur des Duvalier-Clans (1957–1986)

1950 wurde Estimé durch einen Militärputsch unter Führung von Paul Magloire gestürzt. Dessen Herrschaft wurde 1956 mit einem Staatsstreich beendet. 1957 ging aus den Präsidentschaftswahlen der Arzt François Duvalier, Vertreter der schwarzen Bevölkerungsmehrheit, als Sieger hervor. Ab 1958 errichtete Duvalier (»Papa Doc«) ein diktatorisches Regime, das sich vor allem auf die mit Gewalt gegen Oppositionelle vorgehende Polizeitruppe Tontons Macoutes stützte. Die überwiegend aus Mulatten gebildete Oberschicht wurde unter Duvaliers Regime weitgehend entmachtet. Insbesondere durch die Förderung des Voodookultes (→Lexikon) konnte Duvalier sein Ansehen bei der schwarzen Bevölkerungsmehrheit stärken. 1964 ließ sich »Papa Doc« Duvalier zum Präsidenten auf Lebenszeit ernennen. Während der Duvalier-Herrschaft verschlechterte sich die wirtschaftliche Lage des stark exportabhängigen Agrarstaates kontinuierlich, ebenso wie die soziale Situation der breiten Bevölkerung. Außenpolitisch manövrierte der Diktator Haiti immer stärker in die Isolation, so daß zahlreiche lateinamerikanische Staaten die diplomatischen Beziehungen zu dem Land abbrachen. Im Verhältnis zum Nachbarstaat Dominikanische Republik kam es wiederholt zu Spannungen, die zu kriegerischen Auseinandersetzungen zu führen drohten. Seine diktatorische Herrschaft über Haiti sicherte sich der Duvalier-Clan auch über eine Verfassungsänderung, die Duvaliers Sohn Jean-Claude (»Baby Doc«) zum Nachfolger des Vaters bestimmte. Nach dem Tod von François Duvalier 1971 ging die diktatorische Alleinherrschaft dementsprechend auf Jean-Claude Duvalier über.

Dieser setzte die absolute Herrschaft des Duvalier-Clans fort. Sein Versuch, die von seinem Vater aus Politik und Wirtschaft weitgehend verdrängten Mulatten wieder zu integrieren, hatte Erfolg und führte zu einem wirtschaftlichen Aufschwung des Landes. Zugleich versuchte Jean-Claude Duvalier, durch manipulierte Parlamentswahlen seiner Willkürherrschaft einen demokratischen Anstrich zu geben, ohne daß er sein nationales wie internationales Ansehen damit hätte verbessern können. Anfang der 80er Jahre verschlechterte sich u. a. aufgrund sinkender Weltmarktpreise für Kaffee die wirtschaftliche Lage des Inselstaates, worunter wiederum besonders die unteren Bevölkerungsschichten zu leiden hatten.

Schwieriger Übergang zur Demokratie (ab 1986)

Ab 1984 kam es wiederholt zu politischen Unruhen, auf die Duvalier Anfang 1986 mit der Verhängung des Kriegszustands reagierte. Doch konnte er den Niedergang seines Regimes nicht mehr aufhalten. Die USA stellten jede wirtschaftliche Unterstützung ein. Duvalier wurde 1986 vom Militär gestürzt und ging nach Frankreich ins Exil. Die Macht übernahm eine Übergangsregierung unter Generalstabschef Henri Namphy (1986–1988).

Mit der Ankündigung demokratischer Wahlen erreichte Namphy zunächst die Duldung seines Militärregimes durch breite Bevölkerungskreise. Doch wurden erste Präsidentschaftswahlen 1988 wegen massiver Manipulations- und Repressionsversuche von Seiten der Regierung vom Großteil der Haitianer boykottiert. Währenddessen versuchten die einstigen Gefolgsleute des Duvalier-Clans, ihre Machtpositionen in Politik und Wirtschaft zu sichern. 1988 putschte sich der Kommandeur der Präsidialgarde, General Prosper Avril, an die Macht. Unter seinem Regime erreichten Korruption und Kampf um Privilegien immer größere Ausmaße, so daß Avril durch zunehmende Proteste und Unruhen 1990 zum Rücktritt gezwungen wurde. Unter der Übergangspräsidentin Ertha Pascal Trouillot wurden freie Präsidentschaftswahlen vorbereitet, aus denen Ende 1990 der katholische Priester Jean-Bertrand Aristide mit rund 75 % der Stimmen als Sieger hervorging. Mit einem populistischen Programm, das grundlegende politische und soziale Reformen versprach, war Aristide Hoffnungsträger für die breiten Massen der Bevölkerung. Doch nur wenige Monate nach seinem Amtsantritt wurde Aristide im September 1991 durch einen Militärputsch gestürzt. Neuer Machthaber in Haiti wurde Armeechef Raoul Cédras. Von seinem US-amerikanischen Exil aus kämpfte Aristide um die Rückkehr in sein Präsidentenamt, worin er von den Vereinigten Staaten und der internationalen Staatengemeinschaft unterstützt wurde. Massiver Druck – u. a. verhängte die UNO ein Handelsembargo und 1993 eine Seeblockade gegen Haiti – zwang die Militärs schließlich zum Einlenken. 1993 erklärten Cédras und seine Gefolgsleute sich in einem von der UNO vermittelten 10-Punkte-Plan zur schrittweisen Machtübergabe bereit. Doch waren eine Verschärfung des Wirtschaftsembargos und massive Interventionsdrohungen der USA nötig, um die Militärs 1994 gegen die Zusicherung einer Generalamnestie tatsächlich zum Rückzug von der Macht zu bewegen. Unter dem Schutz von 15 000 US-amerikanischen Marinesoldaten kehrte Jean-Bertrand Aristide 1994 wieder nach Haiti und in den Präsidentenpalast zurück.

Die USA und andere Industriestaaten sagten großzügige Wirtschaftshilfen zu, um das politisch wie ökonomisch zerrüttete Land zu stabilisieren. Das Embargo gegen Haiti hatte zu schweren Umweltschäden geführt. 97 % des Waldes hatten die Bewohner wegen Brennstoffmangels abgeholzt. Dämme und Bewässerungssysteme der Felder waren zerstört worden, die Ernteerträge gingen zurück.

Noch 1994 löste Aristide die haitianische Armee auf und ersetzte sie durch eine 5000 Mann starke, von ausländischen Kräften ausgebildete Polizeitruppe. Der Übergang zur Demokratie wurde durch ein UNO-Kontingent von mehreren tausend Soldaten überwacht. Im Februar 1996 übernahm nach freien Wahlen René Préval, ein enger Vertrauter Aristides, der nach der Verfassung nicht noch einmal kandidieren durfte, das Präsidentenamt. Es war dies der erste friedliche Präsidentenwechsel in der Geschichte des seit 1804 unabhängigen Landes. Der desolaten Wirtschaft sollen u. a. durch umfassende Privatisierungen Wachstumsimpulse gegeben werden, was die Arbeitslosigkeit steigen ließ und die sozialen Spannungen verschärfte. Ein schwerwiegendes Problem Haitis ist die zunehmende Gewalt in der Gesellschaft, die durch weitverbreiteten Waffenbesitz verstärkt wird.

Bereits wenige Wochen nach seinem Amtsantritt unternahm Präsident Préval einen Staatsbesuch in der benachbarten Dominikanischen Republik, um eine Verbesserung der seit dem 19. Jh. gespannten Beziehungen zwischen beiden Ländern zu erreichen. Wichtigste Gesprächsthemen waren der Ausbau der Handelsbeziehungen sowie die Rückkehr der rund 300 000 haitianischen Emigranten aus der Dominikanischen Republik in ihre Heimat.

Im Juli 1996 verlängerte der UN-Sicherheitsrat das Mandat für die 600 Blauhelm-Soldaten, die zur Aufrechterhaltung der Ordnung beitragen sollen. Im Anschluß an eine Polizei-Razzia gegen das rechtsgerichtete Mouvement pour le Dévelopement Nationale kam es im August 1996 in Port-au-Prince zu bewaffneten Ausschreitungen rechter Gruppen, die die Polizei gewaltsam beendete. Im November 1997 verließen die letzten UN-Verbände die Insel.

Chronik Zeittafel

um 4 800 v. Chr.	Erste Besiedlung von Haiti, dem westlichen Hispaniola
ab etwa 50 n. Chr.	Einwanderung von Indianern mit ausgeprägter Keramikkultur
1492	Kolumbus entdeckt auf seiner 1. Fahrt Hispaniola (Haiti, Dominikanische Republik)
1493	Beginn der spanischen Besiedlung
1697	Spanien tritt den Westen der Insel (Haiti) an Frankreich ab
1794	Saint Domingue (Haiti) erhält Autonomie
1795	Im Frieden von Basel erhält Frankreich auch den Ostteil der Insel
1801	François Toussaint erobert den Ostteil der Insel
1804	Saint Domingue erlangt Unabhängigkeit
1808	Ostteil fällt wieder an Spanien
1822	Ost und West wiedervereinigt
1844	Abspaltung des Ostteils
1915	USA errichten »Schutzherrschaft«
1946	Dumarsais Estimé wird Präsident
1950	General Paul Magloire putscht sich an die Macht
1956	Sturz von Magloire
1957	François Duvalier wird Präsident
1958	Errichtung einer Diktatur
1971	Jean-Claude Duvalier (»Baby Doc«), Sohn von François Duvalier, wird Präsident auf Lebenszeit
1986	Militärputsch
1988	Wahlen weitgehend boykottiert; Staatsstreich
1990	Der Priester Jean-Bertrand Aristide wird in freier Wahl Präsident
1991	Acht Monate nach Amtsantritt wird Aristide vom Militär gestürzt; internationales Handelsembargo gegen Haiti
1993	UNO verhängt Seeblockade
1994	Militär-Junta weicht internationalem Druck; Aristide kehrt als Präsident nach Haiti zurück
1996	René Préval wird nach freier Wahl neuer Präsident

Dominikanische Republik
(República Dominicana)

Fläche: 48 734 km²
Bevölkerung: 2,3 Mio. (1950); 4,3 Mio. (1970); 7,9 Mio. (1995)
Sprache: Spanisch
Staatsform: Präsidialrepublik
Mitgliedschaften: AKP, OAS, SELA, UNO

Die Dominikanische Republik liegt im Ostteil der Insel Hispaniola, die 1492 von Christoph Kolumbus entdeckt wurde. Sie war Teil des spanischen Kolonialbesitzes in der Karibik. 1697 trat Spanien den Westteil der Insel an Frankreich ab. Nach vorübergehender Besetzung durch haitianische Truppen wurde die Dominikanische Republik 1844 souverän. Einer sog. Modernisierungsdiktatur (1930 bis 1961) folgte politische Instabilität. Die neuere Entwicklung wurde vom konservativen Präsidenten Joaquín Vileda Balaguer geprägt.

Politische Struktur
Nach der Verfassung von 1966 ist das Land eine präsidiale Republik mit einem demokratisch-parlamentarischen Regierungssystem. Die ausführende Gewalt liegt beim Staatspräsidenten. Die gesetzgebende Gewalt haben das Parlament (Abgeordnetenhaus, 120 Sitze) und der Senat (30 Sitze) inne, die auf vier Jahre gewählt werden. Verwaltungstechnisch ist das Land in 29 Provinzen und den Nationaldistrikt mit der Hauptstadt Santo Domingo gegliedert. Stärkste Parteien sind die sozialdemokratische Partido Revolucionario Dominicano (PRD, Revolutionäre Partei der Dominikanischen Republik), die seit 1994 im Parlament über 55 Mandate verfügt, die christlichsoziale Partido Reformista Social Cristiano (PRCS, Reformistische Christlichsoziale Partei, 50 Sitze) und die sozialistische PLD (13 Sitze).

Landesnatur
Die Dominikanische Republik umfaßt den östlichen Teil der Antilleninsel Hispaniola, der nach Kuba zweitgrößten Insel der Karibik. Im Westen grenzt das Land an Haiti. Landschaftlich gegliedert ist es durch mehrere von Nordosten nach Südwesten verlaufende Gebirgszüge. In der Cordillera Central befindet sich der 3175 m hohe Pico de Santo Domingo, die höchste Erhebung der westindischen Inseln. Auf Hispaniola herrscht subtropisches Klima, das stark von den Passatwinden beeinflußt ist. In den Sommermonaten gibt es eine längere Regenzeit. Die jährlichen Niederschlagsmengen schwanken zwischen mehr als 2000 mm in den Gebirgszügen und rund 1000 mm an den Absenkungen und in den Küstenregionen. Die Dominikanische Republik hat eine vielfältige Vegetation. Im flachen Norden und an der Südküste wächst tropischer Regenwald, in den Gebirgsregionen Bergnadelwald.

Bevölkerung
Die Mulatten, Nachkommen spanischer Kolonisten und schwarzer Sklaven, stellen mit rund 60 % die größte Bevölkerungsgruppe. Rund 12 % der Einwohner sind Schwarze, und 28 % Weiße. Im Norden des Landes leben kleinere Gruppen von Indianern. Daneben gibt es eine kleine Kolonie asiatischer Einwanderer. Über 90 % der Einwohner sind Katholiken; es gibt kleinere protestantische und jüdische Gemeinden. Wie im Nachbarstaat Haiti ist in der Dominikanischen Republik der traditionelle Voodookult (›Lexikon) stark verbreitet.

Wirtschaft
Wichtigster Wirtschaftszweig der Dominikanischen Republik ist der Agrarsektor, der Mitte der 90er Jahre rund 40 % der Exporterlöse einbrachte. Traditionelles Hauptanbauprodukt ist Zuckerrohr, das in den Küstenregionen in ausgedehnten Plantagen produziert wird. Diese befinden sich überwiegend im Besitz des Staates oder ausländischer Unternehmen. Speziell für den Export werden u. a. Kaffee, Kakao und Tabak angebaut. Seit dem Verfall der Weltmarktpreise für Zucker wurde zudem der Bananenanbau intensiviert.
Bedeutendster Industriezweig ist die Nahrungs- und Genußmittelindustrie, in der vor allem Zucker verarbeitet wird. Die Dominikanische Republik verfügt über einige Bodenschätze, u. a. Bauxit, Gold, Silber und Eisenerz.
Seit Mitte der 80er Jahre bemüht sich die Dominikanische Republik um den Ausbau des Tourismus als Ausgleich für sinkende Exporterlöse aus Zucker und anderen Agrarprodukten. Seither verzeichnet das Land im Fremdenverkehr Zuwachsraten von über 10 % pro Jahr.

KARIBIK

GESCHICHTE

Erste Gesellschaften und Kolonisation (bis 1801)

Die ältesten Zeugnisse menschlicher Besiedlung der Insel Hispaniola, auf deren östlichem Teil die heutige Dominikanische Republik liegt, stammen aus dem 5. Jt. v. Chr. Träger dieser ersten Kultur waren die Casimira, deren Herkunft ungeklärt ist. Eine kulturelle Blüte stellte ab etwa 750 n. Chr. die hochentwickelte Tainokultur dar. Die Taino waren ein Stamm des karibischen Aruakenvolkes. Christoph Kolumbus entdeckte Hispaniola 1492 auf seiner ersten Fahrt. Eine erste Siedlung, La Navidad, ließ er noch 1492 im Norden der Insel, im heutigen Haiti, errichten. Nach deren Zerstörung durch Eingeborene gründete Kolumbus 1493 weiter östlich bei Puerto Plata ein zweites Fort, La Isabela, die erste spanische Siedlung auf dem Gebiet der heutigen Dominikanischen Republik.

Vor seiner Rückreise nach Europa beauftragte Kolumbus seinen Bruder Bartholomeo mit der Eroberung und Kolonisierung der Insel. Dieser gründete 1496 an der Südküste Santo Domingo, das sich zum ersten Verwaltungszentrum des spanischen Kolonialreichs entwickelte. Die einheimische Indianerbevölkerung wurde von den spanischen Eroberern nahezu vollständig ausgerottet. Bereits ab 1505 brachten die Spanier daher afrikanische Sklaven nach Hispaniola, wo sie auf den entstehenden Zuckerrohrplantagen arbeiten mußten.

Auch Frankreich erhob Besitzansprüche auf Teile der Insel. Im Frieden von Ryswijk (1697, →Lexikon) wurde Frankreich der westliche Teil von Hispaniola, das heutige Haiti, zugesprochen. In den folgenden Jahrzehnten erlebte der spanische Teil mit Namen Santo Domingo einen ökonomischen Niedergang, während der französisch dominierte Westen unter dem Namen Saint Domingue auf der Basis ausgedehnter Zuckerrohrplantagen prosperierte.

Langer Weg zur Unabhängigkeit (1801–1844)

Vermittelt über die Ereignisse in Haiti hatte die Französische Revolution auch für das spanische Santo Domingo weitreichende Konsequenzen. Unmittelbar nach Ausbruch der Revolution in Frankreich 1789 kam es auf Hispaniola zu ersten Grenzkonflikten. 1793 marschierten französische Streitkräfte im spanischen Ostteil der Insel ein. Nach dem Sieg der revolutionären Unabhängigkeitsbewegung auf Haiti besetzten 1801 haitianische Truppen unter Führung von François Dominique Toussaint Santo Domingo. Die Sklaverei wurde abgeschafft. Doch schon 1808 gelang den spanischen Kreolen mit britischer Militärhilfe die Rückeroberung Santo Domingos, das sie wieder der spanischen Krone unterstellten. 1814 wurde Spanien im Frieden von Paris die Herrschaft über das Gebiet bestätigt. Infolge politischer Unruhen und Liberalisierungstendenzen im spanischen Mutterland formierte sich auch in Santo Domingo eine von Kreolen getragene Unabhängigkeitsbewegung. Im November 1821 erklärte Santo Domingo seine Souveränität. Doch bereits wenige Monate später besetzten Truppen des seit 1804 unabhängigen Haiti den neugegründeten Staat und unterwarfen ihn haitianischer Vorherrschaft. Unter der Führung von Juan Pablo Duarte und Ramón Mella erkämpfte Santo Domingo die Loslösung von Haiti und erklärte sich im Februar 1844 als Dominikanische Republik für unabhängig.

Instabilität und US-Vorherrschaft (1844–1924)

Die folgenden Jahrzehnte waren gekennzeichnet durch z. T. erbitterte Kämpfe um die politische und wirtschaftliche Macht. Die andauernde Instabilität führte dazu, daß die Dominikanische Republik nach 1865 politisch und wirtschaftlich in immer stärkere Abhängigkeit von den Vereinigten Staaten geriet. Erst unter der Präsidentschaft von General Ulises Heureaux (1882–1899) kam die Dominikanische Republik etwas zur Ruhe. Nach Heureaux' Ermordung 1899 geriet das Land wieder in schwere politische und ökonomische Turbulenzen. 1905 entschlossen sich die USA wegen politischer Unruhen und des Ausbleibens von Schuldenrückzahlungen erstmals zu einer offenen Intervention in der Dominikanischen Republik. 1916 landeten erneut US-amerikanische Truppen auf der Insel und hielten das Land bis 1924 besetzt. US-Repräsentanten übernahmen die Kontrolle über das politische und wirtschaftliche Geschehen und leiteten insgesamt eine Demokratisierung des politischen Systems ein, die u. a. 1924 zur Verabschiedung einer neuen Verfassung führte. Der neue Präsident Horacio Vásquez (1924–1930) betrieb eine liberale, an den Interessen der herrschenden Oligarchie orientierte Politik.

Diktatur und Demokratisierung (ab 1930)

1930 brachte sich General Rafael Leónidas Trujillo y Molina (1930–1961) durch einen Militärputsch an die Macht. Er setzte die Verfassung außer Kraft und errichtete ein diktatorisches Regime. In den Jahrzehnten seiner Herrschaft versuchte Trujillo mehrfach, durch die Einsetzung von ihm ergebenen Präsidenten oder die Abhaltung manipulierter Wahlen seiner Herrschaft einen demokratischen Anstrich zu geben. Sein Familienclan brachte große Teile der Wirtschaft unter seine Kontrolle und häufte auf Kosten der breiten Masse Reichtümer an.

Nach der Ermordung von Trujillo 1961 mußten seine Söhne politische Liberalisierungen zugestehen, so daß eine Demokratisierung der Dominikanischen Republik möglich schien. 1962 wurden die ersten freien Wahlen seit 1924 abgehalten, aus denen der linksorientierte Juan Bosch als Sieger hervorging. Doch bereits im darauffolgenden Jahr wurde Bosch durch einen Militärputsch gestürzt. Es folgten neuerliche Unruhen, in deren Verlauf sich das Militär in die Gruppe der verfassungstreuen Konstitutionalisten und rechtsgerichtete Loyalisten spaltete. Beide Gruppen lieferten sich ab 1965 einen erbitterten Bürgerkrieg, der 1966 mit einer von der OAS sanktionierten US-amerikanischen Militärintervention beendet wurde.

Gestützt auf seine Partido Reformista (PR, Reformpartei) betrieb der 1966 gewählte konservative Präsident Joaquín Vileda Balaguer (1966–1978; 1986 bis 1996) eine USA-freundliche, wirtschaftsliberale Politik, wobei er sich zunehmend autoritärer Methoden bediente. Es gab kaum politische oder soziale Reformen. Deswegen zog 1967 die stärkste Oppositionspartei, die linksorientierte PRD, unter Protest aus dem Parlament und boykottierte 1970 die Wahlen. Balaguer verlor zunehmend an demokratischer Legitimation. Auch 1974 wurden die Wahlen von fast allen Parteien boykottiert.

Ein politischer Umschwung wurde nach 1976 eingeleitet, als die USA unter ihrem demokratischen Präsidenten Jimmy Carter dem halbautoritären Regime weitere politische und wirtschaftliche Unterstützung versagten. Bei den Wahlen von 1978 errang die linksorientierte Oppositionspartei PRD einen Sieg. Die Herrschaft Balaguers war damit zunächst beendet. Neuer Präsident wurde Antonio Guzmán Fernández. Doch die Unfähigkeit der PRD zu durchgreifenden Reformen, teilweise wegen des starken Widerstands konservativer Kreise, führte zu Unzufriedenheit in der Bevölkerung und zu sozialen Unruhen. Die wachsende Enttäuschung im Land brachte dem fast 80-jährigen Balaguer 1986 wieder einen Wahlsieg und führte ihn erneut ins Präsidentenamt. 1994 konnte Balaguer erneut die Präsidentschaftswahlen gewinnen. Allerdings wurde ihm massiver Wahlbetrug vorgeworfen. Nicht zuletzt auf Druck der USA setzte Balaguer Neuwahlen an. Im August 1996 wurde Leonel Fernández zum neuen Präsidenten gewählt.

Chronik Zeittafel

um 4800 v. Chr.	Erste Besiedlung der Insel Hispaniola (Haiti, Dominikanische Republik)
1492	Kolumbus entdeckt auf seiner 1. Fahrt die Insel Hispaniola
1493	Spanische Kolonisation; Gründung von Santo Domingo
ab 1505	Afrikanische Sklaven werden nach Hispaniola gebracht
1697	Spanien tritt den Westteil der Insel (Haiti) an Frankreich ab
1801	Besetzung des spanischen Ostteils der Insel durch schwarze Revolutionstruppen aus dem Westteil (Saint Domingue)
1808	Der Westteil fällt wieder an Spanien
1844	Dominikanische Republik erlangt Unabhängigkeit
1861	Wiederherstellung der spanischen Vorherrschaft
1865	Aufstände erzwingen erneute Unabhängigkeitserklärung
1905	US-Intervention
1916	Besetzung durch US-amerikanische Truppen (bis 1924)
1924	Liberaler Horacio Vásquez übernimmt die Präsidentschaft
1930	Militärputsch unter Führung von Rafael Trujillo; Trujillo herrscht diktatorisch bis 1961
1962	In freien Wahlen wird der linksorientierte Juan Bosch zum Präsidenten gewählt
1963	Militärputsch
1966	Demokratische Rebellion mit US-Hilfe niedergeschlagen; Wahl des Konservativen Joaquín Balaguer zum Präsidenten
1978	Liberaler Antonio Guzmán wird Präsident
1986	Konservativer Balaguer erneut zum Präsidenten gewählt
ab 1991	Schmuggel über grüne Grenze unterläuft UN-Embargo gegen Haiti
1994	Balaguer wiedergewählt; Verdacht des Wahlbetrugs
1996	Leonel Fernández wird Präsident

KARIBIK

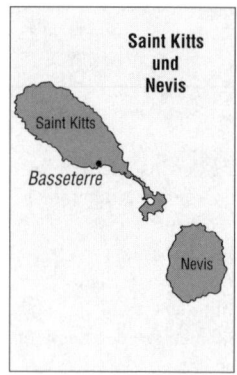

Saint Kitts und Nevis
(Saint Kitts and Nevis)

Fläche: 261 km²
Bevölkerung:
  0,05 Mio. (1950);
  0,05 Mio. (1970);
  0,04 Mio. (1995)
Sprachen: Englisch, Kreolisch
Staatsform: Parlamentarische
  Monarchie im Common-
  wealth

Mitgliedschaften: AKP, CARICOM, Commonwealth, OAS,
  OECS, SELA, UNO

Die beiden Inseln Saint Kitts und Nevis zählen zu den kleinen Antillen. Sie wurden 1493 von Christoph Kolumbus entdeckt. Die Herrschaft über die Eilande war ab Mitte des 17. Jhs. zwischen Großbritannien und Frankreich umstritten. 1783 nahm London Saint Kitts und Nevis offiziell in Besitz. 1983 erlangten die Inseln, deren wichtigste Devisenquellen die Tourismusbranche und der Zuckerrohrexport sind, ihre Unabhängigkeit.

Politische Struktur
Seit der Unabhängigkeit 1983 ist die Föderation von Saint Kitts und Nevis ein unabhängiges Mitglied des Commonwealth mit der britischen Königin als Staatsoberhaupt. Ein ernannter Generalgouverneur vertritt die britische Krone. Von den 11 Mitgliedern der Nationalversammlung (8 für Saint Kitts, 3 für Nevis) werden 8 gewählt, 3 vom Generalgouverneur ernannt. Seit den Wahlen von 1995 ist die Labour Party/Workers' League (Arbeitspartei) stärkste Partei mit 7 Sitzen; außerdem sind die Concerned Citizens' Movement (Bewegung Besorgter Bürger, 2) und zwei weitere Parteien (zusammen 2) im Parlament vertreten. Nevis hat ein eigenes Parlament und eine eigene Verfassung.

Landesnatur
Die Hauptinsel Saint Kitts hat eine Fläche von 168 km². Ein vulkanischer Gebirgsrücken im Zentrum bildet einen Halbkreis um eine Ebene im Südosten. Der bewaldete Mount Misery mit einem Kratersee ist mit 1156 m die höchste Erhebung der wasserreichen und fruchtbaren Insel. Es herrscht ein durch die Passatwinde gemildertes Tropenklima. Die Temperaturen liegen im Jahresmittel bei 26 °C.

Die jährlichen Niederschlagsmengen betragen rund 3000 mm im Osten und 750 mm im Westen.
Nevis liegt, von Korallenriffen umgeben, etwa 3,5 km südöstlich von Saint Kitts. Die Insel ist nahezu kreisförmig und hat gebirgigen Charakter mit üppiger Vegetation. Der Nevis Peak (985 m) wird im Norden flankiert von dem niedrigeren Mount Lily (310 m), im Süden vom Saddle Hill (380 m).

Bevölkerung
Der größte Teil der Bevölkerung sind Schwarze (86 %), die Nachkommen afrikanischer Sklaven, und Mulatten (11 %), Nachkommen von Schwarzen und europäischen Kolonisten. Der Anteil der Weißen beträgt rund 3 %. Der anglikanischen Kirche gehören etwa 36 % der Bevölkerung an, der methodistischen 32 %. Rund 11 % der Einwohner sind katholisch. Insgesamt sind auf den beiden Inseln etwa 40 verschiedene Religionsgruppen vertreten.

Wirtschaft
Die küstennahe Ebene von Saint Kitts, der Gebirgssaum und das Tal von Basseterre bieten gute Voraussetzungen für den Anbau von Zuckerrohr und Baumwolle. Dies sind die wichtigsten Produkte von Saint Kitts. Auf der Insel Nevis erntet man vor allem Baumwolle, in zunehmendem Maße auch Zuckerrohr und Kokosnüsse. Hauptabnehmer für den Zucker sind Großbritannien und die USA. Der Dienstleistungssektor trägt 63 % zur Entstehung des Bruttoinlandsprodukts bei. Die Industrie (28 %) verarbeitet vor allem landwirtschaftliche Erzeugnisse. Fast die Hälfte der Bevölkerung (46 %) lebt unterhalb der Armutsgrenze.

GESCHICHTE

Frühe Besiedlung und Kolonisation (bis 1932)
Noch vor den europäischen Eroberern kamen Indianer vom südamerikanischen Festland auf die Insel Saint Christopher. Als Christoph Kolumbus die Insel 1493 auf seiner zweiten Reise entdeckte, traf er dort auf die kriegerischen Kariben, die ihrerseits die Aruaken von den meisten der Antilleninseln vertrieben hatten. Kolumbus benannte Saint Christopher nach seinem Namenspatron. Der Name wurde durch Siedler, die 1623 aus England kamen, auf Saint Kitts verkürzt. Die englischen Siedler gründeten mit Old Road an der Westküste die erste dauerhafte englische Kolonie auf den Westindischen Inseln. 1627 kamen auch Franzosen auf die Insel. Während des 17. Jhs. blieb die Insel zwischen den verfeindeten

französischen und englischen Kolonisten geteilt. Im Vertrag von Utrecht 1713 fiel Saint Kitts an Großbritannien.

Nevis wurde 1493 von Kolumbus gesichtet. Er beschrieb die Wolken um den Gipfel des Nevis Peak als »las nieves«, wie Schnee, wonach die Insel ihren Namen erhielt. Engländer besiedelten Nevis 1628. Saint Kitts, Nevis und die nahegelegene Insel Anguilla wurden 1882 vereinigt.

Autonomie und Unabhängigkeit (ab 1932)

Die Plantagenwirtschaft der Inseln wurde durch die Weltwirtschaftskrise nach 1929 stark in Mitleidenschaft gezogen. Die drastische Verschlechterung ihrer sozialen Lage führte bei der schwarzen Bevölkerungsmehrheit zu gewerkschaftlichen und politischen Aktivitäten. Die 1940 gegründete Saint Kitts and Nevis Labour Party wurde zur stärksten Kraft. 1946 konnte sie erstmals in das mit nur wenig Rechten ausgestattete Parlament einziehen. Ihr politischer Einfluß wuchs, als 1952 das allgemeine und gleiche Wahlrecht eingeführt wurde.

Am 27. Februar 1967 erhielten Saint Kitts, Nevis und Anguilla den Status eines mit Großbritannien assoziierten Landes. Dies bedeutete volle Selbständigkeit in allen inneren Angelegenheiten, die Verantwortung für die Verteidigungs- und Außenpolitik blieb bei Großbritannien.

Um 1970 wuchs auf Anguilla der Unmut über die angebliche Bevormundung durch Saint Kitts. Im Mai 1967 vertrieben die Anguillaner die Polizei von Saint Kitts und proklamierten im Juli 1967 ihre Unabhängigkeit. Im März 1969 intervenierte Großbritannien auf Anguilla mit der Entsendung von Polizei und Militär und setzte vorübergehend einen britischen Bevollmächtigten ein. Im Februar 1976 wurde Anguilla eine eigene Verfassung zugestanden, wobei es verwaltungstechnisch ein Teil von Saint Kitts-Nevis-Anguilla blieb. Diese Union wurde 1980 formell aufgelöst. Obwohl es bei der Verfassungskonferenz in London 1982 zu Kontroversen über besondere Bestimmungen für Nevis gekommen war, erhielten die beiden Inseln am 19. September 1983 die Unabhängigkeit unter dem offiziellen Namen Föderation von Saint Christopher und Nevis. Der erste Premierminister Kennedy Alphonse Simmonds vom konservativen People's Action Movement (PAM, Volksaktionsbewegung), der seit 1980 amtierte, wurde nach den Wahlen von 1995 von Sir Denzil Douglas abgelöst, der mit seiner Labour Party/Workers' League sieben der elf Sitze in der Nationalversammlung erringen konnte.

Chronik Zeittafel

1493	Kolumbus entdeckt auf seiner 1. Fahrt Saint Kitts
ab 1620	Besiedlung der Inseln durch Engländer und Franzosen
um 1630	Tabakanbau wird zum wichtigsten Wirtschaftsfaktor
um 1680	Zuckerrohranbau gewinnt an Bedeutung
ab 1713	Die Inseln wechseln mehrfach den Besitzer (England und Frankreich)
1783	England sichert sich Besitzrechte an den Inseln
1834	Abschaffung der Sklaverei
1871	Saint Kitts und Nevis werden der Verwaltung der britischen Leeward Islands unterstellt
1882	Administrativer Zusammenschluß von Saint Kitts und Nevis mit Anguilla
1929/30	Weltwirtschaftskrise bringt Zuckerrohrplantagen in Schwierigkeiten
um 1935	Zunehmende soziale Spannungen; Herausbildung von Parteien und Gewerkschaften
1940	Gründung der Saint Kitts and Nevis Labour Party
1952	Einführung des allgemeinen und gleichen Wahlrechts
1967	Saint Kitts und Nevis erhalten Autonomierechte
1971	Anguilla verläßt den Zusammenschluß mit Saint Kitts und Nevis.
1980	Anguilla wird britische Kronkolonie; erster Premier von Saint Kitts und Nevis wird der Konservative Kennedy Alphonse Simmonds
ab 1982	Ausbau des Tourismusgeschäfts
1983	Saint Kitts und Nevis werden unabhängige Monarchie im Commonwealth; Nevis erhält den Status eines Bundesstaats
1993	Parlamentswahlen ergeben ein politisches Patt
1995	Labour Party gewinnt Parlamentswahlen; Premierminister wird Sir Denzil Douglas

KARIBIK

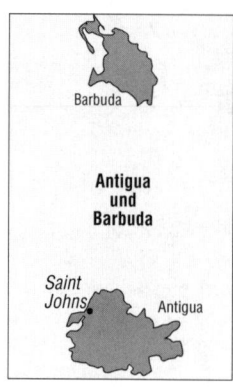

Barbuda

Antigua
und
Barbuda

Saint
Johns

Antigua

Antigua und Barbuda

(Antigua und Barbuda)

Fläche: 442 km²
Bevölkerung:
0,05 Mio. (1950);
0,07 Mio. (1970);
0,07 Mio. (1995)
Sprachen: Englisch, Kreolisch
Staatsform: Parlamentarische
Monarchie im Common-
wealth

Mitgliedschaften: AKP, CARICOM, Commonwealth, OAS,
OECS, SELA, UNO

*Kolumbus entdeckte 1493 auf seiner zweiten Reise
Antigua, das mit Barbuda und Redonda zu den nördlichen Kleinen Antillen gehört. 1632 nahm England
die Insel in Besitz. Während der britischen Kolonialherrschaft waren Anbau und Verarbeitung von Zuk-
kerrohr wichtigster Wirtschaftszweig. Antigua und
Barbuda wurden 1981 in die Unabhängigkeit entlassen. Seit dem Niedergang der Zuckerindustrie ist der
Tourismus wichtigste Devisenquelle.*

Politische Struktur

Antigua und Barbuda sind eine parlamentarische
Monarchie innerhalb des britischen Commonwealth
of Nations. Staatsoberhaupt ist die britische Königin, vertreten durch einen einheimischen Generalgouverneur. Die legislative Gewalt liegt bei einem
Zweikammerparlament. Stärkste Partei ist die konservative Antigua Labour Party (ALP, Arbeitspartei), die im 1994 gewählten Parlament über 11 Sitze
verfügt. Daneben sind die reformorientierte United
Progressive Party (UPP, Vereinigte Fortschrittspartei, 5) und das Barbuda People's Movement (BPM,
Volksbewegung von Barbuda, 1) vertreten.

Landesnatur

Der karibische Kleinstaat besteht aus den drei Inseln
Antigua, Barbuda und dem unbewohnten Redonda.
Die Inseln sind von Korallenriffen umgeben. Antigua ist 280 km² groß. Ins Landesinnere steigt die vor
allem aus Kalkstein bestehende Insel nach Westen in
eine Hügellandschaft vulkanischen Ursprungs an,
deren höchste Erhebung der 405 m hohe Boggy
Peak ist. Barbuda liegt 40 km nördlich von Antigua
und hat eine Größe von 161 km². Die Koralleninsel
ist flach und stark bewaldet. Auf Antigua und Bar-

buda herrscht tropisches Klima. Die Durchschnitts-
temperatur zeigt kaum jahreszeitliche Schwankungen und liegt bei 27 °C. Die jährliche Niederschlagsmenge beträgt rund 1200 mm.

Bevölkerung

Die Mehrheit der Bevölkerung von Antigua und
Barbuda stellen mit etwa 95 % Schwarze, die
Nachkommen afrikanischer Sklaven. Mischlinge haben einen Bevölkerungsanteil von rund 4 %, Weiße
von etwa 1 %. Etwa 96 % der Einwohner von Antigua und Barbuda sind Christen, 86 % Protestanten
und 10 % Katholiken. 4 % der Bevölkerung bekennen sich zu anderen Religionen.

Wirtschaft

Der wichtigste Wirtschaftssektor von Antigua und
Barbuda ist der Tourismus, der Mitte der 90er Jahre
über 50 % des Bruttoinlandsprodukts (BIP) erwirtschaftet. Ab Anfang der 50er Jahre sank der Anteil
der Landwirtschaft am BIP kontinuierlich ab und
beträgt nurmehr etwa 4 % (1996). Seit 1988 ist der
Zuckerrohranbau fast völlig eingestellt. Der überwiegende Teil der Industrie Antiguas verarbeitet
landwirtschaftliche Produkte. Daneben werden Bekleidung und Textilien, Farben, optische Linsen,
Holz- und Papierwaren produziert.

GESCHICHTE

Britische Kolonialherrschaft (bis 1956)

Antigua wurde 1493 von Christoph Kolumbus auf
seiner zweiten Reise entdeckt. 1632 begannen englische Siedler mit der Kolonisierung der von dem Indianervolk der Kariben bewohnten Insel. Zunächst
wurde Tabak angebaut, bevor die Engländer gegen
Ende des 17. Jhs. mit intensivem Zuckerrohranbau
begannen. Auf der kleineren Insel Barbuda hatten
die Engländer bereits 1528 feste Siedlungen errichtet. Es entstanden ausgedehnte Zuckerrohrplantagen, auf denen afrikanische Sklaven eingesetzt wurden. 1764 legten die Briten auf Antigua den Hafen
English Harbour an, der während der kriegerischen
Auseinandersetzungen mit Frankreich im 17. und
18. Jh. zum wichtigsten Stützpunkt der Engländer in
der Karibik wurde.
Nach der Sklavenbefreiung im British Empire 1834
entstand auf den Plantagen ein Arbeitskräftemangel.
Die meisten Schwarzen setzten ihre Plantagenarbeit
auf Lohnbasis fort oder bauten auf kleineren ge-
pachteten Parzellen Zuckerrohr auf eigene Rechnung an. Mitte des 19. Jhs. führten der Übergang

Großbritanniens zum Freihandel und die wachsende Konkurrenz der Zuckerrübe zu einem Absinken der Erlöse. In kleinerem Ausmaß wurde ab dem 19. Jh. Baumwolle angebaut. Durch die Weltwirtschaftskrise 1929 wurde die Zuckerrohrindustrie auf Antigua und Barbuda weiter geschwächt.

Übergang zur Unabhängigkeit (1956–1981)

1960 gewährte London Antigua und Barbuda erste Selbstverwaltungsorgane, deren Kompetenzen 1967 durch die Verleihung der inneren Autonomie (Responsible Government) und die Assoziation mit Großbritannien stark erweitert wurden.
Aus der Gewerkschaftsbewegung von Antigua und Barbuda ging die konservative Antigua Labour Party (ALP) hervor. Deren Vorsitzender Vere Cornwall Bird bestimmte ab 1960 über einen Zeitraum von mehr als drei Jahrzehnten als Premierminister (1960 bis 1971, 1976–1994) maßgeblich die politische Entwicklung der Inseln, bis 1981 innerhalb der von der britischen Kolonialherrschaft gezogenen Grenzen. 1968 spaltete sich von der ALP die radikalere Partei Progressive Labour Movement (PLM, Fortschrittliche Arbeitsbewegung) ab und verstärkte die Forderung nach Unabhängigkeit. Bei den Wahlen von 1971 errang die PLM einen Sieg; Premierminister wurde George A. Walter (1971–1976). Dessen ehrgeiziges Wirtschaftsprogramm, das u. a. die Abkehr von der Zuckermonokultur beinhaltete, scheiterte weitgehend. Nach den Wahlen von 1976 übernahmen wieder Vere Bird und sein Familienclan die Regierungsmacht.

Staatliche Unabhängigkeit (ab 1981)

Die von London eingeleiteten Verhandlungen über die Beendigung der Kolonialherrschaft erwiesen sich wegen komplizierter Verfahrensfragen und der von Barbuda geforderten Eigenständigkeit als schwierig. Im November 1981 erhielten Antigua und Barbuda ihre Unabhängigkeit, Barbuda wurde ein eigenes Parlament zugestanden. Vere Cornwall Bird, der Führer der Antigua Labour Party (ALP), wurde erster Premierminister des neuen Staates. Für Konfliktstoff sorgt weiterhin das Streben Barbudas mit seinen rund 2000 Einwohnern nach Selbständigkeit. Massive Korruptionsvorwürfe gegen einige Mitglieder des von Bird geleiteten Kabinetts, bei denen es u. a. um illegale Waffengeschäfte mit kolumbianischen Drogenkartellen ging, führten 1993 zu innenpolitischen Spannungen. 1994 übergab der 86-jährige Vere Cornwall Bird sein Amt als Premierminister an seinen Sohn Lester Bryant Bird.

Chronik Zeittafel

1493	Kolumbus entdeckt Antigua auf seiner 2. Reise
1528	Beginn der englischen Kolonisation von Barbuda
1632	England nimmt die Insel Antigua in Besitz
um 1620	Ausbreitung des Tabakanbaus
um 1680	Beginn intensiven Zuckerrohranbaus
1834	Abschaffung der Sklaverei
1871	Antigua und Barbuda werden der Verwaltung der Leeward Islands unterstellt
1929	Weltwirtschaftskrise zieht Zuckerrohrplantagen in Mitleidenschaft
1956	Auflösung der Verwaltungseinheit mit den Leeward Islands
1960	London gewährt Sebstverwaltungsrechte
1967	Antigua und Barbuda erhalten Autonomie
1960	Wahlsieg der Antigua Labour Party (ALP); Premierminister wird Vere Cornwall Bird
1968	Abspaltung des radikalen Progressive Labour Movement (PLM) von der ALP
1971	Wahlsieg der PLM; Premierminister wird George A. Walter
1975	Scheitern ehrgeiziger Wirtschaftsreformen
1976	Erneuter Wahlsieg der ALP
1981	Antigua und Barbuda werden unabhängig
1988	Mangels Rentabilität wird der Zuckerrohranbau faktisch eingestellt; Ausbau der Tourismusbranche
1993	Korruptionsvorwürfe gegen führende Politiker
1994	Als Nachfolger seines Vaters wird Lester Bryant Bird Premierminister; das Barbuda People's Movement (BPM, Volksbewegung von Barbuda), das über eine Mehrheit im regionalen Parlament von Barbuda verfügt, verstärkt die Unabhängigkeitsbestrebungen der Insel

KARIBIK

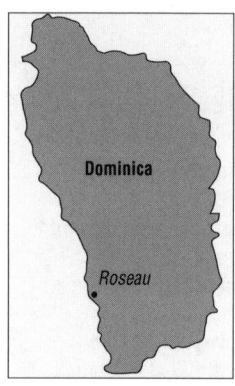

Dominica

Dominica

(Dominica)

Fläche: 751 km²
Bevölkerung:
0,05 Mio. (1950);
0,07 Mio. (1970);
0,07 Mio. (1994)
Sprachen: Englisch, Patois
(kreolisches Französisch)
Staatsform: Parlamentarische
Republik im Common-
wealth
Mitgliedschaften: AKP, CARICOM, Commonwealth, OAS,
OECS, SELA, UNO

Bevor Kolumbus 1493 Dominica entdeckte, siedelten hier bereits zwei Indianerstämme, Aruaken und Kariben. Die Insel blieb während der Kolonialzeit zwischen Großbritannien und Frankreich umstritten. 1763 wurde sie britische Kolonie. 1978 entließen die Briten Dominica in die Unabhängigkeit.

Politische Struktur
Das Parlament der Republik Dominica hat 30 Sitze (21 gewählte Abgeordnete, 9 ernannte Senatoren). Drei Parteien sind vertreten, die United Workers' Party (UWP, Vereinigte Arbeiterpartei), die Dominica Labour Party (DLP, Arbeitspartei) und die konservative Dominica Freedom Party (DFP, Freiheitspartei).

Landesnatur
Dominica gehört zur Inselgruppe der Kleinen Antillen. Eine Reihe von hohen, waldbedeckten Bergen verläuft von Norden nach Süden, im Zentrum durchbrochen von einer Ebene mit den Flüssen Layou im Westen und Quanery im Osten. Die höchsten Punkte sind der Morne Diablotin (1447 m) und der Morne Trois Pitons (1424 m). Die Insel besteht aus vulkanischem Gestein, Zeichen für vulkanische Aktivität sind die Solfaratas (vulkanische Öffnungen) und heiße Quellen. Ein Großteil der Insel ist mit tropischem Regenwald bedeckt. Es herrscht tropisches, wechselfeuchtes Klima mit Mitteltemperaturen von 23 °C bis 30 °C. Die Niederschlagsmenge/Jahr liegt in den Bergen bei 5200 mm, an der Küste bei 1800 mm.

Bevölkerung
Rund 85 % der Einwohner Dominicas sind Schwarze afrikanischer Abstammung, rund 10 % Mulatten (Nachkommen von Schwarzen und europäischen

Kolonisten). Mestizen (Indianermischlinge) und Weiße haben einen Bevölkerungsanteil von knapp 3 % bzw. etwa 2 %. In einem Reservat leben Nachkommen der indianischen Urbevölkerung vom Stamm der Kariben. Die Mehrheit der Bevölkerung (78 %) ist katholischen Glaubens; etwa 15 % sind Protestanten. 7 % der Einwohner Dominicas bekennen sich zu anderen Religionen.

Wirtschaft
Dominica ist eine der ärmsten Nationen in der Karibik. Das Bruttosozialprodukt betrug 1995 etwa 2990 Dollar pro Kopf. Bananen, Zitronen und andere Südfrüchte, Kakao und Vanille sind die wichtigsten Produkte der Landwirtschaft (Anteil an der Erwerbstätigkeit: 26 %). Aus den Wäldern wird Bau- und Nutzholz in großem Umfang gewonnen. Neben einer kleinen chemischen Industrie gibt es mehrere Lebensmittelfabriken, in denen vor allem Säfte und Öle hergestellt werden. Die Naturschönheiten des Landes (ausgedehnte Strände, tropische Bergwälder) haben zu einem starken Anstieg des Tourismus geführt.

GESCHICHTE

Strittige Besitzverhältnisse (bis 1783)
Die Insel war eine Hochburg der kriegerischen Kariben, die einige Jahrhunderte vor der europäischen Eroberung vom südamerikanischen Festland auf die Antilleninseln gelangten. Dominica erhielt seinen Namen von Christoph Kolumbus, der das Eiland am 3. November 1493, einem Sonntag (lat. dies dominica, der Tag des Herrn) sichtete. Die Kariben widersetzten sich zunächst erfolgreich einer Eroberung der Insel durch die Spanier. Die ersten Kolonisten waren ab 1632 Franzosen, aber die Insel war lange zwischen Franzosen und Briten umkämpft. Im Vertrag von Aix-la-Chapelle verpflichteten sich Großbritannien und Frankreich, die Insel als neutralen Boden anzusehen.
Im Vertag von Paris (→Lexikon) fiel es schließlich 1763 formell an Großbritannien (1783 Teil des British Empire). Dennoch blieb Dominica bis 1805 ein Zankapfel zwischen Frankreich und Großbritannien.

Britische Kolonialherrschaft (1783–1978)
Zunächst als Teil der Leeward Islands verwaltet wurde Dominica 1871 britische Kolonie. Politische Zugeständnisse an die freigelassenen Sklaven in Form einiger Selbstbestimmungsrechte waren unterdessen von London auf Druck der reichen Plantagenbesit-

zer wieder zurückgenommen worden. Eine eigene parlamentarische Vertretung erlangte die schwarze Bevölkerungsmehrheit erst 1924.

1958 schloß sich die Insel der Westindischen Föderation an, einer Gruppe von englischen Kolonien im Bereich der Kleinen Antillen (→Barbados, S. 344). Nach deren Auflösung 1962 setzte eine öffentliche Diskussion über andere Formen einer Inselföderation ein. Sie wurde 1967 beendet, als Dominica den Status eines mit Großbritannien assoziierten Landes erhielt. Mit der Verfassung von 1967 bekam die Insel die volle Autonomie für innere Angelegenheiten.

Die Franzosen hatten auf Dominica im Unterschied zu anderen Karibikinseln zunächst Kaffee angebaut. Erst unter britischer Kolonialherrschaft wurde auch auf Dominica der Zuckerrohranbau zum dominierenden Wirtschaftszweig. Zur Arbeit auf den Plantagen wurden afrikanische Sklaven herangezogen. Mitte des 19. Jhs. lösten die Einführung des Freihandels und das Vordringen der Zuckerrübe auf den Weltmärkten den Niedergang der Zuckerrohrplantagen aus. Unter Beibehaltung der kolonialen Besitz- und Wirtschaftsstruktur sollten Anpflanzung und Ausfuhr von Zitrusfrüchten das Zuckerrohr ersetzen.

Unabhängigkeit und Reformen (ab 1978)

Am 3. November 1978 erlangte Dominica die vollständige Unabhängigkeit. Patrick Roland John wurde erster Premierminister. Seine Regierung wurde in die Affäre um eine angeblich durch Dominica geplante bzw. unterstützte Invasion von Barbados verwickelt. Aus der resultierenden Kabinettskrise ging im Mai 1979 Oliver Seraphine als neuer Premierminister hervor.

Am 29. August 1979 zerstörte der Hurrikan David nahezu vollständig die Landwirtschaft der Insel. Er trug die Ackerkrume der Insel großenteils ab.

Die Gewinnerin der Wahlen von 1980, Maria Eugenia Charles, wurde erste Premierministerin der Karibik. Konservativer als ihre beiden Vorgänger sprach sie sich gegen engere Verbindungen zu Barbados aus. Ihre Regierung, die eine konsequente Liberalisierung und Privatisierung der Industrie vertrat, mußte 1981 mehrere Putschversuche abwehren. Maria Eugenia Charles trat 1995 zurück, als die oppositionelle United Workers' Party (UWP, gegründet 1988) bei den Wahlen siegreich war. Neuer Regierungschef wurde Edison C. James, der vor allem die Interessen der Kleinbauern vertrat. Auch dieser Regierungswechsel hatte nur geringe Auswirkungen auf das größte Problem des Landes: die große Armut breiter Bevölkerungskreise.

Chronik Zeittafel

1493	Kolumbus endeckt Dominica auf seiner 2. Reise
ab 1500	Kariben wehren Kolonisationsversuche der Spanier ab
1632	Franzosen errichten feste Siedlungen
ab 1640	Intensiver Anbau von Kaffee
1763	Großbritannien sichert sich den Besitz von Dominica
ab 1765	Mehrere Interventionsversuche der Franzosen
1783	Dominica wird in das British Empire eingegliedert
1834	Abschaffung der Sklaverei
ab 1850	Niedergang der Zuckerrohrplantagen
1871	Dominica wird in die Leeward Island Colony eingegliedert
1924	Schwarze erhalten parlamentarische Vertretung
1940	Dominica wird administrativ den Windward Islands unterstellt
ab 1950	Intensiver Bananenanbau
1956	Die Insel erhält den Status eines mit Großbritannien assoziierten Landes und wird damit selbständige Kolonie
1967	Dominica erhält innere Autonomie
1978	Die Insel wird souveräne Republik; sie verbleibt im Commonwealth; sozialistisch ausgerichtete Regierungspolitik
1980	Wahlsieg der Konservativen; Premierministerin wird Maria Eugenia Charles; strikte Liberalisierungs- und Privatisierungspolitik
ab 1982	Ausbau des Tourismusgeschäfts
1988	Gründung der linksorientierten United Workers' Party (UWP)
1993	Einfuhrbeschränkungen der EU für Bananen aus Mittel- und Südamerika begünstigen Bananengeschäft von Dominica
1995	Wahlsieg der linksorientierten UWP, Premierminister wird Edison James

KARIBIK

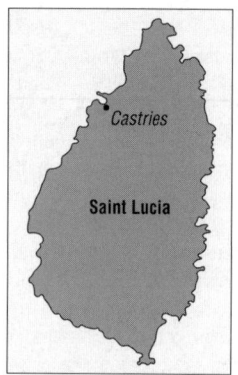

Saint Lucia
(Saint Lucia)

Fläche: 616 km²
Bevölkerung:
  0,08 Mio. (1950);
  0,10 Mio. (1970);
  0,14 Mio. (1996)
Sprachen: Englisch, Patois
  (kreolisches Französisch)
Staatsform: Parlamentarische
  Monarchie im Common-
  wealth

Mitgliedschaften: AKP, CARICOM, Commonwealth, OAS,
  OECS, SELA, UNO

Saint Lucia gehört zur Inselgruppe der Kleinen An-
tillen in der Karibischen See. Nach der Entdeckung
durch Kolumbus um 1500 wechselte der Besitz der
Insel häufig zwischen Großbritannien und Frank-
reich. Erst 1814 wurde der britische Anspruch end-
gültig bestätigt. Aus den ersten freien Wahlen nach
der Unabhängigkeit 1979 ging die linksorientierte
Saint Lucia Labour Party als Siegerin hervor. Seit
1982 bestimmt die konservative United Workers'
Party die Politik und sucht eine enge Zusammenar-
beit mit den USA und Großbritannien.

Politische Struktur
Nach der Verfassung von 1979 ist Saint Lucia eine
parlamentarische Monarchie im Commonwealth of
Nations. Staatsoberhaupt ist somit die britische Königin, vertreten durch einen einheimischen Generalgouverneur. Die Volksvertretung hat zwei Kammern: das Unterhaus (House of Assembly) mit 17
Mitgliedern, die für fünf Jahre gewählt werden, und
den Senat mit zwei unabhängigen und neun vom Generalgouverneur bestimmten Mitgliedern. An der
Spitze der Regierung steht der Premierminister (ab
Mai 1997: Kenny Anthony, SLP). Nur zwei Parteien
sind nach den Wahlen von 1997 im Parlament vertreten: die linksgerichtete Saint Lucia Labour Party
(SLP, Arbeitspartei) mit 16 Sitzen und die konservative United Workers' Party (UWP, Vereinigte Arbeiterpartei) mit einem Sitz.

Landesnatur
Die Insel ist vulkanischen Ursprungs und wird von
Norden nach Süden durch einen zentralen bewalde-
ten Gebirgskamm in zwei Teile geteilt. Die höchste
Erhebung ist mit 957 m der Mount Gimie. Zahlrei-

che Flüsse und Bäche schaffen fruchtbare Täler. In
der Nähe des Petit Pitons (750 m) im Südwesten der
Insel befindet sich der Vulkan Qualibou mit heißen
Quellen, der zuletzt 1766 ausbrach, aus dem aber
noch heute Gase und Dämpfe entweichen. Saint Lucia liegt im Bereich nordöstlicher Passatwinde und
hat ein tropisch-maritimes Klima. Niederschläge
und Temperaturen variieren. Der durchschnittliche
Jahresniederschlag liegt an der Küste bei 1300 mm,
im Landesinneren bei 2900 mm. Die Trockenzeit
reicht von Januar bis April, die Regenzeit von Mai
bis November. Die Temperatur im Binnenland beträgt im Mittel 21 °C, an den Küsten 26 °C. Saint
Lucia wird wie andere Karibikinseln von Hurrikanen heimgesucht.

Bevölkerung
Die Mehrheit der Inselbewohner sind Schwarze
(90 %) und Mulatten (6 %), Nachkommen der aus
Afrika in die Karibik verschleppten Sklaven und europäischer Kolonisten. Außerdem leben auf Saint
Lucia kleinere Gruppen Inder (Bevölkerunganteil
rund 3 %) und Weiße (1 %.) Unter den Religionsgemeinschaften ist die katholische Kirche mit 80 % der
Einwohner am stärksten vertreten. Daneben gibt es
protestantische Gruppen, die insgesamt einen Anteil
von 15 % an der Bevölkerung haben. 5 % der Einwohner von Saint Lucia gehören anderen Religionsgemeinschaften an.

Wirtschaft
Die Wirtschaft des Landes basiert auf Landwirtschaft und Tourismus. Nachdem der Zuckerrohranbau 1964 völlig eingestellt worden war, bildeten Bananen das hauptsächliche Anbauprodukt. Daneben
sind Kokosnüsse, Kakao, Zitrusfrüchte und verschiedene Gewürze zu finden. Das Bruttoinlandsprodukt (BIP) betrug 1993 rund 417 Mio. US-Dollar, was einem realen Wachstum gegenüber dem
Vorjahr um 3,1 % entsprach. Wichtigstes Exportgut
sind landwirtschaftliche Produkte (vor allem Bananen, Kokosnüsse und Zitrusfrüchte), die einen Anteil von rund 55 % am gesamten Ausfuhrvolumen
haben. Hauptabnehmerländer sind Großbritannien
(51 %) und die Vereinigten Staaten (21 %). 30 %
der Erwerbstätigen sind in der Landwirtschaft beschäftigt, 20 % in der Industrie, die vor allem landwirtschaftliche Produkte weiterverarbeitet, daneben
aber auch Elektroteile, Kunststoffe und Autobatte-
rien produziert. Der Dienstleistungssektor ist mit
50 % der Beschäftigten stark entwickelt. Die Tourismusbranche wird seit den 70er Jahren vom Staat ge-

fördert, verzeichnet hohe Wachstumsraten und trägt zu einem großen Teil zu den Deviseneinnahmen des karibischen Inselstaates bei.

GESCHICHTE

Französisch-britische Rivalität (bis 1814)

Das genaue Datum der Entdeckung von Saint Lucia ist nicht bekannt; es wird angenommen, daß Christoph Kolumbus die Insel 1500 auf seiner dritten Reise entdeckte. Die Insel war zu jener Zeit vom kriegerischen Indianervolk der Kariben bewohnt, die einige Jahrhunderte zuvor vom südamerikanischen Festland eingewandert waren und die auf Saint Lucia siedelnden Aruaken größtenteils vertrieben hatten. Die ersten Kolonisationsversuche wurden 1605 und 1638 von Engländern unternommen, die jedoch durch Krankheiten und die Feindseligkeit der eingeborenen Kariben vereitelt wurden. Eine erfolgreiche Besiedlung fand 1650 durch die Franzosen von Martinique aus statt, die auch 1660 mit den Kariben einen Vertrag schlossen. Im Jahre 1664 konnte Thomas Warner, der Sohn des britischen Statthalters auf Saint Kitts, die Insel erobern. Die Engländer errichteten mehrere Siedlungen. Die Insel wurde jedoch im Frieden von Breda 1667 wieder Frankreich zugesprochen. Die französische Krone machte ihre Ansprüche 1674 erneut geltend und verband Saint Lucia mit Martinique.

Ein weiterer britischer Versuch, die Insel zu besiedeln, für den König George I. dem Herzog von Montague 1722 Unterstützung zugesagt hatte, wurde von den Franzosen abgewehrt. Saint Lucia wurde für neutral erklärt. Im Jahre 1743 erneuerten die Franzosen ihren völkerrechtlichen Anspruch und behielten die Insel bis zum Vertrag von Aix-la-Chapelle 1748 in Besitz, in dem sich Großbritannien und Frankreich einigten, die Insel wiederum als neutral anzusehen. Zwar konnten die Briten 1762 unter Admiral George Rodney Saint Lucia kurzfristig erobern, doch im darauffolgenden Jahr mußten sie es im Vertrag von Paris an Frankreich zurückgeben.

Britische Kronkolonie (1814–1979)

Zwischen 1782 und 1803 wechselte der Besitz der Insel mehrfach zwischen Großbritannien und Frankreich. Bevor die Briten 1803 Saint Lucia für sich gewannen, mußten sie starke revolutionäre Kräfte unterdrücken, denen aufrührerische Sklaven zu Hilfe kamen. Im Vertrag von Paris fiel die Insel 1814 endgültig an Großbritannien und wurde danach zur Kronkolonie erklärt. Zwischen 1838 und 1885 unterstand Saint Lucia zusammen mit anderen Inseln dem Gouverneur von Barbados.

Der französische Einfluß auf Saint Lucia wird deutlich durch das Übergewicht der katholischen Kirche und das Fortleben der Sprache Patois. In den Jahren nach 1763 kamen französische Pflanzer von Saint Vincent und Grenada und legten Baumwoll- und Zuckerplantagen an. Im Jahr der Sklavenbefreiung 1834 gab es auf Saint Lucia mehr als 13 000 schwarze Sklaven, 2600 freie Schwarze und 2300 Weiße.

Eine gewählte Regierung bekam Saint Lucia erst durch die Verfassung von 1924; die parlamentarische Vertretung wurde von den reichen Plantagenbesitzern dominiert. Die veränderte Verfassung von 1936 sah eine Mehrheit von Mitgliedern ohne offizielles Amt im Rat (Parlament) vor.

1958 wurde Saint Lucia, das 1938 administrativ den Windward Islands (Inseln über dem Wind) angeschlossen worden war, Mitglied der Westindischen Föderation, einer Gruppe von britischen Kolonien auf den Kleinen Antillen, der Kolonialstatus blieb unangetastet (→Barbados, S. 344). 1960 erhielt die Insel erweiterte Selbstverwaltungsrechte im Inneren. Durch den West Indies Act (Westindiengesetz) erhielt Saint Lucia 1967 den Status eines mit Großbritannien assoziierten Landes. Im März 1967 schloß sich das autonome Saint Lucia mit den britischen Inselterritorien Antigua, Saint Kitts, Nevis und Anguilla, Dominica und Grenada zur Gruppe »The West Indies Associated States« (Westindische assoziierte Staaten) zusammen, um eine engere wirtschaftliche Zusammenarbeit zu gewährleisten. Mit der Erlangung der Unabhängigkeit für ihre Mitglieder verlor die Gemeinschaft ihre Existenzgrundlage und löste sich Anfang der 80er Jahre auf. An ihre Stelle trat die 1981 gegründete »Organisation of Eastern Caribbean States« (OECS, →Lexikon), welche die Außen-, Verteidigungs- und Wirtschaftspolitik ihrer Mitgliedstaaten koordinieren soll.

Die wirtschaftliche Entwicklung der Insel wurde durch die häufigen Kriege, Cholera- und Pockenepidemien und durch den Niedergang der Zuckerrohrindustrie beeinträchtigt. Eine ökonomische Erholung brachte erst der verstärkte Anbau von Bananen und Kokosnüssen in den 1950er Jahren.

Unabhängigkeit (ab 1979)

Am 22. Februar 1979 (Nationalfeiertag) erlangte Saint Lucia seine staatliche Unabhängigkeit. Die Insel blieb als parlamentarische Demokratie Mitglied des Commonwealth. Die Feiern zum Unabhängigkeitstag fanden ohne die Saint Lucia Labour Party

(SLP) statt, die sich für ein Referendum über Streitfragen der Unabhängigkeit eingesetzt hatte. Aus den ersten Wahlen nach der Unabhängigkeit ging die linksorientierte SLP als Siegerin hervor. Allan Louisy (1979–1981) wurde erster Premierminister des souveränen Saint Lucia. Er förderte die Beziehungen zu sozialistischen Regierungen in der Karibik und war einer der Architekten einer Erklärung von 1979, in der Saint Lucia, Dominica und Grenada eine enge Zusammenarbeit vereinbarten. Seine Regierung nahm diplomatische Beziehungen zu Kuba auf.

Louisys Versuche einer gemischten Wirtschaft scheiterten. Hinzu kam, daß ein Hurrikan 1980 große Schäden auf der Insel anrichtete. Als es Louisy nicht gelang, seinen Haushalt im Parlament durchzusetzen, entwickelte sich eine Verfassungskrise und Louisy mußte 1981 zurücktreten. Aus den Versuchen einer Oppositionsgruppe innerhalb der SLP, einen eigenen Kandidaten durchzusetzen, ging Winston Francis Cenac als Kompromißkandidat hervor und wurde mit knapper Mehrheit zum Premierminister gewählt. Eine seiner ersten Amtshandlungen war der Beitritt zur Organisation der Ostkaribischen Staaten (OECS).

Infolge wachsender ökonomischer Schwierigkeiten gewann 1982 die konservative United Workers' Party (UWP) die Parlamentswahlen. Neuer Premierminister wurde John Compton, der dieses Amt bereits von 1964 bis 1979, noch unter britischer Kolonialherrschaft, bekleidet hatte. Compton bemühte sich im Gegensatz zu seinem Vorgänger um eine enge wirtschaftliche und politische Zusammenarbeit mit den USA und Großbritannien.

Mitte der 80er Jahre flossen erhebliche US-Finanzmittel nach Saint Lucia, um der Wirtschaft Impulse zu geben. Seit den 50er Jahren war der Bananenanbau anstelle des Zuckerrohrs zum wichtigsten Wirtschaftszweig auf Saint Lucia geworden. Anfang der 90er Jahre trug der Bananenexport rund 60 % zum gesamten Ausfuhrvolumen Saint Lucias bei. Wie auch auf anderen Karibikinseln liegt die Vermarktung der Bananen weitgehend in den Händen eines britischen Unternehmens, das bis 1983 auch größter Landbesitzer auf Saint Lucia war.

Bei den Parlamentswahlen von 1992 wurde die seit 1982 regierende UWP als führende Kraft bestätigt. Saint Lucia blieb einer der politisch und wirtschaftlich stabilsten Staaten der Karibikregion. 1996 löste Vaughan Lewis (UWP) Compton als Regierungschef ab, dessen konservativen Kurs er beibehielt. 1997 wurde Kenny Anthony von der SLP nach dem Wahlsieg seiner Partei Regierungschef.

Chronik Zeittafel

vor 1500	Kariben siedeln auf Saint Lucia
um 1500	Kolumbus entdeckt Saint Lucia auf seiner 3. Reise
ab 1605	Erste Siedlungsversuche der Engländer ohne Erfolg
1638	Engländer errichten erste feste Siedlungen
1650	Franzosen siedeln sich auf Saint Lucia an; der Besitz der Insel ist zwischen Engländern und Franzosen umstritten
1803	England nimmt Saint Lucia in Besitz
1814	Vertrag von Paris bestätigt den Anspruch Englands
1938	Die Kronkolonie Saint Lucia wird administrativ mit den Windward Islands verbunden
ab 1952	Intensivierung des Bananenanbaus anstelle von Zuckerrohr
1964	Der Konservative John Compton wird Premierminister
1967	Saint Lucia erhält Autonomie
1979	Die Insel wird als konstitutionelle Monarchie unabhängig und gilt als mit Großbritannien assoziiertes Land; Mitglied im Commonwealth; die linke SLP übernimmt die Regierung
ab 1981	Intensivierung des Bananenanbaus
1982	Der Konservative John Compton wird erneut Premierminister; enge Anlehnung an Großbritannien und die USA
1983	Saint Lucia beteiligt sich an der US-Intervention in Grenada
ab 1984	Ausbau der Tourismusbranche; Versuche der Regierung, die Agrarproduktion zu erweitern (Kokosnüsse, Zitrusfrüchte u. a.)
1992	Die konservative UWP von Premierminister John Compton gewinnt die Parlamentswahl
1997	Kenny Anthony wird nach dem Wahlsieg der linksorientierten SLP Regierungschef

Kingstown

Saint Vincent und
die Grenadinen

Grenadinen

Saint Vincent und die Grenadinen

(Saint Vincent and the Grenadines)

Fläche: 389 km²

Bevölkerung: 0,07 Mio. (1950);
0,09 Mio. (1970);
0,11 Mio. (1995)

Sprache: Englisch, kreolisches Englisch

Staatsform: Parlamentarische Monarchie im Commonwealth

Mitgliedschaften: AKP, CARICOM, Commonwealth, OAS, OECS, SELA, UNO

Die zu den Kleinen Antillen gehörende Inselgruppe wurde 1493 von Christoph Kolumbus entdeckt. Großbritannien nahm die Inseln 1763 in Besitz. 1969 gewährte London den Karibikinseln innere Autonomie. 1979 erlangten Saint Vincent und die Grenadinen ihre staatliche Souveränität.

Politische Struktur

Saint Vincent und die Grenadinen sind laut Verfassung von 1979 eine parlamentarische Monarchie innerhalb des Commonwealth. Offizielles Staatsoberhaupt ist die britische Königin Elizabeth II., die durch einen Generalgouverneur vertreten wird. Die gesetzgebende Gewalt wird von einem Zweikammerparlament bestehend aus dem House of Assembly (Parlament) mit 15 Mitgliedern und dem Senat mit sechs ernannten Mitgliedern ausgeübt.

Stärkste Partei ist die konservative New Democratic Party (NDP, Neue Demokratische Partei), die seit 1984 auch den Regierungschef stellt und einen wirtschaftsliberalen Kurs steuert. Größte Oppositionspartei ist das Bündnis Unity Labour Party (ULP, Einheits-Arbeitspartei), das 1994 aus zwei linksgerichteten Parteien hervorging. Das Rechtssystem ist am britischen Vorbild orientiert.

Landesnatur

Die Antilleninseln Saint Vincent und die Grenadinen liegen im inneren, vulkanisch geprägten Bogen der Windward Islands (Inseln über dem Wind). Auf der von Bergland durchzogenen Hauptinsel Saint Vincent liegt der 1234 m hohe aktive Vulkan La Soufrière. Das Bergland der Hauptinsel weist eine dichte Bewaldung auf. An den Küsten gibt es kleinere Schwemmlandgebiete. Auf den Inseln herrscht

tropisches Klima mit Trockenzeiten im Winter und Frühjahr. Die Niederschlagsmenge schwankt zwischen 1500 mm pro Jahr an den Küsten und bis zu 3800 mm jährlich im Landesinnern.

Bevölkerung

Rund 80 % der Bevölkerung sind Schwarze, Nachkommen afrikanischer Sklaven. Mulatten (Nachkomen von Schwarzen und europäischen Kolonisten) machen etwa 15 % der Bevölkerung aus; 3 % sind Inder. Der Anteil der Weißen an der Bevölkerung von Saint Vincent und den Grenadinen beträgt 2 %. Etwa 95 % der Einwohner sind Christen, überwiegend Anglikaner und Methodisten; 20 % bekennen sich zum Katholizismus. 5 % der Bewohner sind Anhänger anderer Religionen.

Der Anteil der Einwohner an der Gesamtbevölkerung beträgt auf Saint Vincent und den Grenadinen rund 45 %.

Wirtschaft

Die Wirtschaft von Saint Vincent und den Grenadinen ist von der Landwirtschaft geprägt. Wichtigste Anbauprodukte sind Bananen, die über 50 % des Exportvolumens ausmachen, und Pfeilwurz, das zur Herstellung von Stärkemehl u. a. für die Papierproduktion verwendet wird. Der früher vorherrschende Zuckerrohranbau wurde in den vergangenen Jahrzehnten durch Bananenanbau ersetzt. Zumeist für den Eigenbedarf werden u. a. Süßkartoffeln, Erbsen, Knollengewächse, Kokosnüsse, Brotfrucht und Ananas angepflanzt. Es gibt einige Fabriken, in denen vor allem Nahrungsmittel verarbeitet werden. Daneben gibt es in geringem Umfang Kleinindustrie, in der u. a. Textilien, Möbel und elektronische Bauteile produziert werden. Seit Mitte der 80er Jahre wurde der Tourismus gefördert und hat sich zu einer wichtigen Devisenquelle entwickelt.

GESCHICHTE

Britische Kolonisierung (bis 1951)

Seit etwa dem 5. Jt. v. Chr. waren die Antilleninseln Saint Vincent und Grenadinen von Aruakenstämmen bewohnt, die von den Kariben vertrieben wurden. Christoph Kolumbus entdeckte die Inseln 1493. Jedoch nahm Spanien die Inseln nicht offiziell in Besitz und zeigte lange wenig Interesse. Im 16. und 17. Jh. scheiterten einzelne Eroberungs- und Kolonisierungsversuche am bewaffneten Widerstand der Kariben. Frankreich und Großbritannien stritten in jener Zeit um den Besitz der Region, bis die Inseln

1763, nach dem Ende des Siebenjährigen Krieges, im Frieden von Paris Großbritannien zugesprochen wurden. London betrieb nun die systematische Kolonisierung von Saint Vincent, gegen die sich die Kariben 1795 mit einem von Frankreich unterstützten Aufstand zur Wehr setzten. Die Erhebung wurde niedergeschlagen; die Briten verschleppten zahlreiche Kariben auf Inseln im Golf von Honduras.

Wie auf anderen Karibikinseln wurden auf Saint Vincent im Zuge der Kolonisierung ausgedehnte Zuckerrohrplantagen angelegt, auf denen afrikanische Sklaven arbeiten mußten.

Britische Kronkolonie (1871–1979)

1871 erhielten Saint Vincent und die Grenadinen den Status einer britischen Kronkolonie und wurden administrativ dem Verband der britischen Windward Islands angegliedert. Ein britischer Gouverneur regierte das Gebiet weitgehend autokratisch und sorgte für die Beibehaltung der Macht- und Besitzverhältnisse, von denen eine dünne weiße Oberschicht profitierte. 1951 führte London auf den Inseln das allgemeine Wahlrecht ein. 1969 gewährte es seiner Karibikbesitzung innere Autonomie.

Unabhängigkeit und Bananengeschäft (ab 1979)

Im Oktober 1979 erlangten Saint Vincent und die Grenadinen ihre staatliche Unabhängigkeit. Erster Premierminister des souveränen Staates wurde Robert Milton Cato. 1984 übernahm James Fitzallen Mitchell das Amt des Premierministers (er hatte diesen Posten bereits zwischen 1972 und 1974 bekleidet). Der junge Staat lehnte sich außenpolitisch stark an die frühere Kolonialmacht Großbritannien und an die USA an. Bei der Parlamentswahl von 1989 konnte die ab 1984 regierende New Democratic Party (NDP) alle 15 Sitze erobern und somit ohne parlamentarische Opposition regieren. Die Parlamentswahl von 1994 brachte der NDP mit zwölf Mandaten die absolute Mehrheit, der reformorientierten Unity Labour Party (ULP) gelang mit drei Sitzen der Einzug ins Parlament.

Wirtschaftlich war das Land von Bananenausfuhr und Tourismus bestimmt. Bereits Anfang der 60er Jahre begann die Verdrängung des traditionellen Zuckerrohrs durch Bananen. Der Bananenanbau liegt vornehmlich bei landwirtschaftlichen Kleinbetrieben während die Vermarktung von einem britischen Unternehmen betrieben wird. Erhebliche Finanzmittel ließ die Regierung in den 80er Jahren in den Ausbau des Tourismus fließen, der sich zu einer wichtigen Säule der Wirtschaft entwickelte.

Chronik Zeittafel

ab 5000 v. Chr.	Besiedlung durch Aruaken, später Kariben
1493	Christoph Kolumbus entdeckt die Inseln auf seiner 2. Reise
16./17. Jh.	Engländer und Franzosen streiten um den Besitz der Inseln
1763	Im Frieden von Paris sichert sich Großbritannien das Besitzrecht
ab 1810	Zuckerrohranbau verstärkt
ab 1835	Anwerben indischer und portugiesischer Plantagenarbeiter
1871	Die Inseln werden britische Kronkolonie und verwaltungstechnisch den Windward Islands zugeordnet
1950	Saint Vincent und die Grenadinen erhalten Handelsprivilegien auf dem britischen Markt
1951	Einführung des allgemeinen und gleichen Wahlrechts
ab 1960	Intensivierung des Bananenanbaus
1969	Großbritannien gewährt den Inseln innere Autonomie
1975	Programm zur Überwindung der Bananenmonokultur scheitert
1976	Abkommen mit der EG verbessert Absatzmöglichkeiten in Europa
1979	Saint Vincent und die Grenadinen werden unabhängig
1981	Beitritt zur Organisation Amerikanischer Staaten (OAS)
1983	Saint Vincent beteiligt sich auf Seiten der USA an der Militärintervention auf Grenada
1984	Der Konservative James Mitchell wird Premierminister
um 1985	Bananenboom läßt Deviseneinnahmen ansteigen
ab 1986	Förderung des Tourismusgeschäfts
1989	Die konservative NDP gewinnt bei den Parlamentswahlen alle 15 Sitze
1994	Erneuter Sieg der NDP bei der Parlamentswahl; der linksorientierten Unity Labour Party gelingt der Einzug ins Parlament

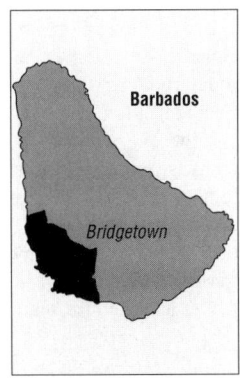

Barbados
(Barbados)

Fläche: 430 km²
Bevölkerung:
  0,21 Mio. (1950);
  0,24 Mio. (1970);
  0,26 Mio. (1995)
Sprachen: Englisch, Bajan
Staatsform: Parlamentarische
  Monarchie im Common-
  wealth

Mitgliedschaften: AKP, CARICOM, Commonwealth, OAS,
  SELA, UNO

Als östlichste Insel der Kleinen Antillen wurde Barbados 1511 von den Spaniern entdeckt und kolonisiert. Im frühen 17. Jh. nahm England Besitz von der Insel und machte sie 1652 zur Kronkolonie. Erst zu Anfang der 60er Jahre des 20. Jhs. begann der Weg des Landes in die Unabhängigkeit. 1964 erreichte Barbados die innere Autonomie und 1966 die Unabhängigkeit.

Politische Struktur

Als Mitglied im Commonwealth ist Barbados eine konstitutionelle Monarchie. Die englische Königin wird als Staatsoberhaupt von einem einheimischen Generalgouverneur vertreten. Nach der 1966 verabschiedeten Verfassung verfügt das Land über ein Zweikammerparlament. Es besteht aus dem Repräsentantenhaus (House of Assembly), das sich aus 28 gewählten Mitgliedern zusammensetzt, und dem 21-köpfigen Senat, dessen Mitglieder ernannt werden. Der Staatspräsident wird alle fünf Jahre in allgemeinen freien und geheimen Wahlen gewählt. Neben der 1938 als Sammelbewegung von reformorientierten Schwarzen gegründeten Barbados Labour Party (BLP, Arbeitspatei) bestimmt die sozialdemokratische Democratic Labour Party (DLP, Demokratische Arbeitspartei), die sich 1955 von der BLP abspaltete, das politische Leben.

Landesnatur

Barbados' Landmasse besteht weitgehend aus einer flachen Tafel verharschter Korallenkalke. Bis 360 m hoch erhebt sich die Insel zwischen Karibischem Meer und Atlantischem Ozean. Weite, von Palmen gesäumte Sandstrände bestimmen das Bild der Küste. Ebenso wie im Landesinneren herrscht hier ein tropisch-feuchtes Klima mit einer Regenzeit von Juni bis November und Durchschnittstemperaturen von 22 °C bis 30 °C.

Bevölkerung

Die Nachfahren der afrikanischen Sklaven stellen bis heute mit 92 % den Hauptanteil der Bevölkerung. 4 % der Einwohner von Barbados sind Mulatten (Nachkommen von Schwarzen und europäischen Kolonisten), weitere 4 % Weiße. Mit ihren 263 000 Einwohnern, etwa 612 Einwohner je km², hat die Insel die größte Bevölkerungsdichte der Antillen. 40 % der Bewohner leben im Großraum der Hauptstadt Bridgetown, also über 100 000 Menschen. Der hohe Geburtenüberschuß gleicht sich durch eine ebenso gleichbleibend hohe Auswanderungsrate aus. 40 % der Einwohner gehören, entsprechend der englisch geprägten Kolonialzeit, der anglikanischen Kirche an. Neben einer Minderheit von 6 % Katholiken und 7 % Methodisten gibt es auf Barbados eine große Zahl von Sekten. Kleinere jüdische, hinduistische und islamische Gemeinden ergänzen die religiöse Vielfalt.

Wirtschaft

Der fruchtbare Boden auf Barbados erlaubt eine intensive landwirtschaftliche Nutzung. Baumwolle, Bananen, Tabak, Indigo, Ingwer und vor allem Zuckerrohr bildeten und bilden hier den Schwerpunkt. Nach wie vor nimmt der Zuckerrohranbau nahezu zwei Drittel der landwirtschaftlichen Nutzflächen ein. Etwa 7 % der Beschäftigten arbeiten in der Landwirtschaft und in der Fischerei. Mehr als dreimal so viel, nämlich 25 % der Erwerbstätigen, sind in der Industrie beschäftigt. Eine kleine Erdölindustrie sowie vor allem Zulieferbetriebe für elektronische Bauteile und elektrische Geräte machen den Hauptanteil aus. Die seit 1970 kontinuierlich wachsende Tourismusindustrie ist wichtigster Devisenbringer von Barbados. 1973 wurde in einer Währungsreform der bis dahin in Umlauf befindliche Eastern Caribbean Dollar durch den Barbados Dollar im gleichen Wert ersetzt.

GESCHICHTE

Spanische und englische Kolonisation (bis 1937)

Archäologische Funde lassen vermuten, daß erste Siedlungen indianischer Völker auf Barbados im 8. Jh. v. Chr. entstanden. Barbados wurde nach seiner Entdeckung durch die Spanier (1511) zunächst von der spanischen Krone in Besitz genommen. Die auf der Insel lebenden Ureinwohner vom Volk der Aruaken brachten die Spanier gewaltsam zur Arbeit in ihre Bergwerke in Hispaniola, wo die meisten elend zugrunde gingen. Nach der Vernichtung der Aruaken verzichteten die Spanier entgegen ihrer üblichen Vorgehensweise auf den Aufbau einer auf Sklaven basierenden Plantagenwirtschaft. Als die Engländer 1625 die Insel in Besitz nahmen, fanden sie sie menschenleer vor. Die neue Kolonialmacht leitete die sofortige Besiedlung ein. Schon knapp 15 Jahre später, um 1640, wohnten und arbeiteten etwa 30 000 westeuropäische Kolonisten auf Barbados. Neben der Landwirtschaft zur Deckung des Eigenbedarfs wurde zunächst auf kleineren Farmen Baumwolle, Tabak, Indigo und Ingwer für den Export angebaut. 1639 gestattete das englische Mutterland Barbados eine parlamentarische Vertretung, deren Zusammensetzung jedoch nur von Grundbesitzern per Wahl bestimmt werden konnte. Zuvor hatte die Insel für rund ein Jahrzehnt unter der Kontrolle des britischen Earl of Carlisle gestanden. Während der Herrschaft des britischen Staatsmanns Oliver Cromwell wurde Barbados 1652 schließlich britische Kronkolonie.

Ab 1640 begannen holländische Siedler mit dem Zuckerrohranbau. Das war auch auf Barbados der Auftakt für die im karibischen Raum typische Plantagen- und Sklavenwirtschaft. Die auf das Zuckerrohr konzentrierte Monokultur verdrängte die Kleinstbetriebe der ersten Kolonisten, die zum größten Teil auf andere Karibikinseln oder nach Nordamerika auswanderten. Im 18. Jh. wurde auch Barbados zum Bestandteil des sog. Dreieckshandels (→Lexikon) und zum bedeutenden, regionalen Umschlagplatz für den Sklavenhandel. Schiffe aus Afrika brachten die Sklaven und wurden auf Barbados und den anderen karibischen Inseln mit Zucker sowie Melasse und Rum beladen, um diese Waren nach Europa zu bringen.

Nachdem in allen britischen Kolonien und damit auch auf Barbados die Sklavenbefreiung erfolgt war (1834), blieb im politischen und wirtschaftlichen Bereich zunächst alles beim Alten. Da die befreiten Schwarzen kein Land erwerben durften, war ihnen auch weiterhin das Wahlrecht verweigert, das an Besitz geknüpft war. Die Macht teilten die weißen Großgrundbesitzer und Kaufleute unter sich auf. Diese Machtverteilung zwischen weißer Minderheit und schwarzer Mehrheit hatte Bestand, nachdem die Zuckerindustrie und damit die Plantagenwirtschaft ab der zweiten Hälfte des 19. Jhs. in die Krise gerieten. Infolge der britischen Freihandelspolitik und vor allem durch die starke Konkurrenz der Zuckerrübe verschlechterte sich die wirtschaftliche Lage rapide. Unter den schwarzen Plantagenarbeitern, die unter Hungerlöhnen oder Arbeitslosigkeit litten, brachen 1876 Unruhen aus. Eine Auswanderungswelle erfaßte das kleine Land. Viele der Auswanderer fanden Arbeit beim Bau des Panamakanals oder auf den Großplantagen der sich in Zentralamerika ausbreitenden nordamerikanischen United Fruit Company. Mit einer zeitlichen Verzögerung bildeten sich ab der Jahrhundertwende auch wieder kleinere landwirtschaftliche Betriebe.

Unabhängigkeit und Demokratie (seit 1937)

Neuerlich aufflammende Unruhen unter der schwarzen Bevölkerung im Jahr 1937 schufen ein Klima, in dem umfassende politische, wirtschaftliche und soziale Reformen in Angriff genommen wurden. England duldete, daß sich 1938 die politisch gemäßigte Barbados Labour Party (BLP) als Sammelbecken für die politisch-sozialen Reformbestrebungen der schwarzen Bevölkerungsmehrheit gründete. Es dauerte aber noch bis zum Jahr 1950, bis diese Parteiengründung durch das allgemeine und freie Wahlrecht politische Entfaltungsmöglichkeit erhielt. Fünf Jahre später spaltete sich von der BLP die sozialdemokratische Democratic Labour Party (DLP) ab. Im Rahmen der vom englischen Mutterland zugestandenen Entwicklung von Barbados zur Selbständigkeit erlangte das Land erst 1964 seine Autonomie und zwei Jahre später seine vollständige Unabhängigkeit. Mit der Souveränitätserklärung wurde Barbados zugleich Mitglied des Commonwealth (1964) und erhielt 1966 einen Sitz in den Vereinten Nationen. Erster frei gewählter Premierminister blieb der seit 1961 regierende Errol Barrow von der DLP (1961–1976).

Zuvor hatte England im Zusammenhang mit den Bemühungen, eine einheitliche Politik aller karibischen Staaten herbeizuführen, in seinem Einflußgebiet die Gründung einer Westindischen Förderation (1958 bis 1962) betrieben; zu ihr gehörten neben Barbados Antigua und Barbuda, Dominica, Grenada, Jamaica, Montserrat, Saint Kitts und Nevis, Saint Lucia, Saint Vincent und die Grenadinen sowie Trinidad und Tobago. Der Versuch scheiterte – wie auch die nachfolgenden –, weil die nationalen Rivalitäten unter den Inselstaaten und wirtschaftlichen Unterschiede sowie Weltmarkteinflüsse das Unternehmen von Anfang an behinderten.

Die ökonomische Entwicklung von Barbados verlief zunächst positiv. Zwar büßte das Land seine starke

Stellung im Zuckerrohranbau aufgrund überholter Produktionsmethoden ein, doch konnten der seit Ende der 60er Jahre einsetzende Tourismusboom und der Aufbau einer aufgrund von Billiglöhnen günstig produzierenden verarbeitenden Industrie das Defizit ausgleichen. Barbados kam in den Ruf, das Wirtschaftswunderland der Karibik zu sein. Erst durch die weltweit wirkende Rezession zu Beginn der 80er Jahre geriet Barbados auf eine ökonomisch abschüssige Bahn. Unter Premierminister John Michael Geoffrey (»Tom«) von der BLP (1976–1986) stiegen die Inflations- und Arbeitslosenraten; 1982 war das kleine Land gezwungen, Kredite beim Internationalen Währungsfonds (IWF, →Lexikon) zu beantragen. Die politische und wirtschaftliche Anbindung an die Vereinigten Staaten wurde verstärkt.

Nach den Wahlen von 1986 übernahm die DLP die Regierungsmacht und stellte den Premier Lloyd Erskine Sandiford (1986–1994). Er betrieb eine konsequente Privatisierung staatlicher Betriebe sowie eine Spar- und Stabilisierungspolitik. Die Wirtschaft des Landes begann sich zu erholen. Die Wahlen von 1994 gewann der Konservative Owen Arthur (BLP), der seitdem Premierminister von Barbados ist. Von den insgesamt 28 Parlamentssitzen errang die Arbeitspartei (BLP) 19; die seit 1986 regierende Demokratische Arbeitspartei (DLP) büßte 10 Mandate ein und ist im neuen Parlament mit acht Abgeordneten vertreten. Die von der DLP abgespaltene Nationaldemokratische Partei (National Democratic Party) gewann einen Parlamentssitz. Die Wahlen waren notwendig geworden, nachdem das Parlament im Juni 1994 Premierminister Sandiford, dessen reguläre Amtszeit bis 1996 gedauert hätte, das Mißtrauen ausgesprochen hatte. Dabei hatten sich Fraktionsmitglieder der DLP mit der Opposition verbündet. Hauptursache für den Machtwechsel waren die anhaltend hohe Arbeitslosigkeit (über 25 %) und die Unzufriedenheit großer Bevölkerungsgruppen mit der rigorosen Sparpolitik der DLP-Regierung.

Im Juni 1995 mußte Premierminister Owen Arthur sein Kabinett teilweise umbilden, nachdem der für den Bereich Umwelt und Tourismus zuständige Minister u.a. wegen des Vorwurfs der Mißwirtschaft zurückgetreten war.

Im Dezember 1995 verstarb die Generalgouverneurin Dame Ruth Nita Barrow im Alter von 79 Jahren. Ruth Nita Barrow, Schwester des langjährigen Ministerpräsidenten Errol Walton Barrow, war 1990 als erste Frau von Königin Elizabeth II. zur obersten Repräsentantin der britischen Krone auf Barbados ernannt worden.

Chronik Zeittafel

1511	Entdeckung von Barbados durch spanische Seefahrer
um 1515	Spanier verschleppen Ureinwohner nach Hispaniola (Haiti)
1625	Engländer errichten auf der Insel feste Siedlungsplätze
1639	England gewährt Barbados eine parlamentarische Vertretung; Wahlrecht ist von Besitz abhängig
ab 1640	Herausbildung einer für die Karibik typischen Zuckerrohrmonokultur
1652	Barbados wird britische Kronkolonie
1834	Abschaffung der Sklaverei; Schwarzen ist Landbesitz verboten, sie besitzen kein Wahlrecht
ab 1850	Absatzschwierigkeiten der Zuckerrohrplantagen
1876	Soziale Unruhen; Auswanderungswelle von Schwarzen
1937	Politische Unruhen; Großbritannien verfügt Reformen
1938	Barbados Labour Party (BLP) als Interessenvertretung der Schwarzen gegründet
1950	Einführung des allgemeinen und gleichen Wahlrechts
1955	Abspaltung der sozialdemokratischen Democratic Labour Party (DLP) von der BLP
1961	Errol Barrow (DLP) wird Premier
1964	Großbritannien gewährt Barbados Autonomie
1966	Barbados wird souveräner Staat; Mitglied des Commonwealth
ab 1970	Aufschwung des Tourismus
1976	Der Konservative John M. Geoffrey wird Premierminister
um 1982	Wirtschaftskrise
1991	DLP-Premier Lloyd Erskine Sandiford betreibt Spar- und Stabilisierungspolitik
1992	Wirtschaftliche Erholung
1994	Regierungswechsel, der Konservative Owen Arthur (BLP) wird Regierungschef

KARIBIK

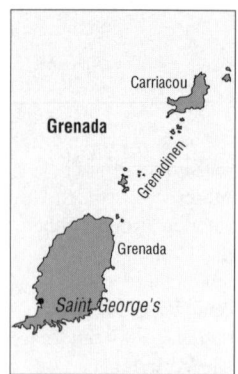

Grenada
(Grenada)

Fläche: 344 km²
Bevölkerung:
  0,08 Mio. (1950);
  0,10 Mio (1970);
  0,09 Mio. (1995)
Sprachen: Englisch, Patois
  (kreolisches Französisch)
Staatsform: Konstitutionelle
  Monarchie im Common-
  wealth

Mitgliedschaften: AKP, CARICOM, Commonwealth, OAS,
  OECS, SELA, UNO

Die westliche Antilleninsel war nach ihrer Entdek-kung 1498 durch Christoph Kolumbus zwischen Frankreich und Großbritannien umstritten. 1674 er-klärte Frankreich die Insel zur Kolonie, doch rund 100 Jahre später sicherte sich London im Vertrag von Paris (1763) den Besitz Grenadas. 1974 erlang-te Grenada seine Unabhängigkeit. Anhaltende poli-tische Unruhen nahmen die USA 1983 zum Anlaß ei-ner militärischen Intervention.

Politische Struktur
Nach der Verfassung von 1974 ist die frühere briti-sche Kolonie Grenada eine konstitutionelle Monar-chie im britischen Commonwealth of Nations. Staatsoberhaupt ist die britische Königin, die durch einen Generalgouverneur vetreten wird. Dieser ver-gibt den Auftrag zur Regierungsbildung an einen Politiker der stärksten Partei im Parlament. Die ge-setzgebende Gewalt liegt beim 15 Sitze umfassen-den Parlament (Repräsentantenhaus) und einem aus 13 Mitgliedern bestehenden Senat. Die Legislatur-periode beträgt fünf Jahre. Stärkste politische Kraft ist seit der Parlamentswahl von 1995 die Konserva-tive New National Party (NNP, Neue Nationale Par-tei; 85 Sitze), gefolgt vom National Democratic Congress (NDC, Nationaler Demokratischer Kon-greß; 5 Sitze) und der sozialdemokratischen Grena-da United Labour Party (GULP, Vereinigte Arbeiter-partei; 2 Sitze).

Landesnatur
Das Staatsgebiet von Grenada umfaßt die gleichna-mige Hauptinsel und die südlichen Grenadinen. Sie gehören zum inneren Bogen der Windward Islands (Inseln über dem Wind). Die Inseln sind vulkani-

schen Ursprungs. Grenada hat eine bergige, teils zer-klüftete Oberfläche. Der 840 m hohe Mount St. Ca-therine auf der Hauptinsel ist die höchste Erhebung. Das Landesinnere ist von tropischem Regenwald be-deckt. Es herrscht tropisches Klima mit einer Regen-zeit von Juni bis November. Die Temperaturen lie-gen im Durchschnitt bei 26 °C.

Bevölkerung
Die Bevölkerung Grenadas besteht zu rund 82 % aus Schwarzen, den Nachkommen afrikanischer Skla-ven. 12 % sind Mulatten (Nachkommen Schwarzer und europäischer Kolonisten) und 5 % Inder. Der Bevölkerungsanteil der Weißen beträgt rund 1 %. Etwa 94 % der Einwohner sind Christen, 60 % Ka-tholiken und 34 % Protestanten. 6 % der Bevölke-rung der Antilleninsel bekennen sich zu einer ande-ren Religion.

Wirtschaft
Wichtigster Wirtschaftszweig Grenadas ist die Landwirtschaft, die auch den größten Teil der Devi-seneinnahmen erbringt. Es überwiegen Kleinbetrie-be, die vornehmlich für den Eigenbedarf und die Binnennachfrage produzieren. Daneben gibt es Großgrundbesitz, der rund 50 % der landwirtschaft-lichen Nutzfläche umfaßt. Die Erträge der Klein-bauern sind u. a. wegen der gebirgigen Landesnatur und des geringen Mechanisierungsgrads niedrig. Wichtigste Exportgüter sind Muskatnüsse mit einem Anteil am Ausfuhrvolumen von rund 15 % (nach In-donesien ist Grenada der größte Produzent von Mus-katnüssen), Bananen, Kakao, Zitrusfrüchte und Baumwolle. Hauptabnehmer sind die frühere Koloni-almacht Großbritannien, die USA und karibische Nachbarländer. Agrarexporte erbringen rund 60 % der Deviseneinnahmen Grenadas, dessen Außenhan-delsbilanz allerdings seit mehreren Jahren negativ ist. Die Industrie ist auf der Antilleninsel Grenada nur wenig entwickelt; in kleinen Fabriken werden vor al-lem landwirtschaftliche Produkte verarbeitet und Textilien hergestellt. Seit den 70er Jahren wurde der Tourismus gefördert. Der Fremdenverkehr trug An-fang der 90er Jahre knapp 30 % zum Bruttoinlands-produkt bei.

GESCHICHTE

Kolonisation (bis 1956)
Christoph Kolumbus entdeckte die Insel 1498 und gab ihr den Namen Concepción. Ihre Bewohner wa-ren zu jener Zeit vom südamerikanischen Festland

eingewanderte Kariben, welche die Ursprungsbevölkerung der Aruaken verdrängt hatten. Im 16. Jh. zeigten die europäischen Kolonialmächte wenig Interesse an dem von Regenwald bedeckten Eiland. Erst ab 1650 legten Briten und vor allem Franzosen feste Siedlungen auf Grenada an. Im Zuge der nun einsetzenden Kolonisierung wurden die karibischen Ureinwohner nahezu ausgerottet. 1674 nahm Frankreich Grenada offiziell in Besitz und erklärte es zur Kolonie. Mitte des 18. Jhs. stritten Frankreich und Großbritannien im Siebenjährigen Krieg um die koloniale Vorherrschaft. Nach dem britischen Sieg konnte sich London 1763 auch den Besitz der Karibikinsel Grenada sichern, der 1783 im Frieden von Versailles bestätigt wurde. Verwaltungstechnisch wurde Grenada 1833 den britischen Windward Islands angegliedert. 1877 gab London der Insel den Status einer britischen Kronkolonie; acht Jahre später verlegte Großbritannien das Regierungs- und Verwaltungszentrum für die gesamte Windward Islands nach Grenada.

Die französischen Siedler im 17. Jh. legten Kakao-, Baumwoll- und Kaffeeplantagen an, auf denen sie afrikanische Sklaven einsetzten, die ab 1714 nach Grenada verschleppt wurden. In der Absicht, das einträgliche Gewürzmonopol der Niederländer und Portugiesen auf dem Weltmarkt zu brechen, betrieb Großbritannien Ende des 18. Jhs. auf Grenada den intensiven Anbau von Safran, Ingwer, Pfeffer und Muskat. Die Abschaffung der Sklaverei im British Empire 1834 löste auf den Plantagen ein Arbeitskräfteproblem aus. Als Ersatz wurden zumeist indische Kontraktarbeiter ins Land geholt. Nach 1860 bemühte sich die britische Kolonialverwaltung darum, die bis dahin noch vorherrschende, krisenanfällige Zuckerrohrmonokultur aufzulösen. Gefördert wurde eine tropische Mischkultur mit dem Anbau von Kakao, Muskat, Bananen, Kokosnüssen und Zitrusfrüchten, die vor allem von kleinen und mittleren Betrieben produziert wurden.

Schritte zur Unabhängigkeit (1951–1974)

1951 wurde in Grenada das allgmeine Wahlrecht eingeführt. 1958 trat Grenada der Westindischen Föderation bei, die jedoch bereits 1962 an Streitigkeiten der Mitgliedsgebiete scheiterte (→Barbados, S. 344). Grenada erhielt 1960 innere Selbstverwaltung und 1967 zusammen mit den südlichen Grenadinen volle Autonomie. Großbritannien behielt sich lediglich die Kontrolle über die Außen- und Verteidigungspolitik von Grenada vor. Premierminister wurde der vormalige Gewerkschaftsführer Eric Gairy (GULP),

der seit den 50er Jahren Veränderungen in den Besitzverhältnissen auf Grenada forderte. 1967 legte Gairy ein sozialreformerisches Programm mit dem Titel »Land für die Landlosen« vor, demzufolge der Großgrundbesitz jedoch weitgehend unbehelligt bleiben sollte. Anfang der 70er Jahre kam es auf Grenada wiederholt zu politischen und sozialen Unruhen, in denen auch die Forderung nach Unabhängigkeit immer lauter wurde.

Unabhängigkeit und Unruhen (ab 1974)

1973 tagte in London eine Verfassungskonferenz, welche die Unabhängigkeit Grenadas vorbereitete. Die Karibikinsel erlangte 1974 die staatliche Souveränität, blieb allerdings – wie die meisten karibischen Kleinstaaten – Mitglied des Commonwealth. Eric Gairy sah sich als erster Premierminister des unabhängigen Grenada mit schwerwiegenden Problemen konfrontiert. Die ausstehende Landreform sorgte weiterhin für soziale Unruhen, die Gairy gewaltsam niederzuschlagen versuchte. In den folgenden Jahren errichtete der einstige Gewerkschaftschef ein zunehmend autoritäres Regime, in dem Korruption und Vetternwirtschaft herrschten und oppositionelle Kräfte mit Gewalt unterdrückt wurden. Die Wirtschaft geriet immer tiefer in die Krise, die durch den Verfall der Weltmarktpreise für Bananen Mitte der 70er Jahre verschärft wurde. Der Bananenanbau war nach den Verwüstungen durch einen Hurrikan 1955, der weite Zuckerrohrplantagen zerstört hatte, verstärkt worden.

Die Anti-Gairy-Opposition formierte sich Mitte der 70er Jahre. So wurde 1976 die oppositionelle People's Alliance (Volksallianz) gegründet, der sich auch das 1973 gegründete, sozialrevolutionäre New Jewel Movement (NJM; JEWEL: Joint Endeavour for Welfare, Education and Liberation, Gemeinsame Anstrengung für Wohlfahrt, Bildung und Befreiung) anschloß.

Vor dem Hintergrund einer verschärften Wirtschaftskrise, wuchernder Korruption und wachsender Repression wurde der Diktator Gairy im März 1979 durch einen unblutigen Putsch unter Führung des NJM gestürzt, nachdem sich auch Armee und Polizei auf die Seite der Rebellen geschlagen hatten. Neuer Regierungschef und starker Mann auf Grenada wurde der Vorsitzende des NJM, Maurice Bishop. Die sog. Revolutionäre Volksregierung schrieb die Demokratisierung der Gesellschaft und ökonomische Erneuerung durch größere Vielfalt in Produktions- und Vermarktungsformen auf ihre Fahnen. Bishop erlangte mit seinem Programm sozialer Refor-

KARIBIK

men große Popularität. Außenpolitisch näherte er sich an Kuba und die Sowjetunion an, mit der Grenada 1982 ein Handelsabkommen schloß. Kubas Revolutionsführer Fidel Castro sagte Unterstützung beim Bau eines Flughafens zu. Die karibischen Nachbarstaaten und vor allem die USA verfolgten diese Entwicklung mit wachsendem Mißtrauen. Innerhalb des regierenden NJM kam es bald zu Richtungskämpfen. Bishops Entschlossenheit, bei seinen Reformvorhaben die Privatwirtschaft weitgehend unangetastet zu lassen, sowie sein Bemühen um eine Verbesserung des Verhältnisses zu den USA verstärkten den Widerstand dogmatischer Gegner in der Partei. Im Oktober 1983 wurde Bishop entmachtet und wenige Tage später ermordet.

Am 25. Oktober 1983 besetzten US-amerikanische Marinesoldaten Grenada. Offiziell begründet wurde die Militärintervention, an der sich auch einige Karibikstaaten mit kleineren Kontingenten beteiligten, mit der Gefahr, daß Kuba auf Grenada einen Militärstützpunkt errichten könnte. Formell berief sich Washington auf einen Interventionsbeschluß der Organisation der Ostkaribischen Staaten (OECS); faktisch knüpften die USA mit der international umstrittenen Besetzung von Grenada an die traditionelle Interventionspolitik in ihrem lateinamerikanischen »Hinterhof« an. Das Amt des Premierministers übernahm 1984 Herbert Blaize (1984–1989) von der konservativen New National Party (NNP). Er betrieb eine USA-freundliche Politik und berücksichtigte besonders die Interessen der Landbesitzer und Unternehmer. 1988 zogen die USA ihre Truppen ab und beschränkten ihr Engagement auf Finanzhilfen für ein liberales Wirtschaftsprogramm.

Trotz starker Hilfe aus den USA, Kanada und Westeuropa kam es jedoch zu keiner durchgreifenden Erholung der Wirtschaft. Auch der Tourismus, seit Ende der 80er Jahre wichtigster Devisenbringer des Landes, konnte keine Trendwende herbeiführen. 1990 fanden Parlamentswahlen statt, die allerdings keine regierungsfähige Mehrheit erbrachten. Premierminister wurde Nicholas Braithwaite von der konservativen NDC, gestützt auf eine brüchige Koalition zumeist konservativer Parteien. Die GULP des gestürzten Ex-Diktators Eric Gairy wurde bei diesen Wahlen zweitstärkste Partei. Die anhaltende Unzufriedenheit mit der sozialen Lage führte 1992 zu einer landesweiten Streikwelle. Aus den Parlamentswahlen von 1993 ging der konservative National Democratic Congress (NDC) als Sieger hervor. Mitte 1995 wurde Keith Mitchell zum neuen Premierminister gewählt.

Chronik Zeittafel

vor 1500 n. Chr.	Kariben verdrängen die Urbevölkerung der Aruaken
1498	Kolumbus entdeckt Grenada auf seiner 3. Reise
ab 1650	Franzosen und Engländer gründen feste Siedlungsplätze
1674	Frankreich erklärt Grenada zur Kolonie
1783	Im Frieden von Versailles sichert sich Großbritannien Grenada
1833	Grenada wird der Administration der Windward Islands unterstellt
1834	Aufhebung der Sklaverei
ab 1835	Anwerben indischer Vertragsarbeiter
ab 1870	Zuckerrohrmonokultur wird allmählich von tropischer Mischkultur (Kakao, Muskat, Bananen u. a.) abgelöst
1877	Grenada wird britische Kronkolonie
1885	Regierungs- und Verwaltungszentrum der Windward Islands
1960	Großbritannien gewährt Grenada innere Autonomie
1967	Grenada erhält volle Autonomie; Eric Gairy von der sozialreformerischen Grenada United Labour Party (GULP) wird Ministerpräsident
1974	Grenada erlangt Souveränität; Gairy errichtet autoritäres Regime
1979	Linksgerichteter Staatsstreich; Regierungschef wird Maurice Bishop
1983	Ermordung von Bishop durch innerparteiliche Gegner; US-amerikanische Militärintervention
1984	Herbert Blaize von der US-freundlichen New National Party (NNP) wird Premierminister
ab 1985	Starker Ausbau des Tourismus
1988	Rückzug der US-Streitkräfte
1990	Der konservative National Democratic Congress (NDC) gewinnt die Parlamentswahl; Premierminister wird Nicholas Braithwaite
1994	Grenada tritt dem allgemeinen Zoll- und Handelsabkommen Gatt bei
1995	Keith Mitchell (NDC) wird Ministerpräsident

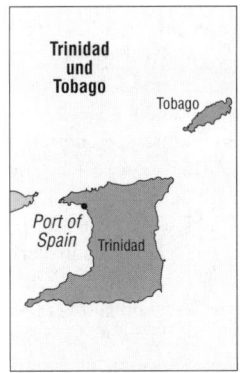

Trinidad
und
Tobago

Tobago

Port of
Spain   Trinidad

Trinidad
und Tobago
(Trinidad and Tobago)

Fläche: 5128 km²
Bevölkerung:
    0,7 Mio. (1950);
    1,0 Mio. (1970);
    1,3 Mio. (1996)
Sprachen: Englisch, Franzö-
    sisch, Spanisch, Hindi
Staatsform: Präsidialrepublik
    im Commonwealth

Mitgliedschaften: AKP, CARICOM, Commonwealth, OAS,
    SELA, UNO

*Trinidad und Tobago wurden 1498 von Christoph
Kolumbus entdeckt. 1532 gliederte Spanien sie in
sein südamerikanisches Kolonialreich ein. 1797 bzw.
1814 mußte Madrid Trinidad und Tobago an Großbritannien abtreten, das die beiden Inseln 1888 zur
Kronkolonie erklärte. Trinidad und Tobago erhielten
1959 innere Autonomie und wurden 1962 unabhängig. Die Krise der Ölwirtschaft führte in den 80er
und 90erJahren zu sozialen Spannungen und politischer Instabilität.*

Politische Struktur
Nach der Verfassung von 1976 sind Trinidad und
Tobago eine Präsidialrepublik. Staatsoberhaupt ist
der Präsident, der von einem aus beiden Parlaments-
kammern gebildeten Wahlmännergremium auf fünf
Jahre gewählt wird. Die Legislative liegt beim Parlament (Repräsentantenhaus) mit 36 Sitzen und dem
Senat, dessen 31 Mitglieder vom Staatspräsidenten
z. T. auf Vorschlag des Premierministers und des
Oppositionsführers ernannt werden. Verwaltungstechnisch ist der Inselstaat in acht Counties und die
Insel Tobago gegliedert, die 1978 innere Selbstverwaltung erhielt.
Stärkste Parteien sind das People's National Movement (PNM, Nationale Volksbewegung) und der
United National Congress (UNC, Vereinigter Volkskongreß). Daneben ist die National Alliance for Reconstruction (NAR, Allianz für den Nationalen Wiederaufbau) im Parlament vertreten.

Landesnatur
Das Territorium des Karibikstaates umfaßt die beiden Inseln Trinidad und Tobago. Sie liegen unmittelbar vor der Mündung des Orinoco (Venezuela). Bei-

de Inseln waren bis vor rund 8000 Jahren mit dem
südamerikanischen Festland verbunden. Die Hauptinsel Trinidad besteht aus Tiefebenen und drei in
West-Ost-Richtung verlaufenden Gebirgszügen. Die
höchste Erhebung ist der 941 m hohe Mount Aripo.
Tobago hat eine durchweg gebirgige Oberfläche, die
bis zu 576 m Höhe erreicht. Trinidad ist zu rund
45 % von tropischem Regenwald bedeckt. Vor allem
im Westen der Insel gibt es Trockenwald und ausgedehnte Savannen. Tobago ist nahezu vollständig von
tropischem Regenwald bewachsen. Auf Trinidad und
Tobago herrscht tropisches Klima mit geringen jahreszeitlichen Temperaturschwankungen. Die Durch-
schnittstemperatur bewegt sich zwischen 24 °C und
27 °C. Die jährlichen Niederschlagsmengen betragen 1500 mm an den West-, und 2500 mm an den
Ostküsten.

Bevölkerung
Während auf der kleineren Insel Tobago fast ausschließlich Schwarze leben, ist die Bevölkerungsstruktur von Trinidad differenziert. Schwarze bilden
mit rund 43 % die größte Gruppe, gefolgt von Indern, deren Bevölkerungsanteil rund 36 % beträgt.
16 % der Einwohner sind Mulatten, Nachkommen
von Schwarzen und Weißen. 2 % der Inselbewohner
sind Weiße, etwa 1 % Chinesen und 2 % Angehörige
anderer Volksgruppen. Knapp 60 % der Einwohner
sind Christen, 33 % Katholiken und 27 % Protestanten (davon 15 % Anglikaner). 25 % der Bevölkerung
sind Hindus und 5 % Moslems. Jeder zehnte Einwohner von Trinidad und Tobago bekennt sich zu einer anderen Religion.

Wirtschaft
Die Erdölförderung und -verarbeitung ist der wichtigste Wirtschaftszweig von Trinidad und Tobago.
Der Export von Öl und Ölprodukten macht 65 % des
Ausfuhrvolumens aus, wobei die wichtigsten Handelspartner die USA, Großbritannien und Frankreich
sind. In den Raffinerien werden auch größere Mengen Rohöl aus den Golfstaaten und Venezuela verarbeitet. Trinidad und Tobago verfügen über größere
Erdgasvorkommen, die allmählich erschlossen werden. Eine geologische Besonderheit Trinidads ist das
weltweit größte natürliche Asphaltvorkommen im
Pitch Lake. Der Asphalt wird zu 50 % exportiert.
Daneben gibt es einen kleinen Sektor von Nahrungs-
mittel- und Textilfabriken. Der Verfall der Erdölprei-
se ab Mitte der 80er Jahre und die absehbare Erschöpfung einiger Ölvorkommen stellen das Land
vor schwere ökonomische Probleme.

KARIBIK

Die Landwirtschaft ist stark auf den Export ausge-richtet und besteht vor allem aus dem intensiven An-bau von Zuckerrohr, Kaffee, Kakao und Zitrusfrüch-ten. Aufgrund dieser ausfuhrorientierten Monokul-tur müssen Trinidad und Tobago über 70 % der im Land benötigten Lebensmittel importieren. Der Aus-bau der Tourismusbranche – der Fremdenverkehr konzentriert sich auf die Insel Tobago – soll die volkswirtschaftlichen Einbußen im Erdölgeschäft ausgleichen.

GESCHICHTE

Plantagenwirtschaft (bis 1888)

Christoph Kolumbus endeckte Trinidad 1498 auf seiner dritten Reise, die ihn erstmals auch an das südamerikanische Festland führte. Doch schenkten die spanischen Eroberer und Kolonisatoren den In-seln zunächst wenig Beachtung. Zu Beginn des 16. Jhs. dienten Trinidad und Tobago europäischen Freibeutern als Stützpunkte, bevor Spanien 1532 die Inseln offiziell in Besitz nahm. 1552 begann Spa-nien mit der systematischen Besiedlung der Inseln. Dabei gingen die Kolonisten mit großer Rücksichts-losigkeit vor, so daß die Urbevölkerung der Aruaken und Kariben fast völlig ausgerottet wurde.

Tobago wurde 1608 von England in Besitz genom-men; dessen ungeachtet siedelten sich ab 1632 vor allem Niederländer auf der Insel an. Nach dem briti-schen Sieg im Siebenjährigen Krieg (1756 bis 1763), der nicht nur ein europäischer Machtkampf war, sondern auch ein Krieg zwischen Frankreich und Großbritannien um die koloniale Vorherrschaft in Übersee, fiel die Insel Tobago im Frieden von Pa-ris (1763) an England. Lange Zeit war die Insel nun zwischen Großbritannien und den Niederlanden um-stritten, bevor sie 1814 offiziell in britischen Besitz überging.

1783 erlaubte Madrid auch nicht-spanischen Koloni-sten die Ansiedlung auf Trinidad, das wenige Jahre später, 1797, von den Briten erobert wurde. 1802 wurde London im Frieden von Amiens zwischen Frankreich und Großbritannien der Besitz von Trini-dad völkerrechtlich bestätigt.

Um 1700, im Vergleich zu anderen Karibikinseln re-lativ spät, legten spanische und französische Siedler auf Trinidad größere Kakaoplantagen an, die in den folgenden Jahrzehnten Zuckerrohrpflanzungen Platz machten. Auf der Insel Tobago dominierte im 18. Jh. der Anbau von Zuckerrohr und Baumwolle. Die har-te Plantagenarbeit unter tropischen Bedingungen wurde von afrikanischen Sklaven verrichtet.

Die Abschaffung der Sklaverei im British Empire 1834 verursachte auf Trinidad und Tobago wie auf anderen Karibikinseln einen Arbeitskräftemangel. Zur Aufrechterhaltung des Plantagenbetriebs war-ben die weißen Siedler ab 1845 indische Kontraktar-beiter an. Zur Einsparung der Rückreisekosten ging die Kolonialverwaltung dazu über, den Indern Land zur Nutzung anzubieten, so daß in der zweiten Hälf-te des 19. Jhs. eine Schicht indischer Kleinbauern entstand. Ab 1850 kamen auch zahlreiche Portugie-sen auf die Inseln, die eine verheerende Hungersnot auf Madeira nach neuen Arbeits- und Lebensmög-lichkeiten hatte suchen lassen. Die meisten einge-wanderten Portugiesen gaben bald ihre landwirt-schaftlichen Aktivitäten auf und verlegten sich auf den Handel.

Anfang des 19. Jhs. wollten die britischen Gouver-neure die Entwicklung von Trinidad vorantreiben, u. a. durch den Ausbau der Verkehrswege.

Kronkolonie und Zuckerrohrkrise (1888–1962)

1888 legte die britische Kolonialverwaltung Trini-dad und Tobago zu einer verwaltungstechnischen Einheit zusammen, der von London der Status einer Kronkolonie gegeben wurde.

Die Freigabe des britischen Marktes für die Zucker-rübe stürzte den karibischen Zuckerrohranbau in eine tiefe Krise. Insbesondere auf Tobago wurden viele Plantagen in Parzellen aufgeteilt, die gegen Pacht befreiten Sklaven überlassen wurden, so daß sich eine agrarische Mischkultur auf der Basis bäu-erlicher Kleinstbetriebe herausbildete. Angebaut wurden vor allem Kakao, Tabak, Kokosnüsse und Gewürze.

1857 waren im Süden von Trinidad ergiebige Erdöl-felder entdeckt worden, die ab 1910 von US-ameri-kanischen Firmen erschlossen und ausgebeutet wur-den. Durch die Erträge aus dem Ölexport konnten die gravierenden Verluste im Zuckerrohrgeschäft, das Ende des 19. Jhs. aufgrund weltweiter Überpro-duktion und Preisverfalls in eine Krise geraten war, teilweise aufgefangen werden. In den 30er Jahren kamen 60 % des im Britischen Empire geförderten Erdöls aus Trinidad.

Unabhängigkeit (ab 1962)

1959 erlangten Trinidad und Tobago innere Autono-mie. 1958 waren beide Inseln der Westindischen Fö-deration beigetreten, die sich aufgrund von Span-nungen zwischen einzelnen Mitgliedern bereits 1962 wieder auflöste (→Barbados, S. 344). Im selben

Jahr wurden Trinidad und Tobago ein souveräner Staat, zunächst in Form einer parlamentarischen Monarchie innerhalb des britischen Commonwealth. Erster Premierminister des selbständigen Landes war Eric Williams (1956–1981), der dieses Amt bereits seit 1956, also noch unter britischer Kolonialherrschaft, bekleidet hatte. In den folgenden Jahren waren Premier Williams und sein People's National Movement (PNM) die bestimmenden Kräfte auf Trinidad und Tobago. Sie betrieben eine gemäßigte Politik, die im Innern die Besitzverhältnisse weitgehend bestehen ließ und außenpolitisch um ein gutes Verhältnis zu Großbritannien und den USA bemüht war. Als es 1970 zu Rassenunruhen zwischen schwarzen Afrokariben und indischstämmigen Indokariben kam, reagierte Williams, selbst ein Afrokaribe, mit verschärften Repressionen und Notstandsgesetzen, mit denen bürgerliche Freiheitsrechte eingeschränkt wurden.

1976 erhielten Trinidad und Tobago eine neue Verfassung, die das Land zur Republik mit eigenem Staatsoberhaupt erklärte.

Nach dem Tod von Eric Williams wurde sein langjähriger Mitarbeiter George Chambers (PNM) sein Nachfolger. Er konnte auch die 1981 abgehaltenen Parlamentswahlen gewinnen. Doch angesichts des Preisverfalls bei Rohöl und den damit verbundenen wachsenden wirtschaftlichen Schwierigkeiten verlor die jahrzehntelang dominierende PNM ihren Rückhalt in der Bevölkerung. Bei den Wahlen von 1986 konnte das oppositionelle Parteienbündnis National Alliance for Reconstruction (NAR) einen erdrutschartigen Sieg erzielen. Neuer Regierungschef wurde Arthur R. Robinson (1986–1991). Doch auch die reformorientierte NAR konnte die Wirtschaftskrise nicht meistern und verlor 1991 ihre Mehrheit im Parlament an die wiedererstarkte PNM. Das Amt des Regierungschefs übernahm Patrick Manning. Dieser unternahm Anstrengungen, die Abhängigkeit des Landes von der Ölindustrie vor allem durch die Förderung des Tourismus zu verringern. Die Fremdenverkehrszahlen zeigten bald steigende Tendenz, ohne daß Wirtschaftsmisere und soziale Spannungen überwunden werden konnten. Hinzu kam, daß die Regierung Manning 1993 mit massiven Korruptionsvorwürfen gegen die Polizei zu kämpfen hatte, die das Vertrauen der Bevölkerung in die Staatsorgane erschütterten. Bei den Parlmentswahlen 1995 büßte die regierende PNM mehrere Sitze ein, während der oppositionelle United National Congress (UNC) an Mandaten gleichziehen konnte. Basdeo Panday (PNM) wurde neuer Regierungschef.

Chronik Zeittafel

1498	Christoph Kolumbus entdeckt Trinidad und Tobago auf seiner 3. Fahrt
1532	Spanien nimmt die Inseln formell in Besitz
1552	Erste europäische Besiedlung von Trinidad
um 1700	Spanische und französische Siedler legen Kakaoplantagen an
um 1750	Zuckerrohranbau wird wichtigster Wirtschaftszweig auf Trinidad; auf Tobago große Baumwollplantagen
1763	Im Frieden von Paris wird Tobago an Großbritannien übergeben
1783	Spanien erlaubt auf Trinidad die Ansiedlung nicht-spanischer Kolonisten
1802	Im Frieden von Amiens wird Trinidad Großbritannien zugesprochen
1814	Großbritannien sichert sich alleinige Besitzrechte an Tobago
1834	Abschaffung der Sklaverei
ab 1845	Indische Kontraktarbeiter werden angeworben
1857	Auf Trinidad wird Erdöl entdeckt
1888	Trinidad und Tobago werden administrativ zusammengelegt und zur britischen Kronkolonie erklärt
ab 1890	Überproduktion führt zu schwerer Krise der Zuckerrohrplantagen
1910	Beginn der systematischen Erdölförderung durch US-Firmen
1956	Eric Williams (PNM) wird Premier
1962	Trinidad und Tobago werden unabhängig
1971	Williams verhängt nach Rassenunruhen den Notstand
1976	Trinidad und Tobago erhalten eine republikanische Verfassung
1978	Tobago erhält Autonomierechte
1986	Die NAR gewinnt die Parlamentswahlen
ab 1988	Verschärfung der Wirtschaftskrise
1991	PNM gewinnt Wahlen
1995	Bei den Parlamentswahlen erreichen PNM und UNC je 17 Mandate; Regierungschef wird Basdeo Panday (PNM)

KARIBIK

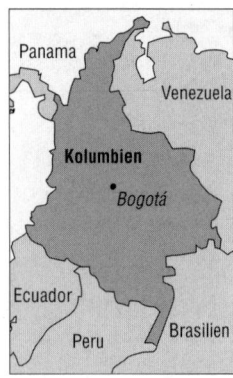

Kolumbien
(Colombia)

Fläche: 1 141 748 km²
Bevölkerung:
11,3 Mio. (1950);
20,9 Mio. (1970);
34,9 Mio. (1996).
Sprachen: Spanisch (98 %),
indianische Sprachen
Staatsform: Präsidialrepublik

Mitgliedschaften: ALADI, Andenpakt, G-3, OAS, SELA, UNO

Am 20. Juli 1810 proklamierte Kolumbien seine Unabhängigkeit. Die endgültige Befreiung von der spanischen Vorherrschaft durch Simón Bolívar erfolgte 1819. Im 19. Jh. wurde das Land durch den teils gewaltsamen Kampf zwischen Konservativen und Liberalen geprägt. Die wirtschaftliche Aufwärtsentwicklung (Export von Kaffee, Südfrüchten, Erdöl) wurde durch die Weltwirtschaftskrise 1930 gestoppt. Von 1948 bis 1957 versank das Land in einem Bürgerkrieg (»La Violencia«), dessen Nachwirkungen die Geschicke Kolumbiens bis in die Gegenwart bestimmen. Brutal ausgetragene innenpolitische und soziale Konflikte prägten die gesamte Nachkriegsentwicklung. Der Terror verschiedener Guerillabewegungen, rechtsextremer Todesschwadronen, die Auftragsmorde des Kokainkartells sowie die bis in höchste Regierungskreise reichende Korruption kennzeichnen in den 90er Jahren die Situation des südamerikanischen Landes.

Politische Struktur

Kolumbien ist eine präsidiale Republik mit einem auf vier Jahre gewählten Präsidenten als Staatsoberhaupt. Dieser ernennt die Regierungsmitglieder. Die Legislative wird gebildet von dem 163 Sitze umfassenden Parlament (Abgeordnetenhaus) und dem Senat mit 102 gewählten Mitgliedern. Die Legislaturperiode beträgt vier Jahre. Führende Parteien sind traditionell die 1849 gegründete Partido Conservador (PC, Konservative Partei) und die 1815 gegründete Partido Liberal (PL, Liberale Partei), die sich jahrzehntelang in der Regierungsmacht abwechselten und zwischen 1958 und 1974 das Land in der Frente de Transformación Nacional (FTN, Nationale Front für Veränderung) gemeinsam regierten. Daneben konnten sich seit den 70er Jahren neue Partei-

en wie die populistische Neue Demokratische Kraft etablieren. Linksgerichtete Guerillaorganisationen wandelten sich nach dem Friedensabkommen mit der Regierung von 1986 z.T. in politische Parteien um, von denen vor allem die ADM-19 Einfluß erlangte. Allerdings hat in Kolumbien die Gewalt traditionell eine starke gesellschaftliche Bedeutung und schränkt den Einfluß institutioneller Interessenvertretung durch Parteien und Gewerkschaften erheblich ein. So haben die Bosse der kolumbianischen Drogenkartelle trotz einiger Rückschläge durch Korruption und Gewalt einen großen Einfluß auf Politik und Wirtschaft, sowohl auf Regierung als auch auf Ordnungskräfte und Justiz. Durch die Aktivitäten der linken Guerilla (→Lexikon) wird das Klima der Gewalt in Kolumbien zusätzlich angeheizt.

Landesnatur

Kolumbien liegt an der Nordostspitze des südamerikanischen Subkontinents und grenzt im Norden an Panama, im Osten an Venezuela, im Süden an Brasilien und im Westen an Ecuador und Peru. Das Land hat direkten Zugang zum Atlantischen und zum Pazifischen Ozean. Zum Staatsgebiet gehören zudem Inseln in der Karibik und im Pazifik.
Kolumbien ist in drei Großlandschaften gegliedert: die Küstenebene, die Anden und das östliche Tiefland. Die bis zu 300 km breite Küstenebene besteht zum Teil aus Sumpfgebieten. In der Landesmitte erstrecken sich drei ungefähr parallele Andenkordilleren in süd-nördlicher Richtung, deren Gipfel bis auf eine Höhe von über 5700 m aufragen. In der über 5750 m hohen Zentralkordillere liegen einige vergletscherte Vulkane. Die höchste Erhebung des Landes ist der 5775 m hohe Pico Cristóbal Colón in der nördlich gelegenen Sierra Nevada de Santa Marta. In einer Hochebene der Ostkordillere liegt die Hauptstadt Bogotá. Nach Osten fällt das Land in eine ausgedehnte Tiefebene ab, die in die Zuflußsysteme des Orinoco und Amazonas hineinreicht. In Kolumbien herrscht überwiegend tropisches Klima, mit mittleren Temperaturen um 26 °C in den Tiefebenen. In den Gebirgen und Hochebenen sind die Durchschnittstemperaturen niedriger. Die jährlichen Niederschlagsmengen schwanken zwischen rund 1000 mm an der Karibikküste und in den Hochtälern und mehr als 3000 mm an den östlichen und westlichen Andenhängen.
Kolumbien hat eine üppige Vegetation mit tropischen Regenwäldern im pazifischen Küstenland und dem Südteil der östlichen Tiefebene. Nach Norden geht die Tieflandvegetation in Savanne über. Die

SÜDAMERIKA

Gebirgszüge sind in den mittleren Höhen (Baumgrenze bei 3400 m) mit Berg- und Nebelwald bedeckt.

Bevölkerung

Mestizen (Indianermischlinge) bilden mit 58 % die größte Bevölkerungsgruppe Kolumbiens. Etwa 20 % der Kolumbianer sind Weiße, 14,5% sind Mulatten (Nachkommen schwarzer Sklaven und europäischer Kolonisten). Der Bevölkerungsanteil der Schwarzen, Nachkommen afrikanischer Sklaven, beträgt rund 6 %, der der Indianer rund 1,5 %. Etwa 95 % der Einwohner sind Christen (94 % Katholiken, 1 % Protestanten). 5 % der Bevölkerung bekennen sich zu anderen Religionen.

Wirtschaft

Die Landwirtschaft ist Kolumbiens wichtigster Wirtschaftszweig. Agrarisch genutzt werden rund 20 % der Gesamtfläche des Landes, wobei der größte Teil der fruchtbaren Böden von Großgrundbesitzern kontrolliert wird. Zahlreiche Kleinbauern haben weniger als 1 ha nutzbares Ackerland. Die wichtigsten Anbau- und Ausfuhrprodukte sind Kaffee, Bananen und Schnittblumen. Kaffee hatte 1991 am gesamten Exportvolumen Kolumbiens einen Anteil von 18 %. Der illegale Kokainanbau und -handel hat für Kolumbien einen erheblichen volkswirtschaftlichen Stellenwert; der Gesamtumfang der jährlich von der Drogenmafia erzielten Umsätze ist kaum zu ermitteln, nach Schätzungen beläuft er sich auf einige 100 Mio. US-Dollar.

Die kolumbianische Industrie wurde nach dem Zweiten Weltkrieg stark ausgebaut und umfaßt Mitte der 90er Jahre insbesondere Textil-, Nahrungsmittel- Metall- und andere Bereiche der Leichtindustrie. Das Land verfügt auch über ergiebige Bodenschätze, insbesondere Erdöl, Erdgas, Kohle, Eisenerze. Öl- und Ölprodukte werden zu einem großen Teil exportiert. Wichtigstes Abnehmerland für kolumbianische Produkte sind mit Abstand die USA. Nach Deutschland gingen Anfang der 90er Jahre rund 10 % aller Warenexporte Kolumbiens.

GESCHICHTE

Entdeckung und Eroberung (bis 1780)

Im Jahre 1499 wurde die Nordküste des heutigen Kolumbiens durch Alonso de Hojeda und Amerigo Vespucci entdeckt. 37 Jahre später begann die bis 1538 andauernde Eroberung des Landesinneren durch den Spanier Gonzalo Jiménez de Quesada. Er

zerstörte die kulturell hochentwickelten Staaten der Musica und gab dem Gebiet den Namen Neugranada; es umfaßte das heutige Kolumbien, Panama und Ecuador. 1549 erhielt das Land den Status eines Generalkapitanats (spanische Verwaltungseinheit in den Kolonien) und die koloniale Ausbeutung begann. Nach dem Spanischen Erbfolgekrieg (1701 bis 1713/14) wurde Neugranada um das Gebiet des heutigen Venezuela erweitert und 1717 zum Vizekönigreich erklärt. Das zur Hauptstadt ausgebaute Bogotá entwickelte sich zum Mittelpunkt des spanischen Kolonialstaates Neugranada. Im Laufe des 18. Jhs. stieg seine Bedeutung, weil Spanien den größten Teil seiner Goldlieferungen aus diesem Land bezog.

Unabhängigkeitskampf (1780–1830)

Wie andere südamerikanische Kolonialgebiete versuchte auch Neugranada gegen Ende des 18. Jhs., sich der Kolonialherrschaft zu entledigen. Starke Impulse gingen dabei vom Amerikanischen Unabhängigkeitskrieg (1776–1783) aus. 1780/81 kam es in den städtischen Zentren der spanischen Kolonialherrschaft zu Aufständen, die in Peru und Bolivien von Indianererhebungen unter der Führung von Túpac Amaru II. (1780) begleitet waren. Die Unabhängigkeitsbestrebungen erhielten durch die Französische Revolution (1789) neue Anstöße. Wie zuvor in Ecuador (1809), kam es 1810 in Bogotá zum Aufruhr. Gertragen wurde er von der kreolischen Oberschicht (Nachfahren eingewanderter Spanier) und mündete in die Proklamation der Unabhängigkeit am 20. Juli 1810 – der 20. Juli ist später zum Nationalfeiertag Kolumbiens erklärt worden – und schließlich in das Unabhängigkeitsmanifest von Cartagena 1811. Doch gelang es dem Führer der lateinamerikanischen Unabhängigkeitsbewegung Simón Bolívar (▷ Chronik Biografie, S. 393) erst im August 1819, mit einer aus verschiedenen antispanischen Gruppen rekrutierten Armee, die Besatzungsmacht bei Boyacá entscheidend zu schlagen. Im gleichen Jahr vereinigten sich unter seiner Präsidentschaft Neugranada und Venezuela zur Republik Großkolumbien. Ihr traten in den folgenden Jahren Panama (1821) und Ecuador (1822) bei. Allerdings hatten, entgegen Bolívars Absichten, auch im neugegründeten Staat koloniale Herrschaftsverhältnisse Bestand, wie etwa die Sklaverei oder eine die Indianer unterdrückende Gesetzgebung. Ein Dissens zwischen Bolívar und der Opposition leitete den Niedergang Großkolumbiens ein. Bolívars Votum für einen um Peru und Bolivien erweiterten Großstaat stieß auf den starken Widerstand separatistischer Gruppen. Ein Krieg gegen Peru (1828/29) sowie der Austritt Venezuelas und Ecuadors (1830) führten dazu, daß die Republik Großkolumbien 1830 von der Landkarte verschwand.

Staatsgründung, Panamakonflikt (1830–1946)
Zwei Jahre nach dem Zerfall Großkolumbiens konstituierte sich aus dem Restterritorium, dem heutigen Kolumbien und Panama, eine selbständige Republik. Sie gab sich wiederum den Namen Neugranada. Die Verabschiedung einer Verfassung und das politische Wirken des ersten Präsidenten, General Francisco de Paula Santander (1832–1837), verhinderten weitere Abspaltungen. Bereits 1837 trat jener Konflikt zutage, der künftig die innenpolitische Entwicklung Neugranadas bzw. Kolumbiens dominieren sollte. Zwischen den seit 1815 organisierten Liberalen (→Lexikon) und der 1849 gegründeten Partei der Konservativen (→Lexikon) begannen erbitterte Auseinandersetzungen um die Macht im Staat, die immer wieder zu Bürgerkriegen eskalierten. Der Konflikt der beiden Gruppierungen – die Liberalen vertraten v.a. das städtische Bürgertum, während die Konservativen sich auf den Goßgrundbesitz stützten – zeigte sich insbesondere in einem Punkt: dem Verhältnis zwischen Kirche und Staat. Die Liberalen wollten eine Trennung von Staat und katholischer Kirche. Bei den Kämpfen ging es wesentlich auch um wirtschaftliche und kulturelle Interessengegensätze. Die Kreolenaristokratie mit ihrem Großgrundbesitz auf dem Hochland (Konservative) kämpfte für die Beibehaltung der hierarchischen Gesellschaftsordnung, während die bürgerliche Oberschicht in den Küstenregionen eher auf eine expandierende und exportorientierte Wirtschaft und damit Öffnung der Gesellschaft setzte.

1858 erhielt Neugranada eine neue Verfassung, nachdem die Liberalen sich 1849 gegen die Konservativen durchgesetzt hatten. Die Verfassung regelte den staatsrechtlichen Aufbau der Republik neu, indem sie in Gestalt der Granadinischen Konföderation einen Bund von neun Einzelstaaten bildete. Diesem Staatswesen wurde 1861 die Bezeichnung Vereinigte Staaten von Kolumbien gegeben. Zwei Jahre später zementierte eine weitere Verfassung den vorläufigen Sieg der Liberalen. Die Säkularisation des Kirchenbesitzes, die partielle Selbständigkeit der Einzelstaaten und die Beschränkung der Präsidentenamtszeit auf zwei Jahre wurden festgeschrieben. Wirtschaftlich richteten sich die Liberalen an der Freihandelsdoktrin aus und förderten in erster Linie den Anbau und Export von Tabak.

Bereits wenige Jahre später brachen erneut bürgerkriegsähnliche Unruhen aus, die 1876 zur Machtübernahme durch die Konservativen führten. Bis 1930 folgte nun die konservativ dominierte Periode der »Regeneración«. In den drei Amtsperioden des Präsidenten Rafael Nuñez (1880–1882, 1884–1888, 1892–1894) wurde die förderale Verfassung teilweise revidiert, das Land zentralisiert. Die neun Einzelstaaten wurden zu Provinzen, während die Trennung von Staat und Kirche bestehen blieb. Neben der Stärkung des Zentralstaates, förderten die konservativen Regierungschefs die wirtschaftliche Modernisierung des Landes. Der Ausbau des Schienennetzes und die Gründung nationaler Industrien waren Erfolge dieser Bemühungen. Zum traditionellen Export von Tabak trat seit 1900 – großenteils durch US-Kapital finanziert – die Ausfuhr von Kaffee und Südfrüchten, vor allem Bananen. Ebenfalls mit US-Kapital wurde seit 1905 die Erdölindustrie aufgebaut.

Trotz des starken ökonomischen Engagements der USA kam es 1903 zu politisch-wirtschaftlichen Auseinandersetzungen zwischen Kolumbien und den USA. Sie konzentrierten sich geographisch auf die kolumbianische Provinz Panama. Nach dem von Nordamerika betriebenen Baubeginn des Panamakanals (→Lexikon) forderten die USA die Kontrollrechte über diese Seeverbindung zwischen der Karibik und dem Pazifischen Ozean. Kolumbien mußte im Hay-Bunan-Varilla-Vertrag (→Lexikon) zustimmen. Als der kolumbianische Kongreß die Ratifizierung verweigerte, erzwangen die USA die Abtrennung der panamaischen Provinz, unterstützten die Gründung einer Republik Panama (1903) und errichteten entlang des Kanals die sog. Panama-Kanalzone mit dem Status eines amerikanischen Hoheitsgebietes. Nach längeren Verhandlungen zahlten die USA zwischen 1921 und 1930 an Kolumbien eine Entschädigung in Höhe von 25 Mio. US-Dollar. Mit Beginn der Zahlungen erkannte Kolumbien die Unabhängigkeit Panamas an.

Demokratie und Gewalt (ab 1930)
Im Verlauf der Weltwirtschaftskrise ab 1929 endete die lange Regierungszeit der Konservativen. Die 1930 wieder an die Macht gelangten Liberalen nahmen vor allem eine Landreform in Angriff. Mit der zum Teil durchgeführten Enteignung von Großgrundbesitz sowie mit parallel verlaufenden sozialen Reformen sollten die Auswirkungen der Krise für die Existenz der neu entstandenen Mittelschicht und für die Arbeiter- und Bauernschaft gemildert werden. Zudem wurden die legalen Handlungsmöglich-

keiten für Gewerkschaften und Linksopposition erweitert. Diese Politik, namentlich unter der linksliberalen Bewegung Jorge Eliécer Gaitáns, geriet zur Gefahr für die traditionellen Parteien und die von ihnen vertretenen Interessen. Als sich die Liberalen 1946 in der Kandidatenfrage für die anstehenden Wahlen zerstritten, stießen die Konservativen in dieses Machtvakuum. Trotz fehlender Stimmenmehrheit übernahm der Konservative Mariano Ospina Pérez die Präsidentschaft (1946–1950). Er löste den Kongreß gewaltsam auf, ließ die Verwaltungen mit Parteianhängern besetzen, unterdrückte die Linksopposition und drängte die Liberalen aus den politischen Entscheidungszentren. Diese organisierten eine Guerillabewegung. Kolumbien wurde für zehn Jahre (1948–1957) zum Schauplatz eines brutal geführten Bürgerkrieges. Das »La Violencia« (Gewalt) genannte Geschehen traf die gesamte Bevölkerung, kostete über 300 000 Menschen das Leben und wirkt in manchen Regionen, in denen ganze Sippen ausgerottet wurden, bis in die Gegenwart nach.

Die in diese Zeit fallenden Bemühungen des konservativen Präsidenten Laureano Gómez Castro (1950 bis 1953), das Land unter dem Druck eines totalitären Systems zu befrieden, schlugen ebenso fehl wie die Militärdiktatur des Generals Gustavo Rojas Pinilla (1953–1957), der es mit einer Mischung aus Repression und Sozialreform versuchte, vergleichbar der Strategie von Juan Domingo Perón in Argentinien. Schließlich verbündeten sich gegen den Diktator Liberale und Konservative in der Frente de Transformación Nacional (FTN). 1958 formulierten sie eine neue Verfassung, nach der bis 1974 beide Parteien abwechselnd alle vier Jahre den Präsidenten stellten sowie die Regierungsämter paritätisch besetzten. Dieses System der Machtaufteilung, die »eingefrorene Demokratie«, blieb über das Jahr 1974 hinaus intakt und hatte bis zur Wahl des Liberalen Virgilio Barco zum Präsidenten (1986–1990) Bestand. Die »eingefrorene Demokratie« garantierte in diesen Jahren die Herrschaft der oligarchischen Oberschicht. Vor allem die Konzentration des Grundbesitzes und eine extrem ungleiche Verteilung des Einkommens führten zu einem eklatanten sozialen Gefälle. 40% der Gesamtbevölkerung und zwei Drittel der Landbevölkerung müssen unterhalb der offiziellen Armutsgrenze von 150 US-Dollar im Jahr existieren. Die seit den 70er Jahren wachsende, illegale Parallelwirtschaft (Marihuana-Anbau und Export, Kokainproduktion) bewirkte eine weitere Aushöhlung des demokratischen Systems. Aus ihr ging eine neue Oberschicht hervor (Clase emergen-

te), die in steigendem Maße in der legalen Politik und Wirtschaft Positionen besetzt und ihre Ziele mit Bestechung und Mord verfolgt.

Soziale Spannungen, eine auf hohem Niveau stagnierende Arbeitslosigkeit und die bloße Fassade einer Demokratie boten und bieten einen idealen Nährboden für die Guerilla. Bereits unter der Präsidentschaft Belisario Betancur Cuartes (1982–1986) war versucht worden, das Gespräch mit der Guerilla über eine Generalamnestie zu suchen. Diese Bestrebungen fanden 1985 ein jähes Ende. Die Guerillabe-

Gabriel García Márquez
Chronik Biografie

kolumbianischer Schriftsteller

* 6.3.1928 Aracataca (Dep. Magdalena)

Der kolumbianische Schriftsteller und Literaturnobelpreisträger G. ist neben dem Peruaner Mario Vargas Llosa der bedeutendste zeitgenössische Autor Lateinamerikas. Weltberühmt wurde er durch seinen 1967 erschienenen Roman »Hundert Jahre Einsamkeit«, in dem er mit großer Phantasie und Sprachkraft ein magisch-realistisches Panorama der kolumbianischen Gesellschaft seit dem 19. Jh. entfaltet. Auch seine späteren im Kern sozialkritischen Romane und Erzählungen, darunter »Der Herbst des Patriarchen« (1975), »Die Liebe in den Zeiten der Cholera« (1985), »Der General in seinem Labyrinth« (1989), wurden zumeist Welterfolge und trugen stark dazu bei, daß bei vielen Menschen in den westlichen Industriestaaten das Interesse für lateinamerikanische Kultur und Geschichte wuchs. G. arbeitete zwischen 1959 und 1961 als Zeitungskorrespondent in Bogotá und New York. Jahrelang lebte er in Mexiko und Spanien. 1982 wurde G. für sein Werk mit dem Nobelpreis für Literatur ausgezeichnet.

wegung (→Lexikon) M-19 (Movimiento 19 te Abril, Bewegung 19. April) überfiel im November den Obersten Gerichtshof. Die Rückeroberung durch die Regierungsmiliz erfolgte ohne jede Rücksicht. Bei der Erstürmung des Gebäudes wurden nahezu alle anwesenden Richter, Besucher des Gerichts und sämtliche an der Aktion beteiligten Guerillas getötet. 1990 entschieden sich die M-19 Guerillas für einen legalen Weg. Sie unterzeichneten einen Friedensvertrag mit der Regierung und beteiligen sich seitdem unter dem Parteinamen Demokratische Allianz am politischen Leben. Zwar gewann im gleichen Jahr der Liberale César Gaviria Trujillo (1990–1994) die Wahl zum Präsidenten, die Demokratische Allianz konnte sich jedoch bei der Wahl zur verfassunggebenden Versammlung durchsetzen. Ihr Chef, A. Navarro, wurde Minister in der Regierung Trujillos und wirkte entscheidend mit bei einer neuen Verfassung, die 1991 in Kraft trat. Diese seither mehrfach geänderte Verfassung zielt zum einen auf eine verstärkte Reintegration nach wie vor bestehender Guerillaverbände, was nur teilweise gelang. Zum anderen beinhaltete sie ein Auslieferungsverbot für kolumbianische Bürger an eine auswärtige Macht. Dies sollte kolumbianische Drogenbosse zur Aufgabe animieren, ohne Gefahr zu laufen, an die USA ausgeliefert zu werden, wie es zuvor ein Auslieferungsabkommen vorgesehen hatte. Dennoch kam es nicht zu durchschlagenden Erfolgen im Kampf gegen die Drogenmafia, wenngleich sich einige Drogenbosse der Justiz stellten. Auch der von Präsident Ernesto Samper Pizano (seit 1994) mehrfach verhängte Ausnahmezustand konnte daran nichts ändern. Weder die Gewalt der Kokainmafia nahm ab noch die der linken Guerillas, die sich zu großen Teilen durch Drogengeschäfte und »Steuern« von Großgrundbesitzern und Unternehmern finanzieren. Nach Informationen des Finanzministeriums erzielen die Guerillas pro Jahr 500 Mio. US-Dollar Umsatz. Die allgemeine Kriminalität steigt stetig und alltägliche soziale Gewalt ist weit verbreitet. Mit über 30 000 Morden im Jahr (1995) ist Kolumbien weltweit einer der Staaten mit den meisten Tötungsdelikten.

Anfang 1997 setzte Washington Kolumbien wiederum auf eine Liste von Ländern, die den Drogenhandel (→Lexikon) nicht energisch bekämpfen, wogegen die Regierung in Bogotá heftig protestierte. In Bedrängnis geriet Präsident Pizano im Februar 1997 durch die Behauptung des zurückgetretenen Generalstaatsanwalts, er habe selbst zur Drogenmafia Verbindung gehabt und seinen Wahlkampf z.T. mit Drogengeldern finanziert.

Chronik Zeittafel

1499	Amerigo Vespucci entdeckt die Nordküste des heutigen Kolumbiens
1549	Generalkapitanat Neugranada
1717	Neugranada wird Vizekönigreich
1780/ 81	Aufstände gegen spanische Kolonialherren
1810	Kolumbien erklärt seine Unabhängigkeit von Spanien
1830	Zerfall von Großkolumbien (Neugranada, Venezuela, Panama, Ecuador)
1849	Liberale gewinnen gegen Konservative die Oberhand
1861	Gründung der Vereinigten Staaten von Kolumbien
1876	Konservative übernehmen die Regierungsmacht
1902	Ende des Bürgerkriegs zwischen Konservativen und Liberalen
1903	Abtrennung Panamas auf Druck der USA
1930	Der Liberale Enrique Olaya Herrera übernimmt die Präsidentschaft
1948	Beginn bürgerkriegsähnlicher Kämpfe (»La Violencia«)
1953	Gustavo Rojas Pinilla kommt durch einen Putsch an die Macht
1957	Militärjunta übernimmt die Regierung
1965	Verschärfung des Guerillakrieges
1982	Belisario Betancur wird mit Unterstützung der Konservativen Präsident; Aufnahme von Verhandlungen mit der Guerilla
1985	Besetzung des Justizpalastes durch Guerillabewegung M-19
1986	Drogenmafia (Medellín-Kartell) bestimmt zunehmend die Politik
1990	Guerillabewegung M-19 wandelt sich zu politischer Partei (Demokratische Allianz)
1991	Neue demokratische Verfassung
1994	Der Liberale Ernesto Samper Pizano wird Präsident
1996	Sicherheitskräfte erzielen Erfolge im Kampf gegen Drogenmafia
1997	Parlament verschärft Strafgesetze gegen Drogen-Kriminalität

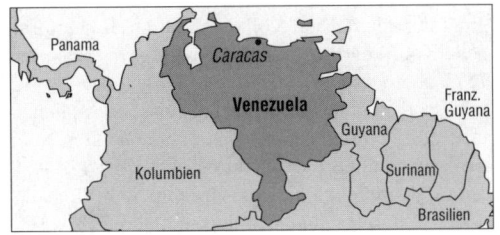

Venezuela

Fläche: 912 050 km²

Bevölkerung: 5,0 Mio. (1950); 10,3 Mio. (1970); 19,7 Mio. (1990); 21,3 Mio. (1994).

Sprache: Spanisch

Staatsform: Präsidiale Bundesrepublik

Mitgliedschaften: ALADI, Andenpakt, G-3, OAS, OPEC, SELA, UNO

Nach seiner Entdeckung 1498 wurde das Gebiet des heutigen Venezuela zunächst von deutschen Kolonisatoren erschlossen, die bald von Spaniern abgelöst wurden. 1821 erkämpfte Venezuela unter Simón Bolívar seine volle Unabhängigkeit von Spanien. Nach dem Zerfall Großkolumbiens 1830 wurde es ein souveräner Staat. In den folgenden Jahrzehnten wurde das Land immer wieder von Bürgerkriegen erschüttert. Ende des 19. Jhs. kam Venezuela innenpolitisch vorläufig zur Ruhe und verzeichnete dank reicher Ölvorkommen einen wirtschaftlichen Aufschwung. Die erste Hälfte des 20. Jhs. war geprägt von wechselnden Militärdiktaturen. Nach 1945 schlug Venezuela den Weg zur pluralistischen Demokratie ein. Diese Entwicklung wird bis in die Gegenwart hinein von Skandalen, sozialen Unruhen und Militärputschen behindert.

Politische Struktur

Nach der Verfassung von 1961 ist Venezuela eine Präsidialrepublik mit bundesstaatlicher Gliederung. Das Land besteht aus 20 Bundesstaaten (Estados), dem Bundesdistrikt, zwei Bundesterritorien und den bundesabhängigen, zu Venezuela gehörenden rund 70 Karibikinseln. Chef der Exekutive ist der Staatspräsident, der u.a. die Regierungsmitglieder und Gouverneure der Bundesstaaten ernennt. Zugleich ist er Oberbefehlshaber der Streitkräfte. Die gesetzgebende Gewalt übt ein Zweikammerparlament mit der Abgeordnetenkammer (203 Mitglieder) und dem 44 Sitze umfassenden Senat aus, in dem die einzelnen Bundesstaaten und -distrikte mit zwei bzw. fünf Mitgliedern vertreten sind.

Das Parteiensystem Venezuelas ist sehr vielgestaltig, wobei die beiden traditionell stärksten Blöcke, die 1941 gegründete, gemäßigt-konservative Acción Democrática (AD, Demokratische Aktion) und das christlichsoziale, reformorientierte Comitado de Organización Politica Electoral Independiente (COPEI, Komitee für die Organisation unabhängiger politischer Wahlen) seit Anfang der 90er Jahre an Rückhalt in der Bevölkerung und an politischem Einfluß verlieren. Davon profitieren vor allem das linksorientierte Parteienbündnis Convergencia Nacional (CN, Nationale Konvergenz), auf das sich der amtierende Staatspräsident Rafael Caldera Rodriguez stützt, und die populistische Gruppierung CR (Radikale Sache).

Landesnatur

Venezuela liegt im Norden des südamerikanischen Subkontinents und hat gemeinsame Grenzen mit Kolumbien, Brasilien und Guyana. Das Land gliedert sich in drei Großlandschaften, die Ausläufer der Anden mit der Küstenkordillere im Norden, in denen die große Mehrheit der Bevölkerung wohnt, das Orinocotiefland in der Landesmitte und das südlich sich anschließende bis über 2900 m hohe Guyanabergland. Die höchste Erhebung Venezuelas ist der 5007 m hohe Pico Bolívar in den Anden. In Venezuela herrscht ein wechselfeuchtes Tropen-Klima, mit einer Regenzeit von April bis Oktober und einer Trockenzeit im Winter. Während in der nördlichen Küstenregion die jährliche Niederschlagsmenge nur rund 550 mm beträgt, fallen im Orinocotiefland rund 1200 mm (im Osten) bis 1800 mm (im Westen) Niederschlag pro Jahr. In den Anden und im östlichen Guyanahochland werden jährliche Niederschlagsmengen von rund 3000 mm gemessen. Die jährlichen Mitteltemperaturen sind relativ konstant und liegen bei etwa 28 °C im Tiefland, in den Höhen der Anden und des Guyanaberglandes erheblich niedriger. Tropische Regenwälder finden sich nur im Süden von Venezuela; die Vegetation geht nach Norden in grüne Trockenwälder und Savannen über.

Bevölkerung

Mestizen bilden mit 69% die größte Bevölkerungsgruppe Venezuelas. Weiße, mehrheitlich spanischer und italienischer Herkunft, haben einen Anteil von 20 %, Schwarze, die Nachfahren afrikanischer Sklaven, von 9 %. Etwa 2 % der venezolanischen Bevölkerung sind Indianer. 97 % der Einwohner Venezuelas sind Christen (95 % Katholiken, 2 % Protestanten), 3 % Angehörige anderer Religionen.

Wirtschaft

Die Erdölförderung- und Verarbeitung ist die Basisbranche der venezolanischen Wirtschaft. Erdöl- und Ölprodukte haben am Exportvolumen des Landes einen Anteil von rund 80 %. Der Preisverfall für Erdöl auf dem Weltmarkt hat seit Mitte der 80er Jahre die Deviseneinnahmen stark verringert und zu einer langanhaltenden Wirtschaftskrise mit wachsendem Haushaltsdefizit und hoher Inflationsrate geführt. Anfang der 90er Jahre konnte die zu einem großen Teil staatlich kontrollierte Wirtschaft höhere Wachstumsraten erzielen. Die Industrie des Landes ist stark auf die Ölverarbeitung ausgerichtet. Daneben gibt es einen größeren Bergbausektor, in dem vor allem Eisenerze, darüber hinaus Mangan, Kohle und Gold gefördert werden. Die gesamte Industrie erbrachte Anfang der 90er Jahre rund 50 % des Bruttoinlandsprodukts (BIP).

Die Landwirtschaft trägt weniger als 5 % zum BIP von Venezuela bei. Da ihre Produktion für den Eigenbedarf nicht ausreicht, müssen Nahrungsmittel in großem Umfang eingeführt werden. Angebaut werden vor allem Mais, Reis, Kaffee, Zuckerrohr, Bohnen, Zitrusfrüchte und Baumwolle. Rund 20 % des Gesamtterritoriums von Venezuela werden agrarisch genutzt, wobei die Hauptanbaugebiete in den Andenregionen liegen.

GESCHICHTE

Entdeckung und Eroberung (1498–1795)

Das Gebiet des heutigen Venezuela wurde von Christoph Kolumbus entdeckt, der 1498 auf die Mündung des Orinoco stieß und damit zum ersten Mal das südamerikanische Festland sichtete. Ein Jahr später folgte der spanische Seefahrer Alonso de Hojeda, der den Landstrich nach den Pfahlbaudörfern der indianischen Bevölkerung Venezuela (Klein-Venedig) nannte. Reiche Perlenvorkommen bei Cumaná lockten um 1500 die ersten spanischen Siedler an. Da Kaiser Karl V. 1528 dem Augsburger Bank- und Handelshaus der Welser gegen eine hohe Abfindung die Kolonisierung Venezuelas überlassen hatte, kamen bald vermehrt deutsche Siedler ins Land. Ihre Bemühungen scheiterten bereits 1540; weder fanden sie das erhoffte Gold noch gelang es ihnen, Sklaven zu fangen. 1546 mußten die Welser die erworbenen Rechte wieder an das spanische Königreich zurückgeben. Auch die nun einsetzende spanische Kolonisation kam nur mühsam in Gang. Erst die Gründung der Hauptstadt Caracas (1567), die das seit 1555 aufgebaute Valencia ablöste, führte zur Beschleunigung der spanischen Kolonisation durch institutionelle Koordinierung und Straffung der Maßnahmen. 1577 übernahm ein spanischer Gouverneur die Geschäfte, der zunächst noch der spanischen Audiencia in Santo Domingo auf Hispaniola unterstand. Nach dem Spanischen Erbfolgekrieg (1701 bis 1713/14) schlug Spanien die Kolonie zusammen mit Ecuador und Kolumbien dem neu gegründeten Vizekönigreich Neugranada zu (1717). Erst 1786 wurde Venezuela zum Generalkapitanat ernannt und erhielt eine eigenständige Verwaltung. Infolge des Aufschwungs der Plantagenwirtschaft (Kaffee, später auch Kakao und Baumwolle) wurde das Land im Verlauf des 18. Jh. zur wirtschaftlich wichtigsten Kolonie Spaniens. Die Arbeit wurde hauptsächlich von afrikanischen Sklaven geleistet, die ab 1550 in großer Zahl herbeigeschafft wurden.

Kampf um die Unabhängigkeit (1795–1830)

Neben den Beispielen des amerikanischen Unabhängigkeitskriegs (1776–1783. →USA, S.95) und der Französischen Revolution (1789) wirkte vor allem der Indianeraufstand unter Túpac Amaru II. (1780) sowie der Sklavenaufstand auf Saint Domingue (1791; →Haiti, S. 325) inspirierend auf die venezolanischen Unabhängigkeitsbestrebungen. Frühe Aufstände gegen das spanische Mutterland zwischen 1795 und 1806 scheiterten. Erst nachdem Spanien durch Napoleon erobert und damit auch in seiner kolonialen Präsenz geschwächt worden war (1808), zeitigte der Unabhängigkeitskampf Erfolge. Um 1810 konnte sich in Venezuela eine revolutionäre Junta unter dem Direktorium Francisco Mirandas etablieren und den spanischen Generalkapitän absetzen. Zu Anfang des Jahres 1811 begann ein langer Unabhängigkeitskrieg. Er führte nach den Siegen Simón Bolívars bei Boyacá (1819) und Carabobo (1821) zur Befreiung von spanischer Herrschaft. Unter der Leitung Bolívars ging Venezuela in der neugegründeten Republik Großkolumbien auf. Nach ihrem Zerfall 1830 erlangte das Land unter seinem ersten Präsidenten General José Antonio Páez (1831–1835) die volle politische Selbständigkeit.

Bürgerkriege und Diktaturen (1830–1945)

Auch nach 1830 blieb Venezuela politisch und wirtschaftlich durch eine konservativ ausgerichtete Oligarchie, bestehend aus landbesitzenden Kreolen, dominiert. Wie in anderen Staaten Südamerikas prägte nach der Unabhängigkeit in Venezuela der Gegensatz zwischen Liberalen und Konservativen jahrzehntelang das innenpolitische Geschehen.

SÜDAMERIKA

Die im Land stark vertretenen föderalistischen Interessen stürzten Venezuela in eine Reihe von Bürgerkriegen. Der verlustreichste fiel etwa in die Zeit des amerikanischen Bürgerkrieges (1861–1865) und kostete, in Europa weitgehend unbeachtet, zwischen 1861 und 1868 über 350 000 Menschen das Leben. In diesem Zeitraum gelang es den Vertretern des föderalistischen Prinzips, eine entsprechend formulierte Verfassung durchzusetzen. 1864 erfolgte die Umgestaltung Zentralvenezuelas in eine Bundesrepublik (Estados Unidos de Venezuela), die aus 20 Teilstaaten bestand. Das durch den Bürgerkrieg verursachte politische Chaos, das überdies jede wirtschaftliche Expansion verhinderte, konnte nicht überwunden werden. Dem Diktator General Antonio Guzmán Blanco, der mit Unterbrechungen zwischen 1870 und 1887 herrschte, gelang mittels starker Repressionen eine gewisse Stabilisierung der inneren Verhältnisse. Unter seiner Führung wurde in Venezuela mit dem Eisenbahnbau begonnen. Auf einige wenige zivile Präsidenten folgten nach Blanco bald neue Militärdiktaturen.

Unter dem Militärdiktator General Juan Vicente Gómez (1908–1929, 1931–1935) gewannen wiederum Zentralisierungstendenzen die Oberhand, die vor allem zur Ausschaltung regionaler Caudillos (→Lexikon) führten. Im gleichen Zeitraum begann der Wandel Venezuelas vom Agrar- zum Industriestaat. Bereits die Abschaffung der Sklaverei (1854, also noch vor den USA) hatte zu einem drastischen Rückgang der Agrarproduktion geführt. Die Entdeckung überaus reicher Erdölvorkommen und der Beginn ihrer Förderung ab 1917 beschleunigten den Übergang. Dank ausländischen Kapitals, namentlich aus den USA, konnte eine neue wirtschaftliche Grundlage geschaffen werden. Venezuela entwickelte sich aufgrund dieser Weichenstellungen zu einem der ökonomisch leistungsfähigsten Staaten Lateinamerikas. Die eigentliche Industrialisierung Venezuelas setzte allerdings erst in den 40er Jahren ein. Dank hoher Schutzzölle wurde sie in kurzer Zeit vorangetrieben. Zu bedeutsamen Industriezweigen entwickelten sich die Aluminiumproduktion und die petrochemische Industrie. Venezuela vermochte aufgrund steigender Exporterlöse seine Staatsverschuldung zu mindern und die Währung zu stabilisieren.

Krise und Demokratie (seit 1945)

Schon vor dem Ende des Zweiten Weltkrieges formierten sich in Venezuela politische Parteien. Zu den wichtigsten gehört die 1941 von Rómulo Betancourt gegründete, sozialdemokratisch orientierte Acción Democrática (AD), eine Massenpartei mit vornehmlich ländlicher Basis und sozialreformerischem Programm. Durch einen Staatsstreich konnte die AD 1945 die Herrschaft der Generale López Contreras und Medina Angarita beenden. Betancourt wurde zum Präsidenten gewählt. Er führte das allgemeine und freie Wahlrecht ein und suchte durch hohe Steuersätze, insbesondere auf die Gewinne aus der Erdölförderung, mit denen Sozialprogramme aufgelegt werden sollten, die sozialen Konflikte zu entschärfen. Schon 1948 wurden die ersten Demokratisierungsversuche durch einen Militärputsch unter Marcos Pérez Jiménes zerschlagen, die AD verboten, ihre Führer inhaftiert oder ins Exil gezwungen. Jiménes übernahm 1952 selbst die politische Leitung des Landes. Sechs Jahre später konnte seine Diktatur durch eine Koalition von zivilen Politikern und Militärs, unterstützt durch eine nach Demokratie strebende Massenbewegung, gestürzt werden. Betancourt wurde erneut Präsident (1959–1964). In seiner zweiten Regierungszeit trieb er die demokratische Entwicklung Venezuelas voran.

Der erste verfassungsgemäße Präsidentenwechsel brachte 1964 Raúl Leoni (AD) an die Macht (1964 bis 1969). In diesem Zeitraum verschärfte sich die innenpolitische Situation erneut. Die bereits unter Betancourt tätige, durch die kubanische Revolution Fidel Castros (1959) ermutigte Guerillabewegung intensivierte ihre Aktivitäten und suchte das Land durch Gewalttaten zu destabilisieren. Der Kampf der venezolanischen Armee gegen die Guerilla war geprägt vom Terror gegen die Landbevölkerung und Intellektuelle. 1968 gewann die mittlerweile stärkste Oppositionspartei, die christlich-sozial ausgerichtete Comitado de Organización Politica Electoral Independiente (COPEI) die Wahlen. Sie bemühte sich unter ihrem Präsidenten Rafael Caldera Rodriguez (1969–1974), die opponierende oder im Guerillakampf stehende Linke in den politischen Dialog zu integrieren, u.a. durch eine 1969 erlassene Amnestie. In den folgenden Jahren gewannen abwechselnd die AD und die COPEI die Wahlen. Unter der AD-Regierung des Präsidenten Carlos Andrés Pérez (1974–1979) wurden die Eisenerz- und Erdölindustrie verstaatlicht. Die Ölkrise und die Erhöhung des Erdölpreises um das Vierfache (1973/74) führten zu einer enormen Steigerung der staatlichen Einnahmen, was die Korruption verstärkte. Obgleich Venezuela in diesem Zeitraum das höchste Pro-Kopf-Einkommen Südamerikas verzeichnen konnte, blieb das soziale Gefälle bestehen. Als eines der Gründungsmitglieder der Organisation Erdölexportierender

Länder (OPEC) versäumte es Venezuela in Zeiten des Ölbooms, seine Wirtschaft neu zu organisieren und aus der einseitigen Abhängigkeit vom Ölexport zu befreien. Außenpolitisch strebte es in den 70er Jahren eine Führungsrolle in Lateinamerika an, distanzierte sich von den Militärdiktaturen des südamerikanischen Subkontinents und pochte gegenüber den USA auf seine Unabhängigkeit.

Das Sinken des Erdölpreises seit 1983 führte in Venezuela zu einer schweren wirtschaftlichen und politischen Krise. Dem Präsidenten Luis Herrera Campins (COPEI, 1979–1984) gelang es nicht, ihre Folgen zu mildern. Er wurde abgelöst durch Jaume Lusinchi (AD), der in den 50er Jahren unter der Diktatur politisch verfolgt worden war. Doch auch Lusinchi scheiterte mit seinen Konsolidierungsbemühungen, u.a. weil er der Korruption und zahlreicher politischer Skandale nicht Herr werden konnte. Sein Nachfolger wurde Carlos Andrés Pérez (1989 bis 1993), der bereits zwischen 1974 und 1979 die Präsidentschaft innegehabt hatte. Der neue Präsident versuchte, bei steigender Schuldenlast und hoher Inflationsrate die Krise durch einen strikten Sparkurs zu überwinden. Preissteigerungen führten im Februar 1989 zu Unruhen in den großen Städten und einem landesweiten Generalstreik. Die Regierung reagierte mit harten Polizei- und Armeeeinsätzen, bei denen es rund 250 Tote und über 1800 Verletzte gab. 1992 scheiterten zwei linksgerichtete Putschversuche. Schließlich führten Korruptionsvorwürfe gegen Pérez 1993 zu seiner Demissionierung, nachdem zuvor die politischen Vereinbarungen mit der COPEI aufgekündigt worden waren.

Vor dem Hintergrund zunehmender politischer Gewalt, zu der auch die Kokainmafia immer stärker beitrug, übernahm der Mitbegründer und erste Präsident der COPEI (1969–1974), Rafael Caldera Rodriguez, die Präsidentschaft. Er hatte sich von seiner alten Partei distanziert und war für das linke Parteienbündnis Convergencia Nacional (CN) in den Wahlkampf gezogen. Seither richtet sich seine Politik offiziell in erster Linie auf die Korruptionsbekämpfung und die Überwindung der ökonomischen Dauerkrise. Der alten Abhängigkeit vom Ölmarkt sucht Caldera durch die Ansiedlung petrochemischer Industrie und durch die Intensivierung des Tourismusgeschäfts zu begegnen.

Der 1993 amtsenthobene und 1996 wegen Korruption verurteilte Pérez gründete Anfang 1997 eine neue Partei (Bewegung der Öffnung und Nationalen Beteiligung), mit der er eine Rückkehr auf die politische Bühne anstrebte.

Chronik Zeittafel

um 15 000 v. Chr.	Erste Besiedlung durch von Norden eingewanderte Indios
1498	Kolumbus entdeckt die Nordküste des heutigen Venezuela
1528	Kaiser Karl V. überläßt dem Augsburger Bankhaus Welser die Kolonisierung des Gebiets (bis 1546)
1577	Einsetzung eines spanischen Gouverneurs
1717	Angliederung an das Vizekönigreich Neugranada
1795	Aufstandsversuche gegen Spanien
1811	Venezuela erklärt seine Unabhängigkeit
1821	Venezuela wird Teil von Großkolumbien
1830	Zerfall Großkolumbiens; Venezuela wird souveräner Staat
1864	Föderalisierung; Bildung der Vereinigten Staaten von Venezuela
1870	Diktatur unter General Antonio Guzmán Blanco (bis 1887)
1908	Diktatorisches Regime unter Juan Vicente Gómez; Ausbau der Erdölwirtschaft
1941	Liberalisierungstendenzen unter Präsident Isaías Medina
1945–58	Mehrere Militärputsche
1959	Der Liberale Rómulo Betancourt wird Präsident
1968	Wahlsieg der konservativen, christlich-sozialen COPEI
1989	Unruhen aufgrund der schlechten Wirtschaftslage
1992	Zwei linksgerichtete Putschversuche scheitern
1993	Präsident Carlos Andrés Pérez wegen Korruptionsvorwürfen amtsenthoben
1994	Rafael Caldera Rodríguez erneut Präsident (bereits 1969–74); Kampf gegen Korruption und Wirtschaftskrise
1997	Der wegen Korruption verurteilte Ex-Präsident Pérez gründet eine neue Partei

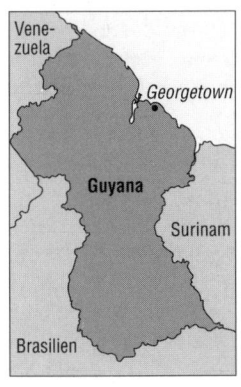

Venezuela

Georgetown

Guyana

Surinam

Brasilien

Guyana
(Guyana)

Fläche: 214 969 km²
Bevölkerung:
  0,42 Mio. (1950):
  0,70 Mio. (1970):
  0,84 Mio. (1995).
Sprachen: Englisch, Hindi, Urdu, Patois, Indianersprachen
Staatsform: Präsidialrepublik innerhalb des Commonwealth

Mitgliedschaften: AKP, CARICOM, Commonwealth, OAS, SELA, UNO

1498 entdeckte Christoph Kolumbus die Nordostspitze Südamerikas. Das heutige Guyana, seit jeher stärker auf die Karibik als auf den südamerikanischen Kontinent ausgerichtet, kam 1667 im Tausch gegen Neuamsterdam (New York) in niederländischen Besitz. 1816 wurde es britische Kolonie. Nach Erlangung der Unabhängigkeit 1966 wurde das Land in einen sozialistischen Staat umgestaltet, in dem der Gegensatz zwischen den indoguyanischen und afroguyanischen Bevölkerungsgruppen wiederholt zu politischen Spannungen führte. Eine katastrophale Wirtschaftslage zwang die Regierung Anfang der 90er Jahre zu marktwirtschaftlichen Reformen.

Politische Struktur

Mit der Verfassungsänderung von 1980 wurde in Guyana ein striktes Präsidialsystem eingeführt und der Übergang vom Kapitalismus zum Sozialismus festgeschrieben. Der starke Präsident als oberstes Exekutivorgan kann vom Parlament beschlossene Gesetze zu Fall bringen. Das Parlament (Nationalversammlung) umfaßt 65 Abgeordnete. Stärkste Parteien sind die marxistisch ausgerichtete People's Progressive Party (PPP, Fortschrittspartei) und der gemäßigt sozialistische People's National Congress (PNC, Nationalkongreß). Verwaltungstechnisch ist das Land in fünf Distrikte eingeteilt, die von Staatsministern regiert werden. Das Rechtssystem Guyanas ist stark am Vorbild der früheren Kolonialmacht Großbritannien orientiert.

Landesnatur

Das an der Nordostspitze Südamerikas gelegene Guyana hat gemeinsame Grenzen mit Venezuela, Surinam und Brasilien (im Süden). Siedlungs- und Wirtschaftszentrum des Landes ist eine 20 bis 70 km breite Schwemmlandzone hinter der von Sümpfen gekennzeichneten Küstenregion. Die Gebirgszüge des Pakaraimassivs an der westlichen Grenze zu Venezuela erreichen eine Höhe von 2810 m. Im Süden und Südwesten erstreckt sich ein 900 bis 1300 m hohes Hügelland. In Guyana herrscht tropisches Klima mit einer Hauptregenzeit zwischen April und August und einer Zwischenregenzeit im Dezember und Januar. Die Monatsmitteltemperaturen liegen zwischen 26 °C im Januar/Februar und 28 °C im September/Oktober. Die jährliche Niederschlagsmenge erreicht einen Durchschnittswert von 3000 mm. Das Landesinnere ist größtenteils von Feuchtsavannen und tropischem Regenwald bedeckt, der rund 80 % der Landesfläche ausmacht.

Bevölkerung

Die Bevölkerungsstruktur Guyanas ist durch die Kolonialgeschichte des Landes bestimmt. Mit 51% bilden die Inder die größte Bevölkerungsgruppe, gefolgt von rund 31% Schwarzen, etwa 11 % Mulatten und Mestizen (Schwarzen- bzw. Indianermischlinge), 5 % Indianern und 2 % Europäern. Die Gruppe der indianischen Urbevölkerung lebt mehrheitlich im Landesinnern. 52% der Bevölkerung sind christlichen Glaubens (Protestanten, Katholiken, Anglikaner), 34 % sind Hindus, 9 % Moslems und 5% Anhänger anderer Religionen. Etwa 90 % der Bevölkerung leben in der Küstenregion, dem Gebiet der ehemaligen Plantagenwirtschaft.

Wirtschaft

Die Wirtschaft Guyanas ist stark landwirtschaftlich geprägt. Der Agrarsektor trägt rund 40 % zum Bruttoinlandsprodukt (BIP) bei und beschäftigt etwa 34 % der Erwerbstätigen. Hauptanbauprodukte sind Reis (rund 60 % der Anbaufläche), Kokosnüsse, Zitrusfrüchte und Zuckerrohr als wichtigstes landwirtschaftliches Exportprodukt, mit dem 1991 rund 35 % der Deviseneinkünfte erzielt wurden. Etwa 80 % des Landes sind mit tropischem Regenwald bedeckt, der forstwirtschaftlich jedoch kaum genutzt wird. Der Anteil der Industrie am BIP beträgt knapp 30 %, wobei Bergbau und die Verarbeitung landwirtschaftlicher Erzeugnisse überwiegen. Guyana verfügt über einige Bodenschätze, die aber bis auf Bauxit, Gold und Diamanten nur in geringem Maß erschlossen und genutzt werden. Von dem geförderten Bauxit wird nur ein kleiner Teil im Land selbst in einem Aluminiumwerk zur Herstellung des u.a. beim Flugzeugbau benötigten Werkstoffs verwendet. Sin-

SÜDAMERIKA

kende Rohstoffpreise und Mißwirtschaft haben zu einer drückenden Schuldenlast des südamerikanischen Landes geführt.

Die Wirtschaft wurde bis Mitte der 80er Jahre gemäß dem staatssozialistischen Konzept von Präsident Forbes Burnham größtenteils staatlich gelenkt. Anfang der 90er Jahre wurden angesichts einer sich verschärfenden Wirtschaftskrise umfassende Privatisierungen eingeleitet, die jedoch der orthodox sozialistische Präsident Cheddi Jagan z. T. wieder rückgängig machte.

GESCHICHTE

Kolonialisierung (bis 1816)

Eine erste Besiedlung des heutigen Guyana ist für die Zeit um 5000 v. Chr. nachweisbar. Um 100 v. Chr. erlebte die Landbau- und Töpferkultur der Saladoid ihre Blüte und breitete sich in der Folgezeit auf die karibische Inselwelt aus. Insgesamt ist Guyana wie auch der Nachbarstaat Surinam kulturell und politisch traditionell stärker auf die Karibik als auf den südamerikanischen Subkontinent ausgerichtet. Im 15. Jh. lebten in dem tropischen Gebiet die Indianervölker der Aruaken und Kariben.

Als erster Europäer erkundete Christoph Kolumbus auf seiner dritten Entdeckungsfahrt 1498 die Küste des heutigen Guyana. Im darauffolgenden Jahr landete der Spanier Alonso de Hojeda in diesem Gebiet. Doch Spanier und Portugiesen konzentrierten ihre Kolonialaktivitäten auf andere Regionen. England und die Niederlande versuchten an dieser Stelle, sich innerhalb der Einflußsphäre der iberischen Königreiche festzusetzen. 1595 und 1617 scheiterten zunächst zwei englische Eroberungszüge unter Sir Walter Raleigh. 1616 errichteten die Niederländer erste feste Siedlungen, die auch französische und britische Kolonisten anzogen. 1650 nahm England Guyana zusammen mit dem heutigen Surinam in Besitz. Doch bereits 1667 überließ die englische Krone Guyana im Frieden von Breda den Niederländern im Tausch gegen Neuamsterdam, dem heutigen New York.

Mit afrikanischen Sklaven schufen die Niederländer im 17. und 18. Jh. eine der blühendsten und einträglichsten Zuckerrohrplantagenwirtschaften der gesamten Karibik. In der sumpfigen Küstenregion nahmen die Niederländer auch Eindeichungs- und Trockenlegungsprojekte in Angriff.

Während des Amerikanischen Unabhängigkeitskrieges (ab 1776) besetzten britische Truppen Guyana (1781–1783, 1796) und leiteten damit das Ende der niederländischen Vorherrschaft ein. Auf dem Wiener Kongreß zur Neuordnung Europas nach der Niederlage Napoleons I. 1815 wurde das Gebiet geteilt. Großbritannien erhielt den Westteil (Guyana), das abgetrennte Surinam blieb niederländisch.

Britische Kolonialherrschaft (1816–1966)

1816 wurde Guyana britische Kolonie. Das Verbot der Sklaverei im Jahr 1834 brachte die bis dahin auf Sklavenarbeit basierende Plantagenwirtschaft in Schwierigkeiten. Während des 19. Jhs. wurden billige Arbeitskräfte vor allem aus Indien, China und Portugal ins Land geholt, insgesamt rund 300 000 sog. Kontraktarbeiter, deren Arbeits- und Lebensbedingungen oft sehr schlecht waren. Seither stellen Inder und Schwarze die größten Bevölkerungsgruppen Guyanas. Ihre ethnischen Gegensätze entwickelten sich insbesondere nach der Unabhängigkeit zu einem zentralen innenpolitischen Problem.

1892 gewährte London der Kolonie Guyana eine Verfassung, die eine eingeschränkte Selbstverwaltung beinhaltete. 1928 erhielt das Gebiet den Status einer britischen Kronkolonie.

Soziale Mißstände und eine sich daraus entwickelnde Gewerkschaftsbewegung wurden zu Triebfedern für die Unabhängigkeitsbewegung. 1919 wurde mit der British Guyana Labour Union die erste Gewerkschaft im karibischen Raum gegründet. Aus der Gewerkschaftsbewegung ging 1950 die marxistisch orientierte People's Progressive Party (PPP) hervor, die sich unter der Führung des Indoguyaners Jagan und des Afroguyaners Burnham zunächst auf eine breite gesellschaftliche Basis stütze. Oberstes politisches Ziel war die staatliche Unabhängigkeit. Aus ersten freien Wahlen ging 1953 die PPP als Sieger hervor. Doch wurde die Regierung Jagan nach wenigen Monaten vom britischen Gouverneur wegen »kommunistischer Umtriebe« entmachtet. 1955 hatte der ethnische Konsens mit der Abspaltung der gemäßigt sozialistischen Gruppe um den Afroguyaner Burnham ein Ende. Zwei Jahre später gründete Burnham den People's National Congress. Zwar errang die radikale PPP 1961 erneut einen Wahlsieg, doch blieb die Macht faktisch beim britischen Gouverneur. 1963 führten Streiks zum Sturz der PPP-Regierung unter Jagan und brachten Guyana an den Rand eines Rassenkrieges zwischen Indern und Schwarzen.

Souveränität und Sozialismus (seit 1966)

1964 gewann Burnham mit seiner PNC die Wahlen und führte Guyana 1966 in die Unabhängigkeit. In den folgenden zwei Jahrzehnten war Burnham der bestimmende Politiker Guyanas, der seine Herrschaft mit Wahlfälschungen und zunehmenden Repressionen sicherte. Er verordnete dem Land einen sozialistischen Kurs, ließ ganze Industriezweige verstaatlichen (z.B. die Bauxitindustrie 1976) und versuchte parallel dazu den Aufbau eines genossenschaftlichen Sektors. 1980 machte Burnham sich selbst durch eine Verfassungsänderung zum Staatspräsidenten und verkündete den Übergang vom Kapitalismus zum Sozialismus. Außenpolitisch lehnte er sich stark an Kuba, China und die Bewegung der Blockfreien Staaten (→Lexikon) an.

Mißwirtschaft und Korruption führten in den 80er Jahren zu einer dramatischen Wirtschaftskrise und Verschlechterung der sozialen Lage in Guyana. Nach dem Tod Burnhams 1985 übernahm der PNC-Politiker Hugh Desmond Hoyote die Regierungsmacht und leitete angesichts der ökonomischen Misere eine Kursänderung ein. Zahlreiche Staatsbetriebe wurden privatisiert, das Land suchte stärkeren Anschluß an die Karibische Gemeinschaft (CARICOM, →Lexikon). Doch die desolate Wirtschaftslage änderte sich kaum, so daß 1992 Cheddi Jagans PPP die Wahlen gewinnen konnte. Staatspräsident Jagan war von seinen früheren radikalen Vorstellungen abgerückt und bemühte sich verstärkt um Unterstützung durch UNO und Weltbank, um zunächst den riesigen Schuldenberg des Landes abtragen zu können. Ein zentraler Konflikt in Guyana blieb die Rivalität zwischen der indischstämmigen Bevölkerung und den Schwarzen.

Anfang 1993 beschloß die linksorientierte Regierung von Cheddi Jagan, die 1991 von seinem konservativ-bürgerlichen Vorgänger eingeleitete Privatisierung staatlicher Industriebetriebe einzustellen. Damit verblieben auch die beiden wichtigsten Exportzweige des Landes, die Bauxit- und Zuckerindustrie, weiterhin in staatlichem Besitz.

Eine reiche Zuckerrohrernte im Jahr 1992 mit einem Zuwachs der Zuckerproduktion gegenüber 1991 um 53% brachte der Wirtschaft Guyanas zusätzliche Kapitalmittel und Wachstumsimpulse. Zum wirtschaftlichen Aufschwung trug auch die gestiegene Goldförderung bei. Allerdings hat Guyana nach wie vor mit einer hohen Auslandsverschuldung zu kämpfen. Nach Angaben des Internationalen Währungsfonds (→Lexikon) betrugen die Verbindlichkeiten des südamerikanischen Kleinstaates bei ausländischen Banken 1993 fast 2 Mrd. US-Dollar. Für den Schuldendienst mußte Guyana Anfang der 90er Jahre nahezu 40 % seiner gesamten Exporterlöse aufwenden.

Chronik Zeittafel

um 5 000 v. Chr.	Erste Besiedlung des Gebietes des heutigen Guyana
um 100 v. Chr.	Saladoidkultur mit reicher Keramikherstellung
1499	Der Spanier Alonso de Hojeda erkundet die Orinocomündung
1616	Erste holländische Siedlungen
1650	Guyana wird englische Besitzung
1667	England überläßt Guyana den Niederlanden im Tausch gegen Neuamsterdam (New York)
um 1700	Blütezeit der Plantagenwirtschaft (Zuckerrohr)
1781 –83	Vorübergehende Besetzung durch die Briten
1816	Guyana wird britische Kolonie
1834	Abschaffung der Sklaverei
1892	Verfassung gewährt eingeschränkte Selbstverwaltung
1919	Gründung der ersten Gewerkschaft im gesamten Karibikraum
1950	Gründung der linksgerichteten People's Progressive Party (PPP)
1953	Erste allgemeine Wahlen; Premier Cheddi Jagan (PPP) wird von der britischen Kolonialmacht abgesetzt
1961	Guyana erhält die volle Autonomie
1964	Wahlsieg des afroguyanischen, reformorientierten People's National Congress (PNC) unter Forbes Burnham
1966	Guyana wird unabhängig
ab 1970	Einführung sozialistischer Wirtschaftsformen
1976	Verstaatlichung der Bauxitindustrie
1980	Die neue Verfassung verfügt den Übergang vom Kapitalismus zum Sozialismus
ab 1982	Schwere Wirtschaftskrise
1983	Die USA stoppen alle Kredite
1985	Desmond Hoyote (PNC) wird neuer Präsident; schrittweise Einführung der Marktwirtschaft
1992	Cheddi Jagan gelangt nach dem Wahlsieg der PPP ins Präsidentenamt

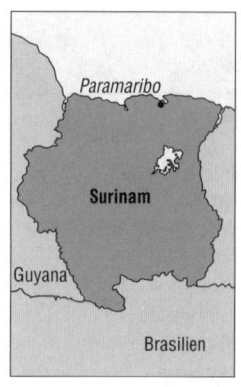

Surinam
(Suriname)

Fläche: 163 265 km²
Bevölkerung:
  0,22 Mio. (1950)
  0,29 Mio. (1970)
  0,43 Mio. (1995)
Sprachen: Niederländisch,
  Hindi, Javanisch, Englisch,
  Sranang (Schwarzen-
  Englisch)
Staatsform: Präsidialrepublik

Mitgliedschaften: AKP, CARICOM, OAS, SELA, UNO

Wie sein Nachbarstaat Guyana ist Surinam traditionell stärker zur Karibik als zum südamerikanischen Festland hin orientiert. Nach der Entdeckung 1498/99 war das Gebiet des heutigen Surinam lange zwischen Frankreich, England und den Niederlanden umstritten. 1667 wurde es niederländische Besitzung und blieb auch nach der Aufteilung der Region 1815 im niederländischen Kolonialreich, während Guyana an Großbritannien fiel. 1954 erhielt Surinam die innere Autonomie. 1975 wurde es unabhängig. Bis Ende der 80er Jahre bestimmte das Militär die Entwicklung des Landes, das seit 1991 wieder eine demokratische Regierung hat.

Politische Struktur

Seit dem Amtsantritt einer zivilen Regierung 1991 ist Surinam wieder eine parlamentarische Demokratie, deren Hauptproblem ethnische Konflikte sind. Das Militär hat eine starke Position. Der Präsident besitzt als Chef der Exekutive umfassende Machtbefugnisse. Gesetzgebungsorgan ist die Nationalversammlung mit 51 Sitzen. Stärkste Partei ist die Front für Demokratie und Entwicklung (FDO) gefolgt von der Nationaldemokratischen Partei (NDP) und der Demokratischen Alternative (DA).

Landesnatur

Surinam, an der Nordwestküste Südamerikas im Bereich der Nordabdachung des Berglandes von Guyana gelegen, ist in drei Landschaftszonen gegliedert. Der hügelige Norden (Höhe 50 bis 400 m) geht in die feuchte Küstenebene über, die sich in Ost-West-Richtung von 20 auf 100 km verbreitert. Dieser durch ein z. T. aus frühkolonialer Zeit stammendes Poldersystem vor Überflutungen geschützte Bereich ist das Siedlungs- und Wirtschaftszentrum des Lan-

des. Südlich schließt sich ein hügeliger Regenwaldgürtel an, der in ein bergiges Dschungelgebiet von bis zu 1280 m Höhe übergeht. Rund 80 % des Landes sind von tropischem Regenwald bedeckt. Es herrscht tropisches Klima mit geringen jahreszeitlichen Temperaturschwankungen (26 °C–28 °C). Savannengebiete befinden sich u.a. im Süden des Landes, im Anschluß an das von tropischem Regenwald bedeckte Bergland. Surinam hat eine lange Regenzeit im Sommer und eine kürzere im Winter. Der jährliche Niederschlag steigt von 1500 mm an der Küste auf durchschnittlich 2500 mm im dicht bewaldeten Landesinnern.

Bevölkerung

Die Bevölkerung Surinams setzt sich infolge der Kolonialgeschichte aus zahlreichen Gruppen zusammen. Rund 37 % der Einwohner sind Inder, 32 % Kreolen (im Land geborene Nachfahren europäischer Kolonisten), 14 % Indonesier, 9 % Schwarze, 3% Indianer (Nachkommen der Aruaken und Kariben) und 5% gehören anderen Volksgruppen an. Rund 75 % der Bevölkerung leben im Einzugsgebiet der Hauptstadt Paramaribo. Etwa 40 % der Surinamer sind Christen (22 % Katholiken, 18 % Protestanten), 26 % Hindus, 19 % Moslems und rund 15% Anhänger von Naturreligionen.

Wirtschaft

Bauxit ist seit der Entdeckung ergiebiger Vorkommen Anfang des 20. Jhs. das wichtigste Exportgut Surinams. Der Rohstoff für die Aluminiumherstellung erbringt über 70 % der Ausfuhrerlöse. In diesem Wirtschaftssektor haben internationale Konzerne großen Einfluß. Hauptabnehmerländer sind die frühere Kolonialmacht Niederlande und die USA.

Daneben hat die Landwirtschaft einen hohen Stellenwert für die ökonomische Struktur, wenngleich sie lediglich rund 12% zum Bruttoinlandsprodukt (1991) beiträgt. Die wichtigsten Anbauprodukte sind Reis und Bananen, die auch in großen Mengen exportiert werden.

GESCHICHTE

Entdeckung und Kolonisation (bis 1815)

Das Gebiet des heutigen Surinam war bereits um 5000 v. Chr. besiedelt. Als Christoph Kolumbus 1498 als erster Europäer die Nordküste des südamerikanischen Subkontinents erkundete, lebten dort die Indianervölker der Aruaken und Kariben. 1499 landeten spanische Truppen unter Alonso de Hojeda in der Region, an der Spanien und Portugal jedoch zunächst wenig Interesse zeigten. England und die Niederlande nutzten die Gelegenheit, auch in Lateinamerika Fuß zu fassen. Erste dauerhafte Siedlungen wurden ab 1616 von Niederländern errichtet. 1630 gründeten Engländer ihre ersten Stützpunkte und nahmen 1650 das gesamte Gebiet von Guyana und Surinam in Besitz. Den Niederlanden gelang im zweiten Englisch-Niederländischen Seekrieg die Eroberung Surinams, die von den Engländern 1667 im Frieden von Breda anerkannt wurde. Im Tausch erhielt England von den Niederlanden Neuamsterdam, das heutige New York. Die Niederländer bauten in ihrem Kolonialgebiet, zu dem auch Guyana gehörte, eine einträgliche Zuckerrohrplantagenwirtschaft auf. Als Arbeitskräfte wurden Sklaven aus Afrika eingeführt. Niederländische Deichbauer errichteten im Zuge der Kolonialherrschaft Grundlagen eines Poldersystems, das die fruchtbare Küstenregion vor Überflutungen schützen sollte.

Während der französischen Revolutionskriege besetzten 1791/92 die Franzosen Surinam, wurden aber 1799 von den Briten vertrieben.

Kolonialherrschaft (1815–1975)

Auf dem Wiener Kongreß zur Neuordnung der Machtverhältnisse in Europa nach der Niederlage Napoleons I. 1815 wurde das Gebiet zwischen Briten, Franzosen und Niederländern aufgeteilt. Surinam blieb niederländische Kolonie, während das westlich gelegene Guyana an Großbritannien und ein Küstenstreifen im Osten als Französisch-Guyana an Frankreich fielen. 1866 gewährten die Niederlande Surinam Selbstverwaltungsrechte, u.a. durch die Einrichtung einer Volksvertretung für die europäischen Einwohner. 1954 erhielt das südamerikanische Land die innere Autonomie und den Status eines gleichberechtigten Reichsteils innerhalb des Königreichs der Niederlande.

1863 verursachte die Abschaffung der Sklaverei auf den Plantagen Surinams einen großen Arbeitskräftemangel, der allmählich durch die massenhafte Einwanderung von sog. Kontraktarbeitern aus Indien und Java (Indonesien) ausgeglichen wurde. Die Arbeits- und Lebensbedingungen dieser Kontraktarbeiter waren längere Zeit sehr schlecht. In der zweiten Hälfte des 19. Jhs. führte der Verfall der Weltmarktpreise für Zucker zu einer ökonomischen Krise. Die Entdeckung großer Bauxitvorkommen im Jahr 1916 löste einen wirtschaftlichen Aufschwung in Surinam aus und veränderte die ökonomische Struktur des Landes.

Souveränität und Demokratisierung (ab 1975)

1969 gelangte die indisch dominierte Vereinigte Volkspartei an die Regierung, wurde aber bereits 1973 von einem Bündnis von javanischen und kreolischen Parteien verdrängt. Das Amt des Regierungschefs übernahm Henck Alfonsus Eugen Arron (1973–1980), der Surinam 1975 in die Unabhängigkeit führte. Im Vorfeld der Souveränitätserklärung war es zur Massenauswanderung zumeist indischstämmiger Surinamer gekommen (vor allem in die Niederlande), die politische und soziale Nachteile in einem von Kreolen und Javanern geführten Staat befürchteten.

Aus den ersten freien Wahlen ging 1977 Ministerpräsident Arron an der Spitze eines kreolischen Parteienbündnisses als Sieger hervor. Doch bereits 1980 wurde er durch einen Militärputsch gestürzt. Die Macht übernahm ein linksorientierter Nationaler Militärrat unter Führung von General Desi Bouterse. Das Parlament wurde aufgelöst, die Verfassung außer Kraft gesetzt. 1982 verhängte Bouterse das Kriegsrecht und unterdrückte jegliche Opposition. Mißwirtschaft und sinkende Bauxitpreise führten zum ökonomischen Niedergang des Landes. 1986 begannen schwarze Rebellen einen Guerillakrieg gegen das Bouterse-Regime. Im November 1987 fanden in Surinam Parlamentswahlen statt, aus denen die oppositionelle Front für Demokratie und Entwicklung als Siegerin hervorging. Die Rückkehr zur Demokratie war mit Rückschlägen verbunden. 1990 trat Bouterse zurück, neuer Präsident wurde Johan Kraag. Ein Militärputsch schlug Ende 1990 fehl. Seitdem bemüht sich die von der Front für Demokratie und Entwicklung geführte Regierung um die Festigung demokratischer Verhältnisse. 1992 schloß sie einen Friedensvertrag mit den schwarzen Rebellengruppen und entfernte Mitte 1993 den Oberbefehlshaber der Armee, einen Gefolgsmann des früheren Diktators Bouterse, aus seinem Amt.

Anfang 1993 traten die Arbeiter des Bauxitbergbaus in einen Streik, um zur Verbesserung ihrer sozialen Lage eine Verdoppelung der Löhne durchzusetzen. Da Surinam mit Bauxit rund 70 % seiner Exporterlöse erzielt, war die Wirtschaft des Landes von der Streikaktion hart betroffen. Die staatlichen Arbeitgeber erklärten sich zu Lohnerhöhungen um 40 % bereit, woraufhin die Bergarbeiter ihren Ausstand nach rund zwei Wochen beendeten.

Von erheblicher Bedeutung für die politische und wirtschaftliche Entwicklung Surinams ist das Verhältnis zur früheren Kolonialmacht Niederlande. Beide Staaten schlossen 1992 einen »Vertrag über enge Freundschaft und Zusammenarbeit«. Die Regierung in Den Haag versucht weiterhin, durch wirtschaftliche und politische Maßnahmen im Sinne wirtschaftlicher Liberalisierung und Demokratisierung in Surinam Einfluß auszuüben. So stellte die niederländische Regierung 1993 ihre Finanzhilfen ein, da Surinam bei der wirtschaftlichen Strukturanpassung, insbesondere bei den geforderten Privatisierungen, ihrer Ansicht nach nicht energisch genug vorging. Zur Erlangung größerer ökonomischer Selbständigkeit und Unabhängigkeit von den Niederlanden trat Surinam 1995 der Gemeinschaft Karibischer Staaten (CARICOM, →Lexikon) bei.

Im Mai 1996 fanden freie Parlamentswahlen statt, aus denen die regierende Front für Demokratie und Entwicklung des Staatspräsidenten Ronald Venetiaan trotz Stimmeneinbußen als stärkste Kraft hervorging. Im Vorfeld der Wahlen hatten die Niederlande mit negativen Folgen für die bilateralen Beziehungen gedroht, falls die Nationaldemokratische Partei (NDP) des früheren Diktators Desi Bouterse die Wahl gewinnen sollte. Das liberale Regierungsbündnis Neue Front verlor bei den Wahlen seine absolute Mehrheit und errang nur noch 24 der insgesamt 51 Parlamentssitze. Die NDP verfügt über 16, die linksorientierte javanische Pendawalima-Partei über vier Mandate. Mit diesem Ergebnis war die niederländische Regierung zufrieden, da eine Rückkehr Bouterses an die Macht verhindert schien.

Allerdings erwies sich die Wahl des Staatspräsidenten aufgrund der veränderten Mehrheitsverhältnisse als sehr schwierig. In zwei Wahlgängen konnte weder das Regierungsbündnis des amtierenden Präsidenten Venetiaan noch die NDP des früheren Diktators Bouterse die erforderliche Zweidrittelmehrheit für die Wahl ihres Kandidaten erzielen. Nach dem Austritt der javanischen Partei für Einheit und Harmonie (KTPI) aus dem Regierungsbündnis war der Weg frei für einen NDP-Kandidaten. Im September 1996 wählte die 869-köpfige Vereinigte Volksversammlung mit einfacher Mehrheit Jules Wijdenbosch von der NDP zum neuen Staatspräsidenten. Wijdenbosch gilt als Vertrauter Bouterses, während dessen Diktatur er Vizepräsident war. Die Mehrheit für Wijdenbosch war zustande gekommen, nachdem die NDP zugesagt hatte, daß Bouterse, unter dessen Herrschaft es zu massiven Menschenrechtsverletzungen gekommen war, kein Regierungsamt übernehmen werde. Unter diesen Voraussetzungen erklärte die niederländische Regierung ihre Bereitschaft, auch nach dem Machtwechsel mit Surinam auf wirtschaftlichem Gebiet zusammenzuarbeiten.

Chronik Zeittafel

1498	Christoph Kolumbus erreicht die Küste des heutigen Surinam
1499	Der Spanier Alonso de Hojeda erkundet das Gebiet
1616	Niederländer errichten erste Siedlungen
1667	Surinam wird von England im Tausch gegen Neuamsterdam (New York) den Niederlanden überlassen
1815	Surinam wird niederländische Kolonie
1863	Verbot der Sklaverei in Surinam
1866	Parlament für europäische Bevölkerung; eingeschränkte Selbstverwaltung
1916	Entdeckung von Bauxitvorkommen; wirtschaftlicher Aufschwung
1954	Surinam erhält innere Selbstverwaltung unter niederländischem Königreichsstatut
1973	Javanisch-kreolische Parteienkoalition verdrängt indisch dominierte Partei aus der Regierung
1974/75	Massenauswanderung indischer Bevölkerungsgruppen
1975	Surinam wird unabhängig
1977	Wahlsieg der kreolischen Nationale Partij Suriname (NPS) unter Ministerpräsident Henck Alfonsus Arron
1980	Militärputsch gegen Arron
1985	Oberstleutnant Desi Bouterse wird Staatspräsident
1986	Beginn eines Guerillakrieges
1987	Aus freien Wahlen geht die oppositionelle Front für Demokratie und Entwicklung als Siegerin hervor; Verabschiedung einer demokratischen Verfassung
1990	Putsch durch General Bouterse
1991	Wahlsieg der Front für Demokratie und Entwicklung
1992	Beendigung des Bürgerkriegs; Rücktritt Bouterses als Armeechef
1994	Wiederaufflammen des Bürgerkriegs
1995	Beitritt Surinams zur CARICOM
1996	Wahl von Jules Albert Wijdenbosch, eines Gefolgsmannes Bouterses, zum neuen Präsidenten

Brasilien
(Brasil)

Fläche: 8 511 996 km²
Bevölkerung:
  51,9 Mio. (1950);
  92,5 Mio. (1970);
  164,4 Mio. (1996).
Sprachen: Portugiesisch,
  Indianersprachen
Staatsform: Präsidiale
  Bundesrepublik

Mitgliedschaften: ALADI, Mercosur, OAS, SELA, UNO

Brasilien war die einzige portugiesische Kolonie in Südamerika. Mit über die Jahrhunderte wechselnden Produkten (Brasilholz, Zucker, Gold, Kaffee) erzielte das Land seit der Kolonisierung oft hohe Erträge, die zunächst dem Mutterland Portugal, nach der Unabhängigkeit dem brasilianischen Staatshaushalt zugute kamen. Anfang des 19. Jhs. war Brasilien für einige Jahre Sitz des portugiesischen Königshauses. 1822 erlangte das Land als Monarchie seine Unabhängigkeit. 1889 wurde die Republik ausgerufen. In den folgenden Jahrzehnten bestimmten häufig Militärdiktatoren die politische Entwicklung. Nach dem Zweiten Weltkrieg gab es eine Periode ziviler Regierungen. 1964 übernahm wiederum das Militär die Macht. Seit Mitte der 80er Jahre wird das Schwellenland Brasilien, das mit wirtschaftlichen und sozialen Problemen zu kämpfen hat, wieder von Zivilregierungen geführt.

Politische Struktur

Nach der Verfassung vom Oktober 1988 ist Brasilien eine präsidiale Republik. Die Machtbefugnisse des Präsidenten, der zugleich auch Regierungschef ist, werden durch ein gestärktes Parlament eingeschränkt, obwohl der in direkter Wahl für sechs Jahre gewählte Präsident dem Parlament nicht unmittelbar verantwortlich ist. Ihm steht der Nationale Verteidigungsrat als beratendes Gremium zur Seite. 1993 stimmten in einem Referendum rund 55 % der Brasilianer für die Beibehaltung des Präsidialsystems. Das Militär ist ein gewichtiger Faktor in der brasilianischen Politik. Die gesetzgebende Gewalt liegt bei dem jeweils für eine vierjährige Legislaturperiode gewählten Parlament (Abgeordnetenhaus). Brasilien hat einen föderalen Staatsaufbau, bestehend aus 26 Bundesstaaten und einem Bundesdistrikt mit der Hauptstadt Brasília. Die einzelnen Bundesstaaten haben eigene Parlamente und werden von einem direkt gewählten Gouverneur regiert. Der Zentralstaat ist u. a. für Belange der Außenpolitik, der Verteidigungs-, der Finanz- und der Erziehungspolitik zuständig.

Nachdem das Land jahrelang von Militär-Diktatoren regiert worden war, hat sich seit Beginn der Re-Demokratisierung 1980 in Brasilien wieder ein Mehrparteiensystem herausgebildet. Stärkste politische Kraft ist die linksliberale Partido do Movimento Democrático Brasileiro (PMDB, Partei der Demokratischen Bewegung Brasiliens), die seit der Parlamentswahl von 1994 über 107 Mandate verfügt und während der Militärdiktatur unter anderer Bezeichnung in Opposition zum Regime stand. Daneben spielen die Partido da Frente Liberal (PFL, Liberale Front), die Partido Democrático Trabalhista (PDT, Demokratische Arbeiterpartei) und die sozialdemokratische Partido Democrático Social (PDS) eine wichtige Rolle in der brasilianischen Politik. Die Gewerkschaften haben auf die politische Entwicklung verhältnismäßig wenig Einfluß. Das brasilianische Rechtssystem ist von französischen, portugiesischen und deutschen Vorbildern geprägt.

Landesnatur

Brasilien ist das größte Land Lateinamerikas und das fünftgrößte der Erde. Es ist gegliedert in drei große Landschaftsräume: das westlich gelegene Amazonastiefland, das vom Amazonas und seinen Zuflüssen durchströmt wird, das im Norden schroff aufsteigende Bergland von Guyana, in dem weite Plateaus und einzelne Tafelberge vorherrschen und in dem mit dem 3014 m hohen Pico da Neblina der höchste Berg Brasiliens liegt, sowie das im Südosten gelegene brasilianische Bergland, welches über 50 % der Gesamtfläche Brasiliens ausmacht. Die Atlantikküste entlang erstreckt sich (mit Ausnahme des Amazonasbeckens) ein maximal 80 km breiter Tieflandstreifen. Das Bergland von Guyana ist überwiegend mit Mischwäldern und Savannen bedeckt. Im Süden schließt sich das Amazonasbecken mit dichten tropischen Regenwäldern an. Mit rund 7 Mio. km² ist es das größte Waldgebiet der Erde, in dem sich eine einzigartige Vielfalt an Tier- und Pflanzenarten findet. Der rücksichtslose Holzeinschlag und verheerende Brandrodungen zur Gewinnung von landwirtschaftlicher Nutzfläche stellen eine Bedrohung für den brasilianischen Regenwald dar, dessen klimaregulierende Funktion und Artenvielfalt in seiner Tier- und Pflanzenwelt stark gefährdet sind. Im

Süden geht der immergrüne Regenwald allmählich in laubabwerfenden Feuchtwald (Cerradao) und Feuchtsavanne (Campos cerrados) über. Weiter nach Süden folgen subtropische Feuchtwälder und Ausläufer der argentinischen Pampa. Der Küstenstreifen ist größtenteils mit einer Mischung aus Dünengräsern, Kakteen und Palmen (Restingas) bewachsen. Mit Ausnahme des subtropischen Südens herrscht in Brasilien tropisches Klima. Im immerfeuchten Regenwald fallen die größten Niederschlagsmengen zwischen Juni und Dezember. Die Jahresmitteltemperatur beträgt 27 °C, bei nur geringen monatlichen Schwankungen. Im subtropischen Süden des Landes fällt die Regenzeit in die Sommermonate. Die höher gelegenen Teile des Berglandes haben gemäßigte Temperaturen, aber dennoch typisches Tropen- bzw. Subtropenklima, mit größeren Temperaturschwankungen zwischen Tag und Nacht. In diesen Regionen betragen die durchschnittlichen Monatstemperaturen zwischen 14 °C im Juli und 25 °C im Januar.

Bevölkerung

Brasilien ist mit seinen rund 164 Mio. (1996) Einwohnern das bevölkerungsreichste Land Lateinamerikas. Die durchschnittliche Bevölkerungsdichte ist mit 19 Personen pro km^2 sehr gering. Die Siedlungszentren Brasiliens liegen in den Ballungsgebieten des Südens und Südostens. Das Bevölkerungswachstum hat sich in den vergangenen Jahren verringert und beträgt Mitte der 90er Jahre etwa 1,8 % pro Jahr. Der Urbanisierungsgrad, d. h. der Anteil der städtischen Bevölkerung, liegt bei 78 %. In der ethnischen Zusammensetzung seiner Bevölkerung spiegelt sich die Geschichte Brasiliens. Das Land wurde im Lauf seiner kolonialen und nachkolonialen Entwicklung zu einem Schmelztiegel. Die Weißen bilden mit 53 % die größte Gruppe (darunter rund 3 Mio. Deutschstämmige), gefolgt von 22 % Mulatten (Schwarzenmischlinge), 12 % Mestizen (Indianermischlinge) und 11 % Schwarzen. Die Indianer machen nur noch einen Bevölkerungsanteil von weniger als 2 % aus. In Brasilien leben zudem rund 1 Mio. Asiaten, überwiegend Japaner.
Der Alphabetisierungsgrad der brasilianischen Bevölkerung beträgt rund 74 %, wobei erhebliche Unterschiede zwischen der höher gebildeten Stadtbevölkerung und den Landbewohnern bestehen.
Von den Einwohnern Brasiliens sind 85 % katholisch und 11 % protestantisch. Rund 2 % sind Anhänger afrikanischer Religionen. Vor allem im katholischen Bevölkerungsteil findet sich zunehmend eine Vermischung katholischer Glaubenssätze und

Riten mit afrobrasilianischen Kulten wie z. B. Macumba und Candomblé.

Wirtschaft

Brasilien gehört zu den sog. Schwellenländern, die am Übergang von einem agrarisch geprägten zu einem Industriestaat stehen. Es ist eines der am stärksten industrialisierten Länder Lateinamerikas, eine Folge der seit Jahrzehnten betriebenen Wirtschafts- und Industrialisierungspolitik. Der industrielle Sektor ist mit rund 37% (1992) an der Entstehung des Bruttoinlandsprodukts (BIP) beteiligt. Zu den wichtigsten Produktionszweigen gehören Fahrzeug- und Maschinenbau, Elektrotechnik und chemische Industrie. Die industriellen Zentren liegen im Süden Brasiliens, in Minas Gerais und um die Millionenstädte São Paulo und Rio de Janeiro. Brasilien verfügt auch über ergiebige Erdölvorkommen, die rund 20 % des Eigenbedarfs decken. Daneben gibt es insbesondere in der Amazonasregion reiche Bodenschätze (Eisen- und Manganerze, Kohle), die bisher nur zu einem geringen Teil erschlossen sind.
Die Landwirtschaft, einst dominierender Sektor, hat volkswirtschaftlich an Bedeutung verloren; ihr Anteil am BIP liegt bei 10 % (1991). Hauptanbauprodukte sind Zucker, Kaffee (überwiegend für den Export), Kakao, Mais, Soja, Baumwolle und Tabak. Der größte Teil der landwirtschaftlichen Nutzfläche dient als Weideland. Brasilien ist einer der größten Fleischproduzenten der Welt.
Das Streben nach beschleunigtem Wirtschaftswachstum hat den tropischen Regenwald in akute Gefahr gebracht. Zur Ausbeutung von Bodenschätzen und zur Gewinnung von Ackerland werden große Teile des Regenwaldes rücksichtslos gerodet, was negative Folgen für das Weltklima nach sich zieht.
Ein drückendes Problem ist die horrende Verschuldung Brasiliens. Es ist eines der am höchsten verschuldeten Länder der Welt.

GESCHICHTE

Erste Besiedlung (bis 1500 n. Chr.)

Aufgrund neuerer archäologischer Funde wird in der Forschung vermutet, daß die erste Besiedlung des heutigen Brasilien bereits um 30 000 v. Chr. erfolgte. Ältere Schätzungen hatten das 12. Jt. v. Chr. als Zeitraum der frühesten Besiedlung Brasiliens angenommen. Um 1000 v. Chr. bestanden in der Großregion zwei unterschiedliche Kulturkreise, einer im nördlichen Amazonasbecken und einer im südlichen Savannenland. Während der Norden starke Einflüsse aus anderen Kulturen vor allem der Andenregion aufnahm, vollzog sich die Entwicklung des südlichen Raums mit größerer Eigenständigkeit. Um 5000 v. Chr. gab es im brasilianischen Hochland Kulturen, die über Grundfertigkeiten in der Keramikherstellung verfügten. In Ost- und Südbrasilien trat die Keramikherstellung erst relativ spät, um 1000 v. Chr. auf. Der Küstenstreifen Brasiliens war zum Zeitpunkt seiner Entdeckung durch die Portugiesen überwiegend von Tupívölkern bewohnt, die eine typisch tropische Pflanzerkultur ausgebildet hatten. Ihre Nahrungsgrundlage bestand überwiegend aus Maniok, Mais, Bohnen und Erdnüssen. Ergänzt wurde die Ernährung durch Früchte, Kleintiere und Fische. Die Tupí-Guarní bildeten an den Küsten eine sprachlich, religiös und kulturell relativ homogene Bevölkerungsgruppe, die ihre Ackerbaufläche zumeist durch Brandrodung erweiterte. Im Hinterland lebten die Tapúias, ein zur Volksgruppe der Gé gehörender Stamm, den die Tupí aus ihren ursprünglichen Siedlungsgebieten an der Küste verdrängt hatten. Im inneren Amazonasbecken lebten seit etwa 5000 v. Chr. Sammler- und Jägerstämme, u. a. aus der Völkergruppe der Kariben und Aruaken, die ihre Lebensweise in den unzugänglichen Gebieten vereinzelt bis ins 20. Jh. beibehalten haben. Das Vordringen der Zivilisation bis in diese Gegend gefährdet allerdings seit einigen Jahrzehnten ihre Lebensgrundlagen.

Entdeckung und frühe Kolonisation (1500–1695)

Im April 1500 landete der portugiesische Seefahrer Pedro Álvarez Cabral auf der Höhe des späteren Bahia als erster Europäer an der brasilianischen Küste und nahm das Land wenige Tage später gemäß dem Tordesillas-Vertrag offiziell für Portugal in Besitz. In dem 1494 geschlossenen Vertrag hatten sich Spanien und Portugal auf eine Aufteilung ihrer Interes-

Vertrag von Tordesillas (1494) regelt Kolonialbesitz

Chronik Zitat

Nach langwierigen Verhandlungen schlossen Spanien und Portugal 1494 auf der Grundlage eines Schiedsspruches Papst Alexanders VI. den Vertrag von Tordesillas, in dem sie ihre Einflußsphähren in neuentdeckten Ländern abgrenzten.

»1. Die genannten Bevollmächtigten des Königs und der Königin von Kastilien, León, Aragonien, Sizilien, Granada usw. und des Königs von Portugal und Algarve haben erklärt, daß zwischen ihren Auftraggebern eine gewisse Meinungsverschiedenheit besteht über das, was jeder Partei von den bis zum heutigen Datum dieses Vertrages im Ozean zu machenden Entdeckungen gehört, weshalb sie zu Nutzen und Frommen von Frieden und Eintracht und zur Erhaltung der schuldigen Liebe untereinander Ihre Bevollmächtigten beauftragt haben, durch den Ozean eine Linie von Pol zu Pol zu ziehen, nämlich vom arktischen zum antarktischen Pol, das heißt von Norden nach Süden, dreihundertsiebzig Meilen westlich der Kapverdischen Inseln, so daß alles, was bisher von dem König von Portugal und seinen Schiffen gefunden und entdeckt worden ist oder künftig gefunden und entdeckt werden wird, sowohl Inseln als auch Festland, wenn es östlich der beschriebenen Linie , sei es in nördlicher oder südlicher Richtung, liegt und von ihr nicht durchschnitten wird, dem König von Portugal und Seinen Nachfolgern für immer verbleiben und gehören soll, und daß alles andere, Inseln und Festland, das westlich der beschriebenen Linie entdeckt oder zu entdecken ist, dem König und der Königin von Kastilien, León usw. gehören soll.

2. Es wurde beschlossen, daß keiner der beiden Teile in den dem anderen Teil hiernach zufallenden Bereich künftig Schiffe entsenden, Länder oder Inseln entdecken und suchen oder dort in irgendeiner Weise Handel treiben, Sklaven kaufen oder Gebiet erwerben wird; sollte es sich aber ereignen, daß die Schiffe der spanischen Herrscher jenseits der beschriebenen Linie, in dem für den König von Portugal vorbehaltenen Bereich, Inseln oder Länder entdecken, so sollen sie dem König von Portugal und seinen Erben auf immer gehören und Ihm von den spanischen Herrschern alsbald übergeben werden. (Entsprechendes gilt für etwaige portugiesische Entdeckungen auf der spanischen Seite der Linie.) ...«

sen- und Besitzsphären entlang einer 370 Meilen westlich der Kapverdischen Inseln von Nord nach Süd verlaufenden Linie geeinigt. Somit fiel das zum Zeitpunkt der Vertragsunterzeichnung noch gar nicht entdeckte Brasilien an Portugal. Lissabon, das seine Kolonialaktivitäten bislang stark auf Afrika und Asien konzentriert hatte, besaß damit ein ausgedehntes Territorium in Südamerika. 1503 schickte der portugiesische König eine zweite Flotte unter Goncalo Coelho zu näheren Erkundungen in das neuentdeckte Gebiet. Sie fuhr an der brasilianischen Küste südwärts und brachte von ihrer Fahrt u. a. größere Mengen Brasilholz nach Lissabon. Die Rinde dieses Baumes wurde seinerzeit in ganz Europa zur Herstellung von rotem Farbstoff für Textilien benutzt. Da der Baum an der Küste sehr häufig vorkam, wurde das ganze Land nach ihm Brasilien genannt. Lissabon zeigte zunächst nur wenig Interesse an dem neugewonnenen Gebiet. Die Aktivitäten der Portugiesen beschränkten sich auf die Ausfuhr größerer Mengen Brasilholzes, das sie in den Küstenregionen von Indianern gegen Messer, Glasperlen usw. eintauschten. Des weiteren diente das Land als Zwischenstation für portugiesische Schiffe, die sich dort für die weitere Fahrt nach Indien mit Proviant versorgten. Als französische Seefahrer den Portugiesen das Brasilholzmonopol streitig zu machen begannen, befahl König Johann III. (1521–1557) die Einrichtung von bewaffneten Festungen und leitete die systematische Besiedlung Brasiliens in die Wege.

Mit der Koordination dieser Besiedlungsprojekte wurde Martim Afonso de Sousa betraut, den der König 1531 als ersten portugiesischen Gouverneur nach Brasilien schickte. 1532 gründete de Sousa als ein Ausgangszentrum der Besiedlung den Ort São Vicente. Anders als in vielen Regionen Afrikas und Asiens trafen die Portugiesen bei ihrer Kolonisation an den Küsten Brasiliens kaum auf Widerstand der Urbevölkerung, da Tupí, Aruaken oder Gé kulturell und waffentechnisch nicht in der Lage waren, sich gegen das Eindringen der Portugiesen zur Wehr zu setzen. Bei der Kolonisation setzte Lissabon bald auf private Initiativen, wobei es auf seine positiven Erfahrungen auf Madeira und den Azoren zurückgriff. Brasilien wurde nach diesem Modell in 15 Gebietsstreifen, sog. Kapitanate (Capitanias) eingeteilt und an portugiesische Adlige als Lehen vergeben. Ein Teil der einzelnen Kapitanate ging in persönliches Eigentum über, den Rest mußten die sog. Donatarios (Beschenkte, Belehnte) an Siedler vergeben, die ein Sechstel ihrer Erträge an die portugiesische Krone abzuliefern hatten. Die Donatarios ließen ihre eige-

nen Latifundien von Indianern bewirtschaften. Das portugiesische Königshaus behielt sich innerhalb dieses halbprivaten Kolonisationssystems Monopole vor, z.B. den Handel mit Brasilholz und Gewürzen. Martim de Sousa führte in Brasilien Zuckerrohr ein, das im Norden auf großen Plantagen angebaut wurde. Als Arbeitskräfte wurden zunächst Indianer herangezogen; nachdem diese sich jedoch unter den schweren Bedingungen nicht ausreichend produktiv zeigten, wurden sie durch afrikanische Sklaven ersetzt, die ab 1578 nach Brasilien gebracht wurden. Bis Ende des 17. Jhs. bildeten Zuckerrohranbau und Sklavenhandel (→Lexikon) die ökonomischen Grundlagen der portugiesischen Kolonie Brasilien.

1549 schickte Lissabon Tomé de Sousa (1503 bis 1579) als königlichen Generalgouverneur nach Brasilien, wo er die ins Stocken geratene Kolonisierung wieder in Gang bringen sollte. Als Sitz der portugiesischen Kolonialverwaltung gründete er die Stadt São Salvador de Bahia (heute Salvador). Das Interesse Portugals an Brasilien nahm nun stetig zu, die Verwaltung wurde verbessert, Landausbau und Handel wurden intensiviert. Da Lissabon wegen seines traditionell starken Kolonialengagements in Afrika und Asien nicht genügend Portugiesen nach Brasilien schicken konnte, wurden bald auch Ausländer, darunter Niederländer, Italiener und Deutsche, als Kolonisatoren ins Land gerufen.

Mit den Eroberern und Kolonisten kamen die Missionare. Neben der Suche nach Land und Reichtum bildete die Mission ein starkes Motiv für die europäische Kolonisation. Bereits mit dem Gouverneur Tomé de Sousa kamen die ersten sechs Jesuiten ins Land. 1554 gründete der Indianermissionar Manuel da Nóbrega das Jesuitenkolleg São Paulo, aus dem sich später die größte Stadt Brasiliens entwickelte. Besonders erfolgreich in seiner Missionstätigkeit war der Jesuitenpater Anchietta, später der »Apostel Brasiliens« genannt, der als erster Indianersprachen beherrschte, eine Grammatik verfaßte und das medizinische Wissen der Indianer sammelte.

Doch galt es auch, den Kolonialbesitz gegen Besitzansprüche anderer europäischer Mächte abzusichern. So gründeten die Portugiesen zur Abwehr französisch-hugenottischer Siedler, die sich im Süden Brasiliens niederzulassen versuchten, 1565 die Stadt Rio de Janeiro.

Eine besondere Rolle in der frühen Kolonialgeschichte Brasiliens spielten die sog. Bandeirantes (→Lexikon), eine Gruppe portugiesisch-indianischer Mischlinge. Von ihren Siedlungsstätten um São Paulo aus unternahmen sie ab Mitte des 16. Jhs. Erkundungs- und Beutezüge ins schwer zugängliche Landesinnere. Ihre Hauptaktivität war dabei die Jagd auf Indianer, die sie als Sklaven u.a an die Zuckerrohrplantagen im Norden verkauften. Ein der portugiesischen Krone sehr willkommener Aspekt ihrer Betätigung lag darin, daß sie mit ihren Kriegszügen die Grenze Brasiliens nach Westen, weit über die im Vertrag von Tordesillas festgelegte Linie hinaus, vorschoben. Insofern sind die Bandeirantes vergleichbar mit den »Pioneers« die im 18. und 19. Jh. in Nordamerika nach Westen vordrangen. Diese »Expansionsgebiete« wurden 1621 in die Generalgouvernements Brasilien und Maranhao unterteilt und als teilautonome Gebiete von der portugiesischen Krone mit einem eigenen Kolonialrecht ausgestattet. Auch bei den militärischen Auseinandersetzungen mit Niederländern und Franzosen, die sich in Brasilien festzusetzen versuchten, war der

portugiesischen Kolonialverwaltung die Hilfe der kriegerischen Bandeirantes willkommen, deren oft rücksichtsloses Vorgehen ansonsten von Teilen der Kolonialbeamten und der Kirche verurteilt wurde. Schwere Konflikte gab es immer wieder zwischen den Bandeirantes und den Jesuiten, die sich schützend vor die von ihnen betreuten Indianer stellten. Indianermissionen waren ein bevorzugtes Kriegs- und Raubrevier der Bandeirantes, die die Indianerbevölkerung gefangennahmen und als Sklaven verkauften. Doch Anfang des 18. Jhs. verstärkte sich die Gegenwehr. Die Jesuiten bewaffneten die Indianer, vor allem im Grenzgebiet zwischen Brasilien und Paraguay (→S. 404). 1641 bereitete ein gut gerüstetes Indianerheer den Bandeirantes eine Niederlage.
1580 fiel das Königreich Portugal nach dem Aussterben des Hauses Aviz durch Erbschaft in Personalunion an Spanien. In dieser Phase versuchten an-

Bericht über die Verbrechen brasilianischer »Bandeirantes«

Chronik Zitat

Auszug aus einem Bericht über die Vergehen von brasilianischen Bandeirantes an Indianern und Jesuitenpatres im Grenzgebiet zwischen Brasilien und Paraguay (1629).

»Vierzig Jahre lang haben die Einwohner von São Paulo die Gesetze des Königs, unseres Herrn verhöhnt und mißachtet und Gott beleidigt, ohne an die Bestrafung zu denken, die ihrer harrt. Fortwährend nehmen sie bei ihren Überfällen frei und gleichberechtigte Indianer mit Waffengewalt gefangen und verschleppen sie, um sie selbst als Sklaven zu halten oder zu verkaufen. Kürzlich waren sie sogar noch dreister als in den vergangenen Jahren und dies hauptsächlich aus zwei Gründen: Dieses Mal sind sie in noch größerer Anzahl denn je losgezogen, ermutigt durch gar keine oder nur geringfügige Bestrafung für ihre ständigen und unrechtmäßigen Entradas in der Vergangenheit; sie haben die Reduktionen (Missionsstationen) der Jesuitenpater in Paraguay angegriffen und all jene, die wir unterweisen, mitgenommen.
Hinsichtlich des ersten Punktes: Anfang August 1628 verließen etwa neunhundert Portugiesen die Stadt São Paulo mit Musketen, Schwertern, Baumwollharnischen, Schilden, Macheten, großen Men-

gen an Munition und Schießpulver, sowie weiteren Waffen. Sie hatten 2000 zuvor unrechtmäßig gefangene Indianer bei sich. ...
Alle Männer wurden in vier Kompanien aufgeteilt und ihre Hauptleute und Kriegsoffiziere hißten ihre Fahnen, als ob sie sich zur Meuterei gegen die königliche Krone erhoben hätten. Die Fahnen, die sie trugen, zeigten nicht die Waffen des Königs, sondern andere Insignien...
Nachdem diese Banditen dann am 28. September 1628 den Tibajiva Fluß überquert hatten, bauten sie ihre Palisade und ihr Fort aus Holzpfählen in der Nähe unserer Dörfer...
Am 30. Januar 1629 kamen sie und nahmen nicht nur Tatabrana, sondern alle, die der Pater in San Antonio unterwies, in ihre Gewalt. Wie sie selbst zugaben, nahmen sie viertausend Indianer oder Lastenträger und viele andere mit, zerstörten das ganze Dorf, verbrannten viele Häuser, plünderten die Kirche und das Haus des Paters und entweihten ein Bild unserer Herrin. Gewaltsam trieben sie die indianischen Frauen und Männer aus dem Haus des Paters, wo sie Zuflucht genommen hatten, und sie töteten einen Indianer vor der Tür des Hauses und zehn oder zwölf Personen im Dorf selbst.«

SÜDAMERIKA

dere europäische Mächte verstärkt, sich in Brasilien festzusetzen. So unternahmen die Franzosen zwischen 1612 und 1615 mehrere Versuche, an der Amazonasmündung Fuß zu fassen, wurden von den Portugiesen jedoch bald verdrängt. 1630 eroberten die Niederländer Pernambuco und gründeten dort unter dem Generalgouverneur Johann Moritz von Nassau die westindische Handelskompanie mit Recife als Zentrum. Doch 1654 gelang es den Portugiesen, die Niederländer zu vertreiben.

Im Süden Brasiliens verschaffte sich Portugal, seit 1640 wieder eigenständiges Königreich, 1680 mit der Gründung der Colônia do Sacramento im heutigen Uruguay einen eigenen Zugang zum Río de la Plata. Anschließend kam es in dem Gebiet immer wieder zu wechselvollen Militärkonflikten mit Spanien um die Vorherrschaft, bis 1750 im Vertrag von Madrid die Südgrenze Brasiliens festgelegt wurde. Der Vertrag von Tordesillas (1494) war damit faktisch überholt, da Brasilien sich im Westen weit über die festgelegte Linie hinaus ausgedehnt hatte. Die in diesem Zusammenhang vereinbarte Einbeziehung Paraguays in den brasilianischen Einflußbereich stieß auf heftigen Widerstand der Jesuiten und Indianer, der 1761 zur Aufhebung des Vertrages führte. Ein neuerlicher Krieg mit Spanien brach aus, der sich bis 1777 hinzog. Im Vertrag von San Ildefonso erkannte Madrid schließlich die Gebietszuwächse Brasiliens im Westen an; im Gegenzug verzichtete Portugal auf einen Zugang zum Río de la Plata.

Gold- und Diamantenzyklus

In der ersten Kolonialepoche beschränkte sich die ökonomische Erschließung und Nutzung Brasiliens weitgehend auf den Anbau und Export von Zuckerrohr, Baumwolle, in geringeren Mengen Tabak sowie Brasilholz. In der wirtschaftlichen Entwicklung Brasiliens unterscheidet man vier sog. Zyklen: 1. den Brasilholzzyklus (von der Entdeckung an bis etwa 1550); 2. den Zuckerrohrzyklus (ca. 1530 bis ca. 1680); 3. den Gold- und Diamantenzyklus (18. Jh.); 4. den Kaffeezyklus (ca. 1780 bis zur Gegenwart). Da die Indianer mittlerweile von Kirche und Kolonialverwaltung relativ gut vor Versklavung geschützt wurden, ließ man die schwere Arbeit auf den Plantagen von afrikanischen Sklaven verrichten. Eine wirtschaftliche Schwerpunktverlagerung trat ein, als 1695 Bandeirantes im Distrikt Minas Gerais Gold entdeckten. Weitere Goldfunde in Mato Grosso (1719) und Goias (1723) führten zu einem Goldrausch, der zahllose Menschen in der Hoffnung auf schnellen Reichtum in die innerbrasilianischen Bezirke zog. 1730 wurden zudem ergiebige Diamantenvorkommen entdeckt, so daß Brasilien im Laufe des 18. Jhs. zur einträglichsten portugiesischen Kolonie aufstieg. Die wachsende Konkurrenz karibischer Plantagen ließ den Zuckerrohranbau in Brasilien immer unrentabler werden; infolgedessen verlagerte sich der Wirtschafts-, Siedlungs- und Politikschwerpunkt der Kolonie nach Süden. Dem Bedeutungszuwachs des südlichen Landesteils trug man u. a. mit der Verlegung der Hauptstadt von Salvador nach Río de Janeiro 1763 Rechnung.

In der zweiten Hälfte des 18. Jhs. sorgte Portugals starker Mann, der Erste Minister Sebastião José de Pombal (* 1699, † 1782), für eine Modernisierung der Kolonialverwaltung in Brasilien, das 1720 zum Vizekönigreich erhoben worden war. Die Verwaltung wurde zentralisiert, das Militär ausgebaut und reformiert (u.a. Aufstellung eines einheitlichen Heeres) und eine ganze Reihe von neuen Handelskompanien wurden gegründet. Die Konflikte zwischen den brasilianischen Kolonisten und dem portugiesischen Mutterland verschärften sich. Ein wichtiger Grund war eine deutliche Erhöhung der Steuerlast, mit der Lissabon die gesunkenen Erträge infolge der rückläufigen Goldfunde ausgleichen wollte. In der zweiten Hälfte des 18. Jhs. kam es zu mehreren Rebellionen und Aufstandsversuchen gegen die Kolonialmacht, die jedoch von Kolonialtruppen niedergeschlagen wurden.

Unabhängigkeit und Kaiserreich (1807–1889)

Als im November 1807 napoleonische Truppen im Anmarsch auf Lissabon waren, flüchtete der portugiesische Hofstaat (insgesamt rund 15 000 Personen) an Bord einer britischen Flottille nach Brasilien. Rio de Janeiro wurde Hauptstadt des portugiesischen Königreichs. Unmittelbar nach seiner Ankunft in Südamerika erließ König Johann VI. ein Dekret, das u. a. die Öffnung aller brasilianischen Häfen für britische Schiffe, die Erlaubnis zur Errichtung von Fabriken, zur Einrichtung von Hochschulen, zur Herausgabe von Zeitungen und Zeitschriften sowie zur Gründung der Bank von Brasilien beinhaltete. De facto war ein großer Schritt zur Selbstverwaltung der Kolonie getan. Der Aufenthalt des portugiesischen Hofes zwischen 1808 und 1821 verlieh der brasilianischen Wirtschaft neue Impulse und gab dem Selbstbewußtsein und dem Unabhängigkeitsstreben der Kolonisten erheblichen Auftrieb. Als die Engländer 1811 die Franzosen wieder aus Portugal vertrieben, zögerte König Johann mit der Rückkehr in seine Heimat. 1815 proklamierte er das Vereinig-

SÜDAMERIKA

te Königreich von Brasilien, Portugal und Algarve. Die Kapitanate erhielten den Status von Provinzen des neuen Reiches. Durch weitere Maßnahmen – Öffnung des Landes für den Welthandel, Gewerbe- und Handelsfreiheit, Freiräume für Wissenschaft und Kultur – wurden die Grundlagen für einen unabhängigen Staat Brasilien gelegt.

1820 brach in Portugal eine Revolution aus, die dem Staat liberale Reformen brachte. Daraufhin entschloß sich König Johann VI., nach Lissabon zurückzukehren. Seinen Sohn Peter ließ er als Regenten in Brasilien zurück. Im Oktober 1822 beschwor Johann VI. vor der Cortes, dem portugiesischen Parlament, eine liberale Verfassung, die bürgerliche Freiheiten garantierte und dem Parlament starke Mitspracherechte einräumte. Bald versuchte die gestärkte Cortes, jene Brasilien erst kurz zuvor gewährten Freiheitsrechte zu beschneiden und das Land de jure und de facto wieder zu einer Kolonie zu machen. Der Regent Peter sollte nach Lissabon zurückkehren. Unter den weißen Brasilianern wuchs angesichts dieser Entwicklung der Unmut gegenüber dem Mutterland. Gedrängt von einer Mehrzahl der Weißen entschloß sich Peter zum Bleiben. Versuche der Lissaboner Cortes, Brasilien wieder in wirtschaftliche Abhängigkeit von Portugal zu bringen, veranlaßten den brasilianischen Staatsrat dazu, Peter zum »Verteidiger Brasiliens« zu erklären. Am 7. September 1822 rief Peter auf einer Anhöhe bei São Paulo die Unabhängigkeit Brasiliens aus. Etwa drei Monate später wurde er als Peter I. zum Kaiser von Brasilien gekrönt (1822–1831). Er war Oberhaupt einer konstitutionellen Monarchie mit einer Verfassung, die seinen Untertanen zahlreiche Freiheitsrechte garantierte. Das unabhängige Brasilien wurde 1824 von den Vereinigten Staaten offiziell anerkannt. Auch Portugal rang sich 1825 auf britische Vermittlung hin zur Anerkennung durch, der sich in kurzen Abständen auch die meisten anderen europäischen Mächte anschlossen.

Die Regentschaft Peters I. war von zahlreichen Konflikten und Mißerfolgen begleitet. Ersten Unmut in der Bevölkerung erregte die Zusage des Kaisers an Portugal, als Gegenleistung für die völkerrechtliche Anerkennung beschlagnahmtes portugiesisches Eigentum zurückzuerstatten und eine Entschädigung in Höhe von 2 Mio. Pfund Sterling zu zahlen. Auf breite Kritik stieß sein militärisches Vorgehen an der Südwest-Flanke des Kaiserreichs. Dort hielt Brasilien seit 1816 das autonome Gebiet Cisplatina besetzt. Als dessen Bewohner, unterstützt von Argentinien, ihre Unabhängigkeit forderten, ließ Peter I.

sich 1825 auf einen verlustreichen Krieg mit Argentinien ein, der 1828 mit der brasilianischen Niederlage endete. Von England und Frankreich zusätzlich unter Druck gesetzt, mußte Brasilien hinnehmen, daß in dem umstrittenen Gebiet Uruguay als selbständiger Staat entstand.

In der Innenpolitik geriet der Monarch immer wieder in Widerspruch zum Parlament und den einflußreichen Schichten. 1831 dankte er zugunsten seines fünfjährigen Sohnes Peter II. (1831–1889) ab und kehrte nach Portugal zurück, wo er die Nachfolge seines 1826 gestorbenen Vaters Johann VI. als König von Portugal antrat. Nach dem Thronwechsel kam es in Brasilien zu zahlreichen Unruhen und Rebellionen. So gab es 1837 in Bahia und 1839 in Maranhao (Nordbrasilien) Aufstandsversuche, die von Regierungstruppen blutig niedergeschlagen wurden. Besonders heftig war der 1835 ausgebrochene sog. Farappen- oder Lumpenkrieg, in dem die Provinz Río Grande ihre Unabhängigkeit erkämpfen wollte. Die Separatisten konnten erst 1845 in der Schlacht von Piratinim von Regierungstruppen unter dem Kommando von General Alves de Lima, einem der führenden brasilianischen Militärs im 19. Jh., geschlagen werden. Erst als 1840 Peter II. mündig wurde und die Regierung selbst in die Hand nehmen konnte, stabilisierte sich die innenpolitische Lage.

Unter der Regentschaft des umfassend gebildeten Peter II. nahm Brasilien einen gesellschaftlichen und ökonomischen Aufschwung. Zu Peters Reformmaßnahmen zählten u. a. die Einführung einer staatlichen Gesundheitspflege und der Ausbau des Verkehrsnetzes, insbesondere der Eisenbahn. Von dem Boom profitierten insbesondere die stärker industrialisierten Gebiete im Süden, Minas Gerais, São Paulo und Rio de Janeiro. In der Landwirtschaft vollzog sich eine tiefgreifende Umorientierung, in deren Verlauf der Anbau von Zuckerrohr, Baumwolle und Tabak stark zurückging, während die Produktionsmengen an Kaffee und Kautschuk stiegen.

Innenpolitisch heftig umstritten war die Sklaverei. Zwar war der Sklavenhandel in Brasilien auf britischen Wunsch bereits 1831 offiziell verboten worden, doch ein wachsender Bedarf an Arbeitskräften führte dazu, daß dieses Verbot lange unterlaufen wurde. England, Vorreiter der weltweiten Sklavenbefreiung, setzte seinen Verbündeten Brasilien unter Druck. Seit 1845 drohte London damit, die Kapitäne brasilianischer Sklavenschiffe vor britische Gerichte zu stellen. 1850 erließ die konservative Regierung in Rio de Janeiro ein strenges Verbot des Sklavenhandels. Die Sklaverei selbst blieb in Brasilien jedoch bis 1888 bestehen. Nach Einstellung des Sklavenhandels kam es zu einem Arbeitskräftemangel, der durch die staatlich geförderte Einwanderung von Europäern ausgeglichen wurde. So wurden z. B. im stark wachsenden Kaffeeanbau im Staat São Paulo vornehmlich italienische Einwanderer beschäftigt. Außenpolitisch geriet Brasilien nach 1840 in zahlreiche Konflikte mit seinen Nachbarstaaten. 1851 intervenierten brasilianische Truppen in Argentinien, wo sie zum Sturz des Diktators Juan Manuel de Rosas beitrugen. Im Bündnis mit Argentinien und Uruguay begann Brasilien 1865 einen Krieg gegen den paraguayischen Diktator Francisco Solano López. In dem verlustreichen Krieg, der 1870 mit einer Niederlage Paraguays endete, hatte Brasilien die Hauptlasten getragen. Er kostete das Land rund 33 000 Gefallene und große Finanzmittel, denen nur geringfügige Gebietsgewinne im Matto Grosso gegenüberstanden. Brasilien strebte die militärische und politische Vormachtstellung in Südamerika an.

Republik und Militärherrschaft (1889–1930)

1888 wurde die Sklaverei in Brasilien endgültig abgeschafft. Die Kinder von Sklaven waren schon 1871 für frei erklärt worden. Das entsprechende »goldene Gesetz« vom 13. Mai 1888 leitete das Ende des Kaiserreichs ein. Die von der Sklavenbefreiung betroffenen Grundbesitzer wandten sich aus Enttäuschung vom Kaisertum ab und wechselten ins Lager der Republikaner. Damit hatte die brasilianische Monarchie eine ihrer wichtigsten Stützen verloren. Die Republikaner erhielten aufgrund anhaltender Streitereien um die Thronfolge sowie Unzufriedenheit und Unruhe in der Armee weiteren Zulauf. Im November 1889 kam es in der Hauptstadt Rio de Janeiro zum Aufstand, dem die monarchischen Kräfte kaum etwas entgegenzusetzen hatten. Marschall Deodoro da Fonseca, Kommandierender der Aufständischen, rief die Republik aus. Wenige Tage später ging der gestürzte Kaiser Peter II. nach Europa ins Exil. Brasilien erhielt eine republikanische Verfassung, die das Land zum Bundesstaat nach US-amerikanischem Vorbild machte, wobei den einzelnen Provinzen umfassende Selbstverwaltungsrechte eingeräumt wurden. In den Anfangsjahren der Republik regierten autoritäre Militärregierungen das Land. Es war eine Phase politischer Instabilität und wirtschaftlichen Niedergangs, der u. a. zur Zerrüttung der Staatsfinanzen führte.

Unter den ersten frei gewählten Präsidenten Prudente José de Morais e Barros (1894–1898) und Manuel Ferraz de Campos Sales (1898–1902) stabilisierte sich die innenpolitische Lage; die republikanische Verfassungsstruktur Brasiliens mit der Möglichkeit gewaltloser Machtwechsel begann sich zu festigen. Die Verbesserung der Infrastruktur (Verkehrswege, Energieversorgung etc.) wurde eingeleitet. Allerdings hatte Brasilien um die Jahrhundertwende mit erheblichen wirtschaftlichen Problemen zu kämpfen. 1896 kam es zu einer großen Kaffeekrise, ausgelöst u. a. durch starke Überproduktion verbunden mit einem Preisverfall auf dem Weltmarkt. Der brasilianische Staat sah sich zu einer kostspieligen Preisstützungspolitik genötigt, für die Kredite bei ausländischen Geldgebern aufgenommen werden mußten, was zu einem rasanten Anstieg der Auslandsverschuldung führte. Auch der brasilianische Zucker, bis dahin für den Norden des Landes eine Quelle hoher Exporterlöse, konnte sich seit 1890 auf dem Weltmarkt gegen die karibische, vor allem kubanische, Konkurrenz nur schwer behaupten. Verschärft wurde die ökonomische Krise durch die Abflachung des seit etwa 1860 anhaltenden Kautschukbooms. Nach Ausbruch des Ersten Weltkriegs sorgte die sprunghaft ansteigende Nachfrage nach Rohstoffen für einen erneuten Aufschwung der brasilianischen Wirtschaft. So beschleunigte sich vor allem der Ausbau der Industrie. Daraus ergaben sich Veränderungen in der gesellschaftlichen Struktur, u. a. die allmähliche Herausbildung einer Industriearbeiterschaft sowie einer städtischen Mittelschicht. In der brasilianischen Oberschicht nahmen Unternehmer und Bankiers neben den traditionell tonangebenden Grundbesitzern eine gesellschaftliche Schlüsselposition ein. Eine Industrieausstellung im Jahre 1922 dokumentierte, daß Brasilien sich aus einem Nahrungsmittel- und Rohstofflieferanten zu einem nennenswerten Industriestaat zu entwickeln begann, dessen Bevölkerung sich zwischen 1890 und 1920 von 17 Mio. Menschen auf über 30 Mio. Menschen fast verdoppelte.

Auf außenpolitischem Feld bewies Brasiliens Außenminister Baron Do Rio Branco (1902–1912) großes Geschick. Es gelang ihm, zahlreiche Grenzstreitigkeiten mit den Nachbarstaaten Bolivien, Britisch-Guyana, Kolumbien, Peru und Uruguay friedlich beizulegen und das Territorium auf diese Weise um insgesamt mehr als 900 000 km² zu erweitern.

Präsident Washington Luís (1926–1930) hatte unmittelbar nach seinem Amtsantritt ein ehrgeiziges Reformprogramm in Angriff genommen, das u. a. den zügigen Ausbau des Straßennetzes beinhaltete. Doch der Ausbruch der Weltwirtschaftskrise 1929 brachte den Aufschwung jäh zum Stillstand. Der Weltmarktpreis für Kaffee stürzte ins Bodenlose (von 22,5 Cents/Pfund im September 1929 auf 8 Cents/Pfund im September 1931). Brasilien, dessen Exporte zu fast 70 % aus Kaffee bestanden, war Ende 1930 bankrott. Es kam zu Neuwahlen, deren Ergebnis die liberale Opposition nicht anerkannte.

Der »Estado Novo« (Neuer Staat)

Im Oktober 1930 brachte sich Getúlio Dornelles Vargas (1930–1945; 1951–1954) durch eine Revolution an die Macht. Unterstützt wurde er dabei von einer Gruppe junger Offiziere, die nationalistische und sozialreformerische Ziele verfolgte (»Tenentismo«). Mit der offiziellen Amtsübernahme durch Vargas begann im November 1930 in Brasilien eine Phase der Diktatur. Vargas errichtete ein autoritäres Regime und setzte die republikanische Verfassung außer Kraft. 1932 kam es im Staat São Paulo zu einem Aufstandsversuch gegen die Regierung, der jedoch blutig niedergeschlagen wurde. Mit starker Hand drängte Vargas den Einfluß der Großgrundbesitzer zurück und verbesserte durch einige Sozialreformen die Lage der unteren Bevölkerungsschichten. Auf ökonomischem Gebiet war sein Hauptanliegen die beschleunigte Industrialisierung des Landes, vor allem der Ausbau der Schwerindustrie – zum großen Teil mit US-amerikanischem Kapital –, ohne den Agrarsektor zu vernachlässigen.

1937 proklamierte Vargas mit Erlaß einer neuen Verfassung den »Neuen Staat« der durch eine persönliche Diktatur und einen korporativen Gesellschaftsaufbau gekennzeichnet war. Der Kongreß (Parlament) wurde aufgelöst, die Parteien verboten, Presse und Rundfunk unter Zensur gestellt. Die Selbstverwaltungsrechte der einzelnen Bundesstaaten wurden eingeschränkt. 1935 schlugen Vargas' Truppen einen Aufstandsversuch der Kommunisten blutig nieder, drei Jahre später verhinderten sie einen Putsch der faschistischen »Integralen«.

Trotz anfänglicher Sympathien des brasilianischen Diktators für die faschistischen Achsenmächte Deutschland und Italien trat Brasilien 1942 auf der Seite der Alliierten in den Zweiten Weltkrieg ein. Neben Mexiko war es das einzige Land Lateinamerikas, das aktiv am Kriegsgeschehen teilnahm. Im Sommer schickte Brasilien ein 25 000 Mann starkes Expeditionskorps auf den italienischen Kriegsschauplatz, wo es u. a. bei Bologna in die Kämpfe gegen die deutschen Besatzungstruppen eingriff. Nach Kriegsende 1945 zählte Brasilien zu den Mitbegründern der Vereinten Nationen.

Rückkehr zur Demokratie (1945–1964)

Unmittelbar nach dem Ende des Zweiten Weltkriegs wurden in Brasilien die Forderungen nach Demokratisierung lauter. Vom Militär unter Druck gesetzt, mußte Vargas noch 1945 seinen Rücktritt erklären. Doch war sein politischer Einfluß groß genug, um bei den Präsidentschaftswahlen von 1946 für die Wahl eines ihm genehmen Kandidaten, General Enrico Gaspar Dutra (1946–1951), zu sorgen. 1946 erhielt Brasilien eine neue Verfassung, welche die Rückkehr zum parlamentarisch-demokratischen System festschrieb. Präsident Dutra setzte mit seiner Koalitionsregierung aus demokratischen Nationalisten, Sozialdemokraten und Republikanern u.a. die Sozialpolitik Vargas' fort und bemühte sich um ein gutes Verhältnis zu den USA. Aus den Präsidentschaftswahlen von 1950 ging der frühere Diktator Vargas als Sieger hervor. Auch in dieser zweiten Amtszeit verfolgte er eine stark nationalistische Wirtschaftspolitik, schränkte ausländische Investitionen ein und trieb den Ausbau der brasilianischen Industrie voran. Als Vargas 1954 unter politischen Druck geriet, u. a. wurde er verdächtigt, am Attentat auf einen politischen Gegner beteiligt gewesen zu sein, beging er Selbstmord. Vizepräsident João Café Filho wurde sein Nachfolger.

Im Oktober 1955 wurde Juscelino Kubitschek de Oliveira (1956–1961) von der sozialdemokratischen Partei PDS zum neuen Präsidenten gewählt. Eines seiner vorrangigen Ziele war die weitere Industrialisierung vor allem der südlichen Ballungsräume um Rio de Janeiro und São Paulo. Zu diesem Zweck förderte er gezielt ausländische Investitionen. Einen weiteren Schwerpunkt seiner Politik bildete die Erschließung Innerbrasiliens mit dem Bau der Retortenstadt Brasilia, die 1961 zur neuen Hauptstadt von Brasilien erklärt wurde. Sowohl das städtebauliche Konzept als auch die moderne Architektur der Bauten Brasilias fanden internationale Beachtung. Viele öffentliche Gebäude, u. a. das Kongreß- und Regierungsgebäude sowie der Sitz des Obersten Gerichtshofs, wurden vom brasilianischen Architekten Oscar Niemeyer entworfen.

Doch führten Kubitscheks ehrgeizige Projekte bald zur Überlastung des Staatshaushalts und einem rasanten Anstieg der Inflation. Sein Nachfolger im Präsidentenpalast, Janio Quadros, versuchte, durch ein Sparprogramm die Finanzkrise zu überwinden. Als er mit seiner Spar- und Antikorruptionspolitik auf wachsenden Widerstand stieß, trat er im August 1961 zurück. Das Militär ergriff die politische Initiative, beschnitt die Befugnisse des Präsidenten zugunsten des neugeschaffenen Amtes eines Regierungschefs und ermöglichte dem sozialreformerischen João Goulart, Chef der von Vargas gegründeten Partido Trabalhista Brasileiro (PTB, Arbeiterpartei) die Übernahme der Präsidentschaft. Goulart entwarf weitgespannte Reformpläne, die u. a. umfassende Landenteignungen von Großgrundbesitzern und Verstaatlichungen der Erdölindustrie vorsahen, und eine wachsende Opposition hervorriefen. Zudem strebte er eine Aufhebung des Verbots für den amtierenden Präsidenten an, ein zweites Mal zu kandidieren.

Herrschaft des Militärs (1964–1985)

Im März 1964 wurde Goulart vom Militär gestürzt. Die Präsidentschaft übernahm Generalstabschef Humberto de Alencar Castelo Branco (1964–1967). In den folgenden zwei Jahrzehnten bestimmte wiederum das Militär die politische Entwicklung. Schrittweise wurde ein diktatorisches System errichtet, wenngleich das Parlament als Institution erhalten blieb. Das vielfältige Parteiengefüge aus der Ära Vargas wurde 1965 durch ein staatlich verordnetes Zweiparteiensystem ersetzt mit der »Regierungspartei« Arena und der in ihren Aktivitäten stark eingeschränkten »Oppositionspartei« Partido do Movimento Democrático Brasileiro (PMDB); regimefeindliche Gruppierungen wurden unterdrückt. Das Militär ließ zahlreiche Regimegegner verhaften und verbot führenden Persönlichkeiten jede politische Betätigung, darunter die früheren Präsidenten Kubitschek, Quadros und Goulart. Der Beamtenapparat wurde zu einem großen Teil ausgewechselt, um regimetreue Personen an die Schaltstellen der Verwaltung zu bringen. In der Wirtschaftspolitik setzte Militärdiktator Castelo Branco auf ein starkes Wachstum, u. a. durch die Förderung ausländischer Investitionen und der brasilianischen Exportwirtschaft. Zur Sanierung der Staatsfinanzen verfügte er z. T. drastische Steuererhöhungen. Tatsächlich verzeichnete die Wirtschaft in den ersten Jahren der Militärherrschaft einen deutlichen Aufschwung, so daß sogar von einem »brasilianischen Wirtschaftswunder« gesprochen wurde. Auf der anderen Seite stieg die Arbeitslosigkeit, und die Landflucht in die Elendsviertel der Großstädte nahm zu. Während der Präsidentschaft von Marschall Arturo da Costa e Silva (1967–1969) verstärkte sich der Widerstand gegen das Militär. Es kam zu zahlreichen Streiks und Studentenrevolten. Der Präsident reagierte mit der Erweiterung seiner diktatorischen Vollmachten; er beseitigte wichtige Bürgerrechte und stellte das Parlament zeitweise

kalt. Im Dezember 1968 verhängte er den Ausnahmezustand. Gegen die fortschreitende Formierung der Opposition aus Studenten, Intellektuellen und Kirchenvertretern ging das Regime Anfang der 70er Jahre mit verstärkten Repressionen vor.

Rückkehr zur Demokratie (ab 1982)

Erst unter der Präsidentschaft von General Ernesto Geisel (1974–1979) begann eine vorsichtige Lockerung des Systems. Sein Nachfolger, General João Batista de Oliveira Figueiredo (1979–1985) leitete den Übergang zu demokratischen Verhältnissen ein. Er lockerte die Zensurbestimmungen, erlaubte führenden Oppositionspolitikern die Rückkehr aus dem Exil und ließ die Neugründung von Parteien zu. Wirtschaftlich hatte Figueiredo währenddessen mit einem Rückgang der Produktion, hoher Inflation und einem dramatischen Anstieg der Auslandsverschuldung (Schuldenkrise, →Lexikon) zu kämpfen. Im August 1983 mußte Brasilien wegen Zahlungsunfähigkeit seinen Schuldendienst einstellen.

Wichtige Etappen im Demokratisierungsprozeß waren die freien Parlaments- und Gouverneurswahlen von 1982 und die Präsidentschaftswahlen von 1985, bei denen sich der Kandidat der oppositionellen PMDB, Tancredo de Almeida Neves, durchsetzen konnte. Neves verstarb noch vor der Amtseinführung, so daß Vizepräsident José Sarney (1985 bis 1990) als erster Zivilist seit 1964 in den Präsidentenpalast einzog. Obwohl er bis 1984 eng mit dem Militärregime verbunden war, setzte Sarney die Demokratisierung Brasiliens energisch fort. Die zentralen Menschen- und Bürgerrechte wurden wiederhergestellt. Im Oktober 1986 erhielt Brasilien eine neue Verfassung, mit der das Land wieder zur parlamentarischen Demokratie zurückkehrte. Brasilien steckte in einer tiefen Wirtschaftskrise mit hoher Arbeitslosigkeit, einer galoppierenden Inflation und einer gigantischen Auslandsverschuldung, die zwischen 1980 und 1989 von rund 70 Mrd. US-Dollar auf mehr als 111 Mrd. US-Dollar anwuchs. Zeitweise verschlang der Schuldendienst fast 55 % der gesamten Exporterlöse Brasiliens.

Bei den direkten Präsidentschaftswahlen von 1989 konnte sich der Liberale Fernando Collor de Mello gegen einen linken Gegenkandidaten durchsetzen. Doch u. a. wegen mangelnden Rückhalts im Parlament scheiterte er mit seinen Versuchen tiefgreifender Wirtschaftsreformen. Weder gelang es ihm, die Hyperinflation wirkungsvoll zu bekämpfen (1990: 1585 %; 1992: 1132 %), noch das Wirtschaftswachstum anzukurbeln. Wegen massiver Korruptionsvorwürfe trat Collor de Mello im Dezember 1992 zurück. Sein Nachfolger Itamar Augusto Franco bemühte sich, u. a. durch drastische Sparmaßnahmen und die Privatisierung von Staatsbetrieben das Haushaltsdefizit zu reduzieren. Zwar verschlechterte sich dadurch die soziale Lage vieler Angehöriger der Unterschichten weiter, doch verzeichnete die brasilianische Wirtschaft 1993 wieder ein Wachstum von etwas mehr als 4 %. Im Oktober 1994 wurde der sozialdemokratische Politiker Fernando Henrique Cardoso zum neuen Präsidenten gewählt. Er setzte die wirtschaftliche Stabilisierungspolitik fort, wobei er mit einem strikten Sparkurs im Rahmen seines Reformprogramms »Plano Real« einige Erfolge erzielte. So konnte die Inflation gestoppt werden; die Inflationsrate betrug 1995 rund 22 % gegenüber 2000 % im Jahr 1993. Die brasilianische Wirtschaft wuchs 1996 um 4 % und auch bei den ausländischen Investitionen hielt 1996 der steigende Trend an.

Nach wie vor herrschen in Brasilien soziale Spannungen. So kam es 1996 wiederholt zu bewaffneten Zusammenstößen von Landlosen und Milizen der Großgrundbesitzer, bei denen zahlreiche Menschen ums Leben kamen. Im April 1996 verübten Polizisten ein Massaker an protestierenden Landlosen. Präsident Cardoso entschloß sich daraufhin, die explosive Lage durch die Vorbereitung einer Landreform zu entspannen. Doch halten die sozialen Spannungen in Brasilien an. Im September 1997 demonstrierten im ganzen Land aus Anlaß des 175. Jahrestages der Unabhängigkeit rund 250 000 Menschen gegen die neoliberale Wirtschaftspolitik Cardosos. Unterstützt u. a. von katholischen Bischöfen forderten sie in einem »Schrei der Augeschlossenen« – so das Motto der Aktionen – soziale Verbesserungen und eine Beschleunigung der Agrarreform.

Auch auf dem Gebiet der Menschenrechte bemüht sich Cardoso um Verbesserungen. So forderte er im April 1996 Polizei und Justiz des Landes zu schärferem Vorgehen gegen die sog. Todesschwadronen auf, die in den vergangenen Jahren u. a. über 5000 Straßenkinder (→Lexikon), oft im Auftrag von Geschäftsleuten, getötet hatten. Bislang waren Mitglieder dieser Schwadrone, darunter viele aktive Polizisten, von strafrechtlicher Verfolgung in den meisten Fällen verschont geblieben. Im Mai 1996 erließ der Präsident zudem ein »Nationales Menschenrechtsprogramm«, das u.a. den Kampf gegen Rassendiskriminierung, die Verhinderung von Sklavenarbeit und Kinderarbeit, die Schaffung spezieller Polizeieinheiten und die Einschränkung des Waffenbesitzes beinhaltet.

Chronik Zeittafel

um 30 000 v. Chr.	Erste Besiedlung im Innern Brasiliens
um 1000 v. Chr.	Erste Keramikkulturen im nördlichen Amazonasbecken
1500	Der Portugiese Pedro Álvarez Cabral entdeckt die Nordküste Brasiliens; das Gebiet fällt an Portugal
1530	Beginn der portugiesischen Besiedlung; Einteilung in Kapitanate
1531	Gründung von São Vicente
1549	Bahia wird Sitz der Zentralregierung
1554	Gründung des Jesuitenkollegs São Paulo
1565	Gründung von Rio de Janeiro
1630	Niederländer erobern Pernambuco
1654	Vertreibung von Niederländern, Franzosen und Engländern
1720	Brasilien wird portugiesisches Vizekönigreich
1763	Verlegung der Hauptstadt nach Rio de Janeiro
1807	Flucht des portugiesischen Königshofs nach Brasilien
1815	Proklamation des Vereinigten Königreichs von Brasilien, Portugal und Algarve
1822	Proklamation des unabhängigen Kaiserreichs Brasilien
1824	Erlaß einer liberalen Verfassung
1840	Kaiser Peter II. an der Macht
1888	Abschaffung der Sklaverei
1889	Sturz der Monarchie
1891	Republikanische Verfassung
1937	Vargas proklamiert Estado Novo
1946	Neue Verfassung
1961	Brasília wird Hauptstadt
1964	Militärputsch
1979	Politische Reformen
1984	Rückkehr zur Demokratie
1988	Neue Verfassung
1989	Neoliberaler Fernando Collor de Mello zum Präsidenten gewählt
1994	Sozialdemokrat Fernando H. Cardoso wird Präsident; Währungsreform
1996	Proteste von Landlosen

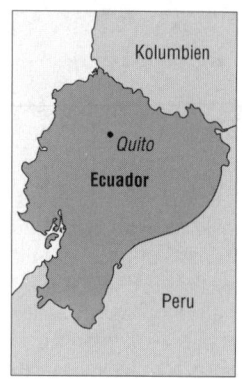

Ecuador
(Ecuador)

Fläche: 272 045 km²
(rund 3 000 km² von Peru
beansprucht)

Bevölkerung:
3,3 Mio. (1950)
6,0 Mio. (1970)
11,7 Mio. (1996)

Sprachen: Spanisch,
Indianersprachen Ketchua,
Chibcha

Staatsform: Präsidialrepublik

Mitgliedschaften: ALADI, Andenpakt, OAS, SELA, UNO

Das Gebiet des heutigen Ecuador war in vorkolumbischer Zeit Teil des Inkareiches. 1533 wurde es von den Spaniern erobert und gehörte zunächst zum Vizekönigreich Peru, ab 1739 zum Vizekönigreich Neugranada. Nach der Unabhängigkeitserklärung von 1809 schloß Ecuador sich Großkolumbien an, bis das Land 1830 die volle Souveränität erlangte. In der Folgezeit bestimmten wechselnde Diktaturen die politische Entwicklung Ecuadors. Nach dem Zweiten Weltkrieg löste der Bananenexport die Ausfuhr von Kaffee und Kakao als wichtigster Wirtschaftsfaktor ab. Mit ergiebigen Ölfunden 1967 wurde Erdöl zum einträglichsten Rohstoff. Der Ölexport veränderte ab 1972 die bis dahin auf den Agrarsektor ausgerichteten Wirtschaftsstrukturen Ecuadors. 1979 übernahm eine Zivilregierung die Führung des Landes und leitete die Demokratisierung ein. Eine seit Mitte der 80er Jahre anhaltende Wirtschaftskrise führte wiederholt zu sozialen und innenpolitischen Spannungen.

Politische Struktur

Laut Verfassung vom 10. August 1979 (1984 abgeändert) ist Ecuador eine republikanische, repräsentative Demokratie, die nach dem Präsidialsystem regiert wird: Die Exekutivgewalt liegt weitgehend in den Händen eines starken Präsidenten. Das Land ist untergliedert in 19 Provinzen sowie die vom Verteidigungsministerium verwalteten Galapagos-Inseln. Gesetzgebungsorgan ist das aus einer Kammer bestehende Repräsentantenhaus mit 82 Abgeordneten. Wahlberechtigt sind alle Bürger über 18 Jahre mit Ausnahme von Angehörigen der Polizei und der Steitkräfte. Die Parteienlandschaft Ecuadors ist zersplittert und stark auf einzelne Personen ausgerichtet. Zu den führenden Parteien zählen die konserva-tiven Christlich-Sozialen (PSC), die Christdemokraten (CD), das Zentrum (PRE) und die sozialdemokratisch orientierte Izquierda Democrática (ID, Demokratische Linke). Das Rechtssystem in Ecuador ist nach französischem und spanischem Vorbild gestaltet.

Landesnatur

Ecuador liegt im nordwestlichen Teil des südamerikanischen Subkontinents auf Höhe des Äquators (daher der Landesname). Es grenzt im Norden an Kolumbien, im Süden und Osten an Peru. Zu seinem Territorium gehören die rund 1000 km westlich gelegenen Galapagos-Inseln, die durch ihre einzigartige Fauna, u.a. die Galapagos-Echsen und Darwin-Finken, und die Forschungsreisen von Charles Darwin im 1835 berühmt wurden.

Ecuador besteht aus drei landschaftlichen Großräumen. Entlang der Küste im Westen des Landes zieht sich das Costa Sierra, bestehend aus zwei parallel von Süd nach Nord verlaufenden Gebirgsketten mit 3000 bis 6000 m hohen Gipfeln. In diesem Bereich gibt es rund 30 tätige Vulkane. Höchster Berg der westlichen Kette ist der Chimborazo mit 6310 m; die Ostkette wird von dem 5897 m hohen Vulkan Cotopaxi überragt. Das Hochland zwischen beiden Kordilleren – an einigen Stellen nur 50 km breit – ist durch mehrere querlaufende Bergzüge in zahlreiche, durchschnittlich 2600 m hoch gelegene Becken (Lojas) unterteilt. Sie sind seit Jahrhunderten die Hauptsiedlungs- und Wirtschaftsräume des Landes. Im Osten fällt das Gebirge steil zum östlichen Tiefland (Oriente) ab, dem dritten Landschaftsraum Ecuadors, einem von tropischem Regenwald bedeckten Niederungsland im Einzugsgebiet des Amazonas. Das Oriente macht annähernd die Hälfte des Staatsgebietes aus, ist aber bislang weitgehend unerschlossen. In Ecuador herrscht tropisches Klima, mit entsprechend geringen Jahresschwankungen der Temperaturen. Allerdings nehmen die Jahresdurchschnittstemperaturen mit der Höhe erheblich ab. In Costa Sierra und Oriente liegen sie bei 24°C–28 °C. Der südliche Teil der Costa ist stark vom pazifischen Humboldtstrom beeinflußt und verzeichnet einen deutlichen Wechsel von Regen- und Trockenzeit. Die Hochlandbecken zwischen den Kordilleren haben eine etwa neunmonatige Trockenzeit. In den östlichen Regionen fallen große Niederschlagsmengen. Die Vegetation Ecuadors entspricht den unterschiedlichen Regenmengen der einzelnen Gebiete. Im Süden der Costa gibt es Halbwüsten, die nach Norden in Savannen- und Regenwaldgebiete übergehen. Die

Gebirge sind bis zu einer Höhe von rund 3500 m mit tropischem Regenwald bedeckt, der auch die vorherrschende Vegetationsform des Oriente ist. Von den bislang wenig erschlossenen Bodenschätzen hat Erdöl die größte volkswirtschaftliche Bedeutung.

Bevölkerung

Von den Einwohnern Ecuadors sind 35 % Mestizen (Indianermischlinge) und 25 % Weiße, welche die städtische Oberschicht bilden. Rund 20 % sind Indianer, 15 % Mulatten (Mischlinge von Schwarzen und Weißen) und 5 % Schwarze. 93 % der Bevölkerung sind katholisch. Etwa 55 % leben in Städten, wobei fast die Hälfte der Stadtbevölkerung in extremer Armut in Slums (Barriadas) wohnt. Mit durchschnittlich 41 Einwohnern/km² ist die Bevölkerungsdichte Ecuadors die größte von ganz Südamerika. Das Bevölkerungswachstum (→Lexikon) beträgt durchschnittlich 2,9 % (1988) und ist damit eines der höchsten des Subkontinents.

Wirtschaft

Der 1972 aufgenommene Erdölexport hat die traditionell landwirtschaftlich geprägte Wirtschaftsstruktur Ecuadors nachhaltig verändert. Die Erlöse aus dem Ölgeschäft wurden z.T. für den Ausbau von Infrastruktur und Industrie eingesetzt. Fallende Ölpreise führten nach 1986 zu einer schweren Wirtschafts- und Finanzkrise. Der Anteil des Erdöls an den Exporterlösen fiel rapide, beträgt aber immer noch rund 40 %. Die Regierung reagierte auf die Krise der Ölindustrie mit stärkerer Förderung der Landwirtschaft, die 1991 mit rund 15 % zum Bruttoinlandsprodukt beitrug (Dienstleistungen ca. 50 %, Industrie ca. 35 %). Hauptanbau- und wichtigstes Exportprodukt im landwirtschaftlichen Sektor sind traditionell Bananen, die ein Fünftel des Exportvolumens ausmachen. Daneben werden in größeren Mengen Kaffee, Kakao und Zuckerrohr angebaut und exportiert. Überwiegend für den Inlandsbedarf werden in der Sierra Mais, Weizen, Kartoffeln, in der Küstenregion Reis, Maniok und Baumwolle gepflanzt. Die Fischerei, vor allem Garnelen, gewinnt einen wachsenden Anteil am Export des Landes. Von der Gesamtfläche Ecuadors werden lediglich rund 10 % landwirtschaftlich genutzt, wobei die Bodenverteilung extrem ungleich ist. Mehr als 60 % der Höfe verfügen über weniger als 5 ha Land, während ca. 2,5 % der Agrarbetriebe nahezu 50 % der gesamten Anbaufläche besitzen. Wie zahlreiche Staaten Lateinamerikas hat Ecuador mit einer drückenden Schuldenlast zu kämpfen; der Schuldenberg betrug Anfang der 90er Jahre rund 13 Mrd. US-Dollar.

GESCHICHTE

Inkareich und spanische Eroberung (bis 1809)

Archäologische Funde zeigen, daß das Hochland des heutigen Ecuador bereits um 8000 v. Chr. besiedelt war. Die in der Küstenregion gefundenen Keramikarbeiten der Valdiviaphase (3200–2000 v. Chr.) zählen zu den ältesten ganz Amerikas. Der künstlerische Höhepunkt der eigenständigen präkolumbischen Entwicklung dieser Region fällt in den Zeitraum von 500 v. Chr. bis 500 n. Chr. mit der Ausbildung der sog. Bahiakultur. Die südlichen Hochbecken der Sierra wurden um 1470 von den Inkas erobert. 1493 gliederte der Inkaherrscher Huaina Cápac das gesamte Hochland und Teile der Küstenregion in den Inkastaat ein.

Mit der Eroberung des Inkareiches durch den Spanier Sebastián de Bénalcazar 1533/34 geriet auch das heutige Ecuador unter spanische Kolonialherrschaft. 1563 errichtete die Kolonialmacht dort einen eigenen Jurisdiktions- und Verwaltungsbezirk (Audiencia, →Lexikon) mit der Hauptstadt Quito und gliederte diesen dem Vizekönigreich Peru an. Ab 1739 war das Gebiet Teil des Vizekönigreichs Neugranada.

Für den Kolonialhandel lieferte die Region des heutigen Ecuador im 17. und 18. Jh. vor allem Kakao, Zucker, Rinder und Textilerzeugnisse, die vornehmlich in die benachbarten Provinzen Neugranadas verkauft wurden.

Souveränität und Diktaturen (1809–1914)

Im Verlauf der Kolonialherrschaft verstärkten sich die Konflikte zwischen den Kreolen (Nachkommen spanischer Einwanderer) und den direkt aus Spanien kommenden Kolonialverwaltern. Am 10. August 1809 erklärte sich Ecuador für unabhängig; dies war das Signal für einen jahrelangen Befreiungskampf. Mit dem Sieg aufständischer Truppen am 24. Mai 1822 am Vulkan Pichincha endete die spanische Kolonialherrschaft. Auf Betreiben des lateinamerikanischen Freiheitskämpfers Simón Bolívar wurde Ecuador 1821 Teil der großkolumbianischen Republik, von der es sich jedoch im März 1830 wieder trennte. In den ersten Jahren der Souveränität bestimmten Machtkämpfe zwischen den rivalisierenden Oligarchien des Hochlands, überwiegend konservativ eingestellt, und den liberalen Gruppen der Küstenregion das innenpolitische Geschehen. Hinzu kamen Grenzstreitigkeiten mit Peru und Kolumbien, die wiederholt zu militärischen Auseinandersetzungen führten. Erst unter dem diktatorischen Regime des kirchenfreundlichen Gabriel García Moreno (1859–1865; 1869–1875) gewann Ecuador eine gewisse innere Stabilität. Unter Moreno begann der Aufbau eines modernen Staatsverbandes mit zentralen Verwaltungsstrukturen, einem einheitlichen Schulwesen und einem stark erweiterten Straßen- und Eisenbahnnetz.

Die Ermordung Morenos 1875 stürzte das Land in schwere Unruhen, bis sich 1895 die Liberalen unter Präsident Eloy Alfaro (1896–1901; 1906–1911) als dominierende Kraft durchsetzen konnten. Von nun an bestimmten liberale Politiker für rund fünf Jahrzehnte die politische Entwicklung Ecuadors. Alfaro bemühte sich um eine zügige Modernisierung des Landes, u.a. durch Verbesserung der Infrastruktur, und drängte den Einfluß der Kirche durch die Einführung der Zivilehe und der Scheidung sowie die Einziehung des katholischen Ordensbesitzes zurück. Ab 1870 bildete der Export von Kautschuk und Chinarinde die Basis der ecuadorianischen Wirtschaft.

Kaffee- und Bananenexport (ab 1914)

Anfang des 20. Jhs. erhielt die Wirtschaft durch die Eröffnung des Panamakanals im Jahr 1914 starke Impulse. Zum wichtigsten Wirtschaftssektor entwickelten sich nun Anbau und Export von Kakao und Kaffee. Die zumeist in Guayaquil residierenden »Kakaobarone« erlangten zusammen mit den Banken großen Einfluß auf die Politik. Mit der Weltwirtschaftskrise endete 1929 der Kakaoboom, was eine innenpolitische Destabilisierung zur Folge hatte. Zwischen 1925 und 1948 gab es nicht weniger als 27 Regierungen, darunter mehrere Militärregime. 1941/1942 endete ein bewaffneter Grenzkonflikt mit Peru damit, daß Ecuador rund 40 % seines Territoriums abtreten mußte.

Ein nach dem Ende des Zweiten Weltkriegs 1945 auf dem Weltmarkt einsetzender Bananenboom führte zu wirtschaftlicher Erholung und einer rund 15 Jahre währenden Periode relativer politischer Stabilität. Maßgeblicher Politiker wurde der liberale Präsident José María Velasco Ibarra, der zwischen 1934 und 1972 fünfmal das höchste Staatsamt ausübte (1934/1935, 1944–1947, 1952–1956, 1960/61, 1968 bis 1972), allerdings mehrmals vom Militär gestürzt wurde. Seine umfassenden Reformpläne konnte Ibarra nur zum Teil verwirklichen; so scheiterte etwa 1960 eine Agrarreform.

Ölboom und Demokratisierung (ab 1970)

1970 begann mit dem einsetzenden Ölboom eine neue Periode der ecuadorianischen Entwicklung. Rasant steigende Ölpreise brachten dem Land hohe Deviseneinnahmen, mit denen einige Reformen verwirklicht werden konnten. Allerdings verhinderten das rasche Bevölkerungswachstum, strukturelle Verkrustungen vor allem im Agrarsektor und der Widerstand privilegierter Gesellschaftskreise gegen durchgreifende Reformvorhaben einen Ausgleich der sozialen Spannungen. 1972 wurde Ibarra vom Militär gestürzt. Die sich linksnationalistisch gebende Junta unter General Guillermo Rodrígez Lava (1972 bis 1976) verkündete ein Reformprogramm, das aber in den Ansätzen steckenblieb.

1976 gelangte Alfredo Póveda Burbano durch einen erneuten Militärputsch an die Macht. Sein Oberster Rat der Regierung leitete in den folgenden Jahren den Übergang zu einer zivilen Regierung ein. 1978 wurde eine liberale Verfassung in einem Volksentscheid angenommen. Aus freien Präsidentschaftswahlen ging 1979 der Kandidat eines Mitte-Links-Bündnisses, Jaime Roldós Aguilera, als Sieger hervor. Anfang der 80er Jahre brachten sinkende Ölpreise und Mißwirtschaft Ecuador an den Rand des Staatsbankrotts. Vor diesem Hintergrund wurde 1984 der Konservative León Febres Cordero zum Präsidenten gewählt. Er versuchte, die Krise mit einem neoliberalen Wirtschaftsprogramm zu überwinden, das breiten Bevölkerungsgruppen große Entbehrungen brachte und zu verstärkten sozialen Spannungen führte. Auch sein Nachfolger, der Sozialdemokrat Rodrigo Borja, verordnete dem Land drastische Sparmaßnahmen, allerdings unter Abmilderung sozialer Härten, und bemühte sich u.a. um eine Neuordnung der Erdölindustrie. Borja scheiterte mit seinem Konzept, was die Verschärfung der Wirtschaftskrise und die Verschlechterung der Lebensbedingungen breiter Schichten nach sich zog.

1992 wurde der Konservative Sixto Durán Ballén zum Präsidenten gewählt, dessen neoliberale Wirtschaftspolitik mit Kürzungen von Löhnen und Sozialausgaben die sozialen Konflikte zunehmen ließ. Zwar gelang es, die Inflationsrate zu drücken, doch die Ausbreitung der Armut schritt voran. Wiederholt kam es zu sozialen Unruhen, so im Juni 1994, nachdem die konservative Regierung ein »Gesetz für Agrarentwicklung« verabschiedet hatte, das die Interessen der Großgrundbesitzer stärkte und die eingeleitete Landreform teilweise wieder zurücknahm. In allen Landesteilen gab es daraufhin gewalttätige Zusammenstöße zwischen wütenden Demonstranten

SÜDAMERIKA

und der Polizei, bei denen mehrere Menschen ums Leben kamen. Die ecuadorianische Regierung verhängte daraufhin für mehrere Tage den Ausnahmezustand.

Die wachsende Unzufriedenheit der Bevölkerung kam auch bei den alle zwei Jahre stattfindenden Teil-Parlamentswahlen im Mai 1994 zum Ausdruck, bei der die Partei von Präsident Durán, die konservative Partido Unidad Republicana (PUR, Vereinigte Republikanische Partei), erhebliche Stimmenverluste hinnehmen mußte.

Im August 1994 wurde in einer Volksabstimmung eine Verfassungsänderung gebilligt, nach der künftig die Wiederwahl des Staatspräsidenten sowie der Parlamentsmitglieder möglich ist. In zahlreichen lateinamerikanischen Staaten untersagt die Verfassung die direkte Wiederwahl eines Präsidenten.

Im Oktober 1995 führte eine Affäre um den Vizepräsidenten Alberto Dahik zu einer schweren Regierungskrise. Unter dem Vorwurf der Bestechung und Veruntreuung von staatlichen Geldern hatte das Parlament ein Amtsenthebungsverfahren gegen Dahik, einen Vertrauten von Staatspräsident Durán eingeleitet. Dahik wies alle gegen ihn erhobenen Vorwürfe zurück und bezeichnete sich als Opfer einer Verleumdungskampagne der Christlich-Sozialen Partei (PSC). Als Mitte Oktober 1995 der Oberste Gerichtshof Anklage wegen Veruntreuung erhob, floh Dahik nach Costa Rica, wo er um politisches Asyl nachsuchte. Nach den Rücktritten des Innen- und des Industrieministers geriet auch die Position von Präsident Durán ins Wanken. Doch durch die Aufnahme angesehener Politiker ins Kabinett und Zugeständnisse an die Opposition konnte er sich halten.

Der populistische Politiker Abdalá Bucaram wurde 1996 zum Präsidenten gewählt. Die meisten seiner Wahlversprechen – z. B. Bau von Wohnungen, Senkung der Nahrungsmittelpreise, höhere Gehälter – konnte er nicht einlösen, vielmehr setzte er den strikten Sparkurs seines Vorgängers fort. Korruption und Unfähigkeit einiger Regierungsmitglieder trugen ebenso zum raschen Ansehensverlust des Präsidenten bei, wie Bucarams Neigung, sich als Showstar und Rocksänger zu produzieren. In einem einmaligen Akt beschloß das ecuadorianische Parlament im Februar 1997 vor dem Hintergrund eines Generalstreiks die Absetzung Bucarams als Präsident »wegen geistiger Unfähigkeit«. Neuer Präsident wurde Fabián Alarcón Rivera. Der 1995 erneut ausgebrochene Grenzkonflikt mit Peru wurde Anfang 1997 durch ein Abkommen zwischen beiden Staaten beigelegt.

Chronik Zeittafel

um 8000 v. Chr.	Besiedlung im Gebiet des heutigen Ecuador
3200 –2000 v. Chr.	Keramikarbeiten der Valdiviaphase zählen zu den ältesten in ganz Amerika
500 v. Chr. – 500 n. Chr.	Bahiakultur, Höhepunkt der eigenständigen präkolumbischen Entwicklung in dieser Region
um 1470	Das spätere Ecuador ist Teil des Inkareiches
1533/34	Eroberung durch Spanien
1563	Eingliederung in das Vizekönigreich Peru
1739	Anschluß an das Vizekönigreich Neugranada
1809	Unabhängigkeitserklärung
1821	Anschluß an Großkolumbien
1830	Souveräner Staat
1852	Abschaffung der Sklaverei
1859	Diktatorisches Regime unter Gabriel García Moreno (bis 1875)
1896	Der liberal gesinnte General Eloy Alfaro wird Präsident
bis 1948	Wechselnde Militärregime
1942	Nach bewaffnetem Konflikt mit Peru muß Ecuador rund 40 % seines Territoriums abtreten
1945	Beginn des sog. Bananenbooms; wirtschaftlicher Aufschwung
1961	Sturz von Präsident Velasco Ibarra
1963	Machtübernahme durch das Militär
1967	Entdeckung ergiebiger Ölfelder
1972	Linksorientierte Militärjunta gelangt an die Macht
1979	Rückkehr zur Demokratie; Wahlsieg eines Mitte-Links-Bündnisses
1988	Der Sozialdemokrat Rodrigo Borja wird Präsident
1992	Eine langjährige Wirtschaftskrise bringt den Konservativen Erfolg bei den Präsidentschaftswahlen
1997	Friedensvereinbarung mit Peru
Februar 1997	Präsident Bucaram wird vom Parlament abgesetzt; neuer Präsident wird Fabián Alarcón Rivera

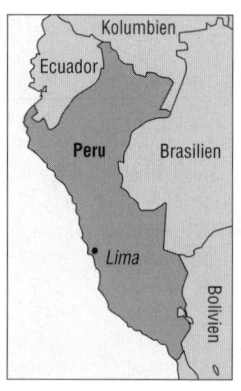

Peru

(Perú, Piruw)

Fläche: 1 285 216 km²
Bevölkerung:
    8,0 Mio. (1959);
    13,5 Mio. (1970);
    24,2 Mio. (1996).
Sprachen: Spanisch, Ketchua,
    Aymará
Staatsform: Präsidialrepublik

Mitgliedschaften: ALADI, OAS, SELA, UNO

Bereits um 800 v. Chr. gab es auf dem Gebiet des heutigen Peru hochstehende Kulturen. Mitte des 14. Jhs. war es Teil des Inkareichs, einer der höchstentwickelten Kulturen des vorkolumbischen Amerika. Nach der Zerstörung des Inkareichs durch Francisco Pizarro machte Spanien das Vizekönigreich Peru zum Zentrum seiner südamerikanischen Kolonialherrschaft. Auf die Erlangung der Unabhängigkeit 1824 folgten Jahrzehnte innenpolitischer Unruhen und mehrere Militärregime. Nach 1860 kam es zu politischer Stabilisierung und ökonomischem Aufschwung. Im 20. Jh. gab es mehrere Ansätze zu sozialen Reformen, auch unter linksorientierten Militärregimen. Seit 1990 versucht Präsident Alberto Kenya Fujimori mit autoritären Mitteln, die desolate wirtschaftliche und politische Lage des Landes zu verbessern.

Politische Struktur

Seit November 1993 hat Peru eine neue Verfassung, die dem Präsidenten weitgehende Machtbefugnisse einräumt. So kann er das Parlament auflösen, wenn es mit der Regierungspolitik nicht einverstanden ist. Mit der neuen Verfassung hat sich der 1990 gewählte Präsident Alberto Fujimori eine Legitimation für sein autoritäres Regime verschafft. Fujimori hatte im April 1992 durch einen Staatsstreich eine Quasi-Diktatur errichtet, gegen internationale Proteste das Parlament aufgelöst und die Verfassung von 1980 außer Kraft gesetzt.

Im 120 Sitze umfassenden Parlament verfügt die 1989 gegründete Neue Mehrheit (Cambio 90) von Präsident Alberto Fujimori über 65 Mandate (Wahl vom April 1995), die Union für Peru über 15 Sitze. Auf andere Parteien entfallen 36 Mandate. Im November 1992 hatte Präsident Fujimori mit der Wahl

zu einer verfassunggebenden Versammlung die schrittweise Redemokratisierung des Landes eingeleitet. Allerdings wurde die Wahl von den wichtigsten Oppositionsparteien, darunter die sozialdemokratische Alianza Popular Revolucionaria Americana (APRA, →Lexikon, Revolutionäre Amerikanische Volksallianz) und die linksliberale Izquierda Unida (IA, Vereinigte Linke) boykottiert. Ein wichtiger politischer Faktor waren in Peru die beiden terroristischen Untergrundbewegungen Sendero Luminoso (Leuchtender Pfad) und Movimiento Revolucionario Túpac Amaru (Revolutionäre Bewegung Túpac Amaru), deren Schlagkraft durch rigorose Repressionen der Regierung Fujimori Mitte der 90er Jahre jedoch weitgehend gebrochen scheint.

Landesnatur

Das am Pazifik gelegene Peru gliedert sich in drei landschaftliche Großräume, die Costa (Küstenstreifen) im Westen, die sich anschließende Sierra, das bis zu 6768 m hohe Andenhochland, und die Selva, das Amazonastiefland im Osten des Landes.

Die im Norden bis zu 140 km breite Costa ist von zahlreichen Flüssen durchzogen und umfaßt rund ein Drittel der landwirtschaftlich nutzbaren Fläche, obwohl sie zum großen Teil aus Wüste besteht. Fruchtbar sind die zahlreichen Flußoasen des Küstenstreifens, der mit der Hauptstadt Lima das Siedlungs- und Wirtschaftszentrum Perus bildet. Die Sierra (Andenhochland) ist im Norden in drei Kordilleren unterteilt, aus denen auch der höchste Berg Perus, der 6768 m hohe Huascarán, aufragt. Im Süden bildet die Sierra ein ziemlich gleichmäßiges Hochland mit Verbindung zum bolivianischen Altiplano. Die Ostabdachung der Anden geht in die Selva über, das durch viele Flüsse durchzogene, nach Norden breiter werdende Amazonastiefland.

Peru liegt im Bereich der inneren Tropen. In der östlichen Selva herrscht immerfeuchtes Tropenklima mit jährlichen Niederschlägen von 2500 bis 3000 mm und einer ganzjährigen Mitteltemperatur von etwa 26 °C. Das Gebiet ist von tropischem Regenwald bedeckt. Die Sierra hat ein wechselfeuchtes Klima mit ergiebigen Sommerregen, die zum Regenfeldbau genutzt werden. Der Regenwald der Selva geht an den Berghängen in tropischen Bergwald, zwischen 2000 m und 2500 m in Nebelwald über. Infolge abnehmender Regenmengen ist die Sierra nach Süden hin von den trockenen Büschelgrasflächen der Puna gekennzeichnet. Die westliche Küstenregion ist geprägt von grünen Flußoasen. Die Jahresdurchschnittstemperaturen liegen dort zwischen

15 °C und 22 °C bei vor allem im Süden des südamerikanischen Landes extrem niedrigen Niederschlagsmengen.

Bevölkerung

Über die Hälfte der Peruaner sind Indianer, die mehrheitlich im Andenhochland (Sierra) leben (47 % Ketchua, 5,5 % Aymará). Mestizen (Indianermischlinge) stellen 32 % der Bevölkerung; 12 % sind Weiße, die die meisten Führungspositionen in Politik und Wirtschaft besetzen. Daneben gibt es kleinere Gruppen von Asiaten und Schwarzen. 98 % der Peruaner sind Christen (92,5 % Katholiken, 5,5 % Protestanten), 2 % bekennen sich zu anderen Religionen.

Der Urbanisierungsgrad (Anteil der Stadtbewohner an der Gesamtbevölkerung) ist in Peru mit rund 70 % vergleichsweise hoch. Etwa ein Viertel aller Peruaner lebt im Großraum Lima, der aufgrund starker Landflucht um fast 200 000 Menschen pro Jahr anwächst, die überwiegend in den wuchernden Elendsquartieren (Barriadas) hausen. Im Andenhochland leben rund 40 % der Bevölkerung, während das Amazonastiefland sehr dünn besiedelt ist.

Wirtschaft

Trotz reicher Bodenschätze ist Peru eines der ärmsten Länder Lateinamerikas. 1993 lebten nach offiziellen Angaben rund 80 % der Bevölkerung in absoluter Armut.

Grundlage der peruanischen Ökonomie ist traditionell die Landwirtschaft, deren Anteil am Bruttoinlandsprodukt (BIP) allerdings stetig abnimmt und 1990 lediglich 8,8 % betrug (1987: 11 %). Die Hauptanbaugebiete liegen in der Küstenregion, an den Osthängen der Anden und im relativ trockenen Südteil des Amazonastieflandes. Angebaut werden hauptsächlich Zuckerrohr, Mais, Bohnen, Gemüse, Tabak, Baumwolle (Küstenregion), sowie Kaffee, Kakao und Tee im Hochland, Hülsenfrüchte und Bananen im Amazonastiefland.

Anfang der 70er Jahre wurden im Zuge einer Landreform zahlreiche landwirtschaftliche Großbetriebe aufgeteilt. Die Kleinbauern produzieren überwiegend für den Eigenverbrauch, die verbliebenen Großbetriebe in Monokulturen für den städtischen Bedarf und den Export. Ein wichtiger Wirtschaftsfaktor ist der Fischfang. Peru verfügt vor seiner Pazifikküste über einen der reichsten Fischgründe der Welt, dessen Bestand jedoch aufgrund jahrelanger Überfischung stark zurückgegangen ist. Nach wie vor ist Fisch, insbesondere Fischmehl, ein wichtiges Exportprodukt mit einem Anteil am Gesamtexport von rund 15 % (1992).

Metallerze, vor allem Kupfer-, Eisen-, Blei- und Zinkerze, dazu Gold, Silber, Wismut und Zinn sind mit fast 50 % Anteil die wichtigsten Ausfuhrgüter des rohstoffreichen Landes. Auch der Erdölexport ist eine beachtliche Devisenquelle. Insgesamt liegt der Beitrag des industriellen Sektors zum BIP bei 40 % (1990), bei einem Beschäftigungsanteil von rund 17 %. Wichtige Industriezweige neben dem Bergbau sind Textil- und Nahrungsmittelindustrien, Fahrzeug- und Maschinenbau sowie Werften und chemische Fabriken, die in der Küstenregion konzentriert sind.

Hohe Auslandsschulden sind das ökonomische Hauptproblem Perus. Die Hyperinflation Anfang der 90er Jahre (1990: über 7 600 %, 1991: 139 %) konnte durch rigorose Ausgabenkürzungen des Staates gestoppt werden.

GESCHICHTE

Frühe Kulturen (21 000 v. Chr.–1300 n.Chr.)

Die ältesten Zeugnisse menschlicher Existenz auf dem Gebiet des heutigen Peru stammen aus der sog. Pacaicasaphase (um 21 000–12 000 v. Chr.). Die Bewohner lebten in Höhlen und ernährten sich von der Jagd und dem Sammeln von Früchten. Wandmalereien in den Höhlen von Huánuco und Toquepala zeigen Männer, die mittelgroße Vierbeiner mit langen Hälsen jagen, vermutlich Guanacos, die wilden Vorfahren des Lamas. Im Lauf der Jahrtausende verbesserten diese Ureinwohner Herstellung und Gebrauch von Waffen und Werkzeugen aus Stein.

Um 7000 v. Chr. begannen die frühen Jäger mit planvollen Anpflanzungen – zunächst Kürbisse, Bohnen und Hirse – und der Zähmung von Haustieren. Während in anderen Weltregionen die Zähmung von Haustieren vor dem ersten Ackerbau erfolgte, verliefen in Südamerika vermutlich beide Prozesse parallel. Um 3000 v. Chr. wurden erstmals Baumwolle und Mais angebaut. Zwischen 2500 und 1800 v. Chr. entstanden im Andenhochland die ersten festen Siedlungen mit Behausungen aus Lehmziegeln und Tempeln. In den folgenden Jahrhunderten entwickelten sich kleinere Stadtsiedlungen an der Küste und dauerhafte Siedlungsplätze im Hochland, in denen die Herstellung von Keramiken verbreitet war.

Um 850 v. Chr. bildete sich im nördlichen Andenhochland Perus die Chavínkultur, deren Zentrum Chavín de Huántar von einem mächtigen Gebäudekomplex, wahrscheinlich einem Tempel, überragt wurde. Auf den meisten bildlichen Darstellungen der Chavínkultur taucht eine Raubkatze auf, die vermutlich als Gottheit verehrt wurde (Jaguar-Gottheit). Nach dem Niedergang der Chavínkultur um 200 v. Chr. entstanden im heutigen Peru zahlreiche Regionalstaaten und -kulturen, wie z.B. die Mochekultur (200–600 n. Chr.) mit ihren herausragenden Keramikarbeiten und die Nazcakultur (200–600 n. Chr.), die u.a. für prächtige Textilien aus Baumwolle bekannt ist.

Die frühperuanischen Gesellschaften waren streng hierarchisch gegliedert, mit einer Adelsschicht an

Francisco Pizarro

Chronik Biografie

spanischer Eroberer

* *um 1475 Trujillo, Estremadura*
† *26.6.1541 Ciudad de los Reyes (= Lima)*

P. eroberte das kulturell hochentwickelte Reich der Inkas und trug zu seinem Untergang bei. 1529 beauftragte Kaiser Karl V. in Toledo den spanischen Militärführer P. mit der Einnahme des Inkareiches für die spanische Krone und setzte ihn im vorhinein als Statthalter und Generalkapitän des zu erobernden Gebiets von Peru ein. An der Spitze von knapp 180 Bewaffneten begann P. im Mai 1531 seinen Feldzug gegen die Inkas, die durch Erbfolgestreitigkeiten geschwächt waren. P. gelang die Gefangennahme des Inkaherrschers Atahualpa, den er trotz Zahlung einer exorbitant hohen Lösegeldsumme hinrichten ließ. Im November 1533 eroberte P. die Inkahauptstadt Cuzco. Im darauffolgenden Jahr gründete er Lima als seine Residenz und neue Hauptstadt der spanischen Kolonie. Zwischen führenden Konquistadoren kam es in der Folgezeit zu Machtkämpfen. Hernando Pizarro, ein Bruder von P., besiegte 1538 Diego de Almagro. Einer von dessen Anhängern ermordete daraufhin P.

der Spitze, einem stark spezialisierten Handwerkerstand, Bauern und Sklaven.

Etwa im 12. Jh. n. Chr. entstand im Norden auf dem Gebiet der Mochekultur mit den Chimú das letzte peruanische Großreich vor dem Eindringen der Inkas. Die Hauptstadt des Chimúreiches, Chan Chan, hatte in ihrer Blütezeit annähernd 100 000 Einwohner, zeigte eine planvolle Gesamtanlage mit einzelnen Stadtvierteln für verschiedene Gesellschaftsgruppen und verfügte über ein ausgeklügeltes Kanalsystem. Archäologische Funde zeugen vom hohen Stand der Goldschmiedekunst.

Spanien erobert Inkareich (um 1400–1545)

Im 13. und 14. Jh. gab es im heutigen Peru zahlreiche Stadtsiedlungen, bevor im 15. Jh. die Inkas in dem Gebiet die Vorherrschaft erlangten und einen mächtigen Staat errichteten. Seine Blütezeit erlebte das Inkareich in der zweiten Hälfte des 15. Jhs. kurz vor dem Einfall der spanischen Eroberer. Mit ihrem komplexen Staatsaufbau, großen städtebaulichen und verkehrstechnischen Leistungen sowie prachtvollen künstlerischen und handwerklichen Arbeiten schufen die Inkas innerhalb einer vergleichsweise kurzen Zeit eine der bedeutendsten Hochkulturen des amerikanischen Kontinents, der die spanische Eroberung ein gewaltsames Ende bereitete (→historischer Überblick, S. 237).

1532 landete der Spanier Francisco Pizarro mit knapp 180 Bewaffneten bei Tumbes an der peruanischen Küste. Bei der Eroberung des Inkareiches hatten die Spanier leichtes Spiel, da die Widerstandskraft der Inkas durch den Nachfolgestreit der beiden Söhne nach dem Tod des Inka Huaina Cápac stark geschwächt war. Hinzu kamen die waffentechnische Überlegenheit der Konquistadoren und die Tatsache, daß sich mehrere von den Inkas eroberte Volksstämme mit den Spaniern gegen ihre Unterdrücker verbündeten.

Durch Verrat fiel Pizarro im November 1532 der Inkaherrscher Atahualpa in die Hände, den er trotz Zahlung eines hohen Lösegeldes hinrichten ließ. 1534 eroberten die Spanier die Inkahauptstadt Cuzco. Pizarro setzte Manco Cápac II. als neuen Herrscher ein, der die Rolle einer Marionette der Spanier bald abwarf und sich Anfang 1536 an die Spitze eines Aufstands stellte. Nach verlustreichen Kämpfen gelang den Spaniern die Niederschlagung der Indianerrebellion. In der Folgezeit brachen unter den spanischen Eroberern heftige Machtkämpfe aus, in deren Verlauf Francisco Pizarro 1541 von Rivalen ermordet wurde.

1543 wurde das Vizekönigreich Peru mit der Hauptstadt Lima gegründet, das im 16. und 17. Jh. den gesamten spanischen Kolonialbesitz (mit Ausnahme von Venezuela) in Südamerika umfaßte. Als immer mehr Berichte über Greueltaten der Konquistadoren nach Europa gelangten, versuchte die spanische Krone, die Indianer durch Erlaß der Neuen Gesetze von 1542 zu schützen und die Willkürherrschaft der Eroberer einzuschränken (▷Chronik Zitat, S. 244). Dies führte zu einer Rebellion der Konquistadoren unter Führung von Gonzalo Pizarro, ein Bruder des Eroberers, gegen den Vizekönig, die 1547/48 niedergeschlagen wurde. Die Lage der Indianer wurde durch die Neuen Gesetze kaum verbessert.

Nach seiner Niederlage 1536 zog der Inka Manco Cápac II. sich mit den ihm verbliebenen Gefolgsleuten in die östliche Andenregion zurück, wo er um die sagenumwobene Stadt Vilcabamba ein neues Inkakönigreich errichtete. Dieses Inkareich überdauerte nur wenige Jahrzehnte. 1572 wurde der letzte Inkaherrscher Túpac Amaru von den Spaniern gefangengenommen und hingerichtet.

Silberboom (1545–1820)

Den kulturellen und ökonomischen Höhepunkt seiner Bedeutung erlangte das Vizekönigreich Peru um 1600, nachdem 1545 in Potosí (→Lexikon) im heutigen Bolivien Silbervorkommen entdeckt worden waren. Die spanische Krone zog im 16. und 17. Jh. enorme Reichtümer aus dem Vizekönigreich, und auch die peruanischen Städte und Siedlungen profitierten von dem Boom. So erlebte Lima einen starken Aufschwung, da nahezu der gesamte Handel zwischen Spanien und dem Vizekönigreich Peru über seinen Hafen abgewickelt wurde. Die Hauptstadt entwickelte sich zu einem bedeutenden Zentrum des Kolonialreiches mit prächtigen Palästen für die wohlhabenden Weißen und einem regen Kultur-

Ermordung des Inka Atahualpa durch die Spanier

Chronik Zitat

Pedro Pizarro, ein Vetter Francisco Pizarros, des spanischen Eroberers von Peru, berichtet über die Ermordung des Inkaherrschers Atahualpa durch die Spanier.

»Almagro (ein Gefolgsmann Pizarros) und seine Beamten, als sie sahen, daß de Soto (ein Spanier, der mit dem Inka Freundschaft geschlossen hatte) abgereist war, bestürmten den Marquis mit vielen Forderungen, und da der Dolmetscher jenen mit seiner Verschlagenheit beistand, überzeugten sie den Marquis, der in seinem Dienst am König sehr pflichtbewußt war, daß Atahualpa sterben solle. Und so erfüllten sie ihn mit Furcht, und gegen seinen Willen verurteilte er Atahualpa zum Tode, und befahl, daß er garottiert werden solle und daß man seine Leiche verbrennen solle, weil er sich seine Schwestern als Ehefrauen gehalten habe. Gewiß hatten all diese Herren eine geringe Kenntnis von den Gesetzen, denn sie sprachen ihr Urteil gegen einen Ungläubigen aus, der nie in der christlichen Lehre unterwiesen worden war.

Da weinte Atahualpa, und er flehte sie an, ihn nicht zu töten, denn es befände sich kein einziger Indianer im Lande, der sich ohne seinen Befehl gegen die Spanier erhebe, und er fragte, was sie denn von ihm, dem Gefangenen, zu befürchten hätten. Und er sagte, wenn es ihnen um Gold und Silber zu tun sei, würde er ihnen doppelt so viel geben als zuvor. Da sah ich den Marquis vor Betrübnis schluchzen, weil er außerstande war, sich für Atahualpas Leben zu verbürgen, fürchtete er doch das Drängen der Beamten und das Risiko eines Aufstandes, wenn Atahualpa freigesetzt würde.

Atahualpa hatte seinen Frauen und den Indianern zu verstehen gegeben, daß er, wenn die Spanier seinen Körper nicht verbrennen würden, aus dem Jenseits zurückkehren werde, da der Sonnengott, sein Vater, ihn auferwecke. Darauf holten ihn die Spanier hinaus auf den Platz, um ihn zu garottieren, und der bereits erwähnte Pater Vicente de Valverde predigte ihm und ermahnte ihn, sich zum Christentum zu bekehren. Da fragte Atahualpa, ob sie ihn verbrennen würden, wenn er Christ werde, und sie verneinten dies; darauf sagte er, wenn er nicht verbrannt würde, wolle er sich taufen lassen, und so taufte Bruder Vicente ihn, und sie gaben ihm die Garotte und bestatteten ihn anderntags in der Kirche, welche die Spanier in Cajamarca hatten.«

SÜDAMERIKA

385

leben, das dem des Mutterlandes kaum nachstand. 1551 wurde in Lima eine Universität gegründet. Die Leidtragenden des Silberbooms waren die Indios, die den wirtschaftlichen Aufschwung der Kolonie mit z. T. unmenschlichen Arbeits- und Lebensbedingungen in den Silberbergwerken bezahlen mußten. Als sich gegen Ende des 17. Jhs. die Silbervorkommen von Potosí allmählich erschöpften, konzentrierten sich die Kreolen (im Land geborene Nachkommen europäischer Einwanderer) Perus auf den Anbau und Export von Nahrungsmitteln (u. a. Baumwolle, Zuckerrohr, Wein), um das Land ökonomisch zu stabilisieren. Da die Hochlandindianer den ausbeuterischen Arbeitsbedingungen in den Plantagen immer weniger gewachsen waren und viele von Krankheiten dahingerafft wurden, verstärkten die Kreolen im 18. Jh. die Einfuhr schwarzer Sklaven nach Peru.

Aus militärstrategischen und verwaltungstechnischen Gründen nahm Madrid im 18. Jh. eine Neugliederung seiner lateinamerikanischen Kolonien vor, die zu einer territorialen Verkleinerung des Vizekönigreichs Peru führte. 1739 wurde im Norden das Vizekönigreich Neugranada, 1776 im südlichen Bereich das Vizekönigreich Río de la Plata gebildet. Damit waren erhebliche Steuererhöhungen verbunden, die Madrid gegen den Widerstand der Bewohner durchsetzen mußte. Auch unter den Indios wuchs die Erbitterung über die Kolonialherrschaft, die 1780 in den letzten großen Indianeraufstand gegen die Spanier mündete. Unter der Führung von José Gabriel Condorcanqui, der sich als Nachfahre des letzten Inkaherrschers bezeichnete und Túpac Amaru II. nannte, kam es zu einer Rebellion, der sich anfangs auch einige Kreolen anschlossen. Die Aufständischen forderten politische und wirtschaftliche Gleichberechtigung für Indianer und Schwarze, die Abschaffung der Sklaverei und politische Selbstbestimmung. Spanischen Kolonialtruppen gelang rasch die Niederschlagung der Rebellion. Túpac Amaru II. wurde 1781 gefangengenommen und öffentlich hingerichtet.

Unabhängigkeit (1821–1930)

Die Befreiung Perus von der spanischen Kolonialherrschaft erfolgte Anfang des 19. Jhs. von außen, nachdem das Gebiet im lateinamerikanischen Unabhängigkeitskampf mehrere Jahre als eine Bastion der Spanier gedient hatte. Einer der Gründe für das Ausbleiben einer innerperuanischen Aufstandsbewegung waren Spannungen und Rivalitäten unter den Kreolen von Peru, die ein gemeinsames Vorgehen

gegen die Kolonialmacht verhinderten. 1816 hatte Argentinien (zuvor Teil des Vizekönigreichs Río de la Plata) seine Souveränität erkämpft. Von Argentinien aus marschierte 1821 General José de San Martín (* 1778, † 1850) in die Hauptstadt Lima ein und versuchte, eine konstitutionelle Monarchie zu errichten. Doch erst die Niederlage des spanischen Heeres bei Ayacucho (→Lexikon) im Jahr 1824 brachte Peru die Befreiung von der Kolonialherrschaft. Der junge Staat schloß sich zunächst dem Großkolumbischen Reich an, von dem er sich jedoch bereits 1827 wieder trennte. 1836 fiel der bolivianische Caudillo Andrés Santa Cruz in Lima ein, um Peru an Bolivien anzugliedern. Aus dieser Zwangsvereinigung konnte sich Peru 1839 mit militärischer Unterstützung von Argentinien und Chile wieder befreien.

Es folgte eine Zeit innerer Wirren, in denen mehrere Generäle um die Macht kämpften. Innerhalb der ersten 40 Jahre nach der Souveränität hatte Peru über 30 Präsidenten.

Erst mit der Präsidentschaft von General Ramón Castilla (1845–1851, 1855–1862) fand das Land zu einer gewissen politischen Stabilität. Castilla bemühte sich um eine Modernisierung, indem er u.a. die Schulpflicht einführte und den sog. Indianertribut abschaffte. Das Verbot der Sklaverei im Jahr 1854 führte zu einem akuten Arbeitskräftemangel, der durch die Anwerbung von rund 100 000 verschuldeten chinesischen Bauern als billige Arbeitskräfte ausgeglichen wurde. Die Arbeits- und Lebensbedingungen dieser »Kulis« genannten Chinesen unterschieden sich kaum von denen der schwarzen Sklaven. Zum wirtschaftlichen Aufschwung trug ab Mitte des 19. Jhs. insbesondere der Export von Guanodünger, der aus dem Dung von Guanoseevögeln gewonnen wird, und von Salpeter bei. Gestützt wurde diese Entwicklung durch ausländische Investitionen und Kapitaltransfer, vor allem aus Großbritannien.

Der sog. Guanoboom stärkte die Position einer bürgerlichen Mittelschicht, deren politischer Arm die liberale Zivilpartei wurde. 1872 gewann die Partei erstmals die Parlamentswahl.

Militärische Konflikte schwächten Peru nach 1860. Als Spanien 1864 die guanoreichen Chinchainseln besetzte, erklärte Lima 1866 der einstigen Kolonialmacht den Krieg. 1871 kam es auf Vermittlung der USA zu einem Waffenstillstand und 1879 zum Friedensschluß, in dem Spanien offiziell die Unabhängigkeit Perus anerkannte. 1879 wurde Peru aufgrund eines Bündnisses mit Bolivien in den Salpeterkrieg gegen Chile hineingezogen, der 1833 mit der Niederlage Perus und Boliviens sowie dem Verlust der peruanischen Salpeterprovinzen Tarapacá, Arica und Tacna endete.

Bereits in den 1860er Jahren war Peru in eine schwere Finanzkrise geraten, in deren Verlauf sich seine Auslandsschulden bis 1872 vervierfachten. Die Regierung sah sich gezwungen, einer französischen Bank gegen Übernahme der Schuldverschreibungen das Guanomonopol zu übertragen, nach Einschätzung des Pariser Bankdirektors »das beste und einträglichste Geschäft der Welt«. Auch US-amerikanische und britische Unternehmen profitierten Ende des 19. Jhs. von der Finanzkrise Perus, indem sie sich als Gegenleistung für ihre Finanzspritzen das peruanische Eisenbahnnetz überschreiben ließen.

Die Präsidentschaften von Nicolás de Piérola (1895 bis 1899), José Pardo y Barreda (1904–1908, 1915 bis 1919) und Augusto Bernadino Leguía (1908 bis 1912, 1919–1930) brachten dem Land innenpolitische Stabilisierung. Durch die Nutzung neuentdeckter Kupfervorkommen konnten zu Beginn des 20. Jhs. die Einnahmeverluste bei Salpeter teilweise ausgeglichen werden. Die wirtschaftliche Erholung wurde nach Ausbruch des Ersten Weltkriegs 1914 durch einen deutlichen Nachfrageschub für peruanische Exportprodukte, u.a. Kupfer, Baumwolle und Zuckerrohr, gestützt.

Die Wiederwahl von Augusto Leguía 1919 zum Präsidenten bedeutete einen Einschnitt in der Entwick-

Niederlage des indianischen Rebellenführers Túpac Amaru II.

Chronik Zitat

Ein Chronist der spanischen Kolonialarmee beschreibt in einem Journal (Kriegstagebuch) seines Regiments die Niederlage Túpac Amarus II. im Jahr 1781.

»Der Kommandeur unserer Truppen marschierte auf einem anderen Weg mit einem großen Heer in diese Provinz, der sich in der Nähe von Tungasuca vier andere Kolonnen anschließen sollten, wo der Rebell Hof hielt. Er kam mit einer Truppe von sechzehntausend Mann in die Stadt Quiquijana und nahm dort den Oberrichter des Rebellen und einen anderen Oberbefehlshaber gefangen, die beide sofort gehängt wurden. Von dort marschierten wir nach Tungasuca und außerhalb der Stadt trafen die Rebellen auf uns, um uns eine Schlacht zu liefern. Aber es war eine jener effekthascherischen Schlachten, die er mit viel Geschrei und Bewegung zu liefern pflegte, während die sechs Kanonen und anderen Feuerwaffen, die er abfeuerte, so schlecht bedient wurden, daß sie nur drei Männer aus unserem Regiment töteten. Einige der unsrigen, etwa drei- bis vierhundert Mann, die dem Feind am nächsten standen, griffen ihn so heftig an, daß sie sie mit einem solchen Blutbad gänzlich vernichteten, das Túpac Amaru mit Entsetzen erfüllte. Seine Bestürzung wuchs, als er sah, daß sie seine Kanonen, seinen Vorrat, seine Munition und seine Ausrüstung und die gesamte Kriegsbeute, die er gestohlen hatte, erbeuteten. Es gelang ihm wegen

des guten Pferdes, das er ritt, zu entkommen, ohne gefangengenommen zu werden, und als er sah, daß alles verloren war, ließ er seiner Frau und den Kindern die Botschaft übermitteln, so schnell wie möglich zu fliehen, und sprang in einen reißenden Fluß und es gelang ihm, ihn schwimmend zu durchqueren. Aber als er auf der anderen Seite ankam, nahm ihn der Mann, den er zum Leutnant von Langin gemacht hatte, in der Hoffnung gefangen, seine eigene Haut zu retten, und er übergab ihn unseren Leuten. Nicht anders erging es seiner Frau, den Kindern und anderen Verbündeten. Morgen wird unser Hauptmann diese Stadt verlassen, um die Gefangenen zurückzubringen, damit sie ihren gerechten Lohn erhalten.

Um sechs Uhr wurde heute morgen Francisco Túpac Amaru, der Onkel Josés, zusammen mit einem anderen Befehlshaber namens Torres – beide berühmte Rebellenführer – als Gefangene hierhergebracht. Ersterer trug die königlichen Gewänder der Inka, an deren Ecken das Wappen Túpac Amarus in Gold und Silber gestickt war.

Diese Stadt befindet sich in höchster Aufregung über die Gefangennahme Túpac Amarus und seiner Familie. Die Glocken läuten und das ganze gemeine Volk freut sich ... Unter den Schätzen, die mit dem Rebellen erbeutet wurden, befanden sich zwölf Truhen aus getriebenem Silber, viele goldene und diamantenbesetzte Schmuckstücke und viele andere Dinge ...«

lung Perus. Leguía bemühte sich in seiner zweiten Amtszeit energisch um eine tiefgreifende Modernisierung des Landes durch soziale Reformen und Verbesserung der Infrastruktur. Dazu suchte Leguía eine engere Zusammenarbeit mit ausländischen, vor allem US-amerikanischen Geldgebern. Auf anfängliche Zugeständnisse an Gewerkschaften und liberale Kreise folgte die Errichtung eines autoritären Regimes. Leguía ging rigoros gegen oppositionelle Parteien und Gewerkschaften vor, ließ kritische Zeitschriften verbieten und mißliebige Personen ins Exil treiben, darunter Víctor Raúl Haya de la Torre (* 1895, † 1979), der 1924 in Mexiko die linksorientierte Alianza Popular Revolucionaria Americana (APRA, →Lexikon) gründete.

Militärregime (1930–1956)

Die stark mit US-amerikanischem Kapital verflochtene Wirtschaft Perus wurde von der Weltwirtschaftskrise 1929 hart getroffen. Vor dem Hintergrund des ökonomischen Niedergangs wurde Präsident Leguía 1930 durch einen Militärputsch gestürzt. Die Militärs schrieben bereits im darauffolgenden Jahr Wahlen aus, die der Putschistenführer Luis Sánchez Cerro gegen den APRA-Gründer Haya de la Torre gewinnen konnte. Dieser hatte seinen Wahlkampf u.a. mit der Forderung nach einer umfassenden Landreform und der politischen und sozialen Gleichberechtigung der Indios geführt. Vom wachsenden Rückhalt der APRA in der Bevölkerung beunruhigt, erließ die Junta 1933 ein Verbot der Partei, nachdem ein Aufstandsversuch von APRA-Aktivisten niedergeschlagen worden war. Während der Amtszeit von Präsident Manuel Prado (1939–1945) entspannte sich allmählich das Verhältnis zwischen Regierung, Militärs und der APRA. Ein Grund war die Abkehr Prados vom faschistischen Spanien und nationalsozialistischen Deutschland und die Parteinahme für die Alliierten. 1945 wurde der Kandidat des Militärs, der bürgerliche Liberale José Luis Bustamente y Rivera, mit Unterstützung der APRA zum Präsidenten gewählt. Es folgte eine Periode wachsender politischer Freiheiten, in der die Gewerkschaften soziale Verbesserungen erkämpften. Ab 1947 wuchs in wohlhabenden Kreisen u. a. aufgrund staatlich verordneter Devisenkontrollen die Unzufriedenheit mit dem Präsidenten, der zur Aufnahme von Militärs in seine Regierung genötigt wurde. Mitte 1948 brachte sich das Militär erneut an die Macht. Präsident wurde General Manuel Odría (1948–1956), der Repressionen gegen linke Parteien und Gewerkschaften anordnete.

Soziale Reformen und Demokratie (1956–1968)

1956 hatte die Diktatur Odrías ein Ende, als sich bei den Präsidentschaftswahlen der bürgerliche Kandidat Manuel Prado mit Unterstützung der APRA durchsetzen konnte. In den folgenden Jahren erweiterte sich das peruanische Parteienspektrum u.a. um die konservative Christdemokratische Partei (DC) und die von Fernando Belaúnde Terry gegründete sozialreformerische Acción Popular (AP, Volksaktion). 1962 gewann der APRA-Führer Haya de la Torre die Wahl, doch das Militär verhinderte seinen Amtsantritt und setzte 1963 Neuwahlen an, die Belaúnde gewann. Er verfügte im Parlament nicht über eine gesicherte Mehrheit, so daß er nur wenige seiner Reformprojekte realisieren konnte.

Militärregime und Demokratisierung (ab 1968)

1968 sprach infolge einer kaum reformfähigen Regierung, einer weiteren Zersplitterung des Parteiensystems und einer schweren Wirtschaftskrise vieles für einen Wahlsieg der APRA. In dieser Situation riß das Militär unter Führung von Juan Velasco Alvarado (1968–1975) erneut die Macht an sich. Die Militärjunta wollte ein linksorientiertes Programm umsetzen. Das Parlament wurde aufgelöst, zahlreiche ausländische Großunternehmen verstaatlicht, u. a. die peruanische Fischindustrie unter Staatskontrolle gebracht.

1976 brachte sich General Francisco Morales Bermúdez (1975–1980) durch einen Putsch an die Macht und leitete die »Zweite Phase der Revolution« ein. Die linke sozialreformerische Programmatik wurde beibehalten, Morales gewährte aber dem privaten Wirtschaftssektor größere Freiräume. Enteignete ausländische Erdölfirmen durften wieder in eigener Regie arbeiten. Sparmaßnahmen und Preiserhöhungen hatten jedoch wachsenden Unmut in der Bevölkerung zur Folge. Nach gewalttätigen Unruhen ließ die gemäßigte Junta 1978 die Universitäten schließen und verhängte für knapp ein Jahr den Ausnahmezustand. Die von den Militärs angesetzten Wahlen zur verfassunggebenden Versammlung Mitte 1978 leiteten den Übergang zur Demokratie ein. Die APRA erreichte die meisten Sitze.

1980 wurde Belaúnde Terry von der gemäßigten AP ein weiteres Mal zum Präsidenten gewählt (1980 bis 1985). Peru befand sich Anfang der 80er Jahre in einer tiefen Wirtschaftskrise mit hoher Inflation und rapide wachsendem Schuldenberg bei fallenden Weltmarktpreisen für Rohstoffe, dem wichtigsten Exportgut des Landes. Belaúnde machte einen Großteil der Reformen seiner linksorientierten Vorgänger aus dem Militär rückgängig und betrieb eine neoliberale Sanierungspolitik z. T. nach Vorgaben des Internationalen Währungsfonds (IWF) mit drastischen Ausgabenkürzungen und Lohnsenkungen. Infolgedessen konnte 1985 die sozialdemokratische APRA erstmals seit ihrer Gründung 1924 in Peru einen Wahlsieg erzielen. Doch auch dem neuen Präsidenten Alán García Pérez (1985 bis 1990) gelang es nicht, das Land aus der ökonomischen Krise zu führen. Nach einigen Anfangserfolgen (Steigerung der Binnennachfrage, Schuldenmoratorium) erzielte er mit seinem Programm, das u. a. die Verstaatlichung der Banken sowie Maßnahmen gegen die Inflation, gegen Kapitalflucht und Geldwäsche beinhaltete, kaum mehr Wirkung. Inflation und Verschuldung stiegen weiter an, die ökonomische Krise Perus verschärfte sich.

Zudem verstärkte seit Beginn der 80er Jahre die linksextremistische, maoistisch orientierte Unter-grundorganisation Sendero Luminoso (Leuchtender Pfad) ihren Terrorismus, der das Land in einen bürgerkriegsähnlichen Zustand stürzte. 1989 kontrollierte der Leuchtende Pfad, der einen Großteil seiner Geldmittel aus dem Drogengeschäft bezog und in der Andenregion ausgedehnte Rückzugs- und Nachschubgebiete unterhielt, rund ein Viertel des peruanischen Territoriums. Daneben operiert seit Mitte der 80er Jahre die linkssozialistische Guerilla Túpac Amaru. Der rücksichtslose Kampf zwischen Terroristen und Regierungstruppen forderte mehrere zehntausend Todesopfer, vor allem unter der Landbevölkerung, die immer wieder zwischen die Fronten geriet. Vor diesem »schmutzigen Krieg« flohen Zehntausende Bauern in die Städte, was zu einem Anwachsen der dortigen Slums führte. Anfang der 90er Jahre lebten fast 50% der Peruaner unter den Bedingungen des Kriegsrechts. Mit z. T. populistischen Versprechungen gewann 1990 der parteilose Alber-

Mario Vargas Llosa – Präsidentschaftskandidat 1990

Chronik Biografie

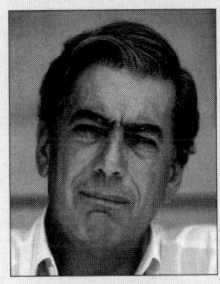

peruanischer Schriftsteller

*28.3.1936 Arequipa

V. ist neben dem Kolumbianer Gabriel García Marquéz der bedeutendste lateinamerikanische Schriftsteller der Gegenwart. Angesichts des wirtschaftlichen und politischen Niedergangs seines Heimatlandes Peru entschloß sich V. 1989 zu verstärktem politischem Engagement, verlor jedoch bei den Präsidentschaftswahlen von 1990 gegen Alberto Fujimori.

V. besuchte in Nordperu eine Kadettenanstalt und arbeitete nach dem Studium zunächst als Journalist und Sprachlehrer. 1959 ging er nach Europa, wo er u.a. in Madrid, Barcelona, Paris und London lebte. Seine Romane, darunter »Die Stadt und die Hunde« (1962) und »Das grüne Haus« (1965), sind einem experimentellen Realismus mit gesellschaftskritischen Elementen verpflichtet. Später gab V. in seinen vielschichtigen Romanen und Erzählungen erotischen und humoristischen Motiven breiteren Raum. Zu seinen bekanntesten Romanen zählen »Der Hauptmann und sein Frauenbataillon« (1973), »Tante Julia und der Lohnschreiber« (1977), »Der Krieg am Ende der Welt« (1981) und »Lob der Stiefmutter« (1988). Der Romancier hatte zahlreiche Gastprofessuren inne und war von 1976 bis 1979 Präsident der internationalen Schriftstellervereinigung PEN. In seiner politischen Haltung entwickelte sich V. vom Sozialisten zum Verfechter bürgerlich-konservativer Konzepte. In den Präsidentschaftswahlkampf 1990 zog er als Kandidat der FREDEMO (Demokratische Front) mit einem neoliberalen Programm, demzufolge die peruanische Wirtschaft durch eine konsequente Spar- und Privatisierungspolitik aus der Krise geführt werden sollte. Dieses »Schockprogramm« schreckte zahlreiche Wähler ab, so daß bei der Stichwahl im Juni 1990 auf V. lediglich 34 % der Stimmen entfielen, während sein Gegenkandidat Alberto Fujimori mit 57 % zum neuen Präsidenten von Peru gewählt wurde.

SÜDAMERIKA

to Fujimori, Nachkomme japanischer Einwanderer, die Präsidentschaftswahlen gegen den bekannten Schriftsteller Mario Vargas Llosa (▷Chronik Biografie, S. 389), der für das konservativ-liberale Bündnis FREDEMO kandidiert hatte.

Fujimori verordnete dem Land eine ökonomische Radikalkur nach neoliberalen Prinzipien, die zwar zu einer deutlichen Reduzierung der Hyperinflation, zur Verringerung des Haushaltsdefizits und der Auslandsschulden führte, auf der anderen Seite aber einen starken Anstieg von Arbeitslosigkeit und Massenarmut verursachte. Dieser »Fuji-Schock« beinhaltete schärfere Maßnahmen als das Wahlprogramm von Vargas Llosa, das zu seinem rapiden Popularitätsverlust geführt hatte. Fujimoris Sofortmaßnahmen umfaßten u.a. die Streichung sämtlicher Subventionen und Preiskontrollen sowie die Abschaffung von Importbeschränkungen. Die Folge war u.a., daß die Preise für Grundnahrungsmittel um das Siebenfache stiegen.

Mit rücksichtslosem Einsatz des Militärs gelang es Fujimori in relativ kurzer Zeit, die Terrororganisation Leuchtender Pfad entscheidend zu schwächen, was den Rückhalt des Präsidenten in den Mittel- und Oberschichten Perus stärkte. Wegen wachsender politischer Spannungen setzte Fujimori im April 1992 die Verfassung außer Kraft, löste das Parlament auf und errichtete eine autoritäre Herrschaft. Ende 1992 gewann Fujimoris Partei Cambio 90 die Wahlen zur verfassunggebenden Versammlung, die allerdings von den größten Oppositionsparteien APRA und AP boykottiert wurden. Mit der Annahme der neuen Verfassung durch ein Referendum im Jahr 1993 begann die allmähliche Redemokratisierung Perus. 1995 wurde Fujimori bei den Präsidentschaftswahlen im Amt bestätigt. Sein unterlegener Gegenkandidat war der frühere UN-Generalsekretär Javier Pérez de Cuéllar.

Anfang 1995 kam es zu einem bewaffneten Grenzkonflikt mit Ecuador, der durch einen Friedensvertrag, der u. a. die Schaffung einer entmilitarisierten Zone beinhaltet, beigelegt wurde. Im Dezember 1996 überfielen Terroristen der Túpac Amaru die japanische Botschaft und nahmen rund 200 Geiseln. Sie forderten die Freilassung von Gesinnungsgenossen, was die peruanische Staatsführung strikt zurückwies. Nach mehrwöchiger Belagerung befahl Fujimori die Erstürmung des Botschaftsgebäudes zur Befreiung der Geiseln. Bei der Aktion wurden alle Terroristen und eine Geisel getötet. 1997 trat Peru aus der Zollunion Andenpakt aus. Fujimori erklärte die Wirtschaftspolitik des Paktes für veraltet.

Chronik Zeittafel

um 850 v. Chr.	Erste Hochkultur im Gebiet von Chavín
um 1480 n. Chr.	Blütezeit des Inkareichs unter Túpac Yupanqui
1533/34	Eroberung des Inkareichs durch den Spanier Francisco Pizarro
1543	Gründung des Vizekönigreichs Peru
1545	Entdeckung von Silbervorkommen bei Potosí
1739	Vizekönigreich Neugranada
1821	Unabhängigkeitserklärung
1839	Peru wird souveräner Staat
1845	Politische Stabilisierung
1854	Abschaffung der Sklaverei
1866 −71	Krieg gegen Spanien um den Besitz der Chinchainseln
1879 −83	Salpeterkrieg, Niederlage gegen Chile
1919	Präsident Augusto Leguía errichtet ein autoritäres Regime
1924	Gründung der linksorientierten APRA
1930	Militärputsch gegen Leguía
1931	Repressionen gegen APRA und andere Linksparteien
1945	José Luis Bustamente wird mit APRA-Unterstützung Präsident
1948	Militärputsch
1956	Mit Unterstützung der APRA gelangt Manuel Prado ins Präsidentenamt
1963	Der Linksliberale Belaúnde Terry wird zum Präsidenten gewählt
1968	Putsch linksorientierter Offiziere
1975	Putsch rechtsgerichteter Militärs
1978	Erlaß einer neuen Verfassung; Rückkehr zu einer Zivilregierung
1980	Belaúnde Terry wird Präsident
1982	Verstärkte Aktivität der maoistischen Untergrundbewegung Sendero Luminoso (Leuchtender Pfad); wirtschaftliches Notprogramm; Ausweitung von Mißwirtschaft und Korruption
1990	Alberto Fujimori wird Präsident; wirtschaftliches Schockprogramm
1992	Fujimori setzt Verfassung außer Kraft
1993	Neue Verfassung
1997	Austritt aus der Zollunion Andenpakt

Bolivien
(Bolivia)

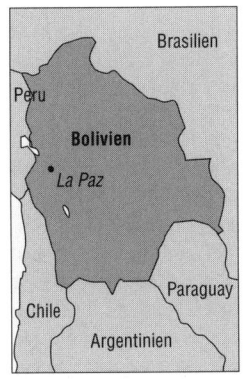

Fläche: 1 098 581 km²
Bevölkerung:
3,0 Mio. (1950);
4,7 Mio. (1970);
7,6 Mio. (1996).
Sprachen: Spanisch, Ketchua, Aymará
Staatsform: Präsidialrepublik

Mitgliedschaften: ALADI, Andenpakt, OAS, SELA, UNO

Vor seiner Eroberung durch die Spanier 1536 gehörte das Gebiet des heutigen Bolivien zum Inkareich. Während der spanischen Kolonialherrschaft war die Region (Oberperu) eng mit Peru verbunden. Nach Erlangung der Unabhängigkeit 1825 erlitt Bolivien in mehreren Kriegen territoriale Verluste. Die politische Entwicklung war durch häufige Militärputsche gekennzeichnet. 1952 kam eine sozialistische Regierung an die Macht, die einschneidende Veränderungen in der Wirtschafts- und Sozialstruktur vornahm. 1964 putschte das Militär erneut und errichtete eine rechtsorientierte Diktatur. 1982 begann die schrittweise Demokratisierung des Landes, das mit schweren wirtschaftlichen Problemen zu kämpfen hat.

Politische Struktur

Bolivien ist eine präsidiale Republik (Verfassung von 1964), in der ein auf vier Jahre gewählter Präsident zugleich Regierungschef ist und weitgehende Machtbefugnisse besitzt. Erreicht keiner der Kandidaten die absolute Mehrheit, wird der Präsident vom Parlament bestimmt. Das Militär ist traditionell ein bestimmender Machtfaktor – seit der Unabhängigkeit gab es mehr als 200 Militärputsche in Bolivien. Auch nach dem Übergang zur Demokratie Anfang der 80er Jahre schränkt das Militär den Handlungsspielraum ziviler Regierungen ein.
Das Parlament (Abgeordnetenhaus) umfaßt 130 Sitze, der Senat 27. Beide werden für eine vierjährige Legislaturperiode gewählt. Verwaltungstechnisch ist Bolivien in neun Departements und 98 Provinzen gegliedert, deren Präfekten der Präsident ernennt.
Die traditionelle Zersplitterung der Parteienlandschaft wurde in den vergangenen Jahren durch die Herausbildung von fünf größeren Parteien überwunden, was zur Festigung des parlamentarischen Systems beigetragen hat. Stärkste Partei ist seit den Wahlen vom Juni 1997 die nationalkonservative Acción Democrática Nacionalista (ADN, Nationaldemokratische Aktion) gefolgt vom konservativen Movimiento Nacionalista Revolucionario (MNR, Nationalrevolutionäre Bewegung), dem sozialdemokratischen Movimiento de Izquierda Revolucionaria (MIR, Bewegung der Revolutionären Linken) und der Bürgerunion UCS. Eine wichtige Rolle spielte in der bolivianischen Politik seit der Revolution 1952 der gewerkschaftliche Dachverband COB, der aber im Verlauf der anhaltenden Wirtschaftskrise aufgrund von Massenentlassungen von Bergarbeitern erheblich an Einfluß einbüßte. Das Rechtssystem Boliviens ist am französischen Vorbild orientiert.

Landesnatur

Bolivien hat gemeinsame Grenzen mit Peru, Brasilien, Paraguay, Argentinien und Chile. In Bolivien lassen sich grob zwei Landschaftsräume unterscheiden: die mächtigen Kordilleren im Westen und das tropische Tiefland im Osten. Den Kernraum des Binnenstaates bildet das über 3500 m hoch gelegene Andenhochland (Altiplano), das im Westen durch die Westkordillere, im Osten durch die bis zu 6880 m aufragende Ostkordillere begrenzt wird. Durch Hügelketten ist das Altiplano in zahlreiche Becken unterteilt, die im Norden fruchtbares Ackerland, im Süden überwiegend karge, salzhaltige Böden aufweisen. Am Ostrand der Kordilleren liegen die fruchtbaren Täler der Subpuna. Rund zwei Drittel der Fläche Boliviens nimmt das Tiefland im Einzugsbereich des Amazonas und des Paraná ein. In Bolivien herrrscht tropisches Klima, wobei die Temperaturen weniger vom Breitengrad als von der Höhe abhängig sind. Die Durchschnittstemperaturen sinken von den feuchtheißen Urwaldregionen im nordöstlichen Tiefland bis zu den Höhen der Andenregion kontinuierlich ab. Auch die jährliche Niederschlagsmenge nimmt von Osten nach Westen und von Norden nach Süden ab.
Das zentrale Hochland ist überwiegend von Punaheide mit Gräsern und Zwergsträuchern bewachsen. Die Regen- und Nebelwälder an den Osthängen der Kordilleren gehen in den tropischen Regenwald des nördlichen Tieflandes und die östliche Savannen landschaft über.

Bevölkerung

Mit rund 55 % stellen die Indianer die größte Bevölkerungsgruppe Boliviens (25 % Ketchua, 17 % Aymará), gefolgt von den Mestizen (Indianermischlinge, 30%). Letztere bilden überwiegend die Mittelschicht der bolivianischen Gesellschaft. Weiße bzw. Kreolen (im Land geborene Nachkommen von europäischen Einwanderern) haben einen Bevölkerungsanteil von 15 % und besetzen die meisten Schlüsselpositionen in Politik und Wirtschaft. Für mehr als die Hälfte der Einwohner Boliviens sind Ketchua und Aymará Umgangssprachen, die neben Spanisch offiziell auch als Staatssprachen anerkannt sind. Der Urbanisierungsgrad, d.h. der Anteil der städtischen Bevölkerung, liegt bei etwa 51 %; über 60 % der Menschen leben auf dem Altiplano.

Etwa 93 % der Bolivianer sind katholisch, die restlichen Einwohner Protestanten, Juden und Angehörige anderer Religionen.

Wirtschaft

Bolivien ist trotz reicher Bodenschätze eines der ärmsten Länder Lateinamerikas, dessen Bruttoinlandsprodukt (BIP) pro Einwohner von 680 US-Dollar in Amerika nur von Haiti unterschritten wird. Der Bergbau ist traditionell Basis der bolivianischen Wirtschaft und wichtigster Devisenbringer (Anteil am Exporterlös 1991: rund 40 %). Fast ein Jahrhundert lang war Bolivien einer der größten Zinnexporteure der Welt. Der Zusammenbruch des Zinnmarktes Mitte der 80er Jahre stürzte das Land in eine schwere ökonomische Krise. Kein Wirtschaftszweig konnte die zentrale Rolle des Zinnbergbaus als Motor der bolivianischen Wirtschaft übernehmen, obwohl ab 1952 die Exportpalette um weitere Erzsorten und Agrarprodukte erweitert worden war. Auch der Export von Erdgas und Erdöl stieg an. Die Leichtindustrie (vor allem Textil-, Holz- und Nahrungsmittelverarbeitung) produziert überwiegend für den heimischen Bedarf und trägt rund 25 % zum BIP bei. 1952 wurden große Teile der bolivianischen Industrie, insbesondere der Bergbau, verstaatlicht. Die seit 1993 regierenden Konservativen haben ein breites Privatisierungsprogramm in Angriff genommen. Die Erträge der Landwirtschaft sind aufgrund extremer Witterungsbedingungen, veralteter Anbaumethoden sowie schwieriger Bodenverhältnisse (Erosion) vergleichsweise gering, so daß Bolivien in größerem Umfang auf Lebensmittelimporte angewiesen ist. Die Landwirtschaft trägt bei einem Beschäftigungsanteil von 42 % ein Fünftel zum BIP bei. Hauptanbauprodukte sind Maniok, Kartoffeln, Mais, Baumwolle; in günstigen Lagen Obst, Tabak, Kakao und Kaffee. Ausgeführt werden vor allem Tabak, Baumwolle und Mais. Im Hochland werden u. a. Schafe, Rinder, Lamas und Alpakas gehalten.

Bolivien weist ein extremes Sozialgefälle auf. Etwa 5 % der Bewohner kommen rund 35 % des volkswirtschaftlichen Einkommens zugute, während auf 80 % der Bevölkerung etwa 40 % entfallen.

Zu einem wichtigen Wirtschaftsfaktor hat sich in den vergangenen Jahren der Drogenanbau und -handel entwickelt. Nach Regierungsangaben beliefen sich die Jahreseinnahmen aus illegalen Drogengeschäften Anfang der 90er Jahre auf rund 1,5 Mrd. US-Dollar, etwa das Dreifache der Erlöse aus legalen Exporten. Durch staatliche Investitionen soll in den Cocaanbaugebieten (aus Cocablättern wird Kokain gewonnen) die Umstellung auf andere Produkte gefördert werden.

GESCHICHTE

Hochkultur und Inkaherrschaft (bis 1535)

Im 3. Jh. v. Chr. bildete sich im südlichen Titicacabecken im bolivianischen Hochland die von Aymará getragene Hochkultur von Tiahuanaco heraus, die über ein Jahrtausend das gesamte Andengebiet beeinflußte. Ihre Blütezeit hatte sie zwischen 300 und 800 n. Chr., als der Einflußbereich von Tiahuanaco sich bis in die Regionen des heutigen Nordchile und nach Nordwestargentinien erstreckte. Zu den charakteristischen Hervorbringungen dieser städtischen Kultur gehören mächtige pfeilartige Steinskulpturen und in leuchtenden Farben bemalte Keramiken mit streng geometrischen Mustern, die sich auch auf Textilien finden. Die gemusterten Stoffe sind zudem für die Huarikultur (um 550 bis 900 n. Chr.) im zentralen Andengebiet typisch. Nach 800 zerfiel das Reich allmählich in mehrere Regionalherrschaften und Stammesterritorien. Um 1460 drang der Inka Pachacutic in den Süden des Titicacabeckens ein und unterwarf die dort lebenden Aymaráindianer. 1475 schlugen die Inkas einen Aufstand der Stämme Colla und Lupaca nieder und gliederten das gesamte Hochland ihrem Reich an.

Spanische Eroberung (1535–1825)

Zeitgleich mit der Zerstörung des Inkareichs durch die Truppen Francisco Pizarros (▷Chronik Biografie, S. 384) eroberten die Spanier unter Diego de Almagro (*1475, † 1538) zwischen 1533 und 1537 das bolivianische Hochland. Dieses Alto Perú (Hochperu) genannte Gebiet gliederte Spanien 1543 dem Vizekönigreich Peru an, mit dem es fast während der gesamten Kolonialzeit eng verbunden blieb.

1545 wurden am Cerro Rico de Potosí Silbervorkommen entdeckt, die einen beispiellosen wirtschaftlichen Aufschwung der Region auslösten. 1547 wurde die neugegründete Stadt Potosí (→Lexikon) zur »Villa Imperial« erhoben. Auf dem Höhepunkt des Silberbergbaus Ende des 17. Jhs. kamen etwa 70 % des weltweit geförderten Silbers aus Potosí; zeitweise wurden pro Woche etwa 40 000 Pfund Silber nach Spanien verschifft. Um 1650 hatte die Stadt 200 000 Einwohner, darunter 80 % Indios, und war die größte und wohlhabendste Stadt ganz Amerikas. Der Posten eines obersten spanischen Kolonialverwalters (Corregidor) war zu jener Zeit sehr lukrativ, wie dessen palastartige Residenz in Potosí eindrucksvoll beweist. Zur harten und gefährlichen Tätigkeit in den Bergwerken wurden Indios herangezogen, die dort unter unmenschlichen Bedingungen arbeiten mußten. 1780 kam es zu einem Aufstand der ausgebeuteten Indios, der von spanischen Kolonialtruppen blutig niedergeschlagen wurde. Ende des 18. Jhs. verfiel u. a. aufgrund erschwerter geologischer Abbaubedingungen und Silberfunden in anderen Weltgegenden der Silberbergbau in Potosí; binnen weniger Jahre verödete die Stadt.

1776 wurde Alto Perú (Bolivien) im Zuge einer Neuorganisation des spanischen Kolonialreiches dem Vizekönigreich Río de la Plata mit dem Zentrum Buenos Aires angeschlossen. Alto Perú war während der südamerikanischen Unabhängigkeitskämpfe Anfang des 19. Jhs. eine Zeitlang Stützpunkt der in Bedrängnis geratenen spanischen Herrschaft.

Unabhängigkeit und Militärregime (1825–1904)

Nach 1809 kam es im bolivianischen Hochland zu jahrelangen Auseinandersetzungen zwischen Aufständischen und spanischen Kolonialtruppen. Erst mit dem Sieg über die Spanier bei Ayacucho 1824 unter General Antonio José de Sucre y de Alcalá war der Weg frei für ein selbständiges Bolivien, das am 6. August 1825 seine Unabhängigkeit erklärte. Sucre benannte das Land nach Simón Bolívar, in Würdigung seines überragenden Beitrags zur Befreiung Lateinamerikas (▷Chronik Biografie). Bolívar selbst beteiligte sich an der Ausarbeitung einer Verfassung und übernahm auch das Amt des Präsidenten. Innere Streitigkeiten in Kolumbien, das ebenfalls kurz zuvor seine Souveränität erreicht hatte, veranlaßten ihn nach wenigen Monaten zum Amtsverzicht und zur Rückkehr nach Kolumbien. Neuer Staatspräsident wurde General Antonio José de Sucre (1826–1828). Schon nach zwei Jahren stürzten rivalisierende Offiziere de Sucre. In Bolivien entbrannten heftige Machtkämpfe, aus denen Andrés Santa Cruz als Sieger hervorging. Der gewaltsame

Regimewechsel bildete den Auftakt zu einer langen Reihe von Militärputschen und Staatsstreichen, die für die politische Entwicklung Boliviens bis in die 80er Jahre des 20. Jhs. kennzeichnend blieben. Innerhalb von 150 Jahren gab es in dem Andenstaat nicht weniger als 200 Militärputsche.

Santa Cruz verfolgte ehrgeizige imperiale Pläne. Er setzte die von Bolívar ausgearbeitete Verfassung außer Kraft und eroberte 1836 Peru, das er mit Bolivien zwangsvereinigte. Die bolivianisch-peruanische Union sollte die Basis bilden für die gewaltsame Wiederherstellung des Inkareiches. Doch die jungen Nachbarstaaten Chile und Argentinien fühlten sich bedroht, schickten Interventionstruppen und erzwangen 1839 die Auflösung der Union und die Absetzung von Präsident Santa Cruz.

Simón Bolívar

Chronik Biografie

lateinamerikanischer Unabhängigkeits-kämpfer und Politiker

* 24.7.1783, Caracas (Venezuela)
† 17.12.1830, San Pedro Alejandrino bei Santa Marta (Kolumbien)

B. war eine Zentralfigur der lateinamerikanischen Unabhängigkeitsbewegung und wurde der »Befreier Lateinamerikas« genannt. Auf Reisen in Nordamerika und Europa begeisterte sich der junge B. für die Ideen der Französischen Revolution und den nordamerikanischen Befreiungskampf. 1810 nahm er in Caracas an der Erhebung gegen die spanische Kolonialherrschaft teil. In den folgenden Jahren war B. maßgeblich an der Befreiung von Neugranada (Kolumbien, 1817 bis 1819), Venezuela (1819–1821), Ecuador (1822), Peru (1823/24) und Alto Perú (Ober-Peru, Bolivien, 1825) beteiligt.

1819 wurde B. Präsident Venezuelas, das er mit Neugranada zur Republik Großkolumbien vereinigte. Als Großkolumbien 1830 zerfiel, zog sich B. enttäuscht aus der Politik zurück.

Auf die militärische Niederlage Boliviens folgten jahrzehntelange Unruhen und bürgerkriegsähnliche Machtkämpfe, die das Land politisch und ökonomisch zermürbten. Es war die »Phase nicht institutionengebundener Politik«, in der wechselnde Militärcaudillos sich gegenseitig die Macht entrissen. In diese Periode fällt auch die weitere Ausdehnung des Großgrundbesitzes (Latifundien bzw. Haciendas) auf Kosten des Indiolandes. Es entstand eine halbfeudale Zweiklassengesellschaft, in der die überwiegende Mehrheit der Bevölkerung, vor allem die Indianer, von politischem und wirtschaftlichem Einfluß wie von Bildungsmöglichkeiten weitgehend ausgeschlossen blieben. Als Kristallisationspunkte der politischen Auseinandersetzung bildeten sich Mitte des 19. Jhs. eine städtisch geprägte liberale Partei und eine konservative Partei der Latifundienbesitzer heraus, eine Konstellation, die auch für andere Staaten Lateinamerikas typisch wurde. Gleichzeitig wurde das rohstoffreiche Land schrittweise in den Weltmarkt als Exporteur von Salpeter, Kautschuk und Guano (natürlicher Dünger) integriert.

In der zweiten Hälfte des 19. Jhs. führte Bolivien mehrere Kriege, die dem Land lediglich Niederlagen und empfindliche Gebietsverluste eintrugen. Aus einem Grenzkonflikt mit Chile entstand 1879 der sog. Salpeterkrieg (→Lexikon). Chile erhielt die peruanischen Salpeterprovinzen und stieg damit zum größten Exporteur für Salpeter auf, einem wichtigen Rohstoff für die chemische Industrie. Mit einer bolivianischen Niederlage endete auch der Kautschuk-Krieg 1902/03 gegen Brasilien, wobei Bolivien das Acregebiet verlor. Zudem büßte es 1935 den größten Teil des Gran Chaco im Chacokrieg gegen Paraguay ein. Insgesamt hatte das Land durch Kriegszüge innerhalb eines halben Jahrhunderts über die Hälfte seines Territoriums eingebüßt. Der Chacokrieg führte in eine katastrophale Wirtschaftskrise. Die ökonomische Aufwärtsentwicklung Boliviens, die 1885 mit dem großangelegten Zinnexport eingesetzt hatte, brach ab.

Reformen und »Bolivianische Revolution«

1904 war die liberale Partei an die Regierung gelangt und hatte, begünstigt durch wachsende Exporterlöse, die Modernisierung des Landes vorangetrieben (Ausbau des Eisenbahn- und Straßennetzes, Verbesserung des Bildungswesens). 1920 kam die Republikanische Partei durch einen unblutigen Staatsstreich ans Ruder und versuchte zunächst, die Lebensbedingungen auch der unteren Schichten u.a. durch Sozialgesetze und den Ausbau des Gesund-

heitswesens zu verbessern. Ende der 20er Jahre verschärften sich infolge zunehmender wirtschaftlicher Schwierigkeiten – ein wichtiger Faktor war der Verfall des Zinnpreises auf dem Weltmarkt – die sozialen Spannungen. 1930 übernahmen rechtsgerichtete Kräfte, die sich von den gemäßigten Republikanern abgespalten hatten, durch einen Umsturz die Macht. Es folgten wechselnde Militärregierungen, die eine z.T. populistische, jedoch weitgehend konzeptionslose Politik mit sozialen Zugeständnissen und Verstaatlichungen einiger Großbetriebe und Banken betrieben.

Nach Ausbruch des Zweiten Weltkriegs führten die verstärkte Nachfrage nach Zinn und Kupfer sowie US-amerikanische Finanzhilfen zu einer wirtschaftlichen Erholung, die einherging mit einer Verschärfung innerer Unruhen. Gestützt auf die proindianische und sozialrevolutionäre MNR putschte sich 1943 Major Gualberto Villaroe an die Macht und leitete soziale Reformen ein. Nach der Ermordung von Villaroe 1946 übernahmen Vertreter der Großgrundbesitzer und Unternehmer die Regierung (»Herrschaft der Rosca«), bis die MNR bei den Präsidentschaftswahlen von 1951 einen klaren Sieg erzielte. Ein rechtsgerichteter Putsch verhinderte die Amtsübernahme des siegreichen MNR-Kandidaten Víctor Paz Estenssero. Gestützt auf ein breites Bündnis aus Gewerkschaften, Studenten, Polizeikräften und vor allem der Masse der Minenarbeiter konnte Paz Estenssero sich 1952 durch einen revolutionären Umsturz doch noch an die Regierung bringen. Der linksgerichtete Präsident leitete tiefgreifende Reformen und gesellschaftliche Veränderungen ein. Die Zinnminen wurden verstaatlicht, eine umfassende Agrarreform hatte die Abschaffung des Großgrundbesitzes und der Leibeigenschaft zum Ziel. Die Armee ließ Paz Estenssero weitgehend durch eine Arbeiter- und Bauernmiliz ersetzen und den Indianern erstmals Bürger- und Wahlrechte verleihen. Inflation, Kapitalflucht und Produktionsausfälle in Landwirtschaft und Bergbau sowie sinkende Zinnpreise verursachten eine wirtschaftliche Krisensituation, die weder sein Nachfolger Hernán Siles Suazo (MNR; 1956–1969), noch Paz Estenssero in seiner zweiten Amtszeit (1960–1964) in den Griff bekamen.

Militärregime und Banzer-Diktatur (1964–1978)

Trotz eines Zerwürfnisses mit den an den Rand gedrängten Gewerkschaften konnte Paz Estenssero 1964 einen weiteren Wahlsieg erringen; doch im November 1964 brachte ein von den USA unterstüt-

SÜDAMERIKA

zer Militärputsch General René Barrientos Ortuño an die Macht. Der Einfluß der Gewerkschaften wurde unter der neuen Regierung, die sich in gewissem Maß noch an parlamentarische Regeln hielt, nahezu beseitigt.

Ab Mitte der 60er Jahre verstärkte eine linksgerichtete Guerilla in den schwer zugänglichen Regen-

Ernesto »Che« Guevara Serna
Chronik Biografie

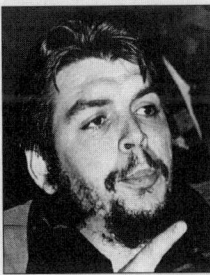

lateinamerikanischer Politiker und Guerillaführer

* 14. 6.1928,
Rosario (Argentinien)
† 9. 10.1967
Higueras (Bolivien)

G. ist eine der Leitfiguren für Unabhängigkeitsbewegungen insbesondere in den Entwicklungsländern und war in den 60er und 70er Jahren ein Idol der westlichen Jugend. In Buenos Aires studierte er Medizin und ging 1953 nach Guatemala, um die dortigen Sozialreformen als Arzt zu unterstützen. Ein rechtsgerichteter Putsch zwang ihn im folgenden Jahr zur Flucht nach Mexiko, wo er mit dem kubanischen Revolutionär Fidel Castro zusammentraf. Nach dem Sieg der kubanischen Revolution 1959 wurde G. Präsident der kubanischen Nationalbank, 1961 Industrieminister von Kuba. Er bemühte sich um den Aufbau eines spezifisch kubanischen Sozialismus mit möglichst wenig Staatsdirigismus und Repressionen. Differenzen mit Moskau und Castro über seine Industriepolitik veranlaßten ihn 1965, seine Ämter niederzulegen und als Guerillaführer nach Bolivien zu gehen. Allerdings scheiterte G. mit seinem Versuch, gestützt auf die indianische Landbevölkerung einen Umsturz herbeizuführen. Seine Guerillaeinheit wurde im Oktober 1967 vom bolivianischen Militär aufgerieben, G. gefangengenommen und erschossen. 1997 wurden seine Gebeine in Bolivien gefunden, exhumiert und feierlich nach Kuba überführt.

waldgebieten Boliviens ihren Kampf. Ihr charismatischer Anführer war Ernesto »Che« Guevara, ein Kampfgefährte des kubanischen Revolutionsführers Fidel Castro. Doch die Guerillabewegung scheiterte mit ihrem Konzept eines vor allem auf die indianische Bevölkerung gestützten Volkskrieges. Mit US-amerikanischer Hilfe gelang es der Regierung Barrientos, die Guerillabewegung zu zerschlagen.

Es folgte eine Staats- und Regierungskrise, in der eine linksorientierte Militärjunta die Macht an sich riß. Die Generale Alfredo Ovando Candía (1969/70) und Juan José Torres Gonzáles (1970/71) verfügten u.a. die Verstaatlichung US-amerikanischer Bergbau- und Ölgesellschaften und suchten engere Zusammenarbeit mit der Sowjetunion. Gegen diese Tendenzen unternahmen im August 1971 rechtsgerichtete Militärs unter Führung von Oberst Hugo Banzer Suárez (1971–1978) einen Putsch. Banzer verfolgte zunächst einen gemäßigt konservativen Kurs, griff jedoch nach rechtsextremen Putschversuchen und angesichts wachsender innenpolitischer Spannungen immer stärker zu diktatorischen Mitteln. 1974 wurden sämtliche Parteien und Gewerkschaften verboten.

Übergang zur Demokratie (ab 1982)

Im Juli 1978 fanden manipulierte Wahlen statt, deren Sieger Juán Pereda Asbun sich nach ihrer Anullierung durch einen Putsch gegen Banzer in den Präsidentenpalast brachte. Es folgten in kurzen Abständen weitere Putsche, bis im Oktober 1982 mit der Amtseinsetzung von Hernán Siles Suazo in Bolivien der Übergang zur Demokratie eingeleitet wurde. Der gewählte Präsident Hernán Siles Suazo war 1980 durch einen Putsch an der Amtsübernahme gehindert worden. Unruhen und Generalstreiks hatten Bolivien politisch und ökonomisch nahezu lahmgelegt, hinzu kam eine zunehmende internationale Isolierung, so daß das Militär die Macht aus der Hand gab. Siles Suazo scheiterte mit seinen Reformbemühungen, insbesondere dem Versuch einer Haushaltskonsolidierung des stark verschuldeten Landes. Seinen drastischen Sparmaßnahmen setzte der Gewerkschaftsdachverband COB energischen Widerstand entgegen. Mitte der 80er Jahre kennzeichneten soziale Unruhen, eine galoppierende Inflation und eine nahezu kollabierte Wirtschaft die Lage Boliviens. 1985 wurde Paz Estenssero (MNR) erneut zum Präsidenten gewählt und setzte den konsequenten Sparkurs seines Vorgängers fort, wobei er sich um engere Zusammenarbeit mit den Gewerkschaften bemühte. Um 1988 bewirkte der neoliberale Kurs mit Privatisierungen und Kürzungen der öffentlichen Ausgaben einen Aufschwung der Wirtschaft.

Bei den Präsidentschaftswahlen von 1989 erreichte keiner der Kandidaten die absolute Mehrheit, so daß das Parlament Jaime Paz Zamora zum Präsidenten ernannte. Dessen linksorientierte MIR ging ein Regierungsbündnis mit der ADN des früheren Diktators Banzer ein. Zu einem wachsenden Problem wurde der Cocaanbau, dessen insbesondere von den USA geforderte Verhinderung die ökonomischen und sozialen Probleme verstärkte. Nach wie vor entfällt allerdings rund ein Drittel der Cocaproduktion weltweit auf Bolivien.

Einen außenpolitischen Erfolg verzeichnete Präsident Paz Zamora 1992, als er mit Peru ein Abkommen über eine Freihandelszone am peruanischen Hafen Ilo schloß und Bolivien damit den lange angestrebten Zugang zum Pazifik verschaffte.

1993 gewann der konservative Politiker Gonzalo Sánchez de Lozada (MNR), ein Minenbesitzer, die Präsidentschaftswahlen. Zusammen mit der USC und der linksorientierten MBL (Bewegung Freies Bolivien) bildete er eine Koalitionsregierung, die die Wirtschaftsmisere Boliviens durch ein neoliberales Privatisierungsprogramm überwinden sollte. Staatliche Unternehmen sollten in Aktiengesellschaften umgewandelt und deren Anteile zu 51 % unter der Bevölkerung breit gestreut werden. Drastische öffentliche Sparmaßnahmen und Entlassungen riefen den Widerstand der Gewerkschaften auf den Plan. Mit Vizepräsident Victor Hugo Cárdenas rückte erstmals ein Indio in die Staatsführung auf. Er will sich um eine Stärkung der Position der indianischen Bevölkerung bemühen, die mit rund 55 % die größte Bevölkerunggruppe Boliviens bildet, u.a. durch eine breit angelegte Alphabetisierungskampagne.

Die Präsidentschaftswahlen im August 1997 brachten ein überraschendes Ergebnis. General Hugo Banzer, der sich 1971 an die Macht geputscht und ein dikatorisches Regime errichtet hatte, ging aus freien Wahlen als Sieger hervor und konnte als demokratisch legitimierter Politiker erneut in den Präsidentenpalast einziehen, ein für Lateinamerika beispielloser Vorgang. Angesichts der schlechten Wirtschaftslage vertraut eine Mehrheit der Bolivianer den Versprechungen Banzers, der Wirtschaft neue Impulse zu geben und damit auch die soziale Lage der Bevölkerung zu verbessern. Banzers Verantwortung für unter seiner Herrschaft verübte Verbrechen hatte im Wahlkampf kaum eine Rolle gespielt, zumal der General sich stets als einen »überzeugten Demokraten« bezeichnet hatte.

Chronik Zeittafel

300–1000 n. Chr.	Tiahuanacohochkultur südlich des Titicacasees
um 1460	Das Gebiet des heutigen Bolivien wird Teil des Inkareichs
1531–35	Spanien unterwirft das Inkareich
1533–37	Diego de Almagro erobert das Hochland von Bolivien (Alto Perú)
1543	Eingliederung von Alto Perú in das Vizekönigreich Peru
1545	Entdeckung von Silbervorkommen bei Potosí
1776	Alto Perú wird dem Vizekönigreich Río de la Plata eingegliedert
1825	Bolivien wird souveräner Staat
1839 –84	Wechselnde Caudilloregime beherrschen das Land
1883	Niederlage im Salpeterkrieg
1903	Niederlage gegen Brasilien
1904 –17	Liberale Regierungen betreiben politische und wirtschaftliche Modernisierung
1920	Machtübernahme der republikanischen Partei
1935	Niederlage im Chacokrieg
1943	Machtübernahme von Major Gualberto Villaroe
1946	Ermordung von Villaroe
1952	»Bolivianische Revolution«
1964	Militärputsch
1966/67	Guerillakrieg unter Führung von Ernesto »Che« Guevara
1970	Linksorientierte Militärjunta bringt sich an die Macht
1971	Putsch unter General Hugo Banzer
ab 1972	Zahlreiche Militärputsche
ab 1982	Schrittweiser Übergang zur parlamentarischen Demokratie
1988	Neoliberale Wirtschaftsreformen
1989	Sozialdemokrat Jaime Paz Zamora zum Präsidenten gewählt
1993	Der Konservative Gonzalo Sánchez de Lozada wird Präsident; staatlicher Kampf gegen den Cocaanbau
1997	Ex-Diktator Banzer wird in freien Wahlen demokratisch legitimierter Präsident

Chile
(Chile)

Fläche: 756 626 km²
Bevölkerung:
6,1 Mio. (1950);
9,4 Mio. (1970);
14,6 Mio. (1996).
Sprachen: Spanisch,
indianische Dialekte
Staatsform: Präsidialrepublik

Mitgliedschaften: ALADI, APEC, OAS, SELA, UNO

Der nördliche Teil des heutigen Chile gehörte in vorkolumbischer Zeit zum Inkareich. 1535 eroberten die Spanier das Land und gliederten es ihrem südamerikanischen Kolonialreich ein. 1818 erlangte Chile seine Unabhängigkeit. Die relativ kurze Bürgerkriegszeit konnte mit einer Verfassung 1833 beendet werden. In den folgenden Jahrzehnten etablierte sich ein stabiles politisches System. Die reichen Bodenschätze des Landes, unter denen Kupfer und Salpeter im 19. und frühen 20. Jh. eine zentrale Rolle spielten, wurden mit Hilfe ausländischen Kapitals und zugunsten einer kleinen Schicht ausgebeutet. Eine kurze Phase sozialistischer Reformen unter Salvador Allende wurde 1973 durch einen blutigen Militärputsch abgebrochen. Die Militärdiktatur unter General Augusto Pinochet dauerte bis Ende 1989 an. Die seitdem wieder regierenden, demokratisch gewählten Präsidenten haben weiterhin mit dem Machtanspruch des Militärs zu rechnen.

Politische Struktur
Chile ist eine Republik mit einem Staatspräsidenten als Oberhaupt der zentral regierten 13 Regionen und 40 Provinzen. Nach wie vor muß das Staatsoberhaupt einige Kompetenzen mit den Militärs unter General Augusto Pinochet teilen. Die Legislative wird durch einen Kongreß aus Abgeordnetenkammer (120 Sitze) und Senat (46 Sitze) gebildet. Das Parteiensystem ist seit dem 19. Jh. sehr vielfältig. Zu den wichtigsten Parteien zählen die konservative Concertación por la Democracia (CPPD, Zusammenschluß für Demokratie), die christdemokratische Partido Demócrata Cristiano (PDC), die liberale Partido por la Democracia (PPD, Partei für Demokratie), die sozialistische Partido Socialista (PS) und die Unabhängigen Demokraten (UDI). Nach der

Rückkehr zur Demokratie spielen auch die unter Pinochet verbotenen Gewerkschaften wieder eine wichtige Rolle in der Politik. Der christdemokratische Präsident Eduardo Frei Ruiz-Tagle (seit 1994) versucht wie seine Vorgänger, dem Schatten der Militärdiktatur zu entkommen. Die Aufarbeitung der Verbrechen unter der Militärdiktatur hat begonnen, stößt jedoch auf den Widerstand der Militärs. 1996 erklärte Pinochet, 1998 als Heereschef zurücktreten zu wollen.

Landesnatur
Chiles einzigartige Geographie fällt bei einem Blick auf die Landkarte sofort ins Auge. Das Land ist mehr als zehnmal so lang wie breit; 4000 km Längsausdehnung steht eine durchschnittliche Breite von nur 200 km gegenüber. Im äußersten Norden grenzt Chile an Peru und Bolivien, während der größte Teil des durch die Gebirgsketten der Anden geprägten Ostens die Grenze zu Argentinien markiert. In der außergewöhnlichen Nord-Süd-Ausdehnung bis hinunter zum Kap Hoorn liegt zugleich auch die Vielfalt der klimatischen und geographischen Bedingungen begründet. Der wüstengleiche, karge Norden mit seinem tropischen Klima geht über in ein von mild-gemäßigtem Klima geprägtes Mittelchile, um schließlich in einen regen- und waldreichen Süden auszulaufen. In seinen südlichsten Teilen herrscht bereits subpolares Klima. Die Oberflächengestalt Chiles wird im wesentlichen durch die Hochkordillere (Anden) im Osten, die Küstenkordillere im Westen und die sich dazwischen hinziehende, als tektonische Senke entstandene Längsebene charakterisiert. Sie fächert sich im südlichen Mittelchile in Gebirgszüge auf, die bis zum Reloncacigolf reichen. Westlich davon, im chilenischen Westpatagonien, setzt sich die Längsebene unterhalb des Meeresspiegels in Golfen und Fjorden bis nach Feuerland fort. Zwei große zusammenhängende Firn- und Eisfelder beschließen das Land in diesem Teil. Einige im Pazifik liegende Inseln, darunter die Osterinseln, gehören ebenfalls zum chilenischen Hoheitsgebiet. Darüber hinaus erhebt Chile Anspruch auf einen 1,25 Mio. km² großen Teil der Antarktis. Infolge der immer noch beobachtbaren vulkanischen und tektonischen Aktivitäten kommen in Chile recht häufig Erdbeben vor.

Bevölkerung
Den größten Teil der relativ homogenen und jungen Bevölkerung Chiles bilden Mestizen (Indianermischlinge, 50–60 %), gefolgt von Weißen (30–45

%) und 2–3 % indianischer Urbevölkerung, worunter die Aruaken mit etwas über 300 000 Menschen die größte Gruppe bilden. Unter den seit Mitte des 19. Jhs. in großer Zahl Eingewanderten finden sich relativ viele Deutsche, etwa 100 000 Einwohner sind deutschstämmig. Die Masse der Bevölkerung konzentriert sich im mittleren Chile um die vier größten Städte Santiago de Chile, Valparaíso, Concepción und Vina del Mar. Hier leben nahezu zwei Drittel der Bevölkerung auf rund 10 % der Landesfläche. Nördlich und südlich dieser Ballungszentren nimmt die Bevölkerung rapide ab, und im äußersten Süden gibt es völlig menschenleere Gebiete. Der Urbanisierungsgrad (Anteil der Stadtbevölkerung) ist mit 86 % entsprechend hoch. Die Einwohner sind überwiegend katholischen Glaubens (81%), daneben gibt es 6 % Protestanten und 0,2% Juden.

Wirtschaft

Trotz der auf den ersten Blick wenig geeignet erscheinenden Oberflächenstruktur bildet die Landwirtschaft einen bedeutsamen Bestandteil der chilenischen Wirtschaft. Zu einem großen Teil bedürfen die Nutzflächen der Bewässerung. Bis in die 1930er Jahre trugen die mit solchem Aufwand gewonnenen Erzeugnisse wesentlich zur Exportbilanz bei. Seit Mitte der 1950er Jahre ist Chile auf Agrarimporte angewiesen. Obwohl durch mehrere Argrarreformen versucht wurde, Abhilfe zu schaffen, ist die Landwirtschaft immer noch durch einen teils schlecht verwalteten Großgrundbesitz geprägt, der nur in der kurzen sozialistischen Phase (1970–1973) seine Ansprüche verloren hatte. Die Anbaugebiete sind wegen des günstigen Klimas auf Mittelchile beschränkt. Neben Weizen werden auch Kartoffeln, Zuckerrüben, Hülsenfrüchte sowie Obst und Wein gepflanzt. Hinzu kommen in geringem Umfang Edelhölzer, die vor allem im südlichen Mittelchile geschlagen werden. Von einiger Bedeutung ist die chilenische Viehwirtschaft, die auf fast 70% der Nutzflächen betrieben wird. Rinder-, Schweine- und Hühnerzucht sowie die Haltung von Wollschafen bilden den Schwerpunkt. Die Fischerei und die fischverarbeitende Industrie basieren auf den großen Fischbeständen der Küstengewässer. Eine zentrale Rolle hat der Bergbau. Chile ist viertgrößter Kupferexporteur der Welt. Noch Anfang der 1970er Jahre wurde eine neues Kupfervorkommen entdeckt, das mit 700 Mio. Tonnen eines der weltgrößten war. Das Kupfer hat seit 1918 den Export des aus dem salpeterhaltigen Gestein der Wüste Atacama gewonnenen Salpeters abgelöst, auf das Chile das Weltmonopol

hatte. Daneben werden Eisenerz, Steinkohle und Erdöl gefördert, zum größten Teil für die Eigenversorgung. 22,3 % der Beschäftigten arbeiten in der Land- und Fischwirtschaft sowie im Bergbau. Ein fast ebenso hoher Prozentsatz (22,8 %) ist in der Industrie beschäftigt. Ihre wichtigsten Zweige sind die Nahrungsmittel- und Textilindustrie, die petrochemische Industrie und der Kraftfahrzeugbau, der überwiegend mit ausländischen Lizenzen arbeitet. Die Schwerindustrie hat ihr Zentrum in der Stadt Huachipato mit ihren Eisenhüttenwerken. Im Dienstleistungsgewerbe arbeiten 54,9 % der Beschäftigten. Der Fremdenverkehr hat sich seit dem Ende der Militärdiktatur gut entwickelt. Nach der unter Pinochet ausgelösten wirtschaftlichen Krise stehen die Zeichen mittlerweile günstiger. Die 1991 noch bei 18,7 % liegende Inflation konnte 1996 auf 6,6 % gedrückt werden, die Auslandsverschuldung sank 1995 auf 400 Mio. US-Dollar, das Wirtschaftswachstum verbesserte sich gegenüber 1994 um 8,5 Prozentpunkte. Die wirtschaftliche Gesundung geht einher mit ökologisch verheerenden Eingriffen in die Natur; so werden etwa Staudämme in Naturreservaten angelegt und große Teile des Waldes abgeholzt. Auch sind die sozialen Kosten unverändert hoch. Von Armut betroffen sind 40 % der Bevölkerung, davon allein 46 % der Jugendlichen.

GESCHICHTE

Von der Kolonie zur Unabhängigkeit (bis 1818)

Noch im 15. Jh. gehörte das heutige Chile zum Inkareich. Nach dessen Zerstörung durch die Spanier versuchte zunächst Diego de Almagro zwischen 1535 und 1537 in Chile einzudringen; er kam jedoch nur bis Coquimbo, also etwa bis zum 30. Breitengrad. Die eigentliche Kolonisierung führte Pedro de Valdivia ab 1539 durch. Zwei Jahre später gründete er Santiago und sicherte die Besiedlung bis zum Bío-Bío-Fluß. Die südlich davon lebenden Indianer vom kriegerischen Stamm der Aruaken konnten ihre Selbständigkeit bis ins 18.Jh. hinein bewahren. Zur ökonomischen Grundlage wurde die Landwirtschaft und der Handel mit Peru. 1726 erkannten die Spanier den von Valdivia erreichten Fluß Bío-Bío als Grenze zu den Aruaken an, die dafür die spanische Oberhoheit akzeptierten. Die Entdeckung von Bodenschätzen, vor allem Kupfer, erhöhte die Bedeutung Chiles für das spanische Mutterland. Das Land erhielt den Status eines Generalkapitanats und löste sich 1778 vom Vizekönigreich Peru, dem es bis dahin angehört hatte.

Die Freiheitsbewegungen, die zu Beginn des 19. Jhs. auch in anderen spanischen Kolonien aktiv waren, griffen auf Chile über. Unter Führung der kreolischen Oberschicht wurde 1810 der spanische Generalkapitän abgesetzt und an seiner Stelle eine Junta installiert. Ein 1811 einberufener Kongreß fühlte sich dem spanischen König verpflichtet. Nach einer Reihe von Putschen und Kämpfen mit spanischen Truppen konnten José Miguel Carrera und seine Brüder kurzzeitig die Macht ergreifen und eine von Spanien unabhängige Republik ausrufen. Spanische Interventionstruppen, die von Peru aus operierten, schlugen 1814 die von Bernardo O'Higgins geführten chilenischen Einheiten und etablierten die spanische Herrschaft aufs Neue. Einem Teil der Freischärler gelang unter O'Higgins die Flucht nach Argentinien. Mit Hilfe argentinischer Truppen unter José de San Martín kehrte O'Higgins in einem legendären Marsch über die Anden zurück, schlug die Spanier bei Chacabuco (1817) und nahm Santiago ein. Dort wurden O'Higgins als »Oberstem Direktor« diktatorische Vollmachten eingeräumt (1818 bis 1823) und er erklärte am 1. Januar 1818 die Unabhängigkeit der Republik Chile.

Ein Jahrhundert Kriege (1818–1918)

Der Unabhängigkeitserklärung folgte eine gewalttätige, von Chaos und Bürgerkrieg geprägte Phase. Zunächst mußte O'Higgins mit dem Widerstand der Gebrüder Carrera fertig werden; er ließ sie nach ihrer Gefangennahme erschießen. Im April 1818 war eine letzte, entscheidende Schlacht gegen die Spanier am Rio Maipó zu schlagen. Zwei Jahre später gelang einem chilenischen Admiral der Sieg über eine spanische Flotte im Stillen Ozean und die Eroberung Valdivias. 1826 wurden die Spanier aus ihrem letzten Stützpunkt vertrieben. 1823 wurde O'Higgins durch einen Putsch abgesetzt, der in einen langjährigen Bürgerkrieg mündete, in dem sich zentralistische Konservative und liberale Föderalisten bekämpften. Erst ein Sieg über die Föderalisten bei Lircay (17. April 1830) und die bald darauf von dem Konservativen Diego Portales verfaßte und 1833 verabschiedete Verfassung führten das Ende der Kämpfe herbei.

Der sich in der Verfassung widerspiegelnde konservative und nationalpatriotische Geist beeinflußte die Geschicke des Landes entscheidend. Zunächst trug er bei zu einem Krieg gegen den peruanisch-bolivianischen Bund, der durch den Sieg des chilenischen Generals Antonio Bulnes am 20. Januar 1839 bei Yungai entschieden wurde. Der Sieg stärkte nicht al-

lein den Patriotismus in der jungen Republik, sondern auch ihre Vormachtstellung an der Pazifikküste. Bulnes wurde Präsident (1841–1851). Unter der nun folgenden fünfzigjährigen autoritären Herrschaft der Konservativen und ihren Präsidenten Manuel Montt (1851–61), José Perez (1871–1881), Federico Errázurriz (1871–1876) und Alfredo Pinto (1876–1881) entwickelte sich Chile zu einem der politisch und wirtschaftlich stabilsten Länder Südamerikas. Eine kulturelle Blüte setzte ein, die zur Gründung der Universität von Santiago de Chile führte und zum Ausbau des Schulwesens. Die Infrastruktur des Landes verbesserte sich und erhielt noch einen zusätzlichen Schub durch die Erschließung neuer Kupfer- und Silberminen. Der Masse der Bevölkerung ging es allerdings wirtschaftlich schlecht. Die Herrschaft der kreolischen Oberschicht im Verbund mit der katholischen Kirche blieb unangetastet; die Ausbeutung der Bodenschätze wurde mit Hilfe und zumeist auch zugunsten ausländischer Geldgeber betrieben.

Ein liberales Einwanderungsgesetz öffnete Chile ab 1845 für Einwanderungsströme aus Europa, darunter auch viele Deutsche, die ihr Land nach der Revolution von 1848 verlassen mußten.

Nach einer kurzen Verwicklung in den spanisch-peruanischen Krieg – Beschießung Valparaísos (1866) – prägten die 60er und 70er Jahre des 19. Jhs. vor allem zwei Konflikte. Zum einen wurde Krieg gegen die Aruaken geführt, an deren Spitze zeitweilig ein französischer Abenteurer als König stand. Zum anderen geriet Chile nach der Entdeckung reicher Salpeter- und Guanovorkommen in der Atacamaischen Wüste in Konflikt mit Bolivien und Peru. 1879 okkupierte die chilenische Armee den bolivianischen Hafen Antofagasta und siegte schließlich in mehreren Schlachten gegen peruanische und bolivianische Truppen. Chile besetzte neben der Küstenprovinz um Antofagasta die peruanischen Provinzen Tarapacá, Arica und Tacna und sicherte sich damit, neben großen Kupfervorkommen, das Weltmonopol für Salpeter.

Das einsetzende wirtschaftliche Wachstum kam zum ersten Mal den Liberalen zugute, die mit Domingo Santa María Gonzáles (1881–1886) den Präsidenten stellten. Die von ihm eingeleiteten liberalen Reformen, durch die u.a. die Privilegien der Großgrundbesitzer beschnitten werden sollten, brachten ihn in Konflikt mit der Kirche. Erst seinem Nachfolger José Manuel Balmaceda (1886–1891) gelang ein Ausgleich. Allerdings geriet er in einen scharfen Gegensatz zum Kongreß, als er zugunsten der Finanzie-

399

rung seiner Reformprogramme die Salpeterindustrie und Eisenbahngesellschaften verstaatlichen wollte. Der Kongreß setzte Balmaceda 1891 ab, und ein kurzer blutiger Bürgerkrieg erschütterte das Land. Den Gegnern Balmacedas gelang es, die Nordprovinzen zu besetzen, um dort mit Hilfe der reichen Erlöse aus den Bodenschätzen und Teilen der meuternden Armee und Marine rasch ein schlagkräftiges Heer aufzustellen; es schlug die Truppen Balmacedas in zwei Schlachten bei Concón und Placilla (August 1891), woraufhin Balmaceda Selbstmord beging. Die Lage im Land blieb instabil. Grenzstreitigkeiten mit Peru, Bolivien und Argentinien belasteten die Außenpolitik, während im Land das Wirtschaftswachstum zurückging und die sozialen Spannungen sich verschärften. Zwar war während des Ersten Weltkriegs, in dem Chile neutral blieb, noch einmal ein Anstieg des Salpeterexports zu verzeichnen, doch die Entwicklung chemischer Herstellungsverfahren im gleichen Zeitraum beraubte Chile künftig dieser wichtigen Einnahmequelle.

Wirtschaftliche Krise (1918–1964)

Die sich rapide verschlechternde wirtschaftliche Lage und die rasant steigende Bevölkerungszahl schlugen sich in wachsender Armut vor allem der Landbevölkerung nieder, die sich zunehmend in Slums und Elendssiedlungen im Umkreis der Städte niederließ. Der Staat griff zwar zugunsten ausländischen Kapitals immer mehr in die Wirtschaft ein, um den Kupferbergbau anstelle der Salpetergewinnung anzukurbeln, ließ jedoch die traditionellen Besitzverhältnisse unangetastet. Zeitgleich wuchs die sozialistische Anhängerschaft unter den Arbeitern und in ihren Gewerkschaften. Der 1920 zum ersten Mal gewählte Präsident Arturo Alessandri y Palma (1920–1925, 1932–1938) versuchte, den sozialen Gegensätzen die Schärfe zu nehmen. Die neue Verfassung von 1925 erweiterte die Machtbefugnisse des Präsidenten und legte die Trennung von Staat und Kirche fest, deren Veto immer wieder liberal inspirierte Reformen verhindert hatte. Der Nachfolger Alessandris, Figueroa Larraín (1925–1927), wurde 1927 von dem Rechtskonservativen Carlos Ibáñez del Campo (1927–1931) zum Rücktritt gezwungen. Ibáñez installierte eine Militärdiktatur, führte die sozialen Reformen aber fort. Die Weltwirtschaftskrise 1929, die Chile wegen seiner durch den Export von Kupfer starken Verflechtung mit der Weltwirtschaft hart traf, veranlaßte del Campo zum Rücktritt. Alessandri wurde erneut Präsident. Auch er hatte sich mittlerweile der Rechten angenähert und unter-

drückte aufflackernde revolutionäre Unruhen, ging aber andererseits auch im Sinne einer Nationalisierung der Wirtschaft gegen ausländisches Kapital vor. Ende der 30er Jahre gelang es einer linken Volksfront, gebildet aus Sozialisten, Kommunisten und dem linken Flügel der Mittelstandspartei Partido Radical (PR, Radikale Partei), die Macht zu gewinnen. Pedro Aguirre Cerda (1938–1941) und seine Nachfolger bis Anfang der fünfziger Jahre, Juan Antonio Ríos Morales (1942–1946) und Gonzáles Videla (1947 bis 1952), verbesserten die Sozialgesetzgebung, vermochten die strukturelle Wirtschaftskrise aber nicht zu beheben. Während des Zweiten Weltkriegs brach Chile als eines der wenigen Länder Südamerikas nicht die Beziehungen zu Nazi-Deutschland ab und war das einzige südamerikanische Land, das dem Dritten Reich nicht den Krieg erklärte. Seinen Grund hatte dies u.a. in den traditionell guten Beziehungen zwischen der chilenischen und deutschen Armee, die bis in die Tage des deutschen Kaiserreichs vor 1914 zurückreichten. Das chilenische Militär, dessen Ausbildungs- und Taktikgrundsätze an denen der deutschen Streitkräfte orientiert waren, stand als permanenter Machtfaktor auch in den Jahren der Volksfrontregierungen im Hintergrund.

1952 übernahm Ibáñez del Campo erneut die Regierung (1952–1958) und scheiterte wiederum an der Lösung der wirtschaftlichen Probleme. Die Inflationsrate und die Auslandsverschuldung erreichten desaströse Höhen. 1957 bildete sich in Anlehnung an die alte Volksfront eine neue Linkskoalition, die Frente de Acción Popular (FRAP, Volksfront), unter Einschluß der Kommunisten, die 1947 von der Regierung ausgeschlossen und vom Kongreß zu Staatsfeinden erklärt worden waren. In den Wahlen von 1958 konnte sich jedoch der Vertreter der liberalen und konservativen Partei, der Sohn des früheren Präsidenten Alessandri, Jorge Alessandri Rodriguez (1958–1964), durchsetzen.

Reformära unter Eduardo Frei (1964–1970)

Alessandris Versuche, die Wirtschaft durch Währungsreformen und Investionsanreize zu stabilisieren und soziale Verbesserungen zu erreichen, blieben in Ansätzen stecken. Das große Erdbeben im Mai 1960 sowie die Aufdeckung einer Verschwörung von Anhängern Fidel Castros 1961 erschütterten den Staat. Entgegen den Erwartungen konnte sich bei den Wahlen nicht der Kandidat der FRAP, Senator Salvador Allende Gossens, durchsetzen, sondern Eduardo Frei Montalva, Kandidat der christdemokratischen PDC. Mit ihm hatte sich die Bevölkerung für die Politik der schrittweisen, aufeinander abgestimmten Reformen unter dem Motto »Revolution in Freiheit« entschieden. In Freis Reformwerk standen wirtschafts- und sozialpolitisch motivierte Veränderungen der Besitzverhältnisse in der Landwirtschaft und in der Industrie sowie im Bergbau, eine Steuerreform und eine Reform des Bildungs- und Schulwesens im Mittelpunkt. In seiner Agrarreform von 1967 etwa wechselte ein Fünftel der Nutzflächen den Besitzer zugunsten landloser Bauern, die Kupferminen wurden zu 50% verstaatlicht und auch im Erziehungswesen und im sozialen Wohnungsbau waren Erfolge zu verzeichnen. Doch Frei hatte mit oppositionellen Kräften und mit Widerständen in seiner eigenen Partei zu kämpfen, in der Kritiker einen weniger kapitalistisch geprägten Reformweg forderten.

Das sozialistische Experiment (1970–1973)

Zu den Wahlen von 1970 trat der Arzt und Politiker Salvador Allende Gossens neuerlich als Kandidat der sich mittlerweile FRAP-UP (Unidad Popular, Volkseinheit) nennenden Volksfront an. In der heterogenen Koalition aus marxistischen und nicht-marxistischen Parteien vertrat Allende das Konzept eines spezifisch chilenischen Weges zum Sozialismus. Insgesamt erhielt Allende 36,6 % der Stimmen und damit nur eine relative, nicht die absolute Mehrheit; im Parlament und im Senat behielt die Opposition zahlenmäßig die Oberhand. Am 20. Oktober 1970 wählte der Kongreß mit 153 gegen 35 Stimmen Allende zum Staatspräsidenten. Bei der Abstimmung konnte sich Allende die Stimmen der vormaligen Regierungspartei PDC sichern, indem er zusagte, die demokratischen Strukturen nicht anzutasten; die entsprechende Garantieerklärung wurde Teil der neuen, 1971 verabschiedeten Verfassung. Neben der Garantieerklärung war es besonders das kurz zuvor aufgedeckte und weithin Empörung auslösende Komplott des Generals Roberto Viaux, das Allendes Verhandlungen mit der PDC positiv beeinflußte: Viaux hatte den verfassungstreuen und loyalen Armeechef René Schneider ermorden lassen, und die Furcht vor einem Armeeputsch beherrschte daraufhin das Land.
Unmittelbar nach seinem Amtsantritt begann Allende die Umwandlung Chiles in eine »Republik der Arbeiterklasse« (Rede v. 24. Oktober 1970). Hatte Frei die Teilverstaatlichung des Kupferbergbaus in Absprache mit den zumeist nordamerikanischen Besitzern vorgenommen, ging Allende nun daran, die

Minen, die Textilindustrie sowie die Banken und Versicherungen sofort und entschädigungslos zu verstaatlichen. Landnahmen revolutionärer Gruppen, die ohne gesetzliche Grundlagen erfolgten, akzeptierte und legalisierte er im Nachhinein. Die vor allem auf Konsumsteigerung sowie Besitz- und Einkommensumverteilung basierende Wirtschafts-

Salvador Allende Gossens
Chronik Biografie

chilenischer Politiker

* 26.7.1908 Valparaiso
† 11.9.1973
Santiago de Chile

Nach seiner Wahl ins Präsidentenamt im Jahr 1970 versuchte A. die sozialistische Umgestaltung Chiles ohne Gewalt und Repressionen. Im September 1973 bereitete das Militär diesem Experiment ein blutiges Ende.
A., der aus einer bürgerlichen Familie stammte, wirkte zunächst als Arzt und war 1933 an der Gründung der Partido Socialista (PS, Sozialistische Partei) beteiligt. 1937 zog er als Abgeordneter ins Parlament ein und übernahm 1939 in der Volksfrontregierung das Amt des Gesundheitsministers. 1943 stieg er zum Generalsekretär der PS auf und kandidierte 1952, 1958 und 1967 erfolglos für das Amt des Staatspräsidenten. Beim vierten Anlauf 1970 erreichte A. eine relative Mehrheit und wurde anschließend mit den Stimmen der Christdemokraten vom Kongreß zum Präsidenten gewählt. Unter der Devise eines »demokratischen Wegs zum Sozialismus« begann er mit der Umsetzung seines sozialrevolutionären Programms. Im September 1973 wurde A. durch einen Militärputsch, bei dem auch der US-Geheimdienst CIA die Hand im Spiel hatte, gestürzt. Bei den Kämpfen um den Präsidentenpalast Moneda kam A. unter bis heute nicht geklärten Umständen ums Leben.

politik scheiterte. Nach wenigen Monaten des Aufschwungs setzten Güterverknappung und eine schnell wachsende Inflation ein, die teilweise die sozialen Maßnahmen konterkarierten, wie etwa die sofortige Heraufsetzung niedriger Löhne um 60 %. Hinzu kam der Verfall des Kupferpreises auf dem Weltmarkt sowie Ersatzteil- und Führungsprobleme im Bergbau, was zu starken Defiziten im Außenhandel führte, mit dessen Erlösen die sozialen Reformen finanziert werden sollten. Nicht zuletzt hatte die entschädigungslose Nationalisierung im industriellen Bereich zum Konflikt mit ausländischen Kreditgebern geführt, deren Investitionskapital nun ausblieb. Zahlreiche terroristische Aktionen der revolutionären Linken, die Allende, wenn überhaupt, nur halbherzig bekämpfen ließ, sowie die rechtsradikale Terrorgruppe Patria e Libertad (Vaterland und Freiheit) destabilisierten die Lage weiter. Hohe Inflationsraten, wachsende Arbeitslosigkeit und sinkende Produktionsraten führten im Sommer 1972 zu Streiks und Unruhen. Dabei wurde deutlich, daß Allendes Politik große Teile der Mittelschichten verunsicherte.

Während die Verstaatlichung fortgeführt wurde, rissen Streiks und Demonstrationen nicht mehr ab. Als z.B. im Juni 1972 spontane Fabrikbesetzungen stattfanden, unterstützt von der MIR, und Allende sie verbot, verbrüderte sich der Chef der Sozialistischen Partei Altamirano vor laufenden Fernsehkameras mit den Besetzern. Wirtschaftliche Stagnation und Kapitalflucht hielten an, ebenso der Terror von Links und Rechts. Ende Juni 1973 scheiterte ein Putschversuch gegen die Volksfrontregierung, die kurz darauf mit dem vom amerikanischen Geheimdienst unterstützten Streik des privaten Transportgewerbes konfrontiert wurde, der das Land lahmlegte. Im August des Jahres boykottierte der Kongreß weitere Verstaatlichungspläne und erklärte in seiner Mehrheit Präsident Allende am 25. August 1973 wegen »wiederholter Verletzung der Gesetze und Verfassung« formell für abgesetzt.

Kurz darauf, am 11. September 1973, putschte die Armee unter Führung von General Augusto Pinochet Ugarte, der Ende August Armeechef geworden war, und setzte nach brutalen und blutigen Kämpfen um den Regierungssitz Moneda, bei dem Panzer und Flugzeuge eingesetzt wurden, die Volksfrontregierung ab. Salvador Allende kam bei den Kämpfen unter ungeklärten Umständen ums Leben. Chiles »demokratischer Weg zum Sozialismus«, der weltweit von der Linken mit Sympathie beobachtet worden war, hatte sein Ende gefunden.

Die langen Jahre der Diktatur (1973–1989)

Die Militärjunta unter Pinochet, der im Dezember 1974 offiziell zum Staatsoberhaupt ernannt wurde, verhängte zunächst den Ausnahmezustand, setzte einen Großteil der Verfassung außer Kraft und löste Parlament und Kongreß auf. Mitglieder der Volksfront wurden ebenso verhaftet wie politische Gegner der Junta, wenn es ihnen nicht gelang, ins Ausland zu entkommen. Viele Menschen wurden gefoltert, ermordet, teilweise auch noch außerhalb des Landes, oder sie »verschwanden« einfach. Die Unterdrückung zeigte sich auch in anhaltenden »Säuberungsaktionen« u.a. an den Universitäten. Politische Parteien und Gewerkschaften wurden verboten, Presse- und Versammlungsfreiheit aufgehoben.

Die Wirtschaft erfuhr eine radikale Umgestaltung. Die Verstaatlichungen wurden rückgängig gemacht, die traditionellen Oberschichten wieder wirtschaftspolitisch privilegiert, sofortige Kürzungen im sozialen und Verwaltungsbereich vorgenommen. Ausländisches Kapital konnte wieder ins Land fließen, ohne daß Verstaatlichungen zu befürchten waren. Die ökonomischen Erfolge zeigten sich erst Ende der siebziger Jahre und waren mit einem hohen Preis bezahlt: Hohe Arbeitslosigkeit und starke Verelendungstendenzen in den Mittel- und Unterschichten. Nach einer kurzen Phase staatlicher Interventionen gegen das soziale Elend setzte sich wieder ein harter neoliberaler Wirtschaftskurs durch. Bis Ende der 80er Jahre sanken Inflation und Arbeitslosenrate und die Auslandsverschuldung nahm ab. In den 80er Jahren erfuhr Chile aufgrund hoher Auslandsinvestitionen und des industriellen Aufbaus einen technischen Modernisierungsschub.

Nachdem Pinochet bereits 1977 den Plan einer allmählichen Redemokratisierung verkündet hatte, trat im März 1981 nach einer manipulierten Abstimmung die neue Verfassung in Kraft. Sie räumte dem Militär uneingeschränkte Macht für den Zeitraum des Übergangs zur Demokratie bis 1997 ein. 1988 stellte sich Pinochet in einem Plebiszit der Wahl für eine weitere Amtszeit von acht Jahren. Dem Ausgang sah das Regime, angesichts weitgehender Repression, gelassen entgegen. Doch es gelang einem Bündnis von 16 oppositionellen Parteien, dem »Commando por el No« (Kommando für das Nein), die eingeschüchterte Bevölkerung zu beeinflussen; sie stimmte zu 54,7 % mit »Nein«.

Rückkehr zur Demokratie (seit 1989)

Angesichts des mehrheitlichen »No« zu Pinochets Herrschaft trat 1989 nach einem Referendum eine neue Verfassung in Kraft, durch die die Amtszeit Pinochets verkürzt und seine Befugnisse eingeschränkt wurden. In den ersten freien Präsidentschaftswahlen am 14. Dezember 1989 siegte der Christdemokrat Patricio Aylwin Azocár (1990 bis 1994) als Kandidat des Bündnisses Concertacíon por la Democracia (CPPD) aus 17 Parteien mit 55,2 % der Stimmen über einen vom Militär favorisierten Politiker. Aylwin löste Pinochet im März 1990 als Staatspräsident ab, während sich der Diktator einen Teil des Einflusses als Armeechef sicherte. Aylwin bemühte sich, die Redemokratisierung zu beschleunigen und Chile in die internationale Gemeinschaft der Völker zurückzuführen. In der Wirtschafts- und Sozialpolitik war er rasch erfolgreich. Die Inflationsrate konnte bis 1994 auf knapp 4 % gedrückt werden. Doch blieben die sozialen Kosten unverändert hoch. Im März 1994 löste der Christdemokrat Eduardo Frei Ruiz-Tagle (seit 1994), der Sohn des zwischen 1964 und 1970 regierenden Eduardo Frei, Aylwin als Staatspräsident ab. Im September 1995, anläßlich des 22. Jahrestags des Militärputsches, kam es in Chile erstmals zu gewalttätigen Unruhen. Gefordert wurde eine energische Aufarbeitung der Menschenrechtsverletzungen unter Pinochet. Der ließ in einer Erklärung verbreiten, der Putsch sei für die »Rettung der Freiheit Chiles« angezettelt worden. Am 20. Oktober 1995 wurde der zu sieben Jahren Haft verurteilte ehemalige Geheimdienstchef Manuel Contreras in das eigens für ihn errichtete Gefängnis eingeliefert.

Präsident Frei legte im Januar 1996 ein neues Arbeits- und Modernisierungsprogramm vor. Es sieht u.a. öffentliche Investitionen im Gesundheitswesen, im Wohnungsbau und in der Landwirtschaft vor. Freis Vorhaben, im April 1996 über die in der Verfassung nach wie vor verankerten Befugnisse Pinochets zu verhandeln, die dem Ex-Diktator bei der Besetzung der Chefs von Polizei und Armee die Mitsprache sichern, scheiterten. Pinochet erklärte im August 1996 seine Bereitschaft, im Jahre 1998 als Heereschef zurückzutreten.

Mitte 1997 verschärfte sich der Konflikt um die von einer deutschen Sekte südlich von Santiago betriebene Colônia Dignidad. Dem untergetauchten Sektenführer Paul Schäfer werden u.a. Freiheitsberaubung und sexueller Mißbrauch Minderjähriger vorgeworfen. Zur Zeit der Pinochet-Herrschaft sollen in der Kolonie Regimegegner interniert und gefoltert worden sein. Erst nach langem Zögern entschloß sich die chilenische Justiz 1997 zu einem energischeren Vorgehen gegen die Colônia Dignidad.

Chronik Zeittafel

um 900 n. Chr.	Der Norden Chiles ist Teil des Kulturkreises Tiahuanacos
um 1440	Teile des heutigen Chile gehören zum Inkareich
1539	Eroberung durch den Spanier Pedro de Valdivia
1541	Gründung von Santiago
1606	Chile erhält eigene Audiencia mit Sitz in Santiago
1778	Chile wird Generalkapitanat
1818	Unabhängigkeitserklärung nach Sieg über Spanier
1823	Bürgerkrieg zwischen Konservativen und Liberalen
1833	Neue Verfassung führt zu innerer Stabilität
1843	Gründung der Universität Santiago
ab 1880	Wirtschaftlicher Aufschwung
1881	Als erster Liberaler wird Santa María Gonzáles Präsident (bis 1886)
1883	Sieg im Salpeterkrieg (1879–1883) gegen Peru und Bolivien
1891	Umwandlung Chiles in eine parlamentarische Republik
1920	Arturo Alessandri wird Präsident
1938	Linke Volksfrontregierung (bis 1946)
1947	Verbot der kommunistischen Partei
1964	Der Christdemokrat Eduardo Frei Montalva leitet Reformen ein
1970	Wahl Salvador Allendes zum Präsidenten; sozialistische Reformen
1973	Militärputsch gegen Allende; Augusto Pinochet errichtet ein diktatorisches Regime
1976	Austritt aus dem Andenpakt
ab 1982	Wirtschaftskrise; wachsende Proteste gegen Pinochet
1988	Bevölkerung lehnt eine Fortsetzung der Herrschaft Pinochets ab
1989	Der Christdemokrat Patricio Aylwin gewinnt die Präsidentschaftswahlen
1994	Der Christdemokrat Eduardo Frei Ruiz-Tagle wird Präsident; Grenzabkommen mit Argentinien
1995	Erste Prozesse wegen Verbrechen unter der Militärherrschaft

SÜDAMERIKA

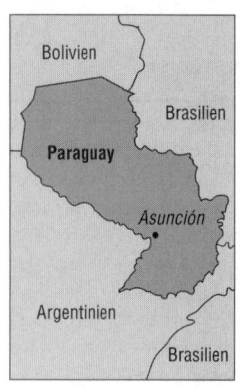

Bolivien

Brasilien

Paraguay

Asunción

Argentinien

Brasilien

Paraguay
(Paraguay)

Fläche: 406 752 km²
Bevölkerung:
1,4 Mio. (1950);
2,3 Mio. (1970);
5,1 Mio. (1996).
Sprachen: Spanisch, Guaraní
Staatsform: Präsidialrepublik

Mitgliedschaften: ALADI, Mercosur, OAS, SELA, UNO

Der Jesuitenstaat hatte im 18. Jh. maßgeblichen Einfluß auf die Kolonialgeschichte Paraguays. Nach Erlangung der Unabhängigkeit 1811 regierten wechselnde Diktatoren. Der Sturz General Alfredo Stroessners 1989 machte den Weg frei für eine schrittweise Demokratisierung des Landes.

Politische Struktur
Paraguay erhielt 1992 eine demokratische Verfassung, nachdem 1989 General Alfredo Stroessner nach über 30-jähriger Diktatur gestürzt worden war. Der Übergang zum parlamentarischen System in Paraguay ist schwierig, da das Land kaum über demokratische Traditionen verfügt und seit der Unabhängigkeit 1811 zumeist von diktatorischen Regimen beherrscht wurde. Paraguay ist eine präsidiale Republik mit einem starken Präsidenten als Chef der Exekutive. Die gesetzgebende Gewalt liegt beim 80 Sitze umfassenden Parlament (Abgeordnetenhaus). Der Senat hat 45 Sitze. Jahrzehntelang dominierte die 1887 gegründete konservative Colorado-Partei ANR die politische Entwicklung. Bei den freien Wahlen von 1993 verlor sie jedoch ihre absolute Mehrheit, so daß Staatspräsident und Regierungschef Juan Carlos Wasmosy auf die Unterstützung der Opposition angewiesen war. Stärkste Oppositionspartei war die liberale Partido Liberal Radical Auténtico (PLRA, Radikalliberale Partei) mit 33 Abgeordneten. Seit 1993 herrscht vollständige Pressefreiheit; Einschränkungen für die politische Arbeit von Oppositionsparteien wurden 1991 aufgehoben.

Landesnatur
Paraguay ist ein im Zentrum des südamerikanischen Subkontinents gelegener Binnenstaat, der im Norden an Bolivien, im Süden an Argentinien und im Osten an Brasilien grenzt. Der Río Paraguay teilt das Land in die westliche Schwemmlandebene Gran Chaco und den von Mittelgebirgen und Hochplateaus geprägten Oriente. Der größte Teil des Landes hat subtropisches Klima mit sehr heißen Sommern und relativ kühlen Wintern. Die jährliche Regenmenge vervierfacht sich von Norden (500 mm) nach Süden (2000 mm). Im tropischen Nordosten gibt es großflächige Regenwälder und Feuchtsavannen. Der Südosten des Landes ist von ausgedehnter Grasvegetation gekennzeichnet, die im Westen in größere Trockenwälder übergeht.

Bevölkerung
Etwa 95 % der Einwohner sind Mestizen (Indianermischlinge), nur 2 % Weiße. Der Anteil der indianischen Bevölkerung ist im Verlauf der Jahrhunderte auf 2 % gesunken, die vor allem im Osten des Landes leben. Die größten indianischen Gruppen sind die rund 30 000 Guaraní, deren Sprache stärker verbreitet ist als Spanisch, und die Chacoindianer mit rund 40 000 Stammesangehörigen, die lange Zeit von Verfolgung bedroht waren. 1% der Bevölkerung sind Asiaten. Über 95 % der Bevökerung leben in der Ostregion, während der größere Landesteil Gran Chaco im Westen extrem dünn besiedelt ist. Mitte der 90er Jahre lebten rund 53 % der Bevölkerung in Städten. Etwa 96% der Paraguayer sind katholisch, 2 % protestantisch.

Wirtschaft
Wichtigster Wirtschaftssektor Paraguays ist die Landwirtschaft, in der rund 40 % der Erwerbstätigen beschäftigt sind. Hauptanbauprodukte sind Mais, Maniok, Sojabohnen und Baumwolle. Von großer Bedeutung ist die Viehzucht in den ausgedehnten Weideländern des westlichen Gran Chaco. Der Landbesitz ist extrem ungleich verteilt. Auch nach mehreren Agrarreformen besitzen rund 3 % der Betriebe etwa 80 % der landwirtschaftlichen Nutzfläche. In den Regenwäldern wird Edelholz eingeschlagen, das zu einem großen Teil illegal nach Brasilien ausgeführt wird. Paraguay verfügt nur über geringe Bodenschätze (Mangan, Eisen, Kupfer), deren Abbau zudem nicht systematisch betrieben wird. Wichtigste Exportgüter sind Baumwolle, Sojabohnen und Holz. Die Industrie ist geprägt von der Weiterverarbeitung land- und forstwirtschaftlicher Produkte. Daneben gibt es einen kleineren leichtindustriellen Bereich. Zwar hat Paraguay nach einer Umschuldung die geringste Auslandsverschuldung aller lateinamerikanischen Staaten, doch sind Arbeitslosig-

keit und Massenarmut weiterhin schwerwiegende Probleme, die durch ein lediglich mäßiges Wirtschaftswachstum von rund 4% (1994) kaum gemildert werden.

GESCHICHTE

Spanische Kolonie und Jesuitenstaat (bis 1811)

Das heutige Paraguay war in vorkolumbischer Zeit Siedlungsgebiet der Guaraní-Indianer. Anfang des 16. Jhs. drangen spanische Eroberer von der Río-de-la-Plata-Mündung kommend ins Innere des Subkontinents vor und trafen bei der Inbesitznahme der Landstriche am Mittellauf des Río Paraguay seit 1536 auf nur geringen Widerstand der Indianer. 1537 gründeten die Spanier die Festung Nuestra Señora Santa María de la Asunción (die heutige Hauptstadt Asunción) als Stützpunkt für ihre Eroberungen. Asunción blieb bis zur Errichtung der Zollgrenze zwischen den Innenprovinzen und dem Bereich um Buenos Aires im Jahr 1617 Zentrum der spanischen Besitzungen im La-Plata-Gebiet. 1617 bildeten die Spanier die Provinzen Guairá (das heutige Paraguay) und Río de la Plata (Argentinien), die beide dem Vizekönigreich Peru unterstellt wurden. Die Jesuiten hatten mit ihrer Missionstätigkeit in diesem Gebiet bereits 1588 begonnen. Dabei waren sie zunächst als Wandermissionare zu den einzelnen Indianerstämmen gezogen. Es zeigte sich bald, daß mit dieser Praxis kaum dauerhafte Missionserfolge erzielt werden konnten. Jesuiten und Kolonialherren suchten daher nach Möglichkeiten, länger anhaltenden Einfluß auf die Indianer ausüben zu können. 1609 hatte Statthalter Hernando Arias de Saavedra am Alto Paraná von Jesuiten die erste sog. Guaraní-Reduktion (Missionsstation) errichten lassen, um die Guaraní-Indianer zu christianisieren. In den Reduktionen hatten die Jesuiten größere Indianergruppen mit friedlichen Mitteln zusammengefaßt, um sie wirkungsvoller missionieren und unterweisen zu können. Die befestigten Reduktionen hatten darüber hinaus die Funktion, die Indianer besser vor brasilianischen Sklavenjägern, den sog. Bandeirantes (→Lexikon), zu schützen. Die Bewohnerzahl der einzelnen Reduktionen schwankte zwischen einigen hundert und mehreren tausend Menschen, die von mehreren Patres betreut wurden. Vor Gründung einer Reduktion mußte das Einverständnis des spanischen Gouverneurs eingeholt werden. Ökonomische Grundlage der Missionssiedlungen war der Ackerbau. In der Landwirtschaft erzielte Überschüsse wurden auf Kolonialmärkten verkauft.

Auf dem Gebiet des heutigen Paraguay gab es acht Reduktionen, 15 in den zu Argentinien gehörenden Provinzen Misiones und Corrientes und sieben im heutigen brasilianischen Bundesstaat Rio Grande do Sul. Da das Gebiet relativ abgelegen war und nur wenige europäische Einwanderer dorthin kamen, ergab sich eine ungewöhnlich enge Bindung zwischen Guaraní-Indianern und Spaniern. Die aus diesen Verbindungen hervorgegangenen Mestizen verdrängten allmählich sowohl Indianer als auch Spanier. Guaraní wurde neben Spanisch zur Umgangssprache. Noch heute spricht über die Hälfte der Bevölkerung von Paraguay Guaraní.

Da die Jesuiten bei ihrer Mission stets friedlich und behutsam vorgingen, gewannen sie rasch das Vertrauen der Guaraní. Die Reduktionen waren nach der spanischen Kolonialgesetzgebung organisiert, die den Indianertraditionen von Fall zu Fall angepaßt wurden. Aus den Missionsstationen entwickelte sich am Mittellauf des Paraná der sog. Jesuitenstaat (→Lexikon). Seit 1608 hatte dieser Staat eine eigene Vewaltung, ohne daß jedoch die Oberhoheit des spanischen Königshauses angezweifelt wurde. Der Jesuitenstaat verfügte weder über ein geschlossenes Territorium noch über völkerrechtliche Souveränität. Mitte des 18. Jhs., auf dem Höhepunkt seiner Entwicklung, umfaßte er rund 30 Reduktionen mit etwa 100 000 Bewohnern. Für die Bewohner des Jesuitenstaats galt Arbeitspflicht, dafür waren sie von staatlichen Tributzahlungen befreit. Wohlstand brachte der Handel mit Matetee. Der Jesuitenstaat besaß zeitweise eine eigene Miliz, die sich u.a. gegen die Bandeirantes erfolgreich zur Wehr setzte. Mit dem Verbot des Jesuitenordens in Spanien und Südamerika und der Vertreibung der Ordensmitglieder kam 1767 das Ende des Jesuitenstaates. Die Reduktionen verfielen rasch, die Guaraní zerstreuten sich über ganz Paraguay und die angrenzenden Gebiete.

1776 wurde das Gebiet von Paraguay dem neugebildeten Vizekönigreich Río de la Plata mit der Hauptstadt Buenos Aires unterstellt.

Jesuitenmission

Den Jesuiten ging es in erster Linie um die Bekehrung der Indianer zum Christentum. Daneben unterwiesen sie die Ureinwohner auch im Lesen und Schreiben und brachten ihnen neue handwerkliche Techniken bei. Mit Rücksicht auf indianische Traditionen waren die Reduktionen auf gemeinwirtschaftlicher Basis unter Aufsicht der Jesuitenpatres organisiert. Bei ihrer Missionsarbeit in den mittel- und südamerikanischen Kolonien folgten die Jesuiten bestimmten Grundsätzen, die ihre Christianisierung erfolgreich machten. Auf friedlichem Weg, Schritt für Schritt, mit großem Einfühlungsvermögen und Respekt vor den Traditionen und Sitten der Urbevölkerung verbreiteten sie das Evangelium. Sie gingen zu den Indianern, lernten ihre Sprachen und paßten sich in gewissem Maße ihrer Lebensweise an. Behutsam machten sie ihre Schützlinge mit den christlichen Lehren vertraut, verzichteten in ihren Predigten weitgehend auf Drohungen und Zwang. Sie gewannen das Vertrauen der Ureinwohner, die in der Atmosphäre des gegenseitigen Respekts leichter zur Übernahme des christlichen Glaubens zu bewegen waren. Nicht selten kam es vor, daß Jesuiten die Ureinwohner vor rücksichtslosen Eroberern, Kolonialbeamten oder Sklavenjägern schützten.

Der Jesuitenorden war 1534 von dem Spanier Ignatius von Loyola gegründet und 1540 vom Papst bestätigt worden. Als Hauptaufgabe betrachtete er die Verbreitung des christlichen Glaubens durch Predigt, Exerzitien, karitative Werke sowie schulisches Engagement. Anfang des 18 Jhs. verschärften sich die Anfeindungen gegen den erfolgreichen Orden, der u.a. durch seine Mobilität und ungewöhnliche Organisationsformen – u.a. Verzicht auf eine Ordenskleidung – das Mißtrauen der katholischen Kirche und weltlicher Herrscher erregte. 1773 wurde der Jesuitenorden vom Papst verboten. 1814 hob der Vatikan das Verbot wieder auf.

Unabhängigkeit und Diktaturen (1811–1954)

Im Mai 1810 kam es in Buenos Aires zu einer Revolte gegen die spanische Kolonialmacht. Eine liberale Junta setzte den Vizekönig ab und erklärte die Autonomie Argentiniens. Paraguay trennte sich von Argentinien, das die Unabhängigkeit der einstigen Provinz nach der Niederlage bei Paraguarí 1811 anerkennen mußte.

In den folgenden Jahren wurde Paraguay durch den Sieger des Unabhängigkeitskampfes, José Gasparo Rodríguez de Francia (1811/14–1840), diktatorisch regiert. Es war der Anfang einer langen Reihe diktatorischer Regime, die die politische Entwicklung Paraguays mit kurzen Unterbrechungen bis 1990 bestimmten.

Francia gelang es, durch eine Politik der Abschottung nach außen und der strikten wirtschaftlichen Autarkie die Unabhängigkeit des Landes gegenüber Argentinien und Brasilien zu wahren. Auch sein Nachfolger, Carlos Antonio López (1844–1862), ein Neffe Francias, regierte mit diktatorischen Mitteln, betrieb aber die politische und wirtschaftliche

Öffnung, um dadurch die Modernisierung des Landes zu fördern. Besonderen Wert legte er auf den Aufbau einer schlagkräftigen Armee, mit der er Expansionsbestrebungen Brasiliens und Argentiniens abwehrte. Die Konsolidierungspolitik fand unter seinem Sohn, Francisco Solano López (1862–1870), ein jähes Ende, als dieser mit kriegerischen Mitteln einen Zugang zum Meer erzwingen wollte. In einem verheerenden Krieg gegen die Tripelallianz aus Argentinien, Brasilien und Uruguay (1865–1870) verlor Paraguay über zwei Drittel seiner Bevölkerung und rund ein Viertel seines Territoriums. Es dauerte mehrere Jahrzehnte, bis sich das Land von den Folgen der Niederlage erholt hatte.

1870 verabschiedete die Nationalversammlung eine liberale Verfassung. Doch eine dauerhafte Stabilisierung Paraguays wurde nicht erreicht. 1887 wurden die Liberale Partei und die konservative Colorado-Partei gegründet. Letztere bestimmte zunächst bis 1904, die Liberale Partei bis 1936 die Politik des Landes. Erst unter den Präsidentschaften der Liberalen Eduardo Schaerer (1912–1916) und Eligio Ayala (1924–1928) kam es nach einer Zeit ständiger Unruhen und Staatsstreiche zu einer Beruhigung der Verhältnisse. Zwar blieb Paraguay im sog. Chacokrieg gegen Bolivien (1932–1935) siegreich und gewann größere Gebiete, doch verursachten die Kriegsfolgen den wirtschaftlichen Niedergang des Landes. Es folgten wechselnde Militärregierungen, die sich z.T. faschistischer Herrschaftsmethoden bedienten. 1947 endete ein Bürgerkrieg mit dem Sieg der konservativen Colorado-Partei, die sich auf das Militär stützte.

Stroessner-Diktatur (1954–1989)

Im Mai 1954 brachte sich General Alfredo Stroessner durch einen Militärputsch an die Macht. Die folgenden 35 Jahre regierte Stroessner, Sohn eines aus Bayern stammenden Bierbrauers und einer Indianerin, Paraguay diktatorisch. Der Partido Colorado erhielt den Status einer Staatspartei, oppositionelle Parteien wurden jahrzehntelang unterdrückt, obgleich die demokratische Verfassung formal weiterhin gültig blieb. Stroessner ließ sich in manipulierten Wahlgängen mehrmals als Präsident bestätigen. Auf ökonomischem Gebiet war er zeitweise relativ erfolgreich; so blieb etwa die Inflation vergleichsweise niedrig. Daneben bemühte er sich um den Ausbau der Infrastruktur, Förderung von Landwirtschaft und Industrie sowie des Bildungswesens. Außenpolitisch versuchte Stroessner, das Verhältnis zu den Nachbarstaaten zu entspannen und lehnte sich stark an die

SÜDAMERIKA

USA an, denen er 1962 die Errichtung von Luftwaffenstützpunkten in Paraguay erlaubte.

Demokratisierung (ab 1989)

Ende der 80er Jahre verschärften sich die Rivalitäten innerhalb der Colorado-Partei, die im Februar 1989 zum Sturz Stroessners führten. Putschistenführer General Andrés Rodríguez (1989–1993) leitete den Übergang zur Demokratie ein. 1991 gewann die Colorado-Partei auch angesichts der wirtschaftlichen Erholung die Wahlen zur Verfassunggebenden Versammlung, die 1992 eine neue demokratische Verfassung verabschiedete. 1993 fanden in Paraguay die ersten freien Präsidentschaftswahlen seit mehr als 100 Jahren statt, aus denen der gemäßigte Colorado-Politiker Juan Carlos Wasmosy Mont als Sieger hervorging. Allerdings ist er auf die Unterstützung der Oppositionsparteien angewiesen, da seine Colorado-Partei im Parlament ihre absolute Mehrheit einbüßte. Ihre Position als zweitstärkste Fraktion benutzten die Liberalen u.a. dazu, die Erneuerung und Unabhängigkeit der Justiz sowie die Auflösung der engen Verbindung von Colorado-Partei und Militär gesetzlich zu verankern.

Die wirtschaftliche Situation Paraguays, das jahrelang vergleichsweise hohe Wachstumsraten verzeichnete, verschlechterte sich seit Anfang der 90er Jahre aufgrund sinkender Exporterlöse für Agrarprodukte. Nach wie vor lebt mehr als die Hälfte der Bevölkerung in großer Armut. Anfang 1994 entluden sich soziale Spannungen in gewalttätigen Bauernprotesten, die von der Regierung blutig niedergeschlagen wurden.

Zu einer Zerreißprobe für das Land wird die Aufarbeitung der Stroessner-Diktatur und ihrer zahlreichen Verbrechen, in die das Militär verstrickt war. 1992 wurden in der Hauptstadt Asunción Geheimdokumente der Ära Stroessner entdeckt, die die Verschleppung und teilweise Mißhandlung von rund 300 000 Menschen in den Jahren der Diktatur belegen. Die Dokumente sollen nach Forderungen von Menschenrechtlern Beweise in Prozessen gegen Militärangehörige liefern, die jedoch nur schleppend in Gang kommen. Auch ist zweifelhaft, ob der nach Brasilien geflohene Stroessner zur Verantwortung gezogen wird.

Außenpolitisch bemüht sich Wasmosy um verstärkte Kooperation mit seinen Nachbarstaaten, was u.a. in der Beteiligung Paraguays an der Wirtschaftsgemeinschaft Mercosur (→Lexikon), einem gemeinsamen Markt von Argentinien, Brasilien, Uruguay und Paraguay, zum Ausdruck kommt.

Chronik Zeittafel

1536	Eroberung durch Spanien
1537	Das neugegründete Asunción wird Hauptstadt des spanischen Kolonialgebiets Río de la Plata
1609	Anfänge der Jesuitenmission beim Indiovolk der Guaraní
1617	Einrichtung der Provinz Guairá (Paraguay) innerhalb des Vizekönigreichs Peru
1767/68	Vertreibung der Jesuiten; Verfall des Jesuitenstaates
1776	Paraguay wird dem Vizekönigreich Río de la Plata eingegliedert
1811	Paraguay erlangt die Unabhängigkeit
1870	Niederlage im Krieg gegen Uruguay, Argentinien und Brasilien; große Gebietsverluste; Erlaß einer liberalen Verfassung
1904	Liberale Partei wird bestimmende politische Kraft
1912 –16	Präsidentschaft von Eduardo Schaerer; allmähliche innenpolitische Stabilisierung
1935	Sieg im Chacokrieg gegen Bolivien
1936	Rechtsputsch gegen liberale Regierung
1937	Liberale bringen sich durch Militärputsch erneut an die Macht
1947	Die rechtsgerichtete Colorado-Partei kommt mit Hilfe des Militärs an die Regierung
ab 1948	Zahlreiche Militärputsche destabilisieren das Land
1954	Alfredo Stroessner putscht sich an die Macht
1962	Paraguay erlaubt den USA die Einrichtung von Luftstützpunkten
1975	Freundschaftsvertrag mit Brasilien
1989	Sturz von General Stroessner
ab 1990	Wirtschaftlicher Aufschwung; Aufarbeitung der Stroessner-Diktatur
1991	Wahlsieg der Colorado-Partei
1993	Einführung demokratischer Grundrechte; Juan Carlos Wasmosy gewinnt die ersten freien Präsidentschaftswahlen seit 100 Jahren

SÜDAMERIKA

407

Argentinien
(Argentina)

Fläche: 2 766 889 km²
Bevölkerung:
  17,1 Mio. (1950)
  23,7 Mio. (1970)
  34,9 Mio. (1996)
Sprachen: Spanisch,
  Indianersprachen
Staatsform: Präsidialrepublik

Mitgliedschaften: ALADI, Mercosur, OAS, SELA, UNO

Argentinien entstand aus der spanischen Kolonie der Vereinigten Provinzen des Río de la Plata, die 1816 ihre Unabhängigkeit erklärten. Die Formierung eines einheitlichen argentinischen Staates war um 1880 abgeschlossen. Das Land entwickelte sich zum Exporteur von Rindfleisch und Getreide und zog ab Ende des 19. Jhs. Auswanderer aus aller Welt an. Aufgrund ihres ausgeprägten Exportcharakters wurde die argentinische Wirtschaft von der Weltwirtschaftskrise 1929 nachhaltig betroffen. In ihrem Gefolge konnten sich bis 1946 eine Reihe diktatorischer Regime etablieren. Unter Juan Domingo Perón wurde ein autoritär-sozialrevolutionärer Kurs eingeschlagen. Die nachperonistische Ära war bis 1973 von Militärputschen geprägt. Einem kurzen Regierungsintermezzo des aus dem Exil zurückgekehrten Perón und seiner dritten Frau, María Estela (»Isabel«) Martínez de Perón, folgte zwischen 1976 und 1983 eine Militärdiktatur. Seit 1983 hat Argentinien demokratisch gewählte Regierungen.

Politische Struktur

Argentinien ist eine präsidiale Republik. Ihr steht ein mit umfassenden Kompetenzen ausgestatteter Staatspräsident vor, der den Regierungschef ernennt. Die Legislative wird durch ein Zweikammerparlament mit Senat (48 Sitze) und Abgeordnetenhaus (254 Sitze) gebildet. Zu den wichtigsten Parteien gehören die schon 1889 gegründete Unión Cívica Radical (UCR, Radikale Bürgerunion) und die von Perón initiierte Partido Justicialista (PJ, Gerechtigkeitspartei). Der föderative Charakter des politischen Systems hat in den 22 Provinzen des Landes seinen Ursprung. Die Provinzen werden von gewählten Gouverneuren, Senatoren und Abgeordneten regiert und repräsentiert.

Die seit der Ära Perón starken Gewerkschaften organisieren immer wieder Massenstreiks, an denen bis zu 90% der Beschäftigten teilnehmen. Infolge vergangener und aktueller Menschenrechtsverletzungen reißen die Forderungen nach Sühne für die Gefolterten und »Verschwundenen« aus der Zeit der letzten Militärdiktatur nicht ab.

Landesnatur

Argentinien – das Land zwischen Anden und Atlantik – erstreckt sich in Nord-Süd-Ausrichtung rund 3700 km bis zur Isla de los Estados, also nahezu bis zur äußersten Südspitze Lateinamerikas. Vom Hauptkamm der Anden im Westen, zugleich Grenze zu Chile, bis zur Atlantikküste im Osten sind es in der größten Breite 1570 km. Das Land grenzt im Norden an Bolivien, im Nordosten und Osten an Paraguay, Brasilien und Uruguay. Entsprechend seiner Ausdehnung wird Argentinien von unterschiedlichen klimatischen Verhältnissen geprägt. Der tropische Regenwald des Nordostens und die Gebiete ewigen Eises im Süden, die Hochgebirgsvegetation des Westens und die Atlantikküste im Osten bilden die Pole dieser Gegensätze. Als achtgrößtes Land der Welt liegt Argentinien zu wesentlichen Teilen in der gemäßigt warmen Südzone der Erdkugel; sein in der Regel subtropisches, gemäßigtes Klima wird nur im Süden von mäßig kühlen Wetterverhältnissen abgelöst.

Das nicht allein geographisch, sondern auch historisch und wirtschaftlich bedeutsame Kerngebiet ist durch das zentrale Tiefland mit Pampa, Gran Chaco und Zwischenstromland geprägt. Insbesondere die Pampa und ihre fruchtbaren Steppenböden kennzeichnen das Tiefland. Während sie landeinwärts, nach Westen zu, trockener wird, geht sie in Richtung Nordosten entlang der Flüsse Paraná und Uruguay allmählich in die subtropischen Trockenwaldgebiete und Buschsavannen des Gran Chaco über. Zwischen Paraná und Uruguay erstreckt sich das Zwischenstromland; im Süden und Norden von Sümpfen umzogen, ist das Gebiet mittlerweile vor allem durch Buschland und kleinere, lichte Wälder charakterisiert. Gegen Nordosten steigt das Zwischenstromland zum bewaldeten Bergland von Misiones an. Hier finden sich reiche Bestände an Edelhölzern und große Wasserfälle.

Südlich des zentralen Tieflandes, jenseits des Río Colorado, beginnt sich das geographische Antlitz der Pampa rasch zu verändern. Das Patagonische Tafel- und Schichtstufenland mit seinen bis auf 1500 m ansteigenden Erhebungen und tiefschluchtigen, engen Tälern bestimmt das Bild. Durchbrochen von gewaltigen Flüssen wie dem Chubut, schichten sich die Gesteinstafeln in großen Schüben bis zum Atlantischen Ozean hinab. Lange Trockenperioden, ständig wechselnde Winde und eine dürftige Fauna machen das Land karg; seine Gebiete – sie umfassen 25% des argentinischen Staates – sind weithin menschenleer. Im Westen reicht Argentinien hinauf zum mächtigen Hochgebirge der Anden. Deren nördlicher Abschnitt umfaßt das wüstengleiche Puna-Hochgebirgsbecken, gesäumt von bis zu 6000 m hohen Bergen und im westlichen Teil auch von Vulkanen, darunter mit 6880 m der höchste erloschene Vulkan der Erde, der Ojos del Salado. Den Abschluß nach Osten, gegenüber Chile, bilden die subandinen Sierren. Nach Süden zieht sich die Hauptkordillere in zwei großen Bergketten hin, darunter der Aconcagua, mit fast 7000 m der höchste Berg in Süd- wie Nordamerika. Ein Grabenbruch schiebt sich zwischen Vorder- und Hauptkordillere, die ins westliche Landesinnere hinein durch die kleineren Bergzüge der Pampinen Sierren abgeschlossen wird. Die Südkordillere schließlich zeichnet sich in ihren geologischen Formen durch urzeitliche Täler, Gletscher und Gletscherseen aus. Argentinien beansprucht darüber hinaus einen 1,23 Mio. km² großen Teil der Antarktis, darunter die Falkland-Inseln, Südgeorgien und die südlichen Orkney-Inseln.

Bevölkerung

Argentiniens Bevölkerung setzt sich zu 94% aus Nachkommen der kolonialen Eroberer und der Einwanderer aus europäischen Staaten zusammen. Vor allem gegen Ende des 19. Jhs. führten die riesigen agrarischen Nutzflächen des Landes und ein massiver Arbeitskräftemangel zu liberalen Immigrationsgesetzen; sie wurden vor allem von Einwanderern aus Spanien und Italien genutzt. In den Nordprovinzen leben etwa 30 000 indianische Ureinwohner. Die Gauchos sind Viehhirten indianischer Abstammung. Vier Fünftel der Bevölkerung leben in den Städten. In den vier Provinzen Buenos Aires (mit der Bundeshauptstadt), Córdoba, Entre Ríos und Santa Fé, die etwa 20% der Fläche Argentiniens einnehmen, leben über 70%, davon allein innerhalb von Groß-Buenos-Aires 36%, der gesamten Einwohnerschaft Argentiniens. Die Verstädterung läßt sich auch daran ablesen, daß sich zwischen 1960 und 1970 die Zahl der Städte mit mehr als 25 000 Einwohnern um 9 auf 54 erhöhte. Zugleich sind weite Landstriche Patagoniens und der Gebirgs-und Trockenzone nahezu menschenleer.

Das gut ausgebaute Bildungssystem ist in Lateinamerika konkurrenzlos; etwa 95% der Bevölkerung können lesen und schreiben, berühmte Universitäten, wie etwa die von Córdoba, bilden hochqualifizierte Fachleute aus. Aufgrund des hohen Anteils südeuropäischer Einwanderer und der intensiven spanischen Mission in der Kolonialzeit sind über 90% der Bevölkerung katholischen Glaubens. Zudem gibt es kleinere Gemeinden von Mohammedanern, Juden und Protestanten.

Wirtschaft

Der stark variierenden Bevölkerungsdichte entspricht die regional unterschiedliche wirtschaftliche Entwicklung. Auf den ca. 82% der Gesamtfläche umfassenden, landwirtschaftlich nutzbaren Böden des Landes sowie in der Fischerei arbeiten rund 7 % (1994) der Beschäftigten. Die Bedeutung der Fischerei wuchs (Fischfang/Jahr: 200 000 Tonnen), nachdem Argentinien seine Hoheitsgewässer vor der Atlantikküste von zwölf auf 200 Seemeilen erweiterte. In einem 600 km weiten Radius um die Hauptstadt herum findet sich das traditionell vor allem für den Weizenanbau und die Viehwirtschaft genutzte Kerngebiet der Pampa. Argentinien gehört zu den fünf wichtigsten Viehzuchtländern (Rinder, Pferde, Schafe). Die Weidegebiete der Woll- und Fleischschafe sind auch in Patagonien und in Feuerland zu finden. In der Rindfleischproduktion nimmt das Land den dritten Platz weltweit ein. Noch Mitte der 1970er Jahre machten Rindfleisch und Rindfleischprodukte 30 % des gesamten Exports aus.

Neben der Pampa ist der Gran Chaco wichtigstes Anbaugebiet, in erster Linie für Baumwolle. Zuckerrohr- und Obstanbau, etwa am Río Negro, kleinere Weinbaugebiete am Rande der Anden sowie der Zitrusfrüchte- und Teeanbau ergänzen die Palette der zumeist für den Export bestimmten Produkte. Dabei ist die soziale Struktur auf dem Land von starkem Ungleichgewicht geprägt. Einer kleinen Zahl von Großgrundeigentümern steht ein Heer von Kleinbesitzern und Pächtern gegenüber. Seit Anfang der 1970er Jahre versucht die jeweilige politische Führung, durch Urbarmachung – oft unter Mißachtung jeglicher ökologischer Gesichtspunkte – bis dahin nicht genutzter Flächen und allmähliche Neuverteilung des Landes den darin liegenden Konfliktstoff zu beseitigen.

In der Industrie und im Baugewerbe arbeiten 29 % (1994) der Beschäftigten. Die exportorientierte Industrie des Landes war lange Zeit auf die Veredelung und Verarbeitung agrarischer Erzeugnisse konzentriert (Gefrier- und Kühlfleischfabriken, Büchsenfleisch- und Fleischextraktproduktion, Margarine- und Seifenherstellung, Leder- und Zuckerindustrie, Molkereiwirtschaft). Doch hat Mitte der 1950er Jahre ein Wandlungsprozeß eingesetzt. Der Ausbau der Stahl-, Kraftfahrzeug- und der petrochemischen Industrie wird neben der mittelbar mit dem Agrarsektor verbundenen Textil- und Wollerzeugungsindustrie vorangetrieben. Neben Erdgas- und Erdölvorkommen – das Land steht in der Förderung an 18. Stelle – spielen der Kupfererzabbau und die Urangewinnung eine Rolle. Zur Deckung des rapide steigenden Energiebedarfs wurden in Argentinien riesige Wasserkraftwerke errichtet, zum Teil in Zusammenarbeit und zur gemeinsamen Nutzung mit Uruguay und Paraguay. Anfang 1974 wurde das erste Atomkraftwerk Lateinamerikas gebaut, dem weitere folgten. Die Fremdenverkehrsindustrie verzeichnet steigende Zuwachsraten. Vor allem die traditionellen Seebäder, wie Mar del Plata, aber auch die sog. Argentinische Schweiz am Lago Nahuel Huapi oder die Misiones mit dem Iguazú Nationalpark sowie das durch Heilquellen bekannte Mendoza am Fuß der Kordilleren ziehen viele Touristen an. Dem realen Zuwachs des Bruttoinlandprodukts von durchschnittlich 7,5% zwischen 1990 und 1994 steht eine zwar abgemilderte, aber immer noch hohe Auslandsverschuldung und eine durchschnittliche Inflationsrate von 317% zwischen 1985 und 1994 gegenüber. Erst das von Carlos Saúl Menem durchgeführte Wirtschaftsprogramm, in dessen Rahmen die Währung Peso an den US-Dollar gebunden und eine Senkung der Inflation auf rund 1 % (1996) erreicht wurde, hat die Lage entspannt und zu einem Wirtschaftswachstum geführt. Unterbeschäftigung und Arbeitslosigkeit blieben dennoch, sie steigerten sich und haben auch die breiten Mittelschichten erfaßt (Arbeitslosenquote 1996: 18 %).

GESCHICHTE

Kolonisation und Staatsgründung (bis 1880)

Im Jahre 1515 entdeckte der spanische Eroberer Juan Díaz de Solís die Mündung des Río de la Plata. Erste Expeditionen ins Landesinnere durch Sebastiano Caboto, der zwischen 1527 und 1529 den Paraná aufwärts zog, scheiterten ebenso wie der erste Gründungsversuch von Buenos Aires durch Pedro de Mendoza 1536. Ein Jahr später gelang die Gründung von Asunción (heute die Hauptstadt Paraguays). Im gleichen Zeitraum begann die eigentliche Eroberung der La-Plata-Länder unter Martinez de Irala. Dabei

operierte er nicht von See aus, sondern nahm von Peru, Bolivien, Chile und Asunción aus Besiedlungen des Landesinneren vor. Einer der Gründe war, daß die bei den ersten Expeditionen von der Seeseite aus vorgefundene Indiobevölkerung (etwa 300 000 Menschen) wegen ihres nomadischen Verhaltens kaum für die Ausbeutung als Zwangsarbeiter in Frage kamen. Zudem hatten sich bei den ersten Kolonialisierungsversuchen keine Edelmetalle gefunden und angesichts des Klimas eine typisch monokulturelle Kolonialwirtschaft nicht empfohlen.

Das kolonisierte Siedlungsgebiet wurde von den Spaniern erst ab 1620 in drei Generalkapitanate aufgeteilt: Tucumán (Zentrum: Córdoba), Paraguay (Zentrum: Asunción) und Río de la Plata (Zentrum: Buenos Aires, das 1580 unter der Leitung von Juan de Garay errichtet worden war). Lange Zeit führten die Kapitanate ein Schattendasein, da der Handel des Vizekönigreichs Peru, dem sie unterstanden, über Panama und die westindischen Inseln abgewikkelt wurde. Die Situation änderte sich, als 1776 das Vizekönigreich Río de la Plata als Bollwerk gegen portugiesische Expansion gegründet und der direkte Handel mit Spanien freigegeben wurde. Zum neuen Vizekönigreich gehörten Teile des heutigen Argentiniens, Uruguay, Paraguay und Südbolivien.

Als sich das spanische Mutterland mit Napoleon verbündete, versuchten die Briten 1806/07 Buenos Aires zu besetzen. Die kreolische Oberschicht wehrte mit ihren Truppen die Angriffe ab. Bald darauf konnte sich in Buenos Aires eine liberale Junta etablieren, den Vizekönig absetzen und fortan weitgehend autonom regieren. Es gelang, einige Reformen durchzusetzen: die Kopfsteuer wurde abgeschafft und das Gesetz der freien Geburt eingeführt, mithin die sich selbst reproduzierende Sklavengesellschaft verhindert. Restaurationsversuchen des wiedererstarkten Spanien konnte erfolgreich Widerstand geleistet werden. Die Unabhängigkeitserklärung der Vereinigten Provinzen von La Plata vom 9. Juli 1816 besiegelte das Ende der spanischen Kolonialherrschaft.

Der bereits während des Unabhängigkeitskampfes offen zutage getretene Konflikt zwischen zentralistisch orientierten Unitariern und Förderalisten führte in den Folgejahren – mit Unterbrechungen bis 1880 – immer wieder zu langen Bürgerkriegen. Im Kern wehrten sich die kreolischen, konservativen Großgrundbesitzer gegen den Machtanspruch der gleichfalls kreolischen, aber liberaler ausgerichteten, städtischen Oberschicht, vor allem in Buenos Aires. Während dort die Regierungen in rascher Folge wechselten, organisierten föderalistische Generale auf dem Lande die Gegengewalt und rissen die Macht an sich. Paraguay und Bolivien sagten sich in diesen Wirren 1811 und 1825 von der Föderation los und gründeten ihren eigenen Staat. Gleiches versuchte Uruguay, das sich seine Unabhängigkeit nach massiven Konflikten mit Argentinien und Brasilien erkämpfen konnte (1828). Erst nach immer wieder aufbrechenden blutigen Kämpfen, der Bildung einer Konföderation der 14 La-Plata-Provinzen (1825) und der Verabschiedung einer neuen Verfassung (1826) entstand allmählich ein föderaler Bundesstaat. Zuvor hatten einzelne Provinzen oder Städte versucht, sich dem Zusammenschluß zu entziehen. Schließlich war es Buenos Aires, das nochmals der Konföderation die Gefolgschaft verweigerte. In einer blutigen Schlacht wurde diese Sezession beendet. 1861 entstand die República Argentina. Eine ihrer ersten Aktionen war ein im Verbund mit Brasilien und Uruguay geführter, verlustreicher Krieg gegen Paraguay (1865–1870). Erst unter Präsident Domingo Faustino Sarmiento (1868–1874) konnten soziale Reformen in Angriff genommen werden. So wurde etwa der Analphabetismus bekämpft. Die Präsidentenwahlen von 1880 mündeten erneut in einen Bürgerkrieg, der mit einem Sieg der Föderalistentruppen endete. In der Folge festigte sich die Entwicklung Argentiniens zum Einheitsstaat mit föderativer Struktur. Buenos Aires wurde Hauptstadt.

Wirtschaftliche Macht und Krise (1880–1943)

Die Föderalisten brachten dem Land einen kräftigen Konjunkturschub. Die verbliebenen Indianer des Südens wurden in mehreren, brutal geführten Feldzügen seit 1880 über den Río Negro hinweg vertrieben oder niedergemetzelt. Die damit neu erschließbaren landwirtschaftlichen Nutzflächen Patagoniens, die nun für Argentinien okkupiert worden waren, vergrößerten das ohnehin riesige Agrarpotential des Landes. Davon und von den parallel verlaufenden intensivierten Handelsbeziehungen nach Europa – Import industrieller Produkte, Export agrarischer Erzeugnisse – profitierten in erster Linie die Großgrundbesitzer und Handelseliten der Städte. Wegen des rücksichtslos durchgesetzten Freihandels konnte sich allerdings die heimische Industrie kaum entfalten, da sie in der Konkurrenz mit europäischen Importen chancenlos blieb.

Neue Methoden im Anbau und das mit Hilfe englischen Kapitals erbaute Schienennetz vervielfachten die Exportmöglichkeiten für die Landwirtschaft. Mit den vorhandenen Arbeitskräften konnten sie aber nicht voll ausgeschöpft werden. Resultat war eine weitere Liberalisierung der Gesetze für Einwanderer, die bereits seit 1855 ins Land strömten. Zwischen 1857 und 1890 verdreifachte sich die Bevölkerung auf 3,3 Mio. Einwohner; zwischen 1871 und 1914 kamen weitere 5,9 Mio. Menschen nach Argentinien. Hauptursprungsländer waren Italien (45%), Spanien (30%) und Frankreich (12%). Auch danach riß der Einwanderungsstrom nicht ab. Mit Hilfe dieser Neu-Argentinier und vornehmlich mit englischem Kapital entwickelte sich das Land zum weltweit führenden Weizen- und Fleischexporteur.

Es entstand eine breite städtische Mittelschicht und eine Industriearbeiterschaft, die in der schnell wachsenden Nahrungsmittelindustrie Beschäftigung fand. Beide Klassen drängten nach politischer Mitsprache, die ihnen durch das Wahlgesetz verwehrt blieb: Um die Jahrhundertwende verfügten nur 5% der Eingewanderten über die argentinische Staatsbürgerschaft, das hieß, ca. 65% der Bevölkerung durften an den Wahlen nicht teilnehmen. Die unter anderem daraus erwachsenden sozialen Spannungen entluden sich 1890 in einer städtisch-bürgerlichen Revolte (Revolución del Noventa), in deren Vorfeld die von den Mittelschichten getragene Partei Unión Cívica Radical (UCR) 1889 gegründet worden war. Die 1912 vom konservativen Präsidenten Roque Sáenz Peña (1910–1914) verkündete Wahlrechtsreform, mit der das allgemeine Männerwahlrecht eingeführt und eine parlamentarische Vertretung der Opposition garantiert wurde, stärkte die UCR. In den ersten freien und geheimen Wahlen gelang es, ihren Kandidaten Hipólito Irigoyen (1916–1922, 1928–1930) als Präsidenten durchzusetzen.

Irigoyen wollte zunächst die Wirtschaftskrise beseitigen, die mit dem Abreißen der Handelsbeziehungen zu Europa (Erster Weltkrieg 1914–1918) entstanden war. Die versprochenen sozialen Reformen blieben dabei auf der Strecke. Die allmähliche Verbesserung der wirtschaftlichen Lage nach 1918 sicherte jedoch der UCR und ihren Kandidaten Irigoyen und Marcelo Torcuato (1922–1928) die Präsidentschaft in Argentinien.

Die Weltwirtschaftskrise beendete die demokratisch geprägte Phase in dem südamerikanischen Land abrupt. Am 6. September 1930 wurde Irigoyen von Militärs abgesetzt. Im Interesse der Großgrundbesitzer und der industriellen Exportwirtschaft sollte die konservative Ordnung in Argentinien wiederhergestellt werden. Gestützt auf die Armee bekleideten in rascher Folge konservative Politiker oder Generale das Präsidentenamt bis 1946.

Die Ära Perón (1943–1955)

Streitigkeiten in den militärischen und konservativen Machtzirkeln führten im Juni 1943 zu einer neuerlichen Militärrevolte. Die folgende Militärdiktatur unter den Generalen Arturo Rawson und Pedro Pablo Ramírez endete zunächst am 24. Februar 1944 durch einen weiteren Putsch eines der Kameraden von Rawson und Ramírez: General Edelmiro Fárell (1944–1946). Zuvor hatte Argentinien, das im Ersten Weltkrieg noch neutral geblieben war, auf Druck der USA die Beziehungen zu Deutschland, Italien und Japan abgebrochen. Kurz vor Kriegsende, am 27. März 1945, erfolgte die Kriegserklärung an Deutschland. Im gleichen Jahr war Argentinien Mitbegründer der Vereinten Nationen.

Im Lande selbst hatte sich in einem militärinternen Machtkampf die Gruppe um den Kriegsminister und Vizepräsidenten Oberst Juan Domingo Perón (* 1895, † 1974) gegen eine eher traditionell konservative Gruppierung durchgesetzt. Perón leitete das neueingerichtete »Sekretariat für Arbeit« in der Regierung Fárells. Von dieser Position aus unterstützte er die Gewerkschaften und beeinflußte den Ausgang von Arbeitskämpfen im gewerkschaftlichen Sinne. An der Spitze eines Parteienbündnisses, der Partido Laborista (PL, Arbeitspartei) wurde er im Februar 1946 zum Präsidenten gewählt (1946–1955).

Perón gelang es zunächst, die Interessen von Militär, Wirtschaft, Bürokratie und Arbeiterschaft zu bündeln und sich eine breite Zustimmung zu sichern. Er ordnete die Verstaatlichung großer Unternehmen an, darunter die immer noch britisch beherrschten Eisenbahngesellschaften, führte den geregelten Arbeitstag ein, den bezahlten Urlaub, legalisierte die Gewerkschaften, sorgte für die Einführung einer Unfall- und Sozialversicherung, förderte den preiswerten Wohnungsbau und kurbelte die industrielle Entwicklung an. Seine insgesamt populistische Politik und die daraus resultierende breite Zustimmung wurde durch das Wirken seiner bald legendären und teilweise bis heute von den Armen, den »Descamisados« (Hemdlosen), verehrten zweiten Frau Maria Eva (»Evita«) Perón (* 1919, † 1952) verstärkt. (→Das politische Konzept des Juan Domingo Perón, S. 413). Perón nutzte 1949 die Gunst der Stunde und schrieb in einer neuen Verfassung nicht nur die sozialen Reformen fest, sondern auch die Machtbefugnisse des Präsidenten sowie die Möglichkeit seiner Wiederwahl. Die Wahlen im Jahre 1951 galten bereits als manipulierte Stimmabgabe; Perón wurde mit angeblich 62 % der Stimmen im Amt des Staatspräsidenten bestätigt.

Ende der 40er Jahre zeichnete sich eine Wirtschaftskrise ab. Die kostenintensive Politik Peróns bei gleichzeitiger Stagnation oder sogar bei Rückgang der industriellen und landwirtschaftlichen Produktion provozierte ein Handels- und Zahlungsbilanzdefizit. Zugleich reagierte Perón, besonders nach dem Tod »Evitas«, auf soziale Unruhen und Spannungen zunehmend repressiver. Sein verstärkt diktatorisches Verhalten und insbesondere seine Brüskierung der Kirche – 1955 wurde die Trennung von Kirche und Staat angeordnet – ließ das Lager seiner Gegner anwachsen. Von Massendemonstrationen begleitet, wurde am 31. August 1955 der Ausnahmezustand verhängt. Wenig später, am 16. September, kam es zu mehreren Militärrevolten, die von der katholischen Kirche unterstützt wurden. Perón floh ins Ausland. Aus seinem Exil versuchte er weiterhin, die Politik Argentiniens zu beeinflussen.

Zivil- und Militärherrschaft (1955–1976)

Zunächst bestimmten zwei militärische Übergangspräsidenten die Geschicke des Landes: General Eduardo Lonardi (1955) und General Pedro Aramburú (1955–1958). Ihre Versuche, die ökonomische Krise zu überwinden und den ruinösen Finanzhaushalt zu sanieren, blieben Stückwerk. Die Mißachtung rechtsstaatlicher Prinzipien setzte sich unter ihrer Herrschaft fort. Erst unter den zivilen Präsidenten Arturo Frondizi (1958–1962) und Arturo Umberto Illía (1963–1966) wurden in Argentinien wieder für wenige Jahre die Grundrechte respektiert und Rechtsstaatlichkeit weitgehend garantiert; allerdings blieben die Peronisten verboten. Zu den Zielen Frondizis gehörte es, den Peronisten die Rückkehr in die politische Legalität zu ermöglichen. Er sagte ihnen eine eigenständige Kandidatenaufstellung für die kommende Präsidentschaftswahl zu. Das Militär beendete diese innenpolitischen Befriedungsversuche. Durch einen Staatsstreich setzte es Frondizi ab. Der nur mit einer Minderheit im Parlament regierende Präsident Illía (UCR) übernahm die Amtsgeschäfte. Auch seine Regierung konnte die Auslandsverschuldung, den Währungsverfall sowie Arbeitslosigkeit und soziale Verelendung des Landes nicht aufhalten. Als Illía überdies seinem Vorgänger in den Bemühungen nachfolgte, die Peronisten wieder am politischen Leben zu beteiligen, ereilte ihn das gleiche Schicksal wie Frondizi.

Nach ihrem Staatsstreich am 27. Juni 1966 setzte die Armeeführung die Verfassung außer Kraft, löste das Parlament auf und verbot politische Parteien. Als neuer Präsident wurde General Juan Carlos Onganía

Das politische Konzept des Juan Domingo Perón

Nach seinem Aufstieg ins Präsidentenamt im März 1946 verfolgte Juan Domingo Perón bis zu seinem Sturz 1955 ein politisches Konzept, das unter der Bezeichnung Peronismus bekannt wurde. Es ist gekennzeichnet durch die Verbindung autoritärer Staatsführung mit umfassenden Sozialreformen zugunsten der unteren Bevölkerungsschichten. Hinzu kommen stark nationalistische Akzente in der Außenpolitik. Der 1997 amtierende Präsident Carlos Menem steht in der Tradition des Peronismus.

Als Mitglied einer Militärjunta, die 1943 durch einen Staatsstreich an die Macht gelangt war, gewann General Juan Domingo Perón in seiner Funktion als Kriegs- und Arbeitsminister durch soziale Verbesserungen und die – auch finanzielle – Unterstützung der Gewerkschaften bei Arbeitskämpfen Rückhalt unter den argentinischen Arbeitern. Nachdem Perón durch einen Militärputsch gestürzt und verhaftet worden war, erzwangen Massendemonstrationen der Gewerkschaften (»Marsch der Descamisados«) seine Freilassung. Bei den kurz darauf abgehaltenen Parlamentswahlen errang Perón mit seiner Partido Laborista (PL) einen überwältigenden Wahlsieg. Energisch ging der neue Präsident daran, das Programm des »Peronismus« in die Tat umzusetzen. Unterstützung fand er dabei vor allem bei den städtischen Industriearbeitern und der Gewerkschaftsorganisation Confederación General del Trabajo (CGT, Allgemeines Bündnis der Arbeit). Zu den von Perón verfügten sozialen Reformen gehörten eine gesetzliche Arbeitszeitregelung, bezahlter Urlaub, Einführung einer Unfallversicherung, Anhebung der Mindestlöhne, Schaffung billigen Wohnraums durch staatliche Förderprogramme sowie vollständige Legalisierung gewerkschaftlicher Aktivitäten.

Diese populistische Politik führte dazu, daß die Zustimmung zur Herrschaft Peróns unter der Bevölkerung innerhalb kurzer Zeit zunahm, so daß seine Partei bei der Kongreßwahl von 1948 zwei Drittel der Mandate gewinnen konnte.

Seine Wohltaten für die Massen bewirkten, daß eine Mehrheit der Bevölkerung die Errichtung eines zunehmend autoritären Herrschaftssystems durch Perón billigte oder zumindest ohne Widerstand in Kauf nahm. So wurden z.B. die Pressefreiheit stark eingeschränkt und politische Gegner wachsenden Repressionen ausgesetzt. Perón strebte eine korporativ organisierte Gesellschaft an, in der jede gesellschaftliche Gruppe ihren fest zugewiesenen Platz einnehmen sollte. Gesellschaftliche Interessenkonflikte, wie sie in einer Demokratie als unvermeidlich akzeptiert werden, wenn ihre Austragung im Rahmen des parlamentarischen Systems bleibt, galten im Perónismus eher als destruktiv. Trotz einiger ideologischer Anklänge an den italienischen Faschismus und den spanischen Falangismus unter Franciso Franco Bahamonde bediente sich Perón nicht ähnlich brutaler Mittel zur Durchsetzung seiner Ziele.

Außenpolitisch strebte Perón eine Vormachtstellung Argentiniens in Südamerika und die Einschränkung des US-amerikanischen Einflusses in dieser Region an.

Großen Anteil an der Popularität Peróns hatte seine Ehefrau Maria Eva Perón, genannt »Evita«. Die 1919 in der Provinz Buenos Aires geborene Evita Duarte arbeitete zunächst als Sängerin und Schauspielerin, bevor sie 1945 den aufstrebenden Militär und Politiker Perón heiratete. Sie unterstützte ihn als Rundfunksprecherin und organisierte im Oktober 1945 jenen »Marsch der Descamisados«, mit dem die Freilassung des inhaftierten Perón erzwungen wurde. Als Präsidentengattin setzte sie sich nach 1946 vor allem für soziale Verbesserungen und die Belange der argentinischen Frauen ein. So erreichte sie 1947 die Einführung des Frauenwahlrechts in einem vom lateinamerikanischen »Machismo« (→Lexikon) geprägten Land. Mit ihrem Namen verbunden waren auch der Bau von Krankenhäusern, Kindergärten und Altenheimen. Bald genoß sie insbesondere unter dem einfachen Volk eine geradezu kultische Verehrung. Sie wurde zur Hoffnungsträgerin für untere soziale Schichten, zum Symbol für Aufstieg und Wohlstand. Der frühe Tod Evita Peróns im Alter von 33 Jahren im Juli 1952 wirkte auf die Massen wie ein Schock.

eingesetzt (1966–1970). Onganía suchte zunächst mit einem konventionellen Modernisierungs- und Wirtschaftsprogramm der anhaltenden Krise Einhalt zu gebieten. Zugleich wurde die öffentliche Ordnung mit diktatorischen Mitteln aufrechterhalten. Die Einführung staatlicher Kontrolle über die Universitäten führte 1966/67 zu massiven Studentenprotesten. 1969 kam es in Córdoba zu spontanen Aufständen peronistisch orientierter Arbeiter, die sich mit den Protesten der Studenten zu gewalttätigen Unruhen verdichteten (»El Cordobazo«). Die Junta verhängte den Ausnahmezustand. Es gab Tote und Verwundete, bis der Protest unterdrückt war. Die nach anfänglichen Erfolgen rasch ins Stocken geratene Wirtschaftspolitik der Militärs, die auf Inflationsbekämpfung, Lohnstop und der Öffnung des Landes für ausländisches Kapital basierte, tat ein übriges, um die innenpolitische Krise zu verstärken. Entführungen, politische Morde und zahlreiche Terroranschläge, die unter anderem von einer nationalrevolutionär inspirierten peronistischen Guerilla (Montoneros) verübt wurden, destabilisierten die Lage zusätzlich.

Die kurzfristige Ersetzung Onganías durch General Levingston (1970/71) und schließlich durch General Alexandro Lanisse (1971–1973) konnten weder den politischen noch den wirtschaftlichen Niedergang aufhalten. Die Wiederzulassung der Parteien mit Ausnahme der Kommunistischen (1971) und ein neues Wahlgesetz (1972) waren Versuche, die Macht der Militärs durch Zugeständnisse zu sichern. Damit war bei anhaltendem wirtschaftlichem Druck sowie ständigen Massenprotesten der Weg zu verfassungsgemäßeren Zuständen eingeschlagen.

Die Wahlen des Jahres 1973 brachten im Mai den Sieg des Linksperonisten Héctor Cámpora (1973) mit knapp 50 % der Stimmen, nachdem das Militär gegen eine Rückkehr und Wahl Peróns selbst sein Veto eingelegt hatte. Schon einen Monat später war die Rückkehr Peróns aus dem spanischen Exil nicht mehr zu verhindern. Einmal im Land, erzwang die Anwesenheit Peróns, der inzwischen vollends zum Mythos stilisiert worden war, den sofortigen Rücktritt Cámporas und Neuwahlen. Perón gewann sie im September mit einem erdrutschartigen Sieg von knapp 62% der Stimmen; seine dritte Frau María Estela (»Isabel«) Martínez de Perón wurde zur Vizepräsidentin gewählt.

Während der 18 Jahre andauernden Unterdrückung der Peronisten seit 1955 hatte sich in ihren Reihen eine äußerst aufgesplittete Oppositionsbewegung herausgebildet, die ihre Anhängerschaft je nach ideologischer Ausrichtung sowohl unter Arbeitern als auch bei den besitzenden Mittel- und Oberschichten gefunden hatte. Die innerparteilichen Richtungskämpfe, ausgetragen etwa vom nationalrevolutionären, Terror und Mord nicht ausschließenden Guerillatrupp der Montoneros und den zu korporativen Wirtschafts- und Sozialreformen neigenden Gewerkschaften, rissen nach der Wahl Peróns keineswegs ab. Sie wurden verschärft durch Terroraktionen von mit den Militärs sympathisierenden Gruppen. Bereits die Rückkehr Peróns im Juni 1973 nach Buenos Aires wurde in der Stadt von wilden Schießereien zwischen Montoneros und Gewerkschaftern begleitet. »Den« Peronismus gab es nicht mehr und auch die mythische Ausstrahlung Peróns konnte die Risse nicht kitten. Sein neuerlich aufgelegtes Sozial- und Wirtschaftskonzept, seine Versuche, durch einen »Sozialpakt« einen Ausgleich zwischen Gewerkschaften und Unternehmern zu erreichen und die galoppierende Inflation zu bremsen, verfingen nicht. Nach seinem frühen Tod am 1. Juli 1974 übernahm seine Frau Isabel Perón, die bis dahin politisch nicht in Erscheinung getreten war, die Regierungsgeschäfte. Fern der Popularität ihrer legendären Vorgängerin Eva (»Evita«) Perón, konnte sie weder durch Antikorruptionsgesetze noch durch die Verhängung eines unbefristeten Ausnahmezustandes die Lage beruhigen. Der Gegensatz zwischen den orthodoxen Peronisten und der peronistischen Linken, die einen sozialistischen Staat auf der Basis des Marxismus anstrebte, brach vollends auf. Eine Serie terroristischer Anschläge und Morde, vornehmlich an Gewerkschaftsführern, verstörte die Menschen. Ein rasanter Anstieg der Lebenshaltungskosten, allein 1975 um 335 %, führte zur Verelendung breiter Bevölkerungskreise.

Diktatur des Militärs (1976–1983)

Am 24. März 1976 wurde Isabel Perón durch einen generalstabsmäßig vorbereiteten unblutigen Putsch von einer Militärjunta unter Führung von General Jorge Rafael Videla (1976–1981) gestürzt und unter Hausarrest gestellt. Sämtliche 22 Provinzgouverneure verloren ihre Ämter, die Parlamente wurden aufgelöst, politische Parteien, Wirtschaftsverbände und Gewerkschaften verboten, die Pressefreiheit eingeschränkt, die Opposition ins Exil getrieben oder verhaftet, gefoltert und getötet. Die neue Junta verschaffte sich eine in der argentinischen Geschichte einzigartige Machtfülle. Erklärtes Ziel war es, die politischen und wirtschaftlichen Grundlagen des Landes radikal und auf Dauer zu verändern.

Nach anfänglichen, mit brutalster Vorgehensweise erkauften Erfolgen gegen den linken Terrorismus – während der Terrorismus von rechts weiter anhielt – zeigte sich deutlich, daß der Kampf gegen die »Subversiven« auf andere Oppositionelle oder nur durch kritische Äußerungen aufgefallene bzw. denunzierte Argentinier und ihre Angehörigen ausgedehnt wurde. Weder ältere Frauen und Männer noch Kinder und Jugendliche blieben von Verschleppung, Folterung und Ermordung verschont. Der ehemalige Korvettenkapitän Adolfo Scilingo gestand im März 1995, daß er zusammen mit anderen Soldaten während der Diktatur bewußtlose Gefangene aus einem hoch fliegenden Flugzeug ins Meer geworfen habe. Nach ihrer Rückkehr wären die Soldaten von katholischen Geistlichen mit Bibelworten getröstet worden. »Es gelte, die Spreu vom Weizen zu trennen, sollen die Priester aus dem Evangelium zitiert haben«. (Süddeutsche Zeitung, 21.4.1995). Die Mithilfe von Teilen der katholischen Kirche nahm zwar mit den Jahren ab oder wurde durch Anklagen gegen die Militärjunta ersetzt, sie blieb jedoch bis heute zu großen Teilen unaufgearbeitet.

Radikal in ihrer Umsetzung gestalteten sich auch die wirtschaftlichen Programme der Militärs. Der Abbau von Zöllen, die Preisfreigabe, die Privatisierung staatlicher Betriebe, die ausländisches Kapital anlocken sollten, die durch eine konventionelle Steuerung der Geldmenge bekämpfte Inflation, extreme Sparauflagen im sozialen Bereich – all diese Maßnahmen brachten nicht oder kaum den erwünschten Erfolg. Die Inflation wuchs stetig, die Konkurse kleiner und mittlerer Industriebetriebe vermehrten sich, Arbeitslosigkeit und Verelendung nahmen zu, die Importe stiegen, während die Exporte sanken. Unterm Strich waren umfangreiche Zahlungsbilanzdefizite die Folge. Allein zwischen Dezember 1979 und März 1981 schnellte die Auslandsverschuldung von 8,5 Mrd. US-Dollar auf 25,3 Mrd. US-Dollar.

Ende 1981 übernahm General Leopoldo Fortunato Galtieri (1981/82) die Macht. Als seine zaghaften Liberalisierungsversuche den Machtzerfall nicht aufzuhalten vermochten, stürzten sich die Militärs unter seiner Führung in ein militärisches Abenteuer, um die Nation hinter ihren Fahnen zu vereinen. Die 1833 von Großbritannien annektierten Falkland-Inseln und die Insel Südgeorgien wurden am 1. April 1982 handstreichartig besetzt. Allerdings hatte man die Entschlossenheit der konservativen Thatcher-Regierung unterschätzt und die durch Teile der Medien angeheizte Kriegsbegeisterung in England nicht erwartet. Innerhalb weniger Wochen wurde die argentinische Armee durch ein britisches Expeditionskorps geschlagen. Der darauf folgende Rücktritt Galtieris machte den Weg zur Demokratisierung frei.

Erneuerung der Demokratie (seit 1983)

Aus den Wahlen von 1983 ging Raúl Alfonsín (UCR) als Sieger hervor (1983–1989). In ersten Entscheidungen nach seinem Amtsantritt bestätigte der Jurist und Politiker seinen Ruf als Verfechter von Rechtsstaatlichkeit und Menschenrechten. Gerade drei Tage im Amt, verfügte er Militärgerichtsverfahren gegen die Mitglieder der Junta, die zu teils hohen Haftstrafen führten. Alfonsín setzte eine Untersuchungskommission ein, die herausfand, daß die Junta 8000 Menschen hatte »verschwinden« lassen. Diese und andere Maßnahmen geschahen gegen den Widerstand des nach wie vor starken Militärs, das für die Zeit des »schmutzigen Krieges« gegen große Teile des eigenen Volkes für sich in Anspruch nahm, das Land vor einem kommunistischen Umsturz bewahrt zu haben. In diversen Revolten zwischen April 1987 und Dezember 1989 fanden immer wieder Putschversuche statt. Alfonsín schienen Zugeständnisse unvermeidlich. So wurden mit dem sog. Schlußpunktgesetz (Punto Final) von 1986 den Anklagen gegen Offiziere und Soldaten eine Frist bis zum Februar 1987 gesetzt und schließlich Soldaten und subalterne Offiziere (unterhalb des Ranges eines Obersten) wegen Befehlsnotstands amnestiert.

Wirtschaftlich hatte die erste demokratische Regierung zunächst Erfolge zu verzeichnen. Die Inflation sank, die Auslandsverschuldung konnte reduziert werden und Alfonsíns Wirtschaftsprogramm, das u.a. eine Währungsreform (Einführung einer neuen Währung: Austral statt Peso) und einen Lohn- und Preisstop beinhaltete, schien langfristig erfolgversprechend. Doch blieben wirklich durchgreifende Maßnahmen aus. Die Macht der peronistischen Gewerkschaften nahm nach ihrer Unterdrückung während der Diktatur wieder zu. Mit landesweit befolgten Generalstreiks setzten sie die Regierung unter Druck. Zudem versäumte es Alfonsín, sein Wirtschaftsprogramm sozial abzufedern. Der erneute und schnelle Anstieg der Inflation (im ersten Halbjahr 1988 lag sie bei über 300 %) sowie die wachsende Arbeitslosigkeit stärkten die peronistische Partei; im September 1987 konnte sie die Gouverneurs- und Kongreßwahlen für sich entscheiden. Im Mai 1989 ging sie ebenfalls siegreich aus den Präsidentschaftswahlen hervor.

Der neue Präsident Carlos Saúl Menem (seit 1989), Sohn eines 1912 eingewanderten syrischen Kaufmanns, hatte die Wahl u.a. mit der Zusicherung gewonnen, die Nation auszusöhnen und eine »produktive Revolution« im wirtschaftlichen Bereich zu beginnen. Sein neoliberales Programm ähnelt indes sehr dem schon von seinem Vorgänger begonnenen. Menem und seine Regierung setzten es allerdings konsequenter durch. Die Staatsbetriebe wurden privatisiert, in der Verwaltung, aber auch im Bildungs- und Gesundheitssystem sowie beim Militärbudget (Abschaffung der Wehrpflicht im September 1994) wurden einschneidende Kürzungen vorgenommen, Löhne und Renten wurden eingefroren, die Auslandsverschuldung wurde gesenkt, der alte Peso wieder eingeführt und an den Kurs des US-Dollar gekoppelt. Mit den rigorosen Maßnahmen gelang es, die Inflation, die bei Menems Amtsantritt fast 5000% erreicht hatte, auf rund 1 % im Jahre 1996 zu drücken; kurzzeitig gab es sogar Abschnitte der Deflation. Das Wirtschaftswachstum kletterte auf bald 30 %. Erkauft wurde und wird diese »Gesundschrumpfung der Wirtschaft« mit einer radikalen Zusammenstreichung aller Sozialprogramme, steigender Arbeitslosigkeit und Unterbeschäftigung, mangelnder Gesundheitsfürsorge und sogar Hunger. »Mehrere Millionen Menschen, unter ihnen viele Familienväter, wissen nicht mehr, wie sie überleben sollen«, so Bischof Rafaelo Rey, Präsident von Caritas-Argentina in einem Interview vom 31. Juli 1995. Allein von der Caritas werden zur Zeit täglich etwa 50 000 Kinder in Volksküchen ernährt, die sonst nicht genug zu essen bekämen.

Zeitgleich sorgen juristische Fehlurteile, Korruptionsskandale und private Mißhelligkeiten aus der engeren Umgebung Menems für öffentliche Diskussionen und Unruhe. Auch die schon unter Alfonsín begonnene »Aussöhnung« mit dem Militär und seinen Untaten während der Junta-Zeit wird fortgeführt, das heißt, Verfahren werden eingestellt und die Betroffenen aufgefordert, »nicht auf die Vergangenheit zu blicken«. Menem hatte jedoch vor seiner Wahl eine kritische Aufarbeitung zugesagt. Menschenrechtsgruppen wie die »Mütter der Plaza de Mayo« (→Lexikon) – auf dem Platz in Buenos Aires versammeln sich seit 20 Jahren Angehörige von »Verschwundenen« – und der argentinische Friedensnobelpreisträger Adolfo Perez Esquivel organisieren jedoch immer wieder Versammlungen und Demonstrationen, um die Erinnerung wach zu halten. Ihre Parole lautet: »Nunca mas!« (Nie wieder!)

Chronik Zeittafel

1515	Río-de-la-Plata-Mündung entdeckt
1529	Erste Eroberungsversuche scheitern
1537	Gründung von Asunción
1580	Gründung von Buenos Aires
1776	Bildung des Vizekönigreichs Río de la Plata
1816	Unabhängigkeitserklärung der Vereinigten Provinzen von La Plata
1825	Zusammenschluß der La-Plata-Provinzen
1829	General José Manuel de Rosas errichtet Diktatur (bis 1852)
1833	Briten annektieren Falkland-Inseln
1853	Argentinische Konföderation
1854	Sezession von Buenos Aires
1855	Masseneinwanderung aus Europa
1861	Gouverneur von Buenos Aires erzwingt Wiederherstellung der staatlichen Einheit
1870	Sieg im Krieg gegen Paraguay (seit 1865)
1883	Eroberung Patagoniens
1889	Gründung der radikalreformerischen Unión Cívica Radical (UCR)
1902	Friedensvertrag mit Chile
1912	Wahlrechtsreform
1930	Militärputsch gegen Präsident Hipólito Irigoyen
1946	Perón wird Präsident
1955	Trennung von Staat und Kirche; Perón durch Militär gestürzt
1966	Militärputsch
1970	Militärputsch
1973	Juan Domingo Perón erneut zum Präsidenten gewählt
1974	Nach Peróns Tod übernimmt dessen Witwe Isabel die Regierungsmacht
1976	Militärputsch unter Führung von Oberst Jorge Videla
1982	Argentinische Niederlage im Falkland-Krieg gegen Großbritannien
1983	Aus freien Präsidentschaftswahlen geht Raúl Alfonsín als Sieger hervor
1989	Der Peronist Carlos Saúl Menem gewinnt Präsidentenwahlen
1992	Währungsreform zur Bekämpfung der Inflation
1994	Verfassungsreform
1995	Menem bei Wahlen im Amt bestätigt

SÜDAMERIKA

Uruguay
(Uruguay)

Fläche: 177 414 km²
Bevölkerung:
2,2 Mio. (1950)
2,8 Mio. (1970)
3,2 Mio. (1995)
Sprachen: Spanisch
Staatsform: Präsidialrepublik

Mitgliedschaften: ALADI, Andenpakt, Mercosur, OAS, SELA, UNO

Die spanische Kolonisierung Uruguays begann 1516, scheiterte jedoch zunächst. Im 17. Jh. wurde sie unter anhaltenden Konflikten mit Portugal wieder aufgenommen. Nach Auseinandersetzungen mit Brasilien und Argentinien erlangte die République Oriental del Uruguay (Republik östlich des Uruguay) 1828 die Unabhängigkeit. In den folgenden Jahrzehnten wurde das Land von Unruhen, Bürgerkriegen und Kriegen erschüttert. Erst ab Beginn des 20. Jhs. geriet Uruguay in ein innenpolitisch und wirtschaftlich ruhigeres Fahrwasser. Unter wechselnden Regierungen und politischen Verfassungen konnte sich in der kleinen Republik eine für Südamerika beispiellose Stabilität und Prosperität entwickeln. Sinkendes Wirtschaftswachstum sowie zunehmende soziale Spannungen und Ungleichheiten, die zu einer starken Guerillabewegung führten, bereiteten seit Ende der 60er Jahre den Weg Uruguays in die Diktatur, in der ständestaatlich orientierte Politiker und das Militär herrschten. Die ersten freien Parlaments- und Präsidentschaftswahlen 1984 markierten die Rückkehr des Landes zu demokratischen Verhältnissen.

Politische Struktur
Seit der Rückkehr zur Demokratie 1984 ist Uruguay eine Republik mit einem Präsidenten als Staatsoberhaupt und Regierungschef. Die Legislative in dem 19 Provinzen umfassenden Land wird durch ein Zweikammerparlament gebildet, das aus einem Abgeordnetenhaus mit 99 Sitzen und einem Senat mit 30 Mitgliedern besteht. Es besteht Wahlpflicht für Männer. Die traditionellen Parteien der sozialliberalen Partido Colorado (PC, Rote Partei) und der konservativen Blancos (Weiße) bzw. Partido Nacional (PN, Nationale Partei) haben mit einigen Parteineugründungen Konkurrenz bekommen. Dazu zählen vor allem das Linksbündnis Encuentro Progresista (EP, Fortschrittliche Übereinkunft) und das sozialdemokratische Bündnis Nuevo Espacio (NE, Neuer Raum). Im Abgeordnetenhaus dominieren Colorados und Blancos (Wahl von 1994).

Landesnatur
Uruguay gehört von seiner Ausdehnung und Bevölkerungszahl her zu den kleinsten Ländern Südamerikas. Geografisch stellt das Land mit seiner überwiegend hügeligen, von Präriegras überzogenen Landschaft den Übergang dar zwischen argentinischem Tiefland und brasilianischem Bergland. Allenfalls 100 bis 150 m hohe Erhebungen, die zum Brasilianischen Schild gehören, bilden Markierungspunkte. Von größerer Ausdehnung sind nur die im Nord- bzw. Südwesten auftauchenden, langgestreckten Höhenzüge der Cuchilla de Haedo bzw. Cuchilla Grande. Im Süden des Landes, das durch die auf Uruguay übergreifende argentinische Pampa charakterisiert wird, ist der Boden von einer dünnen Lößschicht bedeckt. Nach Osten hin fällt Uruguay in großen abschüssigen Wellen zur Flachküste am Atlantik ab. Nur am Río de la Plata ragen Steilküsten mit Feldvorsprüngen empor. Größter Fluß ist der Rio Uruguay, zugleich Grenzfluß zu Argentinien, der sich nach vielen Stromschnellen und kleineren Inseln in seinem Unterlauf schließlich in den Rio de la Plata mündet.

Bevölkerung
Nachdem bis 1832 die indianischen Ureinwohner restlos ausgerottet worden waren, wird Uruguay heute von Weißen dominiert (85% der Bevölkerung). 5% der Uruguayer sind Mestizen (Indianermischlinge), 3% Mulatten, (Nachkommen von Schwarzen und Weißen) und 7% Schwarze. Die Bevölkerungsdichte ist sehr unterschiedlich, aber vor allem durch das Ballungsgebiet Montevideo geprägt, in dem auf 3% der Landesfläche über die Hälfte der Gesamtbevölkerung arbeitet und wohnt. Insgesamt sind 80% der Uruguayer Städter. Seit Ende des 19. Jhs. hat das Land starke Einwanderungsströme, besonders aus Spanien und Italien, zu verzeichnen. Mehr als andere südamerikanische Hauptstädte hat Montevideo durch sie ein europäisches Gesicht bekommen. Der größte Teil der Bevölkerung des Landes (78 %) ist katholisch, daneben gibt es kleinere protestantische und jüdische Gemeinden.

Wirtschaft

Uruguays bedeutendster Wirtschaftszweig ist die Landwirtschaft, die den Export des Landes bestimmt. In ihr und im wenig entwickelten Bergbau und der Fischerei arbeiten knapp 17% der Beschäftigten. Fast 90% der Landesfläche sind angesichts günstiger Boden- und Klimaverhältnisse landwirtschaftlich nutzbar; obgleich der Anteil des Agrarsektors am Bruttoinlandsprodukt lediglich 8 % (1994) ausmacht, bestreitet er rund 80 % des Exportaufkommens. Insbesondere die Viehwirtschaft (Rinder und Schafe) spielt eine große Rolle. Sie wird auf vier Fünfteln der Nutzfläche betrieben. Lebendvieh, Fleisch, Felle, Häute und Wolle, die zum Teil in einer früh entwickelten Agrarindustrie (Textil- und Lederindustrie, Nahrungs- und Genußmittelindustrie) weiterverarbeitet werden, bilden den Schwerpunkt in der Produktpalette. Auf den verbliebenen Nutzflächen werden vor allem Reis, Weizen, Mais, Zuckerrohr, Leinsaat und Erdnüsse angebaut. Der Ausbau einer nicht von der Landwirtschaft abhängigen Industrie wird behindert durch den Mangel an Bodenschätzen. Lediglich im Norden sind größere Eisenerzvorkommen vorhanden. Kleinere chemische, Papier- und elektrotechnische Unternehmen arbeiten im Raum Montevideo. Dort wird auch in einer Erdölraffinerie importiertes Öl verarbeitet. Der Energiebedarf des Landes wird zum Teil mit riesigen Wasserkraftwerken wie dem Rincón del Baygorria am Río Negro gedeckt. Insgesamt sind 26% der Beschäftigten in der Industrie angestellt. Im Dienstleistungssektor und im öffentlichen Dienst arbeiten rund 60 % (1993) der Beschäftigten. Zu einem immer wichtigeren Devisenbringer hat sich das Tourismusgeschäft entwickelt. Uruguay ist in hohem Maße von der Entwicklung der Weltwirtschaft abhängig und hat mit einer immensen Auslandsverschuldung und hoher Arbeitslosigkeit zu kämpfen. Vor allem die Viehhirten (Gauchos) und Landarbeiter (Peones) sind vom sinkenden Lebensstandard betroffen.

GESCHICHTE

Spanische Kolonie (bis 1810)

1516 entdeckte der spanische Seefahrer und Eroberer Juan Días de Solís auf seiner Suche nach einer Südwestpassage die Mündung des Río de la Plata und damit das südwestliche Gebiet des heutigen Uruguay. Auf seiner Expedition den Río de la Plata hinauf wurde de Solís zusammen mit den ihn begleitenden Kolonisten von den Ureinwohnern, Indianern des nomadisierenden Indianerstammes der Charrúa,

getötet. Dabei konnte ein großer Teil der von de Solís mitgeführten Rinder und Pferde in das umliegende, nur leicht gewellte Hügelland entkommen und sich zu großen, wilden Herden entwickeln. Sie wurden nicht nur zum Kernbestand des später großen Viehreichtums; den Charrúas gelang es auch, den Umgang mit Pferden zu erlernen, womit sich ihre kriegerischen Möglichkeiten erweiterten. Als Reitervolk wehrten sie sich im 16. Jh. gegen die bewaffneten, berittenen Rinderjäger, die aus der Gegend des heutigen Buenos Aires eindrangen, sowie gegen die teils militärisch unterstützten Missionierungsversuche spanischer Franziskaner und Jesuiten im frühen 17. Jh. Langfristig hatten sie jedoch keine Chance, die Kolonisierung zu verhindern.

Vor allem der für jede Besiedlungsabsicht wichtige Zugang zum La-Plata-Flußsystem und die Gier nach Edelmetallen bestimmten die Auseinandersetzungen zwischen spanischen und portugiesischen Eroberern. 1680 setzten die an der Küste von Brasilien her vordringenden Portugiesen ein erstes Zeichen ihres Anspruchs und errichteten das Fort Colônia do Sacramento (das heutige Colônia). Erst 1724 gelang es den Spaniern, mit Gründung der Stadt und Festung Montevideo dagegenzuhalten. Gut 50 Jahre später konnten sie sich mit der Eroberung und Zerstörung des Forts Colônia durchsetzen (1777). Der im selben Jahr abgeschlossene Vertrag von San Ildefonso (→Lexikon) besiegelte den Sieg der Spanier für die kommenden Jahrzehnte. Das nun Banda Oriental (Ostseite des Flusses, gemeint ist der Uruguay) genannte Gebiet wurde dem spanischen Vizekönigreich Río de la Plata zugeschlagen. Das 18. Jh. wird mitunter als das »lederne Jahrhundert« Uruguays bezeichnet. Tatsächlich dominierte zu jener Zeit die Verarbeitung und der Verkauf von Leder und Lederwaren die Wirtschaft der Banda Oriental. Leder war im Uruguay des 18. Jhs. sowohl bevorzugtes Bekleidungs- wie auch Baumaterial. So berichtet ein Jesuitenpater von einem Besuch in Montevideo 1727, daß dort die meisten Häuser aus Leder konstruiert waren. Die kurze Besetzung Montevideos durch britische Truppen im Jahre 1807 (3. Februar – 9. September) konnte von Spanien schnell beendet werden. Die von den Engländern durchgeführte liberale Zollpolitik förderte die Unabhängigkeitsbestrebungen der führenden Schichten.

Unabhängigkeit und Bürgerkriege (1810–1903)

Die Unabhängigkeitsbemühungen des benachbarten Argentinien strahlten auch auf Uruguay aus. Für den uruguayischen Freiheitskampf wurden der schon

SÜDAMERIKA

während der kolonialen Eroberung aufbrechende Konflikt zwischen Spanien und Portugal sowie die Anfang des 19. Jhs. spürbaren Interessen Englands bestimmend. General José Gervasio Artigas (*1764, †1850), unter dessen Führung der Kampf 1811 begann, hatte es also mit drei Gegnern zu tun. Nach einem überraschenden Sieg über die Spanier bei Las Piedras (1811) begann Artigas die Belagerung der spanischen Garnison von Montevideo. Doch als Truppen des von Portugal beherrschten Brasiliens ihren kolonialen Gegnern, den Spaniern, für diesmal zur Hilfe eilten, mußte Artigas sich wieder zurückziehen (1811).

Die Kampfmotivation seiner Truppen war ungebrochen. Sie setzten sich vor allem aus Gauchos (Rinderhirten) zusammen und nannten sich nach dem peruanischen Freiheitskämpfer Túpac Amaru II. (eigentlich: José Gabriel Condorcanqui, hingerichtet 1781, der sich wiederum auf den 1545 von den Spaniern getöteten Inkafürsten Túpac Amaru I. berief) Tupamaros.

Zusammen mit rund einem Viertel der damaligen Bevölkerung, etwa 16 000 Menschen, setzte sich Artigas ins Hinterland ab. 1815 etablierte sich dort unter seiner Leitung der Estado Libre de la Provincia Oriental, der Freie Staat der östlichen Provinz. Völlig beispiellos für südamerikanische Verhältnisse zu jenem Zeitpunkt, begann er dort mit einer um Gerechtigkeit bemühten Agrarreform. Erst der Verrat durch einen Mitarbeiter Artigas beendete die Existenz dieses »Probestaats«. Portugiesisch-brasilianische Truppen griffen ein und verhinderten jeden weiteren Versuch der Wiederbelebung mit einem Blutbad. Zuvor schon waren große Teile Uruguays zum argentinischen Protektorat geworden (1814). Diese Annexion ließ wiederum Brasilien nicht ruhen, dessen Soldaten 1817 Montevideo besetzten, bis sich Brasilien schließlich ganz Uruguay als Cisplatinische Provinz einverleibte (1821). Artigas Freiheitskampf – bis heute wird Artiga als Nationalheld verehrt – beflügelte jedoch den Selbstbehauptungswillen Uruguays gegenüber Brasilien.

Juan Antonio Lavalleja (*1784, †1853) versicherte sich für den erneuten Versuch, die Unabhängigkeit zu gewinnen, der Unterstützung Argentiniens. Mit seiner Hilfe und an der Spitze der sog. 33 Unsterblichen (Freiheitskämpfer) schlug er die Brasilianer am 10. Februar 1827 bei Ituzaingo. Auf Vermittlung Englands, das größtes Interesse an einem Pufferstaat zwischen Argentinien und Brasilien hatte, stimmten die beiden Länder der Unabhängigkeit Uruguays im Vertrag von Rio de Janeiro 1828 zu. Zwei Jahre spä-

ter wurde Montevideo die Hauptstadt des nun souveränen Landes. Die letzten überlebenden Indianer wurden bis 1832 ausgerottet.

Am 17. Juli 1830 wurde eine Verfassung verabschiedet; die Hoffnungen auf eine friedliche Zukunft erfüllten sich jedoch nicht. Namentlich die nun aufbrechende Rivalität in der politischen Führungsschicht, unter den Caudillos, prägte nahezu das ganze 19. Jh. Die sich aus den Caudillos herauskristallisierenden, eher liberalen Colorados (die Roten), in denen sich die Interessen der städtischen Handelsschicht widerspiegelten, und die konservativen Blancos (die Weißen), in denen Großgrundbesitzer und der Klerus den Ton angaben, provozierten immer wieder Unruhen, Revolten und Bürgerkriege. Die von Chaos, Anarchie und starken sozialen Spannungen begleitete, ruinöse Entwicklung schuf zugleich ein Machtvakuum, das die angrenzenden Staaten anzog. Es war Paraguay, das 1864 Uruguay angreifen wollte, dabei jedoch auf den Widerstand Brasiliens stieß. In dem folgenden, verlustreichen Krieg verbündeten sich dann Argentinien und Uruguay mit Brasilien in der sog. Tripelallianz gegen Paraguay (1865–1870).

Erst gegen Ende des 19. Jhs. zeichnete sich eine Wende in der innenpolitischen Lage ab. Uruguay war zu diesem Zeitpunkt bereits stark in das Weltwirtschaftssystem integriert mit der Nutzung seiner Weidewirtschaft bzw. der darauf basierenden Exporte (Vieh, Leder, Felle, Horn, gesalzenes Fleisch). Zunehmender Wohlstand im Land stabilisierte die politische Situation.

Konsolidierung und Prosperität (1903–1966)

Die Parteien der Colorados und Blancos, deren Auseinandersetzungen das blutige 19. Jh. in Uruguay bestimmt hatten, begannen sich als Vertreter der herrschenden Schichten miteinander zu verständigen. Dabei öffneten sich insbesondere die Colorados auch für andere und neue soziale Gruppierungen. Dies betraf etwa die stetig wachsende Gruppe der Einwanderer und die städtischen Mittel- und Unterschichten, wobei sich die letzteren vor allem aus jenen Landarbeitern rekrutierten, die durch die einsetzende Modernisierung im Agrarexport ihre Arbeit verloren hatten. Die um sich greifende Verstädterung und die in den urbanen Brennpunkten ausbrechenden sozialen Spannungen verlangten nach staatlichen Interventionen, wenn der soziale Friede nicht vollends zerstört werden sollte.

Die Präsidentschaften des sozialreformerischen José Batlle y Ordoñez (1903–1907, 1911–1915) und seine staatssozialistisch inspirierten Reformen leiteten eine Wende auf Dauer ein. Er verstaatlichte Kernbereiche der Wirtschaft wie die Eisenbahnen, die sich bislang in Händen ausländischer Kapitaleigner befunden hatten, aber auch die Energiewirtschaft, das Versicherungs- und Kreditwesen. Er installierte eine weltweit vorbildliche Arbeits- und Sozialgesetzgebung (Mindestlohnfestlegung, Achtstundentag, Arbeitsunfallgesetze, Schutzbestimmungen für Frauenarbeit, Arbeitslosenunterstützung, Renten), ein kostenloses Schul- und Bildungssystem, sorgte für die Abschaffung der Todesstrafe, die Trennung von Staat und Kirche und forderte gleiche Rechte für die Frauen. Dies und die neue Verfassung von 1919 trugen Uruguay in diesen Jahren den Ruf ein, die »Schweiz Südamerikas« zu sein. Die Verfassung schrieb ein am Schweizer Vorbild orientiertes Kollegialsystem fest, das das Präsidialsystem ablöste. Danach wurde die Exekutivgewalt zwischen dem Staatspräsidenten und einem neunköpfigen Staatsrat (Consejo Nacional de Administración) aufgeteilt. Entsprechend ihrer in den Wahlen errungenen parlamentarischen Stärke konnte auch die Opposition Mitglieder in diesen Staatsrat entsenden. Auf diese Weise war es möglich, Oppositionelle und Minderheiten an der Führung des Landes zu beteiligen. In den folgenden Jahrzehnten wurde, besonders nach der Abschaffung des Kollegialsystems 1933, immer wieder über seine Vor- und Nachteile gestritten. 1951 wurde es erneut eingeführt, bis es 1966 im Zeichen anhaltender wirtschaftlicher und politischer Instabilität per Volksentscheid vorerst endgültig durch das Präsidialsystem ersetzt wurde.

Exportorientierte Länder wie Uruguay wurden durch die Weltwirtschaftskrise 1929 besonders hart getroffen. Und wie in anderen, nicht nur südamerikanischen Ländern beschädigte die ökonomische Krise auch in Uruguay die Demokratie bzw. leitete ihre zeitweise Abschaffung ein. In Uruguay gelang es zunächst, die mißliche wirtschaftliche Entwicklung durch eine kleine industrielle Expansion sowie durch eine Ausdehnung der staatlichen Bürokratie aufzufangen. Uruguay verlor auch in der Krise nicht den Charakter eines Wohlfahrtsstaates. Damit konnten die Arbeiterschaft und die Mittelschichten durch die sie vertretenden Parteien an den Staat gebunden werden. Dennoch leitete die Präsidentschaft von Gabriel Terra (1931–1938), die Rezession ausnutzend, eine diktatorische Phase ein. In der neuen Verfassung von 1934 wurde die Abschaffung des Kollegialsystems legalisiert. Positiver Aspekt dieser Verfassung war die Einführung des Frauenwahlrechts, das sie in Uruguay festschrieb.

Kurz nach Ausbruch des Zweiten Weltkriegs rückte das zu diesem Zeitpunkt neutrale Uruguay für ein paar Tage in den Blickpunkt der Weltöffentlichkeit. Das deutsche Panzerschiff »Admiral Graf Spee« suchte im Hafen von Montevideo Zuflucht. Es sollten Beschädigungen nach einem Gefecht mit englischen Kreuzern ausgebessert und die dabei getöteten Soldaten beerdigt werden. Nachdem klar wurde, daß englische Seestreitkräfte vor dem Hafen im Río de la Plata lagen, um das deutsche Kriegsschiff beim Auslaufen abzufangen, ließ der Kommandant die »Admiral Graf Spee« in der Hafenausfahrt versenken. Uruguay brach 1942 die Beziehungen zum nationalsozialistischen Deutschen Reich ab und erklärte ihm auf Druck der Alliierten im Februar 1945 den Krieg. Nach dem Anstieg der Exporterlöse im Rahmen des sog. Korea-Booms (Koreakrieg 1951–1953), geriet die Wirtschaft Uruguays in eine Krise. 1958 verzeichneten die Blancos ihren ersten Wahlsieg seit ihrem Bestehen. Ihr Wirtschaftsprogramm – Lohnstop, Währungsreform – hatte allerdings keinen Erfolg. Weder die Colorados noch die Blancos, zusammen repräsentierten sie fast 80% der Wähler, vermochten das Land aus der Krise zu führen. Im Zuge verschärfter Verteilungskämpfe nahmen die Organisationen und Interessenverbände zu; insbesondere die Gewerkschaften forderten nun immer nachdrücklicher ihre Rechte. Überdies tauchten 1963 erstmalig schlagkräftige Stadtguerillas auf, die sich, auf den Freiheitskampf unter Artigas berufend, Tupamaros nannten; in der Bevölkerung stießen sie durchaus auf Sympathie.

Herrschaft des Militärs (1966–1984)

1966 stimmte die Bevölkerung für die Wiedereinführung des autoritäreren Präsidialsystems und wählte 1967 Jorge Pacheco Areco (1967–1972) zum Präsidenten. Repressionen setzten ein und die Aktionen der Tupamaros eskalierten zu blutigem Terror. Pacheco verhängte mehrmals den Ausnahmezustand und ließ sich 1970 diktatorische Vollmachten erteilen. Der 1972 gewählte Präsident Juan María Bordaberry Avocena (1972–1976) führte den Kurs der Repression fort. In Absprache mit dem Militär setzte Bordaberry 1973 die Verfassung außer Kraft, löste das Parlament auf und ersetzte es durch einen Staatsrat. Während die Tupamaros nun in teils gemeinsamen Aktionen von Polizei, Militär und rechtsextremen Gruppen zerschlagen wurden, konzentrierte sich in einer Art oberster Kommandeursjunta die eigentliche Macht in den Händen des Militärs. Zur ideologischen Grundlage wurde die von brasilianischen Militärs erarbeitete Doktrin nationaler Sicherheit. Immer unter dem Deckmantel von vermeintlich legalen Gesetzen und Erlassen verlängerte sich in den Folgejahren die Liste von Einschränkung und Abschaffung bürgerlicher Rechte: Politische Parteien, soweit es sich um linke, marxistisch orientierte handelte, wurden entweder verboten oder wie die Blancos und Colorados in ihren politischen Aktivitäten behindert. Streikrecht und Redefreiheit wurden abgeschafft, der zentrale Gewerkschaftsverband verboten, Erziehungswesen und Medien einer strengen Kontrolle unterstellt. Eine der vielen zynischen Maßnahmen bestand in der Einführung einer Bescheinigung über den »demokratischen Glauben« von Angestellten (Certificado de Fé Democratica). Ausgestellt von der politischen Polizei und aufgeteilt in drei Güteklassen (A,B,C) erlaubte sie die Einteilung und Überwachung nahezu der gesamten Bevölkerung. Zeitgleich setzte eine flächendeckende Infiltration aller wichtigen gesellschaftlichen und wirtschaftlichen Bereiche mit Militärs ein. Diese begannen gemeinsam mit den von ihnen geduldeten Politikern eine umfassende Änderung des Wirtschaftssystems. Vor allem die Privatisierung staatlicher Betriebe und die intensive Förderung jener Industrie, die bislang für den heimischen Markt produzierte, sollten eine ökonomische Wende zum Besseren bringen. Doch beeinträchtigte die enge Verzahnung der Wirtschaft mit den schwankenden Weltmarktpreisen und eine zunehmende Auslandsverschuldung die Effekte dieses Programms. Uruguay wurde zum »Inflationsweltmeister« (1972/73: 6457 %), hatte mit einer extremen Arbeitslosigkeit zu kämpfen und verzeichnete eine massive Senkung des Lebensstandards für große Teile der Bevölkerung.

Die Uruguayer hatten im Verlauf der 70er und frühen 80er Jahre neben den sozialen auch die politischen Folgen der Militärherrschaft zu tragen. Es wird vermutet, daß fast 40 000 Menschen (von einer Bevölkerung von damals 2,8 Mio. Uruguayern) die Gefängnisse und Folterzellen des Regimes durchlitten. Etwa 600 000 Menschen kehrten angesichts der politischen Unterdrückung ihrem Land bis Anfang der 80er Jahre den Rücken.

1976 wurde Bordaberry, dem ein autoritärer Ständestaat nach dem Vorbild Spaniens unter Francisco Franco Bahamonde vorschwebte, durch das Militär abgesetzt. Unter Präsident Aparicio Méndez Manfredini (1976–1981), in dessen Amtszeit der militärisch beherrschte Rat der Nation weiterhin als höchstes Staatsorgan die Macht verwaltete, hielt die Re-

pression an. In der Absicht, die eigene Herrschaft demokratisch zu legitimieren, wurde ein von den Militärs vorbereiteter neuer Verfassungsentwurf im November 1980 einer Volksabstimmung unterworfen. Obwohl die Öffentlichkeit durch die gleichgeschalteten Medien im Sinne einer Zustimmung indoktriniert wurde, lehnten fast 60% der Wähler (bei einer Wahlbeteiligung von knapp 87%) die Vorlage ab. Ein nicht nur für südamerikanische Verhältnisse

Julio Maria Sanguinetti
Chronik Biografie

uruguayischer Politiker

* 6.1.1936 Montevideo

S. ist einer der maßgeblichen Politiker Uruguays und war seit Mitte der 80er Jahre aktiv am Übergang des südamerikanischen Landes von der Militärdiktatur zu einem demokratischen Staat beteiligt. Nach einem Jurastudium arbeitete S. zunächst als Rechtsanwalt und Journalist. 1958 zog er erstmals als Abgeordneter ins Parlament ein. Von 1969 bis 1971 war der sozialliberal eingestellte Politiker Minister für Industrie und Handel, 1972/73 für Erziehung und Kultur. Nach dem Militärputsch von 1976 war ihm jegliche politische Betätigung verboten. 1981 wurde er rehabilitiert und war seither für die sozialliberale Partido Colorado (PC, Die Roten) aktiv. 1984 ging er als PC-Kandidat siegreich aus den ersten Präsidentschaftswahlen in Uruguay seit 1971 hervor und führte das Land zum demokratisch-parlamentarischen System zurück. Da die Verfassung Uruguays eine direkte Wiederwahl nicht zuläßt, durfte S. erst im November 1994 wieder bei den Präsidentschaftswahlen antreten, die er mit knappem Vorsprung vor dem Kandidaten der konservativen Partido Nacional (PN, Nationalpartei) gewinnen konnte.

einzigartiger Vorgang, in dem sich der trotz Terror und Unterdrückung lebendig gebliebene Freiheitswillen des Volkes widerspiegelte. Unter dem Eindruck dieser Niederlage für die Militärs, konnte sich in ihren Reihen der demokratisch gesinnte General Gregorio Álvarez Armellino durchsetzen (1981 bis 1985), unter dessen Herrschaft die Redemokratisierung eingeleitet wurde.

Auf dem Weg zur Demokratie (seit 1984)

Ein erster Schritt auf dem Weg zu demokratischen Verhältnissen bestand in der Wahl der wieder zugelassenen Parteigremien im Jahre 1982. Sie bildeten das Vorspiel zur ersten freien und geheimen Präsidentschaftswahl seit der Militärherrschaft. Álvarez Armellino trat zurück und machte den Weg frei für den Wahlsieger Julio María Sanguinetti (▷Chronik Biografie, S. 421) von den Colorados, der mit einem sozialdemokratisch geprägten Programm die Wähler gewinnen konnte und 1985 bis 1990 regierte. An den Wahlen hatte erstmals auch die 1971 gegründete, doch kurz darauf verbotene Frente Amplio (FA, Linke Breite Front) teilgenommen, ein Bündnis von Links- und Mitte-Links Parteien, aus der die Blancos wieder austraten. In der FA fanden auch ehemalige Tupamaros eine politische Heimat.

Die Tatsache, daß die Redemokratisierung von den Militärs selbst angestoßen wurde, führte zu gewissen Zugeständnissen der ersten demokratischen Regierungen. Im Dezember 1986 verabschiedete das Parlament ein Amnestiegesetz für die an Menschenrechtsverletzungen beteiligten Militärs; in einer von der Opposition herbeigeführten Volksabstimmung stimmten 56% der Wahlberechtigten für die Amnestie. In den Wahlen von 1990 siegte eine große Koalition aus Blancos und Colorados. Präsident wurde Luis Alberto Lacalle Herrera (Blancos, 1990 bis 1995); die FA konnte ebenso Erfolge erzielen – sie stellt den Bürgermeister von Montevideo – wie die neugegründete Nuevo Espacio (NE, Koalition von Sozial- und Christdemokraten), die 8% der Stimmen erhielten. Lacalle Herrera steuerte wie sein Vorgänger einen Kurs wirtschaftlicher Stabilisierung, der durch ein neoliberales Programm und Abstriche im sozialen Netz gekennzeichnet ist. Seine ebenso wie im Nachbarland Argentinien konsequent begonnene Privatisierung der Industrie und Dienstleistungsunternehmen wurde 1992 in einer Volksabstimmung abgelehnt. Seit den Wahlen von 1995 ist Sanguinetti wieder im Amt. Politisch relativ stabil, wird das Land weiterhin von einer hohen Inflationsrate und Arbeitslosigkeit geplagt.

Chronik Zeittafel

um 10 000 v. Chr.	Erste Besiedlung des Gebietes nördlich des Río de la Plata
1516	Entdeckung der Río-de-la-Plata-Mündung durch den Spanier Días de Solís
ab 1518	Kampf der Charrúaindianer gegen die Kolonisierung
1624	Erste Missionare bereisen das Gebiet nördlich des Río de la Plata
1680	Portugiesen gründen Nova Colônia do Sacramento
1724	Spanier gründen Montevideo
1777	Spanier erobern das Gebiet nördlich des Río de la Plata (Banda Oriental); Angliederung an das Vizekönigreich Río de la Plata
1814	Teile Uruguays werden argentinisches Protektorat
1817	Brasilien besetzt Montevideo
1821	Uruguay wird Cisplatinische Provinz von Brasilien
1827	Sieg im Unabhängigkeitskampf gegen Brasilien
1830	Verabschiedung einer Verfassung
ab 1830	Bürgerkriege, Umstürze
1865	Krieg der Tripelallianz Argentinien, Brasilien, Uruguay gegen Paraguay (bis 1870)
1903	José Batlle y Ordoñez wird Präsident; innere Stabilisierung
1919	Neue Verfassung; Kollegialsystem (alle Parteien regieren)
1958	Wahlsieg der reformorientierten Blancos
1966	Wiedereinführung des Präsidialsystems durch eine Volksabstimmung
1971	Wahlsieg des rechtsgerichteten Juan María Bordaberry (Colorados)
1976	Militärputsch
1984	Rückkehr zur Demokratie; Julio Sanguinetti ist neuer Präsident
1987	Amnestie für Militärverbrechen
1990	Luis Alberto Lacalle Herrera (Blancos) wird Präsident
1995	Sanguinetti erneut zum Präsidenten gewählt

A B C D E F

Lateinamerika und Karibik

Lexikon

G H I J K L
M N O P Q R
S T U V W X
Y Z

Absolutismus

Monarchische Staats- und Regierungsform, in welcher der Alleinherrscher nicht durch ständische oder parlamentarische Institutionen in seiner Machtausübung eingeschränkt ist. Der A. setzte sich im Laufe des 16. und 17. Jhs. in Europa als vorherrschende Staatsform durch. Auch Spanien und Portugal waren zur Zeit der Eroberung und Kolonisierung Amerikas absolutistische Monarchien, die ihre mittel- und südamerikanischen Kolonien nach absolutistischen Prinzipien zu regieren versuchten. Der daraus resultierende Mangel an Mitspracherechten der kreolischen Bevölkerung (in den Kolonien geborene Nachkommen europäischer Einwanderer) trug zum Erstarken der Unabhängigkeitsbewegungen in Lateinamerika nach 1770 bei.

AKP-Staaten

Bezeichnung für die 69 Entwicklungsländer, die mit der EG bzw. der EU seit 1975 die vier Lomé-Abkommen geschlossen haben. Ziel dieser Vereinbarungen ist eine stärkere Zusammenarbeit zwischen beiden Staatengruppen zur Förderung von Industrie, Landwirtschaft und Handel in den beteiligten Entwicklungsländern. Zu den AKP-Staaten gehören die meisten Karibikstaaten.

ALADI

Lateinamerikanische Integrationsorganisation (Asociación Latinoamericana de Integración), am 12. August 1980 durch den Vertrag von Montevideo (Uruguay) gegründet. Die ALADI ist rechtliche Nachfolgerin der seit 1960 existierenden →ALALC (Asociación Latinoamericana de Libre Comercio, Lateinamerikanische Freihandelszone). Die ALADI (Sitz: Montevideo) trat am 18. März 1981 in Kraft. Wie die ALALC sollte auch die Arbeit der ALADI ursprünglich dem Abbau bzw. der Liberalisierung von Handels- und Zollbeschränkungen unter den Mitgliedstaaten dienen. Ziel war es zunächst, einen gemeinsamen Markt sowie eine Freihandelszone zu schaffen, ähnlich der Europäischen Wirtschaftsgemeinschaft (EWG). Dieses Ziel wurde zugunsten regional definierter Zoll- und Teilabkommen aufgegeben. Der ALADI gehören elf Staaten an. Sie sind ihrem Entwicklungsgrad entsprechend in drei Gruppen unterteilt: Industrialisierte Staaten mit relativ hohem Bruttosozialprodukt und hohen Produktionsziffern (Argentinien, Brasilien, Mexiko); Staaten mittleren Einkommens (Chile, Kolumbien, Peru, Uruguay, Venezuela) sowie wenig entwickelte oder unterentwickelte Staaten (Bolivien, Ecuador, Para-

guay). Beobachterstatus haben Costa Rica, Dominikanische Republik, El Salvador, Guatemala, Honduras, Kuba, Nicaragua, Panama sowie Italien, Portugal und Spanien. Um die Arbeit zu koordinieren und abzugleichen, sind für die ALADI folgende Organe geschaffen worden: der Rat der Außenminister, eine jährlich tagende Konferenz zur Beurteilung und Angleichung beschlossener Zoll- und Handelspräferenzen (mit Steuerungs- und Überwachungskompetenzen), ein Komitee der Ständigen Vertreter aller Teilnehmerstaaten, sog. beigeschlossene Räte, die in den Bereichen Finanzen, Währung, Transport, Handel und Exportfinanzierung tätig werden können, und ein Generalsekretariat mit 150 Angestellten in Montevideo (Arbeitssprachen: Portugiesisch, Spanisch). Die international tätigen Funktionäre der ALADI genießen diplomatische Immunität.

Als regionaler Zusammenschluß basiert die ALADI auf einer Zollunion und wirtschaftlicher Zusammenarbeit. Anders als ihre Vorläuferin, die ALALC, legt die ALADI mehr Gewicht auf die Möglichkeiten von Verträgen unter einzelnen Mitgliedstaaten, an denen nicht prinzipiell alle Mitgliedstaaten beteiligt sein müssen. Nach einer Resolution des Komitees der Ständigen Vertreter wurde eine Regionale Verhandlungsrunde gegründet. Ihre Ziele wurden im April 1986 durch die Charta von Buenos Aires festgelegt und durch weitere Konferenzen (Acapulco, Mexiko, Juli 1986, Montevideo, März 1987) präzisiert. Dabei ging und geht es wesentlich um die Höhe der Handels- und Zollbegünstigungen, die sich die Mitgliedstaaten untereinander einräumen. Besondere Probleme bereiten bei diesen Festlegungen immer wieder die unterschiedlichen Entwicklungsstandards der Mitgliedstaaten. Insgesamt ist die Arbeit der ALADI bisher wenig erfolgreich. Weder ist der Handel der Staaten untereinander wesentlich liberalisiert noch deren wechselseitige Exportrate stark gestiegen.

ALALC

Lateinamerikanische Freihandelszone (Asociación Latinoamericana de Libre Comercio), im Februar 1960 aufgrund des Vertrages von Montevideo (Uruguay) gegründet, der im Juni 1961 in Kraft trat (Sitz: Montevideo). Die ALALC wurde im Juni 1980 aufgelöst, Rechtsnachfolgerin wurde die im August 1980 gegründete →ALADI (Lateinamerikanische Integrationsorganisation, Asociación Latinoamericana de Integración).

Die ALALC zählte elf Mitgliedstaaten: Argentinien, Brasilien, Chile, Mexiko, Paraguay, Peru, Uruguay.

Ecuador und Kolumbien traten 1961 bei, Venezuela 1966 und Bolivien 1968. Erklärtes Ziel des Zusammenschlusses war vor allem die Liberalisierung der wirtschaftlichen Beziehungen, das heißt, der Abbau von Zoll- und Handelsschranken zwischen den Mitgliedstaaten in einem Zeitraum von zwölf Jahren. Herbeigeführt werden sollte dies durch immer neue Verhandlungen über sogenannte nationale und gemeinsame Listen. Auf ihnen waren jene Produkte verzeichnet, deren Wettbewerbsfähigkeit durch die Senkung der auf ihnen lastenden Zölle im Wirtschaftsraum der ALALC gestärkt werden sollte. Zudem sollte durch Vereinbarungen über die unterschiedlichen wirtschaftspolitischen Strategien aus der Freihandelszone eine eigene Wirtschaftsgemeinschaft entstehen.

Die ALALC scheiterte nach anfänglichen Erfolgen an den großen strukturellen Wirtschaftsproblemen der Region. Bis zu ihrer Auflösung 1980 konnten in der ALALC nur etwa 14 % des Warenverkehrs liberalisiert werden. Zum Mißerfolg der ALALC trug aber vor allem bei, daß der Grundgedanke des Zusammenschlusses – die regional konzentrierte Integration unterschiedlicher Wirtschaftsinteressen – nicht durchgesetzt werden konnte. Da eine Abstufung des Liberalisierungsprozesses für die Zoll- und Handelsbeschränkungen fehlte bzw. die sehr unterschiedlichen Wirtschaftspotentiale der Mitgliedstaaten kaum in Rechnung gestellt wurden, profitierten vor allem die großen Länder der Region von der ALALC. Die kleineren Mitgliedstaaten wie Bolivien oder Ecuador wandten sich von der ALALC ab und begründeten 1969 den →Andenpakt bzw. die →La Plata-Gruppe. Hier verfolgten sie, was in der ALALC nicht möglich war: eine über die ökonomischen Interessen hinausreichende Vereinbarung über eine koordinierte, gemeinsam betriebene industrielle Entwicklung.

Allianz für den Fortschritt

Unter dem Eindruck der sozialistischen Revolution Fidel Castros auf Kuba gab US-Präsident John F. Kennedy 1961 den Anstoß für die Gründung der A.f.d.F. Ihr Hauptziel war es, weitere Revolutionen in Lateinamerika zu verhindern. Vertreter aller Mitgliedstaaten der →OAS (Organisation Amerikanischer Staaten) mit Ausnahme Kubas unterzeichneten im August 1961 in Punta del Este (Uruguay) eine »Erklärung an die Völker Amerikas« und die Charta der für einen Zeitraum von zehn Jahren angelegten A.f.d.F. Als Ziele der A.f.d.F. wurden u. a. genannt die Stärkung der demokratischen Institutionen in

den einzelnen Staaten, die Beschleunigung der wirtschaftlichen und sozialen Entwicklung, die Förderung der transnationalen Integration Lateinamerikas, Förderung privater Unternehmen, umfassende Agrarreformen, Verbesserung der allgemeinen Arbeitsbedingungen in Industrie und Landwirtschaft, Ausbau des Bildungs- und Erziehungswesens sowie stärkere Besteuerung von hohen Einkommen zur Finanzierung von Reformprojekten. Zur Umsetzung dieser Vorhaben im Rahmen einer »Revolution der Hoffnung« (J. F. Kennedy) stellte Washington die Zahlung von mehreren Mrd. US-Dollar in Aussicht. Nach Schätzungen zahlten die USA bis 1969 rund 2 Mrd. US-Dollar in die Kassen der A.f.d.F. Die Beträge führten allerdings eher zu einer stärkeren Durchdringung der lateinamerikanischen Finanzmärkte mit US-Kapital, als daß sie den ursprünglichen Zielvorgaben der A.f.d.F. dienten. Auf politischem und sozialem Gebiet entwickelte sich die A.f.d.F. faktisch zu einem Instrument der Systembilisierung in Lateinamerika zur Abwehr revolutionärer Bewegungen, ungeachtet der jeweiligen demokratischen Legitimation der Machthaber. Auch die ökonomischen Entwicklungs- und Förderungsprogramme blieben zumeist in Ansätzen stecken. 1969 wurde die A.f.d.F. zu den Akten gelegt.

Amazonas-Kooperation

Die A.K. wurde im Juli 1978 auf Initiative Brasiliens von den acht Amazonasanrainerstaaten Bolivien, Brasilien, Ecuador, Guyana, Kolumbien, Peru, Surinam und Venezuela vertraglich vereinbart. Die beteiligten Staaten verständigten sich darauf, bei der Nutzung und Entwicklung des Amazonasgebiets zusammenzuarbeiten. Nutzung der reichen Ressourcen des Gebiets (Edelhölzer, Bodenschätze) und Wahrung des ökologischen Gleichgewichts sollen in Einklang gebracht werden. Auch beim Ausbau der Infrastruktur sowie der wirtschaftlichen und sozialen Entwicklung in diesem Gebiet sollen die beteiligten Staaten zusammenarbeiten.

Wichtigstes Organ der A.K. ist die Außenministerkonferenz, welche jeweils Richtlinien für anstehende Unternehmungen ausarbeitet. Beigeordnet ist der einmal pro Jahr tagende Rat für Zusammenarbeit, dem Spitzendiplomaten der Mitgliedstaaten angehören. Diesen Gremien wird in den einzelnen Ländern zugearbeitet durch ständige Nationale Kommissionen. Bindende Beschlüsse müssen einstimmig gefaßt werden. Besondere Aktivitäten hat die A.K. seit ihrer Gründung auf den Gebieten des Verkehrswegebaus und des Gesundheitswesens entfaltet.

Andenpakt

Mit dem Abkommen von Cartagena (Kolumbien) vom 26.Mai 1969 geschlossenes Bündnis zwischen Bolivien, Chile, Ecuador, Kolumbien und Peru. Venezuela trat dem Vertrag zum 1. Januar 1974 bei. Zielsetzung des A. ist die Förderung der wirtschaftlichen Entwicklung der beteiligten Staaten durch den Abbau von Handelsschranken, gemeinsam festgelegte Zölle gegenüber anderen Staaten, gemeinsame Industrialisierungsprogramme sowie eine allgemeine Abstimmung der Wirtschafts- und Sozialpolitik. Die theoretische Grundlage bildete bei der Schaffung des A. das sog. Cepal-Konzept, demzufolge beim Handel zwischen Entwicklungs- und Industrieländern ein Ungleichgewicht zu Lasten der Entwicklungsländer besteht. Daraus ergibt sich u. a. die Notwendigkeit einer stärkeren Kooperation der Entwicklungsländer und weitreichender Strukturveränderungen innerhalb ihrer Volkswirtschaften, u. a. zur Diversifikation der Produktion (Verbreiterung der Produkt- und Ausfuhrpalette). Daneben wurden in den 70er Jahren Zusatzabkommen über die Zusammenarbeit im Kultur- und Gesundheitsbereich geschlossen.

Zu den wichtigsten Zielsetzungen und Einzelmaßnahmen des A. gehörten die Festlegung von Außenzöllen bis 1975, der Abbau der Binnenzölle bis 1980, aufeinander abgestimmte Pläne zum Ausbau bestimmter Industriezweige und die Unterscheidung zwischen nationalen, gemischten und ausländischen Unternehmen. Ausländische Firmen sollten in Kolumbien, Peru und Venezuela innerhalb von 30 Jahren bis zu 51 % ihrer Anteile an nationale Unternehmen abtreten. Von strategisch wichtigen Bereichen (Rüstungsindustrie, Energieversorgung) sollte ausländisches Kapital ferngehalten werden.

Oberstes Organ des A., aus dem Chile 1976 austrat, ist die Kommission, in die jedes Mitgliedsland einen Vertreter entsendet. Für Entscheidungen ist in der Regel eine Zweidrittelmehrheit erforderlich, bei Industrieprogrammen muß Einstimmigkeit erzielt werden. Die sog. Junta (Dreiergremium) ist formal der Kommission gleichgestellt und arbeitet für diese Entscheidungsvorlagen aus. Zu den Entscheidungsorganen zählen des weiteren ein Parlament mit eingeschränkten Befugnissen und ein Gerichtshof. Auf einer darunter liegenden Ebene befinden sich das Wirtschafts- und Sozialkomitee, in denen Unternehmens- und Gewerkschaftsvertreter zusammenarbeiten. Sie haben beratende Funktion. Ein gemeinsamer Währungsfonds koordiniert die Geldpolitik der Mitgliedstaaten.

Die Wirkungen des A. blieben zumeist hinter den Erwartungen zurück. Positiv wird die deutliche Zunahme des Handelsvolumens zwischen den einzelnen Mitgliedstaaten gewertet. Gemeinsame Industrieprogramme u. a. in den Bereichen des Fahrzeugbaus und der Petrochemie blieben ohne durchschlagenden Erfolg. Zudem konnten die Zollfestlegungen nach innen und außen nicht im angestrebten Umfang vorgenommen werden.

Zu den schwerwiegendsten Problemen des A. zählen die geringe Finanzkraft der nationalen Unternehmen, die ihren ökonomischen Spielraum stark einengt, die wachsende Abhängigkeit vom Technologietransfer aus den Industrieländern, die Konkurrenz billiger Produzenten in Asien, Streitigkeiten unter den Mitgliedstaaten (u. a. Grenzkonflikt zwischen Ecuador und Peru 1981) und die Tendenz zu verstärktem Protektionismus in den einzelnen Mitgliedstaaten. Zudem wurden die Integrations- und Modernisierungsbemühungen der A.-Staaten durch die ökonomische Krise der 80er Jahre (drastischer Anstieg der Verschuldung) stark belastet.

APEC

(Asia-Pacific Economic Cooperation, Asiatisch-Pazifische Wirtschaftliche Zusammenarbeit), der 1989 in Canberra (Australien) gegründeten Organisation gehören neben 16 Staaten des asiatischen Pazifikraums sowie den USA und Kanada seit 1993 bzw. 1994 auch Mexiko und Chile an. Im Bereich der APEC leben rund 2,2 Mrd. Menschen, die einzelnen Volkswirtschaften haben zusammen einen Anteil am Welthandel von rund 40 %.

Hauptziel der APEC ist die Förderung des Waren- und Technologieaustauschs zwischen den Mitgliedstaaten sowie die Erleichterung von Investitionen in den einzelnen Ländern. Wirtschaftspolitische Grundsatzentscheidungen werden auf den Gipfeltreffen der Staats- und Regierungschefs getroffen. Wichtige Organe der APEC sind daneben die jährlich zusammentretende Ministerkonferenz (Außen- und Wirtschaftsminister) und mehrere Ständige Ausschüsse zu einzelnen Themenkomplexen wie Zoll und Investitionen. Die bislang vier Gipfelkonferenzen faßten insbesondere Beschlüsse zur Vorbereitung umfassender Freihandelszonen in der Pazifikregion.

APRA

(Alianza Popular Revolucionaria Americana, Amerikanische Revolutionäre Volksallianz), die sozialrevolutionäre APRA wurde 1924 von dem peruanischen Oppositionspolitiker Víctor Raúl Haya de la Torre im mexikanischen Exil gegründet. In ihrer Anfangsphase verfolgte sie das Ziel, Vorhut des sozialrevolutionären Kampfes in ganz Südamerika zu werden, beschränkte ihre Aktivitäten seit 1930 faktisch jedoch auf den Andenstaat Peru. Bei ihrer politischen Arbeit setzte die APRA auf eine Allianz von städtischen Mittelschichten, Industriearbeitern und Bauern. Mehrmals unternahm sie erfolglose Putschversuche, was ihr die Feindschaft der zeitweise in Peru herrschenden Militärs eintrug. Nach 1939 fügte sich die APRA ins parlamentarische System ein und unterstützte verschiedene konservative bzw. liberale Zivilregierungen. Gegenüber der Reformpolitik von Präsident Fernando Belaúnde Terry (1963 bis 1968) wie gegenüber der reformorientierten Militärherrschaft unter Juan Velasco Alvarado nahm die APRA eine oppositionelle Haltung ein. Nach Beginn der Demokratisierung im Jahr 1978 beteiligte sich die APRA verstärkt an der peruanischen Politik. Mit Alan García wurde 1985 erstmals ein APRA-Politiker peruanischer Staatspräsident. Unter seiner Regierung führten Mißwirtschaft, unsolide finanzierte Reformprogramme und Korruption die peruanische Wirtschaft ins Chaos. Bei den Präsidentschaftswahlen von 1990 erlitt die APRA eine schwere Niederlage.

Arias-Plan
Vom costa-ricanischen Staatspräsidenten Oscar Sánchez Arias ausgearbeiteter Plan zur Beilegung der bewaffneten Konflikte in Mittelamerika. Kernpunkte des Friedenskonzepts waren die Abhaltung freier Wahlen, Pressefreiheit, die Einhaltung der Menschenrechte sowie die Einstellung sämtlicher Hilfe für die Guerillabewegungen.
Tatsächlich gelang es auf der Grundlage des im August 1987 von den Präsidenten der mittelamerikanischen Staaten angenommenen A.P., sowohl die inneren Friedensprozesse als auch die Demokratisierung in den Staaten der Region voranzutreiben. In Guatemala, El Salvador und Nicaragua kam es zu Friedensabkommen zwischen der Regierung und den Guerillaorganisationen. Für seine Verdienste um das Zustandekommen einer Friedensregelung für Mittelamerika wurde Arias 1987 mit dem Friedensnobelpreis ausgezeichnet.

Aruaken
Im Süden des heutigen Chile siedelndes Indianervolk. In erbitterten Kämpfen konnten sich die A. die Unabhängigkeit von den Inkas bewahren, die im 14. Jh. ihr Herrschaftsgebiet entlang der Pazifikküste weit nach Süden ausdehnten. Die A. lebten als Ackerbauern; daneben betrieben sie auch intensive Zucht von Lamas.

Audiencia
Zentrale Justizbehörde in den spanischen Kolonialgebieten in Lateinamerika. Die erste A. wurde von der spanischen Krone bereits 1511 in Santo Domingo (Hispaniola) eingerichtet. Sie war oberste Instanz für alle Rechtsstreitigkeiten in dem ihr zugeordneten Kolonialgebiet und sollte zudem die Amtsführung der spanischen Gouverneure überwachen. Im Verlauf der spanischen Kolonialherrschaft wurden in Lateinamerika eine ganze Reihe von A. eingerichtet. Die Behörden unterstanden direkt der spanischen Krone, von der sie ausführliche Dienstanweisungen für die Ausführung ihrer bürokratisch organisierten Arbeit erhielten. Die A. waren mit ausgebildeten Juristen besetzt. Zugleich bezeichnete der Begriff A. das Gebiet, für das jene übergeordnete Justizbehörde zuständig war (z. B. Audiencia Guatemala).

Aufklärung
Bezeichnung für eine geistesgeschichtliche Epoche, die das ganze 18. Jh. umfaßt und das europäische Denken nachhaltig beeinflußte. Kern der A.-Philosophie ist die Forderung, die Vernunft zur wichtigsten Richtschnur des Denkens und Handelns zu machen. Auf diese Weise sollen alle überkommenen Lehrgebäude, Glaubenssätze und Dogmen einer kritischen Prüfung unterzogen werden, gemäß dem Wahlspruch »sapere aude!« – »habe Mut, dich deines eigenen Verstandes zu bedienen« (Immanuel Kant). Zu den führenden Vertretern der A. zählten u.a. John Locke, David Hume, Voltaire, Denis Diderot, Jean-Jacques Rousseau und Immanuel Kant. Die Forderung nach geistiger Freiheit zog bald die Forderung nach politischen Freiheiten nach sich. Die Überzeugung von der Gleichheit aller Menschen verband sich mit dem Kampf für politische Emanzipation der unterprivilegierten Schichten in den absolutistischen Monarchien. Die A. lieferte den Führern der Französischen Revolution die Ideen. Vor allem mit ihren Forderungen nach politischer Emanzipation und Selbstbestimmung gab die A. auch den lateinamerikanischen Unabhängigkeitsbewegungen entscheidende Impulse. Einige ihrer Anführer, darunter Simón Bolívar und José de Martín, hatten sich während ihrer Europa-Aufenthalte für die Ideen der A. und der Französischen Revolution begeistert und sie nach ihrer Rückkehr in ihrer Heimat verbreitet.

LATEINAMERIKA / KARIBIK LEXIKON

Azteken

Die A. bildeten die jüngste präkolumbische Hochkultur. Seine größte Machtentfaltung erreichte das A.-Reich Anfang des 16. Jhs., kurz vor der Landung der Spanier, die es innerhalb weniger Jahre zerstörten. Die A. wanderten um 1250 n. Chr. von Norden in das mexikanische Hochland ein, wo sie ihre Hauptstadt →Tenochtitlán, das spätere Mexiko-Stadt, gründeten. Als größte Macht eines zentralmexikanischen Dreibundes erlangten die A. um 1430 die Vorherrschaft im nördlichen Mittelamerika. Zahlreiche Nachbarvölker machten sie tributpflichtig. Das Kunsthandwerk, insbesondere die Skulpturen- und Schmuckherstellung aus Stein, Kupfer und Gold, war hochentwickelt. Zudem schufen die A. eine Bilderschrift und einen auf genauen astronomischen Beobachtungen beruhenden Kalender. Die Eroberung des A.-Reichs wurde den Spaniern erleichtert, weil sie sich mit einigen tributpflichtigen Nachbarvölkern gegen die A. verbündeten.

Bananenrepublik

Mit dem abschätzigen Begriff B. werden einige Staaten Mittelamerikas bezeichnet, deren Wirtschaft traditionell auf dem Anbau und Export von Bananen basiert. In einem erweiterten Sinn bezeichnet er ein politisches System in diesen Ländern, das durch die ökonomische und politische Dominanz US-amerikanischer Unternehmen, insbesondere der United Fruit Company, durch die Willkürherrschaft einer kleinen Oberschicht, häufige Militärputsche sowie die starke Verbreitung von Vetternwirtschaft und Korruption gekennzeichnet ist. Ursprünglich auf einige Staaten Mittelamerikas gemünzt, wird der Begriff B. in kritisch-polemischer Absicht auch auf andere Staaten oder einzelne Gesellschaftsbereiche angewendet, in denen Korruption und Günstlingswirtschaft um sich greifen.

Bandeirantes

Bezeichnung für eine kriegerische Gruppe portugiesisch-indianischer Mischlinge, die im 16. Jh. in der Gegend von São Paulo siedelte. Zunächst schlossen sich zahlreiche Mischlinge, auch Mamelukken genannt, zu größeren Gruppen, sog. Bandeiras (Banden), zusammen, um in den westlichen Grenzgebieten des portugiesisch beherrschten Brasilien auf Sklavenjagd (Jagd nach Indios) zu gehen. Dabei gerieten sie in Konflikt mit den Jesuitenmissionen, welche die von ihnen missionierten Indianer vor den Überfällen der B. zu schützen versuchten. Wiederholt kam es im 16. und 17. Jh. im brasilianisch-paraguayischen Grenzgebiet zu blutigen Auseinandersetzungen zwischen den B. und bewaffneten Indianern unter Führung der Jesuiten. 1641 konnte ein von den Jesuiten gut ausgerüstetes Indianerheer den B. im Westen Brasiliens eine schwere Niederlage bereiten. Als durch die »Einfuhr« afrikanischer Sklaven nach Brasilien ab 1574 die Versklavung der Indianer immer weniger profitabel wurde, verlegten sich viele B. auf das Ausbeuten der um 1700 im Landesinnern entdeckten Gold- und Diamantenvorkommen.

Das Wirken der B. wird von den Brasilianern rückblickend zwiespältig gesehen. Einerseits stehen die B. für ein grausames, rücksichtsloses Vorgehen gegen die Indianer und ihre jesuitischen Schutzherren; auf der anderen Seite drangen sie auf ihren Raubzügen in das unerforschte Landesinnere vor und erweiterten auf diese Weise das portugiesische Kolonialreich nach Westen.

Befreiungstheologie

Bezeichnung für eine Bewegung innerhalb der katholischen Kirche, welche die sozialen Verhältnisse in der sog. Dritten Welt streng an christlichen Maßstäben mißt und die Forderung nach politischen und sozialen Veränderungen als Teil ihrer Theologie ansieht. In Lateinamerika fand die Befreiungstheologie in den 1960er und 70er Jahren besonders starken Rückhalt.

Entstanden ist die B. in den 60er Jahren, als sich kleinere Gruppen von katholischen Geistlichen, Theologen und Laien zusammenschlossen, um sowohl mit geistlichen als auch mit politischen Mitteln gegen die Ausbeutung der Massen, die sie als eine »Beleidigung Gottes« ansahen, anzukämpfen. Zu den Begründern dieser spezifisch lateinamerikanischen Form katholischer Theologie gehörte der Theologe Gustavo Gutiérrez. Ihr bekanntester Vertreter wurde der brasilianische Franziskaner und Theologe Leonardo Boff, der in seine Ausprägung der B. auch Elemente des Marxismus aufnahm und den bewaffneten Kampf zur Beseitigung der Unterdrückung befürwortete. Wegen seiner z. T. radikal-revolutionären Ansichten wurde Boff vom Vatikan Mitte der 80er Jahre mit einem zeitweisen Lehr- und Publikationsverbot belegt.

Bevölkerungswachstum

Zu den größten Menschheitsproblemen gehört das schnelle Wachstum der Weltbevölkerung. Mitte der 90er Jahre leben auf der Erde rund 5,7 Mrd. Menschen, davon rund 3,9 Mrd. in den sog. Entwicklungsländern. Für das Jahr 2010 erwartet die UNO einen Anstieg der Weltbevölkerung auf rund 7 Mrd. Menschen. Zwar gibt es wissenschaftlich seriöse Untersuchungen, nach denen auf der Erde 15 bis 20 Mrd. Menschen ernährt werden könnten, doch ist das rasche B. eines der größten Hemmnisse für wirtschaftliche und soziale Verbesserungen in den Entwicklungsländern, zu denen auch die meisten Staaten Lateinamerikas zählen.

Lateinamerika hatte im 20. Jh. einen besonders rasanten Bevölkerungsanstieg zu verzeichnen. So wuchs die Gesamtbevölkerung des Halbkontinents zwischen 1930 und 1960 von 107 Mio. auf 199 Mio. Menschen, um sich in den folgenden drei Jahrzehnten bis 1990 auf 448 Mio. Menschen mehr als zu verdoppeln. Mitte der 90er Jahre beträgt die jährliche Wachstumsrate der Bevölkerung Lateinamerikas durchschnittlich rund 1,9 %, wobei es erhebliche Unterschiede zwischen den einzelnen Staaten gibt (USA: 0,9 %, Kanada: 1,0 %).

Das B. hat in Lateinamerika, wie auch in den anderen Weltregionen, ein ganzes Bündel von Gründen. Dabei ist es zugleich Ursache und Folge der Unterentwicklung. Zu den – grundsätzlich positiv zu bewertenden – Gründen für das stark beschleunigte B. gehören Verbesserungen im Gesundheitsbereich, die vor allem zu einem Rückgang der Säuglingssterblichkeit führten. Weitere Gründe sind der oftmals noch schwere Zugang zu Verhütungsmitteln und die offizielle Ablehnung ihres Gebrauchs durch die katholische Kirche, ein wichtiger Faktor auf einem Halbkontinent, dessen Bevölkerung zu fast 90 % katholisch ist.

Als eine Folge des B. nimmt die Urbanisierung in Lateinamerika rapide zu. Immer mehr Menschen flüchten vor der sozialen Misere auf dem Land in die Städte, wo sie zumeist in den wuchernden Elendsquartieren vergeblich auf Besserung ihrer sozialen Lage hoffen. Auch in ökologischer Hinsicht hat das rasante B. schwerwiegende Folgen. Landlose sind auf den rücksichtslosen Raubbau an den natürlichen Ressourcen angewiesen, um zu überleben.

Als mögliche Auswege aus der Spirale von rapidem Bevölkerungswachstum und Verelendung gelten eine allgemeine Hebung des Lebensstandards der Bevölkerungsmassen, verknüpft mit einer staatlich geförderten Familienplanung.

BID

(Banco Interamericano de Desarrollo, Interamerikanische Entwicklungsbank), die BID fördert seit ihrem Bestehen die wirtschaftliche Entwicklung lateinamerikanischer Länder, flankiert von finanztechnischer und allgemein beratender Unterstützung. 1959 wurde die BDI von der →OAS (Organisation Amerikanischer Staaten) gegründet. Neben den USA und Kanada gehören ihr 27 amerikanische Staaten an, seit 1976 zudem nicht-amerikanische, vornehmlich europäische Staaten, darunter auch Deutschland. Bis zum Ende der 80er Jahre betrug das Kreditvolumen der BID knapp 40 Mrd. US-Dollar. Damit ist die Bank Hauptkreditgeber unter den auswärtigen Banken für den Bereich öffentlicher Finanzierungen in Lateinamerika. In der Regel werden bis zu 50 % eines bewilligten Projektes gefördert. Die Vergabe der Kredite erfolgt nach strenger Kontrolle über diverse Fonds. Gefördert werden Vorhaben aus den Bereichen Energieversorgung, Transport und Kommunikation, Gesundheitswesen, Wissenschaft und Erziehung.

Blockfreie Staaten

Anfang der 60er Jahre formierter lockerer Verbund von Staaten, die sich zur Zeit des Ost-West-Konflikts keinem der bestehenden Blöcke bzw. Militärbündnisse (NATO; Warschauer Pakt) anschließen wollten. Innerhalb der Bewegung der Blockfreien sollte die gesellschaftspolitische bzw. ideologische Ausrichtung der Mitgliedstaaten keine wichtige Rolle spielen. Die Politik der Blockfreien wurde zumeist von den Staaten der sog. Dritten Welt und Ländern mit sozialistischer Gesellschaftsordnung wie Kuba und Jugoslawien bestimmt. Von den Staaten Lateinamerikas spielte neben Kuba u. a. Jamaika zeitweise eine aktive Rolle innerhalb des losen Staatenverbundes.

Blumenkriege

Kriegerische Auseinandersetzungen des aztekischen Dreibunds mit benachbarten Stämmen, vor allem im Tal von Puebla-Tlaxcala, nach 1465. An den Feldzügen waren überwiegend adlige Krieger beteiligt. Die B. dienten nicht territorialen Eroberungen, sondern dem militärischen Training der Adelskrieger und der Gefangennahme von Fremden zur Opferung. Derartige B. sind auch aus früheren Epochen der aztekischen Geschichte bekannt. Sie fanden zumeist in Zeiten eines machtpolitischen und militärischen Gleichgewichts zwischen den Stämmen und Reichen innerhalb einer Region statt.

Brady-Plan

Vom damaligen US-amerikanischen Finanzminister Nicholas Brady im April 1989 vorgestellter Vorschlag zur schrittweisen Überwindung der →Schul-

denkrise der Entwicklungländer. Bis Anfang der
90er Jahre haben u. a. Mexiko, Costa Rica, Uruguay
und Venezuela den B.P. aufgegriffen und entsprechende Vereinbarungen mit der Weltbank, dem Internationalen Währungsfonds und internationalen
Gläubigerbanken getroffen. Der B.P. schlug für die
am höchsten verschuldeten Entwicklungsländer erstmals freiwillige Vereinbarungen zwischen Ge-
schäftsbanken und Schuldnerländern über einen
substantiellen Abbau der Altschulden vor. Dabei
sollten die Beteiligten mehrere Tilgungsmöglichkei-
ten (»Menüs«) wählen können, u. a. den Rückkauf
von Schuldtiteln, den Tausch von Schuldtiteln gegen
internationales Beteiligungskapital oder den Tausch
gegen andere Schuldtitel mit niedrigeren Zinsen und
längeren Laufzeiten. Weltbank und Internationaler
Währungsfonds sollten diese Vereinbarungen mit
neuen Krediten und Zinsgarantien stützen. Bedingung für diese Umschuldungsabkommen waren umfassende Programme der Schuldnerländer zur Struk-
turveränderung, d. h. drastische Sparmaßnahmen,
Reduzierung der Sozialausgaben, Senkung der Löhne usw., die für große Bevölkerungsgruppen der unteren und mittleren Schicht zur Verschlechterung
ihrer Lebensbedingungen führten.

British Empire
Bezeichnung für das ausgedehnte Kolonialreich, das
Großbritannien seit Anfang des 17. Jhs. in Konkur-
renz zu anderen europäischen Mächten, insbesonde-
re Spanien und Frankreich, eroberte. Schwerpunkte
der britischen Kolonialaktivitäten lagen zunächst in
Nordamerika und der Karibik, im 19. Jh. in Afrika,
Australien und Indien. In Lateinamerika und der Karibik gehörten u.a. Kuba, die Bahamas, Jamaika, die
Kleinen Antillen, Britisch Honduras (Belize) und
Guyana zum Britischen Weltreich. Nach dem Zweiten Weltkrieg erlangten immer mehr Kolonien ihre
Unabhängigkeit, so daß das B.E. zu zerfallen begann. An seine Stelle trat der Commonwealth of Nations, zu dem sich die meisten ehemals britischen
Kolonialstaaten auf freiwilliger Basis zwecks politischer und wirtschaftlicher Kooperation zusammenschlossen. Die Karibik ist eine der Regionen, in denen London seine Kolonialherrschaft am längsten
aufrechterhalten konnte. Zahlreiche Inseln wie z.B.
Jamaika, Trinidad und Tobago sowie Barbados wurden erst in den 60er und 70er Jahren unabhängig.
Mit den Jungfern-Inseln, den Cayman-Inseln u.a.
verfügt Großbritannien (wie auch Frankreich und
die Niederlande) in der Karibik bis in die Gegenwart
über kleineren Kolonialbesitz.

Capitanias
Zum Zwecke der systematischen Besiedlung und
Kolonisierung wurde auf Anordnung der portugiesischen Krone um 1535 das brasilianische Kolonialgebiet in rund 15 Gebietsstreifen, sog. C., eingeteilt.
Diese zwischen 50 und 250 km breiten, mehrere
hundert km langen Gebiete verliefen parallel zum
Äquator von der Küste ins Landesinnere. Die Westgrenze der C. bildete die im →Vertrag von Tordesillas festgelegte Grenzlinie zwischen dem spanischen
und dem portugiesischen Kolonialreich in Südamerika. Das System der C. geht auf die altportugiesi-
sche Lehnstradition zurück. Die C. waren erbliche
Lehen, die ihren Lehnsherren, den sog. →Donatarios,
als unteilbarer und unveräußerlicher Besitz übertragen wurden. Ein Teil des Landes galt als persönli-
cher Besitz des Donatario, der größere Rest sollte an
europäische Siedler zur Nutzung übergeben werden.
Von den Erträgen mußte ein Sechstel an die portugiesische Krone gezahlt werden. Im Unterschied
zum spanischen →Encomienda-System war den portugiesischen Donatarios der Besitz und der Einsatz
von Sklaven offiziell gestattet.

CARICOM
(Caribbean Community, Karibische Gemeinschaft),
Zusammenschluß karibischer Staaten, dessen
Hauptziel die Förderung der wirtschaftlichen Zusammenarbeit und Entwicklung im karibischen
Raum ist. Dies soll vor allem durch die Beseitigung
von Handelsbeschränkungen der Mitgliedstaaten untereinander, die Koordinierung nationaler Entwick-
lungsplanungen, gemeinsames Vorgehen bei den
Handelsbeziehungen mit Drittländern (gemeinsame
Außenhandelstarife, Zollabsprachen) und ein poli-
tisch-ökonomisches Zusammenrücken angestrebt
werden. Gegründet wurde die CARICOM 1973 mit
dem Vertrag von Chaguaramas durch Barbados,
Guyana, Jamaika sowie Trinidad und Tobago. Im
darauffolgenden Jahr traten Belize, Dominica, Grenada, Saint Lucia, Saint Vincent und die Grenadinen, im Jahr 1983 die Bahamas bei.
Wichtigste Organe der CARICOM sind die Konferenz der Regierungschefs, für deren Beschlußfas-
sung Einstimmigkeit erforderlich ist. Größere Ent-
scheidungskompetenzen hat auch der Ministerrat, in
den jedes Mitgliedsland einen Delegierten entsendet. Daneben bestehen zehn Kommissionen, die für
ihren jeweiligen Zuständigkeitsbereich Entscheidungsvorlagen für Ministerrat und die Konferenz
der Ministerpräsidenten erarbeiten. Der 1970 gegründeten Karibischen Entwicklungsbank (Caribbe-

an Developement Bank) mit Sitz in Barbados kommt eine wichtige Funktion bei der Abstimmung der Finanzpolitik der einzelnen Mitgliedstaaten zu. Zu den positiven Wirkungen der CARICOM gehört die Steigerung des Exportvolumens der Region und die Erweiterung des Warenaustauschs innerhalb der Gemeinschaft. Auch bei der Beschaffung von Krediten für einzelne Mitgliedstaaten erzielte die CARICOM größere Erfolge. Beeinträchtigt wird ihre Wirksamkeit u. a. durch die recht großen Unterschiede in der wirtschaftlichen Leistungskraft der Mitgliedstaaten und eine relativ geringe Breitschaft zum Verzicht auf nationale Souveränitätsrechte auf ökonomischem Sektor.

Caudillo

Herrschertypus, der in Lateinamerika vor allem im 19. Jh. in zahlreichen Staaten auftrat und die politische Entwicklung prägte. Ursprünglich bezeichnete der Begriff C. einen Häuptling, im mittelalterlichen Spanien einen Heerführer. Die Herrschaft des lateinamerikanischen C. beruhte vor allem auf militärischer Gewalt, daneben aber auch auf charismatischen Führungsfähigkeiten und einer ergebenen Gefolgschaft. Der C. lenkte den Staat autoritär und schuf persönliche Abhängigkeitsverhältnisse in Politik, Gesellschaft und Wirtschaft. Zumeist durch einen Militärputsch an die Macht gekommen, wurde ein C. häufig seinerseits durch einen Staatsstreich entmachtet. Den Nährboden für den Aufstieg eines C. bildeten ökonomische Rückständigkeit und noch ungefestigte politische Institutionen. Im 20. Jh. war C. die offizielle Bezeichnung für den spanischen Diktator Francisco Franco Bahamonde.

Contadora-Gruppe

Bezeichnung für den losen Verbund der vier lateinamerikanischen Staaten Kolumbien, Mexiko, Panama und Venezuela zum Zwecke einer Friedensregelung für Mittelamerika. Die Gruppe wurde benannt nach dem Ort des ersten Außenministertreffens auf der zu Panama gehörenden Insel Contadora im Jahr 1983. Zwei Jahre später bildete sich eine »Unterstützergruppe«, der Argentinien, Brasilien, Peru und Uruguay angehören. Wichtigste Aufgabe war, Konzepte zur Beilegung der zahlreichen Bürgerkriege in Mittelamerika zu entwickeln. An diese sog. Contadora-Akten knüpfte die Friedensinitiative des Staatspräsidenten von Costa Rica, Oscar Arias Sánchez, an (→Arias-Plan). Sie trug wesentlich zur Beendigung langjähriger Guerillakriege in der Region, u. a. in Guatemala und El Salvador, bei.

1987 gründeten die Staaten der C. und ihre Unterstützer die »Gruppe der Acht«. Angestrebt wurde eine intensivere Zusammenarbeit der Mitglieder auf der Grundlage regelmäßiger Konsultationen und die Förderung der südamerikanischen Integration, u. a. durch den Ausbau des interregionalen Handels.

Dependenztheorien

Die D. kamen im Bereich der Wirtschafts- und Sozialwissenschaften Mitte der 1960er Jahre in Lateinamerika auf. Im Zentrum dieser Entwicklungstheorien stand die These von der Dependencia (Abhängigkeit) aller wirtschaftlichen, politischen und gesellschaftlichen Entwicklungen in Lateinamerika von den Vorgaben der reichen, westlichen Industrieländer. Die überwiegend marxistisch inspirierten Ansätze sahen die Ursachen für die Unterentwicklung Lateinamerikas im Kolonialismus. Durch ihn seien die Länder des Kontinents (wie ursprünglich alle Entwicklungsländer) in eine einseitige, allein den Interessen der Industrieländer verpflichtete und in internationale Strukturen eingebettete Entwicklung gezwungen worden. Dadurch seien sie ihrer eigenen, originären Entwicklungspotentiale beraubt und systematisch und aktiv in die Unterentwicklung getrieben worden. Ein Vorgang, der auch nach der formalen staatlichen Unabhängigkeit, während des sog. Entkolonialisierungsprozesses, nicht unterbrochen werden konnte. Die fortdauernde Abhängigkeit von den Industrieländern (auch Zentrum oder Metropolen genannt) werde u. a. durch die Eliten in den Entwicklungsländern (Peripherie) garantiert; sie fungierten in ihrer Ausrichtung an den Denkgewohnheiten, Vorstellungen und Lebensstilen der Industrieländer als Agenten oder eine Art Brückenkopf der Metropolen an der Peripherie. Vor diesem Hintergrund erhoben die diversen D. bei allen Unterschieden im einzelnen zwei grundsätzliche Ansprüche: theoretisch sollten Erklärungen für die Unterentwicklung Lateinamerikas geboten werden, praktisch sollten daraus Strategien für die Beseitigung dieser Unterentwicklung folgen.

In den vielfältigen Auffächerungen der verschiedenen Ansätze innerhalb der D. wurden die Verbindungen zwischen Abhängigkeit und Unterentwicklung ebenso unterschiedlich gewichtet wie die wiederum daraus folgenden Möglichkeiten ihrer Überwindung. Die Strategiepalette reichte von jenen, die für eine Abkopplung der Peripherie vom Weltmarkt plädierten, ausgelöst und vollendet durch eine sozialistische Revolution, bis zu jenen, die von Reformen des kapitalistischen Weltmarkts eine Verbesserung der

Lage erwarteten. Hinsichtlich der revolutionären Optionen und ihrer sozialen Träger herrschte eine gewisse Beliebigkeit vor. Manche Dependenztheoretiker bevorzugten das Proletariat der großen Städte, andere wieder landlose Bauern oder gar Studenten als zu mobilisierende, revolutionäre Gruppen.

Bis zum Ende der 70er Jahre dominierten die D. die sozialwissenschaftlichen Forschungen und Diskussionen in Lateinamerika und Westeuropa. Neuere Entwicklungen zeigten, daß mit den D. reale Vorgänge in der sog. Dritten Welt kaum mehr analytisch zu erfassen waren. So gelang es etwa den ostasiatischen Schwellenländern mit eindeutig weltmarktorientierten, schnell und effizient umgesetzten Industrialisierungsstrategien, die zugleich auf Umweltaspekte keine Rücksicht nahmen, große Wachstumserfolge zu erzielen. Vor dem Hintergrund einer zunehmenden wirtschaftspolitisch motivierten Einteilung des Weltmarktes, einer damit verbundenen internationalen Arbeitsteilung und deren Auswirkungen auf die Wandlungsnotwendig- und fähigkeit der Entwicklungsländer, haben D. eine gewisse Aktualität behalten.

Donatario

Bezeichnung für die Eigentümer der von der portugiesischen Krone in Brasilien zur wirtschaftlichen Nutzung vergebenen Landstriche (→Capitanias). Die D. waren gehalten, das ihnen übergebene Land auf eigene Kosten zu besiedeln und landwirtschaftlich nutzbar zu machen.

Dreieckshandel

Bezeichnung für die spezifischen Handelsbeziehungen der europäischen Kolonialmächte mit ihren afrikanischen und amerikanischen Kolonien vom 16. bis Anfang des 19. Jhs. Dieser vor allem von Spanien, den Niederlanden und Großbritannien betriebene Handel funktionierte in der Weise, daß die Mutterländer Fertigprodukte wie Waffen, Werkzeuge, Textilien usw. an die afrikanischen Kolonien lieferten, die ihrerseits afrikanische Sklaven nach Nord- und Südamerika verschifften. Aus den nord- und südamerikanischen Kolonien gelangten im Gegenzug Rohstoffe (Holz, Baumwolle, Zucker, Gold und Silber) nach Europa (▷Grafik, Atlantischer Sklavenhandel, Dreieckshandel, S. 433).

Drogenproduktion und -verkauf

Der illegale Drogenhandel ist eine der dynamischsten Branchen der Weltwirtschaft. Mitte der 90er Jahre betrug der jährliche Umsatz im Drogenge-schäft nach Schätzungen rund 550 Mrd. US-Dollar. Hauptabnehmerländer für die harten Drogen Kokain und Heroin sind die Industriestaaten, während die Entwicklungsländer traditionell die Hauptlieferländer für Drogen pflanzlichen Urprungs (Heroin, Kokain, Marihuana) sind. Synthetische Drogen wie z. B. LSD und Ecstasy werden zum großen Teil in den Industrieländern produziert.

Für Lateinamerika ist der Anbau von Kokapflanzen zur Herstellung von Kokain ein bedeutender Faktor der Volkswirtschaft. Bolivien, Peru und Kolumbien sind Hauptproduzenten von Kokablättern, in Kolumbien sind die Zentren der Weiterverarbeitung konzentriert. Mexiko sowie einige mittelamerikanische und karibische Staaten dienen als Transitländer für den Transport in die Abnehmerstaaten in Nordamerika und Europa. Die Geldwäsche, mit der illegale Drogengelder in den legalen Wirtschaftskreislauf geschleust und damit dem Zugriff der Justiz entzogen werden, erfolgt in großem Ausmaß u. a. in Uruguay. Diese traditionelle »Arbeitsteilung« im lateinamerikanischen Drogengeschäft löst sich jedoch teilweise auf, so daß sich etwa Brasilien in den vergangenen Jahren zu einem wichtigen Anbauland entwickelte, während in Peru und Bolivien die Weiterverarbeitung stark zugenommen hat und Venezuela und Chile immer häufiger als Transitländer genutzt werden.

In einzelnen südamerikanischen Staaten, insbesondere in Kolumbien, Peru oder auch in Bolivien, bildet das Drogengeschäft fast die Grundlage der gesamten Volkswirtschaft. So betrug in Peru der Anteil des Koka-Anbaus am offiziell ausgewiesenen Bruttosozialprodukt Mitte der 90er Jahre schätzungsweise 9 %, in Bolivien sogar rund 25 %. Wenngleich der größte Teil der Gewinne im Ausland bleibt, werden die jährlichen Deviseneinnahmen aus dem Drogengeschäft Anfang der 90er Jahre für Peru auf rund 800 Mio. US-Dollar, für Bolivien auf 600 Mio. US-Dollar geschätzt, das wären rund 45 bzw. 75 % der gesamten Exporterlöse der beiden Länder.

Der Anbau von Kokapflanzen ist in vielen lateinamerikanischen Staaten für einen Großteil der Landbevölkerung die einzige Einnahmequelle. So wird vermutet, daß in Peru rund 800 000 Menschen im Drogenanbau und -handel, in Bolivien rund 500 000 Menschen beschäftigt sind. Allerdings bemühen sich diese Staaten seit einigen Jahren – nicht zuletzt auf Druck der Vereinigten Staaten – verstärkt darum, parallel zum Kampf gegen die Drogenkartelle den Bauern landwirtschaftliche Alternativen für den Drogenanbau anzubieten.

Encomienda-System

Das E.S. bildete die Grundlage der wirtschaftlichen Verwaltung und Nutzung der spanischen Kolonien in Lateinamerika. Die Gebiete waren in einzelne sog. Encomiendas eingeteilt, die nach dem Lehnsprinzip an spanische bzw. kreolische Kolonisatoren vergeben wurden. Als Arbeitskräfte wurden Indianer eingesetzt, die offiziell nicht als Sklaven galten, aber zu Fronarbeit und Naturalabgaben an die weißen Großgrundbesitzer verpflichtet waren. Die Encomienda-Besitzer waren offiziell auch für die seelsorgerische Betreuung der Indianer verantwortlich.

Faktisch diente dieses System überwiegend der rücksichtslosen Ausbeutung der Indianer, die unter sehr harten Arbeits- und Lebensbedingungen zu leiden hatten. Zwar versuchte die spanische Krone relativ früh, Schutzbestimmungen für die Indianer innerhalb des E.S. zu erlassen, so etwa durch die →Neuen Gesetze von 1542. Diese wurden zum Nachteil der Indianer zumeist mißachtet. Die Reste des E.S. wurden in den spanischen Kolonien um 1720 beseitigt. Aus den Encomiendas ist in den lateinamerikanischen Staaten ein Großteil des kreolischen Latifundienbesitzes hervorgegangen.

Entkolonisierung

Prozeß der Loslösung der Kolonien von ihren zumeist europäischen Mutterländern. Die E. erfolgte in den einzelnen Weltregionen jeweils in etwa zeitgleich, wobei die Kolonien sowohl in Nord- als auch in Südamerika unter den kolonialen Großräumen eine Vorreiterrolle hatten, weil sie ihre Unabhängigkeit bereits Ende des 18. Jhs. (Nordamerika) bzw. Anfang des 19. Jhs. (Südamerika) erkämpften. Die meisten asiatischen Kolonien Großbritanniens, Frankreichs und der Niederlande erlangten nach 1945 ihre Unabhängigkeit. In Afrika setzte die Hauptphase der E. erst 1960 ein und erfaßte innerhalb weniger Jahre den gesamten Kontinent. Als letzter europäischer Staat entließ Portugal 1976 größere Kolonialgebiete (Angola, Mosambik) in die Unabhängigkeit. In der Karibik erlangten zahlreiche Kleinstaaten erst in den 1960er und 70er Jahren ihre Souveränität.

Der Prozeß der E. war zumeist mit militärischen Auseinandersetzungen verbunden. In Lateinamerika wurde die Unabhängigkeitsbewegung hauptsächlich von der Gruppe der Kreolen, den Nachfahren spanischer Einwanderer, getragen. Die Kreolen fühlten

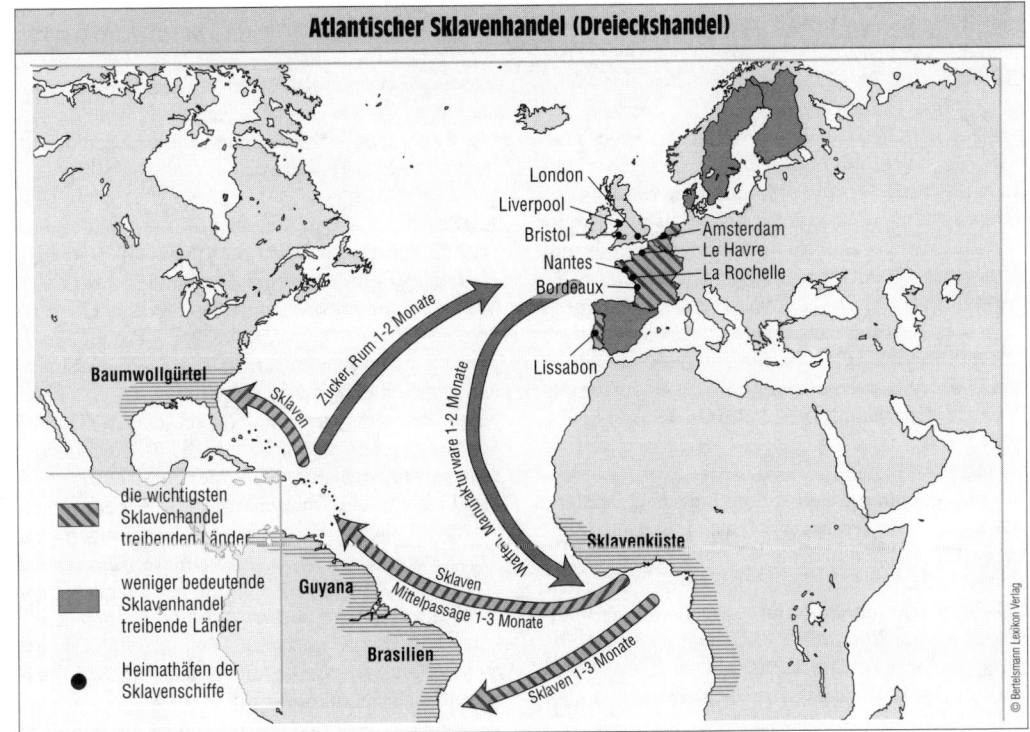

Atlantischer Sklavenhandel (Dreieckshandel)

LATEINAMERIKA / KARIBIK LEXIKON

sich im 18. Jh. zunehmend von der spanischen Kolonialverwaltung unterdrückt und in ihren wirtschaftlichen wie politischen Entfaltungsmöglichkeiten behindert. Das Beispiel des erfolgreichen Unabhängigkeitskriegs der USA gegen Großbritannien und die Ideen der Aufklärung ermutigten Ende des 18. Jhs. die lateinamerikanische Unabhängigkeitsbewegung zu energischerem Vorgehen. Begünstigt wurde sie um 1800 durch die innere Schwäche des spanischen Mutterlandes. Führende Köpfe des lateinamerikanischen Unabhängigkeitskampfes waren Simón Bolívar (1783–1830) und José de San Martín (1778 bis 1850). Die meisten Länder Mittel- und Südamerikas erlangten nach siegreichen Kämpfen gegen spanische Kolonialtruppen nach 1810 ihre staatliche Souveränität.

Falkland-Krieg

Im April 1982 besetzten argentinische Truppen die zu Großbritannien gehörenden Falkland-Inseln. London hatte die 500 km östlich von Argentinien im Atlantik gelegenen Inseln (argentinischer Name: Islas Malvinas) 1833 wegen ihrer strategischen Bedeutung in Besitz genommen. Argentinien wiederum hatte stets eigene Ansprüche auf die Inseln erhoben. Mit der Invasion der Falkland-Inseln wollte die seit 1976 herrschende Militärjunta nicht zuletzt innenpolitischen Druck auf ihr Regime ablenken. Tatsächlich gab es in Argentinien zunächst eine Welle nationalistischer Begeisterung.

Entgegen den Erwartungen der Junta zeigte sich die britische Regierung unter Margaret Thatcher entschlossen, ihre Besitzansprüche auf die Falklands zu verteidigen. Der Kampfkraft der britischen Streitkräfte waren die schlecht ausgerüsteten und wenig vorbereiteten argentinischen Truppen nicht gewachsen. Mitte Juni 1982 kapitulierten die letzten argentinischen Verbände. In Argentinien beschleunigte das militärische Desaster der Falkland-Besetzung den Machtverlust der Militärs und den Übergang der Regierungsmacht auf zivile Politiker.

Favelas

Bezeichnung für die aus Wellblech, Kisten, Brettern und anderen Materialien errichteten Elendsquartiere am Rande der brasilianischen Großstädte. Sie sind eine typische Erscheinung der lateinamerikanischen Gesellschaften und mit ihrem z. T. wuchernden Wachstum Ausdruck der Verelendung breiter Bevölkerungsschichten. Andere Namen für diese Slums sind Barriadas (Ecuador, Peru, Kolumbien), Villas miserias (Argentinien), Jacalas (Mexiko).

Wegen der Armut und weitgehenden Perspektivlosigkeit ihrer Bewohner sind diese Slums Brutstätten von Gewalt, Kriminalität, Drogensucht und Prostitution. Ständigen Zulauf erhalten die F. durch ehemalige Landbewohner, die in der Hoffnung auf Arbeit und sozialen Aufstieg in die Städte Lateinamerikas ziehen. Im Bemühen, dem Problem der auswuchernden F. Herr zu werden, greifen Regierungen und Stadtverwaltungen, soweit sie die Quartiere nicht sich selbst überlassen, oft zu gegensätzlichen Maßnahmen. Auf der einen Seite wird versucht, durch Schaffung einer notdürftigen Infrastruktur (Stromversorgung, Kanalisation) den Lebensstandard der Bewohner zu verbessern und aus den F. reguläre Wohnviertel zu machen. Andererseits werden F.-Bewohner auch vertrieben und ihre Behausungen niedergewalzt, »zur Verbesserung des Erscheinungsbildes der Stadt«.

Flibustiers

Freibeuter und Piraten, die vom 17. bis 19. Jh. an den Küsten Mittel- und Südamerikas sowie in der Karibik operierten. Ihre Stützpunkte errichteten sie u.a. an den schwer zugänglichen Küsten einzelner Karibikinseln, von wo aus sie Jagd auf Handelsschiffe machten.

Filibuster wurden jene US-amerikanischen Abenteurer genannt, die Mitte des 19. Jhs. unter Führung von Narciso López auf Kuba und William Walker in Nicaragua einfielen, für einige Zeit Einfluß auf die Regierungsmacht gewannen und sich während der inneren Wirren bereicherten.

FMLN

(Frente Farabundo Martí de Liberación Nacionál, Nationale Befreiungsfront Farabundo Martí), Zusammenschluß mehrerer salvadorianischer Guerillagruppen, die seit Mitte der 1970er Jahre im Untergrund gegen die rechtsgerichtete Regierung kämpften. Dabei stützte sich die FMLN vor allem auf die Masse der verarmten Landbevölkerung. Neben den →Sandinisten in Nicaragua war die FMLN eine der schlagkräftigsten Guerillatruppen in Mittelamerika. Nach einem Militärputsch im Jahr 1979 entwickelten sich die Kämpfe zu einem offenen Bürgerkrieg, der in den folgenden Jahren mehrere zehntausend Todesopfer forderte. Als Anfang der 90er Jahre sowohl die FMLN als auch das Militär erkannten, daß keine Seite den Bürgerkrieg gewinnen könne, nahmen sie unter Bezug auf den →Arias-Plan für Mittelamerika Verhandlungen auf, die 1992 zur Unterzeichnung eines Friedensabkommens führten. Wie andere Guerillaorganisationen in Lateinamerika, etwa die kolumbianische →M-19, wandelte sich die FMLN in eine politische Partei um. Bei den Parlamentswahlen von 1994 wurde sie hinter der rechtskonservativen ARENA-Partei zweitstärkste politische Kraft in El Salvador.

Frieden von Ryswijk (1697)
Mit dem F.v.R. wurde der pfälzische Erbfolgekrieg (1688–1697) beigelegt, in dem Frankreich gegen eine Allianz von deutschen Staaten und England, den Niederlanden, Spanien und Savoyen um größere linksrheinische Gebiete kämpfte. Im Rahmen der Friedensbestimmungen mußte Spanien den Westteil der Karibikinsel Hispaniola an Frankreich abtreten. Dieses Gebiet wurde unter dem Namen Saint Domingue, das heutige Haiti, Teil des französischen Kolonialreichs.

Fußballkrieg
Im Juni 1969 kam es in der honduranischen Hauptstadt Tegucigalpa und in San Salvador, der Hauptstadt von El Salvador, im Anschluß an Spiele der Fußball-Nationalmannschaften von Honduras und El Salvador zu gewalttätigen Ausschreitungen. Diese mündeten schnell in einen bewaffneten Konflikt zwischen beiden Nachbarstaaten, den sog. F. Hintergrund waren jahrzehntelange Spannungen wegen illegaler Masseneinwanderung von Salvadorianern nach Honduras. Seit 1930 hatten sich mehr als 500 000 Salvadorianer in den honduranischen Grenzgebieten angesiedelt, was immer wieder zu Konflikten mit der einheimischen Bevölkerung führte. Unter innenpolitischem Druck entschloß sich die Regierung von Honduras Mitte 1969, rund 12 000 Salvadorianer auszuweisen, worauf El Salvador mit heftigen Protesten reagierte. Die Spannungen eskalierten und entluden sich im F. Dieser wurde nach rund zwei Wochen durch Vermittlung der OAS (Organisation Amerikanischer Staaten) beigelegt. Nach Angaben der OAS wurden bei den Kämpfen rund 2400 Soldaten und über 2000 Zivilisten getötet.

Gadsden-Vertrag (1853)
Vertrag, mit dem der mexikanische Präsident Antonio Lopez de Santa Anna einen für wertlos erachteten Küstenstreifen südlich des Flusses Gila, die Südhälfte des heutigen US-Bundesstaates Arizona, für einen Preis von 10 Mio. US-Dollar an die USA verkaufte. Mit dem Erlös sollten die mexikanischen Staatsfinanzen aufgebessert werden, die durch die Niederlage Mexikos im Mexikanisch-Amerikanischen Krieg (1846–1848) zerrüttet waren. Große Teile der mexikanischen Bevölkerung reagierten auf den Verkauf des Gebiets mit Empörung.

Großkolumbien
Bezeichnung für den von Simón Bolívar 1819 unmittelbar nach der Befreiung von der spanischen Kolonialherrschaft gebildeten republikanischen Staat, der ursprünglich die frühere spanische Besitzung Neugranada (Kolumbien) und Venezuela umfaßte. 1821 trat Panama, 1822 Ecuador der Republik Großkolumbien bei. Streitigkeiten zwischen Präsident Bolívar, der den Staat um Peru und Bolivien erweitern wollte, und partikularistischen Oppositionspolitikern sowie Unabhängigkeitsbestrebungen in Ecuador und Venezuela führten 1830 zum Zerfall Großkolumbiens. Die einzelnen Teilstaaten erklärten sich anschließend zu selbständigen Republiken.

Guerilla
Aus dem Spanischen (guerilla, kleiner Krieg) stammende Bezeichnung für den Kampf irregulärer Truppenverbände gegen eine ausländische Armee, eine bewaffnete Besatzungsmacht oder im Falle eines Bürgerkriegs gegen die Regierung. In zahlreichen lateinamerikanischen Ländern führten seit Ende der 50er Jahre zumeist linksorientierte G.-Bewegungen verlustreiche Kriege gegen die herrschenden Machtgruppen. Die erste erfolgreiche G. nach 1945 war in dieser Region die von Fidel Castro und Ernesto »Che« Guevara geführte G. auf Kuba, die 1959 das rechtsgerichtete Batista-Regime stürzte.
Die G. als eigenständige militärische Kampfform wurde erstmals im spanischen Unabhängigkeitskampf Anfang des 19. Jhs. angewandt. Charakteristisch für den Guerilla-Krieg sind eine sehr bewegliche Kriegführung unter Ausnutzung natürlicher Gegebenheiten (Urwälder, Gebirge), eine enge Verbindung zwischen Kämpfern und Teilen der Bevölkerung, die die Guerilla mehr oder weniger feiwillig versorgen, die enge Kombination von militärischen und politischen Zielsetzungen sowie Waffenbeschaffung aus Beständen des Gegners und durch befreundete Staaten.
Anfang der 90er Jahre waren in Lateinamerika u. a. folgende linksgerichtete G.-Bewegungen aktiv: die FMLN (Nationale Befreiungsfront Farabundo Martí) in El Salvador, die URNG (Nationale Revolutionäre Einheit Guatemalas) in Guatemala, die M-19 in Kolumbien und der Sendero Luminoso (Leuchtender Pfad) in Peru. Die Ära der G.-Kriege scheint sich seit Mitte der 90er Jahre in Lateinamerika dem

Ende zuzuneigen. Die Bürgerkriege in El Salvador und Guatemala wurden durch Friedensabkommen weitgehend beigelegt, in Kolumbien wandelte sich die M-19 in eine politische Partei und in Peru gelang es den Regierungstruppen mit rücksichtsloser Brutalität, den maoistischen Sendero Luminoso großenteils zu zerschlagen.

Militärisch und politisch erfolgreich waren neben Castro auf Kuba die linksgerichteten →Sandinisten in Nicaragua, die 1979 das Somoza-Regime beseitigten und eine sozialistische Ordnung errichteten. 1990 übergaben sie die Macht nach freien Wahlen an eine konservativ-bürgerliche Regierung.

Die Methoden der lateinamerikanischen G. umfassen u. a. Terrorakte, Entführungen, Besetzungen von Botschaften und Regierungsgebäuden sowie Kämpfe mit regulären Regierungstruppen. Nach geltendem Völkerrecht sind G.-Kämpfer nach ihrer Gefangennahme als Kriegsgefangene zu behandeln, sofern sie ihre Waffen offen getragen haben.

Hay-Herrán-Vertrag

In dem 1903 mit Kolumbien geschlossenen Vertrag sicherten sich die Vereinigten Staaten das Recht, innerhalb einer Zone mit politischem Sonderstatus durch den Isthmus von Panama den →Panamakanal zu bauen, zu betreiben und gegen Angriffe und Einflußnahme von außen zu schützen. Daneben erlaubte der Vertrag den USA den Erwerb des Vermögens und der Konzessionen der französischen Kanalgesellschaft. Als das kolumbianische Parlament dem Vertrag die Zustimmung verweigerte, ermunterte Washington die Provinz Panama zur Abspaltung von Kolumbien. Mit dem ab November 1903 selbständigen Panama schlossen die USA den Hay-Varilla-Vertrag, der ihnen die beanspruchten Rechte an Bau und Betrieb des projektierten Kanals sicherte.

Heilige Allianz

1815 von den Alleinherrschern Preußens, Rußlands und Österreichs geschlossenes Bündnis. In dem zugrunde liegenden Manifest verpflichteten sich die drei Monarchen, die christlichen Gebote der Gerechtigkeit, Nächstenliebe und Friedensbewahrung zur Grundlage ihrer Politik zu machen. Faktisch war die H.A. ein Bündnis zur Verteidigung der monarchischen Herrschaft gegen republikanische Angriffe. Ebenso war der H.A. an der Aufrechterhaltung der spanischen und portugiesischen Kolonialherrschaft in Mittel- und Südamerika gelegen. Gegen ein mögliches Eingreifen Preußens, Österreichs und Rußlands war u. a. die 1823 vom US-Präsidenten James Monroe verkündete →Monroedoktrin (→Lexikon Nordamerika) gerichtet, die militärische Gegenmaßnahmen der USA für den Fall androhte, daß europäische Mächte sich in die inneren Angelegenheiten Lateinamerikas einmischen würden.

Indianer

Bezeichnung für die Ureinwohner Amerikas, wobei diese in Nordamerika üblicherweise I., in Lateinamerika Indios genannt werden. Ihre Vorfahren wanderten um 40 000 v. Chr. über Alaska nach Amerika ein und besiedelten den Kontinent etappenweise von Norden nach Süden. Sie kamen hauptsächlich aus verschiedenen Regionen Asiens und bildeten keine einheitliche ethnische Gruppe.

Der Name Indios bzw. I. geht auf Christoph Kolumbus zurück, der glaubte, 1492 an der Ostküste Indiens und nicht auf einem bis dahin unbekannten Kontinent gelandet zu sein. Die Gesamtzahl der I. zum Zeitpunkt der Entdeckung Amerikas durch die Europäer wird auf rund 20 Mio. Menschen geschätzt. Genaue Angaben über die heutige Zahl der I. sind schwer zu machen, da sie sich stark mit europäischen Einwanderern, in geringerem Umfang auch mit afrikanischen Sklaven und deren Nachkommen vermischt haben. Für Mittelamerika wird die Zahl der reinen Indios auf rund 4 Mio., in Südamerika auf rund 10 Mio. Menschen geschätzt. Siedlungsschwerpunkte der lateinamerikanischen Indios liegen in Mexiko, Guatemala sowie in den Andenstaaten Peru, Bolivien und Ecuador. Nach groben Schätzungen haben die Indios in Lateinamerika einen Bevölkerungsanteil von 3–4 %. In Lateinamerika ist I. weniger ein rassischer als ein kultureller Terminus, der Menschen bezeichnet, die →Indianersprachen sprechen und in Stammesverbänden mit traditioneller wirtschaftlicher und sozialer Struktur leben. In den lateinamerikanischen Staaten gehören die Indios zu den untersten Schichten der Gesellschaft. In bestimmten Regenwaldgebieten Brasiliens leben einige I.-Stämme, die über Jahrtausende ihre Lebensform als Sammler und Jäger im Einklang mit der Natur bewahrten und deren Lebensräume durch das Vordringen der Zivilisation, durch Erschließung von Bodenschätzen und Brandrodung zunehmend bedroht sind.

Indianer-Debatte

1538 setzte unter spanischen Gelehrten und Kolonialbeamten eine theoretische Auseinandersetzung über »Wesen« und »Natur« der Indios ein, die Auswirkungen auf die spanische Kolonialpolitik hatte.

Auf der einen Seite wurde die Behauptung einer angeblich »sklavischen Natur« der Indianer (u.a. von Juan Gines de Sepulveda vertreten) zur Rechtfertigung ihrer Unterdrückung herangezogen. Die Verfechter der Gegenposition, u.a. Franciscus de Vitoria, bestritten dagegen grundsätzliche Unterschiede in Wesen, Charakter und geistigen Fähigkeiten zwischen Indianern und Weißen und wandten sich gegen eine ideologisch verbrämte Unterdrückung der Indianer. Diese Position lag auch den 1542 von Kaiser Karl V. erlassenen →Neuen Gesetzen zum Schutz der Indianer zugrunde.

Indianersprachen

Sprachen der amerikanischen Urbevölkerung. Die I. weisen eine außergewöhnliche Vielfalt vor allem im Vokabular auf, während in der Grammatik größere Gemeinsamkeiten festzustellen sind. Sprachforscher unterscheiden rund 600 Sprachen in 125 Sprachfamilien. Zu den verbreitetsten Sprachen im vor- und teilweise auch nachkolumbischen Lateinamerika zählen das von den Azteken gesprochene Nahuatl, die Mayasprachen (in Mexiko und auf Yucatán) sowie die zapotekischen und mixtekischen Sprachen in Zentralamerika. Auf den Karibikinseln war das ausgestorbene Taino (Haiti) stark verbreitet, während im Gebiet des heutigen Brasilien, Bolivien und Paraguay das Tupí-Guaraní wichtigste Verkehrssprache war. In den Andenregionen herrschten das Kechua, Amtssprache des Inkareichs, das Aymará und im Süden des Kontinents das Aruakische vor.

Indiosprachen sind vorwiegend inkorporierende Sprachen, d. h. daß das Objekt und andere vom Verb abhängige Satzteile in das Verb (Prädikat) aufgenommen werden. Vor allem die Sprachen der präkolumbischen Hochkulturen verfügen über einen großen Nuancenreichtum, in dem auch der schichtenspezifische Charakter dieser Sprachen zum Ausdruck kommt (z. B. unterschiedliche Gruß- und Redeformen zwischen gesellschaftlichen Klassen). Festgehalten wurden die Indiosprachen zunächst in einer Bilderschrift. Die Fixierung der Indiosprachen mit Hilfe des lateinischen Alphabets durch christliche Missionare trug zur Erhaltung eines umfangreichen Schatzes indianischer Literatur bei.

Indienrat

(Consejo Real y Supremo de las Indias), 1524 auf Veranlassung von König Karl V. eingerichtete Zentralbehörde für die Verwaltung des spanischen Kolonialbesitzes in Mittel- und Südamerika. Der in Spanien sitzende I. war das oberste Entscheidungsgremium für alle verwaltungstechnischen, militärischen, gerichtlichen und steuerlichen Angelegenheiten in den Kolonien. Zu den wichtigsten Aufgaben des I. gehörte die Ausarbeitung eines einheitlichen, umfassenden Gesetzeswerkes für die Kolonien, das 1680 fertiggestellt werden konnte. Allerdings hatten sich in den einzelnen Kolonialgebieten spezifische Rechtspraktiken herausgebildet, die auch durch den Rechtskodex von 1680 nicht mehr vollständig vereinheitlicht werden konnten.

Inquisition

Im Hochmittelalter entstandene kirchliche Institution zur Verfolgung von Ketzern. Ihre offizielle Aufgabe war es, den katholischen Glauben durch das Aufspüren und Eliminieren abweichender Glaubensrichtungen »rein« zu erhalten. 1231/32 wurde die I. zu einer päpstlichen Behörde gemacht, mit Inquisitoren, mehrheitlich Dominikaner, an der Spitze. Zur Entdeckung und »Überführung« von Ketzern und Häretikern bediente sich die I. regelmäßig der Denunziation und der Folter. »Überführte« Ketzer wurden der weltlichen Macht übergeben, viele auf dem Scheiterhaufen verbrannt.

Auch in den lateinamerikanischen Kolonien wurde die I. aktiv, ohne daß sie ein Schreckensregime errichten konnte, wie es in der frühen Neuzeit in zahlreichen Ländern Europas herrschte, insbesondere in Spanien, Frankreich, Italien und dem Heiligen Römischen Reich Deutscher Nation. Die ersten beiden I.-Tribunale Lateinamerikas wurden 1569 in Lima (Peru) und 1571 in Mexiko eingerichtet. Ab 1610 gab es ein I.-Gericht auch in Cartagena de Indias. Vor dem mexikanischen I.-Gericht fanden zwischen 1571 und 1600 rund 900 Prozesse statt, bei denen es zu 600 Verurteilungen kam. In 13 Fällen wurden die Angeklagten zum Tode verurteilt. Die Etablierung der I. bewirkte, daß sich etwa protestantische Gemeinden in Mittel- und Südamerika während der spanischen und portugiesischen Kolonialherrschaft nicht bilden konnten.

Internationaler Währungsfonds (IWF)

Der IWF ist eine autonome Sonderorganisation der Vereinten Nationen mit Sitz in Washington. Er wurde im Dezember 1945 auf der Basis des Abkommens von Bretton Woods gegründet, das die internationalen Wirtschafts- und Finanzbeziehungen nach dem Zweiten Weltkrieg neu ordnen sollte. Insbesondere für die ökonomische und politische Entwicklung in den sog. Dritte-Welt-Ländern und den →Schwellenländern, zu denen u. a. Mexiko und Brasilien gerechnet werden, sind die Aktivitäten des IWF von zentraler Bedeutung.

Seine Hauptzielsetzungen sind die Förderung der internationalen Zusammenarbeit in der Währungspolitik, weltweit ein ausgewogenes Wirtschaftswachstum bei hohem Beschäftigungsgrad und geringer Inflation und die Einrichtung eines internationalen Zahlungssystems. Ein Gestaltungsmittel ist die Gewährung von Krediten an einzelne Mitgliedstaaten.

Oberstes Gremium des IWF ist der Gouverneursrat, in den jedes Mitgliedsland einen Vertreter (zumeist den Finanzminister oder den Chef der Notenbank) entsendet. Die wichtigsten Entscheidungen werden allerdings in dem 22 Mitglieder umfassenden Interimsausschuß getroffen. In ihm sitzen je zur Hälfte Vertreter der Industrie- und Entwicklungsländer. Da das Stimmrecht der Mitglieder sich nach ihrem Anteil am Fonds richtet, wird der IWF faktisch von den finanzstarken Industriestaaten dominiert.

Zu den wichtigsten Aktivitäten des IWF zählen finanzielle Überbrückungshilfen bei Zahlungsschwierigkeiten einzelner Mitgliedstaaten, wobei Kreditvergabe und Rückzahlungsweise nach einem komplizierten Regelwerk erfolgen. Mitte der 80er Jahre rückte die →Schuldenkrise der Entwicklungsländer, von der Lateinamerika besonders stark betroffen wurde, in den Mittelpunkt der Aktivitäten des IWF, wobei er immer stärker die Funktion eines »Krisenmanagers« übernahm. Dabei geriet er wegen seiner strengen Auflagen bei der Kreditvergabe zunehmend in Konflikt mit den in Bedrängnis geratenen Entwicklungsländern. Die theoretischen Grundlagen der IWF-Politik sind wesentlich vom →Monetarismus der sog. Chicago-Schule um den neoliberalen Ökonomen Milton Friedman bestimmt. Dementsprechend verknüpft der IWF seine Kreditvergabe zumeist an konkrete Forderungen im Sinne des wirtschaftlichen Neoliberalismus wie etwa eine drastische Sparpolitik, Reduzierung öffentlicher Ausgaben (u. a. für Sozialprogramme, Gesundheits- und Bildungswesen), umfassende Privatisierungen sowie Aufhebung von Lohn- und Preissubventionen. Für die Masse der Bevölkerung bedeuten diese Maßnahmen zumeist eine weitere Verschlechterung ihrer Lebensbedingungen, Arbeitslosigkeit oder empfindliche Lohneinbußen; für die Regierungen eine starke Einschränkung ihres Entscheidungsspielraums.

Itaipú-Staudamm

Der am Oberlauf des Río Paraná 30 km nördlich der Iguazú-Wasserfälle an der Grenze zwischen Paraguay und Brasilien gelegene I.S. ist das größte derartige Bauwerk der Welt. Mit einer Gesamtleistung von rund 12,6 Mio. kWh ist Itaipú das weltweit stärkste Wasserkraftwerk. Das 1988 fertiggestellte Mammutprojekt wurde gemeinsam von Brasilien und Paraguay errichtet. Die Gesamtkosten betrugen rund 14 Mrd. US-Dollar. Der Staudamm ist das bislang größte bilaterale Projekt im Rahmen der →La-Plata-Gruppe. Die Staumauer ist 195 m hoch; von den Wassermassen werden acht Hochleistungsturbinen angetrieben. Der Stausee erstreckt sich über eine Gesamtlänge von rund 200 km. Da Paraguay über relativ große Energiereserven verfügt, verkauft das Land einen Großteil der ihm zustehenden Strommengen zu günstigen Konditionen an den Projektpartner Brasilien.

Jesuitenstaat

Anfang des 17. Jhs. begannen die Jesuiten im Gebiet des heutigen Paraguay mit ihrer Missionstätigkeit bei den dort lebenden Indios. Aufgrund ihres feinfühligen und verantwortungsvollen Vorgehens waren sie dabei außergewöhnlich erfolgreich. Im Rahmen der Jesuitenmission entstanden im Verlauf des 17. Jhs. zahlreiche Indianeransiedlungen, sog. Reduktionen, aus denen sich ein sog. J. entwickelte. Dieser verfügte zwar über umfassende Selbstverwaltungsrechte, nicht aber über völkerrechtliche Autonomie. Nach der Vertreibung der Jesuiten aus Lateinamerika 1767/68 verfielen diese Reduktionen, in denen zu ihrer Blütezeit insgesamt rund 100 000 Indianer mit ihren jesuitischen Schutzherren lebten.

Kazike

Indianischer Stammeshäuptling. K. wurden nach der spanischen Eroberung von den Kolonialherren häufig als »Hilfspolizisten« oder lokale Ordungsmacht in Dienst genommen und gegenüber der Masse der einfachen Indianer mit Privilegien ausgestattet.

Kolonialhandel

Die europäischen Kolonialmächte (vor allem Spanien, Portugal, Großbritannien und Frankreich) verfolgten in ihren lateinamerikanischen Besitzungen nicht zuletzt wirtschaftliche Interessen. Phasenweise trug der Kolonialhandel wesentlich zur Steigerung des Reichtums der Mutterländer bei. Brasilholz, Gold, Silber, Diamanten, Zucker und Indigo bildeten zunächst die wichtigsten Ausfuhrprodukte der südamerikanischen Kolonien. Seit Anfang des 17. Jhs. erbrachte der Handel mit afrikanischen Sklaven im Rahmen des →Dreieckshandels große Gewinne. Im 18. Jh. wurde die Palette der Ausfuhrgüter Lateinamerikas nach Europa u. a. um Kakao, Tabak und Rohleder erweitert. Ab Mitte des 19. Jhs. wurden Kaffee, Kautschuk und Bananen Hauptexportgüter. In den mittel- und südamerikanischen Kolonien entwickelte sich seit dem 17. Jh. eine Konkurrenz zwischen Monopolansprüchen der europäischen Herrscherhäuser und privaten Unternehmen. Auf Dauer kamen weder Spanien noch Portugal umhin, privaten Handelsgesellschaften größere Spielräume zu gewähren. Dabei verfuhr insbesondere Madrid häufig willkürlich, indem es in den Kolonien Handelsprivilegien an Privatpersonen vergab und wieder aufhob, wenn sie den ökonomischen Interessen der spanischen Krone zuwiderzulaufen schienen.

Königreich von Kastilien

Im zentralen Hochland der iberischen Halbinsel gelegenes Herrschaftsgebiet. Zur Zeit der Entdeckung und ersten Kolonisierung Amerikas war das K.v. K. politische und kulturelle Vormacht, aus der später das Königreich Spanien hervorging. Seit der Heirat der kastilischen Thronfolgerin Isabella mit Ferdinand von Aragonien 1469 bestand eine dynastische Verbindung von Kastilien und Aragonien.

Konservative

Allgemeine Bezeichnung für politische Gruppierungen, die in Rivalität zu den →Liberalen in zahlreichen Ländern Mittel- und Südamerikas ab der Unabhängigkeit Anfang des 19. Jhs. die politische Entwicklung wesentlich bestimmten. Die K. vertraten dabei die Interessen der auf dem Lande lebenden Großgrundbesitzer. Sie traten für die Erhaltung hergebrachter Staatsstrukturen ein, die ihnen die Vorherrschaft in Politik und Wirtschaft sicherten, und befürworteten eine starke Stellung der katholischen Kirche in Staat und Gesellschaft. Zur Wahrung ihrer Interessen setzten sie häufig auf autoritäre Regime, welche die Opposition mit mehr oder minder starker Gewaltanwendung unterdrückten. Auf ökonomischem Gebiet setzten sie sich u.a. für die weitgehende Abschottung der Binnenmärkte durch Schutzzölle gegenüber ausländischen Warenlieferungen ein. Der Gegensatz von K. und Liberalen ist in einigen lateinamerikanischen Staaten bis in die Parteienlandschaft der 90er Jahre präsent.

Kreolen

Bezeichnung für die in Lateinamerika lebenden Nachkommen europäischer Einwanderer aus den romanischen Ländern, insbesondere Spanien und Portugal. Während der Kolonialherrschaft bildeten die K. die wirtschaftliche Führungsschicht der Kolonien, mußten sich aber in Fragen der Verwaltung und Politik den Anweisungen der direkt aus Spanien oder Portugal stammenden Kolonialbeamten beugen. Dies führte immer wieder zu Konflikten, so daß die K. in Lateinamerika zur treibenden Kraft der Unabhängigkeitsbewegungen wurden.

Kreolisch

Oberbegriff für Mischsprachen vor allem im lateinamerikanischen Raum mit einer stark vereinfachten sprachlichen Struktur. Sie entwickelten sich in Gebieten, in denen aufgrund der kolonialen Geschichte mehrere Menschengruppen zusammenleben und eine sprachliche Verständigungsmöglichkeit finden mußten. Basis der verschiedenen Formen des K. ist stets eine europäische Sprache. Besonders stark verbreitet ist K. in der Karibik, z.B. auf Jamaika (Basis Englisch) und Haiti (Patois; Basis Französisch).

Ladinos

Bezeichnung für spanischsprechende Mischlinge indoeuropäischer bzw. afroeuropäischer Abstammung, welche zunächst die Kultur der Spanier weitgehend übernahmen. Die L. paßten sich dann stark an die dominierende Kultur an.

Landflucht

Binnenwanderung großer Bevölkerungsgruppen vom Land in die Städte, die infolge dieses Prozesses in den vergangenen Jahrzehnten z. T. explosionsartig gewachsen sind. Die Motive für L. liegen vor allem in den schlechten Lebensverhältnissen auf dem Land, für die es eine Reihe von Ursachen gibt: die extrem ungleiche Verteilung des Bodenbesitzes, die zu einem Heer von Landlosen führt; geringer Bedarf an Arbeitskräften, schlechte Infrastruktur (Straßen, Gesundheitswesen, Bildung usw.), verbreitete Bodenerosion und niedrige Einkommen. Die L. ist eines der größten sozialen Probleme der lateinamerikanischen Gesellschaften.
Die zugewanderten ehemaligen Landbewohner landen zumeist in den Elendsquartieren der Städte, wo sie unter primitivsten Verhältnissen leben müssen (→Favelas). Die Hoffnung auf Arbeit und bescheidenes Auskommen wird für die meisten enttäuscht.

La-Plata-Gruppe

Mit Vertrag vom April 1969 in Brasilia gebildeter Zusammenschluß von Argentinien, Bolivien, Brasilien, Paraguay und Uruguay, deren Territorien Anteile am südamerikanischen La-Plata-Becken haben.

Die Gruppierung, geplant als Alternative zu den weitgehend gescheiterten Integrationsversuchen der Lateinamerikanischen Freihandelszone →ALALC, soll der »harmonischen Entwicklung« und »physischen Integration« der Region dienen.

Im La-Plata-Becken, dem rund 3,2 Mio. km^2 großen Einzugsgebiet des Río de la Plata und seiner großen Zuflüsse Paraná und Paraguay, leben rund 85 Mio. Menschen. Wichtigster Wirtschaftszweig ist traditionell die Landwirtschaft, doch bietet das Gebiet vor allem aufgrund der argentinischen und brasilianischen Industrieregionen auch große industrielle Entwicklungsmöglichkeiten. Begünstigt wird dieser Prozeß durch die reichen Energiereserven in Form von Wasserkraft.

Die wichtigsten Organe der L.P.G. sind die einmal im Jahr tagende Außenministerkonferenz, das Intergouvernementale Koordinationskomitee als Exekutivorgan (Sitz: Buenos Aires, Argentinien) und der Finanzierungsfonds FONPLATA (Sitz: Sucre, Bolivien). Im Vordergrund der Aktivitäten der L.P.G. stehen Maßnahmen zum Ausbau der Infrastruktur u.a. durch die Errichtung von Staudämmen und Brücken sowie den Ausbau des Straßen- und Telekommunikationsnetzes. Es gibt zahlreiche bilaterale Projekte, wie z. B. den von Brasilien und Paraguay ausgeführten Bau des →Itaipú-Staudamms. Anfang der 80er Jahre gingen die Aktivitäten der L.P.G. deutlich zurück, wofür u. a. die wachsende Verschuldung der südamerikanischen Staaten verantwortlich war. Ende der 80er Jahre wurden wieder größere Projekte in Angriff genommen wie ein Vorwarnsystem für Überschwemmungen, Initiativen zur Schonung natürlicher Ressourcen und der Ausbau des Schiffverkehrs auf den Flüssen.

Liberale

Oberbegriff für politische Gruppierungen, die in häufig auch gewalttätiger Rivalität mit den →Konservativen vor allem im 19. Jh. die politische Entwicklung in zahlreichen Staaten Lateinamerikas bestimmten. Dabei vertraten die L. insbesondere die Interessen der städtischen Ober- und Mittelschichten, setzten sich u. a. für eine Öffnung der Märkte und eine Stärkung föderalistischer Strukturen ein.

M-19

(Movimiento 19 de Abril, Bewegung 19. April), in Kolumbien operierende, linksgerichtete Guerillabewegung. Die Gruppe führte seit 1970 den bewaffneten Kampf gegen die rechtskonservativen Regierungen, die im Zeichen der »eingefrorenen Demokra-

tie« eine quasi-autoritäre Herrschaft ausübten und vor allem den Interessen von Großgrundbesitzern und Drogenkartellen dienten. Die spektakulärste Aktion der M-19 war die Besetzung des Obersten Gerichtshofs von Kolumbien im November 1985. Mehrere hundert Richter, Anwälte, Justizangestellte und Besucher wurden als Geiseln genommen. Bei der gewaltsamen Erstürmung des Gebäudes durch Regierungstruppen wurden mehrere hundert Guerilleros und Geiselnehmer getötet.

Mehrjährige Verhandlungen mit der liberalen Regierung von Präsident Virgilio Barco führten dazu, daß die M-19 1990 einem Friedensabkommen zustimmte, ihre Waffen niederlegte und sich in eine sozialistisch orientierte Partei umwandelte. Unter dem Namen Demokratische Allianz M-19 nimmt sie seither an Wahlen teil und verfügt im 1994 gewählten kolumbianischen Parlament über zwei Mandate (von insgesamt 163). Andere Guerillaorganisationen wie die FARC (Revolutionäre Bewaffnete Kräfte) und die ELN (Nationale Befreiungsarmee) setzen ihren Untergrundkampf gegen Armee und Regierung Kolumbiens fort.

Machismo

Bezeichnung für ein übersteigertes Männlichkeitsgefühl (von spanisch macho, männlich). In den lateinamerikanischen Gesellschaften dient der M. dazu, die traditionell dominierende Position des Mannes mit seiner angeblichen Überlegenheit über die Frau zu rechtfertigen. In den spanisch geprägten Staaten Lateinamerikas nehmen ganz überwiegend Männer die führenden Positionen in Politik, Wirtschaft und Gesellschaft ein. Mädchen und Frauen sind in ihren Bildungsmöglichkeiten stark eingeschränkt und auf ihre traditionelle Rolle in der Familie verwiesen. Allerdings hat der lateinamerikanische M. in den vergangenen Jahren zu bröckeln begonnen. Frauen nehmen am politischen und gesellschaftlichen Geschehen immer stärker teil und fordern zunehmend größere Mitgestaltungs- und Selbstverwirklichungsmöglichkeiten. Nicht zu unterschätzen ist dabei der emanzipatorische Effekt, den die Beteiligung von Frauen an oppositionellen Bewegungen wie auch ihre aktive Teilnahme an Guerillabewegungen erbrachte.

Maroons

Bezeichnung für eine im zentralen Hügelland von Jamaika lebende Volksgruppe, die sich gegen Ende des 17. Jhs. aus entflohenen Sklaven bildete. Mit den englischen Kolonialtruppen lieferten sich die M. einen jahrzehntelangen Kampf, bis die Engländer 1738 in einem Friedensvertrag die Autonomie ihrer Siedlungsgebiete anerkannten. Im Gegenzug verpflichteten sich die M., keine entflohenen Sklaven mehr aufzunehmen und die Engländer bei Unruhen zu unterstützen. Tatsächlich waren in den folgenden Jahrzehnten M.-Soldaten wiederholt an der Niederschlagung von Sklavenaufständen auf Jamaika beteiligt.

Mayas
Indiovolk, das eine der ältesten Hochkulturen Lateinamerikas hervorbrachte, deren Blüte in die Zeit zwischen dem 4. und 9. Jh. n. Chr. fällt. Die Anfänge der Mayakultur lassen sich bis um das Jahr 1000 v.Chr. zurückverfolgen. Hauptsiedlungsgebiete der M. waren das Tiefland von Guatemala und die Halbinsel Yucatán. Der Herrschaftsbereich der M. war in der klassischen Periode (250–900 n. Chr.) in zahlreiche Stadt- und Territorialstaaten unterteilt. Die politischen und kulturellen Zentren des Mayareiches bildeten die Städte mit Pyramiden und Tempeln sowie prächtigen Herrscherresidenzen. Der Ackerbau bildete die wirtschaftliche Basis der streng hierarchischen Mayagesellschaft; auch Handwerk und Künste standen zeitweise in hoher Blüte. Zu den herausragenden Kulturleistungen der M. zählen die Entwicklung einer Bilderschrift (bis in die Gegenwart erst teilweise entziffert), grundlegende Erkenntnisse in der Mathematik und Astronomie sowie die Schaffung eines sehr differenzierten Kalenders.

MCCA
(Gemeinsamer Mittelamerikanischer Markt), im Dezember 1960 zwischen Guatemala, El Salvador, Honduras, Nicaragua und Costa Rica (seit 1962) eingerichteter gemeinsamer Wirtschaftsraum. Neben der angestrebten Förderung der Industrialisierung in den Mitgliedstaaten gehört vor allem die Etablierung eines gemeinsamen Marktes bzw. eine Zollunion zu den Zielen des MCCA. Folgende Organe wurden eingerichtet: ein Wirtschaftsrat (CEC), der durch die Wirtschaftsminister der beteiligten Länder besetzt wird; ein Exekutivrat (CETG), besetzt durch die stellvertretenden Wirtschaftsminister; ein ständiges Sekretariat (SIECA) sowie die Zentralamerikanische Bank für Wirtschaftsintegration (BCIE).
Nach anfänglichen Erfolgen, die vor allem durch ein stetiges Wirtschaftswachstum und steigende ausländische Investitionen in den 60er Jahren gekennzeichnet waren, begann der Wachstums- und Integrationsprozeß in den 70er Jahren zu stocken. Hinzu kam,

daß sich einzelne Mitgliedstaaten wie etwa Honduras benachteiligt fühlten. Es folgten Versuche, die Wirtschaftsgemeinschaft stärker auf die Bedürfnisse der einzelnen Gesellschaften hin zu orientieren. Eine geplante Mittelamerikanische Wirtschafts- und Sozialgemeinschaft (CESCA) wurde durch die revolutionären Umsturzversuche in Nicaragua und El Salvador verhindert. Das Projekt wurde erst Anfang der 90er Jahre wieder aufgenommen. Am 1. Januar 1993 wurden Verträge zwischen den Ländern des Zentralamerikanischen Norddreiecks (Guatemala, Honduras und El Salvador) ratifiziert. Sie sehen den Aufbau einer Freihandelszone vor. Die übrigen Länder der Region wurden aufgefordert, dem Zusammenschluß beizutreten.

Medellín-Kartell
Kolumbianisches Drogenkartell, benannt nach der Stadt Medellín, einem Zentrum des Drogenhandels. Unter der Führung von Pablo Escobar kontrollierte das M.K. Ende der 80er Jahre über 70 % der weltweiten Kokainherstellung. Die Drogenbosse des M.K. nahmen massiven Einfluß auf Wirtschaft, Politik und Justiz in Kolumbien. Vor allem auf Druck der USA verstärkte die kolumbianische Regierung Anfang der 90er Jahre den Kampf gegen die Drogenbosse. Im Dezember 1993 wurde Escobar von der Polizei erschossen. Inzwischen hat das rivalisierende Calí-Kartell die führende Position im kolumbianischen Drogengeschäft erobert und ist zum weltweit größten Kokainproduzenten aufgestiegen.

Mercosur
(Mercado Comun de los Paises del Cono Sur, Gemeinsamer Markt des südlichen Teils Amerikas), Argentinien, Brasilien, Uruguay und Paraguay schlossen im März 1991 in Asunción (Paraguay) einen Vertrag über die Schaffung des M. Ziel ist die Förderung der Wirtschaftsentwicklung durch den Abbau von Zollschranken zwischen den Mitgliedstaaten, die Koordinierung der Wirtschaftspolitik und andere Maßnahmen zur ökonomischen Integration der Region.

Mestizen
Bezeichnung für Mischlinge mit einem weißen und einem indianischen Elternteil. In Mittelamerika werden diese Mischlinge auch Ladinos, in Brasilien Caboclo oder Mameluco genannt. In einigen lateinamerikanischen Staaten bilden M. die größte Bevölkerungsgruppe, so etwa in Paraguay (95%), Honduras (90 %) und Mexiko (70 %).

441

Mittelamerika-Konflikt

In den 1980er Jahren zählte Mittelamerika zu den Hauptkrisenregionen der Welt. Seit den 60er Jahren schwelten in dieser Region zahlreiche innere und bilaterale Konflikte, die sich nach dem Sieg der linksgerichteten →Sandinisten in Nicaragua intensivierten und internationale Bedeutung annahmen. Eine wichtige Ursache für diese Entwicklung bestand darin, daß die US-Regierung unter Ronald Reagan die politischen Ereignisse in ihrem »Hinterhof« mit wachsendem Mißtrauen beobachtete und sich dort verstärkt engagierte.

Die zentralen Elemente des M.K. sind der Kampf einer linksgericheteten Guerilla in El Salvador und Guatemala und die Aktivitäten der rechten Contra-Rebellen gegen das sandinistische Regime in Nicaragua. Zwar wurden die Konflikte weitgehend in den jeweiligen Staatsgrenzen ausgetragen, doch hatten sie politische, wirtschaftliche und soziale (Flüchtlinge) Auswirkungen auf die gesamte Region. Überregionale Bedeutung gewann der vielschichtige Konflikt mit der direkten und indirekten Unterstützung einzelner Konfliktgegner durch die USA (Contra-Rebellen, Regierungen in El Salvador, Honduras, Guatemala) und die Sowjetunion (Sandinisten, linke Guerilla).

Ein 1987 vom costa-ricanischen Präsidenten Oscar Arias Sánchez vorgelegter Friedensplan (→Arias-Plan) schuf die Grundlage für die schrittweise Befriedung der Krisenregion Mittelamerika.

Monetarismus

Der Monetarismus ist ein ökonomisches Theorie-Konzept, das in seiner praktischen Umsetzung die weitgehende Beseitigung staatlicher Eingriffsmöglichkeiten in die Volkswirtschaft und die möglichst konsequente Durchsetzung neoliberaler Marktprinzipien bedeutet. Damit ist der maßgeblich vom US-amerikanischen Wirtschaftsnobelpreisträger Milton Friedman entwickelte M. ein Gegenentwurf zum Keynesianismus, der dem Staat im Bedarfsfall marktregulierende Funktionen zuweist. Für die Staaten Lateinamerikas wie für die Entwicklungsländer ist der M. insofern von großer Bedeutung, als die neoliberalen Reformbestrebungen dieser Staaten seit Mitte der 80er Jahre auf diesem Konzept basieren. So machen etwa Weltbank und Internationaler Währungsfonds die Vergabe von Krediten oft von der Anwendung monetaristischer Konzepte bei den dringend erforderlichen Wirtschaftsreformen abhängig. Der Kontrolle der Geldmenge innerhalb einer Volkswirtschaft messen die Monetaristen eine zentrale Bedeutung zu. Da sie einen unmittelbaren Zusammenhang zwischen dem Anstieg der Geldmenge (umlaufendes Geld) und der Inflation, d. h. der Verminderung des Geldwerts, sehen, fordern die Monetaristen den Staat zu strenger Zurückhaltung bei der Ausgabe von Geld auf. Friedman und seine Anhänger kritisieren, daß insbesondere in den Entwicklungsländern das angestrebte Wachstum der Wirtschaft (des Bruttosozialprodukts) bis in die 80er Jahre hinein vor allem durch Kredite und »die Betätigung der Notenpresse« erreicht wurde. Das so erzielte Wirtschaftswachstum sei eines »auf Pump«; Hyperinflation und rasant ansteigende Staatsverschuldung machten die Erfolge über kurz oder lang wieder zunichte. Die Inflation bewirke, daß immer weniger Kapital für inländische Investitionen zur Verfügung stünde, die Bevölkerung ihr Geld zunehmend in Konsumgüter stecke oder bei höheren Einkommen ins Ausland transferiere und Kapitalimporte abgeschreckt würden. Deshalb fordern die Monetaristen von den Regierungen strikte Haushaltsdisziplin, d. h. drastische Einschränkung der öffentlichen Ausgaben. Dies hat zur Folge, daß »unproduktive« Sektoren wie etwa Gesundheitswesen und Sozialversorgung stark beschnitten und subventionierte öffentliche Unternehmen verkleinert oder privatisiert werden. Volkswirtschaftliche Konsequenzen sind Anstieg der Arbeitslosigkeit, tendenzielles Absinken der Löhne und Abbau der Sozialversorgung, wovon vor allem die Unter- und unteren Mittelschichten betroffen sind. Angestrebt wird durch dieses Maßnahmenbündel ein wirtschaftliches Wachstum bei möglichst geringer Inflation. Volkswirtschaftliche Erfolge sind, gemessen an Inflationsabschwächung, Produktivitätssteigerung und vor allem dem Abbau der Staatsverschuldung, in zahlreichen Entwicklungsländern aufgrund dieses Konzeptes nicht zu bestreiten. Beispiele für das Wirken monetaristischer Konzepte in Lateinamerika sind u. a. Chile unter der Pinochet-Diktatur und Brasilien. Die neoliberalen Wirtschaftsreformen, die auch ehemals linksorientierte Regierungen in den meisten lateinamerikanischen Ländern seit Ende der 80er Jahre in Angriff genommen haben, stehen konzeptionell auf monetaristischer Grundlage.

Mütter der Plaza de Mayo

Die M.d.P.d.M. versammeln sich seit mehreren Jahren an einem Tag der Woche auf einem Platz im Zentrum der argentinischen Hauptstadt Buenos Aires, um an das Schicksal ihrer während der Militärdiktatur zwischen 1976 und 1983 »verschwundenen« Söhne und Ehemänner zu erinnern. Zugleich fordern sie eine konsequentere Verfolgung und Bestrafung der für die zahlreichen Menschenrechtsverletzungen unter dem Militärregime Verantwortlichen. Eine staatliche Untersuchungskommission schätzt die Zahl der »Verschwundenen« – Personen, die nach der Verhaftung durch das Militär nicht mehr aufgetaucht sind, – auf rund 8000. Unabhängige Menschenrechtsorganisationen vermuten, daß die Zahl dieser »Verschwundenen« über 20 000 beträgt. Mitte der 90er Jahre werden durch Aussagen von Militärs immer mehr Einzelheiten über die Beseitigung politischer Gegner durch das argentinische Militärregime bekannt. Demnach wurden zwischen 1976 und 1983 mehrere tausend Regimegegner von Polizei und Militär verschleppt und zumeist ohne Gerichtsverfahren ermordet.

Mulatten

Bezeichnung für Menschen mit einem europäischen und einem schwarzafrikanischen Elternteil. Der Anteil der Mulatten an der Gesamtbevölkerung ist in einigen Karibikstaaten besonders hoch. So beträgt ihr Bevölkerungsanteil in der Dominikanischen Republik rund 70 %.

Neue Gesetze (1542)

Die spanische Krone erließ 1542 die N.G., um die indianische Bevölkerung in ihren südamerikanischen Kolonien vor rücksichtsloser Ausbeutung und Übergriffen durch die spanischen Kolonisten zu schützen. Daneben dienten sie dazu, das Verhältnis zwischen Spanien und seinen Überseebesitzungen völkerrechtlich festzuschreiben. Am Zustandekommen der N.G. hatte der Dominikanerpater Bartolomé de Las Casas wesentlichen Anteil, der in eindringlichen Berichten die Greueltaten der spanischen Eroberer in Lateinamerika angeprangert hatte. Nach den Bestimmungen der N.G. war es verboten, Indianer als Sklaven zu halten. Sie galten als Untertanen der spanischen Krone. Den Indianern sollte des weiteren bei Streitigkeiten mit spanischen Kolonisten Rechtsschutz gewährt werden. Daneben untersagten die N.G. unmenschliche Arbeitsbedingungen der Indios. Die spanische Krone war indes nicht in der Lage, die Bestimmungen der N.G. in ihren lateinamerikanischen Kolonien durchzusetzen.

OECD

(Organization for Economic Cooperation and Development, Organisation für Wirtschaftliche Zusammenarbeit und Entwicklung), gegründet wurde die OECD 1960 in Paris. Als erstes lateinamerikanisches Land wurde Mexiko 1994 Mitglied der OECD, der in der Mehrzahl ökonomisch leistungsstarke Industriestaaten angehören. (Der Anteil der OECD-Staaten an der weltweiten Industrieproduktion beträgt rund 60 %, der Anteil am Welthandel über 70 %.) Vorläuferorganisation war die 1948 zur Koordinierung der Marshallplanhilfe gegründete OEEC (Organization for European Economic Cooperation, Organisation für Europäische Wirtschaftliche Zusammenarbeit).

Ziele der OECD sind die Planung, Intensivierung und Koordinierung der wirtschaftlichen Zusammenarbeit und Entwicklung. Gefördert werden soll eine Wirtschaftsentwicklung bei Vollbeschäftigung und Stabilität der Währung. Ein weiteres Aufgabenfeld ist die Ausarbeitung von Hilfsprogrammen für Entwicklungsländer. Die Aktivitäten der OECD bestehen vor allem aus Beratertätigkeit auf wirtschaftlichen und sozialen Gebieten.

Oberstes Organ ist der regelmäßig tagende Rat der Ständigen Delegationen mit Sitz in Paris. Einmal pro Jahr tagen die OECD-Staaten auf Ministerebene. Für Beschlüsse und Empfehlungen ist Einstimmigkeit erforderlich. Durch Veto kann ein Staat lediglich verhindern, daß einzelne Beschlüsse auch auf ihn angewendet werden, nicht aber eine Entschließung gänzlich zu Fall bringen. Der Exekutivausschuß bereitet Ratssitzungen vor und koordiniert die Arbeit der rund 150 Einzelausschüsse, Arbeitsgruppen und Expertengremien zu verschiedenen Themenbereichen.

OECS

(Organization of Eastern Caribbean States, Organisation der Ostkaribischen Staaten), 1981 gegründeter Zusammenschluß der ostkaribischen Staaten Antigua und Barbuda, Dominica, Grenada, Montserrat, Saint Kitts und Nevis, Saint Lucia sowie Saint Vincent und die Grenadinen. Hauptziele der OECS sind die Förderung der wirtschaftlichen Zusammenarbeit und die Abstimmung einer gemeinsamen Außenpolitik. Oberstes Organ ist ein Gremium, dem die Regierungschefs aller Mitgliedstaaten angehören. Daneben bestehen Komitees für auswärtige Angelegenheiten, für Verteidigung und für wirtschaftliche Kooperation. Eine sog. Vergleichskommission soll Streit zwischen Mitgliedstaaten friedlich beilegen.

Olmeken

Indiovolk unbekannter Herkunft, das die älteste Hochkultur Mittelamerikas hervorbrachte. Ihre Blütezeit hatte die O.-Kultur um 1200 bis 400 v. Chr., doch liegen ihre Ursprünge bereits um 1500 v.Chr. Das Hauptsiedlungsgebiet der Olmeken erstreckte sich im Osten des heutigen Mexiko entlang der Atlantikküste. Ein politisches und kulturelles Zentrum bildete der Ort La Venta. Die olmekische Gesellschaft wurde von einer Oberschicht beherrscht, der die Masse der Bevölkerung tributpflichtig war. Die hohe Kulturentwicklung der Olmeken dokumentiert sich u.a. in den Zeugnissen der Bildhauerkunst (Altäre und Stelen) wie auch in einer Hieroglyphenschrift, die von nachfolgenden Kulturen Mittelamerikas z. T. weiterentwickelt wurde. Eine Besonderheit der olmekischen Bildhauerkunst sind die zahlreichen erhaltenen Kolossalköpfe. Die bis 2,85 m hohen Skulpturen stehen auf Steinfundamenten; sie haben weder Körper noch Hals. Bedeutung und kultische Funktion dieser Kolossalköpfe mit charakteristischem Gesichtsausdruck sind weitgehend ungeklärt. Die olmekische Kultur wirkte befruchtend auf zahlreiche andere Kulturen im mittelamerikanischen Raum.

Pampas

Eine ebene Großlandschaft, die zum größten Teil in Argentinien liegt. Die P. erstreckt sich vom Andenvorland im Westen bis zur argentinischen Atlantikküste und geht im Norden in das Hügelland des Gran Chaco und im Süden in das Tafelland Patagoniens über. Man unterscheidet die östliche P. húmeda (feuchte P.) und die P. seca (trockene P.) im Westen. Die rund 500 000 km² umfassende P. húmeda weist überwiegend dichten Grasbewuchs auf. Es ist das wirtschaftliche Kerngebiet Argentiniens, in dem rund zwei Drittel der Gesamtbevölkerung des Landes leben. Dort befinden sich rund 90 % des Ackerlandes und etwa 60 % des argentinischen Viehbestandes. Die Rinderhaltung auf der P. ist ein Hauptzweig der argentinischen Wirtschaft und trägt zum Exporterlös des Landes einen großen Teil bei. Die Viehzucht in der P. begann bereits im 16. Jh., wobei es immer wieder zu kriegerischen Auseinandersetzungen zwischen den Viehzüchtern, zumeist Weiße oder Mestizen, und den P.-Indianern kam.

Panamakanal

Durch den Isthmus von Panama verlaufender Schiffskanal, der den Atlantik (Karibisches Meer) mit dem Pazifik verbindet. Der Kanal, neben dem Sueskanal der wichtigste und am stärksten befahrene künstliche Schiffahrtsweg der Welt, ist 81,6 km lang, zwischen 70 und 300 m breit bei einer Min-

desttiefe von 12,4 m. Ein Höhenunterschied von 26 m zwischen Atlantik und Pazifik wird mit drei Schleusensystemen überwunden. Der Kanal wird jährlich von mehr als 12 000 Schiffen passiert. Seit seiner Eröffnung im August 1914 erspart er den Schiffen die Fahrt um Kap Hoorn an der Südspitze Südamerikas, so daß sich etwa die Fahrtstrecke zwischen New York und San Francisco um rund 15 000 km, zwischen New York und Tokio um rund 12 000 km verringerte. Anfang der 90er Jahre wurden gemessen am Warenwert rund 1 % des gesamten Welthandels über den P. abgewickelt.

Zur Kontrolle des Kanals sicherten sich die USA in einer bis zu 30 km breiten Kanalzone Hoheitsrechte, die sie nach einer vertraglichen Regelung von 1977 im Jahr 2000 vollständig an Panama zurückgeben wollen. Unbeschadet der US-amerikanischen Kontrollrechte ist der P. völkerrechtlich ein internationaler Schiffahrtsweg, der von Schiffen aller Nationen befahren werden darf.

Bereits die spanischen Kolonialherren befaßten sich im 16. Jh. mit Plänen, den Isthmus von Panama für den Bau eines Kanals zu durchstechen. Aber erst Mitte des 19. Jhs. nahmen die Kanalpläne konkrete Gestalt an; treibende Kräfte waren vor allem Großbritannien und die USA. Beide Mächte schlossen 1901 einen Vertrag, in dem die Neutralität des geplanten Kanals garantiert wurde. 1903 betrieben die USA die Abspaltung der Provinz Panama als selbständiger Staat von Kolumbien. Die USA pachteten eine 19 Meilen breite Zone gegen eine einmalige Zahlung von 10 Mio. US-Dollar und eine jährliche Gebühr in Höhe von 250 000 US-Dollar.

Der Kanal wurde nach mehrjährigen Bauarbeiten unter Leitung US-amerikanischer Armeeingenieure im August 1914 für den Schiffsverkehr freigegeben.

Panamerican Highway

Transkontinentales Straßensystem in Nord-, Mittel- und Südamerika mit einer Gesamtlänge von rund 72 000 km. Die Hauptroute verläuft entlang der Westflanke des Doppelkontinents mit zahlreichen Abzweigungen in die weiter im Landesinnern gelegenen Metropolen. Anfangspunkt des P.H. ist Fairbanks in Alaska. Die Strecke endet nach rund 26 000 km in Puerto Montt an der Südspitze Chiles. In Mittel- und Südamerika verläuft der P.H. zumeist nahe der Pazifikküste. Von La Paz (Bolivien) und Santiago de Chile aus führen Verbindungen nach Buenos Aires (Argentinien) und Montevideo (Uruguay) sowie in die brasilianischen Metropolen Rio de Janeiro und Brasilia.

Die Anlage eines durchgehenden Straßensystems in Amerika wurde bereits 1923 auf einer panamerikanischen Konferenz beschlossen. 1936 erklärten alle 21 damals selbständigen Staaten Amerikas ihre Bereitschaft zur Beteiligung an dem Projekt; wenig später begannen in großem Stil die Bauarbeiten zu dem Straßennetz, das für die wirtschaftliche Entwicklung vor allem Mittel- und Südamerikas von großer Bedeutung ist.

Panamerikanische Bewegung

Politische Bewegung, die sich seit Ende des 19. Jhs. um die politische, wirtschaftliche und kulturelle Integration des amerikanischen Kontinents bemüht. Zu diesem Zweck wurden mehrere Konferenzen abgehalten, auf denen Fragen der politischen, wirtschaftlichen und kulturellen Zusammenarbeit erörtert wurden. Der erste panamerikanische Kongreß fand auf Initiative der USA 1899 in Washington statt. Als erste länderübergreifende Organisation wurde 1890 die Internationale Union Amerikanischer Republiken (spätere Bezeichnung: Panamerikanische Union) mit Sitz in Washington gegründet. US-Präsident Franklin D. Roosevelt verstärkte nach 1933 die Bemühungen um eine interamerikanische Integration, wobei er den Führungsanspruch der USA mit einer gutnachbarlichen, partnerschaftlichen Politik zu verbinden suchte. Aus der Konferenz von Bogotá ging 1948 die →OAS (Organization of American States, Organisation Amerikanischer Staaten) hervor, die wichtigste Organisation zur Förderung der interamerikanischen Zusammenarbeit.

Peronismus

Bezeichnung für eine politische Bewegung in Argentinien, die von Juan Domingo Perón, von 1946 bis 1955 und 1973/74 Staatspräsident, begründet wurde. Kernpunkte des ursprünglichen Peronismus sind der Aufbau eines korporatistischen Staates, in dem jeder gesellschaftlichen Gruppe eine bestimmte Position mit spezifischen Rechten und Pflichten zugewiesen wird, die gesellschaftliche Integration der unteren Bevölkerungsschichten durch gezielte Sozialprogramme und andere staatliche Förderungsmaßnahmen und ein nationalistischer Kurs in der Außenpolitik.

Demokratischen Freiheitsrechten wird für das Funktionieren der Gesellschaft keine wesentliche Bedeutung beigemessen; politische und wirtschaftliche Interessenkonflikte sollten nach den Vorstellungen Peróns bevorzugt durch autoritäre Verfügungen geregelt werden. Zur Durchsetzung ihrer Ziele stützte sich die peronistische Bewegung insbesondere auf die argentinischen Gewerkschaften.

Seit seiner Entstehung in den 40er Jahren bildete der Peronismus mehrere Flügel heraus, die sich u. a. in ihrer Stellung zur parlamentarischen Demokratie und zur Marktwirtschaft unterscheiden. In den 80er Jahre gewann der marktwirtschaftlich orientierte, dem Parlamentarismus verpflichtete »Erneuerungsflügel« innerhalb der peronistischen Bewegung mit der Partido Justicialista (Gerechtigkeitspartei) an Einfluß. Diesem Flügel der peronistischen Bewegung gehört auch der seit 1989 amtierende Präsident Carlos Menem an.

Plan von Iguala

Vom mexikanischen Unabhängigkeitskämpfer Augustín de Itúrbide 1820 vorgelegter Plan für ein unabhängiges Mexiko, in dem die konservative kreolische Oberschicht die politische und wirtschaftliche Vorherrschaft behalten sollte. Mexiko sollte nach Erlangung seiner Unabhängigkeit von Spanien eine Monarchie mit konstitutionellen Elementen werden. Die katholische Kirche sollte ihre machtvolle Position behalten können; Einheimische (Kreolen) und Spanier sollten in dem souveränen Staat gleichgestellt sein. Sowohl der spanische Vizekönig als auch das Parlament in Madrid verweigerten dem Plan ihre Zustimmung, so daß sich Itúrbide 1822 dazu entschloß, mit militärischer Rückendeckung das unabhängige Kaiserreich Mexiko auszurufen und sich zum Kaiser Augustín I. krönen zu lassen. Doch bereits im März 1823 wurde Augustín I. von einer republikanischen Militärjunta zur Abdankung gezwungen.

Potosí

Stadt in Bolivien, in 3970 m Höhe am Fuß des Bergs Cerro Potosí gelegen. P. wurde 1545 nach der Entdeckung reicher Silbervorkommen von den Spaniern als Villa Imperial de Potosí gegründet. Im 16. und 17. Jh. war die Stadt Zentrum des spanischen Silberbergbaus, aus dem im 17. Jh. fast zwei Drittel des weltweit geförderten Silbers stammten. Die schwere Arbeit in den Bergwerken mußten Indios verrichten, die unter unmenschlichen Arbeits- und Lebensbedingungen zu leiden hatten. Während der Blütezeit des Silberbergbaus im 17. Jh. hatte P. rund 150 000 Einwohner und war damit die größte Stadt auf dem amerikanischen Kontinent. P. hatte prächtige Sakralbauten. Nachdem die Silbervorkommen im 18. Jh. erschöpft waren, erfolgte der rasche Niedergang der Stadt. Die Erschließung von großen Zinnvorkom-

LATEINAMERIKA / KARIBIK LEXIKON

445

men führten nach 1900 zu einem Wiederaufschwung von P.

Reduktion

Befestigte Siedlung im Gebiet des heutigen Paraguay, in der Jesuitenpatres mit den von ihnen missionierten Indianern lebten. Die Einwohnerzahlen der einzelnen R. lagen zwischen einigen hundert und mehreren tausend Menschen. Ökonomische Grundlage war der Ackerbau, der nach gemeinwirtschaftlichen Grundsätzen betrieben wurde. Unter der Oberaufsicht der Jesuiten wurden die R. von den indianischen Bewohnern weitgehend selbstverantwortlich verwaltet. Mitte des 18. Jhs. bestanden in Südamerika rund 30 R. mit etwa 100 000 Bewohnern. Nach der Vertreibung der Jesuiten durch die spanischen Kolonialbehörden 1767/68 gerieten die R. rasch in Verfall.

Rio-Pakt

Zwischen den USA und den lateinamerikanischen Staaten am 30. August 1947 geschlossener Vertrag, in dem sich die einzelnen Parteien zum gegenseitigen Beistand bei Angriffen nicht-amerikanischer Mächte verpflichteten. Diese Vereinbarung wurde in die Statuten der im April 1948 gegründeten →OAS (Organization of American States, Organisation Amerikanischer Staaten) aufgenommen.

Salpeterkrieg

1879 brach zwischen Chile und den verbündeten Staaten Peru und Bolivien ein Krieg aus um die reichen Salpetervorkommen in der Grenzregion Atacama. Dort hatten chilenische Unternehmer Mitte des 19.Jhs. mit dem Abbau von Salpeter, einem wichtigen Rohstoff für die chemische Industrie, begonnen. Chile leitete daraus territoriale Ansprüche auf die Gebiete ab, was auf den Widerstand seiner Nachbarn Peru und Bolivien stieß. Chile ging nach vierjährigen Kämpfen aus dem S. siegreich hervor und erhielt im Vertrag von Ancón (1883) von Peru die Salpeterprovinzen Tarapacá, Arica und Teile von Tacna, von Bolivien aufgrund des Vertrags von Valparaíso (1884) Antofagasta und konnte damit sein Territorium nach Norden erweitern. Bolivien verlor seinen direkten Zugang zum Pazifischen Ozean, während Chile nach dem Sieg zum größten Salpeterexporteur der Welt aufstieg.

Sandinisten

Bezeichnung für Mitglieder der linksgerichteten Guerillabewegung FSLN (Frente Sandinista de Liberación Nacional, Sandinistische Nationale Befreiungsfront) in Nicaragua, die Mitte 1979 nach jahrelangem Bürgerkrieg das Somoza-Regime stürzte und Nicaragua in eine sozialistische Gesellschaft umzuwandeln versuchte. Ihren Namen leiten die S. ab von dem nicaraguanischen Freiheitskämpfer Augusto César Sandino (*1895, †1934), der als Anführer einer bewaffneten Widerstandsbewegung 1932/1933 den Abzug von US-Truppen aus Nicaragua erreichte.

Nach der Eroberung der Regierungsmacht versuchten die S., ihre politischen Konzepte schrittweise und möglichst ohne Gewaltanwendung umzusetzen. Als Mitstreiter bei der revolutionären Umgestaltung des Landes gewannen sie so angesehene Personen wie den Jesuitenpater und Dichter Ernesto Cardenal. Wichtigste Maßnahmen waren eine umfassende Bodenreform zugunsten der landlosen Massen und Kleinbauern, die Ausweitung und Verbesserung des Gesundheitswesens und eine Alphabetisierungskampagne. Unter dem Druck wirtschaftlicher Mißerfolge, wachsender Unzufriedenheit unter der Bevölkerung und der Bedrohung durch die rechtsgerichteten Contra-Rebellen gaben die S. im Verlauf der 80er Jahre ihre friedlichen, z. T. basisdemokratischen Vorsätze auf. Die S. und ihr Anführer Daniel Ortega Saavedra griffen zunehmend zu dikatorischen Mitteln, bis sie 1989 auf internationalen Druck einen Demokratisierungsprozeß einleiteten. Nachdem sie 1990 bei freien Wahlen eine Niederlage erlitten hatten, gaben sie vereinbarungsgemäß die Regierungsmacht an eine bürgerliche Koalition ab.

Schlacht bei Ayacucho

Bei dem peruanischen Dorf Ayacucho brachten die Truppen Simón Bolívars unter dem Befehl von General A. J. de Sucre am 9. Dezember 1824 dem Heer des spanischen Vizekönigs eine vernichtende Niederlage bei. Damit war der Sieg der südamerikanischen Unabhängigkeitsbewegung über die Kolonialmacht Spanien besiegelt.

Schuldenkrise

Die hohe Staatsverschuldung zählt zu den schwerwiegendsten Problemen vieler Länder Lateinamerikas und hat auch starke Auswirkungen auf die soziale und politische Entwicklung der betroffenen Staaten. Zum Ausbruch kam die akute S., mit der zahlreiche Entwicklungs- und Schwellenländer auch auf anderen Erdteilen zu kämpfen haben, Anfang der 80er Jahre, als mehrere Staaten außer Stande waren, den Schuldendienst (Zinsen und Tilgung) für in den

Jahren zuvor in den Industrieländern aufgenommene Kredite zu leisten. Neben den lateinamerikanischen Volkswirtschaften geriet dadurch das gesamte internationale Finanzsystem ins Wanken, konnte aber durch ein rigoroses Krisenmanagement vor ernsthaften Beschädigungen bewahrt werden.

Eine der Hauptursachen für die anhaltende S. ist die umfassende Kreditaufnahme lateinamerikanischer Staaten in den 70er Jahren. Mit ausländischem Kapital sollte vor allem die Infrastruktur ausgebaut werden, wovon sich die einzelnen Länder starke Wachstumsimpulse erhofften. Dabei kalkulierten die Regierungen, daß die Kredite durch stark steigende Exporterlöse refinanziert werden sollten. Zudem erwartete man sich infolge eines kreditfinanzierten Wirtschaftswachstums eine allgemeine Anhebung des Lebensstandards. Doch blieben die erhofften Wachstumsimpulse in den Staaten Lateinamerikas weitgehend aus. Dafür gab es vielfältige Ursachen. Zum einen wurde ein Großteil der Kredite nicht in produktive Bereiche investiert, sondern anderen Zwecken (Luxusgüter der Oberschichten, Ausbau von Militär- und Polizeiapparat usw.) zugeführt. Politische Instabilität führte zudem zu starker Kapitalflucht, so daß in breitem Umfang die aufgenommenen Kredite lediglich außer Landes geschafftes Kapital ersetzten. Hinzu kam, daß zahlreiche Großprojekte (Kraftwerke, Industriekomplexe), wenn überhaupt, nur mit zeitlicher Verzögerung finanzielle Profite erbrachten.

Auf der anderen Seite wurde das Kreditverlangen der lateinamerikanischen Staaten von den westlichen Banken im Zuge einer starken Internationalisierung der Märkte angeheizt. Die Banken verfügten aufgrund gewaltiger Gewinne der ölexportierenden Länder nach dem ersten Ölpreisschock (1973) über viel Kapital, für das sie eine gewinnversprechende Anlage suchten.

Verschärft wurde die S. dann Anfang der 80er Jahre durch die zweite Ölkrise mit einer Explosion der Weltmarktpreise für Rohöl, einem rapiden Zinsanstieg und dem Einbruch der Weltkonjunktur. Letzterer verringerte u. a. die Nachfrage nach Rohstoffen, nach wie vor die wichtigsten Ausfuhrgüter der lateinamerikanischen Staaten.

Seit Ende der 80er Jahre versuchen die Regierungen Lateinamerikas, die S. durch eine rigorose Spar- und Privatisierungspolitik zu überwinden. Dabei folgen sie zumeist den neoliberalen Vorgaben des →Internationalen Währungsfonds (IWF), der neue Kredite an strenge Bedingungen knüpft. Hauptleidtragende dieser Konsolidierungspolitik sind kurz- und mittelfristig die breiten unteren Bevölkerungsmassen, die unter wachsender Arbeitslosigkeit, sinkenden Löhnen und der Beschneidung öffentlicher Ausgaben etwa für Bildung und Sozialprogramme zu leiden haben. Allerdings sehen auch die meisten sozialdemokratischen oder weiter links orientierten Politiker in Lateinamerika kaum eine Alternative zu einer konsequenten Sparpolitik.

Auslandsschulden ausgewählter Staaten [1]
(Mrd. US-Dollar)

	1994	1980
Argentinien	76,5	27,2
Brasilien	132,8	77,0
Indonesien	92,5	20,9
Mexiko	125,23	57,38
Polen	46,4	8,9
Rußland	83,1	-
Venezuela	38,5	29,3

1) nach Angaben der Weltbank

Schwellenländer

Als S. werden Staaten bezeichnet, die über eine vergleichsweise stark entwickelte Industrie verfügen und in Bezug auf industrielle Produktionsleistung und Anteil am Welthandel eine Position zwischen Entwicklungsländern und Industriestaaten einnehmen. Von den lateinamerikanischen Staaten werden Mexiko, Argentinien und Brasilien zu den S. gerechnet. Typische S. sind einige asiatische Staaten wie Südkorea, Taiwan, Singapur, Malaysia und Thailand. Weitere Merkmale der S. sind gemäß einem Kriterienkatalog der Weltbank ein bestimmtes Mindest-Bruttosozialprodukt pro Kopf und Jahr, ein bestimmter Industrieanteil am gesamten Export, hohe Wachstumsraten, ein vergleichsweise hoher Energieverbrauch wie auch ein bestimmter Alphabetisierungsgrad der Bevölkerung.

In den meisten S. hat die soziale Entwicklung mit dem wirtschaftlichen Aufwärtstrend nicht Schritt gehalten, bzw. sich infolge verschärfter Arbeitsbedingungen für einen großen Teil der Bevölkerung sogar verschlechtert. Insbesondere durch die ›Schuldenkrise‹ wurden die lateinamerikanischen S. Brasilien und Mexiko in ihrer ökonomischen Entwicklung stark zurückgeworfen.

SELA

(Sistema Económico Latinoamericano, Lateinamerikanisches Wirtschaftssystem), das SELA wurde auf

Initiative Mexikos und Venezuelas gegründet und nach 16-monatigen Verhandlungen am 17.Oktober 1975 beschlossen. Zu den Mitgliedern zählen, nach einer Ergänzung um vier Länder seit 1978, 27 Staaten Lateinamerikas und der Karibik. Ausgeschlossen waren von vornherein die USA, während Kuba von Beginn an Mitglied war. Schon darin zeigt sich eine wesentliche Zielsetzung des SELA: ideologische Offenheit verbindet sich mit der strikten regionalen Interessenvertretung gegenüber Nordamerika, um die ungleichgewichtigen Wirtschaftsbeziehungen zu verändern (Erklärung von Panama von 1981). Darüber hinaus will der Wirtschaftsverbund folgendes erreichen: Koordinierung der schon laufenden regionalen Integrationsprozesse, Projektierung und Förderung wirtschaftlicher und sozialer Entwicklungsvorhaben, Erarbeitung gemeinsamer Positionen gegenüber den Industrieländern und internationalen Organisationen, Fördermaßnahmen für unterentwickelte oder in Krisen geratene Mitgliedsländer und Gründung multinationaler Unternehmen.

SELA ist in eine Vielzahl aufeinander abgestimmter Organe unterteilt: Im Lateinamerikanischen Rat ist jedes Land zumeist durch den Wirtschaftsminister vertreten. Er tagt jährlich einmal, verabschiedet den Haushalt des SELA, definiert seine Politik und bestimmt die Mitglieder des Sekretariats. Der Vorsitz wird jährlich wechselnd von den Mitgliedsländern gestellt. Das Ständige Sekretariat hat seinen Sitz in Caracas (Venezuela). Das Sekretariat vertritt SELA nach außen und gegenüber den Mitgliedsländern, bereitet Arbeitsvorschläge und Anträge für den Rat vor, sorgt für die Ausführung der Ratsbeschlüsse, pflegt den Kontakt zu anderen Organisationen und koordiniert die Aktionskomitees. Der vorsitzende Sekretär und sein Stellvertreter werden alle vier Jahre vom Rat neu gewählt. In den Aktionskomitees (AK) finden sich für begrenzte Zeit einzelne Mitgliedsländer (mindestens drei) zur Realisierung von zuvor im Rat beschlossenen Projekten zusammen. Diese AK sind die eigentlich spezifische Organisationsform des SELA. Jedes AK hat seinen eigenen Sekretär und Haushalt. Sie widmen sich Entwicklungsvorhaben in landwirtschaftlichen, industriell-technischen und sozialen Bereichen. Aus den AK entwickelten sich auf Lateinamerika zugeschnittene Organisationen, wie z.B. die seit 1977 tätige Exportbank BLADEX, die seit 1983 existierende Nachrichtenagentur ALASEI oder die Organisation für Wohnungsbau und Verpflegung (seit 1984).

SELA pflegt intensive Beziehungen zu allen größeren internationalen Organisationen – insbesondere auch zur EU – und ist eine der lateinamerikanischen Institutionen, die zu internationalen Konferenzen geladen werden oder Beobachterstatus haben. Die lange Zeit angespannten Beziehungen zu den USA sollen künftig verbessert werden.

Sklavenhandel

Der S. bildete einen Teil des transatlantischen →Dreieckshandels zwischen Europa, Afrika und den amerikanischen Kolonien. Zentren des amerikanischen S. lagen auf den Karibikinseln, vor allem auf Hispaniola und Jamaika. Zu den ersten Maßnahmen der meisten Anfang des 19. Jhs. unabhängig gewordenen Staaten Süd- und Mittelamerikas gehörte die Abschaffung der Sklaverei bzw. als Vorstufe das Verbot des S., zu denen nicht zuletzt die Ideen der Aufklärung und die Ideale der Französischen Revolution den Anstoß gaben. In den seit 1776 unabhängigen USA dauerte es dagegen bis ins Jahr 1865 (Sieg der Nordstaaten im Sezessionskrieg), bis die Sklaverei gänzlich abgeschafft wurde. Die zu einem großen Teil auf Plantagenwirtschaft basierenden Volkswirtschaften Lateinamerikas (wie auch der USA) wurden durch die Sklavenbefreiung vor erhebliche Umstellungsprobleme gestellt. In einigen Staaten wurde akuter Arbeitskräftemangel durch die Anwerbung sog. Kontraktarbeiter aus Asien, vornehmlich aus Indien und China, ausgeglichen.

Straßenkinder

In den lateinamerikanischen Metropolen leben nach Schätzungen des Kinderhilfswerks der UNO, UNICEF, einige hunderttausend Kinder und Jugendliche auf der Straße. Aus zerrütteten, mittellosen Familien stammend oder zu Waisen geworden, müssen sie ohne Angehörige versuchen, in den durch Armut und Gewalt bestimmten Gesellschaften zu überleben. Ihren Lebensunterhalt bestreiten sie zumeist durch Kleinkriminalität (Diebstahl, Drogenhandel usw.) und Prostitution. Vor allem in den brasilianischen Großstädten werden S. immer wieder Opfer von Killerkommandos, die – häufig im Auftrag von Geschäftsleuten, die sich in ihren Aktivitäten von der Anwesenheit der Kinder beeinträchtigt fühlen – ganze Gruppen von Straßenkindern kaltblütig niedermetzeln. Zu diesen Kommandos gehören zahlreiche aktive Polizisten. Nach einigen besonders brutalen Mordanschlägen auf S. in Rio de Janeiro hat die brasilianische Regierung ihren Willen bekundet, dem Wüten der Killerkommandos ein Ende zu bereiten. An der elenden, perspektivlosen Lage der S. vermag sie allerdings kaum etwas zu ändern. Diese sind – wenn ihnen überhaupt Unterstützung zuteil wird – auf die Hilfe von Kirchen und internationalen Organisationen angewiesen.

Tenochtitlán

Hauptstadt des Aztekenreichs, um 1360 auf einer Insel im Texcocosee im Gebiet des heutigen Mexiko-Stadt errichtet. Um 1500, auf dem machtpolitischen Höhepunkt des Aztekenreichs, hatte T. etwa 150 000 bis 200 000 Einwohner und war damit eine der größten, wenn nicht die größte Stadt der Welt. Die Stadt war auf 12,5 km² kreuzförmig, mit rechtwinklig sich schneidenden Straßen angelegt. Dem Grundriß lagen vermutlich religiös-kosmologische Vorstellungen der Azteken zugrunde. Im Zentrum der Stadt lag ein mit einer Mauer umgebener Tempelbezirk mit der Hauptpyramide und mehreren kleineren Tempeln und Kultstätten. In unmittelbarer Nähe lag der Herrscherpalast, der zahlreiche Repräsentations-, Wohn- und Wirtschaftsgebäude umfaßte. Die Wasserversorgung erfolgte z. T. durch ein ausgeklügeltes System von Aquädukten. 1521 wurde T. von den Spaniern unter Hernán Cortés erobert und zerstört. Auf den Ruinen erbauten die Spanier die Stadt Mexiko, die spätere Hauptstadt des mittelamerikanischen Staates.

Teotihuacán

Eine der größten präkolumbischen Stadtanlagen in Amerika, deren Anfänge um 500 v. Chr. liegen. Auch Bezeichnung für eine frühe präkolumbische Hochkultur auf dem Gebiet des heutigen Mexiko. Ihre Blütezeit fällt in die ersten fünf Jahrhunderte nach Christi Geburt. Das etwa 40 km nördlich von Mexiko-Stadt gelegene T. erstreckte sich zur Zeit seiner größten Ausdehnung über 22 km². Im Zentrum verläuft die rund 2 km lange und 50 m breite Zeremonialstraße (»Straße der Toten«), an der mehrere Pyramiden und kleinere Kultstätten, u. a. die Mond- und die Sonnenpyramide liegen.

Die Stadt war in vier Distrikte eingeteilt, die deutlich voneinander abgegrenzt waren. Im Zentrum lagen neben religiösen Bauten Paläste und Wohngebäude sowie ein Marktbereich, was auf eine enge Verbindung zwischen religiösen, administrativen und wirtschaftlichen Bereichen schließen läßt. Die Gesellschaft von T. war streng hierarchisch gegliedert. Aufgrund militärischer Überlegenheit und reger Handelstätigkeit wirkte T. stark auf mittelamerikanische Nachbarkulturen wie Monte Albán und Acanceh. Um 750 n.Chr. wurde T. von seinen Bewohnern aufgegeben.

Tupamaros

In Uruguay vor allem in den 1960er Jahren aktive Guerillagruppe, deren Besonderheit darin bestand, daß sie im Unterschied zur traditionellen Guerilla in den Städten operierte. Die sozialrevolutionäre »Stadtguerilla« versuchte, die Anonymität und Unübersichtlichkeit der Großstädte zum Aufbau einer Infrastruktur für den bewaffneten Kampf gegen das Regime zu nutzen, da die zahlenmäßige und waffentechnische Überlegenheit der Regierungstruppen die Schaffung ländlicher Operationsbasen und Rückzugsgebiete nahezu unmöglich machten. Der revolutionäre Kampf sollte »ins Zentrum des Systems« getragen werden. Gezielte Terroranschläge sollten wichtige Institutionen und Repräsentanten des Regimes direkt treffen.

Nach 1970 machten sich auch in Europa linksgerichtete Terror-Gruppen, insbesondere in Frankreich (Action directe), Italien (Brigate rosse) und in der Bundesrepublik Deutschland (Bewegung 2. Juni, Rote Armee Fraktion) das Konzept der Stadtguerilla teilweise zu eigen.

Unidad Popular (UP)

(Volkseinheit), linksgerichtete Partei, als deren Kandidat Salvador Allende Gossens 1970 zum chilenischen Staatspräsidenten gewählt wurde. Die UP entwickelte sich aus der 1957 gegründeten Frente de Accion Popular (FRAP, Volksfront), einer Sammlungsbewegung linksgerichteter Kräfte in Chile. Die UP vertrat das Konzept eines Sozialismus in Freiheit, der allerdings an inneren Widersprüchen, außenpolitischen Gegnern (insbesondere den USA) und der Feindschaft des Militärs scheiterte. Im September 1973 wurde dem sozialistischen Experiment der UP in Chile durch einen Militärputsch ein blutiges Ende bereitet. General Augusto Pinochet errichtete eine Gewaltherrschaft.

United Fruit Company

US-amerikanisches Nahrungsmittelunternehmen. Die 1899 gegründete U.F.C. erwarb Anfang des 20. Jhs. in Mittelamerika ausgedehnte Plantagen und brachte den Bananenanbau und -export weitgehend unter ihre Kontrolle. Ein Zentrum ihrer Geschäftsaktivitäten liegt in Guatemala, das wegen des wirtschaftlichen und politischen Stellenwerts der Bananen oft abschätzig als →Bananenrepublik bezeichnet wird. Zur Sicherung ihrer wirtschaftlichen Interessen nahm die U.F.C. in den Staaten Mittelamerikas wiederholt direkt oder indirekt Einfluß auf die politische Entwicklung.

Vereinigte Provinzen von Zentralamerika

(Zentralamerikanische Föderation), 1823 gegründeter Bund mehrerer zentralamerikanischer Staaten, die kurz zuvor ihre Unabhängigkeit von der spanischen Kolonialmacht erkämpft hatten. Die Gründungsmitglieder waren Guatemala, El Salvador, Honduras, Nicaragua und Costa Rica, wobei die Initiative von der Oberschicht Guatemalas ausging. 1822 hatten sich die Gebiete dem neu entstandenen mexikanischen Kaiserreich angeschlossen, nach dem Sturz von Kaiser Augustín I. 1823 die Union mit Mexiko aber wieder aufgekündigt. Die Föderation gab sich eine am US-amerikanischen Vorbild orientierte Verfassung und schaffte als erster Staat in Amerika die Sklaverei ab. 1825 wurde die Zentralamerikanische Föderation von den USA, Großbritannien und den Niederlanden anerkannt. Allerdings scheiterten sowohl der Versuch von Präsident Manuel José de Arce, 1825 gewählt, eine starke Zentralregierung einzusetzen als auch der Plan einer einheitlichen Steuergesetzgebung am Widerstand der Oberschichten in den einzelnen Mitgliedsländern. Auch eine bundesstaatliche Armee kam nicht zustande. 1826 kam es in El Salvador zu einer Revolte gegen die Zentralregierung, da man dort eine Vorherrschaft Guatemalas in dem Staatenbund befürchtete. Für zusätzlichen Konfliktstoff sorgte die antiklerikale Politik von Francisco Morazan, eines honduranischen Liberalen, der 1829 zum Präsidenten der Föderation gewählt wurde. Nach 1830 verschärften sich die Spannungen und Rivalitäten innerhalb der Föderation. 1837 führte eine Choleraepidemie in Guatemala zu einem Aufstand gegen die Liberalen, der in einen Bürgerkrieg mündete. Der Sieg der Konservativen 1839 beschleunigte die Auflösung der Zentralamerikanischen Föderation, deren Mitglieder sich zwischen 1838 und 1840 zu souveränen Republiken erklärten.

Vertrag von San Ildefonso

1777 zwischen Spanien und Portugal geschlossener Vertrag, in dem die spanische Krone die portugiesischen Gebietszuwächse in Südamerika über die im →Vertrag von Tordesillas (1494) vereinbarte Demarkationslinie hinaus anerkannte. Im Süden Brasiliens stießen die Intressensphären der beiden Kolonialmächte aufeinander, was in der ersten Hälfte des 18. Jhs. zur Konfrontation zwischen Spanien und Portugal führte. Portugiesische Siedler erweiterten unter Mißachtung der Tordesillas-Linie, welche die Kolonialzonen beider Staaten abgrenzen sollte, das Kolonialgebiet Portugals stark nach Westen. Madrid und Lissabon hatten bereits 1750 versucht, den Konflikt vertraglich beizulegen. Doch brachen wenige Jahre später erneut Kämpfe um die umstrittenen Gebiete aus, die neue Verhandlungen und einen zweiten Vertragsabschluß nötig machten. Im Ausgleich für die territorialen Zugeständnisse Madrids verzichtete Portugal in der Vereinbarung von 1777 in dem umstrittenen Gebiet von Paraguay auf einen Zugang zum Río de la Plata.

Vertrag von Tordesillas

Am 7. Juni 1494 unterzeichneten Spanien und Portugal nach langwierigen Verhandlungen den V.v.T., in dem sie ihre Interessen- und Einflußzonen voneinander abgrenzten. Als Demarkationslinie wurde eine Linie 370 Seemeilen westlich der Kapverdischen Inseln festgelegt. Alle bereits entdeckten oder noch zu entdeckenden Gebiete östlich dieser Grenze sollten Portugal zufallen, alle entsprechenden Gebiete im Westen der spanischen Krone. Diese Vereinbarung führte dazu, daß ganz Brasilien, das zum Zeitpunkt der Vertragsunterzeichnung noch nicht entdeckt war – erst im Jahr 1500 landete der portugiesische Seefahrer Pedro Álvarez Cabral an der Küste des heutigen Brasilien – Teil des portugiesischen Kolonialbesitzes wurde.

La Violencia

(Die Gewalt), Bezeichnung für den Bürgerkrieg in Kolumbien zwischen 1948 und 1957. Nach der Ermordung des linksliberalen Oppositionspolitikers Jorge Eliécer Gaitán führten soziale Spannungen und Gewaltausbrüche zu einem mehrjährigen Bürgerkrieg zwischen Konservativen und liberalen bzw. linksorientierten Kräften. In dem Klima allgemeiner Gewalt verwischten sich die Fronten, so daß ein mit großer Brutalität geführter Kampf rivalisierender Gruppen und Parteien um Macht, Geld und Einfluß entstand. In der Zeit der Violencia kamen nach groben Schätzungen 200 000 bis 300 000 Menschen gewaltsam ums Leben. Gewaltanwendung hatte sich als Mittel zur Durchsetzung eigener Interessen in Kolumbien allgemein verbreitet. Dieses Klima der offenen oder latenten Gewalt bestimmt bis in die Gegenwart die innnenpolitische Situation in Kolumbien, wo die Drogenmafia wie in kaum einem anderen lateinamerikanischen Staat zeitweise Einfluß auf Regierung, Wirtschaft und Justiz gewonnen hatte.

Voodoo-Kult

Vor allem auf Haiti verbreitete Religion, in der Elemente afrikanischer Naturreligionen mit katholischen Glaubensvorstellungen verbunden sind. Die afrikanischen Anteile stammen zu einem großen Teil aus der Religion des Reiches Dahome in Westafrika und wurden seit dem 16. Jh. von afrikanischen Sklaven nach Haiti gebracht. Es ist eine polytheistische Religion; verehrt werden mehrere Hauptgottheiten und zahlreiche Heilige, in denen afrikanische Göttervorstellungen mit Wesenszügen katholischer Heiliger verschmolzen sind. Von zentraler Bedeutung sind der Ahnenkult und der Glaube an sog. Zombies, durch magische Kräfte vorübergehend wiederbelebte Tote, die Angst und Schrecken verbreiten können. Charakteristisch für den V.K. sind kultische Tänze, rituelle Tieropfer und die Vorstellung der Besessenheit von Geistern. Es gibt feste Gemeinden, die von einem Priester geleitet werden. Die Traditionen der Mischreligion werden in den meisten Fällen mündlich überliefert.

Neben Haiti, wo sich rund 90 % der Bevölkerung zum Voodoo bekennen, ist der Kult auch in Brasilien und in der Stadt New Orleans verbreitet. Die Zahl der Voodoo-Anhänger wird weltweit auf rund 50 Mio. geschätzt.

Während der V.K. von den französischen Kolonialherren und der katholischen Kirche radikal bekämpft wurde, förderten im 20. Jh. die Mitglieder des Duvalier-Clans in Haiti den Kult und versuchten, ihn zur Festigung ihrer diktatorischen Herrschaft einzusetzen.

Westindische Assoziierte Staaten

(West Indies Associated States), 1967 gegründete Gruppe ehemaliger britischer Kolonien mit innerer Autonomie. Gründungsmitglieder waren Antigua, Saint Kitts und Nevis-Anguilla, Barbados, Dominica, Saint Lucia und Grenada. Saint Vincent schloß sich der Staatengruppe 1969 an. Ziel des Zusammenschlusses war eine enge Kooperation, vor allem auf wirtschaftlichem Gebiet. Die Außen- und Verteidigungspolitik wurde weiterhin von Großbritannien bestimmt.

Oberste Organe waren der gemeinsame Ministerrat mit Sitz auf Saint Lucia, ein Oberster Gerichtshof auf Grenada und die Ostkaribische Währungsbehörde, die als Notenbank für die gemeinsame Währung, den Ostkaribischen Dollar, fungierte. Nachdem sämtliche Mitgliedstaaten ihre Souveränität erlangt hatten, löste sich die Gruppe der W.A.S. Anfang der 80er Jahre auf. Ihre Aufgaben einer gemeinsamen Politik wurden weitgehend von der 1981 gegründeten →OECS (Organisation der Ostkaribischen Staaten) übernommen.

Westindische Föderation

Von Großbritannien 1958 initiierter Zusammenschluß britischer Kolonialgebiete in der Karibik. Zu den Mitgliedern zählten u. a. Jamaika, Trinidad und Tobago, Barbados, Grenada und Dominica. Die britische Regierung hatte damals die Absicht, mittelfristig die zehn britischen West Indies in einem Staatsverband in die Unabhängigkeit zu entlassen. Diese Pläne scheiterten u.a. an der Haltung von Jamaika sowie Trinidad und Tobago, welche 1962 aus der Föderation austraten und ihre Unabhängigkeit proklamierten. Damit war das Projekt der W.F. gescheitert. Die verbliebenen acht West-Indies begaben sich als »Associated States« (Assoziierte Staaten) in ein halbkoloniales Schutzbündnis mit Großbritannien, das sich nach 1974 mit der den einzelnen Gebieten nacheinander gewährten Unabhängigkeit schrittweise auflöste.

Zambo

Bezeichnung für männliche Mischlinge mit einem schwarzafrikanischen und einem indianischen Elternteil. Der entsprechende weibliche Mischling wird Zamba genannt.

Zapatisten

Mexikanische Sozialrevolutionäre, die sich auf das Vorbild des Revolutionärs Emiliano Zapata (*1879, †1919) berufen, der dank seiner Popularität zur führenden Persönlichkeit der Revolution von 1910 im Süden Mexikos wurde. Militärisch organisiert sind die indianischen Kämpfer im Zapatistischen Nationalen Befreiungsheer EZLN (Ejército Zapatista de Liberación Nacional). Anfang 1994 unternahmen die Z. in der südmexikanischen Provinz Chiapas einen Aufstand, in dessen Verlauf sie zahlreiche Ortschaften in ihre Gewalt bringen konnten. Sie forderten soziale und politische Verbesserungen für die indianische Bevölkerung, u. a. die Verwirklichung einer umfassenden Bodenreform. Nach anfänglichen Erfolgen wurden die Z. von mexikanischen Regierungstruppen zurückgedrängt. Es kam zu Verhandlungen zwischen den Z. und der Regierung, bei denen den aufständischen Indianern die Erfüllung einiger ihrer Forderungen zugesagt wurde, etwa die Verankerung des Selbstbestimmungsrechts der Indios in der Verfassung, die offizielle Anerkennung ihrer Sprache und eine Bodenreform. Da sich die Umsetzung dieser Vereinbarungen jedoch verzögerte oder ganz ausblieb, nahm ein Teil der Z. den bewaffneten Kampf wieder auf, so daß Chiapas sich zu einer ständigen Krisenprovinz entwickelte.

Personenregister

In der Alphabetisierung werden Umlaute (ä, ö, ü) wie Selbstlaute behandelt (a, o, u). Bei Namensgleichheit ist der Vorname entscheidend.

Adam von Bremen 35

Adams, John 58, 95, 96, 99, 104

Adams, John Quincy 108, 110

Aguilera, Jaime Roldós 380

Ahuitzotl, Aztekenherrscher 232

Alcado, Pedro de 284

Alemán, Arnoldo 303

Alessandri Rodriguez, Jorge 400

Alessandri y Palma, Arturo 400

Alfaro, Eloy 380

Alfonsín, Raúl 415

Allende Gossens, Salvador 268, 397, 401, 402

Almagro, Diego de 392, 398

Alvarado, Pedro de 231, 240, 295

Álvarez Armellino, Gregorio 422

Anthony, Kenny 338, 340

Araujo, Arturo 296

Arbenz Guzmán, Jacobo 285

Arévalo Bermejo, Juan José 285

Arias Sánchez, Oscar 287, 302, 306, 307

Arias, Harmodio 310

Aristide, Jean-Bertrand 265, 324, 327, 328

Armstrong, Neil 163

Arnold, Benedict 97

Arron, Henck Alfonsus Eugen 365

Arthur, Chester A. 134

Arthur, Owen 345

Artigas, José Gervasio 419

Atahualpa, Inkakönig 233, 237, 384, 385

Augustín I., Kaiser von Mexiko 258, 277, 284, 295, 305

Ávila, Gil González de 299

Avril, Prosper 327

Axayacatl, Aztekenherrscher 232

Ayala, Eligio 406

Aylwin Azocár, Patricio 403

Bagot, Sir Charles 71

Balaguer, Joaquín Vileda 329, 331

Balboa, Vasco Nuñez de 309

Baldwin, Robert 71

Balladares, Ernesto Pérez 311

Balmaceda, José Manuel 399

Banzer Suárez, Hugo 395, 396

Barco, Virgilio 355

Barletta, Nicolás Ardito 311

Barrientos Ortuño, René 395

Barrios, Justo Rufino 285

Barrow, Errol 344

Bastidas, Rodrigo de 309

Batista y Zaldivar, Fulgencio 155, 267, 314, 316

Batlle y Ordoñez, José 419

Beauregard, P. G. T. 123, 125

Begin, Menachem 164

Belaúnde Terry, Fernando 388

Bell, Alexander Graham 131

Bénalcazar, Sebastián de 240, 379

Bennett, Richard Bedford 80

Bering, Vitus 172

Betancourt, Rómulo 359

Betancur Cuartes, Belisario 355

Biddle, Nicholas 112

Bird, Lester Bryant 335

Bird, Vere Cornwall 335

Bishop, Billy 77

Bishop, Maurice 347

Blaize, Herbert 348

Blanco, Antonio Guzmán 359

Block, Adriaen 173

Bolívar, Simón 20, 254, 256, 258, 309, 352, 353, 357, 379, 393

Bonaparte, Napoleon →Napoleon I., Kaiser von Frankreich

Booth, John Wilkes 122, 128

Bordaberry, Juan María 420

Borden, Robert L. 77, 79

Borja, Rodrigo 380

Bourassa, Henri 76, 79

Bouterse, Desi 365

Boyer, Jean Pierre 326

Breschnew, Leonid 161, 318

Brown, John 122

Brulé, Etienne 88, 176

Bryan, William Jennings 135,
138

Bucaram, Abdalá 381

Buchanan, James 121

Bulganin, Nikolai 155

Bulnes, Antonio 399

Burbano, Alfredo Póveda 380

Burger, Warren 162

Burgoyne, John 97

Burkard, Alfredo Cristiani 297

Burnham, Forbes 362

Burr, Aaron 105

Bush, George 168, 169

Bustamente, Alexander 322

Bustamente y Rivera, José Luis 388

Button, Thomas 86

Caboto, Giovanni (John Cabot) 34, 38, 66, 87,
93, 176

Caboto, Sebastiano (Sebastian Cabot) 410

Cabral, Pedro Álvarez 237, 243, 369

Cabrera, Manuel Estrada 285

Cabrillo, Juan Rodriguez 172

Cádenas, Lázaro 280

Caldera Rodriguez, Rafael 359, 360

Calderón, Rafael Angel 307

Calderon, Ricardo Arias 311

Calderón Sol, Armando 297

Calhoun, John C. 107, 109, 112, 114

Callejas, Rafael 293

Calles, Plutarco Elías 280

Calvin, Johannes 47

Campbell, Kim 85

Campo, Carlos Ibáñez del 400

Cámpora, Héctor 414

Campos Sales, Manuel Ferraz de 374

Capone, Al(phonse) 144

Cardenal, Ernesto 301, 302

Cardenas, Cuauthemoc 282

Cárdenas, Victor Hugo 396

Cardoso, Fernando Henrique 377

Carías Andino, Tiburcio 293

Carleton, Sir Guy 67

Carranza, Venustiano 264, 279

Carrera, José Miguel 399

Carrera, Rafael 284

Carson, Kit 178

Carter, Jimmy 164, 165, 310, 331

Cartier, George-Etienne 73

Cartier, Jacques 17, 34, 38, 66, 87, 89

Casey, William 168

Castelo Branco, Alencar 376

Castilla, Ramón 386

Castro Ruz, Fidel 155, 317, 267, 268

Castro, Laureano Gómez 355

Cato, Robert Milton 342

Cédras, Raoul 327

Cenac, Winston Francis 340

Céspedes, Carlos Manuel de 316

Chambers, George 351

Chamorro, Pedro Joaquín 301

Chamorro, Violeta Barrios de 268, 303, 301

Champlain, Samuel de 17, 34, 38, 39, 50, 66,
88, 89, 182

Charles I. (Karl I.), König von England 179,
181

Charles II. (Karl II.), König von England 42,
44, 93, 94, 180

Charles, Maria Eugenia 337

Chiang Kai-shek 152

Chiari, Roberto 310

Chimalpopoca, Aztekenherrscher 231

Chouart, Médart 86

Chrétien, Jean 84

Chruschtschow, Nikita 153, 155, 318

Churchill, Winston 148

Clark, Joe 84

Clark, William 174, 178

Clay, Henry 107, 109, 110, 112, 114, 119

Cleveland, Grover 133, 134
Clinton, Bill 169, 170
Clinton, Hillary 170
Clinton, Sir Henry 97
Colbert, Jean-Baptiste 39
Collor de Mello, Fernando 376
Compton, John 340
Condorcanqui, José Gabriel (Túpac Amaru II.)
   387, 386
Cook, James 86, 174, 180
Coolidge, Calvin 144
Cooper, James Fennimore 113
Cordero, León Febres 380
Cornwallis, Charles 97
Coronado, Francisco 175
Cortés, Hernán 14, 237, 239, 240, 272, 275,
   284
Cosa, Juan de la 309
Crazy Horse (Siouxhäuptling) 130
Cuauhtémoc, Aztekenherrscher 237
Custer, George 130

Dale, Sir Thomas 40
Dana, James Dwight 26
Dare, Virginia 37
Davis, Jefferson 61
De La Warr, Lord 173
Debs, Eugene V. 133
Defoe, Daniel 16
Delgado, José Matias 295
Deng Xiaoping 164
Des Grosseillers, Sieur 177
Descartes, René 251
Dessalines, Jean Jacques 19, 326, 253
Díaz, Porfirio 272, 279
Díaz Ordaz, Gustavo 281
Diderot, Denis 251
Diefenbaker, John 82
Dole, Bob 170
Douglas, Sir Denzil 333
Douglas, Stephen A. 120, 122
Douglass, Frederick 118

Drake, Sir Francis 37
Draper, William 71
Du Guast Sieur du Monts, Pierre 38, 66
Duarte, José Napoleón 296
Duarte, Juan Pablo 330
Duenas, Francisco 295
Durán Ballén, Sixto 380
Dutra, Enrico Gaspar 375
Duvalier, François 324, 327
Duvalier, Jean-Claude 324, 327

Echeverría Alvarez, Luis 281
Edison, Thomas Alva 131, 132
Eisenhower, Dwight D. 153, 154
Elizabeth I., Königin von England 15, 37, 93,
   182
Elizabeth II., Königin von Engand 84
Emerson, Ralph Waldo 113
Endara, Guillermo 311
Erich der Rote 34
Erik Gnupsson 35
Espriella, Ricardo de la 311
Esquivel, Adolfo Perez 416
Esquivel, Manuel 290
Estimé, Dumarsais 327
Estrada Palma, Tomás 262, 316

Fábrega, Gilberto Guardia 308
Ferdinand II., König von Aragon 234
Ferdinand VII., König von Spanien 256, 258
Fernández, Leonel 331
Fernández Guadelupe Victoria, Manuel 277
Figueres Ferrer, José 306
Figueres Olsen, José Maria 304, 307
Fish, Hamilton 129
Focusse, Carlos Roberto Flores 293
Fonseca, Deodoro da 374
Ford, Gerald 164
Ford, Henry 132
Francia, José Gasparo Rodríguez de 406
Franco, Itamar Augusto 377
Franco Bahamonde, Francisco 148

Franklin, Benjamin 47, 96, 102
Frei Montalva, Eduardo 267, 400
Frei Ruiz-Tagle, Eduardo 403
Fremont, John 178
Frobisher, Sir Martin 34
Frondizi, Arturo 412
Fuchs, Klaus 153
Fujimori, Alberto Kenya 265, 268, 382, 389
Fuller, Margaret 113

Gagarin, Juri 163
Gage, Thomas 56, 95, 96
Gairy, Eric 347
Galtieri, Leopoldo Fortunato 415
Gálvez, Juan Manuel 293
Garfield, James A. 134
Garrison, William Lloyd 117, 118
Garvey, Marcus 322
Gaulle, Charles de 83
Geoffrey, John Michael 345
George II., König von Großbritannien 95, 174
George III., König von Großbritannien 55, 87, 95
Gilbert, Sir Humphrey 34, 37, 87, 93
Gingrich, Newt 171
Glenn, John 163
Gómez, Juan Vicente 359
Gompers, Samuel 133
Gonzáles, Domingo Santa María 399
González Flores, Alfredo 306
Gorbatschow, Michail 167
Gordillo, Franzisco de 181
Goulart, João 376
Granados, Frederico Tinoco 305, 306
Grant, John Peter 321
Grant, Ulysses S. 124, 128
Grenville, George 55
Grenville, Sir Richard 36, 37
Guardia, Tomás 305
Guevara, Ernesto »Che« 314, 395, 267, 319

Haig, Alexander 166
Hamilton, Alexander 99, 103, 105
Harding, Warren 142
Harrison, Benjamin 134
Harrison, William Henry 107, 114, 115, 175
Hawkins, Sir John 36
Haya de la Torre, Raúl, 388
Hayes, Rutherford B. 129, 134
Haywood, William (»Big Bill«) 133
Head, Sir Francis Bond 70
Heinrich der Seefahrer 34
Henday, Anthony 86
Henry, Patrick 55, 94
Herjulfsson, Bjarni 35
Hidalgo y Costilla, Miguel 257, 277
Hitler, Adolf 147
Ho Chi Minh 155
Hojeda, Alonso de 353, 358, 362, 364
Hoover, Herbert Clark 144, 145
Houston, Sam 119, 181
Howe, Sir William 96
Huaina Cápac, Inkaherrscher 233, 379, 384
Huáscar, Inkaherrscher 233, 237, 239
Hudson, Henry 34, 93, 173
Huerta, Victoriano 264, 279
Humphrey, Hubert 159

Ibarra, José María Velasco 380
Illía, Arturo Umberto 412
Ingraham, Hubert Alexander 313
Irala, Martinez de 410
Irigoyen, Alvaro Arzú 287
Irigoyen, Hipólito 411
Isabella I., Königin von Kastilien und León 234, 242
Isabella II., Königin von Spanien 258
Itúrbide, Augustín de 20, 257, 277
Itzcoatl, Aztekenherrscher 231

Jackson, Andrew 108, 109, 110, 112
Jackson, Thomas »Stonewall« 124, 126
Jagan, Cheddi 362

James I. (Jakob I.), König von England 17, 36, 40, 41, 88, 93

James II. (Jakob II.), König von England 44, 52

James, Edison C. 337

Jay, John 100

Jefferson, Thomas 18, 96, 99, 103, 104, 105, 106

Jiménes, Marcos Pérez 259

Jiménez de Quesada, Gonzalo 240

Johann II., König von Portugal 234, 247

Johann III., König von Portugal 243, 244, 370

Johann IV., König von Portugal 247

Johann VI., König von Portugal 253, 372, 373

John, Roland Patric 337

Johnson, Andrew 128

Johnson, Lyndon Baines 158, 159

Jolliet, Louis 66, 174, 175, 176, 177

Joseph, Häuptling der Nez Percé 130

Joseph I., König von Portugal 248

Juárez, Benito 278

Karl V., röm.-dt. Kaiser 243, 244

Karl III., König von Spanien 249, 276

Karl IV., König von Spanien 254

Keith, Minor C. 305

Kelsey, Henry 89

Kennedy, John F. 156, 267, 318

Kennedy, Robert 159

Key, Francis Scott 108, 176

King Jr., Martin Luther 154, 155, 156, 157

King, William Lyon Mackenzie 59, 79, 80

Kissinger, Henry 160, 168

Kleine Schildkröte, Häuptling der Miami 52

Kolumbus, Christoph 10, 11, 12, 13, 14, 34, 298, 299, 226, 234, 235, 236, 291, 292, 305, 309, 312, 315, 320, 321, 324, 325, 329, 330, 332, 334, 336, 339, 341, 346, 349, 350, 358, 361, 364

Kraag, Johan 365

Kubitschek de Oliveira, Juscelino 375

La Salle, René Robert de 39, 66, 174, 175, 176, 177

Lacalle Herrera, Luis Alberto 422

Lambton, John George, Graf von Durham 59

Lane, Ralph 36

Larraín, Figueroa 400

Las Casas, Bartolomé de 239, 278, 284

Laurier, Sir Wilfrid 76, 79

Lavalleja, Juan Antonio 419

Lê Duc Tho 161

Lee, Robert E. 124

Leguía, Augusto Bernadino 387

Leif Eriksson 34, 35

Lemus, José María 296

Leoni, Raúl 359

Lewis, Meriwether 174, 178

Lewis, Vaughan 340

Liliuokalani, Königin von Hawaii 174

Lima, Alves de 373

Lincoln, Abraham 21, 61, 118, 122, 126, 128

Livingston, Robert 105

Lleó, Urrutia 317

Locke, John 19, 56, 94, 251

López, Carlos Antonio 406

López, Francisco Solano 406

López Arellano, Osvaldo 293

López de Santa Anna, Antonio 20, 258, 277

Louis XIV. (Ludwig XIV.), König von Frankreich 52, 103, 325

Louise Caroline Alberta 86

Louisy, Allan 340

Lucas, Eliza 46

Ludwig XIV.(Louis XIV.

Luís, Washington 374

Lusinchi, Jaume 360

MacArthur, Douglas 148

Macdonald, Sir John Alexander 73

Machado y Morales, Gerardo 316

Mackenzie, Alexander 75

Mackenzie, William Lyon 70

Madero, Francisco Indalecio 262, 279

Madison, James 18, 99, 100, 102, 106

Magloire, Paul 327

Manco Cápac, Inkaherrscher 233

Manco Cápac II., Inkaherrscher 239, 384

Manley, Michael 322, 323

Manning, Patrick 351

Mao Zedong 152

Marie Antoinette, Köngin von Frankreich
103

Marquette, Jacques 174, 175, 176, 177

Marshall, George C. 148, 149, 152

Martínez, Maximiliano Hernández 296

Maria II. (Mary), Königin von England 44,
176

Mason, John 178

Mateos, Adolfo López 280

Maximilian, Kaiser von Mexiko 279

McCarthy, Joseph 153

McGovern, George 162

McKinley, William 135

Meléndez, Carlos 296

Mella, Ramón 330

Melville, Herman 113

Méndez Montenegro, Julio César 286

Mendieta Montefur, Carlos 316

Mendoza, Pedro de 240, 410

Menem, Carlos Saúl 410, 413, 416

Menschú, Rigoberta 270, 287

Mercier, Honoré 75

Metcalfe, Sir Charles 71

Metacomet (auch Pometacom, König Philip),
Häuptling der Wampanoag 51

Michael I., König von Portugal 254

Miranda, Francisco de 252, 358

Mitchell, James Fitzallen 342

Mitchell, Keith 348

Molina, Arturo Armando 296

Mondale, Walter 166

Monino Y Redondo, José 254

Monroe, James 20, 105, 106, 107, 108 , 256, 257

Montesquieu, Charles de 19, 251

Montezuma I. Ilhuicamina, Aztekenherrscher 231

Montezuma II. Xocoyotzin, Aztekenherrscher 14,
232, 237

Montgomery, Bernard 148

Morais e Barros, Prudente José de 374

Morelos y Pavón, José Maria 277

Moreno, Gabriel García 380

Morse, Samuel 116

Mulroney, Brian 84

Mussolini, Benito 147

Namphy, Henri 327

Napoleon I. (Bonaparte), Kaiser von Frankreich
20, 105, 110, 253, 254

Napoleon III. (Louis Napoléon), Kaiser von
Frankreich 279

Nariño, Antonio 252

Nassau, Johann Moritz von 247, 372

Nasser, Gamal Abd el 155

Ngô Dinh Diem 158

Nicot, Jean 36

Niemeyer, Oscar 375

Nimitz, Chester 148

Nixon, Richard Milhous 62, 153, 156, 159, 160,
162

Nóbrega, Manuel da 246, 370

Noriega, Manuel Antonio 169, 311

North, Oliver 168

Obregón, Alvaro 280

Odría, Manuel 388

Oglethorpe, George 174

Oglethorpe, James 44

Oliveira Figueiredo, João Batista de 376

Onatel, Juan de 31

Onganía, Juan Carlos 412

Onís, Luis de 109

Ortega Saavedra, Daniel 268, 301, 302

Ortega, Humberto 303

Osceola, Seminolenhäuptling 114

Osorio, Oscar 296

Oswald, Lee Harvey 157, 158

O'Higgins, Bernardo 399

Pachacuti Yupanqui, Inkaherrscher 233
Pacheco Areco, Jorge 420
Páez, José Antonio 358
Paine, Thomas 95, 97
Panday, Basdeo 351
Pane, Romano 36
Papineau, Louis-Joseph 70
Pardo y Barreda, José 387
Patterson, Percival James 323
Patton, George S. 148
Paz Estenssero, Victor 394
Paz Zamora, Jaime 396
Pearson, Lester Bowles 82, 83
Pena, Roque Sáenz 411
Penn, William 42, 178, 180
Pérez, Alán García 389
Pérez, Carlos Andrés 359, 360
Pérez, Marino Ospina 355
Perón, Juan Domingo 265, 408, 412, 413, 414
Perón, Maria Estela (»Isabel«) Martínez de 408, 414
Perón, Maria Eva (»Evita«) 412, 413
Peter I., Kaiser von Brasilien 19, 253, 373
Peter II., Kaiser von Brasilien 19, 20, 254, 373
Philipp II., König von Spanien 241, 246
Pierce, Franklin 120
Piérola, Nicolás de 387
Pindling, Lyndon Oscar 313
Pinilla, Gustavo Rojas 355
Pinochet Ugarte, Augusto 397, 402
Pinzon, Martin Alonso 236
Pitt, William 54, 94
Pizano, Ernesto Samper 356
Pizarro, Francisco 237, 240, 309, 382, 384, 392
Pizarro, Gonzalo 385
Pochahontas, Algonkinprinzessin 17, 41
Poe, Edgar Allan 113
Pol Pot 161
Polk, James Knox 119
Polo, Marco 34, 236

Pombal, Sebastião José de 249, 372
Ponce de Léon, Juan 34, 173
Pontiac, Häuptling der Ottawa 51
Portales, Diego 399
Portillo, José López 281
Powell, Colin 168
Powhatan, Algonkinhäuptling 41
Prado, Manuel 388
Préval, René 324, 328
Price, Georg C. 290
Ptolemäus 236

Quadros, Janio 375
Quesada, Gonzalo Jiménez de 353

Radisson, Pierre Esprit 86, 177
Raleigh, Sir Walter 15, 37, 89, 362
Reagan, Ronald 62, 165, 166, 167, 302
Reina, Carlos Roberto 291, 293
Ribaut, Jean 38
Richelieu, Kardinal Armand Jean du Plessis 38, 66
Riel, Louis 74, 75
Ríos Montt, Efraín 286
Ríos Morales, Juan Antonio 400
Rivera, Fabián Alarcón 381
Robinson, Arthur R. 351
Rockefeller, John D. 132
Rodney, George 339
Rodríguez, Andrés 407
Rodriguez, José Joaquin 305
Rolfe, John 17, 36
Romero, Oscar Arnulfo 297
Rommel, Erwin 148
Roosevelt, Franklin Delano 59, 62, 144, 146, 147, 148, 149, 265
Roosevelt, Theodore 22, 136, 138, 262
Rosenberg, Ethel 153
Rosenberg, Julius 153
Rote Wolke, Siouxhäuptling 130
Rousseau, Jean Jacques 16, 251
Ruby, Jack 158

Sacasa, Juan Bautista 300

Sadat, Anwar As 164

Salinas de Gortari, Carlos 281

San Martín, José de 20, 256, 386, 399

Sánchez de Lozada, Gonzalo 396

Sandiford, Lloyd Erskine 345

Sandino, Augusto César 300

Saney, José 376

Sanguinetti, Julio María 421, 422

Santa Cruz y Espejo, Eugenio 252

Santa Cruz, Andrés 393

Santander, Francisco de Paula 354

Sarmiento, Domingo 411

Schaerer, Eduardo 406

Schwarzer Falke, Indianerhäuptling 112

Schwarzkopf, Norman 168

Scott, Winfield 52, 124

Seagal, Edward 323

Selkirk, Thomas Douglas Graf 69

Sendic, Raúl 267

Seraphine, Oliver 337

Serrano Elías, Jorge 287

Shearer, Hugh 322

Shepard, Alan 163

Sherman, William Tecumseh 127

Siles Suazo, Hernán 394, 395

Simmonds, Kennedy Alphonse 333

Sitting Bull, Siouxhäuptling 130

Smith, John 17, 40, 41, 176, 178

Solís, Juan Días de 418

Solís Palma, Rafel 311

Somoza Debayle, Luis 301

Somoza García, Anastasio 300, 301

Soto, Hernando de 34, 172, 174, 177

Soto, Marco Aurelio 292

Soulouque, Faustin 326

Sousa, Martim Afonso de 243, 370

Sousa, Tomé de 244, 370

Stalin, Josef 151, 152, 155

Stowe, Hariet Beecher 118

Stroessner, Alfredo 406

Stuyvesant, Peter 44, 93

Suazo Córdova, Roberto 291, 293

Sucre y Alcalá, Antonio José de 393

Sydenham, Charles E. P. Thomas Lord 71

Taft, William Howard 138

Talleyrand, Charles Maurice de 105

Taylor, Zachary 119, 120

Tecumseh, Shawneehäuptling 106

Tenskwatawa, Shawneeführer 106

Terra, Gabriel 420

Thevet, Andre 36

Thoreau, Henry David 113

Thorfinn, Karlsefni 34, 35

Thurmond, Strom 152

Tito, Josip 152

Titu Cusi, Inkaherrscher 239

Tizoc, Aztekenherrscher 232

Tonti, Henri de 172

Torcuato, Marcelo 411

Torres, Camilo 267

Torrijos, Omar 310

Toscanelli, Paolo 13, 234, 235

Toussaint L'Ouverture, François Dominique 253, 325, 326, 330

Trudeau, Pierre Elliot 83

Trujillo y Molina, Rafael Leónidas 330

Trujillo, César Gaviria 356

Truman, Harry S. 149, 150

Túpac Amaru, Inkaherrscher 239, 268, 385

Túpac Amaru II. 251, 353, 358, 386, 387

Tupac Yupanqui, Inkaherrscher 233

Turner, Nat 117

Tyler, John 115

Ubico Castaneda, Jorge 285

Ulate Blanco, Otilio 306

Vaca, Alvar Nunez Cabeza de 179

Valdivia, Pedro de 398

Van Buren, Martin 114

Vancouver, George 86

Vargas, Getúlio Dornelles 265, 375

Vargas Llosa, Mario 389
Vásquez, Horacio 330
Venetiaan, Ronald 366
Verendrye, François 177, 179, 181, 182
Verendrye, Louis-Joseph 177, 179, 181, 182
Verrazano, Giovanni da 34, 179, 180
Vespucci, Amerigo 10, 237, 353
Viaux, Roberto 401
Videla, Gonzáles 400
Videla, Jorge Rafael 414
Villa, Francisco »Pancho« 262, 279
Villaroe, Gualberto 394
Villeda Morales, José Ramón 293
Voltaire 251

Waldseemüller, Martin 10, 237
Walker, William 300
Walter, George A. 335
Warner, Thomas 339
Warren, Earl 162
Washington, George 18, 53, 96, 101, 103, 108
Wasmosy Mont, Juan Carlos 407
Wayne, Anthony 52
Webster, Daniel 114
Weinberger, Caspar 166
Whitman, Walt 113
Whitney, Eli 105
Wijdenbosch, Jules 366
Wilkinson, James 106
William (Wilhelm) von Oranien, König von
    England, Schottland und Irland 44, 52
Williams, Eric 351
Wilson, Thomas Woodrow 61, 140
Winthrop, John 41

Yanez, Vincente 236
Young, Colville Norbert 288

Zaldivar, Rafael 295
Zapata, Emiliano 262, 279
Zedillo Ponce, Ernesto 282
Zelaya, José Santos 262, 300

Sachregister

Das Sachregister führt wichtige Ereignisse und Begriffe, Ethnien und Verträge auf. Zudem berücksichtigt es Staaten und Staatsgebilde, Bundesstaaten und Provinzen sowie länderübergreifende Bündnisse in der Geschichte des amerikanischen Kontinents. Herausragende politische Bewegungen und Institutionen sind ebenfalls verzeichnet. In Klammern stehende Jahreszahlen datieren das betreffende Ereignis.

Aachen, Frieden von (1748) 53
Absolutismus 251, 256, 424
ACLU 184
Aconcagua 409
Acre 262
Adams-Onís-Abkommen (1819) 109, 184
Adenakultur 29
Affirmative Action 158, 184
Aix-la-Chapelle, Vertrag von 336
Akadien 38, 40, 53, 66, 87, 184
AKP-Staaten 424
Alabama 109, 128, 172
ALADI 424
ALALC 267, 424
Alaska 27, 61, 74, 76, 172
Alaskan Panhandle 77
Alberta 64, 86
Aleuten 32
Algonkin 17, 32, 38, 39, 53
Allianz für den Fortschritt 267, 425
Amazonas-Kooperation 425
Amerikanische Arbeitsföderation (AFL) 133, 184
Amerikanisches System 110, 185
Amiens, Frieden von (1802) 350
Anasazi 29
Ancien Régime 256
Andenföderation 259
Andenpakt 267, 390, 426
Anglokanadier 72, 81
Anguilla 333
Annullierungskontroverse 185

Antiföderalisten 100, 185

Antigua und Barbuda 247, 258, 334–335

Apachen 29, 130

APEC 426

Appomattox 127

Arapaho 31

Arawak 36

Argentinien 261, 265, 267, 268, 406, 408–416

Arias-Plan 306, 307, 427

Arizona 61, 172

Arkansas 128, 172

Arktisindianer 32

Arostook-Krieg (1839) 72, 115, 185

Aruaken 230, 236, 312, 314, 332, 336, 339, 341, 344, 347, 350, 362, 364, 369, 398, 427

Athapasken 32

Atombombe 150, 153

Audiencia 239, 240, 295, 299, 309, 379, 427

Aufklärung 94, 251, 252, 427

Ayacucho 256, 386, 393

  - Schlacht von (1824) 446

Aymará 233, 383, 391, 392

Azteken 12, 13, 14, 231, 240, 272, 275, 276, 284, 428

Baffinland 34, 35

Bahamas 267, 312–313

Bahiakultur 379

Balfour-Bericht 79, 186

Balfour-Deklaration (1917) 59

Bananenrepublik 428

Bandeirantes 246, 247, 248, 370, 371, 428

Bank von Kanada, 80, 186

Baptisten 47, 91

Barbados 247, 258, 267, 343–345

Barbuda 334

Bartholomäusnacht 46

Bauernallianzen, US-amerikanische 135, 186

Befreiungstheologie 428

Belize 267, 288–290

Bericht über die Zustände in Britisch-Nordamerika 71, 186

Berliner Dekret (1806) 106

BID 429

Biloxi 40

Black Panthers 158, 186

Black Power 155, 157

Blackfoot 31

Black-Hawk-Krieg (1832) 175

Bloc Québeçois 85

Blockfreie Staaten 286, 322, 363, 429

Blumenkriege 429

Bolivien 20, 254, 256, 262, 267, 391–396

Börsenkrach, US-amerikanischer (1929) 22, 144

Boston Tea Party 56, 94, 176, 187

Bostoner Massaker 55, 94, 187

Brady-Plan 429

Brasilien 19, 20, 232, 243, 247, 248, 253, 254, 261, 265, 267, 268, 367–377, 406

Breda, Frieden von (1667) 339, 362, 365

Britisch-Honduras 267, 288

Britisch-Kolumbien 59, 64, 72, 74, 86

Britisch-Nordamerika 66

Britisch-Nordamerika-Erlaß 59, 64, 73, 74, 187

Britisch-ostindische Teekompanie 55, 94

British Empire 258, 321, 430

Brook Farm 113

Brown versus Board of Education 187

Bryan-Chamorro-Vertrag 306

Bureau of Corporations 188

Bureau of Freedmen, Refugees and Abandoned Lands 188

Bürgerkrieg

  - Chile (1823-1830) 399

  - Mexiko (1910-1917) 279, 280

  - Nicaragua 23, 301, 302, 307

  - Spanien (1936-1939) 148

  - USA (1861-1865) 61, 122, 127, 215

Bürgerrechtsbewegung, US-amerikanische 188

Busboykott in Alabama 154

Busing 188

Cahokia 29

Cajuns 18, 54

Cakchiquel 283
Calvinismus 47, 246
Camp David 161, 164
Canassee 93
Cape-Breton-Insel 53, 67
Capitanias 243, 244, 370, 430
CARICOM 267, 290, 363, 366, 430
Carolina 42
Casa de la Contratación 240, 249
Casimira 330
Caudillo 20, 259, 431
Cayuga 50
Cayuse 31
Central Pacific-Eisenbahngesellschaft 130
Chacokrieg (1932–1935) 394, 406
Chalco 231
Charleston 97
Charlestown 42
Charlottetown-Beschluß 85
Charrúa 418
Chaso 404
Chavínkultur 232, 383
Checks and Balances 91, 102, 189
Cherokee 29, 50, 51, 52, 111, 114
Chesapeakebai 40, 93
Cheyenne 31, 130
Chiapas 272
Chichimeken 228
Chickasaw 29, 52, 114
Chile 161, 232, 267, 397–403
 - Colônia Dignidad 403
 - Unidad Popular (UP) 449
Chimú 232, 233, 384
Chinook 31
Chippewa 52
Choctaw 29, 52, 114
Cholula 275
Chorotegen 299
CIA 168, 189, 286, 401
Ciboneyes 314
Cisplatinische Provinz 254, 373, 419
Civil Works Administration (CWA) 146, 189

Clayton-Bulwer-Vertrag 300
Clear-Grit-Bewegung 72, 189
Cochise 29
Colorado 173
Columbia College 47
Comanchen 31, 130
Common Sense 96, 189
Commonwealth of Nations 64, 80, 288, 312, 320, 332, 336, 338, 341, 343, 346
Concord 42, 56, 95, 176
Congregationalisten 47
Connecticut 42, 93, 173
Contadora-Gruppe 431
Containment-Politik 149, 152
Copán 291, 292
Costa Rica 258, 304–307
Coureurs de Bois 38
Creek 29, 51, 52, 111, 114
Croatoan 38
Crow 31, 130
Cumberland House 89
Cuzco 233, 384

Dawes-Gesetz 190
Dayton, Friedensabkommen von (1995) 171
Delaware 42, 173
Demokraten 91, 134, 190
Demokratische Republikaner 99, 101, 111, 190
Dependenztheorien 431
Détente 161, 190
DEW-Linie 82, 190
District of Columbia 91, 191
Dixiecrats 152, 191
Dollar-Diplomatie 138
Dollar-Imperialismus 262
Dominica 258, 336–337
Dominikaner 275, 284
Dominikanische Republik 138, 253, 264, 265, 267, 325, 329–331
Dominion von Kanada 73, 74
Dominion von Neuengland 44, 94, 191
Domino-Theorie 302

Donatarios 243, 244, 370, 432

Dorchester 42

Dred-Scott-Urteil 121, 191

Dreieckshandel, transatlantischer 242, 321, 344, 432

Drogenkartell, kolumbianisches 356

Drogenproduktion und -verkauf 432

Durham-Report 71

Ecuador 232, 240, 254, 258, 378–381

Egreniermaschine 105, 109

Eisengesetz 46

Eiserner Vorhang 168

El Salvador 258, 268, 294–297

FMLN 434

Emanzipations-Proklamation, US-amerikanische 125, 191

Emberá 308

Empire-Konferenz 79

Encomienda-System 241, 242, 243, 295, 433

Englisch-Niederländischer Seekrieg, zweiter (1665–1667) 365

Entkolonisierung 433

Eriekanal 109, 192

Eskimos 11, 27, 28, 32, 84

Essex-Junta 105

Estado Novo 375

Fair Deal 152, 192

Falkland-Inseln 409

Falkland-Krieg (1982) 265, 415, 434

Fallen Timbers, Schlacht von (1794) 52

Familienverband, kanadischer 69, 192

Farappenkrieg (1835–1845) 373

Favelas 434

FBI 192

Federal Emergency Relief Administration (FERA) 146, 192

Federal Highway Act 154, 193

Federalist Papers 100, 193

Flibustiers 434

Florida 104, 109, 110, 128, 173, 246

Föderalisten 100, 103, 105, 106, 193

Fort Duquesne 53

Fort Necessity 53

Fortschrittspartei 193

Frankokanadier 27, 54, 59, 67, 70, 71, 72, 75, 79, 81

Frankreich 247, 267

Franziskaner 241, 275, 418

Freiboden-Partei 120, 194

Freisilber-Bewegung 135, 194

Fremden- und Aufruhrgesetze 105, 194

French and Indian War (1754-1763) 18, 51, 53, 54, 66, 89, 94, 194

Frobisher-Bay 34

Fußballkrieg (1969) 293, 296, 435

Gadsden-Vertrag (1853) 277, 435

Galapagos-Inseln 378

Garifuna 288

Gé 369

Gegenseitigkeitsvertrag, US-amerikanisch-kanadischer (1854) 72

Genfer Vertrag (1815) 69

Gent, Frieden von (1814) 108, 195

Georgia 44, 93, 128, 174

Gesundheitsreform, US-amerikanische 170

Goldrausch 76, 78, 89, 120, 248, 372

Goldstandard 195

Golfkrieg (1991) 168, 169, 196

Gondwanaland 26

Grabhügel 29

Grand-Trunk-Eisenbahn 72

Granger-Bewegung 134, 196

Great Society 158, 159, 196

Grenada 168, 346–348

Grenadinen 341, 346

Greueltarif 111

Grönland 35

Große Antillen 314, 320, 325, 329

Großkolumbien 256, 256, 258, 258, 309, 353, 358, 378, 393, 435

Grubenhäuser 28, 32

Guadalupe Hidalgo, Vertrag von (1848) 120, 221
Guam 150
Guanahani 13, 234, 235
Guaraní 404, 405
Guatemala 240, 258, 268, 283–287
   - Unidad Revolucionaria Nacional Guatemalteca
   (URNG) 287
Guaymi 308
Guerilla 435
Guerrero 231
Guyana 267, 361–363

Haida 31
Haiti 139, 170, 236, 253, 264, 265, 313, 324–328
   - Tontons Macoutes 327
Harpers Ferry 122, 124
Hartford 42
Harvard College 47
Hawaii 135, 136, 174
Hay-Herrán-Vertrag 436
Haymarket-Aufstand 133, 197
Hay-Varilla-Vertrag 310, 354
Heilbuttvertrag 79
Heilige Allianz 256, 436
Heimstättengesetz, US-amerikanisches 130, 197,
   203
Helluland 35
Hepburn-Eisenbahnregulationsgesetz 137, 197
Hessians 197
Hexenprozesse 47, 198
Hiroshima 150
Hispaniola 235, 236, 241, 252, 324, 325, 326, 329,
   330
Hochkulturen, präkolumbische 12, 13, 14, 227–240,
   274, 284, 379, 383, 384, 392, 398
Honduras 247, 258, 264, 291–293
Hoover-Moratorium 145
Hopewellkultur 29
Hopi 29
HUAC 153, 198
Huaca 232
Huarikultur 392

Hudson's-Bay-Kompanie 40, 66, 198
Hudsonbai 38
Hugenotten 16, 46
Huronen 38, 39, 50, 53

Idaho 174
Illinois 109, 174
Impeachment 164, 198
Impressment 106, 198
Indiana 109, 174
Indianer
   - Amt für Indianerangelegenheiten 130, 185
   - Debatte 242, 436
   - Nordamerika 12, 15, 16, 24, 48, 52, 84, 99,
   130
   - Südamerika (Indios) 12, 13, 14, 24, 230, 241,
   242, 244, 246, 251, 270, 436
   -sprachen 12, 437
Indienrat 240, 246, 437
Indigo 46
Indios (Indianer
Industriearbeiter der Welt (IWW) 199
Inka 12, 14, 233, 237, 240, 378, 379, 382, 384, 392,
   398
Inquisition, spanische 251, 437
Interamerikanischer Pakt für gegenseitigen Beistand
   265
Internationaler Währungsfonds (IWF) 437
Inuit 27, 28, 32
Inupik 32
Iowa 175
Iran-Contra-Affäre 168, 199, 302
Irokesen 29, 39
Isla de Ometepe 299
Isla Revillagigedo 272
Island 35
Islas de Guadelupe 272
Islas de la Bahía 291
Islas del Cisne 291
Isthmus von Tehuantepec 26
Itaipú-Staudamm 438
Iwo Jima 150

Jacksonianismus 112

Jalta, Konferenz von 151

Jamaika 258, 267, 320–323

Jamestown 15, 16, 17, 37, 40, 93

Jesuiten 18, 38, 241, 244, 246, 285, 371, 404, 405,
  418, 438
  -Reduktionen 446
  -staat 241, 404, 405, 438

Jim-Crow-Gesetze 152, 199

Jom-Kippur-Krieg (1973) 162

Juden 16, 47, 91

Kahoolawe 174

Kalifornien 29, 120, 172

Kalifornienindianer 31

Kalter Krieg 62, 152, 163, 199, 265

Kanada 17, 23, 64–89
  - Constitution Act of Canada 59, 67, 84
  - Föderation 71, 73, 74, 88, 89
  - Provinzen 86–89
  - Vereinigungsbeschluß 59, 71f., 219
  - Verfassungsbeschluß 67, 89, 221

Kanada-Ost 71, 72

Kanada-West 71, 72

Kansas 121, 175

Kansas-Nebraska-Gesetz 121, 200

Kariben 332, 336, 339, 341, 347, 350, 362,
  364, 369

Kastilien 240, 249, 439

Kauai 174

Kentucky 109, 175

Ketchua 233, 383, 391

King George's War (1744-1748) 53, 66

King Philip's War (1675-1678) 51

King's College 47

Kiowa 130

Kirche
  - anglikanische 47, 56
  - evangelische 18, 91
  - griechisch-orthodoxe 91
  - katholische 16, 18, 56, 91, 241

Kleine Antillen 334, 336, 339, 341, 343

Knights of Labor 133, 200

Koloniale Versammlungen 55
  - von Massachusetts 56, 94
  - von Virginia 94

Kolonialhandel 438

Kolonien
  - englische 14, 15, 16, 247
  - französische 14, 15, 247
  - portugiesische 14, 15, 246, 248, 249, 367,
    369
  - spanische 14, 15, 246, 248, 249, 254, 256, 369

Kolumbien 254, 258, 310, 353–356
  - La Vioencia 352, 255, 450
  - Medellín-Kartell 441
  - Movimiento de 19te Abril 356, 440

Kompromiß von 1877 200

Konföderationsartikel der USA 90, 96, 98, 102,
  201

Konföderierte Staaten von Amerika 61, 123, 127,
  201

Kongreß, US-amerikanischer 91, 98, 201

Repräsentantenhaus 91, 102, 198, 213

Senat 91, 102, 215

Wahlkollegium 91, 223

Königliche Afrika-Kompanie 49

Konservative, lateinamerikanische 259, 439

Kontinentalkongreß, US-amerikanischer 56, 90, 95,
  98, 201

Kontinentalsperre 69

Kontinentalsystem 106

Konvention von 1818 59

Kordillerenindianer 31

Koreakrieg (1950-1953) 153, 202

Kreolen 14, 251, 252, 439

Krieg von 1812 202

Kuba 136, 155, 158, 258, 262, 265, 267, 268, 313,
  314–319
  - Guantánamo 316, 319
  - Kubakrise (1962) 82, 202, 318
  - Schweinebucht 158, 214

Kuna 308

Kwakiutl 31

L'Anse aux Meadows 35

La Navidad 236, 325, 330

Labrador 35

Ladinos 439

Lanai 174

Landflucht 439

La-Plata-Gruppe 267, 439

Laurasien 26

Lexington 56, 95, 176

Liberale, lateinamerikanische 259, 440

Liberia 107, 118, 322

Literatur, US-amerikanische 113

Little Big Horn, Schlacht von (1876) 130

London-Kompanie 15, 40

Louisiana 128, 175

Louisiana Purchase (1803) 52, 61, 99, 100, 105, 203

Lucayer 312

Lumpenkrieg (1835-1845) 373

Machismo 440

Madrid, Vertrag von (1750) 248, 372

Mahattaninsel 40

Maidu 31

Mailänder Dekret (1807) 106

Maine 176

Manhattan-Projekt 150, 153, 203

Manifest Destiny 117, 203

Manitoba 59, 64, 76, 86

   - Schulfrage von 76

Manitoba-Gesetz 74, 76, 203

Markland 35

Maroons 321, 440

Marsch auf Washington (1963) 203

Marshallplan 62, 149, 152

Maryland 42, 93, 176

Mason-Dixon-Linie 204

Massachusetts 42, 93, 176

Massachusetts-Bay-Kompanie 41, 93, 204

Maui 174

Maya 12, 14, 28, 228, 230, 272, 275, 283, 284, 291, 292, 295, 441

   - Altes Reich 230

   - Mayapán 231

   - Neues Reich 230

Mayflower 41

MCCA 265, 441

McCarthyismus 153

Medicaid 158

Medicare 156

Meech-Lake-Abkommen 84

Mercosur 407, 441

Merkantilismus 55, 204, 251, 253

Mesoamerika 28, 29, 34, 226, 228, 240

Mestizen 14, 37, 49, 251, 441

Methodisten 47, 91

Métis 17, 74, 76

Mexikanisch-Amerikanischer Krieg (1846-1848) 120, 204, 277

Mexiko 21, 139, 241, 257, 258, 259, 262, 272–282

   - Grito de Dolores 277

   - Milagro mexicano 280

   - Pemex 273

   - Petróleos Mexicano 273

   - Zapatisten 282, 451

Miami-Indianer 52, 53, 99

Michigan 176

Minas Gerais 248, 254, 368, 372

Minnesota 177

Minute Men 56, 95, 176, 204

Misquito 292, 299

Mississippi 109, 128, 177

Mississippi-Indianer 29

Missouri 177

Missouri-Kompromiß 107, 109, 110, 119, 205

Mittelamerika-Konflikt 265, 287, 302, 306, 307, 442

Miwok 31

Mobile 40

Mochekultur 384

Mohawk 50

Molokai 174

Monetarismus 442

Monroedoktrin 20, 61, 107, 119, 137, 205, 256, 257, 262

Monrovia 107, 118

Montana 177

Monte Albán 227, 275

Montreal 38, 39

Morgenthau-Plan 151, 205

Mormonen 91

Môrtefontaine, Vertrag von 96

Mound-Builder-Kultur 29
- Serpent Mound 29

Mulatten 443

Mütter der Plaza de Mayo 416, 442

NAACP 205

NAFTA 24, 59, 85, 92, 169, 205, 281, 307

Nagasaki 150

Nahost-Frieden 170

Nantes, Edikt von (1598) 46

Natchez 29

Nation of Islam 158, 207

Nationalbank der USA 103, 108, 112, 206

Nationalbibliothek 206

National Recovery Administration (NRA) 145, 206

Nativisten 121, 207

NATO 59, 82

NATO-Doppelbeschluß 167

Navajo 29

Navigationsgesetze 44, 94, 207

Nazcakultur 384

Nebraska 121, 178

Neuamsterdam 40, 93, 361, 362, 365

Neubraunschweig 59, 64, 65, 67, 73, 87

Neue Gesetze (1542) 243, 244, 385, 443

Neuengland 15, 16, 17, 40, 45, 46, 52, 54, 93

Neufrankreich 38, 93

Neufundland 15, 32, 35, 38, 59, 65, 87, 93

Neugranada 240, 251, 254, 256, 258, 309, 353, 354,
    358, 378, 393

Neuniederland 93

Neuschottland 38, 59, 65, 73, 87, 88

Neuspanien 37, 251, 275, 283, 289, 315

Nevada 178

Nevis 332

New Deal 80, 145, 146, 147, 149, 207

New Hampshire 42, 93, 178

New Jersey 42, 178

New Mexico 61, 120, 179

New Orleans 40

New York 40, 42, 44, 46, 96, 116, 179

Newport 47

Newtown 42

Nez Percé 31, 130

Nicaragua 168, 258, 262, 268, 298–304
    - Contras 302, 303
    - Nicarao 299
    - Sandinisten 23, 168, 268, 301, 302, 303, 307, 446
    - Somoza-Regime 268, 298, 300, 301

Nicoya 292

Niederlande 246, 267

Niederländisch-westindische Kompanie 40

Niihau 174

Nixon-Doktrin 161, 162, 208

NORAD 82, 208

Nordwestgesellschaft 69, 208

Nord-West-Passage 38

Nordwestterritorien 65, 89

Nordwestverordnung 99

Normannen 35

North Carolina 93, 128, 179

North Dakota 179

Nova Scotia 38, 59, 65, 73, 87, 88

Nunavut 84

Oahu 174

OAS 208, 265, 290, 318

Oberkanada 59, 67, 71, 88, 89

Oberster Gerichtshof der USA 91, 102, 147, 209

OECD 281, 443

OECS 267, 339, 443

Offizielles Sprachengesetz Kanadas 65, 83, 84, 209

Ogdensburg-Abkommen 82, 209

Ohio 179

Ohio-Kompanie 51

Oklahoma 180

Olmeken 12, 227, 272, 274, 284, 443

Ölzweig-Petition 95 , 209

Omaha 178

Oneida 50

Onodaga 50

Ontario 65, 67, 73, 88, 89

OPEC 360

Oregon 180

Oregonterritorium 69, 119

Orkney-Inseln 409

Ottawa 88

Panama 169, 308–311

Panamakanal 22, 136, 138, 262, 308, 309, 310, 311, 444

Panamerican Highway 444

Panamerikanische Bewegung 445

Paraguay 241, 261, 374, 394, 404–407

Paris, Frieden von (1763) 54, 66, 94, 96, 98, 195, 289, 315, 330, 336, 342, 347, 350

Pariser Konvent (1794) 253

Parti Bleu 72, 209

Parti Québeçois 84

Parti Républicain de Quebec 61

Parti Rouge 72, 209

Pearl Harbor 62, 146, 148, 306

Pendleton-Gesetz 134, 210

Pennsylvania 42, 93, 180

Pennsylvania Dutch 46

Pequotkrieg (1637) 50

Peronismus 413, 445

Peru 232, 258, 265, 267, 268, 382–390
 - APRA 264, 382, 426
 - Leuchtender Pfad 268, 382, 389, 390
 - Movimiento Revolucionario Túpac Amaru 268, 382, 389, 390

Philadelphia 46

Philippinen 262, 316

Pinkertons 133, 210

Pipil 295

Plan von Iguala 257, 277, 445

Plateaugebietsindianer 31

Platt-Ammendment 316

Plymouth-Kolonie 41, 47, 93, 176

Pomo 31

Pontiacaufstand (1763) 51

Populistische Partei 210

Port Royal 38, 87, 88

Portugal 34, 237, 246, 247, 249, 252

Potawatomi 52

Potlatch-Fest 31

Potosí 385, 393, 445

Potsdamer Konferenz (1945) 151

Prärieindianer 31

Prärieprovinzen, kanadische 86

Prieta 232

Prince-Edward-Insel 59, 65, 67, 88

Princeton College 47

Prohibition 77, 142, 212

Puebloindianer 29

Puerto Rico 258, 262, 316

Puritaner 16, 40, 47, 93, 212

Quäker 16, 42, 93

Quartiergesetze 54, 94

Quebec 18, 38, 39, 65, 66, 67, 73, 88, 89

Quebec-Gesetz 54, 56, 67, 88, 212

Queen Anne's War 53

Queenston Heights, Schlacht von (1812) 107

Quiché 283

Quipu 234

Raumfahrt 163
 - Apollo-Programm 163
 - Explorer I. 163
 - Gemini 163
 - Mercury-Programm 163
 - Mondlandung 62, 162, 163
 - NASA 163, 206
 - Sputnik 163
 - Wostock 163

Rassendiskriminierung in den USA 154, 156, 157

Rebellion Losses Bill 72

Rechteckhütten 28

Redonda 334

Regenwald 269, 367

Rekonstruktion der Südstaaten 127, 212

Rentensystem der USA 147

Republikaner 91, 121, 134, 213

Responsible Gouvernment 70

Revolution
- kubanische 23, 317
- mexikanische 279
- sandinistische 301
- US-amerikanische 18, 97, 252

Rhode Island 42, 93, 180

Río de la Plata 240, 251, 393, 408

Rio-Pakt 265, 446

Roanokeinsel 37

Rote Khmer 161

Roxbury 42

Rundhütten 28

Rupertsland 66, 72, 89, 213

Rupertslandgesetz 74

Rush-Bagot-Abkommen 69, 108, 213

Ryswijk, Frieden von (1697) 325, 330, 435

Saint Christopher 332

Saint Domingue 252, 258, 325, 330

Saint Kitts und Nevis 258, 332–333

Saint Lucia 338–340

Saint Vincent und die Grenadinen 341–342

Saipan 150

Saladoid 362

Salpeterkrieg (1879–1883) 261, 386, 394, 399, 446

SALT-Verträge 161, 164, 167, 213

Samana Cay 234, 235, 312

San Ildefonso, Vertrag von (1800) 105, 248, 372, 418, 450

Santo Domingo 253, 325, 330

Saratoga 97

Saskatchewan 65, 89

Savannah 97

Schmelztiegel, amerikanischer 91

Schuldenkrise 446

Schwarzer Dienstag 144

Schwarzfuß 130

Schwellenländer 447

Scopes-Prozeß 144, 214

SDI 167, 214

Seigneuralsystem 66, 70, 214

SELA 447

Seminolen 29, 52, 109, 114

Seneca 50

Sewards Dummheit 172

Sezessionskrieg, US-amerikanischer (1860–1865) 21, 61, 122, 127, 215

Shawnee 106

Sherman-Antitrustgesetz 134, 215

Sioux 130

Sklaverei
- Abolition 118, 121
- Antislavery Society 117
- Flüchtlingsgesetz 193
- Nordamerika 19, 21, 42, 49, 102, 109, 116, 118, 120, 125, 128, 215
- Slave Codes 49
- Südamerika 19, 242, 243, 248, 251, 154, 258, 261, 284, 321, 370, 373, 374, 448
- Untergrundeisenbahn 117, 222

Social Security 147, 219

Söhne der Freiheit 55, 70, 94, 216

Soledad, Abkommen von (1861) 278

Somalia-Einsatz der USA (1992) 169

South Carolina 128, 180

South Dakota 181

Sozialismus, kubanischer 317

Sozialistische Partei Amerikas 216

Spanien 34, 237, 240, 246, 249, 252, 254, 256, 316

Spanisch-Amerikanischer Krieg (1898) 61, 136, 216, 262, 316

Spanischer Erbfolgekrieg (1701–1714) 53, 66, 247, 358

Spoils System 134

St.-Germain-en-Laye, Vertrag von (1632) 39

St. John's 34

St.-Lorenz-Seeweg 81

Star-Spangled Banner 108, 176, 217

Stempelsteuer 55, 94, 217

Straßenkinder 377, 448

Subarktisindianer 32

Sudbury 42

Südgeorgien 409

Südperu 254

Südstaaten, US-amerikanische 21, 102, 116, 128

Sueskrise (1956) 155

Supply-Side Economics 165, 217

Surinam 364

Tabak 15, 36, 37, 46, 93, 175, 179

Taino 325, 330

Tamaulipas 226

Tammany Hall 217

Tapúia 369

Tazumal 295

Teapot-Dome-Skandal 144, 218

Teesteuer 55, 56

Tehuacán 226, 274

Tennessee 109, 181

Tennessee Valley Authority (TVA) 145, 181, 218

Tenochtitlán 14, 231, 232, 237, 274, 275, 276, 449

Teotihuacán 12, 227, 230, 275, 449

Tepaneken 231

Test Act 54, 67, 218

Texas 117, 128, 181

Texcoco 231, 232

Tiahuanaco 392

Ticos 305

Tikal 230, 283, 284

Tinian 150

Tippecanoe, Schlacht von (1811) 107, 175

Tlacopán 231

Tlapacoya 226

Tlaxcala 232, 237

Tlingit 31

Tobago 349

Tolteken 228, 231, 275, 295

Tomahawk 31

Tordesillas, Vertrag von (1494) 13, 14, 237, 239, 243, 369, 450

Totonaken 231, 237

Townshend-Steuern 55, 94, 218

Trans-Canada Highway 81

Transzendentalismus 218

Trinidad und Tobago 267, 349–351

Tripelallianz 419

Tropenwald 269, 367

Truman-Doktrin 150, 151, 152, 219

Trusts, US-amerikanische 132, 137

Tula 228

Tupamaros 420, 422, 449

Tupí 369

Tupí-Guarnaí 369

Tuscarorakrieg (1711/12) 51

Umsiedlungsgesetz, US-amerikanisches 52, 114, 222

Union Pacific-Eisenbahngesellschaft 129, 130

Unionsregierung, kanadische 79

Unionsstaaten, US-amerikanische 123, 127

United Fruit Company 22, 262, 264, 285, 286, 305, 307, 322, 344, 449

UNO 59, 82, 374
   - Sicherheitsrat 168
   - Umweltschutzkonferenz von Rio de Janeiro 269

Unterkanada 59, 67, 71, 88, 89

Uruguay 247, 261, 268, 406, 417–421

USA 19-24, 90–182
   - Bildungssystem 91
   - Bundesstaaten 172–182
   - Präsidenten 211
   - Revolution 95
   - Sozialsystem 92
   - Unabhängigkeitserklärung 90, 93, 96, 219
   - Unabhängigkeitskrieg 19, 58, 219
   - Verfassung 90, 100, 102, 220
   - Vizepräsident 222

Utah 181

Utrecht, Frieden von (1713) 53, 66, 87, 195, 333

Valsequillo 226
Vancouver 72, 86
Venezuela 138, 252, 254, 258, 357–360
Vereinigte Provinzen des Río de la Plata 258
Vereinigte Provinzen von Zentralamerika 450
Vereinigtes Königreich von Brasilien, Portugal
    und Algarve 372, 373
Verfassung, US-amerikanische 90, 100, 102, 220
    -Ammendments 102
    - Grundrechtekatalog 100, 101, 197
    - Verfassungskonvent 100, 102, 222
    - Virginia-Plan 100, 102, 223
Vermont 181
Versailles, Frieden von (1783) 67, 195, 347
Versailles, Vertrag von (1919) 61, 141, 299
Verschollene Kolonie 38, 221
Vierzehn Punkte von Woodrow Wilson 140, 141,
    221
Vietnamkrieg 158, 160, 221
    - Vietcong 159, 160
Vinland 35
Virginia 15, 16, 36, 37, 42, 93, 104, 128, 182
Virginia-Kompanie 40, 93, 222
Virginia- und Kentucky-Resolutionen 105, 112, 223
Völkerbund 61, 79, 140, 141
Voodoo-Kult 324, 327, 329, 450

Wade-Davis-Gesetz 128, 223
Wampanoag 51
Wang-Hya-Vertrag 116
Washington 108, 182
Watergate-Affäre 160, 162
Watertown 42
Webster-Ashburton-Vertrag 72, 116, 223
Weg der Tränen 52, 114
Welser 358
Weltkriege
    - Erster (1914-1918) 23, 77, 79, 141, 264
    - Zweiter (1939-1945) 23, 81, 148, 150, 265,
      306, 420
Weltwirtschaftskrise 144, 264, 296, 316, 322, 333,
    354, 420

Wenatchee 31
Westindien-Kompanie 325, 372
West Indies Act 339
Westindische Assoziierte Staaten 451
    - Föderation 337, 339, 344, 347, 350, 451
    - Kompanie 247
Westminster-Konferenz 73
    -statut 80, 223
Westokrieg (1680) 51
West Virginia 182
Whig-Partei 114, 224
Whiskey-Rebellion (1794) 103, 224
Whitewater-Affäre 170
Wikinger 32, 34, 35, 87
William und Mary College 47
Windward Islands 347
Wintun 31
Wisconsin 182
Wohlfahrtskapitalismus 142
Works Progress Administration (WPA) 147, 224
Wounded Knee 131
Wyoming 182

Xochicalco 275
XYZ-Affäre 104, 224

Yakima 31
Yale College 47
Yamasee 51
Yokut 31
Yorktown 97
Yucatán 272
Yukonterritorium 65, 89
Yupik 32

Zambo 451
Zentralamerikanische Föderation 258, 277, 284,
    292, 295, 299, 304, 305
Zentralamerikanischer Gerichtshof 306
Zuckersteuer 94
Zuñi 29
Zwei-plus-Vier-Gespräche 85, 168

Literaturverzeichnis

Lateinamerika/Karibik:

Quellensammlungen

Bitterli, Urs (Hg.), Die Entdeckung und Eroberung der Welt. Dokumente und Berichte, Bd. 1, Amerika, Afrika, München 1980

Monegal, Emir Rodríguez (Hg.), Die Neue Welt. Chroniken Lateinamerikas von Kolumbus bis zu den Unabhängigkeitskriegen, Frankfurt a. M. 1982

Schmitt, Eberhard (Hg.), Dokumente zur Geschichte der europäischen Expansion, 4 Bde., München 1984

Überblicksdarstellungen/ Nachschlagewerke

Bataillon, Claude u.a., Amérique latine, Paris 1991

Bernecker, Walther u.a. (Hg.), Handbuch der Geschichte Lateinamerikas, 3 Bde., Stuttgart 1994–1996

Beyhaut, Gustavo, Süd- und Mittelamerika, Bd. 2: Von der Unabhängigkeit bis zur Krise, Frankfurt a. M. 1965 (Fischer Weltgeschichte Bd. 23)

Cambrigde History of Latin America, hrsg. von L. Bethell, 7 Bde., Cambrigde 1984

Cambrigde Latin American studies, Cambridge 1967

Coe, Michael u.a., Amerika vor Kolumbus. Weltatlas der Kulturen, München 1986

Davies, N., Bevor Columbus kam: Ursprung, Wege und Entwicklung der alt-amerikanischen Kulturen, Düsseldorf 1976

Gewecke, Frauke, Die Karibik. Zur Geschichte, Politik und Kultur einer Region, Frankfurt a. M. ²1988

Historia general de Espana y América, Madrid 1981

Köhler, Ulrich (Hg.), Altamerikanistik. Eine Einführung in die Hochkulturen Mittel- und Südamerikas, Berlin 1990

Konetzke, Richard, Süd- und Mittelamerika I. Die Indianerkulturen Altamerikas und die spanisch-portugiesische Kolonialherrschaft, Frankfurt a. M. 1965 (Fischer Weltgeschichte, Bd. 22)

Martin, Michael Rheta/ Lovett, Gabriel H., Encyclopedia of Latin American History, Indianapolis 1968

Morales Padron, Francisco, Historia general de América, Madrid 1975

Nohlen, Dieter/ Nuscheler, Franz (Hg.), Handbuch der Dritten Welt, Bd. 2, Südamerika, Bd. 3, Mittelamerika und Karibik, Bonn ³1992

Pastor, Rodolfo, Historia de Centroamérica, México 1988

Prem, Hanns J., Geschichte Altamerikas, München 1989

Reinhard, Wolfgang, Geschichte der europäischen Expansion, 4 Bde., Stuttgart 1983–1990

Waldmann, Peter/ Krumwiede, Heinrich-Wilhelm (Hg.), Politisches Lexikon Lateinamerika, München ³1992

Einzeldarstellungen

Abs, Ludger, Die Verschuldung Lateinamerikas, Wiesbaden 1988

Baer, Gerhard u.a., Die neue Welt 1492–1992. Indianer zwischen Unterdrückung und Widerstand, Basel 1992

Baudin, L., Der sozialistische Staat der Inka, Hamburg 1956

Bitterli, Urs, Die »Wilden« und die »Zivilisierten«. Grundzüge einer Geistes- und Kulturgeschichte der europäisch-überseeischen Begegnung, München 1976

Ders., Die Entdeckung Amerikas. Von Kolumbus bis Alexander von Humboldt, München 1991

Calvert, Peter and Susan, Latin America in the Twentieth Century, New York ²1993

Dücker, Uwe, Die Kinder der Straße. Überleben in Südamerika, Frankfurt a. M. 1992

Eggebrecht, Eva und Arne/ Grube, Nikolai (Hg.), Die Welt der Maya: Archäologische Schätze aus drei Jahrtausenden, Hildesheim 1992

Eschmann, A., Das religiöse Geschichtsbild der Azteken, Berlin 1976

Fagan, B. M., Die ersten Indianer. Das Abenteuer der Besiedlung Amerikas, 1991

Geppert, Georg, Als die Welt größer wurde. Forschungsreisen nach Lateinamerika im 19. Jahrhundert, Dortmund 1983

Gibson, Charles, The Aztecs under Spanish Rule, 1519–1810, Stanford 1964

Ginsburg, Theo/ Ostheider, Monika (Hg.), Lateinamerika vor der Entscheidung. Ein Kontinent sucht seinen Weg, Frankfurt a. M. 1984

González Casanova, Pablo (Ed.), Latin America Today, Tokyo 1993

Ders., (Ed.), Historia del movimiento obrero en América Latina, 4 Bde., Mexico 1984

Ders. (Ed.), América Latina: historia de medio siglo, 2 Bde., México 1981

Handelmann, Heinrich, Geschichte von Brasilien, Zürich 1987 (Erstdruck 1860)

Hartung, H., Das Zeremonialzentrum der Maya, Graz 1971

Hemming, John, The Conquest of the Incas, New York 1970

Humboldt, Alexander von, Reise auf dem Río Magdalena, durch die Anden und Mexiko, Berlin 1986

Jacob, Ernst Gerhard, Grundzüge der Geschichte Brasiliens, Darmstadt 1974

Janik, Dieter (Hg.), Die langen Folgen der Conquista. Auswirkungen der spanischen Kolonisierung Amerikas bis heute, Frankfurt a. M. 1994

Junker, Detlef u.a. (Hg.), Lateinamerika am Ende des 20. Jahrhunderts, München 1994

Kahle, Günter, Lateinamerika in der Politik der europäischen Mächte 1492–1810, Köln 1993

Ders., Bartolomé de las Casas, Köln 1968

Klein, Herbert S., African Slavery in Latin America and the Caribbean, New York 1986

König, Hans Joachim, Die Entdeckung und Eroberung Amerikas, 1492–1550, Freiburg 1992

Konetzke, Richard, Entdecker und Eroberer. Von Christoph Columbus bis Hernán Cortés, Frankfurt a. M. 1963

Lanczkowski, G., Götter und Menschen im alten Mexiko, Freiburg 1984

Madariaga, Salvador de, Kolumbus: Leben, Tat und Zeit des Mannes, der mit seiner Entdeckung die Welt veränderte, München 1989

Meier, Johannes/ Langenhorst, Annegret (Hg.), Bartolomé de las Casas. Der Mann, das Werk, die Wirkung, Frankfurt a. M. 1992

Nebel, Richard, Altamerikanische Religion und christliche Heilsbotschaft. Mexiko zwischen Quetzalcóatl und Christus, Immensee ²1990

Niess, Frank, Am Anfang war Kolumbus. Geschichte einer Unterentwicklung Lateinamerikas, 1492 bis heute, München 1991

Pietschmann, Horst, Die Kirche in Hispanoamerika, in: Willi Henkel (Hg.), Die Konzilien in Lateinamerika, Bd. 1, Mexiko 1555–1897, Paderborn 1984, S. 1–48

Pollmann, Uwe, Der Krieg gegen die Kinder. Auf den Straßen Lateinamerikas, Hamburg 1992

Prem, Hanns J./ Dyckerhoff, Ursula (Hg.), Das alte Mexico. Geschichte und Kultur der Völker Mesoamerikas, München 1986

Prien, Hans-Jürgen, Die Geschichte des Christentums in Lateinamerika, Göttingen 1978

Séjourné, Laurette, Altamerikanische Kulturen, Frankfurt a. M. 1971 (Fischer Weltgeschichte, Bd. 21)

Soisson, P. und J., Das Leben der Azteken im Alten Mexiko, München 1977

Soustelle, J., Die Olmeken: Ursprünge der mexikanischen Hochkulturen, Zürich 1980

Ders., So lebten die Azteken am Vorabend der spanischen Eroberung, Stuttgart 1957

Sterr, Albert, Ches Erben. Gespräche zur Politik der Guerilla in Lateinamerika, Köln 1993

Thomas, Georg, Die portugiesische Indianerpolitik in Brasilien, 1500–1640, Berlin 1968

Todorov, Tzvetan, Die Eroberung Amerikas. Das Problem des Anderen, Frankfurt a. M. 1985

Vayssière, Pierre, Les révolutions d' Amérique latine, Paris 1991

Wagner, H., Die Tolteken: Ein Beitrag zur frühen Geschichte Mesoamerikas, Berlin 1971

Nordamerika

Hofmeister, B., Nordamerika, Frankfurt a.M. 1980

Jennings, J.D., A Prehistory of North America, New York ²1974

Läng, H., Kulturgeschichte der Indianer Nordamerikas, Freiburg 1981

Quinn, David B., North America from Earliest Discovery to First Settlements. The Norse Voyages to 1612, New York 1977

Riege, H., Nordamerika, 2 Bde., München 1978

Kanada

Quellen

Leacy, F.H. (Hg.), Historical Statistics of Canada, Ottawa ²1983

Reid, J.H. Stewart, Kenneth McNaught und Harry S. Crowe (Hg.), A Source-Book of Canadian History. Selected Documents and Personal Papers, Toronto ²1964

Überblicksdarstellungen/Nachschlagewerke

Canadian Encyclopedia, 4 Bde., Edmonton ²1988

Grantstein, J.L. und Paul Stevens (Hg.), A Reader's Guide to Canadian History. Confederation to the Present, Toronto 1982

McNaught, Kenneth, The Pelican History of Canada, Harmondsworth 1982

Sautter, Udo, Geschichte Kanadas, München ²1992

Einzeldarstellungen

Craig, Gerald M., Upper Canada. The Formative Years, 1784-1841, Toronto 1963

MacNutt, W.S., The Atlantic Provinces. The Emergence of Colonial Society, 1712–1857, Toronto 1965

McWhinney, Edward, Quebec and the Constitution, 1960–1978, Toronto 1979

Mahant, Edelgard E. und Graeme S. Mount, An Inroduction to Canadian-American Relations, Toronto 1984

Marr, William L. und Donald G. Patterson, Canada. An Economic History, Toronto 1980

Morton, W.L., The Critical Years. The Union of British

North America, 1857–1873, Toronto 1964

Schull, Joseph, Ontario since 1867, Toronto 1978

Schultze, R.-O., Politik und Gesellschaft in Kanada, Meisenheim 1977

Stewart, Gordon T., The Origins of Canadian Politics. A Comparative Approach, Vancouver 1986

Trofimenkoff, Susan Man, The Dream of Nation. A Social and Intellectual History of Quebec, Toronto 1982

USA

Quellen

Historical Statistics of the United States. Colonial Times to 1970, 2 Bde., Washington 1970

Hofstadter, Richard (Hg.), Great Issues in American History, 2 Bde., New York 1958

Überblicksdarstellungen/Nachschlagewerke

Boorstin, Daniel, A History of the United States, Needham, Mass. 1992

Brogan, H., The Longman History of the United States, London 1985

Dahms, H.G., Grundzüge der Geschichte der Vereinigten Staaten, Darmstadt ⁴1997

Guggisberg, H.R., Geschichte der USA, 2 Bde., Stuttgart ²1979

Sautter, Udo, Geschichte der Vereinigten Staaten von Amerika, Stuttgart ³1986

Einzeldarstellungen

Andrews, Charles M., The Colonial Period in American History, 4 Bde., New Haven 1934–1938

Becker, Carl, The Declaration of Independence, New York 1922

Berman, Ronald, America in the Sixties, New York 1968

Boorstin, Daniel, The Americans: The Democratic Experience, New York 1973

Buchanan, Albert Russell, The United States and World War II, 2 Bde., New York 1972

Cochran, Thomas C., Frontiers of Change: Early Industrialization in America, New York 1981

Degler, Carl, The Age of the Economic Revolution, Glenview 1977

Elsenbroich, Donata, Eine Nation von Einwanderern. Ethnisches Bewußtsein und Integrationspolitik in den USA, Frankfurt a.M. 1986

Evans, Rowland and Robert Novack, The Reagan Revolution, New York 1981

Foner, Eric, Reconstruction: America's Unfinished Revolution, New York 1988

Foote, Shelby, The Civil War: A Narrative, 3 Bde., New York 1958–1974

Fraenkel, Ernst, Das amerikanische Regierungssystem, Köln ⁴1981

Galbraith, John Kenneth, The Great Crash, Boston 1954

Gregory, Ross, The Origins of American Intervention in the First World War, New York 1971

Hawley, Ellis, The Great War and the Search for a Modern Order, New York 1979

Healy, David F., U.S. Expansionism: Imperialist Urge in the 1890s, Washington 1970

Helms, E., USA: Staat und Gesellschaft, Hannover 1985

Hofstadter, Richard, The Age of Reform: From Bryan to FDR, New York 1955

Horsman, Reginald, The War of 1812, London 1969

Karnow, Stanley, Vietnam, New York 1983

LaFeber, Walter, America, Russia, and the Cold War, New York 1985

Landauer, C., Sozial- und Wirtschaftsgeschichte der Vereinigten Staaten von Amerika, Stuttgart 1981

Litwak, Robert S., Détente and the Nixon Doctrine: American Foreign Policy and the Pursuit of Stability, Cambridge 1984

McElvaine, Robert S., The Great Depression, New York 1984

Matusow, Allen J., The Unraveling of America: A History of Liberalism in the 1960s, New York 1984

Merk, Frederick, History of the Westward Movement, New York 1978

Ders., Manifest Destiny and Mission in American History, New York 1963

Mewes, Horst, Einführung in das politische System der USA, Heidelberg 1986

Morgan, Edmund S., The Birth of the Republic, Chicago 1956

Parmet, Herbert, JFK - The Presidency of John F. Kennedy, Norwalk, Conn. 1983

Perrett, Geoffrey, America in the Twenties, New York 1982

Pessen, Edward, Jacksonian America, Homewood, Ill. 1979

Pomfret, John E. und F.M. Shumway, Founding the American Colonies, 1583–1660, New York 1970

Randall, James G. und David Donald, The Civil War and Reconstruction, Boston 1961

Rutland, Robert A., The Ordeal of the Constitution, Norman, Okla. 1966

Schröder, H.-C., Die amerikanische Revolution, München 1982

Taylor, Philip, The Distant Magnet: European Emigration to the U.S.A., London 1971

Turner, Frederick Jackson, The Frontier in American History, New York 1920

Zitattexte:

S. 58: The Works of John Adams. Boston, 1851. Vol.
IV, 105 ff., übersetzt von Dr. H. A. Steilberg; in:
Great Issues in American History, Hrsg. Richard
Hofstadter. New York, Random House, 1958.

S. 74: Udo Sautter: Geschichte Kanadas, C.H. Beck,
München 1992.

S. 98: Carl Becker: The Declaration of Independence. New York, Harcourt Brace 1922, übersetzt
von Dr. H. A. Steilberg, in: Hofstadter,
S. 70–74.

S. 104: The Writings of Thomas Jefferson, Hrsg. P.
L. Ford. New York, Putnam 1895. Vol. V,
S. 284–289, übersetzt von Dr. H. A. Steilberg, in:
Hofstadter, S. 169f.

S. 126: The Collected Works of Abraham Lincoln,
Hrsg. R. P. Basler. New Brunswick, N. J., Rutgers
University Press, in: Hofstadter, S. 414 f.

S. 137: Peter Alter: Der Imperialismus; Grundlagen,
Probleme, Theorien; Quellen und Arbeitshefte zur
Geschichte und Politik. Stuttgart 1979, S. 49f.

S. 147: Epochen und Strukturen. Grundzüge einer
Universalgeschichte für die Oberstufe, Bd. II.
Frankfurt a. M. 1996, S. 295f.

S. 156: Wolfgang Lautemann / Manfred Schlenke
(Hrsg.): Geschichte in Quellen, Bd. 7. Die Welt
seit 1945. München 1980, S. 433.

S. 167:Weekly Compilation of Presedential Documents, Monday, Nov. 23, 1981, XVII, Nr. 47, Office of the Federal Register, National Archives and
Records Service (Washington D. C.),
S. 1273–1278, übersetzt von Dr. H. A. Steilberg,
in: Hofstadter, Vol. II, S. 581–585.

S. 236, 239, 244, 369, 385: Urs Bitterli (Hrsg.): Die
Entdeckung und Eroberung der Welt, Bd. 1, C. H.
Beck, München 1980, S. 34f., 46f., 51ff., 59., 67.

S. 242: bsv, F. Dickmann (Hrsg.): Geschichte in
Quellen, Bd. III. Bayerischer Schulbuch Verlag,
München 1966, S. 67ff.

S. 257: W. Freiherr von Schoen: Geschichte Mittel-
und Südamerikas, Bruckmann Verlag, München
1953, S. 666f.

S. 371, 387: Emir Rodriguez Monegal (Hrsg.): Die
Neue Welt. Chroniken Lateinamerikas von Kolumbus bis zu den Unabhängigkeitskriegen, Suhr-
kamp, Frankfurt a. M. 1982, S. 412f., 340ff.

Trotz größter Sorgfalt konnten die Urheber nicht in
allen Fällen ermittelt werden. Es wird gegebenenfalls
um Mitteilung gebeten.

Abbildungen:

Archiv für Kunst und Geschichte, Berlin (4); Associated Press GmbH, Frankfurt (1); Bertelsmann Lexikon
Verlag, Gütersloh (30); Bettmann-Corbis, New-York
(2) – UPI (2); Bildarchiv Preußischer Kulturbesitz,
Berlin (1); dpa, Frankfurt (4); Giraudon, Paris (1); In-
terfoto, München (3); Österr. Nationalbibliothek, Wien
(2); Roger Viollet, Paris (1); Sipa Press, Paris (3);
Sven Simon, Essen (2).

Abbildungen auf dem Einband:

Flagge: Bavaria
Abraham Lincoln: Bavaria
Chichén Itzá: Hans Roßdeutscher
Freiheitsstatue: Bettmann-Corbis/UPI
Christus-Denkmal: Mauritius

Chronik Handbuch
Europa

Das Stichwort »Wandel« bezeichnet wohl am besten den Zustand des Kontinents Europa an der Schwelle zum 21. Jh.
Wie kann man die Ereignisse der Gegenwart verstehen? Was war vorher? Was kommt morgen?
Die Politikwissenschaftlerin und Europa-Expertin Martina Boden beschreibt im Chronik Handbuch »Europa« den Weg, den die Menschen und Nationen des Kontinents in der Vergangenheit zurückgelegt haben und wirft ein Schlaglicht auf die heutige Situation. Der Blick auf den ganzen Kontinent zeigt das Bild eines organisch gewachsenen Staatengefüges, dessen Einzelteile anschließend von der ersten Besiedlung bis zum Ende der 90er Jahre vorgestellt werden.
Karten, Zitate, Biografien, Kurzchroniken sowie ein kleines Europa-Lexikon erweitern und vertiefen die Darstellung.
Das Chronik Handbuch ist das ideale Nachschlagewerk zur Geschichte für alle, die mehr über Europa erfahren wollen.

Chronik Handbuch
Europa

**512 Seiten, 45 Staatenartikel mit Kurzchroniken,
25 Karten und Grafiken, 48 Abbildungen,
Personen- und Sachregister**

Kursbuch
Weltgeschichte
Der synchronoptische Überblick

Das ideale Nachschlagewerk zur Geschichte für Schule, Studium, Beruf und alle, die sich für Welt- und Zeitgeschichte interessieren: das »Kursbuch Weltgeschichte« aus der Chronik Handbuch-Reihe. Es bietet übersichtlich und klar strukturiert den Zugriff auf alle wesentlichen Ereignisse und Entwicklungen der Menschheitsgeschichte von den Anfängen bis heute.

Epoche für Epoche wird das Weltgeschehen aufgeschlüsselt. So läßt sich nachvollziehen, was in den verschiedenen Teilen der Welt zeitgleich stattgefunden hat und wie politische, wirtschaftliche und kulturelle Gegebenheiten sich gegenseitig beeinflußt haben. Einen gezielten Zugriff auf die Daten ermöglicht das umfangreiche Personen-, Sach- und Werkregister.

Kursbuch Weltgeschichte
Der synchronoptische Überblick

ca. 608 Seiten, über 50 000 Einzeleinträge, zahlreiche Zitate, ausführliches Personen-, Sach- und Werkregister

Chronik Handbuch
Reden und Dokumente des 20. Jahrhunderts

Das Chronik Handbuch »Reden und Dokumente des 20. Jahrhunderts« weist alle wichtigen und wegweisenden Dokumente auf, die den Gang der Weltgeschichte in diesem Jahrhundert geprägt haben – in chronologischer Abfolge unter Berücksichtigung entscheidender Sachzusammenhänge. Das Buch vermittelt als kompetentes Nachschlagewerk und zugleich historisches Lesebuch eindrucksvoll Zeitgefühl und Zeitgeist der jeweiligen Epoche.

Jede Quelle wird einführend durch wichtige Hinweise zum historischen Kontext sowie kurze Erklärungen zur Bedeutung des Dokuments erläutert. Biographien zu maßgebenden Persönlichkeiten geben zusätzliche Hintergrundinformationen und dienen der übergreifenden Einordnung des Dokuments. Jahrzehntübersichten stellen die großen historischen Zusammenhänge her.

Chronik Handbuch
Reden und Dokumente des 20. Jahrhunderts

544 Seiten, ca. 355 Dokumente,
85 Biographien, Personen- und Sachregister

Chronik Handbuch
Personen der
Weltgeschichte

Große Persönlichkeiten haben den Lauf der Geschichte
beeinflußt. Das Chronik Handbuch »Personen der Weltgeschichte« zeichnet in verständlicher und prägnanter
Form die Biographien von rund 2300 Persönlichkeiten,
die die politische Geschichte ihrer Zeit nachhaltig geprägt haben. Kaiser und Könige, Päpste und Fürsten,
Politiker und Staatsdenker werden in Einzelbeiträgen
gewürdigt. Ihr Lebenswerk, ihre historische Bedeutung
und die wesentlichen Stationen ihres Lebens sind verständlich und anschaulich dargestellt. 150 Zitate und
Dokumente, die ebenso Geschichte gemacht haben wie
ihre Urheber, runden die Darstellung ab.

Das Chronik Handbuch ist das ideale Nachschlagewerk
zur Geschichte für Schule, Studium, Beruf und alle, die
sich für Geschichte und Zeitgeschichte interessieren.

Chronik Handbuch
Personen der Weltgeschichte

**616 Seiten, ca. 2.300 Einzeleinträge,
150 Zitate und Dokumente, Register**

Kursbuch
20. Jahrhundert
Der synchronoptische Überblick

Das »Kursbuch 20. Jahrhundert« – Der synchronoptische Überblick aus der Chronik Handbuch-Reihe bietet
durch seine klare und übersichtliche Struktur den Zugriff
auf mehr als 20 000 Einzeleinträge zu Ereignissen aus
den Sparten Internationale Politik, Deutsche Politik,
Wissenschaft und Technik, Kultur sowie Gesellschaft.
Jahr für Jahr des Jahrhunderts wird das Weltgeschehen
aufgeschlüsselt. So läßt sich nachvollziehen, welche
wesentlichen Ereignisse und Entwicklungen zeitgleich
stattgefunden oder sich gegenseitig beeinflußt haben.
Eine Geschichtsbetrachtung aus verschiedenen Blick-
winkeln ermöglicht das Erkennen von Zusammenhängen
und Querverbindungen.

Das Kursbuch 20. Jahrhundert ist das ideale Nachschlagewerk zur Geschichte für Schule, Studium, Beruf und
alle, die sich für Geschichte interessieren.

Kursbuch 20. Jahrhundert
Der synchronoptische Überblick

**576 Seiten, über 20 000 Einzeleinträge,
über 700 Zitate und Informationskästchen, ausführliches
Personen-, Sach- und Werkregister**